한국교육사

박재문 지음

학지사
www.hakjisa.co.kr

머리말

지난 수십 년 동안 韓國敎育史에 관한 敎育이 대학에서 이루어져 왔음에도 불구하고 한국교육의 제반현상에 관한 이해는 그 깊이와 넓이에 있어서 결코 만족스러운 것이 아니다. 한국교육사를 가르치는 궁극적인 목적은 한국교육의 제반현상에 관한 올바른 이해에 있다. 저자는 이 목적을 달성하기 위해서 한국교육사의 내용과 방법에 새로운 전기를 마련할 필요가 있다고 생각하였다. 그리하여 한국교육사의 내용 중 표면적인 교육제도를 주된 내용으로 삼았던 종래의 생각과는 달리 '제도'는 집단활동의 방식에서부터 논리적으로 분석되어 나오는, 그 활동의 '의미'라는 것과 '제도'는 하나의 총체를 이루고 있다는 것과 그 요소들이 잡동사니로 모여 있는 것이 아니라 어떤 방식으로든지 논리적 관련을 맺고 있다는 것을 전제로 하고 있다는 것을 알고, 이를 최대한으로 살리려고 노력하였다. 달리 말하면 각 시대의 교육제도는 고대사회부터 오늘에 이르기까지 우리들의 조상들과 우리들의 교육에 관한 집단사고의 반영이라는 것이다. 그러므로 이와 관련된 사항을 보다 광범위하게 한국교육사의 내용으로 하였다.

오천 년의 한국교육사를 조화롭고 균형 있게 개관한다는 것은 저자의 능력으로는 도저히 성취하기 어려운 일이다. 그리하여 저자는 이 일을 해 나가는 과정에서 많은 사람들의 자료로 충고로 도움을 받았으나 여전히 부족한 점이 많이 있다. 그러나 「한국교육사」라는 본서가 전해 주려는 메시지가 있다면 그것은 다음과 같은 것이다. 즉, "동양사상의 이해 없이는 한국교육사는 이해할 수 없다"는 것이다. 여기서 말하는 동양사상의 핵심은 유교, 불교, 도교 등이다. 이들 각각은 우리들이 그것들을 각각 이해하는 데만도 한평생이 걸려도 못 할지도 모르는 광대한 내용을 가지고 있다. 이제 우리는 한국교육을 이해하려는 절대적 사명을 가지고 있으므로 어렵고 힘들더라도 이것들을 이해하려고 노력하지 않으면 안 된다. 특히 오늘날 대학에 들어온 학생들은 거의 한자를 읽지도 못하고 한문으로 된 글을 이해하지 못하는 학생들이다. 이와 같은 학생들에게 본서의 내용이 다소 어렵다는 생각이 드는 것은 당연하다.

本書를 읽어 본 독자는 대개 짐작할 수 있으리라 믿지만, 이 책이 나오기까지 학문적인 면과 그 밖의 여러 면에서 저자를 도와준 분이 李烘雨 교수님이시다. 이 책을 내놓으면서 걱정이 되는 것은 그분에게 혹 累를 끼치지 않을까 하는 것이다.

　끝으로 결코 끝이 될 수 없지만, 본서를 위해 지난 10여 년 간 걸친 誠敬齋(성경재) 회원들의 격려와 고무가 힘이 되었다. 특히 최종적인 마무리 과정에서 박종덕, 지정민, 진영석 회원들의 노고가 컸다. 그리고 본서가 나오기까지에는 學志社 김진환 사장님, 최용구 상무, 그리고 색인 작업 등에서 학지사 편집부 이소영 양 등 여러분들의 노고가 적지 않았다. 이상의 여러 분들에게 깊은 사의를 표하는 바이다

2001년 1월

朴在文 謹識

 서 론

「한국교육사」라는 제목의 책을 새롭게 쓰려고 하면 그 나름대로 이유가 있어야 할 것이다. 한국교육사에 관한 책들은 그간 충분히 출간된 만큼 새삼 새로이 한국교육사를 쓴다는 것은 불필요한 노력을 기울이는 것이 아닌가 하는 생각이 드는 것이다. 교육사 중에서도 특히 한국교육사는 우리 자신을 이해할 수 있는 내용을 포함하고 있어야 한다. 우리 자신을 이해한다는 말에는 보편적 인간으로서의 우리 자신을 이해한다는 뜻과 한국인으로서의 우리 자신을 이해한다는 뜻이 동시에 들어 있다. 교육은 인간의 삶이 있는 곳이라면 어디에나 또 어느 시대에나 있어 왔다. 인간의 삶이라는 것은 여러 가지 관심사가 혼연일체로 되어 있는 복합적 총체로서, 그 삶 속에는 삶을 위하여 필요한 재화를 생산하고 분배하는 일, 나라를 지키고 질서를 확보하는 일, 아름다움을 추구하는 일, 젊은이들을 훈련하고 교육하는 일들이 한꺼번에 용해되어 들어 있다. 한국교육사는 한국인의 삶의 여러 국면을 '개념상' 으로 구분하여 역사상 여러 시대에 일어났던 '젊은이들을 훈련하고 교육하는 일' 을 서술하는 데에 그 목적이 있다. 그러나 이 삶의 국면들 사이의 구분은 어디까지나 개념상 구분일 뿐 사실상 분리를 뜻하는 것은 아니다. 언뜻 보기에 교육과 거리가 먼 것처럼 생각되는 사실이 교육사에서 중요성을 가지는 이유는 삶의 여러 국면이 긴밀하게 상호관련되어 있다는 데에 있으며, 교육사에 등장하는 다양한 교육이론은 인간 삶의 시대적 표현을 보여 주는 것으로 이해

될 수 있다.

우리가 유의해야 할 점은, 각 시대의 삶은 역사적 연속성으로 말미암아 오늘날의 우리의 삶과 근본적으로 다른 것이라고 말할 수 없다는 것이다. 역사상의 어느 시대와 마찬가지로 오늘날의 우리도 삶의 여러 가지 관심사가 혼연일체로 복합된 그런 삶을 살고 있고 또 그 안에서 '젊은이들을 훈련하고 교육하는 일'을 하고 있다. 역사상 여러 시대의 삶은 '행복한 삶', '삶과 죽음', '인간과 자연의 질서' 등에 관하여 생각을 가지고 살아온 삶이며, 우리의 삶 또한 그와 같은 문제를 고민하며 사는 삶이다. 다만 차이가 있다면 그 사이에는 시간상의 거리가 있다는 것뿐이다. 그와 같은 문제는 우리만 가지고 있는 것이 아니라, 우리의 선조들도 가지고 있었던 문제이며, 그것이 시간의 흐름을 따라 오늘날 우리에게도 이어져 내려 왔다는 것이다. 그러므로 우리의 선조가 살았던 이전 시대의 삶을 이해하는 것은 곧 우리의 삶을 이해하는 것이요, 우리 선조들의 인간됨을 이해하는 것은 곧 우리 자신의 인간됨을 이해하는 것으로 된다.

특별히 이 책에서는 교육사가 교육이론의 시대적 표현이라는 점을 보여 주고자 한다. 우리의 선조들은 '교육이론'에 특별히 관심을 기울이지 못하였다. 사실을 두고 말하자면 교육이론이라는 말은 교육학이 학문으로 성립한 뒤에 생긴 말이다. 우리의 선조들은 직접적으로 교육에 관한 이론을 만들어 내지 않았을 뿐만 아니라 대부분의 경우에 우리 선조들은 그냥 교육을 할 뿐, 별도로 교육활동의 의미에 관하여 논의를 한다든가 교육의 방법에 관하여 심각한 사고를 하는 등의 교육에 관한 소위 이론적 작업을 하지 않았다는 것이다. 그러나 교육이 올바른 삶의 문제와 관련을 맺고 있다고 하면, 과연 각 시대의 우리의 선조들이 올바른 삶의 문제를 소홀히 하였는가에는 의문의 여지가 있다. 오히려, 우리의 선조들도 확실히 이 올바른 삶의 문제를 심각하게 생각하였다고 보는 것이 온당할 것이다. 후손인 우리들은 교육학이라는 학문을 배웠고 교육이론을 만든다는 것이 무엇인지 알고 있다. 그러므로 우리 선조들이 심각하게 생각하였던 올바른 삶의 문제를 교육이론으로 만들어 내는 일이야말로 우리 후손들이 해야 할 일이라고 믿어 의심하지 않는다.

이 일을 하는 동안에 머리 속에 언제나 두고 있는 관점 또는 개념적 틀을 말하고자 한다. 사실은 이 관점 때문에 새롭게 한국교육사를 쓰고자 하는 생각을 갖게 되었다고까지 말할 수 있다. 그 관점이라는 것은 '정치와 교육의 관계', '聖域(성역)과 俗世(속세)의 구분', '이상적 인간상의 변천', '제도의 변화' 등이 그것이다. 이하에서는 이 네 가지 관점이 어떤 것인가를 대강 서술해 보겠다.

첫째로, 한국교육사는 '정치와 교육의 관련'[1]이라는 관점에서 조명될 수 있다. 올바른 삶의 문제를 다루는 분야가 있다면, 그것은 아마도 정치와 교육이라고 말할 수 있을 것이다. 정치와 교육은 올바른 삶의 문제에 공통적으로 관심을 가지고 있다. 그러나 이 두 분야는 올바른 삶이라는 문제에 관심을 가지고 있기는 하지만, 각각 그 존재 양상에 있어서 차이가 있다. 우선, 정치의 의미를 두 가지 관점에서 규정해 보고 그것과 관련하여 교육이 어떤 위치를 차지할 수 있는가를 말해 보고자 한다. 그 두 가지 관점이라는 것은 정치에 관한 소극적 관점과 적극적 관점을 가리킨다. 먼저 소극적 관점에서 정치의 의미를 규정하자면, 정치의 본질은 다른 활동들이 잘 수행되도록 도와주는 데에 있다. 이 점에서 정치는 스스로의 필요성이 최소한으로 되는 상태, 다시 말하여 다른 활동들이 정치의 도움을 최소한으로 요구하는 상태를 실현하는 데에 힘쓰는 활동으로 볼 수 있다. 정치가 다른 활동들과 맺는 이러한 관련은 교육과 다른 활동들의 관련에 있어서도 그대로 적용된다. 하나의 구체적인 활동으로서의 교육이 가지는 특이성이 있다면, 그것은 정치와 마찬가지로 스스로의 존재의의를 없애 버리는 것을 목적으로 한다는 점이다. 말하자면 교육이라는 활동은 그 대상인 피교육자들로 하여금 교육을 통해 배운 활동을 혼자의 힘으로 할 수 있도록 도와주는 일이며, 피교육자가 더 이상 도움을 필요로 하지 않게 될 때 비로소 그 목적이 달성되는 것이다. 교육은 이 점에서 정치와 유사성을 갖는다. 이 말을 달리 하면, 교육은 이 점에서 다른 활동과 구분된다는 뜻이 된다.

적극적인 관점에서 정치의 의미를 밝히기 위해서는 정치는 다른 활동들이 '잘 수행되도록 한다'는 것이 무엇을 뜻하는가 하는 것이 밝혀져야 한다. 활동들이 '잘 수행되도록 한다'는 것이 무슨 뜻인가 하는 질문은 결국 '올바른 삶의 의미가 무엇인가' 하는 질문과 통한다. 정치는 이 올바른 삶의 의미가 무엇인가 하는 문제와 정면으로 마주 대하고 있다. 정치는 사람들로 하여금 각각의 활동에 종사하면서 살도록 하되, 그 삶의 과정이 부단히 올바른 삶의 의미를 추구하고 그 의미에 따라 살 수 있도록 꾸준히 도와주는 일이다. 이것이 바로 적극적인 관점에서 본 정치의 본질이다. 그렇다면 소극적 관점에서의 정치와 적극적 관점에서의 정치는 서로 모순되는가? 반드시 양자가 모순된다고 볼 필요는 없다. 이것은 곧 정

---

1) 이하 정치와 교육의 관련에 관한 자세한 내용은 李烘雨, '정치와 교육', 「교육의 목적과 난점」(제6판), 교육과학사, 1998, pp.285-306 참조.

치의 적극적 의미가 소극적 의미 속에 함의되어 있다는 뜻이요, 적극적 의미는 소극적 의미에 함의되어 있는 그 내용을 명시적으로 드러내어 말한 것에 불과하다는 뜻이다. 정치의 의미를 적극적인 관점에서 해석할 때, 교육과 정치는 올바른 삶의 의미를 확인하고 구현한다는 공통의 관심사를 매개로 하여 긴밀한 관련을 맺고 있는 것이 된다. 교육은 정치에 대하여 올바른 삶의 의미를 규정해 주고 제시해 주어야 하며, 정치는 그 올바른 삶의 의미가 구체적으로 실현되도록 백성들의 삶을 방향지워 주어야 할 것이다.

한국교육사는 정치와 교육의 관련이라는 이 관점에서 서술될 수 있다. 특히, 고대사회에서 교육과 정치가 분리되지 않은 채 존재한다는 사실은 이 관점이 그 시대의 교육의 의미를 드러내는 데에 대단히 중요하다는 것을 시사한다. 물론 고대사회 이후의 여러 시대의 경우에도 마찬가지일 것이다.

둘째로, 한국교육사는 성역과 속세의 구분[2]이라는 관점에서 조명될 수 있다. 그 존재양식으로 보면, 인간은 두 개의 차원에서 존재한다. 그 하나는 성역이라는 차원에서 존재하는 것이요, 다른 하나는 속세라는 차원에서 존재하는 것이다. 전자는 종교적 인간에 해당하며, 후자는 세속적 인간에 해당한다. 종교적 인간은 그가 어느 시대, 어느 곳, 어느 상황에 처해 있든지 간에 현실을 넘어서 있으면서도 그 현실 안에 스스로를 현현하며, 그렇게 함으로써 이 세상을 聖化(성화)하고, 이 세상에는 절대적 실재, 거룩한 것이 있다는 것을 믿는다. 더 나아가 종교적 인간은 생명이 거룩한 근원을 가지고 있다는 것과, 인간은 노력 여하에 따라 종교적 인간으로서 거룩하게 될 수 있다는 것을 믿는다. 거룩한 그 어떤 것이 인간과 세계를 창조했고, 문화영웅들이 천지창조를 완성하였으며, 이 모든 것들은 신화들 속에 보존되어 있다. 따라서 인간이 거룩한 것에 가까이 가기 위해서는 거룩한 역사를 재연해야 하고, 신들의 행위를 모방해야 한다는 것이다.

여기에 비하여 세속적 인간은 초월을 거절하며, 모든 것을 상대적인 것으로 받아들이며, 심지어 존재의 의미를 의심하는 데에까지 나아간다. 세속적 인간은 자신을 오로지 역사의 주체 또는 역군으로만 간주하며 초월을 향한 모든 호소를 거절한다. 세속인은 오로지 신성화에서 벗어나는 정도에 비례하여서만 그 자신을 완전하게 만든다고 믿고 있다. 세속적 인간에게 있어서 거룩한 것은 세속인의 자유에 대한 최대의 장애물로 간주되며, 그 자신을 인식하는 것은 선조들의 미신으

2) Mircea Eliade, *The Sacred and the Profane—The Nature of Religion*, trans. by Willard R. Trask, Harcourt, Brace & World, Inc., 1959.

로부터 스스로를 자유롭게 하고 정화시킨 정도에 비례한다.

한국교육사에서 우리는 교육의 모습이 거룩한 것으로부터 세속적인 것으로 변화되어 왔다는 것을 확인할 수 있다. 말하자면 고대사회의 교육의 모습이 거룩한 것을 추구하는 전형적인 모습을 보여 주는 것이었다면, 삼국사회, 고려사회, 조선사회의 교육은 그 거룩한 것이 어떤 형태로든지 간에 점차 세속적인 것으로 타락한 모습을 보여 준다고 할 수 있는 것이다. 성역과 속세의 문제와 관련하여 한국교육사에서 중요하게 다루어야 할 항목이 있다면, 그것은 유교, 불교, 도교이다. 고대사회는 일반적으로 그렇듯이 샤머니즘이 지배하였다. 그러나 소위 고등 종교인 유교, 불교, 도교가 들어오면서 모든 것이 달라졌다. 우리가 주목해야 할 것은 종교 그 자체가 점차로 속세적 경향을 띠는 것으로 변화한다는 사실 이외에, 특히 교육제도가 세속적 성격이 강한 유교를 바탕으로 삼고 있었던 반면 종교는 불교, 도교, 도참 등 초월적 성격이 강한 것을 믿고 있었다는 사실이다. 유교, 불교, 도교, 도참사상들이 서로 혼융되어 있는 상태에서 그것들을 어떻게 조화롭게 받아들였는가 하는 것이 당면한 커다란 탐구문제인 것이다. 그러나 이들 사회에서 사람들이 가지고 있던 올바른 삶의 문제가 무엇인가가 분명해지면, 그 문제는 다소간 해결의 실마리를 잡을 수 있을지 모른다.

셋째로, 한국교육사는 이상적 인간상의 변천이라는 관점에서 조명될 수 있다. 교육은 올바른 삶을 추구하면서 그 올바른 삶을 살았던 인물을 모델로 정할 수도 있고, 오로지 개념적으로만 그런 인간을 상정할 수도 있을 것이다. 교육사가 이상적 인간을 추구해 온 역사라고 한다면, 각 시대에는 그 나름대로 추구한 이상적 인간상이 있었다고 보아야 한다. 인간의 삶이 가진 연속성을 이해한다면, 추구해 온 이상적 인간상 또한 각 시대의 상황에 따라 변한다고 할 수도 있고 변하지 않는다고 할 수도 있다. 고대사회에서 이상적 인간상은 貴族戰士(귀족전사)라고 말할 수 있다. 적어도 인간이 최초로 사회를 이루고 살았을 때에는 그 사회를 유지하기 위해서 무력이 위력을 발휘했을 것이다. 무력은 사회를 성립시키는 데에 필요했을 뿐만 아니라, 그 사회를 바깥 세력으로부터 보호하기 위해서도 필요하였던 것이다. 그러나 일단 사회가 제 모습을 갖추게 되면 오로지 무력으로만 사회를 지탱해내기에는 여러 가지 어려움이 따르게 된다. 예컨대, 무력 이외에 아무런 차이를 발견할 수 없는 백성들이 어떻게 통치자의 권위를 인정할 수 있었겠는가? 그러므로 하늘과의 관계 속에서 백성을 대표한다는 생각을 갖도록 하기 위해서는 하늘로부터 백성과는 다른 어떤 힘을 받았다는 것을 보여 주어야 한다. 이것이

祭儀(제의)를 통해서 백성들에게 하늘로부터의 힘을 받았다는 인정을 받는 계기가 되었을 것이다. 이 힘을 전수하기 위해서는 필연적으로 어떤 부호나 상징이 있어야 한다. 그것이 다름 아닌 문자인 것이다. 그리고 이 일을 해내기 위해서는 문자가 신성하다는 것을 백성들에게 알려야 한다. 그 한 가지 방안이 곧 문자를 배우는 것이 매우 어렵고 힘든 일이라는 점을 알도록 하는 것이었다. 그리하여 세월이 지나감에 따라 이 문자를 배우는 것이 바로 하늘과 통한다는 생각을 갖도록 하였다. 마침내 백성들은 무력보다는 문자를 아는 것이 더 고귀하다는 것을 깨닫게 된다. 이런 과정을 거치면서 교육에서 기르려는 이상적 인간상은 귀족전사에서 文士(문사)로 변하게 된다. 그 후 이상적 인간상이 귀족전사에서 문사로 전개되는 과정은 시대와 사회상황적 조건에 따라 차이를 보이지만 그 변화의 방향은 동일하다.

　　우리나라의 경우를 두고 말하면, 한자가 들어 오기 이전에는 앞에서 말한 귀족전사가 그 사회를 지배하였다. 한자가 들어 오면서 武士(무사)인 동시에 문사인 인간상이 이상적 인간상으로 강조되었던 것이다. 고구려의 경우, 이상적 인간상은 朱蒙(주몽)과 같은 활을 잘 쏘는 무사였다. 고구려가 발전하면서 한자가 들어온 이후에 이상적 인간상은 을지문덕과 같은 인간상으로 변한다. 신라의 경우에는 김유신과 같은 화랑이 이상적 인간상이었으며, 그 후 통일 신라가 되자 讀書三品科(독서삼품과)에서 上品(상품)의 인간으로 인정된 것은 최치원과 같이 글을 잘 아는 문사였다. 고려시대에 와서는 글을 잘 아는 문사가 문벌귀족이라는 생각으로 바뀌었다(앞에서 말한 문사와 문벌귀족은 무력보다는 글을 중시한다는 점에서 동일한 것이지만 문사에 비하여 문벌귀족은 훨씬 계층적인 의미를 많이 내포하고 있다). 그러나 고려사회는 지나치게 문사를 높이고 전사를 깔보았기 때문에 전사들이 문사를 무력으로 제압하게 된다. 이것이 그 유명한 무신의 난이 아니겠는가. 물론 다시 문사들이 지배자의 자리를 되찾기는 했지만 앞 시대와는 다른 문사라고 보아야 한다. 이어서 조선왕조시대에 와서는 문사와 전사를 동등하게 대우하겠다는 생각으로 구성된 文班(문반)과 武班(무반), 즉 兩班(양반)이 되는 것이 당시 사람들의 꿈이었다. 그러나 여전히 여기에서도 문사인 사대부가 더 존중되었던 것이 사실이다. 왜란과 호란 등의 혼란을 거치면서 사대부들이 지향해야 할 인간상이 바뀌는데 그것이 다름 아닌 實學人(실학인)이며, 이것이 개국을 통한 開化人(개화인)으로 바뀌게 된다.

　　넷째로, 한국교육사는 '제도'[3]의 변화라는 관점에서 조명될 수 있다. 제도라는 것은 무엇인가? 물론 여기에는 교육제도도 포함되어 있다. 제도는 한 마디로 말하여 개인이나 집단이 일일이 결정해야 할 사항들을 미리 대신 결정해 놓고 있는 것이라고 할 수 있다. 제도는 개인에 비하여, 논리적으로 우선한다. 시간상으로 보면, 개인이 먼저 있고 그 개인들이 제도를 이루어 놓았다고 볼 수 있으나, 논리적으로 보면 개인들이 모여 살 때 '이미' 제도가 있는 것이요, 제도라는 것은 개인들이 모여서 살 때 그 살아가는 방식의 의미를 가리키는 것이라고 볼 수 있다. 제도는 집단의 활동방식에서 논리적으로 분석되어 나오는, 그 활동의 의미이다. 제도는 개인의 집단생활 속에 논리적 가정으로 이미 붙박혀 있는 것이다. 그러므로 제도가 없이는 개인이 있을 수 없다고 보아야 한다. 예컨대, 현재 우리가 가지고 있는 교육제도는 현재 우리가 하고 있는 교육활동의 의미에 관한 우리 조상들의 집단적 사고를 반영하고 있다. 그리고 그 교육제도 안에서 사는 후세대는 그것에 반영되어 있는 활동의 의미를 배운다고 말할 수 있다.

제도는 하나의 총체를 이룬다. '총체'라는 것은 그것을 구성하는 요소가 있다는 것과, 그 요소들이 잡동사니로 모여 있는 것이 아니라 어떤 방식으로든지 논리적 관련을 맺고 있다는 것을 전제로 한다. 제도가 하나의 총체를 이루고 있다는 것은 일정한 공간에서의 우리의 삶이 총체를 이루고 있다는 것과 같은 뜻이다. 우리의 삶에는 다양한 활동이 포함되어 있으며, 이 활동들이 서로 얽히고 설켜 우리의 삶을 이루고 있다. 그 하나하나의 활동의 성격 또는 의미는 제도라는 총체의 구성요소로서, 그들이 상호 논리적인 관련을 맺으면서 제도를 이루고 있다고 말할 수 있다. 제도는, 우리의 삶이 그렇듯이, 늘 살아 움직이고 있다. 제도의 변화는, 이와 같이, 제도가 살아 움직인다는 사실에서 필연적으로 따라오는 결과이다.

한국교육사를 기술하는 데에 있어서 필연적으로 부딪히는 문제가 있다면 그것은 교육제도의 의미를 어떻게 파악하여야 할 것인가 하는 것이다. 교육제도는 과연 어떤 의미를 지니고 있는가? 역사책에는 교육제도가 나오는 시대도 있고 교육제도가 나오지 않는 시대도 있다. 교육제도가 없으면 교육은 없는 것인가? 교육제도가 있다고 하면 그 교육제도가 반영하고 있는 활동의 의미는 무엇인가? 교육제도가 나타나지 않았다 하더라도, 여전히 그 시대에도 틀림없이 교육활동의 의미에 관한 심각한 사고가 진행되고 있었다고 보아야 하며, 교육제도가 나타나 있다면, 그것은 그 시대 사람들의 집단적 사고를 반영한 것이라고 보아야 한다. 한국

---

3) 제도의 의미와 그 교육적 함의에 관한 자세한 논의는 李烘雨, '제도의 아름다움', 「교육의 목적과 난점」(제6판), 교육과학사, 1998, pp.255-284 참조.

교육사에서 교육제도가 중요성을 가지는 것은 교육제도에는 언제나 그 시대의 집단적 사고가 들어 있다는 사실 때문이다. 이 점은 한국교육사 연구와 관련하여 충분히 강조되어야 한다. 다만 한 가지 유의해야 할 점은 제도에는 두 가지 수준의 불완전성이 개재되어 있다는 것이다. 그 하나는, 어떤 한 시점에서 하나의 활동이 수행되는 방식은 그 당시까지 그 활동의 의미에 관한 사람들의 생각을 반영하지만, 그 활동의 방식이 반드시 그 활동의 의미를 완전무결하게 반영한다고 볼 수는 없다는 것이다. 다른 하나는 하나의 활동은 그 제도 안의 다른 활동들과 논리적인 관련을 맺고 있지만, 그 활동의 의미가 반드시 제도 전체와 일관된다고는 볼 수 없다는 것이다. 예컨대, 성균관이라는 교육제도가 있을 때 그 제도는 그것에 반영되어 있는 의미 그대로 일관되게 운영되었다고 볼 수 없는 것이다. 그러므로 한국교육사에서 교육제도를 다룰 때에는 그 교육제도에 담겨 있는 교육활동의 의미를 찾아내어, 그 교육제도가 살아 움직인다는 느낌을 갖도록 기술하는 것이 무엇보다도 중요하다.

지금까지 우리는 한국교육사를 서술함에 있어서 갖고 있어야 할 관점을, '정치와 교육의 관계', '성역과 속세의 구분', '이상적 인간상의 변천', '제도의 변화' 등으로 제시하였다. 그러나 이와 같이 구분은 하였지만, 이 구분은 개념적 구분일 뿐이다. 사실 이 몇 가지 관점은 서로 논리적 관련을 맺고 있으며, 총체적 관점인 교육관에 비추어 보면, 동일한 것의 상이한 표현이라고 말할 수 있을 것이다. 결국 교육은 인간을 다루는 것, 구체적으로 말하여, 인간의 마음을 다루는 것이라고 볼 수 있다. 그렇다면 교육이 그 인간의 마음 속에 심어 주려고 한 생각은 무엇인지를 드러내는 것이 매우 중요한 과제로 대두된다.

제1장
교육의 원초적 형태

　인류가 역사의 기록을 가지고 있었던 때보다는 가지고 있지 않았던 시대가 더 길었다는 것은 누구나 잘 알고 있는 사실이다. 문화라는 것이 문자가 있고 나서 가능한 것이라고 생각한다면 先史(선사) 시대에는 문화라고 부를 만한 것이 존재하지 않았다고 보아야 할 것이다. 그러나 선사 시대에는 문자가 없었다 하더라도 예술과 신앙에 해당하는 것이 있었다는 것은 받아들일 수밖에 없을 것이며, 예술과 신앙 또한 문화에 속하는 것이라고 한다면 선사시대에도 문화는 존재했다고 보아야 한다.

　우리나라에 구석기가 있었다는 사실은 1962년 함북 웅기군 노서면 굴포리 서포항 등에서 유물이 출토되고, 그 뒤 1964년 충남 공주군 장지면 석장리에서도 유물이 발견됨으로써 밝혀졌다. 이 고고학적 발굴은 우리나라에서의 선사예술과 신앙활동이 구석기 시대부터 시작되었을 가능성이 많다는 것을 시사하고 있다. 오늘날 대부분의 고고학자들은 구석기 시대의 예술품이 그 당대의 것임에 틀림없다는 점을 믿을 만한 자료에 근거하여 주장하고 있으며, 특히 현재 지구상에서 여전히 원시 시대를 살아가는 미개인들이 제작하고 있는 모든 예술품이 신앙의 표현과 연결되어 있다는 사실을 들어 구석기 시대의 예술품은 사람의 마음에 내재한 믿음의 의식을 표현한 것으로 생각하고 있다.[1] 고고학자들이 밝힌 바에 의하면, 선사 시대의 예술은 직접 본 실지 상황을 묘사하는 것으로서 일종의 즉흥적인 감정표현이라고 할 수도 있고, 순수한 상상을 표현한 것이라고 할 수도 있으며, 일상생활의 필요를 반영한 것이라고 할 수도 있다. 더 나아가 선사 시대의 예술은 현실에서 이루어지기를 빌거나 미래의 소망을 해결해 달라는 신앙을 나타내는 것일 수도 있다. 또한 그들에게도 미적 충동이 있어서 그 충동에 따라 도구를 힘들여 다듬고 손질하여 미적 욕구를 함께 충족하고자 하였을 수도 있다.

선사 시대에도 예술이 있었다는 것은 중기 구석기 시대의 사람들이 실지로 남긴 유물, 예컨대, 경남 언양군 천전리에 있는 쌍을 이루는 순록 그림과 석장리 집터에서 발견된, 고래를 땅바닥에 새긴 것, 물고기 머리를 떼고 선으로 새기고 눈을 둥글게 굼파기 한 것에서 증명될 수 있다.[2] 이것들을 보면, 그들에게 말과 예술이 있었다고 믿을 만하다. 그들이 남긴 유물에서 알 수 있는 것은, 짐승이나 사람을 나타내려고 한 유물은 '지닐 예술품'의 성격을 지닌다는 것이다. 물론 '노리개 예술품'도 있다. 또한 짐승의 그림을 다른 측면에서 보면, 짐승의 그림은 사냥의 소망을 이루기 위한 것이기도 하면서 동시에 포획된 짐승의 영혼을 생각하여 만든 것이기도 하였다. 그 그림에는 짐승의 영혼에 기대어 복을 구하고자 하는 마음이 들어 있으며, 바로 이 점에서 그 그림은 '섬길 예술품'으로서의 성격을 나타내고 있다. 짐승에 대한 이와 같은 표현은 그들의 신앙과 관련된다.[3]

구석기 시대에 예술과 신앙이 있었다고 하면, 이 예술과 신앙은 교육과 어떤 관련이 있는가를 살펴 보아야 할 것이다. 우선 생각의 발단을 '지닐 예술품', '노리개 예술품', '섬길 예술품'에서 말하는 '지님', '노리개', '섬김'에서 찾아 보고자 한다. 지닐 예술품에서 '지님'은 자기 자신이 지니기 위하여 자신이 만든 것에 가치를 부여하는 것이다. 다른 사람을 의식하지 않는다는 점에서 그것은 곧 그 물건 자체의 가치만을 인정하는 것을 가리킨다. 다음으로, 노리개 예술품에서 '노리개'는 놀이의 변형된 말로서 놀이 그 자체의 가치, 즐거움 이외에는 어떤 것도 바라는 것이 없는 것이다. 참으로, 놀이를 하면서 놀이 이외의 것의 가치를 염두에 두면 과연 그것이 놀이가 될 수 있는지 의심스러울 것이다. 마지막으로, 섬길 예술품에서 '섬김'도 섬기는 것 이외의 다른 의도, 목적, 가치를 두면 섬김의 본질이 깨지는 것은 명백하다.

1) 崔福奎, '한국의 선사 시대 예술과 그에 나타난 신앙의식-구석기 시대를 중심으로', 「백산학보」 제24호, 1978, p.60.
2) 孫寶基, '예술과 신앙', 국사편찬위원회, 「한국사론」 12, 1983, pp.665-706.
3) 「상게서」, p.226.

선사 시대의 예술과 신앙의 본질이 이러한 것이라면, 그것들과 교육의 관련은 명백해진다. 오늘날의 학교를 가리키는 영어단어 '스콜레(shóle)'의 어원이 '여가'를 가리키는 희랍어 'schóle'라는 점만 생각해 보더라도, 한 편으로 교육과, 다른 한 편으로 예술과 신앙 사이에 일맥 상통하는 점이 있다고 볼 수 있는 것이다. 아마도 구석기 시대 사람들은 스콜레의 정신에 따라 '지님, 노리개, 섬김의 예술품'을 창작하면서 그와 동시에 그것을 다음 세대 젊은이들에게 가르쳤을 것이다.

구체적인 사례를 들어 보겠다. 우리나라 점말 두루봉(셋째 간빙기층)에서 다음과 같은 증거가 나왔다. 즉, 사슴의 오른쪽 엉덩뼈를 가지고 받침뼈 쪽을 쪼아 내서 곰의 얼굴모습을 나타내고 감춤뼈 솟기 마디를 잘라 내고 이음뼈 불록점 밑을 쪼아서 떼어 내었다. 그리고 곰의 머리 밑 가슴 부분으로 볼 수 있는 자리에는 구멍을 뚫어 놓았다. 이것은 서 있는 곰을 나타낸 것으로 곰이 바른쪽 앞발(팔)을 들고 서 있는 모습을 띠고 있다. 이 유물은 곰을 사냥할 때에는 창을 곰의 염통 쪽으로 비스듬하게 세우고 엎드리면 곰이 사람에게 대들려고 하다가 염통이 창에 찔리는 것을 가르치기 위한 것으로 볼 수 있다. 이것은 사냥을 가르치기 위한 시각 교과서의 구실을 한 것으로 보인다.[4]

구석기 시대가 서서히 지나면서 신석기 시대가 도래한다. 신석기 시대야말로 (학자에 따라서는 때로 청동기 시대) 한반도에 오늘날의 우리의 조상들이 살기 시작하였으므로 매우 중요한 시기임에 틀림없다. 그러면 신석기 시대의 교육의 모습은 과연 어떠했는가? 먼저, 신석기 시대의 유적과 유물을 살펴보는 것이 순서일 것 같다. 이 시대의 유적과 유물로는 주거지, 패총, 분묘, 마제석촉, 돌칼, 석기, 돌도끼, 반월형 돌칼, 골각기류 등을 들 수 있다. 이 유적과 유물은 모두 실용을 추구한 것이면서도 예술, 신앙과 직접적으로 관련되어 있다. 예컨대, 구석기 시대보다 훨씬 정교한 모양을 만들어 내는 석기 제조법을 보면, 자연돌덩이를 그냥 쓰던 것을 打石法(타석법)을 써서 타제석기로 바꾸었고, 磨石法(마석법)을 써서 미리 만들 도구의 모양대로 돌을 끊고 갈아 곱게 만들었다. 골각류도 인공을 가한 흔적이 있다. 토기는 뭉쳐 만드는 법에서 고리를 쌓아 만드는 법, 감아 쌓아 올리는 법, 틀에 넣어 만드는 법, 틀에 발라 만드는 법, 발판을 돌려 만드는 법을 보여 주고 있다.[5] (이하에서 자세히 말하겠지만, 적어도 이 시기의 교육은 나이 많고 경험 많은

4) 「상게서」, pp.223-224.
5) 李萬珪, 「조선교육사」(상), 을유문화사, 1947, p.15.

어른이 젊은이들의 스승이 되어 경험과 모방의 방법에 따라 행한 교육일 것이다.)

　오늘날의 개념 또는 이론을 가지고 그 시대의 사태를 '보니까' 교육, 예술, 신앙이 서로 구분되는 것처럼 보이지만, 사실상 구석기에서 신석기에 이르는 시기에는 교육, 예술, 신앙이 서로 구분됨이 없이 서로 융화되어 있었다고 보아야 한다. 바로 이 점에서 이 시대는 교육의 참뜻을 원초적으로 담고 있는 시기라고 볼수 있다. 우리가 이 시대의 교육을 연구할 필요가 있는 것도 그러한 이유에서이다. 물론, 현재로서는 이 시대를 연구하기에는 자료가 형편없이 부족한 것이 사실이다. 그럼에도 불구하고 이 시대의 교육에 관한 연구에 더욱 박차를 가해야 하는이유는 이 시대의 교육이 교육의 원초적 모습을 보여 주는 만큼 오늘날 우리의교육을 이해하는 데에 있어서 대단히 중요한 시사를 준다는 데에 있다.

1. 고조선의 교육

　청동기 시대에 접어들면서 城邑國家(성읍국가)의 형태를 띤, 각지의 정치적 사회가 생겨나게 된다. 구체적으로 말하면, 북쪽으로 송화강 유역에는 夫餘(부여), 압록강 중류에는 濊貊(예맥), 요하와 대동강 유역에는 古朝鮮(고조선), 동해안 함흥평야에는 臨屯(임둔), 황해도 지방에는 眞番(진번), 그리고 한강 이남에는 辰國(진국) 등이 생겨나게 된다. 이 성읍국가들은 대략 기원전 4세기경에는 벌써 중국에까지 그 존재가 알려져 있을 정도로 발달하고 있었다. 이들 중에서 요하와 대동강 유역에 자리 잡고 있었던 고조선은 그 지역에서 청동기의 유물을 제일 많이남기고 있다[6]는 사실만 보더라도 가장 발달된 선진국가의 형태를 나타내고 있었다고 볼 수 있다.

　고조선의 건국은 신화로 제시되고 있다. 신화는 원래 하나의 이야기 형식으로이루어져 있다가, 그것이 오랜 기간 동안 말로 전해 내려 오는 과정에서 어느 때인지는 모르지만 문자로 기록되어 남게 된다. 기본적으로 신화는 제의에서 구송되면서 제의의 의미를 설명해 주기 위한 것이지만, 신화에 담긴 신념체계는 제의

---

6) 李基百,「韓國史新論」, 一朝閣, 1990, p.33.

를 실천하는 과정에서 참여자들에게 내면화되고 다음 세대로 전해진다. 고대사회에 있어서 신화의 신념체계는 곧 사물을 설명하는 설명체계로서의 기능을 한다는 점에서 그 의의를 가진다. 신화의 영어단어인 'myth'가 희랍어 'muthos (speech, word)'에서 나왔다는 사실이 그 점을 보여 주고 있다. '신화는 현존하는 사실이나 과거의 역사적 사건을 신화적 논리로 설명하는 설명체계이다.'[7] 신화는 분명히 무엇을 설명하는 하나의 이야기 체계인 것만은 틀림없다. 신화를 해석하는 논리에는, 첫째로 신화는 상징적 논리에 의거하여 사물을 설명한다는 것과, 둘째로 상징적 논리와 상징적 표현은 상징의 준거 또는 대상이 실재하기 때문에 기능을 한다는 것을 들 수 있을 것이다.

檀君神話(단군신화)에 대한 종래의 해석은 고조선의 국가형성과 단군신화의 관련을 드러내는 데에 그 목적이 있었다고 해도 지나친 과장이 아닐 것이다. 그러나 고대사회의 신화에는 정치, 교육, 종교가 뚜렷하게 구분되지 않은 채로 한꺼번에 들어 있다는 점에서 단군신화는 교육과 관련하여 해석될 수 있으며, 마땅히 그렇게 되어야 할 것이다. 이하에서는 단군신화에 들어 있는 교육적 의미를 정치와 종교와 관련하여 해석해 보고자 한다.

먼저, 단군신화에 나타나 있는 桓雄(환웅)의 弘益人間(홍익인간) 이념은 현세에서의 삶의 의미의 구현이라는 정치적 측면을 드러내고 있다. 단군신화의 내용 중에서 홍익인간의 이념을 보여주는 부분을 인용하면 다음과 같다.

옛날에 桓人(환인)의 아들 환웅이 있었는데 자주 나라를 가져 볼 뜻을 두고 인간 세상을 지망하더니 그 아버지가 아들의 뜻을 알고 세 높은 산 중의 하나인 태백산을 내려다 보니, 인간들에게 크나큰 이익을 줌직한지라, 이에 天符印(천부인) 세 개를 주어 보내여 여기를 다스리게 하였다. 환웅은 무리 3,000명을 거느리고 태백산 꼭대기 神檀樹(신단수) 아래 내려오니 여기를 神市(신시)라 이르고 그를 환웅천왕이라 하였다. 그는 바람 맡은 어른, 비 맡은 어른, 구름 맡은 어른들로써 농사와 생명과 질병과 형벌의 선악을 맡게 하는 등 무릇 인간살이의 360여 가지의 일을 주관하여 세상에 살면서 교화를 베풀었다.

정치는 그 자체로는 아무런 활동을 하지 않으면서도 다른 모든 활동과 관련을 맺고 그 활동들이 잘 수행되도록 도와 주는 활동이라고 할 수 있다. 이렇게 볼 때

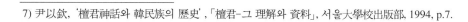

7) 尹以欽, '檀君神話와 韓民族의 歷史', 「檀君-그 理解와 資料」, 서울大學校出版部, 1994, p.7.

정치가 가장 필요한 상태는 다른 활동들이 정치의 도움을 가장 필요로 하는 상태, 다시 말하면 다른 활동들이 가장 잘못 수행되는 상태일 것이다. 신화에서 보면, 환인이 태백산을 내려다 보니 인간이 살고 있기는 하나 여러 가지 활동들이 잘못 수행되고 있었고, 환인은 현재 잘못 수행되고 있는 여러 활동을 하는 인간들에게 널리 도움을 줄 수 있다고 파악하고 하늘이 임금될 자에게 준다는 표적 세 개를 환웅에게 주어 보내어 정치라는 것을 하도록 하였다는 것이다.

정치는 여러 활동 중의 하나이면서 그와 동시에 그 여러 활동에서 한 차원 떨어져 그 활동들을 조정하는 것이다. 이 점에서 정치는 '활동에 대한 활동(메타 활동)'이라고 할 수 있다. 환웅이 태백산 아래에 살고 있는 인간들과는 한 차원 떨어져 있으면서 그들과 동일한 어떤 활동도 하지 않은 상태로 모든 활동들과 동일하게 관련을 맺고 있는 것은 메타활동으로서의 정치의 모습을 잘 보여 준다. 환웅이 맡으려고 하는 360여 가지나 되는 활동, 즉 곡식을 거두는 것, 수명을 다하는 것, 질병을 막는 것, 형벌을 주는 것, 선악을 판단하는 것 등의 인간의 모든 활동은 환웅이 정치를 통하여 조정하려는 활동이라고 할 수 있으며, 3,000의 무리와 三師(삼사)를 거느리고 내려 온 것은 그 활동들이 잘 수행되도록 하기 위한 것이라고 할 수 있다.

그러나 여기에 한 가지 문제가 있다. 그것은 여러 가지 활동들을 잘 수행하도록 한다는 것이 과연 무슨 의미를 가지고 있는가 하는 것이다. 여러 활동들을 잘 수행한다는 것이 무슨 뜻인가 하는 질문은, 따지고 보면, 잘 산다는 것이 무슨 뜻인가 하는 질문과 다르지 않다. 이 질문은 삶에서 가장 중요한 질문이라고 해야 할 것이다. 때로 사람들은 각각 상이한 삶을 살아간다는 사실을 중시하여, 여러 삶 사이에 공통된 삶의 의미라는 것이 있을 수 없다고 생각할 수도 있지만, 그러한 생각은 각각의 상이한 삶 사이에 있다고 보아야 하는 공통된 삶의 기반 또는 의미를 부당하게 도외시하는 결과를 초래한다. 그 공통된 기반을 도외시하고도 삶이 의미를 지닌다면 그 때의 삶은 개개인이 옳다고 생각하는 대로 활동을 수행하면서 세상을 살아가는 삶일 것이다. 바로 여기에 정치의 또 다른 역할이 있다. 정치는 사람들로 하여금 각각의 활동에 종사하면서 살도록 하되, 그 삶의 과정이 부단히 공통된 삶의 의미를 향하여 나아가는 것이 되도록 도와주는 일인 것이다.

다음으로, 단군신화의 내용 중에서 곰에서 인간으로 거듭나는 과정은 공통된 삶의 의미를 전수하는 교육의 측면을 드러내고 있다. 삶의 과정에는 공통된 삶의 의미가 작용하고 있다는 점을 받아들일 때, 그것을 실현하는 것으로서의 정치는 교육과 밀접히 관련되어 있다. 단군신화의 내용 중에서 교육과 관련된 부분이 있다면 다음의 내용일 것이다.

때마침 곰 한 마리와 범 한 마리가 있어 같은 굴에 살면서 항상 신령스러운 환웅에게 사람으로 화하도록 해 달라고 빌었다. 이 때에 환웅은 영험있는 쑥 한 타래와 마늘 20개를 주면서 말하기를, '너희들이 이것을 먹고 100일 동안 햇빛을 보지 않으면 쉽사리 사람의 형체로 될 수 있으리라'고 하였다. 곰은 이것을 먹고 21일 동안 금기를 지켜서 곰은 여자의 몸으로 탈바꿈을 하게 되고 범은 금기를 지키지 못하여 사람의 몸으로 되지 못하였다.

곰이 인간이 되기 위하여 동굴 속에서 쑥 한 줌과 마늘 스무 뿌리를 먹고 스무하루 동안 햇빛을 보지 못한 채 금기의 생활을 영위하고 있었다는 것은, 교육과 관련해 보면, 하나의 인간이 세상에 태어나서 학교라는 곳에 들어가 현재의 자신과는 완전히 다른 하나의 인간으로 변혁되어 나가는 과정에 비유될 수 있다. '쑥은 쓴 것의 상징이고 마늘은 매운 것의 상징이라고 하면, 동굴은 새로운 생명이 탄생하는 자궁이고, 햇빛이 없는 동굴은 어둡고 무겁게 밀폐된 공간의 상징이다.'[8] 여기서 곰은 교육받고자 하는 학생이며, 동굴 속은 어두운 죽음의 공간이면서 동시에 밝음 혹은 빛을 예비하기 위한 공간으로서 오늘날의 학교와 같은 장소라고 할 수 있다. 21일이라는 긴 시간은 어둠의 시간, 시련의 기간이지만 또한 빛을 준비하는 기간이기도 하다. 학생이 배워야 할 내용은 오직 깜깜한 동굴 속 같은 것이며, 이 내용을 이해하여 빛을 보게 되는 것은 하고 싶은 것, 놀고 싶은 것, 먹고 싶은 것, 마시고 싶은 것 등을 참아 내었을 때 가능하다는 점에서 학생이 교육을 받는 기간(이른바 수업연한)은 그야말로 어둠의 시간, 시련의 기간이라고 해야 할 것이다. 학교에 어느 것이나 마음놓고 할 수 없는 금기사항이 가득한 이유는 바로 여기에 있다.

그러나 이와 같은 고통과 시련을 참아 내는 자는 반드시 광명의 기쁨(앎의 희열)을 맛보게 되며, 그 결과로 이제 인간은 완전히 다른 인간으로 변혁할 수 있게 된다. '표면상 고통과 희열은 서로 상극의 의미를 지닌 개념으로 파악된다. 고통의 반대가 희열이요, 희열의 반대가 고통이다 … 한 인간이 교육의 과정을 통하여

---

8) 李啓鶴, '단군신화의 교육학적 고찰', 한국정신문화연구원, 「정신문화연구」 통권 28호, 1986 봄, p. 62.

맛보게 되는 희열이란 實在(실재)에 대한 앎을 이루었을 때에 얻어지는 것이다.'[9] 학생은 학교라는 공간과 수업연한이라는 시간을 거치면서 그들의 지난날의 육신과 영혼을 훨훨 벗어 던지고 새로 거듭나며, 이 과정은 암흑의 세계에서 광명의 세계로, 차원 낮은 세계에서 차원 높은 세계로 진입하는 과정이라고 할 수 있다. 암흑의 세계에서 광명의 세계로 진입하는 과정은 단군신화에 있어서는 곰〔獸性〕이 인간〔人性〕으로 변하는 과정이라고 할 수 있으며, 곰과 인간의 차이가 정도의 차이가 아니라 종류의 차이라는 점에서, 한 인간이 교육을 받아 달라지는 것은 실로 대단한 변화라고 말해야 한다.

정치는 다른 것이 아니라 사람들로 하여금 각자 자신의 활동에 종사하면서 살도록 하되, 그 삶의 과정이 부단히 공통의 삶의 의미를 향하여 나아가게 하는 것이라는 관점에서 해석할 때, 교육과 정치는 공통된 삶의 의미를 확인하고 구현한다는 공통의 관심사를 매개로 하여 긴밀한 관계를 맺게 된다. 환웅이 곰에게 부여한 시련은 곧 공통의 삶의 의미를 받아들이기 위한 과정이며, 곰이 인간으로 변하는 것은 그 공통의 삶의 의미를 받아들인 결과를 가리킨다고 볼 수 있다.

마지막으로, 단군신화에서 단군을 신격화하는 부분은 더 높은 차원의 삶의 희구라는 종교적 측면을 드러내고 있다. 단군신화는 곰이 인간으로 변하는 것에 그치지 않고 다시 환웅과 웅녀 사이에 탄생한 단군을 내세워 인간에 있어서 신이 차지하는 위치를 드러내고 있다. 단군신화는 인간이 정말 원하는 것은 神과 같이 되고자 하는 것이라는 점, 인간은 신을 부러워하기도 하고 두려워하기도 하면서 신을 경외하는 삶을 살아가는 존재라는 점을 드러내고 있다. 참다운 인간이라면 거룩한 삶은 반드시 필요한 것이다. 이 점을 단군신화는 다음과 같이 설명하고 있다.

곰에서 변신되어 온 여인, 즉 웅녀는 혼인할 자리가 없었으므로 매양 신단수 아래서 어린애를 갖도록 해 달라고 빌었다. 환웅은 잠시 사람으로 화하여 아들을 낳으니 이름을 단군왕검이라 하였다. 이 단군왕검이 나라를 열었다. 평양성을 도읍으로 하고 朝鮮(조선)이라 불렀다. 이것은 중국의 堯帝(요제)가 즉위한 지 50년인 경인년의 일이었다. 뒤에 단군왕검은 도읍을 백악산 아사달로 옮겼다. 그곳은 일명 弓忽山(궁홀산)이라 하기도 하고 또 金彌達(금미달)이라 하기도 하였다. 그리고 단군왕검은 1,500년 동안 나라를 다스렸다. 주나라의 무왕이 은왕조를 멸하고 왕위에 올라 그 해에 은왕조의 箕子

9) 金安重, '단군신화의 철학적 분석', 정신문화연구원, 「정신문화연구」 통권 28호, 1986 봄, p.92.

(기자)를 조선의 제후로서 세우자 단군은 자리를 藏唐京(장당경)으로 옮겼다. 뒤에 단
군은 아사달에 들어가 은거하여 山神(산신)이 되었다. 그는 1,908년을 살았다.

역사를 넘어서는 차원, 궁극적이고 보편적이며 영원 불변하는 실재의 차원에
대하여 인간은 결코 무심한 채로 있을 수 없다. '인간은 궁극적 존재에의 물음을
물을 수 있을 뿐만 아니라 묻지 않으면 안된다. 즉, 인간은 궁극적 존재를 묻는 행
위로부터 이탈할 수 없는 것이다. 왜냐하면 인간은 자기가 그로부터 분리된 존재
의 힘에 속하여 있기 때문이며, 또한 그는 자기가 그 존재에 속하여 있음과 동시
에 분리되어 있다는 사실의 두 가지를 모두 알고 있기 때문이다.'[10] 초역사의 지
평을 향한 인간의 물음에 대하여 해답을 내려 주는 것으로서 우리는 먼저 종교를
들 수 있다. 종교는 어떤 절대적 초월존재를 중심으로 하여 전 세계에 통일적인
의미를 부여함으로써 인간을 초역사의 차원과 접합시킨다. '종교는 다양한 경험
을 통일시키려는 인간의 모든 시도 가운데 가장 야심적인 것이라고 할 수 있다.
그것은 총체적인 우주의 과정 속에서 하나의 중심적인 또 널리 퍼지는 자질 또는
품성에 도달하려고 한다. 인간은 그것을 향하여 일관성 있고 통일적인 양식으로
그 자신의 사고나 감정, 행동의 총체를 지향시킬 수 있는 것이다.'[11] 단군신화에
서 우리는 종교에 대한 열망의 단서를 볼 수 있다. 그것은 단군신화에서 단군이
신으로 승격된다는 사실에 있다. 이제 인간들의 삶의 지표에는 거룩한 것이 있어
서 자신의 삶을 그 지표에 맞추어 보면서, 부족한 것을 보충하기 위하여 끊임없이
노력하는 것만이 남게 되었다. 더 나아가 그 단군신을 모방함으로써 진정으로 참
다운 인간이 될 수 있게 되었다. 말하자면 인간은 단군신을 모방함으로써 거룩한
것 속에, 그리고 실재 속에 머무르려는 것이며, 모범적인 단군신의 태도를 계속적
으로 재연함으로써 자기가 사는 세상 전체가 聖化(성화)된다고 믿게 된 것이다.
　이 단군신화에는 정치와 교육, 그리고 종교가 하나로 용해되어 있다. 정치와 교
육은 그 내적 관련성에 의하여 관계를 맺으며, 교육은, 종교에서는 가장 먼저 갖추
고 있어야 하는 믿음을 최종적인 목적으로 삼는다. 단군신화는, 정치는 교육에 의
하여 규제되며, 교육은 다시 종교에 의하여 규제된다는 것을 보여주고 있다. 달리
말하면 정치에는 분명히 교육의 측면이 있고, 교육에도 종교의 측면이 있으며, 동
시에 종교에도 또한 교육의 측면이 들어 있다는 것이다. 단군신화는 그 세 가지가

10) P. Tillich, 鄭鎭弘(역), 「기독교와 세계종교」, 대한기독교서회, 1969, p.99.
11) W. L. King, *Introduction to Religion*, New York : Harper & Row, 1954, p.19.

필연적으로 서로 관련을 맺고 있을 때 인간은 참다운 삶을 살 수 있게 된다는 것을 보여주고 있다. 반대로 말하여 단군신화는 그 세 가지가 서로 멀리 떨어질수록 인간에게는 더욱 어두운 그림자를 드리운다는 점을 명확하게 시사해 주고 있다. 이 단군신화는 앞으로 전개될 교육의 모습이 어떠할 것인가를 미리 보여주는 것이다. 이하의 여러 장에서 밝힐 것이지만, 한국교육의 역사는 정치와 교육, 그리고 종교가 어떻게 용해되어 작용하고 있었는가 하는 것과 그 세 가지가 서로 어떻게 떨어져 나갔는가 하는 것을 자세히 보여 주는 역사라고 말할 수 있다.

2. 연맹왕국의 교육

고조선은 기원전 4세기 말에 요동으로부터 침입하여 온 燕(연)의 세력에 밀리면서 점점 쇠약해 갔다. 그러다가 고조선은 秦(진)의 세력권 속으로 들어가게 된다. 그러나 진은 중국을 통일한 지 10여 년 만에 망하고 漢(한)이 등장하게 된다. 여러 정변의 와중에서 중국으로부터 동쪽으로 망명하여 오는 자가 더욱 많아졌다. 그러한 망명자 중에 衛滿(위만)은 그 대표적인 사람으로서 그의 무리는 천여 명에 이르렀다. 위만은 처음 고조선의 準王(준왕)으로부터 변경을 수비하는 임무를 맡았었는데, 그 후 준왕을 축출하고 스스로 왕이 되었다(기원전 194-180년 재위). 이에 준왕은 남쪽 辰國(진국)으로 가서 韓王(한왕)이라 칭하였다. 한은 위만 조선을 멸망시키고 그 해(기원전 108) 위만 조선의 판도 안에다 낙랑, 진번, 임둔의 세 군을 두고, 그 다음에 貊(맥)의 땅에 현도군을 두어 소위 한의 四郡(사군)을 성립시켰다.

한편 한 사군의 성립과 함께 부여, 고구려, 동옥저, 동예, 삼한 등의 여러 연맹왕국이 형성되었다. 부여에 관한 기록이 나타나기로는 기원전 4세기경의 일이라고 보아야 하지만, 사실상 그 명칭이 역사에 자주 등장하고 있는 시기는 1세기 초부터이다. 이때 부여는 흉노나 고구려에게 위협적인 존재로 비칠 만큼 큰 세력을 형성하고 있었다. 그러나 晉(진)이 북방민족에게 쫓겨 남쪽으로 옮겨오면서 부여는 국제적인 고립상태에 빠지지 않을 수 없었다. 마침내 연의 대부 모용평이 고구려에 망하자(370), 부여는 고구려의 보호 밑에 놓이게 된다. 그러다가 왕족이 고구려에 항복하니 완전히 사라지게 되었다(494). 고구려는, 전설에 의하면, 기원전 37년에 주몽이 이끈 부여의 일파가 압록강 중류 동가강 유역의 환인 지방에 자리잡고 일어난 것으로 되어 있다. 아마도 고구려는 이미 자리 잡고 있었던 예맥과의 타협 위에 성립된 국가라고 볼 수 있을 것이다.

고구려는 중국민족과의 투쟁 과정에서 성립하였고(아마도 이 경우의 고구려는 연맹왕국일 것임), 이를 성공적으로 수행하기 위해서는 강한 군사력이 필요하였을 것이고 실지로 군사적 조직이 더욱 견고하였던 것으로 알려져 있다. 전쟁에서는 토지, 인간, 가축 등의 전리품이 생기게 되므로 그것은 생산행위라고 말할 수 있다. 고구려는 국내에서의 생산력 부족을 전쟁에 의하여 보충해야만 했던 것이다. 그러므로 중국인이 고구려인을 묘사하기를, 고구려인은 힘이 세고 전투적이며 침략을 좋아하는 성품의 사람이라고 한 것은 고구려인에게는 전쟁이 생산행위라는 점에서 당연하다고 해야 할 것이다. 고구려가 강력한 발전을 하기 시작한 것은 아마도 太祖王(태조왕, 53-146?) 때부터일 것이다. 그는 동으로 옥저, 동예 등을 차례로 복속시켜 나갔다.

고구려의 발전과 함께 한강유역 이남의 지역에서는 하나의 문화적인 통일성을 가진 정치세력이 형성되고 있었다. 그것이 다름 아닌 진국이 형성되는 초기의 모습이 아닌가 생각한다. 진국이 기록에 처음 나타난 것은 대동강 유역에 위만 조선이 있던 기원전 2세기의 일이다. 이때 진국은 한나라와 직접 교섭을 하고자 하였으나 위만 조선에 의해 방해를 받았다. 그러나 금속문화의 혜택을 많이 받은 고조선 지방으로부터 유민과 이민은 쉬지 않고 진국으로 들어 왔다. 이에 따라 사회도 급속히 발전하게 되었다. 그후 철기문화의 광범한 전파는 한강 이남 지역의 사회적 발전에 중요한 역할을 하였다. 이들 유이민은 그들이 가지고 있던 정치적 방법과 금속문화에 대한 지식으로 진국의 토착세력과 결합하여 점차 그 힘을 키워 나가게 되었고, 그 결과 새로 개편된 것이 마한, 진한, 변한이다.

이 시대의 교육은 정치와 종교 속에 한꺼번에 어우러져 있기 때문에 그 사이의 구분이 그다지 명백하지 않다. 그러므로 우리는 오늘날의 눈으로 보아 종교라고 부를 만한 것에 교육이 분리불가능한 형태로 섞여 있다는 것을 잊지 말아야 한다. 이 시대에는 정치적 권력이 커지면서 종교가 정치로부터 분리된 것이 사실이다. 그러나 여기서 분리라는 말은 역할상의 분리이지 정신적으로 완전히 떨어져 나갔다는 것은 아니다. 종교적 의식이 왕이 아닌 제사장에게 맡겨지게 된 것은 그 역할상의 분리를 보여주고 있다. 여기서 우리가 주목해야 할 것은 蘇塗(소도)라 불리는 별도의 읍이다. 삼한과 같은 곳에서는 제사장을 天君(천군)이라 부르고 그 천군이 소도를 주관하였다. 이 소도에서는 큰 나무를 세우고 거기에 방울과 북을 달아서 종교적 의식에 사용하였다고 한다. 이것으로 보아 소도는 아마도 신성지역이었던 것 같다. 이 곳에는 죄인이 들어가도 잡지 못하였다고 한다.

일반적으로 말하여, 제사장 또는 사제는 그 사회의 엘리트들이라 할 수 있다.[12] 이들이 여러 세대를 통해서 문화내용을 거의 일정한 틀로 얼마나 엄격하게 전수받는가 하는 것은 곧바로 그 문화의 세련도를 말해 주는 것이다. 제사장이나 사제들이 하는 행위 중에서 중요한 것은 呪術(주술)이다. 주술행위는 초월적 힘에 대한 인식, 경험에 대한 논리적 판단, 그리고 인간의 조건을 극복하고 싶은 근원적 열망, 이 세 요인이 복합된 종합적 인식체계라고 말할 수 있다. 이 점에서 인간의 주술행위는 삶에 대한 근원적 동기에 해당한다고 말할 수 있다. 주술은 인간의 내면세계가 삶의 근원적 동기 또는 생존동기에 의해 지배되고 있다는 것을 나타내고 있다. 주술은 죽음, 질병, 천재지변, 재물의 유실과 같은 일상적 불행들을 피하려는 구체적인 목적을 충족시키려는 것이다. 인간은 그 허다한 재앙과 불행 앞에 무능하고 의지할 곳이 없는 존재임에 틀림없다. 그리하여 원시사회로 갈수록 인간의 실존적 무방비 상황은 더욱 심각하게 의식될 수밖에 없다. 그러므로 주술행위는 삶의 근원적 동기 또는 인간의 생존동기의 종합적 표현이라고 할 수 있을 것이다.

주술행위를 하는 사람은 司祭(사제)이다. 사제는 사회적으로 정신적으로 중요한 역할을 하였다. 사제는 종교적 신앙을 중심으로 한 부족사회의 통합의 중심역할을 하였다. 수많은 부족을 통합하여 하나의 통치권 밑에 예속시키기 위해서는 두 가지 힘이 반드시 필요하다. 하나는 군사력이고, 다른 하나는 굴복한 여러 부족들에게 충성을 하도록 할 수 있는 이념적 명분이다. 고대사회의 통치이념의 명분은 바로 종교였다. 고대사회를 유지하기 위해서는 왕의 권위에 대한 신성화가 불가피했던 것이며 이 신성화를 지속적으로 보장해 주는 역할을 담당한 계층이 곧 사제들이었던 것이다. 사제들은 종교적 의례를 집전할 뿐만 아니라 운명을 점치고 사회규범을 확립하며 왕실 및 귀족의 교육을 담당하는 이른바 전문 지성계급이라고 할 수 있다. 이들은 전문적으로 사색하는 것을 그 본분으로 삼는 계층이

---

12) 尹以欽, '종교적 측면', 한국정신문화연구원, 「한국사상대계」(1), 1990, pp.68-71.

었다. 이들에 의해 고대 정신문화가 창조된 것은 당연한 일이었다.[13] 이것으로 보아 사제들은 교육을 담당하고 있었다고 보아야 하며, 그들은 온 백성들에게 교육 행위를 하였다고 보아야 한다. 그러므로 우리는, 이 시대의 교육은 신성한 것과 매우 깊은 관련 속에서 숨쉬고 있었다는 것을 놓쳐서는 안될 것이다.

이 시대의 종교적 의식(한편으로 교육적 행위) 중에서 중요한 것은 추수 감사제이다. 부여의 迎鼓(영고), 고구려의 東盟(동맹), 동예의 舞天(무천), 삼한의 十月祭(시월제) 등이 그것이다. 이들은 모두 추수가 끝나는 10월에 행해졌는데, 부여에서만 12월인 것은 아마도 원시시대 수렵사회의 전통 때문인 것 같다. 추수 감사제 못지 않은 것이 祈豊祭(기풍제)였다. 삼한에서 씨를 뿌리고 난 뒤인 5월에 기풍제를 행한 것이 그 일례이다. 이 종교적 의식에는 온 나라 사람들이 많이 모여서 연일 음식과 술과 노래와 춤을 즐겼다 한다. 이때의 모습을 인용하면 다음과 같다.

모를 다 심은 순후하고 원만한 농민들은 이제는 금년 추수만 기다리게 되었다. 그들은 산천에 감사의 제사를 드리며 한 여름의 고되었던 일을 잊으려고 노는 행사에 분주하였다. 그들은 우선 한 부락의 대표인 천군을 뽑아 제사장으로 정하고 높고 정결한 곳을 골라 솟대를 세웠다. 이 솟대에는 북과 방울을 달아 산천의 신이 듣도록 하였다. 훈풍이 불어올 때 방울소리는 은은히 들려 하늘에서 神이 내려오는 듯하다.

천군은 울긋불긋한 호화로운 의복을 입고 여러 날 목욕재계한 후 솟대 밑에 꿇어 앉아 '아 어리석은 백성들은 神의 덕택으로 올해 농사도 무사히 끝냈습니다. 천지신명이시여! 굽어 살피시고 이 백성들의 소원을 성취시켜 주옵소서' 하고 방울을 흔들며 북을 쳤다. 둥둥! 둥둥! 북소리는 오래 계속되었다. 부락사람들은 일제히 일어나 신을 맞이하는 춤을 추었다. 이 사람들은 머리를 곱게 단장하여 칭칭 감아 올렸으며, 깨끗하게 베옷으로 도포 같은 것을 지어 입고, 가죽신을 신고 너울거리며 춤을 추었다. 부인들은 웃옷에 오색이 영롱한 구슬을 달았으며, 처녀들은 구슬을 목에도 걸고 귀에도 달아 움직일 적마다 한들거렸다.

북소리가 더욱 요란스럽게 나면 방울도 여기에 맞추어 더욱 힘있게 흔들렸다. 이럴 때 한 사람이 앞에 나와 소리를 메기면 다른 사람들은 여기에 따라 소리를 받았다. 한 차례 지난 후 이번에는 신 앞에 놓았던 음식을 나누어 먹는다. 나이 많은 늙은이부터 차례차례로 음식이 분배되고 동시에 술이 여러 순배 돌아갔다. 거나하게 취한 군중들은 수십 명씩 한패가 되어 서로 손을 잡고 둥그렇게 원을 그리며 일시에 땅에 코가 닿도록 허리를 구부렸다가 펴고 다시 손을 들고 발을 들었다가 땅에 소리없이 내려놓으

---

13) 「상게서」, p.70.

며 휘휘 돌아가면서 춤을 추었다. 음악소리가 요란스럽게 나면 손발을 놀리던 춤은 더욱 경쾌하게 빨라졌다.

　동천에 달이 훤하게 솟아오르면 사람들은 제각기 패를 지어 음식을 나누어 먹고 천군이 있던 곳으로 가서 제단을 향하여 길게 절하고 각각 자기의 소원을 말한다. 그들은 가지각색의 소원을 늘어놓았다. 사람들은 밤이 이슥해져도 집으로 돌아갈 생각을 하지 않고 여전히 술을 마시며 노래하고 춤추며 놀았다. 새벽 닭소리가 요란히 날 때에야 각각 자기 집으로 향했다.[14]

　그렇다면 이들이 하는 행위는 무엇을 의미하는가? 춤을 예로 들어 보자.[15] 춤은 본래 거룩한 것이었다. 다시 말하면, 이때의 춤은 인간을 초월한 근원적인 것을 대상으로 하였다. 어느 경우에는 토템이 되고 있는 동물이 그 대상이 되기도 하고, 다른 경우에는 상징되는 동물이 그 모델이 되기도 하였다. 춤은 이러한 동물이 구체적으로 현존하고 있다고 하는 것을 주술을 통하여 나타내고, 또한 그 동물의 수가 늘어나고 인간에게 유리하게 협조할 수 있도록 하기 위하여 그 동물의 동작을 재현하고 있는 것이다. 또 어떤 경우에는 그 모델이 신에 의하여 주어진 것일 수도 있고, 영웅에 의하여 나타난 것일 수도 있다. 또한 춤은 먹을 것을 얻기 위하여 출 수도 있고, 죽은 자를 칭송하기 위하여 출 수도 있으며, 우주의 바른 운행을 위하여 출 수도 있다. 어쨌든 그 춤이라는 것이 인간 이외의 근원을 전제하고 있다는 것만은 분명하다. 왜냐하면 모든 춤은 아득한 그 때 곧 신화시대에 조상이나 토템 동물, 신이나 영웅들에 의하여 비롯된 것이기 때문이다. 춤은 언제나 원형적인 행동을 모방하고 있거나 신화적인 순간을 기념하고 있는 것이다. 한 마디로 춤은 반복이며, 결과적으로 '그 때 그 날들'을 재현하는 것이다.

　이제 우리는 축제는 어떤 의미를 가지고 있는지 논의해야 할 것이다.[16] 영고, 무천, 동맹 등은 일종의 축제이다. 이 축제는 거룩한 역사의 재연이다. 거기서는 신들이나 반신적인 존재들이 배역을 맡는다. 거룩한 역사는 신화 속에서 자세히 이야기된다. 따라서 축제에 참여하는 사람들은 신들과 반신적 존재들의 동시대인이 되는 것이다. 그들은 신들의 현존과 활동에 의하여 성화된 원초적 시간 속에서 산

---

14) 李相玉,「한국의 역사」, 도서출판 마당, 1982, pp.61-63.

15) Mircea Eliade, *Cosmos and History*, trans. by Willard R. Trask, 鄭鎭弘(역),「우주와 역사—영원회귀의 신화」, 현대사상사, 1976, pp.49-133.

16) Mircea Eliade, *The Sacred and the Profane—The Nature of Religion,* trans. by Willard R. Trask, 李東夏 (역),「성과 속—종교의 본질」, 학민사, 1983, pp.76-101.

다. 축제의 종교적 경험—그것은 곧 거룩한 것에의 참여이다—은 인간으로 하여금 주기적으로 신들의 현존 가운데 사는 것을 가능하게 한다. 축제에 참여하는 인간은 그들의 신들을 모방하는 한 근원의 시간, 신화의 시간 속에서 사는 것이다. 달리 말하면 그들은 세속적인 지속을 벗어나 부동의 시간, 영원을 회복하는 것이다. 영고, 무천, 동맹 등은 해마다 일어나는 동일한 축제이지만 이것은 동일한 신화적 사건의 기념제를 되풀이하는 것이며, 신적 행위의 영원한 회귀로 나타나는 것이다.

이 축제의 의미를 추수 감사제와 관련하여 해석해 보면, 이 추수 감사제는 다가오는 해를 위한 식량의 확보와 직접적으로 연결되어 있다. 이 시대에는 식물의 섭취라는 것이 제의적 의미를 지니고 있었기 때문이다. 그러므로 식물의 섭취를 '활력을 주는 가치있는 행동'이라고 부르는 것은 먹는 행위의 존재론을 생물학적인 용어로 표현하고 있는 것일 뿐이다. 생명은 고대인에게 있어서 그것 자체로 절대적인 실재이며 또한 그것 자체로 거룩한 것이었다.

이 축제의 또 다른 측면의 의미를 보면 다음과 같다. 즉, 고대사회는 시간을 무효화시킴으로써 주기적으로 자기 자신들을 재생하려는 욕구를 지니고 있었다. 재생제의는 그것이 집단적이거나 개인적이거나 간에 언제나 그 구조와 의미 안에 원형적인 행위의 반복 또는 우주 창조 행위의 반복을 통한 재생의 요소를 내포하고 있다. 그러므로 이들 고대체계 중에서 우리에게 가장 중요한 것은 구체적인 시간의 소거, 말하자면 그 체계가 지니고 있는 반역사적인 의도이다. 다시 말하여 과거 일반에 대한 기억은 물론이요 극히 인접해 있는 과거에 대한 기억조차도 보존하기를 거절하는 태도는 지금까지 우리가 상상하지 못한 특이한 인간학을 우리에게 보여 주고 있다. 고대인은 스스로를 역사적인 존재로 받아들이기를 거절하고 기억에 대한 가치 여부를 거절하며 실제적으로 구체적인 구속을 구성하는 특별한 사건들(즉 원형적인 모델이 없는 사건들)에 대한 가치 부여를 거절하고 있다는 것이 사실이다. 이것은 곧 시간의 가치를 떨어뜨리려는 의지로 나타난다. 그들 자신의 입장에서 본다면, 그것은 비록 시간 안에서 일어나는 것이라 할지라도, 시간이 떠안기는 짐을 지지 않고 시간의 불가역성을 기록하지도 않는 삶이라고 말할 수 있다. 이것이 고대인들의 축제라는 종교의식이자 교육의식 속에 담겨 있는 의미라고 할 수 있다.

고대사회의 의식 중에서 특히 주목을 끄는 것은 성년식이다. 성년식은 축제와는 달리 그 자체가 교육의식이라고 할 정도로 교육적 의도 하에 이루어진 의식이다. 성년식이라는 습속은 고대국가의 어느 경우에서나 확인되지만 그 중에서도 삼한의 경우가 대표적인 것이다. 즉, 「三國志」魏志 東夷傳(「삼국지」위지 동이전)의 '그 나라의 관가에서는 나이 어린 용감하고 강건한 자들로 하여금 성곽을 쌓도록 하였고, 또 그들 모두의 등가죽에 구멍을 내어 큰 밧줄을 통하게 하고, 열자나 되는 긴 나무를 꽂고 온종일 힘을 써도 아파하지 않으며, 더욱 힘을 쓸 정도의 강건함을 보이니 사람들은 이를 보고 환호하는 일이 그 나라에서는 있었다' 든가, 「後漢書 東夷傳」(후한서 동이전)의 '소년들로 하여금 집을 짓게 하고 등가죽을 뚫어 밧줄을 꿰어 큰 나무를 끌게 하고 그 강건함과 용기를 보고 사람들은 모두 환호하였다' 는 기록은 우리의 고대사회에 있어서 성년식이 어떠했는가를 짐작하게 해준다.

　성년식의 구체적 의미는 무엇인가? 이 문제에 직접 답하기 전에 성년식의 일반적 의미를 살펴 보고자 한다.[17] 애초에 부족이나 씨족국가에서 살았던 사람들은 자연적 차원에 놓여 있는 자신들을 완성된 존재로 생각하지 않았다. 이 사실을 보여준 것이 성년식이다. 참다운 의미에서의 인간이 되기 위하여 그들은 최초의 자연 생명은 죽어야 하는 대신에 보다 높은 생명으로 다시 태어나야 한다고 생각하였다. 달리 말하여 그들은 자기들이 도달하고자 소망하는 인간의 이상을 초인간적인 지평에다 올려 두고 있었던 것이다. 이것은 다음과 같은 의미를 갖는다. 첫째로, 사람은 '주어진' 인간을 넘어서는 것 이상으로 그것을 폐기시킨 다음에야 비로소 완전한 인간이 된다는 것이다. 왜냐하면 성년식은 역설적이고 초자연적인 죽음의 경험과 부활, 혹은 재탄생으로 요약될 수 있기 때문이다. 둘째로, 시련과 상징적인 죽음 및 부활을 포함하는 성년식 의식은 신, 문화영웅, 혹은 신화적인 조상들에 의하여 정착되었다. 따라서 이들 의식은 초인간적인 근원을 가지며, 어른사회에 새로 들어 오려는 사람은 그것을 수행함으로써 초인간적이고 신적인 행위를 모방하게 된다. 구체적으로 말하여, 성년식에 참여하는 자는 어른들의 경험을 모르고 있으며 그 의식에 참여하는 과정에서 자기들의 새로운 인간성 속에 어른들의 경험을 통합시킨다고 보아야 한다. 아이들은 성년식을 거치게 되면서 자신의 유치하고 세속적이며 부활없는 생명에서 죽음을 겪고 새로운 성화된 존재로 다시 태어나게 된다. 이렇게 함으로써 아이들은 생각할 수 있는 존재로 다시 태어나게 되는 것이다. 피터즈(Peters)는 오늘날의 교육과 관련하여 성년식을 다음

17) 「상계서」, pp.165-166.

과 같이 설명하고 있다.

> 마음의 발달에는 사회적 차원이 있다는 것과 분화된 사고의 형식들이 간주관적인 성격을 띠고 있다는 사실을 파악하고 나면, 교육이 성년식에 비유될 수 있다는 것은 명백하다. 교육은 경험있는 사람들이 경험 없는 사람들의 눈을 개인의 사적 감정과는 관계없는 객관적인 세계로 돌리도록 해주는 일이며, 성년식이라는 말은 교육의 이러한 본질을 잘 나타내어 주고 있다. 성년식이라는 것은, 문자 그대로의 의식을 뜻하는 경우에도 모종의 신념체계에 접하게 되는 과정을 암시한다.[18]

성년식의 진정한 의미인 '죽음'과 '새로운 탄생'을 경험하기 위해서는 많은 시련과 고통이 따르며 피나는 노력과 인내가 요구된다. 교육의 이 원초적 모습은 오늘날 우리의 교육에 많은 시사를 준다. 말하자면 '분화된 사고의 형식'에로의 입문은 그렇게 아무나 할 수 없으며, 그것도 단시일 내에 할 수 없으므로 오랜 시간이 요구된다. 그러므로 여기에 입문되었다고 하면 그야말로 기뻐하고 환호해야 할 것이다.

성년식을 거치는 자는 새로 태어난 자, 소생한 자로 그치지 않는다. 그는 아는 자, 신비를 배운 자, 본질상 계시를 받은 자이기도 한 것이다. 숲 속에서 단련을 받는 동안 그는 거룩한 것을 배운다. 그것은 신들, 세계의 기원, 성년식에 사용된 제의적 도구들, 예컨대 예식용 악기, 할례를 위한 돌칼 등등의 역할과 기원 따위를 알게 된다. 성년식은 영적인 성숙을 위한 것이다. 신비를 경험한 자는 앎을 가진 자이다. 어디서든지 이 의식은 성년식에 들어온 자들을 그의 가족으로부터 격리시키는 일과, 숲 속에서 일정 기간 은둔생활을 하게 하는 일로 시작된다. 여기에 이미 죽음의 상징이 존재하게 된다. 숲, 정글, 어둠은 피안을 상징한다. 많은 곳에서는 숲 속에 성년식을 위한 오두막을 만든다. 젊은 성년식 참여자들은 여기서 그들의 시련 가운데 일부를 겪으며 종족의 비밀스러운 전통을 배운다. 이 오두막은 어머니의 자궁을 상징한다. 성년식에 참여한 사람들의 상징적인 죽음은 태아 상태로의 후퇴를 의미한다. 몇몇 종족들에서는 성년식에 참여하는 젊은이들이 매장되거나 새로 판 무덤에 눕혀지기도 한다. 이것들 모두가 성년식에서의 죽음 상징을 보여주는 예이다. 그들이 겪는 고문은 물론 여러 가지 의미를 가지지만, 그 중 하나를 들자면, 고문 당하고 절단 당하는 것은 곧 신화적 조상에 의하여 고문

18) R. S. Peters, *Ethics and Education*, 李烘雨(역), 「윤리학과 교육」, 교육과학사, 1980, p.55.

받고 절단되는 것을 뜻한다. 이와 같은 육체적 훼손도 역시 죽음의 상징을 전달하는 것이다. 예컨대, 삼한에서 볼 수 있었던 '등가죽에 구멍을 내어 큰 밧줄을 통하게 하고 열 자나 되는 긴 나무를 꽂는 것' 등이 그것이다. 물론 할례나 하부절개와 같은 신체훼손들도 죽음과 부활을 나타내는 것이다. 성년식 참여자들은 예컨대 새로운 이름을 받아 그들의 참된 이름으로 삼으며, 그들의 그때까지의 삶을 완전히 잊어버리는 것으로 간주된다. 보통 그들은 숲 속에서 새로운 언어를 배우며, 최소한 성년식을 마친 자들에게 통용되는 비밀스러운 어휘들을 배우게 된다. 성년식에 참여하는 것과 동시에 모든 것이 새로 시작된다. 성년식의 맥락에서의 '죽음'은 세속적이며 거룩하지 않은 상태, 즉 종교적 경험도 없고 영혼에 눈이 먼 자연의 상태를 초월하여 나가는 것을 의미한다. 성년식은 참여자를 거룩한 것에로 끌어들임으로써 인간으로서 져야 할 책임을 받아들이게 하는 것이다. 요컨대, 성년식은 죽음과 새로운 탄생이라는 데에 그 의미가 있다고 할 수 있다. 교육의 입장에서 말하면 성년식이야말로 교육의 진정한 모습, 원초적 모습이라고 말할 수 있다.

제2장
형식적 교육기관의 출현

　석기 시대는 평등한 원시사회였지만, 청동기를 사용하게 되면서부터 경제적으로는 서서히 빈부의 차가 나타나기 시작하였고 정치적으로는 지배-피지배의 관계가 생겨나기 시작하였다. 최초의 계급사회라고 말할 수 있는 君長國家(군장국가)가 출현한 것도 바로 이 무렵이었다. 그러나 이 군장국가는 여전히 지배기구를 제대로 갖춘 국가의 형태를 이루지는 못하였다. 군장국가에서 초기 국가의 단계로 넘어가기 위해서는 철기시대를 기다려야 했다. 한반도에 있어서 초기 국가는 철기문화를 받아들여 세력이 강해진 군장국가가 주위의 조그마한 군장국가들을 병합하는 과정에서 성립되었다. 그 중 선진이라고 할 수 있는 고조선, 부여, 고구려가 먼저 국가형태를 띠기 시작하였다. 오랫동안 군장국가의 형태를 벗어나지 못하고 있던 옥저, 동예, 삼한 등의 군장국가들은 점차 내부에서 중심세력이 대두함에 따라 쇠퇴하고 그 대신에 삼한지역에서는 백제국과 사로국을 중심으로 각각 백제, 신라라는 초기국가가 나타나기 시작하였다. 그러나 고조선은 漢武帝(한무제)의 침략을 받아 멸망하고, 부여는 고구려에 병합됨으로써, 고구려, 백제, 신라만이 고대국가의 체제를 갖추는 데에 성공하였다.

　이제 이 시대의 교육과 관련하여 생각할 수 있는 가장 중요한 문제는 '중국의 한자가 들어올 무렵 고대의 우리나라에 한자 이외의 다른 문자가 있었는가' 하는 것이다.[1] 어떤 학자들은 우리 민족의 고유문자설을 주장하기도 하지만, 그 가능성은 매우 희박하다고 보아야 한다. 설사 그런 문자가 있었다고 하더라도 한자와 전혀 무관했을 가능성은 적지 않은 것이다. 한편, 삼국 초기부터 우리 조상들이 한자로 기록을 남기고 있다는 사실 또한 중시되어야 한다. 기록을 할 때에 한자가 사용되었다는 것은 한자가 들어와 고유문자가 없어졌다 하더라도 얼마 동안 한자와 고유문자가 병용되었을 것이라는 것을 시사한다. 그러나 불행하게도, 삼국인들이 사용했을 법한 고유문자의 그 직접적 간접적 흔적은 현재까지 남아 있지 않다.

　우리 민족의 조상이 한자와 만난 시기는 箕子(기자)의 이동—이른바, 東來(동래)—과 漢四郡(한사군)의 설치 무렵, 그리고 삼국의 건립 초기 등으로 추측되지만, 이보다 더 옛날로 거슬러 올라갈 가능성도 없지 않다. 한자가 정착되면서 우리나라에서는 말과 글이 일치하지 않는 불행한 사태가 벌어지게 되었지만, 그와 함께 문자가 들어왔다는 것은 그것을 가르치는 학교가 나타나기 시작했다는 것을 시사한다. 왜냐하면 문자를 가르치고 배우는 것은 아무데서나 할 수 있는 일이 아니라 특별한 장소를 필요로 하기 때문이다. 그러나 한자가 처음 들어왔을 때 우리 선조들이 그 문자를 어떻게 사용했는가 하는 것은 오늘날 남아 있는 자료가 거의 없어서 구체적으로는 알 수가 없다. 지금까지 전해오는 자료로는 무엇보다도 먼저 광개토대왕비를 들 수 있다. 백제와 신라의 한문 자료 중에서 오래된 것으로는 백제 武寧王陵(무녕왕릉)의 誌石(지석)과 신라 진흥왕의 순수비 銘文(명문)을 들 수 있다. 이것들은 6세기 전반에 작성된 것으로서, 5-6세기 삼국인들의 한문 사용이 이미 높은 수준에 이르렀음을 보여주고 있다. 「三國史記(삼국사기)」에 의하면, 고대 삼국에는 역사를 기록한 책들이 존재했다. 고구려에서는 국가가 설립되던 초기에 「留記(유기)」 100권이 쓰여졌고 이것이 기원 600년에 「新集(신집)」으로 개수되었으며, 백제에서는 375년에 「書記(서기)」가 편찬되었으며, 신라에서는 545년에 「國史(국사)」가 편찬되었다. 이것으로 보아 고대삼국은 건국 초부터 문자 기록의 필요를 한문으로 충당했다는 것을 짐작할 수 있다.

　그러나 고대 삼국인들이 문자 기록을 순전히 한자에만 의존한 것은 아니다. 고대 삼국인들은 한문으로 기록을 작성함에 있어서 인명, 지명, 관직명 등을 표기할 때에 어려움을 겪었을 것이다. 고대 삼국인들은, 문장은 한자를 빌어 기록하더라

---

1) 이하의 내용은 李基文, ‘삼국시대의 언어 및 문자생활’, 한국정신문화연구원(편), 「한국사상사대계」 (2), 1991 참조.

도 그 속에 나오게 마련인 고유명사들은 한자로 표기하기 보다는 자국어로 표기
하려고 하였다. 이것은 곧 고대 삼국인들에게 자국어를 표기하고 싶은 마음은 고
유명사의 표기만으로는 채워질 수 없었다는 것을 시사한다. 아마도 이 과정에서
그들은 자국어를 사용하여 기록할 필요를 절실히 느끼게 되었을 것이다. 문장은
곧 단어들의 연결로 이루어져 있다는 점에서, 자국어로 기록하려는 시도는 앞서
말한 고유명사의 표기에서 발달된 방법을 확대 적용하는 식으로 나타났을 것이
다. 이렇게 해서 발달한 것이 吏讀(이두), 口訣(구결), 鄕札(향찰)이었다. 여기에서
특별히 주목해야 할 것은 이두이다. 한문을 배우는 것은 한문으로 문자생활을 한
고대인에게 대단히 중요한 교육적 의미를 가졌을 것이기 때문이다. 이하에서는
문자, 특히 한자가 교육의 중요한 매체로 등장하는 시기에 고구려, 백제, 신라의
교육이 어떤 양상을 띠면서 전개되었는가를 기술하겠다. 차차 밝혀지겠지만, 이
시기 교육의 특징은 교육이 종교적 기반 위에 이루어졌다는 데에 있다.

1. 고구려의 교육

  고구려는 동가강과 독록강 등의 지류를 포함하여 압록강 중류 유역 일대에 자
리잡고 있던 맥족이 세운 나라이다. 맥족은 청동기 시대 이래로 농경을 해왔고,
수렵과 가축사육도 해왔던 민족이다. 여러 가지 유물(특히 토기나 청동검)로 미루
어 보건대, 맥족은 요동의 고조선과 송화강 유역의 부여의 예족과 비슷한 면을 보
이고 있다. 이 점에서 고구려와 부여는 종족적으로나 문화적으로 가까운 관계에
있었을 것이라고 짐작된다.
  기원전 4-3세기 무렵, 철기가 도입됨에 따라 철제 농기구와 공구가 사용되기
시작하였다. 철기의 도입은 농업이 본격적으로 발전하는 계기를 마련해 주었다.
그 결과 씨족간, 부족간의 우열이 생기게 되었고, 부족 간의 이합집산으로 지역정
치집단이 생겨났다. 고구려의 명칭은 지역 정치 집단이 중심이 되어 보다 큰 고을
을 형성하게 되었을 때의 그 큰 고을을 뜻한다. 고구려라는 명칭은 고을을 뜻하는
'구려'(句麗)라는 말에 높다는 뜻의 관형사 '고'(高)가 덧붙여져 만들어진 것이
다. (고구려라는 명칭이 등장한 것은 기원전 2세기 말경으로 짐작된다.[2])

고구려인의 올바른 삶은 어떻게 규정될 수 있는가? 고구려는 중국 민족과의 투쟁과정에서 성립하였고 또 발전해 나갔다. 고구려인들에게는 강한 군사력이 필요하였으며, 이 과정에서 지배층의 군사적 조직은 더욱 견고해져 갔다. 고구려인들은 평상시에 다른 생업에는 종사하지 않고 전투훈련에만 전념한 것 같다. 고구려인의 올바른 삶은 완벽한 무술을 갖춘 전사를 떠나서는 생각할 수 없다. 전사는 안으로는 자신의 영토 내에 있는 토지와 가축을 지키고 밖으로는 부족한 생산물을 전쟁의 전리품으로 보충하는 역할을 하였다. 이것으로 보면 고구려의 전사는 기력이 넘치고 전투를 마다하지 않는 인간이었을 것으로 생각된다.

고구려인의 이상적 인간상은 전사이었음에 틀림없지만 고구려인들은 전사만을 칭송한 것은 아니다. 고구려 태조왕이 인재를 선정하는 기준으로 선량한 사람, 효성있는 사람, 온순한 사람을 든 사실은 바로 그 점을 보여 주고 있다. 이 기준의 원천은 아마도 유교에 있었을 것이다. 그 당시 그 기준을 충족시킨 인물이 바로 乙巴素(을파소)였다. 고구려인의 이상적 인간상은 무예만 갖춘 사람이 아니라 학문도 겸비한 사람이었으며 그 기준을 충족시키는 을지문덕과 같은 인물이 있었다는 사실은 이미 고구려의 교육에서 무예와 학문이 동시에 강조되고 있었다는 것을 시사한다.

고구려의 교육은 太學(태학)이나 경당(扃堂)과 같은 체계적인 학교가 등장하기 이전에는 비형식적인 제의를 통해서 이루어졌다. 3세기 무렵까지 고구려는 중앙의 5부와 여러 읍락들이 한 편으로는 재래의 질서를 유지하면서 자치를 행하고, 다른 한 편으로는 상위권력에 의해 통제를 받으면서 집단별로 상하의 지배, 피지배 관계를 형성하고 있었다. 이러한 지배구조가 部 내부의 결속력은 물론이요 지방의 여러 읍락의 결속력을 약화시킨다는 것은 명백한 것이었다. 그 결과 고구려는 왕을 중심으로 한 하나의 통치체계를 구축할 수 없었다. 이것은 곧, 왕권과 部長權(부장권)은 전체를 통제하는 힘에 있어서 한계를 지니고 있었다는 것을 뜻한다. 바로 이 점 때문에 고구려에서 제의는 대단히 중시되었다. 제의는 왕권이 해야 할 일, 즉 여러 집단간의 이해관계를 조정하며 집단구성원 간의 결속을 도모하는 일을 대신할 수 있었던 것이다. 고구려에서의 제의는 바로 東盟祭(동맹제)를 가리킨다.[3]

2) 盧泰敦, '고구려의 역사와 사상', 한국정신문화연구원(편), 「한국사상사대계」(2), 1991, pp.11-12.
3) 「상게서」, pp.18-20.

10월에 하늘에 제사를 지내되 서울에서 많은 사람들과 제물을 놓고 크게 하였으며, 그 서울 동쪽에 커다란 굴이 있으니 이를 가리켜 隧穴(수혈, 구멍이 긴 굴)이라 하였다. 10월 서울에서의 대회는 隧神(수신)을 나무로 깎아 神의 모양으로 만들었고 이 신상을 동쪽의 물 위에 옮겼다. 물 위에 설치한 神坐(신좌)에 모셔 놓고 제사를 지냈다.[4]

10월 동맹제는 하늘과 수신에 대한 제사가 중요시된 행사였다. 하늘에 대한 제사의 구체적인 대상은 태양신이었다고 여겨진다. 태양신에 대한 제사와 수신에 대한 제사는 각각 별개의 제의로 행해졌으며, 태양신에 대한 제의가 먼저 베풀어지고 그 다음에 수신에 대한 제의가 진행되었던 것 같다. 고구려인들이 섬긴 수신은 단군신화에 등장하는 여러 신 중의 하나로서 고대 한민족의 신앙기록의 여기저기에서 확인되는 것이다. 수신은 '隧(수)'라는 글자의 원음을 그대로 표음한 것이라고 보아 雄神(숫신)을 가리킨다고 볼 수도 있고,[5] 水神(물의 신)을 가리킨다고 볼 수도 있다.[6] 후자를 취한다고 하면, 수신은 농사와 관련된 신을 뜻한다고 말할 수 있다.

수신에 대한 제의는 다음 몇 가지 단계에 따라 이루어졌다. 먼저, 수신의 거처로 여겨지는 큰 동굴 앞에서 제사를 지내어 수신을 맞이하는 절차를 행한다. 이어서 나무로 깎아 만든 神像(신상)에 수신을 모셔 수도 동쪽의 물 위로 옮긴다. 그 다음 물 위에 설치한 신좌에 수신상을 놓고 제사를 지낸다. 이때 굴 속에서 나와 햇빛 아래 신좌에 앉은 수신은 태양신과 혼례를 한다. 여기서 동맹제는 그 정점에 달한다. 이 제의과정을 보면, 동맹제는 수확제의 성격을 띤다고 볼 수 있다. 햇빛과 물은 만물 생성의 원동력을 상징한다. 동맹제는 이 자연물을 신격화한 태양신과 수신에게 한해의 풍성한 수확을 감사드리고, 태양신과 수신을 혼례시킴으로써 앞으로의 풍요를 빌기 위한 것이었다. 그리고 이 동맹제는 고구려왕이 태양신과 수신의 자손임을 내세우는 데에도 그 역할이 있었다. 이 동맹제는 당시 오부에 속하였던 대부분의 읍락들에서 각각 행하여졌다. 그 중에서도 서울에서 거행된 동맹제는 가장 큰 규모를 가진 제의였다.

이 동맹제를 주재하는 사람은 누구인가? 일반적으로 말하여, 천신에 대한 제사

4) 以十月 祭天 國中大會 名曰東盟 其國東有大穴 名隧穴 十月國中大會 迎隧神還於國 東上祭之 置木隧於神坐,「三國志」卷30 東夷傳 高句麗條.
5) 任東權, '한국원시종교사', 고려대학교 민족문화연구소(편),「한국문화대계」(Ⅵ), 1970, p.38.
6) 盧泰敦, 전게논문, p.18.

를 주관하는 사람으로는 천군이 따로 있었다. 이것으로 볼 때, 고구려에서도 巫가 제의를 주관했을 것이라고 생각할 수 있지만, 동맹제의 경우에 전체의 진행을 관장하고 최종적으로 태양신과 수신에 제사를 올리는 사람은 왕이었다. 왕은 최고의 사제로서 인간의 세계와 신의 세계를 매개하는 권능을 지닌 신성한 존재로 간주되었다. 고구려의 왕은 神聖司祭(신성사제)의 측면을 지니고 있었다. 한편 수도에서의 동맹제의에는 오부의 대소 귀족들이 참석하였을 것이고 이것은 곧 왕의 권위에 복종하는 의식에 참여한다는 의미를 나타낸다. 그러므로 동맹제의는 당시 상당한 독자세력을 유지하던 각 부의 세력을 하나의 왕권 아래 통괄하는 기능을 하였다고 말할 수 있다. 고구려인들은 노예를 제외한 모든 사람들이 참여하는 동맹제에서 춤과 노래와 제의를 함께 함으로써 태양신과 수신의 가호를 받는 제사 공동체로서의 자신들의 존재를 재인식하였으며, 그 과정에서 고구려인들은 상호간의 동질감을 함양함으로써 고구려인으로서의 '마음의 결'을 이루어 나갔다고 말할 수 있다. 이 점에서 동맹제의야말로 정치이면서 종교이며 동시에 교육이라고 말할 수 있을 것이다.

고구려의 교육이 고구려인의 마음을 형성하도록 하는 일이라면, 고구려인은 삶과 죽음에 대해서는 어떤 생각을 가지고 있었는가? 이 문제는 고구려의 교육을 통하여 형성되는 마음의 내용을 이해하는 데에 대단히 중요한 요소가 된다. 그들은 과연 삶과 죽음 또는 이승과 저승은 어떤 관련을 맺고 있다고 보았는가? 이를 알아보기 위한 단서로서 고구려 초기의 매장 풍속에 대한 「三國志(삼국지)」의 기록을 살펴볼 필요가 있다. '남녀가 결혼한 후에는 곧 자신들의 수의를 조금씩 마련해 간다. 厚葬(후장)을 하며, 금은과 재물을 한껏 주검과 함께 묻으며, 돌을 쌓아 봉분을 만들고 송백을 무덤 둘레에 열을 지어 심었다.'[7] 여기에서 알 수 있는 것은 죽음이라는 것이 인간의 삶의 영원한 끝이 아니라는 것이다. 「삼국지」에 나타나 있는 그 행위는 삶이 저승에서도 계속된다는 믿음을 반영하고 있다. 말하자면 죽음과 함께 맞는 내세에서의 생활은 현세의 그것과 전혀 다른 새로운 기준에 의하여 새로 시작되는 것이 아니라, 현세의 연장이라고 생각한 것이다. 그리하여 현세에서 사자가 누리던 지위와 신분에 맞게 저 세상에서도 그것을 향유할 수 있는 유택으로 큰 무덤을 짓고 많은 물건을 매장하였던 것이다.

7) 男女已嫁娶 便稍作送終之衣 厚葬 金銀財幣 盡於送死 積石爲封 列種松柏, 「三國志」 卷30, 東夷傳 高句麗條.

고구려의 고분벽화에 의하면, 대부분의 개인 혹은 집단은 현실을 보는 눈으로 내세를 상상하며 우주와 세계를 보는 눈으로 현실사회의 구조와 질서를 파악하고 있다는 것을 알 수 있다. 현세와 내세는 유기체적으로는 단절되지만 사람들의 의식과 관념에서는 분리되지 않았다. 두 세계의 구조와 질서는 기본적으로 크게 다르지 않을 것이며, 설사 다르다 하더라도 삶의 주체, 곧 거주자가 사람인 한 계급, 신분, 직업 등 가변적인 사회관계 이외의 인간관계와 인간의 의식, 관념 등은 사실상 동일한 것으로 상정되었다. 삶을 인식하고 영위하는 존재, 의식과 관념의 주체로서의 인간은 삶의 상태 및 형태가 바뀌더라도 소멸하지 않는다고 보았던 것임을 알 수 있다.[8] 따라서 죽음은 공포와 절망에 찬 영원한 소멸이 아닌 것으로 여겨졌으며, 남녀가 결혼이라는 중대한 통과의례를 거친 뒤 곧이어 다음의 통과의례인 죽음에 대비하여 자신들의 수의를 조금씩 장만해 간다는 것은 당시 고구려인들의 죽음과 내세에 대한 관념의 일면을 잘 보여준다. 고구려인들은 통과의례로서 장송의례가 잘못 치뤄지면 사자는 저승에 안착하지 못하고, 원망으로 가득찬 귀신이 되어 떠돌면서 해악을 끼치게 된다고 믿었던 것이다. 이와 같은 '마음의 결' 은 고구려인으로서 살아가는 과정에서 가정과 사회에서 이루어진 교육의 결과일 것이다.

고구려 벽화에 나타나 있는 기법, 재료와 같은 제반 기술상의 문제를 생각해 보면, 벽화의 완성을 위해서는 구륵법, 몰골법, 여러 가지 준법 등 묘사기법의 개발과 전래, 시점과 구도의 변화, 채색기법의 발달, 황토, 자토, 금, 진사, 녹청석 등 다양한 채색안료의 추출법 및 동식물성 아교의 배합기법의 발달, 벽화제작 과정에 필요한 여러 가지 도구의 종류와 쓰임새 및 도구 구성의 변화 등에 대한 구체적인 이해가 전제되어야 하며, 벽화의 주제와 내용구성에 영향을 주는 고분형태, 무덤칸의 구조 및 축조재료의 변화과정과 그 의미에 대한 과학적 지식과 판단력을 갖추어야 하므로, 이것을 전수받기 위해서는 필연적으로 어떤 형태로든지 교육이 있었다고 보아야 한다. 다만, 그 교육의 모습이 어떠했는가를 알 길이 없을 뿐이다.

고구려 사람들은 삶의 주변에는 각양의 귀신들이 있어, 사람의 길흉에 그들이 작용하거나 작용할 수 있다고 여겼다. 「삼국지」 동이전 고구려조에 보면, '사는 곳의 좌우에 큰 집을 세워 귀신, 영성, 사직에 제사하였다'[9]는 기록이 있다. 여기

8) 전호태, '고구려 고분벽화의 이해를 위하여', 역사문제연구소(편), 「역사비평」 1994 가을, p.298.

서 영성, 사직이라는 것은 농업신, 토지신, 지역 수호신 등을 가리키며, 귀신은 조상신과 그 밖의 신들을 말한다. 그리고 고구려인들은 이들 귀신들의 성질을 그 자체로 선하거나 악한 것으로 여기지 않았다. 말하자면, 귀신의 작용과 결정에 의하여 인간의 삶이 자신의 노력과 상관없이 진행된다는 식의 의식을 가졌던 것 같지는 않다. 귀신의 뜻을 잘 파악하여 맺힌 것을 풀고 잘 섬김으로써 화와 재앙을 피하거나 해소할 수 있다고 여겼다. 이것이 바로 고구려인이 상정하고 있던 행복을 얻는 길이었다. 이때 중요한 역할을 하는 것이 무당이다. 인간의 모든 일의 길흉화복에는 귀신들이 작용하는 만큼, 巫를 통한 제사로써 재앙을 물리치고 복을 부를 수 있다고 믿었던 것이다.

여기서 한 가지 눈여겨 보아야 할 대목이 있다. 그것은 「삼국사기」 次大王(차대왕) 3년조, 東川王(동천왕) 8년조, 大武神王(대무신왕) 3년조에서 전하는 것이다. 대무신왕 3년조에는 당시 외교적 분쟁을 하고 있던 부여에서 보내온, 두 몸이 한 머리를 같이 하고 있는 새를 둘러싼 고구려 조정의 논의가 소개되어 있다. 그 기록에 의하면, 조정에서 巫는 주도적 역할을 담당하는 것으로 되어 있다. 그리고 차대왕 3년조의 '7월에 왕이 平儒原(평유원)에서 사냥하는데 白狐(백호)가 울면서 따라오므로 왕은 이를 쏘았으나 맞지 않으므로 巫에게 물으니' 라는 말이나, 동천왕 8년조의 '무당이 말하니 … 소나무를 왕릉의 앞에 일곱겹으로 심었다' 는 말은 고구려에서 무당의 역할이 어떠했는가를 짐작하게 해준다. 특히 차대왕 3년조에서 巫를 '師巫(사무)' 라고 한 것은 그것이 巫 중에서 왕의 스승격에 해당하는 사람일지 모른다는 점에서 주의를 끈다. 巫는 천과 인의 중간자이다. 대개 巫는 당시의 지식계층이며 문화의 전수자이기도 하다. 따라서 巫는 교육자라고 말할 수 있을 것이다. 고구려에 있어서 巫는 교육과 종교, 그리고 정치를 규제하는 자였다. 이 말은, 당시의 종교는 거룩함을 구현하는 것으로, 정치와 교육은 이 거룩함과 깊은 관련을 맺고 있는 것으로 여겨졌다는 것을 시사한다.

이제 형식적 학교교육과 직접적으로 관련되어 있는 儒學(유학)이 언제 어떻게 고구려에 들어왔는지를 살펴 보겠다. 기록상으로는 소수림왕 2년(기원 372년)에 太學(태학)이 세워지고 거기서 유학의 경전을 가르친 것으로 되어 있다. 그러면 그 이전에는 유학이 전혀 들어오지 않았는가? 몇 가지 증거에 의하면 고구려에서

---

9) 於所居之左右 立大尾 又祭鬼神靈星社稷, 「三國志」 卷30 東夷傳 高句麗條.

는 유학이 일찍부터 가르쳐지고 있었다는 것을 알 수 있다. 고구려 유리왕(기원전 19년 즉위)의 黃鳥歌(황조가)[10]가 「시경」 관저편과 형식이 유사하다든가, 大輔 陝父(대보 협보)와 같은 인물이 고구려 역사에서 최초로 유교이념에 입각한 충언으로 왕을 보필하였다든가 하는 것이 그 한 가지 증거가 될 수 있을 것이다. 그는 유리왕 22년(기원 3) 왕이 수도를 국내성으로 옮긴 후 사냥을 떠나 여러 날이 되어도 돌아오지 않자, '대왕께서 새로 도읍을 옮기고 민심이 채 안정되지 않았으므로 마땅히 치안행정 사업을 돌보는 데 몰두하여야 될 것인데 이런 것은 생각하지 않고 말을 달려 사냥만 하여 오랫동안 돌아오지 않으니 왕께서 만일 허물을 고치고 새로운 결심을 하지 않는다면 나라정사는 거칠어지고 백성들은 흩어져서 선대 임금의 업적이 땅에 떨어질까 두렵습니다' 라고 간언하였다. 태조대왕 때 (138) 次大王(차대왕)이 王弟(왕제)로 있으면서 그가 사냥을 즐기며 그 유희에 절도가 없자, 아우 伯固(백고)는 '지금 그대는 왕제의 몸으로 백관의 수위에 오르고 공이 또한 많으니 마땅히 충의의 마음을 지니고 예양으로 극기하여 위로 왕덕을 함께 하고 아래로 민심을 얻으면 부귀가 몸을 떠나지 않고 화란이 일어나지 않을 것이다' 라고 간하며 그의 방탕한 마음을 막고자 하였다. 백고가 언급하고 있는 충의, 예양, 극기, 왕덕 등의 덕목으로 보아 그는 유학의 왕도정치사상을 깊이 이해하고 있음을 알 수 있다. 또 右輔(우보)였던 高福章(고복장)이 태조대왕에게 올린 간언, 즉 '좋지 못한 일을 하면 좋은 것도 변하여 나쁜 것으로 되고 좋은 일을 하면 재앙도 도리어 복으로 되는 것이니 이에 대왕께서 나라 걱정하기를 집과 같이 하며 백성 사랑하기를 자식같이 하시니 비록 사소한 변고가 있다 하여도 무슨 걱정이 있겠습니까' 라는 간언은 유학의 왕도정치사상을 보여 주는 예라고 할 수 있다. 실지로, 고국천왕(기원 179-197) 때에는 이른바 賢良政治(현량정치)가 실시되었다. 즉, 왕은 즉위 13년에 거듭되는 반란을 진압한 후, 관직을 은총으로 주고 벼슬을 정당하게 올리지 않은 데 반란의 원인이 있다고 판단하여 백관에게 현인을 추천할 것을 분부하였던 것이다. 이는 전형적인 明德愼罰(명덕신벌)과 尊賢使能(존현사능) 사상의 구현이다. 이때 추천된 인물이 바로 을파소이다. 그는, '때를 얻지 못하면 숨고, 때를 얻으면 나와 벼슬하는 것이 선비의 떳떳한 일이다. 지금 대왕은 나를 후의로써 대하니 어찌 다시 전일과 같이 은퇴할 것을 생각하겠는가'

---

10) 翩翩黃鳥 雌雄相依 念我之獨 誰其與歸(펄펄 나는 꾀꼬리는, 쌍쌍이 즐기는데, 외로운 이 내 몸은, 뉘와 함께 돌아갈꼬). 황조가는 우리나라 사람의 작품으로서는 문헌상 가장 오래된 것이다.

라고 말하고 출사하여 국상의 일을 맡았다. 이 모습은 바로 진정한 유학자의 태도이며, 고국천왕 역시 현량정치를 행한 것이라고 말할 수 있다. 봉상왕(292-300) 때의 국상 倉助利(창조리) 역시 '왕으로서 백성을 규휼하지 않으면 仁이 아니고, 신하로서 왕을 간하지 않으면 忠이 아니다. 이미 국상의 자리에 앉아 있으니 이를 말하지 않을 수 없다'고 하여 君仁臣忠(군인신충)의 덕목에 따라 간언하였다. 더 나아가서 봉상왕이 더 이상 선정을 베풀 수 없다고 판단하자, 그는 왕을 폐출하였다. 그것은 맹자의 '폭군방벌론'에 대한 이해와 그 실천이라고 볼 수 있을 것이다. 이 몇 가지 사례를 보면, 고구려는 이미 372년 이전에 유학을 깊이 이해하고 있었음을 알 수 있다.

그렇다면 고구려인들은 어떤 경로를 통하여 유학을 본격적으로 배울 수 있었는가? 그것은 말할 것도 없이 학교교육이라고 볼 수밖에 없을 것이다. 고구려 소수림왕 2년의 태학의 설립은 이와 같은 배경 속에서 나온 것이라고 볼 수 있다. 태학의 직제나 교육내용, 학생의 신분, 출신자의 활약 등은 알 도리가 없지만, 다만 짐작할 수 있는 것은 한대와 같은 박사〔교수〕제도가 있었다는 것이며, 태학이 있는 곳은 서울이며, 귀족의 자제들이 입학하였을 것이라는 점이다. 교육내용—「詩經(시경)」, 「書經(서경)」, 「周易(주역)」, 「春秋(춘추)」, 「禮記(예기)」, 「史記(사기)」, 「漢書(한서)」, 「後漢書(후한서)」, 「字林(자림)」, 「字統(자통)」, 「文選(문선)」—은 경당(扃堂)에서 가르친 것과는 달리 높은 수준의 것이었을 것이다. 모르기는 해도 고구려에서는 태학의 필요를 느끼지 않았다가 불교를 들여온 전진의 영향으로 인하여 태학을 설립한 것이 아닌가 하는 짐작을 해본다.

여기서 잠깐 교육기관으로서의 경당을 소개하면 다음과 같다. 경당은 우리나라 최초의 사설교육기관으로서 태학보다 늦게 장수왕 15년(기원 427)에 평양천도를 계기로 하여 각 지방에 설립된 것으로 알려져 있다.[11] 고구려는 동맹제를 수도에서 거행하고 지방에서도 각각 그 지방에 맞게 동맹제를 지냈다. 이 제사를 지내기 위해서 지은 '큰집〔大屋〕'이 경당의 기원으로 짐작된다. 이른바 '큰집'은 제사를 지내는 곳이기도 하지만 제사를 지내는 의식을 가르치는 장소이기도 하였다. 이 제사의식에는 춤과 노래가 수반되었을 것이라는 점을 생각해 본다면 '큰집'에서는 춤과 노래도 함께 가르쳤을 것이다. 고구려인에게 있어서 제사는 매우 중요한 일의 하나로 인식되었으며, 그것에 상응하여 제사의식, 춤, 노래 등이 강조되

11) 李基白, '고구려의 경당', 「역사학보」 35-36합집, 1967, p.42.

었다. (고구려에서는 國祖神(국조신), 部族神(부족신)에 대한 제사가 허용되었고 제사를 위한 신전이 별도로 있었다.)

고구려에는 본래 다섯 부족, 즉 연노부, 절노부, 순노부, 관노부, 계루부가 있었다. 왕은 원래 연노부에서 나왔지만 계루부의 세력이 점차로 커짐에 따라 계루부에서 왕위를 차지한 것으로 알려져 있다. 고구려인들은 연노부, 계루부와 같이 왕위를 차지한 왕의 종족으로서 그 大加(대가)인 자를 모두 古雛加(고추가)라 불렀다. 원래 연노부는 國主(국주)였으므로 왕이 될 수 없었지만 그 적통을 이어받았다는 의미에서 그 大加人(대가인)은 고추가 칭호를 얻었으며, 그에 따라 연노부는 자체의 종묘를 세우고 영성과 사직에 따로 제사를 지냈다.[12] 여기서 영성은 天田星(천전성)이라 일컫던 것으로서, 고대 이래 중국에서는 농사를 주관하는 별로 믿어 왔다. 社는 원래 중국에서는 마을 경역의 수호신을 제사하는 신성한 장소이면서 동시에 촌락 구성원들이 모이는 집회소였다. 稷(직)은 곡물의 신으로서 사와 직이 합쳐서 일정 지역 공동체를 상징하는 것으로 되었다. 종묘는 왕실혈족의 조상신을 모셔 제사하는 곳이다. 따라서 영성, 사직, 종묘에서 제사하였다는 것은 곧 국가가 주권을 가지고 있었다는 것을 상징하는 것으로서 고구려에서 영성, 사직에 제사하였다는 것은 실지로 제사의 대상과 내용이 중국의 그것과 비교해 다른 점이 있다는 것을 의미한다. 고구려 사람들은 그들 나름의 방식에 따라 '거처하는 좌우에 큰 집을 짓고 그 곳에서 귀신에게 제사를 지냈으며 영성과 사직에도 제사를 지냈다.'[13]

'큰집을 거리마다 짓고 경당이라 하였다'[14]는 기록에서 알 수 있듯이, 대옥은 영성, 사직, 신묘에 제사지내는 곳이기도 하지만, 청소년들이 독서, 習射(습사)하는 경당을 가리킨다고 할 수도 있다. 여기서 문제는 대옥에서 어떻게 경당으로 변하게 되었는가 하는 것이다. 이전부터 불교가 유포되어 있던 불교가 고구려에서 공인된 것은 소수림왕 2년(372)이다. 소수림왕 5년(375)에는 절을 창건하고 392년에는 불법을 믿어 복을 구하게 하는 영을 내렸으며 기원 393년에는 절 9개를 지었다. 이것은 모두 화를 없애고 복을 부른다는 구복종교로서의 불교를 반영하고 있다. 불교의 이와 같은 성격 때문에 귀신에게 제사를 지내어 복을 구하던 기능은 이 불교에 떠맡겨야 했던 것이다. 이렇게 보면 경당에는 결국 유학을 공부하며 무

---

12) 「三國志」卷30 東夷傳 高句麗條.
13) 於所居之左右立大屋 祭鬼神 又祀靈星社稷,「三國志」卷30 東夷傳 高句麗條.
14) 各於街衢 造大屋 謂之局堂,「舊唐書」卷199上 東夷傳 高麗條.

술을 닦는 일만 남겨졌다고 보아야 한다. 그러나 고대교육에서 제사의 기능은 완전히 없앨 수 있는 것이 아니다. 왜냐하면 국조신, 조상신, 수호신을 모시는 제사는 그들의 삶의 형태로 보아 어떤 형태로든지 간에 유지해야 하기 때문이다. 그러므로 여기서 우리가 반드시 확인해야 할 문제는, 제사에서 구복이라는 종교적 기능은 불교가 떠맡게 되었다 하더라도 여전히 경당에서는 제사를 지내지 않았겠는가 하는 것과, 경당에는 제사에 수반되는 종교적 분위기 같은 것이 계속 유지되지 않았겠는가 하는 것이다.

구체적으로 경당은 어떤 곳인가? 우선 '扃(경)' 자에는 여러 가지 뜻이 있으나 우리의 주목을 끄는 것은 두 가지이다. 그 하나는 '閑居家中也 中欲不出 謂之 扃'이며 다른 하나는 '車上橫木扃關也 謂建旗車上 有關制之 令不動搖 曰扃'이다. 전자에서 '한거'라는 말은 '스콜레(scóle)'와 관련이 있다. 스콜레는 관조와 관련이 있는 것으로서, 관조는 실재가 우리 마음 속으로 끈질기게 파고 들어서 우리가 그것을 도저히 묵과할 수 없을 때에 이루어진다. 그리고 이 '스콜레'는 '격리'와 관련이 있다. '격리'라는 것은 '지금 여기', 즉 눈 앞에 벌어지고 있는 삶으로부터의 '격리'를 가리킨다. '학교'라는 것은 바로 이 두 가지 요소를 갖추어야 한다. '경' 자의 의미에는 바로 이 두 가지 의미가 포함되어 있다. 후자에 나타나 있는 '경' 자의 다른 한 가지 의미는 '수레 위에 설치한 횡목으로 군기를 수레 위에 세워 관을 설치하여 동요됨이 없도록 명하는 것'으로 군사와 관련된다. 이 두 가지 의미를 종합해 보면 경당이라는 것은 전형적인 학교로서 학문과 무술을 동시에 전수하는 곳이라고 볼 수 있다. 이런 의미에서 고구려의 경당은 고구려인의 이상적 인간상을 추구하는 곳이기도 하다. 경당에서는 '자제들이 결혼할 때까지 밤낮으로 독서와 활쏘기를 익히게 한다. 독서의 대상은 오경, 「사기」, 「한서」, 「후한서」, 「삼국지」, 「晉(진)춘추」, 「옥편」, 「자통」, 「자림」, 그리고 「문선」이었다.'[15]

4세기에 접어들면서 고구려는 대외적으로 급속한 발전을 하였다. 이전부터 서서히 진행되어 오던 공동체적 관계의 해체는 왕을 중심으로 한 왕권의 강화를 가져왔으며, 그 결과 고구려의 국력은 이 시기를 기점으로 하여 대외적으로 분출하기 시작하였다. 아마도 이 힘의 근원은 고구려가 신성한 국가이며 하늘의 자손이라는 의식에 있다고 말할 수 있을 것이다. 이 시기에는 종래 동아시아의 국제 정

15) 子弟未婚之前 晝夜於此讀書習射 其書有五經及史記 漢書 范□華後漢書 三國志 孫盛晉春秋 玉篇 字統字林 又有文選 尤愛重之,「舊唐書」卷199上 東夷傳 高麗條.

세를 주도하던 진제국이 무너지고 북방민족의 이동과 정복이 활발히 전개됨에 따라 종래와는 달리 넓은 평야와 고도로 문물이 발달된 광대한 지역을 통치하기 위해서, 그리고 서로 투쟁하고 있는 그 밖의 민족이나 백제에 대처하여 생존하기 위해서 새로운 제도의 창출이 시급히 요청되었다. 소수림왕 대에 일대 개혁이 시도되었으니, 율령의 반포, 불교의 수용, 태학의 설립 등이 그것이다. 특히 새로운 인재의 양성기관인 태학을 설립한 것은 매우 중요한 의미를 가지고 있다. 또한 고구려는 불교를 수용함으로써 잡다한 정신세계를 포용하면서 한 단계 고양된 종교와 철학의 세계로 이들을 규합해 나갈 수 있었다.

세계종교인 불교가 들어오자 고대종교의 지적 유산 속에서 종교사는 다시 한 번 커다란 변혁을 겪게 된다. 고구려에 불교가 들어오자 그때까지 신성한 종교행위가 이루어지는 지역에 관한 신성관념, 즉 신성지역에 관한 관념도 변화를 겪게 되었다. 삼한시대부터 내려온 蘇塗(소도)는 불교가 들어온 후 불교 속에 포섭되면서 「삼국유사」에 보이는 葛蟠地(갈반지)로 나타났다. 이것으로 보아 원시시대의 신성지역 관념이 불교의 수용 이후 불교의 테두리 속에서 계승되고 있는 것을 알 수 있다. 원시사회의 신성지역 관념은 불교를 통하여 보다 확대되는 과정을 거치지 않을 수 없었다. 예컨대, 구석기인들에게 동굴은 신성시되는 곳이었다. 이 곳은 신성한 행위(예컨대, 성년식)가 이루어지는 특정한 공간이라는 특성을 가진다. 불교의 사원 역시 신성지역의 성격을 가진다는 것은 확실하다. 이 점은 신성을 기본으로 하는 종교의 공통적인 성격을 반영하는 것이다. 물론 불교가 고구려에 처음 들어왔을 때에는 기복종교로 받아들여졌다. 예컨대, 광개토대왕 2년에 나타나는 다음과 같은 기록, 즉 '교를 내려 불법을 숭신하여 복을 구하도록 하였다'[16]는 기록은 그 점을 잘 보여 주고 있다. 그러나 복의 구체적인 내용은 원시시대와는 엄청나게 달라졌다. 고대종교의 지혜가 우주의 질서와 인간의 생존론적 비밀을 밝히는 데 한정되어 있었다면, 세계종교는 각자의 고대종교, 문화전통 안에서 전체 인류와 전체 역사의 구원을 시도하는 데에, 이른바 인류의 보편적 濟度(제도)에 대한 이상을 실천하는 데 목적을 두고 있다. 고구려 불교도 이 방향으로 나아간 것이다. 이 말을 뒷받침하는 것으로서 불교가 전래된 이후 시간이 흐름에 따라 三論學(삼론학)과 같은 순수한 이론뿐만 아니라 법화경, 유마경 등등의 경전에 대한

---

16) 三月下敎 崇信佛法求福,「三國史記」卷18 故國壤王 9年. 이 기사의 내용은 광개토대왕 2년(391)의 것으로 보는 것이 옳다. 이것은 '삼국사기의 기년의 착오' (申東河, '고대사상의 특성', 정신문화연구원(편),「한국사상사대계」(2), 1991, p.235)라고 볼 수 있다.

이해가 진전되어 교학이 발달하였다는 점을 들 수 있다. 이 변화가 바로 기복형에서 구도형에로의 변화를 가리키며, 이러한 변화는 정치와 교육에 그대로 영향을 주었을 것이다.

여기서 우리는 기복형과 구도형에 관한 것을 좀더 자세히 언급할 필요가 있다.[17] 기복형의 주된 관심은 질병이나 일반적 재앙과 같은 구체적인 사건을 해결하는 데에 있다. 그러므로 이 사고체계에서는 인간의 삶의 이상이 바로 현실적 조건에 의하여 규정된다. 현세의 조건들이 모두 충족된 삶이 바로 인간의 이상적 삶인 것이다. 따라서 기복행위는 비록 내세의 일을 빈다고 하더라도 내세의 이상적 조건을 현세의 조건에서 유추하고 있다. 이와 같이 기복사상은 제3의 기준이나 관점에 서서 인간과 그의 삶을 조명하는 것이 아니라, 현세적 삶의 조건을 확보하고 유지하는 것을 그 주된 과제로 하고 있다. 현세적 조건의 결여사항을 구체적으로 보충하려는 것이 기복이며 주술행위이다. 이 기복행위는 행위자의 윤리적, 내면적 덕성과 함양을 그 관심 밖에 두는 만큼 근본적으로 이기적인 것이다.

구도형은 인간 존재의 실존적 제약성에 대한 예리한 각성과, 현실적 조건을 넘어선 이상적 자아의 완성을 추구한다는 존재론적 문제에 관심을 기울인다. 이러한 사고체계에서는 현세적 조건과 이상 사이의 근본적 차이를 철저하게 인식하게 된다. 이상의 인식은 곧 현실 속에서의 자아의 삶의 자세를 변형시키고 현세적 조건과 삶의 의미를 새롭게 재해석하도록 이끈다. 이렇게 변혁된 삶의 맥락 속에서 우주와 사회와 인간이 하나의 원칙에 의해서 동일한 질서를 유지하고 있다는 신념, 이른바 우주관을 갖게 된다. 고전적 우주관에서 자아와 자연, 사회는 동일한 의미 질서를 갖게 되는 것이다. 그러므로 자아의 존재론적 추구를 그 관심의 대상으로 삼고 있는 신념체계에서는 언제나 우주론적 질서와 진리에 대한 인식이 병행하고 있다. 진실한 자아를 추구하는 것과 진리를 체득하는 것은 별도의 일이 아닌 하나의 信行(신행)이 되는 것이다. 이 신행은 고전적 형이상학 체계의 산파였으며, 인류 문화의 꽃을 피우게 한 모든 고대문화는 바로 이 구도형의 신념체계의 산물이었던 것이다.

구도사상은 인간 이상의 실현과 진리의 체득이라는 실현하기 어려운 목표를 추구하고 있다. 이는, 기복사상과는 달리 구체적이고 개별적인 목표가 아니라 전인적 목표를 추구하는 전인적 사상이다. 전인적 목표를 달성하기 위해서는 엄격

17) 이하의 내용은 尹以欽, 「전게서」, pp.75-76에 주로 의존하였다.

한 자기수련과 극기 그리고 고행이 요구된다. 전인적 이상을 추구하며 진리를 실천하는 과정이 고행이다. 엄격한 의미에서 보면, 전인적 이상과 진리의 실천이라는 구원의 목표를 추구하는 그 실천과정 자체가 중대한 의미를 갖기 때문에, 그 목표와 실천과정은 동일한 중요성을 갖고 있다고 보아야 할 것이다. 말하자면 이는 고행자체가 전인적 목표와 같이 중요한 의미를 갖고 있다는 것을 뜻한다. 고행을 하고 있는 구도자에게 있어서 진실한 자아와 진실한 삶을 추구하는 것 이외의 다른 것들은 그의 관심 밖에 있다. 세속적인 일들과 사회적 사건들에 관한 관심은 구도자의 자기 교육과정에서 관심 밖으로 밀려 나가게 된다.

구도형 종교는 교육의 본질과 상당히 유사한 측면을 가지고 있다. 세계종교로서의 불교가 고구려에 들어왔다는 것은 당시의 교육이 그 자체의 본질을 추구하도록 하는 원동력을 갖게 되었다는 것을 의미한다. 유교 역시 교육의 본질과 관련이 없었던 것은 아니지만 고구려에 구도형의 불교라는 종교가 들어왔다는 것은 고구려인의 마음을 새롭게 형성해 나가는 데 커다란 힘을 주었을 것이다.

6세기 중반 이후 귀족연립정권 체제가 형성된 것은 강력한 왕권을 정점으로 하던 그 전시대의 체제에 비추어 보면 큰 변화라고 할 수 있다. 그러나 여전히 중앙집권의 국가들은 계속 유지되었다. 한편 天孫國意識(천손국의식)과 그를 바탕으로 한 천하관도 여전히 지속되고 있었다. 불교가 들어온 이래 우리의 주목을 끄는 것은 고구려 승려 승랑이다. 그는 중국으로 건너가 구마라십-승조 계통의 학문을 익혀, '二諦合明中道論(이체합명중도론)'이라는 새로운 인식방법론을 제창함으로써 空 사상의 학적 체계에 새로운 경지를 열었다. 승랑은 중국의 여러 곳에 거주하면서 많은 제자를 길러 중국 삼론학의 발전에 지대한 공헌을 하였다. 고구려는 삼국 중에서 불교를 가장 먼저 받아들였기 때문에 백제나 신라에 고승을 배출하기도 하였다.

고구려 말기에 보이는 특이한 사상계 동향은 도교가 대두되었다는 것이다. 「삼국사기」에 의하면 영류왕 7년(624)에 도교에 대한 첫 기록이 나타나고 있다. 그러나 그 이전부터 도가사상은 사람들 사이에 상당히 널리 알려져 있었다. 624년에 전래된 도교는 보장왕 2년(643) 연개소문이 주도한 도교 진흥책으로 말미암아 불교측의 반발을 불러일으켰다. 그렇다면 왜 연개소문은 도교를 진흥시키고자 하였는가? 그것은 아마도 당시 대내적으로 정변을 치른 만큼 대외적으로 비교적 새로운 종교를 이용해서 민심을 안정시키고 국인의 단합을 도모하기 위해서일 것이다. 왜냐하면 도교가 지닌 주술성과 도참적 성격이 이러한 목적에 유용하게 쓰일 수 있기 때문이다. 도교 수용 이전부터 고구려에는 도가사상과 五斗米敎(오두미교) 등의 신앙이 널리 알려져 있었기 때문에 도교 진흥책에 상당한 효과를 기대하지 않았을까 하는 생각을 해 볼 수 있는 것이다.

일단 도교나 오두미교 등이 들어와서 널리 퍼졌다는 것은 고구려 사회가 불안하다는 것을 입증하는 것이다. 그리고 고구려 사람들의 기상이 호탕하고 활발한 데 비하여 도교는 도가의 영향권에 있으므로 소극적, 은둔적인 삶과 현세 부정의 삶을 강조하였을 것이다. 그러므로 도교는 고구려인 본래의 기상과는 잘 어울리지 않는 것 같다. 이 시기에 고구려는 멸망을 맞이하게 된다. 과연 도교가 고구려 멸망에 얼마만큼 영향을 주었는지는 모르겠지만, 적어도 일조를 하였을 것이라는 추측을 해볼 수 있다.

2. 백제의 교육

백제는 원래 마한 50여 개 국 중의 하나로서 북쪽에서 내려온 부여족 온조왕이 한강유역에 새롭게 세운 나라였다. 백제는 660년 동안 존속하면서 문화적으로 많은 발전을 이룩하였다. 백제는 서울, 공주, 부여에 세 번 도읍을 정하였으며, 이들 세 도읍을 중심으로 하여 백제는 서울시대, 공주시대, 부여시대의 백제로 구분된다. 이와 같이 구분하는 것은 이 시대의 사상이 서로 구분되는 특징을 나타내 보이고 있기 때문이다. 전기 서울시대에는 유교사상이, 중기 공주시대에는 도가사상과 풍수지리사상이 성행하였으며, 후기 부여시대에는 전·중기의 외래문화와 사상이 토착화되었다. 물론 여기에도 미륵사상이 존재하였던 것은 말할 것도 없다. 이 모든 사상이 백제인의 정신세계를 형성하는 기본이 되었던 것으로서, 이 세 시대의 사상이 백제문화 발전의 추진력이 되었다고 할 수 있다.[18]

백제에 그와 같은 사상들이 있었고 이것들이 백제인의 마음을 형성하도록 하였다면, 여기에는 틀림없이 교육이 있었을 것이다. 그러나 불행하게도 교육제도나 기관에 관한 기록이 보이지 않는다. 이것은 백제 교육을 연구하는 데 매우 어

18) 姜仁求, '백제의 역사와 사상',「한국사상사대계」(2), 1991, pp.51-52.

려운 점으로서 「삼국사기」, 「삼국유사」, 중국측 사서인 「周書(주서)」, 「舊唐書(구당서)」, 「宋書(송서)」 등과 백제문화와 사상을 충실하게 받아들인 일본의 「日本書紀(일본서기)」, 「古事記(고사기)」에 나와 있는 몇 줄 안 되는 기록을 참고할 수밖에 없다.

우선 학교제도와 관련되어 있다고 판단되는 박사제도를 다루어 보겠다. 「삼국사기」 근초고왕조에 보면, '백제는 개국 이래 문자 기록이 없었으나 이때에 이르러 박사 고흥을 얻어서 비로소 기록을 하였다' [19]는 기록이 있다. 「논어」가 백제에 들어온 시기는 5세기 이전이다. 「古記(고기)」의 기록에 의하면, 王仁(왕인)은 왜에 부임할 때, 「논어」 10권, 「천자문」 1권을 휴대하고 있었다. 그 시기는 5세기 초이다. 「北周書(북주서)」 권 94 백제전에 등장하는, '풍속에 말타기와 활쏘기를 중시하고 아울러 고서와 사서를 소중히 여겼다. 그들 중 빼어난 자는 문장을 잘짓고 풀이할 수 있었다' 는 기록이나 「구당서」 권199 上 동이전 백제조에 등장하는, '그들의 서적은 오경과 자부와 사가 있고, 또 표와 소는 모두 중화의 법에 의거하였다' [20]는 기록은 6-7세기경에 이미 경전이 백제 사회에 광범하게 유입되어 있었다는 것을 시사한다.

3세기 후반부터 5세기 중엽까지 문헌상에 보이는 백제의 博士(박사)는 두 가지로 구분될 수 있다. 그 하나는 五經博士(오경박사)이고, 다른 하나는 專業博士(전업박사)이다. 또한 박사는 처음에 귀화한 한나라 사람을 임용하거나 직접 중국에서 초빙하였다. 그 뒤 백제인 중에서 전문지식을 전수할 수 있는 능력을 지닌 사람이 나타나기 시작하면서 백제인이 그 자리에 임명되었다. 바로 이들이 왜로 파견된 것으로 추측된다. 이와 같이 백제인이 국외로 나아가 오경을 가르칠 수 있는 능력을 갖추고 교직을 맡게 되었다는 사실은 백제 안에 이미 학교제도가 있었다는 것을 짐작하게 한다. 이 짐작을 뒷받침해 줄 수 있는 사례가 앞서 말한 「삼국사기」 근초고왕 30년조에 나타나 있다. 여기서 말하는 문자는 한자를 가리키는 것이다. 고흥이 어떤 사람인가 하는 것은 불분명하지만 낙랑이 고구려에 병탄된 후 남방 백제로 망명해 온 한인 중의 한 사람이었을 것이다. [21] 그가 백제에 온 후에 근초고왕에 의해 박사로 임용되어 사서편찬에 종사했을 것이다. 그 후 근초고

19) 古記云 百濟開國已來 未有以文字記事 至是得博士高興 始有書記, 「三國史記」 卷24 近肖古王 30年.

20) 其書籍有五經子史 又表疏 依中華之法, 「舊唐書」 卷199上 東夷傳 百濟條.

21) 三上次男, 「古代 東亞細亞史 研究」, 「東京」 : 吉川弘文館, 1966, p.660.

왕 말년(375)에 오경박사 제도를 설치하고 학교에서 학생들을 가르쳤던 것이다. 이들의 수준은 '오경의 능독경전' 정도였다. 그 후 전문지식을 갖춘 박사가 필요하여 예컨대 毛詩(모시) 박사를 중국 梁(양)나라에서 모셔 온 것으로 보아, 백제의 형편은 오경을 읽는 수준이기는 해도, 특별히 각 경전의 전문지식이 요구되고 있었음에도 불구하고 전문가는 없거나 부족한 처지에 놓여 있었다고 보아야 한다. 그러다가 마침내 聖王(성왕, 523-553) 시대에 醫(의), 易(역), 曆(역) 등의 전업박사 제도를 增置(증치)하기에 이르게 된다.

백제에 구체적으로 학교가 출현한 시기는 고흥의 박사 임명과 고구려를 대파한 후 漢山(한산)으로 천도할 무렵—근초고왕 26년에서 30년(371-375)—이라고 할 수 있다. 이 시기는 백제 역사상 최고의 전성시대를 구가한 때이다. 특히 근초고왕 27년은 고구려 소수림왕 2년에 해당하고 그해 6월에 고구려는 태학을 창설하였으므로 백제에 막대한 충격을 주었을 것이다. 근초고왕 28년, 백제는 晉(진)으로 조공을 하면서 아마도 학교에 관한 자료를 수집하지 않았겠는가 하는 짐작을 해본다. 중국 역사의 통례를 보면, 중앙집권의 확립, 관료체제의 성립, 통치원리로서의 유교의 확립, 군왕의 열렬한 문교사업 진흥 등의 조건이 갖추어지면, 대개의 경우 관학이 출현하였다.[22] 백제의 경우 중앙집권이 확립된 것은 바로 古爾王(고이왕) 시대(234-286)에 이르러서이다. 「삼국사기」 백제 본기에 의하면, 고이왕때 육좌평관제 16등 관제와 그 복색을 제정하였으므로 관료제의 기본이 완성되기에 이른 것이다. 佐平(좌평)은 주례에 나오는 六典(육전)과 같은 것으로 장관급이다. 「삼국사기」 職官條(직관조)에 보이는 22관부를 내외로 이분한 것은 음양의 원리에 근본을 둔 것으로 보인다. 또 司徒部(사도부), 司空部(사공부), 司寇部(사구부) 등의 관부에 보이는 사도, 사공, 사구 등의 명칭은 「서경」의 홍범 팔조와 「주례」에 있는 명칭이다. 또 백제 서울의 오부제도는 그 근원이 오행사상에 있다고 할 수 있을 것이다.[23] 이는, 말할 것도 없이, 여러 가지 명칭뿐만 아니라 통치이념이나 교육이념도 유교 경전을 기초로 하였다는 단서가 될 수 있을 것이다. 사실상 근초고왕은 문교에 정성을 쏟았다는 것을 알 수 있다. 근초고왕 말기에 박사 고흥을 임명하여 사서를 편찬하게 한 것은 그러한 사실을 뒷받침해 준다.

유학은 정치이념과 교육이념뿐만 아니라, 생활 속에도 스며 있었다. 「삼국사

22) 高明士, '韓國 古代 學校敎育의 發展—百濟 學校敎育의 發展', 「文史哲學報」 30 참조.
23) 「北史」 卷94 列傳 百濟條, 「梁書」 卷54 東夷傳 百濟條.

기」 온조왕 원년조에 보면, 오월에 동명왕묘를 건립하고 역대왕이 즉위하면 그 다음 해에 이 묘에 배알 제사하는 관례가 있다. 이것은 조상숭배 사상의 바탕 위에서 유교사상의 영향으로 중국적 종묘제도를 받아들인 것이라 볼 수 있다. 온조왕 20년 기사에는 큰 단을 설치하고 왕이 친히 천지에 제사하였다고 한다. 이것은 「예기」 왕제편의 '천자는 천지에 제사 지내고 제후는 사직에 제사 지낸다'는 생각을 실천한 것이라고 볼 수 있다. 그 밖에 중국 문헌 「주서」 백제조에도 백제의 혼인제도에 관하여 기술한 것이 있는데, 그것에 의하면, '혼례는 대체로 중국의 그것과 같고 부모나 남편이 죽으면 3년의 복을 입는다'[24]라고 기록해 놓고 있다. 이것도 또한 유교의 예법을 말하는 것이다. 또 「주서」 백제조에는 投壺(투호)라는 것이 있다고 기록되어 있다. 이것은 주인과 손님이 즐겁게 항아리에 화살을 던져 넣는 것으로서 역시 「예기」 투호편에 그 방법과 내용이 기록되어 있다. 백제인들이 이 놀이를 즐겼다는 것은 유교와 유학사상이 훨씬 깊숙히 생활 속에 파고 들었다는 것을 보여주는 것이다. 심지어 설화(「삼국사기」 열전 都彌條(도미조)에 나오는 설화)를 보아도 도미는 비록 평민이지만 의리를 알고 여자의 정결을 생명을 걸고 지켰다고 되어 있다.

  그러나 백제인들은 유교만을 유일한 정신세계로 받아들이고 있었다기 보다는 불교, 풍수사상, 도교사상, 四神(사신)사상, 신선사상 등을 복합적으로 받아들이고 있었다고 보아야 한다. 그것은 문헌과 유적에서 그 증거를 들어 말할 수 있다. 불교가 백제인의 정신세계에서 차지하는 비중은 대단히 크다. 불교가 처음 들어온 이래 백제가 가장 빨리 수용한 것은 당시 역대 왕들의 적극적인 태도에 기인하고 있다. 그 단서는 「삼국사기」에 들어 있다. '호승 마라난타가 晉(진)에서 오니 왕은 맞아들여 궁내에 모시고 예와 공경을 극진히 하였다'[25]라는 것이 그 예이다. 공식 사절도 아닌 개인 자격으로 혼자 들어왔는데도 왕이 직접 출영하여 궁내에 극진히 모셨다는 것은 백제가 불교를 처음 수용할 때 대단한 열의를 가지고 있었음을 나타내 주고 있다. 이것은 고구려나 신라가 불교를 수용할 때와는 판이하게 다른 것이다. 특히 '한산에 불교사원을 창건하고 10명의 승을 득도시켰다'는 것은 바로 백제 불교가 국가를 주도하는 위치에 있었다는 것을 시사한다. 백제의 불교는 국민에게 종교로서의 불교를 받아들이도록 하였다. 특히 내세에 관한 믿음

---

24) 婚娶之禮 · 同華俗 父母及夫死者 三年治服,「周書」卷49 異域上 百濟條.

25) (元年) 九月 胡僧摩羅難陁自晉至 王迎之致宮內禮敬焉 佛法始於此 二年春二月 創佛寺於漢山 度
    僧十人,「三國史記」卷24 枕流王.

에 관한 한 불교의 영향은 압도적인 것이었다. 이것은 고분에 불교적 요소가 포함되어 있는 것으로 미루어 알 수 있다. 이러한 경향은 공주시대에 시작되어 부여시대에는 매우 두드러지게 나타난다. 부여시대에는 화장묘가 많이 눈에 띄는데 이것은 바로 불교의 산물임에 틀림없다. 풍수지리사상과 관계있는 것으로는 도성, 궁성의 위치 선정과 고분의 묘지 선택이 가장 중요한 비중을 차지하고 있다. 백제의 이런 유적을 살펴보면 풍수지리사상과 관계있는 유적, 유물을 발견할 수 있다.[26] 그 밖의 도교사상, 사신사상, 신선사상에 대해서도 마찬가지로 말할 수 있다. 백제인의 정신세계는 교육내용으로서의 유학을 바탕으로 하여 종교로서의 불교와 그 밖의 사상을 받아들인 결과로 형성되었다고 보아야 한다. 현세적 삶을 위해서는 교육이 필요하고 그 교육내용은 유학이었다. 이 유학을 모르면 국가 대사에 참여할 수 없고 국가 제도에서 일할 수 없게 된다. 그러나 이 현세의 끝은 내세의 시작이다. 마찬가지로 교육의 끝은 종교의 시작이라고 할 수 있을 것이다. 그러므로 백제인은 교육내용으로서의 유학과 종교로서의 불교, 도교, 풍수지리, 신선사상 등이 혼재하는 가운데 살았다고 보아야 한다.

3. 신라의 교육

신라는 斯盧國(사로국), 즉 서라벌에서 출발하였다. 사로는 본래 변한의 일부로서,「위지」동이전에 보이는 변진 20여 개국 중의 하나이다. 당시의 형편을 말하자면, 백제가 진한에서 일어나 마한을 잠식하자 진왕의 세력은 몰락하게 되었으며, 그 결과 사로 등 낙동강 동편의 여러 나라도 명실공히 독립하게 되었다. 엄밀한 의미에서의 신라 건국도 바로 이 시기에 가능하지 않았나 하는 생각이 든다. 따라서 삼국 중에서 신라는 가장 후진국이었다고 할 수 있을 것이다. 그러나 신라의 기원을 보면 그 유래는 아주 오래 되었다. 원시시대에 신라사회는 육촌으로 나누어져 있었고 각 촌에는 각기 촌장이 있어 통솔하였다. 이것을 보면 초기 신라는 씨족 국가였음에 틀림없다. 신라는 그 이후 육촌이 결합하여 한 사람의 군장을 추

26) 姜仁求, 전게논문, pp.62-64.

대하는 부족국가를 이루게 됨으로써 비로소 한 단계 진보한 국가의 형태를 띠게 된다.

박혁거세라는 시조를 거쳐 김씨 계통의 奈勿王(내물왕)이 중앙집권 정치를 시작하였다는 것은 내물왕이 세운 신궁에서 그 증거를 찾을 수 있다. 어쨌든 내물왕의 중앙집권 정치는 왕권의 성장과 발전 그리고 사상적 통일정책을 보여 주었으며, 국력의 신장에 따르는 국가의식의 자주적 표현이라고 말할 수 있다. 내물왕 초기는 백제 근초고왕 때에 해당되며, 내물왕 말기는 고구려 광개토대왕의 치세에 해당한다. 조그마한 신라가 遠交近功策(원교근공책)을 써서 주위의 소국들을 정벌하여 국가의 형태를 차츰 정비하고 그 두각을 국제 무대에 드러내게 된 것이다. 말하자면 내물왕 마립간이 통치하던 시기는 신라의 중앙집권이 출발하던 때이며 이 점에서 내물왕은 신라의 태조라고 할 수 있다. 그는 마치 백제의 고이왕과 같은 존재였으니 백제 고이왕 이전과 마찬가지로 신라의 경우도 내물마립간 이전의 통치자는 부족국가의 군장에 불과하였던 것이다. 신라에서는 왕호를 방언으로 사용하여, 거서간, 차차웅, 이사금, 마립간으로 바꾸어 불렀는데 이것은 신라 사회의 변화를 반영한 것이라고 볼 수 있다. 이때는 왕과 제사장이 분리되지 않아 정치와 종교가 미분화된 상태였다.

신라가 중국식의 왕호와 제도를 채용한 것은 지증왕 때부터이다. 「삼국사기」 권4 지증왕 4년(503) 10월조에는 다음과 같은 기록이 있다. '군신이 아뢰되, "시조가 창업한 이래로 국명이 일정하지 아니하여, 혹 斯羅(사라)라 하고 혹은 사로라 하고, 혹은 신라라 하였습니다. 신들이 생각컨대, '新'은 덕업이 날로 새롭다는 뜻이요, '羅'는 사방을 망라한다는 의미인즉, 이로써 국호를 삼는 것이 좋을 듯합니다. 또 생각컨대, 자고로 국가를 가진 이를 帝 또는 왕이라 칭하였는데, 우리 시조가 건국한 지 22世지만, 단지 방언으로 칭하여 존호를 정하지 아니하였으니, 지금 군신이 한 뜻으로 삼가 신라국왕이란 존호를 올립니다"라고 함에 왕이 이를 좇았다.'[27]

이 기록은 신라에 국가의식이 이미 발전되어 있었음을 의미하는 것이다. 신라에서는 진흥왕 6년(545)에 「국사」가 편찬되었다. 이것으로 보아, 그 이전에 신라

---

27) 四年冬十月 群臣上言 始祖創業已來 國名未定 或稱斯羅 或稱斯盧 或言新羅 臣等以爲新者德業
日新 羅者網羅四方之義 則其爲國號宜矣 又觀自古有國家者 皆稱帝稱王 自我始祖立國 至今二
十二世 但稱方言 未定尊號 今群臣一意 謹上號新羅國王 王從之,「三國史記」卷4 智證麻立干 4
年.

에서는 한문교육이 상당한 수준에 도달해 있었음을 알 수 있다. 「양서」 권54 동이전 신라조에 보면, '처음 신라에는 문자가 없어서 나무를 새겨 신표로 삼았으며, 언어는 백제인들을 통해서 의사를 소통하였다'[28]라는 기록이 있다. 이것으로 보면 고대 신라에는 문자가 없었다는 것을 알 수 있다. 그러다가 점차 고구려, 백제를 통해서 한문이 신라에까지 전래되어 비로소 문자를 기록하게 된 것이라고 볼 수 있다. 문자가 새롭게 들어오면 이를 가르치고 배우는 교육이 있었을 것이다. 그러나 불행하게도 그 기록은 나타나 있지 않다. 그렇기는 해도, 적어도 군신이 신라라는 국호를 한자어로 쓰고 풀이하고 있으며, 국가조직에 존호까지 쓸 줄 알았다면 지증왕 이전에 한문교육 또는 유학교육이 있었다고 보지 않으면 안 된다. 상당수 신하들이 한문을 읽고 쓸 줄 알았다면, 어떤 형태로든지 교육이 있었음에 틀림없다. 그 교육은 오늘날 학교 교육의 초기 형태를 띠고 있었다고 보아야 마땅하다. 왜냐하면 문자를 가르치고 배우는 일은 단순한 모방이나 일상적 경험과는 전혀 성격이 다르기 때문이다. 더구나 신라는 당시의 국제관계에서 당나라와 긴밀한 외교관계를 유지할 필요가 절실하였으므로 제26대 진평왕은 자주 사신을 당나라에 보냈다. 또 당나라 고종 때 신라 진덕여왕은 '태평송'이라는 시를 지어 보냈는데 여기에서도 유교의 각종 고급경전을 인용하고 있는 것을 볼 수 있다. 예컨대, '태평송' 중의 한 구절인 '산신령은 어진 재상을 내려 주시고'(維岳降宰補)라는 것은 「시경」 大雅(대아)에 나오는 '산신령을 내려 甫와 申이라는 인물을 낳았다'(維岳降神 生甫及申)라는 구절에서 인용한 것이다. 당시 신라 사람 중에는 이 정도의 유학경전에 통달한 사람들이 있었음을 알 수 있다.

　신라가 발전을 거듭하면서 삼국통일의 필요를 느끼게 되었다는 것은 신라 사람들이 어떤 형태로든지 준비를 하고 있었음을 뜻한다. 과연 그들은 어떤 준비를 하였을까? 여기서는 교육의 측면에서 언급하고자 한다. 교육의 측면이라고 하면 우리는 당연히 화랑도를 고찰하지 않으면 안 된다.[29]

　신라사회에 화랑도가 존재하였던 시기의 시대적, 문화적, 정치적 상황을 말하면, 당시 신라사회에 외래문화가 물밀듯이 들어오고 있었고, 고구려, 백제 등과 대치하고 있어 늘 백성들은 침략에 대한 불안을 안고 있었다. 여기서 우리의 관심을 끄는 것은 삼국통일의 힘의 바탕이 되는 '화랑도 정신'이다. 만약 '화랑도 정신'

28) 無文字 刻木爲信 語言待百濟 而後通焉, 「梁書」 卷54 東夷傳 新羅條.
29) 朴在文, '화랑도 교육', 「한국교육학의 탐색」, 고려원, 1985, pp.165-199.

이라는 것이 있어서 그것이 바로 삼국통일의 원동력이 되었다면, 그 정신은 단시일 내에 이룩된 것이 아닐 것이며, 분명히 말해서 어떤 형태로든지 그 정신이 형성되어 성숙될 수 있도록 해준 보살핌이 있었을 것이다. 그리고 그 '보살핌'의 결과, 정치가로는 김춘추, 김유신 같은 인물이 나왔고, 대사로는 자장, 원광, 원효, 의상 등이 나왔으며, 귀산, 체항, 관창 같은, '화랑 중의 화랑'이라 할 수 있는 인물들이 배출되었다. 이 인물들이야말로 신라가 삼국통일의 위업을 이룩하는 데에 밑받침이 된 인물들임에 틀림없다. 이와 같이 신라에 삼국통일의 위업을 이룩할 수 있었던 인물들이 있었던 것은 분명히 신라사회가 가지고 있었던 '교육력'이 최대한으로 발휘된 결과로 보아야 할 것이다. 여기에 우리의 관심이 있다. 다시 말하면 그 당시 신라가 가지고 있었던 교육력은 어떤 것이었으며, 어떻게 그 교육력을 최대한으로 발휘할 수 있었는가 하는 문제가 바로 그것이다.

그러나 이 문제는 그렇게 간단하지 않다. 우선 신라사회에 있었던 화랑도는 교육과 어떤 측면에서 관련될 수 있는가 하는 문제부터가 분명하지 않다. 이하에서 자세히 논의할 바와 같이, 교육을 설명하는 데에는 인식론적 입장을 반영하는 것도 있고, 사회제도의 효과라는 측면에 주목하는 입장이 있을 수 있다. 그러면 화랑도 교육은 이 두 입장 모두와 관련이 있는가, 아니면 어느 한 입장만 관련이 있는가 하는 것이 문제이다. 다음으로 '화랑도 정신'과 삼교사상의 관련에 관한 문제이다. 「삼국사기」나 「삼국유사」를 보면, 화랑과 관련되는 말로 '國仙(국선)', '龍華香徒(용화향도)', '풍류도(풍월도)', '미륵선화' 등이 나타나고 있음을 볼 수 있다. 이것들을 보면 화랑도 정신은 유-불-선과 관련되어 있음을 짐작할 수 있을 것이다. 그러나 문제는 화랑도가 고대 우리의 고유사상을 핵으로 이루어진 것인가, 아니면 유-불-선 등의 외래사상을 받아들여 그것을 융합회통한 것인가, 그 사상 중의 어느 한 사상이 주축이 되어 이루어진 것인가 하는 점이다. 지금까지의 선행연구들은 이들 중 어느 한 사상과의 관련을 주장하거나, 고유사상으로 화랑도를 취급하고 있다.

교육에는 인식론적 입장을 반영하고 있는 것도 있고, 그렇지 않은 것도 있다. 예를 들면, 화랑도의 교육에서 현상명장이 배출된 것은, 소위 '교육방법' 때문이 아니라, '제도의 효과'라는 식의 설명이 있을 수 있다. 미모의 귀족자제들을 모아 특별한 집단을 만들면, 이미 그 속에 현상명장이 배출될 가능성이 있다는 것이다. 이 과정에 대한 설명은 예컨대, 화랑도는 이러이러한 방법으로 수련한 결과로 현상명장이 배출되었다는 설명과는 다르다. 이 후자의 설명이 인식론적 입장을 반영한 것이라고 볼 수 있다.

　교육에는 적어도 의도성이 개재되어 있다. 교육은, 교육자의 입장에서 볼 때, 지금 자기가 하고 있는 일이 무엇이며, 그 의미가 무엇인지 알고 하는 행위이며, 동시에 피교육자도 자기가 무엇을 배우고 있다는 명백한 의식이 있으며, 스스로 배우고자 하는 의사를 가지고 있다는 것을 논리적 가정으로 받아들이고 있는 행위이다. 교육내용의 측면에서 보면, 여기서 말하고 있는 교육내용은 누구나 다 배우는 것이 아니다. 말하자면 그것을 배우는 사람도 있고, 그렇지 못한 사람도 있다는 것이다. 그 내용은 반드시 어떤 기준에 비추어 선정된 것이다. 달리 말하면 그 내용은 무엇 무엇이어야 한다는 것이다. 그리고 그 교육내용은 피교육자의 지적 의식을 높여 준다는 것이다.

　그렇다면 화랑도 교육에 인식론적 입장으로 설명될 수 있는 측면이 있는가, 있다면 그것은 무엇인가?

　　이에 대왕은 영을 내려 原花(원화)를 폐하더니 그 후 여러 해에 또 생각하기를 나라를 흥하게 하려면 반드시 풍월도(또는 화랑도)를 먼저 일으켜야 된다고 하여, 다시 영을 내려 양가 남자 중에 덕행있는 자를 뽑아 화랑이라고 개칭하였다. 처음에 설원랑을 받들어 국선을 삼으니 이것이 화랑 국선의 시초였다. 그 기념비를 명주(지금의 강릉)에 세우고 이로부터 사람들로 하여금 악을 고쳐 선으로 옮기게 하고 윗사람을 공경하고 아랫사람에게 순하게 하니, 五常六藝(오상육예)와 三師六正(삼사육정)이 널리 왕의 시대에 행하여졌다.[30]

　우선 여기서 주목해야 할 것은 '五常(오상)'과 '六藝(육예)'예라고 할 수 있다. '오상'은 '仁·義·禮·智·信(인·의·예·지·신)'이요, '육예'는 '禮·樂·射·御·書·數(예·악·사·어·서·수)'이다. 오상과 육예가 왕의 시대(진흥왕)에 널리 행하여졌다고 하는 것을 보면, 화랑도들에게 오상과 육예를 가르치지 않았는가 하는 추측을 해 볼 수 있을 것이다.

　주자에 의하면 '출생하여 여덟 살이 되면 계급의 고하를 막론하고 소학에 들어가 청소와 응대와 진퇴의 절도와 '예·악·사·어·서·수'에 관하여 기초를 배

---

30) 於是 大王下令 廢原花 累年 王又念欲興邦國 須先風月道 更下令 選良家男子有德行者 改爲花郎 始奉薛原郎 爲國仙 此花郎國仙之始 故竪碑於溟州 自此使人悛惡更善 上敬下順 五常六藝 三師六正 廣行於代,「三國遺事」卷3 塔像 彌勒仙花未尸郎眞慈師條.

우도록 하였다.'[31] '예·악·사·어·서·수' 등의 육예는 소학과정으로 예절, 음악, 활쏘기, 말타기, 글씨, 셈하는 것이 그것에 해당한다. 그러나 화랑 백운(14세), 사다함(16세), 김유신(15세), 김응겸(15세 혹은 18세) 등의 나이로 보아 화랑도는 15세에서 18세까지의 청소년들의 집단일 것이므로 그들은 이 육예의 소학과정을 마쳤다고 보아야 한다. 그러면 이들은 무엇을 해야 할 나이인가? 다시 주자에 의하면, '열 다섯 살이 되면, 천자의 장남과 지차 아들에서 공경대부와 선비의 적자와 평민 중 우수한 자제들을 전부 대학에 입적시켜 이치를 탐구하고 마음을 바르게 가져 자신을 수양하며 남을 다스리는 방법을 가르쳤으니, 이것이 곧 학교교육에서 소학과 대학의 제도가 구분된 것이다.' 화랑도들은 그 연령이 15세-18세라는 점을 보면 분명히 주자가 말한 대학에 입학하여 그것을 배웠다고 보아야 한다.

그러면 화랑도들이 배운 교과는 무엇인가? 현재 경상북도 월성군 견곡면 금장리 石伏寺址(석장사지)에서 1940년 5월에 발견된 壬申誓記石(임신서기석)에 보면, 다음과 같은 기록이 있다.

임신년 6월 16일 두 사람이 맹세하여 기록한다. 신 앞에 맹세한다. 지금으로부터 3년 후에는 임금을 정성스럽게 섬기는 마음을 갖게 되며 과실이 없을 것임을 세상에 맹세한다. 만일 이 서약을 어기면 신께 큰 죄를 얻을 것이라고 세상에 고한다. 만일 나라가 편안치 않고 크게 세상이 어지러워지면 가히 모름지기 임금을 정성스럽게 섬기는 마음을 세상에 보여 줄 것을 맹세한다. 또 따로 앞서 辛未年(신미년) 7월 22일 널리 세상에 고한다. 시, 상서, 예기를 차례로 공부하여 깨닫기를 약속하되 그 기간은 3년으로 한다.

위의 내용 중 우리가 주목해야 할 것은 언급된 책들이 모두 유교경전이라는 것과 여기에 「주역」이 빠져 있다는 것이다. 물론 「논어」와 「맹자」도 빠져 있지만 「논어」는 이미 배웠을 것이며 「맹자」는 당시에 가르치지 않았는지도 모른다. 「대학」과 「중용」은 「예기」에 포함되어 있었다. 그러나 「주역」은 왜 빠져 있는가? 그것은 아마도 「주역」이 점서로 간주되었기 때문일 것이다.

그러면 여기에서 3년이라는 것은 무엇을 의미하는가? 誓記(서기)가 진흥왕 12-13년(551-552)이거나 진평왕 33-34년(611-612)에 만들어진 것이라면, 임신서기석

---

31) 人生八歲 則自王公以下 至於庶人之子弟 皆入小學 而教之以灑掃應對進退之節 禮樂射御書數之
   文 及其十有五年 則自天子之元子衆子 以至公卿大夫元士之適子 女凡民之俊秀 皆入大學 而教
   之以窮理正心修己治人之道 此又學校之教 大小之節 所以分也.「大學」朱熹序.

은 화랑도들의 서약인 것 같고, 3년간은 화랑도들의 수련기간인 3년[32]의 기간과 맞아 떨어진다. 이것으로 보아 화랑도의 수련기간에 「시경」, 「서경」, 「예기」 등의 유교경전을 배웠다고 보아야 할 것 같다. 그러면 그 유교경전의 내용은 무엇인가? 우선 「시경」부터 말하겠다. 기원전 12세기경부터 중국에서는 그때까지 존속되었던 은왕조를 멸망시키고 주왕조가 중원을 지배하게 되었는데 그 후 주왕조는 계속되는 실정과 외적의 침입으로 도읍을 호경에서 낙읍으로 옮겼다. 그로부터 이후를 東周(동주)라고 하며 소위 춘추시대로 들어간다. 이때 주나라의 권위는 쇠해져 제후와 같은 신세가 되어 왕은 그저 명목만 유지하다가 전국시대로 들어간다. 이 주나라 초기에서부터 동주를 거쳐 춘추시대 초기까지의 수백년 동안, 위로는 조정의 제례나 향연 때 연주되던 노래, 아래로는 각 지방에 퍼져 있던 민간가요 등 300여 편의 시를 모은 것이 「시경」이다. 구체적으로 국풍 160편은 아래를 풍화하고 아래는 이로써 위를 풍자함으로써, 마치 바람이 눈에 보이지 않으나 움직여서 초목을 흔들리게 하듯, 그 노래소리는 전해 퍼져 사람의 마음을 흔들어 움직이게 한다. 애타는 생각을 노래로 불러 사랑하는 사람의 마음을 움직이게 하고 혹은 백성의 원성이 어느덧 노래소리로 화해 위정자의 귀를 울려 그 반성을 촉구하고, 혹은 일족의 기원을 노래해서 신의 마음을 움직이게 하려는 것이 각국의 음악이다. 소아 80편, 대아 31편으로서 雅에 대소가 있는데 소아는 향연의 음악이며, 대아는 군신제후가 조정에 회합할 때의 음악이나 대아와 소아 어느 쪽에도 당시의 사대부가 위정자의 포학한 실정을 분하게 여기고 근심한 격한 풍론의 시가 많이 수록되어 있다. 頌은 40편이며, 종묘에서 제사지낼 때 연주해서 조상의 덕을 찬양하여 신의 마음을 위로하는 것이었다. 그러나 이 중에서 실지로 소아 6편은 이름만 있고 가사는 없으므로 모두 305편만 전해오고 있다.

「서경」은 虞書(우서), 夏書(하서), 商書(상서), 周書(주서)로 대별되어 있다. 우서에 실려있는 내용은, 우선 요, 순, 우의 치적으로 구성되어 있다. 하서에는 우왕의 전례를 깨뜨리고 왕위를 세습제로 한 것과 치수 사업에 이어 부세제도에 관한 내용이 있다. 상서에는 폭정하는 하나라 걸왕을 징벌해야만 했던 성탕의 혁명에 관한 내용이 있고, 이것을 통하여 다스리는 데 태만하면 백성을 잃는다는 것을 가르치고 있다. 말하자면 「서경」에서는 왕으로서 지켜야 할 왕도와 신하로서 지켜야 할 도를 가르치고 있다고 하겠다.

---

32) 李基東, 「신라 골품제사회와 화랑도」, 한국연구원, 1980, pp.338-339.

「예기」는 선진에서 한초에 이르는 유자의 논설을 모은 것이다. 여기서 말하는 예는 외면적 규율의 총칭이며, 크게는 법률제도에서 작게는 의식 범절에 이르기까지의 일체를 포괄하고 있다. 그리고 그 설명은 자신의 수양에서 천하의 경륜에까지 미친다. 「예기」는 그것을 통하여 유교사상의 전모를 파악할 수 있을 정도로 중요한 문헌이다.

그 밖에 화랑도의 교육내용 중에는 군사적 기술의 습득도 들어 있다. 구체적으로 말하면 그것에는 칼쓰기, 창쓰기, 활쏘기, 말타기, 달리기, 뜀뛰기, 헤엄치기, 산타기, 집짓기, 陳(진)뺏기, 줄다리기, 팔매질, 씨름 등의 각종 기예가 포함된다.[33] 그러면 불교경전은 배우지 않았는가 하는 의문이 있을 수 있다. 문제는 삼사, 육정에 관한 해석이다. 삼사를 太師(태사), 太傅(태부), 太保(태보)로 해석하고 육정을 聖臣(성신), 良臣(양신), 忠臣(충신), 智臣(지신), 貞臣(정신), 直臣(직신)으로 해석하는 설명[34]과 삼사를 戒(계), 定(정), 慧(혜), 육정을 布施(보시), 持戒(지계), 忍辱(인욕), 精進(정진), 禪定(선정), 智慧(지혜)로 해석하는 설명[35]이 있다. 만약 후자의 해석을 받아들인다면 삼사, 육정은 반드시 불교경전을 통하여 가르쳤을 것이다. 삼사, 육정의 내용이 들어 있는 「아함경」은 불교의 초기 경전 중의 하나인 만큼 화랑도 교육에서 불교경전은 그 교육내용의 하나였음을 알 수 있다.

지금까지 우리는 화랑도 교육에 인식론적 측면이 어떻게 반영되었는지를 살펴보았다. 말하자면, 화랑도 교육에는 현상명장이 배출될 수 있는 적극적인 교육내용이 있었다는 것이다. 화랑도 교육에서 시, 서, 예, 악, 사, 어, 수, 「춘추」뿐만 아니라 「아함경」과 같은 불교경전 등을 가르쳤다고 볼 수 있을 것이다. 물론 그 범위와 내용에는 차이가 있지만, 인류의 문화유산인 지식의 형식이 그 속에 담겨있는 것이다. 이 점에서 화랑도 교육의 인식론적 측면은 충분히 인정할 수 있을 것이다. 그러나 화랑도 교육의 전과정에서 이 측면이 얼마만큼의 비중을 차지했으며, 그 구체적인 내용이 무엇인가 하는 것은 그 기록이 남아 있지 않으므로 자세히 알 수 없다.

앞에서 화랑도 교육에는 인식론적 측면이 반영되어 있다고 말하였지만, 그렇다고하여 화랑도 교육이 그러한 인식론적 측면만 지니고 있었다고 보기는 어렵다. 오히려 우리에게 화랑도 교육은 집단생활의 과정을 통하여 심신을 연마하는 교

33) 申采浩, 「조선상고사」, 삼성미술문화재단, 1977, p.262.
34) 孫仁銖, ‘신라 화랑도와 중세 기사도 교육’, 한국교육학회(편), 「교육학연구」 제4호, 1966, p.5.
35) 增谷六雄, 「아함경」, 李元燮(譯), 「지혜와 사랑의 말씀」, 현암사, 1970, pp.10-12.

육의 기회로 알려져 있다. 화랑도에 속해 있는 화랑과 낭도들은 이 집단에 들어오기 전에 신라라는 사회 안에서 그들의 '마음'을 형성하였을 것이며, 화랑도라는 집단 자체 속에서 생활하는 가운데 다른 낭도들과 어울려 지내면서 '마음'을 형성하였을 것이다. 이 측면에서의 교육은 인식론적 측면에서의 교육과는 몇 가지 점에서 근본적으로 대조를 이룬다. 이 측면에서의 교육은 인식론적 측면에서의 교육과 대비하여 '교육의 사회화' 측면이라고 부를 수 있을 것이다. 이 '교육의 사회화 측면'은 무엇을 의미하는가? '교육에서 하고자 하는 일이 경험의 질을 변형시켜 당시 사회집단의 관심과 관념에 합치되게 하는 것인 만큼 … '그 방법은 대체로 환경의 작용으로 특정한 반응을 유발하는 것이다. 우리가 전달하고자 하는 신념은 망치로 두들겨 넣을 수도 없고 필요한 태도를 붓으로 칠할 수도 없다. 그러나 개인을 둘러싸고 있는 바로 그 분위기가 그로 하여금 특정한 것을 보고 느끼게 하며, 다른 사람과 더불어 잘 일하기 위하여 특정한 계획을 세우게 하며 다른 사람의 승인을 얻을 수 있도록 어떤 신념은 강하게 하고 또 어떤 신념은 약하게 한다. 그리하여 그 분위기는 점차로 개인의 마음 속에 모종의 행동의 체계, 모종의 행위의 성향을 만들어 낸다'[36)]는 것이다. 여기서 중요한 것은 사회적 환경이다. 즉, '남과 어울려서 활동하는 존재는 사회적 환경을 가지고 있다. 그가 무슨 일을 하는가, 무슨 일을 할 수 있는가는 다른 사람들의 기대, 요구, 승인, 비난에 달려 있다. 다른 사람들과 연결되어 있는 사람은 자기자신의 활동을 하는 데에 있어서 다른 사람들의 활동을 고려하지 않을 수 없다.'[37)] 이와 같이 미숙한 인간은 공동의 삶 속에서 함께 살아갈 때 본래의 충동이 수정되는 것이다.

그 구체적인 보기를 들면 다음과 같다. '어떤 호전적인 부족이 있다고 하자. 그 부족이 얻고자 하는 성과, 그 부족이 중요시하는 업적은 전쟁과 승리에 관한 것이다. 이러한 분위기가 촉진제가 되어서, 아이에게, 처음에는 놀이로, 나중에 커서는 진짜 전쟁을 통하여 호전적인 성향을 일으킨다. 용감하게 싸우면 승인과 승진을 얻지만, 싸움에서 물러서면 미움과 조롱을 받고, 좋은 평판을 얻지 못한다. 당연지사로서, 그의 원래 타고난 호전적인 성향과 정서는 강화되고 그 대신 다른 것은 약화되며, 그의 생각은 전쟁과 관련된 것들로 방향이 정해진다. 그렇게 해야만, 그는 집단의 완전한 성원으로서 인정을 받는 것이다. 그리하여 그의 지적 태세는 점

---

36) John Dewey, *Democracy and Education*, N.Y. : The MacMillan Company, 1916, 李烘雨(역),「민주주의와 교육」, 교육과학사, 1987, pp.22-24.

37) Ibid.(번역판), p.24.

차 집단의 그것으로 동화되어 간다.'[38] 요컨대 사회적 환경은 개인들의 마음 속에 지적, 정서적 성향 — '마음의 결' —을 형성하고, 사회적 환경이 그런 일을 하는 것은 개인들이 가지고 있는 특정한 충동을 일으키고 강화하는 활동, 어떤 목적을 가지고 있고 어떤 결과를 초래하는 활동 속에 개인을 참여시킴으로써 가능하다는 것이다.

지금까지의 논의를 고찰해 볼 때, '사회적 기능으로서의 교육'을 다음과 같이 말할 수 있을 것이다. 즉, 우선 교육자 입장에 있는 사회나, 피교육자의 입장에 있는 미성숙자 모두가 무의도적이라는 것이다. 다음으로 교육내용의 측면에서 볼 때, 그 내용은 '바로 그 사회의 환경 또는 분위기'라고 말할 수 있고, 또한 그 내용은 어느 사회, 어느 집단에나 모두 있는 내용이 아니라, 바로 그 사회 그 집단에 참여하며 살아갈 때만 수용될 수 있는 내용이라는 점이다. 끝으로 학습자 편의 의식내용을 보면 그 내용이 정의적 의식이라는 것이다. 예컨대 가치관, 태도, 신념 등이 그것이다.

그렇다면 화랑도 교육에 사회화 측면, 다시 말하여 '사회적 기능으로서의 교육'이라는 측면이 있는가, 있다면 그것은 무엇인가?「삼국사기」에 의하면, '그 후 아름다운 남자를 택해 "화랑"이라 이름하고 받들었다. 그 무리들이 구름같이 모여 들었다. 그들은 모여서 도의로 서로 닦고 노래와 음악으로 서로 기쁘게 하고 산수를 찾아 즐겨 아무리 먼 데라도 갔다'[39]고 하였다. 여기에서는 주로 '노래와 음악으로 서로 기쁘게 하였다'는 말과 '산수를 찾아 즐겨 아무리 먼 데라도 갔다'는 말에 관련된 사항으로서 사회화 측면과 관련된 부분만을 다루기로 한다. 먼저, '노래와 음악으로 서로 기쁘게 하였다'는 말이 사회화 측면과 무슨 관련이 있는지부터 생각해 보겠다. 사실상 「삼국사기」에 기록된 말만 가지고는 무엇을 어떻게 하였는지 불분명하다. 그러나 화랑의 유풍으로 알려진 팔관회 또는 무격과의 관련에서 노래와 춤의 기능을 살펴 보면 노래와 춤이 앞에서 말한 교육의 사회적 측면과 무슨 관련이 있는가가 분명해질지 모른다.

고대사회에서 노래와 춤은 여러 가지 기능을 가지고 있었다. 그 중에서 가장 중요한 기능은 주술적, 종교적 기능이다. 원래 무당은 고대사회에서 신(神)을 주재하던 사람으로서 그들은 춤으로써 신을 내리게 하고 노래로써 신을 모셨고 기도

---

38) Ibid.(번역판), p.27.

39) 名花郞以奉之 徒衆雲集 或相磨以道義 或相悅以歌樂 遊娛山水 無遠不至,「三國史記」新羅本紀 第4 眞興王 37年 春條.

로써 재난을 물리치고 복을 구하였다. 부족의 안녕과 복을 기원하는 데에 노래와 춤이 사용되었던 것이다. 그런데 노래와 춤 속에는 그 부족의 전통이 담겨있고, 그 부족의 마음이 담겨있는 만큼, 노래와 춤의 전달은 곧 부족의 '마음'의 전달을 의미하는 것으로 볼 수 있다. 그러므로 노래와 춤을 배운다는 것은 곧 그 부족의 한 구성원으로서의 자질을 갖추는 것이라고 볼 수 있다. 다시 말하면 노래와 춤을 배움으로써 동일한 부족의식을 갖게 되며, 노래와 춤을 통하여 부족의 결속도 이루어진다. 물론 부차적으로 노래와 춤은 오락적 기능, 남녀간의 구애의 수단이 되기도 하였다. 구체적으로 두 가지 예를 들어 보겠다. 먼저, 처용의 아내가 매우 아름다웠으므로 역신이 흠모하여 사람으로 변하여 밤에 그 집에 가서 몰래 동침하였다. 그것을 본 처용은 노래를 부르며 춤을 추고 물러갔다. 이것은 「삼국유사」 처용랑의 망해사조의 일부이다. 여기서 주목할 점은 처용의 노래와 춤과 역신을 몰아내는 것 사이의 관련이다. 다시 말하면 처용의 노래와 춤은 역신을 몰아내기 위한, 주술과 관련된 무속적인 전승이라고 생각할 수 있는 것이다.[40] 또 다른 예로, '황천이 나에게 명하기를 이 곳에 와서 나라를 새롭게 하여 임금이 되라 하였으므로 이 곳에 일부러 내려왔으니 너희들은 마땅히 峯上(봉상)에서 흙을 파면서 노래하기를 "거북아 거북아 머리를 내밀지 않으면 구워 먹으리라"하고 춤을 추면서 대왕을 맞이하여 환희용약할 것이라'[41]고 한 구지가의 경우를 들 수 있다. 가락국기에는 구지가에 나타나 있는 집단신명의 진행과정이 들어 있다. 구체적으로 말하면 노래와 춤, 연극 등이 어울려 있는 집단적 제의라고 할 수 있다. 하나의 노래를 합창하고 같은 모양으로 춤추고 하여 공동으로 신내림을 받는 것, 이것이 바로 집단신명이다. 이 체험을 통하여 공동체의 안정과 번영, 단합이 굳어지며, 공통체의 심성이 하나로 결집된다.

화랑도들의 노래와 춤도 역시 동일한 기능과 역할을 하였을 것이다. 화랑의 무리들은 노래를 짓고 부를 수 있어야 했으며, 춤을 출 수 있도록 배웠을 것이다. 그러한 가운데 그들은 그들 나름의 춤과 노래를 통하여 국가사회의 안정과 번영을 기원하였고 일체감을 굳혀갔을 것이다. 하나의 노래를 함께 부르고, 같은 몸짓, 같은 율동을 해나가는 동안 그들은 거기서 생기는 용솟음치는 기쁨을 나누어 가졌

---

40) 金烈圭, '三國遺事의 神秘體驗', 韓國精神文化研究院(編), 「韓國思想研究」, 1982, pp.253-263.

41) 又曰 皇天所以命我者 御是處 惟新家邦爲君后 爲玆故降矣 爾等須掘峯頂撮土 歌之云 龜何龜何 首其現也 若不現也 燔灼而喫也 以之蹈舞 則是迎大王 歡喜踴躍之也, 「三國遺事」 卷2 紀異 駕洛國記條.

을 것이다. 화랑도들은 노래와 춤 속에 담긴 신라 고유의 정신, 전통에 의하여 그들의 '마음의 결'을 이루어 나갔을 것이다. 또한 이와 같이 화랑도 개개인을 둘러싸고 있는 분위기는 그들로 하여금, 특정한 것을 보고 느끼면서, 충, 효, 신, 의와 같은 신념이 그들 자신의 마음 속에 모종의 행위의 성향으로 자리잡도록 하였을 것이다.

다음에 '노래와 음악으로 서로 기쁘게 하고 산수를 찾아 즐기며 아무리 먼 데라도 갔다'는 말은 무슨 뜻인가? 이 말의 뜻을 정확하게 파악하기 위해서는 '遊(놀다)'의 뜻을 밝힐 필요가 있다. 놀이와 관련된 예를 직접 들면, '天授(천수, 唐武則天(당무측천)의 연호) 3년 임진 9월 7일에 효소왕이 대현살찬의 아들 부례랑을 국선으로 삼으니 주리를 신은 무리가 천 명이었는데, 그 중에서도 안상이란 사람과 더 친하였다. 천수 4년 계사 3월에 무리를 이끌고 금란(지금 강원도 통천)에 출유하여 북명(지금의 원산만 부근) 방면에 이르렀다가 말갈에게 잡혀갔다'[42]고 하였고, '세 화랑의 무리가 풍악(금강산)에 놀러가려 했는데'[43], '효종랑이 남산 포석정에 놀이를 갈 때'[44] 라고 하는 기록이 보인다. (이 기록들을 통하여 알 수 있는 것은 화랑의 무리들이 놀았다는 곳이 대개 강원도 북부지방, 경상북도 북부지방의 해변일대, 금강산, 경주 부근의 남산일대라는 것이다.)

그러면 여기서 화랑의 무리들이 그 곳에서 놀았다고 할 때, 그 '놀았다'는 것은 무슨 의미인가? 고대사회에서 '논다'는 말은 단순히 오락적 행위를 지칭하는 것이 아니라, 넓은 의미로 주술적, 종교적 행위를 의미한다. 화랑의 무리들은 바닷가의 동굴(금란굴, 삼일포), 풍악산(금강산) 그리고 경주 부근의 남산, 토함산을 다니면서 '주술적, 종교적 행위'를 하였던 것이다. 구체적으로 말하면, 김유신의 예에서 짐작할 수 있듯이, 화랑의 무리들이 때때로 금란굴, 삼일포 같은 곳에 가서 신에게 국가에 충성할 수 있는 능력을 달라고 기원하였을 것이고, 동굴에서 신을 통해 초인간적인 영력을 몸에 익히거나 또는 산신의 의사를 전해 들음으로써 자신의 인격의 전환, 자기 변혁을 꾀하였을 것이다.[45] 지금까지 살펴본 바와 같이 '노래와 음악으로 서로 기쁘게 하고 산수를 찾아 즐겨 아무리 먼 데라도 갔다'고 한 것은 단순히 오락적 측면만을 지니고 있는 것이 아니라, 주술적, 종교적 기능을

---

42) 「三國遺事」卷3, 柏栗社條.

43) 「三國遺事」卷5, 融天師條.

44) 「三國遺事」卷5, 貧女養母條.

45) 李基東, '신라화랑도의 기원에 대한 일고찰', 「역사학보」 제69집, 1976, pp.53-54.

통하여 집단적으로 공동체 의식을 강화하고 국가사회의 안정과 번영을 기원하면서 일체감을 기르며, 자신의 인격적 전환을 꾀하면서 충, 신, 의와 같은 신념, 가치관 등을 형성한다는 의미를 담고 있다. 만약 화랑도들이 다른 집단의 무리들과 다른 점이 있다면, 그것은 바로 화랑도라는 독특한 집단의 분위기 속에서 그 집단의 제반 행사에 직접 참여함으로써 화랑 개인의 '마음의 결'을 형성했다는 점에 있다고 보아야 할 것이다.

지금까지 우리는 화랑도 교육의 인식론적 측면과 사회화 측면을 논의하였다. 이제 화랑도 정신의 보다 구체적인 내용을 밝히고자 한다. 「삼국사기」를 보면, 최치원의 '鸞郎碑序文(난랑비서문)'에 '우리나라에는 현묘한 도가 있다. 이를 풍류라 하는데 이 교를 설치한 근원은 仙史(선사)에 상세히 실려 있거니와 실로 이는 삼교를 포함한 것으로 모든 민중과 접촉하여 이를 교화하였다'[46]는 기록이 있다. 여기서의 문제는 화랑도가 원래 우리의 고유한 사상인지 아니면 외래사상인 유-불-선 삼교사상을 수용하여 생긴 것인지, 그것도 아니면 또 다른 나라의 외래사상에서 생긴 것인지에 있다. 이 문제에 관해서는 몇몇 서로 다른 견해들이 있다. 화랑도는 한국 고유의 것이라고 하는 주장[47], 화랑도는 외래사상인 불교와 도교의 습합이라는 주장[48], 화랑도는 그 사상적 배경이 유교에 있다는 주장[49], 화랑도의 사상적 배경은 불교에서 찾을 수 있다는 주장[50], 화랑도는 그 자체가 원초적으로 유-불-선 삼교의 사상을 함축하고 있다는 주장[51] 등이 그것들이다. 사실상 최치원의 '난랑비서문'은 풍류사상에 대한 해석과 정의를 내린 최초의 글이다. 그 해석에 의하면, 풍류사상은 삼교에 기초하고 있는 '玄妙之道(현묘지도)'라고 할 수 있다. 최치원의 이 해석에서, 삼교사상은 곧 풍류의 내용이 되는 것이요, '현묘지도'는 그 삼교사상을 하나의 개념으로 수렴하여 정의하는 것인 만큼, 그는 풍류의 개념 속에 삼교사상이 본래 고유하게 있었던 것을 찾아낸 것이 아니라, 삼교사상으로 풍류의 사상을 파악한 것이라고 말할 수 있다.[52] 필자는 화랑도가 한국 고유의 사상이라는 점을 일단 받아들인다. 그러나 그 한국 고유의 사상내용이 무엇인가

46) 「三國史記」 新羅本紀 第4 眞興王 37年 春條.

47) 金仁會, '시간관, 삶의 태도, 교육관 연구(2)', 한국교육학회, 「교육학연구」 제9권 제2호, 1971.

48) 三品彰英, 「新羅花郎の研究」 東京, 三省堂, 1943, pp.243-272.

49) 李丙燾(역), 「삼국유사」, 서울: 三省出版社, 1977, pp.27-28.

50) 金雲學, 「신라불교문학연구」, 현암사, 1976.

51) 安昶範, '세속오계는 민족 고유신앙의 계율', 「광장」 1984년 10월호.

52) 宋恒龍, '최치원사상연구', 「한국 철학사상 연구」, 한국정신문화연구원 연구논총 82, 1982, pp.323-324.

하는 데에 있어서는 다른 사람들과 입장을 달리한다. 말하자면 한국 고유의 사상 내용이 아직은 밝혀지지 않았으며, 어느 특정한 개념체계로 그 일부를 파악할 수 밖에 없다는 것이다. 그리하여 화랑도를 유-불-선이라는 사상체계로 조명해 봄으로써 그 모습을 어렴풋이나마 짐작해 보고자 한다.

우선 유교와 화랑도의 관련을 살펴 보겠다. 신라문화가 여러 외래사상을 포용할 수 있었던 것은 유교가 그만큼 보편성을 지녔기 때문이다. 그 이유[53]는 첫째로, 유교는 한문을 통해서만 이해될 수 있다는 점에서, 무엇보다도 먼저 유교사상을 이해하고서야 도·불에 들어갈 수 있었다는 것이고, 둘째로 그러한 유교사상은 주로 인간의 현실, 일상생활의 방법을 말한 것으로 불교, 도교가 추구하는 영역과 하등 갈등을 일으킬 것이 없었기 때문이라는 것이며, 셋째로 원시 유교사상은 도덕실천을 위주로 하고 현실과 연속성을 이루는 미래를 지향한다는 점에서 현실 긍정과 동시에 이상적 미래를 가지고 있었던 만큼 다분히 현실 도피적인 도·불에 어떤 무리나 배타 같은 것을 가할 필요가 없었기 때문이라는 것이다. 유교의 경전은 분명히 화랑도 교육의 인식론적 측면에서 볼 때 중요한 교육내용이었다. 이것은 '임신서기석'을 통해서도 알 수 있었다. 다시 말하여 화랑도들이 「시경」, 「상서」, 「예기」와 같은 경전을 공부하면서 유교의 근본정신인 충, 효, 인, 의, 신 등의 주요 덕목을 익히고, 이 사상이 화랑도에 흡수되었을 것이라고 짐작해 볼 수 있다. 최치원도 분명히 말한 바와 같이 '그들은 집에 들어와서는 부모에게 효도하고 나아가서는 나라에 충성을 다하니, 이는 노나라 사구(공자)의 취지'라고 한 것을 보면, 화랑도 정신 속에는 유교가 담겨 있음을 알 수 있다. 더구나 相磨以道義(상마이도의)의 구체적인 내용인 세속오계는 마지막 살생유택을 제외하고는 각각 유교의 충, 효, 신, 용의 덕목과 상응한다.

다음으로 불교와 화랑도의 관련을 살펴보겠다. 불교와 화랑도의 관련을 살펴보기 위해서는 먼저 화랑을 제정한 신라 진흥왕대의 불교의 위치를 살펴 보아야 한다. 진흥왕은 신라에서 불교를 공인한 후 두 번째 왕인 동시에 법흥왕과는 종제 관계에 있다. 그리고 법흥왕이 처음 불교를 공인한 후 그 자신과 그의 비가 승이 되었다는 사실과 진흥왕과 그의 비 역시 나중에 승이 되어 법호를 법운(法雲)이라고 하였다는 사실 등은 화랑도와의 관계에서 볼 때, 매우 중요한 의미를 갖는다. 진흥왕대에 신라는 문화적으로 정치적으로 매우 강력한 국가였으며, 특히 교

53) 金忠烈, '삼국시대의 유교사상', 한국철학회(편), 「한국철학연구」(상), 동명사, 1977, pp.71~72.

화의 정신적 기반을 불교에 두고 있었던 것이다. 화랑도와 관련하여 볼 때, 여기서 한 가지 특기할 만한 것은 562년 9월에 가야가 모반하자 왕명을 받들어 선전한 화랑 중의 한 사람인 斯多含(사다함)이라는 청년의 이름이다. 사다함은 원시불교 당시의 성자 계위 중 둘째 위치를 가리키며, 그 청년이 이것을 자신의 이름으로 삼았다는 것은 그의 행적 자체가 이 계위에 합당할 만큼 모범적이었다는 것을 의미한다.[54]

이제 화랑과 불교의 관계를 특히 세속오계와 관련지어 구체적으로 말해 보겠다. 「삼국유사」 권4 원광서학에 보면, 화랑도였던 귀산과 체항 두 젊은이가 일생 지켜야 할 종신지계를 청했을 때 '불교에는 보살십계가 있으나 세속에 사는 사람으로서는 감당하기 어려우므로 세속을 위한 오계를 따로 지어 주었다'[55]는 기록이 있다. 이것이 이른바 세속오계로서 '事君以忠(사군이충), 事親以孝(사친이효), 交友以信(교우이신), 臨戰無退(임전무퇴), 殺生有擇(살생유택)'이 그것이다. 원광의 세속오계는 신라인들의 불교신앙과 깊은 관계가 있으며 이것은 또한 신라적 발상의 전개라고 할 수 있다. 왜냐하면 신라인들은 그들이 살고 있는 신라야말로 불국정토라는 생각, 그리고 부처님이 현생하기에 알맞는 이상국가를 세우겠다는 자부심을 갖고 있었기 때문이다. 그리하여 신라인들은 불국토인 신라를 수호하는 것이 곧 임금에 충성하는 길이며, 이런 불국토에 몸을 받아 태어난 데에 대한 보은사상으로서 지계의 생활을 실천하는 것이 곧 효라고 본 것이다.[56] 불교에서 믿음은 '마음이 깨끗하다(心證淨)'이며 '도의 으뜸이다(道之元)', '공과 덕의 어머니이다(功德之母)'라는 의미를 지니고 있다. 따라서 화랑들은 신의로써 교분을 맺고 깊이 불법을 믿으며, 불국토인 신라를 수호하는 데 신명을 바쳐 신라를 침범하는 무리를 쫓아내고 굴복시키기 위해서 임전무퇴의 용기로써 싸움터에 나갔던 것이다. 살생유택은 원광이 사문으로서 살육을 꺼리면서도 정법과 불국토를 수호한다는 신념과 대승률에 따라 인명을 존중해야 한다는 생각으로 이 계를 낸 것이라고 볼 수 있다.

끝으로 도가와 화랑도의 관련을 살펴보기로 하자. 「삼국사기」에 보면, 최치원은 '난랑비서문'에서 화랑도를 '玄妙之道(현묘지도)'라고 하였다. 여기서 '玄妙

---

54) 李箕永, '신라불교의 철학적 전개', 한국철학회(편), 「한국철학연구」(상), 동명사, 1977, p.159.
55) 佛教有菩薩戒 其別有十 若等爲人臣子 恐不能堪 今有世俗五戒, 「三國遺事」 卷4 義解 圓光西學 條.
56) 李鍾厚, 尹明老, '전통사상에 나타난 융화정신', 「한국철학사상연구」, 한국정신문화연구원, 1982, p.82.

'(현묘)' 라는 말은 노자 「도덕경」 제1장에 '온갖 미묘한 것이 그 문에서 나오도다'(玄之又玄 衆妙之門)라고 한 것을 연상시키는 도가적 용어이다. 최치원은 화랑도의 도가적 측면을 '모든 일을 거리낌없이 처리하고, 말하지 아니하고 일을 실행하는 종지' 로 파악하였다. 이를 우리는 도교와 화랑도의 관련을 탐구하는 계기로 삼을 수 있다. 「삼국유사」에 보면 화랑을 일명 국선이라고 부르고 있다. 국선의 仙은 도가의 색조를 띤 용어이다. 「설문해자」에 보면, 선의 원래의 뜻은 '人在山上(인재산상)' 이라고 한다. 말하자면 신선은 산에 사는 사람이라는 뜻이다. 이때 신선은 도가와 관련된다. 결국 화랑도들은 산수를 즐기면서 심신을 단련시켰으므로 그들을 仙(선)과 통한다고 보고 국선이라고 칭하였다는 것이다. 또 김유신에 관한 기사 중에는 '庚信公以眞平王17年乙卯生 稟精七曜 故背有七星文(김유신公은 진평왕 17년 을묘해에 태어났고 태어날 때 七曜의 정기를 받고 태어났기 때문에 등에 七星이 있다)' 이라는 글귀가 보인다. 여기서 七星(칠성)이니 七曜(칠요)니 하는 것은 도가적 색조를 나타내는 용어이다. 좀더 구체적으로 말하면 칠성은 도교에서 경배하는 성숙(별자리)의 하나로서 칠성과 칠요에는 두 가지 뜻이 있다. 하나는 太陽(일), 太陰(월), 熒惑(화), 辰星(수), 歲星(목), 太白(금), 鎭星(토)를 가리키며, 다른 하나는 북두칠성을 가리킨다. 이것들은 모두 도가와 관련이 있는 것이다. 여기서 빼놓을 수 없는 신라사선의 전설이 있다. 즉 신라 때 述郎(술랑), 南郎(남랑), 永郎(영랑), 安祥(안상) 등 四仙(사선)이 동해에 놀러가 수중 작은 섬에서 사흘 동안이나 돌아오지 않은 데에서 삼일포라는 이름이 생겼고, 또 삼일포 남쪽 작은 봉우리 북쪽 벼랑 끝에 '永郎徒南石行' 여섯 글자가 새겨져 있다는 것이다. 여기서 유의할 점은 화랑들을 신선으로 불렀다는 것이다. 그것은 아마도 화랑과 신선이 속사에 얽매이지 않고 초연하고 깨끗하게 산다는 점에서 공통점을 가진다고 보았기 때문일 것이다.

신선이 어떤 존재인가 하는 것은 다음의 「열자」의 구절을 살펴보면 더욱 분명해진다. 즉, '신선들은 바람과 이슬만을 마시고 곡식을 먹지 않는다. 그들의 마음은 깨끗한 샘과 같고 형체는 부드럽고 희다. 그들은 누구를 사랑할 줄도 모르고 미워할 줄도 모르고 성낼 줄도 모른다. 그들은 물건을 누구에게 줄 줄도 모르고 받을 줄도 모른다. 그러나 그들의 생활은 항상 裕足(유족)하다.'[57] 더 나아가 '산다, 죽는다, 선이다, 악이다, 행복하다, 불행하다 하는 이 모든 것이 지나가는 찰나

57) 金敬琢(역), 「列子」, 한국자유교육협회, 1975, p.32.

의 꿈이며 부질없는 분별일 뿐 보다 높은 차원에서 보면 인생은 희비극이 뒤섞인 자연에서 태어나 자연으로 돌아갈 일장춘몽이다. 그러므로 옳다든가 그르다든가 하는 생각을 넘어야 하고, 자기를 둘러싼 좁다란 세계에 매어 살아서는 안된다. 눈앞에 어른거리는 사물에 매어 살게 되면, 이득이나 명성이나 재물, 출세욕의 노예가 되어 허덕이다 한 생애를 끝내기 마련이다. 이와 같은 뜻없는 좁은 세계를 초탈하여야 한다. 세속을 초탈하여 자기를 자연의 도에 맞추어 가면 자기 밖에 무엇이 있다는 감각도 잃게 되고 자연과 어울려 허심탄회하게 된다'[58]는 것이다. 신선들은 바로 이런 생각을 가지고 지낸다. 화랑의 무리들은 바로 신선과 같은 생각을 갖고자 원하였고 그런 경지로 가기 위하여 자연의 도에 맞추어 가려고 노력했을 것이다. 그리하여 화랑도들은 산수를 찾아 다니며 수련하는 가운데 인간 사회에 널리 퍼져 있는 모든 편견을 초극하도록 깨우쳤고, 심지어 살기를 좋아하고 죽기를 싫어하는 관념까지도 넘어서서 '사는 것과 죽는 것은 하나이다'라는 사상을 갖게 되지 않았을까 하는 짐작을 해본다. 지금까지 우리는 화랑도 정신의 구체적인 내용을 유-불-선의 사상체계에 비추어 파악하였다. 화랑도 정신이 우리의 고유한 사상임에는 틀림없다. 그러나 그 정신은 오랜 세월이 지나는 동안에 형성된 것이므로 여러 사상의 영향을 받았다는 점을 부인할 수는 없다. 그러나 그럼에도 불구하고 여러 사상마저 우리의 고유사상 속에 녹아 융화되어 있다면, 그것이 바로 우리의 사상인 것이다. 화랑도 정신도 바로 그런 경우가 아닌가 생각된다. 그러므로 화랑도를 다른 사상체계에 비추어 보면, 그것은 다른 모습을 지니고 있을지도 모른다.

신라의 교육은 그것이 이루어진 신라사회의 성격에 따라 그 구체적인 양상이 다를 수 있다. 신라사회의 독특한 측면이 있다면 그에 따라 신라교육의 양상도 독특한 것이라고 말할 수 있다. 바로 이 점 때문에 신라사회의 성격에 관심을 두지 않으면 안 된다. 신라사회의 독특한 제도로서 골품제도라는 것이 있다.[59] 화랑도 교육도 바로 이 제도 하에서 이루어졌다. 골품제도의 기본은 사로 부족에 있었다. 왕족이 진골이 되고, 이에 준하는 존재로서 전왕족 혹은 왕비족도 진골이 되었다. 일반 씨족장은 육두품이 되었다. 이 사로가 점점 커지면서 주위의 작은 나라들을 병합하고 그 지배자들을 육두품으로 편입하였다. 신라가 좀더 커지게 되자 다른

58) 「상게서」, p.33.
59) 李基白, 「한국고대사론」, 탐구당, 1980, pp.47-55를 주로 참고하였다.

나라를 멸하게 한 뒤에 그 왕족을 진골로, 그 귀족을 등급에 따라 육두품 이하로 편입하였다. 물론 그 이전에도 오두품이나 사두품은 있었다.

「삼국사기」에 보면 다른 역사책에서는 찾아볼 수 없는 色服志(색복지), 軍騎志 (군기지), 器用志(기용지), 屋舍志(옥사지) 등이 있다. 여기에는 신라 성골, 진골, 육두품, 오두품, 사두품, 평인 혹은 백성의 다섯으로 구분된 신분에 그들이 사용해도 좋은 것과 사용해서는 안되는 것에 대한 규정이 들어 있다. 예컨대, 기물을 보면, 진골은 금, 은과 도금을 사용하지 못한다. 6두품과 5두품은 금, 은과 도금, 도은을 사용하지 못하며 호피와 모직 보료와 모포를 사용하지도 못한다. 4두품에서 백성들에 이르기까지 금, 은, 황동과 붉은 바탕에 금, 은 도금을 한 칠 그릇의 사용을 금하며 모직 보료와 모포와 호피와 중국 담요의 사용도 금한다고 하였다. 또 다른 예로, 정치적 출세에 대한 규정이 있다. 신라에는 17등급의 관등이 있었다. 평민은 가장 낮은 관등이라도 애초에 허락되지 않았다. 4두품이어야 12등급의 대사 (大舍)까지 올라 갈 수 있는데 그 이상의 진급은 허락되지 않았다. 진골이 되어야 제한이 없이 최고의 관등에까지 올라갈 수 있는 것이다. 이것들로 보아 골품제도는 선천적 혈통에 의해서 인간의 사회적, 정치적 활동이 규정되는 엄격한 신분제도였다는 것을 알 수 있다. 이 제도는 진골을 중심으로 짜여진 제도라고 보아도 좋을 것이다.

골품제도의 형성과정을 좀더 구체적으로 말하면, 신라가 성장하면서 주위의 작은나라들을 점차 병합해 가는 과정이 곧 신라 골품제도의 형성과정이라고 볼 수 있다. 경우에 따라서는 다를 수 있지만 신라가 주위의 작은 나라를 병합할 때 작은 나라의 지배자는 서울로 데려다가 육두품으로 삼았던 것이다. 물론 최후까지 반항한 나라에 대해서는 그렇게 하지 않았다. 신라는 삼국을 통일하고 새로운 통치체제를 갖추어 갈 때에 백제와 고구려의 옛 귀족들을 흡수해서 그들에게 일정한 관등을 주었다(자세한 것은 「삼국사기」 직관지 참고). 즉, 왕족은 진골로, 귀족은 그 원래의 관등의 고하에 따라 격을 낮추어 차례로 육두품 이하의 적당한 골품에 편입하였던 것이다. 고구려, 백제, 가야 등은 서로 약간의 차이는 있지만 신라와 대등한 국가로 간주하여 처리하였던 것이다.

골품제도에는 긍정적 측면도 있고 부정적 측면도 있다. 전자의 경우는 신라 백성들로 하여금 나보다 더 크고 위대하고 성스러운 존재가 있다는 것, 나라의 존재는 그들 자신보다 하찮은 존재일 수 없다는 것을 마음에 품도록 하였다는 것이다. 그리하여 개인이 가질 수 있는 사욕을 억제하면서 살아갈 것을 요구하고 있는 것이다. 후자의 경우에는 실망과 절망을 안겨주는 사회, 능력이 있어도 그것을 마음 대로 펼 수 없는 폐쇄된 사회, 답답한 사회라는 생각을 가질 수 있는 것이다. 그러 나 여기에는 두 가지 해소의 길이 트여 있었다. 하나는 불교라는 종교이며, 다른 하나는 화랑도라는 제도이다. 불교의 평등사상은 귀족계급에게는 불리하였지만 불교의 인과응보설, 숙명론, 체념사상, 과욕사상, 은둔사상 등은 지배계급에게 유 리한 생각이다.[60] 당시 불교 교단 내에는 평등이념이 상당히 실현되고 있었다는 것을 주목할 필요가 있다. 진골귀족으로부터 노비에 이르기까지 승려가 될 수 있 었다. 신분이 출가에 장애가 되거나 조건이 되지 않았던 것이다. 예컨대, 혜공은 천진공집에 고용살이 하던 노파의 아들이었고, 지통은 이량공의 종이었다. 또 낮 은 신분층의 출신이라도 수행이 높은 고승의 경우 사회적으로 존경받았던 예가 적지 않았다. 고승들 중에는 신분제 사회에 구애됨이 없이 행동하거나 비판적 태 도를 가졌던 경우도 있다. 혜숙은 화랑 호세랑이 사냥을 즐기는 일에 대해 강한 질책을 가했었다. 그리고 법회나 불사 등 불교의 여러 행사에 참여하는 신도의 신 분이 엄격하게 구분되어 있지 않았다. 또 다른 경우인 화랑제도는 진골귀족으로 부터 일반평민에 이르기까지 다양한 신분에 속하는 청소년들을 대상으로 편성된 화랑집단인 것이다. 이 화랑제도는 각 신분계층 간의 알력과 갈등을 조절하는, 골 품제 사회의 완충제 내지 안전판 역할을 했다고 말할 수 있을 것이다.[61] 이 골품 제는 다시 고려사회에서 문벌귀족제로 변하게 된다.

7세기에 접어들면서 신라사회에는 통일 의지가 나타나기 시작하지만, 이와 같 은 의지가 본격적으로 등장하기 이전에 모종의 준비가 있었을 것이다. 이 통일의 지는 어디서 저절로 생긴 것이 아니라 교육을 통해서 생겼다고 보아야 한다. 당시 사회에는 유교가 들어와 있었지만 그것으로 백성들의 마음을 하나로 하기에는 너무나 어려운 점이 많았다. 특히 언급해야 할 것은 이 방면의 특별한 인물이 없 었다는 점이다. 신라사회가 통일을 위한 새로운 전기를 마련하게 된 것은 종교로 서 불교가 들어오면서부터이다. 이때 주도적인 역할을 한 인물들로서 대표적인 인물을 들라고 하면, 원광과 자장을 들 수 있을 것이다. 이 인물들은 과연 어떤 인 간이었으며 그들은 무엇을 생각하였고 어떻게 백성들에게 통일 의지를 심어 주 었는가?

---

60) 孫晋泰, '조선민족사개론', 「손진태 선생 전집」, 1948. p.573.
61) 金相鉉, '신라의 역사와 사상', 한국정신문화연구원(편), 「한국사상대계」(2), p.103.

먼저, 원광에 관하여 언급하자면 다음과 같다. 원광은 박씨 집안에서 태어났다. 일찍부터 유학에 입문하여 글 공부를 시작하여 제자백가,「춘추」,「사기」,「한서」까지 두루 공부하였다. 이것은 후일 불교를 공부하는 데에 중요한 밑받침이 되었던 것이다. 원광은 25세의 젊은 나이(566)에 불문에 들어간다. 그러나 원광이 본격적으로 수도 생활에 들어간 나이는 서른 살이 된 때이다. 원광은 6년 동안 도를 닦은 후 더 깊이 공부하기 위하여 陳(진)나라로 유학을 떠난다(578). 진나라 금릉의 장엄사에서「열반경」,「성실론」등 여러 불교경전을 공부하였고, 유학에 관계되는 온갖 고전에 대해서도 보다 깊이 연구하였다. 이와 같이 진나라에서 10년 동안 공부를 하던 중 수나라가 중국을 통일하였다. 이때 원광의 나이는 48세였다(589). 당시 불교계를 휩쓸었던 사상은 '모든 중생은 모두 다 같이 부처가 될 성질을 가지고 있다(一切衆生悉有佛性)'는「열반경」의 사상이었다. 그리고 다시 원광은 대승불교의 이치를 체계화한 섭론종을 공부하였다. 이와 같이 새로운 학문의 물결에 몸소 몸을 담은 원광은 신라를 떠난 지 23년 만인 진평왕 22년(600)에 고국 신라로 돌아왔다. 오랜만에 귀국한 원광은 중국 불교라는 새로운 학문을 신라에 옮겨 놓음으로써 앞으로의 신라 불교에 한 방향을 제시하였다. 불교가 일상생활 속에 들어와 가정이나 사회 더 나아가 국가적 신앙으로 발전된 것은 원광에 의해서 가능하게 되었다고 해도 지나치지 않는다.

원광이 귀국하여 머물렀던 곳은 지금의 경상북도 청도에 있는 운문사에서 10여 리 떨어진 嘉悉寺(가실사)였다. 어느 날 거기에 귀산과 추항(箒項)이라는 두 청년이 찾아왔다. 원광은 이들에게 세속오계를 내려주었다. 귀산과 추항이 이를 자신의 신조로 삼아 몸소 실천한 것을 계기로 하여 원광의 이 세속오계는 신라 사람들의 생활목표로서, 특히 젊은이들의 삶의 신조로 확립되었으며, 그 후 화랑도들은 이 세속오계를 그들의 이념으로 삼아 조국 신라의 삼국통일을 위해서 몸을 바쳐 싸웠던 것이다.

원광이 조국 신라에 얼마나 관심이 있었는가 하는 것은 고구려의 침범을 뿌리뽑기 위하여 진평왕 30년(608)에 왕이 수나라의 군대를 청하는, 고구려를 치려고 양제에게 올리는 乞師表(걸사표)를 원광으로 하여금 짓게 하였을 때 그의 태도에 잘 나타나 있다. 그는 왕의 분부를 받아들이면서 '자기가 살기 위해서 남을 없애 버린다는 것은 승려로서는 할 짓이 아니나 대왕의 나라 안에서 먹고 사는 처지로서 어찌 감히 명령에 따르지 아니하오리까' 라고 말한다. 이와 같이 원광이 살생을 초래하게 하는 글을 지은 것은 오직 자기가 신라 사람이라는 국민된 의식이

있었기 때문이다. 다만, 승려로서 할 짓이 아니라는 것은 평등의 견지이며 글을
지은 것은 차별의 견지인 것이다. 평등을 존중하면서도 차별을 도외시하지 않는
그의 불교생활이 여기에 있었다.

진평왕 35년(613) 신라로서는 처음으로 百高座會(백고좌회)를 열었다. 이것은
다분히 국가적 의의가 깊은 법회였다. 백고좌회는 보살상과 나한상 각각 백을 모
셔놓고 또 100개의 등불을 밝히고서 100명의 비구들을 비롯한 온 대중을 모아놓
고 '인왕반야바라밀다경'을 읽으며 또 학덕이 높은 스님들도 초빙하여 이 경의
강의와 설법을 듣는 의식으로서, 내란과 외란을 막아 안으로나 밖으로나 나라가
편안해지기를 빌기 위해 베푸는 것이었다. 원광은 이 법회에 참여하여 강의와 설
법을 하였지만 그럼에도 불구하고 고구려와 백제는 끊임없이 신라를 침범해왔다.
신라가 이러한 시련을 겪고 있을 무렵 선덕왕 3년(634)에 분황사가 낙성되는 것
을 원광은 보게 된다. 그는 그로부터 6년 후 99세의 나이로 세상을 떠나게 된다.
요컨대 원광은 신라에 새로운 불교 학문을 전해주었고, 또 나라를 위한 불교, 즉
호국불교를 세움으로써 앞으로의 신라불교의 방향을 마련해 주었으며, 신라인으
로서 백성된 자세를 세워 놓은 사람이라고 할 수 있다. 그가 세상을 떠날 때, 신라
불교의 또하나의 거목이 될 자장은 50대로 당나라에 있었고, 원효는 아직 24세의
젊은 청년이었다.[62]

원광이 호국불교의 기틀을 마련하였다면 자장은 본격적으로 호국불교를 신라
사회의 이념으로 정착시키도록 힘쓴 율사이다. 자장의 아버지 김무림은 귀족으로
서 늙도록 자식이 없었다. 그리하여 그 부인과 더불어 천수관음보살에게 자식낳
기를 빌었다. 그 덕분인지 자식을 얻었으니 그 자식이 바로 자장이다. 자장의 어
렸을 때의 이름은 선종랑으로서 부모에게서 매우 깊은 사랑을 받으면서 자랐다.
그는 두뇌가 남달리 명철하여 나날이 학덕을 쌓고 장성하여 마침내 아내를 맞이
하여 슬하에 자식까지 두었다. 이 아들의 기쁨을 보지 못한 채 그 해 부모는 모두
세상을 떠났다. 슬픔이 이루 말할 수 없었던 자장은 마침내 세상의 영화를 버리고
처자를 남겨둔 채 불문에 들어가 버렸던 것이다. 그는 원녕사라는 절을 짓고 枯
骨觀(고골관)을 닦기에 전념하였다. 고골관은 백골관이라고도 하며, 모든 욕망을
씻어 버리기 위해 오랫동안 단정히 앉아서 사람이 죽은 그 시체의 모습을 마음
속에 그려 내는 수도 방법이다. 시체가 썩어 백골만 남는 모습을 생각함으로써 인

62) 安啓賢, '원광', 「한국의 인간상」 3, 신구문화사, 1966, pp.24-32.

생의 무상함을 깨닫고 진리를 터득하는 것이다. 자장의 수도는 나날이 깊어갔다. 선덕왕대(636)에 그는 제자들과 더불어 중국 불교의 본고장인 당나라로 들어갔다. 이 때 나이는 50세였다. 거기서도 그는 오대산, 종남산 등에서 화엄종에 이름 높은 杜順(두순), 계율종의 道宣律師(도선율사)와 교유하였다. 그러나 자장에게는 나라일이 매우 궁금하였다. 자장은 '나만의 수도와 해탈에서 벗어나 속세로 다시 파들어가 중생을 구제하고 내가 발딛고 있는 이 신라를 살려가는 그것이 바로 나의 참된 부처님의 길'이라고 믿게 되었다. 말하자면 자장에게 있어서 上求菩提(상구보리)와 下化衆生(하화중생)은 함께 닦아야 참된 부처님의 길이었던 것이다.

이럴 즈음 신라에는 여러 가지 어려움이 닥쳐 왔다. 안으로 불교계의 원로인 원광이 세상을 떠나고 밖으로는 고구려와 백제가 늘 신라를 노리고 있었다. 심지어 백제와의 대야성 공방전에서 김춘추의 사위인 김품석이 그의 아내와 함께 죽기까지 하였다. 선덕왕 12년(643) 자장은 부름을 받고 신라로 돌아오게 되었다. 선덕왕은 자장을 분황사에 있게 하고 大國統(대국통)이라는 벼슬을 내렸다. 자장은 선덕여왕에게 9층의 높은 탑을 황룡사에 세울 것을 건의하였다. 이른바 황룡사 9층탑은 탑 속에 불사리를 나누어 모셔 놓고, 신라 주위에 있는 아홉 나라가 스스로 저마다 신라에 하나로 뭉쳐지도록 빌기 위한 것이다. 이 황룡사의 구층탑은 신라인들이 한마음으로 뭉쳐서 삼국통일을 완수하는 그 날까지 매진해야 한다는 신라인의 소망을 담고 있다. 결국 선덕왕 14년(645)에 황룡사 9층탑이 낙성되었다.

대국통이 된 자장은 백성들의 생각을 새롭게 다지는 데만 힘쓴 것이 아니라 불교교단 자체의 기강을 확립하는 데에도 힘을 기울였다. 자장은 한 달에 두 번씩 보름과 그믐에 모두 모여 지난 보름 동안의 생활을 반성하고 죄가 있을 때에는 대중 앞에 이를 고백하고 참회하게 하는 '보살'이라는 의식을 철저히 실행하였다. 교단에 들어 있는 모두에게 불경을 공부하게 하고 봄과 가을마다 나라에서 시험을 보도록 하였다. 또한 사람을 시켜 지방의 여러 사찰을 돌아 보고 승려들이 각자 불도에 어긋나지 않는 생활을 하고 있는지를 살피도록 하였다. 그 결과로 불교 교단은 전보다 훨씬 기강이 확립되었다.

자장이 주로 궁중에서 강의한 것은 '攝大乘論(섭대승론)'이다. 이 논은 대승불교의 이치를 체계적으로 기술해 놓은 것으로서, 원광 이래로 사람들은 이 경전에 많은 관심을 가지고 있었다. 때로 자장은 '瑜伽菩薩戒本(유가보살계본)'을 황룡사에서 강의하기도 하였다. 자장은 특히 불도 생활의 기본이 되는 계율에 대해 깊은 연구를 하였다. 자장은 또한 극락에 왕생하기 위해서는 어떻게 수도하여야 하는가를 설명하고 있는 「아미타경」도 연구하여 「阿彌陀經 義記(아미타경 의기)」
라는 책을 청림사에 머무르면서 저술하였다. 또한 머리를 깎고 수도하는 비구들
의 생활규범을 서술한 「四分律(사분율)」이라는 불경도 연구하여 「四分律羯磨私
記(사분율갈마사기)」라는 책도 지었다. 자장은 신라야말로 부처님의 나라라는 신
념을 모든 백성들이 갖기를 바랐지만, 이 생각을 실현하기 위한 방안으로서 강원
도 오대산에 월정사를 창건하고 얼마되지 않아 그가 소원하여 마지 않았던 삼국
통일을 보지 못한 채 이 세상을 떠났다. 그러나 자장이 남긴 여러 가지 업적이 삼
국통일에 밑거름이 되었다는 것은 틀림없는 사실이다.[63]

원광과 자장은 호국의 신앙, 불국토 사상을 백성들의 마음에 심어 주었다. 그들
은 호국의 법회인 백고좌회, 팔관회를 주재하였고 호국의 도장으로 황룡사, 사천
왕사, 감은사를 활용하였다. 그리고 신라 땅이 곧 부처님의 나라라는 생각, 즉 신
라는 동쪽에 있는 부처님의 나라라는 것을 굳게 믿게 되도록 힘쓴 교육자라고 할
수 있다.

63) 安啓賢, ‘호국이념의 율사-자장’, 「한국의 인간상」 3, pp.33-46.

제3장
통일신라의 교육

 신라의 삼국통일은 정치, 군사, 종교, 교육의 분야를 책임지고 있던 김춘추, 김유신, 원광, 자장 등이 중심이 되어 국력을 결집한 결과로 이루어진 것이지만 화랑도의 존재를 떠나서는 상상할 수 없는 것이었다. 신라는 태종무열왕 7년(660)에 당의 도움을 받아 백제를 멸망시키고, 문무왕 8년(668)에는 고구려를 멸망시켰다. 그러나 실질적인 삼국통일은 당나라의 세력을 몰아내고서야 비로소 가능하였다. 통일 이후 200년의 기간이 바로 통일신라 시대이다. 통일 뒤에 신라는 다시 당과 외교관계를 맺고 서로 사신을 보내게 되었고, 유학생과 구법승도 끊임없이 보내어 전성기의 당의 문물을 배워 왔다. 이를 토대로 신라의 문물이 크게 발전하였으며, 특히 유학은 통일 이전보다 훨씬 발전하게 되었다. 통일신라 시기에 세워진 국학은 학교의 모습을 갖춘 것으로서, 당나라의 발전된 유학을 받아들여 신라사회의 성숙을 도모하기 위한 것이었다.

1. 국학의 설립

신라는 통일 후 신문왕 2년(682)에 비로소 국학을 세웠다. 이것은 기록상 고구려에 비하여 310년이나 뒤늦은 셈이다. 여러 가지 정황으로 보아 이렇게 국학을 늦게 세운 것은 이상한 일이 아닐 수 없다. 국학을 세운다는 것은 유교가 국가 이념으로 공인되었다는 것을 의미한다. 이것으로 보면 신라에 국학이 늦게 세워진 것은 신라가 유교를 국가이념으로 채택하는 것이 늦었다는 것을 의미한다. 실지로 신라는 통일 이전에 국가이념으로서 유교보다는 불교를 받아들였기 때문에 유교 교육에 별로 힘을 쓰지 않았는지도 모른다. 비록 국가적으로는 관심을 기울이지 않은 것이 사실이지만, 민간 수준에서의 유학은 상당한 수준을 갖추고 있었다고 보아야 한다. 그 한 가지 증거가 利見臺(이견대)이다. 「三國遺事(삼국유사)」에 보면, '절의 기록에 이런 말이 있다. 문무왕이 왜병을 진압하고자 하여 이 절을 처음으로 지었으나, 역사를 마치지 못하고 돌아가서 바다의 용이 되었다. 그 아들 신문왕이 왕위에 올라 682년에 역사를 마쳤는데 金堂(금당)의 계단 아래에 동쪽을 향해 구멍 하나를 뚫어 두었다. 이것은 용이 절에 들어와서 돌아 다니게 하기 위한 것이다. 대개 유언으로 유골을 간직한 곳은 대왕암이라 하고, 절은 감은사라 이름했으며 후에 용이 나타난 곳을 이견대라 한 것 같다. 신문왕 때 감은사 앞바다에 산이 떠서 감은사로 향해 오는데 물결을 따라 왔다 갔다 한다고 하므로 日官(일관)에게 점을 치게 하였다. 일관은 이르기를 "대왕의 아버님께서 지금 바다의 용이 되시어 삼한을 진호하시고 또 김유신 공도 삼십삼천의 한 아들로서 지금 인간으로 내려와서 대신이 되었습니다. 두 성인이 덕을 같이 하여 성 지키는 보물을 내어 주시려 하니 만약 폐하께서 해변에 행차하시면 반드시 값으로 칠 수 없는 보물을 얻을 것입니다"라고 하였다. 이것이 바로 만파식적이다.

여기서 우리는 일관의 해석 중에 김유신과 문무왕을 모두 성인이라고 하고 '두 성인이 덕을 합하여(二賢同德)'라고 말한 부분에 주목할 필요가 있다.[1] 이 구절이 바로 이견대와 관련되어 있다. 이견대라는 명칭은 「주역」 乾(건)괘에서 따온 것이다. 「주역」 건괘 두 번째 爻(효)에 '見龍在田 利見大人'이라는 爻辭(효사)가 있

---

1) 郭信煥, '유교사상의 전개양상과 생활세계', 한국정신문화연구원(편), 「한국사상사대계」(2), p.406.

고, 다섯 번째 효에 '飛龍在天 利見大人(비룡재천 이견대인)'이라는 효사가 있다. 두 번째 효의 현룡과 다섯 번째 효의 비룡은 비록 위치와 때는 다르나 본질은 같은 것이라 할 수 있다. 「주역」에서 용은 왕, 성인을 뜻하며 대인은 큰 덕을 갖춘 사람을 가리킨다. '이견대인'은 큰 덕을 갖춘 사람을 만나면 이롭다는 뜻이다. 일반적으로 말해서 두 번째 효는 큰 덕을 지닌 신하가 큰 덕을 지닌 왕을 만나 그 도를 행하게 되니 이롭다는 뜻이며, 다섯 번째 효는 큰 덕을 지닌 왕이 큰 덕을 지닌 신하를 얻어 공을 이루니 이롭다는 뜻이다. 천하 또한 큰 덕을 지닌 왕과 신하를 얻어 은혜를 입는다는 것이다. 이러한 「주역」의 괘에 비추어 보면, 김유신은 건괘 두 번째 효에 해당하고 문무왕은 다섯 번째 효에 해당하니 두 왕과 신하가 한 마음으로 협력하여 삼한을 통일한 것은 곧 '두 성인이 힘을 합친 것(二聖合德)'에 해당한다. 그러므로 만파식적으로 만든 대나무가 두 개가 되었다 하나가 되었다 한 것이 마치 한 손바닥으로는 소리가 나지 않고 두 손이 마주쳐야 소리가 나는 것과 같다는 것은 큰 덕을 지닌 신하와 큰 덕을 지닌 왕이 만나야 비로소 세상의 모든 풍랑이 가라앉는다는 것(萬波息), 다시 말하면 천하가 태평하다는 것을 암시하고 있다고 할 수 있다. 이것으로 보면 「주역」에 대한 신라인의 해석이 상당한 수준에 있었다는 것을 알 수 있다. 통일신라 이전에도 상당한 수준의 유학이 교육의 내용이었다고 말할 수 있는 것이다.

신라는 삼국을 통일하면서부터 확대된 영토를 다스리는 데 필요한 충성스러운 신하와 능력있는 관료가 필요하였을 뿐만 아니라, 힘이 강해진 귀족세력을 효과적으로 통제하는 제도적 장치가 필요하였다. 아마도 이러한 이유에서 국학이 설립된 것이 아닌가 하는 추측을 해 볼 수 있다. 이 추측을 뒷받침해 주는 자료로는 신문왕이 국학이 설립되기 1년 전인 681년에 내린 교시를 들 수 있다. '적의 괴수 흠돌, 흥원, 진공 등은 지위가 재능으로 인하여 오른 것이 아니요 관직도 실상은 은전에 의하여 올랐다. 한결같이 근신하여 부귀를 보전하지 못하고 필경 어질지 못하고 의롭지 못한 행동으로 행복이나 위세를 제 마음대로 만들어 관료들을 업신여기고 아래위 없이 속였으며, 주둥이를 모아 탐욕스러운 뜻을 함부로 털어 놓고 포악한 마음을 한껏 부렸으며, 흉악하고 간사한 자들을 끌어 들이고 궁중의 내시들과 결탁하여 그 화란이 안과 밖으로 통하였으며, 악당들이 서로 도와 날짜와 기한을 정하여 반란을 일으키려 하였다 … 임금을 섬기는 법은 충성을 다하는 것이 그 근본이요 벼슬살이를 하는 도리는 두 마음을 가지지 않는 것이 제일이거늘, 병부령 이찬 군관은 순서에 따라 마침내 높은 지위에 올랐음에도 불구하고 임금을 정성껏 보좌하고 결백한 절조를 조정에 바칠 줄 모르며, 더 나아가 임금의 명령을 받으면 제 몸을 잊어버리고 나라를 위하여 불타는 정성을 표하기는 커녕 역신 흠돌 등과 사귀어 그들의 반역 사건을 알면서도 일찍이 고발하지 아니하였으니, 이는 벌써 나라를 걱정하는 생각이 없고 또 공사에 따를 뜻이 없는 것이니 어떻게 다시 재상 자리에 두어 국가의 헌장을 함부로 흐리게 할 것인가?'[2] 이 교서에서 알 수 있듯이, 통일된 신라에 꼭 필요한 인재는 인과 의를 아는 충성스러운 인간, 은전에 의한 것이 아닌 재능에 의한 지위를 누릴 수 있는 인재, 상하를 존중할 줄 아는 예의 바른 인재 등이었다. 신문왕이 682년에 국학을 설립한 것은, 국가에서 필요한 인재는 유학교육이 아니고서는 길러낼 수 없다는 자각 때문일 것이다.

국학 설립의 동기나 목적이 앞에서 언급한 바와 같이 국가에서 필요한 인재를 길러내는 데에 있다면, 그와 같은 인재를 길러내기 위한 구체적인 교육내용이 있어야 할 것이다. 국학에서 배우는 내용은 「예기」, 「모시」, 「주역」, 「춘추좌전」, 「상서」, 「문선」, 「논어」, 「효경」 등 유학의 경전으로 이루어져 있었다. 이들 중에서 「논어」와 「효경」은 국학의 3과—갑과, 을과, 병과—에 공통적으로 부과되었으며 나머지 경전은 각 과에 따라 차등적으로—갑과는 「예기」, 「주역」, 「논어」, 「효경」, 을과는 「좌전」, 「모시」, 「논어」, 「효경」, 병과는 「상서」, 「문선」, 「논어」, 「효경」—부과되었다. 국학의 교육내용은 국가에서 필요한 인재를 길러내는 수단처럼 기술되어 있지만, 이 교육내용들은 인간의 마음을 주로 다루고 있는 것이라는 점을 쉽게 알 수 있다. 말하자면 교육내용의 가치가 인간 마음의 형성에 있는 한, 그것을 순전히 수단-목적의 관계로 기술해도 좋은가 하는 의문이 드는 것이다.[3]

신라에 국학이 설치된 이후 역대 왕들은 국학의 체제 확립에 상당한 힘을 기울인 것으로 보인다. 구체적으로 말하면, 신문왕대에는 686년 사신을 당으로 보내 「예기」와 「문장」을 측천무후에게 청하고 「吉凶要禮(길흉요례)」와 「文館詞林(문관사림)」 중에서 準則(준칙)에 관한 글을 골라 베긴 50권을 신라에 가져왔으며, 성덕왕대에는 717년 당에 갔던 大監守忠(대감수충)이 돌아오는 길에 문선왕(공자), 十哲(십철), 72제자의 도상을 가져와 국학에 비치하였으며, 경덕왕은 국학의 명칭을 태학으로 바꾸었으며, 혜공왕은 다시 그 명칭을 국학으로 환원하였으며, 원성

2) 「三國史記」, 新羅本記 第8, 神文王 元年.
3) 물론 이것은 좀더 자세한 논의가 필요한 부분이다. 그러나 여기서는 충분히 논의할 여유가 없다.

왕은 788년 讀書三品科(독서삼품과)를 설치하여 학생을 관리로 임용하는 데 구분을 두기도 하였다. 독서삼품과에서 상품은 「좌전」, 「예기」, 「문선」에 정통하고 「논어」, 「효경」에 밝은 자, 중품은 「곡례」, 「논어」, 「효경」에 통달한 자, 하품은 「곡례」, 「효경」에 통달한 자, 특품은 오경, 三史(삼사), 제자서에 겸하여 능통한 자로 되어 있다. 이 제도는 국학과 인재선발을 연계시키려는 의도를 나타내고 있다. 그러나 독서삼품과 제도에는 여러 가지 애매한 점이 있다. 첫째로, 독서삼품과에서 말하고 있는 독서라는 것이 별다른 뜻이 있는가 아니면 의례적으로 붙인 이름인가 하는 것이요, 둘째는 정통하고 밝은 자, 통달한 자, 능통한 자를 구분하는 기준이 애매하다는 것이다. 여기서 한 가지 짚고 넘어 가야 할 것은 독서의 의미이다. 독서의 단계에 眼讀(안독), 腦讀(뇌독), 身讀(신독) 등이 있다고 하면 적어도 여기서의 독서는 신독의 경지에 가깝다고 보아야 할 것이다. 독서삼품과 실시에 즈음하여 원성왕은 '이보다 먼저는 弓箭術(궁전술)로 인재를 뽑아 썼는데 이때에 이르러 이 제도로 개혁하였다' 고 말하고 있다. 이것은 삼국시대에 전쟁이 그치지 않았을 때에는 文보다 武가 강조되었으나, 통일신라 왕조에서는 무신보다는 문신이 더 필요하다는 것과 관련되어 있을 것이다. 사실 통일 이전에는 왕 자신이 승이 될 정도로 불교에 심취되었던 신라가 이제는 현세 세상의 살아가는 도리와 그것이 세상에 실천되도록 할 수 있는 유학을 더 필요로 하게 되었으리라는 것은 쉽게 짐작할 수 있다.

역대 왕들은 국학에 자주 행차하여 강론을 들었다. 예를 들면, 국학에 나아가 박사에게 「상서」의 뜻을 강론케 하였다(혜공왕, 765)든가, 국학에 나아가 강의를 들었다(혜공왕, 766)든가, 국학에 나아가 박사 이하 모두로 하여금 경전을 강론케 하였다(경문왕, 863)든가, 국학에 나아가 박사 이하 학생으로 하여금 강론케 하였다(헌강왕, 879)는 기록이 그 점을 잘 보여 준다. 이것은 단순히 국학에 대한 왕의 관심이나 격려를 의미하는 것으로 보기 어렵다. 이것은 정치가 국학이라는 교육제도를 통하여 규제를 받는 장면이라고 보아야 한다. 여기에는 올바른 교육을 매개로 하여 올바른 정치를 해나가려는 의도가 들어 있는 것이다. 이전에는 불교라는 종교가 이 일을 해왔지만 이때부터는 교육(유교)이 그 일을 담당하기 시작했다는 새로운 의미가 들어 있다. 이것으로 보면 신문왕 이후 100여 년 간에 걸쳐 국학은 정치를 규제하는 역할을 수행하였다고 말할 수 있을 것이다.

모든 학생들은 大舍(대사) 이하의 위품으로부터 작위가 없는 자에 이르기까지 나이가 15세에서 30세 된 자로서 그들을 모두 국학에 넣고 9년을 한도로 하되, 만일 재질이 우둔하여 인재로 될 수 없는 자가 있으면 그를 퇴학시키고 재주와 도량은 쓸 만하나 아직 성숙되지 못한 자가 있으면 비록 9년이 넘더라도 국학에 머물러 있게 하였으며 작위가 大奈麻(대나마, 10등위)와 奈麻(나마, 11등위)에 이른 뒤에는 국학에 나아가게 하였다. 이 제도는 신문왕, 성덕왕, 경덕왕을 거쳐 원성왕에 이르러 그 체제가 완전히 갖추어졌다. 국학이 현직 관료들의 교육기관이기도 하였다는 점을 감안한다면 국학은 신라 교육의 역사에 또 다른 획을 긋는 의미를 가진 것이라고 할 수 있을 것이다.

2. 불교신앙과 신라인

신라의 교육을 보다 정확히 알기 위해서는 신라인의 마음을 알아야 한다. 신라인의 마음은 일차적으로 교육제도에 나타나 있을 것이다. 그러나 제도로 나타난 교육에서는 살아 있는 신라인의 마음을 알기가 매우 어렵거나 불가능하다고까지 말할 수 있다. 이 경우의 설명은 거의, 규범적으로 신라인의 이상적인 마음이 이러저러했으면 좋겠다는 정도에 그친다. 그러나 우리의 관심은 구체적으로 살아 있는 신라인의 마음에 있다. 이러한 의미에서 향가는 주목의 대상이 된다. 물론, 향가가 신라인의 마음을 온전하게 표현한 것인가에는 의문이 있을 수 있지만, 현재로서는 적어도 신라인의 마음을 밝혀 내는 거의 유일한 단서임에 틀림없다. 구체적으로 신라인의 마음은 무엇을 말하는가? 신라인의 마음은 적어도 '그들은 삶의 보람을 어디에서 찾고 있었는가, 재앙과 난관은 어떻게 극복하였는가, 행복은 어디에서 찾고 있었는가, 올바른 삶은 어떻게 규정하였는가, 집단 속에서 개인의 위치는 무엇이었는가' 등등의 문제를 해답하는 과정에서 드러난다고 보아야 한다. 향가는 이 질문에 대한 대답을 직접 또는 간접으로 나타내고 있다. 물론, 그것은 서술의 형태로 제시되어 있는 것이 아니라 가사의 형식으로 제시되어 있다.

신라의 향가는 현재 14수밖에 전해지지 않지만, 신라인의 마음을 밝히는 단서로 충분하다고 볼 수 있는 것은 그것이 교육받은 계층의 문학이면서도 하층과 공감할 수 있는 영역에 자리를 잡고 있다는 데에 있다. 한시의 자극을 받기는 하였지만 향가는 구비시가인 민요나 巫歌(무가)에서 노래를 엮어가는 방식을 받아들여 그 두 가지를 융합하였던 것으로 보인다.[4] 몇 가지 주제별로 분류하여 보면, 올바른 삶의 자세는 무엇이며 고난 해결은 어떻게 하는가를 알 수 있는 향가로는 도솔가, 혜성가, 헌화가, 처용가 등을, 어떻게 사는 것이 바람직한가를 알 수 있는 향가로는 풍요, 서동요, 원가, 천수대비가, 원왕생가, 제망매가 등을, 이상과 현실, 집단과 개인의 관계에 대하여 알 수 있는 향가로는 안민가, 찬기파랑가, 모죽지랑가, 우적가 등을 들 수 있다. 이제 이 향가들을 통해서 신라인의 마음을 짐작해 보기로 하겠다.

우선, 신라인은 재앙, 난관을 어떻게 극복하였는가 하는 것이다. 사실 이 문제는 달리 표현하면 신라인은 행복을 어디에서 찾고 있었는가 하는 문제로 된다. 이 문제에 대한 해답의 단서는 兜率歌(도솔가)에서 찾을 수 있다.

> 오늘 이에 산화 불러 / 솟아나게 한 꽃아 너는 / 곧은 마음의 명에 부리어져, 미륵좌주 모셔 벌여라.[5]

도솔가를 짓게 된 연유는 경덕왕 19년(790) 사월 초하룻날, 해가 둘이 나타나서 열흘 동안이나 없어지지 않자, 일관이 청하는 바에 따라 인연 있는 승려에게 부탁하여 노래를 지어 부르게 하니 그런 변괴가 사라졌다는 기록에서 확인된다. 꽃을 뿌리면 부처가 와서 앉는다고 생각한 것은 바로 그러한 이유에서이다. 또 귀신은 향내 맡기와 빛보기를 싫어하는 만큼 악귀를 쫓고 부처를 맞이하려는 뜻이 거기에 시사되어 있는 것이 아닌가 하고 짐작해 본다. 신라인에게는 공덕을 베풀면 자신에게 돌아온다는 생각이 널리 받아들여졌던 것 같다. 대궐에서는 단을 깨끗이 만들고 임금이 靑陽樓(청양루)에 행차하여 인연 있는 중을 기다렸다. 그 때 月明師(월명사)가 밭두둑의 남쪽 길을 가고 있었다. 왕은 사람을 보내어 그를 불러서 단을 열고 기도문을 짓게 했다. 월명사는 왕께 아뢰었다. '貧道(빈도)는 그저 國仙(국선)의 무리에 속해 있으므로 향가만 알 뿐 경 읽는 것에는 익숙하지 못합니다.' 왕은 말했다. '이미 인연 있는 중으로 뽑혔으니 향가만 하더라도 좋소.' 월명은 이에 도솔가를 지었다. 그것이 바로 다음과 같은 향가이다.

---

4) 趙東一, '신라 향가의 정신세계', 한국정신문화연구원(편), 「한국사상사대계」(2), 1991, pp.559–593.

5) 今日此矣散花唱良 巴寶白乎隱花良汝隱 直等隱心音矣命叱使以惡只 彌勒座主陪立羅良, 「三國遺事」 卷5 感通 第7 月明師 도솔가(김완진 해독).

용루에서 오늘 산화가 불러 / 꽃 한조각을 청운에 실어 보낸다 / 은근하고 곧은 마음
으로 시키니 / 멀리 도솔천 부처님을 맞이하라.[6]

이 노래를 지어 부르니, 조금 후에 괴변이 사라졌다. 왕은 이것을 가상히 여겨
좋은 차 한 봉과 수정 염주 108개를 내주었다. 이때 문득 동자가 나타났는데 외양
이 곱고 깨끗했다. 그는 공손히 차와 염주를 받아 궁전 서쪽의 작은 문으로 나가
버렸다. 월명은 이것을 내궁의 사자라고 했고 왕은 스님의 종자라고 했으나 서로
알아보니 모두 잘못이었다. 왕은 이상히 여겨 사람을 시켜 뒤를 쫓게 했더니 동자
는 내원의 탑 속으로 들어가 버렸다. 차와 염주는 남벽의 벽화 미륵상 앞에 있었
다. 여기서 우리는 신라에 있었던, 彌勒下生(미륵하생) 신앙과 화랑도의 褶合相(습
합상)을 엿볼 수 있다. 이 미륵하생 사상은 아미타불의 정토사상과 결합되었고, 다
시 거기에 관세음보살 신앙도 결부된다. 이 사실을 바탕으로 생각해 보면, 신라인
의 마음에는 은둔적인 마음이 아닌, 실제적이며 곧은 마음을 가져야 모든 일이 잘
된다는 생각이 자리잡고 있었다고 말할 수 있다. 미륵사상을 읊은 도솔가는 월명
사가 왕을 위하여 이변을 물리칠 목적에서 부른 노래이지만 거기에는 미륵의 대
자대비를 바라는 마음 — 곧은 마음 — 이 전제되어 있다.

이와는 다른 해석도 있다.[7] 해가 둘 나타난 재앙을 미륵이 물리쳤다는 것에서
해가 불이므로 불로 인해서 생긴 변괴는 물이 있어야 퇴치할 수 있다. 그런데 '미
륵'은 용을 뜻하는 '미리'와 상통하는 말이어서 물의 상징일 수 있다. 용신에 대
한 믿음이 미륵과 결합되고, 불은 물로 끈다는 생각이 미륵 신앙과 연결될 수 있
다. 이 모든 착상을 하나로 연결시키는 것이 바로 꽃이다. 꽃은 물이 있어야 자라
고, 불과 같은 모습을 하고 위로 피어 올라가며, 부처에게 공양되는 것이다. 월명
은 이와 같은 복합적인 의미를 지닌 꽃이 공중에 솟아 오르게 하는 능력을 보여
재앙을 적극적으로 퇴치하는 노래를 부를 수 있었다. 천체의 이변으로 생긴 자연
의 재앙을 주체적이고 창조적인 활동으로 극복해야 한다는 것이다. 이 해석에 비
추어 보면 새롭게 삼국을 통일한 신라인의 마음 속에 주체적이고 창조적인 생각
들이 자리잡고 있었다고 말할 수 있을지 모르겠다.

도솔가를 비롯하여 혜성가, 헌화가, 처용가 등도 재앙을 물리친 노래이다. 신라
인들이 재앙과 난관을 어떻게 극복하였는가 하는 것을 이 노래에 나타나 있는 것

---

6) 龍樓此日散花歌 排送靑雲一片花 段重直心之所使 遠邀兜率大僊家(김완진 해독).
7) 趙東一, 전게논문, pp.569-570.

에 근거하여 말하자면, 신라인들은 인간의 의지가 굳으면 하늘도 이기며 뜻을 하나로 모으면 어떤 난관도 극복할 수 있다는 생각을 가지고 있었다는 것으로 요약할 수 있다. 달리 말하면 신라인들은 재앙에 대처하는 마음의 자세로서 '자연의 재앙보다는 인간의 능력이 앞서고, 사회적인 재앙도 마음가짐에 따라 성격이 바뀐다'[8]는 생각을 가지고 있었던 것 같다. 종래에는 어려운 일이 생기면 무엇보다도 먼저 초월적인 능력에 의지하여 빌면 된다는 사고방식을 가지고 있었다. 그러나 이제는 종래의 재앙의식에서 탈피하여 주체적이며 창조적으로 대응하여야 한다는 마음이 생겨난 것이다. 이것은 또한 '공동으로 당면한 문제를 관습적인 방식으로 해결하려는 무자각적 단계를 청산하고'[9], 의식적으로 새로우면서 다양하게 대처하는 방향으로 마음의 자세를 바꿔야 한다는 것을 말하고 있는 것이다.

다음으로, 어떻게 사는 것이 바람직한 삶인가에 관한 신라인의 생각이 잘 나타나 있는 향가는 노동요인 風謠(풍요)를 들 수 있다.

> 오도다 오도다 오도다 / 오도다 서럽더라 / 서럽더라 동무들아 / 공덕 닦으러 오도다.[10]

「삼국유사」의 '지금도 시골 사람들이 방아를 찧을 때나 일할 때에 모두 이 노래를 부른다'는 기록에서 알 수 있듯이, 이 노래는 선덕여왕 때 良志(양지)라는 신통한 승려가 영묘사의 丈六像(장육상)을 만들 때 서라벌의 온 성안의 남녀가 진흙을 다투어 운반하면서 부른 것으로 되어 있다. 신라에서는, 그 수많은 불상, 탑, 사찰, 무덤 등을 만드는 데에 수많은 사람들이 동원되었을 것이다. 그것도 하루 이틀이 아니라 거의 매일같이 백성들이 일을 해야 했다. 단순히 이 사실만으로 보면 신라에는 노역 때문에 반란이라도 생겨야 마땅할지도 모른다. 그러나 신라에는 반란이나 동요가 없었으며 오히려 신라는 천년 가까이 존립할 수 있었다. 그 이유는 아마도 신라인들이 그 노역을 단순히 일로만 생각하지 않았다는 데에서 찾을 수 있을 것이다. 이 노동요에는 일에 관한 신라인의 생각이 들어 있다. 이 노래를 보면 '오도다'라는 말을 네 번이나 되풀이하고 있다. 이것은 한 사람이 오

8) 趙東一, 전게논문, p.574.
9) 趙東一, 전게논문, p.575.
10) 來如來如來如 來如哀反多羅 哀反多矣徒良 功德修叱如良來如, 「三國遺事」 卷4 義解 第5 良志使錫(양주동 해독).

는 것이 아니라, 여러 사람들이 오는 것을 나타내고 있다. 그 다음에 '서럽다' 는 말을 두 번이나 되풀이하고 있다. 무엇이 그리 서러운가? 그것은 아마도 돈이 없어 시주하지 못하고 부역으로 대신하는 처지가 서럽다는 뜻일 것이다. 인간이란 이 낯선 세상에 떨어져서 잠깐 살다가 죽는 한 잎사귀 가랑잎만도 못한 존재, 더군다나 사물이니, 국가니, 타인이니 하여 온갖 것이 우리의 갈 길을 막으니 못나고도 무력하게 꾸물거리며 이 세상을 살 수밖에 없는 존재이니, 아아, 서럽고 서러우며 헛되고 헛된 것이다. 병들고 늙고 나고 죽는 것이 너무도 안타까운 것이다. 그러나 곧 이어서 이 노동요는 '동무들아' 를 외치고 있다. 이것은 공동노동을 하러 모여든 사람들의 동류의식을 확인하는 것이다. 노동이라는 것에는 반드시 우애라는 것이 함께 있게 마련이다. 나 하나가 아니고 우리인 동무들이 있다. '나' 를 내세울 때는 나와 너, 나와 그것 사이에 이기심과 경계심이 가로놓여 있지만, 만약 '우리' 라고 할 때는 나와 너, 또는 나와 그 사이에는 친밀감과 안락감이 있고, 경계심과 이기심은 저 밖에 있는 것이다. 진정 부처님의 가르침이란 온 인류가 하나의 '우리' 로 모이는 것이 아니겠는가. 그리하여 이어지는 노랫말은 그 서럽고 서러운 것들을 벗어 던지고 '공덕 닦으러 오도다' 라고 되어 있다. 이 말은 서러운 마음을 달래는 위안의 말일 수도 있다. 그러나 서럽다는 것이 인생이 무상하다는 불교적 생각을 가진 것이라고 해도 일하는 것 자체가 공덕을 닦는 행위라고 생각할 수 있게 되면 그 서러운 것들은 모두 사라지게 되는 것이다. 말하자면 우리의 삶의 의미는 공덕을 닦는 데에 있다는 것이다. 이 노래는 '노동하면서 사는 삶의 의미가 무엇인가 하는 문제를 제기하고, 그 해답을 불교에서 찾으려는 것' [11]이라고 볼 수 있다.

이제 앞에서 제기한 문제—신라는 수많은 노역을 요구했음에도 불구하고 어떻게 반란이나 변란이 일어나 국가가 전복되지 않고 천년 가까이 버틸 수 있었는가—에 해답해야 할 것이다. 그 이유를 '풍요' 와 관련지어 찾아보면[12], 양지 스님 같은 사람이 불상을 만들었기 때문에 강제 동원의 방법을 강구하거나 보수를 지급하지 않아도 일할 사람들이 다투어 모여 들었다는 사실에서 찾을 수 있다. 왕후장상의 지원을 받아 공사를 했던 것은 아니다. 말하자면 노동력을 동원하는 데에 정치적이거나 행정적인 강제력이 발휘되지 않았고, 불교사원이 그런 힘을 가지고

11) 趙東一, 전게논문, p.576.
12) 趙東一, 전게논문, pp.576-577.

있었던 것도 아니다. 자기자신도 미천한 처지여서 일하는 사람들 위에 군림할 수
없는 양지 스님이 스스로 책임자가 되고 장인 노릇도 해서 불상을 이룩했으므로
자발적인 협조를 적극적으로 얻을 수 있었던 것이다. 신라의 그 수많은 공사에 동
원된 사람들은 아마도 자발적으로 모여들어 일했을 것이며, 이를 책임진 자도 일
하는 사람에게 군림하지 않고 대등한 입장에서 일을 했으므로 아무런 문제가 생
기지 않았을 것이다.

셋째로, 신라인들은 일을 처리하는 데에 있어서 무엇을 중시하였는가 하는 것
은 薯童謠(서동요)에 잘 나타나 있다.

선화공주님은 / 남 그스기 얼어 두고 / 서동 방으로 밤에 몰래 안겨 간다.[13]

이 서동요를 오늘날의 말로 풀이하면, '선화공주님은 남모르게 정을 맺어 두고
마퉁이의 방으로 밤이면 몰래 안겨 간다' 는 것으로 될 것이다. 이 노래는 마를 캐
서 살아가는 미천한 총각 서동 또는 마퉁이가 서라벌에 가서 진평왕의 딸 선화공
주를 아내로 삼기 위해서 지어 퍼뜨린 것으로 알려져 있다. 이 노래는, 마퉁이가
아이들의 입을 통해서 이 노래를 퍼뜨리니 진평왕이 의심해 딸을 멀리 내쫓았는
데, 마퉁이가 나타나 모든 것이 자기 술책이었음을 고백하고 선화공주을 아내로
삼았다는 이야기를 배경으로 하고 있다. 그러면 이 서동은 누구인가? 백제 제30
대 무왕의 이름은 璋이다. 그 어머니는 과부가 되어 서울 남쪽 못가에 집을 짓고
살고 있었는데, 그녀는 그 못의 용과 관계하여 장을 낳았다. 이 아이의 이름이 바
로 서동이다. 이 아이는 재기와 도량이 넓었으며, 늘 마를 캐어 팔아서 생업을 삼
았으므로 나라 사람들이 그것으로 말미암아 서동이라 이름했다고 한다.

「삼국유사」의 기록에 의하면, '동요가 서울에 퍼져서 대궐에까지 들리니 백관
들이 임금에게 극력 간하여 공주를 먼 곳으로 귀양 보낸' 것으로 되어 있다. 이
사건을 서동의 편에서 보면, 서동은 자신의 목적을 달성하기 위하여 그야말로 수
단과 방법을 가리지 않고 거짓술책까지 쓴 것으로 된다. 이래도 좋은가? 진평왕은
동요에는 숨은 진실이 있다는 것을 믿고 백관들의 간청에 못이겨 공주를 멀리 귀
양보낸 것이다. 진평왕이 동요만 믿고 공주를 귀양보냈다는 것은 오늘날의 눈으
로 보면 일을 처리하는 데에 있어서 너무나 엉성한 감이 없지 않다. 반대로, 서동

---

13) 善化公主主隱 他密只嫁良置古 薯童房乙夜矣卯乙抱遺去如,「三國遺事」 卷2 紀異 第2 武王.

의 입장에서 보면 그가 한 일은 매우 치밀하고 교활하다고까지 말할 수 있다. 동요의 내용은 매우 부끄러운 것이며, 거리낌없이 자신의 목적을 달성하기 위하여 이 내용을 퍼뜨린 것은 용감성이 지나치다고까지 말할 수 있을지 모르겠다. 그러나 서동은 공주를 아내로 맞이하였다. 이것은 야합에서 결혼으로, 부끄러운 사실에서 신성한 것으로 전환되는 장면이다. 이것으로 보아 신라인들은 내밀한 것에서 공개된 것으로, 부끄러운 것에서 신성한 것으로 전환될 수 있도록 하는 마음을 가지고 있으며, 수단보다는 목적을, 과정보다는 결과를, 情보다는 理를 앞세웠다는 것을 짐작할 수 있다.

넷째, '원통한 일을 당했을 때 어떻게 할 것인가' 하는 문제에 관한 신라인의 생각을 알아내는 단서로 信忠(신충)의 '怨歌(원가)'를 살펴 보겠다.

> 물 좋게 잣이 가을에도 아니 그릇되어 지매 / 너처럼 가자고 하신 / 우러르런 얼굴 가시진 줄이야 / 달이 비치고 잠잠한 못에 지나가는 물결 언덕을 할퀴듯 / 모습이야 바라나 / 누리도 짓달리는구나.[14]

이 노래의 연유는 다음과 같다. 효성왕이 아직 왕이 되기 전 어진 선비 신충과 대궐 뜰의 잣나무 아래에서 바둑을 두던 그 어느 날 신충에게 말했다. '뒷날에 만약 내가 그대를 잊는다면 저 잣나무가 증거로 있다.' 신충은 일어나서 절했다. 몇 달 후에 효성왕은 즉위하여 공신들에게 상을 주면서 신충의 일은 잊고서 등급에 넣지 않았다. 신충은 원망하여 노래를 지어 그 잣나무에 붙였더니 나무가 문득 말라 죽었다. 왕은 이상히 여겨 사람을 시켜 살펴보게 하였더니 노래가 붙어 있어 그것을 가져다 바쳤다. 왕은 크게 놀라 말했다. '정무가 번잡하여 공신을 거의 잊을 뻔했구나.' 이에 신충을 불러 벼슬을 주니 잣나무가 그제야 되살아났다. 이 노래가 바로 원가인데 뒷 구절이 없어졌다.

> 물 좋은 잣나무는 겨울에도 잎이 지지 않으니 두 사람의 관계도 그렇게 변치말고 살아가자고 효성왕이 다짐했었는데, 우러러보던 효성왕의 얼굴이 전과 달라졌다고 신충이 원망했다. 처음 두 줄은 실제로 있었던 일을 말하면서 원망을 나타내는 데 그쳤다. 그런데 다음 두 줄에서는 효성왕은 달에다 비하고 자기 처지는 물결에 할퀴고 있는 언

---

14) 物叱好支栢史 秋察尸不冬爾屋支墮米 汝於多支行齊教因隱 仰頓隱面矣改衣賜乎隱冬矣也 月羅理影支古理因淵之叱 行尸浪 阿叱沙矣以支如支 皃史沙叱望阿乃 世理都 之叱逸鳥隱弟也 (後句亡),「三國遺事」卷5 避隱 第8 信忠掛冠.

덕과 같다 해서 자연물을 등장시킨 시각적인 심상을 마련했다. 지나가고, 할퀴고 한다는 데서 나타난 움직임이 세상이 짓달린다는 것으로 확대되게 해서, 시간의 흐름이 고난을 가중시킨다고 했다. 그래서 자기 경험의 일반화를 통해서 제 삼자의 공감을 자아냈다.[15]

신충은 효성왕, 경덕왕 양대에 걸쳐 요직을 차지한 왕당파의 진골귀족으로서 매우 점잖은 방법을 채택하여 왕에게 항의하고 있다. 말하자면 그는 향가를 지어 자신의 원망을 나타내 보이고 있는 것이다. 그러나 이 향가는 '천지와 귀신을 감동시키고 재앙을 물리칠 정도로 강력한 것이기도 하다. 이와 같이 고귀하고 강력한 것을 자신의 출세영달을 위하여 썼으니 향가의 품격을 떨어뜨렸다고 비난을 받을 만하지만'[16], 신충의 편에서 보면 이것보다 억울하고 원통한 것은 없었으리라. 신라인들도 모르기는 해도 원통한 일을 당하면 이와 같이 고상하면서도 강력하고 호소력 있는 방법으로 풀어냈을 것이다.

효성왕의 입장을 잠시 생각해 보자. 효성왕 자신을 두고 볼 때, '나' 라는 것은 하나의 흐름의 과정 속에 있으며 이러한 움직임 속에 있는 고정적인 '나' 는 존재하지 않는다. 여기에서 '나' 의 동일성이 중요한 문제로 대두된다. 사람들은 이와 같이 흐르는 과정 속에 묻혀 있으면서 이웃과의 공동생활에서 서로 내일을 약속한다. 이러한 상황 속에 있는 '나' 로서는 오늘의 '나' 와 내일의 '나' 가 동일성을 가졌다는 보장을 할 수 없다. 효성왕 자신은 그의 내부적인 상태에서 그리고 외부적인 조건에서 늘 변한다. 그의 생각도 감정도 기분도 변한다. 엄밀한 의미에서 오늘의 '나' 는 벌써 어제의 '나' 가 아니며 내일의 나는 오늘의 나와 동일하지 않다. 그러나 오늘의 나는 내일을 위해서 약속을 하고 모든 내적인 상태나 외적인 조건의 변화와는 상관없이 약속을 지킨다. 여기에서 믿음성을 통해 영속적인 나의 동일성을 이룩한다는 것은 놀라운 일이다. 여기에는 반드시 깊은 인격의 수양이 요구된다. 약속을 지킨다는 것은 시간의 흐름을 지배하고 그의 영원한 참다운 존재를 창조하는 것이므로 이 일을 해내는 사람은 그야말로 훌륭하고 영원한 참다운 존재라고 말할 수 있다. 그러므로 약속을 지키는 사람은 존경받아 마땅한 것이다. 이렇게 보면 효성왕은 한때 잠시 허물은 있었지만 역시 임금 노릇을 할 만한 인물임에 틀림없다.

15) 趙東一, 전게논문, p.580에서 서재극 해독을 재인용하였다.
16) 趙東一, 전게논문, p.579.

다섯째, 삶과 죽음에 관한 신라인의 생각은 향가 祭亡妹歌(제망매가)에서 그 단서를 찾아 볼 수 있다.

　　생사 길은 이에 있으매 머뭇거리고 / 나는 간다는 말도 못다 이르고 가나잇고 / 어느 가을 이른 바람에 이에 저에 떨어질 잎처럼 / 한 가지에 나고 가는 곳 모르온저 / 아아, 미타찰에서 만날 나 도 닦아 기다리겠노라.[17]

月明(월명)은 일찍 죽은 누이 동생을 위해서 齋를 올릴 때 향가를 지어 그 동생을 제사 지냈더니 문득 광풍이 일어나 종이는 바람에 날려 서쪽으로 없어졌다. 월명은 사천왕사에 살았는데 늘 피리를 불었다. 어느 날 달밤에 피리를 불면서 앞의 큰 길을 지나가니 달이 그를 위해 가기를 멈추었다. 이로 말미암아 그 길을 월명리라 하였다.

이 노래는 죽음을 이야기하고 있다. 죽음을 문제 삼을 때 인간의 삶은 절대적이고 궁극적인 긴장 속에서 파악되고 인간은 공허한 타성적인 습관에서 벗어날 수 있게 된다. 죽음은 인간의 존재를 그 최종적인 절대성과 관련하여 드러내는 가장 극단적인 것이다. 죽음 앞에서는 권태, 우울, 절망, 불안과 같은 無(무)의 현상들은 그 결정적인 성격을 상실하고 무색해질 것이다. 죽음을 연구하는 것은 죽음에 대비하여 평안한 죽음을 맞이하도록 하기 위한 것이 아니라, 죽음이 현재의 삶에 주는 의미를 탐색하기 위해서이다. 죽음은 인간의 유한성의 가장 명확하고 철저한 표현으로서 인간의 유한성에서 인간의 삶의 한 개성의 의미가 드러난다. 우리의 삶은 삶의 하나의 개성으로 말미암아 다른 것과 바꿀 수 없고 거부할 수 없는 절대적인 가치를 얻는다. 릴케의 다음과 같은 시는 이 점을 잘 보여주고 있다.

　　보라! 죽음이 삶 안에 있다 / 둘이 서로 얽혀서 달린다 / 마치 천 속에 실오라기들이 감겨서 달리듯이 / 어떤 사람이 숨겨두는 것 / 그것만이 죽음은 아니다 / 사람이 숨쉬고 있어도 죽음은 있다 / 많은 것이 죽음이다 / 우리는 그것을 감추지 못한다 / 우리 속에는 언제나 죽음과 탄생이 있다.

여기서 릴케가 말하는 죽음은 일정 시간이 지나서 숨을 거둔다는 의미에서의

---

17) 生死路隱 此矣有阿米次肹伊遣 / 吾隱去內如辭叱都 毛如云去內尼叱古 / 於內秋察早隱風未 此矣 彼矣浮良落尸葉如 / 一等隱枝良出古 去奴隱處毛冬乎丁 / 阿也 彌陁利良逢乎吾道修良待是古如 (김완진 해독).

죽음이 아니라 차라리 '현재 작용하고 있는 죽음의 의식'이다. 그러나 인간에게 는 다른 사람과 다른 점보다는 같은 점이 훨씬 많으므로 이웃의 죽음을 체험함으 로써 우리의 죽음에 대한 의식이 깊어질 것이다.

이 노래에서 월명사는 우선 죽음의 의식 속에 잠겨 누이가 죽었다는 사실을 말 한 마디 못하고, 무서워하는 누이를 통해서 간접적으로 죽음을 서술하고 있다. 그 다음에는 누이의 죽음을 체험하고 난 그 자신의 죽음의 의식을 이야기한다. '한 가지에 주런히 달려 있던 잎사귀들이 가을 바람 한번 불면 어디론가 사라지누나. 그와 똑같이 한 어버이에게서 낳으면서도 나는 너의 간 곳을 알 수 없구나.' 여 기서 우리는 죽음의 허무가 그 얼마나 당돌한 것인가를 알 수 있다. 월명조차도 정신을 잃고 어쩔 줄 모른다. 그러나 월명사는 이 현실 속에서 절망하지 않고 도 를 닦겠다고 한다. 죽은 자는 죽은 것이다. 살아 있는 사람은 힘차게 열심히 살아 충실한 그의 삶 속에 기억되는 것이 죽은 자에게도 영광이 아니겠는가. 마지막에 는 미타불의 서방정토에서 만날 날을 도 닦으며 기다리겠다고 한다.

이제 이 노래에 담겨 있는 삶과 죽음 또는 이승과 저승은 어떤 관련을 맺고 있 는가를 살펴 보아야 할 것이다. 이 노래에 의하면 이승에서의 삶이 저승에 영향을 끼치는 것은 사실이다. 이승에서 어떻게 사는가에 따라 곧 저승에서의 삶이 결정 된다고 보는 것이다. '미타찰에서 만날 나 도 닦아 기다리겠노라' 하는 것이 바 로 그것이다. 그러면 죽음은 어떤 상태인가? 일단 이것은 두려운 것이거나 무서운 것임에 틀림없다. 그리하여 생사의 길에서 머뭇거리는 것이다. 그러나 중요한 것 은 삶과 죽음을 규제하는 원리라는 것이 있는가 하는 것이다. '죽음의 길에 가야 하는 것은 정해진 운수'라고 하면 여기에는 규제 원리가 있다고 보아야 한다. 인 간은 다만 모를 뿐이다. 월명은 이것을 이렇게 읊었다. 즉, '생사의 길이 여기 있 음에 무서워져서 나는 갑니다 말도 다 이르지 못하고 갔느냐. 어느 가을철 이른 바람에 여기저기 떨어지는 잎사귀처럼 한 가지에 나고서도 가는 곳을 알 수 없구 나. 아아, 극락에서 만날 날만 믿고서 열심히 도 닦으며 기다리겠다'고 하였다.

여섯째, '이상과 현실, 집단과 개인의 관계'에 관한 신라인의 생각을 찾아 볼 수 있는 단서를 '안민가'를 통해서 알아 보기로 한다.

임금은 아비요, 신하는 사랑하는 어미요 / 백성은 어리석은 아이라고 하시면, 백성이 사랑하리라 / 탄식하는 뭇 창생, 이를 먹도록 다스릴지어다 / 이 땅을 버리고 어디로 갈 까 하면, 나라가 지녀지리라 / 아아, 임금같이, 신하답게, 백성같이 하면, 나라가 태평하

리라.[18]

이 노래가 나온 연유는 다음과 같다. 즉, 경덕왕이 나라를 다스린 지 24년에 五嶽(오악), 三山(삼산)의 신들이 간혹 육신을 나타내어 대궐 뜰에서 왕을 모시었다. 3월 3일에 왕은 歸正門(귀정문)의 누각 위에 나가서 측근자에게 말했다. '누가 도중에서 위의있는 승려 한 사람을 데리고 올 수 있겠소?' 이때 마침 모습이 깨끗한 고승이 지나갔다. 측근 신하가 바라보고 그를 데리고 와서 뵈었다. 왕은 말했다. '내가 말하는 위의있는 스님이 아니다.' 왕은 그를 물리쳤다. 다시 승려 한 사람이 장삼을 입고 앵통을 걸머지고 남쪽에서 왔다. 왕은 기뻐하면서 그를 보더니 누각 위로 맞아 들였다. 그 앵통 속을 보니 다구만 담겨 있었다. 왕은 물었다. '그대는 누구요?' '충담입니다.' '어디서 오오?' '매양 3월 3일과 9월 9일이면 차를 다려서 남산 삼화령의 미륵세존께 드립니다. 오늘도 차 공양을 드리고 오는 길입니다.' '나에게도 또한 차 한 사발 주겠소?' 중은 이에 차를 다려서 왕에게 드렸는데 차의 맛이 이상하고 그 사발 안에서 이상한 향기가 풍기었다. 왕은 말했다. '내 들으니 스님이 기파랑(화랑의 이름)을 찬미한 향가가 그 뜻이 매우 높다하니 과연 그러하오?' '그렇습니다.' '그렇다면 나를 위하여 백성을 다스려 편안히 할 노래를 지어 주오.' 중은 즉시 칙명을 받들어 노래를 지어 바치었다.

'임금은 아버지요 신하는 자애로운 어머니요 백성은 어리석은(어린) 아이' 라는 비유적인 관계는 유교의 가부장적 관계이다. 충담이 보기에 온 나라가 아버지, 어머니, 자식의 관계로 맺어질 때 가장 이상적인 관계라는 것이다. 이 관계에서 개인은 집단에 비추어 보았을 때 비로소 그 의미가 규정된다. 이것은 마치 아이는 아버지, 어머니에 비추어 의미가 있는 것과 같다. 개인은 집단을 떠나서는 존재의 의가 상실되기 때문에 집단에의 소속감은 절대적이며 이 소속감이 없어지면 개인의 존재는 아무런 의미가 없는 것이다. 예컨대 집단에서 버림받은 개인은 그야말로 개인으로서 의미가 없게 되는 것이다. 집단 안에서 개인이 갖는 소속감의 범위는 무한대이다. 따라서 개인은 바로 집단을 위하여 모든 일을 하는 것이다. 이 경우 개인 자신의 멋대로의 역할은 별다른 의미가 없게 된다. 이 생각을 바탕으로 하면 개인을 초월한 도리가 있다고 보아야 한다. 개인의 사욕에 의한 행위는 있을

18) 君隱父也 臣隱愛賜尸母也 / 民焉狂尸恨阿孩古爲賜尸知民是愛尸知古知 / 窟理叱六肸生以支所音
物生此肸喰惡支治良羅 / 此地肸捨遣只於冬是去於丁 爲尸知國惡支持以 支知古如 / 後句 君如臣
多支民隱如 爲內尸等焉國惡太平恨音叱如(서재극 해독).

수 없는 것이다. 개인을 규제하는 것은 바로 개인을 초월해 있는 도리이며, 이 도리에 따라 행동하는 것이야말로 찬양받는 길이기도 하다. 개인의 것이라고는 있을 수 없는 것이다. 심지어 자신의 몸뚱아리도 자신의 것이 아니다. 이것은 아버지, 어머니로부터 물려받은 것이기 때문에 이것을 상하게 하거나 훼손시키는 것은 곧 불효가 되는 것이다. 심지어 출세와 성공 또는 입신양명도 부모에게 효도를 하기 위한 것이지 개인의 영광을 누리기 위한 것이 아니다.

경덕왕이 다스리는 신라의 현실은 어떠했는가? 경덕왕 24년(765), 왕에게 정치적 위기가 닥쳤다. 그 정치적 위기가 구체적으로 나타난 것은 왕당파가 물러가고 김양상 일파가 등장한 데에서 연유한다. 더구나 경덕왕은 후사가 없어 근심을 하지 않으면 안되었다. 여기서 왕당파가 물러갔다는 것은 임금과 신하 사이에 문제가 생겼다는 것을 암시하고 있다. 이것은 왕과 대립되는 신하들의 세력이 커졌고 현실적으로 이 세력이 임금을 위협하고 있었다는 것을 의미한다. 왕은 어떤 방법으로든지 이 사태를 수습하지 않으면 안 되었다. 이 방안이 안민가를 지어 보급하는 것이었다. 그렇다면 왜 하필 충담인가? 그것은 충담사가 화랑의 무리에 속하고 화랑을 위해 노래를 짓는 승려이므로 충담사를 매개로 하여 재야세력과 제휴를 하면 왕권을 위협하는 신하들을 누를 수 있다고 판단했기 때문이다. 이때 화랑의 세력은 정계에서 밀려나 있었다. 안민가에서는 임금과 신하의 관계를 아버지와 어머니의 관계로 비유하여 이 사이의 관계의 중요성을 강조하고 있다. 임금없는 신하, 신하없는 임금은 상상할 수 없는 일이다. 이 두 존재는 서로 반드시 필요한 것이며 이 중 어느 한 쪽에 문제가 생기면 전체가 흔들리는 결과를 초래하게 되는 것이다. 충담사의 이 안민가라는 향가는 바로 이 점을 잘 강조하고 있다고 보아야 한다. 현실에 대한 이상으로 제시한 것이 안민가라고 볼 수 있는 것이다. 그러나 또 한편 신라인의 마음 속에는 실제로 안민가의 정신이 살아 있었다고 보아야 한다. 신라사회에 널리 교육되고 있었던 유학의 정신을 가정하지 않는 한, 이 안민가의 정신은 받아들이기 어려운 것이었다.

3. 통일신라의 교육이론

지금까지 우리는 신라인의 마음을 알아 보기 위하여 향가를 분석하고 그 의미를 찾아보았다. 이하에서는 신라인의 마음을 형성해 나가는 데 중요한 역할을 한 인물을 살펴보겠다. 이들은 스스로 교육자나 교육이론가로 자신을 드러내지는 않았다. 그러나 여러 가지 형편을 고려해 볼 때 이하에서 논의할 인물들은 신라인의 마음을 형성해 나가는 데 매우 중요한 인물들이었다.

그 인물들로는 구체적으로 强首(강수)와 元曉(원효), 薛聰(설총), 崔致遠(최치원) 등을 들 수 있다. 우선 통일신라 시대 초기의 걸출한 유학자로는 강수와 설총을 들 수 있을 것이다. 강수[19]는 중원경 사량 사람으로서 아버지는 석체나마이다. 강수라는 이름을 얻게 된 연유를 보면, 그 어머니가 꿈에 뿔있는 사람을 보고 임신을 하여 아들을 낳았다. 그런데 그의 머리 뒤에 불거진 뼈가 있었다. 그 아버지 석체는 이상히 여겨 어질다고 하는 사람에게 가서 물었다. 그 대답은 여와, 신농, 고요같은 성현들도 같은 사람이었지만 그 얼굴이 범상하지 않았다고 하면서 이 아이 또한 필시 범상한 아이는 아니라는 것이었다. 강수는 점점 자라면서 스스로 글을 읽을 줄 알았고 뜻도 훤히 알게 되었다. 어느 날 아버지가 불교와 유교 중 어느 것을 공부할 것인가를 물었다. 그는 유가의 도를 공부하겠다고 하였다. 불가는 세상 바깥의 것을 가르치는 교라는 것이다. 자신은 인간이므로 유가를 공부하겠다는 것이다. 그리하여 강수가 스승에게 나아가 「효경」, 「곡례」, 「이아」, 「문선」 등을 읽었다.

여기서 우리의 주목을 끄는 것은 유교와 불교를 비교하는 가운데, 불교를 '世外敎(세외교)', 즉 현세를 벗어난 종교라고 보고 유교를 현세의 인간을 위한 학문이라고 분별하면서 그 자신이 유교를 택하였다는 사실이다. 통일신라 시대에는 유교와 불교가 공존하고 있었지만 불교와 유교가 어떤 점에서 같고 어떤 점에서 다른지에 관한 본격적인 논의를 한 사람은 없었다고 보아야 한다. 사실을 두고 말한다면, 종교이자 국가이념이었던 불교를 배우려고 하면 기초로서 유교를 배우지 않으면 안되었다. 불교 경전이 한문으로 쓰여져 있기 때문에 그것을 배우려면 그

---

19) 「三國史記」 卷46, 列傳 第6.

기초가 되는 한문을 배워야 한다. 한문을 배우려면 자연히 유교를 배우지 않으면 안되었다. 그리하여 사람들은 이 두 학문이 다르다는 생각보다는 오히려 양자 모두 인간의 삶에 유익한 가르침이라는 생각을 갖고 있었다고 보아야 한다. 이와 같은 형편에서 강수는 왜 이것을 구분하려고 하였을까? 그것은 불교는 내세의 삶을 더 강조한다는 점에서 종교적인 측면이 강한 반면, 유교는 현세의 삶에 더 강조를 두고 있다는 사실을 올바르게 이해하였기 때문이다.

강수가 불교보다는 유교를 선택하였다면, 그는 유교를 어느 정도의 수준으로는 공부를 했다고 보아야 하며 이를 통하여 자신의 신념을 가지게 되었다고 보아야 한다. 과연 그는 어느 정도로 유교에 관한 신념과 태도를 갖고 있었는지 알아보기 위하여 그의 결혼에 관한 태도를 예로 들어본다. 강수는 일찍이 부곡의 대장쟁이 집 딸과 야합하여 정이 매우 두터웠다. 그의 나이가 20세가 되자, 집안에서는 양가집 딸과 장가를 들이려 하였다. 그때 강수는 두 번 장가를 들 수 없다고 거절하였다. 아버지가 노하여 말하기를, "네가 지금 명망이 있어서 세상 사람이 다 알고 있는데 미천한 자로 배필을 삼는다면 역시 수치가 아니겠는가" 하니 강수가 공손히 절하며 말하기를 "사람이 가난하고 천한 것을 부끄러워할 것이 아니라, 도리를 배우고 실천하지 않는 것이 정말 부끄러워해야 할 것입니다. 일찍이 듣건대, 옛날 사람의 말에 이르기를 '고생을 같이 하던 아내는 홀대하지 못하고 가난하고 미천할 때 사귄 친구는 잊을 수 없다'고 하였으니 이 미천한 여자를 차마 버릴 수 없습니다"라고 하였다. 사실 여기에 언급하고 있는 조강지처와 빈천지교라는 말은 「후한서」 宋弘(송홍)전에 나오는 말이다. 이것으로 보면, 강수는 이미 역사서까지 공부하였음에 틀림없다. 이것은 그의 유학에 대한 학문의 깊이를 암시한다. 강수는 신분의 천한 것을 수치로 여기기 보다는 배운 지식을 실천하지 못함을 수치로 여기고 있다. 그가 지와 행의 겸비를 강조하는 유학의 가르침에 얼마나 투철하였는가를 나타내고 있는 장면이다.

강수는 이후 국가에 여러 가지 봉사할 기회가 있었는데 그것은 주로 글로써 봉사한 것이다. 예컨대, 태종대왕 때 당나라 사신이 가져온 조서에서 어려운 대목을 풀이하여 주었다든지, 당나라 황제에게 보낼 표문을 짓는 일을 하였다든지, 중국과 고구려, 백제 등과의 우호관계를 맺는 데 문서를 지어 올바른 의사소통을 하도록 하였다든지, 당나라에 청병하여 고구려와 백제를 평정하도록 글로써 공로를 이루었던 것 등이 그것이다. 이와 같이 강수는 유학이라는 학문에 높은 식견을 가지고 있었기 때문에 신문왕 2년에 있었던 국학 설립을 추진하는 데에 상당한 공헌을 하였을 것이라는 추측을 해 볼 수 있을 것이다. 적어도 현재 남아있는 문헌으로 보아 당시 강수보다 훌륭한 유학자가 얼마나 더 있었는지 모르지만 강수가 당시 최고급 유학자임에 틀림없으므로 강수는 국학설립에 주도적 역할을 하였을 것이다. 신문왕의 선왕인 태종이나 문무왕 등이 인정하는 유학자인 강수를 국학설립에서 소홀하게 대접하였으리라고는 생각할 수 없는 일일 것이다.

다음으로 설총을 언급하여야 하는 것이 순서이다. 그러나 설총을 말하기 위해서는 그의 아버지 원효를 언급하고 넘어가야 한다. 원효는 사실 강수보다도 윗대의 인물이다. 그러나 여기서는 형편상 원효를 부득이 강수 뒤에 언급하고자 한다. 원효(617-686)[20]는 신라 진평왕 39년 압량군(지금의 경상북도 경산군 자인면)의 불벽촌 북쪽에 있는 밤나무 골에서 태어났다. 그는 귀족 출신으로서 속성은 薛(설)이며 어렸을 때의 이름은 誓童(서동)이다. 그는 29세에 불문에 들어갔으며, 신문왕 6년(686)에 혈사에서 70세에 생애를 마치었다. 원효가 불교를 누구에게서 배웠는지는 불분명하지만, 「삼국유사」에는 '태어나면서부터 영리하여 스승을 따라서 배운 것이 아니다'라고 기록되어 있다.

원효가 처음 깨달음을 얻은 장면은 우리에게 많은 시사를 준다. 백제가 멸망하고 당에 이르는 해로가 열리자 원효는 의상과 더불어 당나라로의 유학을 꾀하였다. 당시 원효의 나이는 33세이며, 의상의 나이는 29세였다. 이 두 사람에게는 쓰라린 경험이 있었다. 당나라로 들어가기 위해서는 적국인 고구려를 통과하여야 한다. 결국 그들은 고구려 순찰대에 들켜 신라로 돌아오고야 말았다. 그러나 그들은 처음의 뜻을 굽히지 않았다. 이번에는 바다를 건너 갈 계획으로 당항성을 찾아 배편을 기다렸다. 해는 저물어 이들은 하룻밤을 지낼 곳을 찾아 주변을 방황하게 되었다. 어둠 속을 헤매다가 움집을 발견하였다. 방에 들어선 두 사람은 낮 동안의 피로를 풀며 잠을 청하였다. 얼마나 지났는지 모르지만 원효는 심한 갈증을 느껴 눈을 떴다. 아직 한밤중이었다. 그는 자리에서 일어나 집밖으로 나왔다. 이 어둠 속에서 샘물을 찾으러 밖으로 나가야 하는 것이다. 행여나 싶은 마음에 방안을 더듬다가 그는 뜻밖에도 냉수가 담긴 바가지가 놓여있다는 것을 알았다. 목마른 원효는 그 바가지 물을 들이마셨다. 갈증은 삽시간에 가셔 버렸다. 날이 밝았다. 원효와 의상이 눈부신 아침 햇살에 눈을 떴다. 그러나 놀랍게도 그들은 헐어빠진

20) 洪庭植, '원효의 진속원융무애론', 한국정신문화연구원, 「철학사상의 제문제」(2)- 한국철학의 근원연구-, 1984와 李箕永, '원효 무애에 산 신라인', 「한국의 인간상」3, 신구문화사, 1966 참조.

고총 한 귀퉁이에서 잠을 잤던 것이다. 더욱 놀라운 것은 어제 밤 바가지인 줄 알았던 것이 해골이었고 그토록 달게 마신 물이 해골 썩은 물이었다는 사실이다. 오장이 뒤집히고 구역이 잇달아 치밀어 왔다. 원효는 문득 깨달았다. '깨끗한 것-더러운 것', '좋은 것-싫은 것', '착한 것-악한 것', 이 모든 분별경계는 자기의 마음으로부터 우러나는 것이지, 물 자체에는 '깨끗한 것도 더러운 것도' 없는 것임을 깨달았다. 말하자면 '마음이 생김에 온갖 사물과 현상이 생기며, 마음이 없어짐에 온갖 사물과 현상이 없어진다'[21]는 것이다. 이 순간 입당구법은 깨닫기 전의 생각일 뿐 지금에 와서 당나라에 갈 필요가 있는가 하는 생각에 이르자, 원효는 의상과 헤어져서 고향으로 내려왔다.

원효가 살았던 시대는 불교가 공인된 지 100년쯤 된 시대였다. 그 당시는 불교를 더 깊이 공부하고자 하는 사람은 당나라에 가는 것이 최상의 길이라고 생각하던 시대였다. 김춘추가 당나라에 다녀온 이후로는 衣冠(의관)에 이르기까지 당을 닮아가고 있었다. 그리하여 자신의 것을 소중히 여기려는 기운은 점점 사라지고 정치인, 학자, 승려들까지 당나라 문물을 거의 맹목적으로 신봉하였던 것이다. 당나라의 제도, 당나라의 사상 등 당나라에서 건너온 것이면 무조건 위대해 보였던 시대였다. 그러나 원효는 '깨달은 이후' 스스로 신라에서 한 발자국도 나가지 않은 채 공부에 전념하였던 것이다.

돌아온 원효는 분황사에만 머물면서 불경을 읽거나 좌선수도에 전념하였다. 당시 신라는 당나라의 불교를 직수입하여 그들의 사상을 그대로 답습하고 있었다. 그 하나의 예가 소승파의 계율인 四分律(사분율)을 주된 전거로 하여 수계 절차를 밟고 있었다는 것이다. 그러나 원효는 그 사분률에 대해서 깊은 회의를 느꼈다. 그리하여 계율의 신봉을 권하는 동료들에게 다음과 같이 말하고 있다. 즉, 보살계(대승보살들이 지켜나가야 할 계)란 생사의 탁류를 거슬러 올라가 맑고 깨끗한 그 원천으로 돌아가게 하는 큰 나룻배이며 그릇된 것을 버리게 하고 바른 것에 들어가게 하는 요긴한 문이다. 그러나 무엇이 그릇된 것이며, 무엇이 바른 것인가는 서로 엇갈리기 쉬워 분간하기 어렵다. 어떤 일이 죄되는 일이며, 어떤 일이 복되는 일이냐 하는 것도 쉽사리 분간하기가 어렵다. 왜냐하면 어떤 경우에는 마음 안에 있는 뜻이 실로 그릇된 것인데 밖의 모양은 바른 것 같이 보일 때도 있고 또 어떤 경우에는 마음 안에 있는 뜻은 실로 순박하고 깨끗한데 표면에 나타난 행위

---

21) 心生則種種法生 心滅則種種法滅, 「大乘起信論」.

는 좋지 않은 것에 물든 것 같이 보일 때도 있기 때문이다. 이런 맥락에서 원효의 파계를 다시 생각해 볼 수는 없는가?

원효는 특별히 죄에 대한 연구를 깊이 하고 진실로 어떻게 하는 것이 持戒(지계)의 요체인가를 생각하였다. 예컨대, 원효가 든 죄 가운데 가장 크게 다룬 것이 自讚毀他戒(자찬훼타계)이다. 즉, 자기를 칭찬하고 남을 헐뜯는 것을 금지하는 일이다. 이것도 다시 네 가지로 구분하고 있다. 첫째, 만약 어떤 사람으로 하여금 선심을 일으키기 위해서 자찬훼타를 했을 경우에는 죄가 되지 않는다. 둘째, 만약에 성품이 방일하고 별로 개의하는 바 없는 마음으로 자찬훼타를 했을 경우 이는 죄를 범한 것이기는 하지만 그 정도가 경미하다. 셋째, 만약에 다른 사람에 대한 애증 때문에 자찬훼타를 했을 경우 이것은 확실히 죄를 범한 것이지만 중하지 않다. 넷째, 그러나 만약에 자기자신을 위해 물질적으로 이롭고 정신적으로 존경하는 마음을 일으키도록 하려는 욕심에서 자찬훼타를 한 것이라면 이것은 가장 무거운 죄이다. 물론 이 경우들을 판단하는 기준이 밖에 있는가 안에 있는가는 여전히 문제로 남는다.

원효는 불도를 닦는다고 산 속 깊이 파묻혀 있는 사람들에게 경계하는 것이 두 가지 있다고 말하고 있다. 그 하나는 탐욕이며 다른 하나는 교만이다. 오랫동안 한적한 곳에서 마음을 가라앉히고 고요히 선정을 쌓아 맑고 깨끗한 마음을 얻은 것으로 착각하는 데에서 따라오는 것이 탐욕이다. 그 탐욕으로 재리와 세인의 헛된 존경을 얻어 자신만이 높은 성자가 된 듯이 다른 승려를 억누르고 마침내 불법을 파괴하기에 이른다는 것이다. 다른 하나는 오랫동안 심산에 머무르면서 마음의 적정만을 얻기 위해 수행을 일삼는 사람들이 가질 수 있는 교만한 마음이다. 사실 원효가 때로는 분황사 무애당에서 참선하고 있는가 하면 때로는 거리를 방황하는 걸인 속에 나타나기도 하는 것은 이것에서 연유한다고 볼 수도 있을 것이다. 한 곳에 오래 머무르지 아니하고 자주 떠돌아다닌 것도 이와 같은 탐욕과 교만을 경계하기 위하여 취한 행동이 아니었는가 생각해 본다.

원효가 보여 준 여러 가지 이상한 행위 중의 하나를 소개하겠다. 어느 날 원효는 이런 노래를 부르며 돌아다녔다. '도끼에 자루를 끼게 할 자는 없을 것인고, 내가 하늘을 받칠 기둥을 깎을까 하나니.' 이 노래를 들은 사람들은 그 뜻을 알지 못하였으나 태종무열왕이 이를 전해 듣고 '대사가 귀부인을 얻어 현자를 낳고자 하는도다. 나라에 대현이 있으면 그 이로움이 크도다'라고 말하고 홀로 된 요석공주를 마음에 두었다. 그 후 요석공주는 아들을 낳았으니 그가 곧 薛聰(설총)

이다. 파계를 한 원효는 승복을 벗어 버리고 자기를 小性居士(소성거사) 또는 卜性居士(복성거사)—卜은 아래 下자의 밑둥으로 下之下(하지하), 밑바닥에서도 가장 낮은 밑바닥이라는 뜻이다—라고 하였다. 원효는 이와 같이 자신을 낮추면서 '무애'란 노래를 지어 부르고 다녔다. '무애'라는 말은 '모든 것에 거리낌없는 사람이라야 한길로 생사를 벗어나리로다(一切無碍人 一道出生死)'에서 따온 것이다. 요석공주와의 파계는 원효로 하여금 한층 그의 사상을 심화시키는 계기가 되었는지 모른다. 그가 한 표현으로 '미혹 속에 있음을 스스로 깨달은 자는 이미 큰 미혹에 있지 아니하며 어둠 속에 있음을 스스로 아는 자는 이미 극심한 어둠에 있지 않다'는 말이 있다. 그야말로 그의 행적은 거침없었다. 그럼에도 불구하고 우리가 놓쳐서는 안될 것은, 원효는 끊임없이 심산유곡에서 며칠이고 꼼짝않고 좌선으로 지내며, 홀로 밤을 지새우며 저술에 골몰하였다는 사실이다. 원효가 그야말로 원효로 인정받은 것은 당시 당나라에서 수입된 지 얼마 안된 금강경의 해설에 있다. 즉, 원효는 「금강삼경소」 다섯 권과 「약소」 세 권, 모두 여덟 권을 완성하면서 그의 실력을 발휘하였던 것이다. 그러나 이것을 전부 잃어버리고 다시 「약소」 세 권을 집필하는 불행한 일이 있었다. 이 「금강삼매경」은 歸一心源(귀일심원)의 최후의 경지, 즉 一心之源(일심지원)에 돌아가는 삼매의 경지를 밝혀주는 경이다.

일심의 근원은 '있다 없다'라는 상대적 개념을 떠나 홀로 맑고 깨끗하며, 주관적 나와 객관적 사물과 그 양자가 모두 다 절대적인 특성을 가지지 않은 三空(삼공)—我空(아공), 法空(법공), 俱空(구공)—의 바다를 眞이니 俗이니 하는 대립을 원융하여 그냥 영구히 즐겁기만 한 것이다. 진과 속을 원융하고 있지만 어떤 유한한 하나를 응시하는 것은 아니다. 그러므로 있는 것이 아니라면 없는 것이냐 하면 그것도 아니다. 진과 속을 원융했지만 하나가 아니다. 그러므로 진이다 속이다 하는 우리의 속된 머리에는 그런 성격이 어디에도 발붙일 곳이 없다. 금강삼매에 들어간 마음은 파하는 것이 없이 세우고, 이것은 理는 아니지만 이보다 더 큰 理가 없는 至理(지리)이다.

여기서 우리는 잠시 원효의 和諍(화쟁)사상을 언급하지 않을 수 없다. 이것은 원효의 위대함이 돋보이는 사상이기 때문이다. 일반적으로 말해서 화쟁사상은 원효의 사상적 근본을 구성하는 和會(화회)와 會通(회통)의 논리체계를 말한다. 그러나 보다 넓은 의미로는 원효 이후 전통적으로 계승되어 끊임없이 이어져 온 화회와 회통의 사상을 화쟁이라고 한다. 불교이론의 두 줄기는 한 편으로 모든 존재의 진실된 모습을 시간적 차원에서 파악해 가는 것으로서의 연기론과, 다른 한 편으로 공간적인 형상으로 모든 존재의 진실된 모습을 파악하는 실상론으로 되어 있다. 원효는 이 중에서 어느 한 쪽에만 치우쳐 고집하지 않으며 그렇다고 해서 버리지도 않는다. 그는 언제나 비판하고 분석하며 긍정과 부정의 두 가지 논리를 융합해서 보다 높은 차원에서 새로운 가치를 찾았다. 원효는 모순과 대립을 한 체계 안에 하나로 묶어 담는 기본구조를 화쟁이라고 했다. 화쟁은 그의 모든 저서를 뚫고 나가는 기본적인 논리이다. 그는 화쟁의 원리를 제시하기를, 마치 바람 때문에 고요한 바다에 파도가 일어나지만 그 파도와 바닷물이 따로 둘이 아닌 것처럼 우리의 한마음 '一心'도 깨달음의 경지인 진여와 그렇지 못한 무명으로 나누고 있으나 그 진여와 무명이 따로 둘이 아니라 하였다.[22] 그의 화쟁의 방법을 구체적으로 말하면, 나열했다가 합하고 '開合', 주었다가 빼앗고 '與奪', 세웠다가 무너뜨리고 '立破' 하는 것이다. 불교에 접근하는 그의 논리도 불교에 나타난 온갖 쟁론을 분석하고 종합하여 결국 조화롭게 어우러지도록 한다. 이것이 원효가 말하는 화쟁이며 그의 논법의 특징이다.

원효의 화쟁사상의 밑바닥에는 '大乘起信論(대승기신론)'의 논리가 담겨 있다. 그러므로 원효의 사상을 바로 알기 위해서는 「대승기신론」의 이해가 필요하다.[23] 「대승기신론」은 오늘날 우리에게 종교와 철학과 교육 삼자의 접합점을 제시하고 있다.

도대체 「대승기신론」이라는 이 책은 어떤 문제의식을 가지고 있으며, 그 문제에 대하여 어떻게 해답을 하고 있는가?

때로는 화려하게 때로는 추악하게 우리 눈앞에 나타나는 모든 현상은 원래 어디서 온 것인가? 만약 일체의 현상이 어딘가에서 생겨났다면, 그것이 생기기 이전의 원래 상태는 어떤 모습을 띨 것인가? 우리가 겪는 모든 번뇌와 고통은 무엇으로 말미암은 것인가? 만약 모든 번뇌와 고통이 그 일체의 현상에서 빚어진다면, 우리는 우리의 마음을 그 현상 이전의 원래 상태로 되돌려 모든 번뇌와 고통에서 벗어날 수 있는가? 이 상태를 지향한다면, 우리는 어떤 삶을 살아야 하는가?

「대승기신론」은 위의 여러 문제에 대한 해답을 眞如(진여), 平等(평등), 妄心(망심),

---

22) 元曉, 「대승기신론소」.

23) 이하의 내용은 馬鳴(著), 眞諦(漢譯), 李烘雨(飜譯·註釋), 「대승기신론」, 경서원, 1991과 이 책의 역자 해설로 제시되어 있는 李烘雨 교수의 '교육이론으로서의 대승기신론'을 주로 참고하여 요약 제시하였다. 보다 자세한 내용은 위의 책 참조.

薰習(훈습), 修行(수행) 등 불교의 개념으로 제시하고 있다. 이 논술에는 실재와 현상의 관계에 관한 형이상학적 견해, 마음의 성격과 작용에 관한 인식론적 견해, 그리고 이들 견해를 바탕으로 한 삶의 지혜가 하나의 일관된 체계 속에 통합되어 있다.[24]

「대승기신론」(이하 기신론)의 핵심적 명제가 있다면, 그것은 다름 아니라, '일체의 경험적 인식은 무명훈습으로 일어난 결과라는 것', 또는 '무명훈습은 경험적 인식을 일으키는 기본적인 심리작용'이라는 것이다. 기신론 전체는 바로 이 명제를 포괄적으로 설명하고 있다. 이 포괄적인 설명은 하나의 딜레마에 빠지게 되는데, 그것은 이 포괄적인 설명을 이해하기 위해서는 '깨달은 자'의 경지에 도달해야 한다는 것이다. 기신론에는 이 문제를 최대한으로 해결하기 위한 대응책이 마련되어 있다. 해석분이 그것이다. 이 해석분이 기신론 자체를 이해하도록 하는 데 목적이 있다면 이미 기신론은 하나의 교육이론을 말하고 있는 것이나 다름없다. 달리 말하면 기신론이 추구하는 목적인 '상념을 떠나서 진여로 돌아간다'는 것은 당장 교육학의 관심으로 바꿀 수 있다는 것이다. 만약 기신론을 교육이론으로 볼 수 있다고 한다면, 기신론이 가지고 있는 문제와 그 해결방안은 교육학이 다룰수 있는 개념으로 환원되어야 한다. 구체적으로 말하면, 첫째로 마음은 실재와 현상이라는 두 가지 상이한 측면에서 파악될 수 있다는 것, 둘째로 마음은 실재에서 현상으로, 그리고 현상에서 실재로의 끊임없는 운동을 나타낸다는 것, 셋째로 개인의 수행은 마음이 현상에서 실재로 향하도록 하는 데에 그 목적이 있다는 것 등이 그것이다. 이와 같은 해석방식은 다시 원효의 불교이론을 교육이론으로 전환하는 데 매우 중요한 시사를 줄 것이다.

우선 마음의 두 측면으로서의 실재와 현상은 진여와 망심에 관한 것이라고 말할 수 있다. 이때 우리가 직면하는 문제는 '큰수레로 비유되는 중생의 마음은 우리의 경험적 마음과 다른 것일 수 없지만, 그것은 또한 우리의 경험적 마음과 같을 수 없다'는 두 마디 말이다. 이것을 달리 표현하면, 하나인 마음 '一心'이 '실재(진여)'와 '현상(생멸)'이라는 두 개의 측면에서 파악될 수 있다는 것은 기신론의 기본가정인 것과 동시에 기신론의 모든 설명—그리고 나아가서는 불교의 모든 수행—이 심어 주려고 하는 궁극적 믿음이라고 할 수 있으며, 이런 뜻에서 그것은 기신론의 알파요 오메가에 해당한다. 사실 우리 각자의 마음(또는 상념)은 소

24) 李烘雨,「상게서」.

위 '현상의 측면에서 파악되는 마음'이다. 그러나 기신론에서는 이 마음과 별도로 존재하는 것이 아닌 또 하나의 마음, 즉 '실재의 측면에서 파악되는 마음'이 있다고 말한다. 상념의 측면에서 보면 이것은 마음이 아니다. 이것은 진여의 형태로 존재하는 것이다.

기신론에서 마음의 두 측면은 각각 별도로 존재하는 것이 아니라 하더라도, 그 두 측면 사이의 관련을 말한다면, 실재는 상념으로부터 추론되는, 상념의 논리적 가정이라고 말할 수 있다. 그리하여 올바른 삶을 위해서는 상념을 버리고 실재로 돌아가야 한다. 진여는 오직 하나의 실재, 일체의 사물과 현상을 총체적으로 포괄하는 본체로 정의할 수 있다. 진여는 모든 것을 포괄하되 다만 상념에 인식되는 일체의 구분과 차별이 배제된 상태로 포괄한다. 그리하여 진여는 생기는 것도 없어지는 것도 아니며, 증가하거나 감소하지도 않는다. 진여는 경험적 인식으로는 아무 것도 분간되지 않는 '절대의 세계'(평등)이다. 그런데 진여에서 상념이 생긴다는 말은 어떻게 이해해야 하는가? 이 말은 초경험적, 형이상학적 의미를 경험적, 인과적 언어로 나타내고 있는 것이라고 보아야 한다. 그러므로 이 말은 기신론대로 읽으면 이해가 되지 않는다. 왜냐하면 진여의 특징과 정면으로 모순이 되기 때문이다. 그리하여 기신론에서는 진여에서 상념이 생기는 것을 설명하기 위하여 '如來藏'(여래장)이라는 것을 상정하고 있다. 일체의 현상이나 사물에서 무엇인가 작용하는 것은 여래장 또는 아알라야식이다. 여래장은 진여를 감추고 있다는 뜻을 나타낸다. 아알라야식은 진여로부터 상념이 생기는 일촉즉발의 상태로서 중생이 상념으로 흐르는가 아니면 절대세계에 머무르는가를 가르는 최초의 분계선이다. 보다 일반적인 용어로 규정하자면, 아알라야식은 우리의 경험적 마음을 설명하기 위하여 가정되는 최초의 논리적 근원을 가리킨다.

기신론에서 아알라야식은 '깨달음'과 '깨닫지 못함'의 두 측면을 나타낸다. 이것을 다시 다른 말로 하면 本覺(본각)과 始覺(시각)으로 구별된다. 시각이라는 말은 단지 깨닫지 못한 상태에서 깨달은 상태로 나아간다는 것을 뜻할 뿐이며 그 말에 담긴 '깨달음'의 의미는 '본각' 바로 그것이다. '깨닫지 못함'은 '현재의 주어진 상태'와 '그 상태에 그대로 머물러 있는 것'을 동시에 지칭한다. 달리 말하면 '깨닫지 못함'은 상태와 과정의 구분없이 양자를 함께 지칭하고 있는 것이다. 본각이 진여에 해당한다면 '깨닫지 못함'은 상념에 해당한다. 그리하여 '진여에서 상념이 생긴다'는 말은 곧 진여와 상념이 '동일하지도 상이하지도 않은 상태'로 결합되어 있는 아알라야식에서 상념이 생긴다는 말로 풀이할 수 있다.

상념에는 다시 두 가지 종류가 있다. '현상계(생멸상)는 "굵은 것(麤)"과 "가는 것(細)"의 두 가지로 구분될 수 있다. 전자는 마음과 대상이 상응하는 경우이며, 후자는 마음과 대상이 상응하지 않는 경우이다.'[25] 여기서 불상응은 아알라야식의 초동(初動)을 가리키며, 아직 인식의 주체로서의 마음과 인식의 대상으로서의 외부세계가 분화되지 않은 상태에서의 마음을 가리킨다. 이 상태에 있는 마음은 의지(意)라고 부를 수 있는 본능적, 충동적 경향성에 지나지 않는다. 여기에 비하여 상응은 감각과 사고에 해당하는 것으로서, 그것은 마음으로서 보다 명백한 형태를 띠고 있으며 비교적 명백하게 규정된 대상(色聲香味觸法)을 가지고 있다. 상응심은 그것에 의하여 파악되는 대상을 분별하며 그 분별에 거의 절대적 확신을 가진다. 상응심은 나와 나에 속한 것을 계산하고 따지며 그에 따라 끝없는 집착과 간지스강의 모래알보다 많은 번뇌를 일으킨다.

기신론에서는 상념을 '망심', '망념', '염심' 등의 용어로 나타내고, 상념의 대상을 '육진', '망경계' 등의 용어로 나타내고 있다. 이 모든 말들은 우리가 생각을 품을 수 있는 모든 대상은 허위이며 오직 마음의 조작이라는 것과 상념과 그 대상은 떠나거나 없애버려야 할 것이라는 것을 말하기 위하여 생긴 말이다. 그러나 과연 우리는 이 말을 문자 그대로 해석하여 상념과 그 대상을 단순히 망령된 것, 거짓된 것, 헛된 것들이라고 받아들여야 하는가? 그렇지 않다. 우리는 이 말의 뜻을 올바로 이해해야 할 것이다. 예컨대, 그것이 망령되거나 헛되다고 하는 것은 오직 '참으로 그러한 것(眞如)'을 가정할 때, 그것과 대비하여 그러하다는 의미로 사용된 것이라고 보아야 한다. 다음으로 그보다 더 중요한 것으로서 상념(그리고 그 대상)은 진여에서 '생겨난' 것이다. 망령되지도 헛되지도 않은 '참으로 그러한 것'에서 어떻게 망령되고 헛되고 거짓된 것이 생겨날 수 있는지 도저히 이해하기 어렵다. '상념은 진여에서 생겨난다'는 말을 시간상 반대방향으로 읽는다면, 상념은 진여와 하나로서 그것과 다르지 않다고 말해야 한다. 그와 마찬가지로, 진여는 상념과 다른 것이 아니라 상념의 존재를 의미있게 설명하기 위해서는 받아들이지 않으면 안되는 논리적 가정인 것이다. 아마 이것이 '진여와 상념은 각각 별도로 존재하는 것이 아니다'[26]라는 말의 진정한 의미일 것이다. 그리고 또한 아알라야식이 어떻게 '진여와 상념을 동일하지도 상이하지도 않은 상태로 결합할'

---

25) 分別生滅相者 有二鍾 云何爲二 一者麤 與心相應故 二者細 與心不相應故, 문단 33. 이하의 문단 번호는 李烘雨(번역 · 주석), 「大乘起信論」에 따른 것이다.

26) 二門不相離, 문단 10.

수 있는지를 설명해 주고 있다. 상념과 대상이 결코 헛된 것이 아니라고 하는 보다 강력한 설명방식은 무엇인가?

동일한 운동의 두 방향을 가리키는 '薰習(훈습)'으로 설명해 보자. 불교적 사고의 근본적 특징은 일체의 결과에는 반드시 내적 원인(因)과 외적 계기(緣)가 있다는 것이다. 기신론에서는 상념의 원인으로서 '무명'을 들고 있고, 그 계기로서 망경계를 들어 상념을 만들어 내는 과정을 설명하고 있다. 이 과정은 '상념으로 흐르는 과정(生滅流轉門)'이며, 만약 이 과정을 확인할 수 있다면 그것과 동일한 형식에 의하여 '진여로 돌아가는 과정(眞如還滅門)'도 설명될 수 있을 것이다. 기신론에서는 이 두 과정을 훈습이라는 개념으로 설명하고 있다. 무명이 상념의 원인이 된다면, 이 무명은 어디서 생기는가? 원효는 '마음이 유일실재에 이르지 못하여, 인식의 주체와 대상이 분화되지 않은 상태에서 홀연히 상념이 일어나는 것을 일컬어 무명이라 한다'[27]는 구절에서 '홀연히'라는 말이 무명의 시작에 관하여 중요한 단서를 제공해 준다고 보고, 그 말을 '시작이 없다(無始)'는 뜻으로 해석하였다. 기신론에 의하면 중생은 본래 끝없이 계속되는 상념에 얽매어 있으며 거기서 벗어나는 법이 없다. 이런 뜻에서 '無始無明(무시무명)'이라는 말을 쓴다고 하였다. 무명에 시작이 없다는 것은 무명이 상념의 원인이 된다는 말 자체에 이미 함의되어 있다. 상념은 원인과 계기가 함께 있어야 일어난다. 상념의 계기인 망경계는 상념이 일어난 상태에서야 비로소 나타난다. 그러므로 상념은 그것이 이미 일어난 상태에서야 존재하는 망경계를 계기로 일어난다는 터무니없이 불합리한 결론에 도달한다. 그러나 무명은 상념의 '이전에' 발동하기 시작하는 것이 아니라 상념과 '더불어' 있다는 것, '사람의 마음'에는 이미 상념이 있다는 것, 또는 더 나아가서 '사람의 마음'은 처음부터 상념이라는 것을 가정하면 앞의 그 불합리는 발생하지 않는다. 이것으로 보면, 무명은 상념으로부터, 상념이 있다는 사실로 말미암아 추론되는, 상념의 논리적 원인임을 알 수 있다. 이것을 다시 시간상 반대방향으로 읽으면, 무명과 상념은 다르지 않다는 것이 된다. 그리하여 상념으로부터 추론되는 두 개의 '논리적 구성물'을 가지게 된다. 그것이 다름 아닌 진여와 무명이다.

상념에서 나온 논리적 구성물인 진여와 무명 사이에는 한 가지 공통점이 있다. 그것은 양자가 모두 '시작이 없다'는 것이다. '시작이 없다'는 것은 '진여와 무

27) 以不達一法界故 心不相應 忽然念起 名爲無明, 문단 30.

명은 상념과 더불어 있다'는 것을 달리 표현한 것으로서 진여는 '시작도 없고 끝도 없는 데 비하여, 무명은 시작만 없을 뿐'이며, 원칙상 끊어 없애 버릴 수 있는 것이다. 상념은 진여와 무명 중의 어느 쪽을 따르는가에 따라 진여라는 절대세계로 들어 갈 수도 있고 현재의 그 자리, 즉 상념에 머무를 수도 있다. 진여와 무명이라는 두 개의 반대되는 방향을 따르는 상념의 운동을 설명하는 개념이 훈습이다. 훈습이란 비유컨대 사람의 옷이 그 자체로서는 냄새가 없지만 그 냄새를 오랫동안 배게 하면 냄새를 가지게 되는 것과 같다. 우리 마음에도 이와 유사한 현상이 일어난다'[28]. 훈습은 진여와 무명이라는 두 개의 상이한 시발점에서 일어난다. 그러나 양자는 단순히 시발점이 아니라 종착점이기도 하다. 따라서 훈습은 진여와 무명을 거점으로 하는 상반된 방향으로의 지속적인 회전운동으로 파악될 수 있다. 기신론은 이 회전운동이 통과하는 지점으로서 진여와 무명 이외에 망심과 망경계를 추가적으로 들고 있다.

　기신론에서는 이 두 가지 방향으로서 '상념으로 흐르는 훈습'과 '진여로 돌아가는 훈습'을 들고 있다. 상념으로 흐르는 훈습을 설명하자면 다음과 같다. 먼저 진여와 깨끗한 마음으로 말미암아 그것에 대비되는 것으로 무명이 있다. 이 무명이 상념의 원인으로서 진여에 훈습한다. 이 훈습으로 말미암아 망심이 생긴다. 망심이 다시 무명에 훈습한다. 이 과정을 통하여 마음에 집착이 생기고 온갖 의도와 행위를 일으켜 심신의 모든 괴로움을 당한다. '훈습이 끊임없이 진여로 돌아가게 한다'는 말은 진여와 깨끗한 마음이 무명에 훈습한다는 뜻이다. 이 훈습이 원인과 계기로 작용하여 망심으로 하여금 생사의 괴로움을 멀리하고 열반을 희구하도록 한다. 망심의 이러한 성향이 다시 원인과 계기가 되어 진여에 훈습한다. 이런 과정을 통하여 마음은 그 자체의 본성에 믿음을 가지게 된다. 이제 마음은 눈앞의 사물과 현상은 마음의 헛된 움직임이라는 것을 알고 그것을 점점 초월하게 된다. 이제 마음은 '참으로 있는 것' 그대로의 진리, 다시 말하면 눈앞의 사물이나 현상은 존재하지 않는다는 것을 점점 알게 된다. 마음은 갖가지 방편을 동원하여 진여로 향한 길을 걸으면서 모든 집착과 상념을 끊어 버린다. 오랫동안의 이 훈습의 결과로 마침내 무명이 사라진다.

　무명과 진여의 體相(체상), 망경계와 진여의 用은 별도로 존재하는 것이 아니다. 무명은 곧 體相(진여)요 망경계도 곧 진여(用)이다. 다만 망심—처음부터 우리

---

28) 李烘雨, 「전게서」, 문단 36.

에게 주어진 상념―이 그 두 개의 짝 중에서 어느 쪽에 종속되는가에 따라 그 동일한 것이 무명이 되기도 하고 진여가 되기도 한다. 그러므로 훈습은 결국 '마음'―'상념이라 불리우는 우리의 마음'―의 두 가지 지향성을 설명하는 것이다.

망심이나 망경계를 순전히 망령된 것, 헛된 것이라고만은 볼 수 없는 또 하나의 이유가 있다. 망심은 진여의 체상과 용을 바라보면서 그것에 합치하려고 노력하는 수행자의 마음인 것이다. 망심과 망경계는 헛된 것이기는 커녕 그것이 없다면 진여로 돌아가는 길이 있을 수 없다. 그것은 진여로 돌아가는 데 우리가 의지할 수 있는 유일한 발판이다. 그럼에도 불구하고 여전히 그것을 떠나거나 버려야 한다고 말할 수 있는 것은, 진여로 돌아가는 길은 그것과는 반대방향을 향하고 있기 때문이다.

이제 우리는 깨달음을 위한 노력인 '四信(사신)과 五行(오행)'을 다루어야 할 것이다. 수행이라는 것은 '진여로 돌아가는 훈습'을 위한 실천을 뜻한다. 기신론에서는 수행을 통하여 수행자가 가져야 할 믿음 네 가지와 그 믿음을 가지기 위한 다섯 가지 실천항목을 들고 있다. 즉, 네 가지 믿음은 ① 진여가 세상의 근본이라는 것(信根本), ② 부처에게는 무한한 공덕이 있다는 것(信佛有無量功德), ③ 부처의 가르침은 큰 이익을 가져다 준다는 것(信法有大利益), ④ 승단은 스스로와 다른 사람들을 이롭게 하기 위한 올바른 수행방법을 알고 그것을 실천한다는 것(信僧能正修行 自利利他)을 그 내용으로 한다(수행신심분, 문단 73). 그리고 이어서 등장하는 다섯 가지 실천항목은 ① 자선과 시여(施門), ② 계율의 준수(戒門), ③ 수욕의 인내(忍門), ④ 결단과 분발(進門), 그리고 ⑤ 상념의 정지와 본질의 통찰(止觀門)로 되어 있다. 이 다섯 가지 실천항목은 네 가지 믿음을 일으키는 수단이 된다. 그러나 이것들을 보면 실천항목 '상념의 정지와 본질의 통찰'을 제외하고 나머지 것들은 어떤 뜻에서 '진여로 돌아가는 훈습'에 도움이 되는지, 또 어째서 그 중요성이 하필 '진여로 돌아가는 훈습'과 관련하여 설명되어야 하는지 분명하지 않다. 말하자면 시문, 인문, 계문, 진문 등은 인간사회의 보편적 규범을 내세운 것이 된다. 이에 관한 해답은, '진여 자체로서의 여래의 몸' 그리고 이 세상에서 여래의 생각과 행적을 모방할 때 사람들은 그 여래가 대표하고 있는 진여의 세계에 참여한다는 데에서 찾을 수 있다. 말하자면 수행의 여러 항목을 실천하는 것은 '여래를 매개로 하여 진여로 돌아가는 것'과 동일한 의미를 가지게 되는 것이다. 이것이 유일한 해답이다.

얼핏보면 공허하게 보이는 설명이 나타내는 한 가지 의미는 아마 다음과 같은 것일지 모른다. 즉, 인간사회에서 옳은 것, 가치있는 것으로 여겨지는 훌륭한 자질이 모두 여래의 특징이라면, 우리는 누구나 여래와 한 가지로 진여로 향한 길을 걸어가고 있다는 것이다. 우리는 누구나 정도의 차이는 있지만 그 자질을 나타내고 있는 것이다. 우리가 더러는 앞서고 더러는 뒤쳐져서 걸어가고 있는 길은 여래가 서 있는 그 길과 다르지 않다. 우리에게 실지로 있는 것은 오직 한 방향으로 열린 하나의 길, 상념에서 진여로 열린 하나의 길뿐이다. 그리고 이 길은 '시작을 알 수 없는 때'부터 끝을 알 수 없는 영원에 이르도록 계속된다. 이것이 기신론에서 보는, 사람이 살아가는 모습이다. '모든 중생은 하나의 큰 수레를 타고 있다'(문단 8)는 기신론의 비유는 그 모습을 가장 여실하게 그려내고 있다.[29]

지금까지 논의한 기신론의 주장은 교육과 관련하여 어떤 의미를 주는가? 이것은 원효가 생각하고 주장하는 것이 교육과 무슨 관련이 있는가 하는 문제와 같다. 이 문제를 생각하기 위해서는 학교에서 가르치는 지식과 기신론에서 추구하는 진여 사이에 어떤 공통점이 있는가를 살펴 보아야 한다. 학교에서 가르치는 지식은 궁극적으로는 實在(실재)와 관련되어 있다. 만약 실재와 진여가 유사성 내지는 일치성이 있다면 기신론에서 주장하는 것과 교육에서 추구하는 지식은 별개의 것이 아니라고 보아야 한다. 흔히 교과에서 다루는 지식은 기신론에서 말하는 망심과 망경계라고 생각한다. 그러나 한 걸음 뒤로 물러서서 이 생각을 심도있게 따져 보면, 지식에도 망심과 망경계에 해당하는 것이 있다는 것을 알 수 있다. 이것은 지식은 곧 망심이며 망경계라는 생각과는 다르다. 지식의 최고 단계는 실재이다. 그 최고 단계인 실재에 이르는 과정에서는 당연히 지식의 망심과 망경계에 해당하는 단계를 거쳐야 하는 것이다. 이 생각을 여실히 보여 주고 있는 비유가 플라톤의 동굴의 비유이다.

땅 속에 동굴과도 같은 큰 방이 있고 동굴 바깥으로 뚫린 긴 입구가 있다. 동굴의 맨 안쪽에는 어릴 때부터 다리와 목이 쇠고랑에 묶인 채 자기 앞의 벽밖에 볼 수 없는 죄수들이 있다. 동굴의 입구 쪽으로 얼마간 떨어져서 불이 타고 있고 그 불과 죄수들 사이에 인형극을 할 때처럼 장막을 친 난간이 올라와 있다. 장막 뒤쪽에서 사람들이 나무나 돌, 그밖의 여러 가지 재료로 만든 사람과 짐승 모양을 난간 위로 쳐들고 다니면서 이런저런 말을 한다. 그 죄수들은 고개를 돌릴 수 없기 때문에 난간 위의 가짜 형상이 그 뒤쪽의 불빛을 받아 자기 앞쪽의 벽에 드리우는 그림자밖에 볼 수 없다. 오랫동

---

29) 李烘雨, 「상게서」, pp.42-43.

안 그것에 익숙한 나머지 그들은 그것이 곧 진짜 사람과 짐승이며 그 이외에 진짜 사람과 짐승이 따로 있다고는 생각하지 않는다.

　누군가가 그 죄수 중의 한 명을 묶고 있는 쇠고랑을 풀고 강제로 몸을 일으켜 세워서 그로 하여금 고개를 돌리고 불 쪽으로 나아가도록 한다. 몸을 일으키고 고개를 돌리는 동작 그 자체가 힘들고 고통스러울 뿐만 아니라 눈을 찌르는 듯한 불빛 또한 고통스럽다. 이때까지 그가 보아 온 것은 허깨비 그림자요 지금 그가 보고 있는 난간 위의 형상들이 더 진짜라는 말을 들을 때, 그 죄수는 정신이 얼떨떨해져서 어느 쪽이 과연 진짜인지 알 수 없게 된다. 그에게는 눈부신 불빛이나 그것을 직접 반사하는 형상들보다는 벽에 비친 그림자가 훨씬 더 선명하며, 그렇기 때문에 이때까지 보아 오던 것이 훨씬 진짜라고 생각된다.

　이제 또다시 누군가가 그를 울퉁불퉁하고 가파른 입구 쪽으로 강제로 끌어올려 햇빛 비치는 동굴 바깥으로 나오도록 한다. 나오지 않으려고 발버둥치면서 억지로 끌려나왔을 때 그는 또다시 고통을 겪는다. 밝은 햇빛에 눈앞이 캄캄하여 그는 자기 앞에 있는 진짜 사물을 전혀 분간하지 못한다. 처음에 그는 사물을 직접 보지 못하고 물에 비친 그림자를 보다가 차차 햇빛에 익숙해지면서 사물 그 자체와 밤 하늘의 천체와 달과 별을 보게 된다. 그러다가 마침내 그는 태양 그 자체, 물이나 다른 사물에 비친 태양이 아닌 태양 그 자체를 직접 볼 수 있게 되고, 태양이야말로 四時(사시)의 운행과 可視界(가시계)의 모든 사물을 만들어 내고 지배한다는 것, 그리고 어떤 의미에서는 동굴 속에서 그와 동료 죄수들이 보아 오던 것도 태양으로 말미암아 존재한다는 것을 알게 된다.[30]

이제 플라톤이 보여 주고 있는 실재로 나아가는 과정—지식의 획득과정—에 관한 이 생각과 진여로 돌아가려는 과정에 관한 기신론의 생각 사이의 공통점을 찾아 보기로 하겠다. 우선 마음의 두 측면으로서의 진여와 망심은 실재와 현상으로 대비될 수 있다. 플라톤의 동굴의 비유에 나타나 있는, '어릴 때부터 다리와 목이 쇠고랑에 묶인 채 자기 앞의 벽밖에 볼 수 없는 죄수'가 갖고 있는 마음의 상태와 '고개를 돌릴 수 없기 때문에 난간 위의 가짜 형상이 진짜 사람과 짐승이며 그 이외에 진짜 사람과 짐승이 따로 있다고는 생각하지 않는' 마음이 바로 망심과 망경계이다. 여기에 '진여로 돌아가는 훈습'이 관련된다. 이때 훈습이 끊임없이 진여로 돌아가게 하기 위해서는 수행이 필요하다. 플라톤에게 있어서 그것에 상응하는 것은 탐구이다. 수행에 시문, 계문, 인문, 진문이 있듯이 탐구를 통한,

30) Plato, *Republic*, 514a–516c.

실재에 대한 지식획득의 과정에도 고통이 수반된다. '몸을 일으키고 고개를 돌리는 동작 그 자체가 힘들고 고통스러울 뿐만 아니라 눈을 찌를 듯한 불빛 또한 고통스럽다'는 말에서 알 수 있듯이 실재를 위한 탐구의 과정에서는 많은 고통을 참아야 하는 것이다. 말하자면 기신론의 경우에도 진여로 돌아가기 위해서 끊임없이 자기부정을 해야 하지만 플라톤의 경우에서도 마찬가지로 자기부정의 고통을 인내로 이겨내야 하는 것이다. 우리는 여기서 원효의 교육이론을 정립할 수 있는 가능성을 발견할 수 있다.[31]

다음은 설총으로서 그의 字는 聰智(총지)이며, 그 아버지는 원효이다. 설총도 아버지를 닮아 처음에는 중이 되어 불경에 정통하였으나, 얼마 후 불교를 떠나 소성거사로 자칭하였다. 그의 바탕이 총명하고 예민하여 방언으로 九經(구경)을 읽어 후배를 가르쳤다. 이것은 그가 교사로서의 삶을 살았다는 것을 암시하고 있다. 그의 '이두'는 유교 경전을 가르침에 있어 여러 가지를 생각하다가 보다 쉽고 정확하게 읽을 수 있는 방법으로 '한자를 빌어 방언을 표기하고자' 한 것이다. 그가 다룬 구경이란 당시 당에서 통용된 것이면서 신라의 국학에서 가르친 교수요목으로서, 「주역」, 「시경」, 「상서」, 삼례(「주례」, 「예기」, 「의례」), 「춘추좌전」, 「효경」, 「논어」 등이 그것에 해당한다. 그리고 그가 밀접하게 왕래한 왕이 신문왕이고, 또한 신문왕 2년에 국학을 설치하였으므로 설총은 강수와 함께 국학의 창설에 참여하고 학생들을 가르쳤을 것으로 짐작된다.[32]

설총이 유교경전을 보다 쉽고 정확하게 읽는 방법으로 한자를 빌어 방언을 썼다는 것은 교육방법으로서 처음 언급된 것이므로 좀더 구체적으로 논의해 보겠다.[33] 보다 엄밀하게 말하면, 설총은 이 방법을 창시하였다기 보다는 그것을 체계화했다고 추측할 수 있다. 그러나 오늘날 고대의 口訣(구결)자료로서 전하는 것이 없어 구체적으로 어떻게 한 것인지는 알지 못한다. 그러나 지금까지 연구된 결과에 의하면 다음과 같은 몇 가지 사실을 지적할 수 있을 것이다. 첫째, 구결에서 한자의 略體(약체)가 발달하였다는 것이다. 구결은 한문 본문에 작은 글씨로 써넣어야 했으므로 약체가 발달하였을 것이다. 둘째, 오늘날까지 이어져 내려오는 구결은 한문의 어순을 바꾸거나 새김으로 읽지 않고 조사를 끼우는 것이었다. 예컨대,

31) 이 점은 체계적인 원효의 교육이론을 정립해 나가기 위하여 앞으로 보다 세밀하게 연구될 필요가 있다.

32) 李楠永, '통일신라시대의 유교사상', 철학연구회(편), 「한국철학사」(상), 東明社, 1987, p.307.

33) 李基文, '삼국시대의 언어 및 문자생활', 한국정신문화연구원, 「한국사상사대계」(2), 1991, pp.494-495.

「동몽선습」의 '天地之間萬物之中厓 唯人伊最貴爲尼(천지지간말물지중애 유인이 최귀위니)'라는 구절에서 '애(厓)', '위니(爲尼)'와 같은 것이 그것이다. 셋째, 구결은 조선조에 들어와 한문을 음독하면서 조사를 다는 것을 가리켜 왔다. 넷째, 종래 일본 한문 독법은 일본에서 독자적으로 발달한 것으로 생각되어 왔다. 그러나 「삼국사기」의 '以方言讀九經(이방언독구경, 方言으로 九經을 읽었다)'으로 보아 우리의 고대 독법이 일본의 그것과 매우 비슷함이 드러나게 되었다. 이것은 우연이 아니라 고대 우리나라에서 발달한 독법이 일본으로 건너 갔기 때문일 것이다. 적어도 고려시대 사람들이 한문을 읽을 때 새김을 많이 섞으면서 우리 국어의 어순으로 고쳐서 오르락 내리락 하면서 읽었을 것이라는 짐작은 자료[34]를 통하여 확인된다. 사실 고려시대 이전에도 이와 같은 독법이 있었지만 언제부터 조사를 끼우는 식으로 변화되었는지는 불분명하다. 설총은 아마도 고려시대 한문독법으로 학생들에게 유교경전을 가르치지 않았겠는가 짐작해 본다. 그렇지 않고서는 보다 쉽고 정확하게 한다는 말이 이해되지 않는다.

설총은 화왕계라는 꽃을 의인화한 우화를 지어 국왕이 미녀와 신하 사이에서 무분별함을 경계하고 정사를 수행함에 있어 감각적인 욕망보다는 이성적인 절제와 도덕성이 필요하다는 것을 강조하였다. 이 설총의 문장은 중국의 육조 초당기에 성행하던 격조 높은 병려문체였다. 이것은 설총의 한문실력 수준이 대단하다는 것을 보여 줄 뿐만 아니라 위로는 임금으로부터 아래로는 만백성에 이르기까지 유학을 가르치려고 하였다는 것을 보여주는 예라고 할 수 있을 것이다. 그 후 고려 현종 13년 설총에게 弘儒侯(홍유후)가 추증되었다.

이제 통일신라 시대 말기 유학자인 최치원에 관하여 논하겠다. 그의 字는 孤雲(고운)이며, 경주 사량부 사람이다. 그의 집안 내력은 자세히 알 수 없다. 그의 문집에 보면, 어려서 찬찬하고 민첩하였으며, 학문을 좋아하였다고 한다. 그의 나이 12세에 당나라로 유학을 떠나려고 인사를 고할 때, 그의 아버지가 이르기를 '10년이 되도록 과거에 급제하지 못하면 내 아들이 아니다. 가서 학문에 힘쓰라'고 하였다. 당나라에 들어가 스승을 따라 부지런히 학문에 힘썼다. 그는 乾符元年(건부원년, 874)에 예부시랑 배찬의 밑에서 과거를 보아 단번에 급제하여 선주 율수 현위로 임명되었다. 또한 그의 공적을 考査(고사)한 결과 승무랑 시어사 내공봉으

---

34) 舊仁旺經譯.

로 되어 紫金魚袋(자금어대, 당나라 때 사용하던 병부로서 거기에 황금으로 고기를 새겨 자루에 넣은 것)을 받았다. 이때 당나라에서 황소의 난이 일어났다. 高騈(고병)이라는 사람이 諸道行營兵馬都統(제도행영병마도통)이 되어 황소를 토벌하게 되었는데 최치원을 뽑아 종사를 삼아 서기의 임무를 맡겼다. 그때의 표문, 장계, 편지, 지시문들은 그의 손을 거치지 않은 것이 없다. 檄黃巢書(격황소서)는 그가 지은 것으로 황소가 보고 놀란 나머지 앉았던 걸상에서 떨어졌다 하니 과연 그의 글의 내용은 어떤 것이었을까?

광명 2년(882) 7월 8일에 諸道都統檢校太尉(제도도통검교개위) 황소에게 고한다. 대저 바른 것을 지키고 떳떳함을 행하는 것을 道라 하며, 위험한 때를 당하여 변통할 줄을 아는 것을 權(권)이라 한다. 지혜있는 자는 때에 순응하여 성공하고, 어리석은 자는 理(이)를 거슬러서 실패를 하게 되는 것이다. 그러한즉, 비록 백년 동안 목숨이 붙어 있을 수 있다고 하지만, 죽고 사는 것은 기약할 수 없는 것이다. 하지만 만사는 마음이 주인 노릇을 하는 것이므로 옳고 그른 것은 구별할 수 있는 것이다. 내 이제 왕이 내리신 장수와 병사들을 거느리고 그대를 정벌하려는 것이지, 싸우려고 하는 것이 아니다. 군대에서 내리는 조치는 먼저 은덕을 앞세우고 뒤에 베어 죽이는 것이니라. 내 이제 장차 上京(상경)을 회복하고 크나큰 신의를 펴려 한다. 이에 삼가 왕이 내리신 명을 받들어서 너의 간사한 꾀를 부수려 하노라. 하기야 너는 본시 촌구석의 백성으로서 갑자기 억센 도둑이 되었고 어쩌다가 세력을 타고 감히 누구도 변하게 할 수 없는 올바른 도를 어지럽게 하였다. 그 결과 마침내 발칙한 마음을 품고 높고 엄숙한 자리를 노려, 도성을 쳐들어 와서 궁궐을 더럽혔으니 이미 죄는 하늘에 닿을 만큼 넘실거리게 되었으니, 패하여 죽어 피를 땅에 바르게 되는 꼴을 내 반드시 보리라.

아, 요에서 순으로 내려오면서 苗(묘)는 순에게 토벌된 나라요 扈(치)는 하나라에 복종하지 않아서 토벌된 나라이다. 이와 같이 양심이 없고 신뢰가 없는 무리와 의롭지 못하고 충성스럽지 못한 무리들이 어느 때인들 없었겠는가. 먼 옛날 劉曜(유요)와 王敦(왕돈)의 무리가 晉(진)나라를 엿보았고, 가까운 시대에는 녹산과 주자의 무리들이 당나라를 노려보고 개짖듯 하였다. 그 무리들은 손에 병권을 잡았거나, 중책을 맡은 자들이었다. 그 무리들이 내린 호령에 따라 우뢰와 번개가 달리듯 하고, 시끄럽게 떠들면서 소란을 피워 마치 안개나 연기가 끼듯 앞이 막혀 캄캄하게 되었다. 그러나 그와 같이 잠시 못된 짓을 하다가 마침내 그 더러운 종자들이 섬멸되어 버렸다. 햇빛이 활짝 피면 어찌 요망한 기운을 그대로 두겠으며, 하늘의 그물이 높은 데서 내려 덮어서 기필코 흉한 족속들을 없애고 마는 것이다. 하물며 너는 평민 중에서도 천한 것으로 태어나, 땅이나 파먹고 지내다가 일어나서는 불지르고 겁탈하는 것을 마치 좋은 꾀나 되는 듯이 살상을 무슨 급한 일이나 하는 것처럼 일삼아 헤아릴 수 없는 크나큰 죄만 지었고, 그 죄를 갚을 만한 착한 짓을 눈꼽만큼도 하지 않았으니, 천하 사람들이 모두 너를 죽이려고 마음 먹고 있을 뿐만 아니라, 심지어 땅 속에 있는 귀신들까지 남몰래 너를 베어 죽이려고 의논하고 있을 것이다. (이 대목에 이르러 놀란 나머지 걸상에서 떨어졌다고 한다.) 비록 잠시 목숨이 붙어 있으나, 벌써 네 정신은 죽었고, 넋은 네 몸뚱이에서 달아났으리라.

　대저 인간이란 제가 저를 아는 것이 으뜸이다. 내가 헛된 말을 하는 것이 아니니, 너는 마땅히 살펴 들으라. 근래 국가에서 덕이 깊어 더러운 것도 품어주고 잘못이 있어도 따지지 아니하여 너를 將帥(장수)로 임명하여 지방의 兵權(병권)을 주었거늘 너는 오히려 짐새와 같은 독을 품고 올빼미의 소리를 거두지 아니하고 움직이면 물어 뜯고 하는 것이 마치 개가 주인에게 짖는 것과 같이 하니 마침내 몸은 왕의 덕화를 등지고 궁궐에까지 몰려와 公侯(공후)를 달아나게 하고 왕을 멀리 지방으로 떠나게 하였다. 너는 임금의 덕과 의로움을 알아 그 품에 돌아오기는 커녕 오로지 완악하고 흉악한 짓거리만 점점 더하고 있다. 이에 임금께서는 너에게 죄를 용서하는 은혜를 베풀었음에도 불구하고 저버렸으니 이 또한 크나큰 죄가 하나 더 늘어난 것이다. 그러므로 너는 반드시 기필코 죽어야 한다. 어찌 하늘을 무서워하지 않는가. 네 어찌 감히 천자 자리를 넘보며, 너 같은 것이 감히 성스럽고 우러러 보아야 할 나라의 궁궐에 머물 수 있으랴! 너는 도대체 어떤 생각을 가지고 무슨 짓거리를 하려는 것이냐? 너는 듣지 못하였느냐?「道德經(도덕경)」에 이르기를 '회오리 바람은 아침 나절을 지나지 못하며, 퍼붓는 듯한 소나기도 하루를 채우지 못한다'고 하였으니, 하늘과 땅도 능히 오래 가는 것이 없는데, 하물며 인간에 있어서랴! 또한「春秋傳(춘추전)」에 이르기를, '하늘이 잠깐 악한 자를 도와주는 것은 복이 되게 하려는 것이 아니라 그의 흉악함을 쌓게 하여 벌을 내리려는 것이다'라고 하였다. 더구나 서늘한 바람이 일어나는 가을에 강물 귀신이 우리 군사를 환영하며 맞이하고 있다. 또한 서풍마저 불어 너를 죽이는 위엄을 더해 주고 새벽 이슬은 답답한 기운을 상쾌하게 해준다. 파도도 조용히 쉬고 있고 길도 또한 잘 트였으니, 이것은 마치 석두성에서 뱃줄을 풀 때 손권이 뒤에서 호위하고 현산에 돛을 나리매 두예가 앞장서는 격이다. 서울의 성곽을 회복하는 데 필요한 시간은 열흘이며 길어야 한달이면 충분하다. 다만 살리기를 좋아하고 죽이기를 싫어하는 것은 높으신 황제의 어지신 마음이요, 법을 굽혀 은혜를 펴려는 것은 국가의 어진 제도이다. 나라의 도적을 토벌하는 것은 사사로운 분함을 생각하지 않는 것이다. 그리하여 어두운 길에서 헤매는 자를 일깨우기 위하여 확실히 바른 말을 해주는 것이다. 이한 장의 편지로써 거꾸로 매달려 있는 너의 다급한 형편을 풀어 주려는 것이다. 너는 고집을 피우지 말고 이 좋은 기회를 놓치지 말고 일을 그르치지 않도록 하라! 허물은 능히 고칠 수 있는 것이다. 만약 땅을 떼어 봉해 줌을 원한다면 제후국을 세우라. 그리하면 네 가문을 이어갈 수 있고 네 몸과 머리가 두 동강나는 것을 면할 수 있으며 높은 공과 이름을 얻을 수 있느니라. 네 도당의 말을 믿지 말고 영화로움을 후손에까지 전하는 것이 좋을 것이다. 이것은 아녀자는 모르나 대장부만이 할 수 있는 일이다. 일찍부터 상부에 보고하여 허락을 얻은 것이니 조금도 의심하지 말라! 나의 명령은 황제를 머리에 이고, 믿음은 강물을 두고 맹세하였으니 은혜를 원망으로 바꾸지 말라! 만약 미처 날뛰는 무리들에 눌리고 취한 잠에서 깨어나지 못하여 여전히 사마귀가 마차바퀴를 향해 앞발을 들듯이 항거하기를 고집한다면, 그때는 곰을 잡고 표범을 잡는 군사를 한 번 휘둘러 없애 버릴 것이다. 그렇게 되면 까마귀같이 모여 소리개 같이 덤비던 무리들은 사방으로 흩어져 도망갈 것이다. 그때 몸은 도끼로 기름 바르듯 할 것이며, 뼈는 군용 마차 밑에서 가루가 되며, 처자도 잡혀 죽으려니와 종족들도 베임을 당할 것이다. 동탁의 배를 불로 태울 때 배꼽을 물어 뜯어도 아무 소용없듯이 어쩔 수 없는 일이 될 것임을 생각해 보라. 너는 마땅히 나아갈 것인가 물러갈 것인가를 생각하고, 잘된 일인가 못된 일인가를 분별하라! 배반하여 멸망하느니 귀순하여 오히려 영화를 누리지 않겠는가! 단지 바라는 바는 반드시 귀순하는 쪽으로 결론을 내리도록 하라는 것이다. 장부다운 선비만이 내릴 수 있는 과감한 결단을 내려, 어리석은 사람의 생각에 매달려 여우처럼 의심만 하고 있지 말라![35]

과연 이 글은 명문이다. 만약 이 글을 읽고 간담이 서늘함을 느끼지 못한다면 그것은 순전히 번역의 잘못이다. 경전과 제자백가에 관한 최치원의 해박한 지식이 돋보인다. 그의 나이 28세 되었을 때, 부모를 뵈러 올 생각을 가졌더니 당나라 희종이 그 뜻을 알고 光啓(광계) 원년(885)에 그로 하여금 조서를 가지고 禮聘(예빙)의 사절 임무를 띠고 신라에 돌아가게 하였다. 신라에서는 그를 머물게 하면서 그에게 侍讀(시독)으로 임명하고 겸하여 翰林學士(한림학사), 兵部侍郎(병부시랑), 知端書監(지단서감)으로 삼았다. 중국 유학에서 돌아온 최치원은 자기가 배운 바를 실행하려 했으나, 그를 의심하는 자들이 많아 그의 뜻을 펴지 못하고 외직 대산군 태수로 물러났다.

그는 세속과의 관계를 끊고 자유로운 몸이 되어 산과 숲속이나 강과 바닷가에 정자를 만들고 솔과 대를 심으며 문학책과 역사책에 깊이 빠져 보기도 하고 자연을 노래하기도 하면서 경주의 남산과 강주의 빙산과 협주의 청양사와 지리산의 쌍계사와 합포현의 별장들을 모두 유람하였다. 말년에 최치원이 산수 간을 방황할 때 지은 시 두 수를 소개하겠다.

바라건대 利慾(이욕)의 문을 막아 부모께 받은 몸 상하게 마라 / 어찌하여 진주를

---

35) 「桂苑筆耕集」, pp.58-59.

캐는 사람들, 목숨 가벼이 여겨 바다 밑에 드는가 / 몸이 영화로우면 티끌에 물들기 쉽고, 마음의 때(垢)는 물로 씻기 어렵네 / 담박한 맛을 누구와 의논하리, 세상 사람들은 단 술을 즐기거니.[36]

여우는 능히 미인으로 변하고 / 삵쾡이 또한 서생으로 변하네 / 그 누가 짐승임을 알리오 / 사람 모양처럼 꾸며 홀리게 하네 / 변화하기 오히려 어렵지 않으나 / 군자다운 마음잡기 정말 어렵네 / 참과 거짓을 제대로 분별하려거든 / 원컨대 마음 거울 닦고나 보소.[37]

이 시들은 그야말로 최치원이 명리를 벗어나 청정무욕한 마음으로 자신을 갈고 닦는 모습을 보여 준다. 이 시들은 자신의 좌절감을 달랜 듯한 시들이 아니라 '깨달음'을 얻은 경지를 보여 주는 것이라고 할 수 있다.

최치원의 三教觀(삼교관)에 의하면 불교를 최고의 지위에 두고, 유교와 도교는 그 아래에 두었다. 바로 이것 때문에 그는 뒤에 유학자들로부터 비난의 표적이 되지만, 삼교는 신라시대에는 서로 반대되거나 갈등을 일으키지 않았다. 삼교는 서로 표리가 되어 관계가 밀접하였던 것이다. 그러므로 유가로서 노와 불을 겸한 이도 있고, 불가로서 유와 불을 겸한 이도 있었다는 것을 감안하면 그 비난은 그리 온당하지 않은 것 같다. 사실 여기서 불교는 위에 두고 다른 것은 아래에 두었다는 말을 하고 있지만, 최치원의 마음 속에서는 그렇게 뚜렷이 구분되어 있는 것이 아니다. 최치원에게 있어서 삼교가 하나로 혼용되어 있다면, 즉 그야말로 그가 다른 사람과 다른 마음을 갖고 있다면, 그것이 바로 최치원의 사고 방식이라고 할 수 있다. 그 예를 智證大師碑序(지증대사비서)에서 찾아 본다.

세워 淨域(정역)에 나타난 것을 불이라고 한다. 인심이 곧 부처이니 부처를 能仁(능인)이라 일컫는 것은 당연하다. 해 돋는 곳(郁夷)의 유순한 性源(성원)을 인도하여 迦毘羅衛(가비라위)의 자비의 가르침의 바다에 이르도록 하니, 이는 돌을 물에 던져 물결이 퍼져나가는 듯하고, 빗물이 모래를 모은 것 같이 쉬었다. 姓마다 석가의 종족에 참여하고 임금과 같은 존귀한 분이 삭발하기도 하였으니 군자들이 사는 곳에 부처의 도가 나날이 깊어지고 또 날로 깊어지게 될 것이다.

---

36) 願言肩利門 / 不使損遺體 / 爭奈探珠者 / 輕生入海底 / 身榮塵易染 / 心垢非難洗 / 淡泊與誰論 / 世路嗜甘醴(寓興).

37) 狐能化美女 / 狸亦作書生 / 誰知異類物 / 幻惑同人形 / 變化尙非艱 / 操心良獨難 / 欲辨眞與僞 / 願磨心鏡看(故意).

우리나라는 동쪽에 자리잡고 있다. 그런데 유교에서 말하는 五常(오상)을 다섯 방위와 짝지어 말한다면, 인은 동쪽에 해당한다. '인심은 곧 부처'라고 하는 것은 유교에서의 인과 부처의 자비를 차이점보다는 동일점에 입각하여 강조한 것이라고 생각할 수 있다. 해 돋는 곳은 동방이다. 이 동방은 動方(동방)과 뜻이 통한다. 말하자면 만물이 생겨나는 쪽이라고 할 수 있다. 그리하여 해 돋는 곳, 즉 우리나라는 석가의 탄생지 가비라위이므로, 우리나라 사람들의 유순한 성품은 물의 근원에, 부처의 자비의 가르침은 바다에 비유할 수 있으며, 물의 근원이 필연적으로 바다에 이르는 것과 같이 유순한 동쪽 사람들은 애써 이끌지 않아도 부처의 자비의 가르침에 귀의하게 마련이라고 말할 수 있다는 것이다. 이것으로 보아 최치원은 유교와 불교의 차이를 드러내려고 하기 보다는 같은 점을 나타내려고 애쓰고 있다는 것을 볼 수 있다. 이것은 유—불—선을 통합적으로 이해하려는 신라 사람들의 특징을 알 수 있도록 해준다. 서로 간의 충돌과 갈등을 회피하면서 조화롭게 삶에 영향을 주게 하도록 하려는 신라인의 마음의 한 단면을 보는 것 같다.

지금까지의 논의를 토대로 하여, 최치원이 교육에 관한 생각을 하였다면 무엇을 어떻게 하였을까를 생각해 보기로 한다. 최치원의 학문의 과정을 돌아보면 어디까지나 유학을 먼저 공부하였기 때문에 교육과 관련지어 생각하려는 순간 유학의 틀이 먼저 떠오를 것이다. 그러므로 그가 교육을 생각하였다면, 그것은 국가가 필요로 하는 인재를 길러내는 일과 관련되어 있었을 것이다. 그러다가 그의 공부가 점점 깊고 넓어지면서 그의 교육에 관한 생각도 변했을 것이다. 말하자면 유학을 점점 깊이 공부하면서 그는 결국, 학문을 하고자 하는 이유는 군자가 되는 데에 있다고 생각한 것 같다. 군자가 되기 위해서는 마음을 닦아야 한다. 그는 그 마음을 닦는 정신이나 태도는 도가나 불가에서 하는 방식처럼 심각하고 진지한 것이 아니면 안된다는 확신을 가지고 있었다. 따라서 그가 내세울 수 있는 교육내용은 아마도 유학에서 내세울 수 있는 각종 경전과 불교경전, 도가경전 등이 될 것이다. 요컨대, 그가 생각하는 교육의 이상적 모습은 마음의 거울을 닦는 것이 아닐까 하고 짐작해 본다.

제4장
고려 전기의 교육

　통일신라는 한반도에 단일 국가로 존립하면서 새로운 차원의 번영을 누렸지만, 신라 중대 말과 하대 초부터 점차 쇠퇴의 조짐을 보이기 시작하였다. 신라가 이와 같이 된 데에는 여러 가지 이유나 원인이 있을 것이지만 그 중 가장 중요한 것은 골품제의 붕괴이다. 골품제는 신라사회를 유지하는 기본원리로서 자신보다 절대적으로 옳은 집단이 있다는 것을 상정한다. 그러므로 그 절대적으로 옳은 집단의 행위는 그 집단이 상위 골품에 있다는 그 이유 하나만으로도 정당화되었다. 신라인들은 이것이 절대적으로 옳다는 생각을 가지며 살았다. 물론 다른 눈으로 보면 골품제는 차별을 강조하는 것이기 때문에 조화보다는 분열을 조장하기 쉬운 것이었다. 그러나 이러한 위험을 조절할 수 있었던 것은 무엇보다도 불교의 평등사상이 있었기 때문이다. 현세에서는 차별을 감수하면서 살아야 하지만 이 세상에서 부처님께 훌륭한 공덕을 넉넉하게 쌓으면 누구나 극락왕생할 수 있으며, 나아가 다음 세상에서는 더 나은 골품에 태어날 수 있다는 희망이 있었던 것이다. 그러므로 골품제가 흔들리기 시작하였다는 것은 바로 정치와 사회질서의 기본 원리가 흔들리기 시작하였다는 것을 의미한다. 달리 말하면 지금까지 자신의 사욕을 억누르면서 차별을 숙명으로 받아들이던 사람들이 이제는 자신의 사욕을 조금이나마 드러낼 수 있다는 가능성을 보이기 시작한 것이다. 이것은 골품제 전 계급에서 일어나기 시작했다고 보아야 한다.

가장 먼저 이와 같은 기미를 보이기 시작한 계층은 진골귀족이지만, 결정적인 계기가 마련된 것은 육두품에서이다. 그 기미가 맨 처음 진골에서 일어난 것은 그 계급이 당시 신라사회에서 보면 가장 정권에 가깝게 있었던 집단이므로 자신들의 사욕을 가장 먼저 드러낼 수 있는 위치에 있었기 때문이다. 그들은 경종 때부터 자신의 집단의 이익을 표면적으로 드러내기 시작하여 혜공왕 4년(768)에 마침내 전국 96角干(각간, 족장)들이 서로 싸우는 대란으로 폭발하였으며 이 싸움은 3년 동안 계속되었다. 이와 같은 대혼란을 거치면서 말기의 신라는 귀족연립 정권 쪽으로 방향을 잡아갔다. 그러나 물론 여기에는 예컨대, 金憲昌(김헌창)의 봉기(헌덕왕 14년, 822)와 반대세력의 움직임도 있었다. 어쨌든 이 사건의 여파는 매우 컸다. 진골들 사이에서는 적어도 힘만 있으면 나도 정권을 쟁취할 수 있다는 생각이 싹트기 시작하였으며, 실지로 그들은 사병을 양성하고 틈만 있으면 무력항쟁을 벌였던 것이다. 이 과정은 신라사회의 정치와 사회의 기본 원리가 동요되고 붕괴되어 가는 양상을 보여 주고 있다. 한편, 진골의 정권 다툼의 소용돌이 속에서 능력이 있으면서도 골품제로 인한 여러 가지 제한을 받고 있던 집단이 바로 육두품이었으며(이 집단은 17관등 중에서 제6위인 阿飡(아손)까지밖에 오를 수 없었다), 이들은 어느 집단보다도 불만이 가득차 있었다. 그리하여 마침 이 기회를 틈타 골품제 자체를 없애버리려는 생각이 나타나기 시작하였으며, 이 경향은 육두품 중에서도 당나라에 유학한 유학생들에게서 뚜렷이 나타났다. 그들이 당나라에 가서 공부한 내용이 그와 같은 생각을 가지게 하였고, 실지로 그들은 당나라 과거제, 다시 말하면 능력본위의 인재등용에 매력을 느끼고 있었다. 이들 중에서 가장 뛰어난 사람들이 최치원, 최승우, 최언위 등이었다. 그 중 최치원은 여러 혁신정책을 올렸지만 뜻을 이루지 못하고 세상을 등지기도 하였다. 이와 같은 상황에서 골품제도의 동요나 붕괴 과정은 가속화될 수밖에 없었다.

신라 하대에서의 혼란은 마침내 지방 호족들이 성장할 기회를 주게 되었다. 이들은 주로 在地支配勢力(재지지배세력)과 성주, 장군으로 일컬어지는 부류, 해상세력가, 軍鎭勢力(군진세력) 등이다. 이제 신라의 역사 무대는 중앙에서 지방으로 자리를 옮기게 된 것이다. 여기에 설상가상으로 농민들이 봉기하기 시작하였다. 평소에도 그들은 조세와 貢賦(공부), 노력동원 등 과중한 부담으로 시달리면서 불만이 커갔고, 여기에 비례하여 골품귀족들은 사치와 향락을 즐겼으니 신라의 멸망은 시간문제였다. 효공왕이 당에 보낸 표문—즉, 지금 군읍은 모두 도적들의 소굴이 되었고, 산천은 모두 싸움터이니 어찌 하늘의 재앙이 우리 해동에만 흐르는 것입니까—은 당시 상황을 잘 보여주고 있다. 그러나 이와 같은 혼란도 견훤과 궁예의 양대 세력에 의하여 차차 수습되어 가는 것 같이 보였다. 말하자면 견훤은 후백제를 건국하였고(892, 신라 진성여왕 6년), 궁예는 후고구려를 건국하였다(901, 신라 효공왕 5년). 이것이 우리가 역사에서 말하는 후삼국이다. 그러나 이 후삼국의 지도자들은 모두 뚜렷한 경륜이 없고 한낱 농민 봉기군 수준에 불과한 것이었다. 이들은 마침내 폭군으로 몰려 왕의 자리에서 쫓겨나고, 궁예 밑에서 장군으로 종사하던 호족 출신의 왕건이 덕망을 쌓아 마침내 추대를 받아 고려를 세우고(경명왕 2년, 918) 새로운 지도자로 역사에 등장하게 되었다.

그러면 이 당시의 사상의 흐름은 과연 어떠하였을까? 사상의 흐름이라는 것은 시대의 배경이나 사회의 제반 형편과 무관한 것이 아니다. 신라사회가 이제 말기에 접어들면서 백성들의 마음은 황폐해지기 시작하였다. 어떻게 하면 이 세상에 살면서 사는 것 같지 않게 사는 삶을 사는 것 같이 살 수 있을까 하는 것이 당시 백성들의 마음이리라. 주지하다시피 신라는 고유의 호국불교의 힘으로 삼국을 통일한 다음 한때 태평시대를 구가하였다. 그러나 세상만사는 언제나 태평시대에서처럼 돌아가는 것은 아니다. 밖으로부터의 문제가 해결되면 이제는 어쩔 수 없이 안으로부터 이기심 또는 사욕이 발동하게 마련이다. 당시는 이 사욕이 판을 치게 되자 백성들은 어디론가 도피처를 찾지 않을 수 없는 형편이었다. 그들은 정신세계의 지주를 그 당시의 불교에서 찾았다. 그런데 그 불교는 난해한 이론에만 치우치는 경향을 띠고 있었으므로 이에 대한 대안으로서 선종이 더욱 그 세를 얻게 된 것이다. 不立文字(불립문자), 見性成佛(견성성불)을 주요 내용으로 하는 선종은 복잡한 교리를 떠나서 좌선을 통해 마음을 갈고 닦음으로써 자기 마음 속에 이미 들어 있는 불성을 깨닫도록 하는 데에 초점을 두고 있다. 이 흐름은 개인이 주인이 된다는 생각을 강하게 갖도록 하였다. 전제정권, 다시 말하면 집단의 우위를 주장하는 시대가 지나가고 개인이 우위에 있다는 생각을 갖기 쉬운 이 때에 선종은 백성들의 마음을 사로잡기에 충분하였다. 절대왕권의 부인, 교학불교의 지지가 맞물려 돌아가다가 이 사슬이 끊어지게 된 것이다. 이것이 바로 선종의 등장을 촉진하게 된 것이다.

선종은 종교로서 또는 개인의 수양의 원리로서 좋은 역할을 할 수 있었다. 그러나 이것만으로는 허전한 백성들의 마음을 채우기에 너무나 역부족이었다. 이때 고개를 든 것이 다름 아닌 풍수지리설이다. 이 세상에서는 여러 가지 외부조건 때문에 陽宅(양택)에서 잘못 살고 있지만, 죽어서 陰宅(음택)을 잘 선택하여 들어가게 되면 자기자신은 물론이요 자신의 후손까지 그야말로 잘 살 수 있는 길이 있다는 생각은 백성들에게 큰 호소력을 가졌다. 이즈음 나타난 인물이 다름아닌 道詵(도선)이다. 도선은 풍수에 관한 깊은 이해를 바탕으로 산수의 쇠함과 왕성함과 순경과 역경을 점치는 능력을 가진 것으로 전해졌다. 각 호족들은 도선의 이러한 주장을 이용하여 백성들의 마음을 끌려고 하였다. 이 도참사상은 특별한 노력, 예컨대 좌선같은 힘들고 어려운 과정을 거치지 않아도 얼마든지 그와 맞먹는 효과를 이 세상에서 얻을 수 있고 더 나아가 저 세상에까지 영향을 줄 수 있다는 점때문에 많은 백성들의 호응을 불러 일으킨 것이다. 심지어 호족들은 이 점을 역이용하기도 하였다. 구체적으로 말하자면 각지의 호족들은 저마다 자기의 근거지를 명당으로 내세우려고 하였다. 도선의 도참사상은 호족 자신들의 존재를 합리화하는 데에 활용되기에 충분한 것이었다. 왕건도 그 중의 한 사람임에 틀림없다. 전설에 의하면, 도선이 송악부에 가서 왕건의 아버지인 용건을 찾아 집터를 잡아주며 왕건의 출생과 그에 의한 고려의 건국을 예언해 주었다는 설도 전해지고 있다. 왕건의 훈요십조 중의 제2조, 제5조는 왕건도 도선의 도참설을 착실히 믿었다는 증거로서 충분하다. 후삼국의 시대에 사람들의 마음을 사로잡았고 사회의 추진력이 될 수 있었던 선종과 풍수지리설은 그 나름대로의 의미를 가지고 있다. 이와 같은 사상의 흐름 속에서 교육이 어떠했으리라는 것은 짐작하기 어렵지 않다.

1. 불교와 유학

이미 앞에서 언급한 바와 같이 신라말, 후삼국의 혼란은 왕건으로 하여금 새로운 국가를 세우려는 생각을 갖도록 하기에 충분하였다. 고려를 세운 왕건의 마음은 결국 고려사회의 사상적 기반과 관련이 있다. 우리는 그의 訓要十條(훈요십조)를 들고 이를 분석하여 그의 마음의 바탕을 알아 볼 필요가 있다. 왕건의 훈요십조, 그리고 그 바탕에 깔려 있는 마음관은 고려인의 마음의 바탕을 이루고 있다고 말할 수 있을 것이다.

내 들으니 순임금은 여산에서 농사를 지었으나 마침내 요임금의 왕위를 받았으며 중국의 한 고제는 패택에서 일어나 드디어 한나라의 왕업을 성취하였다고 한다. 나도 역시 한 개 외로운 평민으로서 부족하지만 여러 사람들의 추대를 받았다. 또한 더위와 추위를 무릅쓰고 19년 동안 노심초사한 끝에 삼한을 통일하였으며, 다시 외람되이 왕위를 받아 25년 되어 이제 몸과 마음이 모두 늙었다. 다만 나는 나의 후손들이 감정에 이끌리고 방자하게 되어 기강이 흔들릴 것을 크게 우려하지 않을 수 없어, 이에 훈요를 기술하여 후세들에게 전하여 아침저녁으로 열어보며 영원히 귀감으로 삼게 하고자 한다. 첫째로, 우리 국가의 왕업은 반드시 부처의 도움을 받아야 한다. 그러므로 불교 사원들을 창건하고 주지들을 파견하여 불도를 닦음으로써 각각 자기 직책을 다하도록 하라. 후세에 간신이 권력을 잡으면 승려들의 청촉을 받아 모든 사원을 쟁탈하게 될 것이니 이런 일을 엄격히 금지하여야 한다. 둘째로, 모든 사원들은 모두 도선의 의견에 의하여 국내 산천의 좋고 나쁜 것을 가리어서 창건한 것이다. 도선의 말인즉, 자기가 선정한 곳 이외에 함부로 사원을 짓는다면 지덕을 훼손시켜 국운이 길지 못할 것이라 하였다. 내가 생각하건대, 후세의 국왕, 공후, 왕비, 대관들이 각기 願堂(원당)이라는 명칭으로 더 많은 사원들을 증축할 것이니 이것이 크게 근심되는 바이다. 신라 말기에 사원들을 야단스럽게 세워서 지덕을 훼손했고 결국은 나라가 멸망하였으니 어찌 경계할 일이 아니겠는가. 셋째로, 적자에게 왕위를 계승시키는 것이 비록 떳떳한 법이라고 하지만 옛날 丹朱(단주)가 착하지 못하여 요가 순에게 나라를 위양한 것은 실로 공명 정대한 마음에서 나온 것이다. 후세에 만일 국왕의 맏아들이 착하지 못하거든 왕위를 지차 아들에게 줄 것이며 지차 아들이 또 착하지 못하거든 그 형제 중에서 여러 사람들에게 신망이 있는 자로서 정통을 잇게 할 것이다. 넷째로, 우리 동방은 오래 전부터 중국 풍습을 본받아 문물, 예악, 제도를 다 그대로 준수하여 왔다. 그러나 지역이 다르고 사람의 성품도 각각 같지 않으니 구태여 억지로 맞출 필요는 없다. 그리고 거란은 우매한 나라로서 풍속과 언어가 다르니 그들의 의관, 제도를 아예 본받지 말라! 다섯째로, 나는 삼한 산천 신령의 도움을 받아 왕업을 이루었다. 서경은 水德(수덕)이 순조로와 우리 나라 지맥의 근본으로 되어 있으니 만대 왕업의 기지이다. 마땅히 춘하추동 사시절의 중간 달에 국왕은 거기에 가서 100일 이상 체류함으로써 왕실의 안녕을 도모하게 할 것이다. 여섯째로, 나의 지극한 관심은 燃燈(연등)과 八關(팔관)에 있다. 연등은 부처를 섬기는 것이요 팔관은 하늘의 신령과 오악, 명산, 대천, 용의 신을 섬기는 것이다. 함부로 증감하려는 후세 간신들의 건의를 절대로 금지할 것이다. 나도 당초에 이 모임을 국가 제삿날과 상치되지 않게 하고 임금과 신하가 함께 즐기기로 굳게 맹세하여 왔으니 마땅히 조심하여 이대로 시행할 것이다. 일곱째로, 임금이 백성의 신망을 얻는 것이 가장 어려운 것이다. 그 신망을 얻으려면 무엇보다도 간하는 말을 따르고 참소하는 자를 멀리하여야 하는 바 간하는 말을 따르면 현명하게 된다. 참소하는 말은 꿀처럼 달지만 그것을 믿지 않으면 참소가 자연 없어질 것이다. 또 백성들에게 일을 시키되 적당한 시기를 가리고 부역을 가볍게 하며 조세를 적게 하는 동시에 농사짓는 것이 어려운 일이라는 것을 알게 되면 자연 백성들의 신망을 얻어 나라는 부강하고 백성은 편안하게 될 것이다. 옛 사람이 말하기를, 좋은 미끼 끝에는 반드시 큰 고기가 물리고 중한 상이 있는 곳에는 반드시 훌륭한 장수가 있으며 활을 겨누면 반드시 피하는 새가 있고 착한 정치를 하면 반드시 착한 백성이 있다고 하였다. 상과 벌이 적절하면 음양이 맞아 기후까지 순조로워지나니 그것을 명심하라! 여덟째로, 차령산맥 이남 공주강 바깥은 산형과 지세가 모두 반대 방향으로 뻗었고 따라서 인심도 그러하니 그 아래 있는 주군 사람들이 국사에 참여하거나 왕후, 국척들과 혼인을 하여 나라의 정권을 잡게 되면 혹은 국가에 변란을 일으킬 것이요 혹은 백제를 통합한 원한을 품고 왕실을 침범하여 난을 일으킬 것이다. 뿐만 아니라 이 지방 사람들로서 일찌기 관가의 노비나 진, 역의 雜尺(잡척)에 속하였던 자들이 혹 세력가들에게 붙어서 자기 신분을 고치거나 혹은 왕후 궁중에 아부하여 간교한 말로써 정치를 어지럽게 하고 또 그렇게 함으로써 재변을 초래하는 자가 반드시 있을 것이다. 그러므로 이 지방 사람들은 비록 양민이라 할지라도 관직을 주어 정치에 참여하게 하는 일이 없도록 하라! 아홉째로, 백관의 녹봉은 나라의 대소에 따라 일정한 제도를 마련하는 것이니 현재의 것을 증감하지 말라! 또 옛 문헌에 이르기를 공로를 보아 녹봉을 규정하고 사사로운 관계로 관직을 주지 않는다고 하였으니 만일 공로가 없는 사람이나 친척이나 가까운 사람으로서 헛되이 녹봉을 받게 되면 다만 아래 백성들이 원망하고 비방할 뿐 아니라 그 사람 자신도 역시 그 행복을 길이 누릴 수 없을 것이니 마땅히 엄격하게 이를 경계해야 한다. 또 우리는 강하고 사악한 나라(거란)가 변방으로 되어 있으니 평화 시기에도 위험을 잊어서는 안된다. 병졸들을 보호하고 돌보아 주어야 하며 부역을 면제하고 매년 가을에 무예가 특출한 자들을 검열하여 적당히 벼슬을 높여 주라! 열번째로, 나라를 가진 자나 집을 가진 자는 항상 만일을 경계하며 경전과 역사 서적을 널리 읽어 옛 일을 지금의 교훈으로 삼는 것이다. 주공은 큰 성인으로서 '無逸(무일)' 일편을 성왕에게 올려 그를 경계하였으니 마땅히 그 사실을 그림으로 그려 붙여 드나들 때에 항상 보고 자기를 반성하도록 하라!

이 열 가지 훈계 끝에 일일이 '마음 속에 간직하라(中心藏之)'는 네 글자를 붙여서 후대의 왕들로 하여금 서로 전하면서 보배로 여기게 하였다. 이 훈요십조를 보면, 고려인의 의식을 사로잡고 있었던 사상이 크게 세 가지라는 것을 알 수 있다. 하나는 오래 전부터 면면히 이어져 내려온 토착신앙이다. 물론 이것은 풍수지리설이나 도교적 요소와 결합하여 산악숭배 사상이 되기도 하였고, 불교와 접목하면서 묘청과 같은 사람이 나타나 천도운동을 벌이는 데에 토대가 되기도 하였다. 다른 하나는 유학이다. 이 유학은 모든 학문의 기초 교양이다. 비록 승려가 되거나 풍수지리가가 되거나 간에 이것은 기초이다. 그러나 유학은 고려에서 통치술의 내용이 되기는 하였지만 고려인의 깊숙한 정신에는 별로 영향을 주지 못하였다. 고려에서 유학은 실용적이고 현실적인 것으로 간주되었다. 세번째로 들 수 있는 것이 불교이다. 이 불교는 성리학이 수용되기 이전까지 고려인의 삶의 의식의 구석구석까지 침투되어 있었으며 특히 상례와 제례에 깊은 영향을 끼쳤다. 물론 이 각각은 따로따로 기술되어 있지만, 하나의 총체로서의 고려인의 마음을 구성하고 있는 세 가지라고 보아야 한다. 그 각각은 고려인의 정치, 교육, 그리고 종교에 관한 생각을 담고 있는 것으로서, 고려인의 마음이라는 것은 이 세 가지가 한데 어우러져 있는 모습을 가리킨다고 말할 수 있을 것이다. 고려시대에 있어서 불교는 고려인의 삶을 근본적인 수준에서 고양시키는, 삶의 추진력으로 작용하였으며, 유학은 불교의 삶의 이상을 현실적 수준에서 실현시키기 위한 정치이념으로 작용하였다.

먼저, 삼국시대에 전래된 이후로 통일신라 시대에 이르는 오랜 시간을 거치는 동안에 불교는 왕과 귀족으로부터 백성들에 이르기까지 모든 계층에 속하는 인간들의 삶 전체에 깊숙이 파고 들어와 있게 되었다. 구체적으로 말하여, 불교의 교리 중에서도 업보설에 대한 신봉은 고려인의 삶의 기저를 이루는 것이었다. 고려에서 국가적으로 신봉하였던 「금광명경」에 의하면, 악행을 제지하는 의무를 실행함으로써 왕이 되는 것이지 출신, 자질 등에 의해서 왕이 되는 것이 아니며 천민이라도 그러한 행위를 하면 곧 왕이 될 수 있다고 말하고 있다.[1] 이와 같이 업보설은 현세의 행위에 따라서 신분의 변화를 포함한 인간의 변화가능성에 보다 초점을 맞추고 있는 것이다. 고려의 백성들은, 현세에서 겪는 자신들의 비참한 처지와 고통은 운명적으로 지속되는 것이 아니라, 자신들의 행위와 노력에 의해서 극복되고 변화될 수 있다는 희망을 뒷받침해 주는 힘으로써 업보설을 받아들였을 것이다. 그 예로서 현실에서 자신과 사회의 개조를 통해 자신들의 문제를 해결하고자 하는 미륵신앙의 유행은 이와 같은 측면을 잘 반영하고 있다. 더 나아가 지배층의 극심한 수탈과 억압에 반항하거나 침략자에 저항하는 농민과 노예들의 빈번한 투쟁도 그 일환이라고 볼 수 있을 것이다.

고려인의 삶의 마디마디에는 불교가 맞닿아 있었다.[2] 삶이 현세로 단절되지 않

---

1)「금광명경」, 범본 제십삼품 제십삼송.
2) 丁永根, '고려불교 신앙의 전개양상과 생활세계', 한국정신문화연구원(편), 「한국사상사대계」(3), 1991, p.266.

고 전세—현세—후세로 이어지면서 행위에 따라 그 질이 결정된다는 삼세인과응보설은 백성들로 하여금 극심한 고난과 역경에도 불구하고 삶을 포기하지 않고 적극적으로 살아가도록 하는 삶의 추진력으로 작용했을 것이다. 또 그들은 현실의 삶 속에서 제기되는 여러 가지 문제와 욕구를 불교를 통해서 해결하고자 하였다. 즉, 그들은 불교신앙을 통해서 질병, 가난, 전쟁 등의 재난을 물리치고 건강, 부귀, 평안을 구하고자 하였다. 특히 고려시대의 사람들은 노후의 생애를 불교에 귀의하거나 심취하여 지내는 경우가 많았으며, 절에서 마지막 운명을 맞이하고자 하는 경우가 많았다. 고려인들은 사체의 보관과 처리 과정에서 향을 피운다거나 화장을 하는 등의 불교식 방법을 따랐으며, 사원에서 제를 올림으로써 망인이 극락왕생하기를 기원하였던 것이다. 고려시대의 불교는 재래신앙의 요소와 토착적인 요소까지를 포괄하여 고려인들이 자신들의 삶을 밀고 나아가는 힘으로 작용하였다.

불교적 내용을 갖고 있지만 재래의 토속신앙에 기반을 깔고 있고, 의식 절차마저도 토속신앙 의례를 기본틀로 하고 있는 대표적인 행사가 연등회와 팔관회이다. 이 두 가지는 태조 왕건의 훈요에도 언급되어 있다. 이 행사들은 국가가 주관했으며, 또한 그 실행 횟수가 가장 많았다. 이 행사는 매년 2월 15일 혹은 1월 15일에 시작하여 3일간 열린다. 이 연등회는 재래의 농경의례에 의한 민속적인 연중행사를 기본으로 하며, 그 절차도 조정의 통상의례에 따른다. 이 행사는, 불교적 등공양 의례로 해석되고 거기에 축제적 요소가 4월 8일 불타탄신일 또는 불교사원의 건립 등과 연관되어 등장함으로써, 널리 전국 각지에서 행하여지는 일반화된 풍속으로 자리를 잡았던 것이다. 그리고 매년 11월 15일 혹은 10월 15일을 전후하여 3일간 열리는 팔관회는 天靈(천령), 산천, 용의 신 등을 섬기는 의식절차에 있어서는 연등회와 다르지 않았다. 이것은 재래신앙과 불교적 수행방법인 팔관제회가 서로 어우러진 결과이지만, 고려인에게 그것은 금욕수행의 불교적 색채보다는 고려인에게는 일종의 축제와 같은 성격을 띠고 있었다.

이미 앞에서 말한 모든 것들의 출처는 경전이다. 불교의 경전에는 부타가 설한 종교적 진리의 내용이 담겨 있었다. 그러나 문제는 경전의 내용이 어려워서 일반 백성들은 가까이 할 수 없고 또 가까이 하지도 않는다는 데에 있었다. 이것을 짐작하고 있었기 때문에 경전 끝에는 언제나, 경전을 읽거나 간직하고 베껴쓰는 행위 자체가 일종의 매력을 가지고 있는 것으로, 즉 여러 가지 세간적 이익을 가져다 주는 것으로 기록되어 있다. 고려에서는 경전을 신앙의 대상으로 하는 행사가 성행하였는데, 구체적으로 「고려사」에는, 「인왕경」(118회), 「금광명경」(29회), 「화엄경」(12회), 「법화경」(3회), 「반야경」(14회), 「약사경」(3회), 「능엄경」(1회) 등의 강좌법회가 열렸다는 기록이 나와 있다. 특히 「인왕경」은 반야의 지혜를 완성하고 그것을 현실생활에서 널리 실천하도록 하는 경전이다. 이를 적극 권장하기 위하여, 이 경을 독송하면 국토의 온갖 재난과 외적의 파괴를 막아주고 중생들에게 복을 지켜주며 온갖 재앙으로부터 보호해 준다는 등 공덕이 무량함을 말하고 있다. 이로써 「인왕경」에 대한 신앙은 고려인의 의식 속에 깊이 파고 들고 있었다는 것을 알 수 있다. 또한 이것으로 보아 팔만대장경의 완성은 결코 우연이 아님을 알 수 있을 것이다.

불교가 종교라면 여기에서 필연적으로 따라오는 행위가 기도와 주술이다. 이것들의 일차적 목적은 기도에 의한 치병, 제액, 그리고 주술에 의한 善神(선신)의 가호력에 있다. 이러한 신앙행위는 정치적 동요와 사회적 혼란 및 외적의 침입이 심해질 수록 성행하게 된다. 불안한 민심은 어렵고 힘든 경전의 연구, 한적한 장소에서의 명상을 향하기 보다는 현실적 불안을 즉각 소멸해 준다는 주술적, 신이적 신앙으로 기울어지기 쉽다. 그러므로 일반백성들이 신비적 행위에 더 큰 관심을 가지는 것은 자연스러운 일이다. 예컨대, 고려의 불교가 후기에 이르러 세속과의 밀착도를 더해가면서 기도와 주술을 중심으로 한 신앙행사들이 많아졌던 것은 그 한 예에 해당한다고 말할 수 있을 것이다. 특히 일반대중들에게 유행했던 미타신앙, 관음신앙에 비추어 보면, 남녀, 노소, 귀천, 승속을 가리지 않고 누구나 아미타불과 관세음보살의 이름을 부르기만 하여도 그들의 영험한 힘을 빌어 현세의 여러 고통으로부터 벗어날 수 있을 뿐만 아니라 극락정토에 왕생할 수 있다는 믿음 때문에 불교는 일반서민과 백성들에게 깊이 파고들 수 있었던 것이다.

고려 불교에는 앞에서 언급한 세속적 경향만 있었던 것은 아니다. 세속적 경향이 강하게 나타나는 중에서도 불교신앙의 본질에 접근하는 신앙이 고려말까지 꾸준히 그 맥을 이어가고 있었다. 예컨대, 「고려사」에는 왕들이 보살계를 받은 것에 관한 기록이 공민왕에 이르기까지 60여 차례나 나타나고 있다. 보살계 수여식은 스스로 계율을 준수하고 보살이 되어 중생을 구제할 것을 맹세하는 의식이다. 여기에는 순수한 자기 수행의식이 강하게 작용하고 있다고 보아야 한다. 계라는 것은 강제로 부과되는 것이 아니라, 스스로 잘못과 죄를 범하지 않겠다는 다짐에서 받아들이는 것인 만큼 자율적 규범에 속하는 것이다. 왕이 스스로 계를 받는 의식을 거행했다는 사실은 불교의 본래의 수행정신을 만천하에 고하고 백성들도 이를 본받으라는 교육적 의미를 지니고 있다. 즉, 불교신앙에 의해 자신을 정화하고 자기 생활을 규율하라는 것은 귀족이나 일반백성들의 신앙태도에도 많은 영향을 끼쳤을 것이다. 참회라는 불교의 수양중심적 신앙행위가 고려 불교 전반에 걸쳐서 시행되었다는 증거는 화엄삼매회도장, 천태예회법 등의 이름이 전해지고 있다는 데에서 찾을 수 있다. 또한 화엄종과 천태종에도 참회라는 신앙행위가 있었다는 것을 알 수 있다. 稱名念佛(칭명염불)이 기본적으로는 타력에 의존하는 것이지만 자기수행의 행위로 전환될 수 있음을 보여주는 것은 普愚(보우, 1301-1382년)와 懶翁惠勤(나옹혜근, 1320-1376)에서였다. 보우에 있어서 염불은 단순한 염불이라기 보다는 선종의 공안과 유사한 것이었다. 말하자면 염불은 自性(자성)의 발견과 다르지 않은 것이었다. 나옹의 경우도 염불은 망념의 방편이므로 무념염불이라고 할 수 있다. 따라서 이것은 자력적 선수행과 같은 것으로서 염불의 성격을, 타력에 의존한 복락에서 한걸음 나아가 불교의 자력수행이라는 신앙의 본질에 접근하려는 노력으로 파악한 것이라고 볼 수 있다. 미륵신앙은 말세 상태의 인간이 계율을 수지하고 선을 추구하여 자신과 세계를 정화할 때 모든 문제가 해결되는 용화세계가 실현된다는 신앙이다. 이것은 사후가 아닌 현실에서 즉각 여러 사람의 협동을 통해 이상을 실현하고자 하는 개혁의지를 담고 있으므로 백성들에게 광범위하게 침투되어 구체적, 집단적 힘을 발휘할 수 있었다. 그러나 고려에서의 미륵신앙은 스스로를 미륵이라 참칭하거나 미륵을 염원함으로써 이득을 노리는 행위로 변질되어 있었던 것으로 생각된다.

불교의 또 하나의 목표는 깨달음을 얻어 중생을 구제하는 데 있다. 구제의 본래의 의미는 정신적인 평안함에 있다. 더 나아가 불교는 인간다운 생활영역의 확보를 추구하였다. 따라서 사회적 구제가 없는 구제를 논의하는 것은 현실적 의미가 없게 되는 것이다. 이러한 관점에서 볼 때 불교는 그 근본사상을 자비에 두고 있다. 이 자비에는 동고동락하는 마음뿐만 아니라 복지를 추구하고 재난을 구제하는 행위 또한 당연히 포함된다. 고려시대에는 불교의 자비정신에 입각한 국가 단위의 구제의료기관으로 濟危寶(제위보), 東西大悲院(동서대비원), 惠民國(혜민국) 등의 기관이 있었다. 태조 23년 일주일에 걸쳐 열렸다는 無遮大會(무차대회)도 불교를 통한 구체적인 사회적 구제의 일환이라고 할 수 있다.

'화엄경의 십만 偈(게)가 천축에서 부흥됨은 오로지 용수 때문이요 신라에서 처음 시작됨은 오로지 의상 때문이요 고려에서 두루 퍼짐은 오로지 均如(균여) 때문' 이라는 말이 내려오고 있다. 균여(923-993)의 속성은 邊(변)씨로서 균여는 그 이름이다. 균여는 60여 권에 달하는 화엄관계 저술을 모두 방언인 이두로 주석하였다. 그 중 普賢十種願王歌(보현십종원왕가) 11수는 보현사상을 대중화하기 위한 것으로서 보현사상을 대중들이 즐겁게 받아들일 수 있도록 향가로 표현한 것이다. 이 향가는 대중 속에 놀랍도록 광범위하게 수용되어 일반 백성들 사이에 구송되는 것은 말할 것도 없거니와 심지어 치병에도 쓰였다고 한다.

마음의 붓으로 그린 부처님 앞에 / 절하옵는 이 내 몸아 법계의 끝까지 이르러라 / 속세마다 부처님의 절이요 절마다 모시옵는 / 법계에 가득찬 부처님 九世(구세) 다하도록 절하옵고 싶어라 / 아아 몸 마음 뜻을 꾸준히 닦아 여기 이제 부지런히 사무치리[3] (제1). 오늘 모든 무리가 '나무아미타불이시여' 라 사뢰는 혀에 / 끝없는 辯才(변재)의 바다가 한 생각 안에 솟아 나누나 / 속세의 헛된 것이 모시는 / 공덕의 몸을 대하겠삽기에 / 끝없는 덕의 바다를 부처로써 기리고 지고 / 아으 비록 한 터럭만큼도 / 부처님의 덕은 사릴 수 없어라[4] (제2). 부젓가락을 잡고 부처님 앞의 등잔을 고치려 들면 / 燈心(등심)은 수미산이고 / 燈油(등유)는 큰 바다를 이루는고나 / 손은 법계가 다하도록 합장하며 / 두 손에 불법의 공불로 법계에 가득 차신 부처께 / 부처님마다 다 함께 이바지하고 싶으니 / 아아, 공양이야 많으나 / 이것이 어와 가장 좋은 공양이로다[5] (제3). 자빠지어 보리를 향함이 어지러우매 / 지을 죄업은 법계나마 나옵니다 / 모진 버릇에 떨어진 三業(삼업)은 계행을 지키고서 / 오늘 무리의 돈연한 참회를 시방의 부처는 아옵소서 / 아아 중생계가 다하고 나의 참회도 다하여 / 오는 세상에선 길이 악업짓기를 버리고 싶구나[6] (제4). 迷悟(미오)가 하나인 / 緣起(연기)의 이치를 찾아 보고는 / 부처와 중생을 다 들어도 / 어디 내 몸 아닌 남이 있을까 / 닦으시던 頓悟(돈오)를 내가 지금 닦을지언정 / 얻는 사람마다 남이 없으니 / 어느 사람의 착함들이야 / 어찌 아니 기쁠 것인가 / 아아 이렇게 생각해 감에 / 질투의 마음 이르지 못하도다[7] (제5). 저 넓은 / 법계 안의 佛會(불회)에 / 나는 또 나아가서 / 법의 비를 빌었더라 / 무명의 흙 깊이 묻고 / 번뇌의 열로 다려냄에 의하여 / 착한 싹을 못 기르는 / 중생의 밭을 적셔 주심이여 / 아아, 보리의 열매가 싱그르고 / 覺月(각월)이 밝은 가을 달이여[8] (제6). 모든 부처께서 / 비록 변화하는 인연을 마치시었으나 / 손 모아 비비며 / 세상에 머무시기를 비옵노라 / 새벽이나 아침과 밤에 / 함께 향할 벗을 알았도다 / 이것을 알고 나니 / 길 잘못 든 모든

---

3) 禮敬諸佛歌.

4) 稱讚如來歌.

5) 廣修供養歌.

6) 懺悔業障歌.

7) 隨喜功德歌.

8) 請轉法輪歌. 均如, "普賢十願家", 精選韓國古典文學全集 ① 良友堂 1980, pp.105-159.

무리가 가엾기 그지없다 / 아아 우리 마음의 물만 맑으면 / 어찌 부처님 그림자 응하시지 않으리[9](제7). 우리 부처께서 / 사시던 세상을 닦으려 하옵시던 / 難行(난행)과 苦行(고행)의 願을 / 나는 돈연히 좇겠습니다 / 몸은 부서져 티끌이 되어 가는 것이니 / 목숨을 버릴 사이에도 / 그렇게 함을 배우리 / 모든 부처도 그렇게 하신 분이로이다 / 아아 불도를 향한 마음아 / 다른 길로 빗겨 가지 않도록 조심해라[10](제8). 부처님은 / 일체 중생을 뿌리로 삼으신 분이라 / 대비의 물로 적셔 있어 / 시들지 아니하옵더라 / 법계에 가득히 꿈실꿈실하는 / 나도 부처와 同生(동생)이요 同死(동사)니 / 一念(일념)으로 잇고 이어 끊임없이 / 부처가 하듯이 중생을 공경하리라 / 아아 중생의 마음이 편안하다면 / 부처께서 또한 기뻐하시리로다[11](제9). 내가 닦은 / 일체의 善을 돌이켜서 / 중생의 바다 안에 / 방황하는 무리가 없도록 알리고 싶구나 / 부처의 바다가 이룩되는 날에는 / 참회하고 있는 모진 업도 / 法性宮(법성궁)의 보배라고 / 예로 그렇게 이르셨도다 / 아아 예드리는 부처도 / 내 몸이어니, 어와 그 무슨 남이 있을까?[12](제10) 중생의 세상이 다하면 / 내 소원도 다할 날 있으련가 / 중생을 일깨움이 깊고 너른 나의 소원인가 / 이 다지 큰 願을 세우고 이렇게 나아가니 / 향하는 대로가 착한 길이로다 / 어와 보현께서 행하신 願이 / 또한 부처의 일이고나 / 아아 보현의 마음을 알고서 / 이로부터 딴 일은 버리고져[13](제11).

이 노래들은 지적 수준이 낮은 백성들로 하여금 어려운 경전으로는 배울 수 없는 것을 깨닫도록 하기 위한 것이다. 이 노래에 담겨 있는 내용은 세속적인 목적에 봉사하는 타력신앙이 아니라 자력적 수행으로 청정한 마음을 닦아 세상을 살도록 하는 데에 이바지하도록 구성되어 있다.

이와 같은 방식으로 보아 고려사회 전체에 불교가 보편화되어 있었다고 볼 수 있다. 또한 이것으로 보아 불교가 민속으로 들어와 있었음을 짐작해 볼 수 있다. 달리 말하면 불교의 민속화는 불교의 보편화의 필연적인 귀결이라는 것이다. 고려사회에 담겨 있는 불교의 민속화는 농경사회의 농경의례와 계절적으로 결합되어 있다. 구체적으로 정월 명절, 2월 연등, 3월 삼짓, 4월 초파일, 5월 단오, 6월 유두, 7월 칠석과 백종, 8월 추석, 9월 구일, 10월 상달, 11월 동지 등의 연중행사는 불교의례와 긴밀히 결합되어 있다. 특히 고려사회에서 눈에 두드러지게 나타나는

---

9) 諸佛往世歌.
10) 常隨佛學歌.
11) 恒順衆生歌.
12) 普皆廻向歌.
13) 總結无盡歌.

것으로서 1월과 2월의 연등행사와 10월과 11월의 팔관회 행사는 풍년기원제와 추수감사제로서의 성격을 가진 축제 행사에 불교가 녹아들어간 것이다. 고려인들은 이와 같은 행사를 지내는 동안에 그들만이 가질 수 있는 '마음의 결'을 형성하였을 것이다.

이상에서 보듯이, 고려사회에서 불교가 고려인들의 삶을 이끌어 가는 삶의 이상을 제시하는 역할을 하였다면, 유학은 현실 정치의 이념과 관련되어 있었다. 고려 유학의 기본방향이 맹아적인 형태로 나타나 있는 것은 고려왕조의 시조인 태조 왕건이 손수 지은 훈요십조이다. 즉, 훈요의 제9조의 '제후와 신하의 녹봉은 나라의 크고 작음을 보아 제정하되 함부로 증감하지 않는 법이다' 라는 것이나 제10조의 '널리 經史(경사)를 참조하여 옛 일을 거울삼고 오늘을 경계하라' 는 것은 그 점을 보여 주고 있다. 훈요십조에 언급되어 있는 유학이 어떤 의미를 지니고 있는가 하는 것은 고려가 건국 초기에 무엇보다도 왕권 강화를 필요로 하고 있었다는 점과 관련되어 있다. 고려는 호족의 연합으로 이룩된 나라라고 할 수 있다. 이런 상황에서는 왕권을 강화할 필요가 있었을 것이다. 물론 갑자기 왕권을 강화하기는 어려웠을 것이지만 어차피 왕권을 강화하기 위해서는 三代(삼대)를 이상으로 하는 선왕적 왕도론에 근거한 복고적 정치사상이 필요했을 것이다. 이것이 바로 유교를 언급한 이유일 것이다. 구체적으로, 태조의 즉위조서의 '이전의 임금(궁예)의 폭정으로 천지가 불응하고 神人(신인)이 함께 원망하게 되자, 짐은 여러 신하들의 추대에 응하여 왕위에 오른 것이다' 라는 구절은 다름아닌 유교의 천명사상의 표현으로 이해될 수 있는 것으로서, 이것은 다시 태조 11년 견훤에게 보낸 답서에 보다 구체적으로 나타난다. 즉, '나는 위로는 천명을 받들고 아래로는 사람들의 추대를 물리칠 수 없어 과분하게도 장수의 權을 욕되게 하고 경륜의 기회에 나아가지 않을 수 없었도다' 라는 말이나, 태조 원년 9월의 '겸양은 예의 으뜸이요 공경은 덕의 근본이다' 라는 말은 그 점을 분명히 보여 주고 있는 것이다. 유교에 관한 태조의 이 생각은 그의 정치이념으로 나타났고 다시 이것이 교육정책으로 나타난 것은 지극히 당연한 일이라고 할 수 있다.

이 교육정책이 현실로 나타난 것이 바로 학교의 설립이다. 이 점에서 태조 13년(930)은 주목할 만한 해이다. '태조는 서경에 행차하여 학교를 설립했다. 수재 정악(廷鶚)을 서학박사로 임명하였으며, 따로 학원을 세워 6부[14]의 생도를 모아 가르쳤다. 뒤에 태조가 정악이 흥학에 공로가 있다는 말을 듣고 비단을 내려 권장하고, 醫(의), 卜(복) 二業(이업)을 더 설치했으며, 곡식 100석을 내려 장학재단인 學寶(학보)를 만들게 하였다'[15] 여기서 당장 문제가 되는 것은 학교와 학원은 두 개의 다른 교육기관인가 하는 것이다. 이 문제는「고려사절요」권1 태조 13년 동 12월조의 '서경에 행차하여 학교를 처음 설치하였다. 이전에는 서경에 학교가 없었다. 왕이 수재 정악에게 명하여 그 곳에 머물러 서학박사가 되게 하고 따로 학원을 창건하여 6부의 생도를 모아 가르치게 하였다'[16]는 기록에 의하여 확인된다. 이 기록에 의하면, 명백히 학교와 학원은 별개가 아닌가 하는 짐작이 든다. 다음으로 문제가 되는 것은 秀才(수재)와 書學博士(서학박사)는 무슨 일을 하는 사람들인가 하는 것이다. 이 질문에 답하기 위해서는 먼저 6부의 실체가 무엇인가 하는 것을 살펴 보아야 한다. 서경(지금의 평양)은 태조에게 대단히 중요한 의미를 지니는 곳으로서, 서경은 고구려가 망한 뒤부터 고려의 태조 왕건이 이 곳에 관심을 가지기까지의 수백 년 동안 거의 버려진 지역이었다. 그러나 태조가 보기에 이 곳은 바로 국토를 신장시킬 터전으로 무한한 가능성을 지닌 곳이었다. 이 때문인지는 몰라도 태조는 왕위에 오른 지 3개월만에 여러 신하들 앞에서 평양에 대한 특별한 관심을 보였다. 그 증거로는 다음과 같은 조치를 들 수 있다. 즉, '평양은 그 터전이 남아 있으나 오랫동안 황폐하여 가시덤불이 무성하므로 여진인들이 그 사이에서 사냥을 하고 이 곳을 근거로 고려의 변경을 노략질할 위험이 있으니 주민을 이주시켜 변방을 튼튼히 하기 위하여 왕식겸과 열평을 보내 지키게 하였다'[17]는 것이나, 태조 2년 10월에 평양성을 쌓고, 4년 10월에 서경에 행차한 것은 그 관심의 발로라고 볼 수 있는 것이다. 태조는 장차 이 곳을 수도로 삼고자 하였던 것이다. 이와 같은 의도 하에 태조가 서경에 학교를 설치한 것은 특별한 의미가 있다고 보아야 한다.[18]

앞에서 언급한 수재와 서학박사는 왕건이 특별한 의미를 부여하고 있는 서경

---

14) 六部는 西京管內를 총칭한 편의적인 호칭이다(하현강).

15) 行西京 創置學校 命秀才廷鶚爲書學博士 別創學院 聚六部生徒教授 後太祖 聞其興學 賜綵帛勸之 兼置醫卜二業 又賜倉穀百石 爲學寶,「高麗史」卷74 志 選擧2 學校 太祖 13年條

16) 幸西京 創置學校 先是西京未有學生 命秀才廷鶚 留爲書學博士 別創學院 聚六部生徒,「高麗史節要」卷1 太祖 13年 12月條.

17) 諭群臣曰 平壤古都 荒廢雖久 基址尙存 而荊棘滋茂 蕃人遊獵於其間 因而侵掠 邊邑爲害大矣 宜徒民實之 以固藩屛 爲百世之利 遂爲大都 護遣堂弟式廉 廣評侍郞列評守之,「高麗史」卷1 世家 太祖 元年 9月 丙申條.

18) 태조가 서경을 수도로 삼으려는 계획은 여러 가지 재해가 발생하였다는 이유로 무산되고 말았다.

학원과 관련지어 이해될 필요가 있다. 말하자면, 수재와 서학박사는 서경학원의 성격[19]을 파악하는 데에 중요한 실마리를 제공해 주는 것이다. 수재라는 칭호는 여러 가지 뜻을 포함하고 있다. 사전적 정의를 보면, 수재라는 말에는 미칭의 뜻, 과거급제자의 뜻, 서생의 뜻 등이 들어 있다. 그러나 고려 초기 수재에 대한 용례가 보이지 않기 때문에 당시 어떤 의미로 쓰였는지 전연 알 수가 없다. 구태여 추측하여 말한다면 '유학 내지 한학에 상당한 조예가 있는 뛰어난 선비' 정도가 아닌가 추측된다. 다만 하나 확실한 것은 정악이 서경학원의 서학박사에 임명되기 이전에 쓰이던 호칭이기 때문에 수재 그 자체는 서경학원의 직책과는 아무런 관계가 없다는 것이다. 다음으로 서경학원의 직책인 서학박사는 아마도 글씨 쓰는 법을 가르치는 직책이 아닌가 한다. 서경학원의 서학박사 정악은 수준높은 유학이나 문학을 담당했다기 보다는 행정실무에 필요한 기본적인 한문으로 글을 작성하는 수준의 유학을 가르쳤을 것이다. 추가로 설치한 의업과 복업도 결코 이 점과 무관한 것이 아니다. 서경경략이 시작된 지 불과 10년밖에 안되는 신생도시, 계속되는 후삼국의 각축전에서 따라오는 민심의 불안, 이런 사회에 절실히 필요한 것은 행정실무에 필요한 기본 한문교육, 병을 고치고 화복을 예언하는 醫業(의업)과 卜業(복업) 등이었음을 쉽게 짐작할 수 있다.

　서경에 학교가 있었다는 것으로 보아 수도 개경에는 말할 것도 없이 국학 수준의 학교가 있었다고 말할 수 있지만[20], 이 주장에 대해서는 반대되는 주장이 없는 것이 아니다.[21] 이러한 반대 주장의 근거는 다음과 같다. 즉, 첫째로, 당시로는 아직 전국의 학생들을 모집 관리할 지방통제 기능이 확립되지 못하였다는 것이며, 둘째로, 문관들 중에는 공무의 여가에 개인적으로 제자를 양성하는 이들이 많아, 元鳳省(원봉성), 翰林院(한림원), 光文院(광문원)(고려 초기에는 장래가 촉망되는 젊은 이들을 이들 기관에 소속시켜 학업을 연마케 하는 도제식 교육이 이루어지고 있었다) 등 文翰(문한)기관에 소속되지 못한 젊은이들은 수학하기를 원하기만 하면 얼마든지 배울 곳이 있었다. 적어도 개경은 교수자원이 다른 어느 곳보다 풍부하였다. 셋째로, 당나라 유학생 혹은 빈공과 합격자의 계속된 공급으로 외교문서 작성 등을 담당할 수준높은 문한인력들이 있었기 때문에 별도의 국학이 필요하지 않았다는 것이다. 그러나 지방학교에서는 행정실무에 필요한 인력을 양성하고 있었으며, 9

19) 朴贊洙, '고려시대교육제도연구', 고려대학교 대학원 박사학위 논문, 1991년, pp.24-26.
20) 이 주장에 관해서는 申千湜, 「고려교육제도사연구」, 형설출판사, 1983, p.17 참조.
21) 朴贊洙, 전게논문, p.31.

주 5小京(소경)을 중심으로 한 학원(서경의 학원과 같은 수준)이라는 교육기관 또한 그러한 관리를 꾸준히 양성하고 있었다. 이 후자의 주장을 따르면, 개경에 국학 수준의 학교가 있었다는 것은 충분히 짐작하고 남음이 있다.

태조가 즉위한 지 26년 만에(943) 세상을 떠나자 태자 武가 왕위에 올랐다. 이 사람이 바로 제2대 임금 혜종이다. 혜종은 즉위하자 호족세력과 왕실세력들로부터 충성을 받지 못했다. 더구나 그는 적대세력을 정면으로 분쇄할 만한 세력기반을 가지지 못했다. 그러던 중에 혜종은 결국 병을 얻어 즉위한 지 2년 9개월 만에 세상을 떠난다. 왕위 계승전에서는 왕실과 호족세력 및 호족출신 외척이 서로 얽혀 싸웠으며 마침내 최종승리를 거둔 이는 정종이었다. 정종은 자신의 비호세력인 王式廉(왕식염) 등을 동원하여 숙청을 단행하였다. 그러나 반발세력은 여전히 컸다. 정종은 재위 4년 만에 세상을 떠났다.

호족세력에 눌림을 받아오던 왕권은 광종조에 이르러 비로소 새로운 전기를 맞는다. 광종은 왕권의 강화를 위해 전생애를 바쳤다고 해도 지나친 말이 아니다. 그는 처음에는 온건한 방법을 쓰다가 왕 11년부터 무자비한 탄압을 가하면서 왕실강화를 위해 노력을 기울인 왕이었다. 사실상, 광종의 개혁정치 이후 왕권은 적어도 중앙에서만은 호족세력을 누르고 그 위에 군림할 수 있었다. 과거제도는 호족세력과의 투쟁과정에서 생겨난 하나의 방법이었다. 말하자면 과거제도는 특정 호족의 자제에게만 벼슬자리를 주는 것은 불만의 소지가 있기 때문에 과거선발이라는 잣대를 통해 인재를 선발하여 쓰겠다는 것으로서, 구체적으로 말하면 다음과 같다. 즉, '광종 9년 5월에 쌍기의 제의로 처음 과거제도를 설정하고 詩(시), 賦(부), 頌(송), 時務策(시무책)을 시험쳐서 진사를 뽑고 겸하여 明經(명경), 醫卜(의복) 등의 과도 뽑았다. 그리고 11년에는 다만, 시, 부, 송만 가지고 시험쳤고, 15년에는 다시 시, 부, 송, 시무책을 가지고 시험을 쳤던 것이다. 물론 시험과목은 시부가 중심이었으나 유교경전도 겸수해야만 했다. 이는 유학의 진흥과 교육발전에 획기적인 의미를 지닌다. 나라를 다스리는 관리를 한문학과 유학에 소양있는 학자로 충당한다는 것은 유교를 통치의 도구로 삼겠다는 것을 말해주는 것이다. 한편 벼슬살이를 기대하는 사람들에게는 자신의 공부목표가 뚜렷해졌다고도 볼 수 있다. 그러므로 과거는 고려사회의 유교적 전통을 확립하고 집권체제의 향방을 유교이념으로 재편하는 데 선도적 역할을 하였다.

광종을 이은 경종도 왕권을 강화하였다. 그러나 경종은 재위 6년 만에 세상을 떠나고 뒤이어 성종이 왕위에 오른다. 고려 초 이래로 유교이념이 지배체제의 현실적 정치이념으로 정착되어 오다가 그것이 제도화된 것은 성종대에서였다. 성종은 한마디로 말하여 고려의 국기를 안정시키고 학문과 문물을 크게 발전시켰으며 풍속과 사상을 개명시킨 현군이다. 그가 재위한 때는 이미 고려가 건국한 지약 60년이 지나 고려 건국 이전 사람으로서 고려를 움직이던 사람들이 이미 이 세상을 떠나고, 고려에서 나서 교육받고 자란 세대가 고려를 움직이는 자리를 차지할 때이다. 그야말로 이름 그대로 고려시대가 열리는 시기요, 고려 유학이 점차 형성되어 발전하려는 때였다. 사실상 고려 유학을 형성하는 데 중추적 역할을 한 사람은 첫째로 성종 자신이요, 둘째로는 경주계 유학자의 마지막을 장식한 최승로였다. 그리고 셋째로 최충이다.

우선 성종은 최승로의 시무책을 대부분 받아들여 국가 정책에 반영하였다. 그런데 최승로의 시무책은 유교 정치이념을 구현하는 것이었다. 최승로는 시무책 제20조에서 불교와 유교를 비교하여 다음과 같이 말하고 있다. '釋敎(석교)를 행하는 것은 수신의 본이요, 유교를 행하는 것은 치국의 근원입니다. 수신은 내세에 도움이 되는 것이요, 치국은 오늘의 중요한 일로서, 오늘은 지극히 가깝고 다가올 생은 지극히 먼 것인데 가까움을 버리고 먼 것을 구함은 또한 잘못이 아니겠습니까.' 과연 불교를 수신의 본이라고 하는 것은 무엇을 뜻하는가? 이 수신이 내세를 위한 것이라는 말은 수신이 극락을 위한 준비가 된다는 것을 뜻하는 것이리라. 그러나 유교는 치국의 근원이라고 하지만 이것 역시 인간의 몸과 마음을 닦는 것과 직결되는 것이 아닌가. 그렇다면 유교와 불교의 차이는 과연 어디에 있는가? 여기서 한 가지 유의해야 할 것은 불교는 내세에 관심이 있으나 유교는 현세에 관심이 있다는 것이다. 그러므로 교육과의 관련에서는 당연히 현세와 관련된 유교가 중시된다고 할 수 있을 것이다. 따라서 성종이 유교에 관심을 기울였다면 교육 또한 관심의 대상일 수밖에 없었을 것이다.

2. 고려 전기 학교제도의 변천

고려의 최고 교육기관인 국자감의 명칭이 역사책에 처음 나타나는 것은 성종 11년 12월이다. 그렇다면 이 국자감은 어떻게 성립되었는가? 성종은 유교 교육에 관심이 높았으므로 교육에 관한 모종의 흥학조치를 취했을 것이다. 그런데 성종대에 연대미상의 교육관련 기사—모든 주, 군, 현에서 학생을 뽑아 서울에 보내어 공부하게 하였다—가 있다. 이 조서를 내린 것은 분명히 성종 원년과 5년 7월 사이일 것이다. 그 시기가 정확히 언제인가 하는 데에는 여러 가지 설이 분분하다. 이 단서를 성종 5년 7월에 내린 조서에서 찾아 보기로 한다. 우선 그 내용을 보면, '내가 덕이 적음을 본래 부끄럽게 생각하나 그래도 유교를 숭상할 마음이 간절하여 주공과 공자의 풍교를 일으키어 요 임금과 순 임금의 정치를 본받고자 하여 학교에서 인재를 양성하고 과목으로 시험쳐 이를 뽑기로 하였다. 지금 여러 고을에서 올라온 학생들 중에 고향을 그리는 사람이 있을까 염려되니 모두들 남아 있든지 귀향하든지 편리한 대로 하라. 귀향하는 학생 207인에게 포 1400필을 주고, 남아 있겠다는 53인에게도 역시 복두라는 갓 106매와 쌀 265석을 줄 것이다'[22]라고 되어 있다.

여기서 우리가 궁금한 것은 260명의 학생들이 언제 지방에서 올라 왔는가 하는 것이다.[23] 당시의 여러 정황으로 보아 왕은 2년 2월 처음으로 12목에 지방관을 파견하였으므로 지방 통제를 강화하기 시작한 성종은 2–3년 동안 시급한 국사를 처리한 뒤, 흥학에 관한 어떤 조치를 내렸을 것이다. 그 시기는 대개 성종 4년 말 내지 5년 초로서 왕이 명령을 내려 왕 5년 3월경(성종 8년 3월에 실시한 과거에서는 급제자 수가 2내지 9배가 늘어났다. 국자감 3년 재학기간 이후에 응시자격을 주었으므로 여기서 소급하여 계산하면 이 날자가 나온다)에 지방으로부터 260명의 학생들이 올라왔을 것이다. 고향 집을 떠나 타향에서 3개월 내지 4개월 머물러 있었으므로 고향이 그리워질 시기이다. 그리하여 바로 이 思鄕之心(사향지심)으로 학업을 계속할 수 없는 사람은 돌아가도록 한 것이다. 그리하여 나머지 53명이 남아 학업을 계속하게 된 것이다. 여기서 다시 복두라는 갓을 하사했다는 것은 그들을 관인 후보생으로 대접했다는 뜻일 것이다. 이들이 바로 국자감의 첫 학생들이라고 보아야 한다. 그리고 돌아간 207명이 지방학교, 즉 향교의 구성원이 되었을 것이다. 이것은 다시 고려 관학교육의 시초이기도 하다. 성종 5년 초의 국자감 창설 당시 운영 책임자인 國子司業(국자사업)을 위시하여 교수직으로서 국자박사, 국자조교,

---

22) 教曰 朕素漸薄德 尙切崇儒 欲興周孔之風 冀致唐虞之理 庠序以養之 科目以取之 今諸州所上學
士 慮有思鄕之人 皆令從便去留 其歸寧學生 二百七人 可賜布一千四百匹 願留者五十三人 亦
賜幞頭 一百六枚 米二百六十五石,「高麗史」卷28志 選擧2 學校 成宗 5年 7月條.

23) 朴贊洙, 전게논문, pp.35–41.

태학박사, 태학조교, 사문박사, 사문조교가 있었고 행정실무자로서 국자주부가 있었다. 그리고 초기 국자감에의 입학은 백성 이상이면 가능하였고, 이들 자제로 배울 만한 나이에 도달한 청소년이면 제한이 없이 입학하였을 것이다. 여기에서 한가지 특이한 일은 성종 14년(995) 2월 내린 교서에서 '언제나 글 공부를 해야 하는 선비들이 한 번 과거에 통과한 뒤에는 공무에 바빠서 글을 폐하는 것을 나는 근심한다. 그러므로 이제부터 나이 50세 이하로서 아직 知制誥(지제고)를 지내지 못한 자들은 한림원에서 글제를 내어 매월 시 3편, 부 1편씩 지어 올리도록 하고 지방의 문관들은 자체로 글제를 내어 일 년에 시 30편, 부 1편씩 지어 計吏(계리)에게 올려 보낼 것이며, 한림원에서는 그것을 고시하여 나에게 보고하라'[24]고 한점이다. 이것은 과거에 합격한 관리의 교사화를 기한 것이라고 볼 수 있다. 사실이들은 공무를 마치고 퇴근하여서는 실지로 학생들을 사숙에서 가르쳤던 것이다. 이것은 다시 국자감의 쇠퇴와도 관련되어 있다. 고려 관리사회와 교육이 맞물리는 묘한 현상이다.

성종대부터 그렇게 흥학책을 독려하였으나 과거급제자수의 감축과 그로 인한 여러 가지 통제는 관학의 쇠퇴를 가져 오게 되었다. 구체적으로 말하면, 성종대에는 국자감을 세웠기 때문에 거기서 공부한 학생들이 상당수 과거에 급제하였다. 그러나 현종, 덕종대에 와서 급제자 수가 급격히 하강하였다. 현종대에 두 번에 걸쳐 있었던 거란침입과 이에 따른 국내정세의 불안이 그 원인이라고 볼 수도 있지만, 그것보다는 과거정책의 전환이 더 큰 원인이었다고 볼 수 있다. 사실 지금까지 주로 합격한 사람들은 지방출신에 그것도 집안이 그리 높지 않았던 사람들의 자제였다. 이것을 이제는 막아야 한다는 생각이 작용하였다. 그리하여 鄕貢(향공)이나 향공의 주류였던 국자감생들의 관계진출을 막으려는 것이었다. 여기에는 중앙귀족들의 압력도 작용했다고 보아야 한다. 더구나 지방에서 낮은 집안의 자제들이 국자감의 학생들로 들어온 반면 명문대가의 자제들은 이 곳에 들어오기를 꺼렸다. 그것은 시설도 자기 집보다 못하고 교수 또한 명문대가에서 초청하는 교수보다 못했기 때문이었다. 또 한편 과거시험 과목을 통해서 통제가 이루어졌다. 지방출신의 집안이 낮은 자제들이 모인 국자감에서는 유교경전을 가르치고 그것을 시험보는 데에는 별 지장이 없었다. 그러나 國子監試(국자감시)라는 것을

---

24) 予恐業文之士 纔得科名 各牽公務以廢素業 其年五十以下 未經知制誥者 翰林院出題 令每月進詩三篇賦一篇 在外文官 自爲詩三十篇賦一篇 歲抄附計吏 以進翰林院 品題以聞,「高麗史」卷3 世家 成宗 14年 2月 己卯條.

신설하여 여기에 시와 부가 추가되었다. 이 과목들은 훌륭한 교수가 소수의 인원에게 집중적으로 지도하여야 하는 과목들이다. 국자감에서는 명문대가의 자제들을 가르치는 사숙을 따를 수 없었던 것이다.

이와 같은 원인들 때문에 현종과 덕종대에 국자감 출신의 과거합격자 수가 급격히 하락하였던 것이다. 그리하여 국자감은 학업을 연마하는 교육기관이라기 보다는 국자감에 적을 걸어놓고 과거 때가 되면 모였다가 흩어지는 대기소와 비슷한 곳으로 되었다. 여기에 정종 2년 7월에 와서 입학 후 만 3년이 지나야 비로소 국자감시에 응시할 수 있도록 하는 규정이 마련되었다. 이 규정은 국자감 학생에게만 적용되는 것이지, 일반 응시생들에게 해당되는 규정은 아니었다. 그러므로 이 규정은 순기능보다는 역기능으로 작용하였다. 말하자면 국자감을 기피하게 되는 원인으로 작용하였던 것이다. 더욱 이 규정은 국자감의 쇠퇴의 원인으로 작용한 것이었다. 문종은 보다 못해 1063년 8월에 명령하기를 '국자감 학생들 중에 학업에 태만하는 자가 많으니 그 책임이 교수에게 있다. 지금부터는 그들을 특별히 장려하고 연말에 그 성적을 비교하여 학생을 내쫓거나 계속 학업을 하도록 하는 결정을 내리라'[25]고 하였다. 이와 같은 조치도 별 효과를 보지 못했다. 그 다음 임금인 숙종 7년(1102)에 재상 邵台輔(소태보)를 위시하여 여러 신하들이 제의하기를 '국학에서 선비를 양성하는 데 경비가 적지 않게 드니 실로 백성에 대한 피해이며, 또한 중국의 법을 우리나라에 실행하기 어려우니 바라옵건대 이를 폐지시켜 주십시오'[26]라고 하였다. 왜 이들은 이와 같은 건의를 하였을까? 우선 지적할 수 있는 것은 당시의 국자감이 그 본래의 목적에 충실하지 못하였다는 것, 둘째로 국자감 재학생들이 대부분 귀족이나 勳戚(훈척) 등 당시의 지배계층의 자제들이 아니었을 것이라는 것, 셋째로 국자감에는 별 볼일 없는 학생들이 학업도 제대로 하지 않으면서 기거하고 있었다는 것, 넷째로 국자감을 대신해 줄 만한 별도의 교육기관, 예컨대 사학 12공도와 같은 교육기관이 있었다는 것 등일 것이다.

이 문제들을 해결하는 방법으로는 국자감을 개혁하는 정책 이외의 다른 방법이 없었을 것이다. 이 일은 예종에 의하여 가능하였다. 예종은 유교를 정치이념으로 한 임금이었다. 그는 經筵(경연)에 참석하여 「노자」를 중심으로 하여 「서경」과

---

25) 制國子監諸生 近多廢業 責在學官 自令精加勉勵 至年終較臧否 定去留儒生在監, 「高麗史」 卷74 志 選擧2 學校 文宗 17年 8月條.

26) 宰相邵台輔等奏 國學養士 糜費不貲 實爲民弊 且中朝之法 難以行於我國 請罷之, 「高麗史」 卷74 志 選擧2 學校 肅宗 7年 6月條.

「예기」를 배운 것으로 알려져 있다. 이것은 고려의 왕으로서는 특기할 만한 사항이다. 예종은 자신의 일 중에서 국학교육의 정상화를 급선무로 삼을 만큼 유학 중심의 교육제도를 확립하려고 한 사람이었다. 예종 2년의 '학교를 세우고 어진 이를 양성하는 것은 하, 은, 주 삼대 이래 정치의 근본이다. 그런데 책임 맡은 자들의 의논이 아직 결정되지 못하였으니 응당 급속히 실행하여야 할 것이다'[27]라는 말은 그 점을 보여 주고 있다. 이 명령이 있은 지 2년 후 예종은 국학에 「주역」을 전공하는 麗擇齋(여택재), 「상서」를 전공하는 待聘齋(대빙재), 「모시」를 전공하는 經德齋(경덕재), 「주례」를 전공하는 求仁齋(구인재), 「戴禮(대례)예기」를 전공하는 服膺齋(복응재), 「춘추」를 전공하는 養正齋(양정재), 武學(무학)을 전공하는 講藝齋(강예재) 등의 7재(齋)—전문 강좌—를 설치하였다. 이와 같은 조치에는 몇 가지 중요한 의미가 담겨 있다.[28] 즉, 첫째로 사학이 성행하면서 위축되었던 중앙의 관학이 정상을 되찾았다는 것이며, 둘째로 경전을 중시함으로써 製述(제술)을 강조하던 교육이 균형을 이루도록 했다는 것이며, 셋째로 국자감 학생들에게 각종 특전을 부여하자 국자감이 다시 권위를 되찾았다는 것이며, 넷째로 武가 새롭게 강조되었다는 것이다. 그러나 이 전문 강좌는 뒤에 문신들의 반대에 부딪쳐 폐지되고 말았다.

여기에서 반드시 확인해 보아야 할 것은 7재와 국학의 관계가 무엇인가 하는 것이다. 과연 7재는 국학이 개편 조직된 것인가, 아니면 7재는 국학보다 우위에 있는 학제인가, 그것도 아니면 7재는 국학편제가 증편된 것인가? 예종은 교육개혁의 조치로 7재를 두었다. 국학생들 중에는 7재생으로 선발된 국학생들도 있었고, 탈락한 국학생들도 있었을 것이다. 탈락한 학생들은 기득권을 인정받아 재차 응시하여 7재에 들어갈 수 있었다. 이것으로 보아 국학은 7재와 그 예비과정의 이중구조로 되어 있다고 말할 수 있으며, 이 7재는 바로 국학의 예비과정에서 선발되는 최고 수준의 학부에 해당하는 것이다.

기록상으로 보면, 인종시대에 式目都監(식목도감)이 학식을 제정한 것으로 알려져 있다. 이 학식은 당나라 제도를 모방하고 있는 것으로서, 그 주요 골자는 이미 成宗(성종) 때 성립된 것으로 보인다. 성종 때만 하더라도, 송의 문물을 왕성하게 받아들이던 예종 때와는 달리, 당의 문물제도가 가장 왕성하게 받아들여진 시

---

27) 制曰 置學養賢 三代以降 致治之本也 而有司議論未定 宜速疾施行,「高麗史」卷74 志 選擧2 學校 睿宗 2年條.

28) 朴贊洙, 전게논문, p.60.

기였다. 인종대에 제정한 학식은 성종대에 기틀이 다져진 학식을 다시 정리한 것으로 보인다. 이렇게 보면, 인종대의 학식은 당의 제도를 근간으로 하고 그 운영에 있어서는 송나라의 방식을 따르는 것이었다고 말할 수 있을 것이다.[29]

고려의 학식 중에서 우선 삼학―國子學[30](국자학), 太學(태학), 四門學(사문학)을 검토해 보면 다음과 같다. 국자학, 태학, 사문학의 입학자는 각각 문무관 3품 이상의 자손, 5품 이상의 자손, 7품 이상의 자손으로 제한되었지만, 그 교육내용은 동일하였다. 결국, 삼학은 할아버지와 아버지의 관작에 따른 구분을 가리킨다고 볼수 있다. 만약 이 학식이 그대로 시행되었다면, 고려사회는 교육에 분화된 신분체계가 철저하게 적용된 대표적 사회라고 보아야 할 것이다. 그러나 과연 고려사회가 분화된 신분체계를 바탕으로 하는 철저한 신분사회였는가 하는 문제도 있지만, 몇 가지 사료[31]에 의하면, 학식과 그 실제운영이 일치하지 않았다는 것을 알수 있다.

먼저, 태학은 국자학과 다른 교육기관이라기 보다는 국자학의 다른 이름을 가리키는 것으로 받아들이는 것이 정당할 것이다. 태학은 7재 중에서 무학을 제외한 나머지 6재를 지칭한다. 7재는 예종이 뭇 신하들의 반대를 물리치고 '현명한 인재를 기르는 것이 다스림의 근본이다' 라는 확고한 신념에 따라 설립한 최고학부라는 점에서, 태학 이외에 상위의 학교가 실지로 존재했다고 보기는 어려운 것이다. 태학은 6재로 이루어진 최고학부였다. 이것으로 보더라도, 고려의 학식은 하나의 형식적 제도로 존재하였을 뿐 그 운영에 있어서는 그대로 이루어지지 않았다고 보아야 한다. 실지로, 학식은 학생들의 신분과 정확하게 일치하지는 않았던 것으로 보인다.

사문학 또한, 禮部試應擧(예부시응거) 자격이 있는 四門進士(사문진사), 과거에 급제하고 받는 교직으로서의 四門助教(사문조교), 예종, 인종대의 사문태학박사 등의 말이 문헌에 자주 나타나는 것으로 보아 실지로 존재한 학식이라고 보기 쉽지만 과연 사문학이라는 학식이 실지로 운영된 것인지에는 의문의 여지가 있다. 사문태학박사의 경우, 그것은 고려 국자감 전성시대에 나타난 것으로서, 관직을

---

29) 「舊唐書」 志 卷 24 職官 3, 그리고 「新唐書」 志 卷 38 百官 2 國子監條 참조.

30) 국자학의 명칭은 처음에 국자감(성종-충렬왕 1년)이었다가 국학(충렬왕 1-24년), 성균감(충렬왕 24-34년), 성균관(공민왕 11년-고려 말)로 바뀌었다. 이러한 변화는 학교운영에 있어서 일정한 변화를 시도하였다든가 중국 제도와의 차별화를 위한 조치가 필요하였다는 점을 시사한다.

31) 「한국금석총람」, 「한국금석추보」 등등.

가리키는 것이라기 보다는 學官(학관)을 통칭하여 부르는 이름에 지나지 않았던 것으로 보인다. 사문태학박사라는 벼슬은 고려의 관직을 잘 보여 주는 百官誌(백관지) 등에서도 확인되지 않는 것이다.

학식에 의하면, 「논어」와 「효경」은 공통필수이고, 「주역」, 「상서」, 「주례」, 「예기」, 「모시」, 「춘추좌씨전」, 「공양전」, 「곡량전」, 「의례」를 각각 하나씩 선택하여 전공하도록 하였다. 「논어」와 「효경」이 공통필수 과목으로 된 것은 아마도 신라 신문왕 시대의 국학에서 그 전통을 이어받았기 때문일 것이다. 「논어」에는 주로 국가와 개인 간의 관계가 강조되어 있고, 인간의 가장 중요한 품성인 인의예지에 관한 것이 논의되어 있다. 그리고 「효경」에는 주로 자식과 부모의 관계, 즉 효가 자세히 규정되어 있다. 「논어」와 「효경」이 필수교과목으로 받아들여진 것은 한편으로 개인 자신과, 다른 한편으로 개인 위에 존재하는 두 가지 양태로서의 국가와 부모에 관한 것을 국자감에 들어오면 누구나 반드시 연구해야 한다는 것을 의미한다. 이에 비하여 「주역」, 「상서」, 「주례」, 「예기」, 「모시」, 「춘추좌씨전」, 「공양전」, 「곡량전」, 「의례」 중에서 각각 하나씩 선택하여 전공하도록 한 것은 그 과목들이 분량과 난이도에 있어서 상당한 차이를 보인다는 것을 인정하고 각각 자신의 수준에 맞는 내용을 배울 수 있도록 하려는 조치라고 볼 수 있다. 수업연한으로 보아, 「논어」, 「효경」은 모두 1년씩, 「상서」, 「공양전」, 「곡량전」은 각각 2년 반씩, 「주역」, 「모시」, 「주례」, 「의례」는 각각 2년씩, 「예기」, 「좌전」은 각각 3년씩 공부하게 되어 있었다.(수업연한의 하한선은 3년이었지만 9년 동안으로 연장될 수도 있었다.) 과연 학생들이, 예컨대 「예기」 하나만으로 3년 공부한다는 것이 어떤 것이며 그것이 어떻게 가능한가 하는 것은 매우 궁금한 문제이지만, 안타깝게도 그것에 관한 자료는 남아 있지 않다.

당시 국학의 수업모습을 짐작하게 해주는 것으로서, 인종 15년 9월에 門下省(문하성)에서 제의한 것으로 보이는 '국학, 6재의 학생들은 각각 배우고자 하는 대소 경서를 가지고 강당에 들어가면 박사와 學諭(학유)가 경전을 가지고 등단하여 강의하는데, 학생들은 매일 5명을 넘지 못하게 하며, 매인의 질문도 두 문제를 넘지 못하게 하고, 조용히 논란하며 의혹을 해명하여 깨닫게 해야 한다'[32]는 기록을 들 수 있다. 여기서 우리의 눈길을 끄는 것은 '조용히 논란하며 의혹을 해명하

---

32) 門下省奏 國學六齋諸生 各持所講大小經升堂 博士學諭 執經升講 每日不過五人 每人不過二問 從容論難 悟疑辨惑, 「高麗史」 卷74 志 選擧 學校 仁宗 15年 9月條.

여 깨닫게 해야 한다(從容論難 悟疑辨惑)'는 기록이다. 한퇴지의 師說(사설)에는 다음과 같은 말이 있다. 즉, '옛날에는 성인, 현인 할 것 없이 배우는 자라면 반드시 스승이 있었다. 스승이란 옛 성인의 도를 전해 주고 육경, 문학 등 옛 성현의 글을 가르쳐 주며, 사람의 마음 가운데 바른 도리에 눈을 가리는 의혹을 풀어 주기 위하여 존재한다 — 사람이 진실로 나면서부터 도를 아는 것이 아닐진대 이 세상에 그 누가 의혹이 없을 수 있겠는가! 사람의 마음 가운데 의혹이 있는 한, 반드시 스승을 찾아 그 의혹을 풀어야 한다. 만약 의혹을 두고서도 스승을 찾아 배우지 않는다면 그 의혹은 끝내 풀지 못하고 말 것이요, 따라서 영원히 사리에 어두워 헤어나지 못하게 되는 것이다.' 아마 문하성의 제의도 이것에 바탕을 두고 말한 것이 아닌가 생각된다.

고려는 태조 왕건이 서경에 행차하여 학교를 설치하는 등 지방교육에 관심을 두었다. 또 청주를 비롯하여 몇몇 지방의 요지에 학교가 존재했다는 기록도 있다. 이것으로 미루어 보아 지방의 문화 수준이 상당히 높았다는 것을 알 수 있다. 더구나 과거 합격자수가 지방에 많았다는 사실은 지방의 교육수준을 뒷받침해 준다. 성종대에 이르자, 중앙관제를 중국식으로 개편함과 동시에 지방통제를 강화할 목적으로 12목을 설치한다. 그리하여 멋대로 세워진 지방학교를 일단 폐쇄하고 지방교육제를 다시 중앙의 통제 하에 재정비하였다. 그 조치로 성종 6년(987) 8월에는 전년에 귀향시킨 학생들의 교육을 담당하게 하기 위하여 경학, 의학박사를 12목에 파견하고 지방에 파견된 교수들을 독려하였다. 그 장려책으로 벼슬을 9등을 올려주거나, 의복과 쌀을 내려주기도 하였다. 그러나 열심히 가르치지 않은 경학박사는 임기가 되어도 그 자리에 그대로 유임시켜 소기의 목적을 성취할 때까지 노력하도록 하였다. 교수가 학생을 가르치기 위해서는 일정한 장소가 있어야 하는데 그 장소가 바로 향교인 것이다.

의종 22년(1168) 3월에 조서를 내리기를, '백성을 순화하고 풍속을 정비하는 것은 반드시 학교 교육을 통해야 한다. 祖宗(조종) 때부터 지방 각 고을에 文師(문사) 한 사람씩 보내었고 또 문관이 고을 원으로 있는 경우에는 학교 일을 겸하여 감독하게 하여 교육을 장려하여 왔다. 그런데 근래 들으니 이 직책에 있는 자들이 먼저 개인의 이익을 찾는 데 힘쓰고 학문을 장려하는 방도에는 뜻을 두지 않으므로 내가 심히 근심하고 있다. 만약 각 고을에서 문사나 학교 일을 감독하는 자로서 학문을 장려하고 인재를 양성하여 나의 뜻을 돕는 자가 있다면 北界(북계)와

東界(동계)의 병마사와 각 도의 안찰사는 그 명단을 작성하여 급보로 알려라. 그리 하면 나는 그들의 임기가 끝나기를 기다리지 않고 뽑아 올려 쓰겠노라'[33]고 하였 다. 이 조서에서 알 수 있는 것은, 첫째로, 이 조서의 첫 머리에서, '백성을 순화하 고 풍속을 정비하는 것은 반드시 학교 교육을 통해야 한다'는, 「예기」의 학기편에 나오는 말을 인용한 것으로 보아, 당시의 학교 교육의 이념은 교육에 관한 「예기」 의 이념을 따른 것으로 보인다는 것이다. 아마 모르기는 해도, 고려의 학교는 아래 에 인용되어 있는 학기(學記)의 정신에 따라 이루어졌다고 보아야 할 것이다.

옥은 다듬어지지 않으면 보배가 될 수 없으며, 사람은 배우지 않으면 도를 알 수 없 다. 배운 뒤에야 아는 것이 부족하다는 것을 깨달으며, 가르쳐 본 뒤에야 아는 일이 어 렵다는 것을 깨닫는다. 교육의 실제적 원리에는 '豫'(예), '時'(시), '孫'(손), '摩' (마)의 네 가지가 있다. '예'라는 것은 사태가 발생하기 전에 미리 막는 것이다. '시' 라는 것은 학생이 배울 준비가 되어 있을 때 그 때를 놓치지 않고 가르치는 것이다. '손'이라는 것은 학생에게 전달해야 할 내용을 건너 뛰지 않고 차근차근 전달하는 것 이다. '마'라는 것은 학생들로 하여금 서로 복돋우고 견주면서 좋은 영향을 주고 받는 것이다. 이 네 가지는 가르침을 흥하게 하는 근본원리이다. 군자는 가르침을 흥하게 하 는 원칙이 무엇이며 가르침을 폐하게 하는 원인이 무엇인가를 반드시 알고 있어야 한 다. 이것을 아는 사람이라야 비로소 다른 사람의 스승이라고 말할 수 있다. 그리하여 군자의 가르치는 방법은 학생을 올바른 길로 이끌되 강제로 끌어 당기지 않으며, 세게 다그치되 짓눌리지 않게 하며, 문을 열어주되 끝까지 데리고 가지 않는다. 이끌되 끌어 당기지 않으니 부딪침이 없고, 다그치되 짓누르지 않으니 어려움이 없고, 열어주되 끝 까지 데리고 가지 않으니 스스로 사고하지 않을 수 없다. 부딪침이 없이 조화롭고, 어 려움이 없이 용이하며, 스스로 사고하도록 이끄는 것, 이것이야말로 잘 가르치는 모습 이다. 배우는 사람이 잘못을 저지르는 경우에는 네 가지가 있다. 가르치는 사람은 그 각각에 관하여 잘 알지 않으면 안된다. 즉, 사람들이 배우는 것을 보면 어떤 사람은 아 는 것이 너무 많은 데서 잘못을 저지르고 어떤 사람은 너무 적은 데서 잘못을 저지른 다. 또 어떤 사람은 공부를 너무 쉽게 생각하여 배움을 그르치고 어떤 사람은 도중에 서 배움을 그만 두어 버린다. 이 네 가지 잘못은 배우는 사람의 마음이 제각기 다른 데 서 생기는 것인 만큼 각각의 마음을 잘 알아야 그 잘못을 고칠 수 있다. 가르친다는 것 은 잘 하는 것을 더욱 잘 하도록 도와주며 잘못하는 것을 바로 잡아 주는 일이어야 한

---

33) 詔曰 化民成俗 必由學校 自祖宗以來 於外官 差遣文師一員 又有儒臣爲守 則兼管勾學事 以勸學 近聞任是職者 但以謀利爲先 勸學之方略 不留意志學之士 無由聞達 朕甚憫焉 如有各官文師 及 管勾學事者 勸學育才 以副朕意 則兩界兵馬使 各道按察使 注名馳報 朕將不待政滿 隨卽擢用, 「高麗史」卷74 志 選擧2 學校 毅宗 22年 3月條.

다. 학문의 도는 스승이 위엄을 갖추는 일을 어렵게 여기는 데 있다. 스승이 위엄이 있어야 도가 존중되며, 도가 존중되어야 학생이 학문을 공경할 줄 알게 된다. 잘 배우는 사람은 교사가 노력하지 않아도 두 배의 성과를 얻고, 그것을 교사의 은덕으로 안다. 그러나 잘 배우지 못하는 사람은 교사가 힘써 노력하더라도 절반의 성과밖에 얻지 못하고, 그것을 교사의 탓으로 돌린다. 질문을 잘하는 사람은, 마치 단단한 나무를 벨 때 먼저 쉬운 부분부터 시작하여 점차 세부의 어려운 마디로 나아가듯이, 오랜 시간 서로 말을 주고 받으면서 어려운 부분을 이해하기에 이른다. 그러나 질문을 잘하지 못하는 사람은 이와는 반대로 한다. 질문에 잘 대답하는 사람은, 마치 종을 칠 때 작은 것으로 두드리면 작게 울리고 큰 것으로 두드리면 크게 울리는 것과 같이, 침착하고 조용하게 치면 그 종이 낼 수 있는 가장 아름다운 소리를 낸다. 그러나 질문에 잘 대답하지 못하는 사람은 이와는 반대로 한다. 이 모든 것은 학문을 진전시키는 올바른 방도이다. 옛 글을 읽고 외우게 하는 것만으로는 다른 사람의 스승이 되기에 부족하다. 스승으로서 반드시 해야 할 일은 학생이 말하는 것을 들어 보는 것이다. 학생이 말을 제대로 못할 때 그때 비로소 그가 배워야 할 내용을 말해 주며, 배워야 할 내용을 말해 주어도 알지 못하는 학생은 가르침을 포기해도 좋다.

둘째로, 예종대에 와서는 각 고을에 향교라는 지방교육기관이 보편화되었다는 것을 알 수 있다. 셋째로, 행정권이 없던 교수가 전담하던 지방교육이 행정통제 속에 들어감으로써 보다 체계적으로 운영되었다는 것을 알 수 있다. 넷째로, 지방 교육은 적어도 문과에 합격한 수령이 다스리는 고을까지 전국 규모로 확대되었으며, 이들은 교육자로서 자질을 구비하고 있었으므로 향교교육은 상당한 효과를 거두었음을 알 수 있다.

특히 예종은 관학 진흥에 힘쓴 왕이라는 것을 염두에 두면, 관학 진흥은 재위 17년 동안 꾸준히 추진되었을 것이고, 이 시기를 기점으로 내외에 자못 학문을 떨쳤을 것이다. 예종의 뒤를 이은 인종 역시 교육에 깊은 관심을 보여 식목도감에 명하여 학식을 더욱 정비하였으며 인종 5년 3월에는 모든 고을에 학교를 세워 교육을 확충하도록 하였다. 인종의 '모든 고을에 학교를 세워 교육을 확충하도록 하라'[34]는 구절은 때로 이때 비로소 향교를 세우라는 뜻으로 받아들여지기도 하지만, 그런 뜻이라기 보다는 향교가 설립되지 않은 곳에 향교를 세우라는 뜻으로 받아들여야 할 것이다. 왜냐하면 그 당시 이미 향교는 각 지방에 광범위하게 설치되어 있었기 때문이다. 인종이 교육에 관심을 보인 중요한 예로는 金守雌(김수자)

---

34) 詔諸州立學 以廣敎道,「高麗史」卷74 志 選擧 學校 仁宗 5年 3月條.

의 幸學記(행학기)에서 볼 수 있다. 이 글은 인종이 국자감에 행차한 것을 치하하여 지어 올린 글이다. 그 중에서 한 구절을 보면, 다음과 같다.

> 아, 정나라 사람이 향교를 헐어 버리려 하니 시인은 그를 비난하였다. 지금 우리나라는 학술을 숭상하여 교육을 장려한 덕택으로 글 읽는 소리가 서울에서 먼 지방에 이르고 있다. 이른바 '만세 이후에 한 번 큰 성인을 만난 것이니, 그 해석을 아는 사람은 아침 저녁으로 그를 만난다'는 말이 바로 이것을 가리키는 것이다. 옛날에도 없었던 일인데 어쩌면 그렇게도 거룩한지 이 시대에 나서 이 사실을 눈으로 볼 수 있었으니, 또한 선비로서 천만다행한 일이다.[35]

행학기에서 눈여겨 볼 대목이 있다면, 그것은 '정나라 사람이 향교를 헐어 버리려 하니 시인은 그를 비난하였다'라는 구절이다. 원래 이 대목은 「춘추좌씨전」 양공 31년조에 나오는 이야기이다. 그 대목을 소개하면 다음과 같다. '정나라 사람들이 향교에 모여 놀면서 당시 집정하고 있던 子産(자산)을 비평하였다. 그러자 然明(연명)이 자산에게 말하기를 "향교를 헐어 버리는 것이 어떻습니까" 하고 물었다. 이에 자산이 말하기를 "왜 허물어야 하는가. 사람들이 아침 저녁으로 향교에 모여 놀면서 정치의 잘한 점과 못한 점을 비평하고 있다. 나는 그들이 잘한다고 하는 점은 계속 시행하고 싫어하는 점은 고친다. 그렇다면 그들의 비평은 나의 스승이다. 향교를 어떻게 헐어 버릴 수 있겠는가. 나는 착한 일을 충실하게 행함으로써 원망을 줄인다는 소리는 들었어도 위엄을 부려서 원망을 막는다는 소리는 듣지 못하였다. 그러므로 갑자기 중지하게 할 수가 있겠는가"라고 하였다.' 여기서 우리가 생각해 보아야 할 점이 있다. 그것은 '향교에 모여 놀면서'라는 말이다. '놀면서'라고 번역된 '遊'라는 글자에 유의할 필요가 있는 것이다. 이 글자를 자전에서 찾아보면, '즐겁게 지낸다'는 뜻도 있지만, '배운다'는 뜻도 있고 '한가하다'는 뜻도 가지고 있다. '한가하다'는 말은 여가라는 말과 뜻이 통한다. 여가라는 것은 서양의 스콜레(schóle)와 같은 것으로서, 그것은 우리의 마음 속으로 진리가 스스로 들어오는 것과 같은 '인텔렉투스(intellectus)'를 그 한 측면으로 하고 있다. 여가는 자신의 참다운 본성을 받아들이고 우주의 의미에 부합하는 삶을 살 때에만 가능한 것으로서, 이 여가는 학교가 아니면 누릴 수 없는 것이다. 이 의미에 비추어 학교를 기술해 보면, '인간 사회에는 필요와 먹고 사는 일 등의 요

---

35) 金守雌, 幸學記, 「東文選」 卷64.

구에서 벗어나 있는 특별한 장소, 실제적 생활에 따르는 유용성과 여러 가지 속박들로부터 인간을 보호하기 위한 피난의 장소가 확보되어 있어야 한다. 그런 별도로 마련된 공간 속에서 가르치는 일과 학습하는 일, 다른 어떤 것에도 관심을 두지 않고 오직 진리에만 관심을 두는 일이 방해받지 않고 이루어질 수 있는 곳이 학교이다'라고 말할 수 있을 것이다. 이 말에 비추어 보면 여기서 말하는 향교는 그야말로 본래의 의미의 학교인 것이다. 그 다음으로 유념해야 할 말은 '향교는 나의 스승인데 어째서 헐어 버리고자 하는가'라는 구절이다. 이 자산의 말은 여가의 참뜻을 알 때 진정으로 이해될 수 있는 것이다. 그리고 이 말은 그야말로 정치가 교육을 이끄는 것이 아니라, 교육이 정치를 이끄는 진면목을 그대로 보여 준다. 사실 행학기에 보면, 인종이 국자감에 행차하여 「서경」無逸(무일)편의 강의를 듣고 서로 질문하고 대답하는 모습을 지켜 보면서 흐뭇해 하였다는 장면을 묘사한 내용이 들어 있다. 무일편은 주공이 정권을 성왕에게 넘기면서 그를 훈계한 것이다. 즉, 무일은 편히 놀기만 하지 말라는 뜻이다. 이 글 첫머리에 '오오! 지위가 있는 사람은 놀이를 즐기지 않는 법입니다. 먼저 농사짓는 어려움을 알고 편히 놀 줄 안다면 낮은 백성들의 의지함을 알게 된 것입니다. 낮은 백성들을 보면, 그의 부모들이 부지런히 일하며 씨뿌리고 거둬 들이는 어려움을 알지 못한다면, 이에 편히 놀고 상말을 하며 방종하게 될 것입니다. 그렇지 않으면 그의 부모를 업신여기고 옛 사람들이라 듣고 아는 것이 없다고 말하게 될 것입니다'라고 되어 있다. 말하자면 임금이 반드시 귀담아 들어 알고 있어야 할 사항들이 기록되어 있다. 이것에 관하여 임금이 국자감에 와서 강의를 듣는다는 것은 역시 교육이 정치를 규제한다는 것을 상징적으로 잘 보여주고 있는 것이다. 이 점으로 미루어 짐작하건대, 고려는 교육이 정치를 이끌어 갔던 국가라고 해도 지나친 말이 아닐 것이다.

고려의 관학 체계 안에 들어 있는 국자감이 점차 유명무실하게 되어가자, 마치 이를 대치라도 할 듯이 활발하게 움직이는 교육기관이 있었으니, 그것이 다름아닌 사학 12도였다. 그리하여 사학 12도는 국자감과 쌍벽을 이루기도 하고, 어느 때는 그것을 능가하기도 하였다. 그러면 사학 12도란 도대체 어떤 기관이며, 언제 어떻게 생긴 교육기관인가? 사학 12도는 문종 9년(1055) 崔冲(최충)이 72세로 벼슬자리에서 물러난 후 사학을 연 것을 시작으로 하여, 가장 후배인 黃瑩(황영)의 貞敬公徒(정경공도)가 선종에서 숙종 간에 설립된 것 외에는, 대부분 문종 중년

혹은 말년 이후 30-40년 동안에 설립된 것으로 추정된다. 그러나 사학 12도는 설립자들이 벼슬자리에서 물러난 뒤 어느 날 갑자기 설립한 것이 아니다. 사실 고려시대에는 모든 문관들이 재직 중에 있으면서 얼마든지 가숙을 열 수 있었고 실지로 그러하였던 것이다. 이 점이 고려의 특이한 점이다. 이것이 사실이라면, 고려의 과거시험은 교사자격증을 획득하는 시험이라고 해도 지나친 말은 아닐 것이다. 달리 말하면 고려사회에서는 교육과 정치가 서로 특이하게 잘 조화를 이루면서 운영되었다고 할 수 있다. 이들 사학의 존재는 이미 통일신라 시대 말기에도 나타났고, 성종조에는 문관들 사이에서 상당히 보편화된 듯 싶다. 성종 8년 4월에는 문관으로서 제자 10인 이하가 있는 자가 임기가 차서 직을 옮길 때에는 보고하여 상과 벌을 줄 조건으로 삼기도 하였다. 이런 것들을 토대로 생각해 보면, 사학 12도는 문종 9년(1055) 최충의 사학의 성립을 계기로 그 후 30-40년 사이에 성립된 것이 아니라, 건국 초부터 성행한 문관들의 가숙에 그 기원을 두고 문종대에 와서 더욱 발전한 것이라고 볼 수 있다. 그리고 12도란 칭호도 숙종연간 이후 누군가가 대표적인 사학 열둘을 명명한 데에서 유래했을 것이다.[36] 사학에는 구재—樂聖(악성), 大中(대중), 誠明(성명), 敬業(경업), 造道(조도), 率性(솔성), 進德(진덕), 大和(대화), 待聘(대빙)—가 있었다. 이것은 배움의 순서라기 보다는, 학생들이 많이 모여 들기 때문에 이들을 나누어 가르치게 되고 그것이 아홉이나 된 것으로 파악되어야 한다. 재가 여럿이 되자 각자의 호칭이 없을 수 없고, 호칭을 붙일 때 '성인의 도를 즐거워 한다(樂聖)', '덕에 나아간다(進德)' 등등의 경전에 있는 교훈적인 어구를 찾아 붙인 것이 구재의 명칭이 된 것이다.

양반의 자제들로서 과거에 응시하려는 자들은 반드시 먼저 사학 12공도에 속하여 공부하였다. 수업연한은 대개 2년 정도이다. 해마다 여름철에는 절을 얻어서 하기 학습을 조직하고 도중에 과거에 급제하고 아직 벼슬자리에 나아가지 않은 사람을 택하여 敎導(교도)로 삼았다. 사학에 들어와 공부하는 내용은 「주역」, 「상서」, 「시전」, 「주례」, 「예기」, 「춘추」, 「좌씨전」, 「공양전」, 「곡량전」과 「사기」, 「한서」, 「후한서」 등이며, 간혹 선배들이 찾아와 촛불에 금을 긋고 시짓기 내기를 하기도 하였다. 지은 시는 차례로 방을 내어 이름을 부르고 들어가서 곧 술자리를 베푼다. 아이들과 어른들이 좌우로 벌려 있고 술상을 받들고 오고 가는 데 예의가 있으며 어른과 어린 사람 사이에 질서가 있고 종일토록 시 읊기를 서로 주고 받

36) 朴贊洙, 전게논문, p.127.

으니 보는 사람들이 다 아름답게 생각하고 칭찬하지 않는 이가 없다고 전해지고 있다. 사학 12공도 중에서는 최충의 문헌공도가 가장 성하였다고 한다. 임금도 사학에 관심을 가져 인종 11년 6월에 '각 도의 유생 중에서 본래 수업하던 스승을 배반하고 다른 徒에 옮기는 자는 東堂監試(동당감시)에 응시하지 못한다'[37]는 결정을 내렸다.

3. 고려 전기의 교육이론

대체로 고려는 고구려를 이어받은 것으로 인정되고 있지만 여러 가지 점에서 차라리 신라를 이어받았다고 보는 것이 정당하다. 신라와 마찬가지로 고려 또한, 정신적인 면에서 불교와 유교가 공존하는 사회였으며 제도적인 면에서 귀족제에 바탕을 둔 사회였다. 귀족제에 바탕을 둔 고려사회는 '가문이나 문벌이 좋은 사람들'(귀족)이 정권을 차지하고 국가를 운영하는 사회로 이해된다.[38] 고려의 귀족제는 다음 몇 가지 특성을 지닌다. 먼저, 고려의 관직은 개인의 능력, 품성, 자질에 의해서 보다는 신분에 의하여 세습되었다. 문벌이 형성되거나 동일층 내지는 상층 가문과의 폐쇄적 통혼이 성행한 것 등은 신분 세습을 확고히 하려는 경향과 무관하지 않을 것이다. 이와 함께, 고려의 귀족제는 신분의 재정적 뒷받침을 위한 토지의 사적 소유에 기반하고 있다. 5품 이상에 한하여 세습된 蔭敍(음서), 功蔭田柴(공음전시) 등은 신분을 재정적으로 뒷받침하기 위한 것이었다.

고려사회는 귀족이 대부분의 국가요직을 점유하고 정책을 결정하는 귀족사회였다. 때로 고려의 귀족제는 서양의 작위제와 비교되기도 한다. 그러나 고려의 귀족제는 그 관직이 왕실과 인척관계에 있거나 국가에 특별한 공로가 있는 인물에게 주어진다는 점에서 서양의 爵位制(작위제)와 비슷한 면이 있지만, 모든 관직이 반드시 자손에게 세습되지 않는다는 점에서 서양의 작위제와는 구분된다. 고려사회의 귀족은 '신분적, 정치적 특권이 주어진 가족에 태어난 사람' 또는 '지배 신

37) 判 各道儒生 背會受業師 移屬他徒者 東堂監試 毋得許赴,「高麗史」 卷74 志 選擧2 科目2 仁宗 11年 6月條.
38) 邊太燮,「高麗政治制度史研究」, 일조각, 1971, p.276.

분층' 등으로 한정하여 규정되어야 할 것이다.

고려의 귀족은 학자, 종교가, 정치가, 문인을 대표했던 사람들로서, 고려의 지성을 대표했을 뿐만 아니라 교육을 책임졌던 사람들이었다. 말하자면 고려의 귀족은 곧 교사의 일을 하는 사람들이었던 것이다. 고려의 귀족이 교사의 일을 하게 된 것은 고려에서 처음 시행된 과거제도와 관련되어 있다. 일차적으로 과거제도는 학교제도의 변경을 가져온다. 과거 과목의 변경은 학교교과의 변화를 초래하였고, 과거에 응시할 자격의 변화는 곧 학교운영에 영향을 주었던 것이다. 고려에서는 과거에 합격하여 일정한 자리에 있는 사람이라면 거의 대부분 私塾(사숙)을 열어 학생들을 지도한 것으로 알려져 있다. 과거제도는 높은 관리를 뽑는 역할을 함으로써 관리이자 교사인 귀족을 양성하게 된 것이다. 고려사회에서 관리가 된다는 것은 곧 학교에서 가르칠 수 있는 자격을 가지게 된다는 것을 뜻하였다. 고려의 귀족들은 정치가이며 행정가이면서도 동시에 교사로서의 일을 하였다. 이들은 오늘날의 용어로 교육이론이라는 것을 내세우지 않았다 하더라도 틀림없이 교육이론의 씨앗이 될 만한 생각을 가지고 있었을 것이다.

전기 고려의 교사를 대표하는 사람을 찾는다면 당연히 최승로(927-989)와 최충 (984-1068)이 주목의 대상이 된다. 먼저, 최승로는 어릴 때부터 文翰(문한)에 대한 임무가 맡겨질 정도로 유학에서 남다른 일가견을 이룬 것으로 짐작된다. 최승로의 사상을 알 수 있는 자료로는 오로지 성종 때 지어 올린 時務(시무) 28조(현 22개조만 남음)뿐이다. 시무책은 주로 불교의 폐단을 비판하고 그것에 대한 시정을 시무의 주요한 과제로 삼고자 한 것이다. 여기에 바로 최승로의 의식 혁명의 내용이 담겨 있다. 즉, 최승로는, 고려 건국 60년 동안 누적되어 온 폐단은 거의가 佛事(불사)의 번다함, 사찰의 증축과 불승의 부당한 횡포, 왕 자신의 惑佛(혹불)로 인한 정사의 태만 등에 기인한다고 판단하였다. 그는 오직 유교를 숭상하는 것만이 이를 시정하고 나라를 태평성세로 이끌 수 있다고 믿었던 것이다.

먼저, 시무책 14조의 '「주역」에 이르기를 "성인은 인심을 감동시키므로 천하가 평화롭게 된다"고 하였고, 「논어」에 이르기를 "아무 것도 하는 일이 없는 듯이 보이면서 천하를 다스린 사람은 아마 舜일 것이다. 그는 대체 무엇을 하였는가? 자신의 몸을 조심하고 왕위에 앉아 있을 뿐이었다"라고 하였습니다. 성인이 하늘과 사람을 감동시킨 것은 그가 순일한 덕이 있고 사심이 없기 때문입니다. 만약 전하께서 겸손한 마음을 가지고 항상 조심하고 두려워하며 신하를 예로써 대우한다면 누가 자기의 성심과 정력을 다 바치어 조정에 나와서는 좋은 계책을 진언하고 집에 돌아 가서는 국정을 보좌할 것을 생각하지 않겠습니까? 이것이 이른 바 임금은 예로써 신하를 부리고 신하는 충성으로써 임금을 섬긴다는 것입니다. 바라건대, 전하께서는 매일 같이 근신하시며 스스로 교만하지 마시고 아랫사람을 대하실 때에는 공손할 것을 생각하시며 혹시 죄를 범한 자가 있으면 그 경한 죄나 중한 죄를 모두 법에 의하여 논죄하게 하소서. 이렇게 하시면 태평의 위업을 당장에라도 이룰 수 있을 것입니다' 라는 말은 최승로가 정치의 표본을 유학에서 찾았음을 보여 주고 있다. 나아가 최승로의 이러한 주장은 교육이 정치를 규제하는 전형적인 모습을 보여준다고 할 수 있다. 「주역」이나 「논어」 등은 유학의 기본 교과이다. 이 교과를 들어 임금에게 진언하는 장면은 교육을 통해서 정치를 규제하는 것이라고 할 수 있는 것이다. 말하자면 최승로의 이 주장은 교육에서 옳다고 생각하는 것을 백성들에게 그대로 실현하려는 것이라고 할 수 있는 것이다. 따라서 최승로는 교육이 정치를 규제해야 한다는 것을 암묵적으로 말하고 있다고 볼 수 있다.

시무책 17조의 '「예기」에 이르기를 "천자의 마루 높이는 9척이요, 제후의 마루 높이는 7척이다"라고 하였으니, 이와 같이 원래 일정한 제도가 있습니다. 그런데 요즘 사람들은 존비를 가릴 것 없이 그저 재력만 있으면 모두 다 집짓는 것부터 먼저 하고 있습니다. 그러므로 여러 주, 군, 현과 정, 역, 진에서 토호들이 큰 집짓기 내기를 하다가 도를 넘게 되니 이것은 다만 한 집을 탕진하게 할 뿐만 아니라, 실로 백성을 괴롭게 하는 것으로서 그 폐해가 아주 많습니다. 바라건대, 禮官(예관)에게 명령을 내리시어 신분의 높고 낮은 정도에 따라 가옥 제도를 정하고 모든 지방에서 모두 준수할 것을 명령하며 이미 지은 집 중에서 제도에 초과되는 집들은 모두 철거할 것을 명령하여 장래를 경계하도록 하여야 하겠습니다' 라는 말은 최승로가 제도를 강조한 것으로 받아들일 수 있다. 최승로는 「예기」에 나와 있는 천자와 제후의 마루 높이를 예로 들어 이것이 지방 토호들이 따라야 하는 제도라는 점을 강조하고 있다. 어째서 최승로는 이 제도를 어기는 것을 그다지도 심각하게 받아들이고 있는가?

제도는 집단 활동의 방식에서부터 논리적으로 분석되어 나오는, 그 활동의 '의미'에 해당하는 것으로서, 하나의 '총체'를 이루고 있다.[39] 여기서 '총체'라는 것은 그것을 구성하는 요소가 있다는 것과, 그 요소들이 잡동사니처럼 모여 있는 것

---

39) 制度의 의미에 관한 보다 자세한 설명은 李烘雨, '制度의 아름다움', 「敎育의 目的과 難點」(제6판), 「敎育科學社」, 1998, pp.255-284 참조.

이 아니라 어떤 방식으로든지 논리적 관련을 맺고 있다는 것을 전제로 한다. 제도가 하나의 총체를 이루고 있다는 것은 일정한 공간에서의 우리의 삶이 총체를 이루고 있다는 것을 뜻한다. 제도가 없이는 개인이 있을 수 없다. 개인은 어쩔 수 없이 제도의 아들이요, 제도에서 빠져 나올 수 없다.

최승로는 재력만 있으면 집의 크기는 마음대로 해도 좋다고 하는 생각을 경계하고 있다. 이 생각은 개인이 사욕을 멋대로 추구해도 된다는 생각을 부추기며, 이 사욕은 급기야 국가의 기강을 무너뜨릴 수도 있다. 이것이 바로 '장래를 경계하도록 하여야 하겠다'는 최승로의 뜻일 것이다. 달리 말하면, 최승로는 어떻게 살아야 하는가 하는 데 대하여 대답하는 기준은 이때까지 살아온 방식으로서의 제도에 있다는 점을 드러내고 있다고 말할 수 있다. 제도를 어기는 것은 곧 이때까지 확립된 기준을 어기는 것이 되는 것이다.

최승로는 시무책 20조의 '유, 불, 선은 각각 다른 목적을 가지고 있는 것이므로 이것을 혼동하여 하나로 할 수는 없다. 즉, 불교를 믿는 것은 자신을 다스리는 것이 기본이요, 유교를 행하는 것은 국가를 다스리는 근원을 구하는 것이다'라는 말을 통하여 유교, 불교, 그리고 도교는 각각 그 나름대로의 역할이 있다는 것, 고려인의 삶은 유, 불, 선 삼자 속에서 이루어져야 한다는 것을 밝히고 있다. 여기서 제기될 수 있는 한 가지 문제는 '유, 불, 선은 각각 다른 목적을 가지고 있는 것이므로 이것을 혼동하여 하나로 할 수는 없다'는 최승로의 말을 어떻게 해석하여야 하는가 하는 것이다. 이 질문에 대하여 최승로는, 유, 불, 선은 마음 속에서 하나로 된다고 생각한 것이 아닌가 하는 짐작이 든다. 유, 불, 선은 동일하게 마음과 관련되어 있으면서 마음의 서로 다른 측면을 나타내고 있다고 볼 수 있는 것이다. 고려인들은 유학의 이상에 따라 살면서도 불교에 따라 화장을 하거나 묘를 쓰기도 하였으며, 고려 말에 성리학이 들어온 이후에도 여전히 불교를 종교로서 가지고 있는 경우는 얼마든지 볼 수 있었다.

최승로는 유학을 받아들이되 기존의 불교와 도교를 배척하지 않았다. 이 점은 중국의 제도에 관한 그의 견해에서도 그대로 확인된다. '중국의 제도는 준수하지 않으면 안됩니다. 그러나 사방의 풍속, 습관은 각각 그 지방 성질에 따라야 하기 때문에 모두 다 변경하기는 곤란한 것 같습니다. 그 중 예악, 시서의 교훈과 군신, 부자의 도리는 마땅히 중국의 본을 받아 비루한 것을 고쳐야 할 것이나, 기타 거마, 의복 등의 제도는 자기 나라 풍속에 따르게 하여 사치와 겸박을 적절하게 할 것이고 무리하게 중국과 똑같이 할 필요는 없습니다'(시무책 11조). 이 시무책의 핵심은 '자기 나라 풍속에 따르게 하여 사치와 검박을 적절하게 할 것이고, 무리하게 중국과 반드시 같게 할 필요가 없다' 는 말에 있다. 이 말은 당시의 상황으로 보아 그리 쉽게 할 수 있는 말이 아니다.

최승로의 뒤를 이어 고려의 교육제도의 정비와 함께 나타난 최초의 위대한 교육자는 최충이다. 최충의 자는 浩然(호연)이며, 호는 惺齊(성재), 月圃(월포), 放晦齊(방회재)이다. 그는 목종 8년(1005) 22세의 나이에 과거에 장원급제하였다. 최충의 교육이론은 그가 왕에게 진언한 것으로 알려져 있는 6정(正)과 6사(邪), 그리고 육조령(六條令)에 잘 나타나 있다. '성종 때에 중앙과 지방의 각 관청들의 벽에는 모두 說苑(설원)의 6正, 6邪의 글과 한나라에서 자사에게 준 육조령 등을 써 붙였는데 이미 오랜 세월이 경과된 즉, 그것을 고쳐 써 붙여 관직에 있는 자들로 하여금 잘못을 시정하고 올바른 정사를 하도록 알려주는 것이 필요하다.' 그러나 애석하게도 최충이 저술한 문장으로는 시구 몇 구절과 약간의 금석문자가 남아 있을 뿐이다. 그렇게 된 이유는 무신의 난으로 말미암아 문신이 많이 살해되고 그들의 문집도 아울러 불태워졌기 때문이다. 당대 정계의 元勳(원훈)으로서 만년에 사학을 시작하여 법도 있는 후진교육을 행함으로써 마침내 12사학의 선구자가 된 최충에게는 교육에 관한 모종의 생각이 틀림없이 있었을 것이라는 기대를 가지고 그가 추천한 6正 6邪의 글에서 모종의 교육적 의미를 찾고자 한다.

사실 金審言(김심언)은 성종 9년 7월에 밀봉한 상소문에, 6정, 6사, 자사 6조를 2경 6관과 소속 서, 국 그리고 각도의 주, 현의 관청 사무실 벽에 써 붙이고 출입 때마다 보고 귀감으로 삼도록 할 것을 주청하였다. 그러면 이 6정, 6사, 6조령이 각각 무엇인지를 말해 보겠다. 먼저, 6正은 聖臣(성신), 良臣(양신), 忠臣(충신), 智臣(지신), 貞臣(정신), 直臣(직신) 등의 신하가 가져야 할 올바른 여섯 가지 태도를 가리킨다. 첫째로, 성신은 아직 싹이 트기 전, 형태나 조짐이 나타나기 전에 흥망의 기미를 명확하게 알고 화란을 사전에 예방하여 임금으로 하여금 초연히 고귀하고 영광스러운 처지에 서게 하는 신하를 가리킨다. 둘째로, 양신은 공평무사한 마음으로 선도를 진언하여 임금에게 예의로써 권면하고 훌륭한 계책으로 인도하여 그 아름다운 행동을 조장하고 나쁜 행동을 시정시키는 신하를 가리킨다. 셋째로, 충신은 일찍 일어나고 밤 들어서 자며 어진 자를 추천하기를 게을리 아니하며 옛날의 사적을 자주 칭양하여 임금의 의지를 격려하는 신하를 가리킨다. 넷째로, 지신은 성패를 명찰하여 미연에 방지, 구출하고 화를 복으로 전환하여 임금으로 하여금 종신토록 근심이 없게 하는 신하를 가리킨다. 다섯째로, 정신은 국법을 준수하고 직무에 책임을 다하며 녹과 상을 사양하며 먹고 마시기를 검약하는 신하를 가리킨다. 여섯째로, 직신은 국정이 혼란한 때에 행동에 아첨이 없고 비록 임금이 엄한 안색을 가지더라도 기탄없이 임금의 과실을 맞대해서 말하는 신하를 가리킨다.

다음으로 6邪는 具臣(구신), 諛臣(유신), 姦臣(간신), 讒臣(참신), 賊臣(적신), 亡國之臣(망국지신) 등 신하가 취할 수 있는 잘못된 태도 여섯 가지를 가리킨다. 첫째로, 구신은 벼슬 자리에 편안히 앉아 녹만 탐내고 공무에 힘쓰지 않으며 세속 형편에 발맞추어 이리저리 살펴보며 움직이는 신하를 가리킨다. 둘째로, 유신은 임금이 하는 말은 모두 다 옳다 하고 임금이 하는 일은 모두 좋다고 하며 은근히 좋아하는 바를 탐구하여 바침으로써 임금의 이목을 유쾌하게 하고 일상 목전의 임금의 비위만 맞추면서 임금과 함께 오락을 일삼고 그 뒤에 올 해독은 생각하지 않는 신하를 가리킨다. 셋째로, 간신은 속 마음은 음험하지만 밖으로는 근실한 듯이 보이면서 듣기 좋은 말과 보기 좋은 안색으로 대하며 착한 사람을 질투하고 현명한 사람을 미워하며 자기가 추천한 사람은 그의 좋은 점만 드러내고 결점은 은폐하며 물리치려는 사람의 과실은 밝히고 좋은 점은 감추어 임금으로 하여금 상벌을 부당하게 하도록 만들고 명령이 실행되지 못하게 만드는 신하를 가리킨다. 넷째로, 참신은 지혜는 족히 자기 잘못을 능히 가리고 꾸밀 만하며, 언변은 족히 유세할 만하여 안으로 골육과 친척을 이간하며 밖으로 조정에 혼란을 구성하는 신하를 가리킨다. 다섯째, 적신은 권력을 독차지하고 세력을 마음대로 부리며 권세 다툼을 하고 자기 앞에 사사롭게 붕당을 만들어 자기 가산을 치부하며 임금의 명령을 마음대로 조작하여 자신의 부귀 현달을 도모하는 신하를 가리킨다. 여섯째, 망국지신은 임금에게 아첨과 간사로써 뜻을 맞추고 임금을 불의에 빠뜨리며 당파를 맺고 호상 결탁하며 임금의 총명을 가림으로써 그로 하여금 흑백을 구별치 못하게 하며 시비를 가리지 못하게 하여 임금의 죄악이 국내에 유포되고 이웃 나라에까지 전파되도록 하는 신하를 가리킨다.

고려가 교육국이라고 말한 바 있지만, 이 6正 6邪는 그대로 교사의 모습으로 번역될 수 있다. 우선 6正은 훌륭한 신하의 등급이지만, 이것은 또한 훌륭한 교사의 등급으로 바꿔 볼 수 있다. 첫째로 꼽을 수 있는 성신에 해당하는 교사는 학생에게서 아직 싹이 트기 전, 형태나 조짐이 나타나기 전에 그 학생의 앞날에 잘되고 못될 수 있는 기미를 명확히 알아 학생이 나쁘게 되는 것을 사전에 예방하여 학생으로 하여금 초연히 고귀하고 영광스러운 처지에 서게 할 수 있는 교사이다.

「예기」 學記(학기)편에 대학 교육의 실제적 원리로 제시되어 있는 '豫'는 사태가 발생하기 전에 미리 막는 것이며, 이 예의 원리를 정확히 아는 교사, 이 교사야말로 성신에 해당하는 교사일 것이다. 이 일이 얼마나 어려운가 하는 것은 「주역」 곤괘 첫 효의 해석, 즉 '서리를 밟으면 굳은 얼음이 이른다(履霜堅冰至)'는 문언전의 해석에 잘 나타나 있다. '선을 쌓은 집안에는 반드시 착한 것을 쌓은 나머지 경사가 그림자처럼 따라오게 되고, 불선을 쌓은 집안에는 그 불선을 거듭한 나머지 반드시 재앙이 그림자처럼 있게 될 것이니, 그 신하가 임금을 죽이며 자식이 그의 아버지를 죽이는 일은 하루 아침 하루 저녁에 연유한 것이 아니다. 그렇게 된 원인은 조그마한 데서 시작한 것이 점차로 커져 오래된 것이니 분별하여야 할 것을 일찌기 분별하지 못하였기 때문이다. 역에서 말하기를 서리를 밟으면 굳은 얼음이 이를 것이라 한 것의 뜻이 바로 이것이다.'[40] 문언전의 이 말은 조그마한 기미를 알아차리지 못해서 엄청난 결과를 가져오는 것을 경계한 말이다. 그러나 이 조그마한 기미를 정확히 아는 것은 성인의 경지에 도달하지 아니하고는 불가능한 것이다. 둘째로, 양신에 해당하는 교사는 공평무사한 마음으로 학생을 선도하되 예로써 권면하고 훌륭한 방안으로 인도하여 학생의 아름다운 점을 발견하여 그 점을 더욱 빛나게 드러내어 주고 나쁜 점은 빨리 발견하여 고치도록 할 수 있는 교사이다. 셋째로, 충신에 해당하는 교사는 일찍 일어나고 밤 들어서 자며 어진 학생을 들어내기를 게을리 하지 아니하며 학생의 잘한 점을 들추어내어 학생이 잘하려는 의지를 더욱 격려하는 교사이다. '아침에 일찍 일어나고 밤에 들어서 자며'라는 말은 매우 평범한 말 같지만, 이것을 한결같이 실천하기란 매우 어렵다. 특히 교사로서 이 점을 잘 지킨다는 말은 교사로서 할 일을 정상적으로 제대로 한다는 말이다. 넷째로, 직신에 해당하는 교사는 학생의 학업의 성패를 명찰하여 성적이 떨어지지 않도록 미연에 방지, 구출하고 혹시 성적이 떨어졌다 하여도 이것을 좋은 교훈으로 삼아 더욱 분발하여 성적이 오를 수 있도록 함으로써 학생으로 하여금 교사를 믿고 따르며 아무 근심이 없도록 해 줄 수 있는 교사이다. 다섯째로, 정신에 해당하는 교사는 자신의 직무에 책임을 다하며 돈과 상을 사양하여 먹고 마시는 것에 검약하는 교사이다. 여섯째로, 직신에 해당하는 교사는 사회가 혼란하고 밖이 아무리 시끄러워도 행동에 아첨이 없고 비록 학생들이

40) 積善之家 必有餘慶 積不善之家 必有餘殃 臣弑其君 子弑其父 非一朝一夕之故 其所由來者漸矣 由辨之不早辨也 易曰 履霜堅冰至.

교사에게 위협적으로 나타난다 하여도 거리낌없이 학생들의 잘못을 맞대놓고 말할 수 있는 교사이다.

이제 다시, 옳지 못한 교사의 등급에 해당하는 6사를 해석하면 다음과 같다. 첫째로, 구신에 해당하는 교사는 자리에 편안히 앉아서 봉급만 탐내고 교사로서 해야 할 일에 힘쓰지 않으며 세속 형편에 발을 맞추어 이리 저리 살펴 보고 움직이는 교사이다. 둘째로, 유신에 해당하는 교사는 학생들이 하는 말은 모두 옳다고 말하고 학생들이 하는 일은 모두 좋다고 하며 은근히 좋아하는 바를 찾아내어 학생들의 눈과 귀를 유쾌하게 하고 일상 학생들 눈앞에서 비위만 맞추면서 학생들과 함께 오락을 일삼고 그 뒤에 올 해독은 생각하지 않는 교사이다. 셋째로, 간신에 해당하는 교사는 속 마음은 음험하지만 밖으로는 근실한 듯이 보이면서 듣기 좋은 말과 빛 좋은 안색으로 학생들을 대하며 착한 학생을 멀리하고 현명한 학생을 미워하며, 자기가 좋아하는 학생은 그의 좋은 점을 드러내면서 나쁜 점은 감추어 상벌이 부당하게 되고 교사의 명령이 실행되지 못하게 하는 교사이다. 넷째로, 참신에 해당하는 교사는 지혜는 족히 자기 잘못을 분석할 만하고 언변은 족히 여기저기 다니면서 학생들을 설복할 만하며, 안으로는 동료 교사들을 이간시키고 밖으로는 사회에 혼란을 구성하는 교사이다. 다섯째로, 적신에 해당하는 교사는 교직원 사이에서 권력을 독차지하고 세력을 마음대로 부리며 자리 다툼을 하고 자기 앞에 사사롭게 패거리를 만들어 자기 이익을 챙기며 교장의 명령을 마음대로 조작하여 자신의 이익과 높은 자리를 차지하려고 일을 꾸미는 교사이다. 여섯째로, 망국지신에 해당하는 교사는 학생들에게 아첨과 간사로써 뜻을 맞추고 학생들을 불의에 빠뜨리며 패거리를 만들어 서로 결탁하여 학생들의 총명을 가림으로써 학생들로 하여금 흑백을 구별하지 못하게 하며 옳고 그름을 가리지 못하게 하여 학생들의 잘못이 학교 안은 물론이요 학교 밖에까지 널리 퍼지도록 하는 교사이다.

이제 「漢書(한서)」의 刺史六條令(자사육조령)을 언급할 차례이다. 첫째로 백성들의 질병, 고통과 실직의 유무를 살필 것, 둘째로 녹봉 6백 석 이상의 수령으로서 정사를 잘못하는 자가 없는가를 살펴 볼 것, 셋째로 백성들에게 해를 끼치는 좀도적과 크게 간교하고 교활한 놈이 없는가를 살필 것, 넷째로 농토에 대한 법을 범하거나 4계절에 따르는 금령을 범하는 일이 없는가를 살필 것, 다섯째로 효행, 공경, 청렴, 결백으로 행동이 방정하거나 특이한 재주를 가진 사람이 민간에 있는가를 살필 것, 여섯째로 아전들 중에 국고에 수입되는 돈과 곡식을 문부에 기록하지 않거나 고의로 흐트러뜨리는 자가 없는가를 살필 것 등이다. 이것을 다시 교사의 구체적인 일과 관련시켜 말하면, 그것은 다음과 같이 된다. 첫째로 학생들의 질병과 고통의 유무를 살필 것, 둘째로 학급의 간부나 학교의 간부에 속하는 자로서 제대로 그 일과 학교 공부를 잘못하는 자가 없는가를 살필 것, 셋째로 학생들에게 적극적, 소극적으로 해를 끼치는 자가 없는가를 살필 것, 넷째로 학생들이 학교의 교칙을 어기거나 학교가 특별히 강조하는 규칙을 어기는 일이 없는가를 살필 것, 다섯째로 효행, 공경 등으로 행동이 방정하거나 특이한 재질을 가진 학생이 학급 내에 있는가를 살필 것, 여섯째로 학생들 중에 학교에 내는 공납금을 내지 않고 고의로 쓰고 다니는 자가 없는가를 살필 것 등으로 된다.

여기서 제기될 수 있는 한 가지 의문은 어째서 신하와 임금의 관계를 설명하는 말이 교사와 학생의 관계를 설명하는 말로 전환될 수 있는가 하는 것이다. 이 의문에 대해서는 어떤 경우이든 둘 다 인간의 마음과 관련되어 있다는 데에서 그 대답을 찾을 수 있다. 신하가 임금에게 어떤 마음으로 대하는가 하는 것과 교사가 학생에게 어떤 마음으로 대하는가 하는 것은 모두 마음이라는 공통 매개체를 가지고 있기 때문이다. 공통의 매개체인 마음은 신하가 임금에게 대하는 경우든 교사가 학생에게 대하는 경우든 같은 것이다. 사실상, 신하가 임금에게 어떤 행위를 할 때에는 임금을 가르치려는 명백한 의도가 있는 경우도 있고 그렇지 않은 경우도 있지만 결국은 신하가 몸으로 실천을 통해서 가르치고 있는 것이다. 이 점에서 그것은 교사가 명백히 의도를 가지고 학생에게 가르치려는 것과 상통할 수밖에 없는 것이다.

최충이 세상을 떠나기 일년 전 왕이 국중 원로를 위하여 잔치를 베풀었을 때, 그는 83세의 고령으로 아직 탈없이 아들 유선과 유길의 부축을 받으며 함께 참석하여 좌중의 칭송을 받았다. 그는 자손에게도 '선비가 세력으로써 진출하면 아름다운 끝을 맺기 어렵고 문과 행동으로써 현달하면 뒤가 좋은 법이다. 나는 다행히 문으로써 출세하였으므로 깨끗하게 세상을 마칠 것을 기약한다'고 하면서 자손들에게 다음과 같은 훈계하는 글을 지어 주었다고 한다. '집에 귀한 것이 없으나 한 가지 보배 전하노니 / 문장은 비단이요 덕행은 구슬이라 / 오늘 분부한 바를 뒷날 잊지 않으면 / 나라 일꾼 조히 되어 오래 오래 흥창하리라.'[41]

이 시로 보아 그가 키운 문헌공도에서도 문장과 덕행을 강조하였으리라는 짐

41) 家世無長物 惟傳至寶藏 / 文章爲錦繡 德行是珪璋 / 今日相分付 他年莫敢忘 / 好支廊廟用 世世益興昌.

작을 해 볼 수 있다. 그는 학교에서 무엇보다도 강조되는 것은 문장이지만, 그 문장이 덕행으로 나타날 수 있도록 가르치고 배우는 것이 중요하다는 것을 강조하였다. 그의 사학 12도가 오로지 과거합격에만 매달렸다면 그와 같은 문헌공도가 끝까지 남지 못했을 것이다.

불교에 대한 최승로의 비판에서 알 수 있듯이, 불교는 부패하여 국가나 사회에 피해를 주고 있었지만, 불교가 사람들에게 무엇인가 이익을 주고 있었다는 점 또한 부정될 수 없다. 최승로의 비판에도 불구하고 불교는 많은 사람들의 신앙의 대상이었다. 고려사회는 다른 사회가 가질 수 없었던 특색을 가지고 있었다. 고려는, 백성들의 최상의 감시자는 눈에 보이지 않는 부처요, 그 다음이 임금 그리고 귀족이요, 그 다음이 자신들의 조상과 부모라는 생각에 의해서 유지된 사회이다. 그러므로 고려인들에게는 자신의 사욕을 멋대로 추구할 수 없는 네 개의 제도적 장치가 마련되어 있었던 셈이다. 그들은 무엇을 하든지 이들 감시의 눈을 피하기 어려웠던 만큼, 최선을 다하여 자기가 맡은 바 일을 했을 것이다. 이와 같은 정신을 바탕으로 그들은 거란, 여진, 금, 몽고, 원나라들의 어마어마한 외침을 받고도 꿋꿋이 살아 남았으며, 문화 면에서도 이 정신을 바탕으로 예술과 과학을 이룩하였다.

의천(1055-1101)은 문종의 넷째 아들로 태어났다. 성은 왕씨요 이름은 후(煦)였다. 의천은 왕의 아들이면서도 스스로 중이 되겠다고 나선 사람이다. 그때 그의 나이는 11세였다. 그가 초기에 어떤 수업을 받았는가 하는 것은 김부식이 지은 영통사 대각국사 비문에 일부 나타나 있다. '일정한 스승이 없이 도가 있는 곳이면 곧 따라가서 배웠다. 화엄의 교관으로부터 頓敎(돈교)와 漸敎(점교), 大乘(대승)과 小乘(소승)의 經律論章疏(경률론장소)에 이르기까지 탐색하지 않은 것이 없었으며, 또 여력으로 그 밖의 학문에도 견문을 넓혀 공자와 노자의 책으로부터 子史集錄(자사집록)과 제자백가의 정수를 일찍이 익히고 그 뿌리를 찾았다. 그러므로 그의 논의는 종횡으로 치달고 줄줄이 끝이 없었으니, 비록 老師大德(노사대덕)이라 할지라도 모두 스스로 그에 못 미친다고 하였다. 사람들이 말하기를, 그의 명성이 퍼져 그때에 법문에 宗正(종정)이 있다고 하였다.'

이 글로 보면 그가 유학과 제자백가와 불교를 두루 섭렵하였다는 것을 알 수 있다. 30세 되던 해 그는 송나라로 건너가 각 종파의 거두들 밑에서 공부하였으며, 한편으로 귀중한 불교 서적을 구하여 고려로 보내기도 하였다. 의천은 송나라에 14개월 머물렀다. 귀국할 때 의천은 불경 3000여 권을 얻어 가지고 돌아왔다. 그가 주로 관심을 가지고 있었던 것은 천태종이었다. 그 후 더욱 정진하여 천태학이 하나의 종파로 공인을 받도록 하였다. 그는 숙종 6년(1101) 향년 47세, 법랍 36세로 입적하였다.

의천의 불교사상은 그가 중국 송나라 지의대사(智顗大師)에게 발원한 글에서 그 실마리를 찾을 수 있다. '의천은 머리를 조아려 귀명하옵고 천태교주 지자대사에게 아룁니다. 일찍이 듣자오매 대사는 五時(오시)와 八敎(팔교)로써 동쪽으로 흘러 들어온 일대의 聖言(성언)을 남김없이 判釋(판석)하였으니, 후세에 부처를 배우려는 이로써 누가 그것을 의지하지 않겠습니까? 그러므로 우리 조사 華嚴疏主(화엄소주)께서도 "현수의 五敎(오교)는 대체로 천태의 오시와 같다"고 말했습니다. 가만히 생각하면 우리나라에도 옛날 諦觀(체관)이라 불리는 스승이 계셨습니다. 그는 대사의 敎觀(교관)을 강연하여 해외에까지 유통시켰으나, 전하고 익히는 이가 간혹 끊어지더니 지금은 없어졌습니다. 저는 발문하여 몸을 돌보지 않고 스승을 찾아 도를 묻다가, 지금은 錢唐(전당) 慈辯大師(자변대사)의 강단 아래서 교관을 이어받아 그 대략을 약간 알게 되었습니다. 뒷날 고향에 돌아가면 목숨을 다해 널리 펴서 대사에게 중생을 위해 가르침을 베푸시느라 고생하신 덕을 갚고자 하는 것이 그 서원입니다.' [42]

여기서 확실한 것은 천태를 더욱 공부하여 세상에 펴겠다는 것이다. 그러면 잠시 천태종에 관하여 논해 보기로 한다. [43]

천태종이 비판적으로 분류한 불교의 가르침은 오시팔교이다. 첫째의 시기는 華嚴時(화엄시)로서, 이 시기에 설해진 교의는 붓다가 자신의 깨달음 속에서 인식하였던 것, 즉 자신의 깨달음 자체를 설명하는 것이었다. 제자들은 그의 가르침을 전혀 이해할 수 없어서 마치 귀머거리와 벙어리가 되는 듯이 있었다. 둘째의 시기는 녹원시로서 사슴 동산에서 능력이 열등한 사람들에 맞도록 초기 아함을 설한 기간을 말한다. 제자들은 이제 그의 가르침에 따라서 아라한의 결실을 얻기 위해 적절히 수행했다. 이 시기는 또한 誘引時(유인시), 즉 사람들을 보다 높은 교의로 이끄는 시기로 불리기도 한다. 셋째 시기는 발전의 기간(方等時)으로서 소승의 사람들이 대승의 교의로 전향할 때 이를 위해 붓다가 방등(발전된) 문헌을 설했다. 붓다는 종종 아라한들을 꾸짖기를 소견이 좁거나 잘못되었다고 하였으므로, 이를 힐난의 기간이라 한다. 붓다가 추궁한 이후, 소승의 사람들은 자신들의 편협함을

---

42) 「大覺國師 文集」 14卷.

43) Junjiro Takakusu, *The Essentials of Buddhist Philosophy*, 정승석 옮김, 「불교철학의 정수」, 대원정사, 1989, pp.172-182.

깨닫게 되어 대승을 음미하고자 공부하였다. 넷째 시기는 般若時(반야시)로서 이때는 반야경이 설해져서 차별과 소득이라는 일체의 관념이 철저히 거부되었다. 이 시기는 선택의 시기에 해당한다. 이 기간에 空의 교의가 설해졌지만 공 자체는 다시 부정되고 모든 것은 궁극의 진리로 회귀한다. 그래서 반야시를 다르마를 탐구하여 통일하는 시기, 즉 일체의 분석을 부정하고 그들 모두를 하나로 통일하는 시기라고 불렀다. 다섯째는 법화경과 열반경의 기간으로서 이때에 가르친 것은 교의에 대한 탐구와 분석과 통일이었다. 三乘(삼승, 붓다의 제자들, 스스로 깨달은 이들, 후에 부처가 될 이들)이 아라한이라는 결실을 얻을 수 있다는 견해는 일시적 가르침이었지만, 그 세 가지는 결국 일승으로 통합되었다. 이상과 같은 다섯 시기를 특별히 개방과 모임의 기간이라고 칭한다. 부처님이 지상에 출현한 목적은 모든 중생을 구제하는 것이었는데, 그 목적은 법화경에 의해서만 성취될 수 있다. 그러므로 법화경은 붓다의 모든 가르침의 궁극적 교의이며, 모든 경전 중의 왕이다. 열반경이 동시에 설해졌지만 그것은 이전에 설해진 것의 요약이었다.

붓다의 가르침이 지닌 성격을 이해하기 위해서는 그것들을 네 가지로 정리할 필요가 있다. 먼저 그 중 하나의 것으로서의 돈교(돌연함의 교의)는 붓다가 아무런 편법을 사용하지 않고 인식한 것을 가리킨다. 이는 오시의 화엄시에 해당한다. 점교(점진적 교의)는 붓다가 온갖 종류의 수단을 사용하여 사람들을 점차적으로 보다 깊은 생각으로 이끌어 간 것을 가리킨다. 秘密敎(비밀교, 신비적 교의)는 사실상 불확정의 교의로서 붓다의 초자연적 힘으로 말미암아 많은 청취자들은 붓다가 다른 사람에게는 드러나지 않고 그 자신만을 가르치고 있다고 생각한다는 점에서, 이것은 확정되어 있지 않으며 다양하다. 그러한 불확정성이 화엄시로부터 반야시까지 해당한다. 不定敎(부정교, 불확정의 교의)는 비신비적, 불확정적 교의이다. 모든 청취자는 모두가 함께 듣고 있지만, 그들이 다르게 듣고 여러 가지로 이해한다. 이들 네 방법론의 교의들은 듣는 이의 능력을 개발하는 것이며, 이 점에서 법화경을 설하기에 앞서 적용된다.

다음의 네 가지 교의는 가르침 자체의 성격에 관한 것이다. 먼저 경전의 교의는 문헌에서 볼 수 있는 것들과 같은 아함과 일체의 소승 교의를 말한다. 通敎(통교, 모두에게 공통되는 교의)는 삼승에 통하는 것으로 대승의 기초적 교의이다. 別敎(별교, 별개의 교의)는 순수한 보살을 대상으로 하는, 보살에게 특별한 것이다. 앞의 것들은 한 측면의 공만을 가르치지만, 여기서는 중도를 가르친다. 圓敎(원교, 원만한 교의)는 완전한 편만의 중도와 상호동일화의 중도를 설한 것이다.

이상의 천태종의 특수한 이론은 사고의 한 순간이 삼천세계 그 자체라는 것을 전제하고 있다. 이것은 간단히 말해서 하나의 사물이나 존재 자체가 진실임을 뜻한다. 그래서 '색깔이나 향기까지 모든 것은 中道(중도), 즉 진리와 일치한다'는 것이다. 의천이 당시에 문제로 느꼈던 것은 선과 교의 대립과 갈등이었다. 구체적으로 말하면 그의 문제의식은 교학을 무시한 선불교의 피해와 관행을 무시한 교학의 맹목성을 극복하는 데 있었다.[44] 그리하여 그는 무지한 선의 폐단을 시정하고자 선과 대립되어 있던 화엄보다는 관을 균형있게 강조하는 천태관을 하나의 운동으로 전개하고자 하였던 것이다. 그는 말하자면 敎觀竝修(교관병수)를 견지하며, 이것이 잘 구현된 것이 천대교관이라고 본 것이다. '관을 배우지 않고 경만 공부한다면 비록 "원인에 대한 결과를 다섯 종류로 분류하는 것(五周因果)"을 듣는다고 하여도 "만물은 각각 그 본성으로서 선악, 迷悟(미오) 등의 여러 가지 성능을 갖추었다는 것(三重性德)"에는 도달하지 못하고, 경을 배우지 않고 관만 공부한다면 삼중성덕을 깨닫는다고 하더라도 오주인과를 분별하지 못한다. 그러므로 관을 배우지 않을 수 없고 경을 공부하지 않을 수 없다… 이에 알지니 大經(대경, 화엄경)을 전하면서도 관문을 공부하지 않는 자는 비록 講者(강자)라 할지라도 나는 믿지 않는다… 혹은 偏邪(편사)에 빠지고 혹은 명성과 이익(聲利)에 빠지고 혹은 교만하고 혹은 게을러서 도가 있는 것 같기도 하고 없는 것 같기도 하여 죽을 때까지도 그 도에 들어가지 못하고 만다. 천태를 공부하는 사람들이 止와 觀, 心三觀(심삼관)—만물은 비어 있는 것이라는 것을 관하는 空觀(공관), 만물은 실재하는 것이 아니라 가짜라는 것을 관하는 假觀(가관), 중도를 관하려는 中觀(중관)—을 닦듯이, 화엄에서도 법계삼관—우주 삼라만상이 서로 주변하여 관련되어 있음을 관하는 법, 예컨대 理事無涯觀(이사무애관), 진공관, 周遍含容觀(주편함용관) 등—을 닦아야 한다.'[45]

의천은 교를 무시한 선을 '說禪(설선)'이라고 부르면서 다음과 같이 비난하고 있다. '옛날의 선과 오늘날의 선은 거리가 멀다. 옛날의 이른바 선이란 교에 의거하여 선을 익히는 것(習禪)이었는데 오늘날의 이른바 선은 교를 떠나 선을 설하는 것(說禪)이다. 설선은 명분에 집착하여 그 실상을 잃고 있음에 반하여, 습선은 부처님의 말씀에 기초함으로써 그 뜻을 얻는 것이니, 오늘날의 사악한 폐를 구하

44) 吉熙星, '高麗佛敎의 創造的 綜合 : 義天과 지눌', 韓國精神文化硏究院(編), 「韓國思想史 大系」, 1991, p.452.

45) 「大覺國師文集」, 卷16 示新參學徒緇秀.

고 옛 성인들의 순정한 도를 회복하는 것이다.'[46]

의천에 의하면 진리에는 언어와 문자가 해당되지 않는 것이지만, 그렇다고 해서 언어와 문자를 떠나 있는 것도 아니다. 그러므로 선과 교는 內外(내외)로서 겸비되어야 한다. '대저 법이란 言像(언상)이 없는 것이지만 그렇다고 하여 언상을 떠나 있는 것은 아니다. 언상을 떠난 즉 감각의 한계에 이르게 되며, 언상에 집착한 즉 진리로부터 멀어지게 된다. 다만 세상에는 완전한 재능을 갖춘 사람이 적은만큼 사람들이 그 아름다움을 갖추기가 어려워 교를 공부하는 사람 중에는 내적인 것을 버리고 외적인 것을 구하는 사람이 많고 선을 익히는 사람은 緣(외적대상)을 잊고 내적으로 밝기를 좋아한다. 둘 다 편집으로서 모두 二邊(이변)에 걸려 있는 것이다. 마치 토끼 뿔의 길고 짧음에 대하여 싸우고 공중의 꽃의 짙고 옅음을 두고 다투는 것과 같다.'[47]

의천은 교학 내의 갈등과 대립과 관련해서도 모든 교학사상을 골고루 연구하여 섭취해야 한다고 하였다. '구사론을 배우지 않으면 소승의 설을 알지 못하고 유식을 배우지 않으면 어찌 大乘始敎(대승시교)의 종지를 볼 수 있으며, 기신론을 배우지 않고 어찌 경교와 돈교의 뜻을 밝힐 수 있겠는가? 화엄을 공부하지 않으면 원융의 문에 들어가기 어려우니 얕은 것으로써는 깊은 것에 이르지는 못하나 깊은 것은 반드시 얕은 것을 갖추고 있으니 이치가 당연히 그러한 것이다.'[48] 교종과 선종의 일치를 위한 의천의 노력은 충분히 인정되지만, 교종과 선종을 이론적으로 일치시키는 일은 후세대를 기다려야 했다. 더구나 그것이 교육이론으로 될 만큼 체계화된 것은 바로 지눌에 의해서 가능했다고 말할 수 있다.

전기 고려의 교육이론은 최승로와 최충의 유학적 교육이론과 의천의 불교적 교육이론으로 대별되지만 이 두 가지 교육이론이 하나로 종합되어 있는 교육이론이 바로 鄭知常(정지상 ?-1135)의 교육이론이다. 정지상의 원래 이름은 之元(지원)으로서, 그의 가계와 유년 시절은 알려져 있지 않다. 다만 어려서 어머니의 지시에 따라 개경에 올라가 10년 동안 학문에 정진하였다는 기록만 있다. 이와 같이 된 것은 그가 묘청의 난에 연루되어 김부식에게 주살되고 역적으로 몰려 그의 문집이 없어져 버렸기 때문일 것이다. 분명히 그는 과거에 장원을 하였기 때문에

---

46) 「續藏經」第1集, 別傳心法講後序.
47) 「文集」卷3, 講圓覺發辭 第二.
48) 「文集」卷3, 講圓覺發辭 第1.

그를 따라 배우고자 하는 사람들도 있었을 것이고, 실지로 가르치기도 하였을 것이다. 그러나 역적이라는 누명 때문에 문집을 없애버려 그 흔적은 거의 남아 있지 않다. 그럼에도 불구하고 여기에 정지상을 특별히 언급하고자 하는 것은 그가 고려 전기의 대표적인 지성이라는 점 때문이다. 그의 몇 안되는, 남아 있는 시와 표나 소는 당시 고려의 지성이 어떤 생각을 하면서 살았는지를 짐작할 수 있게 한다. 그가 교육에 관하여 어떤 생각을 갖고 있었는지를 몇 가지 사료에 근거하여 말해 보자면 다음과 같다. 우선 '어머니에게 물품을 하사하심을 사례하는 표'를 보자. '臣(신)은 어려서부터 어머니의 교훈을 받고 태학에 입학하였습니다. 그때 사마상여가 촉을 떠나 장안으로 가면서 승선교를 지나다가 다리 기둥에 쓰기를 "높은 수레와 말 네 마리가 끄는 수레를 타지 않고는 이 다리를 다시 지나지 않으리라" 한 것과 같은 기개를 가지고 서울에 올라 왔습니다. 그리고 한나라 회계의 주매신이 나이 50이 되도록 곤궁하여 나무 장사를 하니, 아내가 가난함을 견디지 못하고 이혼하고 가버렸으나, 그 후 수년 만에 장안에 가서 회계 태수가 되어 부임하여 오는데 그의 전 아내는 새 남편과 함께 길을 닦고 있었다는 고사에 보듯 비단옷을 입고 고향에 돌아갈 것을 흠모하였나이다. 그러나 10여 년 간이나 공부를 하였지만 뜻대로 되지 않은 채, 몸은 천리 밖에서 떠돌았습니다. 그 동안 전원이 황폐하고 친척이 모두 흩어졌습니다. 그리하여 공부는 우물을 파다가 물 나는데 이르지 못하듯이 거의 중도에 폐하게 되었습니다. 그렇지만 산을 만드는데에 흙 한 삼태기의 부족으로 앞의 공을 폐하지 않으려는 마음만은 잠시도 잊은 적이 없었습니다. 그 뒤 예종께서 문을 숭상하시는 때를 만나, 현량과에 첫째를 더럽힘으로써, 갑자기 옥색이 집에 비치는 듯한 장려를 입었습니다. 그때 겨우 늙은 어머니가 문에 기대어 기다리는 마음을 위로하게 되었나 봅니다. 초야에 한 개미미한 몸이 먼저 벼슬길에 오른 선배의 뒤를 좇아 궁궐에 드나들며 거닐 수 있었으나 늘 고향의 강과 호수를 그리워하는 꿈을 꾸고 있습니다. 때로 고향집에 귀성도 했습니다. 그러나 조석의 따뜻한 진지를 어머니께 어찌 손수 받들었겠습니까. 선인의 문집을 보매 굳은 절개가 그대로 있음을 느꼈고, 짐승조차 어미를 봉양하는 것을 생각하니 까마귀 새 만도 못하다고 느꼈습니다.'[49]

　여기에 나타난 것으로 보아, 정지상은 처음에는 교육을 받는 목적이 영화를 누리는 것으로 생각하였던 것 같다. 그러나 그는 차차 공부를 하면서 공부라는 것은

---

49)「東文選」卷34.

인간이 인간다워지는 것임을 자각한 것 같다. 그것은 어머니에 대한 그의 효심에서 볼 수 있다. 그는, 결국 공부를 한다는 것은 어머니께 효도하는 길임을 알았던 것이다. 다시 말하면 그는, 공부를 한다는 것은 인간으로서 효를 하는 것이며, 그 효란 자신과 부모가 부귀영화를 누리도록 하는 데 있는 것이 아니라, 효의 참된 의미를 깨닫는 데 있다는 것을 자각하고 있다는 것이다. 그리하여 그는 '짐승조차 어미를 봉양하는데 자신의 효가 까마귀 새만도 못하다는 것'을 알고 자신은 더욱 부끄러웠다는 것이다. 그리고 선인들의 문집을 보고, 공부는 부귀영화를 추구하는 것이 아니라 굳은 절개를 지키는 것임을 알게 되었던 것이다.

물론 그는 과거에 수석으로 합격할 만큼 시를 잘 지었다. 어느 정도인가 하면 당대의 대문인 김부식보다 한 수 위인 것으로 알려져 있다. 그의 시 중에는 절이나 누각 또는 정자를 소재로 한 작품이 많다. 시 하나를 소개하겠다. '험한 돌길에 비단같은 이끼가 아롱져 있네 / 이끼를 밟고 나니 예가 바로 禪門(선문)일세 / 땅은 저 푸른 하늘에서 그리 멀지 않은 듯 / 중은 흰 구름 더불어 한가히 마주 앉았구나 / 따스한 햇살에 제비는 날아 별전에 오고 / 휘영청 밝은 달밤 잔나비 울음이 빈 산에 울려온다 / 대장부 본래 사방에 뜻 있거니 / 내 어이 덩굴에 달린 오이처럼 이 사이에 끼어 살리.'[50] 험한 돌길, 선문, 중, 흰 구름, 휘영청 밝은 달밤, 빈 산 등의 묘사가 한 폭의 동양화처럼 느껴지는 시이다.

정지상은 시만 잘 지었는가? 그렇지 않다는 것을 보여주는 글이 있다. 즉, '冊 王太子 御宴致語(책왕태자 어연치어)'가 그것이다. 그는 그 글 첫머리에서 다음과 같이 적고 있다. '乾이여, 만물이 여기에 바탕하여 비롯하나니, 이에 있어서 성인의 일어남을 보게 되옵니다. 震은 한 번 구하여 男을 얻은지라, 그러므로 천하의 근본이 되었습니다. 예는 곧 寶冊(보책)에 이루어졌는지라, 은혜가 널리 먼 지구에까지 덮었으니, 모이기를 塗山(도산, 산이름)에서와 같이 하여 옥백을 가지고 온 자 만국이요, 음악은 韶夏(소하)인데, 干羽(간우) 춤을 양계에서 추옵니다. 구름이 하늘에 올라 需라 하고, 고기가 말풀 속에 있으매 즐길 만하옵니다.'[51] 이 글을 보면 가장 눈에 띄는 것이 「주역」을 인용하고 있다는 것이다. 적어도 이 정도 인용하는 것으로 보아 그는 「주역」에 상당한 수준의 식견을 가지고 있었음을 알 수 있다. 적어도 「주역」에 관한 식견이 이 정도 수준이라면, 유교의 경전을 거의 섭

---

50) 石逕崎嶇笞錦斑 / 錦笞行盡入禪關 / 地應碧落不多遠 / 僧與白雲相對閑 / 日暖燕飛來別殿 / 月明 猿嘯響空山 / 丈夫本有四方志 / 吾豈匏瓜繫此間, 題登高寺.

51) 「東文選」 卷104.

렵하여 상당한 수준에 있다고 보아야 한다. 정지상은 유교에만 능하였는가? 그의 '轉 大藏經 道場 疏(전 대장경 도량 소)'를 보면, 불교에 관해서도 일가견이 있음을 알 수 있게 된다. '경, 율, 논이 비록 삼장으로 나누어졌으나, 계, 정, 혜가 다 한 마음에 근본을 두고 있는 것입니다 … 거룩하도다! 큰 일의 인연이여, 다만 중생을 위한 연고일 뿐입니다. 오직 기미에 감응하는 것에 상, 중, 하의 구별이 있기 때문에 교를 베푸는 데 원교, 돈교, 점교의 차이가 있는 것입니다. 혹은 공을 말하고, 혹은 공 아님을 말합니다. 혹은 실로 나타나기도 하고 혹은 실같이 나타나기도 합니다. 俗諦(속체)가 眞諦(진체)에서 떠나지 않는 것이며, 유위가 무위에서 나오는 것입니다.' [52] 이것으로 보아 정지상은 불교에도 상당한 식견이 있음을 알 수 있다. 유교와 불교 그리고 그밖에 음양오행에 관해서도 마찬가지로 말할 수 있다. 즉, 그의 같은 글 말미의 '비오고 볕나고 덥고, 춥고, 바람부는 것은 그 節序(절서)를 따라서 움직이고, 금, 목, 수, 화, 토의 오행은 각각 그 마땅함을 얻게 하소서. 화기가 이루어져서 백곡은 풍년이 들고, 아름다운 왕화가 이루어져서 사방의 이웃 나라들의 업신여김이 없게 하소서' [53]를 보면 그 점을 알 수 있다.

정지상의 이상의 글에서 알 수 있는 것은, 당시의 지성인은 유, 불, 선, 음양오행까지도 두루 섭렵하여 어느 것과도 충돌이나 갈등을 일으킴이 없이, 자신의 한 마음 속에 통합하여 필요할 때는 언제나 중요한 문제를 해결하는 데 원용하고 있다는 것이다. 말하자면 고려 당시의 지성인들은 오로지 어느 한 곳에 매달리지 않고 두루 사상을 섭렵하여 자신의 인격의 형성을 이룩하였다고 볼 수 있을 것이다. 유난히 유학을 강조하고 있는 김부식도, 그의 글 '금광명경 도량 소' 등을 살펴보면, 불교에 해박한 지식을 가지고 있었음을 엿볼 수 있다.

52)「東文選」卷110.
53)「東文選」卷110.

제5장
고려 후기의 교육

고려 전기는 문관이 우대되었던 시대라고 보아야 하겠지만, 그렇다고 하여 고려 전기에서 문사만 우대받았다고 보아서는 안 된다. 예컨대, 예종은 즉위한 지 9년쯤 되었을 때 다음의 명령을 내리고 있다. '문무의 두 가지 학문은 국가 교육의 근원이므로 그 두 가지 학교를 세우고 학생들을 양육하여 장래의 장령과 재상을 준비하도록 해야 한다.' 이것으로 보면, 왕의 명령을 받은 '책임 맡은 자'들이 무사의 중요성을 어느 정도로 자각하고 있었는가와는 별도로, 고려 전기의 왕들은 무사도 문사와 마찬가지로 중요하게 취급되어야 한다는 것을 알고 있었던 것으로 생각된다.

그러나 기록에 의하면, 왕의 명령을 받은 '책임 맡은 자들'(즉, 문사)은 왕의 명령을 충실히 실행하지 않았다. 이것은 문사들이 무사를 자신들과 대등한 위치에 놓는 것을 원하지 않았다는 것을 의미한다. 실지로, 무사에 대한 왕의 배려에도 불구하고 문사들은 온갖 핑계와 이유를 대면서 무사들의 교육과 예우에 관심을 갖는 것을 저지하려고 하였다. 문사들의 이러한 태도는 무사들의 반란(庚寅亂(경인란), 1173)을 초래하기에 충분한 것이었다. '무릇 文冠(문관)을 쓴 자는 胥吏(서리)라도 모조리 죽여라'는 말이 있었던 것을 보면, 무사들의 분노가 어느 정도였는가, 이 반란으로 인하여 당시 문사들이 얼마나 큰 피해를 입었는가 하는 것은 쉽게 짐작할 수 있다.

무신의 난은 문사의 존재와 文敎(문교)의 위상을 위축시켰음에 틀림없다. 그러나 그렇다고 하여 무신정권 하의 시기를 순전히 문교의 암흑기라고만 할 수 없다. 순전히 외면적인 현상으로 보면, 무사들이 문사의 자리를 차지하면서 문사들의 출사 범위는 무신난 이전의 반으로 축소되었으며, 과거 응시자 수는 이전에 비하여 반으로 줄어 들었다. 그러나 이것은 어디까지나 표면적으로 드러난 것일 뿐이다. 여전히 문사의 일은 무사에 의하여 대행될 수 없었던 것이다. 무신의 난에 대한 일반적 견해와는 달리, 무신의 난은 문사들로 하여금 자신의 책무에 대한 반성의 계기를 마련해 주었다고 보는 편이 정당할 것이다. 사상적 동향에 있어서 고려후기가 고려 전기에 비하여 더욱 활발한 것은 이 시대가 결코 암흑기가 아니라는 것을 단적으로 보여 주고 있다.

1. 문사와 무사

문사들의 과거 응시자 수는 줄어들었지만(과거 응시자의 숫자는 600여 명에서 300여 명으로 줄어들었다) 과거 급제자의 수는 오히려 증가하였다. 이와 같은 현상이 나타나게 된 원인으로는 다음 두 가지를 들 수 있다. 첫째로, 아무리 무신이 정권을 잡았다고 하지만 문신의 협조 없이는 국가운용을 할 수 없었을 뿐만 아니라 정권유지마저 어려웠다. 둘째로, 무신 집권자들은 급제자들을 늘리면서 자기들의 마음에 맞는 사람을 등용함으로써 불만에 찬 문신들을 통제할 수 있었다. 이와 같은 정책을 잘 운용한 정권이 최씨 정권이다. 이 시기에는 과거 급제자들 중에 무신 집권자에 아부하여 부귀영화를 누리는 자들이 있는가 하면 하는 일 없이 늙는 사람들도 상당히 많았다.

그러나 그렇지 않은 문신들도 꽤나 있었던 모양이다. 그 대표적 예는 李奎報(이규보)가 趙太尉(조태위)에게 올린 편지에서 찾아 볼 수 있다. 이 글에는 무신집권 하의 문신들의 당당함이 잘 드러나 있다. '조태위에게 올립니다—모월 모일에 모관 아무개는 목욕재계하고 太尉相國下執事(대위상국하집사) 각하께 이 글월을 올리나이다. 무릇 옛날에 임금이 된 자에게는 천하를 다스리는 것이 어려운 것이 아니라, 사람이 어진지 어질지 못한지를 알아서 벼슬에 나아가게 하거나 물러가게 하는 것이 어려운 것입니다. 그윽하시고 조용하고 온화하시며 지극히 높으신 자리에 계신 분인 임금께서는 깊은 궁궐에 계시니 어찌 일일이 한 사람씩 보고 시험하여 어진 사람과 어질지 못한 사람을 구별하여 나아가게 하거나 물러가게 하거나 올려주거나 낮춰주거나 할 수 있겠습니까. 그리하여 특별히 재상을 두어서 임금의 눈과 귀로 삼는 것입니다. 재상이라는 것은 곡식, 소금, 철, 소송, 세금 등의 복잡한 일을 친히 하는 것을 자신의 임무로 삼는 것이 아니라, 오로지 어진 사람을 추천하여 벼슬에 나아가도록 하여 위로 천자의 총명을 도울 따름인 것입니다. 이제 주상께서 이 도를 따라 각하께 의논하고 생각하는 지위에 있게 하시니, 각하께서는 크게 보시고 세상을 호령하는 탁월한 재주로 천자의 눈과 귀를 대신하고 있으시며, 임금의 명을 맡아서 천하의 선비들을 나아가게 하고 물리치시기도 하니, 대저 많은 재주와 뛰어난 머리를 가진 선비들이 줄을 지어 언제 팔리려나 하고 있습니다. 저는 망령된 하나의 보잘것 없는 사나이에 지나지 않으며, 한 가지 재주나 재능도 가지지 못하여 어진 임금과 밝은 재상의 눈에 띄어 벼슬자리에 오르내리는 대상이 되지는 못합니다. 이러한 형편에 비추어 본다면 마땅히 분수를 생각하고 재주를 헤아려서 머리를 움추리고 감히 뛰어난 인재들 틈에 끼일 수 있는 요행을 바랄 수조차 없는 몸입니다. 그러나 각하께서는 저의 못남을 알지 못하시고 지나치게 헛된 이름을 들으시고는 크게 우대를 더하여 일찌기 세상국과 더불어 연명으로 箚子(차자)를 올려 밝으신 천자의 눈과 귀 앞에 천거하고 郡職(군직)에 보하여 장차 점차로 발탁하여 쓰시게 하시었습니다. 그런데 조서가 이미 이조에 회부하기도 전에 갑자기 銀盃(은배)에 날개가 돋힌 듯한 자가 있어서 조정과 사림에서 모두 다 알고 탄핵과 지탄을 받았다는 것을 상국각하께서도 일찌기 들어 아시고 계실 것입니다. 저는 오히려 각하의 강직하고 뚜렷한 과단성에 의지해서 제 자신의 일은 이미 허락받은 것이라고 생각하옵니다. 어찌 그 조서가 있고 없고에 따라 그 무거운 한 말씀을 저버릴 수 있겠습니까. 확실히 저는 스스로 그렇게 믿고 있었습니다. 그러나 널리 정사를 두루 펴신 후에도 아무런 소리가 들리지 않았습니다. 처음에는 웃었고 나중에는 울부짖는 꼴이 되어 친구들의 비웃음거리가 되었습니다. 마음은 답답하고 얼굴은 붉어지지 않을 수 없었습니다. 그런데 후에 들으니 각하의 말씀이 詔旨(소지)로써 天曹(천조)에 회부되지 않았다고 해명하시었습니다. 이것은 확실히 저를 도와주고 구제하는 말씀이 아닙니다. 어찌 이와 같이 일이 되었습니까 … 저는 변변치 못한 인간으로서 평생에 오직 신의와 정직만을 따라 살았다고 스스로 자부하고 있습니다. 그리하여 이번에 저의 가슴 속에 담아 두었던 것을 모조리 각하께 보여 드리겠습니다 … 맹자는 이렇게 말했습니다—"벼슬을 하려 하지 않는 자는 일찍이 없지마는 도에 의거하지 않고 벼슬자리에 나아가는 것은 도둑질하기 위하여 구멍을 뚫는 것과 같다." 저 자신 이미 다른 사람과 관계를 맺기 위하여 심할 정도로 행동하였사온데, 어찌 또 구멍을 뚫어 담을 넘는 여자를 본받을 수 있겠습니까. 지금까지 드린 말씀이 실망시켜 드리는 말이며 지나치다 할 정도로 격한 말씀이 많은 줄 아옵니다. 엎드려 바라옵건대 각하께서 우선 저의 죄를 너그러이 용서해 주시고 잘 보살펴 주시기 바랍니다. 경망스럽게 각하의 존엄을 저촉한 점이 많아 송구스러움을 이겨내지 못하겠습니다. 드릴 말씀 다 못 드리고 아무개는 그만 하직하는 뜻으로 두 번 절하옵니다.' [1]

무신집권기에 이 정도의 뜻을 글로 전할 수 있었다면 그는 대단한 문신이라고 할 수 있다. 더구나 무신집권 하에서도 이와 같은 신하에 이규보만 있었던 것은 아니라는 사실은 이후의 고려가 계속 유지될 수 있는 기반이 무엇인지를 짐작하게 해 준다. 무신 집권기에도 국자감, 12도, 향교 등의 교육기관은 그대로 유지되고 있었던 것이다.

그러나 유감스럽게도 과거 응시자 수가 줄고, 급제 후에도 이규보의 예에서 볼 수 있듯이 진로가 불확실하였으며, 그 결과 교육은 사교육 중심으로 그 나름의 발전을 도모하였다. 사실 고종대는 고려 건국 후 최대의 시련기였다. 그 시련은 고종 5년 8월(1218) 거란의 침공으로부터 시작되었다. 고려에서는 전 국력을 총동원하여 대처하였으며 학생들까지 징모하였다. 거란의 토벌에 고려를 도와준 몽고는 이를 빌미로 무리한 요구를 계속하였다. 몽고는 고종 12년(1225) 국교를 단절하고 그 영토에 대한 야심을 드러내기 시작하다가 마침내 고종 18년(1231) 8월 고려에 대한 침략을 시작하였다. 그 침략은 몽고와 국교를 단절한 지 7년 만의 일이었다. 그 해 12월경에는 개경이 포위되고 일부는 남쪽으로 광주, 충주, 청주 지방까지 공략하기에 이르렀다. 몽고는 급속도로 화친을 추진하여 고려로부터 많은 진상물을 받아갔으며 72명의 達魯花赤(달로화적)을 나누어 각각 자리를 잡게 한 뒤 요동으로 물러갔다.

한편, 당시 집권자인 崔瑀(최우)는 1232년(고종 19년) 여름 수도를 강화도로 옮김으로써 이후 27년 동안 강화도를 제외한 모든 지역이 몽고군의 말발굽 아래 유

1)「東國李相國集」卷26.

린되어야 했다. 따라서 이 시기는 정부의 통치기능은 물론이요, 백성들의 정상적
인 생활도 일시 정지된 시기라고 볼 수 있으며, 교육 분야도 예외는 아니어서 그
본래의 기능을 제대로 수행하지 못하던 시기였다. 국학교육의 침체는 말할 것도
없고 더 나아가 7재의 입학시험인 升補試(승보시)가 일시 중단되는 사태까지 일
어나게 되었다.

그런데 여기서 고려 항몽기에 있었던 특이한 사실을 눈여겨 볼 필요가 있다. 그
중의 하나가 노비나 토적들이 몽고군과 대적하여 싸웠다는 것이요 다른 하나는
강화도에 옮겨간 왕과 귀족들의 생활상이다. 우선 강화천도가 있던 해에 충주에
서는 관노들의 반란이 있었다. 좀더 구체적으로 말하면, '이보다 앞서 충주부사
우종주가 사무를 처리함에 있어 판관 유홍익과 사이가 좋지 않았다. 몽고군이 곧
이를 것이라는 소식을 듣고 성을 지킬 것을 의논하는데도 의견이 같지 않아 우종
주는 양반별초를, 유홍익은 奴軍(노군), 雜類(잡류)별초를 거느리고 서로 시기하였
다. 몽고군이 닥치자 우종주, 유홍익과 양반들은 모두 성을 버리고 달아나고, 다만
노군과 잡류들이 힘을 합하여 적을 물리쳤다.'[2] 다음으로 강화도로 들어간 최씨
정권과 관리들의 생활은 어떠하였는가? 최씨 정권기에 활약하던 문인 이규보는
그의 문집인 「동국이상국집」에 다음과 같은 시를 남기고 있다.[3]

천도란 옛부터 하늘 오르기만큼 어려운 것인데 / 공 굴리듯 하루 아침에 옮겨왔네 /
청하(淸河)의 계획 그토록 서둘지 않았더라면 / 삼한은 벌써 오랑캐 땅이 되었으리 /
크고 견고한 성곽을 한 줄기 강이 둘렀으니 / 공력을 비교하면 어느 것이 나은가 / 천만
의 오랑캐가 새처럼 난다 해도 / 지척의 푸른 물결 건너지는 못하리
가지런한 많은 집들 멀리서도 알아볼 수 있겠는데 / 옥루 높은 곳에 비단 장막 올려
졌네 / 틀림없이 잔치 열려 붉은 비단 찬란할 걸세 / 막 바라보기를 멈추니 / 오직 들리
는 건 바람결의 느슨한 풍악소리 / 멀리서 생각컨대, 기녀들이 옷소매 치켜올려 팔을
내놓고 / 애교띤 얼굴에 술잔 바쳐들고 가느란 눈길 흘리리니 / 햇발 기울어도 사람들
흩어지지 않을 걸세

첫번째 시는 강화천도에 대한 찬양과 강화도의 지형이 몽고군의 침략을 막아
주리라는 믿음을 싣고 있고 그 다음 시는 연회를 즐기고 있는 강화도의 한가로운
풍경을 그리고 있다. 이 시들에는 앞에서 말한 두 가지 특이한 사항, 즉 노비들이

2)「高麗史節要」卷16 高宗 19年.
3) 이익주, '고려후기 몽고침입과 민중항쟁의 성격', 「역사비평」, 1994년 봄, p.263에서 재인용.

일어나 몽고군과 싸우는데 양반들은 도망한 것, 그리고 왕과 귀족들은 강화도에 천도하여 연회를 즐기고 있는 것이 잘 드러나 있다. 이 모순은 어떻게 설명될 수 있는가? 이 모순을 해결하기 위해서는 교육에 관한 모종의 설명이 있어야 한다는 생각이 대두될 수밖에 없을 것이다.

고려의 수도를 강화로 옮긴 후에도 국학의 명맥은 희미한 상태로나마 유지되고 있었다. 천도 직후에는 강화 향교를 국자감으로 삼아 교육을 실시하였다. 1243년(고종 30년)에는 당시 집권자인 崔怡(최이)가 임시 국자감으로 쓰고 있는 강화 향교를 수리하였다. 그 후 8년이 지난 1251년(고종 38년) 8월에는 새 국자감을 창건하였다. 이와 같이 국가가 피난시대에 처해 있음에도 불구하고 국자감의 명맥을 이어가려고 한 것은, 국가가 직면한 문제의 해결은 국자감과 같은 교육기관에 의존할 수밖에 없다는 이 당시 사람들의 지혜의 발로였다고 볼 수 있을 것이다. 이규보가 지공거가 되어 출제한 다음의 과거시험 문제는 당시 국가가 직면한 문제를 해결하는 데에 학교가 어떤 형태로든지 기여해야 한다는 생각을 반영하고 있다.

> 문노라. 우리나라는 지금 오랑캐의 침략을 겪고 있다. 그리하여 백성들을 이끌고 수도를 강화로 옮겨 사직을 보존하고 있다. 이것은 비록 거룩하신 천자와 현명하신 재상의 묘책이요 뛰어난 정책이라고 하지만, 하늘의 도움이 아니고는 이루어질 수 없는 일이다. 그런데 과연 하늘의 도움이라고 하여 반드시 후에도 하늘의 도움이 있다고 기약할 수 있다고 믿고 앉아서 기다릴 수 있는가? 아니면 사람으로서 할 수 있는 일을 부지런히 한 후에 하늘의 마음을 기다려야 하는가? 말하자면 사람이 할 수 있는 일이란 덕을 베풀고 백성들을 편안하게 하는 것이다. 구체적으로 말하면 농사짓는 백성들이 농사를 잘 짓도록 도와주는 것이다. 예컨대 홍수나 가뭄에 대비하도록 해주는 것이다. 그러나 오늘날 우리의 형편을 살펴 볼 때 백성들은 자신이 살고 있는 땅을 떠나고 있다. 어떻게 하면 이들을 한 곳에 머물러 살게 할 수 있는가? 황폐해진 밭과 놀고 있는 많은 땅이 있다. 여기에다 백성들이 농사를 짓게 할 수 있는 방도는 무엇인가? 홍수와 가뭄에 대비하는 것이 그것인가? 덕을 베푸는 것이 그것인가? 이 둘 중 어느 것이 먼저 해야 할 일인가? 여러 국자감 생도들은 고금 성현의 훌륭하신 말씀에 비추어 아는 바를 숨김없이 여기에 펼쳐보라.[4]

1259년(고종 46년) 봄, 몽고와의 사이에 화의가 성립되어 고려는 다시 육지로 나

---

4)「東國李相國集」卷11, 甲午年禮部試策問.

아가게 되었고, 강화에서 개경으로 환도하였다. 화의의 내용 중에는 태자 입조가 들어 있었다. 그리하여 28년 동안 계속된 대몽항쟁은 그 막을 내리고 이후 99년 동안 고려는 몽고의 간섭을 받게 된다. 그러나 환도를 둘러싼 갈등, 삼별초의 난 등으로 인하여, 동서학당을 설치하고 각각 별감, 교학, 교도를 배치한 것(원종 2년) 이외에 원종은 재위 15년 동안 별다른 흥학조치를 내리지 못했다. 아마 그것은 당시의 형편에서 교육에 힘쓸 만큼 여유가 없었기 때문일 것이다.

그러나 충렬왕은 1280년 3월, 교서를 내려 '지금 유학 선비들은 오직 과거 볼 학문만 학습하고 널리 경서와 사기에 통하는 자가 없으니 한 가지 경서와 사기에 정통한 사람을 시켜 공경대부의 자제들을 가르치게 하라'고 하였다. 이것은 국자 감 관직 체계와는 별도로 전공별 교수제가 채택되었다는 것을 말해 준다. 시험과 목과는 별도로 경서와 사기를 공부한다는 것은 무엇을 의미하는가? 그 대답은 다음과 같은 이제현의 글에서 엿볼 수 있을 것이다. 즉, '선비들이 모두 갑옷을 입고 활과 창을 잡느라고 책을 끼고 다니며 글을 읽는 자가 열에 하나 둘도 되지 않았다. 선배와 老儒(노유)들은 다 죽어 없어지니 육경의 전하는 것이 실낱같이 겨우 이어질 뿐이다.' [5] 이에 맞추어 충렬왕 22년에는 經史教授都監(경사교수도감) 을 설치하였다.[6] 이것은 당시 관원들이 경전과 역사에 관한 지식 정도가 너무나 형편없었으므로 재교육을 하기 위한 것이라고 볼 수 있다. 그러나 충렬왕은 어지러운 교육체계를 바로잡기 위하여 상당한 관심을 가지고 여러 방면으로 노력하였지만 결국 소기의 목적을 달성하지 못하였다. 이때 혜성과 같이 나타난 인물이 다름아닌 安珦(안향, 1243-1306)이다.

안향의 호는 晦軒(회헌)이고 시호는 文成(문성)으로서 그 부친은 본래 홍주의 아전이었으나 의술로 출세하여 벼슬이 밀직부사에 이른 사람이었다. 안향은 어릴 적부터 글읽기를 좋아하여 원종 원년(1260) 18세 되던 해에 과거에 급제하였다. 그가 벼슬길로 들어섰을 때는 서울이 아직 강화에 있었지만 몽고와의 싸움은 한 고비를 넘어 양국 간에 강화가 성사되어 가던 때였다. 이 시기는 또한 무신 정권

---

5)「櫟翁稗說」卷2, 國家伐叛.

6) 여기에 한 가지 특기할 만한 것은 300년 가까이 내려온 국자감의 명칭이 여러 차례 바뀌었다는 것이다. 그 변화과정을 보면, 충렬왕 원년(1275)에는 국학으로, 24년(1298)에는 성균감으로, 다시 34년(1308)에는 성균관으로 바뀌고, 공민왕 5년(1356)에는 일시 국자감으로 복귀했다가 11년(1362)에는 성균관으로 다시 바뀌어 조선시대까지 계속되었다. 그러면 왜 이렇게 국자감의 명칭이 자주 바뀌었을까? 그것은 아마도 원이 그들의 국자감과 동일한 이름을 쓰지 못하도록 간섭했거나 아니면 고려 스스로 그 이름을 피하려고 한 데에 기인하는 것이 아닌가 추측해 본다.

이 무너진 지 얼마되지 않은 때이기도 하다. 안향이 정치생활에서 눈부신 활동을 하게 된 것은 충렬왕 때로서, 이때는 국호를 원으로 고친 몽고가 고려에 지나친 간섭을 함으로써 고려의 자주성이 크게 손상된 때였다. 고려는 원의 간섭으로 종래의 관제를 원나라 속국에 맞게 고쳐야 했고 묘호에 祖宗(조종)을 사용하지 못하고 왕의 호칭을 사용하게 되었으며, 세자는 인질로 원에 들어가서 왕이 될 때까지 그곳에 머물러야 하며, 왕비도 몽고의 공주를 맞이하여야 하는 등 자주성을 크게 잃고 있었다.

원나라는 고려의 왕을 자주 불러들였다. 그리하여 안향도 왕을 따라 원나라를 내왕한 일이 있었다. 충렬왕 15년(1289)에 그는 왕을 따라 원나라에 들어갔다가 다음 해에 돌아왔다. 이때(1290) 그는 원에서 주자학의 서적을 손수 베끼고 공자와 주자의 眞像(진상)을 그려 가지고 돌아왔다. 이렇게 하여 우리나라에 처음으로 주자학(성리학)이 전래되었다. 그러나 이것으로 주자학이 고려에 널리 퍼진 것은 아니다. 그 후 백이정, 이제현 등이 원나라에 가서 그 학문을 전해옴으로써 차차 널리 퍼지게 되었던 것이다.

고려의 문교가 소생하기 시작한 것은 충렬왕 때부터라고 할 수 있으며, 이때 문교 진흥에 가장 현저하게 공헌한 인물이 안향이었다. 안향은 일찌기 당시의 최고 학부인 국학에 들어가서 문묘가 황폐한 것을 보고 다음과 같이 개탄하였다. '곳곳마다 향등 올려 부처에게 복을 빌고 / 집집마다 管絃(관현) 소리 다투어 푸닥거리일세 / 오직 두어 칸 남은 것은 夫子廟(부자묘)인데 / 뜰에는 잡초만 무성할 뿐 인적은 고요하네.'[7] 이 당시 향교의 校舍(교사)가 크게 허물어지고 국학이 날로 쇠퇴해 가는 것을 걱정하여 안향은 충렬왕 29년(1303) 중국 강남에 사람을 보내어 공자와 그 제자 70인 상, 그리고 문묘에서 사용할 제기, 악기 그리고 육경, 諸子史(제자사)와 朱子新書(주자신서) 등의 책을 구해오게 하여 문묘의 제도를 갖추었다. 한편 충렬왕은 경사교수도감을 세워 국학교육을 쇄신하려고 하였으나 육경에 능통한 교수를 확보하는 데 매우 어려움을 겪었다. 안향은 충렬왕에게 국학에 贍學錢(섬학전)이라는 일종의 육영기금을 조성하도록 건의하여 이를 채택하게 하였다.

안향은 주자의 초상을 걸어놓고 흠모하였으며, 자신의 호도 주자의 호를 본따 회헌이라고 하였다. 그리고 국자감 생도들에게 다음과 같은 글을 내렸다. '성인의

7) 香燈處處皆祈佛 蕭鼓家家競賽神 獨有數間夫子廟 滿庭秋草寂無人,「晦軒實記」題學宮詩.

도는 현실생활 속에서 인륜을 실천하는 것 이외의 다른 것이 아니다. 자식된 이는 효도하고 신하된 이는 충성하며, 예로써 집안을 다스리고 신의로써 벗을 사귀며, 敬으로써 자기 자신을 수양하고 일을 함에 있어 誠으로써 할 따름이다. 그런데 불교는 어떤가. 부모를 버리고 출가하여 인륜을 파괴하니 이는 이적의 무리인 것이다. 근래 전쟁에 시달린 나머지 학교가 퇴폐하고 선비는 학문을 몰라서 배운다는 것이 고작 불서나 즐겨 읽고 그 허무공적한 뜻을 믿으니 매우 가슴 아파하는 바이다. 내 일찍이 중국에서 주회암의 저술을 얻어보니, 성인의 도를 밝히고 禪佛(선불)의 학을 배척한 공이 공자에 짝할 만하였다. 그러므로 공자의 도를 배우고자 하면 회암을 배우는 것보다 우선할 것이 없으니, 제생들은 주자신서를 읽는 데 힘써 조금도 게으름이 없어야 할 것이다.'[8]

이 글은 적어도 고려사회에서는 가히 혁명적인 발언이라고 할 수 있다. 왜냐하면 태조 훈요십조에 있듯이 고려는 명실공히 불교국가임에 틀림없기 때문이다. 고려 백성들의 삶의 추진력이라고 할 만한 불교를 철저하게 비판하고 새로운 학문의 도입을 고려 최고학부에서 학생들에게 말한다는 것은 그야말로 국가로서는 엄청난 변화를 예고하는 것이다. 물론, 유교사상은 고려사회에서 이미 정치이념으로 자리를 잡아 과거제도, 교육제도, 정치제도를 뒷받침하면서 정치의 실제에 광범하게 구현되어 있었고, 불교는 백성들의 삶에 깊숙이 자리잡고 있었지만 어디까지나 종교적인 측면에서 현실생활에 큰 영향을 미치고 있었다. 고려사회는 유교와 불교의 이중구조를 가지고 있었지만 그것들이 서로 대립하거나 배척한 것은 아니었다. 유자들은 불교에 조예를 가지고 있었고 불자들도 유교 경전에 익숙해 있었으므로 유, 불은 서로 교섭하면서 발전하고 있었다. 종래에 유교와 불교가 이렇게 조화를 이룰 수 있었던 것은 양자가 중시되는 영역이 각각 달랐기 때문이다. 이 점에서 보면 국자감 생도들에게 유교의 중요성을 역설한 것은 그리 놀랄 만한 일이 아닐지 모른다. 그러나 그럼에도 불구하고, 안향의 위의 말은 고려사회로 보면 충격이 아닐 수 없다. 이것은, 유교가 사회의 중추적인 정치 이데올로기로 등장하면서, 개인주의적 신비주의나 비현실적 개혁사상은 그 성격으로 보아 합리적이고 체계적인 사회통치의 이념으로 계발되기 어렵다는 것을 뜻한다. 이것은 또한, 이제 새로운 학풍인 성리학이 안향의 노력으로 도입됨으로써 훈고학적 학풍이 사변적, 심성학적, 철학적 분위기로 바뀌어 간다는 신호이기도 하다.

---

8) 「晦軒實記」, 諭國子諸生文.

2. 고려 후기 학교제도의 변천

고려전기 한때 국자감을 능가하던 사학 12도는 예종의 국학개혁으로 중앙교육의 주도권이 국자감으로 옮아가자 불가피하게 변화를 겪게 되었다. 교육의 주된 목적이 벼슬자리에 나아가는 것이라고 생각한 무리들은 급제나 출사에 유리한 스승에게로 옮겨가기 시작하였으므로 12도가 재편되는 것은 당연한 결과였다. 아마도 몇몇 사학을 제외한 대부분의 사학은 그 전통이 끊어졌을 것이다. 이규보는 '내가 들으니, 선현들의 儒門(유문)에서는 12도를 만들어 그 도에 각각 齋를 두고 학생이 많은 곳이든 적은 곳이든 매년 여름에 모여 과업을 익히니 그것을 이름하여 夏天都會(하천도회)라 하였다.'[9]고 말하고 있다. 이미 이규보가 생존한 시기(1168-1241)에는 12도와 하천도회 등이 옛 이야기로 전해오고 있었다는 것을 알 수 있다. 다시 말하면 무신 집권기에 대부분의 12도는 이미 그 전통이 끊어져 있었다는 것이다.

국자감의 개혁으로 12도의 활동이 위축된 것은 사실이다. 12도 중의 상당수는 다른 도와의 경쟁에서 사라지거나 유능한 후계자들의 부재로 그 전통이 단절되었던 것이다. 예컨대 홍문공도의 경우가 그것이다. 그러나 최충의 문헌공도는 달랐다. 사학의 대표라고 할 만한 문헌공도에서 배출된 과거합격자들은 조정 요로에 자리잡고 있었다. 이들이 자기 출신 재를 후원하게 되는 것은 인지상정이며, 조정에서도 이를 보호, 육성하는 방향으로 움직였던 것이다. 과거에 뜻을 둔 우수한 인재들은 모두 이 곳으로 모여 들었다. 성명재, 솔성재, 조도재 등의 몇몇 재는 몽고침입 이전까지 그 전통과 명성을 유지한 대표적인 재라고 볼 수 있다.

그런데 그동안 국교를 단절했던 몽고가 고종 18년(1231) 고려에 침입하자 국자감은 강화 향교에 임시로 자리를 잡았고, 사학 12도의 활동도 일시 중단되었다. 그러다가 고종 26년(1239)경 강화도에서 夏課(하과)가 복구되었다. 문헌공도 성명재의 하과가 강화 천도 후 7-8년 만에 복구된 것을 하례하여 선배 이규보는 후배 김재(金齋)의 공을 치하한 시의 서문 중간 이후에서 이렇게 말하고 있다. '근래 국가가 다난하기 때문에 이 풍습이 거의 없어졌다. 이제 우리 재가 하과를 열게

9) 「東國李相國集」 卷7, 寄金學士㪨.

되었다니 어찌 기쁘지 않으랴. 비록 다른 재는 열지 않았으나 유학의 학풍이 점차 다시 번성하게 될 것이다. 다른 재도 따라 할 것이니 무엇을 근심하리오.'[10] 그로 부터 4-5년 후인 고종 31년(1244) 시랑 이종위에게 명을 내려 강화에 있는 연미정 에서 9재의 학생들을 모아 하과를 실시하고 5인을 뽑았다. 이것은 9재가 사학에 서 관학체제 속으로 들어온다는 것을 의미한다.[11] 12도는 고려 전기에는 국자감 과 대등한 위치에 있었지만 후기에 와서는 중등학교 위치로 전락하였다. 이색의 상소문 중에 나타나는, '학당과 향교에서 12도로 옮기고 12도에서 성균관으로 승 급시키자'는 말은 사학 12도가 중등교육기관의 위치에 있었다는 것을 말해주고 있다.

　고려 후기의 향교를 잘 이해하기 위해서는 무신의 난과 몽고침입 이후의 학풍 을 살펴 보아야 한다. 무인 정중부의 난(1170)으로 시작된 무신 집권은 고려 건국 이래 이제까지 경험하지 못한 충격적인 것이었다. 그 대표적인 사례를 이제현의 글에서 찾아 볼 수 있다. '불행하게도 毅王(의왕) 말년에 무인의 변란이 일어나 순식간에 향기로운 풀과 그렇지 않은 풀이 그 냄새를 같이 하고 옥과 돌이 함께 타듯이 선악의 구별이 없었습니다. 그 중에서 겨우 호랑이 아가리에서 벗어난 것 처럼 화를 피한 자는 깊은 산속으로 도망가서 의관을 벗어던지고 가사를 입고서 남은 생애를 보냈으니 神駿(신준)과 悟生(오생) 같은 무리들이 바로 그들입니다. 그 후 국가에서 차츰 문교를 쓰는 정책을 회복하자, 선비들이 비록 학문을 원하는 뜻이 있으나 좇아 배울 만한 곳이 없었으니, 부득이 가사를 입고 깊은 산중에 도 망가 있는 이를 찾아가 배우지 않을 수 없었습니다.'[12] 당시의 문신과 문사들은 무신들의 전횡에 생명을 보전하기 위해 정치적 욕망을 포기하는 대신 시와 술로 써 나날을 보내고 있었다. 이인로, 임춘, 오세재 등이 만든 竹林高會(죽림고회)가 그 대표적인 예이다. 이인로의 아들 이세황은 당시의 상황을 이렇게 말하고 있다. 즉, '날마다 임춘과 오세재의 무리와 더불어 金蘭(금란)의 사귐을 약속하고 꽃피 는 아침, 달 뜨는 저녁이면 같이 지내지 않은 적이 없었으므로 세상에서는 죽림고 회라고 했다.'[13] 이들은 시를 지으며 서로의 불우한 처지를 위로하고 시름을 달래

---

10)「東國李相國集」卷7, 寄金學士敞.
11) 여기서 한 가지 유의해야 할 것은 사학 12도와 9재의 관계이다. 12도는 문종 이후 설립되었던 열두 　　개의 사학을 말하고 9재는 12도 중의 하나인 문헌공도를 총칭하는 것이다.
12)「上同(주5) 櫟翁稗說」, 前集.
13)「破閑集」, 跋.

기도 하면서 정의를 두텁게 하는 것이었다. 그 결과 이인로의 시화 비평집인「파한집」이라든가, 임춘의 가전문학인 '국선생전', '공방전' 등이 나올 수 있었다. 무신 집권 이후에는 고관으로 있다가 벼슬자리에서 물러난 이들이 시, 거문고, 술, 바둑으로 세월을 보냄으로써 시를 생활화하고 당대의 문학을 풍부하게 했을 뿐만 아니라 후진들을 이끌어 주는 역할을 하였다.

한편 몽고의 침입은 고려인들이 자기가 사는 시대를 새롭게 인식하는 계기가 되었다. 특히 타민족의 침입으로 인하여 민족의식을 더욱 깨우치게 되었던 것이다. 이 시기를 전후하여 나온 이규보의「동명왕편」은 그 좋은 예이다.「동명왕편」은 일련의 민족역사 문학이다. 이것은 국내적으로 정치가 불안하고 국제적으로 요·금 등에 대한 굴욕적인 사대외교가 지속되고 있을 때, 고구려 시조인 동명왕의 영웅적인 행적을 장편 서사시로 노래함으로써 민족적 전통을 새로운 시각으로 평가하고 민족적 주체의식을 고취시킬 수 있었다. 같은 맥락에서 이해될 수 있는 것이 이승휴의「제왕운기」와 일연의「삼국유사」이다.

과거제도의 실시, 사학의 흥기, 예종, 인종, 성종 등의 글을 좋아하는 성향은 사장을 숭상하는 원인으로 작용하였다. 더구나 과거에서 시, 부를 중시하자 시문의 장식적인 면은 더욱 중시되었다. 최자는 이것을 다음과 같이 말하고 있다. '지금의 후배들은 저 때보다 못하면서 독서는 일삼지 않고 빨리 과거에 급제하기만 힘쓴다. 과거의 알기 쉬운 글을 익혀 요행히 급제하면 학업은 더 힘쓰지 않고 오직 靑을 내어 白을 짝지우고 一을 세워 二로 대구를 맞추며, 생소한 것은 다듬고 성긴 것은 잘라내는 것을 공교로운 것으로 여길 뿐이다 … 아! 시대의 문장이 크게 변하여 비천한 데 이르고 비천한 것이 한번 변하여 희롱하는 이야기로 되는 데 이르렀으니 마지막에는 어떻게 될지 알지 못하겠다.'[14] 최자의 말로 보면, 과거에 합격할 만한 시만을 짓는 학풍은 과연 걱정의 대상이 되기에 충분한 것이었다. 고려 전기에는 晩唐詩風(만당시풍)이 널리 퍼져 있었으며 이 시풍의 최고봉은 역시 정지상이다. 그러나 이 시풍은 그 후 宋詩風(송시풍)으로 변해 가서 고려 문인들은 송나라의 대표 시인 소동파의 시를 서로 다투어 배우려고 하였다. 특히 김부식의 아버지인 金覲(김근)은 소동파의 아들 蘇軾(소식), 蘇轍(소철) 형제의 이름을 따와서 자신의 아들의 이름을 富軾(부식), 富轍(부철)로까지 할 정도로 소동파에 심취해 있었다. 그 후 고려 문인들도 소동파에 심취하게 되었다. 그것은 소동파와

---

14)「補閑集」卷中.

당시 문인들의 입장이 비슷한 데에 기인한다. 말하자면 소동파가 유자이면서 불교를 좋아했듯이 고려 문인들도 마찬가지였던 것이다.

　이하에서는 만당풍의 시와 송시풍의 시를 예를 들어 설명해 보겠다. 먼저 김부식의 시를 소개한다. '성궐이 깊고 엄하며 지난 밤 사이는 긴데 / 등불산과 불나무가 찬란히 어울렸네 / 가느다란 봄바람에 비단옷 하늘하늘 / 서늘한 새벽달에 금빛 푸른빛 선명해라 / 御座(어좌)는 하늘 북극에 더 높이 마련되고 / 옥으로 만든 화로는 중앙에 마주하고 놓여 있네 / 임금님 恭默(공묵)하사 聲色(성색)을 안 즐기시니 / 梨園(이원)의 제자들아 百寶粧(백보장)을 자랑마소.' [15] 이 시는 교훈적이고 도덕적인 면을 담고 있다. 마지막 연에 나와 있는 이원은 당나라에서 음악을 교수하던 곳으로 '이원의 제자들'은 악공과 기생을 가리킨다. 이 시는 임금의 성색을 경계하고 있는 것으로서, 경치의 묘사보다는 諷諫(풍간)의 성격이 더 강하다고 할 수 있다. 두 번째로 정지상(? - 1135)의 시를 보자. '백 보에 아홉 번 돌아 가파른 산 올라오니 / 우뚝 하늘 중간에 두어칸 집뿐이네 / 맑은 샘에는 차가운 물 떨어지고 / 암담한 옛 벽엔 푸른 이끼 아롱졌네 / 바위 끝의 소나무는 한 조각 달에 늙어 있고 / 하늘 끝의 구름은 千点(천점)의 산에 닿아 있네 / 티끌 세상의 온갖 일은 여기에 이르지 않으니 / 그윽한 사람만이 오래도록 한가롭네.' [16] 세 번째로 정중부의 난으로 머리를 깎고 중이 되었다가 환속한 이인로(1152-1220)의 시를 소개하면 다음과 같다. '봄은 가도 꽃은 아직 남아 있네 / 하늘은 개었건만 골짜기는 절로 침침하네 / 두견새 대낮에 우는 것을 보니 / 내 사는 곳 깊은 줄 비로소 깨닫겠네.' [17] 네 번째로 이규보(1168-1241)를 들 수 있다. 그는 走筆(주필), 險題(험제), 强韻(강운), 長篇(장편)에 능하였다.[18] 그의 시를 대표하는 작품 하나를 소개하겠다. '여뀌꽃과 흰 해오라기(蓼花白鷺) / 앞 여울에 물고기와 새우가 많은데 / 백로가 물결을 뚫고 들어가려다 / 사람을 보고 문득 놀라 일어나 / 여뀌꽃 언덕에 도로 날아 앉았네 / 목을 들고 사람 가기를 기다리나니 / 보슬비에 온 몸의 깃털이 다 젖는구나 / 그 마음은 오히려 여울 속의 물고기에 있는데 / 사람들은 그를 한가하게

---

15) 城闕深嚴更漏長 / 燈山火樹粲交光 / 綺羅縹緲春風細 / 金碧鮮明曉月凉 / 華蓋正高天北極 / 玉爐相對殿中央 / 君王恭默疎聲色 / 弟子休誇百寶粧.

16) 開聖寺八尺房 / 百步九折登巑岏 / 家在半空唯數間 / 靈泉澄清寒水落 / 古壁暗淡蒼笞斑 / 石頭松老一片月 / 天末雲低千点山 / 紅塵萬事不可到 / 幽人獨得長年閑.

17) 春去花猶在 / 天晴谷自陰 / 杜鵑啼自晝 / 始覺卜居深.

18) 金乾坤, '高麗 漢文學의 精神世界', 「韓國思想史大界」(3), 精神文化研究院(編), 1991, p.568.

서 있다고 이르네.' [19]

이규보는 시에 미쳤을 정도로 시를 좋아하였지만 그 이외에도 거문고와 술을 특히 좋아하였다. 시에 관한 그의 생각이 잘 나타나 있는, '시 속에 담긴 오묘한 생각과 세련된 말에 관하여(論詩中微旨略語)'라는 글을 소개하면 다음과 같다. '무릇 시는 무엇보다도 우선적인 것이 생각이며, 이 생각을 갖기가 가장 어렵고, 이 생각을 말로 표현하여 엮는 것은 그 다음이다. 또 생각을 주장하는 것이 氣이므로, 기의 우열에 따라 깊고 얕음이 있게 마련이다. 그러나 기의 근본은 하늘이니 배워서 얻을 수 없다. 그러므로 기가 모자라는 자는 글을 만들기에만 힘쓸 뿐이지, 무엇보다도 먼저 생각에 관심을 두려 하지 않는다. 대개 그 글을 아로 새기되 구절을 아름답게 치장하고 꾸미어 참으로 아름답지만 그 글 안에 담겨진 생각이 깊고 무겁지 않아서, 처음 읽을 때에는 잘된 듯하나 두 번째 씹으면 벌써 맛이 없어지게 된다. 비록 그렇기는 하지만 무릇 내가 미리 놓은 운이라도 생각을 다루기에 방해가 된다면 고치는 것이 옳다. 다만 남의 시를 화답할 적에 만약 어려운 운이 있으면 먼저 운에 잘 맞도록 생각한 뒤에 아이디어를 다룰 것이다. 이런 때는 어쩔 수 없이 아이디어를 뒤로 미루고 운을 잘 맞게 할 수밖에 없을 것이다. 구절을 댓구로 맞추기가 어려워서 오래도록 이미지(想)가 쉽게 떠오르지 않거든 곧 아깝다고 생각하지 말고 내버리는 것이 좋다. 왜 그렇게 말할 수 있는가? 그 이유는 그 동안에 넉넉히 한 편의 글을 지을 수 있는데, 어찌 한 구절에 얽매어 한 편의 글을 지을 수 있는 일을 지체할 수 있겠는가 하고 생각할 수 있기 때문이다. 시간이 되어 빨리 끝맺으려면 막히거나 고생을 하게 된다. 생각이 얽힐 때에 깊이 들어가 헤어 나오지 못하면 빠진다. 빠지면 부딪치고 부딪치면 미혹하고 미혹하면 한 곳에 집착해서 융통성이 없게 된다. 그 생각이라는 것이 마음 속에서 들고 나며 가고 오며 하는 것과 전후좌우를 살펴 보는 것이 자유자재로 된 뒤에야 막힘이 없게 되며, 이때 비로소 원만하고 능숙한 경지에 이르게 된다. 혹 뒷 구절이 앞 구절의 잘못을 구제하고 글자 하나가 구절 전체를 살리는 수가 있으니 이런 것도 생각하지 않을 수 없다. 순전히 깨끗함과 거칠음을 體로 삼아 글을 쓰는 것이 벼슬하지 않은 사람들의 격식이라면, 오로지 글 전부를 아름답게 꾸미는 것에 마음을 쓰는 것이 벼슬하는 사람들의 격식이다. 능히 맑고 빼어나며 웅장하

19) 前灘富魚蝦 / 有意劈波入 / 見人忽驚起 / 蓼岸還飛集 / 翹頸待人歸 / 細雨毛衣濕 / 心猶在灘魚 / 人道忘機立.

고 호탕하며 곱고 아름다우며 평이하고 담담한 것을 섞어 쓸 수 있어야만 글 쓰는 자질을 완전히 갖추었다고 할 수 있다. 그러므로 글 쓰는 사람을 하나의 체로 이름 붙일 수는 없는 것이다. 시에는 아홉 가지 올바르지 못한 체와 格이 있으니, 이것은 내가 깊이 생각해서 자득한 것이다. 즉, (1) 한 편의 글 안에 옛사람의 이름을 많이 써넣는 것을 볼 수 있는데, 이 체는 마치 한 수레 가득히 귀신을 실은 꼴이다. (2) 옛사람의 생각을 모조리 앗아다 쓴 것이 있으니, 이 체는 마치 도둑질을 잘해도 옳지 못한데 도적질조차 잘 하지 못하니 서툰 도적이 잡히기 쉬운 꼴이다. (3) 운을 억지로 달기는 했는데 거점이 될 만한 곳이 없다면 이 체는 마치 쇠노를 당겼으나 힘이 모자란 꼴이다. (4) 그 재주는 헤아리지 않고 운을 어렵고 괴로운 운으로 달았다면 이 체는 마치 술을 제 양에 넘도록 먹은 꼴이다. (5) 어려운 글자를 쓰기 좋아해서 남을 쉽게 현혹하려 했다면 이 체는 마치 함정을 파놓고 장님을 인도하는 꼴이 된다. (6) 글의 흐름이 순탄하지 못하면서 끌어다 쓰기를 일삼는다면 이 체는 마치 강제로 남을 내게 따르게 하려는 꼴이다. (7) 속된 말을 많이 쓴다면 이 체는 마치 시골첨지가 모여 이야기하는 꼴이다. (8) 기피해야 할 말을 함부로 쓰기 좋아한다면 이 체는 마치 존귀를 침범하는 꼴이 된다. (9) 글의 내용 전개가 어수선하여 졸가리가 없는데도 그대로 두고 다듬지 않는다면 이 체는 마치 잡초가 우거진 밭을 그대로 두는 꼴이다. 이와 같은 마땅하지 못한 체와 격을 다 벗어난 뒤에야 비로소 더불어 시를 말할 수 있을 것이다. 남이 내 시의 병을 말해 준다면 이것은 기뻐해야 할 일이다. 그 말이 옳으면 따를 것이고, 옳지 않아도 내 생각대로 하면 그만인데, 무엇 때문에 듣기 싫어해서 마치 임금이 간함을 거부하여 제 잘못을 모르듯이 하리요. 무릇 시를 지었다면 반복해서 읽어보되, 내가 지은 것으로 보지 말고 다른 사람이나 평생에 제일 미워하던 사람의 작품처럼 여겨 덜되고 잘못된 것을 찾아 보아서 찾을 수 없을 때에 내놓아 발표할 것이다. 여기서 말하고자 하는 것은 오직 시만이 아니니 문도 또한 이렇게 해야 할 것이다.'

다섯째로, 「역옹패설(上同櫟翁稗說)」의 작가이며, 시인이기도 했던 이제현(1287-1367)의 시 한 수와 책문을 보자. '종이 이불에 찬 기운 생기고 불등은 어두운데 / 沙彌(사미)는 한밤 내내 종을 치지 않네 / 틀림없이 자던 손님 일찍 문 열고 나간 걸 꾸짖겠지만 / 암자 앞의 눈에 눌린 소나무를 보려 했을 뿐이라네.'[20] '문

---

20) 紙被生寒佛燈暗 /沙彌一夜不鳴鍾 / 應嗔宿客開門早 / 要看庵前雪壓松.

노라. 「논어」를 읽을 때에는 언제나 제자들의 질문을 자기 자신이 묻는 것처럼 하고, 夫子(부자)의 답변을 오늘 내가 공자가 해 주신 답변을 들은 것처럼 하라고 하였다. 「사기」를 읽을 때에도 역시 군신간에 일을 처리해 나가는 것을 내가 거기에 직접 참여한 것처럼 하여 내가 그 처지에 있으면 어떻게 하는 것이 옳고 어떻게 하는 것이 그르다는 것을 생각해 보아야 이익이 될 것이다. 또한 先儒(선유)도 이렇게 말하였으니, 번지(樊遲)가 곡식 키우는 것과 채소 가꾸는 것에 관한 것을 배우고자 청했고, 자장이 녹을 구하는 것을 배우려 하였고, 계로가 귀신 섬기는 것을 묻고, 안연이 나라 다스리는 것을 물었으니, 이것은 또한 각각 자기의 뜻을 말한 것이다. 여러분들이 만약 부자의 문하에 있었다면, 물어서 배우겠다고 원하는 일이 있겠는가. 그리고 관중은 소백(齊桓公)을 섬기고 狐偃(호언)은 중이(晉文公)를 섬겨서 비록 힘으로 仁을 빌리고 음모로써 승리를 취하여 다 夷狄(이적)을 물리치고 왕실을 높였을지라도, 관중은 뛰어난 업적을 이룩한 데에 비하여 그 방법은 옳지 않았다는 비난을 받았으며, 호언도 또한 간사하고 바르지 못한 방법으로 부정을 저질렀다는 질책을 받았으니 이것은 그들이 역시 옳게 한 것이 되지 못한다. 그리고 숙손통이 한 고조를 위해 예의를 만들지 않았더라면 술취해서 소리지르며 기둥을 치는 이들이 반역을 일으키지 않았으리라고 누가 장담하겠는가. 그런데 이것은 선왕의 예(주대의 예)가 사라져서 숙손통이 이를 다시 재건한 것이다. 또한 조조(鼂錯)가 한 나라 景帝(경제)를 위하여 제후의 영토를 깎지 않았더라면 예를 어기고 제도를 무너뜨린 일이 어떻게 난에 이르지 않을 수 있었겠는가. 七國(칠국)의 군사가 반하여 일어난 것은 사실상 조조 때문에 일어난 것이나 다름없다. 여러분들이 만약 관중이나 호언의 책임을 맡았다면, 능히 그런 공을 세우고도 그러한 허물이 없겠는가. 또 숙손통과 조조와 같은 상황을 만났다면, 능히 그러한 폐단을 없애고도 어떻게 책망을 면하겠는가. 청컨대 실상을 과장하거나 너무 신중한 입장을 취하지 말고 평소의 소신대로 쓰라.'

여섯째로 崔瀣(최해, 1287-1340)를 들 수 있다. 그는 일대를 휩쓸 수 있는 재주를 가지고 있었지만 마음이 좁아 말을 함부로 하여 크게 영달하지는 못했다. 그러나 민족문화에 대한 그의 긍지와 자부심은 대단하였다. 그리하여 그의 마음은 늘 고단한 면을 간직하고 있다. 그의 시 하나를 보자. '3년을 내쳐졌는데 병 또한 따르니 / 한 방에 갇힌 신세 마치 중과 같구나 / 사방 산엔 눈만 가득 사람은 오지 않는데 / 파도소리 들으며 앉아서 등불을 돋운다.' [21]

지금까지 살펴본, 김부식, 정지상, 이인로, 이규보, 이제현, 최해 등의 시와 책문은 그 당시의 글 공부의 방향이 어디에 있었는가 하는 것을 짐작하게 해준다. 첫째로 들 수 있는 것은, 당시의 시 공부는 두 가지 방향이 있었으니 하나는 당나라 풍의 시이며 다른 하나는 송나라 풍의 시라는 것이다. 둘째로, 이들은 과거를 보기 위하여 당나라 시인들의 글과 송나라, 특히 소동파의 시를 숭상하여 외우고 그 격식을 따르려고 하였다는 것을 알 수 있다. 셋째로, 이렇게 하다 보니 자연 여러 가지 폐단이 따랐는데, 예컨대, 이규보가 지적한 대로 글 안에 옛사람의 이름을 많이 써 넣는다든가, 그 재주는 헤아리지 않고 운을 어렵고 괴로운 운으로 단다든가, 어려운 글자를 써서 남을 쉽게 현혹시키려 한다든가 하는 폐단을 낳았다는 것이다. 넷째로, 이들은 얼핏 보아 시만을 공부한 것 같지만, 책문을 보면 經史(경사)도 함께 공부하고 있었다는 것을 알 수 있다. 다섯째로, 이 시대의 사람들은 전반적으로 글을 쓴다는 것에 굉장한 관심을 가지고 있었고, 글에 관하여 모르는 사람은 글을 아는 사람에 대한 존경을 가지고 있었다는 것을 짐작할 수 있다. 그러나 글을 아는 사람들은 글을 안다는 것에 지나친 자부심과 교만을 드러냄으로써 특히 무인들에게 상당한 미움을 샀다는 것을 알 수 있다. 여섯째로, 당시의 형편을 이규보는 이렇게 말하고 있다. '선비로서 말하건대, 지난 날의 선비들은 벼슬하기가 몹시 힘들었기 때문에 온 힘을 다하여 배움에 힘써 과거에 응하는 자가 많았다. 이제 「무인집권기」는 선비들이 벼슬길에 들어서기가 쉬워진 만큼 선비들이 꼭 과거를 보려고 하지 않기 때문에 배우는 자가 매우 적다.'[22] 이와 같이 벼슬길에 들어서는 방식이 변질되어 과거를 침체시켰고, 그것은 교육이 황폐화되는 결정적 원인이 되기도 하였다. 전후 60여 년에 걸친 내란과 외침으로 고려의 전국토는 전쟁터로 변하였고, 심산유곡까지 피해를 입지 않은 곳이 없을 정도가 되었다. 교육 또한 예외는 아니었다.

이 시기의 지방교육도 마찬가지의 형편에 있었다. 충목왕이 재위 4년 만에 급작스럽게 서거하자 그의 庶弟(서제)인 충정왕이 다시 12세의 어린 나이로 왕위를 이었다. 그러나 그의 통치기간에 모후인 禧妃 尹氏(희비 윤씨)와 연결된 외척이 발호하였을 뿐만 아니라 집권세력마저 무능하여 내외로부터 밀려오는 난국에 잘 대처하지 못하고 충정왕도 재위 3년(1351)을 채우지 못하고 물러나야 했다. 이후, 대신으로 원나라 조정에 머물러 있으면서 宿衛(숙위)를 계속하다 衛王(위왕)의 딸

21) 三年竄逐病相仍 / 一室生涯轉似僧 / 雪滿四山人不到 / 海濤聲裏坐挑燈.
22) 「東國李相國集」後集 卷11.

魯國公主(노국공주)와 결혼한 바 있는 그의 숙부인 공민왕이 즉위하게 되었다.[23] 공민왕은 즉위한 그 이듬해(1353) 2월 교서를 내려 '학교는 風化(풍화)의 근원인데 명목만 있으며, 12도와 동서학당이 허물어졌는데도 수리하지 못하고 있다. 허물어진 것은 고쳐서 생도를 기르고, 한 경전에라도 능통한 사람이 있으면 보고하라'[24]고 하였다. 이것으로 보아 당시의 교육현실이 어떠하였는지는 짐작이 간다. 공민왕은 이것을 안타깝게 여겼던 것이다. 여기에 불을 붙인 사람이 아마도 이색이 아닌가 한다. 이색의 복중상조는 그것을 짐작할 수 있게 해준다. '학도들이 흩어지고 교사가 허물어진 데에는 이유가 있으니 제가 그것을 말씀드리겠습니다. 옛날에 배우는 자는 장차 성인이 되려 하였습니다. 그러나 지금 배우는 자는 장차 그것을 벼슬할 목적으로 합니다. 그들은 시를 외우고 글을 읽음에 있어서 도학 공부는 깊지 못하고 화려한 문장을 수식하기에만 노력하여 문장과 구절을 탁마하는 데 심신을 너무 과히 쓰다 보니 誠正(성정)의 공부는 도저히 찾아 볼 수 없습니다. 어떤 자는 처음의 뜻을 바꾸어 다른 짓을 하면서 일찍이 붓을 던진 것을 자랑으로 여기는가 하면 또 어떤 자는 늙어서도 성취하지 못하고 몸을 그르쳤다고 탄식합니다. 그 중에서 영특하고 뛰어난 큰 학자로, 나라의 기둥으로 된 자가 그 몇이겠습니까. 「시경」에 "화기애애한 군자여! 어찌 사람을 양성하지 않는가!"라는 구절이 있습니다. 그런데 사람을 길러내는 데는 실로 왕의 德化(덕화)가 형언할 수 없는 효과를 가지는 것입니다. 그러므로 선비들의 타락이 이와 같다면 위에 있는 사람이 어찌 그 책임을 모면할 수 있겠습니까. 항차 벼슬하는 자가 과거에 급제한 자만이 아니며 급제한 자가 국학 출신이 아니니, 누가 지름길을 버리고 돌아서 가는 길을 걷겠습니까. 학도가 흩어지고 교사가 허물어진 것 역시 앞서 말씀드린 것 때문입니다. 저는 바라건대, 엄격한 법률을 제정하여 지방의 향교와 중앙의 학당 등에서 그 자격을 심사하여 12도에 진급시키고, 12도에서 또 총괄적으로 심사하여 성균으로 진급시켜 일정한 기간이 지난 후에 그 품행과 학력을 시험하여 예부에 추천하여 과거를 보게 하고, 급제한 자에게 벼슬을 주며 불합격한 자에게도 출사의 길을 터 주어야 할 것입니다. 그리하여 현직관리로서 과거 보기를 희망하는 자를 예외로 하고는 국학생이 아니면 시험을 볼 수 없게 해야 할 것입니다. 이렇게 하신다면 신이 보기에 이전에는 불러도 오지 않던 자가 이제는 밀어내

23) 「高麗史」 卷 第38 世家 第38 恭愍王 1.
24) 「高麗史」 卷 志28 選擧2 學校.

도 가지 않을 것이며, 우리 시대에 필요한 인재가 배출되어 전하께서 다 쓰지 못할 지경에 이를 것입니다.'[25]

여기서 우리는 이색이 교육의 본질을 잘 말해 주고 있다는 것을 알 수 있다. 그는, 교육은 출세를 위한 수단이 아니라는 것을 명백히 하고 있다. 교육을 오로지 출세의 수단으로 했을 때의 폐해는 '학도가 흩어지고 교사가 허물어져도 수리하지 못하는' 상태에 이르는 것이라는 사실을 그는 분명하게 지적하고 있다. 여기서 교육이 인재를 길러낸다는 것은 교육을 제대로 시켜서 올바른 인간이 배출되면 그가 바로 국가에서 필요로 하는 인재가 된다는 것을 말하고 있는 것이다.

이와 같은 이색의 상소에 대하여 공민왕이 과연 어떤 조치를 취하였는지는 불분명하다. 한 가지 확실한 것은 당시로 보아 어떤 혁명적인 조치도 취하지 못했다는 것이다. 다만 공민왕 5년(1356) 관제 복구 정책에 의거하여 성균관은 처음 명칭대로 국자감으로 환원되었다. 그런데 그 동안 외구의 침략과 홍건적의 내침이 있어 왕이 남쪽으로 피난가는 일마저 있었으며 국학이 불에 타는 일도 있었다. 공민왕 12년에는 국자감을 다시 성균관으로 환원하였다. 그리고 공민왕은 학교의 비용을 넉넉히 하라는 조치를 취하기도 하였다. 공민왕 16년(1367)에는 마침내 서울과 지방의 문관들이 직품에 따라 베를 내어 그 비용을 조달하는 일까지 생겼다.

이 시기에 처음으로 성균관의 齋는 五經齋(오경재)와 四書齋(사서재)로 나누어졌다. 사서재를 따로 둔 것은 아마도 성리학의 보급으로 사서에 관한 관심이 고조되었기 때문인지도 모른다. 그런데 한 가지 특이한 것은 공민왕은 그의 즉위 20년 12월에 '문과 무의 용도는 어느 한 가지도 폐지할 수 없다. 서울의 성균관으로부터 지방의 향교에 이르기까지 문과 무 두 과목을 병설하고 인재를 양성하여 관리 등용을 준비할 것이다'라고 명령하였다는 것이다. 그때까지는 문만 강조되었을 뿐 무는 학교에서 강조되지 않았다. 과연 이 조치가 실지로 이루어졌는지는 의문이지만, 무신집권기에도 무에 특별한 강조를 두지 않았다는 것은 특이한 사실임에 틀림없다.

또한 공민왕은 이색으로 하여금 대사성을 겸임시켜 국학의 운영을 책임지게 하고 경학에 밝은 김구용, 정몽주, 박상충, 박의중, 이숭인 등 당대 일류 소장 학자들을 뽑아 학관을 겸하게 하였다. 교수진용으로 보아 성균관의 모습은 일신되었을 것이라는 짐작을 할 수 있다. 이때를 전후하여 학문하는 모습이 어떻게 변하였

25)「高麗史」卷115, 列傳28 李穡.

는가를 파악하는 데에는 다음의 글이 좋은 참고가 된다. '옛날에 鄭達可(정달가)와 崔彥父(최언보)와 朴子虛(박자허)가 성균관의 교관이 되었는데, 나 역시 외람되게 그 옆에 끼어 7, 8년을 지내게 되었다. 그때에 배우려는 무리가 나날이 모여들어 재실과 행랑이 가득차서 수용하기가 어려울 정도에 이르렀다. 교관이 새벽에 일어나 관문을 지나 당에 오르면, 배우려는 무리들은 차례로 뜰의 동쪽 서쪽에 늘어서서 두 손을 맞대고 허리를 굽혀 예를 드리고 각기 배우는 경서를 들고 전후좌우로 담장이 줄지어 있는 것과 같이 나아가면, 교관은 가운데서 가르치고 배우는 무리들은 그것을 배우니, 이것이 끝나면 또 서로 어려운 것을 끄집어 내어 논하면서 핵심을 파악하고서야 흩어지며, 글 읽는 소리가 하루종일 끊이지 않았다. 우리 몇 사람은 기쁨이 얼굴에 넘치며 서로 말하기를, "유교의 도와 문화(斯文)가 아마도 왕성하게 일어나려는가 보다"라고 말하였다. 그런데 나와 달가는 중간에 변고를 만나서 조정을 하직하고 고향으로 돌아가 3년을 지냈다. 내가 다시 司成(사성)으로 조정에 불려나왔을 때 언보와 자허는 여전히 교관 노릇을 하고 있었다. 그들은 내가 왔다는 말을 듣고 와서 위로하며 말하기를, "그대의 복직은 기쁜 일이나 우리들의 일이 예전과는 조금 달라졌다"고 하였다. 나는 날짜를 가려서 先聖(선성)을 배알하고 물러나와 명륜당의 한 쪽에 나와 앉으니 유생 10여 명이 예를 드리고서 흐늘거리면서 관문으로 나가버렸다. 그리고 수업을 받으려는 자는 없었다. 나는 이상히 여겼다. 그 다음 날도 여전하기에 자허에게로 가서 이 사실을 알렸더니 자허는 웃으며 말하기를, "틀림없이 지난 날과 다르지요. 사장의 학이 일어나고부터 학생들이 아무개는 賦를 잘하고 아무개는 시를 잘한다 하여 그를 찾아가는데 무엇 때문에 그대에게 오겠는가. 아비는 자식에게, 형은 아우에게, 그리고 친구끼리 서로 가르쳐도 聲과 律 그리고 對와 偶에 벗어나지 않는다. 경학에 뜻을 두는 자가 어디 있겠는가"라고 하였다. 아아, 학술이 변하기를 이 지경에 이르렀으니, 나의 문도가 없음을 괴이하게 여길 것이 없다. 어느 날 조계종의 승 義敦(의돈)이 나에게 李生(이생)의 시의 서문을 청하였다. 나는 말하기를, "내가 어찌 감히 하리요. 이생이 빨리 되려는 뜻을 가졌으니 마땅히 다른 사람에게 구하라"고 하였다. 의돈은 말하기를 "이생이 늦게 태어나서 비록 그대의 문하에서 공부를 하지는 못하였지만, 그는 항상 입버릇처럼, 옛 학문을 하겠다, 옛 학문을 하겠다 하니, 그대가 가르쳐 주면 다행한 일이다"라고 하였다. 내가 생각하건대, 옛 사람의 학문은 자기를 위하는 학문이다. 그 닦아가는 순서는 문에서 섬돌로, 섬돌에서 대청으로, 대청에서 방으로 가는 것과 같이 단계가 엄연하게 있으므로 빨리 하고자 해도 그 단계를 건너뛸 수는 없다. 그저 부지런히 힘써 문을 경유하여, 대청으로, 방으로 들어가서 도에 들어가고 덕을 얻어야 하는 것이다. 이와 같이 하면 문장이 빛을 발하지 않을 리가 없다.'[26]

　처음에는 '유교의 도와 문화가 흥하게 될 것이다' 라는 희망에 부풀어서 이색과 같은 젊은 학관들이 경학 중심의 교육을 통해서 겉보기만 화려하고 실속이 없는 삶의 태도를 고쳐 보겠다고 생각하였다. 이들은 교육에 관한 공민왕의 의지에 힘입어 일단 학관에 임명되자 경학을 제대로 가르쳐 보겠다고 열성으로 학생들을 지도하였다. 그러나 불행하게도 공민왕은 시해되고 어린 우왕이 즉위하자 사태는 뒤집혔던 것이다. 이숭인은 3년 동안 귀양살이를 하였고, 여기에서 풀려 나와 다시 복직하고 보니 성균관의 모습은 완전히 달라져 있었다. 우왕이 즉위하자 과거의 시험 내용은 對策(대책) 대신 시부로 바뀌고, 경학에서 사장으로 바뀌었던 것이다. 이색을 중심으로 한 젊은 학자들이 성균관에서 가르칠 때 가지고 있던 생각은, 교육은 聖人(성인)이 되도록 하기 위한 것이며, 그것은 차근차근 단계를 밟아 가야 하며, 그 밟아 가는 과정에서는 뼈를 깎는 것과 같은 노력을 기울여야 한다는 것이었다. 그러나 결국 성균관은 예전과 같은 흥학의 열기를 살리지 못하고 다시는 일어나지 못하였다. 이때의 성균관의 모습을 이색은 시로써 이렇게 읊고 있다. '성균관은 영재를 길러내기 위해 세웠고 / 선왕들은 이 당에서 태평성대를 기원하였네 / 유학의 성패는 오직 이 곳이 잘되는지의 여부에 달려 있는데 / 우리들이야 어찌 그 일의 경중을 논할 수 있으리오 / 지금 학당을 감도는 푸른 소나무에는 서기가 어리건만 / 뜰 위에는 이끼만 무성하고 책 읽는 소리 끊어졌네 / 세상 사람들이 고금학업의 진부를 따지는 동안 / 귀밑머리 위에 어느덧 백발이 생기는 줄은 모르는구나.'[27]

　그러나 성균관의 피폐를 그대로 보고만 있을 수는 없는 법이었다. 우왕 이후 공양왕이 등극하자, 교육을 개혁하려는 시도는 다시 일어났다. 그 대표적인 예가 조준의 상소이다. '학교는 풍속 교화의 근원이므로 나라의 다스림과 어지러움, 정치의 잘되고 못됨이 다 이에 유래하지 않는 것이 없습니다. 그런데 근래에 전쟁으로 인하여 학교가 헐리고 무너져 무성한 풀이 자라고 있으며 시골 가짜 선비들이 선비라고 핑계하여 군역을 피하고 5-6월 여름이 되면 어린이들을 모아놓고 唐宋絕

---

26) 「陶隱集」 卷4, 贈李生序.
27) 泮水英材在作成 / 先王於此望昇平 / 斯文自是有興替 / 我輩焉能爲重輕 / 繞舍碧松浮端氣 / 滿庭蒼蘚絕書聲 / 人間俯仰眞今古 / 鬢上無端白髮生.

句(당송절구)나 읽다가 한 50쯤 해서는 폐지하고 이를 夏課(하과)라고 합니다. 그래도 고을의 관장들은 이것을 번연히 보고서도 이때까지 마음을 쓰지 않으니 이와 같이 되어서야 경서에 밝고 덕행이 고명한 인재를 얻어 국가의 융성을 도우려 한들 될 리가 있겠습니까. 원컨대 지금부터는 부지런하고 민첩하며 박학한 사람으로 교수관을 삼아 5도에 각각 한 사람씩 파견하여 군, 현을 두루 순행케 하되 그에게 필요한 말과 접대비는 모두 향교에 맡겨 주관하게 할 것이며, 또 지방에 한가히 살면서 유학을 연구하는 사람을 그 고을의 敎導(교도)로 임명하고 자제들에게 항상 사서오경을 읽게 하되 사장은 읽지 못하게 하여야 합니다. 그리고 교수관은 두루 돌아 다니면서 엄격한 과정표를 세우고 자신이 직접 학생들과 논란하여 그들의 통달여부를 알아서 이름을 올리고 성적을 기록하며 유도하고 장려하여 유능한 인재를 양성하게 해야 할 것입니다. 그리하여 인재를 많이 양성한 교도관에게는 차례를 건너뛰어 관직을 높여주고 만약 교육에 성의가 없어서 성과를 내지 못한 자가 있다면 또한 벌을 주어야 하겠습니다.' 28)

교육개혁은 이 상소 내용에 따라 예정된 순서대로 진행되었다. 또한 공양왕은 전문교육을 하기 위해서 十學(십학)이라는 제도를 만들었다. 예컨대, 예학은 성균관에서, 樂學(악학)은 전의사에서, 병학은 군후소에서, 율학은 전법사(형조)에서, 의학은 典醫寺(전의사)에서, 풍수와 음양학은 서운관에서, 史學(사학)은 사역원에서 각각 해당 교수를 두고 전문교육을 실시하였던 것이다. 이와 같이 새롭게 기술 분야가 독립되었다는 것은 교육사에 있어서 한 가지 중요한 변화가 일어나고 있었다는 것을 뜻한다.

충렬왕 때에 국학이 재건되기는 하였지만 지방교육에 대한 별다른 조치는 찾아볼 수 없다. 그러나 안향의 국학 진흥으로 배출된 많은 인재들은 지방으로 나아가 향교를 복구하여 지방교육의 진흥에 많은 공헌을 하였을 것으로 짐작된다. 그 증거로는 충선왕과 충숙왕 때에 많은 향교가 존재하였던 것을 들 수 있다. 충선왕 5년(1313)부터 고려가 망할 때까지 80여 년 동안 향교가 17개소나 나타났다. 향교를 좀더 들여다 보면, 첫째 향교의 기능은 중앙의 국학과 같이 선성인 공자를 비롯하여 고려의 선현들을 모셔놓고 봉사하는 것과 동시에 학생들을 가르치는 데에 있었다. 그 구조는 사당과 명륜당으로 되어 있다. 그러나 교육이 우선이고 봉제사는 뒤의 일이었다. 향교의 교육과정을 보면 科文(과문) 중심으로 교육이 진행

---

28)「高麗史」志 卷28, 學校條.

되었을 것이라는 짐작을 할 수 있다. 과거가 처음 실시되었던 광종부터 성종 때까지는 시, 부, 송, 책 등이 교육 되었으며, 목종부터 예경이 등장하다 예종부터 충숙왕 때까지는 九經(구경)이 등장하였으며, 또한 명경업에서 출제되는 5경이 중요한 과목으로 간주되었다고 볼 수 있다. 향교와 국자감, 사학 12도 등은 위의 교육내용을 동일하게 취급하되 차이를 두면서 가르쳤다.

향교의 교수는 지방관에게 학사를 겸임시키는 방식으로 보충되었다. 그러나 무신난 이후 국사가 복잡해지자 지방교육에 거의 관심을 두지 못했다고 볼 수 있다. 파괴된 향교 시설마저 복구하지 못하는 처지에 교수를 파견할 수는 없었던 것이다. 충선왕—충숙왕 이후에는 문신 수령들에 의해 향교가 복구, 중수되었고 그 속에서의 교육까지도 수령들에 의하여 이루어졌다. 그러나 공사다망한 지방관으로서는 향교일까지 겸임한다는 것이 매우 벅찬 일이어서 '약간 장성한 자'를 뽑아 가르치게 되었다. 이러한 풍습은 시골 서당에서까지 볼 수 있는 현상이었다. 특히 무신난 이후 文運(문운)이 쇠퇴하여 당시 선비들은 배울 곳이 없었던 만큼 깊은 산중으로 들어가 승려가 된 문인들을 찾아 배우지 않으면 안 되었다. 파괴된 향교보다는 중들의 숙소가 배움의 장소가 된 것은 지극히 자연스러운 현상이었다.

3. 고려 후기의 교육이론

김부식(1075-1151)은 김근의 셋째 아들로 태어났다. 아버지는 국자 제주를 지냈고 또 좌간의대부에까지 오른 당시의 고관이었다. 그는 어렸을 때부터 구김새 없는 유족한 생활 속에서 정상적인 교육을 받았다. 숙종 때 과거에 급제한 그는 처음에 보잘것 없는 관직에서 시작하여 당시의 귀족으로는 불우한 출발을 하였다. 그는 얼마 후 한림원에 보직되었다. 이것은 그의 문장과 학식을 인정받았다는 뜻이기도 하다. 그는 어렸을 때부터 익힌 유교를 바탕으로 한 철저한 유교 신봉자였다. 김부식은 벼슬을 하면서도 공부를 게을리하지 않아 그의 학문은 날이 갈수록 깊어졌고, 그의 문장은 더욱 이름이 났다. 그리하여 마침내 왕 앞에서 「주역」과 「상서」를 강의하기도 하였다. 그가 저술한 문집은 20권이나 된다고 알려져 있는데 오늘날에는 전해지지 않고 있어 매우 유감스럽다.

그는 임금을 제외하고는 그 어느 누구에 대해서도 자기의 자존심을 굽힐 줄 몰랐다. 그러나 그 패기도 때에 따라서는 큰 욕을 보는 일이 있었다. 이것을 입증할 만한 이야기 한 토막이 전해오고 있다.[29] 예종이 나라를 다스리던 무렵의 일로서, 문종의 넷째 왕자인 대각국사 의천이 세상을 떠나자 예종이 그의 업적을 기념하기 위하여 당시의 명신이던 윤관에게 대각국사의 비문을 짓게 한 일이 있었다. 윤관은 김부식에 비해 모든 것이 선배였다. 그런데 윤관이 지은 비문이 썩 잘 되지는 못하였다. 이 사정을 김부식의 제자가 왕에게 은밀히 아뢴 일이 있었다. 왕은 개운하지 않았다. 그리하여 당시에 학문과 문장으로 이름이 있던 김부식에게 다시 고쳐 쓰게 명하였다. 이런 경우에 김부식으로서는 자기의 선배요 나라의 공신인 윤관이 지은 것이기 때문에 예의상 몇 번이나 사양하였다가 마지막에 왕의 명대로 고쳐 써야 했던 것이다. 그러나 김부식은 워낙 자만과 패기에 넘친 터인지라 서슴지 않고 고쳐 놓았다. 이것이 윤관의 귀에 들어갔던 것이다. 윤관에게는 아들 윤언이 있었는데, 그도 역시 당시의 유명한 학자로서 벼슬이 國子司業(국자사업)에 이르렀다. 그는 김부식이 자기 아버지의 글을 무시하고 예의없는 짓을 한 데 대해서 원한을 품고 언젠가는 분을 풀어 보려고 벼르고 있었다. 그러자 마침 왕이 국자감에 들러 김부식에게 「주역」을 강의하게 한 일이 있었다. 아무리 박학하다고 해도 자기의 전공이 아니면 두루 만족할 만한 지식은 갖출 수 없는 법이다. 이때 윤언은 국자감 교수로서 전공이 「주역」이었다. 그러므로 그는 누구 못지 않게 정통한 지식을 가지고 있었기 때문에 김부식보다는 월등 우세할 수 밖에 없었다. 이때 問難(문난)이라는 제도가 있어서 임금 앞에서 질문하는 사람으로 윤언이 지명되었다. 이때를 당하여 윤언은 김부식의 강의에 대하여 예리한 질문과 그칠 줄 모르는 논조로 그를 논박하였다. 이때의 광경을 「고려사」열전에서는 '김부식은 그 질문에 대답하지 못한 채 팥죽같은 땀만 흘리고 있었다'라고 그리고 있다. 이 일을 당한 김부식은 윤언이 묘청의 여당인 정지상과 결탁하였다고 상소하여 그를 벌하도록 강력히 주장하였다. 윤언의 결백은 자기의 변론과 이후의 결과에서 밝혀지기는 하였지만 김부식은 자기의 정당한 주장이 무시당할 경우 언제나 자리를 박차고 떠나는 과격성을 보였던 것이다.

그러나 이와 같은 인간적인 결점이 있음에도 불구하고 그는 우리가 영원히 잊지 못할 역사책 「삼국사기」를 편찬하였다. 이 「삼국사기」는 김부식과 관련된 현

---

29) 「高麗史」卷96, 列傳.

존하는 유일한 자료이다.「삼국사기」는 중국의 사마천의「사기」와 비교해 1200
여 년 뒤진 시대의 책이고, 일본「서기」보다도 400여 년 후의 저작이다. 이제 우
리는 이「삼국사기」를 좀더 자세히 알아 볼 필요가 있다.[30] 김부식은 정치가, 학자
또는 군략가로 활약하면서 출중한 성과를 거두었다. 그는, 역사서를 쓰는 데 관여
한 것으로 보아, 역사라는 학문에 깊은 관심을 갖고 있었을 것이라는 짐작을 할
수 있다. 그는 역사를 통하여 사람들에게 무엇인가를 가르치려고 하였다. 이 점으
로 보아 그를 교육과 관련짓는 것은 조금도 이상한 일이 아니다.「삼국사기」는
김부식이 문하시중으로 벼슬한 뒤에 약 3년간 감수국사로서 그 아래에 사관들을
배치받아서 편찬한 것으로서 인종 23년에 완성을 보았으며, 당대 이후 중국에서
역사 편찬에 사용되던 分纂法(분찬법)에 따라서 편찬된 것으로 보아, 그것은 한
개인의 저술이 아니라 여러 사람에 의한 편찬물이라고 할 수 있다. 노년의 김부식
은 正史(정사)들이 갖추어야 할 論贊(논찬)들을 집필하였고, 또 志의 서론 해당부
분들을 대부분 집필하였으며, 그 밖의 史實(사실) 기술 부분은 주로 사관들에 의
해서 편찬되었다.[31] 현존하는 김부식의 글이 거의 없는 형편에서 그가 고려인에게
가르쳐 주려고 한 것이 무엇인가를 알아보기 위해서는 그의 논찬을 살펴 볼 필요
가 있다. 그의 논찬으로는 본기와 열전에 도합 30칙이 들어있다.

신라본기에는 10칙의 논찬이 있으며 그 내용은 다음과 같다. ① 제2대 남해차
차웅의 즉위 기사 뒤에 들어간 논찬(권1)에서는 즉위년 稱元(칭원)의 잘못을 논하
였다. 즉, '임금이 왕위에 오르면 해를 바꾸어야 원년이라고 일컫는 것은 그 법이
「춘추」에 자세히 씌어 있으니 이는 없앨 수 없는 예전 임금들의 법이다' 라고 하
였다. ② 제12대 점해이사금의 즉위와 동시에 그 생부를 갈문왕으로 봉했다는 기
사(권2)에 붙여서 군왕이 그 부친을 봉하는 것이 예에 어긋남을 논하였다. 즉, '한
나라 선제가 즉위하매 관원이 아뢰되 "남의 후계가 된 자는 그의 아들로 되는 것
이외다. 그러므로 자기의 친부모를 낮추고 제사를 지낼 수 없는 것은 왕통의 조상
을 높이는 뜻이외다" 라고 하였다. 이렇게 함으로써 선제의 생부를 親이라 일컬어
시호를 悼라 하고 생모는 悼后(도후)라 하여 侯王(후왕)의 지위에다가 비겼으니
이것이 경전의 뜻에 합치되고 만세의 법으로 될 것이다. 그러므로 후한의 광무제
와 송나라 영종은 이를 법으로 삼아 시행하였다. 신라에서는 왕의 친족으로서 왕

---

30) 高炳翊, '三國史記에 있어서의 歷史敍述', 「韓國의 歷史認識」(上), 創作과 批評社, 1976, pp.31-63.
31) 상게논문, p.61.

통을 이은 임금은 자기의 생부를 봉하여 왕이라 일컫지 아니한 자가 없고 비단 이렇게 할 뿐만 아니라 그 장인까지 봉한 자도 있으니 이는 예가 아니므로 아예 법으로 삼아서는 안 될 것이다.' 이 문제는 다시 조선왕조에서 禮訟(예송)의 형태로 논의되고 있다. ③ 제17대 내물이사금의 즉위 기사(권3)에서는, 장가를 들 때 같은 성을 취하지 않는 것은 윤리를 철저히 밝히려는 것임을 논하였다. 내물이사금이 동성녀를 취한 것은 비난받아 마땅하다는 것이다. ④ 제22대 지증마립간의 즉위 기사(권4)에서는 왕의 칭호로서 거서간, 차차웅, 이사금, 마립간 등의 鄙語(비어)가 사용되었으나 이를 사서에서 개칭할 필요가 없음을 다음과 같이 논하였다. 즉, 신라 말년에 이름난 선비 최치원이 지은 제왕 연대력에는 모두 아무 왕이라고 불렀고, 거서간 등으로는 말하지 않았으니 그 용어가 야비하여 부를 만한 것이 못된다고 여긴 것일까? 신라의 사적을 기록함에 있어서도 방언을 그대로 두는 것이 역시 옳을 것이다. 왜냐하면 역사서이기 때문이다. ⑤ 제27대 선덕여왕의 서거 기사(권5)에서는 다음과 같이 논하였다. '하늘을 두고 말한다면 양은 강하고 음은 부드러운 것이요 사람을 두고 말한다면 사내는 높고 계집은 낮은 것이다. 어찌 늙은 할미가 안방으로부터 튀어 나와 국가의 정사를 처리하는 것을 허락할 수 있을 것인가? 신라는 여자를 잡아 일으켜 임금 자리에 앉게 하였으니 참말 어지러운 세상에나 있을 일이었으니 나라가 망하지 아니한 것이 다행이었다. 「서경」에 이르기를 '암탉이 새벽에 운다'고 하였고 「주역」에는 이르기를 '암돼지가 껑충거린다'고 하였으니 어찌 경계하지 아니할 것인가?' ⑥ 제28대 진덕여왕 3년에는 처음으로 중국 연호를 행하였다(권5). 여기에 대해서는, 신라는 중국의 신하된 나라이므로 그 법흥왕이 연호를 자칭한 것은 잘못이라고 논하였다. ⑦ 제38대 원성왕 5년에 文籍出身(문적출신)이 아닌 자가 외관직에 임명된 데 대해서 執事史(집사사) 모초(毛肖)가 헛되이 이의를 제기한 기사에서는 학문은 근본에 해당함을 논하였다(권10). ⑧ 제45대 신무왕 즉위 기사(권10)에서는 그 이전의 헌덕왕, 민애왕, 신무왕 등이 모두 각기 전왕을 시역해서 즉위한 사실을 있는 그대로 기록하였다. 이것이 「춘추」의 취지라고 하였다. ⑨ 제54대 경명왕 5년에 고구려왕이 신라가 가졌다는 세 가지 보물(丈六尊像, 九層塔, 聖帶)에 관해서 물은 기사(권12)에서는 다음과 같이 논하였다. 옛날 제왕이 정사하는 처소에 앉아서 나라를 전하는 옥새를 잡고 아홉 개 솥을 진열하여 놓은 것을 마치 잘한 일인 것처럼 생각하지 마는 한퇴지가 이를 평하여 말하기를 '하늘과 백성들의 마음이 쏠리고 태평성세의 기초를 일으키는 것은 결코 세 가지 기물(명령, 형벌, 표창)로 되는 것이 아니다'

라고 하였으니 세 가지 기물을 내세워 소중하다고 하는 것은 과장하는 자의 말이 아닐까? 더구나 신라의 소위 세 가지 보물이란 역시 사람의 손으로 만들어 놓은 사치한 물건일 따름이니 나라를 통치함에 있어서 어찌 이것이 꼭 필요하겠는가? 맹자는 말하기를 '제후의 보배가 셋이 있는데, 땅, 백성, 정치이다' 라고 하였으며, 「楚書(초서)」에는 '초나라에는 보물로 할 것이 없으나 오직 선으로써 보배를 삼는다' 고 하였으니, 이런 것을 국내에서 실행하면 족히 온 나라 사람을 착하게 할 것이며 국외로 옮기면 족히 온 천하에 혜택을 입힐 수 있을 것이다. 이밖에 또 무엇을 보배라고 말할 수 있겠는가! 태조가 신라 사람들의 전설을 듣고 물었을 뿐이요 그것을 귀중한 것으로 생각한 것은 아니었다. ⑩ 신라본기 말(권12)에서는 신라의 멸망을 서술하면서, 신라는 중국을 충심으로 섬겨 禮義之邦(예의지방)이 되고 번성하였으면서도 불교를 신봉하고 그 말기의 여러 왕들이 향락에 빠지면서 쇠운이 깃들었으나 경순왕이 고려 태조에 항거하지 않고 항복함으로써 종족과 백성이 도탄의 괴로운 화를 면하게 되었다고 하였다.

고구려 본기에는 도합 6칙의 논찬이 들어 있다. ⑪ 제2대 유리왕이 28년 태자를 자살하게 한 것에 대해서는 다음과 같이 논하고 있다(권13). 효자가 어버이를 섬김에 있어 곁을 떠나지 않고 효성을 다하기를 마치 문왕이 세자 노릇 하듯 하여야 한다. 해명이 외따로 옛 도읍에 있으면서 무술을 좋아한다는 것으로 소문이 났으니 그가 죄를 저지른 것이 당연하다. 또한 들으매 경전에 이르기를 '아들을 사랑하거든 옳은 방향으로 가르쳐 옳지 못한 데로 빠져 들어가지 않도록 하라' 고 하였다. 이제 왕이 처음에는 한 번도 교양한 일이 없다가 급기야 죄악이 성숙되어서는 지나치게 미워하여 죽여버리고야 말았으니 이야말로 애비는 애비답지 못하였고 자식은 자식답지 못하였다고 할 수 있다. ⑫ 제3대 대무신왕 15년조에 왕자 호동이 억울하게 죄에 몰려 小謹(소근)에 집착해서 죽은 것에 대해서는 다음과 같이 논하고 있다(권14). 이제 왕은 참소하는 말을 믿어 죄없는 사랑하는 아들을 죽였으니 그의 어질지 못함은 족히 말할 것도 없다. 그러나 호동에게도 죄가 없을 수 없다. 왜냐하면 자식이 애비에게서 꾸지람을 들었을 때는 응당 순이 고수에게 하듯이 조금 때리면 맞고 크게 때리면 피하여 애비로 하여금 옳지 못한 데로 빠져 들어가지 않게 하여야 할 것이다. 호동은 이러한 방향에로 나갈 줄 모르고 죽지 않을 일에 죽었으니 이것은 사소한 체면을 차리기에 구애되어 대의를 알지 못하였다고 할 수 있으니 호동은 옛날 공장 신생의 행동에나 비할까? ⑬ 제7대 차대왕 3년에 그가 형 태조대왕의 아들들을 죽게 한 것에 관한 서술(권15)에서는 태조가 불인한 아우에게 권력을 준 잘못을 탄하였다. ⑭ 제9대 고국천왕 13년에 촌거하고 있던 을파소를 朝臣國戚(조신국척)의 반대를 무릅쓰고 재상으로 발탁등용한 사실에 대해서는 다음과 같이 서술하고 있다(권16). 옛날 명철한 제왕들은 어진 자에 대하여 처지를 가리지 않고 선발하고 등용하여 의심을 두지 않았는 바, 은나라 고종이 부열에게, 촉나라 선주 유비가 공명에게, 진나라 부견이 왕맹에게 하듯 한 후에야 현량하고 재능있는 사람들이 해당하는 위치와 관직에 있게 되어 정치가 개선되고 교화가 밝혀져서 국가를 보존할 수 있는 것이다. 이제 왕이 결연히 용단을 내려 을파소를 바닷가 벽지에서 발탁함에 있어 여러 사람들의 비방에 구애받지 않고 그를 백관의 윗자리에 등용하였으며 또한 천거한 자에게까지 상을 주었으니, 옛날 임금들의 법도를 체득하였다고 말할 수 있다. ⑮ 제28대 보장왕 8년 당태종이 죽고 고구려 원정의 사업이 중도에 그만둔 것을 서술하면서(권22), 태종이 중신들이 간곡히 말린 것을 듣지 않고 고구려 원정을 감행하여 드디어 실패한 것, 그리고 「新舊唐書(신구당서)」와 「資治統監(자치통감)」이 戰役(전역)을 서술함에 있어 당군측의 패전을 고의로 기피해서 기록하지 않은 것을 논하였다. ⑯ 보장왕 27년 고구려 멸망을 논하면서 지세의 불리, 수, 당 등의 중국에 대한 불순한 태도 그리고 내부적인 학정을 들고 있다.

백제 본기의 논찬으로는 6칙이 있다. ⑰ 제4대 개루왕 28년에 신라 아찬 한 사람이 모반하여 백제로 투항하였는데 백제왕이 이를 숨겨주고 신라의 인도 요구에 불응한 데 대해서는 다음과 같이 서술하고 있다(권23). 춘추시대 거복이 노나라에 도망오니 계문자가 말하기를 '자기 임금에게 예절이 있는 자를 보면 임금 섬기기를 마치 효자가 부모를 봉양하는 것 같이 하며 자기 임금에게 예절이 없는 자를 보면 임금 죽이기를 마치 매가 새를 쫓는 것 같이 한다. 거복을 보건대, 그의 심리가 선한 데 있지 않고 악한 일에 있기 때문에 쫓아 버리노라' 고 하였다. 이제 길선도 역시 간악한 역적인데 백제왕이 그를 받아들여서 숨겼으니 이야말로 도적을 비호하여 탐오를 함께 하는 격으로 된다. 이로 말미암아 이웃나라와의 화친을 잃고 백성들로 하여금 병역에 시달리게 하였으니 그의 명철하지 못함이 심하였다. ⑱ 제21대 개로왕 21년에 고구려 병사들이 백제의 한성을 침공해서 백제왕이 달아나다 살해된 사건을 서술하면서(권25), 백제의 구신 걸루가 고구려로 투항해서 고구려 장수가 되어 적병의 선도로서 구왕을 살해한 반역을 규탄하였다. ⑲

제23대 삼근왕 2년조에는 일찌기 그 부왕을 弑(시)하였던 解仇(해구)가 좌평이 되었다가 이 해에 반란하여 참살되었다는 것을 서술하면서(권26), 이것은 첫가을 서리를 단속하지 않았다가 굳은 얼음에 부딪히게 되었고 반짝거리는 불똥을 끄지 않았다가 큰 불을 일으키는 격이니 그의 유래하는 바는 적은 데부터 커지는 것이라고 논하였다. ⑳ 제24대 동성왕 22년조에는 왕이 간언을 듣지 않기 위해서 궁문을 폐하였다는 것을 기록하면서 다음과 같이 말하고 있다(권26). 좋은 약이 입에는 쓰지마는 병에는 이로우며 바른 말이 귀에는 거슬리지마는 품행에는 유익한 것이다. 그러므로 옛날 명철한 임금들은 자기 태도를 겸허하게 하여 정사를 물으며 낯빛을 부드럽게 하여 간하는 말을 받아들이면서도 오히려 사람들이 말을 하지 않을까 염려하여 북을 달며 비방하는 말을 기록하게 하는 나무를 세우는 등 온갖 조처를 다 취했다. 이제 모대왕은 간하는 글이 올라와도 반성하지 않고 다시 문을 닫아 거절하기까지 하였다. 장자는 말하기를 '허물을 알고 고치지 않으며 간하는 말을 듣고 더욱 심한 것을 간악하다고 한다'고 하였으니 이는 모대왕을 두고 한 말이다. ㉑ 제25대 무령왕 원년조에서는 그 부왕을 시역했던 좌평 백가가 주살된 것을 기록하면서 다음과 같이 말하고 있다(권26). 「춘추」에 이르기를 '남의 신하란 딴 마음을 가지지 못하느니 딴 마음을 가지면 반드시 죽여야 한다'고 하였다. 백가와 같은 큰 죄악의 원흉은 천지에 용납될 수 없었는데 즉시 죄를 주지 않고 이때에 와서 그가 스스로 죄를 면하지 못할 것을 알고 반란을 도모한 뒤에야 처단하였으니 처단이 늦었다. ㉒ 제31대 의자왕 20년조에서는 백제의 멸망을 서술하면서(권27), 그 멸망의 원인이 말년의 부덕한 정치와 인국인 신라, 고구려와의 불화 그리고 중국에 대해서 겉으로는 순종하는 체하면서 안으로는 위반한 사실에 있다고 논하였다.

본기에서의 논찬은 이상과 같거니와 연표, 지에는 논찬이 없고 열전 부분에는 8칙의 논찬이 산재해 있다. ㉓ 김유신전(권43)에서는 다음과 같이 말하고 있다. 당나라 '이강'이라는 사람이 헌종의 묻는 말에 대답하기를 '간사하고 아첨하는 자를 멀리하고 충성스럽고 정직한 자를 등용하며 대신을 데리고 말할 때에 존경하고 믿어 주어 간사한 자로 하여금 끼여들지 못하게 하며 어진 사람과 교제할 때에 친근히 하고 예절을 다하여 나쁜 자로 하여금 참예하지 못하게 하소서!'라고 하였으니 이것이야말로 임금된 이의 중요한 도리로 되는 것이다. 그러므로 「상서」에 이르기를 '어진 사람을 쓰는 데 의심하지 말며 사특한 자를 버리는 데 주저하지 말라'고 하였다. 신라에서 유신을 대우한 것을 보건대, 그를 친근히 하여 간격을 두지 않고 중책을 맡겨 의심하지 않아서 그의 계책이 실행되고 그의 말을 채용하여 그로 하여금 쓰이지 못하는 불평이 없게 하였으니 임금과 신하가 잘 만났다고 할 만하다. 그렇기 때문에 유신이 자기의 뜻을 펼 수 있었으며 중국과 협력하여 삼국을 통일함으로써 빛나는 업적과 명성을 남기고 자기의 일생을 마치게 되었다. ㉔ 을지문덕전(권44)에서는 고구려가 능히 대국을 물리칠 수 있었음은 문덕 일인의 힘이라고 찬양하면서, 「춘추좌씨전」을 인용하여 '군자가 없으면 어찌 나라 노릇을 할 수 있으랴' 라고 하였다. ㉕ 장보고전(권44)에서는 그가 적수였던 정년(鄭年)을 관용으로 받아들여 서로 협력하여 대사를 성공하게 한 것을 극찬하고 있다. ㉖ 석우로전(권45)에서는 그가 군국사(軍國事)를 잡고서 전승을 많이 했으나 경솔한 언동 때문에 왜군의 내침을 초래하여 마침내 스스로 죽게 된 것을 경솔하다고 논하였다. ㉗ 김흠운전(권47)에서는 그가 화랑 출신이었음을 논하고 화랑의 활동과 공적을 찬양하였다. ㉘ 향덕과 성각의 전(권48)에서는 넙적다리 살을 베어 효도한 방식은 찬양할 수 없으나 그 지성은 기록할 만 하다고 논하였다. ㉙ 개소문전(권49)에서는 그가 재사이기는 하지만 위국충성을 다하지 못하였으며 남생은 반역자임을 면치 못한다고 논하였다. ㉚ 궁예와 견훤의 전(권50)에서는 이들이 신라의 종실 혹은 유민으로서 반한 것은 원흉이라고 비난하고 고려 태조에 타멸되었음은 다행한 일이라고 논하였다.

이들 논찬에는 거의 예외없이 중국의 「시」, 「서」, 「역」, 「춘추」와 같은 고전과 삼대, 춘추전국, 한, 당, 송대의 고사 등이 인용되고 있다. 교육과의 관련을 논하기 전에, 「삼국사기」는 김부식에 의하여 사대주의 사상에 물들게 되었고 김부식은 사대주의자라는 세평과 관련하여 다음의 주장은 자세히 읽어 볼 필요가 있다.[32] '논찬은 중국 정사의 그것과 마찬가지로 褒貶(포폄)을 목적으로 한 유교적인 윤리적 평가와 형식적인 예전론이 강하게 풍겨지고 있으나, 이것은 전통시대의 어떤 역사 서술에 있어서도 공통된 현상이었다. 오히려 조선 왕조의 사가들에 있어서는 동일한 사실에 대한 논찬에서도 김부식보다도 훨씬 더 형식주의적 예절론과 더 고루한 윤리 평가를 하고 있으며, 이 점 김부식은 오히려 후대의 성리학적인 사가들보다 더 신축성을 나타내고 있음을 보여주고 있다. 또 논찬을 순전히 형식적인 整齊(정제)를 위해서 꼭 일대왕 사후나 편말에만 부가하는 형식에서 벗어나서 논평의 필요가 실지로 있다고 생각하는 곳에 아무 곳이나 삽입하는 신축성도 보여준다.'

사실 기술에 있어서는 전존(傳存)하는 사료가 빈약하였다는 것이 현저히 나타

32) 상게논문, pp.61~62.

난다. 특히 고구려, 백제 측의 사료는 전무한 형편이었으니 사료가 이와 같이 부족한 것을 보충하기 위해서 중국과의 사신 왕래와 기타 교섭에 관한 중국측 사서가 균형을 잃을 만큼 많이 補綴(보철)되는 것은 당연한 것인지 모른다. 감수국사로서의 김부식은 당연히 사료를 더 넓게 수집하는 방책을 취하지 못한 데에 대한 비난을 받아야 한다. 이렇듯 김부식은 함부로 사실을 날조하고 임의로 산삭, 개변을 가하여서 역사를 왜곡하였다는 비난을 받고 있으나, 다른 관점에서 보면, 박혁거세 시대에서부터 기록되어 있는 수많은 일식기사만 하여도 그것들이 함부로 삽입된 것이 아니라 적어도 중국측 기록을 정확히 전재한 것이라는 것을 볼 때, 함부로 날조기입한 것이라고는 생각할 수 없는 것이다. 이것은 또 유교식 역사 기술의 전통에서도 없는 일이며, 다만 이용한 선행 사료 속에 허구의 기사가 있어서 그것을 무비판적으로 채록할 수는 있는지 모르나, 이 경우에도 왕조사의 편사관들이 함부로 날조하는 것은 생각하기 어렵다. 물론 산삭은 상당히 가해졌으리라는 것을 짐작할 수 있으며 특히 황당불경한 기사들을 삭제 또는 변개, 간략화했을 가능성은 충분히 있다. 그러나 이 경우에도 원사료와 사서가 그렇게 많지 않았던 것을 생각한다면 50권이 되는 「삼국사기」를 엮는 데 있어서 많은 산삭을 가할 여지는 적었다고 볼 수 있다.

김부식은 삼국의 기사를 중국의 천자에게만 사용할 수 있는 '본기'라는 편명 아래 취급하였으니 이는 후에 「고려사」에서 '세가'로 된 것과는 크게 다르며, 또 삼국의 각각에 대해서 균등하게 각각 '본기'로 표현함으로써 어느 일국을 정통으로 하고 여타는 폄칭하는 그런 正閏論(정윤론)에 사로잡히지 않고 있다. 「삼국사기」는 기사의 분량으로는 실지로 신라에 편중되어 있지만 이것은 사료가 신라측의 것이 가장 풍부하였기 때문이라고 생각한다. 그리고 김부식은 삼국 각국의 기사에서 각국을 '我'라는 제일인칭으로 표현함으로써 그의 편중되지 않은 태도를 더욱 분명히 하고 있다. 요컨대, 우리가 알 수 있는 것은, 「삼국사기」는 흔히 사람들이 말하듯이 사대주의에 사로잡혀 있는 역사서라든가, 사료를 사대주의에 비추어 함부로 산삭, 개변한 역사서라는 비난은 온당하지 않다는 것이다. 위의 비판들은 이 책이 편찬되던 당시의 사상적 환경을 무시하고 사료의 零星(영성) 등의 객관적인 제약을 홀시한 데서 나온 부당한 것이라고 볼 수 있는 것이다.

그러면 이제 그의 교육관을 밝혀 보아야 할 것이다. 그에게 만약 '왜 인간이 교육을 받아야 하느냐'라고 묻는다면, 그는 무엇이라고 하였을까? 그는 아마도 이렇게 대답하였을 것이다. 즉, 사람이란 오직 학문을 한 연후에 도리를 알게 되고 도리를 안 뒤라야 사물의 근본과 말단을 밝게 알게 되는 것이다. 그러므로 학문을 배운 뒤에 벼슬을 한 자는 그가 사물에 대하여 근본을 먼저 하게 되므로 말단은 저절로 바르게 되는 것이다. 비유하여 말하면 그물의 벼리 하나를 들추어 들면 만 개의 코가 따라서 한꺼번에 바르게 되는 것과 같다. 학문을 하지 못한 자는 이와 는 반대로 사물의 선후와 본말의 순서가 있음을 알지 못하고 다만 구구하게 정신 을 지엽말단에 빼앗겨 더러는 백성들로부터 긁어 들이는 것으로써 이익을 삼고 더러는 까다롭게 검찰하는 것으로 높은 체하여 나라를 이롭게 하고 백성을 안정 시키려고 하나 도리어 해가 된다. 그러므로 그는 「예기」의 학기편의 '근본을 힘 쓴다' 는 말로 끝을 마쳤고 「상서」에서도 '배우지 않으면 담벽에 얼굴을 맞대고 있는 것과 같고 일을 당해서는 오직 헤맬 뿐이다' (신라 제38대 원성왕 5년 기사에 관한 김부식의 논찬)라고 하였다.

그 다음에, 김부식은 학교에서 가르쳐야 할 내용으로서 사서삼경, 특히 「시」, 「서」, 「역」, 「춘추」, 「사기」를 강조한 것으로 보인다. 김부식은 「삼국사기」를 통 해서 국가의 정통성을 백성들에게 가르쳤고, 또한 역사를 통한 교훈을 체득하도 록 하였다. 그는 교과 중에서 역사서를 특히 중히 여겼다. 아마도 그는, 그가 시에 관해서 가지고 있었던 것과 마찬가지로, 각 역사는 인간에게 도덕적 교훈을 준다 고 생각한 것이 아닌가 하는 짐작을 해본다. 과연 이 생각이 옳은가 하는 것은 별 도로 논한다 하여도, 사실상 역사서를 통해서 인간이 되도록 한다면 이 생각은 결 과적으로 옳다고 보아야 한다.

일연(1206-1289)은 고려 희종 2년(1206) 6월에 태어났다. 그의 아버지는 경주 장 산군에서 농사를 지으며 살았던 김언필이다. 일연의 어렸을 적의 이름은 견명(見 明)이었다. 이것은 그가 광명의 상징인 태양에 인연해서 세상에 나왔다는 뜻을 담 고 있다. 그의 어머니 이씨는 태양이 부인의 방에 들어와 그의 몸을 비추는 꿈을 꾼 뒤 임신을 하였다. 그 후 태양의 정기를 받고 태어났으니 이 아기가 일연이었 다. 그가 탄생한 13세기 초는 고려 왕국이 무신인 최충헌의 손에 좌지우지되고 있었을 때이다. 고려는 이때부터 내우외환이 잦은 국난기에 접어들어 무신들의 권력쟁탈, 몽고병의 국토 유린, 강화도 천도, 왕실의 국제결혼, 몽고에의 항복, 삼 별초의 난, 2차에 걸친 내키지 않은 일본 파병과 그 실패 등등 걷잡을 수 없는 일 들이 계속해서 일어났다. 그러나 일연은 이 소용돌이 속에서도 학식있는 선승으 로서 조용하게 살았던 것으로 알려져 있다. 일연은 대선사이며 국사로서 84세

(1289)에 조용히 열반하였다.

그는 무려 100여 권이 넘는 책을 저술하였지만, 현존하는 것으로는 「삼국유사」밖에 없다. 이 「삼국유사」는 우리의 역사학과 교육과 문학에 지대한 영향을 끼친 대저작이다. 특히 그것이 교육에 남긴 지대한 업적은 단군신화를 통해서 교육의 의미와 방향을 우리에게 남겨 주었다는 점에 있다.[33] 「삼국유사」는 고려 충렬왕 7년(1281)에 편찬된 것으로서 김부식의 「삼국사기」보다는 140년 뒤에 편찬된, 불교신앙 관계를 포함한 역사에 관한 문헌이다. 그러면 왜 정사인 「삼국사기」가 엄연히 존재함에도 불구하고 다시 일연은 「삼국유사」를 새로이 찬하지 않으면 안 되었을까? 「삼국유사」 5권에 인용된 고증서목은 오히려 「삼국사기」 50권보다 그 다양함이나 치밀함에 있어서 전혀 비교가 안될 정도로 압도적이다.[34] 이와 같이 폭넓은 사료의 수집은 실로 장기간에 걸친 용의 주도한 노력을 요구하였을 것이다. 더구나 난세 속에서 「삼국유사」를 찬하는 데는 아마도 어떤 새로운 인식이 있었다고 볼 수밖에 없다.

고려 중기에 와서 문신 귀족정권은 왕도중심, 중앙귀족중심의 지배체제를 구축하고 있었다. 이 지배체제는 지방호족 세력의 정치 참여를 거부하는 독선을 자행함으로써 점점 기층사회와의 괴리를 더 크게 해나갔다. 이것은 정치이념으로서의 유교의 기능이 지나치게 경직화됨에 따라 중앙귀족 정치가 전제화되고, 그 결과로 국가와 사회, 정권과 민중 사이가 점점 벌어져 나갔던 데에 그 원인이 있다. 더구나 지배체제 내부의 반목과 전통적인 자주의식의 상실 또한 그러한 경향을 촉진하였다. 그러던 중 고려 의종 년간의 무인정변은 전통적인 문벌중심, 문치편중의 귀족정권을 붕괴시킴으로써 고려사회의 전개방향을 크게 전환시키는 분수령이 되었다. 그리고 무신정권의 독선적인 폭압과 몽고와의 30년간의 항전을 거치면서 백성들 사이에서는 분노와 저항의식이 생기지 않을 수 없었다. 그러나 돌파구를 봉쇄당한 백성들의 분노와 저항의식은 곧 역사전통에 대한 민족의식으로 승화되었으니, 「삼국유사」는 바로 이러한 의식의 전승에서 빚어진 산물이다.

「삼국유사」는 당시 고려인들과 오늘날 우리들에게 무엇을 가르쳐 주고 있는가? 첫째로 「삼국유사」는 우리 민족의 생활무대였던 남북 각지가, 역사상으로는

---

33) 널리 알려져 있는 사실이지만, 우리나라 교육법 제1조의 '弘益人間'의 이념은 바로 一然의 저작인 「三國遺事」 속에 들어 있는 말에 근거하고 있다.

34) 金泰永, '三國遺事에 보이는 一然의 歷史認識에 대하여', 이우성, 강만길(편), 「韓國의 歷史認識」(上), 創作과 批評社, 1976년, pp.127-147. 이하에서는 주로 이 논문을 참고하여 서술하였다.

단군 이래의 생활무대 전체가 有緣(유연)의 불국토라는 것을 가르쳐 주려고 하였다. 그리고「삼국유사」에서는 거의 전편에 걸쳐 귀천, 빈부, 승속의 인간은 말할 것도 없고, 천지, 산천 등 자연이나 龍虎(용호), 神鬼(귀신), 심지어 조수, 초목 등 미물에 이르기까지 모두가 대립투쟁의 존재라기 보다는 다 함께 선량한 이웃으로 불국토의 질서 속에 참여하는 존재로 파악되고 있다.「삼국유사」에 의하면, 고대사는 이들 다양한 존재들의 혼융의 총체로 엮어지는 장엄한 대행진으로 간주된다. 이와 같은 불국토 사상은 고려 중기에 와서 굳어져 버린 유교적 귀족주의의 독선에 대한 강한 부정을 나타내는 것이기도 하다. 둘째로「삼국유사」는 국가와 왕권의 중요성을 비중있게 말하고 있기는 하지만, 또 한편으로 여기에는 서민적 생활의식이 곳곳에 점철되어 있다. 이것은 역사가 서민의 생활에도 관심을 기울인 것이라고 말할 수 있다. 예컨대, 분황사의 천수관음은 한 이름없는 아이의 소원을 들어 그 먼 눈을 뜨게 해주었으며, 민장사의 관음보살은 한 가난한 여자의 소원을 들어 만리 밖에 표류해 간 그 아들을 데려다 주었다는 것 등이 그것이다. 말하자면 벌거숭이 인간 그 자체에 대한 존엄의 염이「삼국유사」에 깔려 있다. 꾸밈없는 인간 그 자체의 가치가 역사와 전통 속의 서민생활에도 존재한다는 것을 가르쳐 주고 있는 것이다. 특히, 눈에 띄는 것은 뭇 사람들의 입을 통해 전해 내려오고 있던 향가를 채록하고 있다는 것이다. 향가는 소박한 서민의 삶 속에서 우러난 것으로서 매우 중요하고 가치있는 것이라는 점을 가르쳐 주고 있다. 셋째로「삼국유사」는 우리 민족의 자주성과 우리 문화의 우월성을 가르쳐 주고 있다. 구체적으로 말하면, 고조선의 단군으로 지칭되는 우리 민족의 시조는 중국 역사의 시조라는 요와 동시대의 인물로 인식되고 있다는 것이다. 그리고 그 시조에 관한 언급을 하늘과 연결시키고 있다는 사실은 주목할 만하다. 그리하여 고조선—위만조선—부여—마한으로 연결되는 국사의 계통을 잡고 삼국시대를 이 뒤에 연결시키고 있다. 이것은 우리나라의 역사가 하늘과 직결된 신성한 것이라는 점을 말하고 있는 것이다. 넷째로 神異(신이)를 두어 怪力亂神(괴력난신)을 말하지 않는 유교적 합리주의에 반대하여, '장차 제왕이 일어날 때는 符命(부명)과 圖錄(도록)을 받게 되므로 반드시 남보다 다른 일이 있음'을 전제하고, 중국 고대 제왕들의 신이한 일을 소개하고 나서 '그러므로 우리 삼국의 시조가 모두 신이에서 탄생한 일이 무엇이 괴이하랴'라고 하면서, 우리나라의 역사 전통의 독자적인 대등성을 말하고 있다. 역사 속의 신이는 실재와 결코 모순되지 아니하는 혼융의 일체임을 가르쳐 주고 있다.「삼국유사」는 紀異(기이)에서 孝善(효선)에 이르는 전편의 서술을 신이에 바탕을 두고 전개하고 있는 것이다. 이 신이한 사실들이야말로 우리나라 역사를 전개시켜온 커다란 추진력이라는 것을 가르쳐 주고 있다. 요컨대, 「삼국유사」는 새로운 힘의 원천으로서의 자기 전통에 대한 새로운 인식을 가르쳐 주고 있는 것이다.

「삼국유사」가 교육에 주는 시사는 '실제적 삶'에도 가치가 들어 있다는 것이다. 여기서 말하는 실제적 삶이라는 것은 특별히 학교교육을 받지 않고 살아가는 사람들의 실제적 삶을 말한다. 만약 「삼국사기」가 교육에 주는 시사로서 '이론적 삶'의 가치를 말하는 것이라고 할 수 있다면, 「삼국유사」는 '실제적 삶'의 가치를 말하는 것이라고 할 수 있을 것이다. 달리 말하면 인간은 학교교육을 통하여 마음을 형성하기도 하지만, 한 나라, 한 민족, 한 마을, 한 가정에서 살아가면서 형성되는 마음도 그것 못지 않게 중요하다는 것을 「삼국유사」는 말하고 있는 것이다. 물론, 이렇게 말한다고 하여 「삼국유사」가 이론적 삶을 완전히 무시했다고 보는 것은 그릇되다. 다만 그 강조점에 있어서 「삼국유사」는, 귀족들의 삶을 중심으로 이론적 삶의 중요성을 드러낸 「삼국사기」와는 달리, 실제적 삶을 살아가는 서민들의 삶의 중요성을 드러내었다고 할 수 있다.

「삼국유사」는 조선 민족의 유래는 물론이요 종교, 민속, 신화, 언어, 사회, 지명, 시가, 사상, 일화 등 광범위한 주제를 다루고 있다. 이것으로 보아 일연의 학문의 폭과 깊이가 어느 정도인가 하는 것을 짐작할 수 있다. 그리고 그는 안일하게 자신의 머리 속에서 모든 자료를 수집하고 집필한 것이 아니라, 일일이 자신의 몸으로 확인하고 집필하였다. 예컨대, '신라의 기사에 관한 한 어느 것 하나 일연 손수 발로 찾아가 몸으로 실험해 본 나머지의 것 아닌 것이 없다'[35]고 할 정도이다. 해박한 지식을 가지고 몸소 찾아다니면서 정사에서 외면해 버린 여러 사실들—단군기, 여러 동족국가들, 가락국기, 향가—들을 발굴한 것 이외에, 이 책에 실은 모든 사실들을 뒷받침하기 위하여 세밀한 引證(인증)을 한 것도 「삼국유사」가 가지고 있는, 다른 사서와 구분되는 점이다. 「삼국유사」는, 우리 한국인의 체취를 물씬 느끼게 해준다는 점에서, 민족으로서의 정체성을 자각할 수 있어야 한다는 것을 고취한 일종의 선언문이기도 한 것이다. 이 「삼국유사」는 우리 민족이 타민족과 다르며 다를 수밖에 없다는 것을 알게 해준, 우리 민족의 중요한 국민교육서임을 다시 한 번 강조하고 싶다.

---

35) 閔泳珪, '三國遺事', 新東亞 1969년 1월호 부록, p.88.

지눌(1158-1210)은 당시 국자감의 學正(학정)이던 鄭光遇(정광우)의 아들로 태어났다. 그는 어려서 출가하였지만 수도의 과정에서 당시 승려들의 타락상을 보고 개경을 떠나 홀로 구도의 길을 걷는다. 이때 그가 청원사(현재 전남 담양군)에서 읽은 혜능의 「六祖壇經(육조단경)」은 그에게 큰 깨달음의 길을 열어 주었다. '大定乙巳年(대정을사년, 1185) 가을 나는 하구산에 은거하기 시작했다. 나의 마음은 항시 禪門(선문)의 "모든 것이 마음이요 부처이다"(卽心卽佛)라는 말에 있었으며, 이 문을 만나지 못하면 여러 겁을 헛수고만 하고 성역에 이르지 못한다고 생각했다. 그러나 끝내 화엄교 가운데에는 깨달아 들어가는 문으로서 과연 어떤 것이 있는지 의심하였다. 드디어 선사를 찾아가 물으니 그는 대답하기를 "마땅히 事事無碍(사사무애)를 관조하라"고 했다. 이어서 훈계하기를, "만약 네가 자기 마음만 관조하고 사사무애를 관조하지 않으면 佛果(불과)의 圓德(원덕)을 잃을 것"이라고 말했다. 나는 대답하지 않고 아무 말 없이 스스로 생각하기를, "마음을 가지고 모든 일을 관조하면 모든 일에 곧 장애가 생겨 쓸데없이 자기 마음만 어지럽히니 어찌 끊을 때가 있겠는가. 다만 마음이 밝고 지혜가 깨끗하면 털 하나와 온 세계가 容融(용융)하여 필시 外境(외경)이 아닐 것이다"라고 생각하였다. 물러나 산으로 돌아와 앉아서 「대장경」을 열람하며 부처님의 말씀이 마음에 합치되는 것을 구하기 무려 3년이 되더니 「화엄경」의 여래출현품에 나오는, 먼지 하나가 천 가지 경전을 포함하고 있다는 비유를 읽기에 이르렀다. 후에 합하여 말하기를 "여래의 지혜도 역시 이와 같이 중생의 몸에 갖추어져 있건만 다만 범부들이 알고 깨닫지 못한다"고 했다. 나는 이 경전을 머리에 이고 나도 모르게 눈물을 흘렸다.' [36]

여기에서 볼 수 있듯이, 그는 선종의 '마음이 곧 부처이다(心卽佛)'라는 말에 참된 해탈의 길이 있다고 굳게 믿고 있었음에도 불구하고 화엄교에서 말하는, 깨달음으로 들어가는 문이 어떤 것인가에 대하여 억누를 수 없는 관심을 가지고 있었다. 지눌이 보기에, 「화엄경」은 마음의 관조와 함께 사사물물 또는 경전의 관조를 동시에 강조하고 있다. 마음을 관조하는 것과 경전을 읽는 것이 어떻게 조화될 수 있는가 하는 것은 지눌로서는 피할 수 없는 질문이었을 것이다. 그는 이 질문에 대답하기 위하여 3년 동안이나 불전을 찾다가 '화엄경여래출현품'에서 '먼지 하나가 천가지 경전을 포함하고 있다'는 비유에서 중생심이 곧 부처라는 선의 근

36) 「華嚴論節要」序.

본정신을 확인하게 된 것이다. 여기에 그치지 않고 계속 탐구하던 중「화엄론」에서 '범부로부터 十信(십신)에 들어가기 어려운 것은 모두 스스로 범부로 인정하며 자신의 마음(自心)이 곧 不動智佛(부동지불)임을 긍정적으로 인정하지 않기 때문이다' 라는 깨달음을 얻게 된다. 그는 이 깨달음 뒤에 다음과 같이 적고 있다. '세존이 입으로 설한 것은 곧 敎가 되며 祖師(조사)가 마음에 전한 것은 곧 선(禪)이 되니 세존과 조사의 마음과 말이 결코 어긋나지 않음이라. 어찌하여 근원을 철저히 보지 않고 각기 배운 것에만 안주하여 헛되이 논쟁만 일으키며 시간을 허비하는가.'[37]

지눌은 어떤 수행이론을 제시하고 있는가? 그리고 그것은 교육과 어떤 관련을 가지고 있는가? 지눌의 사상은 定慧雙修(정혜쌍수), 頓悟漸修(돈오점수), 禪敎一致(선교일치)의 세 주제로 요약될 수 있다. 정혜쌍수는「勸修定慧結社文(권수정혜결사문)」과 다른 저작에서도 지속적으로 강조되고 있고, 돈오점수는 중국의 화엄사상가인 宗密(종밀, 780-841)의 사상을 계승한 것으로서, 이 두 가지는 지눌의 수행이론을 대표한다고 말할 수 있다. 선교일치 또한 지눌의 사상을 특징짓는 데에 빼놓을 수 없는 부분이다. 지눌의 문제의식은 선종과 교종의 치열한 대립과 갈등 속에서 싹텄고, 그가 제시한 처방은 한 마디로 이들 사이의 화해였다고 볼 수 있다. 大覺國師義天(대각국사 의천, 1055-1101)은 교종의 입장에서, 지눌은 선종의 입장에서 각각 선교의 융회를 도모했다.

정혜쌍수, 돈오점수, 선교일치의 세 주제가 지눌 사상의 핵심을 이루고 있다면, 이들은 지눌의 체계에서 상호 밀접한 관련을 맺고 있음에 틀림없다. 이 세 주제는 지눌의 체계에서 상이한 측면을 다루면서도 동시에 동일한 측면을 따라 일관된 흐름을 나타내고 있다고 추정된다. 이때 동일한 측면이라는 것은 지눌이 제시한 세 주제가 모두 교육에서 중요한 문제로 부각되는, '개념 획득에서 언어의 위치'를 문제삼고 있는 것으로 해석될 수 있다는 것을 가리킨다.[38]

최근 교육학에서 한 가지 중요한 탐구영역으로 부각되고 있는 '교육인식론'의 관점[39]에 입각하여 보면, 지눌의 불교 수행이론은 불교 수행의 과정, 즉 진여를 획득하기 위한 과정에서 언어가 어떤 역할을 하는가에 주목하게 한다. 교육인식론

---

37)「華嚴論節要」序.

38) 金光敏,「지눌의 敎育理論」, 敎育課程哲學 叢書 8, 敎育科學社, 1998. 이하의 논의는 주로 이 글에서 요약한 것이다.

39) 柳漢九,「敎育認識論 序說」, 敎育課程哲學 叢書 2, 敎育科學社, 1998.

의 관점에 의거할 때, 인식의 문제는 기존의 인식론에서와는 다른 방식으로 파악된다. 즉, 교육과 인식론의 관계에 관한 종래의 관점에서는 교육 사태가 철학적 인식론의 관점을 적용하는 장으로 이해된다면, 교육인식론의 관점에서는 교육사태는 인식론적 문제가 구체화되는 장으로 이해된다. 지눌이 선과 교의 융회를 도모하였다는 것은 그가 바로 깨달음에 있어서 언어의 위치 문제에 주목하였다는 것을 의미한다.

흔히 언어는 개념과 동일한 것으로 이해된다. 그것은 아마 개념획득의 증거가 일반적으로 언어로 표현되기 때문일 것이다. 그러나 '언어가 개념을 표현한다' 로 말하더라도 '표현하는 것' 으로서의 '언어' 가 '표현되는 것' 으로서의 '개념' 과 동일하다고 말할 수는 없다. 언어가 개념을 표현하는 것은 사실이지만, 개념은 여러 형태, 여러 차원의 언어적 표현을 허용하기 때문이다. 개념과 언어가 동일하지 않다는 점은 일상의 여러 상황에서도 충분히 확인가능하다. 개념의 표현이 용이하지 않다는 것은 개념으로부터 여러 형태의 언어적 표현이 가능하다는 점을 나타내는 동시에 개념획득의 유무는 매체없이 즉각적으로 확인되기 어렵다는 점을 나타낸다. 이와 같이 이미 획득한 개념을 표현하는 수단이라는 관점에서 언어를 규정할 때, 언어의 역할은 '정태적 수준' 에서 파악된다고 말할 수 있다. 정태적 수준에서 언어의 역할은 개념 획득의 증거를 제시하는 것이다. 그러나 개념의 표현이 아닌 획득의 경우, 언어의 역할은 위와는 다르게 파악된다. 개념 획득의 경우에는 언어가 개념획득을 위한 출발점이 되고 문제되는 것은 언어를 통하여 '무엇' 인가를 형성해 나가는 것이다. 개념을 획득하는 과정과 관련하여 언어를 규정할 때, 언어의 역할은 '동태적 수준' 에서 파악된다고 말할 수 있다. 이와 같이 언어의 역할은 '정태적 수준' 과 '동태적 수준' 으로 구분하여 이해될 수 있지만, 사실은, 어느 편인가 하면, 언어 사용의 사태에서 개념의 표현과 획득은 거의 언제나 동시에 일어난다고 말할 수 있다.

이 문제는 곧바로 오늘날의 교육과 관련하여 '가르치고 배우는 일' 과 '실물교육' 에 많은 시사를 준다. 교사의 입장에서 하나의 개념을 가르친다고 하더라도 학생들은 동일한 수준으로 그 개념을 파악하지 않으며, 한 개인을 두고 말하더라도 개념획득이 잘 이루어지는 경우와 그렇지 않은 경우가 생길 수 있다. 이와 같이 개념획득 과정에서 개념수준으로 나아가지 못하고 언어수준에 머무르는 경우를 '언어주의' 라고 말할 수 있다. 이 문제는 교육에서 가장 해결하기 어려운 문제이다. 또 실물교육은 개념획득 과정에서 실물과 개념의 관련을 지나치게 과장한다는 데에 문제가 있다.

정혜쌍수는 문자 그대로 정과 혜를 함께 닦아야 한다는 주장을 나타내고 있다. 정혜쌍수가 지눌에 의하여 적극적인 주장으로 대두되었다면, 그 주장에는 지눌 당시의 불교수행이 그것과는 상이한 방향에서 이루어졌다는 것, 그리고 그러한 수행에 모종의 문제가 나타나 있다는 것이 시사되어 있다. 지눌에 의하여 규정된 문제의 수행자는 경전의 문자에 매달리는 敎學者(교학자)와 그 반대의 경우로 흐리멍덩한 상태에서 침묵으로만 일관하는 禪學者(선학자)로 요약된다. 그리고 이들이 행하는 상이한 방향의 수행은 각각 '미친 혜(狂慧)'와 '어리석은 정(痴定, 원래 용어는 痴禪)'으로 대비될 수 있다. 달리 말하면 '미친 혜'는 곧 정과 분리된 혜를, '어리석은 정'은 혜와 분리된 정을 가리킨다고 말할 수 있다. 왜 그것이 미치고 어리석은 것으로 될 수 있는가?

정과 혜가 각각 무엇을 의미하는가는 이들과 동일한 것으로 이해되는 止와 觀의 의미에 주목할 때 다소 분명해 질 수 있다. 「大乘起信論(대승기신론)」에 의하면, 지는 '상념에 지각되는 일체의 특징을 정지시키는 것'으로서, '현상계를 대상으로 한 일체의 생각을 지우는 것'이다. 이에 반하여 관은 '원인과 계기에 의하여 일어나는 현상계의 변화를 정확하게 파악하는 것'이다. 그러나 지와 관(또는 정과 혜)의 의미가 각각 밝혀진다 하더라도 양자를 함께 닦아야 한다는 것이 무엇을 뜻하는가 하는 의문은 여전히 남는다. 언뜻 보기에도 지와 관은 의미상 반대 방향을 나타내고 있어서 양자의 결합이 어떻게 가능한가 하는 의문이 곧바로 제기될 수 있다.

정혜쌍수가 '정과 혜를 함께 닦아야 한다'는 문자 그대로의 의미로 얼른 받아들여지기 어려운 것은 정혜쌍수가 불교의 심성론에 기반을 두고 있기 때문이다. 불교 수행이 현상계에서 파악되는 마음으로서의 생멸심으로부터 실재계에서 파악되는 마음으로서의 진여에로의 이행 과정으로 이해된다면, 수행은 진여나 생멸심의 어느 하나만으로 온전히 설명되기 어려울 것이다. 아마 이런 점을 의식해서이겠지만, 지눌은 정과 혜의 관련을 隨相門(수상문)과 自性門(자성문)이라는 두 차원에서 설명한다. 隨相門定慧(수상문정혜)는 현상계의 '수행 수준'에서 이해되는 정혜이다. '수행 수준'이라는 말에는 수행이 아직 완성되지 않았다는 의미가 들어 있으며, 따라서 수행자가 수행사태에 직면하여 그에게 부족한 면을 보완한다는 뜻이 들어 있다. 흔히 불교 수행에서 문제가 되는 것은 '상념이 꼬리를 물고 일어나는 것(緣慮)'과 '혼미하고 멍청한 상태에 빠지는 것(昏沈)'이다. 이 문제를 다스리는 데에는 각각 적(寂, 止로 대표되는 진여의 속성)과 성(惺, 觀으로 대표되는 진여의 속성)이 기준으로 작용한다. 이 말은 곧 정과 혜가 수행 상황에서 각각 필요한 경우가 생길 수 있다는 것이며, 이 점에서 정과 혜를 수상문으로만 파악할 때, 정과 혜는 사실상 분리되는 수행으로 간주될 수 있다. 이 경우를 나타내는 것이 바로 漸門(점문)의 수상문정혜이다.

自性門定慧(자성문정혜)는 실재계에서, 즉 '개념 수준'에서 이해되는 정혜이다. '개념수준'은 현실과 일정한 거리를 유지하는 '의미의 수준'이며, 따라서 자성문정혜는 수행의 과정이 아니라, 수행의 완성 상태에서 파악되는 정혜라고 말할 수 있다. 수상문정혜의 특징이 수행 상황에 의존하는 '대치하는 노력'(對治之功)으로 규정된다면, 자성문정혜의 특징은 '인위적 노력으로부터의 자유'(無爲)로 규정될 수 있다. 자성문에서는 수상문에서와는 달리 정과 혜가 '등지'(等持)로 나타나며, 그 점은 정과 혜가 體用(체용)의 관계로 파악된다는 점과 밀접한 관계를 맺고 있다. 자성문에서의 정과 혜의 관련은 체와 용, 즉 본체와 그 작용의 관련으로 이해되며, 이때 정과 혜는 사실상 분리되는 것이 아니라, 개념상으로만 구분된다고 말할 수 있다. 지눌이 '定慧等持(정혜등지)'를 강조하는 것은 바로 자성문정혜에서 정혜쌍수의 의미가 극명하게 드러나기 때문이며, 이 점은 지눌이 자성문정혜를 頓門(돈문) 또는 悟後修門(오후수문)에서의 수행원리로 삼는 근거가 된다.

그러나 지눌은 수상문정혜가 점문에, 자성문정혜가 돈문에 각각 연결된다는 식의 단순한 설명을 거부한다. 지눌은 돈문에서의 수행을 자성문정혜에 해당하는 것으로 말하면서 동시에 그 방편으로 수상문정혜를 수용하고 있는 것이다. 자성문정혜는 수행의 완성상태를 가리킴으로써 정과 혜가 일치된다는 점을 부각시키고 있으며, 그렇게 함으로써 정과 혜가 사실상 별개의 수행으로 이해될 수 없다는 점을 드러낼 수 있게 된다. 그러나 자성문정혜는 정과 혜의 관련을 분명히 드러내기는 하지만, 구체적인 수행의 장면에서 수행이 어떻게 이루어져야 하는가에 관해서는 특별히 시사하는 바가 없다. 수행자는 혼란스러운 생각을 수습하기도 해야 하며, 혼미하고 무기력한 상태 또한 극복해야 한다. 이와 같이 현상계에서의 수행의 '필요'라는 측면에서 제시된 것이 수상문정혜이다. 수상문정혜가 수행의 현실적 기반을 강조했다는 점에 주목하면, 수상문정혜는 자성문정혜의 현상계적 표현이라고 말할 수 있다. 그러므로 지눌이 점문의 수행을 비판한 것은 '대치하는 노력'이 중요하지 않다거나 불필요해서가 아니라, 그 수행에서 정과 혜는 의미상 관련을 맺지 않은 채 별개의 수행으로 이루어졌기 때문이다.

정혜쌍수의 문제를 이해하는 데 가장 핵심적인 고려 사항은 정과 혜가 사실상 별개의 수행으로 파악될 수 없다는 것이다. 이 말은, 달리 말하면, 자성문정혜에서 정과 혜가 일치된다는 점을 지적하면서도 그 가운데 어느 하나만으로는 수행이 온전하게 규정될 수 없다는 것을 강조하는 것이다. 왜냐하면 정과 혜는 범주상 결코 동일하지 않기 때문이다. 정은 수행이 도달해야 할 목표를 나타내는 반면, 혜는 현상계를 출발점으로 해서 수행의 최종 상태로 나아가는 것을 가리킨다. 이것은 수행의 목표와 수행의 과정이 온전한 짝을 이루어야 한다는 것을 강조한 수행의 원리이다. 수행에서 목표가 의미를 가지기 위해서는 그것이 언제나 과정과 결부되어 있어야 하며, 역으로 과정이 온전한 의미를 가지기 위해서는 그것이 목표와 짝을 이루고 있어야 한다. 정혜쌍수에 관한 이러한 해석, 즉 과정과 목표의 분리불가성은 바로 개념획득 과정에서의 언어와 개념의 분리불가성과 맥을 같이한다.

돈오점수는 정혜쌍수와 더불어 지눌 수행이론의 핵심부를 이룬다. 돈오점수는 정혜쌍수와 마찬가지로 수행의 지침으로 제시되고 있다는 점에서, 정혜쌍수와 의미상 구분이 되지 않을 만큼 동일한 것으로 이해된다. 그러나 정과 혜의 관계에서는 양자를 '고르게 취한다(雙修 혹은 等持)'는 점이 강조되는 반면에, 돈오와 점수의 관계에서는 '돈오 이후에 점수해야 한다(悟後修)'는 점이 강조된다. 지눌의 글에서 '고르게 취한다(정과 혜의 경우)'든가 '돈오 이후에 점수해야 한다(돈오와 점수의 경우)'는 표현은 시종 일관성있게 사용되고 있으며, 이 점으로 미루어 볼 때, 지눌이 정혜쌍수와 별도로 돈오점수를 언급하는 데에는 특별한 이유가 있다고 보아야 한다. 다시 말하여 정혜쌍수와는 달리 돈오점수의 경우에는 시간상 선후관계가 문제된다는 것이다.

문자상의 의미로 돈오는 '단박에 깨치는 것'을, 점수는 '점차 닦는 것'을 각각 가리킨다. 그러나 돈오점수는 문자상의 해석만으로는 그 의미가 결코 명백해지지 않는다. 문자상의 해석에만 의존할 때, 돈오점수는 性徹(성철) 스님의 비판에서와 같이 그 자체로는 어불성설이기 때문이다. '이미 깨쳤는데 어찌 닦을 것이 있을 수 있겠는가' 하는 의문은 돈오점수가 시간상 돈오 이후에 점수해야 한다는 의미로 이해되기 어렵다는 점을 나타낸다. 돈오점수를 이해할 때 지눌이 말한 '돈오 후 점수'(悟後修)의 의미를 존중하려고 하면, 돈오와 점수의 관련은 새로운 방향에서 모색되지 않으면 안 된다.

지눌의 '돈오 후 점수'를 이해할 때, 돈오와 점수를 사실상 분리되는 두 가지 수행으로 파악하는 한 그것은 올바른 해석으로 연결되기 어렵다. 돈오 후에 점수하는 것이 어떻게 가능한가를 묻는 성철의 반문은 바로 시간적 차원에서 돈오와 점수를 관련시키고 있다. 이러한 관점에서는 돈오와 점수가 동일한 차원에서 이해된다고 말할 수 있다. 그러나 돈오의 대상이 진여이고, 점수의 기반이 망심(생멸심)이라는 점에 주목할 때, 돈오와 점수는 범주상 동일한 차원에서 이해되기 어렵다는 점을 시사받는다. 진여와 망심이 사실상 별개의 마음으로 존재하지 않고 개념상으로만 구분된다는 「대승기신론」의 주장으로부터, 돈오는 점수의 이면에 존재한다는 점을 추론해낼 수 있다. 사실상 돈오점수를 언급한 「楞嚴經(능엄경)」에는 돈오가 '理'의 차원에, 점수가 '事'의 차원에 각각 연결되어 설명되고 있다. 일체의 수행은 시간 계열에서 파악되는 점수라고 말할 수 있으며, 시간계열에서 점수와 별개의 수행으로서의 돈오를 찾는다는 것은 논리상 불가능하다. 이와 같이 돈오와 점수를 어느 하나를 중심으로 하여 그것과 그 이면의 관계로 파악할 때, 돈오와 점수는 개념상으로만 구분된다고 말할 수 있으며, 이때 돈오와 점수는 두 가지 수행이 아니라 한 가지 수행의 상이한 측면이 된다.

돈오와 점수를 위에서와 같이 개념상으로만 구분되는 하나의 수행으로 파악한다면 '돈오 후 점수'라는 표현은 하등의 의미를 가질 수 없는가? 일반적으로 말하여 양자가 개념상으로만 구분되는 경우에는 그 사이에 시간상의 선후관계가 성립할 수 없는 것이다. 그러나 선후관계는 '시간상'으로만 성립하는 것이 아니라 '논리상'으로도 성립할 수 있으며, '돈오 후 점수'는 바로 이 논리상의 선후관계를 나타내는 것으로 이해될 수 있다. 돈오가 '논리상' 점수 이전에 와야 한다는 것은 돈오가 점수의 '기준' 혹은 '방향'이 되어야 한다는 뜻이다.

점수가 시간적 차원에서 이루어지는 수행이라면, 돈오는 무시간적 차원에서 점수에 의미를 부여하는 기준 역할을 한다. 점수의 기준으로서의 돈오는 수행의 밖에 있어서 수행을 이끄는 것이 아니라, 수행의 과정 속에 위치하면서 수행의 방향을 지시한다. 지눌이 '돈오 후 점수'라는, 문자상의 의미로는 명백히 불합리한 표현을 사용한 것은 위와 같은 의미에서의 기준이 수행에 필요 불가결함을 강조하기 위해서였다고 볼 수 있다. 결국 지눌이 돈오점수를 강조한 것은 현상계에서의 수행의 과정이 중요하다는 것을 말하면서 동시에 그 수행이 올바른 방향을 따라야 한다는 점을 역설한 것이다. 이 점 역시 돈오와 점수의 관계는, 정과 혜의 관계에서와 마찬가지로, 개념과 언어의 관계로 설명될 수 있음을 시사한다.

정혜쌍수와 돈오점수는 맥락없이 제기된 것이 아니라, 매우 구체적인 수행의 맥락, 즉 선종과 교종의 대립상황에 그 뿌리를 두고 있다. 정혜쌍수와 돈오점수는 불교의 사상적 기반 위에서 선종과 교종의 대립을 해결하는 방안으로 제기된 것이며, 이 점에서 정혜쌍수와 돈오점수에는 이미 선종과 교종의 수행에 관한 관점의 대비가 가정되어 있다고 볼 수 있다. 이를 반대 방향에서 생각하면, 교종과 선종이 수행 상황에서 대결 양상을 보이는 한, 그들이 내세우는 주장은 올바른 수행의 원리 혹은 방법과는 다른 방향으로 치달을 가능성이 있다.

불교 수행이론으로서의 교종이론과 선종이론은 진여에 이르는 데 언어가 어떤 위치를 차지하는가를 설명하는 이론이라고 말할 수 있다. 불교 수행과 교육은 동일한 이론의 틀에 의하여 파악될 수 있을 것이다. 선종이 수행의 기준으로서의 진여에 집착한 것은 오로지 수행의 목표로서의 깨달음의 상태에만 관심을 가졌기 때문이라고 말할 수 있다. 그러므로 선종의 수행이론은 수행의 방향을 명료화하는 데에는 의미가 있지만, 수행의 과정을 설명하는 데에는 무기력하다. 반면 교종이 수행의 과정으로서의 언어에 집착한 것은 수행의 목표와 실지 수행 사이의 거리를 크게 의식한 것이다. 교종 수행이론에는 부처와 범부의 간극이 강조되어 있어서 수행의 필요성이 부각되어 있지만, 수행의 목표 달성에 대한 수행자의 확신은 약화될 수 있다. 두 수행이론 간의 이와 같은 차이에 주목하면, 교종이론과 선종이론은 동일한 질문에 대하여 상이한 답을 제시한다기 보다는 상이한 질문에 대하여 각각 그것에 합당한 답을 제시한다고 말할 수 있다. 이러한 해석은 두 수행이론이 수행의 과정과 목표 중 어느 하나만을 강조해서는 불완전하다는 점을 나타내는 동시에, 두 수행이론은 상호보완됨으로써 비로소 완전한 수행이론으로서의 면모를 갖추게 된다는 점을 시사한다.

수행의 과정과 목표의 관련은 곧 언어와 개념의 관련에 상응한다. 올바른 수행의 원리 혹은 방법으로 제시된 정혜쌍수와 돈오점수는 수행의 과정과 목표가 서로 분리된 채로 이해되어서는 안된다는 점을 강조하고 있다. 만약 교육을 언어를 통한 개념획득의 과정으로 이해한다면, 언어는 교육의 과정에, 개념은 교육의 목표에 각각 상응한다고 말할 수 있다. 과정과 목표, 언어와 개념이 서로 분리될 수 없을 만큼 밀접한 관련을 맺고 있다는 점은 불교 수행에서와 마찬가지로 교육에서도 중요한 의미를 가진다. 교육의 목표는 교육의 과정과 무관하게 설정될 수 없으며, 바로 교육의 과정 속에서 도출되어야 한다. 또한 교수-학습 과정은 언어와 개념의 어느 하나만으로 충분히 설명될 수 없으며, 이 양자의 적절한 균형을 필요로 한다고 말할 수 있다. 결국 지눌의 수행이론은, 한편으로 불교에서의 수행이 언어와 개념의 관련에 의하여 제대로 해석될 수 있음을 보여주면서, 다른 한편으로 교육에서 과정과 목표가 별개로 이해되어서는 안된다는 점을 뚜렷하게 확인시켜 주고 있다.

지금까지의 고찰은 선을 일반적인 수준에서 논하는 것이었다. 지눌은 특별한 역량을 지닌 수행자를 위하여 하나의 파격적인 선의 길을 제시하고 있다. 곧 공안(公案, 화두)을 통해서 깨달음에 들어가는 看話禪(간화선)의 길이 그것이다. 지눌은 이 길을 '진리로 바로 질러 들어가는 지름길(徑截門)'이라고 하였다. 그러나 간화선이 뛰어난 능력을 지닌 소수의 수행자에게만 해당된다고 볼 때, 문제는 이 경우에 있어서조차도 언어가 완전히 배제된다고 말할 수 있는가 하는 것이다. 때로 간화선은 언어적 가르침의 밖에 있는 것으로 규정되지만, 간화선은 언제나 일정 수준의 언어적 가르침의 토대 위에서 성립한다는 점에 유의할 필요가 있다. 이 점은 다른 어떤 증거에 의해서가 아니라 바로 선종의 조사들이 그러한 언어적 가르침의 토대 위에 서 있었다는 사실에 의해서 지지된다.

그러면 이 공안을 통한 수행을 좀더 구체적으로 말해 보겠다.[40] 원래, 공안은 臨濟禪(임제선)에서의 문답을 가리킨다. 이 공안은 대승불교의 전통 속에서 중국인 특유의 실천적 지혜가 창출해낸 좌선 방법이라고 할 수 있다. 좌선은 지극히 단순한 것으로서, 몸을 바르게 하여 단정하게 앉아서 숨을 고르게 하고 마음을 고르게 할 뿐이다. 그러나 이것이 어떻게 인간을 그토록 변화시킬 수 있을까? 참으로 불가사의한 것이 좌선이지만, 한 가지 염두에 두어야 할 사실은 인간의 本來面目(본래면목, 마음의 본성)은 굉장한 힘을 가지고 있다는 것이다. 다만 인간은 스스로 타고난 이 엄청난 힘을 개발하는 방법을 모르고 있을 뿐이다. 좌선은 확실히 이 힘을 꽃피게 하는 가장 탁월한 방법이라고 생각된다. 그 비결은 온 '몸'으로 부딪혀 혼신의 힘을 내는 데에 있다. 여기서 몸이란 '영혼이 생명을 불어넣은 몸' 그 자체이다. 달리 말하면 이 경우의 몸은 총체적 인간을 가리킨다.

몸과 관련하여 우리에게 많은 점을 깨닫도록 해주는 예로서 '俱胝竪指(구지수지)'라는 공안(「벽암록」 무문관 제3칙)을 살펴 보기로 하겠다. '구지 스님 밑에서 수행을 하고 있던 동자가 하나 있었다. 어느 날 스님이 없는 사이에 사람이 와서 그 동자에게 "스님께서는 어떤 법요를 설하던고" 하고 물었다. 동자는 스님의 흉내를 내어 손가락 하나를 들어 보였다. 후에 구지 스님은 그런 이야기를 듣고 즉

---

40) 門脇佳吉, 「公案と聖書の身讀」, 金允柱(譯), 「禪과 聖書」, 분도출판사, 1985, pp.66-150.

3. 고려 후기의 교육이론 **207**

시 동자를 불렀다. 일의 자초지종을 듣고는, 동자가 손가락을 하나 들었을 때 예리한 칼로 그 손가락을 싹둑 잘라 버렸다. 동자는 아픔을 못이겨 울부짖으면서 달아나고 있었다. 그때였다. 구지 스님은 동자를 불러 세웠다. 동자가 이 쪽으로 뒤돌아 보자 스님은 손가락을 들어 보였다. 그 순간 동자는 홀연히 깨쳤다.' 한 인간의 모습은 그의 인격을 말해 준다. 구지 스님처럼 크게 깨쳐 번뇌와 의혹이 다 없어진 사람의 몸은 볼 줄 아는 이가 보면 분명히 그 사람의 고결한 경지를 말해 줄 것이다. 구지 스님은 선의 본질에 관해 질문을 받았을 때, 틀림없이 전심전력 열과 성을 다해 대답했을 것이다. 그러나 그 답은 천만 뜻밖에도 손가락 하나를 들어 보이는 것뿐이었으니, 질문한 사람들은 깜짝 놀랐을 것이다. 구지 스님은 그와 같이 손가락을 세워 보임으로서 자신의 본래 면목을 완전히 드러내 보였다. 만약 질문한 사람들이 볼 줄 아는 눈을 가졌다면, 이런 뜻밖의 놀라운 행위에 숨김 없이 드러난 구지 스님의 본래 면목을 알아 보았을 것이다. 그러나 그런 안목이 없는 사람에게는 이 구지 스님의 행위가 전혀 이해할 수 없는 행동으로 여겨졌을 것이다. 여기서의 문제는, 그것을 알아볼 수 있는 안목을 가진 사람은 선의 본질을 묻지 않았을 것이며 안목을 가지지 못한 사람은 여기서 아무 것도 배울 수 없다는 데에 있다.

그러나 여기서 중요한 점은 구지 스님이 손가락을 세운 행위와 동자의 흉내 사이의 차이에 있다. 구지 스님의 경우에는 그 활달한 자유자재의 경지를 그대로 드러내고 있지만, 동자의 경우에는 문자 그대로 흉내를 낸 것에 지나지 않았던 것이다. 또 한 가지 유의해야 할 것은 구지 스님이 동자를 매우 거칠게 다뤘다는 사실이다. 여기서 우리는 '눈물을 흘리며 馬謖(마속)의 목을 벤' 구지 스님의 자비를 간파하지 않으면 안된다. 동자는 손가락이 잘리자 그 심한 고통을 견딜 수 없어 힘껏 울부짖었을 것이다. 동자는 혼신의 힘으로 마음껏 통곡한 것이다. 그러나 그때 동자는 자기를 잊어버렸다. 말하자면 그의 몸도 마음도 고통 자체가 되어 버린 것이다. 사람이 어떤 일에 완전히 몰입해 있을 때는 그 사람 안에서 잠자고 있던 본래면목이 말없이 나타나는 법이다. 구지 스님은 이 절호의 기회를 놓치지 않았고, 바로 그 순간 동자를 불러 세우고 손가락 하나를 쑥 세워 보였다. 동자는 계란 껍질에서 튀어 나오려는 병아리와 같은 심경에 처하여, 구지 스님이 몸과 마음의 모든 정기를 기울여 세운 손가락으로 말미암아 자신의 껍질을 깨고 자유의 천지로 튀어나올 수 있었던 것이다. 선종의 '스승과 제자 사이의 마음이 어느 기회를 맞아 접합한다(啐啄同時)'는 말은 바로 이러한 경우를 가리킨다. 구지 스님 같은 인물은 온갖 말로 설교하는 것보다 몸 전체로서 더 많은 것을 말한다는 것을 알 수 있다.

선종에서는 정화라는 말이 사용되지 않지만, 거기에 상응하는 용어로서 해탈이라는 말이 사용되고 있다. 해탈의 제1단계는 法身公案(법신공안)으로 이루어져 있다. 법신공안은 法性(법성)의 평등 무차별한 묘리 「眞如」를 꿰뚫어 보는 데 도움을 주는 공안이다. 제2단계는 言詮公案(언전공안), 難透公案(난투공안), 向上公案(향상공안)으로 이루어져 있다. 언전공안은 차별계, 현상계의 복잡한 因緣生起(인연생기)를 다루고 있는 機關(기관)과 조사들의 난해한 말씀들에 들어 있는 심오한 뜻을 터득하고 그것을 자신의 언어로 표현하는 것을 뜻하며, 난투공안은 말 그대로 透過(투과)하기가 가장 어려운 공안을 뜻하며, 향상공안은 직접적으로 궁극적인 것에 나아가는 공안을 뜻한다. 여기서 2단계는 언제나 제1단계를 심화시키면서 실행된다.

해탈은 자세, 호흡, 기력은 물론이요 마음의 가장 깊은 심층에 미치는 大信根(대신근), 大疑團(대의단), 大勇猛心(대용맹심)까지도 동원하여 몸 전체의 큰 죽음 「大死(대사)」을 목표로 한다. 마침내 대사의 경지에 이르러 활연대오할 때, 자신의 본래 면목을 깨닫고, 만물의 근본이 원래 자기의 본성임을 자각하게 된다. 이 경지에 이르면, 習氣(습기)는 완전히 소멸하게 된다. 그러나 습기는 몸 전체에 깊이 배어 있기 때문에 습기로부터 해탈하는 데에는 법성공안, 언전공안, 난투공안 등의 공부가 효과적이다. 말하자면, 몸 전체가 하나의 눈이 되는 데 공안 공부가 중요한 역할을 하는 것이다. 몸 전체가 화두와 완전히 하나가 되어 버려야 공안이 풀린다. 예컨대, '어느 날 馬大師(마대사)가 노환으로 누워 있는데, 院主(원주)가 찾아와서 물었다. "화상께선 요즘 용태가 어떠십니까? 지금 돌아가시면 이 마조산 경영이 어려워질 테니 부디 몸조심하셔야 합니다." 그러자 마대사는 "사람의 목숨에는 日面佛(일면불) 같은 것도 있고, 月面佛(월면불) 같은 것도 있다. 그러니 병에 걸렸다고 야단법석을 떨 것 없다"고 퉁명스럽게 대꾸했다' [41]는 공안이 있다. 여기서 화두와 하나로 된다는 것은 죽음에 직면하고 있는 마조 자신이 화두와 하나로 되어 버린다는 뜻이다. 만약 임종하는 마조의 입장이 될 수 있다면, 틀림없이 '한 번 큰 죽음(大死一番)'을 접할 수 있을 것이니, 거기서 드높은 지혜와 고상하고 활달한 자유자재의 경지가 저절로 생겨날 것이다. 이것은 곧 몸 전체가 점

41)「碧巖錄」第4則.

차 하나의 눈이 되어 가는 것이 아니겠는가.

좌선에서는 몸과 마음이 안정되고 모든 상념이 끊어지며 영육 사이의 전존재가 집중되고 통일된다. 이렇게 할 때, 이제까지의 얕고 좁은 의식상태는 그 굴레에서 벗어나 더 높고 더 넓은 깨달음의 경지로 오르게 된다. 거기에서는 시원스러운 자유의 천지가 열리고 지혜는 드높고 드넓은 시야를 갖게 된다. 바로 이때 공안은 절로 풀리고 동시에 지혜는 자득된다. 그리하여 그런 높은 경지의 지혜는 몸의 구석구석까지 통합하여 질서를 세울 수 있게 된다. 그리고 마침내 '몸 전체가 눈이 되는 것'(通身眼)이다.

배움이란 무엇인가? 플라톤은 그의 회상설에서 배운다는 것은 몸을 가지는 순간 망각된 것을 회상해 내는 것이라고 말하였다. 플라톤에 의하면, 인간의 혼은 불사불멸하는 것이니, 그 안에 모든 지식의 씨가 간직되어 있다. 그러므로 어떤 의미에서 혼은 모든 것을 함축적으로 알고 있다고 말할 수 있다. '만약 사람이 용기를 가지고 꾸준히 탐구해 나간다면, 어떤 한 가지 일을 상기해 내고, 그것이 계기가 되어 저절로 다른 모든 것을 깨닫게 된다는 것도 충분히 있을 수 있는 일'이다. 좌선도 그 기본 성격에 있어서는 이 회상설과 다르지 않다. 좌선에서는 중생이 본래 부처이며 깨달음은 이 사실을 깨닫는 데에서 온다고 가르친다. 자기가 본래 부처라는 사실을 깨닫는 것이 곧 좌선에서의 배움이다. 좌선은 '한 번 큰 죽음을 겪고 완전히 새로 살아나는 것(大死一番 然後蘇生)'을 목표로 삼는다. 이 때 비로소 전인격적 전환을 통해 '참된 자기'를 알게 되는 것이다. 좌선에서의 이런 배움의 구체적인 길은 몸과 마음을 온통바쳐 求道精進(구도정진)하는 것 이외에는 없다.

좌선의 공안은 일반적인 의미에서 너무나 역설적인 것을 많이 포함하고 있어서 보통 사람들은 도무지 그 갈피를 잡을 수 없게 되어 있다. 선사는, 상대의 예상이나 기대와는 정반대로, 기상천외의 언사나 행동으로 상대를 불가해의 늪에 빠뜨리려고 한다. 그 전형적인 예가 '운문시궐(雲門屎橛)'이라는 공안이다. 즉, '운문 스님에게 어느 날 다른 스님이 "어떤 것이 부처입니까" 하고 물었다. 운문 스님은 "마른 똥막대기(乾屎橛)"라고 대답했다.' 보통사람들은 부처라고 하면 가장 청정한 존재로 생각한다. 운문 스님에게 질문을 한 그 스님도 아마 그런 생각을 품고 있었을 것이지만 운문 스님은 그러한 관념을 정면으로 부정하기라고 하듯이 '부처란 마른 똥막대기'라고 대답한다. 이것을 들은 상대는 가히 기급초풍할 만큼 놀랐을 것이다. 그러면 왜 운문 스님은 이런 대답을 했을까? 이 운문의 답은 세 가지 기능을 다한 것이다. 즉, 운문은 '函蓋乾坤(함개건곤)', '截斷衆流(절단중류)', '隨波逐浪(수파축랑)'이라는 세 가지 원리를 동시에 충족시키고 있는 것이다. '함개건곤'은 함과 뚜껑, 즉 하늘과 땅을 뜻하니, 상대가 '하늘'로 질문해 오면 '땅'으로 대답하고, '함'으로 물어오면 '뚜껑'으로 응하는 것을 가리킨다. 앞의 '마른 똥막대기'라는 운문의 답은 그 좋은 예이다. 운문은, 부처는 청정한 것이라고 생각하고 있는 중에게 더러운 똥막대기라고 대답하고 있다. 그러면 운문은 왜 이런 비뚤어진 대답을 했을까? 그 이유를 가리키는 것이 '절단중류'로서, 衆流(중류)란 번뇌의 흐름을 의미한다. 절단이란 물론 싹둑 잘라 버린다는 뜻이다. 그러므로 운문은 비뚤어진 응답으로 그 중의 망상의 흐름을 단호히 끊어 버리고 그의 전실존을 완전히 전환시키려고 한 것이다. 그런데 얼핏보아 기괴하게 여겨지는 운문의 응답이 그런 대로 상대의 질문에 대하여 올바른 대답을 하고 있는 데는 놀라지 않을 수 없다. 이것을 표현하는 문자가 바로 '수파축랑'이다. 물결을 따라 파도를 쫓아 버리듯이, 물음에 따라 합당하게 응답하고 있기 때문이다.

어떻게 하면 교육의 실제에서, 특히 수업시간중에 교사가 학생들에게 질의응답하는 과정에서 이와 같은 질문과 대답을 할 수 있을까? 이 문제는 교사교육에서 심각하게 다루어야 할 문제이다. 교사가 수업에서 다루는 질문은 살인검의 위력과 같은 것이어야 한다. 학생은 교과내용을 혼자 읽고 혼자서 답을 내려서는 안되며 교사로부터 질문을 받고 학생 자신의 견해를 교사에게 제시하지 않으면 안된다. 훌륭한 교사는 이 견해를 정확히 판단하여 옳지 않은 것은 모두 물리친다. 특히 그 견해가 자신의 몸과 마음을 바쳐 스스로 생각해낸 답이 아니라 참고서나 그 밖의 것에서 얻은 정보 정도라면 간단히 일축해 버린다. 어떤 경우에는 학생이 책에 있는 답을 그대로 말해도 그것을 거부해 버린다. 그러면 학생은 궁지에 몰려 벌거숭이가 되고 만다. 이쯤 되면 학생은 전후좌우 모든 길이 막혀 도망갈 수 없는 절망적인 처지에 놓이게 된다. 여기서 유일한 탈출구는 자기를 초월하는 길밖에 없다. 이제, 학생은 이전의 사고방식을 타파하고 자신의 좁은 시야에서 벗어나 더 높고 더 넓은 지평으로 뛰어넘지 않으면 안 된다. 물론 이 모든 것은 교사의 능력에 달려 있다. 교사교육과 함께 교사 자신의 끊임없는 노력이 요구되는 것은 바로 이 때문일 것이다.

제6장
성리학의 수용과 교육

성리학은 송나라 때 일어난 학문으로서, 字句(자구)의 해석에 힘썼던 종래의 漢(한)과 唐(당)의 訓詁學(훈고학)에서 벗어나 유학을 형이상학적으로 탐구한 新儒學(신유학)을 가리킨다. 성리학은 당시의 나라 이름을 따라 宋學(송학)이라고 하기도 하고 그 문제의식에 따라 理學(이학), 義理學(의리학), 心學(심학)이라고 부르기도 한다. 또는 그 대표적인 학자의 이름을 따서 성리학은 程朱學(정주학), 朱子學(주자학)이라고 부르기도 한다. 성리학은 우주 자연의 원리와 인간 사회의 질서를 설명하고 그 관계를 형이상학적으로 탐구하는 유교철학이며 궁극적으로 유학의 근본 정신인 修己治人(수기치인)의 이상을 실현하기 위해 철학적으로 그 근거를 밝히는 학문이라고 볼 수 있다. 달리 말하면, 이 성리학은 '올바른 삶'의 문제가 무엇이며, 그에 이르는 방안이 어떤 것인지를 탐구하는 학문이라고 말할 수 있을 것이다.

그러면 왜 고려는 성리학을 받아들이지 않으면 안 되었는가? '고려 말에 주자학만이 수입된 것은 성리학을 수출하는 중국 측과 받아들이는 고려 쪽이 다같이 환경과 여건의 변화를 겪었기 때문이다. 그것은 중국에서는 송이 망하고 원이 새롭게 일어났으며 고려에서는 무인정권이 근 100여 년이나 지속되었던 것을 가리킨다. 결론적으로 말하면, 고려는 이러한 비정상적인 환경 하에서 성리학을 받아들이게 되었는데 이것이 주자학만을 수용하게 된 이유이다.'[1] 또는 '당시 불교는 속세와 타협하여 권력을 쥐고, 그것을 빌려 사회적, 경제적으로 많은 폐단을 야기하였고, 불교가 한 사회를 이끌어 나갈 지도이념으로서의 지위를 상실하게 되었으며, 그에 따라 새로운 사상의 도입은 불가피하게 마련이었다.'[2]

물론 이 주장에 수긍할 점이 없는 것은 아니다. 그러나 문종 때에 최충이 설립한 9재학당의 誠命(성명), 率性(솔성) 등의 명칭, 그 곳에서 九經(9경)을 가르쳤다는 것, 예종 조에는 국왕의 주재 하에 경학에 대한 강론이 여러 차례 개최되었다는 것, 그 상황을 설명한 김인존의 '청연각기'에 '三綱五常(삼강오상)의 敎(교)와 性命道德(성명도덕)의 理(이)가 사방에 충만하였다' 라고 하는 기술이 있다는 것, 지눌의 결사운동 등을 통하여 심성문제가 眞心(진심)과 결부되고 있으며 지눌의 후계자인 혜심이 유불일치설을 언급하고 있다는 것, 과거를 거친 유학자들이 불문에 들어와 심성의 문제를 계속 연구하고 있었고 이에 대한 본격적인 연구를 하고 싶은 마음이 유학자들과 학승들 사이에 충만해 있었다는 것 등은 성리학이 이미 고려에 들어와 있었다는 것을 의미한다. 말하자면 고려 학계가 이미 주자학을 받아들일 마음의 준비를 갖추고 있었다는 것이다. 그렇지 않았다면 주자학이 설사 들어왔다 하더라도 많은 유학자들이 이를 수용하지 않고 배척하거나 무시했을 것이다. 더 나아가, 고려 인종이 송나라 楊時(양시, 龜山)를 알고 있는 것으로 보아[3], 고려 학계가 송나라의 성리학을 전혀 모르고 있었다고 볼 수는 없다. 이와 같은 상황에서 유학자들이 경전에 대한 새로운 인식과 자각을 하기 시작하던 차에 원나라에서 주자학의 보급에 관심을 가지고 권고하였으므로 주자학은 쉽사리 전래될 수가 있었던 것이다.

1. 성리학의 전래와 교육

이러한 배경 하에서 고려에 처음으로 주자의 성리학을 들여 온 사람은 安珦(안향)과 白頤正(백이정)이었다. 안향(1243-1306)은 교육의 진흥을 위해 贍學錢(섬학

---

1) 金忠烈, '高麗 儒教精神의 脈絡', 韓國精神文化硏究院, 「韓國思想史大系」(3), 1991, p.274.
2) 韓㳓劤, '麗末鮮初의 佛敎政策', 「서울大論文集」 6卷, 1957, pp.4-7.
3) 「宋元學案」卷25, 龜山學案.

전)을 설치하고 국학의 大成殿(대성전)을 신축하였고, 김문정을 중국에 보내어 공자와 70인 제자의 화상, 제기, 악기, 6경, 諸子史(제자사)의 서적을 구하여 오게 하였다. 그가 이와 같은 일을 하게 된 배경은 다음 시에 잘 나타나 있다. 이 시에는 황폐해 있는 文廟(문묘)를 보고 느낀 울적한 감회가 잘 나타나 있다. '곳곳마다 향등 올려 부처에게 복을 빌고 / 집집마다 管絃(관현) 소리 다투어 푸닥거리일세 / 오직 두어 칸 남은 것은 夫子廟(부자묘)인데 / 뜰에는 잡초만 무성할 뿐 인적은 고요하네.'[4] 이 시에는 은연중에 유교를 다시 새롭게 발전시키겠다는 안향의 의지가 들어 있다. 또한 그는 국자감에 나아가 학생들에게 다음과 같은 강연을 하였던 것으로 알려져 있다. '성인의 도는 현실생활 속에서 윤리를 실천하는 것 이외의 다른 것이 아니다. 자식된 자는 효도하고 신하된 자는 충성하며, 예로써 집안을 다스리고 신의로써 벗을 사귀며, 자기 자신을 경으로써 닦고 일을 함에 반드시 정성으로써 할 따름이다. 그런데 불교는 어떠한가? 부모를 버리고 집을 나가서 윤리를 파괴하니 이는 오랑캐의 무리인 것이다. 근래 전란에 시달린 나머지 학교는 퇴락하고 선비는 학문을 몰라, 배운다는 것이 고작 佛書(불서)나 즐겨 읽고 그 허무공적한 뜻을 믿으니, 심히 가슴이 아픈 바이다. 내 일찍이 중국에서 朱晦庵(주회암)의 저술을 보니, 성인의 도를 드러내 밝히고 불교의 학설을 배척한 공이 족히 짝할 만하였다. 그러므로 공자의 도를 배우고자 하면 회암을 배우는 것보다 우선할 것이 없으니 여러 학생들은 새로운 책(주자학과 관련된 서적)을 읽음에 힘써 게으름이 없어야 할 것이다.'[5]

안향의 관심은 주자학 자체에 있다기보다는 학교를 일으키는 데에 있었던 만큼, 그는 주자학을 성인의 도를 배우는 중요한 길잡이 정도로 여겼다고 볼 여지도 있다. 그러나 학생들에게 주자학을 배우게 한 것은 주자학을 고려학계에 뿌리내리게 한 시초로서 결정적인 조치였다고 보아야 한다. 따라서 안향이 한국의 최초의 주자학자라는 사실은 부인할 수 없을 것이다. 이와 같이 들어온 주자학은 고려에 어떻게 보급되었는가? 안향의 문하에는 우탁, 신천, 백이정, 권부 등이 있었는데, 이들은 안향 문하의 四君子(사군자)로 꼽힌다. 「櫟翁稗說(역옹패설)」에 다음과 같은 내용이 있다. '안향 뒤에 백이정이 덕릉(충선왕)을 따라 연경에서 10년을 머물면서 정주학에 관한 책을 구해서 돌아왔으며, 나의 외숙인 권공(권부)

---

4) 香燈處處皆祈佛 簫鼓家家競賽神 獨有數間夫子廟 滿庭秋草寂無人,「晦軒實記」, 題學宮詩.
5)「晦軒集」, 諭國學諸生文.

은 사서집주를 얻어 이를 판각하여 널리 보급하니, 학자들은 도학이 있음을 알게 되었다.' [6] '우탁은 경전과 역사에 밝고 특히 역학에 조예가 깊었다 … 伊川易(이천역)이 처음 동방에 전해지자 아는 이가 없더니 탁이 문을 걸어 잠그고 연구하기를 한 달여 만에 그것을 이해하여 학생들에게 가르치니 비로소 행해지게 되었다.' [7]

이상의 것들을 살펴보면, 안향이 소개한 주자학이 백이정, 권부, 우탁 등을 통해서 보급되었음을 알 수 있다. 특히 백이정(1260-1340)은 실지로 주자학을 배워 가지고 와서 고려 학계에 전파한 최초의 연구자라고 할 수 있다. 그러면 주자학이 어떻게 관학이 되었는가?[8] 이것은 멀리 원의 과거제도와 관련이 있다. 원의 과거 가운데 고려인에게 실시하는 과거에는 「논어」, 「맹자」, 「대학」, 「중용」 이외에 주자의 사서집주가 그 과목으로 들어 있었다. 그리고 오경의 경우, 「시경」은 주자주, 「상서」는 채씨주, 「주역」은 정주의 주가 기본 텍스트로 취급되었다. 이 과거에는 고려인이 많이 응시하여 급제하였는데, 특히 충선왕은 원경에 머물면서 萬卷堂(만권당)을 짓고 원의 학자 閻復(여복), 姚燧(요수) 등과 교류하였다. 충선왕을 수행한 고려인이 모두 학문을 좋아하였던 사람들이었으므로 만권당은 고려의 학술 문화의 요람이라고 말할 수도 있다. 어쨌든 원의 과거제도는 고려에서 30년 뒤인 충혜왕 5년(1344)에 받아들여져 시행되었다. 이에 따라 주자학은 관학으로 자리잡게 되고 주자의 사서집주는 유학의 주된 텍스트로 간주되었다. 백이정, 우탁과 함께 안향의 뒤를 이어 주자학을 발전시킨 권부(1262-1346, 권근의 할아버지)는 특히 사서집주를 간행, 보급함으로써 주자학을 고려 유학으로 자리잡게 하는 중요한 역할을 하였다.

성리학을 이해하기 위해서는 「주역」을 정확히 알지 않으면 안된다. 성리학의 기초인 역학을 연구하여 발전시킨 사람은 바로 우탁(1263-1342)이다. 그 이전에도 역학을 연구하였지만, 그것은 象數易(상수역)에 관한 것이었다. 우탁의 이천역 연구는 역학에 관한 의리학적 이해의 선구가 되었다는 데에 그 의의가 있다. 말하자면 「주역」에 관한 우탁의 연구는 종래의 점술적 차원에서 의리학적 차원으로 그 연구방향을 바꾸어 윤리적이고 합리적인 사유의 입장에서 「주역」을 연구하였다는 데 커다란 의의가 있는 것이다.[9]

6) 「櫟翁稗說」, 前集 二.
7) 「高麗史」.
8) 金忠烈, 전게서, p.280.

주자학을 고려에 들여온 첫 세대가 백이정이라면, 그를 이어받아 유학을 발전시킨 사람은 李齊賢(이제현, 1287-1367)이라고 보아야 한다. 이제현은 그 호가 益齊(익제)이며 권부가 그의 장인이다. 백이정의 문인으로 15세(1301)에 성균시에서 장원을 하였고 이어서 문과에 급제하였다. 그는 정주학에 대한 조예가 깊었고 經(경), 史(사), 子(자), 集(집)에 대한 지식 또한 해박하였다. 그의 문인 李穡(이색)에 의하면, '익제 선생은 성년이 되기도 전에 이미 문장으로 당세에 유명하였다. 이 때문에 충선왕이 매우 중히 여겼으며, 시종으로 왕을 모시고 있게 되었다. 원조의 유학자들과 함께 교유하면서 보는 것이 바뀌어지고 듣는 것이 새로워졌는데, 연마하고 변화하여 진실로 그 高明正大(고명정대)한 학문에 이르게 되었다.'[10] 그는 사서뿐만 아니라 경서를 강조하고 있다. 이것은 다음과 같은 글에서 엿볼 수 있다. '사람이 몸을 가지고 처세를 함에 늘 경건하고 근신하여야 한다. 그러나 경건과 근신의 결과는 덕을 닦는 것만 같지 못하고 덕을 닦는 것의 요체는 학문으로 나아가는 것만 같지 못하다. 어진 유학자를 스승으로 삼아 「효경」, 「논어」, 「맹자」, 「대학」, 「중용」을 읽고 格物致知(격물치지), 誠意正心(성의정심)의 도를 익히게 하고 … 사서를 이미 숙독하였거든 육경을 차례로 강명케 하여 … 습관이 천성처럼 되면 덕에 나아가는 것을 스스로도 깨닫지 못하게 된다.'[11]

이제현은 유학을 실학이라고 말하고 있다. 그가 원나라 수도에서 충선왕을 모시고 있을 때 왕에게 간한 다음 말은 그가 유학의 성격을 어떻게 파악하고 있었는가를 잘 보여 준다. '이제 전하께서 진실로 학교를 넓히고 庠序(상서)를 늘리며, 六藝(육예)를 높이고 五敎(오교)를 밝혀 선왕의 도를 천명한다면, 누가 유학자를 등지고 중을 따를 것이며 실학을 버리고 장구만 익히겠습니까? 앞으로 자질구레하게 글귀나 다듬는 무리들이 모두 경학에 밝고 닦여진 선비로 변하게 될 것입니다.'[12] 여기서 실학은 도덕적 실천학이며 동시에 경세치용의 실사실용학이다. 그의 학문은 수기치인과 경세치용으로 이루어져 있었으며 그 양자의 순서는 또한 학문을 하는 순서이기도 하였다.

이제현은 유교의 이념과 원리를 현실에 응용할 것을 주장하고 있다. 그 예로서 이제현이 역사상의 사례를 유교의 가치 기준으로 논단하는 史贊(사찬)은 좋은 본

---

9) 崔英成, 「韓國儒學思想史」(古代, 高麗篇), 亞細亞文化史, 1994, p.360.

10) 「益齊先生亂藁」 序.

11) 「益齊集」, 上都堂書.

12) 「櫟翁稗說」, 前集 一.

보기이다. 이 사찬은 '鑑古戒今(감고계금)'의 목적 아래 고려 역대 정치의 득실과 환란의 원인을 규명하여 후세에 참고가 되도록 하기 위하여 작성한 것이다. 몇 가지 예를 들어 보겠다. 우선 성종에 대한 사찬에서 그는 다음과 같이 말하고 있다. 즉, '일찍이 최승로가 올린 글 '시무 28조'를 보고 기뻐하고 유의하여 浮誇(부과)를 벌고 篤實(독실)에 힘쓰며, 옛 것을 좋아하는 마음으로 백성을 새롭게 하는 도리를 구하되, 행함에 게으름이 없고 일을 조급히 이루려는 생각을 경계하며, 마음으로 얻은 바를 몸소 행하고 자기를 미루어 남에게 미치도록 하였더라면 齊(제)가 변하여 魯(노)에 이르고 노가 변하여 道(도)에 이른 것을 기약할 수 있었을 것이다.' 이 말에는 그의 實學觀(실학관)을 보여주는 '去浮誇(거부과)', '務篤實(무독실)', '求新民之理(구신민지리)', '躬行心得(궁행심득)'이 잘 나타나 있다. 다음으로 定王(정왕)에 대한 사찬에서 그는, '정왕은 존귀한 왕의 신분으로 10리나 되는 절에까지 걸어가서 舍利(사리)를 봉안하고, 또 7만 석의 곡식을 하루에 여러 중에게 다 나누어 주고도, 한 번 하늘의 견책을 만나서 정신을 잃어 병이 났으니, 이른바 "군자는 부정하게 복을 구하지 않고, 敬(경)으로써 안의 마음을 곧게 한다"는 옛글을 듣지도 못했던가'라고 말하면서, 유교의 수양공부인 '敬以直內(경이직내)'로써 임금의 불사를 비판하였다. 셋째 예로서 광종에 대한 사찬에서는, '과거를 신설하여 인재를 뽑은 일 같은 것은, 광왕이 본디 문(文)으로 풍속을 교화하려는 뜻을 가졌고 쌍기도 광왕의 뜻을 받들어 그 아름다운 뜻을 성취시켰음을 볼 수 있으니, 보탬이 없다고 할 수는 없다. 그러나 그가 창도한 것은 부화한 문장뿐이었으므로, 그 폐단이 매우 많았다'고 하면서, 그 폐단의 예로 '과거에서 시부 등으로 試取(시취)하였기 때문에 모든 선비들이 실용과 동떨어진 부화한 사장에만 힘쓰게 되었다'는 점을 들고 있다. 이와 관련하여 그가 과거시험 문제로 내어놓은 책문을 보기로 한다. '묻노라. 「논어」를 읽음에 언제나 여러 제자들의 묻는 바를 자기 자신이 묻는 바로 하고, 공자님의 말씀을 그 앞에서 지금 듣는 것 같이 한다. 「사기」를 읽을 때에도, 군신 사이에 일이 생겼을 때 자기로서 어떻게 하면 옳으며 어떻게 하면 옳지 못한가를 살펴 본 뒤에 행하여야 이롭다는 것은 앞에 살았던 선배들도 이미 말한 바 있다. 또한 번지가 농사를 배우기를 청한 것이나, 자장이 干祿(간록)을 배우려고 한 것이나, 계로가 귀신을 섬기는 것을 묻고 안연이 나라 다스림을 물었던 것은 역시 각자 자기의 뜻한 바를 물은 것뿐이다. 여러분들이 만약 공자 문하에 있었다면 무엇을 배우고자 묻겠는가. 관중이 소백을 섬기고 호언이 중이를 섬긴 것은 비록 힘으로 인을 가장하였으며 음모로 승리를 얻기는 하였으나 모두 夷狄(이적)을 물리치고 왕실을 위한 것이라고 한다. 하지만 관중은 그 벼슬에 비해 그 공은 비루하다는 평을 들을 만하며 호언은 속임수를 썼으니 부정하다는 말을 들을 만하다. 그러므로 이러한 것은 잘했다고 할 수 없다. 만약 숙손통이 한고조를 위해 예의를 제정하지 않았더라면 고함을 하며 취하여 기둥을 치는 자들이 어찌 반역을 함에 이르지 않을 수 있다고 말할 수 있으며 선왕의 예가 무너지지 않는다고 말할 수 있는가. 朝錯(조조)가 景帝(경제)를 위하여 제후를 삭감하는 정책을 세우지 않았더라면 예의가 무너지고 월권 행위가 빈번하여 어찌 난이 일어나고 七國(칠국)의 제후들이 거병하지 않는다고 할 수 있겠는가. 결국 이 모두는 조조가 촉발하고 만 것이다. 여러 선비들이 만약 호언이나 관중과 같은 벼슬에 있었다면 공을 세우면서 과실이 적게 할 수 있겠는가. 만일 숙손통이나 조조의 때에 처해 있었다면 그 폐단을 시정하면서 이로 인한 책임을 면할 수 있겠는가. 지나치게 과장하거나 신중하게 말하지 말고 숨김없이 진술하라.'

이 책문을 통해서 알아 보고자 하는 것은 먼저 지금까지 배운 것이 어느 정도인가 하는 것이며, 다음으로는 유가의 예와 법가의 법 사이에 들어 있는 문제를 예리하게 파악하고 이를 해결하는 능력을 가지고 있는가 하는 것이다. 이것으로 보아 그가 교육을 통하여 학생들을 가르친다면 무엇을 어떻게 가르칠 것인가를 짐작할 수 있다. 고려 충숙왕 10년(1323) 간신 오잠, 유청신 등이 원나라 중서성에 청하여 고려의 국호를 폐하고 원나라의 行省(행성)을 고려에 두어 그 행정구역의 하나로 만들려고 하였다. 원나라 황제는 이 제안을 받아들여 征東行省(정동행성)을 고려에 두고 국호를 폐하려고 하였다. 이때 이제현은 상왕 충선의 뜻을 받들어 「中庸(중용)」 九經章(구경장)[13]의 대의를 부연하고 '國其國 人其人(나라도 그 나라요 사람도 그 사람)'이라는 원칙을 들어 주권을 역설하였으며, 그 불가론—이것이 在大都上中書都堂書(재대도상중서도당서)이다—으로서, 원나라 황제의 야심을 꺾은 대문장을 만들어 올렸다. 만약 그때 그의 공명정대하고 통쾌한 웅변이 없었던들 고려의 국호는 없어지고 주권도 상실되어 그 슬픔이 만대에 끼칠 뻔하였다.

이제현은 34세 되던 해 겨울 원나라에 가다가 황토점이라는 곳에서 고려의 官

---

13) 구경은 천자나 제후가 천하와 나라를 다스림에 있어서 명심하여 꼭 지켜야 할 아홉 가지 원칙을 가리키는 것으로서, 修身(수신), 尊賢(존현), 親親(친친), 敬大臣(경대신), 體群臣(체군신, 대신 밑에서 일하는 상하 관리들의 처지를 몸소 알아 보살펴 주는 것), 子庶民(자서민), 來百工(내백공, 백공을 모이게 하면 재물의 씀이 넉넉해진다는 것), 柔遠人(유원인), 懷諸侯(회제후) 등이 그것이다.

者(환자) 백안곡고사라는 자의 참소에 의하여 충선왕이 1320년 연경에서 일만 오천 리나 떨어진 토번땅에 귀양가게 되었다는 소식을 들었다. 이에 울분을 참지 못하고 黃土店(황토점) 시 3편과 明夷行(명이행) 1편을 지었다. 여기서 황토점 시 세 수를 들어본다. '별의별 세상 일을 차마 들을 수 없구나 / 황폐한 다리 위에 馬(말)을 세우고 言(말)조차 잊었노라 / 어느 때 청천백일이 내 마음을 밝히게 될지 / 이곳 푸른 산에서 혼자 눈물 뿌리네 / 棧道(잔도)를 불사른 張良(장량)이 어이 믿음을 저버리리 / 翳桑(예상) 땅에 靈輒(영첩)은 벌써 은혜를 알았네 / 아아 어쩔 도리 없으나 몸에 지금 날개나 돋쳐 / 雲宵(운소, 가을하늘)로 훨훨 날아 훼치지 못함이 한이로구나.' [14] '쓱쓱 공중에 글을 쓰며 시름하고 앉았으니 / 고생하시는 식미(式微) 우리 임 어디가 몸 쉬시리 / 10년 동안 갖은 고난 끝에 천리를 올라온 물고기 / 만고의 흥망의 역사는 한 언덕의 담비 / 해는 서쪽으로 달려가니 혼이 끊어지고 / 푸른 강물은 동으로 흘러가니 눈물 먼저 흐르누나 / 수많은 문객들 중 닭 소리 개 도적도 없는가 / 은덕입은 나같은 자는 죽어도 면목없네 / 창자 속에 얼음과 숯이 들볶는 듯 / 연산을 한 번 바라 볼 때마다 아홉 번 탄식 / 뉘 알았으리 고래가 개미에게 시달릴 줄을 / 앙큼하구나, 이와 서캐가 개구리를 중상하다니 / 난을 미리 못 막으니 얼굴이 붉을 만하고 / 전복된 것 바로잡을 무거운 책임 머리가 희네 / 만고 금등(金縢)에 끼친 글이 엄연하니 / 관채숙 유언이 주 왕실을 그르치지 못하리.' [15]

이 시를 보면 임금에 대한 충성심과 간신에 대한 분노가 너무나 역력히 그려져 있다. 이만큼 이제현은 시에도 능하다는 것을 알 수 있다. 이러한 대문장가에게 제자들이 없었을 리 없다. 그는 무엇을 어떻게 가르쳤을까? 아마도 그는 유학의 아이디어가 몸에 배도록 가르쳤으리라. 그의 교육방법은 그의 글과 시 속에 그 일단이 나타나 있지만, 사실상 그 교육방법은 그의 인격과 결부되어 있다고 본다면 그것은 말로 표현할 수 없는 것이다.

李穀(이곡)과 李穡(이색)은 부자지간으로서 모두 이제현의 제자이다. 먼저, 이곡(1298-1351)의 호는 稼亭(가정)이다. 그는 22세(충숙왕 7년)에 문과에 급제하고, 35

---

14) 世事悠悠不忍聞 / 荒橋立馬忽忘言 / 幾時白日明心曲 / 是處靑山隔淚痕 / 燒棧子房寧負信 / 桑靈輒早知恩 / 傷心無術身生翼 / 飛到雲霄一呌閽.

15) 呭呭書空但坐愁 / 式微何處是菟裘 / 十年艱險魚千里 / 萬古升沈貉一丘 / 白日西飛魂正斷 / 碧江東注淚先流 / 滿門簪履無雞狗 / 飽德如吾死合羞 / 寸腸氷炭亂交加 / 一望燕山九起嗟 / 誰謂鯨困蝦蟻 / 可憐蟻蝨訴蝦蟆 / 才微杜漸顏宜赤者 / 責重扶顚髮已華 / 萬古金縢遺冊在 / 未容羣叔誤周家.

세 때 원나라에 가서 과거에 次上(차상)으로 급제하여 그 곳 한림원에서 벼슬을
했다. 그가 지은 유명한 글로는 '代言官請罷取童女書(대언관청파취동녀서)'가 있
다. 이 글은 원이 고려의 과부와 처녀들을 조공 형식으로 데려가는 비인간적인 처
사에 대하여 그 부당함을 밝힌 글로서, 한편으로는 경전의 말[16]을 인용하고 천륜
의 정에 호소하며, 다른 한편으로는 그렇게 괴롭히면 부득이 항거할 수밖에 없을
것이라는 의지를 보임으로써 원의 혜종과 학자들을 감탄케 하여 貢女制度(공녀
제도)를 폐지하게 한 글이다.[17] 그는 스승 이제현과 마찬가지로 경, 사, 자, 집을 두
루 섭렵하여 학문이 깊고 문장에 뛰어났다.

이곡의 교육에 대한 생각을 알아보기 위해서는 그의 책문, 記(기) 그리고 說(설)
을 살펴 볼 필요가 있다. 우선 그의 '應擧試策(응거시책)'[18]을 보면 다음과 같다.
'공자는 "제나라가 한번 변하면 노나라의 경지에 이르고 노나라가 한번 변하면
도의 경지에 이른다고 하였으니 그 풍속을 미화하고 그 폐단을 구하는 데 어찌
방책이 없겠는가"하고 반문하면서, 경전에 "정치는 풍속에 의하여 혁신된다"고
하였다. 그러므로 백성을 교육으로 이끌고 정치로 다스리면 때에 맞추어 변화시
킬 줄 아는 훌륭한 정치가 될 것이다. 나라의 풍속에는 좋고 나쁜 것이 있고, 이것
을 변화시키는 데에는 쉽고 어려움이 있다. 이는 마치 진흙과 금을 도야하는 것과
같다. 그릇의 좋고 나쁨은 도공의 기술이 뛰어난가 졸렬한가와 직결되고, 풍속의
좋고 나쁨은 교육 수준의 좋고 나쁨에 달려 있다.' 여기서 이곡이 주장하는 바에
서 한 가지 눈여겨 보아야 할 점은 정치와 교육이 모두 '마음'에 관심을 두고 있
다는 것이다. 마음에 관심을 두고 있다는 말은 정치와 교육이 모두, 어떻게 하면
백성들의 마음에 변화를 일으킬 수 있는가에 관심이 있다는 뜻이다. 이 말은 단순
히 국가가 교육에 관심을 두고 있다는 말과는 다르다. 국가 자체가 백성들의 마음
의 변화에 관심을 두고 있다는 것이다. 교육 또한 마음의 변화에 관심이 있다. 교
육과 정치 사이의 공통 관심은 여기에서 생기는 것이다. 물론, 정치는 백성들의
먹고 사는 문제에 관심을 두고 있는 데 비하여 교육에서는 어디까지나 학생의 마

---

16) 여기에는 「시경」과 「서경」의 말이 인용되어 있다. 「시경」의 '외국으로 가는 사신은 자기의 임무를
    완수하기 위해 현인을 두루 찾아 그들의 의견을 물어본다'는 구절과 「서경」의 '필부와 필부가 자기
    의 생업에 힘을 다할 수 없게 되면 백성의 주인인 임금도 더불어 그 공을 이룰 수 없다'는 구절을 인
    용한 것이 그것이다.
17) 金忠烈, 전게서, p.285, 주 32.
18) 「稼亭集」 卷13.

음의 변화에 주된 관심이 있다고 볼 수도 있지만, 정치와 교육이 각각 백성들의 마음의 변화에 관심을 두고 있다는 말은, 정치는 백성의 마음의 변화에는 일차적으로 관심이 없고 그것을 모두 교육에 맡긴다는 말과는 근본적으로 다르다.

그렇다면 과연 인간의 마음이라는 것이 얼마나 중요한 것이기에 그토록 교육이나 정치에서 강조하지 않으면 안되는가? '마음은 한 몸의 주인이요 모든 변화의 근본이므로, 군주의 마음은 다스림이 나오는 근원이요 천하가 다스려지고 어지러워지는 관건이다. 그러므로 군주가 마음을 바르게 함으로써 조정을 바르게 하고, 조정을 바르게 함으로써 백관을 바르게 하면 가깝고 먼 곳이 모두 마음을 바르게 하지 않음이 없을 것이다 … 옛날의 군주는 이것을 알아서 천하를 화평하게 하고자 하면 먼저 나라를 다스리고 그 나라를 다스리고자 하면 먼저 그 몸을 닦았다. 또 그 몸을 닦고자 하면 먼저 그 마음을 바르게 하였으니 잠시도 마음을 바르게 하는 것을 일삼지 않음이 없었다.'[19]

마음을 바로잡는 문제에 있어서 유교와 불교의 차이는 무엇인가? 이곡은 다음과 같이 말하고 있다. '비록 마음의 본질은 원래 멀다든가 가깝다는 식으로 서로 다른 점이 있는 것이 아니지만, 유교를 공부하는 자는 바른 것으로 몸을 닦고 그것으로 집을 규모있게 하고 나라를 다스리며 천하를 태평하게 하는 것이요, 불교를 공부하는 자는 觀(관)으로써 行(행)을 닦고 그것으로 본성을 보며 부처가 되는 데에 이르러서 나와 다른 사람을 이롭게 하나니, 이것을 요약하면 유교의 관심은 진실로 마음으로써 마음을 보고 마음으로써 마음을 바르게 하는 것이 아니요, 오직 마음을 두고 마음을 기르는 것에 있을 뿐이다. 그러므로 이곡은 "마음은 하나뿐인데 어떤 마음을 가지고 이 마음을 보느냐" 하고 물었던 것이다.'[20]

유교는 마음을 두고 마음을 기르는 데 관심을 두고 있는 데 반하여 불교는 마음을 가지고 마음을 보려고 한다는 점에서 양자는 차이를 가지고 있다. 그러나 불교의 경우에 이 마음과 저 마음이 다르다고 할 수 있는지는 별도로 연구되어야 할 것이다. 그러면 마음을 두고 마음을 기르기 위해서는 어떻게 하여야 하는가? 이곡에 의하면 다음과 같다.

'스승에 관한 설명은 많이 있다. 여기서 우리가 알아야 할 것은 스승들 사이에는 그 도가 일정하지 않으며, 그 스승의 등급이 같지 않다는 것이다. 도로 말하면 성인, 현인,

19) 「稼亭集」 卷13.
20) 「稼亭集」 卷13, 新作心遠樓記.

우인이 있으며, 등급으로 말하면 천자의 스승, 제후의 스승, 경대부의 스승, 선비의 스승, 서인의 스승이 있다. 그러나 그 스승들이 해야 할 일은 인격을 높여 주는 것과 학문을 가르쳐 주는 것과 글귀를 해석해 주는 것이다. 천자로부터 서인에 이르기까지 그 스승의 도움을 받지 않고는 그 이름을 성취할 수 없다. 천자, 제후, 경대부, 사, 서인이 그 지위에 있어서는 비록 같지 아니하며, 성인, 현인, 우인이 그 도를 이룬 수준에서는 비록 같지 않지만, 갈고 닦아야 할 일은 인격의 변화로서 스승과 관계되지 않는 것이 없다. 덕을 기르도록 가르치는 것과 학문을 배울 수 있도록 가르치는 것과 글귀를 해석할 수 있도록 가르치는 것은 하나이다. 글귀를 해석하여 그 글의 뜻을 알도록 가르치는 것, 학문을 가르쳐 삶에 적용하도록 하는 것, 덕과 의를 가르쳐 그 마음을 바르게 하도록 하는 것, 이 모두가 스승으로서 해야 할 일이 아니고 무엇이겠는가? 우선 서인의 스승을 두고 말하면, 스승은 반드시 서인의 자제들에게 부모를 효를 다하여 섬기고 공경하며, 나라에 충성하며, 친구와 더불어 살아감에 있어서 믿음을 바탕으로 삼아야 한다는 것을 깨우쳐 주어야 한다. 그리하여 서민의 자제들로 하여금 그 부모를 아끼고 공경하며, 웃어른을 위하여 목숨을 바칠 수 있도록 가르쳐야 한다. 더 나아가 무당, 의사, 약사 및 모든 기술자에게 기술을 가르쳐 줌에 있어서, 비록 마음을 직접 다루는 부분이 작기는 하지만, 그럼에도 불구하고 이 기술을 가르치는 동안에 마음과 뜻을 다하지 않으면 그 기술을 습득하도록 할 수 없는 것이다. 스승으로서 학생을 다룸에 있어서는 무섭게 다룰 수도 있고 심지어 때릴 수도 있으며 포기하고 떠나보낼 수도 있다. 만약 그 가르침의 도를 제대로 따르지 않으면, 강한 자는 반드시 거칠어질 것이며, 약한 자는 반드시 게을러져서 공부도 집어 치우게 되고 해야 할 일도 하지 않게 될 것이다. 그 결과 부모를 욕먹이고 제 고장에서 행패를 부려 나쁜 짓을 하게 되어 형사 소송이 자주 일어나게 될 것이다. 다음으로 등급을 올려 말하면 경, 대부, 사의 자제 등은 해를 끼치는 것이 이보다 몇 갑절 더할 것이며, 또 다시 등급을 올려 말하면, 제후나 천자의 자제 등에 이르면 그 도가 크면 클수록 그 임무는 더욱 무겁게 되며, 그 지위가 높을수록 그 책임이 더욱 크게 될 것이다. 천자, 제후의 자제들은 부귀하게 태어나서 안일하게 자랐기 때문에 뜻이 거만하며 기세가 높아 선비를 노예처럼 멸시한다. 그러므로 스승의 엄격한 태도가 측근자들의 만만함보다 못한 것으로 여긴다. 어떤 자는 풍류와 미색과 사냥에 사용하는 개와 말을 바치며, 어떤 자는 진기한 물품과 좋은 음식을 제공하여 그의 귀와 눈을 어둡게 하고 그의 마음과 뜻을 현혹시키며 그의 인격을 손상시킨다. 되지 못한 인간들이 끊임없이 이와 같이 인격을 손상시키는 일을 계속하므로 이것에 응하기에 여념이 없게 되는 것이다. 큰 옷을 입고 넓은 띠를 두르며, 나오기는 싫어하고 물러나기를 좋아하는 선비, 아첨하며 사랑을 받기 위하여 재주를 다하여 꼬리를 치는 인간, 친하고 친하지 않은 것을 따져 보아 이해득실을 생각하는 인간, 이 모든 인간들을 따져 보아 잘잘못을 구분해 내는 것은 매우 어려운 일이다. 옛 교육제도에서는 비록 천자나 제후의 아들들이라 하더라도 반드시 학교에 보내어 단정하고 올바른 학자들과 함께 자고 먹게 하여 자연스럽게 덕의 훈습을 받아 나이 많은 사람을 존중하고 인격이 높은 사람을 존경하는 도리를 알도록 해준다. 그리하여 학자들의 갓에 오줌을 누며 방석에 바늘을 꽂아 두는 따위의 못된 짓거리를 하지 않는다. 그러므로 스승의 도를 행할 수 있었다. 무릇 남의 스승이 되고자 하는 자는 반드시 먼저 자기 자신을 바르게 하여야 한다. 자신이 바르지 못하면서 다른 사람을 바르게 할 수는 없는 것이다 … 글귀의 가르침, 학문과 예능교육, 덕과 의의 인격교육은 어느 하나라도 폐지할 수 없는 것이다. 이것은 서민이나 경대부나 선비 누구에게나 도움을 주므로 매우 중요하게 여기지 않을 수 없다. 이 모든 사람들은 성인이나 현인이 될 것을 목표로 해야 한다. 그러므로 이를 이룩하기 위하여 더욱 애쓰고 노력하지 않으면 안될 것이다. 아래로는 서민으로부터 선비, 경대부, 천자에 이르기까지 가르치지 않으면 안되기 때문에 매우 신중하지 않으면 안된다. 또한 이들의 스승이 된다는 것이 얼마나 어려운 일인지 알아야 할 것이다. 필부를 바르게 하기 위해서도 먼저 자신의 마음을 바르게 하여야 한다. 그리고 스승은 임금의 마음을 바로잡아 풍류나 미색이나 개, 말, 진기한 물품, 좋은 음식들에 마음이 사로잡히지 않도록 하여야 하며, 아첨한다든가 사랑을 받기 위하여 재주를 부리는 자들에게 마음을 빼앗기지 않도록 교육을 시킬 책임을 져야 하는 것이다. 스승이 걸어가야 할 도가 위대하기 때문에 책임이 무겁고, 그 덕이 또한 높은 것이기 때문에 책임이 깊은 것이다. 어찌 서민들의 스승과 같겠는가. 위엄을 세우고 학생을 때리며 심지어 안될 때에는 포기해 버리는 일을 할 수도 없다. 어찌 경이나 선비의 스승이 잘못하여 해를 끼치는 것이 그보다 몇 갑절 되는 스승의 경우와 같을 수 있겠는가. 맹자가 말하기를 "오직 대인이라야 능히 임금의 마음의 잘못을 바로잡을 수 있다. 한 번 임금을 바로잡으면 국가가 안정된다"고 하였다. 여기서 말하는 대인이란 엄격한 스승이며, 道를 무엇보다도 귀중하게 여기는 사람이다.'[21]

이 글을 통해 알 수 있는 것은 스승이 어떤 사람이며, 어떤 사람이어야 하는가 하는 것이다. 그러나 여기서 한 가지 유념해야 할 것은 '인격도야, 학문, 예술, 기술, 구독의 가르침은 하나'[22]라는 말이다. 이 모든 것이 올바른 인간됨에 하나로 연결되어 있다는 것이다. 다음으로, 사람이 교육을 받아야 하는 이유는 성인이나 현인이 되는 데 있다는 것이다. 이곡은, 스승은 바로 이 일을 해주는 사람이라는 점을 강조하고 있다. 그러면 구체적으로 몸을 올바로 닦는 길은 무엇인가? 이곡의 말을 직접 들어 본다. 즉, '대개 부지런하다는 것은 게으름의 반대이다 … 부지런하면 군자가 되고 게으르면 소인이 되며, 부지런하면 가히 부귀에 이르고 게으르

21) 「稼亭集」 卷7.
22) 德義術藝句讀之教則一.

면 마침내 빈천에 이르니 이는 천리의 올바른 도리이다 … 그런데 부지런한 데에도 의와 이의 구분이 있으니, 닭이 울면 곧 일어나서 부지런히 일하기는 순과 도척이 다를 바가 없다. 그러므로 반드시 敬을 주로 삼아야 하는 것이다.'[23] 여기서 우리의 눈길을 끄는 것은 敬이다. 이것으로 보아 이곡은 성리학, 특히 주자의 성리학을 깊이 공부하였음에 틀림없다. 그러나 여전히 이제현과 같이 이곡은 주자학을 방편으로 유학을 보다 철저하게 이해하는 데 그 목적이 있었다. 그러므로 본격적인 성리학을 연구하는 단계로 접어들기 위해서는 이색을 기다려야 했다.

李穡(이색, 1328-1396)의 호는 목은(牧隱)이다. 그는 스승 이제현과 아버지 이곡으로부터 정통 유학을 철저히 배운 결과로 그때까지의 고려 유학의 전통을 모두 체득하였다고 말할 수 있다. 그는 또한 그 당시 처음 들어온 주돈이, 二程(이정), 장재, 주희 등의 성리학을 공부하고 연구하면서 후학에게 이 성리학을 전수해 주는 데 힘썼다. 그러므로 성리학의 실질적 전개는 그로부터 시작하였다고 보아야 한다. 그는 '繼往開來'(옛 것을 이어주고 새 것을 열어주는) 역할을 하였던 것이다.[24] 그는 일찌기 14세 때 成均詩(성균시)에 장원하여 세상을 놀라게 했다. 그 뒤 그는 원나라 국자감에 들어가 본격적으로 성리학을 공부하였다.

교육에 관한 이색의 생각을 알아 보는 첫 단계로서 우리는 저 유명한 장문의 '服中上疏(복중상소)'를 살펴 볼 필요가 있다. 우선, 그 내용 중에서 文(문)과 武(무)에 관한 것을 살펴 보면 다음과 같다. '문과 무는 어느 하나도 그만 둘 수 없는 것이다. 문이 날이 되며 무가 씨로 되는 것은 천지의 불변의 도이다. 당, 우와 삼대 시대는 멀고 아득하여 제쳐 두고 한나라를 두고 말하면, 高祖(고조)가 초나라와 판가리 싸움을 할 때에 소하 같은 자는 방책의 결정에 종사하고 직접 전투에는 참여하지 않았으니 이것이 문이다. 한신 같은 자는 일부 군대를 거느리고 전선에서 공을 세웠으니 이것이 무이다. 광무 중흥 때에는 무기를 곁에 두고 문예를 이야기하였으며 말을 쉬게 하고 도를 논하였다. 문과 무를 병용하여 날도 씨도 다 늘어 놓음으로써 후세에 따라잡을 수 없는 모범을 보였다. 이것으로 보면 비록 전투 중에도 공부를 멈추지 않았거늘 하물며 평화 시기에 있어서 나라를 지킬 군사 준비를 망각할 수 있겠는가. 그러므로 옛 어진 임금들은 이러한 것을 알고 해당 관직을 두어서 문을 숭상하고 무를 존중하여 하나만 추켜세우고 하나를 홀시하

23) 「稼亭集」 卷7, 題勤說後.
24) 金忠烈, 전게서, p.288.

는 일이 없었다.' [25] 이 제안은 참으로 적절한 것이다. 고려의 무신의 난을 생각해 보면 이색으로서는 그렇게 말할 수밖에 없는 것이다.

다음으로, 교육에 관해서 그는 이렇게 말하고 있다. '공자의 도는 원대하여 나로서는 능히 찬양할 수 있는 것이 아니며 예로부터 지금까지 숭봉한 그 학문의 규모 역시 나로서는 이루 다 말할 수 있는 것이 아니다. 국가에서 중앙 성균, 12도, 동서학당을 설립하고 지방의 모든 고을에도 각각 학교를 설치하였으니 그 규모가 대단히 크고 조직이 주밀하였다. 이것으로써 유학의 도를 숭상하던 우리나라 선대 임금들의 정신이 극진하였다는 것을 볼 수 있다. 그것은 국학이 풍속 순화의 원천이며 인재는 정치와 문교의 근본이기 때문이다. 이것을 배양해 주지 않으면 근본이 확고하지 못할 것이며 수로를 소통하여 주지 않으면 원천이 맑지 못할 것이다. 그러므로 옛날 제왕들 중에서 훌륭한 이름을 천하에 펼친 자는 역시 이 점에 유의하였다. 전하는 영명한 소질을 가지고 일찍부터 성인의 도를 사모하여 학교의 퇴폐를 통탄하고 드디어 그 수축 명령을 내렸으니 이것은 비단 우리 유림에게 다행일 뿐만 아니라 실로 만백성의 복이다. 그런데 학도들이 흩어지고 교사가 허물어진 데에는 이유가 있으니 그것을 말해 보겠다. 옛적에 배우는 자는 장차 성인이 되려고 하였다. 그러나 지금 배우는 자는 장차 그것을 벼슬할 목적으로 한다. 그들은 시를 외우고 글을 읽음에 있어 道學(도학) 공부는 깊지 못하고 화려한 문장을 수식하기에만 노력하여 문장과 구절을 탁마하는 데 심신을 너무 과히 쓰다 보니 알맹이 공부는 어딘지 찾아 볼 수 없게 되었다. 어떤 자는 지향을 바꾸어 다른 짓을 하면서 일찌기 본분을 내던진 것을 자랑하는가 하면 또 어떤 자는 늙어서도 성취하지 못하고 그 몸을 그르쳤다고 탄식한다. 그 중에서 영매하고 걸출하여 큰 학자로, 나라의 주석으로 된 자가 그 몇몇인가. 「시경」에 "화기 애애한 군자여! 어찌 사람을 양성하지 않는가"라는 구절이 있다. 그런데 사람을 양성하는 데는 실로 왕의 덕화가 형언할 수 없는 효과를 가지는 것이다. 그러므로 선비들의 타락이 이와 같다면 윗자리에 있는 사람이 어찌 그 책임을 모면할 수 있겠는가. 항차 벼슬하는 자가 과거에 급제한 자만이 아니며 급제한 자 역시 국학 출신만이 아니니 누가 지름길을 버리고 갈림길을 걷겠는가. 학도가 흩어지고 교사가 허물어진 것 역시 이 때문이다. 바라건대, 엄격한 법률을 제정하여 지방의 향교와 중앙의 학당들에서 그 자격을 심사하여 12도에 진급시키고, 12도에서 또

25)「高麗史」, 列傳28, 李穡條.

총괄적으로 심사하여 성균으로 진급시켜 일정한 기간이 지난 후에 그 품행과 학력을 시험하여 예부에 추천하여 과거를 보게 하고, 급제한 자에게 벼슬을 주며 불합격자에게도 관리의 길을 터 주어야 할 것이다. 때로 현직 관리로서 과거 보기를 희망하는 자를 예외로 하고는 국학생이 아니면 시험볼 수 없게 해야 할 것이다. 이렇게 한다면 이전에는 불러도 오려고 하지 않던 자가 이제는 밀어내도 가지 않을 것이다. 그리하면 우리 시대에 인재가 배출되어 전하가 다 쓰지 못할 것이다.'[26] 요컨대, 그는 이 글에서 학교 교육의 목적은 성인이 되는 데 있다는 것을 강조하고 있다. 그리고 그는, 과거시험, 학교교육(국학)을 받지 않은 사람은 응시할 수 없도록 하자고 제안하고 있다. 그는 성균대사성이 되면서 經術(경술)에 능통한 김구용, 정몽주, 박상충, 박의중, 이숭인 등을 교수로 초빙하였다.

이제 좀더 자세히 교육과 관련된 그의 생각을 살펴 보기로 한다. 우선, 文에 관한 그의 생각을 보면, 그것은 '文以載道(문으로써 도를 싣는다)' 는 생각에 바탕을 두고 있다. 글이 뜻을 전달한다든지 글이 감정을 전달한다는 것은 흔히 들을 수 있는 말이었다. 사실상, 성리학이 들어오기 이전인 고려 전기와 중기까지 고려 문인들은 글이 도를 전달하는 수단이라는 생각은 하지 않았다고 할 정도로 글과 도의 관계에 관해서는 심각하게 생각을 해본 적이 없었다고 보아야 한다. 그러나 이색에 이르러 본격적으로 '文以載道' 라는 생각이 관심의 대상이 된다. 글을 도의 전달수단으로 본 대표적인 글은, 예컨대, 주돈이의 「通書(통서)」 文辭篇(문사편)에 있는 내용이다. 이색은 이 주돈이의 글에 의존하여 경전과 도의 관계를 말하고 있다. '우리나라의 교화의 근원은 기자에서 시작하였는데, 그 가르침의 조목이 간단하고 쉬워 문장을 번쇄하게 꾸미는 사치스러움이 없었다. 뒤에도 이를 따라서 그 질박하고 간소한 풍격이 지금까지 남아 있다. 삼국시대는 말할 것도 없고, 우리 태조께서 나라를 세운 이래로 광종이 과거제도를 만들어서 선비를 선발함에 이르러서는 문학의 융성함이 중국에까지 알려졌다.'[27] 「논어」에 "문체가 바탕을 이기면 너무 화려하고, 바탕이 문체를 이기면 너무 속되다"는 표현이 있다. 바탕은 꾸밈새의 근본이다. 그런데 꾸밈새가 너무 지나친 지 오래되었다. 온화한 미와 충성스럽고 미더운 진실함이 사라지고 드러나지 않는구나. 비록 훌륭한 바탕이 있을지라도 다같이 타락하여 세속에서 헤어 나오는 사람이 없으니 꾸밈의 폐단

26) 「高麗史」, 列傳28, 李穡條.
27) 「牧隱文藁」 卷9, 贈金敬珌秘書詩序.

이 극에 이르렀도다. 이 지경에 이르렀어도 오직 꾸밈새만 숭상하여 그 근본을 잃
어 버리고 그 지엽적인 것만을 추구하고 있다. 그러므로 이를 바로잡는 방법은,
비록 좀 치우친 감이 있을지라도, 바탕을 중하게 여기는 것이 좋을 것이다.'[28] 이
말을 들어 보면, 그는 '문으로써 도를 싣는다'는 정신을 따라 문만을 꾸미는 것
의 폐해를 제거하고 바탕을 숭상해야 한다는 생각을 가지고 있었다고 할 수 있다.
그는 자연스럽게 경학이나 성리학을 공부하는 것이 학문의 바른 길이라고 생각
하였다. 그의 글에 언제나 육경과 사서의 의리가 담겨 있는 것은 바로 이 때문이
다.

　다음으로, 이색은 경학이나 성리학을 학문의 正道(정도)로 생각하기 위해서는
道統(도통)이라는 것을 염두에 두어야 한다고 말하고 있다.[29] 이 '도통'이라는 것
을 논하는 것은 다름 아닌 韓愈(한유)의 '原道(원도)'에서 비롯된 것이다. 한유는
유교의 도통적 계보를 만들었으니 그것이 이른바 요-순-우-탕-문-무-주공-공
자-맹자로 이어지는 도통인 것이다. 이 도통이라는 것이 생김으로써 경학은 원시
유학인 공맹학 보다는 신유학 특히 정주학에 더 비중을 두는 '도학'으로 변한다.
이와 함께 올바른 학문의 도가 성리학이므로 넓게는 유교만이 올바른 도이고 나
머지 도가나 불가는 이단이라는 판단이 뒤따르게 된다. 이제 이색의 시대에 와서
성리학의 도통관이 생기기 시작하였던 것이다. 이와 같이 말할 수 있는 단서는 그
가 문집에서 이렇게 말하고 있는 데에서 발견할 수 있다. '공자는 요-순의 도를
서술하여 밝히고 문왕-무왕의 도를 본받아 드러내어 시, 서, 예, 악을 정리하여 책
정하였다. 그로써 정치를 밝히고 성정을 바르게 하여 풍속을 가지런하게 하고 만
세태평의 근본을 세웠으니, 사람이 생긴 이래로 공자보다 위대한 사람은 일찍이
없었다. 그러나 진나라에 와서 분서의 화를 당하여 쇠미해졌는데, 당에 이르러 한
유가 "원도"를 써서 공자를 높이고 불도를 내쳤다. 송에 이르러 이러한 한유를
宗師(종사)로 하여 고문을 배운 사람은 구양공 등 몇 사람뿐이었다. 특히 공맹학
을 강론하여 밝히고 불도를 배척하여 만세를 교화하는 데에 있어서는 주돈이와
이정의 공이 크다. 송이 망하고 원이 서자, 그 학설이 북쪽으로 전파되게 되었는
데 魯齊 許(노제 허) 선생은 그 학문으로써 세조를 도왔다. 中統(중통)과 至元(지
원) 연간의 훌륭한 정치는 모두 여기서 비롯된 것이다.'[30] 여기서 우리는 고려 말

28)「牧隱文藁」卷10, 韓氏四子名字說.
29) 金忠烈, 전게서, pp.291-292.
30)「牧隱文藁」卷9, 選粹集序.

의 성리학이 서서히 도학으로 자리잡으면서 도가와 불가를 배척하고 새로운 이념과 가치로 등장하기 시작하는 일단을 엿볼 수 있다. 이것은 곧 교육의 목적과 내용이 성리학으로 되어가는 것을 예고하고 있는 것이다.

성리학이 교육의 내용이 되어 간다는 것은 곧 교육에서 성리학에 나타나 있는 형이상학이 주목의 대상이 된다는 것을 가리킨다. 사실상, 교육의 궁극적인 목적은 형이상학적 사고를 할 수 있도록 하는 데 있으며 형이상학은 교육을 통해서만 그 정당성을 인정받을 수 있다.[31] 사실 학교에서 가르치는 여러 교과는 모두 '절대수준의 논리적 가정'을 활용하는 일을 가르치기 위한 것이며 그 일을 가르치되 점점 그것을 탐색하는 데에 접근할 수 있도록 세밀히 계열화되어 있다. 눈에 보이지 않는 실재가 있다는 것을 믿게 되는 것은 오직 그 계열화된 단계를 성공적으로 밟았을 때이다.

그렇다면 이색의 형이상학의 세계를 살펴 보는 것은 교육받은 최고의 상태를 알아보는 일이기도 하다. 또한 이것은 그가 도달한 세계를 들여다 보는 것이기도 하다. 그의 형이상학의 세계에는 그가 공부를 통하여 이때까지 도달한 모든 삶과 교육의 모습이 그대로 나타나 있다. 그러므로 그의 형이상학을 알아보는 일은 그의 삶 전체를 이해하는 일이면서 동시에 그의 교육관을 이해하는 일이기도 하다. '하늘과 땅이 처음 나누어질 때 가볍고 맑은 氣(기)가 위에 있게 된다. 인물이 생겨날 때 이 기를 온전히 타고난 자는 성인이 되고 현인이 되었으며, 그 나라를 다스리는 법에 있어서도 향기 높은 덕으로써 신명을 감동하게 한 예는 옛 하-은-주와 같이 번영이 극한 시대에 찾아 볼 수 있다.'[32] '천지가 명을 부여하는 것은 균등하나, 그 중 사람이 가장 **빼어났다**. 그 기품이 물욕에 가리워진 뒤에 인간의 성에는 세 가지 품계가 있게 되었다는 설(性三品說, 성삼품설)이 있다.'[33] '천지만물은 다같이 일체이다. 사람의 몸은 하나이나 그 속에 천지만물이 갖추어져 있다. 그러므로 그 몸을 닦음에 그 뜻을 잡고, 그 뜻을 잡음에 그 기를 길러서 쉬거나 그치는 일이 없는 경지에 이르면 나의 몸은 위 아래로 천지와 더불어 같이 흐르게 된다.'[34]

---

31) 이하의 내용은 李烘雨, 「敎育의 目的과 難點」(제6판), 敎育科學社, 1998, 제3장 '敎育과 形而上學' 참조.

32) 「牧隱文藁」 卷5, 淸香亭記.

33) 「牧隱文藁」 卷10, 平心堂記.

34) 「牧隱文藁」 卷6, 浩然說贈鄭甫州別.

이상의 말을 요약하여 말해 보면, 이색은, 天(천)-人(인)-物(물)이 一體(일체)라는 관점을 가지고 있다는 것을 알 수 있다. 구체적으로 말하여, 기의 맑고 흐림에 따라 사람과 물이 구별되고 사람도 氣(기)를 온전히 기르느냐 치우치게 기르느냐에 따라 성현과 소인으로 달라진다는 것이며, 궁극적으로는 物我一體(물아일체)라는 것에 도달하게 된다는 것이다. 이 말만 가지고 보면 그는 氣論者(기론자)인 것처럼 보인다. 그러나 그의 '負暄堂記(부훤당기)'에 보면 理(이)에 대한 그의 관점을 엿볼 수 있다. '무릇 도는 형체가 없다. 그것은 물에 의거하여 나타날 뿐이다. 그리고 물과 나는 둘이 아니다. 눈이 오면 춥고 해가 나면 더운데, 더우면 펴고 추우면 움추리는 것은 내 몸만이 그런 것이 아니다. 천지의 도가 그러한 것이다. 지극한 이가 그 사이에 있으니 心(심)일 따름이다. 심이 미묘하기 때문에 이미 方寸(방촌)이라 하지만 그것은 지극한 도(理)가 있는 곳이다.' 앞에서 기를 인정하였다면 그는 여기서 理(이)를 인정하면서 이 모든 것이 심에 감추어져 있다고 말하고 있다. 그러면 구체적으로 이색이 의미하고 있는 理는 무엇인가? '萱庭記(훤정기)'에는 다음과 같은 말이 기록되어 있다. '천지는 氣이다. 사람과 물은 이 氣를 받아서 태어난다. 그러므로 무리지어 나누어 지고 동류(同類)는 따로 모이며, 습한 데로 흐르고 마른 곳으로 나아감이 겉으로 보기에는 어지러운 것 같으나 그 실상은 질서가 있고 빛나서 윤리가 조금도 어그러지지 않는다. 사군자가 어려서 독서하고 격물하면 천하의 사물의 이치가 밝게 될 것이고, 자라서 임금을 섬기고 사물을 다스리면 천하의 사리가 공평함으로 돌아갈 것이다. 蕩蕩(탕탕)할진대 무엇이 나의 氣를 번거롭게 할 것이며, 유유(愉愉)할진대 무엇이 나의 마음을 상하게 하겠는가? 조화롭게 따르고 부드럽게 풀릴 것이니 어찌 추호라도 그 사이에 어긋남이 있겠는가?' 이 말을 보면 그가 말하는 理는 氣 속에 들어 있는 것으로서, 理는 氣의 유행을 올바르게 해주는 것이다.

만약 이색에게 교육받은 최고의 상태를 만들어 주기 위하여 가르쳐야 할 교과가 무엇이냐고 묻는다면, 그는 아마도 「주역」과 「중용」을 들 것이다. 그러면 이색은 「주역」과 「중용」에 관하여 어떤 생각을 가지고 있었는가? 우선 이색이 「주역」을 어떻게 누구에게 배웠는지 보기로 한다. 21세 때 아버지와 같은 나이인 子貞(자정) 선생을 따라 「주역」을 배우고자 할 때, 선생이 말하기를 '그대의 아버지 중보는 「주역」에 밝으신 분이어서 내가 학식이 높다고 모시는 분이다. 그대가 나이 젊기 때문에 그대의 아버지가 「주역」을 가르쳐 주지 않았을 것이다. 동갑의 아들은 내 아들과 같은 것이니 내가 그대에게 「주역」을 가르쳐 주지 않음을 나쁘게 생각하지 말라'고 하여, 며칠 뒤 「주역」에 대하여 교정을 구하러 갔더니 선생은 말하기를 '그만하면 가르치겠다. 그러나 「주역」은 소년으로서는 배울 것이 아니다. 내 또한 그대에게 句讀(구두)할 것을 가르치겠노라'고 하였다. 그런 뒤 얼마 후에 易義(역의) 한 편을 올리니 '문장이 벌써 이루어지지 아니하였는가. 그대가 몇 해 뒤에는 스스로 정미한 것을 알게 될 것이다'라고 하였다.[35) 여기서 보면 「주역」은 젊어서는 구두만 가르치고 그 후에 스스로 정미한 것을 자득하도록 가르친다는 것을 알 수 있다. 물론 이색은 이후에 「주역」의 대가가 되었다.

이색은 박자허 선생의 집의 호 '정제(貞齊)'를 주역으로 풀이하는 가운데 '乾坤(건곤)이 易(역)의 문'이라고 말하고 있다. 이색은 '건곤이 폐하면 역을 행할 수 없다'는 繫辭(계사)의 말을 인용하여 우주의 구조를 설정하고 역은 그 속에서 이루어진다는 것을 말하고 있다. 말하자면 '貞(정)'이야말로 우주를 움직이는 핵심이라는 것이다. 이 생각에 따르자면, 건곤 중에 특히 건이 핵심으로서, 건의 '정'은 큰 것이요 곤의 '정'은 건을 따르는 것이라고 말할 수 있다. 64괘는 바로 건곤의 지속적인 순환과 변화이며, 이 순환과 변화의 지속성이 바로 '善(선)'으로 나타난다. '사람이 기운을 받고서 나는 것은 건을 앞세우고 곤을 순하게 하는 것뿐으로서, 이것을 나누어 말하면 수, 화, 목, 금, 토가 있는 것뿐이니, 그 陽(양)은 奇數(기수)요 陰(음)은 偶數(우수)이다. 양이 변하고 음이 변화하는 근원을 구하면 무극은 참된 데로 돌아갈 뿐인바, 이 무극의 참됨이란 이름지어 말하기 어렵다.'[36)

이색은 건괘에 대하여, '건괘의 덕은 강하고 건장하고 순수하고 精(정)한 것에 있으니, 건의 덕은 문왕과 같은 점이 있다'고 하면서, 건괘의 大象(대상)을 두고 '군자가 그대로 하여금 스스로 勉强(면강)하여 쉬지 않도록 한다'고 말하고 있다. 이것으로 보아, 성인이 사람에게 바라는 것은 군자의 모습—스스로 강하여 흔들리지 않고 쉬지 않아 폐지하지 않는 것은 군자가 그 지극한 데 이르기 위해서이다—을 실현하는 데에 있다. '그 지극한 데 이르면 하늘보다 먼저 하여도 하늘이 어기지 않고, 하늘에 좇아서 天時(천시)를 받드니 하늘같이 되기를 희망하는 묘한 것이 바로 이것에서 나타난다.'[37) '동물 중에 양을 얻은 것이 수컷이 되고 식물 중에서 양을 얻은 것이 英(영)이 된다. 대개 수컷이 있은 후에 암컷이 따르고 꽃이 있은 후에 열매가 이어진다. 이렇게 만물의 음양이 서로 화합하고 온 누리가 이

35) 「牧隱文藁」卷6, 朴子虛貞齊記.
36) 「牧隱文藁」卷4, 養眞齊記.
37) 「稼亭集」卷10, 純仲說.

화합을 保合(보합)하여 항상 眞極(진극)에 귀일하도록 되어 있어 "生生(낳고 낳는)" 이치가 끊임없이 지속된다.'[38] 요컨대, 강건한 덕을 가지고 있는 것은 건으로서, 이 건은 양의 성질을 가지고 있다. 스스로 강하여 흔들리지 않고 쉬지 않아 폐지하지 않는 군자의 덕은 이 양의 성질을 도덕적 측면과 관련하여 부각시킨 것이다. 이색에 의하면, '양은 군자요 음은 소인이다.'

건괘에 관한 이색의 생각은 復(복)괘에 관한 그의 해석에서 더욱 분명해진다. '복괘는 다섯 음 아래 양 하나가 새로 회복되는 괘로서, 회복이란 사람의 성품으로 말하면 착한 마음의 출발이며, 사람의 일로 말하면 길한 징조요, 학문으로 말하면 곧 그 근본으로 돌아오는 것이다. 그러므로 공자께서는 이르기를 "안씨의 아들은 거의 근사하도다"라고 하였으며, 또한 말씀하시기를 "자기를 이겨내고 예를 회복하는 것이 인이다"라고 하였으니, 예가 아닌 것은 하지 않는 것이 예를 회복하는 공부요, 어리석은 듯하면서도 공자의 말씀을 어기지 아니함은 그것을 회복한 효과이다. 사욕이 깨끗이 가셨으니 그것을 이겨내려 할 필요가 어디에 있으며, 하늘의 이치를 그대로 실행하게 되면 이것을 회복할 필요가 어디에 있으리오. 이것은 천하가 그의 인으로 돌아오게 된 것이다. 지금에 안자를 일러 復性公(복성공)이라고 한 것은 안자를 깊이 이해한 것이라고 말할 수 있다.'[39] 복괘에 대한 이색의 해석은 원래 '子復(자복)'이라는 호에 대한 해설을 담고 있는 것으로서, 이 해설에 의하면, 복괘는 사태의 회복과 관련되어 있다. 그러나 이 경우, 사태의 회복은 본성의 회복과 다른 것이 아니다. 따라서, 복괘는 교육받은 사람이라면 무엇을 추구해야 하는가 하는 문제와 관련하여 해석되어야 할 것이다. '사태가 불리한 데서 유리한 데로 전환하는 것이 하늘의 이치이다. 이 전환의 징조를 예리하게 관찰하여 회복을 앞당겨야 한다. 이 기회를 놓치는 것은 현명한 일이 못된다. 주위의 사람들이 뜻을 같이하지 않을 때 혼자서라도 정도를 따르며 그것에 확신을 가지도록 해야 한다. 다른 사람을 움직이는 것보다는 스스로를 가다듬는 것이 더 중요하다.'[40] 복괘에 대한 이 해석과 이색의 해석 사이의 차이가 무엇인가 하는 것은 면밀히 검토되어야 할 것이지만, 무엇보다도 중요한 것은 「주역」의 각 괘는

---

38) 「稼亭集」卷10, 仲英說.

39) 「牧隱文藁」卷7, 子復說.

 40) 李烘雨, '사회적 규범의 체계로서의 주역', 「도덕교육연구」 제3집, 한국교육학회 도덕교육연구회, 1986, pp.27-42와 그 부록으로 제시된, 「주역」 64괘 각각에 대한 해석을 담고 있는 '사회적 규범의 체계로서의 주역' (미발간) 참조. 복괘에 대한 해석은 그 부록의 pp.5-6에 제시되어 있다.

사회적 규범의 체계로 해석될 수 있다는 또 하나의 가능성을 확인하는 것이다.

　다음으로 「중용」에 관한 이색의 해석을 들어 보면 다음과 같다. 이색은 「중용」을 어떻게 보았는가? 고려 유학에서 「중용」이 중요하게 취급된 것은 일찍이 최충에 의해서이지만 이제 이색에 이르러 중용은 본격적으로 그 중요성이 인식되기 시작한다. '자사(공자의 손자)는 「중용」을 저술함에 자주 중니를 일컬었으니 이것은 중니가 도를 낳은 바이요 또한 자신의 몸을 낳은 바이라 함과 같다 … 도덕과 문장을 하늘이 어찌 사람에게 주기를 아끼겠는가. 그러기에 이르기를 하늘이 명하여 준 것을 性(성)이라 이르고, 이 성에 자취를 남기는 것을 道(도)라고 하였으니, 백유는 성인의 明(명)과 誠(성)의 가르침에 게을리 하지 않는다면, 만물의 體(체)가 되어서 버릴 수 없는 곳에 스스로 노정되어 엄폐할 수 없는 것이 있을 수 있으니 어찌 유용을 운운 할 것이 있겠는가.'[41] '대저 가장 높은 도는 형체가 없고 만물로 인하여 볼 수 있는 것이요, 만물이 나와 더불어 또한 둘이 아닌 것이다. 눈이 오면 차고 볕이 나면 따뜻하며, 따뜻한 기운에는 피어나게 되고, 찬 기운에는 움츠리는 것은 오직 내 몸뿐이 아니요, 천지의 도의 그 지묘한 이치 때문이다. 도는 그 사이에 있으니 마음에 있을 따름이다. 사람의 몸에 자리잡고 있는 마음의 작음이 비록 사방 한 치에 불과하다 할지라도 가장 높은 도가 존재한 바이기 때문에 寒熱(한열)로 인하여 짐짓 조금이라도 변함이 없어 당당한 도의 전체가 하늘도 덮고 땅도 덮는 것이다.'[42]

　이색은 만물을 만들기 이전의 하늘(天)과 성에 대하여 다음과 같이 말하고 있다. 「詩經(시경)」에서 말하기를, "上天(상천)의 일은 소리도 없고 냄새도 없다"고 하였으니, 그것이 무극이 있는 곳인가. 그러므로 周子(주자)가 태극도를 지어 '無極而太極'(무극이태극)이라고 하였으니, 대개 이것은 태극이 무극임을 찬탄한 것뿐이다. 하늘에 있어서는 혼연할 뿐으로 바람을 일으키고 우뢰를 움직이기 전이며, 사람에게 있어서는 적연할 뿐으로 일에 응하고 사물에 접하기 전이니, 바람이 일어나고 우뢰가 움직여도 혼연한 자가 조금도 변함이 없다면, 일에 응하고 사물에 접해서 적연한 자는 어떻게 되겠는가.'[43] '사람이 날때에 健(건), 順(순), 五常(오상)의 덕을 갖추었으니 이른바 성이다 … 고요하여 움직이지 않아서 거울처럼 비었고 저울처럼 공평한 것은 성의 체이니 그 이름은 中(중)이요, 그것이 감통하

41) 「牧隱文藁」 卷5, 樗亭記.
42) 「牧隱文藁」 卷6, 負暄堂記.
43) 「牧隱文藁」 卷3, 養眞齊記.

여 구름 떠가 듯 물 흐르는 듯 하는 것은 성의 용이니, 그 이름은 和(화)이다. 중의 체가 서면 천지가 제 위치에 놓이고 화의 용이 행하면 만물이 발육한다.'[44]

이색에 의하면, 하늘과 성의 이러한 특성은 인간의 존재를 '存天理遏人欲'(존천리알인욕)에 힘쓰는 존재로 인식하게 한다. '中和(중화)의 경지에 이르고자 하면 경계하고 삼가는 것으로부터 시작해야 한다. 왜 경계하고 두려워해야 하는가. 천리를 보존하려는 것이다. 신독은 왜 하는 것인가. 인욕을 막고자 하는 것이다. 천리를 보존하고 인욕을 막는 것이 모두 지극한 데 이르면, 성인의 학문은 이것으로 끝나는 것이다.'[45] 요컨대, 이색이 보는「중용」의 핵심은 다음과 같다. '태극은 寂(고요함)의 근본으로서 한 번 움직이고 한 번 고요하여 만물이 화육하는 것이며, 사람의 마음은 그 고요함에 버금가는 것으로서 한 번 감하고 한 번 응하여 온갖 善(선)이 유행하는 것이다 … 그러므로「중용」의 핵심은 "戒愼恐懼"(경계하고 두려워함)에 있으니, 이 또한 고요함이 아닌가. 경계하여 삼가는 것이 경(敬)이다. "靜定"(고요히 안정함) 또한 경이다. 경이란 "主一無適"(하나에 뜻을 모아 가는 것이 없는 것)이다. 하나에 뜻을 모으면 지키는 바가 있고 가는 것이 없으면 옮기는 바가 없다.'[46]

끝으로, 그의 시조를 들어보면 그의 생애가 얼마나 고결하고 성실하였는지를 짐작할 수 있다. '백설이 잦아진 골에 구름이 머흘레라 / 반가운 매화는 어느 곳에 피었는고 / 석양에 홀로 서 있어 갈 곳 몰라 하노라.' 이색의 이와 같은 삶의 원동력은 어디에서 연유하는가? 아래의 두 시는 그가 경의 자세, 즉 자신의 부족에 대한 자각을 대단히 중시한 사람이라는 것을 보여 주고 있다. '불행히도 등과(登科)는 너무 일러 / 아침부터 일어나 길게 생각해 보네 / 청명한 기운은 아직도 남아 있어 / 맑고도 고요함이 깊은 연못 같구나 / 어느 새 외물에 유혹을 받아 / 밖으로 달아나니 걷잡을 수 없구나 / 물건을 비추려니 거울이 어둡고 / 옛 우물 길으려니 두레박줄 짧구나 / 성현께서 많은 것을 가르치셨는데 / 요령을 파악하기 쉬운 일 아니로다 / 지난 일 후회한들 무엇하리오 / 앞으로는 요행 바라 일을 말아야지 / 불행히도 등과는 너무 일러 / 낮에 앉아 생각해도 마음 괴롭다 / 번쩍이는 황금방에 이름 올린 건 / 어찌 자랑스러운 점만을 내세우랴 / 이런 점 생각하면 스스로 부끄러워 / 등골에 땀이 솟고 얼굴이 뜨겁다 / 제후나 재상될 지식도 없고 / 시

44)「牧隱文藁」卷10, 伯中說贈李壯元別.
45)「牧隱文藁」卷10, 伯中說贈李壯元別.
46)「牧隱文藁」卷6, 寂菴記.

세밖은 호걸도 못되는 나로서는 / 아직은 돌아가 독서나 전념하고 / 서른 살 마흔 살 나이 들어서 / 나 자신 충분히 실력을 갖춘 뒤에야 / 높은 벼슬도 취할 수 있다 / 불행히도 등과는 너무 일러 / 밤중에 일어나 생각해 보네 / 안으로 충실하고 빈 듯이 보여야 해 / 이름이 지나치면 부끄러움 사나니 / 잘되건 못되건 하늘에 맡길 뿐 / 써주건 안쓰건 내가 알바 아니니 / 이 천지 사이에 양심만을 지켜서 / 한 평생 조심조심 끝까지 살아가리 / 도를 닦는 학문은 끝간 데가 없으니 / 최후의 성공은 뜻있는 사람에게 있으니 / 차고 넘치고 차고 넘쳐 바다에 이르니 / 왠지 중니는 자주 물을 칭송하였네.' [47] 이 '登科有感(등과유감)'이라는 시를 읽으면 이색이 자신의 부족함을 자각하여 스스로 더욱 매진하는 모습이 그림같이 드러나는 것 같다. '부족함의 자각', 이것이 이색 자신이 훌륭한 사람이 될 수 있었던 원천이라고 생각한다. 다음으로 '自儆箴(자경잠)' [48]을 보자. '만약 가까이 갔다고 생각하면 멀어져 있는 것이며 만약 얻었다고 생각하면 잃어버린 것이다. 멀리 떨어져 있다고 생각했을 때 가까워진 것이고 잃어버렸다고 생각했을 때 얻은 것이며 아득해서 손댈 수조차 없기도 하고 뚜렷해서 잘 보이는 것 같기도 하다. 밝았다가도 혹 어두워지고 아득하다가도 훤하게 보이기도 한다. 장차 그만두려 하면 차마 그럴 수가 없고 장차 애써 하려면 힘이 부족하다 그러니 마땅히 스스로 책망하고 스스로 부끄럽게 여길 것이다. 나이 50이 되어 49년 동안의 잘못을 알고 90세에 억시(抑詩)를 지었다. 이것이 옛 사람들의 힘쓴 것이니 한 번 숨쉬는 사이라도 늘 게을리 하지 않았다. 힘쓸지어다, 힘쓸지어다. 자포자기하는 이는 그 어떤 인간인가.' [49] 이 자경잠에는 '부족함을 진실로 알면 스스로 힘쓰고 힘써야 된다'는 것을 말하고 있다. 처음 등과했을 때 가졌던 부족하다는 생각이 나이 50세에 이르면 이제는 부족하지 않다는 생각으로 바뀔 수도 있다. 그러나 이색은 이 생각을 경계하여 더욱 노력하라고 자신을 채찍질하고 있다. 스스로 부지런히 공부하지 않고는 이

---

47) 不幸登科早 晨興每永省 淸明氣猶存 澹若深淵靚 俄而物來功 逐外肆馳騁 取暎逼明鑑 汲古嗟 短綆 聖賢敎多術 未易挈裘領 已往不可追 愼勿事僥倖 不幸登科早 晝坐心如裂 煌煌黃牓豈爲 蓁茸設 念此每自愧 背汗面發熱 知無封侯相 亦非識時傑 且去讀詩書 行年立不惑 始可秣吾駒 往 取千鍾祿 不幸登科早 夜半推枕起 有實宜若虛 過情胡不恥 窮通休問天 用舍何與己 俯仰無愧 作平生愼終始 道學不可晝 竟成在有志 盈過必放海 仲尼稱水亟(登科有感).

48) 五十歲秋九月初吉 作自儆箴 朝夕觀之 庶以自勉.

49) 若近焉而遠之 若得焉而失之 遠矣而時近也 失矣而時得也 茫乎無所措也 赫乎如有靚也 赫乎或 昧焉 茫乎或灼焉 將畫也不忍焉 將彊也下足焉 宜其自責而自恧焉 五十而知非 九十而作抑 斯古 之自力也 尙不懈于一息 勉之哉勉之哉 自暴自弄 是何物耶.

런 생각을 감히 가질 수 없을 것이다. 이색의 삶은 문자 그대로 교육받은 최고의 상태를 극명하게 보여 주고 있다. 역시 이색은 우리 민족의 가슴 속에 영원한 스승으로 남아 있어야 하는 분임에 틀림없다.

이제, 이색과 함께 고려 유학을 대표했던 鄭夢周(정몽주, 1337~1392)의 교육이론을 살펴 보겠다. 정몽주의 호는 圃隱(포은)이다. 그는 가세가 매우 어려운 집에서 성장한 때문인지 대체로 독학으로 유학을 배운 것 같다. 그는 23세에 독학으로 사서를 공부하고 문과에 세 번 장원하여 문명을 날렸으며 30세에는 예조 정랑겸 성균박사로 국학에서 성리학을 가르쳤다. 55세에 선죽교에서 암살되기까지 그가 남긴 글은 많이 있을 것으로 추측되지만 겨우 시 300여 편과 몇몇 단편들만이 전해지고 있다.

우선 정몽주와 가까웠던 이색의 말을 직접 들어 보자. '烏川(오천, 延日) 鄭達可(정달가, 정몽주)가 鹿鳴(녹명, 「시경」의 편이름)을 노래하니 향리에 예물이 크게 이르고, 장원에 발탁되니 문단의 거장으로 이름을 날렸다. 유학의 전통(주돈이, 정호 정이 형제의 연원)을 이어받았고 모든 유생을 詩書(시서)의 광장으로 이끌었다. 더욱이 시를 잘한다는 것으로 당세의 칭송을 받았다.'[50] 정몽주가 바로 도통을 이었다는 것은 이미 당시 사람들 사이에서도 널리 공인된 바 있었던 것 같다. 후세 역사가들은 정몽주를 가리켜 '東方理學(동방이학)의 선조'[51]라고 하였다. 왜냐하면 '정몽주의 이론은 어떤 문제에 대한 논란에 있어서도 이치에 맞지 않음이 없었기' 때문이다. '목은 선생이 성균관을 이끌면서 성리학을 드러내고 타락한 습속을 물리칠 때에 선생을 발탁하여 학관으로 삼아 경전을 강론하게 하였다. 선생은 「대학」의 중요한 데를 들어 보였고, 「중용」의 도를 밝히고 전하는 뜻을 얻었고, 「논어」, 「맹자」에서 그것의 정수인 마음을 붙잡아 함양하는 요체와 그것을 체험하여 확충하는 방법을 얻었다. 또 「역」에서 선천과 후천이 서로 체와 용이 됨을 알았고 「書(서)」에서 마음을 "一"(하나)에 집중하여 중을 잡는 것이 제왕이 전수한 심법임을 알았으며, 「시」는 사람과 물이 따라야 할 준칙을, 「춘추」는 도의와 공리를 나누어 밝히는 것임을 알았다. 우리나라 오백 년 동안 이러한 이치를 깨닫는 데 이른 자가 몇이나 되겠는가. 학생들이 각자의 학식을 고집하고 사람들이 다른 학설을 제기하여 수시로 물었으니 선생이 강론하여 분석하는 것이 조금도 차

50) 「牧隱文藁」, 圃隱齋記.
51) 「高麗史」, 列傳 卷30, 鄭夢周條.

질이 없었다. 이에 목은 선생은 기뻐하여 "달가는 사람됨이 고상하고 탁월하여 횡으로 종으로 하는 말이 맞지 않음이 없다"고 하였다.[52] 이 말은, 정몽주는 고려의 유학사에서 제일 먼저 자기 학설에 의한 주석을 가한 사람이 아닌가 하는 생각을 갖도록 해준다. 이 점을 잘 알 수 있는 '吟詩(음시)'라는 시를 보기로 한다. '온 종일 높이 읊조리다가 또 나지막이 읊조리노라 / 이러한 괴로움은 마치 모래를 일어 금조각을 찾아내는 것 같다 / 시를 짓는데 어찌 그렇게 말랐는가라고 비웃지 마소 / 다만 아름다운 글귀와 인연을 맺고자 함인데 그것을 찾아내기가 그렇게 어렵구려.'[53] 이 시는 다만 시를 짓는 일에만 해당되는 것이 아니라, 그가 가르쳤던 성리학의 문제에서도 이와 같은 피나는 노력을 했음을 보여 주고 있다. '주자의 사서집주가 동방에 보급되었으나 그 뜻을 아는 사람이 없었고 오직 선생「정몽주」만이 홀로 그것을 세밀하게 분석하여 풀이하였을 뿐이었다. 그러다가 胡炳文(호병문)이 쓴 「四書通(사서통)」이 들어온 뒤 선생의 풀이와 대조해 보니 논한 것이 모두 맞아 사람들이 비로소 선생에게 승복하였다. 이를 보면 학문에 있어 선생의 통달함이 얼마나 깊은지를 알 수 있다.'[54] 이것으로 보면, 정몽주는 주자학을 옳게 파악하고 가르쳤다고 말할 수 있다.

이제 정몽주가 남긴 시 중에서 그의 사상과 관련된 몇 편의 시를 음미하면서 그의 사상의 일단을 살펴보기로 한다. 우선, 시 작품 중에서 '讀易(독역)', '觀魚(관어)', '冬至(동지)', '浩然(호연)' 등의 시가 性理(성리)와 관련이 있으므로 이것들을 검토하면서 정몽주의 형이상학을 드러내 보겠다. '깊은 못에 잠겨 있거나 혹은 뛰어 오르기도 하니 / 그 이치를 자사는 어찌하여 책에다 밝혔을고 / 다만 내 눈을 크게 뜨고 자세히 보니 / 모든 사물이 모두 물고기처럼 활발하구나(이상, 제1수) / 고기가 내 아니고 내 고기 아닐지니 / 물의 이치도 뒤섞임이 이와 같이 본래 가지런하지 않거늘 / 한 권 莊生(장생)의 濠上論(호상론)은 / 천 년 후 지금까지 사람을 미혹시키누나(이상, 제2수).'[55] 위의 시 가운데 '깊은 못에 잠겨 있거나 혹은 뛰어 오르기도 하니'라는 구절은 '솔개는 날아 하늘에 닿고 고기는 연못에서 뛰논다'[56]는 「시경」의 구절을 연상시키는 것으로서, 「시경」에서 말하는 것은, 성인

---

52) 「圃隱集」卷1.

53) 終朝高詠又微 苦似披沙欲鍊金 莫怪作詩成太瘦 只緣佳句每難尋.

54) 曺好益, 圃隱先生集重刊跋.

55) 潛在深淵或躍如 子思何取著于書 但將眼孔分明見 物物眞成潑潑魚(湖中觀魚 其一) 魚應非我我非魚 物理參差本不齊 一卷莊生濠上論 至今千載使人迷(湖中觀魚, 其二).

56) 鳶飛戾天 魚躍于淵, 「詩經」大雅.

의 덕은 위로는 하늘에까지 이르는 것이 마치 소리개가 날아 하늘에 닿는 것과 같고, 성인의 덕이 아래로는 땅에까지 이르는 데 마치 물고기가 뛰는 것 같다는 것을 의미한다. 이것은 성인의 덕이 위 아래로 밝게 비춘다는 것을 뜻하는 것이다. 그러나 새로운 유학, 즉 성리학에서는 '솔개가 하늘 위로 날고 물고기가 뛰는' 것은 이(理)의 작용이라는 것이 강조된다. 결국 이 시는 모든 사물현상 이면에는 이가 있다는 것을 말하고 있다고 볼 수 있다. 아마도, 정몽주도 이 시를 쓸때에는 이를 염두에 두었을 것이다. '다만 내 눈을 크게 뜨고 자세히 보니 모든 사물이 모두 물고기처럼 활발하구나'라는 말은 눈에 보이는 현상을 말하면서 사실은 그 이면에 담겨 있는 理를 상정하고 그 理의 작용을 똑똑히 알겠다는 것을 말하고 있는 것이다.

그러면 '관어' 제2편의 시는 무엇을 말하고자 한 것인가? 그것은 호상에서 있었던 장자와 惠施(혜시)의 논쟁을 다룬 것으로서, 氣(기) 철학적 인식론을 견지하고 있는 혜시에 대한 비판을 담고 있다. 혜시는 물과 인간이 각각 다른 것, 또 물 사이와 인간들 사이에 차이가 있는 것은 바로 氣가 달리 구성되었기 때문이라고 말하고 있다. '관어'의 제1편은 理의 존재를 말한 것이라면, 제2편은 氣의 존재를 말하고 있다. 다음으로 그의 '浩然卷子(호연권자)'라는 시를 보자. '황천이 사람을 낳음에 / 그 기가 크고 강하나 / 사람이 스스로 살피지 않고 / 외물에 끌려간다 / 그 기를 기르는 데 본래 길이 있나니 / 호연을 누가 감히 당하랴 / 삼가 맹자의 가르침을 받들어 / 조장하지도 말고 마음에 잊지도 말 것이다 / 사람의 본심은 예나 지금이나 다를 게 없고 / 鳶飛魚躍(연비어약)의 도리 또한 변함이 없으나 / 이 이치를 아는 자 드물기에 / 이 글을 쓰노라.'[57] 이 시에서 '사람이 스스로 살피지 않고 외물에 끌려간다'고 나무라는 것은 바로 이를 살피지 않았다는 것을 뜻한다. '사람의 본심은 예나 지금이나 다를 게 없다'는 것은 하늘에서 준 것은 性이며 이 성은 理라고 본 것이다. 이것은 주자의 형이상학 체계에서도 마찬가지이다. '鳶飛魚躍'(연비어약)은 '所以然'(소이연)이지만 이것은 '所當然'(소당연)으로 될 수밖에 없다는 것이 정몽주의 형이상학이다. 셋째로 '冬至吟(동지음)'을 보기로 한다. '乾道(건도)는 일찌기 쉬지 않는다 / 坤爻(곤효)가 온 누리를 다 침식해 가는 듯하여도 하나의 양은 다시 소생한다 / 그 하나의 양이 처음 움직이는 곳에

57) 皇天降生民 厥氣大且剛 夫人自不察 乃寓於尋常 養之固有道 浩然誰敢當 恭承孟氏訓 勿助與勿
忘 千古同此心 鳶魚妙洋洋 斯言知者少 爲者著此章(浩然卷子).

서 / 가히 천지가 만물을 낳는 마음을 볼 것이다(이상, 제1수) / 조화는 치우친 기운이 없으니 / 성인은 오히려 음을 눌렀다 / 하나의 양이 처음 움직이는 곳에서 / 내 마음의 옳고 그름을 체험하여 알 수 있을 것이다(이상, 제2수).'[58] 이 시의 첫 편은 하늘의 도가 순환 속에서 영원하며 그 운행을 타고 만물이 끊임없이 생성하는 것을 말한 것이고, 둘째 편은 성인이 특히 양을 높이고 음을 억제한 이유가 사람으로 하여금 잘못된 것을 피하고 올바른 것에로 나아가게 함에 있다는 것을 말한 것이다. 이것으로 보면 이 시는 천도와 인도의 차이를 밝힌 것이라고 말할 수 있다. 넷째로 '讀易(독역)'을 보자. '분분한 邪說(사설)이 사람들을 그르치고 있다 / 어느 누가 먼저 이를 공박하여 사람들을 일깨울 것인가 / 들으니 그대 집에 매화가 막 피려 한다던데 / 서로 어울려 다시 洗心經(세심경)이나 읽어 보세나(이상, 제1수) / 이 마음이 본래 허령함을 안다면 / 씻고 보면 다시 온전히 깨어남을 깨달으리 / 艮卦(간괘)의 六爻(육효)를 자세히 궁구하면 / 「화엄경」을 읽음보다 낫다는 것을 알리라(이상 제2수).'[59] 이 시의 제1수에서 '邪說(분분한 사설)'이라는 것은 불교를 이단으로 단정하고 불교가 사람들을 잘못 가르치고 있다는 것을 드러내고 있다. 불교의 폐단을 몰아 내려면 먼저 자기의 본심이 허령함을 깨달아 사심을 버리고 올바른 마음을 가지는 것이 무엇보다도 중요하다는 것이다. 그리고 불교와 이론적 논쟁에서 이기기 위해서는 洗心經(세심경)을 읽어야 한다는 것이다. 여기서 세심경이란 「주역」을 가리킨다. 세심경은 「주역」 계사편에 있는 '육효의 의미는 변화로서 알려지니 성인은 이것으로써 마음을 씻는다' '洗心'라는 구절에서 따온 말이다. 정몽주는 이 시에서, 「주역」은 유학의 최고 경전이기 때문에 「주역」에 관한 면밀한 연구를 하는 것이 대단히 중요하다는 것을 말하고 있다. '매화가 막 피려 한다'는 말은 불교의 시대가 가고 유교의 시대가 오고 있다는 것을 나타내고 있다. '간괘의 의미가 「화엄경」보다 낫다'는 것은 무엇을 의미하는가? 먼저 간괘의 의미는 다음과 같이 해석된다. '사람들이 서로 뜻이 엇갈려 등을 돌리고 있을 때에는 묵묵히 자신의 본분을 지키는 것으로 만족해야 한다. 사람들의 마음을 돌려 공동의 사업을 도모하는 것은 성과를 거둘 수 없다. 답답한 마음은 어쩔 수 없겠지만 심신을 가다듬고 특히 남의 일에 관하여 말을 하면서 간섭한다

---

58) 乾道未嘗息 坤爻純是陰 一陽初動處 可以見天心(冬至吟, 其一) 造化無偏氣 聖人猶抑陰 一陽初
動處 可以驗吾心(冬至吟, 其二).

59) 紛紛邪說誤生靈 首唱何人爲喚醒 聞道君家梅欲動 相從更讀洗心經(讀易, 其一) 固識此心虛且靈
洗來更覺已全醒 細看艮卦六畫耳 勝讀華嚴一部經(讀易, 其二).

는 인상을 주지 않도록 해야 한다. 내적 평정을 유지하면서 떳떳한 덕을 잃지 않고 자중자애하면 반드시 사태가 호전될 것이다.'[60] 정몽주의 이 구절은 정이의 '「화엄경」을 한 번 보는 것은 간괘를 한 번 살펴 보는 것만 못하다'[61]라는 말을 연상시킨다.

요컨대 사람들이 '분분한 사설'로 서로 뜻이 엇갈려 등을 돌리고 있을 때 어떻게 해야 되는가에 대하여, 「주역」은 묵묵히 자신의 본분을 지키는 것으로 만족해야 한다고 가르치고 있는 것이다. 정몽주는 이것을, '이 마음이 본래 허령함을 안다'면 '자신의 마음을 씻고 온전히 깨닫는 것'이 이 시대의 해야 할 일이라고 표현한 것이다. 정몽주는 화엄에서의 '圓融無礙(원융무애)' 사상보다 「주역」의 사상이 낫다는 것을 말하고 있는 것이다. 이것으로 보아 정몽주에 있어서 「주역」은 대단히 중요한 경전으로 자리잡고 있다는 것을 알 수 있다.

그러면 정몽주의 「주역」에 대한 입장은 무엇인가? '讀易(독역)'을 이어서 보기로 한다. '돌솥에 올려 놓은 탕이 끓기 시작하고 / 풍로의 불이 빨갛게 피어 올랐다 / 坎(감, 水)과 離(이, 火)는 천지의 작용이라 / 이 정경을 보고 미루어 천지간의 무궁한 이치를 알겠노라(이상 제3수) / 나의 조그마한 마음으로 무한대의 천지를 포용하고 / 36宮(궁)의 봄에 마음 놓고 노니노라 / 눈 앞에 卦爻(괘효)를 그리기 이전의 易(역)을 알아내고 보니 / 복희씨의 畫卦(획괘)는 한갓 자취였을 뿐 사라져 버렸네(이상 제4수).'[62] 이 시의 제3수는 풍로에 물 끓이는 정경에서 천지 간의 이치를 말하고 있고 제4수는 「주역」의 象(상)과 言(언)은 모두 방편에 지나지 않는다는 것을 말하고 있다. 정몽주는 이 시에서 언어문자에 매달리지 않고 그것이 가리키는 대상과 직접 만나야 배움의 궁극을 얻는다는 것을 분명히 하고 있다. 이 시로 보면, 「주역」에 대한 이해는 곧 마음을 읽는 것과 다르지 않다.

이상의 논의를 통하여 알 수 있는 것은, 정몽주의 형이상학은 성리학, 그 중에서도 主理的(주리적) 입장을 띠고 있다는 것이다. 그러면 그의 의리정신은 어디에서 나왔는가? 정몽주가 이성계의 병문안을 갔을 때 이방원이 그의 뜻을 떠보느라 부른 노래가 있다. '이런들 어떠하리 저런들 어떠하리 / 만수산 드렁칡이 얽어진

---

60) 李烘雨, '사회적 규범의 체계로서의 주역', 「도덕교육연구」 제3집, 한국교육학회 도덕교육연구회, 1986의 부록인, '사회적 규범의 체계로서의 주역' (미발간) p.12 참조.

61) 「二程語錄」, 看一部華嚴經 不如看一艮卦.

62) 石鼎湯初沸 風爐火發紅 坎離天地用 卽此意無窮(讀易, 其三), 以我方寸包乾坤 優游三十六宮春 眼前認取畫前易 回首包羲迹已陳(讀易, 其四).

들 그 어떠리 / 우리도 이같이 얽어져 백 년까지 누리리라.' 이 노래에 대하여 정몽주는 다음과 같이 대답하고 있다. '이 몸이 죽어죽어 일백 번 고쳐죽어 / 백골이 진토되어 넋이라도 있고 없고 / 님 향한 일편단심 가실 줄이 있으랴.' 이 노래는 그냥 우연히 나왔는가? 그렇지 않다고 보아야 한다. 이 노래는 그의 형이상학 체계인 성리학의 주리론에서 나온 것이라고 보아야 한다. 보다 직접적으로 말하여, 이 노래는 春秋大義(춘추대의)에 근거하고 있다. 그의 시 '冬夜讀春秋(동야독춘추)'를 보자. '공자가 붓으로 의롭지 못한 것을 깎아내린 것은 그 뜻이 정미하다 / 눈오는 밤, 어두운 등잔 밑에서「춘추」를 읽노라면 / 나의 몸은 일찌기 대일통(大一統) 속으로 말려 들어 / 문명 밖의 세계에 있다는 것을 잊게 된다.' [63] 이것은 공자가 역사의 옳고 그름을 가려놓은 이른바 춘추필법에 감동되어 그것이 선비가 취해야 할 큰 책무임을 자각한 것이다. 정몽주는 성리학의 주리론을 굳게 믿고 춘추대의를 체득하여 '남의 신하가 되어서 어찌 두 마음을 품겠는가. 나는 이미 내가 처할 바를 알았으니, 이 한 몸으로 5백 년 말세의 운명을 당하여 한 칼날을 밟는다 해도 피하지 않겠다'는 마음을 갖게 되었던 것이다.

그의 시에 대한 이상의 분석에서 알 수 있을 것이지만, 정몽주의 교육관은 한마디로 말하여「주역」에 나타나 있는 '神(신)에의 일치'라는 말로 요약된다. 정몽주는 성균관의 교수로서 여러 교수들 가운데 가장 강의를 잘한 것으로 알려져 있다. 이때 강의를 잘한다고 하는 것은 '이론이 명석하여 그와 논쟁하는 자 중에 승복되지 않는 자가 없다'는 것을 뜻한다. 그러나 강의를 잘한다는 것이 학생을 설득시키는 데 있다면 몰라도 '논쟁에서 학생을 승복시키는 것'을 가지고 강의를 잘한다고는 말할 수 없다. 적어도 강의를 잘한다는 것은 그 이상으로 학생들에게 자신이 공부한 모습을 보여줄 수 있어야 한다. 이것을 얼마만큼 잘하느냐 하는 데에 강의를 잘하느냐 못하느냐 하는 것이 달려 있다고 볼 수 있다. 이 점에서 정몽주는, 그의 '음시'에 나타난 바와 같이, 학생에게 가르쳐야 할 내용을 '온 종일 높이 읊조리다가 또 나즈막이 읊조리면서' 그야말로 모래를 일어 금조각을 찾는 것 같은 괴로움을 겪으며 연구하였을 것이고, 이 연구한 내용을 자신이 고민한 과정과 함께 재연해 보여줌으로써 학생으로 하여금 모래알에서 금조각을 찾아 내듯이 공부하도록 하였을 것이다.

정몽주가 가르친 교육내용으로는 일차적으로 사서를 들 수 있다. 그 가르친 내

---

63) 仲尼筆削義精微 雪夜靑燈細玩時 早抱吾身進中國 傍人不識謂居夷.

용이 「四書標註(사서표주)」라는 것에 담겨 있는데, 불행하게도 그 책은 전해지고 있지 않다. 그 중에서도 그는 「중용」을 매우 중요하게 여겼던 것으로 전해진다. 그리고 그는 「시경」, 「주역」, 「춘추」, 「예기」 중에서 「주역」을 특히 중요시하였다. 이 모든 교과들은 유학과 관련된 것이다. 그러면 불교도 있는데 왜 하필 유학만을 가르쳐야 하는가? 그는 '도가 중에 맞지 않으면 이단의 도이다' 라는 '중'의 의리를 기준으로 하여 불교를 배척하였다. 사실 그는 大司成(대사성)으로 있으면서 경연에서 다음과 같은 진언을 하였다. '유학자의 도는 모두 일용평상적인 것을 벗어나지 않는다. 예컨대, 음식, 남녀 같은 것은 모든 사람들에게 같은 것인데 거기에 지극한 이치가 있으니, 요, 순의 도 또한 이 밖에 있지 않다. 움직이고 멈추고 말하고 침묵하는 데에(즉, 일상생활에) 있어서 그 올바름을 얻는 것, 이것이 바로 요와 순의 도이다. 그것은 지극히 고상하여서 행하기 어려운 것이 아니다. 그러나 저 불씨의 가르침인즉 그렇지 않다. 그것은 친척을 떠나고 남녀관계를 끊으며, 홀로 굴 속에 앉아서 나무와 풀로 먹고 입으면서 空(공)을 觀(관)하여 적멸에 이르는 것을 종지로 삼으니, 이것이 어찌 평상의 도이겠는가.' [64]

정몽주는 공부를 끝까지 하면 어떤 상태가 된다고 보았는가? 이것을 알아 보기 위하여 그의 '惕若齊銘(척약제명)' 을 보자. '하늘에서의 운행은 날마다 구만리이다. 잠깐이라도 間斷(간단)이 있다면 物(물)이 나지 못한다. 운행하는 것은 이와 같아서 쉬지 않는다. 잠깐동안 병이 생기면 혈맥이 중단된다. 군자가 그것을 두려워하여 낮에는 부지런히 하고 밤이면 두려워 반성하여 공부를 지극히 쌓으면 하늘의 上帝(상제)를 대할 수 있을 것이다.' 결국 공부를 끝까지 한 상태는 하늘의 상제를 대할 수 있는 상태를 의미한다고 볼 수 있다. 말하자면, 교육받은 최고의 상태는 신과 같은 상태라고 말할 수 있을 것이다. 교육받는 목적은 바로 이 상태를 실현하는 데에 있다.

정몽주가 주리론적 관점에서 교육이론을 개진하였다면 이숭인은 주기론적 관점에서 교육이론을 개진하고 있다. 李崇仁(이숭인, 1342-1392)의 호는 陶隱(도은)이고 이색의 문인이다. 그는 고려 말 삼은(三隱)의 한 사람으로서 공민왕 11년(1362)에 14세의 나이로 과거에 급제하였다. 이것으로 보아 그의 학문은 매우 조숙했던 것 같다. 실지로, 그는 19세의 나이로 공민왕 16년(1367) 정몽주, 김구용 등과 함께 성균관의 學官(학관)으로 선발되었다. 그는 정몽주가 살해된 후 정몽주

---

64) 「圃隱集」, 續錄 卷1, 經筵啓辭.

일당으로 몰려 순천에 귀양가고 이어 조선이 개국되자 정도전이 보낸 黃居正(황거정)에 의해 배소에서 杖殺(장살)되었다. 그러나 도은 시집 서문에서 정도전은 '이숭인의 학문은 깊고 명쾌하여 여러 학자들을 능가했다'고 말하고 있다.

우선 이숭인의 형이상학을 보자. '무릇 천지의 큰 변화가 유행함에 따라 음양오행에 서려 있는 정기가 생기작용을 일으켜 사람이 태어난다. 그러므로 생하는 자는 곧 천지의 氣이다. 그러므로 그 氣됨은 지극히 크고 강하다. 지극히 크기 때문에 천지의 어디에 퍼지거나 준칙이 되고, 지극히 강하기 때문에 쇠와 돌에 부딪히면 그것을 뚫는다. 그 氣의 체는 본래 호연하여 그것을 기르는 방법을 얻으면 나의 기가 천지에 가득차게 된다. 그 방법은 오직 義를 모으는 것일 뿐인데, 의를 모은다는 것은 일이 모두 의에 합해지는 것을 말한다. 이러한 의는 나에게 본래 있는 것이므로 잠시도 떼어 버릴 수 없는 것이다.' [65] 그는 스승 이색과 같이 氣를 천지운행의 주체로 보고 있다. 특히 기를 만물의 준칙으로 간주한 점은 특이하다. 그리고 호연한 기를 제대로 기르면 나의 기가 천지에 가득차게 된다는 것이다. 그가 이와 같이 인간의 도덕성을 호연지기에서 찾은 것은 그가 기를 도덕창조의 본체로 본다는 것을 가리킨다.[66] 이와 같이 이숭인이 기론자라는 것을 알 수 있는 다른 자료는 없는가? 그의 시 '題所居觀物齊(제소거관물제)'를 음미해 보기로 하자. '새 가운데 봉황이 있고 짐승 가운데 기린이 있으니 / 우리는 그것을 가지고 봉황은 상서롭다 하고 기린은 인하고 선하다 한다 / 사람들이여! 본래부터 종류가 다르다고 이르지 마소 / 분명한 것은 만물도 그 궁극의 경지에서는 사람과 같은 것을 / 생을 가진 모두가 이 천지에서 온 것이나 / 각기 다른 형상을 얻으면서 비로소 갈라진 것이니 /「주역」에서 말한 取譬(취비)란 말 한 마디가 참으로 妙訣(묘결)이라 / 성인은 그 진리의 단서를 잡아 후인에게 전한 것이다.' [67] 여기에서 보면 '본래부터 종류가 다르지 않다' 든가 '생을 가진 모두가 이 천지에서 온 것'이라든가 '각기 다른 형상을 얻으면서 비로소 갈라진 것'이라는 말은 이숭인이 기론자임을 다시 확인해 주는 대목이기도 하다.

이숭인의 형이상학을 짐작할 수 있는 또 다른 단서로 「주역」의 복괘에 대한 그의 독특한 해석을 보기로 한다. '복에는 세 가지 측면이 있다는 생각이 들었다.

65)「陶隱文集」卷4, 李浩然赴, 合浦幕序.

66) 崔英成,「韓國儒學思想史」(古代-高麗篇), 亞細亞文化社, 1994, p.409.

67) 禽中有鳳獸中 獜鳳凰嘉祥獜是仁 莫道從來爲異類 分明畢竟勝如人 有生元自共吾天 到得相形始
判然 取譬一言眞妙訣 聖人端爲後人傳.

첫째, 음양에 따라 천지가 복하는 것이고, 둘째는 동정에 따라 성인이 복하는 것이 있고, 셋째는 선악에 따라 중인이 복하는 것이 있다. 대체로 복은 그 괘의 됨됨이가 양이 위에서 극도로 소진하고 바야흐로 아래에서는 생겨나는 형상이다. 초겨울에는 純陰(순음)이 권위를 부리니, 하늘과 땅 사이에 온갖 생물은 돌아가 감추어진다. 그러다가 한 가닥 양의 기운이 다시 싹터 움직이면 살아있는 것들의 마음은 넘쳐 흐를 것처럼 드러나게 된다. 천명이 유행하고 조화 발육하여 천지의 기밀한 움직임이 실로 여기에서 시작되는 것이다. 이것이 이른바 "복"이다. "돌아온다"라고 하니, 천지의 마음을 볼 수 있는 것이다(음양에 따르는 천지의 復). 성인도 역시 마찬가지이다. 물에 감응하지 않았을 때에 이 마음이 적연한 가운데 공에 비추어 균형을 잡는 상태로 있는 것은 비록 귀신일지라도 엿볼 수 없다. 그러다가 행동할 때에 이르면 순임금이 살리기를 좋아하고 하우씨가 물에 빠진 백성들을 건져 주며, 주 문왕이 백성 보기를 다친 사람처럼 하는 것과 같이 하나니, 이는 곧 성인은 천지의 마음을 자기의 마음으로 하는 까닭이요, 사람이 그 움직임으로 인하여 볼 수 있는 것이다(성인의 復). 중인은 태어날 때 받은 氣가 잡박하고 물욕에 가려서 그 본연의 마음을 상실하고도 스스로 알지 못함이 모두 이것이다. 그러나 본연의 착한 성품은 굳게 있어서 양기가 다하는 법 없이 반드시 돌아오는 것과 같다. 그러므로 감응에 따라 나타나 보여서 저절로 막을 수 없는 바가 있는 것이다. 비록 지극히 빈궁한 사람일지라도 간혹 경멸하며 주는 음식 대접은 반갑지 않게 여기지 않을 수 없으며, 지극히 포악한 사람일지라도 혹 어린 아이가 우물로 기어 들어가는 것을 차마 그냥 보고 있을 수 없는 것이다. 이것이 善性(선성)의 단서가 돌아오는 것(復)으로서 감히 소홀히 여길 수 없는 것이다. 무릇 복괘의 뜻에 이렇게 세 가지가 있는데 성인이 중인의 복을 정성껏 자세하게 설명한 것은 무슨 까닭인가? 대개 천지의 氣는 靜(정)함이 궁극에 이르면 動(동)하는 것으로서 저절로 거기에 당연히 복의 이치가 있는 것이다. 그러므로 역경에서는 사람을 가르침에, 비록 천도에 중점을 두기는 하지만, 사람의 마음에 더욱 중점을 둔 것이다 … 성인이 복괘의 괘사에서는 오직 천지 자연의 복의 이치만을 밝히고 6효의 효사에는 다 사람 마음의 복의 작용을 말하여 한 마디로 만족하지 않음은, 영원히 세상 사람으로 하여금 그 효사를 살피고 그 占(점)을 완미하여 능히 吉(길)한 것에 나아가고 흉한 것을 피하게 한 것이다.' [68]

68) 「陶隱文集」卷4, 復齊記.

이숭인의 복괘에 대한 해석에서 주목의 대상이 되는 것은 '천지의 기는 靜(정)함이 궁극에 이르면 動(동)하는 것으로서 저절로 거기에 당연히 복의 이치가 있는 것이다' 라는 말일 것이다.[69] 그러나 이 '동정의 변화'는 매우 미세하여서 파악하기가 쉽지 않다. 바로 여기에 이숭인이 생각하는 교육의 중요성이 있다. 동정은 적어도 공자의 제자 안연과 같이 평소에 끊임없이 자신을 교육하지 않으면 파악되지 않는 것이다. 주희는 이 점을 정확하게 간파하고 다음과 같은 시를 읊었다. '미세한 조짐은 소홀히 하기 어려움을 알라! / 선의 실마리는 본래부터 끊임없나니 / 빗장을 걸고 마음의 行旅(행려)를 쉬게 하며 / 저 柔道(유도)에 관련된 것을 끊으라!'[70]

교육을 받지 않으면 바라는 바 훌륭한 인격은 형성되지 않는다. 이숭인은 이 점을 강조하면서 수행의 내용으로 禮를 강조하고 있다. '경전에서 인의도덕도 예가 아니면 이루어지지 못하고, 가르쳐 풍속을 교화하는 것도 예가 아니면 갖추어지지 못하며, 분쟁을 판결하는 것도 예가 아니면 해결되지 못하고, 군신상하, 부자형제도 예가 아니면 자리가 바로잡히지 못하며, 조정의 서열을 정하고 군대를 지휘하며 관직에 나아가 법을 실행하는 것도 예가 아니면 위엄이 서지 않고, 기도하고 제사 지내며 귀신에게 치성을 드리는 것도 예가 아니면 그 정성을 드러낼 수 없다 하였으니, 그 뜻이 지극히 위대하다. 그러나 「예기」의 으뜸은 "毋不敬!(오로지 경으로 일관하라)"은 세 글자인 줄 안다. 이는 곧 요의 敬明(경명), 순의 溫恭(온공), 우의 祗德(지덕, 덕을 존경하는 마음), 탕의 聖敬日躋(성경일제, 성인을 공경하여 나날이 높이는 마음), 문왕의 小心翼翼(소심익익, 대단히 조심하여 삼가고 공경하는 마음) 등과 같이 성인이 서로 전한 심법이다. 옛날부터 사직의 안위와 백성의 편안함과 수고로움, 군자와 소인의 나아감과 물러남, 그리고 천명과 마음이 떨어지고 합해지는 이 모두는 군주의 마음이 경하느냐 그렇지 않느냐에 달렸으니 모든 일을 처리하고 행할 때에는 반드시 오로지 경에 마음을 두어야 한다.'[71]

예를 올바르게 가르치는 방법은 무엇인가? 이숭인은 자신의 학생들에게 준 글에서, '옛날의 학문에는 소학과 대학의 과정이 있었다. 여덟 살에서부터 열 다섯 살까지의 사이에 먼저 청소하고 손님에게 응대하는 소학을 공부한 다음에 格物-

69) 앞의 이색의 경우에서와 마찬가지로, 복괘에 대한 이숭인의 이 해석은 앞에서 소개한 바 있는 이홍우 교수의 해석과 함께 검토될 필요가 있다.
70) 幾微諒難忽 善端本綿綿 閉關息商旅 絶彼柔道牽.
71) 「陶隱文集」卷5, 進重刊陳澔集說禮記箋.

致知-誠意-正心(치물-치지-성의-정심)하고 修身-齊家-治國-平天下(수신-제가-치국-평천하)하는 대학 공부에로 나아갔는데, 이는 구분이 뚜렷하여 문란할 수가 없었다. 그러므로 사람이 학문을 함에도 근본이 있으니 그것을 지키면 학문의 성취 또한 쉽게 달성될 것이다. 그런데 후세에 오면서 학제가 흔들리고 과정을 뛰어넘는 일이 생겨 끝내 아무 것도 얻지 못하는 꼴이 되었다'[72]라고 말하고 있다.

이숭인의 형이상학은 어디까지나 기 속에 이가 존재한다는 것에 바탕을 두고 있다. 그는 이 믿음을 세상 사는 과정에서 실천하였다. 그는 '행동함에 반드시 고인을 스승으로 삼았노라. 생각컨대 공자의 "몸을 죽여 인을 이루라"(殺身成仁)는 말과 "지사는 시궁창에서 죽을 것을 잊지 말라(志士不忘在溝壑)"는 맹자의 말을 되새겨 왔노라. 차라리 힘이 부족하여 중도에 죽을지언정 이를 정성스럽게 마음에 새겨 왔노라. 忠君(충군)과 愛國(애국) 이외에 딴 생각이 없었는데, 어찌 시속 인심이 저리도 험하여 曲學(곡학)과 사심으로 나를 보기를 저 도마 위의 고기 같이 하여 침을 삼키고 이를 가는가'[73]라고 한탄하고 있다. 그러나 그는 이어서 '나의 첫마음을 고칠 수 없다. 일생을 곤궁하게 마치리라. 천고의 앞서 나신 분과 뒤에 올 사람들 무궁하다. 내 뜻은 맹세코 돌이키지 못하니 우러르며 몸 닦으리라'[74]고 결심하고 있다. 이것은 그가 세상이 아무리 변화무쌍하여도 그 속에는 절대로 옳은 무엇이 있다는 것을 확신하고 있다는 것을 뜻한다. 다만, 그는 스승 이색과 마찬가지로 절대적으로 옳은 그 무엇을 우주에 가득차 있는 기운에서 찾았다.

2. 불교의 쇠퇴와 성리학의 수용

이제 고려는 그 쇠망의 날에 가까이 다가가고 있었다. 이에 따라 교육에서는 본격적으로 불교를 배척하고 성리학을 가르쳐야 한다는 목소리가 점차 높아가고 있었다. 왜 이런 일이 벌어졌는가? 사실을 두고 말하자면, '고려에서는 국가적으로 불교를 숭상하여 불교는 국교적 성격을 띠고 있었다. 불교에 대한 대우가 융숭

72)「陶隱文集」卷4, 贈朴生詩序.
73)「陶隱文集」卷1, 哀秋夕辭.
74)「陶隱文集」卷1, 哀秋夕辭.

하므로 불문에 들어가는 자들이 매우 많았는데, 왕자, 왕손 가운데서도 중이 되어 포교에 열중하는 자가 잇달아 나왔다. 역대 왕들도 모두 보살계를 받았던 불교 신자였다. 고려 일대에 걸쳐 불교는 사상적으로, 종교적으로 매우 높은 경지에 올랐으며, 백성들의 '爲善去惡(위선거악)'에 지대한 영향을 끼치는 등 여러 측면에서 크나큰 공헌을 하였다'.[75] 그런데 왜 하필 불교를 배척하는 주장이 새롭게 등장하게 되었는가? 그것은 고려 중기 이후 불교의 교풍이 흐려져서 여러 가지 말폐가 적지 않은 해독을 끼치게 되었기 때문인가?

불교와 유교는 고려 초기까지 우리나라의 사상을 특징짓는 양대 종교였다. 불교와 유교는 커다란 갈등없이 각 시대의 사람들의 '마음의 결'을 형성하는 데에 나름대로의 기능을 해왔다. 그러나 고려 초기를 지나 후기에 이르러 조선으로 넘어가는 과정은 불교와 유교의 조화로운 관계가 깨어지고 불교가 유교에 의하여 일방적으로 배척되는 과정이라고 할 수 있다. 그런데 고려에서 조선으로 넘어가는 과정에서 불교는 왜 유교에게 패하였는가? 혹자는 '조선을 건국하는 데 참여한 신진 사대부 세력은 주로 성리학자였고 그들은 권문세족과 결탁되어 있는 보수적 성격의 불교를 배척하지 않을 수 없었다'는 식으로 유교와 불교의 싸움을 정치 싸움으로 보기도 한다. 물론 이 견해에 타당한 측면이 없는 것은 아니다. 그러나 신진 사대부 세력은 왜 유교를 선호하였는가? 신진 사대부들이 고려사회를 비판하고 새로운 사회를 건설하기 위한 힘을 유교에서 얻었다면 유교의 어떤 측면이 그러한 힘을 부여하였는가? 그 대답은 유교와 불교의 싸움이 정치 싸움이 아니라, 이론 싸움이라는 데에서 찾아야 한다.

고려 전기에 최승로는 시무 28조에서 '불교를 행하는 것은 수신의 근본이요 유교를 행하는 것은 치국의 근원이다'라고 하면서, '불법을 숭배하는 일이 不善(불선)은 아니지만 제왕과 士庶人(사서인)이 불법을 위하는 공덕은 실로 같지 않다 … 제왕의 경우는 백성들을 수고롭게 하고 저들의 재물을 허비하게 하는 것이다'라는 점을 들어 불교를 비판하고 있다. 그러나 그는 불교 자체는 물론 불교 행사까지도 근본적으로 거부하거나 반대한 것은 아니었다. 그리고 유교를 숭상하던 성종도 불교를 근본적으로 부정하거나 배척하지는 않았다. 그러나 다른 한편에서 보면, '북송 도학의 수용과 관련된 단서로서 가장 빠른 것으로는 최충이 세운 구재학당의 명칭을 들 수 있다. 즉, 樂聖(악성), 大中(대중), 敬業(경업), 誠名(성명), 造

75) 崔英成, 전게서, p.414.

道(조도), 率性(솔성), 進德(진덕), 太和(태화), 待聘(대빙)의 대부분이 「중용」, 「대학」, 「주역」에 나오는 용어이거나 그와 유사한 것들이다. 「주역」, 「중용」을 중시하는 성리학자들의 경향도 북송 도학이 고려에 이미 수용되고 있었다는 것을 보여주는 것이다.'[76] 그리고 성리학은 종래 유학의 암흑기라고 불리는 무신집권기에도 극히 일부 학자들에 의해 전수되어 마침내 이기론이 전개되기에 이른다. 고려 고종(1214-1259) 때의 학자 鄭義(정의)의 '논하건대, 기가 모인 것은 같거나 다름이 있지마는, 이의 주관하는 바는 비록 물이 다르더라도 반드시 같은지라, 저 두 가지의 것이 합하여 一化(일화)의 혼용한 상태로 돌아감이 마땅하리라'[77]는 글은 그 점을 보여주고 있다. 고려 중기의 학풍은 예종-인종대에 들어 사장적 분위기에서 尊經的(존경적) 경향으로 서서히 바뀐다. 구체적으로 말하면, 인종(1022-1067)은 「예기」에서 「대학」과 「중용」을 독립시켜 유신들에게 읽기를 권장함으로써 사서 성립의 실마리를 들어내고 있다. 그러나 이때까지만 해도 성리학은 공자가 말한 '이단을 전공하면 해로울 뿐이다' 라는 주장을 하는 정도에 그쳤을 뿐, 불교와 이론적으로 대립하기에는 역부족이었다.

고려 말 마침내 정주학이 본격적으로 도입되어 연구되기 시작하면서 비로소 고려에서 신진사류에 의한 척불론이 본격적으로 대두하게 되었다. 정주학은 도가와 불가를 비판하는 과정에서 이단배척의 논리를 더욱 정밀하게 하였다. 마침내 불교에 조예가 깊었던 정호와 정이는 불교에 대한 반대 입장을 분명히 하였다. '楊朱(양주)와 墨翟(묵적)의 해독은 申不害(신불해)나 韓非(한비)보다 심하고 불타나 노자의 해독은 양주와 묵적보다 심하다. 양주의 爲我(위아)는 의와 비슷하여 의혹되기 쉬우며, 묵적의 兼愛(겸애)는 인과 비슷하여 의혹되기 쉽다. 그러므로 맹자는 다만 양주와 묵적을 물리쳤으니, 그것은 세상 사람들을 의혹되게 함이 심하기 때문이다. 老佛(노불)은 그 말이 이치에 가까우나, 그 해독은 양주, 묵적과 비교가 되지 않는다. 그것은 해독이 가장 심하기 때문이다.'[78] '저 불교의 학문은 "경으로써 안을 바르게 하는 것"(敬以直內)은 있으나, "의로써 밖을 방정하게 하는 것"(義以方內)은 없다. 그러므로 완고한 자는 고고하게 되고 융통성이 있다는 사람은 거리낌없이 제멋대로 행동하고 마니, 이것이 불타의 가르침을 좁다고 하는 까닭이다. 우리의 도(유교)는 그렇지 아니하고 성에 따를 뿐이다. 이 이치를 성

---

76) 「상계서」, p.268.
77) 「東文選」 卷2.
78) 「程氏遺書」 卷13, 明道先生語.

인은 「주역」에서 갖추어 말하고 있다.'[79] 다시, '불교에서는 본래부터 생사를 두려워하여 자기의 이익만 위하니, 어찌 公道(공도)라고 하겠는가. 오직 上達(상달)에만 힘쓰고 下學(하학)이 없으니, 어찌 옳음이 있겠는가. 원래부터 사물과 도가 서로 연속되어 있지 않고 간단이 있으므로 도가 아닌 것이다. 맹자가 "그 마음을 다하는 자는 그 성을 안다"고 한 것은 불교에서 말하는 '識心見性(식심견성)' 바로 그것이다. 그러나 불교에는 마음을 존양하고 성을 배양하는 일 같은 것이 없다. 저들은 굳이 말하기를 "집에서 나와 자기 홀로 선하게 한다"고 했으나, 문득 도체에 있어서 스스로 부족한 바가 있다. 어떤 사람이 말하기를 "불교에서의 지옥 따위는 모두 근기가 낮은 下等(하등)의 사람들을 위해서 말한 것이니, 이 畏怖之心(외포지심)을 베풀어 선을 행하도록 하는 것이다.'[80] 불교의 형이상학과 관련해서는 '불교에서는 음양의 消長(소장), 주야의 교대, 생사, 고금의 변천에 대해서 알지 못하고 있다. 그러니 어찌 그 형이상학적인 것이 성인과 같다고 할 수 있겠는가'[81]라고 말하고 있다.

정몽주는, 앞에서도 말했듯이, 누구보다도 앞서서 불교를 배척하려고 하였다. 아마 이것은 송대 성리학의 불교배척론에 영향을 받은 바가 크기 때문이었을 것이다. '유학자의 도는 모두 일용평상적인 것을 벗어나지 않는다. 예컨대, 음식, 남녀같은 것은 모든 사람들에게 같은 것인데 거기에 지극한 이치가 있으니, 요, 순의 도 또한 이 밖에 있지 않다. 움직이고 멈추고 말하고 침묵하는 데에(즉, 일상생활에) 있어서 그 올바름을 얻는 것, 이것이 바로 요와 순의 도이다. 그것은 지극히 고상하여서 행하기 어려운 것이 아니다. 그러나 저 불씨의 가르침인즉 그렇지 않다. 그것은 친척을 떠나고 남녀관계를 끊으며, 홀로 굴 속에 앉아서 나무와 풀로 먹고 입으면서 空(공)을 觀(관)하여 적멸에 이르는 것을 종지로 삼으니, 이것이 어찌 평상의 도이겠는가.'[82] 고려의 유학자들이 보기에, 불교의 이론적 폐단은 현세의 삶을 부정하는 데에 있다. 인간의 삶에는 현실적 측면도 있고 이상적 측면도 있다. 불교의 이론은 삶의 현실적 측면을, 삶의 이상적 측면을 실현하는 데에 저해요인이 되는 것으로 본다. 물론, 인간의 삶이 지향해야 할 이상적 측면은 당연히 중요한 것으로 부각되어야 한다. 그러나 그러한 이상적 측면을 실현하는 데 현

79) 「上揭書」 卷4, 伊川先生語.
80) 「上揭書」 卷13, 明道先生語.
81) 「上揭書」 卷14, 明道先生語.
82) 「高麗史」 卷107, 鄭夢周條.

실적 측면이 언제나 저해요인으로 작용하는 것만은 아니다. 오히려 이상적 측면을 실현하기 위하여 인간이 강구할 수 있는 유일한 발판은 현실적 측면의 삶뿐이다. 현실적 측면의 삶을 떠난 인간의 이상 실현은 허구인 것이다. 이 두 측면을 조화롭게 해줄 수 있는 학문이 바로 성리학인 것이다.

성리학은 불교를 배척하는 이론을 펼치면서 유교가 국가사회를 다스리는 치술이라는 점을 강조하였다. 안향을 비롯한 이제현, 백이정, 우탁, 권부, 이곡, 이색, 정몽주, 이숭인 등과 같은 탁월한 인물들은 성리학의 이 특징을 고려사회에 전수하려는 사람들이었다고 볼 수 있다. 그러나 이 당시의 고려사회는 성리학자들의 그 이상을 실현할 수 있는 기반을 마련해 주지 못하였다. 여기에서 고려의 성리학자들은 두 가지 부류, 즉 고려사회를 그대로 유지하면서 성리학의 이상을 실현하려는 사람들과 현실적 제약을 혁신하여 새로운 사회에서 성리학의 이상을 실현하려는 사람들로 나누어지게 된다.

사실, 성리학자들은 이색에 이르기까지는 별다른 차이가 없었다. 그러나 이색 이후 정몽주 계열과 정도전, 권근 계열에 의해 세상을 보는 눈의 차이가 나타나게 된다. 정몽주 계열은 綱常(강상)과 節義(절의)를 존중하여 백이와 숙제를 보고 배워야 할 이상적인 인간상으로 여기고, 대의명분을 내세우는 「춘추」를 중시한다. 그러나 정도전, 권근 계열은 「주역」의 易(역) 사상인 변화론을 중시하여 시대상황에 적극적으로 대처해야 한다는 입장에서 천명에 따른 왕조의 교체를 주장한다.[83] 그리하여 전자는 강상의 부식에 치중하게 되었고, 후자는 천명사상을 강조하여 常(상)보다는 變(변)에 치중하는 세계관을 가지게 되었다. 이와 같은 상론, 변론은 이후 조선 왕조에 와서도 계속 문제가 된다. 대체로 말하여, 성리학파 중에서 理學派(이학파)는 절의파에 속하며, 氣學派(기학파)는 훈구파나 혁신파에 속하는 경향성을 띠고 있다. 이 문제는 이후의 조선 왕조의 학문 판도를 예고해 주고 있다.

83) 柳承國, 「한국의 유교」, 세종대왕기념사업회, 1980, pp.180-181.

제7장
조선 전기의 교육

이성계는 이른바 易姓革命(역성혁명)을 통하여 조선이라는 새로운 국가의 왕으로 추대되었다(1392년 7월). 이것은 革命論(혁명론)과 綱常論(강상론)이 대립하는 과정에서 혁명론의 승리로 이루어진 결과이다. 그런데 이 혁명론과 강상론은 모두 유학이라는 공통 기반에 뿌리를 두고 있다는 사실에 유념할 필요가 있다. 혁명론이 승리를 거두었으므로 강상론은 사라져 버려야 할 것 같지만, 그와는 정반대로 강상론은 국가기반이 확고해지는 것과 함께 늘 새롭게 등장하였다. 강상론은 후세로 내려오면서 다양한 변혁을 보이며 조선왕조 사상계의 흐름을 주도하였던 것이다. 여기서 새롭게 강상론이 등장하였다는 것은 유학이 성리학에 근거하여 각 시대에 요구되는 사상으로서 부단하게 재검토되고 재평가되었다는 뜻을 담고 있다.

우선 혁명론의 요점을 살펴보기로 하자. 이성계를 추대한 사람들은 어떤 주장을 하고 있는가? 이를 알아보기 위해서는 공양왕을 폐위시킬 때의 그 명분을 살펴볼 필요가 있다. 그 명분은 '지금 임금이 혼암하여 임금의 도리를 이미 잃었고, 백성의 마음은 이미 떠나갔으니, 사직과 백성의 주인이 될 수 없다'[1]는 식의 것이었다. '임금의 도리를 잃었다'는 것은 무슨 뜻인가? 맹자의 仁政(인정)과 王道(왕

---

1)「太祖實錄」卷1, 元年 7月 17日條.

도) 사상에 의하면, 정치는 왕이 자신의 인을 확대하여 백성을 보호하는 것이어야 한다. 왕도는 인정을 구체적인 내용으로 하여 성립한다. (왕도는 때로 왕정을 가리키기도 한다.) 여기서 임금의 도리를 지키는 것은 맹자가 말하는 왕도정치를 행하는 것, 다시 말하여 백성을 인으로써 교화시키는 것을 가리킨다. 그런데 왕도는 언제나 민심의 형태로 드러나며 그 민심에 의해서 확인된다. 결국, 정권의 이양은 민심을 결정조건으로 삼는다. 더 나아가 맹자는 만약 임금된 자가 도를 잃으면, 백성은 그 정권을 뒤집어버리고 그를 내쫓을 수 있다고 생각하였다. 이것은 분명히 정권은 이전될 수 있고, 이전의 궤도는 천하 민심이 향하는 곳으로 정해질 수 있음을 나타낸 것이다. '공양왕은 왕도를 잃었고, 그 결과 백성의 마음이 떠나갔으니 사직과 백성의 주인이 될 수 없다'는 말은 민심이 이미 고려에 대해서 역방향을 취하고 있었다는 것을 가리킨다. 이와 같이 맹자의 천명사상은 조선 초기의 혁명론자들에게 명분을 제공했음에 틀림없다. 그러나 다른 한편, 이 혁명론은 차츰 강상론으로 바뀌어 가면서 다시 혁명론의 대두를 예고하고 있었다.

조선 초기의 혁명론이 점차적으로 강상론으로 자리잡는 과정은 어떠하였는가?[2] 구체적으로 말하면, 혁명론자들은 정몽주에 대해 '간사한 계책을 몰래 이루어 변란의 발단을 일으키고자 하여 … 나라 사람들이 분개하고 원망하여 몽주를 함께 목베었다'[3]고 말하고 있다. 이 말에서 알 수 있듯이, 혁명론자들은 정몽주에 대해 격렬한 어조로 성토, 단죄하고 있다. 그러나 곧바로 태종때에 와서는 사정이 달라진다. 태종때는 조선왕조의 기틀이 잡혀 가는 시기이다. 태종은 혁명론이 이미 그 명분을 상실했음을 의식하고 정몽주에 대해 '섬기는 데 두 뜻을 두지 않았다'고 말하고 있다. 실지로, 태종은 정몽주의 충절을 높이 평가하고 문충(文忠)이라는 시호를 내리고 있다. 권근은 태종 원년(1401) 상소를 올려 혁명론에서 강상론으로 전환해야 할 역사적 필연성과 정당성을 다음과 같이 제시하고 있다. '예로부터 나라를 차지한 자는 반드시 절의있는 선비를 표창하는 것이니, 이것은 만세의 강상을 굳게 하기 위해 반드시 필요한 것이다. 임금된 자가 의리를 내세워 창업할 때에는 자기에게 따르는 자는 상주고 따르지 않는 자는 죄를 주는 것이 진실로 마땅하다. 그러나 대업이 이미 안정된 때에는 전 왕조에 충절을 다한 신하를 상주어 … 후세에 신하된 자의 절의를 장려하는 것이니, 이는 고금의 공통된

2) 琴章泰, '性理學的 價値觀의 傳統', 韓國精神文化硏究院, 「韓國思想史大系」(4), 1991, pp.277-278.
3) 「太祖實錄」 卷1, 元年 7月 18日條.

의리이다.'[4] 여기서 권근은 정몽주 등을 추존하고 길재에게 정문을 세워 포상하
도록 강력하게 주장한다.

1. 조선의 국가이념과 성리학

길재(1353-1419)는 조선왕조의 절의정신의 모범이라고 말할 수 있다. 그는 이
색, 정몽주, 권근 등의 문하에 출입하면서 성리학을 배웠다. 그는 고려가 망하자
숨어버렸다. 그러나 정종 2년 태종이 동궁시절에 옛날 한 스승 밑에서 공부했던
옛정을 생각하여 그에게 벼슬을 내려 불렀으나 올라와 뵙고 사양하였다. 그는 이
렇게 말했다. '신하에게는 두 임금이 없으니 고향으로 돌아가서 평생 노모를 봉
양하고 신하는 두 임금을 섬기지 않는다는 뜻을 이루게 하여 주시기 빕니다.' 태
종은 그가 충절을 지키는 것을 허락해 주었다. 그러나 세종이 그의 아들에게 벼슬
을 내렸을 때에는 '너는 마땅히 내가 고려에 쏠리는 그 마음을 본받아 너의 조선
임금을 섬기도록 하라'[5]고 훈계하고 있다. 얼핏보면 길재의 태도는 모순인 것 같
지만 하나의 진리를 전달하고 있다. 길재의 이 태도는 충성을 하는 것이 무엇이며
충절을 지킨다는 것이 무엇인지를 조선왕조의 백성들로 하여금 볼 수 있도록 하
는 데에 충분한 것이었다.

이와 같이 길재는 왕조의 전환기에 살았으면서도 고결한 지조와 절의를 의연
히 지킴으로써 이후 성리학자들의 사표가 될 수 있었다. (그의 학통은 김숙자-김종
직-김굉필-조광조로 이어졌다.) 그가 언제부터 어떤 뜻을 가지고 살게 되었는가는
다음의 그의 시 한편에 잘 나타나 있다. 이 述志(술지)라는 제목의 시는 길재가 16
세에 지은 것이다. '시냇가 오막살이 집에 홀로 한가히 지내니 / 달 밝고 바람 맑
아 흥겨웁구나 / 바깥 손은 오지 않고 산새만 지저귀는데 / 대숲에 평상을 옮기고
누워서 책이나 볼거나.'[6] 이 시는 그의 일생을 암시하는 시이기도 하다. 이 시에
는 벼슬을 하지 않은 채 가난하게 살아가면서도 지조를 지키겠다는 뜻이 담겨져

---

4) 「太宗實錄」 卷1, 元年 1月 14日條.

5) 「世宗實錄」 卷3, 元年 4月 12日條.

6) 臨溪茅屋獨閑居 月白風清興有餘 外客不來山鳥語 移床竹塢臥看書.

있다. 그러나 그는 이 어려운 형편에서도 책을 손에서 놓지 않겠다는 의지를 밝히고 있다. 과연 그는 금오산 아래에 사숙을 열고 후학을 가르쳤던 것으로 알려져 있다. 이와 같은 결심을 하게 되었을 때 그는 어떤 내용의 의지를 다졌을까? 고려가 망하자 그는 다음과 같이 말한 적이 있다. '아아! 하늘이 이렇게 하였으니 탓해 무엇하랴. 이에 방황하며 탄식하다가 훌쩍 마음을 돌려, 스스로 자취를 감추어 달 아래에 冠(관)을 걸고 맑은 바람에 시를 읊조리며, 하늘과 땅 사이를 우러러 보고 굽어 보면서 세상 밖을 소요하며 그 시대의 책임을 지지 않고 길이 性命(성명)의 올바름을 보전함만 같지 못하다. 이렇게 살면 하늘을 뚫고 올라가 우주 바깥으로 나갈 수 있으니, 어찌 千駟萬鍾(천사만종)의 부귀가 부럽겠는가.'[7] 이 말에는 책이나 보면서 한 평생 살겠다는 의지가 담겨 있다. 책을 보면서 스스로 교육하지 않으면 어떻게 '하늘을 뚫고 우주 바깥으로 나갈 수' 있겠는가. 그는 후학을 가르치면서 항상 '사람이 낮에 언행이 빗나가는 것은 밤에 마음을 잘못 가지기 때문이다. 저녁이면 온갖 생각을 다 버리고 말없이 홀로 앉아 있다가 밤 늦게 자며, 혹 이불을 껴안고 새벽을 기다려 닭이 갓 울면 세수하고 의관을 갖추어 사당과 先聖(선성)을 모신 곳에서 참배하였다. 제자들과 아침인사가 끝나면 경서를 강론하되 기꺼이 程朱(정주)의 뜻에 맞도록 하며 언어는 반드시 충효로 주장을 삼고 비록 병이 나도 손에서 책은 놓지 않고 모든 사물은 마음에 두지 않으며 시정의 말씨나 음탕한 풍악은 일찍이 귀에 들리게 하지 않는다 …일찍이 도학을 밝히며 이단을 물리치는 것으로 일을 삼고 책상 앞에 꼿꼿이 앉아 분석하고 절충하여 밤이 새도 지친 일이 없었다'[8]는 것이다.

길재는 세종때 간행된 「三綱行實圖(삼강행실도)」의 충신편에 실린 것으로 알려져 있다. 길재가 조선왕조 초기의 강상론자의 대표적 사람이었다는 것, 「삼강행실도」의 경우에서 알 수 있듯이 그의 강상론은 충신이라는 말로 요약될 수 있다는 것으로 보면, 조선 초기의 강상론은 충절을 핵심으로 한다고 볼 수 있다. 물론, 강상의 문제는 충절에만 한정되었던 것은 아니다.[9] 강상론은 무엇보다도 삼강오륜을 중요하게 취급한다. 조선 초기에 삼강오륜 등의 강상의 확립이 강조된 것은 우선 통치기반을 확립해야 하는 필요성 때문이었다. 사회적 기강은 강상의 도덕성을 확립하여 탐욕과 방자함을 억제할 수 있을 때에 가능하다. 사회기강을 확립하

7) 「冶隱言行拾遺」卷上, 後山家序.
8) 「冶隱言行拾遺」卷之一, 請陞廡疏.
9) 琴章泰, 전게논문, p.279.

는 데에는 「주역」의 履(이)괘에 나타나 있는 원리인, '아래 위로 분변하여 백성의 뜻을 안정시키는'(辨上下 定民志)는 것만큼 확실한 방법은 없는 것이다. 그러나 강상은 반드시 사회기강의 확립이라는 필요 때문에만 강조된 것이라고 보기 어렵다. 말하자면 강상의 확립은 교육체제의 정비와도 관련되어 있는 것이다. 조선 초기의 교육은 강상의 확립이라는 한 가지 목적을 실현하기 위한 것이었다. 조선 초기의 교육은 강상의 교육이라고 할 정도로 명분을 밝게 알고 아래 위를 분변하는 것을 그 목적으로 삼고 있었다.

이제, 조선왕조는 강상의 원리에 입각한 국가체제와 교육체제를 완비하고 정치와 교육이 쌍두마차가 되어 국가사회를 이끌어 가게 된다. 그 결과, 성리학의 이념은 백성들의 삶에 지대한 영향을 미치게 된다. 특히, 세종은 성군으로서 태조와 태종의 창업기를 이어 정치적 안정을 가져온 다음 垂成(수성)의 시대에서 고도의 문화를 창조할 수 있었다. 세종은 1418년 22세의 젊은 나이에 왕위에 올라 32년 간 재위하면서 인간을 존중하고 백성을 사랑하는 어진 정사를 폈으며 '가정에서는 충효를 전하고 세상에서는 仁과 敬을 지키는'[10] 것을 정치의 근본정신으로 삼았다. 세종의 치적은 정치, 사회, 교육, 군사 문제에 이르기까지 전영역에 걸쳐 이룩되었지만 그 중에서도 특히 집현전은 세종이 설립한 문화의 중심기관이었다.

세종의 업적 중 우리가 영원히 잊을 수 없는 것은 훈민정음 창제이다. '훈민정음 御製序文(어제서문)'에 보면, ① 우리말이 중국의 말과 달라 한문으로 잘 나타낼 수 없다는 것, ② 백성의 문자생활이 몹시 불편하기 때문에 우리의 독특한 문자를 만들 필요가 있다는 것, ③ 쉽게 배워서 쓰기에 편하도록 하는 데 목적이 있다는 것 등이 부각되어 있다. 여기서 우리는 훈민정음을 창제한 세종의 교육에 대한 열정을 알 수 있다. 훈민정음의 창제 원리는 「주역」에 근거하고 있다. 「훈민정음」에 따르면 다음과 같다. '천지의 이치는 하나의 음양과 오행일 뿐이다. 곤괘와 복괘의 사이가 태극이 되고, 동하고 정한 뒤에 음양이 된다. 천지 사이에 있는 삶을 받은 무리로서 음양을 버리고 어디로 가랴. 그러므로 사람의 목소리도 다 음양의 이치를 가지고 있으니, 생각하건대 사람이 살피지 못한 것일 뿐이다. 이제 正音(정음)을 지음에 있어서도, 처음부터 지혜로 마련하고 노력하여 찾아낸 것이 아니다. 다만, 그 목소리에 따라 그 이치를 다하였을 뿐이다. 이치가 이미 둘이 아니

---

10) 家傳忠孝 世守仁敬. 「松泉書院文獻錄(송천서원문헌록)」에 의하면, 세종대왕이 李貞幹(1360-1439)
  의 효행을 아름답게 여겨 '家傳忠孝 世守仁敬'의 8자를 어필로 써주었다고 한다.

니, 어찌 천지와 귀신으로 더불어 그 쓰임을 같이 하지 않으리요.'

세종은 「효행록」, 「삼강행실도」 등을 널리 반포하여 백성들을 교화하였으며, 특히 「주자가례」의 준행을 자주 명하였다. 「삼강행실도」의 편찬 취지는, '삼대의 통치는 모두 인륜을 밝히려는 것이었는데, 후세에 교화가 쇠퇴하여 백성들이 군신, 부자, 부부의 큰 인륜을 가까이 하지 않고, 모두 본래의 성품을 밝지 못하여 항상 각박한 데 흘렀다. 그러나 간혹 탁월한 행실과 높은 절개가 습속에 휩쓸리지 아니하여 사람의 이목을 움직인 사람들은 많다. 내가 그 가운데 특이한 사람을 뽑아 그림을 그리고 찬을 지어서 안팎에 반포하고자 하니, 어리석은 남자와 어리석은 여자라도 모두 쉽게 보고 느껴 흥기하게 될 것인즉, 역시 백성을 교화하여 아름다운 풍속을 이루는 한 방법이다'[11]라는 말에 잘 나타나 있다. 이 「삼강행실도」는 유교적 인간상을 백성들의 마음에 심어주는 데 지대한 효과를 내었을 뿐만 아니라, 백성들의 삶 속에 유교를 토착화시키는 데 크게 이바지하였다. 이와 함께 「性理大全(성리대전)」과 「四書五經大全(사서오경대전)」이 수입되어 국내에서 간행되면서 성리학의 확산이 이루어졌다.

이미 앞에서 말했듯이, 세종조에 이르기까지 조선 초기 사회에서 강상론의 핵심적 주제는 충절이었다고 말할 수 있다. 그 동안의 교육은 이 충절을 철저하게 백성들의 마음에 내면화하는 데에 주력하였다. 그럴 즈음에 세종의 아들 수양대군이 왕위를 찬탈하자(1455), 그 동안 형성되었던 유학의 4대 학파인 훈구파, 절의파, 사림파, 청담파 중에서 절의파에 속하는 신하들이 항거하는 사건으로 말미암아 충절의 문제가 다시 불붙기 시작하였다. 이른바 사육신과 생육신이 그것이다. 그 당시의 형편으로 보아, 수양대군의 왕위찬탈의 사건은 왕실의 정통성과 관련되는 문제였기 때문에 드러내놓고 논의하기는 거북한 문제였을 것이다. 그러나 사육신의 충절은 하나의 귀감으로서 백성들의 마음에서 마음으로 펴져 나간 것 또한 사실이다. (사육신은 17, 8세기에 이르러 그 충절이 표창되었다.[12]) 조선 초기의 혁명론과 강상론의 대립은 이제 현실론(세조, 왕위찬탈의 임금)과 강상론(사육신, 충절의 신하)의 대립으로 이어져 조선시대 내내 하나의 문제로 부각되었다. 이긍익은 그의 「연려실기술」에서 강상론과 현실론의 대립을 백이, 숙제와 무왕의 관계, 또는 엄광과 한무제의 관계에 비교하여 설명하고 있다.[13] 반면에 李珥(이이)는 이

---

11) 「東文選」 卷33, 權採撰 三綱行實圖序.

12) 「연려실기술」 卷4.

13) 「연려실기술」 卷4.

대립을 해결하는 하나의 방식으로 兩是兩非論(양시양비론)을 들어 權變(권변)과 常道(상도)의 갈등을 해결하려고 하고 있다.[14]

성리학이 국가이념으로 정착되는 데에는 교육의 힘이 컸던 것이 사실이다. 그동안 학교에서는 어떤 변화가 있었는가? 우선 법제의 변화를 살펴보자. 성균관의 학령을 제정하고 이를 준수해 나가는 과정에서 여러 가지 문제가 있어 그 나름대로 수정, 보완하는 일이 있었다. 세조 4년(1458)에 예조가 제정한 '九齋學規(구재학규)'는 그 대표적인 것이다. '구재학규'는 사서오경을 9단계로 나누어 단계적으로 밟아 올라가도록 정하고 있다. 즉, 각 재의 교과는 「대학」, 「논어」, 「맹자」, 「중용」, 「시」, 「서」, 「춘추」, 「예기」, 「주역」의 아홉 가지로 규정하였으며, 시험시기는 매년 춘, 추로 하되, 시험관은 각 성균관 堂上(당상) 및 예조 당상 한 명, 臺諫(대간) 한 명으로 하였다. 이 시험에서는 구두점을 정확히 찍을 수 있는가 하는 여부와 의리를 훤하게 꿰뚫고 있는지가 평가의 대상이 되었다. 이 시험에 통과한 자는 재를 올려 주었고, 한 번에 여러 권에 통할 경우에는 단계를 건너 뛰어 올려 주었다. 그리하여 「주역」까지 오르면 式年(식년)마다 會試(회시)에 응할 자격을 주었다. 식년시에서는 사서삼경을 강하게 하고 다른 경을 원하는 경우에는 「左傳(좌전)」, 「講目(강목)」, 「宋元節要(송원절요)」, 「歷代兵要(역대병요)」, 「訓民正音(훈민정음)」, 「東國正韻(동국정운)」을 강하도록 허락하였다.

성균관 학령을 보완하는 일은 구재학규에만 한정되지 않았다. 성종 원년(1470) 예조에서 지은 것으로 알려져 있는 '進學節目(진학절목)'은 조선 초기에 성균관 학령의 정비가 지속적으로 이루어졌음을 보여 주고 있다. 여기에는 교사의 취임과 전근에 관한 것과 학생의 근면성과 결석에 대한 보완규제가 들어 있다. 이 학령에 따르면 교사는 '경전에 밝고 경전에 있는 대로 수양하는(經明行修)'데에 모범이 되는 자이다. 교사는 예조와 각 관청에서 합의하여 선택하고 성균관과 四學(사학)에 결원이 생기면 보충한다. 기한이 차지 않은 자라도 다른 관청에서 전직시켜 임명할 수 있으며 다른 사무는 제외하고 가르치는 일에만 전념하게 한다. 문관으로서 지방에서 교수가 되어 여러 해 동안 한 곳에서만 근속하고도 영전하지 못하는 선비 중에서 기한이 된 자는 즉각 옮겨 주어야 한다. 학생들은 밤에도 책을 읽도록 장려한다. 학생 중에서 전혀 등교하지 아니하고 노부모의 병을 거짓 핑계하고 휴가를 받은 자는 시험에 응시하지 못하도록 한다.

---

14) 琴章泰, 전게논문, p.280.

'구재학규'와 '진학절목'에 나타난 여러 사항을 보면, 당시의 교육이 사서오경을 교육내용으로 하고 있다는 것과 이것을 정확히 지도하는 데 문제가 있었다는 것을 알 수 있다. 그리하여 여기서 내건 목적은 사서오경의 내용에 정확하게 구두점을 찍을 수 있도록 하고 이어서 글 내용의 의리를 밝게 알도록 하는 데 있음을 알 수 있다. 또한 위의 학령에 의하면, 사서오경이 아니라 사서삼경을 講(강)하는 것이 식년시의 시험내용이었다. 여기서 말하는 강은 성균관에서의 논란과 변의가 들어 있어야 하는 것으로서, 문제의 제기, 문제의 해명, 토론 등의 절차에 따라 이루어졌다. 이러한 절차에 따라 이루어지는 시험이 바로 강을 통한 시험이다. 강에 비하여, 製述(제술)은 말로써 시험보는 것이 아니라 글로써 시험보는 것이다. 이 제술에는 疑(의, 문제점을 지적하는 글), 義(의, 뜻을 밝히는 글), 論(논, 논의를 전개하는 글), 賦(부, 느낀 것을 시의 형식을 빌려 쓰는 글), 頌(송, 공덕을 찬양하는 글), 銘(명, 금석과 사물에 관한 공덕과 유래를 기록하는 글), 箴(잠, 교훈이 되는 글), 記(기, 사실과 유래를 기록하는 글), 表(표, 가슴에 품고 있는 뜻을 글로서 왕에게 올리는 글), 箋(전, 上書), 對策(대책, 고귀한 사람의 하문에 답하는 대책논문), 制(제, 법규조항), 詔(조, 왕이 신하에 내리는 글) 등의 형태의 시험이 있었다. 학령과 관련하여 또 한 가지 지적하고 싶은 것은 출석에 관련되는 것이다. 학령은 결석을 엄격하게 규제하고 있다. 이렇게 한 것은 학교에 나오지 아니하고도 집에서 공부하여 과거에 응시하겠다는 생각을 막아보려는 의도에서 나온 것이 아닌가 하는 생각이 든다. 결석을 하는 자에게 과거에 응시하지 못하도록 한 것은 학교에서 스승의 가르침을 받지 아니하고는 올바르게 교육받을 수 없다는 것을 분명히 한 조치라고 볼 수 있을 것이다.

조선왕조에서 정치와 교육은 한 가지 점에서 공통적인 기반을 가지고 있었다. 그것은 곧 둘 다 마음에 근본을 두고 있다는 점이다. 梁誠之(양성지)는 임금의 도를 논하면서, 천명의 믿기 어려움과 인심의 무상함을 들어 한 가지 생각에도 공경함과 삼가함이 없어서는 안 된다는 점을 강조하고 있다.[15] 임금의 도를 닦는 일은 마음을 다스리는 한 개인의 입장으로 보면 수양의 문제이지만 통치자의 입장에서 보면 정치의 근본원리를 확립하는 것이 된다. 양성지는 이 임금의 도 이외에 스승의 도에 대해서는 언급하지 않지만, 임금의 도에 비추어 스승의 도를 규정하면 어떻게 되는가? 사실상, 정치와 교육이 한 가지 공통된 기반을 가지고 있는 한,

15) 「訥齊集」 卷1, 論君道.

임금의 도는 조금만 말을 바꾸면 그대로 스승의 도가 될 수 있다. 정치와 교육은 '마음'을 공통 기반으로 하고 있는 것이다. 말하자면 정치도 인간의 마음과 관련되어 있으며, 교육은 직접 마음을 다루고 있는 것이다. (물론, 스승의 도는 여전히 교육에서 강조하지 않으면 안된다.) 조선왕조에서의 스승의 도는 무엇을 기준으로 삼았는가? 그것은 아마도 韓愈(한유)의 '師說(사설)'이 아닌가 한다. 그것을 여기에 제시해 보겠다.

'옛날 도를 배우고자 뜻을 둔 자에게는 반드시 스승이 있었다. 스승이라 하는 사람은 도를 전하고, 여러 가지 가르침을 베풀며, 특별히 의문점이 있으면 그것을 풀어주는 사람이다. 사람은 나면서 아는 자가 아니다. 그러므로 누구도 의혹이 없는 사람은 없다. 의혹이 있으면서도 스승을 따라 해결하지 않는다면, 마침내 그 의혹은 풀리지 않을 것이다. 나보다 먼저 나서 그 도를 들음이 진실로 나보다 먼저라면, 나는 그를 좇아서 스승으로 삼아야 한다. 만약 나보다 뒤에 났어도, 그 도를 들음이 또한 나보다 먼저라면, 나는 그를 좇아서 스승으로 삼아야 한다. 나는 도를 스승으로 삼는 것이다. 어찌 그 나이가 나보다 먼저인가 뒤인가를 상관할 것인가. 그러므로 귀천, 장유에 상관없이 오로지 도학이 있는 곳에 스승이 있는 것이다. 아아! 師道(사도)가 전하지 않은 지가 이미 오래 되었다. 사람들이 의혹이 없기를 바란다는 것은 있을 수 없는 일이다. 옛날의 성인은 보통사람보다 뛰어나지만 오히려 스승에게로 나아가 배웠다. 오늘날의 많은 사람들은 성인보다 못하면서도 스승에게 배우기를 부끄러워한다. 그러므로 성인은 더욱 성인이 되고 어리석은 사람은 더욱 어리석은 사람으로 된다. 성인이 성인이 되고 우인이 우인이 되는 까닭은 모두 여기에서 비롯된 것이다. 자식을 사랑해서 스승을 선택하여 이를 가르치면서도 자기 자신은 스승을 좇아서 배우기를 수치스럽게 생각하니, 이 얼마나 사리 판단에 어두운 것인가. 아이들의 스승이라는 사람은 책이나 가르쳐 주고 구두나 예습시키고 있으니, 내가 말하는, 도를 전하고 의혹을 풀어주는 스승이 아니다. 구두를 모르는 것은 스승을 두어 가르치면서, 의심나는 것은 스승을 좇아서 배우려 하지 않는다. 무당, 악사, 백공들은 서로 스승을 삼아서, 기술을 배우기를 부끄럽게 여기지 않는다. 신분이 미천한 이들도 스승을 좇아 배우는데, 사대부 계급에서 스승이니 제자니 하는 사람들을 보면, 떼를 지어 모여 가지고 비웃는다. 어떻게 된 일이냐고 물으면 "저 사람과 저 사람은 나이가 비슷하다. 도의 정도도 서로 비슷하다. 스승의 신분이 낮다면 수치스러운 일이고, 스승의 신분이 높다면 이것은 아첨하는 데 가깝다"고 말한다. 아아! 사도가 회복될 수 없음을 알겠다. 성인에게는 사도가 있었으니, 공자는 담자, 장홍, 사양, 노담을 스승으로 삼았다. 담자의 무리는 그 어짊이 공자에게 미치지 못하였다. 공자는 "세 사람이 가면 반드시 내 스승이 있다"고 말했다. 그러므로 제자라고 해서 반드시 스승만 못하라는 법이 없고 또 스승이라고 해서 반드시 제자보다 현명한 것도 아니다. 도를 듣는 것에 선후가 있어 스승과 제자로 나누어지며, 예술, 학업에 전문적 연구를 하여, 다만 좋은 점은 취하여 배우고, 나쁜 점은 보지 않을 뿐이다.'

한유의 글에 나타나 있는 사도는 傳道(전도), 授業(수업), 解惑(해혹)을 3대 강령으로 하고 있다. 먼저, 교사는 도를 전하지 않으면 안된다(전도의 강령). 이 도라는 것은 요순, 우탕, 문무, 주공, 공자의 도임은 말할 것도 없다. 그 다음으로, 교사는 도를 가르칠 수 있는 사람이어야 한다(수업의 강령). 그리고 마지막으로, 교사는 의심나는 것, 즉 의문점을 풀어줄 수 있어야 한다(해혹의 강령). (한유는 '아이들의 스승이란 책이나 가르치고 구두나 예습시키고 있으니, 내가 말하는 도를 전하는 것이 아니다' 라고 말하며 구두점을 찍는 것과 도를 전하는 것 사이의 차이를 강조하고 있다. 이 한유의 말과 고려말 李穀(이곡)의 '도덕을 가르치는 교육과 구두점 찍는 것을 가르치는 교육은 동일한 것이다(德義術藝句讀之教則一)' 라는 말을 비교해 보라. 구두점 찍는 것에도 여전히 도를 전하는 측면이 없을 수 없을 것이다.)

조선초기의 성리학은 왕도정치의 실현을 위한 군왕의 수양론으로 자리잡았다는 데에 그 중요한 특징이 있다. 무엇보다도, 조선초기의 성리학에서는 그것이 가지는 이론적 측면보다는 실천적 측면이 강조된다. 이 점에서 주목의 대상이 되는 인물이 金時習(김시습, 1435-1493)이다. 그는 조선왕조 초기의 강상을 강조한 절의파에 속하면서 유불선 삼교를 회통하여 성리학의 주기론을 선구적으로 확립하고 있다.[16] '큰 뜻으로 뽕나무 활 매어 사방에 쏘고서[17] / 동쪽나라 천리 길을 푸른 상자 지고 다녔네 / 周孔(주공)의 仁義(인의) 밝히는 데 참여하려 하였고 / 또 孫吳(손오)를 배워서 병기를 가지고 하는 일도 하려 하였네 / 운수가 닿으면 蘇秦(소진)처럼 정승의 印(인)을 찰 것이고 / 명이 궁하면 正則(정칙)처럼 離騷經(이소경)이나 지으리라 / 이제 와서는 몰락되어 한치의 才思(재사) 없어서 / 지팡이 끌고 노래하기 楚狂(초광)같이 하네.'[18] 이 시만큼 그의 한 평생 살고간 모습을 잘 그려낸 시도 없을 것이다. 김시습의 자는 悅卿(열경)이요, 호는 매월당, 동봉, 청한자, 벽

16) 朴在文, '매월당(梅月堂) 김시습의 교육이론연구-유교관(儒敎觀)을 중심으로-', 충북대학교 호서문화연구소(간), 「호서문화연구」 제10집(가봉(佳峰) 金泰永 교수 화갑기념특집), 1992.

17) 이는 「禮記」 射義篇의 '남자가 태어나면 뽕나무 활과 쑥대 화살 여섯개로 사방을 쏜다. 천지사방은 남자가 일할 곳이다. 그러므로 무엇보다도 먼저 일할 장소에 뜻을 갖도록 하는 것이다'(故男子生 桑弧蓬矢六 以射天地四方 天地四方者 男子之所有事也 故必先有志於其所有事)에서 나온 말이다.

18) 壯志桑弧射四方 東丘千里負青箱 欲參周孔明仁義 又學孫吳事戚揚 運到蘇秦縣相印 命窮正則賦離騷 如今落魂無才思 曳杖行歌類楚狂,「梅月堂詩集」卷1, 壯志.

산, 청은 등이다. 그는 세 살때 능히 시를 지었다고 전해진다. 어느날 그의 유모가 보리를 가는 것을 보고 큰 소리로 읊어 말하기를, '비도 아니 오는데 천둥소리 어디서 나는가. 누런 구름 조각 조각 사방으로 흩어진다'(無雨雷聲何處動 黃雲片片四方分)고 하였다. 그가 5세에 중용, 대학을 통하였다는 소문을 들은 재상 허조는 '老(노)'자로 운을 달아 시 한 구를 지어보라 하였더니, '늙은 나무에 꽃이 피었으니 마음은 늙지 않았다(老木開花心不老)'라 불렀다고 한다. 세종이 이 소문을 듣고 朴以昌(박이창)으로 하여금 그의 실력을 시험해 보도록 하였다. 박이창은 '그 아이의 학문은 흰 학이 푸른 하늘 끝에서 춤추는것 같구나(童子之學 白鶴舞靑空之末)'라고 말했으며, 이 말을 들은 그는 '성스러운 임금님의 덕은 누런 용이 바다 속에서 꿈틀거리는 것 같습니다(聖主之德 黃龍飜碧海之中)'라고 대답하였다고 한다. 세종은 하교하여 말하기를, '내가 친히 보고 싶지만 시속 사람들이 듣고서 놀랄까 염려되니, 마땅히 그 집에 권하여 재식(才識)를 감추고 가르치고 기르게 하라. 그 학문이 성취되기를 기다려 장차 크게 쓰겠다' 하고 비단을 주어 집에 돌아가게 하니, 이에 명성이 온 나라에 떨쳤고, 칭하기를 '五歲(오세)'라 하고, 이름을 부르지 않았다고 한다.[19]

만약 김시습이 아무런 일 없이 그대로 잘 자랐더라면, 그는 장차 크게 벼슬하여 큰 뜻을 펼 수 있었으리라는 짐작을 할 수 있다. 그러나 그는 13세 되던 해 어머니를 여의게 되고, 그 후 외가의 농장으로 내려가서 몸을 의탁하였다. 그러던 중 그의 외조모마저 세상을 뜨니, 그는 다시 서울로 올라 왔다. 얼마되지 않아 아버지마저 중병을 얻어 거의 가사를 돌보지 못하게 되었다. 이때 그의 마음은 어떠했을까? 틀림없이 인생에 관한 번민을 하지 않을 수 없었으리라. 그리하여 그는 불교에 관한 서적을 탐독하면서 그의 마음을 달랬을 것이다. 이때의 심정을 알 수 있는 시를 보기로 한다. '즐거이 참선하는 것 배워 티끌 세상 떠나려는데 / 眞(진)-空(공)이 날 보고 또 속는다 웃으리라 / 진토의 명리 다툼엔 전연 뜻이 없지만 / 강호에 방랑함은 이미 의심 않는 일 / 솔방울 떨어지는 소리 평상 위에 듣고 / 숲 사이로 가다가 대순 돋아나는 모양 보네 / 그저 마른 그림자랑 표연히 가거니 / 푸른 물 푸른 산 그 어디에 기약하리오(峻上人(준상인)에게 드리다. 제5).'[20] 이 시에서 알 수 있듯이, 그는 이미 그의 마음 속에서 집을 떠나 방랑하기로 결심하고 있

19) 「국역 매월당집」 1, 세종대왕 기념사업회(간), 1977, p.34.
20) 肯學參禪求出離 眞空笑我又相欺 爭名塵土渾無意 放志江湖己不疑 榻上坐聞松落子 林間行見竹生稚 只將枯影飄然去 綠水靑山何處期.

다. 그러나 그는 곧바로 집을 떠날 수는 없었다. 왜냐하면 그는 과거의 때를 기다리고 있었기 때문이다. 마침내 그는 단종 원년 계유의 監試(감시)에 응한다.[21] 감시에 불합격될 리는 없고, 이어서 그는 增光試(증광시)에 응시하였다. 그러나 불행하게도 그는 낙방되었다. 그것은 '逢全盡忠(봉전진충)'이라는 시가 증명하고 있다. '계유년 봄에 과거에 나아갔더니 / 성균관에 큰 수리 날아올랐오 / 그때 만나 計吏(계리)를 따라 갔더니 / 試場(시장)에 들 것을 나와 약속했소 / 도화 물결 아직도 여유가 없어 / 璞玉(박옥)만 품에 안고 돌아왔구려 / 劉公(유공)도 지금까지 오래 굴하고 / 나 역시 緇衣(치의)를 물들였다오.'[22]

여기서 우리의 주의를 끄는 것은 '갈지 않은 옥덩이만 품에 앉고 돌아왔구나 (空懷璞玉歸)'라는 구절이다. 이 말은 곧 과거에서의 낙방을 가리키는 것이다. 이 때 천재니 신동이니 칭송을 받았던 김시습의 마음은 말할 수 없이 쓰리고 아팠을 것이다. 더 나아가서 '장차 벼슬하여 經術(경술)을 펴 밝은 임금을 도우리라'던 그의 꿈이 산산히 부서지는 느낌을 받았을 것이다. 당시 그의 꿈을 잘 나타내고 있는 싯귀가 위에서 인용한바가 있는 '周孔(주공)의 仁義(인의) 밝히는 데 참여하려 하였고, 또 孫吳(손오)를 배워서 병기를 가지고 하는 일도 하려 하였네. 운수가 닿으면 蘇秦(소진)처럼 정승의 印(인)을 찰 것이다'라는 시이다. 그러나 현실은 그의 꿈과는 너무나 어긋나고 있었다. 이와 같은 상태에 있던 중, 때마침 癸酉靖難(계유정난)이 일어난다. 이에 그는 곧 세속을 떠나, 한 때 머리를 깎고 중이 되어 호를 雲岑(운잠)이라 하였다. 이것은 그의 본색을 감추기 위한 것이었다. 그는 거짓 미치광이가 되어, 세상을 흘겨보고 조롱하며 갖가지 괴이한 행동을 하고 다니면서 방랑, 은거, 배회로 일관하였다.

김시습은 천재적인 두뇌를 가지고 있었지만 불운한 가정과 불운한 시대에 살았고, 사상적으로는 유교와 불교가 교체되는 시기에 살았던 불운한 지성인이었다. 그가 남긴 시 중에서 유독 '세상 일(世故)'라는 시는 우리가 그의 삶을 들여다 보는 것 같은 시이다. '세상 일 많이도 변해 가는데 / 비통한 마음이 들어 내 마음 상한다 / 아침에는 이리, 범의 집 겁내고 / 저녁에는 가시나무 덤불 피한다 / 성큼 성큼 대낮이 날라 가는데 / 당당하게 세월은 늙어가누나 / 대장부 세상에 살아가

21) 鄭柱東, 「매월당 김시습 연구」, 민족문화사, 1983, pp.55-56.
22) 癸酉赴春闈 南宮一鶚飛 遇君隨計史 約我入荊圍 未綽桃花浪 空懷璞玉歸 劉公今久屈 余亦染緇衣, 「梅月堂 詩集」卷6.

면서 / 어찌하여 품은 생각 펴지 못하나 / 인생은 맷돌 가는 것 같아서 / 다 갈 때가 당연히 있으니 / 나아가는 것과 숨는 것을 신중하게 하라 / 뜻이 크다면 끝내 펼 기회 있으리 / 하늘이 만약 큰 소리 못치게 한다면 / 글로 적어서 뒷 세상에 알려 주리라.'[23] 과연 그는 살아 생전에는 높은 벼슬을 하지 못하고 불우하게 살았다. 그러나 그는 수많은 시, 잡저, 논, 찬, 전, 설, 변, 서, 의와 「금오신화」 등의 소설을 남기고 있다.

그는 학문을 하였지만 제자들을 가르치는 일에 힘쓰지 않았다. 왜 그는 학문의 경지가 높으면서 많은 제자를 갖지 못하였는가? 그 이유로서 흔히 방랑객, 광객, 고답적이며 편협함이 거론되지만, 이와 같은 이유는 그의 깊은 내면을 파악하지 못한 데에서 빚어진 것이다. 그의 '와서 배우는 일을 거절하며(拒來學)'라는 제목의 시는 그가 무슨 생각으로 제자를 사절했는가 하는 것을 짐작하게 해준다. '경서와 역사의 다한 지 오래건만 / 한 구절 말이 그대로 틀리고 잘못되었네 / 눈 어두우니 줄따라 읽기 잘못하고 / 마음 어두우니 잘못 생각하는 것도 많다네 / 용 잡는다 공연히 힘만 허비하였고 / 글귀 다듬다가 바로 魔(마)가 되었네 / 정히 좋은 것은 가죽나무처럼 허술해서 / 강과 호수에서 짧은 도롱을 매는 걸세.'[24] 이 시를 통하여 알 수 있는 것은, 그는 사람들이 배우고 싶어하는 것을 충족시킬 수 없다고 본 것 같다. 그는 사람들이 배우고 싶어하는 것은 경서와 역사이지만 자신은 글귀 가다듬는 정도에 불과하여 지식이 '강과 호수에서 짧은 도롱을 매는' 정도라는 것이다. 그러나 이것은 그의 겸손의 표현일 것이다. 그가 가르치려고 하지 않은 데에는 다른 이유가 있다. 다음의 일화를 보자. '여러 비구들이 공을 추대하여 神師(신사)로 삼고 따르며 매우 부지런하게 섬겼다. 하루는 입을 모아 간청하기를 "저희들은 대사님을 받든 지 오래 되었으나 아직도 단 한번의 가르침을 아끼시니 대사께서는 청정한 법안을 끝내 누구에게 주실 것입니까? 여러 사람이 방향을 가리지 못하니 금 참빗으로 때를 벗겨 주시기 바랍니다"라고 하면서 청하였다. 공이 말하기를 "그대들은 대법연을 열되 소 한 마리를 끌고 오라"고 하였다. 여러 사람들은 그 까닭을 짐작할 수 없어 소를 끌어다 뜰 아래 매어 놓았다. 공이 말하기를 "꼴 다발을 가져오라"고 하여 소 꽁무니에 그것을 놓으라 하였다. 그리

23) 世故屢多變 惻惻傷我心 朝畏豺虎關 暮避荊刺林 冉白日飛 鼎鼎光陰老 丈夫在世間 胡不展懷抱 人生如磨碼 磨盡自有時 直須愼行藏 志大終有期 天如使不鳴 立言要後知, 「梅月堂詩集」 卷1.

24) 硏窮經史久 句語儘差訛 眼暗循行誤 心昏錯會多 屠龍空費力 琢句便成魔 正好爲樗散 江湖荷短蓑, 「梅月堂文集」 卷15.

고는 크게 웃으면서 말하기를 "너희들이 불법을 듣고자 하는 것은 바로 이와 같은 것이다."[25] 이것으로 보면, 그는 자신이 가지고 있는 법안은 어느 누구에게도 줄 수 없으며, 따라서 자신이 전해 주는 법안은 비유컨대 '꼴다발을 소 꽁무늬에 놓는 것'과 같다고 생각한 것 같다.

그가 남겨 놓은 시나 저작을 살펴 보면 그의 학문은 유, 불, 선 삼교에 회통하고 있었음을 알 수 있다. 그가 살았던 시대는 유교와 불교가 동시에 공존하면서 서서히 불교가 유교에 의해서 대치되던 시대였으며, 또한 민간에서는 여전히 도교가 성행하던 시기였다. 그의 유, 불, 선 통합은 이러한 시대의 사상적 경향에 대하여 그 나름으로 견해를 가지려 한 결과이다. 그러나 유, 불, 선의 통합은 그 세 가지 모두에 동등한 중요성을 부여하는, 단순한 나열이 아닌 성리학을 중심으로 한 불교와 도교의 통합이었다. 말하자면 유, 불, 선의 통합의 한 가운데에는 성리학이 자리잡고 있는 것이다. 성리학에 관한 그의 견해는 먼저 그의 태극설에 잘 나타나 있다. '太極(태극)이란 極이 없다는 것이니, 태극은 無極(무극)에 근본한 것이다. 태극은 음양이요 음양은 태극이지만 이것을 태극이라 하고 따로 극이 있다고 하면, 이것은 극이 아니다. 극이란 지극하다는 뜻으로, 이치가 지극하여 여기서 더 할 수 없다는 말이요, "크다"는 말은 포용한다는 뜻으로, 도가 지극히 커서 이와 짝할 수 없음을 말하는 것이다. 음양 바깥에 또 따로 태극이 있다면 음양을 음양 되게 할 수 없을 것이요, 태극 속에 따로 음양이 있다면 태극이라 할 수 없다. 음 하고 양하며, 양하고 음하며, 동하고 정하며, 정하고 동하는 것은 그 이치의 무극한 것으로 태극이다. 그 기로 말하면 동정하고 개벽하니 음양이다.'[26] 여기서 우리의 주목을 끄는 것은 '태극은 음양이요 음양은 태극이다'라는 말이다. 음양은 氣이므로 태극은 氣라고 보는 것이다. 김시습이 직접 氣사상을 언급한 대목은 '음양 바깥에 또 따로 태극이 있다면 음양을 음양되게 할 수 없을 것이요, 태극 속에 따로 음양이 있다면 태극이라 할 수 없다'라는 대목이다. 이 말은 주자가 말하는 氣의 의미와 일치하고 있다.

김시습의 氣철학은 그의 生死說(생사설)에서도 그대로 나타난다. '천지 사이에

---

25) 「梅月堂集」, 附錄 1卷, 遺蹟搜補.

26) 太極者 無極也 太極 本無極也 太極 陰陽也 陰陽 太極也 謂之太極別有極 則非極也 極者 至極 之義 理之至極而不可加也 大者 包容之義 道之至大而不可伴也 陰陽外別有太極 則不能陰陽 太 極理別有陰陽 則不可曰太極 陰而陽 陽而陰 動易靜 靜而動 其理之無極者 太極也 其氣則動靜闢 闔而陰陽也, 「梅月堂集」, 文集 卷20.

나고 또 나서 다 함이 없는 것은 道요, 모였다 흩어졌다 왔다 갔다 하는 것은 理之氣(이의 기)이다. 모이는 것이 있으므로 흩어진다는 이름이 있게 되고, 오는 것이 있기 때문에 간다는 이름이 있게 되었으며, 生(생)이 있기 때문에 死(사)라는 이름이 있게 되었으니, 이름이란 氣의 實事(실사)이다.' [27] 이 말에서 우리는 그가 우주의 궁극적인 원리로서의 理와 그 구현체로서의 氣를 하나로 보고 있다는 것을 알 수 있다. 다시 말하면 理는 태극의 운동법칙이자 만물의 존재원리이며, 氣는 이 理를 몸소 구현하는 태극의 구현체이며 만물의 원질로서 태극 一氣(일기)가 자기법칙에 따라 動靜(동정), 闔闢(개벽)함으로써 음양으로 나타나고, 이 음양은 氣의 聚散(취산), 往來(왕래)하는 운동에 의하여 生生不窮(생생불궁)하게 된다는 것이다.[28] 특히, 우리는 '理의 氣'에 주목해야 한다. 그는 理에도 氣가 있다고 본다. 그러므로 理와 氣는 결코 별개의 형이상학적 본체일 수 없는 것이다.

이제, 김시습이 말하고 있는 '天形(천형)'의 개념을 살펴 볼 차례이다. '객이 묻기를 어떤 것이 氣인가 하고 물으니, 대답하기를 해와 달과 별들이 번갈아 운행하는 것과 추위와 더위와 낮과 밤이 가고 오는 것이 그것이다. 객이 말하기를 해와 달과 별들이 어떤 것인가? 다시 상세히 설명해 달라고 하니, 淸寒子(청한자)가 말하기를, 그것은 氣 가운데에서도 가장 빛나는 것이며 陰陽兩儀(음양양의)의 정화이니, 양의 정화를 얻은 것은 해요, 음의 정화를 얻는 것이 달이며, 해가 되고 남은 빛이 나뉘어 별들이 된 것이다.' [29] 여기에 언급한 말은 주자가 氣는 자연물, 자연현상의 기본적인 구성요소라는 생각을 연상시킨다. '하늘과 땅 사이에 가득 찬 것이 모두 氣이다. 종적으로 말하면, 해와 달이 가고 옴과 별들의 운행과 더위가 서로 바뀜과 음과 양이 서로 번갈아 교대하여 없어지고 생겨나며, 차고 비는 것 또는 때를 얻고 잃음이 모두 氣이다. 그리고 횡적으로 말하면, 산악이며 하천이 녹아 흩어지고 엉기어 모임과 바람불고 비내리며 서리나 이슬이 맺힘과 풀이며 나무가 번성하고 시듦과 사람이나 짐승이 움직이고 쉼과 성현과 우매한 이의 유별이 생기는 것 등, 맑고 흐리며, 순수하고 잡박하여 한결같지 아니한 것이 모

27) 天地之間 生生不窮者 道也 聚散往來之者 理之氣也 有聚故有散之名 有來故有往之名 有生故有 死之名 名者 氣之實事, 「梅月堂集」, 文集 卷20.

28) 申東浩, '매월당 김시습의 기사상연구(一)-그의 반주자적 태극론을 중심으로', 충남대학교 인문과학 연구소(편), 「논문집」 제10권 2호, 1983, pp.279-280.

29) 日月星辰者何物也 請再詳之 曰氣中之光耀 兩儀之精華者也 得陽之精華是日 得陰之精華是月 分日之餘光爲星, 「梅月堂集」, 文集 卷17 天形1.

두 氣의 양면 운동에 의한 것이다.' 30)

　김시습은 그의 귀신론에서 귀신의 개념을 氣의 운동방식으로 설명하고 있다. '이 천지 사이에 오직 氣가 풀무질할 뿐이다. 그런데 氣의 운동에는 일정한 법칙이 있으니, 굽혔다 폈다 하는 妙(묘)와 차고 비는 道(도)가 그것이다. 즉, 氣가 펴고 굽히는 작용에 따라 차고 비는 현상이 생기니, 차면 사물이 나오고 비면 사물이 돌아간다. 이때 사물이 생겨 나오는 것을 神(신)이라 하고 멸하여 돌아감을 鬼(귀)라고 한다. 그러나 이처럼 氣의 작용과 현상, 사물이 낳고 사라지는 모습과 이름은 다를지라도 본원의 氣는 하나요 그 실리 또한 하나인 것이니, 다만 그 나뉨에 있어 다름이 생기게 되는 것이다. 그러므로 귀신이 순환왕복하며, 만물이 번영하고 쇠하여 떨어지는 조화의 자취도, 그 근본에서 말하면 하나의 氣가 안에서의 자기법칙에 따라 두개의 기로 나뉘면서 혹은 점차 사라지고 혹은 점차 성장하는 본래의 성능을 발휘함으로써 있게 되는 것이다.' 31) 이 점은 주자에게서도 마찬가지로 확인된다. '혼백을 두 氣의 시점에서 말하면, 양은 혼이요 음은 백이다. 하나의 기의 시점에서 말하면, 혼이요 屈(굴)은 백이다.' 32) 다만 여기서 우리는 '천지 사이에 오직 氣가 풀무질할 뿐이다' 라고 한 말과, '조화의 자취도 理氣로 나뉘면서 혹은 소멸하고 혹은 성장한다' 는 말에 주목해야 한다. 그리고 그는 一氣(일기)와 二氣(이기)가 무엇을 가리키는가 하는 것을 직접 말하고 있지 않지만, 태극설을 바탕으로 생각해보면 '一氣' 라는 것은 우주만물을 낳게 하는 궁극적 시원으로서의 유일한 태극을 지칭하는 것이고, '二氣' 라는 것은 음양을 지칭하는 것이라고 짐작해 볼 수 있다. 지금까지의 분석으로 보아 그의 氣는 주자의 氣와 거의 같은 개념으로 쓰고 있다는 것을 알 수 있다. 그러나 그는 태극을 氣로 보는 데 반하여 주자는 태극을 理로 본다는 것에 양자의 차이가 있다. 따라서 주자를 주리론자라고 말할 수 있다면, 그는 주기론자라고 말할 수 있을 것이다.

　이제, 김시습의 성리학, 특히 그의 氣철학이 교육에 어떤 시사를 주는지를 말해 보겠다. 그는 氣의 존재를 부각시키는 자신의 철학에 비추어 '배움' 과 '행함' 의

---

30) 天地之間者皆氣也 竪言則日月之往來 星辰之運行 寒暑之相推 陰陽之相代 消息盈虛 生旺休因 皆氣也 橫言則山川岳瀆之融結 風雨霜露之施行 草木之榮瘁 人物之動息 聖賢愚迷之群分 淸濁粹駁之不齊 皆氣之寓於兩間也,「梅月堂集」, 文集 卷17, 服氣6.

31) 天地之間 惟一氣 橐籥耳 此理有屈有伸 有盈有虛 屈伸者 妙也 盈虛者 道也 伸則盈而屈則虛 盈則出而虛則鬼 出則曰神而歸則曰鬼 其實理則一 而其分則殊 其循環往復 榮華枯落 造化之迹 莫非二氣消長之良能也,「梅月堂集」, 文集 卷20, 神鬼說.

32)「朱子語類」卷65, 義剛錄.

관련을 부각시키고 있다. 그에게 있어서 '행함'은 곧 교육의 내용에 해당한다. '소학의 방법은 물뿌리고 쓸고 응하고 대답하며, 들어가서는 효도하고 나아가서는 공경하며, 움직임에 혹시라도 이치에 어긋남이 없도록 할 것이니, 행하고 남음이 있거든 시를 외우고 글을 읽으며, 읊고 노래하고 춤을 추되 생각이 혹시라도 지나침이 없어야 할 것이다.'[33] '행함'의 구체적 내용으로 그가 무엇을 들고 있는가 하는 것은 다음의 글이 도움이 된다. '혹 나무로 농삿군이 밭갈고 김매는 형상을 만들었는데, 많기가 백여 벌이나 되었다. 그것을 책상 옆에 벌여놓고 온종일 쳐다보다가 통곡하고 태워버렸고, 어느 때는 산에 들어가 중들에게 화전갈기를 권하기도 하였다.'[34] 이 단서에서 시사받을 수 있는 점은, 교육내용은 우리의 삶에 직접 유용한 것이어야 한다는 것이다. 그는 시, 역사, 경전 등은 백성들의 삶과 관계가 별로 없다고 생각한 것같다. 말하자면 농사짓는 사람들이 백성의 대부분을 이루고 있으므로 이들에게 필요한 교육은 '어떻게 하면 농사를 잘 짓도록 하는가'와 같은 실용적 지식이지 사서삼경이 아니라는 것이다.

물론, 김시습은, 군자의 공부는 '修己(수기)'에 있다는 점을 부정하지는 않는다. 다음의 몇 가지 시는 그 점을 보여 주고 있다. '하나의 이치는 치우침이 없어 / 궁구하면 일만이치에 통한다네 / 정교함과 조잡한 걸 모두 망라하였고 / 가는 것(細)과 큰 것을 융해일관하였네 / 네게 있어서는 앎이 한이 없고 / 한편으로는 격물함이 다함 없네 / 세밀하고 자세하게 연구하여 신묘한 데 들어가면/ 칼날이 큰 구멍 빈 데서 놀리라.'[35] '군자는 반드시 자신을 닦아야 하느니 / 자신을 닦으면 꼭 단정하고 엄숙하게 된다네 / 사랑과 미움과 게으름을 조심하라 / 살피지 아니하면 문득 버릇되느니 / 군자의 마음가짐은 가득찬 것 받들고 옥 잡듯 한다하니/ 밖으로는 義로 막고 / 안으로는 敬으로 곧아야 하네 / 敬으로 받들고 誠으로 있게 하면 / 자신을 이기고 욕심을 막으리니 / 움직임과 멈춤이나 위신과 의례를 지킴에 있어선 스스로 바르고 바르게 닦고 삼갈지어다.'[36] '誠이란 스스로 쉼이 없어서 / 品物(품물)이 이것 때문에 이루어진다 / 하늘은 높고 땅은 너르고 두터우며 / 바다는 넓고 산은 깊고 가파르구나 / 본체와 현상은 둘이 아니라는 생각을 헤아리기 어렵

33)「梅月堂文集」卷23.

34)「梅月堂文集」序.

35) 一理無偏黨窮之萬里通 包羅精與粗融貫細兼洪在 我知無盡於他格不窮 精研入神妙游刃大窺空,「梅月堂文集」卷23, 窮理.

36) 君子必修己 修己必端肅 愛惡敬怠惰 不察便成 僻所以君子心 如奉盈執玉 外之以義方 內由以敬直 克敬而存誠 勝私窒其欲 動止及威儀 整整自修飭,「梅月堂文集」, 修己.

지만 / 순진하여 도리로 저절로 통한다 / 하늘을 법삼아 잘 생각한다면 / 그것으로 神明(신명)에게 통할 수 있으리라.'[37]

위의 시에서 알 수 있듯이, 그는 앎의 가치를 부정하지 않을 뿐만 아니라 마지막 시가 다루고 있는 '至誠(지성)'은 그가 앎의 최고 상태를 염두에 두고 있다는 것을 알 수 있다. 그러나 그는 수기─格物(격물)과 窮理(궁리)의 중요성을 말하고 있지만, 여전히 이러한 수기는 여전히 행함을 수반하는 것이어야 한다. 실지로 그는 어진 선비론에서 다음과 같이 말하고 있다. 어진 선비는[38] 무엇보다도 어려서 배운 것을 어른이 되어 행하고자 하는 사람이다. 다음으로, 어진 선비는 세상이 어지러워도 포기하는 것이 아니라 세상을 평화롭고 문명되게 하는 데에 뜻을 두는 사람이다. 마지막으로, 어진 선비는 비록 늙은 몸을 산림에 던지더라도 임금과 나라에 대한 마음을 깊이 품으며 몸은 가더라도 마음은 높은 대궐문에 걸려있고 자취는 이미 숨어 버렸으나 뜻은 충신의 반열에 있는 사람이다. 그가 바라는 어진 선비가 이와 같다면, 그 어진 선비는 무엇보다도 '행함'에 관심이 있다. 말하자면 어진 선비는 실천에 관심이 있는 것이다. 실천은 실지로 하는 것으로서 실제에 관심을 가지는 것과 관련되어 있다. 실제에 관심을 갖는 것은 세상을 평화롭고 문명되게 하려는 것이요 더 나아가 비록 몸이 늙어 실제에 참석하지 못하는 형편이 되어도 마음만은 언제나 임금과 나라에 대한 마음을 깊이 품는 데에 있다. 어진 선비에 관한 김시습의 설명은 주기론자로서의 그가 올바른 삶의 모습을 어떻게 생각했는가 하는 것을 짐작하게 해준다.

김시습이 교육이론의 역사에서 차지하는 특별한 위치는 그가 주기론적 관점에서 교육을 설명하였다는 데에 있다. 조선왕조의 성리학이 불교와 도교 등의 이단을 비판하기 위한 이론적 근거를 마련하기 위하여 정도전과 권근의 성리학이 필요하였다는 것은 앞에서 언급한 바 있다. 그러나 그는 정도전과 권근과는 달리 그들이 배척하려고 한 불교와 도교를 수용하면서 성리학을 이해하려고 하였다. 이 점이 그의 이론이 가지는 특이성이다. 그의 기철학은 성리학을 불교와 도교와 관련하여 이해하려고 노력한 결과인 것이다. 이때문인지 몰라도 그는 조선의 국가 이념을 확립하는 것에는 무관심한 채 그것에 비판적인 관점을 취하면서 정도전과 권근이 보지 못한 문제, 특히 귀신론을 이해하는 데에 상당한 노력을 기울이고

---

37) 誠者自無息 品物由此成 天高地博厚 海闊山崢嶸 不二生難測 純眞道自亨 法天如克念 可以通神明,「梅月堂文集」, 至誠.
38)「梅月堂文集」卷16, 三請 3.

있다. 그는 귀신론을 유교의례의 핵심으로 보고 유교의 존재론적 기반을 확립하려고 하였다. '神으로 화한 것도 있고, 形으로 화한 것도 있으며, 氣로 화한 것도 있다. 신으로 화한 것은 정령과 요괴와 도깨비요, 형으로 화한 것은 새와 짐승과 물고기와 자라요, 세 가지 화한 것에서 빼어나 가장 신령스럽고 천성을 갖춘 것은 사람이다. 거미가 모이면 행인이 오고 까마귀와 까치가 지저귀면 선과 악이 응하는 것은 어째서인가? 사람이 만물과 더불어 천지의 기운을 균등하게 타고 났고, 한 가지 元의 묘함으로 길러졌으니, 비록 기질은 치우침이 있을지라도 깨닫는 본성은 조금도 다름이 없는 것이다. 그러므로 사람의 일에 은연중에 느껴지면 다른 생물이 먼저 알려 주는 것이다. 귀뚜라미는 가을을 기다려 울고, 하루살이가 나오면 날이 흐린 것은 어째서인가? 무릇 음양의 기운은 우주 안에서 돌고, 기운을 모아 형체를 이룬 것이 만물인데, 기운을 가장 치우치게 모은 것이 먼저 느끼므로 귀뚜라미는 가을에 울고, 하루살이는 흐릴 때 나타나며, 호랑이와 표범은 겨울에 교접하고, 냉이와 보리는 여름에 죽는 것이다. 귀신이라는 것은 바르고 참된 氣인데, 바르고 참된 氣가 천지 사이에 움직여 아래로 백성을 돕고, 위로는 하늘에 순응하는 까닭에, 사당을 세우고 그에게 비는 것은 위엄과 영험을 두려워해서가 아니고 대개 그 공덕을 갚기 위해서이다.'[39] 요컨대, 귀신은 '바르고 참된 기운'으로서, 이 기운이 하늘과 땅 사이에 운화하여 아래로는 백성을 돕고 위로는 하늘에 순응하는 것이다. 귀신에 관한 그의 이러한 견해는 이후 제사의 의미에 관한 여러 성리학자의 견해—예컨대, 서경덕과 이율곡의 귀신사생문제 등—와 결부되어 개인들의 삶에 敬과 誠이 은연중에 스며들게 하는 계기가 되었다.

한편, 조선왕조에 나아가기를 거부하고 은둔하면서 수양과 후진 양성에 노력하는 인물들에 비하여, 이성계의 혁명에 참가한 인물들은 그들의 유교적 이념의 진지성과는 별도로 두 왕조에서 벼슬했다는 사실에서 강상론적 의리정신에 흠이 있는 것으로 평가되고 있다. 그러나 이러한 평가와는 별도로 그들은 서서히 자신의 세력을 확충하여 나갔으니 그들이 이른바 '훈구파'로 불리는 세력이다. 반면

---

39) 有神化者 有形化者 有氣化者 神化者 精怪罔象也 形化者 鳥獸魚鼈也 秀於三化 最靈而具性者 人也 蜘蛛集而行人至 烏鵲噪而善惡應者何也 人與萬物 均稟天地之氣 同育一元之妙 雖氣質有 偏 而知覺之性 未嘗異也 故人事冥感 則異類先報 蟋蟀俟秋吟 蜉蝣出以陰 何也 夫陰陽之氣 旋 轉於大塊之內 聚氣而成形者 萬物也 聚氣之最偏者先感 故蟋蟀吟於秋 蟋蟀出於陰 虎豹交於冬 薺麥死於夏 鬼神者 正眞之氣也 正眞之氣 運化兩間 下祐黎民 上順覆載 故立祠而禱 非懼威靈 也 盖賽其功德也,「梅月堂文集」卷17, 鬼神 8.

에, 절의를 내세우며 초야에 묻혀 학문수양에만 전념하는 인물들은 훈구파와 뚜렷한 차이를 보이면서 '사림'의 세력을 이루어 가고 있었다. 이들 인물들은 훈구파와 구분하여 '사림파'로 지칭된다. 이 세력이 점차 뚜렷해지기 시작할 무렵, 세조가 단종을 몰아내고 왕위를 찬탈하는 일이 벌어진다. 이에 사림파는 세조의 왕위찬탈에 항거하는 세력으로 구체화되는데 사육신과 생육신이 그것이다.

사림파가 자신의 성격을 갖추어 가는 기준은 어디까지나 의리정신에 있다. 이 의리정신은 세 가지 양상으로 파악해 볼 수 있다.[40] '첫째, 가치관으로서, 도덕적 의리를 물질적 이욕과 대립시켜 파악함으로써, 의리와 이욕을 엄격하게 구분한다. 義利之辨(의리지변)은 다시 의리를 추구하는 군자와 이욕을 추구하는 소인으로 구분된다. 이것이 군자-소인의 분변이다. 따라서 사림파는 군자요 의리를 지향한다면, 훈구파는 소인으로 이욕에 사로 잡혀 있는 세력으로 파악할 수 있다. 선비가 이욕을 억제하고 의리를 실현하는 길에서는 권력이나 부귀에 동요되지 않고 청빈하고 강직함을 보여준다. 여기서 사림파는 도덕적 순수주의로서, 현실적 공리에 대해서는 무관심한 수도자적 모습으로 나타난다. 둘째, 처신론으로서, 부당한 권력이나 조직에는 관여하지 않고 자신의 정신세계를 향유하는 개체적 수양을 지향하는 태도와 정당한 권력과 사회에 참여하여 자신의 포부를 펴서 세상을 이롭게 이끌어가는 사회적 진출을 지향하는 태도가 정당한 것으로 인정을 받는다. 이에 따라 나가지 말아야 할 때와 자리에서 나아간 경우나 물러나야 할 시점과 처지에서 머물러 있었다면, 그것은 의리를 저버린 것으로 엄격한 비판을 받게 된다. 그러므로 벼슬에 나아감은 허물에 빠질 가능성이 높은 것으로 되어 조심하게 되며, 벼슬을 버리고 물러남에는 과감한 태도를 보여야 마땅한 것으로 평가된다. 더 나아가 선비들은 과거시험에 응시하는 것조차 그다지 떳떳하게 여기지 않는다. 그리하여 벼슬에 나가지 않고 초야에 묻힌 선비로서 학문과 덕행으로 명망을 얻은 인물을 더욱 존중하는 풍조가 조성되었다. 셋째, 조선왕조가 성리학을 이념으로 하였고 이념을 바탕으로 하여 모든 삶이 규제된다고 보았다. 그러므로 이 규제에 어긋난 생활을 하면 마땅히 비난받게 되어 있었다. 예컨대, 성리학을 공부하였고 과거에 합격하여 벼슬한 사람이 밖에서는 유교적 삶을 살면서 집에 들어와서는 불교적 삶을 산다면 비난을 받게 마련이다. 훈구파들의 상당수는 바로 이와 같은 삶을 살았던 것이다. 이점에서 조광조는 맹렬히 훈구파를 공격하면

40) 琴章泰, 전게논문, pp.302-303.

서 '도학을 숭상하는 것(崇道學)', '성현을 모범으로 삼는 것(法聖賢)'을 부르짖으면서 도학적 至治主義(지치주의)를 주창하였던 것이다.'

이와 같은 사림정신을 형성해 나가는 데 교육적으로 공헌한 것이 있다면 그것은 「小學」(소학)이다. 사림파는 도덕적 실천의 방법으로 「소학」을 통한 오륜의 도덕규범과 마음씨, 태도, 의복, 음식 등 일상생활 속에서의 행동규범을 실천하는 데 힘썼다. 조선왕조에서는 세종 때부터 「소학」의 중요성이 강조되었으며, 특히 사림파에서는 김종직이 「소학」교육에 관심을 기울인 후, 김굉필은 자신을 '소학동자'라 일컬을 정도로 「소학」을 존중하였다. 김굉필의 문인들인 조광조와 김안국, 김정국 형제들은 「소학」을 사림파의 실천적 기본학문으로 확립하였다. 이와 같이 「소학」이 기본학문으로 취급된 데에는 그럴 만한 이유가 있다. '무릇 앎과 행함의 관계를 자세히 살펴보면, 앎이 먼저이고 행함이 나중이라는 것은 의심할 여지가 없다. 그러나 앎의 얕고 깊음과 행함의 크고 작은 것을 합쳐 말한다면, 먼저 그 작은 행함을 알지 않고서야 장차 어떻게 큰 것에 익숙해질 수 있겠는가. 대개 옛 사람의 교육은 어릴 적부터 孝悌誠敬(효제성경)의 실리로써 가르치고 조금 더 자라면 시서예악의 문(文)으로써 넓혔으니 모두가 一事一物(일사일물)의 사이에 각각 그 의리의 소재를 알 수 있어서 함양실천의 공을 이룰 수 있었다 … 만일 반드시 앎이 이르는 것을 기다린 뒤에야 행할 수 있다고 말한다면 부모를 섬기는 것(事親), 형을 따르는 것(從兄), 윗사람을 받드는 것(承上), 아랫사람을 대하는 것(接下) 등은 사람이 살아가면서 하루도 폐하지 못할 것인데, 어떻게 내가 아직 알지 못하니 충분히 안 뒤에 행하겠다고 말할 수 있겠는가.'[41] 먼저 알고 행하는 것이 원칙이지만 사안이 너무나 급박한 것이므로 일단 행하면서 점차 알아나간다는 것이다. 또한 「소학」과 「대학」이 구별되는 것은 교육내용에 있어서 「소학」에서는 일상생활에서 孝悌忠信(효제충신)을 실천하는 구체적인 방법을 배우고 대학에서는 효제충신의 이론적 근거를 배운다는 것이다. 「소학」의 중요성이 있다면, 그것은 어려서 「소학」의 과정을 제대로 익히는 것은 덕성을 기르는 「대학」공부의 기본이 된다는 것에 있다.[42]

조선왕조는 선비의 인격이 훌륭하게 되도록 하는 데 모든 관심을 기울였다고 말할 수 있다. 이 점은 조선의 학교 교육에서 계속해서 강조되어 왔으며, 특히 사

---

41) 「朱子大全」 卷42, 答晦叔.
42) 是以方其幼也 不習之於小學 則無以收其放心 養其德性 而爲大學之其本, 「大學或問」.

림에서는 그 인격 수양이 바로 학문의 목적이 되어야 한다는 데에 관심의 일치를 보여 왔다. 마침내 조선왕조에서 사림파가 중앙정부에 진출하여 도학의 이념을 실천할 수 있는 기회가 주어졌고, 이 기회를 활용한 핵심 인물이 바로 趙光祖(조광조, 1482-1519)이다. 그는 사림파의 이상을 현실사회 속에 실현하려는 강렬한 신념을 가진 인물이었다. 조선초기의 사림파는 정몽주, 길재, 김숙자, 김종직, 김굉필, (정여창)의 의리정신을 이어받아 조광조에 이르러 도통이 정립되었다. 조광조의 자는 孝直(효직)이며, 시호는 문정(文正)이다. 14세 때 부친이 지금의 영변에 찰방으로 부임하자 거기서 몇 해를 보내다가 17세 되던 해 무오사화가 일어나 김굉필이 이웃고을인 희천에 유배되어 오자, 그에게 나아가 수학하여 거기서 학문의 뜻을 세웠다.

조선 초기의 훈구파들과 임금은 국가이념으로서는 성리학을 내세우면서도 종교적 면에서는 여전히 불교를 숭상하고 있었다. 그 대표적 인물이 세종과 세조이다. 임금이 그러한 형편에서 그 밑의 신하들은 말할 나위가 없었다. 조광조에게는 이 점이 못마땅하였다. 어찌 학교에서는 교육으로 도학을 가르치면서 정치에서는 여전히 도학의 정신이 충분히 스며들지 못하는가? 임금과 신하들은 어째서 이단인 불교를 마음 속으로 숭상하고 있는가? 그는 이 점에 의심을 품고 자신이 나서서 이 사태를 해결하고자 하였다. 그 해결책이란, 다름이 아니라, 도학과 정치의 일치인 것이다. 이 점에서 그는 조선왕조에서 도학과 정치의 일치를 부르짖은 선구자라고 말할 수 있다.

조광조는 도학과 정치를 일치시키기 위하여 무엇보다도 먼저 성리학의 윤리 도덕에 관심을 기울인다. 물론, 그의 윤리 도덕의 바탕이 되는 이론은 理氣論(이기론)이다. 그는 '마음을 경계하는 글(戒心箴)'이라는 제목의 글에서 理와 氣에 관하여 다음과 같이 말하고 있다.

'사람은 하늘과 땅에서 剛(강)과 柔(유)의 기운을 받아서 형상을 이루었고, 健(건)과 順(순)의 기운을 받아서 性(성)을 갖춘다. 氣(기)는 四時(사시)요 心(심)은 四德(사덕)이다. 기는 넓고 넓기 때문에 포용하지 못하는 것이 없고 마음은 영묘하여 통하지 않는 바가 없다. 예컨대, 임금의 한 마음은 하늘의 큼과 천지의 기와 만물의 理(이)와 연결되어 있고, 심지어 하루의 기후와 한 物(물)의 性(성)까지도 운용시킨다. 어찌 우리가 법도에 따르지 않고 어그러져 사악하게 굽어서야 되겠는가. 그런데 사람의 마음에는 욕심이 있어서 그 마음의 영묘함이 잠겨서 사사로운 情(정)에 사로잡히고 만다. 그리하여 氣의 흐름이 부드럽게 흘러가지 못하게 되며, 천리가 어둡게 되며, 인륜을 폐하게 되고 천지만물이 제대로 그 기능을 발휘하지 못하게 된다. 예컨대, 임금에게는 아름다운 여자의 교태 부리는 소리와 맛있는 음식이 언제나 앞에 있으며, 권력은 끝간 데를 모를 정도로 높으니 임금은 교만해지기 쉽다. 그런데 聖上(성상)께서 이를 염려하고 두려워하여 신에게 명하여 경계하는 글을 지으라 하시니, 아! 지극하도다! 신은 감히 있는 정성을 다하여서 글을 지었으니 만분의 일이라도 도움이 되었으면 한다. 천지의 기운이 가득차면 잡스러운 것은 없어지고 순수하게 된다. 氣가 막힘없이 통하여 형상을 이루었고, 理가 그 참다움을 이었다. 그 理가 한 마음 속에 모여 살아 움직이며, 만상에 가득 찼다. 그 理가 온전하여 밝게 비쳐, 그 신묘한 작용이 어긋나지 않는다. 눈에 보이지 않는 곳에도 차있고 눈에 보이는 곳에도 나타나니 최고의 도를 세웠다. 확충하면 사해에 미치고 그것이 기능을 발휘하면 하늘과 땅이 바르게 자리를 잡게 되어 만물이 올바르게 자라나게 된다. 거룩하고 신령스럽고 그 오묘함이여! 멀고 멀리 있는 하늘과 통한다. 위대하고 위대한 요임금의 업적도 이 마음이다. 본체는 크기도 한데 비어 있는 것 같고, 物(물)은 무엇인가 感(감)하는 것 같은데 그 무엇이 어디서 오는지를 모르겠다. 喜怒愛樂哀惡欲(희노애락애오욕)과 같은 일곱 가지 정은 서로 치열하게 마음 밖으로 들어나려는데, 어느새 자신도 모르게 저절로 마음 밖으로 들어나고 만다. 이 일곱가지 정은 잠겨 있고 어둡기 때문에 그것에는 달리는 말과 같이 걷잡을 수 없이 잠깐 사이에 사특함이 끼어든다. 올바른 인륜이 폐하여 지고 하늘과 땅의 자리가 바뀌어 버린다. 살고자 하는 의지가 막혀 만물이 제대로 완성되지 않는다. 그리하여 마침내 스스로 복을 끊고 화를 속히 불러 들이게 된다. 그러므로 적절한 때를 잃어버림을 군자는 두려워한다. 그래서 항시 사람이 행위를 하건 조용히 머물든지 간에 마음을 다하여 수양해야 할 바가 있으니, 그것은 곧 敬의 태도로 마음을 다잡고 義에 맞추어 모든 일에 대처하는 것이다. 그러므로 마음을 고요히 하여 사물을 구별한다. 또한 사람은 듣고 보는 것에도 역시 常道(상도)가 있는 것이니, 비록 은밀한 곳에 있다 해도 몸을 삼가고 조심하여 마치 상제가 임하여 마음이 밝아진 듯이 한다. 그리고 매우 엄히 스스로를 다스리고 神明(신명)을 바르게 하여 익혀서 몸에 밴 것을 바꾸어서는 안된다. 또한 배운 바를 지켜 마음을 청정하게 닦도록 하며, 그 청정함으로 마음을 고요하게 하고, 그 마음이 밖으로 드러남에 거리낄 것이 없게 되는 것이다. 이리하여 모든 변화에 그 진정한 마음이 발휘될 것이며, 점점 날로 그 마음이 맑아져서 모든 일에 그 仁(인)함이 드러날 것이며 만물에 그 인이 스며들 것이다. 마음이 온화하고 순수하며 겉모양이 또한 그러하니 그 사이에 저절로 조화를 이룬다. 오호라! 이와 같은 마음을 간직하고 있느냐 버려 버리느냐에 따라 선과 악이 갈라진다. 聖人(성인)은 단지 心法(심법)을 가르쳐 전했을 뿐이다. 밝히기 어려운 것은 理(이)이다. 흐르기 쉬운 것은 욕심이다. 오로지 세밀하고 정교하게 도를 연구할 때 도에 가까워지며 덕을 보존하게 되는 것이다. 바라옵건대, 聖上(성상)께서는 몸소 체득하시기 위하여 보지 않는 곳에서는 경계하고 들을 수 없는 곳에서는 두려워하시기를 끊임없이 힘쓰시며 옳지 않은 것을 처버리시기를 적과 같이 하오시며, 四端(사단)에 관해 말하시기를 풀이 돋아나 자라듯이 하시며 은밀하게 살펴 마음 지키기를 힘쓰시며, 절대적 기준인 중(中)에 벗어나지 않도록 몸과 마음을 다 받쳐 성심성의껏 노력하셔서, 마음에 태극을 간직하여 영원히 폐하시는 일이 없도록 하옵소서.'[43]

그는 이 글에서 이와 기의 관련을 직접적으로 말하고 있지는 않지만 이 글과 그외 다른 글—예컨대, 春賦(춘부)—을 참조해서 그의 이기론을 말해보면, 그는 理의 우위성을 인정하고 尊理賤氣的 主理論(존리천기적 주리론)의 입장에 서 있다고 말할 수 있다.

위에서 인용한 戒心箴(계심잠)은 원래 임금의 요청에 의하여 작성된 것으로서, 이 글에서 조광조는 자신이 교육받은 대로의 도학에 비추어 임금에게 좋은 정치를 권고하고 있다. 그에게 있어서 좋은 정치는 교육에서 규정하는 대로 인간의 마음을 다스리는 일과 관련되어 있다. 임금은 교육을 통하여 자신의 마음을 다스리고, 더 나아가 백성들의 마음도 함께 다스려야 좋은 정치가 실현될 수 있다는 것이다. 그러나 다른 한편, 정치의 실제에서는 도학을 교육받은 대로 실천하기가 무척 어렵다. 정치에는 여러 가지 장애가 있기 마련인 것이다. 그 장애가 되는 것들 중에서 가장 커다란 장애는 돈과 권력의 추구—인간의 사욕—일 것이다. 조선시대의 경연과 상소는 임금으로 하여금 사욕을 억제하여 도학의 가르침에 따라 살게 하기 위한 제도적 장치라고 볼 수 있다. 사욕을 억제하는 방법으로 임금에게 경연과 상소가 있었다면 백성에게는 법률과 향약이 있었다. 좋은 정치에 관한 조광조의 견해에서 한 가지 특이한 것은, 그는 위에서 열거한 경연, 상소, 법률, 향약 등의 제도적 장치보다는 도학의 가르침에 근거하여 좋은 정치를 실현하려 하고 있다는 점이다. 그는 무엇보다도 도학과 정치의 일치에 관심이 있었던 만큼, 요순과 같은 좋은 정치는 교육을 통하여 형성된 마음을 세상에 나와 실천함으로써 이룰 수 있다고 말하고 있다.

그러면 조광조가 주장하는 나라를 다스리는 도리는 구체적으로 어떤 것인가? 이 점에 관하여 그는 다음과 같이 말하고 있다. '나라가 다스려지는 까닭은 도 이외에 다른 것이 아니다. 여기서 말하는 도는 "성이 자국을 남긴 것(率性)"을 말한다. 무릇 성이 있지 않음이 없는지라 도가 없는 곳이 없으니, 크게는 禮樂刑政(예악형정)으로 부터 작게는 制度文爲(제도문위)가 다 인위적인 힘을 빌지 않아도

---

43)「靜菴集」卷2, 戒心箴.

"각기 마땅한 이치(當然之理)"가 있다. 이것이 고금제왕이 함께 이에 말미암아 다스린 바요, 천지에 가득 차고 고금을 꿰뚫은 것이로되, 실로 내 마음 속에서 벗어날 수 없는 것이다. 따르면 나라가 다스려지고 잃으면 어지러울 것이니, 잠깐이라도 떠날 수 없는 것이다.'44) '도는 心이 아니면 의지하여 설 곳이 없고, 마음은 誠이 아니면 힘입어 행할 바가 없는 것이다. 임금은 진실로 천리를 보아서 그 도에 머물고 그 誠을 가지고 그 일을 행하니, 나라를 다스림에 무엇이 어렵겠는가.'45) 그는 나라를 다스리는 구체적인 방법으로 愼獨誠實(신독성실) 공부를 들고 있다. '위로부터 날로 愼獨誠實(신독성실) 공부를 더하여, 끝내 변치 아니하면 德治(덕치)를 이룰 수 있을 것이다.'46) 그가 들고 있는 신독성실 공부는 '毋自欺(무자기)'와 '謹其獨(근기독)'에 근거한 爲己之學(위기지학)을 가리킨다. 그는 이 공부의 구체적 내용으로서 詞章(사장) 대신에 「小學」(소학)과 「近思錄」(근사록)을 들고 있다. 이것으로 보면 그는 '崇道學 正人心 法聖賢 興至治(숭도학 정인심 법성현 흥지치)'를 교육과 정치의 목적으로 삼고 있다고 말할 수 있다.

조광조가 정치일선에 나와 한 일은 과연 무엇인가? 첫째로, 조광조 등 신진사람들은 도학을 숭상하여 「근사록」을 성리학의 본원으로 중시하였고, 「성리대전」, 「대학연의」 등을 지침서로 권장하였다. 더 나아가 그들은 경연에서도 「소학」을 중시하는 등, 도학과 정치를 일치시키려는 노력을 기울였다. 그 밖에 그들은 중종 10년(1515) 11월에, 「伊洛淵源錄」(이락연원록), 「二程全書」(이정전서), 「朱文公集」(주문공집), 「朱子語類」(주자어류), 「眞西山讀書記」(진서산독서기) 등을 인쇄, 반포하였다. 중종 13년에는 金安國(김안국)이 명나라로부터 「論孟或問」(논맹혹문), 「經學理窟」(경학이굴), 「延平問答」(연평문답), 「張子語錄」(장자어록), 「家禮儀節」(가례의절), 「傳道粹言」(전도수언), 「胡子知言」(호자지언) 등 理學(이학) 공부에 필수적인 서적을 구해 가지고 돌아와 널리 반포하도록 건의하였다. 이와 같은 일은 명종, 선조 때 성리학의 융성에 크게 이바지하였다.47) 둘째로, 그가 한 일 중에서 한 가지 특기할 만한 것으로서, 그는 중종 12년(1517) 8월에 정

44) 所以治國者道而已 所謂道者 率性之謂也 蓋性無不有 故道無不在 大而禮樂刑政 小而制度無爲 不假人力之爲 而莫不各有當然之理 是乃古今帝王所共由爲治 而充塞天地 貫徹古今 而實未嘗外乎吾心之內 循之則國治 失之則國難 不可須臾之可離也,「靜菴集」卷2, 謁聖試策.

45) 道非心 無所依而立 心非誠 亦無所賴而行 人主者 苟以觀天理 而處其道 由其誠而行其事 於爲國乎何難(上同).

46) 惟願自上 日加愼獨誠實工夫 終始不渝 則治化可臻矣(上同).

47) 崔英成,「韓國儒學思想史(Ⅱ)」, 亞細亞文化社, 1995, p.186.

몽주를 문묘에 종사토록 하고 불교와 도교를 이단으로 배척하였다. 특히 도교에 대해서는 더욱 엄격히 배척하여 그는 소격서를 혁파하는 일에 앞장섰다. 셋째로, 그는 현량과를 설치하였다. 그는 종래의 과거제도가 사장의 학습만을 일삼은 나머지 모순이 많다는 것을 지적하고 학문과 덕행을 갖춘 經明行修(경명행수)의 선비를 선발하도록 건의하였다. 이것이 현량과이다. 이 제도는 중종 13년(1518)에 채택되어 그 이듬해 실시되었다. 이것에 대해서는 사림파가 세력을 부식하기 위해 불순한 저의를 드러낸 것이라는 비난을 받기도 했지만, 이것으로 인하여 사림파와 훈구파의 대립은 더욱 첨예화되어 마침내 기묘사화를 불러 일으켰다. 넷째로, 그는 僞勳削除(위훈삭제)의 조치를 취했다. 이 조치는 중종반정 당시 뚜렷한 공로도 없이 공신적에 오른 대신의 공신자격 박탈을 골자로 하고 있다. 그러나 이를 계기로 훈구파로부터 치명적인 반격을 받게되니 이것이 바로 기묘사화의 발단이 되었던 것이다. 이러한 과정에서 훈구파와 신진사류의 대립이 점차 심각하게 되어 그 뒤 여러 사화가 일어났으며, 이것은 후에 본격적인 朋黨(붕당) 정치를 하게 되는 계기를 마련해 주었다. 붕당정치가 어떤 것인가 하는 것은 다른 장에서 언급되겠지만, 여기서 말할 수 있는 것은 붕당정치는 조광조가 실현하려고 한 '도학과 정치의 일치'에 근거하고 있다는 것이다. 그의 '君子小人辨'(군자소인변)을 살펴보자. '한 마음이 광명한 뒤라야 군자와 소인을 분변할 수 있을 것이다. 임금이 格物致知(격물치지)와 誠意正心(성의정심)의 공부가 지극하지 못하면, 혹은 군자를 소인이라 하고, 혹은 소인을 군자라 하는 것이다. 군자는 확실히 소인을 소인이라 한다. 그러나 소인은 군자를 소인이라 한다. 만약 세상의 도가 밝지 못하여 간신들이 자신들의 마음 속 안에 흉칙한 생각을 감추어 버리면, 이를 가려내기는 정말로 어려운 것이다. 소인이 군자를 공격할 때, 혹은 말과 행실이 다르다 하고, 혹은 착한 이름을 낚시질한다 하고, 혹은 군자가 동심협력해서 국사를 도모할 때 그를 가리켜 오로지 권력을 거머쥐려고 한다고 한다. 만약 그 말을 듣고 군자의 행적을 조사해 보면 분변할 수 있을 것이다. 사대부도 가문을 틀림없이 보전하고자 하거늘, 하물며 임금은 조상의 막대한 업을 지키기 위해서 누가 임금이 되었든지 간에 군자를 등용하고 소인을 물리쳐서 그 사직을 보전하고자 아니하리오마는, 그렇게 하지 못하는 것은 일찍부터 군자와 소인을 분변하지 못하였기 때문이다. 군자와 소인은 얼음과 숯이 서로 받아들일 수 없는 것과 같다. 소인은 밤이나 낮이나 군자를 공격할 것을 헤아리고 또 헤아려서 반드시 다 베어버리고 죽인 연후에야 그만 두는 것이니, 만일 그에 맞게 되면 참혹한 재앙

을 어찌 다 이루 말할 수 있겠는가.'[48] 여기서 한 가지 유념할 것은 사람들 중에
는 군자도 있고 소인도 있다는 것을 전제로 할 때 양자를 구분하기는 매우 어렵
다는 것이다. 조광조가 한 일이 있다면 그것은 군자와 소인을 구분하여 군자의 정
치와 소인의 정치가 어떤 것인가를 보여 주었다는 데에 있다. 그에 의하면, 군자
의 정치는 '자신의 마음이 광명한' 뒤에야 가능한 것이라는 점에서 소인의 정치
와는 확연히 다른 것이다.

2. 성균관과 향교

조선 초기의 유학자들은 官學(관학)의 정비에 주력하였다. 태조 즉위 초에 중앙
에 국학을 두고 지방에 향교를 설치하여 생도를 增置(증치)하도록 한 조처[49]에 따
라 새로운 도읍지 한양에는 성균관, 남부학당, 중부학당, 동부학당이 차례로 건립
되고 지방 군현마다 향교가 설치되었다. 관학의 진흥 목적은 단순히 국가 관리를
양성하는 데에 있었다기 보다는 유교를 연구하면서 유교를 보급하는 데에 있었
다. 관학의 정비는, 우선, 성균관이 유교이념을 전파하는 가장 고급의 교육기관으
로 간주되어 개국 이후 성균관의 시설이 확충되고 학제도 유교의 전당으로서 그
면모를 쇄신하는 것으로 나타났다. 즉, 태조 7년(1398)에 명륜당, 동서양재, 정록
청, 양현고 등 대규모의 교육시설이 설립되었고 그와 함께 문묘가 갖추어졌다. 문
묘제도는 유교주의 국가의 대의명분을 상징하는 가장 중요한 시설이다. 다음으
로, 성균관에 들어가기 위한 예비학교 내지는 성균관 부속의 관립학교로서 四學
(사학)이 정비되어 지방 군현의 향교에 준하는 교육이 이루어졌다. 사학은 태종조
에 남부학당이 세워진 것을 시발로 점차 그 모습을 갖추어 갔다. 그 모델은 중국
송대의 太學外舍法(태학외사법)이다.[50] 사학은 성균관 제도에 부속되어 명륜당과
동서양재가 있었으나, 문묘는 따로 갖추지 않았다. 셋째로, 유교이념의 전국적 보

---

48) 「靜菴集」 卷3, 參, 贊官時啓14.
49) 「太祖實錄」 卷1, 元年 7月, 丁未條.
50) 李成茂, '鮮初의 成均館 硏究', 「歷史學報」 35-36合輯, p.245.

급을 위해 건국 초기부터 전국의 군현에 향교가 설치되었다. 초기에는 중앙에서 직접 수령과 교수를 파견하여 이들로 하여금 향교를 설치하고 향교교육의 진흥을 책임지도록 하였다. 향교교육의 진흥여부는 수령의 치적을 평가하는 중요한 척도가 되었다. 향교의 시설로는 명륜당, 동서양재, 문묘를 갖추게 하였으며, 춘추 두번 정기적으로 석전제를 봉행하도록 하였다. 넷째로 성균관, 사학, 향교의 교육과정에 나타난 교과 중에서 「소학」, 「효경」, 「사서」, 「오경」, 「주자가례」, 「근사록」, 「성리대전」 등 주자학과 관련된 교과가 중시되었다. 그리고 「통감」, 「좌전」, 「宋元節要」(송원절요), 「史略」(사략) 등 역사와 「고문진보」, 「당송팔가문」, 「동문선」 등 문학이 중요시되었다. 이들 가운데 「소학」과 「효경」은 사학, 향교의 필수 과목이었다.

앞에서 언급한 학교교육제도에는 중요한 생각들이 담겨 있다. 우리는 이제 이것을 살펴보아야 한다. 첫째로, 문묘제의 설치이다. 조선왕조가 성립되면서 성리학은 고려의 불교이론을 극복하는 새로운 종교이면서 현실에서의 삶을 규제하는 학문이 되었다. 달리 말하면 성리학은 국가의 종교이면서 개인의 종교이기도 하다. 정도전의 불교비판은 종래의 어떤 비판보다도 날카로웠고 체계적이었다. 정도전의 「心氣理篇」(심기리편)은 유교와 도교와 불교의 세 가지 이론의 우월성 정도를 평가하였다. 그는 불교의 기본원리를 心으로, 도교의 중심원리를 氣로, 그리고 유교의 중심원리를 理로 보았다. 정도전에 의하면, 그 중에서 유교는 理의 원리를 중심으로 氣와 心의 원리를 포괄할 수 있다고 보았다. 理, 氣, 心 등의 세 가지 개념에도 존재론적 차이가 있으니, 심이 신령스러운 것은 氣로 말미암으며 氣는 理로 말미암아 생겨난다. 더 나아가 理는 형이상자이며 氣는 형이하자이다. 그러므로 理, 氣, 心의 순서는 존재발생의 순서이며 가치의 우월성의 정도라는 것이다. 바로 이 점에서 理에 근거하고 있는 유교는 氣와 心에 근거하고 있는 도교와 불교에 비하여 가장 우월한 지위를 차지하게 된다.

성리학이 조선조에 국가이념으로서 본격적인 자리를 잡기 위해서는 불교를 대신할 수 있어야 한다. 이 자리를 메우기 위한 것이 家廟(가묘), 宗廟(종묘), 文廟(문묘)이다. 이렇게 하여 유교는 틀림없는 종교의 자리를 차지할 수 있었다. 다시 말하면 조선의 선비들은 가정과 사회와 학교에서 거룩한 삶을 살았고 이것이 존중되었다는 것이다. 우선 가묘는 살아 있는 자식과 선친을 정신적으로 만나게 해주는 장소이다. 가묘는 안채의 동쪽에 세우며 가묘의 둘레에는 담장을 두르는데 이것은 이곳이 생활공간과 구별되는 신성한 공간이라는 것을 나타낸다. 신주와 유서, 제기 등은 가묘 안에 보관되는 것으로서 신성한 물건으로 간주되었다. 조선은 국가적으로 이를 보호하고 있을 뿐만 아니라, 조상신으로부터 보호를 받는다고 믿었다. 따라서 집주인은 매일 아침 가묘에 들어가서 深衣(심의)를 입고 분향재배하며 일이 있어 집밖에 나갈 때와 집에 돌아왔을 때에는 반드시 조상에게 그 사유를 고해야 하는 것이다.[51] 이것은 자신의 존재는 부모에 기인하고 있으며, 심지어 자신의 신체도 결코 자기의 소유가 아니라는 생각을 반영하고 있다. 가묘에서의 의례는 부모에 대한 감사의 표현이며 도리로서의 효도의 표현인 것이다. 가묘가 小宗(소종)에 해당하는 것이라면, 종묘는 大宗(대종)에 해당하는 것이다. 종묘제[52]는 국가의 종교의식으로서, 사직(社稷)도 국가의 종교의례이지만 종묘가 사직보다 더 중요시되었다. 종묘는 선왕들의 신주와 국가를 보위하는 데 공이 큰 신하들의 신주를 모셔놓고 의례를 행하던 거룩한 장소로 여겨졌다. 종묘는 왕조의 정신적 구심점이었던 것이다. 종묘는 왕조의 육체적인 혈통이 아니라 정신적인 혈통에 의하여 유지되어온 장소이다. 국가의 안녕은 종묘에 배향되어 있는 聖王(성왕)들과 충직한 신하들의 음덕에 의하여 유지된다고 믿었다. 문묘는 유학에 공이 큰 성현, 즉 도통의 근원에 해당되는 유학자들을 배향하고 제사지내는 곳이다. 문묘제도란 본래 유학의 학문적 전수에서의 사제관계를 중심으로 하여 형성된 제도이다. 이것은 종묘제도가 군신관계를 중심으로 된 제도이고, 가묘제도가 부모와 자식의 관계를 중심으로 형성된 것과 대조되는 것으로서 종묘가 대종이요 가묘가 소종이라면, 문묘는 中宗(중종)이다. 조선사회는 유학자 중심사회였으므로 중종인 문묘가 대종인 종묘를 능가하였다. 문묘가 설치된 곳은 서울의 성균관과 지방의 향교였다. 매 초하루 보름에는 삭망제가 있고, 봄 가을에는 석전대제를 지냈다. 선비가 관료로 인정받아 종묘에 배향되는 것이 최대의 영예라면 학자로서 교육자로서 가질 수 있는 최대의 영예는 문묘에 배향되는 것이었다. 특히 조선시대의 문묘는 도통적 성격이 매우 강하였다.

성균관의 문묘가 고인이 된 스승들을 존경하는 의식이라면, 그 존경의 정신은 살아있는 스승에 대해서도 그대로 발현되었다. 아래에서 기술되는 성균관의 그러한 모습은 그 아래 단계의 사학, 향교에서도 마찬가지로 확인된다. 조선시대 학령에 규정된 학교 일일행사를 들어 이 점을 설명하면 다음과 같다.[53] '① 學官(학관)

---

51) 崔鳳永, '朝鮮時代선비精神硏究', 韓國學大學院 碩士學位論文, 1981.
52) 方仁, '朝鮮前期의 儒敎의 生活世界', 韓國精神文化硏究院, 「韓國思想史大系」(4), 1991, p.254.

이 명륜당에 齊座(재좌)한다 ② 유생이 읍례행하기를 청한다 ③ 첫번째 북소리에 여러 유생이 입정한다 ④ 읍례를 행한다 ⑤ 각각 齊前(재전)으로 나아가 유생끼리 서로 예한다 ⑥ 재로 나아간다 ⑦ 유생이 학관 앞에 나아가 日講(일강)하기를 청한다 ⑧ 上下齊(상하재)에서 각각 1명씩 뽑아 읽은 글을 읽게 한다 ⑨ 통과한 자는 점수를 通考(통고)하여 科擧式年(과거식년) 講書(강서)점수에 합계하고 통과하지 못한 자는 楚撻(초달, 종아리를 때리는 것)로 벌한다 ⑩ 두 번째 북소리에 여러 유생은 읽던 책을 가지고 각각 사장(師長)에게 나아간다 ⑪ 앞서 배운 것을 論難(논란)하여 辨疑(변의)한 후에 새 것을 배운다 ⑫ 많이 배우기를 힘쓰지 않고 硏精(연정)을 힘쓴다 ⑬ 혹 책을 대하여 졸거나 교수받는 데에 주의를 하지 않는 자는 벌한다.'

이 학령에 나타난 까다로운 절차는 도대체 무엇을 위한 것인가? 이와 같은 까다로운 절차는 스승에게 가르침을 받을 때에는 말할 것도 없고, 혼자서 책을 읽을 때에도 몸과 마음을 단정히 하고 자세를 바르게 하지 않으면 안된다는 것을 나타내고 있다. 이후의 장에서 말하겠지만 퇴계도 율곡도 모두 이 자세를 대단히 강조하고 있다. 왜 조선왕조에서의 교육에서는 이와 같은 자세를 강조하였을까? 그 이유는 다음과 같이 설명될 수 있다. '그것은 다름 아니라 그가 공부하는 내용이 중요하다는 것을 알리는 데 효과가 있었기 때문이다. 그가 지금 앞에 펼쳐 놓은 책, 그리고 그 속에 적혀 있는 내용은 모두 옛 성현들이 피나는 노력 끝에 이룩한 지적성취이며, 그것에 대해서는 직접 옛 성현을 대할 때와 다름없는 경의를 표하지 않으면 안된다는 것이다. 그것을 공부하는 데 의식이 없을 수 없으며 몸과 마음을 가다듬지 않을 수 없다. 학습자의 입장에서 보면, 그것을 왜 배워야 하는가, 그것을 배울 가치는 어디에 있는가 하는 질문은 거의 포인트가 없다. 그것은 성현의 가르침이요, 그의 선대 조상들이 모두 받들어 배운 내용이라는 것, 그것만으로 충분하다. 물론, 그 성현의 가르침을 잘 배우면 과거에 급제하여 입신양명의 길이 열리는 수가 있다. 그러나 학습자에게는 경전에 적힌 내용 그 자체가 중요하다는 것이 입신양명보다도 훨씬 구체적이고 직접적인 의미를 가지고 있다. 그만큼 교육내용의 중요성은 수업의 의식이나 학구의 태도에 의하여 확인되고 지지되는 것이다.' [54]

53) 李萬珪, 「朝鮮教育史(上)」, 乙酉文化社, 1947, p.17을 인용하고 있는 李烘雨, 「增補 教育課程探究」, 博英社, 1996, pp. 481-483 참조.
54) 李烘雨, 「전게서」, p.482.

3. 조선 전기의 교육이론

조선왕조에서 가르친 교과들은 어떤 사상과 원리의 반영인가? 그리고 교과로서「효경」과「소학」을 강조한 이유는 무엇인가? 그 이유로서 조선초의 성리학의 주된 경향이었던 主理(주리)사상과 禮論(예론)을 들 수 있다. (여기서 예론이라는 것은 조선 중기 이후에 등장한, 예에 관한 본격적이고 체계적인 논의와 구분된다.) 정도전의「심리기편」에 의하면, 사람의 마음에는 경험이나 지각을 초월하는 것(形而上者)으로서의 理와 그것의 운동이나 작용을 경험지각할 수 있는 것(形而下者)으로서 氣가 함께 갖춰져 있는데, 이 가운데 理가 마음의 주인이요 氣의 근본이다. 다시 정도전의「불씨잡변」에 의하면, 사람과 만물은 어느 경우를 막론하고 무극, 태극의 이와 음양오행의 氣의 오묘한 합응에 의해서 존재하게 되며, 과정에서 음양은 태극의 동정으로 인하여, 오행은 음양의 변함으로 인하여 생겨나는 것으로 되어 있다. 이처럼 만물은 존재하게 된 원리에 있어서는 동일하지만, 만물 간에는 태어날 당시의 氣의 질에 따라서 각기 차별이 있게 된다. 권근의 주리적 인식태도는 마음에 있어서 理의 지위를 강조하고 있다. 그는 마음을 理氣의 묘합에 의해 본체에 있어서 허령하나 작용에 있어서 지각력이 있는 것이라고 말하고 있다. 이와 같은 주리사상은 정치에 반영되었고, 다시 학교교육에 교과의 형태로 반영되었다.

조선전기에「소학」이 강조된 것은 조선이 성리학을 국가이념으로 삼으면서 그것의 실현방도로서 예를 강조한 것과 무관하지 않다. 조선은 초기부터 예를 정책적으로 장려하여 예가 사대부의 생활규범으로 자리잡도록 하는 일에 노력을 기울였다. 朱子家禮(주자가례)의 도입과 전파는 그러한 노력의 일환이었다. 예는 天理(천리)의 節文(절문)이요 人事(인사)의 儀則(의칙)이었던 것이다. 여기서 천은 존재자체를 규제하는 궁극적 질서를 가리킨다. 예는 至善至美(지선지미)한 그 우주적 질서가 시간과 공간의 한계 속에 구체화된 하나의 표징으로서, 인간의 행동과 실천에 준거가 되는 규칙으로서의 역할을 한다. 예가 '천리의 절문'이라는 것은 천을 최종적인 근거로 하여 인간세계에 질서를 지워주는 규칙이 바로 예라는 점을 보여 주고 있다. 예는 지극한 존재인 하늘로부터 인간의 예의범절에 이르기까지 모든 것을 포함하고 있기도 하며, 인간과 하늘, 인간과 인간을 맺어 주는 줄이기도 하다. 달리 말하면 예는 종교적 삶에 관계되기도 하며 세속적 일상의 삶에도 관계되기도 하는 것이다. 이렇게 보면 조선에서 예가 중요시된 것은 지극히 당연한 조치라고 해야 할 것이다.

조선에서 예가 강조된 것에 대하여 때로 지배층의 권위를 확보하고 피지배층의 순종을 이끌어내기 하기 위한 것이라는 설명도 없지 않지만 조선의 예는 무엇보다도 구분을 강조함으로써 개인들의 마음에 경(敬)의 마음을 심어 주기 위한 것이라고 보아야 한다. 이 점은 조선사회에서 강조된 예의 종류에서도 확인된다. 조선에서 강조되는 예는 王朝禮(왕조예)와 士庶禮(사서례)라고 불리는 것으로서, 전자의 왕조예가 정치, 외교, 국방 등의 업무와 직접 관계되는 것이라면 후자의 사서례는 인간의 일생에서 거치게 되는 통과의례와 관계되는 것이라는 점에서 양자는 차이를 보인다. 크게 대별하여, 왕조예에는 吉禮(길례), 凶禮(흉례), 軍禮(군례), 賓禮(빈례), 嘉禮(가례) 등의 다섯 가지 예(五禮)가 포함되어 있었고 사서예에는 冠禮(관례), 婚禮(혼례), 喪禮(상례), 祭禮(제례) 등의 네 가지 예(四禮)가 포함되어 있었다. 사서예는 개인이 일생에 거쳐야 할 통과의례에 해당하는 것이지만, 조선은 그 중에서도 특히 관례와 상례에 많은 비중을 두었다.

조선은 건국과 동시에 주자가례를 예의 모범으로 삼았다. 이후 이 주자가례는 사대부의 생활규범으로 자리잡게 되었으며, 주자가례 보급에 앞장섰던 정도전, 권근, 하륜 등과 김종직과 그의 후학들에 의하여 조선사회에 확고하게 자리잡게 되었다. 정도전과 권근은 성리학과 예를 국가이념으로서 채택하는 데에 지대한 공헌을 한 사람들이었다. 이제 차례로 이들의 이론을 살펴보기로 한다. 정도전(1342?-1398)의 子는 宗之(종지), 호는 三峯(삼봉)이며, 본관은 봉화로서 이색(李穡)의 문인이다. 그는 고려말 조선초에 걸쳐 성균관을 중심으로 전개되었던 벽불운동의 핵심인물 중에서 주도적 위치에 있었다. 그의 벽불론은 고려조의 불교신봉을 비판함으로써 유학을 불교의 수준으로 끌어올리려는 시도를 담고 있다. 그는 벽불론에서 도학적 이념의 전통론에 근거하여 벽불론을 전개하고 있다. 그의 벽불론의 특징은 자신에 일치하는 것을 정당한 것으로 하고 자신에 어긋나는 것을 부당한 것으로 배척하는 도학적 정통론의 전형적인 모델을 제시한다는 데에 있다. 그의 벽불론의 대표작으로는 태조 7년(1398)의 「佛氏雜辨」(불씨잡변)과 태조 3년(1394)의 「心理氣篇」(심리기편) 등을 들 수 있다.

정도전의 벽불론은 그의 우주본체론, 인식론, 심성론, 윤리론 등을 기초로 하고 있다. 먼저, 그의 우주본체론[55]를 인용하면 다음과 같다. '천지만물이 있기 전에 필경 먼저 태극이 있어서 천지만물의 이(理)가 그 속에 혼연히 갖추어져 있다. 그러므로 태극은 兩儀(양의 즉, 陰과 陽)를 낳고, 음양은 四象(사상, 즉, 老陽, 少陽, 老陰, 少陰)을 낳으며, 천만가지 변화가 모두 이로부터 나오는 것이다.'[56] 여기서 '태극이 음양을 낳는다'는 말에 대하여 그는 다음과 같이 설명하고 있다. '사람과 사물은 생겨나고 또 생겨나서 무궁히 계속된다. 이것은 천지의 변화가 운행을 그치지 않는 까닭이다. 대저 태극에는 움직임과 멈춤이 있어서 음양이 생겨난다. 음양은 變合(변합)함이 있어서 五行(오행 즉, 水, 火, 木, 金, 土)이 갖추어진다. 이에 無極太極(무극태극)의 眞과 음양오행의 精이 오묘하게 합하여지고 응집되어 사람과 사물이 생겨나고 또 생겨난다. 이미 생성된 것은 지나가 버리고, 생기지 아니한 것이 뒤를 이어 계속되어 생겨나며, 가버림과 계속되는 것 사이에는 한 순간의 정지도 용납되지 않는다.'[57] 사실상 이 말은 周濂溪(주렴계)의 「太極圖說(태극도설)」[58]의 생각과 거의 일치한다. 사실상, 주렴계의 학설이 주로 「易傳(역전)」에 의거하고 있다는 점으로 보면 주렴계의 「태극도설」은 「주역」의 해석판이라고 할 만한 책이다. 주렴계는 「주역」을 해석함으로써 형이상학과 우주론의 두 가지 요소를 포괄한 이론을 정립하려고 한 것이다. 정도전 또한 주렴계의 「태극도설」에 나오는 生生而無窮(생생이무궁)이라는 우주자연의 원리에 기초하여 형이상학과 우주론을 전개하고 있다. '"생생이무궁"이라는 것은 지나가 버린 것, 죽은 것이 다시 부활한다는 것인가, 아니면 전혀 새로운 것이 생겨난다는 것인가? 소멸과 생성 사이에 질과 양에 있어서 변화가 있는가 없는가?'이 질문에 대하여 정도전은 단호하게 다음과 같이 말하고 있다. '이미 생성된 것은 지나가 없어져 버리고, 생기지 아니한 것이 새로이 생겨나서 뒤를 이어 계속된다.' 그는 이 점에 대하여 그 구체적인 예로 다음을 들고 있다. '한번 호흡하는 과정에서 공기를 한번 토해내게 되는 것을 한 숨(一息)이라고 한다. 내뿜어서 배출된 공기는 다시 흡입되지 않는다. 그러므로 인간의 氣息(기식)은 또한 生生不窮(생생불궁)한 것으로서 지나간 것은 지나가 버리고 앞으로 올 것이 계속되는 이치를 볼 수가 있다. 밖의 만물에

---

55) 韓永愚, 「鄭道傳 思想의 硏究」, 韓國文化硏究院, 1973, pp.36-41.

56) 「三峯集」卷9, 佛氏雜辨 佛氏眞假之辨.

57) 「佛氏雜辨」, 佛氏輪回之辨.

58) 태극이 움직여 양을 낳는다. 움직임이 極(극)하면 정지하게 된다. 정지하면 음이 생긴다. 정지가 극하면 다시 움직인다. 한번 움직이고 한번 정지하는 것이 서로 그 뿌리가 되어 음으로 나뉘고 양으로 나뉘어 양의가 생겨난다.

서 이 이치를 증험해 보자. 무릇 초목은 뿌리에서 줄기, 가지, 잎, 꽃과 열매에 이르기까지 하나의 氣가 관통되어 있는데, 봄과 여름에는 그 氣가 흥하여 꽃잎이 무성하지만, 가을과 겨울에 이르면 그 氣가 수렴되어 꽃잎이 쇠락한다. 그 다음해 봄, 여름이 되면 또 다시 꽃잎이 번창하지만 이미 떨어진 잎이 본원으로 돌아가 다시 살아나온 것은 아니다.' [59)]

氣의 성장과 소멸에 비추어 만물의 변화과정을 설명하고 있는 정도전은 '왜 새로운 생명이 창조된다고 보아야 하는가' 하는 문제에 대하여 다음과 같이 대답하고 있다. '사람과 사물이 생성될 때에는 음양오행의 氣가 변합, 응취하여 만물의 형질과 神氣(신기)를 형성한다' [60)] 형질은 곧 가시적인 형상을 의미하는 것으로 인간에 있어서는 이것을 體(체), 魂(혼), 魄(백)이라고 한다. 신기는 정신현상을 의미하는 것으로서 神(신), 精神(정신), 魂(혼)이라고도 한다. 그러므로 인간이나 만물은 정혼(精魂)과 혼기(魂氣)로 구성되어 있다고 볼 수 있다. 인간이 죽는다는 것은 정혼과 혼기가 분리 분산되는 것을 의미하는 것으로, 정혼은 땅에 남아서 소멸되고 혼기는 하늘로 사라져 버리는 것이다. 일단 혼백이 분리 분산되면 그것이 다시 결합되어 만물이 생성될 수는 없는 것이다. 정도전은 이 이론에 비추어 불교의 윤회설을 비판하였던 것이다.

정도전은, 인간의 길흉화복은 음양오행의 氣의 차이에 의하여 좌우된다는 입장에 서서 불교의 인과응보설을 부인한다. '이른바 음양오행이라는 것은 교대로 운행하는 데 그 운행의 빈도가 길고 짧거나 서로 들쭉날쭉하여서 가지런하지 못하다. 그러므로 기에 通塞正偏(통색정편), 淸濁厚薄(청탁후박), 高下長短(고하장단)의 차이가 나타나게 되는 것이다. 또한 사람과 사물이 생성될 때에 그 때를 잘 만나서 正通(정통)한 것을 얻으면 인간이 되고, 偏塞(편색)한 것을 만나면 사물이 된다. 인간과 사물의 귀천의 차이도 여기서 나뉘어지는 것이다.' [61)] 이 주장에 따르면, 우주만물이 형태나 성질에 있어서 동일하지 않고 천차만별의 차이가 나타나게 되는 것은 기질을 순화시키는 데에 차이가 있기 때문이다. 그렇다면 기질의 순환은 무엇에 의해 가능한가? 정도전은 이 질문에 대하여, 기질의 순환은 성인의 존재로 인해서 가능하다고 말하고 있다. '聖人(성인)은 교화를 베풀어 배우는 자로 하여금 기질을 변화시켜 성인에 이르게 할 수 있다.' [62)] 이것으로 보아 정도전

59) 「佛氏雜辨」, 佛氏輪回之辨.
60) 「佛氏雜辨」, 佛氏作用是性之辨.
61) 「佛氏雜辨」, 佛氏因果之辨.

은 기질의 순화에 교육이 얼마나 큰 일을 하는가를 거듭 강조하고 있다고 말할 수 있다.

정도전의 형이상학이 「주역」에 관한 주렴계의 해석에 근거하고 있다는 것은 이미 말한 바 있다. 지금까지의 말로 보면, 그는 '生生而無窮(생생이무궁)' 이라는 「주역」의 원리를 氣의 개념에 비추어 설명하고 있다고 볼 수 있다. 이제, 그가 주역의 또 하나의 원리인 '太極而無極(태극이무극)' 을 어떻게 설명하고 있는가를 살펴 볼 차례이다. 우주만물의 근원으로서의 태극의 정체는 무엇인가? 그리고 왜 태극 앞에 무극을 덧붙였는가? 하는 것이다. 주자에 의하면, 무극에서의 '무' 는 소리도 없고 냄새도 없고, 방향과 장소도 없고, 형체와 모습도 없는 것을 뜻한다. 달리 말하면, 태극에 관한 주자의 설명은 무극과 태극으로 본체의 양면을 분별하여 표시하고 있다고 볼 수 있는 것이다.[63] 무극은 초월의 의미―본체가 현상을 초월함―를 나타내고, 태극은 창조의 의미―본체가 현상계를 창조함―를 표시한 것이다. '무극이면서 태극이다' 라는 말은 초월성과 창조성을 아울러 말한 것이며, 존재나 본체의 양면에 대하여 서술한 것이다. 그렇다면, 태극과 理는 어떤 관계인가? 정도전은 '천지만물의 理가 이미 태극속에 혼연히 갖추어져 있다'[64]고 말하고 있다. 여기서 '理는 태극 가운데 갖추어져 있다' 는 것은 주자처럼 태극이 곧 理라는 것을 가리키기도 하고 태극에 理 이외에 다른 요소도 있다는 것을 가리키기도 한다. 그러나 '천지 사이에 있는 것은 氣 하나 뿐인데 그것이 움직임과 고요함을 가지고 있어서 음과 양으로 나누어지고 변과 합이 있어 오행이 갖추어진다. 오행은 하나의 음양이요, 음양은 하나의 태극이다'[65]라는 말이나 '理는 천지가 있기 이전에 있으며, 氣가 理로 말미암아 생겨난다'[66]는 말로 보면, 정도전은 理를 만물의 근본 원인으로 파악하고 있는 것으로 보인다. 만약 理가 그 자신을 실현하려는 목적성을 가지고 있다고 말하면, 理는 당연히 만물 가운데 일관되어 있으니 만물은 모두 理에 의하여 결정된다고 보아야 한다.

사실상 정도전의 「불씨잡변」은 理의 의미를 보여 주는 것으로 되어 있다고 말할 정도로 그 글 여기저기서 理가 무엇인가를 설명하고 있다. 예컨대, '도는 理이

---

62) 「佛氏雜辨」, 果之辨.

63) 勞思光, 「中國哲學史(宋明篇)」, 鄭仁在(譯), 探究堂, 1988, p.113.

64) 蓋未有天地萬物之前 畢竟先有太極 而天地萬物之理 已渾然具於其中, 「佛氏雜辨」, 佛氏眞假之辨.

65) 「佛氏雜辨」, 闢異端之辨.

66) 於穆厥理 在天地先 氣由我生, 「心理氣篇」.

며 형이상자이다'[67), '理는 형기 가운데 갖추어져 있다'[68), '理는 형이상자이며, 기는 형이하자이다'[69), '무릇 마땅히 그렇게 되는 所以(소이)의 법칙으로서 변혁되지 않는 것이 곧 理이다'[70), '理는 순수하고 지선한 것이다'[71)라는 등의 것이 그것이다. 이 말들을 종합하여 말해 보면, 理는 형이상의 도로서 형이하의 氣의 발생 근원으로서 氣를 주재하고 氣가 그렇게 되는 所以然(소이연)이 되며 만물을 생성시키는 순수하고 지선한 그 어떤 것이다.

정도전의 우주론은 理를 가장 중요시하면서도 氣의 존재를 무시할 수 없다는 것을 근간으로 하고 있다. 이것은 곧 이 세상을 살아감에 있어 절대적으로 옳다고 보는 그 어떤 기준 같은 것이 있다고 보아야 하지만, 세상에 발을 딛고 사는 이상, 이 세상에 관한 문제를 다룸에 있어 전적으로 무관심하기보다는 보다 적극적으로 참여하여 그 기준이 실현될 수 있도록 노력하여야 한다는 것을 가리킨다. 그러나 이러한 견해는, 절대적으로 옳다고 생각하는 방향으로 사태를 이끌어 가기 위해서는 현실과 적당한 타협은 불가피하고 거기에 따라오는 사욕을 전혀 배제할 수 없다는 위험부담을 안고 있다. 이렇게 보면, 정도전은 '현실을 초월한 이념' 보다는 '현실내에서의 이념' 을 더 강조하였다고 볼 수 있다. 정도전의 이와 같은 관점을 가장 잘 표현한 것이 바로 '理諭心氣(이유심기)' 이다. '오! 그 理여! 천지보다 앞에 있어 기가 나(理)로 말미암아 생기고, 마음 또한 나로 말미암아 품부되었도다. 마음(心)이 있고 내(我:理)가 없으면 이해만 좇을 것이요, 氣만 있고 내가 없으면 피만 도는 고기덩어리의 몸뚱이가 될 뿐이다. 그러면 지각없는 몸뚱아리만 움직여 짐승으로 돌아가 짐승과 다를 것이 거의 없는 것이 되어 버릴 것이다. 저 어린아이가 기어서 바로 우물로 빠지려는 것을 본 사람이면 측은한 정이 생길 것이다. 유자는 이와 같은 정념이 생기는 것을 두려워하지 않는다. 가히 죽을 자리에 죽는 것은 의가 몸보다 소중함이니, 군자는 몸을 희생하여 인을 이루는 것이다. 성인은 천년이나 멀리 떨어져 있으니 도학이 흐려지고 말이 넘치도록 많아져서 氣로서 도를 삼고 마음으로 宗主(종주)를 삼는구나. 불의를 행하면서 오래 사는 것(도가)은 거북과 뱀일 것이며, 졸면서 앉아 있는 것(불교)은 허수아비 같은 형

---

67) 道則理也 形而上者也,「佛氏雜辨」, 佛氏昧於道器之辨.

68) 是理具於形氣之中,「佛氏雜辨」, 佛氏作用是性之辨.

69) 理形而上者也 氣形而下者也,「佛氏雜辨」, 佛氏作用是性之辨.

70) 凡所以爲當然之則而不可易者 是理也,「佛氏雜辨」, 佛氏作用是性之辨.

71) 性者 人所得於天以生之理 純粹至善,「佛氏雜辨」, 佛氏心性之辨.

해일 뿐이다. 내(理)가 네 마음에 있으면 밝고 깨끗할 것이요 내가 네 氣를 기르면 도에 뿌리를 박고 공명정대하여 조금도 부끄러울 바 없는 올바른 용기를 가지고 살아갈 것이다.'[72] 이것으로 보아 정도전의 견해는 틀림없이 주자학에 근본을 두고 있지만, 현세를 삼아감에 있어 때로는 이를 '氣 속의 理'로 해석함으로써 主氣的 성향을 띤다고 볼 수 있다. 이 점이 다른 主理論者와 구분되는 점이라고 할 수 있다.

정도전의 심성론은 그의 사상체계의 핵심을 이루고 있는 본체론과 우주론에 바탕을 두고 있다. 그의 심성론은 객관적인 현상세계의 모든 변화는 그 속에 담겨 있는 理로 말미암은 것이며, 인간은 이 理를 찾아낼 수 있다는 것을 가정하고 있는 것이다. 예컨대, 물의 흐름, 나무의 성장, 계절의 변화, 천체의 운행 등은 그 가운데 理가 있고, 그 理에 따라 움직인다는 것이며, 인간은 그 理를 인식할 수 있다는 것이다. 맹자가 이른바 하늘이 높고, 별이 아무리 멀리 있어도 진실로 그 이치를 탐구하면 천년의 날이 지나 어떤 날로 될지를 앉아서도 알 수 있다고 한 것도 理가 사물 속에 담겨 있기 때문이다. 정도전에 의하면, 사물에는 實한 이치가 들어 있다. 理는 사물 안에 있다고 해야 하지만 또한 理는 心 안에도 있다. 인간의 심 자체는 일종의 氣이면서 理를 그 안에 갖추고 있다. 理는 심의 통제를 받으며, 심의 작용을 통하여 이와 성을 지각하게 된다. 이 말은 달리 말하면 심과 理(性)는 둘인 듯하면서도 理가 심 안에 갖추어져 있기 때문에 궁극적으로 하나라는 것을 뜻한다. 그러나 정도전은 심과 理가 하나일 뿐만 아니라 심이 몸과 외계사물과 하나로 관통되어 있다는 점을 들어 심과 물 또한 둘이 아니라고 말하고 있다. 달리 말하면 마음이 몸을 주재하며 마음이 외계사물의 理를 궁구하고 그 理를 따라 사물에 합리적으로 대처하기 때문에 마음을 기점으로 하여 자신으로부터 만물에 이르기까지 끊김없이 연속으로 관통이 이루어진다는 것이다. 이것을 요약하여 말하면 정도전에 있어서 심성은 實이며 一이고, 連續(연속)이라는 특징을 가지고 있다고 말할 수 있다.

그러면 구체적으로 인간의 본성은 무엇인가? 여기서 언급하고 있는 인성론은 앞에서 언급한 심성론에 바탕을 두고 있다. 구체적으로 말하여 인간은 생성과정

---

72) 於穆厥理 在天地先 氣由我生 心亦稟焉 有心無我 利害之趨 有氣無我 血肉之軀 蠢然以動 禽獸同歸 其與異者 嗚呼幾希 見彼匍匐 惻隱其情 儒者所以 不怕念生 可死則死 義重於身 君子所以 殺己成仁 聖遠千載 學誣言厖 氣以爲道 心以爲宗 不義而壽 龜蛇矣哉 瞑然而坐 土木形骸 我存爾心 瑩徹虛明 我養爾氣 浩然而生.

이라는 면에서는 다른 우주만물과 본질적으로 다를 것이 없다. 우주만물의 근원으로서의 태극이 동정하여 음양이 생기고 음양이 변합하여 오행이 생기며, 음양오행과 태극이 묘합응취하여 우주만물이 생긴다. 인간도 이 과정에 따라 생성된다는 점에서는 예외일 수 없는 것이다. 그리고 인간과 천지만물은 음양오행의 변합에 의하여 생겨날 때에 이와 동시에 氣를 타고 난다. 그러나 그 생성과정에서 생기는 氣의 통색편정 등의 차이가 생겨 사람과 사물의 차이가 생겨난다. 말하자면 통정의 氣를 얻은 것이 인간이 되고, 편색한 氣를 얻으면 사물이 되며, 편색한 것 가운데에서도 약간 통한 氣를 얻으면 금수가 된다. 전혀 무통한 氣를 얻으면 초목이 된다. 인간은 기본적으로 통정한 氣를 타고 나지만 이것도 다시 청탁, 고저, 장단, 후박 등의 차이가 있어서 이것이 인간의 차별을 가져온다는 것이다. 결국, 우주만물의 모든 불평등의 기원은 氣에서 연유된 것이다.

그러면 인간이 타고난 理는 무엇인가? 정도전은 사람이 이미 형기를 가지면 理가 그 가운데 갖추어지며, 이것이 심에 있어서는 인의예지의 성과 측은지심, 수오지심, 사양지심, 시비지심의 情이 된다. 그는 '사단의 理가 이 마음 가운데 혼연히 갖추어져 있다'[73]고 하면서, '인성은 모두가 선한 것이다'[74]라고 하여 성선설을 주장하고 있다. 사람은 누구나 理(性)을 타고 났으므로 사람의 본성은 누구나 순수하고 선한 것으로 볼 수밖에 없다는 것이다. 理(性)은 단순한 우주 자연의 원리에 그치는 것이 아니라 인간이 능동적으로 추구해야 할 윤리도덕의 규범으로서 역할을 한다. 氣의 선천적인 차별에도 불구하고 후천적인 변화가 가능한 것은 氣(心)자체의 주체적인 노력에 의하여 기질이 변화될 수도 있기 때문이다. 사람의 氣는 동물이나 초목의 氣보다 우수한 것이므로 개인의 노력에 의하여 마침내는 성현이 될 수도 있다는 것이다.[75] 여기에서 우리는 정도전이 교육에 관하여 어떤 생각을 했는가를 짐작해 볼 수 있다. 조선의 성리학자들과 마찬가지로, 정도전 또한 개인의 노력의 대상은 성인이며 그 성인의 상태는 기질의 변화에 의하여 달성될 수 있다는 점을 강조하고 있다.

정도전은 '학교는 교화의 근본이다. 이것으로 인륜을 밝히고 이것으로 인재를 양성하게 되는 바 삼대 이전은 그 법이 완전하게 갖추어져 있고 진한 이후도 비록 순전하지는 못하였으나 모두 학교를 귀중하게 여겼는데 때로는 정치의 득실

73) 「佛氏雜辨」, 佛氏作用是性之辨.
74) 「朝鮮經國典」(下).
75) 韓永愚, 「전게서」, p.61.

이 학교의 흥폐에 좌우되었다'고 말하고, '국가는 서울에 성균관을 두어 공경대부의 자제와 백성 중의 준수한 자를 가르치고 部學敎授(부학교수)를 두어 어린이들을 가르치며, 또 그 법을 미루어 주, 부, 군, 현에까지 향학을 두고 교수 생도를 배치하여야 한다'[76]는 점을 분명히 하고 있다. '학교교육의 궁극적인 목표는 仁이다. 우리 유가의 이른바 측은과 불가의 이른바 자비는 모두가 인의 작용이다. 그 立言(입언)은 비록 같지만, 그것을 베푸는 방법은 크게 서로 다르다. 대개 부모와 나는 동기자이고, 타인과 나는 동류자이며, 물과 나는 동생자이다. 따라서 仁心(인심)을 베푸는 데 있어서는 부모로부터 시작해서 타인과 만물의 순으로 나아간다. 마치 물이 흐를 때 첫째 웅덩이를 채우고 나서 둘째, 셋째 웅덩이에 이르는 것과 같다. 인은 근본이 깊으므로 그것이 미치는 바도 먼 것이며, 천하의 만물이 통틀어 나의 인애 가운데 있지 아니한 것이 없다. 그래서 "부모를 친하고 나서 백성을 사랑하고 나서 만물을 사랑한다"고 말하는 것이다. 이것이 유자의 도가 一이 되고, 實이 되고, 連續(연속)이 되는 까닭이다.'[77] '사단은 각각 한 개의 덕을 가지고 있으나 인은 이를 내포하지 않음이 없다. 그러므로 … 인은 仁의 愛이며, 의는 인의 制이며, 예는 인의 敬이며, 지는 인의 知이다. 계절에 있어서는 봄이 되고 본성에 있어서는 인이 되는 것은 한 가지 이치이다. 그러므로 그것은 천에 있어서는 充塞流行(충색유행)하여 한 순간도 단절됨이 없어서 … 변화무궁하고 생생불식하니 이것이 봄이 천지의 인이 되는 까닭이다. 그것은 사람에 있어서는 公平樂易(공평락이)하여 추호도 사의로 치닫는 일이 없고 그것이 쌓이면 화순이 되고 그것이 피어나면 영광의 꽃이 되며, 그것이 몸에 체득되면 몸이 편안해지고 그것은 집에 미루어 보면 부자가 친해지는 것이다. 사물에 처함에 이르러 그 마땅함을 하나도 잃음이 없으니 이것이 인이 일신상의 봄이 되는 까닭이다.'[78]

위의 인용에서 알 수 있듯이, 정도전은 학교 교육의 궁극적 목적을 인의 함양에 두고 있다. 정도전은, 이어서, 인을 함양하는 또는 인을 체득하는 방법으로 삼강오륜의 확충을 들고 있다. 정도전은 이 점을 주자의 말에 의지하여 다음과 같이 말하고 있다. '마음은 비록 한 몸의 주인이 되나, 마음의 허령함은 족히 천하의 理를 주관할 수 있으며, 理는 비록 만물에 산재해 있지만, 그 작용의 미묘함은 실로 사람의 한 마음 밖에 있는 것이 아니니, 처음부터 안과 밖, 정교함과 거칠음(內外

---

76) 「三峯集」 卷7, 學校條.
77) 「佛氏雜辨」, 佛氏慈悲之辨.
78) 「三峯集」 卷3, 河相國春亭詩序.

精粗)으로써 논할 것이 아니다. 그러나 혹시 이 마음의 허령함을 모르고서 마음을 간직함(存心)을 하지 않으면 어둡고 잡되어 모든 理의 묘함을 궁구하지 못할 것이요, 여러 가지 理의 묘함을 모르고서 이를 궁구하지 않으면 편협하고 막히어 이 마음의 온전함을 다하지 못할 것이다. 이것은 理에는 반드시 그러한 힘이 있기 때문이다. 성인은 가르침을 베풀어서 사람으로 하여금 이 마음의 허령함을 스스로 알아서 단정하고 장중하고 정일한 가운데 마음을 간직함으로써 理를 궁구하는 근본으로 삼게 하고, 사람으로 하여금 모든 理의 묘함이 있음을 알게 하여 학문과 사변을 통해서 그 理를 궁구하게 하는 것이다. 이렇게 하여 마음을 다하여 얻는 공을 지극하게 하면 크고 작음이 서로 적시고, 동과 정이 서로 길러주어, 처음부터 내외정조를 택하지 아니하고 오랫동안 힘써서 훤하니 꿰뚫는 것(豁然貫通)에 이르게 되는데 이르면 또한 혼연히 하나가 되어 과연 내외정조를 말할 수 없음을 알 수 있게 될 것이다.'[79] 요컨대, 정도전은 여기에서 인을 함양하는 방법으로 '存心(존심)'과 '窮理(궁리)'를 강조하고 있다고 볼 수 있다.

　정도전은 성리학자이면서도 현실개혁에 관심이 많았다는 점을 이미 말한 바 있지만, 그는 개인의 차원에서 이루어지는 인의 함양은 국가의 차원으로 보면 국가통치에 필요한 인재를 양성하는 길임을 말하고 있다. 정도전이 과거를 강조한 것은 이 점에서 보면 당연하다. 정도전 자신이 지공거로서 낸 다음의 과거시험 문제는 그가 생각하는 인재가 어떤 사람인가를 짐작하게 해 준다.

　'묻노라. 자고로 善政(선정)을 하는 방법은 반드시 성문의 법전이 있고 그것을 유지 수호해 가는 것이다. 나라의 명맥을 이어가고 사람의 마음을 착하게 길러서 임금의 위패를 여러 세대 전해 내려가게 하는 것이다. 이것에 의지하나니 신중하게 아니할 수 없다. 옛일을 상고해 보면 有虞(유우) 때에는 중고상고시대 종묘제사를 맡은 관리가 예를 관장하였고, 士師(사사, 법관)가 형벌을 밝혔으며, 주나라에서는 宗伯(종백, 제사담당관)이 예를 관장하였다. 그리고 司寇(사구, 법무장관)가 형벌을 담당하여 화평하고 밝은 치적을 이루었으니, 그대들은 그 상세한 내용을 말할 수 있겠는가? 벼슬의 계급이 같고 맡은 직분의 서열이 균등하니, 예와 형벌은 과연 경중의 차별이 없겠는가? 한나라의 숙손통은 예절을 만들었고 소하는 법률을 만들었는데 그들은 무엇을 근본으로 삼았는가? 숙손통이 제자 100여 명을 모아 예의를 익숙하도록 가르친 것(綿蕞之禮)을 비웃고, 소하가 제정한 간단하고 명료한 三章法(삼장법, 후에 九章律(구장률)을

79) 「佛氏雜辨」, 同異之辨.

지음)으로 고요하고 안정된 효과를 얻었다. 당 태종은 정관예서를 제정하여 천하에 반포하였고, 덕에 치중하고 형벌에 치중하지 않는다는 말을 따라서 貞觀(정관)의 태평성세를 이루었다. 한나라의 정치는 형벌에 의해서 했고, 당나라의 정치는 덕과 예에 근본을 두고 하였다. 그런데도 선유가 이르기를 "한나라는 大綱(대강)이 바르고 당나라는 대강이 바르지 못하다"라고 한 것은 무슨 까닭인가? 덕과 예가 대강이 아니겠는가? 주상전하께서는 총명한 덕과 용맹스럽고 지혜로운 자질로 천도에 부응하고 인심에 순종하여 큰 기업을 창조하셨는데 권세와 지위로써 교만하지 않고, 항상 온화하면서도 엄숙한 마음과 자애로운 생각을 가져서 예법을 존중하고 형벌을 조심하는 데 근본을 두었다. 이제 해당 관원에게 명하여 고금의 예문을 참고하여 덜 것은 덜고 더할 것은 더하여 조정에서 반포한 법률은 쉬운 말로 풀이하여 밝게 깨우치게 하였으니, 예가 정해졌다 하겠고 형벌이 밝아졌다고 하겠다. 그러나 그 喪制(상제)의 제도가 과연 선왕의 옛 것과 맞아 淫祀(음사)와 불교의 혼잡된 것이 없겠는가? 군사의 제도에 있어서 과연 장수를 기르고 병사를 가르치는 법이 잘 되었는가? 그리고 혹여 武備(무비)가 해이한 데 이르지는 않았는가? 국가의 빈객 연회 때 지은 시에 화락한 뜻을 얻었으며, 혼인에 분별을 엄하게 하는 의례대로 하였다. 그러나 누추한 풍속 습관이 없겠는가? 탐관오리를 단속하지 않음이 아니며, 횡포와 난동을 엄금하지 않은 것은 아니나, 그런데도 간악한 일을 하여 죄과를 침범하는 자가 간혹 있으니 그것은 무슨 까닭인가? 이것이 어찌 관원들이 우리 임금의 뜻을 받들지 못하고 예문과 형법을 형식으로만 간주하여 봉행함이 부족한 데서 온 것인가? 아니면 고려의 문란한 폐단을 답습하여 습관이 되어 쉽사리 개혁하지 못해서 그런 것인가? 예법은 질서와 문채가 있고 아름다우며 법칙이 바르기 때문에 위로는 종묘와 조정으로부터 아래로 여염집에 이르기까지 빛나는 예문으로써 서로 접하고 정으로 기꺼이 서로 사랑하도록 하며, 형벌은 분명하게 시행할 수 있어 위로는 존귀하고 세력 있는 사람도 피하여 덮어주지 않고 아래로는 유약한 사람이라도 업신여기지 않아 범죄가 없게 되어 형벌이 소용없는 데에 이르도록 하여 잘 다스려져 태평을 이룩하려면 어떤 방법을 좇아야 하겠는가? 제군은 도덕의 원리에 밝고 정치의 실용에 적당한 학문(明體適用之學)을 갖추고 있다. 내 일찍이 有司(유사)의 자문을 기다린 지 오래이다. 앞에서 제시한 모든 문제에 관한 해답을 이 한 편에 술하라.'[80]

이것으로 보아, 정도전의 인재양성에서는 문사에 못지 않게 무사가 중요하게 취급되었다는 것을 알 수 있다. 이후 조선왕조에서 과연 어느 정도로 무사가 문사와 동등하게 강조되었는지는 의심스럽지만, 한 가지 분명한 사실은 문사와 마찬

---

80) 「三峯集」卷4, 會試策.

가지로 무사 또한 성리학적 소양을 갖춘 사람이어야 한다는 것이다. 사실상, 이 점은 고려말부터 문사와 무사를 동등하게 강조했던 李穡(이색)에게서 이미 확인되는 사실이다. 그럼에도 국가차원에서 중시되어야 할 인재의 성격을 정도전이 규정하였다는 것은 특별한 의미를 지닌다. 정도전은 여러모로 조선초기의 국가이념을 확립하는 데에 기여한 인물이다. 그렇다면 인재의 성격에 관한 정도전의 규정은 곧 조선의 교육의 이념으로 확립될 가능성이 있는 것이다. 이후 조선교육의 변천을 살펴보면 이 점이 분명해지겠지만, 조선의 교육은 인재의 성격에 관한 정도전의 규정에 나타나 있는 두 가지, 즉 '도덕의 원리에 밝은 사람'과 '정치의 실용에 적당한 학문을 갖추고 있는 사람'을 길러내려고 하는 교육이라고 말해도 무방할 것이다.

정도전과 쌍벽을 이루면서 조선왕조 국가이념을 이론화한 인물이 있다면 권근(1352-1409)이라고 해야 할 것이다. 이제 권근의 교육이론을 살펴볼 차례이다. 권근의 자는 可遠(가원), 호는 陽村(양촌), 시호는 文忠(문충), 본관은 안동이며, 菊齊(국재) 溥(부)의 증손이다. 정도전이 조선초에 실질적인 경세론으로 주도적 역할을 하였다면, 권근은 주로 학술적으로 기여하였다. 40권 10책에 달하는 문집 이외에도 「입학도설」, 「오경천견록」, 「동국사략」 등의 많은 저술을 남겼다. 이 중에서 「입학도설」과 「오경천견록」은 조선초 성리학을 정착시키는 데에 커다란 공헌을 한 저술이다. 「입학도설」은 성리학의 입문서이며, 「오경천견록」은 경학을 연구하는 데에 중요한 자료가 된다. 이 두 책은 권근의 학문적 깊이를 아는 데에 중요한 단서가 된다. 특히 「오경천견록」은 오경에 대한 본격적인 연구서로서 현존하는 가장 오래된 저서이다.

그의 교육이론을 알아보는 하나의 단서로, 아들 길천 균규에게 보인 銘(명)을 여기에 제시하겠다. '공평하면 사사롭지 않아 / 마음이 맑아 욕심이 없어 / 일마다 지극히 당연한 도리로 처리하니 / 이것이 바로 정직이라 한다(이상, 공평에 관한 명) 부지런하면 게으르지 않게 되니 / 힘쓰고 힘써 허물됨이 없고 / 맡은 바 일을 저버리거나 소홀히 하지도 않으니 / 이것이 바로 忠賢(충현)이라 한다(이상, 근면에 관한 명) 너그러우면 가혹함이 없고 / 일마다 모두 어질고 넉넉하게 처리하니 / 이것이 바로 군자의 덕이니 / 좋은 일이 훗날까지 미치리라(이상, 관용에 관한 명) 미덥하면 허망하지 않게 되니 / 있는 정성을 다하여 믿음을 가져 / 그 믿음을 굳게 지키고 / 스스로 변경하지 말라(이상, 신의에 관한 명).'[81] 여기에 등장하는 공평, 근면, 관용, 신의 등의 덕목은 그의 형이상학, 즉 성리학에 바탕을 두고 있다. 그의 성리학설은 한 마디로 '천인심성합일론'으로 요약될 수 있는 것으로서, 이 이론은 주돈이의 「태극도설」과 주희의 중용장구에 근거하고 있다.

천인심성합일론에 관한 주돈이와 주희의 견해는 한나라의 유학의 학설, 특히 동중서의 학설을 비판하는 과정에서 대두된 것이다.[82] 그럼에도 불구하고 주돈이는 성인의 덕이 천도에 근거하고 있다는 동중서의 견해를 따르고 있다. 주돈이는 그의 「通書」(통서)에서 다음과 같이 말하고 있다. '하늘은 양으로 만물을 낳고 음으로 만물을 기른다. 낳는 것은 어짊(仁)이다. 기르는 것은 의로움(義)이다. 그러므로 성인은 윗자리에 있으면서 어짊으로 만물을 자라게 하고 의로움으로 모든 사람을 올바르게 인도한다. 하늘의 도가 운행하니 만물은 이에 따른다. 성인은 덕을 닦으니 모든 사람들이 감화된다.'[83] 이것을 보면 천도가 인과 의를 가지고 있고, 성인은 이 인과 의를 근거로 삼고 있다. 주돈이는 동중서의 견해를 이어받아 마음속에 있는 덕성은 존재론적 의미의 천도에 근거하고 있다는 점을 분명히 하고 있다. 이것은 동중서가 덕성과 천도를 다른 것으로 파악하지 않았다는 것을 뜻한다. 한편, 주희는 '하늘이 음양오행으로 만물을 만들었으며, 氣로 형상을 이루고 거기에 이를 부여하였다'고 말하고 있다. 주희의 이 견해는 주돈이가 말하는 천도를 理와 氣의 개념으로 더욱 자세히 설명한 것이라고 볼 수 있다.

그의 「입학도설」에서 보여 주었듯이, 권근은 인성론을 중심으로 성리학의 전체적 구조와 성격을 이해하려고 하였다.[84] 그의 '천인심성합일론'은 우주론과 인성론을 전체적으로 일관되게 통합하는 체계로 되어 있다. 즉, 그것은 선악의 근원과 다양한 가치체제의 근거를 인식하는 과제로 출발하여, 이 도덕적 근원을 초월적으로 하늘의 명령과 내재적으로 인간의 성품에서 통찰하려는 시도라 할 수 있다. 보다 구체적으로 말하여, 권근은 앞에서 언급한 주자의 말에 근본을 두고 인간의 심성을 理와 氣, 선과 악으로 파악하여 그 각각의 차이를 밝히고자 하였다. 권근에 의하면, 인간과 만물의 다양한 존재들 사이에 차이는 그 차이를 결정하는 요인인 기가 통하였는지, 막혔는지, 바른지, 치우쳤는지에 달려 있다. 氣가 가장 잘 소통하는 존재가 성인으로서 그것을 덕성으로 표현하자면 誠이다. 성인의 바로 아

---

81) 公―公則不私 心情無慾 事出至當 是謂正直, 勤―勤則不怠 孜孜罔愆 職無廢弛 是謂忠賢, 寬― 寬則不苛 事皆仁厚 君子之德 廢流子後, 信―信則不妄 持之以誠 堅守其意 毌自變更,「東文選」 권50.

82) 勞思光, 「전게서」, pp.138-139.

83) 「通書」, 順化11.

84) 琴章泰, 전게논문, pp.294-296.

래 단계가 군자이며 그것을 덕성으로 표현하자면 敬이다. 보통 사람은 그 다음 단계로서 이것을 덕성과 관련지어 표현하자면 欲인 것이다. 여기서 성은 하늘과 일치하며 경은 하늘로 올라가게 하는 덕이라고 하면 욕은 하늘로부터 멀어지게 하는 것이다. 그러므로 성인은 하늘과 통하는 존재이고, 군자는 하늘을 향하여 나아가는 존재이며, 보통 사람은 하늘로부터 점차 멀어져 가는 존재이다. 권근은 이와 같은 심성론에 바탕을 두고 선과 악이 갈라지는 것을 밝혀, 선의 실현을 통한 하늘과 인간이 일치된 이상적 인격의 추구과정을 보여 주는 것이다. 권근은 선과 악을 각각 誠, 敬과 欲으로 배치하고 이를 확인하였다. 그는 인간존재의 본질을 하나의 理로 규정하면서 선과 악으로 갈라지는 이원성을 주목하고 있다. 또한 마음에 관해서도, '意는 마음의 표현(心發爲意)'이라는 점에 근거하여 의를 인심에 소속시켜 위태로운 것으로 지적하고, '정은 성의 표현(性發爲情)'이라는 점에 근거하여 정을 도심에 소속시켰다. 인심은 악으로 떨어지려 하므로 억제해야 하고 도심은 미세하므로 확장시켜야 한다. 그러므로 인심과 도심 모두에 敬이 요구되는 것이다.

권근은 심성의 공부방법을 경(敬)에서 찾고 있다. '主敬(주경)으로 말할 것 같으면, 천리가 상존하며 인욕이 저절로 끊어져, 감응하기 이전에는 보존하는 바가 지극히 고요하고 안정되며, 이미 감응했을 때는 그 움직임이 이치를 따라 和한다. 안으로는 마음에 허물이 없고 밖으로는 물에 따라 가지 않으니, 心廣體胖(심광체반)이요 浩然自得(호연자득)이라 지극한 즐거움이 그 속에 있다. 어찌 마음의 병 됨이 있겠는가. 이 뜻은 理의 본원이다. 조그만 차이가 천리만큼이나 어긋나게 되니 분별하지 않을 수 없다.'[85] 여기서 우리가 주목해야 할 것은 공부방법으로서 敬을 말한다면, 이것은 당장 誠과 敬 사이에 수단-목적의 관계를 연상하게 한다는 점이다. 이렇게 보는 관점은 수단과 목적 사이에 사실적 관련이 성립한다고 생각하는 것이다. 수단에 앞서 목적이 먼저 정해져야 한다는 것이며, 그 목적은 원칙상 달성 가능한 것이어야 한다는 것이다. 그러나 敬이 수단으로 성립되기 위해서는 의미상 하등 관련이 없는 誠이 정해져야 하는 것이다. 과연 誠과 敬은 의미상 하등 관련이 없는 것인가. 그렇지 않다. 최고의 경지인 誠에 도달하면, 誠과 敬 사이에는 하등의 구분이 생기지 않는다. 여기에서 보면, 誠의 본원이 敬의 본원

85) 若夫主敬 則天理常存 人欲自絶 未感之前 所存至靜而安 旣應之時 其動循理而和 內无爲累於心 外不隨往於物 心廣體胖 浩然自得 至樂存焉 寧有爲心之疾者哉 此義理之本源 差之豪釐 謬以千里 故不得以不辨, 周易淺見錄 卷1.

또한 理인 것이다. 이 점으로 보아 수단-목적의 관계로 誠과 敬을 파악해서는 안
된다.

誠과 敬을 수단-목적의 관계로 파악해서 안 되는 보다 중요한 이유는 誠과 敬
에 들어있는 '자아와 세계의 일치'라는 의미가 사라져 버린다는 점에 있다. 만약
誠과 敬에 관하여 가르치고 배우는 당사자가 그것을 수단-목적의 관계에 의해서
이해하려고 하면 그는 처음부터 '자아와 세계의 일치'를 실현하는 것과는 거리
가 멀어지는 것이다. 달리 말하면, 수단-목적 관계에 입각한 사고방식에서는 세계
를 편파적으로 파악하며 또 그만큼 자아의 변화를 초래할 수 없게 된다. 만약 誠
과 敬에 들어 있는 이상을 충분히 이해한다면 우리는 수단-목적의 관계에 의하여
교육을 설명하는 것이 교육의 의미를 형편없이 축소하는 결과를 초래한다는 사
실에 주의를 기울이게 될 것이다. 그러므로 흔히 말하는 경을 공부방법, 또는 수
양방법이라고 할 때, 우리는 수단-목적의 관계에서의 방법으로 보아서는 안되며,
편의상 어쩔 수 없이 쓰고 있는 말이라는 것을 알아야 할 것이다.

그러면 이제 '천인심성합일설'에 의하면 인간은 어떻게 해야 하는가 하는 문
제가 남아 있다. 여기서 무엇보다도 먼저 '천인합일'이 무엇을 의미하는가를 명
확히 해야 한다. 이 문제를 생각하는 데에는 두 가지 방향이 있을 수 있다. 하나는
天을 적극적 기준으로 보는 관점이고, 다른 하나는 천을 소극적 기준으로 보는
관점이다. 전자[86]는 인간이 하늘을 근본으로 삼고 하늘을 지향하면서 이 현실세계
에 살아야 한다는 과제를 인식하는 것이다. 하늘을 망각할 때 인간은 욕심에 빠져
자신이 부여받은 인간성의 가치를 저버리는 비인간화, 곧 금수화가 일어나게 된
다. 그리하여 천인합일은 천에 해당하는 덕목을 개인이 자신의 것으로 내면화함
으로써 자신이 천의 덕성을 소유하게 된다는 것을 뜻한다. 후자[87]는 천을 교육을
통하여 실현해야 하는 존재이면서 결코 실현할 수 없는 존재로 파악한다. 천인합
일의 경지 또는 誠의 경지는 실지로 도달할 수 있는 경지가 아니다. 그것은 달리
기 경주에서의 골인 지점과 같은 그러한 것이 아니다. 그것은 모종의 수단을 강구
하여 도달할 수 있는 목적이 아니다. '하늘'은 사회의 규범이나 덕목의 이면에
들어 있으면서 그 규범이나 덕목을 배우는 사람들로 하여금 자신보다 높은 표준
이 있다는 것을 끊임없이 일깨워 주는 소극적 기준이라 말할 수 있다. '하늘'이

86) 琴章泰, 전게논문, pp.294-296.
87) 秦英碩, '도덕교육의 이상으로서의 천인합일', 도덕교육연구회, 「도덕교육연구」 제9집, 1997, pp.63-
   84.

소극적 기준을 나타낸다는 점은 우리가 여러 가지 도덕적 규범이나 덕목을 배우는 이유는 그것을 그대로 따라 실천하는 데에 있는 것이 아니라, 우리가 따라야 할 보다 높은 표준이 있다는 것을 아는 데에 있다고 할 수 있다. 천일합일의 이 경지를 나타내는 말로서의 誠은, 한편에서 보면 모든 기준을 완전하게 내면화하여 더 이상 바깥의 기준에 의존할 필요가 없는 경지를 의미하지만, 다른 한편에서 보면 그것은, 합치되려고 해도 도저히 합치될 수 없는 '하늘'이라는 절대적 기준이 있다는 것을 깨닫는 경지를 의미한다. 이 점에 비추어 보면 천인합일의 경지는 자신이 '하늘'로 부터 가장멀리 떨어져 있음을 아는 경지이다. 그리하여 誠은 하늘과 일치하며 恭敬은 그 다음이며, 欲은 하늘로부터 가장 떨어져 있는 것이다. 그러나 사실을 두고 말하면 한 개인이 천인합일을 이루었다는 것은 스스로 '하늘'로부터 가장 멀리 떨어져 있다고 깨닫는 상태이며 천일합일의 상태와 가장 멀리 떨어져 있는 사람은 스스로 '하늘'에 가장 가까이 있다고 생각하는 사람이다. 그러므로 '하늘'과 자신이 가장 가까이 있다고 생각하는 것은 천인합일에 정면으로 위배된다고 말할 수 있다. 말하자면 천인합일은 파라독스적 개념인 것이다.

다음의 말은 파라독스적 개념으로서의 천인합일이 어떤 것인가 하는 것을 잘 보여 주고 있다. '두 인간 사이의 관계와 인간과 신의 관계는 같지 않은 점이 있다. 인간과 인간 사이의 관계에 있어서는, 오랫동안 서로 같이 살고 서로 잘 알게 되면 그 만큼 서로 친해지는 것이 사실이다. 그러나 인간과 신 사이의 관계에 있어서는 정반대이다. 인간이 신과 오랫동안 같이 살면 그만큼 신은 무한해지고 인간은 점점 작아진다. 아아, 어렸을 때 나는 신과 손목잡고 같이 놀 수 있다고 생각했다. 젊었을 때 나는, 만약 열렬하게 사랑에 빠진 사람처럼 진심으로 애원하고 노력하면, 신과 관계를 맺을 수 있으리라는 꿈을 가졌다. 그러나 어른이 된 지금 나는, 아아, 신이 얼마나 무한한가, 신과 나와의 거리가 얼마나 무한한가를 알게 된다. 이것이 곧 성장이다. 그것은 소크라테스의 무지―시작은 없이 오직 무지라는 끝만 있는 소크라테스의 무지―와 비슷한 것이다.'[88]

대부분의 성리학자들이 그러했듯이, 권근 또한 교육내용을 유학경전, 특히 그 중에서 오경에서 찾으며, 경전의 근본정신을 이상에서 설명한 천인합일의 이상에 비추어 기술하고 있다. 「입학도설」의 五經各分體用之圖(오경각분체용지도)는 이 오경의 내용을 해석하고 있는 것으로서 오경 각각에 어떤 내용이 포함되어 있는

88) 임병덕, 「키에르케고르의 간접전달」, 교육과학사, 1998, pp.104-105에서 재인용.

가를 보여 주고 있다. 권근은 경전을 본체와 용으로 분석하고 본체는 하늘에 근원하는 것으로, 그리고 용은 언제나 성인이 시행하는 것으로 말하고 있다. 예컨대, 역경은 그 본체가 이며 그 用이 誠이다. 이는 천지에 있는 것이며 誠은 성인이 세상을 경영하는 기준이 된다. 춘추는 그 본체가 도이며 그 용은 權이다. 도는 천지의 이치에 근본하는 것이며 權은 성인의 마음에서 실행되는 것이다.

권근은 「입학도설」에서 경전의 근본정신이 천인합일에 있다는 점을 분명히 하고 그것을 실현하는 몇 가지 방법을 勸學事目(권학사목)과 鄕學事目(향학사목)에서 제시하고 있다. '문과의 초장에 글 뜻 가운데에 의심나는 곳을 없애고 講論(강론)을 시험하는 것은 문장을 다듬는 것의 폐단을 억제하고 經을 궁구하는 실학의 선비를 얻기 위해서이다. 이것은 참으로 좋은 법이다. 그러나 이 법으로 보인 과거가 몇차례 되는데 경학에 뛰어난 인재가 나오지 않을 뿐더러 그 文才(문재)와 氣習(기습)이 도리어 번쇄해지므로 신은 일찌기 그렇게 된 것을 괴이하게 여긴다. 생각해 보니, 문장을 짓는 데는 기운을 주된 것으로 삼고, 기운을 기르는 데는 뜻을 근본으로 삼는 것이다. 그러므로 뜻이 넓으면 기운이 웅장하고 뜻이 좁으면 기운이 졸렬해지는 것은 사세의 당연한 것이다. 요사이 배우는 자들은 경의 뜻을 연구하여 有司(유사)의 물음에 대비하고자 하기 때문에 그 뜻이 먼저 구두와 훈고에 국한되어 오로지 記誦(기송)만을 힘써 입에 오르기를 취한 뿐이다. 그리하여 의리의 오묘한 뜻과 문장의 법에 대해서는 미처 힘쓸 겨를이 없다. 또 한마디만 틀리면 물리침을 당할까 두려워하기 때문에 부끄러움과 겁에 질려 그 기운이 먼저 위축되니, 이것이 곧 문재가 미약하고 기습이 번쇄해지는 이유이다 … 과거에 응시하는 자들로 하여금 오경을 다 통달하여 마음이 너그럽고 뜻이 넓어지면 한가롭게 박람하여 辭氣(사기)가 증익되고 문재가 진발하게 될 것이다. 中場(중장)에 시험하는 古賦(고부)는 초학의 선비로서는 지을 수 없을 뿐더러 실용에도 도움이 없으니 익히지 않아도 좋다. 바라건대 고부를 없애고 論(논, 論議文), 表(표, 마음에 품고 있는 생각을 왕에게 올리는 글) 각 1도와 判(판, 단죄의 이유를 밝혀 적은 글) 도를 시험하소서. 「소학(小學)」의 글은 인륜과 세도에 매우 절실한 것인데, 요사이 배우는 자들은 이를 익히지 않고 있으니 매우 불가하다. 지금부터 서울과 지방의 교수는 학생들에게 이 글을 익힌 다음에 다른 경서를 배우도록 허락할 것이며, 생원시를 거쳐 대학에 들어가고자 하는 자는 성균관 정록소로 하여금 먼저 이 글의 통부를 상고하게 한 뒤에 과거에 응할 수 있도록 허가할 것을 恒式(항식)으로 삼으소서.' 前朝(전조)에서는 밖에 있는 閑良(한량) 儒官(유관)들이 개인적으로 서재를 두어 후진들을 가르쳤기 때문에 스승과 제자가 각각 안정되어 그 학문을 성취하였다. 지금은 師儒(사유)가 혹 다른 고을 교수가 되어 가족과 이별하고 생업을 폐기하게 되니 구차하게 면직하고자 하며 학생들은 억지로 향교로 나아가게 되므로 편안히 수업을 할 수 없다. 더구나 수령들은 간혹 책 베끼는 일을 시키면서 권학이라 이름하니, 실로 폐단이 많다. 지금부터는 외방에 있는 유관으로서 개인적으로 서재를 두어 후학을 가르치는 자는 다른 고을의 교수로 정하지 말고, 생도들도 향교로 나아가는 것을 강요하지 말 것이며, 監司(감사)와 수령은 더욱 권면하여 그들로 하여금 각각 편히 살면서 강학하도록 하여 풍화를 돕게 하소서.'[89]

권학사목과 향학사목을 보면, 문과에서 오경을 강조하고 있다는 것과 그것을 가르침에 있어서 구두, 훈고, 기송만을 힘쓸 것이 아니라, 의리의 오묘한 뜻과 문장의 법에 힘쓸 것을 강조하고 있다는 것, 과거에서도 고부는 어렵고 실용에도 도움이 없으니 익히지 않아도 좋으며, 그 대신 논, 표, 판을 익히도록 권하고 있다는 것을 알 수 있다. 특히 여기서 눈에 띄는 점은 「소학」을 「대학」교육을 받고자 하는 사람과 과거에 응하고자 하는 모든 사람들이 통달하도록 강제하고 있다는 것이다. 그 이유는 「소학」이 인륜과 세도에 매우 절실하기 때문이라는 데에서 찾을 수 있을 것이다.

이제 마지막으로, 권근이 과거시험에서 어떤 문제로 인재를 선발하려고 하였는가를 단서로 삼아 그가 어떤 사람을 교육받은 사람으로 보았는가 하는 것을 말하겠다.

'왕은 말하노라—대학은 성현들이 만세에 물려준 법으로 수기치인의 도리가 모두 갖추어져 있다. 이전의 유학자 진씨(眞氏)는 이를 더욱 부연하고 보완하여 「大學衍義」(대학연의)를 저술하였으니, 나라를 잘 다스리고자 하는 왕이나, 학문에 뜻을 둔 선비들이라면 마땅히 참고하고 연구하여야 한다. 부덕한 내가 임금자리에 있으면서 治道(치도)를 배워 기필코 세상을 안정시키고자 하여 정사를 보살피는 여가에 전부터 읽어 왔다. 그 글 내용의 절차에 의심스러운 점이 많지만 그 조목을 다 들어 논하지는 못하고 우선 큰 것만을 들어 말하노라. 「대학」의 팔조목(格物, 致知, 誠意, 正心, 修身, 齊家, 治國, 平天下)은 격물과 치지가 처음이 되고, 치국과 평천하가 마지막이 되는데, 이는 혼란될 수 없는 순서이고 빠뜨릴 수 없는 공부이다. 그런데 진씨의 글에서는 격

---

89) 「陽村集」 卷31.

물 위에 제왕의 정치 순서를 앞세웠으며, 그 다음으로 제왕의 학문 근본을 놓은 뒤에
야 격물과 치지의 요법을 말하였고, 그 다음으로 제왕의 학문을 놓은 뒤에야 격물과
치지의 요법을 말하였고, 다시 그 다음에 성의, 정심, 수신, 제가의 요령을 열거하면서
치국과 평천하의 요령에 관하여는 언급하지 않았으니 이는 무슨 이유에서인가? 그러
나 소위 치국과 평천하란 곧 제왕의 정치하는 일인데, 정치하는 방도는 꼭 학문으로부
터 출발하게 되므로,「대학」에서는 먼저 격물과 치지의 학을 말하여, 치국과 평천하하
는 일에까지 미친 것이다. 그런데 진씨의 글에서는 정치하는 차서를 학문하는 근본보
다 앞세웠으니 이 또한 무슨 이유에서인가? 학문하는 방법과 정치하는 요점에 대하여
자대부(子大夫)들은 강구한 지 오래일 것이니, 만약 치국과 평천하의 요점을 말하여
진씨가 갖추지 못한 것을 보충한다면 그 말할 점은 어디에 있겠는가? 내가 왕위에 오
른 이래 밤낮으로 조심하고 정성을 다하여 국사를 도모하며 오늘에 이르렀으나, 3년
동안에 수해와 한발이 계속되고 재변이 누차 일어났다. 이것은 내가 비록 대학연의를
읽었다고는 하지만 그것을 실행하는 바가 미치지 못해서 그렇게 된 것인가? 아니면 정
치와 법령이 현실에 맞지 않은 바가 있어서 이러한 것인가? 자대부들은 이를 남김없이
말하여 나의 훌륭한 정치를 원하는 마음에 부응케 할지어다.'[90]

이 책문에 잘 나타나 있듯이, 권근은 유학의 이상을 수기치인으로 파악하고 있
다. 따라서 권근이 생각하는 교육적 인간상 또한 수기치인에서 찾아야 한다. 수기
치인의 이상은 수기의 결과(교육)가 치인(정치)으로 표현되는 데에 있다. 바로 여
기에 권근의 교육적 인간상이 있다. 권근이 교육을 통하여 실현하려고 한 인간은
교육과 정치를 동시에 실현하고 있는 있는 성인이었다.

조선 성리학의 기초는 정도전과 권근이 정립하였다고 말할 수 있다. 조선초의
성리학을 정립하기 위해서는 불교와 도가사상의 확고한 이론 체계를 극복하지
않으면 안되었다. 그 동안 유교는 불교와 도가의 이론체계를 극복하기에는 너무
나 이론체계가 빈약하였지만 성리학이 발달함으로써 유교도 튼튼한 이론체계를
갖게 되어 불교나 도가에 필적할 만한 것으로 되었다. 이 일은 정도전과 권근에
의해서 가능하였다. 정도전은「불씨잡변」을 통해서, 권근은「입학도설」을 통해서
조선초기의 성리학의 기초를 확실히 하였던 것이다. 그런데 이 두 사람 사이에는
같은 점도 있고 다른 점도 있다고 보아야 한다.[91] 예컨대, 정도전은 '마음을 기와
동일한 것(心卽氣說)'으로 파악하는 반면에, 권근은 마음을 理와 氣가 妙合(묘합)

90) 李基東,「新羅 骨品制社會와 花郎道」, 韓國研究院, 1980, pp. 338–339.
91) 琴章泰, 전게논문, p.298.

된 것으로 파악한다. 그러나 性에 대해서는 정도전과 모두 성은 이와 동일한 것(性卽理說)으로 파악한다. 여기에 이미 퇴계의 心合理氣說(심합리기설)과 율곡의 心卽氣說(심즉기설)의 싹이 들어 있었다는 것을 알 수 있을 것이다. 특히 율곡의 氣有爲理無爲說(기유위리무위설)은 이미 정도전의 성리학 이론에 그 기미가 들어 있었다는 데 유의할 필요가 있다. 특히, 정도전과 권근의 영향을 받은 변계량의 책문에서 보인 心與性(심여성)의 문제[92]는 맹자가 인성과 물성이 차이를 강조하는 것과 주희가 인성과 물성의 일치를 주장하는 것의 차이를 해명하도록 요구하는 문제로서 이것은 18세기초 일어나 격렬한 논쟁을 일으킨 人物性同異論(인물성동이론)의 문제를 미리 예고하고 있는 것이다. 그리고 정치의 성리학적 기반을 마련한 梁誠之(양성지)의 君道(군도)는 정도전과 권근의 글에 나타나 있는, 교육과 정치의 일치가 어떤 것인가를 해석한 것이다.

---

92)「春亭集」卷8, 策文.

제8장
성리학적 교육이론*의 등장

앞 장에서 이미 살펴 보았듯이, 조광조의 개혁 조치 중의 하나가 현량과의 설치이다. 이것은 종래의 과거제도가 사장의 학습만을 지나치게 강조한 나머지 학문과 덕행을 갖춘 經明行修(경명행수)의 선비를 선발하지 못하게 된 점을 고치기 위한 것이었다. 그러나 이 현량과는 그것으로 인하여 사림파와 훈구파의 대립을 초래하였고, 이 대립은 마침내 기묘사화 등 여러 사화가 일어나게 되는 원인이 되었다. 이 훈구파와 신진사류의 대립은 후에 본격적인 朋黨(붕당)정치를 하게 되는 계기를 마련하게 된다.

1. 붕당과 교육**

붕당은 한 편으로 정치이념과, 다른 한 편으로 그 이념을 실현하기 위한 권력장

---

* 여기서 성리학을 교육이론이라고 한 것은 이홍우 교수의 논문, '이기철학에 나타난 교육이론' 서울대학교, 사대논총 제30집, 1985에 의거한 것이다.
** 朴在文, '朝鮮王朝時代 朋黨의 敎育史學的 解釋', 「道德敎育硏究」 제9집(도덕교육연구회, 1997)을 요약정리한 것이다.

악이라는 두 측면의 결합으로 성립된다. 이 두 측면과 관련하여, 전자는 붕당의 '君子的(군자적)' 측면을, 후자는 붕당의 '小人的(소인적)' 측면을 지칭한다. 당쟁을 순전히 소인적 측면에서의 붕당과 관련하여 해석할 때, 그것은 단순히 정치적 권력투쟁에 불과한 것으로 된다. 이것이 당쟁에 관한 종래의 지배적인 해석이었다. 당쟁이 붕당 사이의 알력과 투쟁의 양상을 띠는 것은 어쩔 수 없는 일인지도 모른다. 붕당이라는 것은 정치이념을 공유하는 집단을 가리키며, 그 집단이 구체적으로 자신들의 정치이념을 실현하려고 할 때 거기에는 권력장악이라는 부수적인 요소가 개입하기 마련이라는 것이다. 말하자면, 붕당에는 군자적 측면과 함께 소인적 측면이 늘 끼어들게 되어 있다는 것이다. 실지로 조선왕조 시대의 교육과 정치구조로 보면 당쟁은 거의 필연적인 현상이라고까지 말할 수 있다.

그러나 이 당쟁은 그것을 어떤 관점에서 해석하느냐에 따라 그 모습이 완전히 달라질 수 있다. 그 이유는 당쟁을 군자적 측면에서 해석할 수도 있고 소인적 측면에서도 해석할 수도 있기 때문이다. 사실의 세계에서 일어나는 당쟁의 사태에는 붕당의 군자적 측면과 소인적 측면이 분리되지 않은 상태로 들어 있는 것이다. 말하자면 양자는 사실상 분리되지 않는다는 것이다. 당쟁은 학문을 하고 수양을 쌓은 선비들이 자신들의 이론을 현실 정치에 반영시키는 과정에서 빚어지는 사건이므로 거기에는 이론적 문제를 가지고 토론하는 일 이외에도 권력 장악을 위한 암살, 암투, 비방, 음모, 모함, 시기, 질투, 아첨, 분노 등등, 당쟁에 일어날 수 있는 모든 활동이 포함된다. 이러한 두 가지 활동들은 모두 당쟁의 범위 전체에 걸쳐 있고 또 혼연일체로 용해되어 있기 때문에, 만약 우리가 실지로 일어난 당쟁에서 그 중 어느 하나의 활동을 들어 올린다면—도대체 그것이 가능하다면— 마치 자석에 쇳가루가 달라붙듯이, 그 밖에 모든 활동들이 한꺼번에 따라 올라올 것이다.[1] 이와 같이 당쟁은 두 가지 활동들이 혼연일체로 용해되어 있는 복합적인 총체이며, 그것이 바로 조선왕조 시대의 당쟁의 모습이다. 그러나 비록 당쟁의 두 가지 활동들이 별도의 공간에서 따로 일어나는 것이 아니라 하더라도, 그 각각을 머리 속으로 분리하여 생각하는 것은 언제나 가능하다. 다시 말하면 당쟁의 여러 국면을 '개념상'으로 구분할 수 있다는 것이다. 당쟁은 개념상으로 구분되는 두 국면에 비추어 보지 않는 한 그 본래의 모습이 파악되지 않는다.

---

1) William Boyd, *The History of Western education*, 李烘雨, 朴在文, 柳漢九(역), 「西洋敎育史」, 교육과학사, 1994, xix.

일반적으로 말하여, 역사연구에는 사실적-인과적 연구도 있고 논리적-개념적 연구도 있다. 그러나 어떤 史實(사실)도 역사적 사건의 원인만으로는 설명될 수 없다. 물론 역사 연구가 논리적-개념적 연구만으로 되어야 하는 것은 아니지만 역사 연구를 사실적-인과적 연구로 몰아가려는 경향은 위험한 일임에 틀림없다. 예컨대, 당쟁에 관한 연구를 사실적-인과적으로 연구할 때, 당쟁의 소인적 측면만이 부각될 가능성이 많다. 왜냐하면 사실적-인과적 관계의 연구는 당쟁이라는 현상의 특정한 측면만 문제삼기 때문이다. 사실적-인과적 연구에서는 한 편으로 원인으로 지목되는 것과, 다른 한 편으로 결과로 지목되는 것에만 관심을 한정하여, 그 사이의 관련을 밝히는 것으로 만족하기 쉽다. 사실적-인과적 연구는 抽象(추상)에 근거하고 있다고 말할 수 있다. 그러나 역사에 있어서 특정한 사건은 어디까지가 원인이고 어디까지가 결과인지 불분명한 채 한꺼번에 작용하여 발생한다. 당쟁을 사실적-인과적 접근방식에 의하여 연구할 때에는 당쟁을 소인적 측면에서 규정하게 되며, 그리하여 당쟁의 모습이 반쪽밖에 드러나지 않게 된다. 당쟁에 관한 종래의 연구는 '붕당이 한 편으로 정치이념과, 다른 한편으로 그 이념을 실현하기 위한 권력 장악의 결합으로 성립된다'는 이 말을 정당하게 이해하지도, 그것을 연구에 반영하지 못한 데에 결함이 있다. 종래의 연구에서 군자적 측면과 소인적 측면을 사실상 별개의 것으로 간주한 것은 위의 결함에서 따라오는 논리적 귀결인 것이다.

그러면 당쟁을 논리적-개념적 접근방식에 의하여 연구하면 어떻게 되는가? 이 접근방식에 있어서는 당쟁에 참여한 등장 인물의 행동의 의미를 정확하게 파악하는 일이 무엇보다도 중요하다. 행동의 개인적 의미 또는 심리적 의미는 원칙상 개인에게 의식되며, 따라서 행동의 개인적 의미 또는 심리적 의미가 있다는 것은 조금만 생각해 보면 납득할 수 있을 것이다. 그러나 행동의 의미에는 그러한 개인적 또는 심리적 의미만 있는 것이 아니며, 당사자에게 의식되지는 않지만 개념적 분석방식에 의하여 파악되는 측면 또는 차원이 있다. 행동은 반드시 특정한 신념에 입각해 있으며, 개인이 어떤 행동을 할 때, 개인은 실지로 의식하는가 않는가와는 무관하게 그 행동의 근거가 되는 논리적 가정과 그 행동에 수반되는 논리적 귀결을 받아들이지 않으면 안된다. 이 논리적 가정과 논리적 귀결은 개인의 심리상태를 나타내는 것이 아니면서도 그 행동에 '의미'를 부여한다. 그리고 이 점에서 그것은 행동의 '의미'를 파악하는 또 하나의 차원을 이룬다. 아마도 당쟁에 참여한 인물 개인의 행동에 근거가 되는 그 행동의 '이유'는 필연적으로 자신의 성리학적 이론과 관련을 맺고 있을 것이다. 구체적으로 말하면 조선왕조 시대에서 당쟁을 하지 않으면 안되는 '이유'는 성리학의 이론적 발전과 그에 따른 정치이념의 대립(학파 사이의 이론적 대립)에 있다고 말할 수 있을 것이다. 이것이 바로 붕당의 군자적 측면에 해당한다. 종래의 붕당연구는 이 군자적 측면을 거의 드러내지 못했거나 소홀히 다루었다는 데 결함이 있다고 할 수 있다. 당쟁을 군자적 측면에서 규정할 때에는 당쟁의 모습 전체가 드러난다. 교육사 연구는 논리적-개념적 분석에 의존하며, 바로 이 점에서 교육사 연구는 다른 분야의 역사 연구와 비교하여 특이성을 갖는다. 붕당을 연구하는 데에 있어서 역사적-인과적 접근방식으로도 연구할 수도 있으나, 특히 교육사학적 관점—논리적, 개념적 분석—에서 붕당을 해석하는 일이 무엇보다도 중요하다.

　붕당이란 말에서 '朋'(붕)이란 同門同師(동문동사) 관계의 벗, 반갑고 친근한 존재를 의미하는 좋은 뜻을 지닌 것이며(예컨대, 有朋自遠方來 不亦樂乎,「論語」學而), '黨'(당)은 이해관계 때문에 모인 집단, 즉 사사로운 이익의 도모를 위한 私黨的(사당적) 성격이 강한 부정적인 개념으로 이해되는 것이 일반적 경향이다.[2] 여기에서 우리는 붕당의 군자적 측면과 소인적 측면을 개념적으로 구분해 낼 가능성을 엿볼 수 있을 것 같다. 그러나 한가지 의문은 종래의 붕당연구에서는 왜 '붕'의 이념이 고려의 대상이 되지 않았는가 하는 것이다. 이 문제는 설명의 양태와 관련이 있다.

　설명의 양태에는 세 가지가 있다. 즉, 原因(원인)에 의한 설명, 動機(동기)에 의한 설명, 理由(이유)에 의한 설명 등이 그것이다. 이것은 모두 활동 또는 행위의 의미를 규정하고 설명하는 데에 활용된다.[3] 원인은 '왜(어째서) 이런 일이 일어나는가'에 대한 대답이며, 동기와 이유는 '왜(어째서)이런 일을 하는가'에 대한 대답이다. '왜 이런 일을 하는가'에 대해서 있을 수 있는 두 가지 대답인 동기와 이유 사이의 차이는 인간현상에 있어서는 가장 중요한 관심사이기도 하다. 동기와 이유 사이의 차이에 유의하여 세 가지 설명양태의 차이를 말하자면, 원인은 機械的(기계적) 수준의 설명이며, 동기는 心理的(심리적) 수준의 설명이며, 이유는 制度的(제도적) 수준의 설명이라고 말할 수 있을 것이다.

---

2) 최완기, '18세기 붕당의 정치적 역학관계', 한국정신문화연구원,「정신문화연구」'86 여름, 1986, p.83.

3) 이하 원인, 동기, 이유에 관한 설명은 주로 李烘雨, '敎育의 正當化 槪念으로서의 動機와 理由',「增補 敎育課程硏究」, 博英社, 1996, pp.413-419에 의존하였다.

원인은 사태 또는 사건을 인과적 관계로 설명하는 데 사용되는 개념이다. 인과적 설명은 자연과학자나 사회과학자들이 흔히 사용하는 설명 양태이다. 원인과 결과는 별도의 공간에서 관찰된다는 뜻에서 사실상 분리되어 있으며, 과학적 법칙은 이와 같이 사실상으로 분리되어 있는 두 가지 현상을 관련짓는 것이다. 여기에서 다루는 사태와 사건은 자연적 필연성에 지배된다. 그렇다면 역사적 현상에 있어서 인과의 연결이 자연과학적 현상에 있어서와 같이 엄밀한 것인가? 역사적 인과관계에는 원인과 결과 사이의 필연성이 희박하고, 원인과 결과를 지배하는 법칙의 확정성이 결여되어 있으며, 그러므로 원인에 의한 사태의 설명은 항상 미결의 상태에 있는 것이다.[4]

일반적인 관례에 의하면, 동기와 이유는 각각 '원인'과 대비되고 있다. 예컨대 세이퍼는 '마음의 철학'[5]에서 행위를 설명하는 개념으로서의 '이유'를 원인과 대비시키고 있다. 이 대비에 비추어 보면 이유는 행위자가 가지고 있는 것—다시 말하면 행위자의 의식이 따르는 원리 규칙 등—이며, 행위의 이유를 묻는 것은, 행위자의 입장에서, 그가 특정한 행위를 할 때 의식적으로 따르고 있는(또는, 있었던) 원리나 규칙이 어떤 것인가를 묻는 것이다. 이 점에서 '이유'는 행위를 '안'에서, 즉 행위자 개인의 마음 속에서 보는 관점을 나타내고 있다고 말 할 수 있다. 여기에 비하여 '원인'은 행위자가 아닌 '관찰자가 가지고 있는 것'—다시 말하면 행위자의 의식과는 관계없이, 특정한 행위를 관찰하는 사람에게 나타나는 인과적 법칙—을 지적하는 것이며, 행위의 원인을 묻는 것은 특정한 행위가 어떤 인과적 법칙의 한 사례인가를 묻는 것이다. 앞서 말한 '이유'의 경우와 대비시켜 말하자면, '원인'은 행위를 '밖에서', 즉 행위자 개인의 마음 밖에서 보는 관점을 나타내고 있는 것이다.

핸슨은 '의미로서의 문화'[6]에서 인간의 행동의 의미를 분석하는 두 개의 차원을 구분한다. 하나는 개인적 차원이며, 다른 하나는 제도적 차원이다. 이 구분은 제기되는 질문의 종류에 의하여 구분된다. 그 질문에는 두 가지가 있을 수 있다. 그 중 하나는 개인적 차원의 질문으로서, 이것은 사람들이 가지고 있는 필요, 동기, 욕구, 목적 등을 묻는 질문이다. 제도적 차원의 질문으로서, 이것은 관념, 신념, 풍속, 사회조직의 형식 그 자체를 묻는 질문이다. 따라서 이 두 가지 질문은 서로

---

4) 車河淳, 「歷史의 本質과 認識」, 학연사, 1988, p.209.

5) J. A. Shaffer, *Philosophy of Mind*, Prentice-Hall Inc., 1968.

6) F. A. Hanson, *Meaning in Culture*, R.K.P., 1975.

상이한 종류의 질문이며, 그것이 요구하는 대답 또한 상이하다. 핸슨은 개인적 차원에서 규정되는 행동의 의미를 '의도적 의미'라고 하고, 제도적 차원에서 규정되는 행동의 의미를 '含意的(함의적) 의미'라고 하고 있다. 이것은 다시 각각 '심리적 의미'와 '논리적 의미'라 부를 수 있을 것이다.[7]

심리적 의미는 동기라고 부를 수 있는 것이다. 개인 행위자의 입장에서 보면, 행위의 의미는 그 행위를 하는 행위자의 의도, 행위자가 그 행위를 통하여 달성하고자 하는 목적에 있다. 그러므로 동기는 반드시 수단—목적의 관계에 의하여 파악된다. 행위를 할 때 행위자는 그의 행위가 어떤 목적을 위한 수단이 되는가 하는 관점에서 파악하며, 행위자에게 있어서 그 행위의 의미는 바로 그 행위를 수단으로 하여 달성하려고 하는 목적에 비추어 규정된다. 그러므로 원칙상 동기는 개인 행위자에게 의식된다. 그러나 논리적 의미는 이유라고 부를 수 있는 것이다. 이유는 수단—목적의 관계나 그것에 대한 개인 행위자의 의식과는 아무런 관계가 없다. 그것은 개인적 차원에서 규정되는 의미가 아니라, 제도적 차원에서 규정되는 의미이다. 이유는 행위의 논리적 분석에 의하여 밝혀진다. 그리하여 동기가 원칙상 개인 행위자에게 의식되는 것과는 달리, 이유는 행위자가 그것을 심리적으로 의식하는가 않는가와는 관계없이 논리적으로 받아들이지 않으면 안되는 의미인 것이다.

종래의 연구에서는 붕당이 원인과 동기에 의하여 설명되어 왔기 때문에 그 소인적 측면이 크게 부각되거나 강조될 수밖에 없었다. 말하자면 종래에는 '왜 당쟁은 일어나는가' 하는 질문은 원인을 묻는 질문으로 취급되어 왔으며, 그에 대한 대답은, 첫째로 정권을 얻지 못하면 생활은 확보되지 못한다는 사실, 둘째로 정권을 쟁탈하기 위하여 상대방의 목숨뿐만 아니라, 그 아들, 손자, 친구 심지어 상대방의 혈연 또는 동류로 보이는 자는 모두 절멸시켜 버렸다는 사실, 셋째로 당쟁으로 인한 禍(화)가 끊임없이 점점 더 심하게 일어났다는 사실 등이 그것이다.[8] 여기에 기술되고 있는 사실은 모두 당쟁을 그 '밖'에서 본 결과이며, 이 결과들은 모두 소인적 측면만을 드러내고 있을 뿐이다.

'왜 당쟁을 하는가'에 대한 대답으로서 원인 이외에 다른 두 가지 대답이 있을 수 있다. 하나는 동기에 의한 대답이요 다른 하나는 이유에 의한 대답이다. 우선 동기에 의한 대답을 들어보면, 예컨대, 李瀷(이익)은 그 동기가 한마디로 '관직은

7) 李烘雨, 上揭書, pp.413-415.
8) 細井筆, 「朋黨士禍の檢討」, 朝鮮問題研究所, 1911, 序文.

적은데 관직을 차지하고자 하는 사람이 많은 데 있다(官員少而應調多)'라는 것이다.[9] 과거를 너무 자주 실시하여 지나치게 많은 관직 지망생을 양산했기 때문에 관직을 차지하기 위하여 당파가 여러 갈래로 갈라져서 서로 헐뜯고 다투게 된다는 것이다. 한 당파가 정권을 잡게 되면 자질이 부족해도 자기 黨人(당인)만 쓰고, 남의 당인은 원수처럼 보게 된다는 것이다. 말하자면 당쟁은 수단–목적의 관계로 파악된다는 것이다. 당쟁은 관직을 차지하기 위하여 한다는 것이다. 여기서도 당쟁의 소인적 측면만 드러날 뿐이다.

붕당에는 다시 또 하나의 측면인 군자적 측면이 부각되어야 할 것이다. 이 측면을 부각시키기 위해서는 당쟁의 이유를 밝혀야 한다. 이 '이유'를 밝히는 데에는 당쟁에 참여한 개인의 의식은 전혀 고려의 대상이 되지 않는다. 다만 행위자의 행위에 들어 있는 의미, 즉 그 행위의 논리적 가정을 밝히는 것이 대단히 중요한 일로 부각된다. 당쟁의 이유는 바로 당쟁에 참여한 사람들의 신념과 이론에서 찾을 수 있을 것이다. 붕당에 관여한 관료들은 모두 성리학을 공부한 선비이며, 이들은 학자이면서 동시에 관리이다. 구체적으로 말하면 그들은 소위 主理論(주리론)과 主氣論(주기론)을 공부한 선비들이다. 예컨대, 주리론은 君과 臣이 있기 전에 군과 신을 규제하는 理가 있다고 하고, 주기론은 원래 理가 없다가 군과 신의 관계가 생기기를 기다려서 그 도리가 생겨난다고 본다. 모든 정치현실에서 이와 같은 입장이라면 그들은 당쟁을 할 수밖에 없을 것이다. 그러므로 당쟁에는 군자적 측면이라고 볼 수 있는, 학문의 대립과 갈등이 있을 수밖에 없다. 물론, 붕당의 상이한 두 측면으로서의 군자와 소인은 따로따로 존재하는 별개의 인간을 가리키는 것이 아니라, 정치에 참여하였던 개개 인간의 이상적 측면인 군자적 측면과 그 이상적 측면의 불완전한 표현을 나타내는 소인적 측면을 말하는 것이다(측면이라는 용어는, 예컨대 사람의 옆모습을 그 사람의 한 '측면'이라고 할 때와 같은 가시적 의미를 전달하기 때문에 유의해야 할 필요가 있다. 여기서 언급하고 있는 측면은 추상의 의미를 나타내는 용어로서의 측면이다. 그러므로 여기에서의 측면은 한 쪽면이 아닌 전체를 드러낸다는 뜻이다.).

군자적 측면과 소인적 측면은 사실상으로 분리되지 않는 두 가지라는 점에서 忠과 信, 道와 義만을 갖춘 인간이 있고, 이익과 봉록만을 탐하는 인간이 있다는 소위 '君子小人辨(군자소인변)'은 서로 상대방을 군자가 아닌 소인으로 보게 하

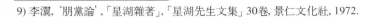

---

9) 李瀷, '朋黨論', 「星湖雜著」, 「星湖先生文集」 30卷, 景仁文化社, 1972.

는 문제를 가지고 있다. 그리하여 당쟁에 참여한 인간들 중의 어느 누구도 군자로 는 보이지 않고 소인으로만 보일 수밖에 없는 것이다. 그 이유는 사실의 한 부분 을 바로 진실의 전부인 것처럼 확대하여 일반화시키는 잘못을 저질렀기 때문이 다. 적어도 당쟁에 참여하고 있는 인간에게는 소인적 측면과 군자적 측면이 동시 에 작용하고 있다고 말해야 할 것이다. 그들은 이익과 봉록에 마음이 끌리면서 동 시에 충과 신, 도와 의에도 마음이 끌리면서 살아간다는 것이다. 이 두 측면 중 어 느 한쪽도 부당하게 무시되어서는 안된다. 그 두 측면을 균형있게 고려할 때 붕당 은 그 온전한 모습을 드러내게 될 것이다.

조선왕조 시대에 교육받은 선비라면 누구나 읽었을 것으로 짐작되는 歐陽修 (구양수)의 '朋黨論(붕당론)'을 들어보고 여기서 붕당의 군자적 측면과 소인적 측 면을 도출해 내고자 한다. '대체로 말하여 군자들은 그 신봉하는 바 도를 같이 한 다는 점 때문에 모여 붕당을 이루며, 소인들은 서로 이익을 같이 한다는 점 때문 에 모여 붕당을 이룹니다. 이것은 자연스러운 순리입니다. 그러나 제 생각에는 소 인들에게는 붕이라는 것이 없고, 다만 군자에 한하여 붕이 있다고 생각합니다. 그 까닭은 무엇입니까? 원래 소인이 좋아하는 바는 이익과 봉록입니다. 언제나 마음 속에 갖고 싶은 것은 재화입니다. 이익이 같은 경우에는 잠시 동지로 벗이 되는 것 같으나 이것은 거짓입니다. 이익이 눈앞에 있으면 자신이 먼저 차지하려고 다 투며, 이익이 없어져 버리면 서로 멀어지는 것입니다. 심지어 멀어져 버린 나머지 오히려 서로 해를 끼치기도 합니다. 형제 친척이라 하더라도 거리낄 것이 없습니 다. 그러므로 제가 소인들에게는 벗이 없으며, 있다고 하더라도 일시적인 것이며, 그것은 거짓된 것이라고 말씀드린 것입니다. 군자는 그렇지 않습니다. 마음 속에 간직한 바는 도와 의요, 밖으로 행하는 바는 충과 신이요, 소중하게 아끼는 바는 名과 節입니다. 이것들로 몸을 닦아 도를 같이하여 서로 이익을 얻고, 이것들로서 나라를 섬기면 一心同體(일심동체)가 되어 사심없이 국가의 큰 일을 무사히 처리 해 나갑니다. 언제나 서로 사귀고 변함이 없이 시종여일 친밀하게 지냅니다. 이것 이 다름 아닌 군자의 붕이라는 것입니다.'[10]

---

10) 大凡 君子與君子以同道爲朋 小人與小人以同利爲朋 此自然之理也 然臣謂 小人無朋 惟君子則
有之 其故何哉 小人所好者利祿也 所貪者貨財也 當其同利之時暫相黨引以爲朋者僞也 及其見利
則爭先 或利盡則交疏 甚者 反相賊害 雖其兄弟親戚不能相保 故臣謂 小人無朋 其暫爲朋者僞也
君子則不然所守者道義 所行者忠信 所惜者名節.以之修身 則同道而相益 以之事國 則同心而共濟
終始如一 此君子之朋也(歐陽修, '朋黨論', 歐陽文公集 卷17).

이 '붕당론'에 나타나 있는 말로 보면, 마치 완전한 군자가 있고, 완벽한 소인이 있는 것처럼 기술되어 있다. 그러나 현실 세계에서는 이와 같은 인간은 없다고 보아야 한다. 적어도 조선왕조 시대에 교육받은 선비라면 이 두 측면을 동시에 갖고 있다고 보아야 한다. 여기서 측면이라는 말은 어떤 부분을 말하는 것이 아니라 추상된 전체를 나타내는 말이라는 것에 주목해야 한다. 이 말을 시간상으로 이해하면 어떤 때는 한 인간이 완전히 소인의 모습을 나타내기도 하고 또 다른 때에는 그 같은 인간이 완전히 군자의 모습을 나타내기도 하는 것으로 된다. 그러나 사실의 세계에서는 그 한 인간이 진실로 군자인지 소인인지 분별하기가 매우 어렵게 되어 있다. 이와 같이 사실적으로는 군자와 소인을 구별하기가 어렵기는 하지만, 개념적으로는 교육받은 선비를 군자적 측면과 소인적 측면으로 구분할 수 있는 것이다.

구양수의 '붕당론'에서 군자를 군자적 측면을 나타내는 것으로 파악하면, 당쟁에 참여하는 선비의 마음 속에 도와 의가 있고, 그것이 밖으로는 충과 신으로 나타나고, 소중하게 아끼는 바는 名과 節이다. 그렇다면 여기서 말하고 있는 도, 의, 충, 신, 명, 절은 어디서 왔는가? 그것은 사서삼경과 그것을 바탕으로 한 성리학을 교육받은 결과 개인이 갖추게 된 덕목이라고 보아야 한다. 특히 성리학은 理와 氣, 性과 情 등을 기본 개념으로 하여 정치, 경제, 사회, 문학, 예술 등 만물에 관한 가장 포괄적인 설명을 하고 있는 이론이다. 그리하여 군자적 측면에서 파악된 인간은 하늘의 도를 표준 삼아 언제나 자신의 부족을 느끼고 스스로 그 도에 가까이 가기 위하여 끊임없이 노력하는 인간이다. 그 도에 가까이 간다는 말은 곧 학문을 통하여 그 도에 접근한다는 것이다. 이 일을 보다 잘하기 위하여 같은 학문의 길을 걷고 있는 사람끼리 붕을 이루어 자신의 부족한 점을 고치고 새롭게 하는 것이다. 이 힘들고 긴 과정을 거치면서 군자는 남루한 옷과 거친 음식을 부끄러워하지 않고 도를 죽을 때까지 추구하게 되는 것이다. 그가 정치에 참여하는 것은 자신의 부귀영화를 위해서가 아니라, 바로 자신이 지금까지 추구해 오던 도와 의를 이 세상에 펴기 위해서이다.

다시 구양수의 '붕당론'에서의 소인을 소인적 측면을 나타내는 것으로 파악하면, 붕이 무리를 지으려면 소인적 측면이 낄 수밖에 없다. 왜 그렇게 말할 수 있는가? 비록 선비라 하더라도 그 또한 불완전한 인간이기 때문이다. 불완전한 인간이라는 말은 육체를 가진 인간이라는 말이다. 육체를 가졌기 때문에 이익과 봉록, 재화를 전혀 도외시할 수 없다는 것이다. 그리하여 이익이 눈앞에 있으면 먼저 차지하고 싶어 다투게 되며, 이익이 없어지면 서로 멀어지는 것이다. 이와 같이 불완전한 인간이 모이면, 소인적 측면에도 차이가 나기는 하지만, 소인적 측면이 발호하지 않을 수 없는 것이다. 그리하여 붕의 이념인 군자적 측면을 잊어버리게 되는 것이다.

군자적 측면과 소인적 측면이, 한 인간이 동시에 가지고 있는 두 측면이라고 말할 수 있다면, 이것은 다시 道心(도심)과 人心(인심)으로 바꾸어 설명할 수 있을 것이다. 율곡에 의하면, '心은 원래 하나 뿐이다. 그럼에도 불구하고 그 심을 도심이라고도 하고 인심이라고도 하는 것은 性命(성명)과 形氣(형기)를 구분하여 말하기 위한 것이다. 인심과 도심은 비록 이름은 둘이나 그 근원은 오직 하나의 마음이다. 다만 그 표현이 理義(이의)를 위하기도 하고 혹은 食色(식색)을 위하기도 하기 때문에 그 표현이 드러내고자 하는 것의 차이에 따라 이름을 달리한 것이다' [11] 라고 하고 있다. 위 인용구에서 '심'이 하나라는 말은 사실로서 주어진 인간의 마음이 그렇다는 뜻이다. 여기에서의 인심과 도심의 구분은 인간의 마음을 개념적으로 소인적 측면과 군자적 측면으로 구분하는 것과 다르지 않다.

소인적 측면으로서의 인심은 '배가 고플 때 먹으려 하고, 추울 때 입으려고 하고, 목마를 때 마시려고 하고, 가려울 때 긁으려 하며, 눈이 좋은 빛깔을 보려고 하고, 귀가 아름다운 소리를 들으려고 하며, 사지가 편하기를 원하는 것' 등의 마음의 상태를 말하며, 군자적 측면으로서의 도심은 '사람의 마음이 감동할 때에 仁에 머물려 하고, 義로 말미암으려 하며, 禮에 돌아가려 하고, 이치를 궁구하려 하고, 임금께 충성하려 하고, 가정을 바르게 하려고 하고, 형을 공경하려고 하고, 친구에게 간절히 선행을 권면하고 격려하는 것' 등의 마음을 지칭한다.[12] 이때 심이 인심과 도심으로 개념상 구분되는 것이거나, 붕당이 군자적 측면과 소인적 측면으로 구분되는 것이거나 모두 동일한 종류의 구분이다. 동일한 당쟁이 어떤 경우에는 권력장악을 위한 투쟁으로서의 당쟁의 모습으로 나타나고, 또 어떤 경우에는 정치이념의 실현으로서의 당쟁으로 나타난다. 그러나 이 두 모습은 사실상 분리불가능하며 다만 개념적으로만 구분될 뿐이다. 이것을 통하여 짐작할 수 있는 것은 붕당이나 당쟁도 결국 인간의 마음의 반영이며, 붕당의 개념적 구조 또한 인간 마음의 개념적 구조의 반영이라는 것이다.

11) 李珥, 栗谷全書 卷10, 書2.
12) 李珥, 栗谷全書 卷10, 書2.

당쟁은 吏曹銓郎(이조전랑)의 자리에 누구를 추천하느냐에 관한 사건에서 출발하였다. 처음에 전랑으로 있던 吳健(오건)이 金孝元(김효원)을 추천하였으나, 당시 외척이면서 사림을 보호한 공으로 인하여 선배 사림들이 좋게 여기는 沈義謙(심의겸)이 반대를 하였던 것이다. 그 근거는 김효원이 벼슬하기 전 명종 때 영의정인 尹元衡(윤원형)의 집에 머물렀던 것을 가지고, '어찌 학문하는 선비가 權門(권문)의 무식한 자제와 같이 기거하는가, 결코 깨끗한 선비는 아니다'라고 생각한 것이다. 말하자면 비루한 김효원이 어떻게 청렴결백을 요구하는 자리인 전랑 자리에 나아갈 수 있는가 하고 생각한 것이다. 그러나 김효원은 그 뒤에 장원급제하여 재주와 명성이 날로 성하여 몸단속을 청렴하게 하고 관직에 책임을 다하니 朝士(조사)들이 앞다투어 추천하고 오건이 더욱 힘써 천거하였던 것이다. 결국 추천할 당시에는 전랑자리에 나아가지 못하고 그후 7년 만에 전랑이 되었다. 전랑이 되자 일을 당하면 곧 바로 행하고 회피하지 않으니 후배사류들이 그를 따랐다. 김효원이 전랑이 된 후 어느날 '심의겸의 아우 충겸을 당신의 후임으로 천거하는 것이 어떻소'하는 이가 있었다. 그 말은 들은 김효원은 '전랑이 왕실 외척의 소유물이 아니오'라고 응수하니 이 말이 심의겸의 귀에 들어가고 심의겸은 '왕실의 외척이 문객만 못하겠는가'하고 사뭇 분개하였던 것이다.

이러할 즈음 臺諫(대간) 許曄(허엽)이 선조에게 고하기를 '우의정 朴淳(박순)이 소송을 결재함에 있어 체통을 잃었사오니 지난 허물을 엄하게 캐어 물으시기를 청하나이다'라고 했다. 이것을 알게 된 박순은 두말없이 벼슬을 버리고 물러갔다. 박순은 심의겸과 친근한 사람이요 허엽은 김효원과 친근한 사람인데 여기서부터 원한에 찬 黨議(당의)가 일어나게 된 것이다. 그리하여 김효원의 편을 드는 김우옹, 유성룡, 이발, 정유길 등을 '東人'(동인)이라 하니 이것은 김효원이 서울 동편에 살았고, 심의겸을 편드는 박순, 김계휘, 정철 등을 '西人'(서인)이라 하니 이는 심의겸의 집이 서울 서편에 살았기 때문이다. 그런데 여기서 박순이 체통을 잃었다는 것이 무엇인가를 말하면 다음과 같다. 즉, 재령군에서 종이 주인을 죽인 사건이 있었다. 검시의 착오로 그 죽은 원인을 알아내지 못하자 이때 박순이 委官(위관)이 되었다. 조정에서는 의견이 분분하였는데도 박순은 마침내 임금에게 물어 그 혐의자를 석방시켰던 것이다. 그러나 이 문제가 다시 사헌부, 홍문관 등에서 이 사건은 經常大變(경상대변)이니 다시 조사하자고 들고 일어나자, 임금은 이것을 허락하고 허엽으로 대사간을 삼으니 허엽은 종에게 죽은 주인의 族黨(족당)이라 항상 옥사가 성립되지 않음을 분히 여겨 박순을 推考(추고)하고 파면하자고 제의하였던 것이다. 결국 박순(西人)과 허엽(東人)이 서로 대립하게 되었던 것이다.

동서간의 당쟁이 심화되자, 이를 수습하려는 움직임이 있었으니, 그 대표적인 인물이 栗谷(율곡)이었다. 처음 심의겸과 김효원 사이에 시비가 일어났을 때 이 일을 수습하기 위하여 그는 두 사람을 잠시 외직에 보내면 될 것이라고 믿었다. 그러나 사태는 더욱 심각하게 되어 갔다. 당시 사류들은 구양수와 주자의 '君子小人辨(군자소인변)'과 '進君子退小人(진군자퇴소인)'을 그야말로 문자 그대로 믿고, '이 당은 군자당이고 저 당은 소인당'이라고 주장하면서 그야말로 소인적 측면을 들어내었던 것이다.

율곡이 죽자, 동서분당에 따른 여러 불미스러운 사태를 조정할 인물이 없어진 셈이 되었다. 그리하여 서인이 항상 동인의 공격을 받아 오다가, 선조 22년 10월 2일(1589) 황해감사의 밀계에 의하여 동인 鄭汝立(정여립)의 음모가 발각되자, 서인의 우두머리인 정철이 판관으로서 그것을 처리하게 되었는데, 이 때 동인이 많이 죽었다. 그후 2년 후인 1591년 建儲(건저, 세자를 세우는 일)를 두고 분쟁이 일어났다. 당시 상황은 영의정 이산해(동인), 우의정 유성룡(동인), 좌의정 정철(서인) 등이 조정에 자리를 잡고 있었다. 선조의 왕비에게서는 자식이 없었는데, 후궁들에게는 자식이 많았다. 조정의 신하들의 신망을 받고 있는 사람은 공빈의 소출인 광해군이었고 선조의 사랑을 받은 사람은 인빈 김씨였으며 여기에 소출인 신성군이 있었다. 연려실기술(13-14권 참조)에 의하면, 이산해, 유성룡, 정철은 다 함께 건저의 문제를 임금에게 상의하기로 하였는데 입궐전 이산해는 그의 아들 이경전으로 하여금 인빈의 동생인 김공량의 집에 가서 정철이 광해군을 세자로 세우려 한다는 것을 알리자, 김공량은 크게 놀라 그 사실을 인빈에게 고하고 인빈은 울면서 왕에게 고하였으나, 처음에는 믿지 않다가 정철이 건저의 문제를 끄집어내자(이산해는 입조하지 않았고, 유성룡은 말하지 않았다), 왕은 대노하여 질책하면서 정철의 관직을 삭탈하고 유배시키는 사건이 일어났다. 그후 동인이 등장하여 집권했고, 이어 선조 31년 이경전이 전랑에 추천되었으나 정경세(동인)가 반대하였다. 이산해는 정경세가 유성룡의 사주를 받았을 것이라고 의심하여 남이공(동인)으로 하여금 유성룡을 공격하게 하였다. 사람들은 유성룡의 집이 영남이므로 여기에 동조하는 사람들을 남인이라 하고 이산해의 집이 서울에 있으므로 여기에 동조하는 사람들은 북인이라 하여 동인이 마침내 남북으로 갈라지게 되었던 것이다.

선조가 승하하자 광해군이 즉위하였다. 광해군은 反明(반명)의 외교정책으로 생기는 亂政(난정)과 인륜을 그르친 廢母(폐모) 사건 등을 명분으로 내세운 인조반정으로 쫓겨 나가고, 인조가 즉위한다. 인조반정은 서인들이 세력을 만회하기 위한 일종의 쿠데타이다. 인조반정의 주도세력은 서인 이귀, 김류 등이었다. 이 반정에는 남인들은 참여하지 않았다. 그러나 일단 반정이 성공하자, 당시의 어쩔 수 없는 상황 때문에 원로 대신이었던 남인 李元翼(이원익)을 영의정으로 추대하고 서인, 남인의 연립정권을 수립하게 된다. 이러는 가운데 인조반정 초기 李适(이괄)의 난과 李仁居(이인거)의 作變(작변)의 때를 맞이하여 大北派(대북파)의 인사들이 대량으로 숙청되며, 그후 그들은 정계에 다시는 등장하지 못하게 되었던 것이다.

이제 남은 사람들은 서인과 남인들이다. 이 당시 서인들은 金長生(김장생)을 정신적 지주로 여기고 있었다. 김장생은 그 스승이 이이이며, 성혼도 스승의 친구로서 존경하고 있었다. 정권을 잡은 이이, 성혼의 문인들은 자신의 스승의 학문적 정통성을 인정받기 위해서 이이와 성혼을 문묘에 從祀(종사)시켜 이황과 같은 반열에 올려야 한다고 생각하였던 것이다. 그러나 남인들은 정치적 세력은 약하지만, 학문적으로 우월하다고 생각하고 있었다. 그러므로 남인은 이이와 성혼의 문묘종사를 결사적으로 반대하였다.[13] 인조가 승하하자 효종이 즉위한다. 효종은 북벌 계획을 추진하기 위하여 산림의 도학자들을 조정에 불러들인다. 그들 중 서인의 대표적인 인물이 송시열, 송준길, 김수항, 이유태, 박세당, 박세채 등이며, 남인의 대표적인 인물이 허목, 윤휴, 윤선도 등이다. 이들의 등장으로 유교의 명분론이나 의리의 문제가 더욱 날카롭게 조명되는 분위기가 조성된다. 왜냐하면 이들은 모두 산림에 묻혀 소위 학문에 전념했던 인물들이기 때문이다. 이와 같은 분위기 속에서 효종의 계모 慈懿大妃(자의대비)의 服喪問題(상복문제, 1차 己亥禮訟, 1659)가 일어나고, 다시 현종 15년(1674) 왕대비 장씨가 죽자 그 시어머니인 자의대비의 상복문제(2차 甲寅禮訟)가 일어났다. 이 예송을 거쳐가는 과정에서 서인들은 남인들을 두 번에 걸쳐 몰아내었으며, 이때 남인에 대한 태도에 따라 온건파인 少論(소론)과 강경파인 老論(노론)으로 서인이 갈라진다.

이제, 당쟁의 과정에 관한 이상의 설명에 근거하여 이 당쟁의 밑바탕에 깔려 있는 이념적 대립을 말하겠다. 그 이념적 대립을 요약하여 말하자면, 그것은 '현실

---

13) 이 문제는 그 후 인조, 효종, 현종, 숙종 등 4대 58년간이라는 긴 시간을 끈 역사적 사건이다.

을 넘어선 삶의 이념'과 '현실 속의 삶의 이념' 사이의 대립이라고 말할 수 있을 것이다. 동서붕당의 핵심 인물인 심의겸이 김효원을 보고, '어찌 학문을 배운 자로서 權門(권문)의 무식한 자제들과 함께 기거하는가, 결코 그는 깨끗한 선비가 아니다'라고 한 대목이 있다. 심의겸은 왜 이렇게 말 할 수밖에 없었는가? 심의겸은 한 때 이황에게서 배웠다. 심의겸이 이황에게서 배웠다면, 틀림없이 그의 主理論(주리론)을 배웠을 것이다. 따라서 그는 '理는 귀하고 氣는 천하다'는 생각을 가지고 있었을 것이다. 달리 말하면, 자신의 형편이 어떠하든지 간에 원칙이 있다는 믿음, 즉 절대로 옳은 것이 있다는 믿음으로 살아야 한다는 신념을 가지고 있었을 것이다. 만약 이 대원칙을 어기면 그 사람은 천하다고 심의겸은 판단했을 것이다. 심의겸은 자신이 외척임에도 불구하고, 절대로 옳은 것이 있다는 신념에 비추어 그는 자신의 고모부인 李樑(이량)도 처벌받도록 한 인물이다. 이와 같이 신념에 찬 심의겸은 사림을 주륙내 버린 윤원형의 집에 식객으로 있는 김효원을 천하다고 판단한 것은 결코 우연이 아니다. 그리하여 그는 후에 김효원의 전랑 추천에 반대한 것이다. 그러면 왜 오건은 김효원을 전랑으로 추천하였는가? 오건이 보기에 김효원은 자신과 같이 조식의 문하에서 수학하였기 때문에 우주 삼라만상에 관한 생각이 동일하며, 과거에도 장원급제한 인물이므로 전랑자리에 추천할 만한 인물이라고 믿었기 때문이다.

다른 사례로서 박순이 종이 주인을 죽인 사건의 처리 문제를 놓고 동인 허엽과 대립을 보인 예이다. 박순은 현실적으로 증거가 그다지 뚜렷하지 않고 확신이 서지 않았기 때문에 두루 조정의 의견을 물었고, 임금에게 고하여 일을 처리하였던 것이다. 이에 대하여 허엽은 경상대변의 사건을 처리함에 있어서 시간이 아무리 많이 걸려도 철저히 파헤쳐 그 진상을 밝혀야 한다는 것이다. 박순과 허엽은 둘다 서경덕의 문인들이다. 비록 같은 문인들이라 하더라도 그 스승의 학설 중에서 어느 입장을 취했는가에 따라 사건 처리의 시각이 달라질 수 있다. 예컨대, 서경덕의 '後天氣'(후천기)의 입장에서 처리한 것이 박순이라면, 화담의 '先天氣'(선천기)의 입장에서 처리한 것이 허엽이라고 말할 수 있을 것이다. 거기다가 선조 임금은 임금대로 자신의 왕권강화를 위하여 어느 때는 서인 편이 옳다고 하고, 또 다른 때는 동인 편이 옳다고 하였던 것이다. 그리하여 붕당의 사태를 해석하기가 매우 어려운 것이다.

세 번째 사례로서 동인이 남인 북인으로 갈라진 '이유'를 말해야 할 것이다. 동인에는 원래 남명의 문인들과 퇴계의 문인들로 구성되어 있었다. 구체적으로 말하면 남인(퇴계문인)에 속하는 인물로는 우성전, 유성룡, 정구, 정경세 등이며, 북인(남명문인)에 속하는 인물로는 이발, 정인홍, 정여립, 이산해, 남이공 등이다. 이들이 동인에서 남북으로 갈라진 이유는 남명의 학문과 퇴계의 학문의 차이 때문이라고 보아야 한다. 그렇다면 그 차이는 어떤 것인가? 조식은 평생 도학에 관심을 갖고 있었으면서도 老莊(노장) 및 陸王學(육왕학)에도 관심을 가지고 있었다. 특히 노장사상은 그의 사상에 직접 영향을 준 듯 하다. 그리하여 그것 때문에 이황은 조식이 南華之學(남화지학)을 唱導(창도)한다고 비판하였던 것이다.[14] 한편 조식은 이황에게 보낸 서한에서 '학자들이 손으로는 灑掃(쇄소)하는 汎節(범절)도 모르면서 입으로는 천리를 담론하여 이름만 도적질하고 사람을 속이고, 해를 입히니 선생 같은 長老(장로)께서 이것을 꾸지람해서 말리시는 것이 어떻습니까'[15]라든가 '斯文(사문)의 宗匠(종정, 李滉)께서 오로지 上達(상달)만을 주장하고 下學(하학)을 강구하지 않아 구제하기 어려운 습관이 되었다'[16]고 말하고 있는 것을 볼 수 있다. 남명이 보기에 퇴계는 현실과 실천에 관심이 별로 없는 사람처럼 보인 것이다. 일반적으로 말하면, 퇴계의 문인들이 도덕적 자아의 내면적 각성과 계발에 힘썼다면, 남명의 문인들은 훨씬 개방적, 자주적, 창의적인 학풍을 지녔다. 퇴계의 문인들이 공리공론에 빠질 위험이 있었다면, 남명의 문인들은 현실의 추세에 매몰될 위험이 있었다. 사실상 북인들은 서인과 남인 편으로 자신들의 형편과 현실의 추세에 따라 가 버렸고, 그리하여 북인이라는 자취는 당쟁에서 완전히 없어져 버렸던 것이다.[17]

네 번째 사례로서 서인과 남인의 학문적 대립이라 할 수 있는 두 개의 문제가 있다. 하나는 文廟從祀(문묘종사)문제이며, 다른 하나는 禮訟問題(예송문제)이다. 문묘종사는 조선왕조에서 매우 중요한 의미를 가지고 있다. 왜냐하면 조선왕조가 유교를 국가 지도이념으로 채택하고 있기 때문이다. 이 문묘에는 유교의 정신적 지주인 孔子(공자)를 비롯하여 유학에 공을 세운 인물과 道脈(도맥)을 이은 인물들을 배향하고 있다. 문묘에 종사되는 인물은 그 인물의 학문이나 덕행을 공인 받는 일이기도 하면서 유학을 하는 사람으로서 최고의 예우를 받는 것이다. 어떤 인물이 문묘에 종사되었다고 하면 그 인물의 학문적 경향이나 그의 덕행은 온 나라

---

14) 李德弘, '溪山記善錄(下)', 「艮齊集」卷6. '…有曺南冥 唱南華之學…'.

15) 曺植, '與退溪書', 「南冥集」3卷.

16) 曺植, '與吳子强書', 「南冥集」2卷.

17) 한국사상사연구회(편), 「조선 유학의 학파들」, 예문서원, 1996, pp.156-196.

에 영향을 끼치는 것이다. 그러므로 문묘에 종사된 인물의 문인들이나 자손들은 문묘에 종사된 스승과 조상으로 말미암아 대단한 영광을 누리는 것이다. 그런데 왜 율곡과 우계의 문묘 종사 문제로 남인과 서인이 대립되었는가? 그 이유는 남인의 정신적 지주인 퇴계와 서인의 정신적 지주인 율곡 사이에 생겨난 학문적 대립 때문이다. 말하자면 퇴계의 '理氣互發說(이기호발설)' 또는 '理發氣隨 氣發理乘說(이발기수 기발리승설)'에 대한 대안으로서 율곡의 '氣發理乘一途說(기발이승일도설)'과 '理通氣局說(이통기국설)'의 대립인 것이다.

王家(왕가)에서의 服制(복제)는 국왕의 宗統(종통), 즉 왕위의 정통성을 확인하는 절차라는 점에서 매우 중요하다. 복제는 禮이다. 조선왕조 사회는 예에 의하여 유지 발전되어 왔으므로 예를 두고 논쟁을 벌린 것은 당연한 일이다. 효종은 사실 次嫡(차적)으로서 임금자리를 이었고, 長嫡(장적)인 소현세자가 세상을 떠났을 때 이미 인조와 慈懿大妃(자의대비)가 國朝五禮儀(국조오례의)에 따라 衆長(중장)의 구별이 없는 朞年(기년)으로 복상을 치렀던 것이다. 이제 효종이 승하한 것이다. 효종이 차적이지만 대통을 이었으니 3년복을 입어야 한다는 주장이 당연히 제기될 수 있다. 그러나 문제는 장적인 소현세자가 죽었을 때 승통 이전의 죽은 아들에게는 복을 입지 않는 것이 예인데 이미 朞年服(기년복)을 입었던 것이다. 서인은 기년복을 주장하고 남인은 3년복을 주장한 것이다.

己亥禮訟(기해예송, 1659)의 경우, 율곡학파인 송시열에 의하면, 효종은 인조에 대하여 '體而不正'(체이부정, 身體는 비록 아버지를 계승했지만(體) 嫡長이 아닌(不正)경우)에 해당하며, 장자가 죽어서라는 말은 그 죽은 시기가 언제인지 알 수 없는데, 이미 성인이 된 뒤에 죽은 것을 말하는 것이라면 그 아버지가 이미 그를 위해 3년을 입었는 데도 그 다음 적자를 세워 장자라 하다가 그가 죽으면 다시 3년을 입을 수 없다고 하면서 자의대비가 삼년복을 입을 수 없다고 하였다. 여기에 대하여 퇴계학파인 허목은 서자를 세워 후사를 삼는 것은 '體而不正(체이부정)'이라 하였지만, 효종은 여기에 해당하지 않는다고 하면서 인조의 장자인 소현세자는 이미 죽고 효종은 인조의 둘째 장자로 이미 종묘를 이어받았으므로 자의대비가 효종을 위해 삼년복을 입어야 하며, 복제를 낮추어 정하는 것은 종법을 두갈래로 나누고 임금을 비하시키는 것이라고 주장하였다. 허목은 효종이 왕이므로 이 왕이라는 것을 중심으로 '원칙'을 강조하고 있는 데 반하여, 송시열은 효종이 인조의 次子(차자)라는 '사실'을 강조하였고, 현실적으로 문제를 처리하는 데 관심이 있었던 것이다. 甲寅禮訟(갑인예송)의 경우, 기해년 송시열 등이 기년복을 주장한 것은 '서자를 세워 후사를 삼는다' 는 설에 의거한 것이다. 그러므로 예조에서 國制(국제)에 따라 자의대비의 복을 기년복으로 결정해서 임금에게 아뢴 것은 국제에 따르면 아무런 문제가 없기 때문이다. 그러나 송시열이 주장한 기년복과는 맞지 않게 된다. 그리하여 조례에서는 大功服(대공복)으로 바꾼 것이다. 그러자 당장 남인들은 '기해년에 기년복을 국제로 했다면 기년복으로 일관할 것이지 이제 다시 대공복으로 낮추는 이유는 무엇인가' 라고 반박하고 나선 것이다. 서인들은 현실적인 이유를 들어 대공복으로 할 수밖에 없었던 것이다.

우리의 삶 속에서는 붕당 간에 벌어지고 있는 당쟁이 권력장악을 위한 투쟁인지, 아니면 정치이념의 실현을 위한 노력인지 사실상 분리불가능하다. 그러나 우리는 개념적으로 권력장악을 위한 투쟁과 정치이념의 실현을 분리하였던 것이다. 그러나 적어도 표면상 투쟁으로 나타나고 있는 모습에서 순전히 이익과 봉록 때문에 투쟁하는 것이 아니라, 정치이념의 실현이라는 중대한 의미를 가지고 있음을 알 수 있다. 도대체 그들이 실현하고자 한 정치 이념이라는 것은 어떤 것인가? 당시의 성리학 이론의 대립에서 그 의미를 찾아보는 것이 순서일 것이다. 성리학 이론의 대립은 퇴계의 이론과 율곡의 이론의 대립이라고 말할 수 있다. 처음 퇴계와 고봉은 사칠논변을 통하여 성리학의 이론적 대립을 보였으나, 후에 율곡이 고봉의 이론을 지지함으로써, 결과적으로 퇴계와 고봉의 대립은 퇴계와 율곡의 이론의 대립이라고 말할 수 있게 된 것이다.

일반적으로 말해서 성리학자들은 인간이 살아가는 데 삶의 이념이라는 것이 있다는 것에 대해서는 견해를 같이 한다. 그러나 문제는 이 삶의 이념의 존재방식에 관해서는 성리학자들 사이에 견해를 달리하고 있다는 데 있다. 퇴계의 경우를 보면, 삶의 이념이 우리의 삶의 현실 속에 있는 이념과는 별도로 그 자체로서 존재한다. 말하자면 '絶對的(절대적)인 삶의 이념' 이 있다는 것이다. 이와 같은 관점에 대하여 반대하는 것이 고봉과 율곡이다. 고봉이나 율곡이 보기에 삶의 현실 속에 존재하는 이념 이외에 별도의 이념이라는 것은 존재하지 않으며, 그 이념이 존재한다면 그 이념은 반드시 현실 속의 이념으로 존재한다는 것이다. 퇴계와 율곡의 대립을 달리 말하면, 삶의 현실 속에 존재하는 이념 이외에 그것과는 다른 '절대적인 삶의 이념' 이라는 것이 있을 수 있는가 없는가에 관한 대립이라고 말할 수 있다.[18] 퇴계는 절대적 이념이 있다고 하고 율곡은 그런 것이 없다고 주장한다.

물론 퇴계도 이념에 초월적 측면과 내재적 측면이 동시에 존재한다는 것을 인정한다. 그러나 퇴계는 四七論辯(사칠논변)에서 그 두 측면을 동등하게 취급하기보다는 오히려 절대적 이념 쪽을 더 부각시키고 있는 것이 사실이다. 여기에는 퇴계의 특별한 의도가 있다고 보아야 한다. 그러므로 퇴계의 주장을 이해하기 위해서는 이 특별한 의도를 고려하여야 올바로 이해할 수 있는 것이다. 이 특별한 의도를 고려해서 퇴계의 주장을 이해해 보면, 퇴계의 주장은 이념의 절대성이 보장되는 방향으로 살아가야 한다는 점을 강조하고자 한 것이라고 이해될 수 있다. 퇴계의 이와 같은 주장에 비추어 볼 때, 고봉이나 율곡의 견해는 이념을 욕망에 종속시키는 결과를 초래하게 된다. 이것을 다시 고봉이나 율곡의 견해에 비추어 보면, 이념은 그 자체로서 존재하는 것이 아니라 인간의 욕망이 발휘되어야 할 방향을 제시하는 것에 불과하다. 이와 같은 주장을 하고 있는 고봉이나 율곡도 역시 명백한 의도를 가지고 있는 것이다. 고봉이나 율곡이 보기에, 퇴계의 견해는 인간이 육체를 가지고 살아야 한다는 점을 지나치게 무시하는 쪽으로 나아간다고 할 수 있으며, 그리하여 퇴계의 견해에는 그 이념이 적용되는, 육체를 가지고 살아가는 인간의 삶을 과소평가할 가능성이 있다. 만약 육체를 가지고 살아가는 인간의 욕망을 완전히 눌러 버린다면 그것은 이념의 발판이 되는 삶의 현실을 부정하는 것이 되고 마는 것이다.

결국, 붕당의 역사적 사례로서의 당쟁에는 '현실을 넘어선 삶의 이념'과 '현실 속의 삶의 이념'이라는 성리학의 이론적 대립이 깔려 있다. 당쟁은 이 이론적 대립의 역사적 표현이며, 이 점에서 당쟁은 올바른 삶의 문제에 대한 이론적 대립이 역사적 현실로 표현된 것이라고 말할 수 있다. 동서 분당은 이 점을 보여주는 좋은 보기이다. 당쟁에는 필연적으로 소인적 측면이 개입될 수밖에 없지만, 군자적 측면에서 보면, 전랑 문제나 '經常之大變'(경상지대변, 한 국가나 집안을 다스리는 대법에 어긋나는 큰 변)의 문제는 바로 '현실을 넘어선 삶의 이념'과 '현실 속의 삶의 이념' 사이의 대립에서 빚어진 것이다. 먼저, 전랑문제를 둘러싼 동서분당은 한편으로 우리의 현실이 어떻든지 간에 전랑 자리에 합당하지 않는, 절대적 이념에 맞지 않는 사람은 그 자리에 나아갈 수 없다는 주장과, 다른 한 편으로 우리의 현실을 감안해서 그래도 정해진 이념에 가장 알맞은 사람을 그 자리에 앉혀야 한다는 주장의 대립이라고 볼 수 있다. 다음으로, 종이 주인을 죽인 사건은 '한 국가가 집안을 다스리는 대법에 어긋나는 큰 변'임에 틀림없다. 그 당시의 절대적

18) 朴鍾德, '敎育의 根本問題로서의 四端七情論辯', 退溪學硏究院, 「退溪學報」91輯, 1996, pp.141-143.

이념에 비추어 보면 무슨 일이 벌어지든지 종을 잡아 만천하에 법도가 있음을 보여 주어야 한다. 그러나 현실적으로 증거가 불충분하다면 죄인으로 의심받은 백성을 함부로 다쳐서는 안되는, 현실 속의 이념을 구현해야 한다는 견해가 있을 수 있다. 남북으로의 붕당이 갈라진 것이나 문묘와 예송의 문제로 서남으로 붕당이 대립된 것도 따지고 보면 바로 '현실을 넘어선 삶의 이념' 과 '현실 속의 이념' 의 대립이라고 말할 수 있을 것이다.

붕당의 문제는 단순히 정치의 문제일 뿐만 아니라, 바로 교육의 문제이기도 하다. 조선왕조라는 국가를 성립시키고 유지 발전시켜 온 철학이 있다면 그것은 다름 아닌 성리학이다. 성리학이 고려말에 처음 들어 와서 신진 士類(사류)인 李穡(이색)에 이르기까지는 별다른 문제가 없었다. 그러나 이색 이후 鄭夢周(정몽주) 계열과 鄭道傳(정도전), 權近(권근) 계열이 마침내 우주관과 인생관에 차이를 나타내기 시작한다. 정몽주 계열은 伯伊(백이)와 숙제를 바람직한 인간상으로 여기며, 春秋(춘추)를 바탕으로 한 대의명분을 내세우는 절의를 중시하는 데 비하여, 정도전, 권근 계열은 주역의 변화론을 중시하여 시대의 상황에 능동적으로 대처하는 변통을 우선하였던 것이다. 그러므로 정도전 계열은 혁명을 높이 평가하고 왕조의 교체를 주장하고 관념적인 의리보다는 국가위주의 실용적, 공리적 측면을 중시하는 현세지향적 경향이 강하였다. 그리하여 이들은 조선왕조의 국가기반을 확고하게 하고 왕권을 강화하는 등 현실의 당면 문제를 해결하는 성리학을 필요로 하였다.

세종, 세조대를 지나면서 조선왕조는 정치, 경제, 사회전반에 걸쳐 안정을 찾게 되었다. 이제는 다져진 국가기반을 더욱 공고히 할 지배이념으로서 성리학이 요청되기에 이른다. 불교를 중심으로 흥성한 고려가 부패하면서 시대적 문제를 해결할 수 있는 능력을 상실하게 되자, 새로운 왕조를 개창하여 조선을 건국한 개국공신들은 불교를 대신할 통치이념으로서 성리학을 수용하고 이를 중심으로 문물제도를 정비하여 새 왕조의 정통성을 인정받게 된 것이다. 그러나 세조를 세운 勳舊勢力(훈구세력)은 여전히 종교로서 불교를 믿으면서 부패와 부조리를 일삼고 있었다. 사실 이때는 왕조를 유지 발전시킬 수 있는 지도 이념으로서 節義精神(절의정신)에 기반을 둔 성리학이 요청되었다. 세조의 왕위 찬탈은 절의정신에 기본을 두고 있던 성리학자들의 눈에는 不義(불의)로 보일 수밖에 없었다. 여기에서 사육신, 생육신이 나오는 등 절의정신이 충일하게 된다. 이때 영남사림이 등장한 것이다. 성종은 훈구대신들의 부패와 불의를 못마땅하게 생각하고 이를 시정하기 위하여 김종직, 김굉필, 정여창 등 일군의 사림 출신의 師友關係(사우관계)에 있는 인물들을 중앙 정계에 진출시켰던 것이다. 여기서 우리는 진정한 의미의 붕당의 싹을 볼 수 있게 된다. 이들은 孝悌忠信(효제충신)을 가르쳐 五倫的(오륜적) 질서를 확립하고 성리학의 정밀한 이해를 통해 理氣論(이기론), 心性論(심성론), 修養論(수양론)을 일관된 체계로 정립하면서 성리학의 道學化(도학화)에 힘을 기울였다. 물론 여기에는 영남지방 이외에도 기호지방을 비롯한 각지에서 사림계열에 참가하게 된다.

사림이 중앙 정계에 진출하자, 훈구세력들은 자신의 신분과 지위에 일대 위협을 느끼게 되고 이들을 처 없애 버리려는 꿈을 가지게 된다. 이때 연산군이 등단한다. 연산군을 이용하여 戊午士禍(무오사화, 연산군 4년, 1498)와 甲子士禍(갑자사화, 연산군 10년, 1504)를 일으켜, 김종직 등의 신진 士類(사류)들을 탄압하였던 것이다. 연산군의 폭정에 맞서 이를 극복하고자 至治主義(지치주의)를 내세우며 성리학의 차원높은 의리정신을 확대 구현하고자 하였으니 그 대표적인 인물이 조광조이다. 그러나 조광조는 마침내 기묘사화(중종 14년, 1519)로 희생된다. 이어서 을사사화(인조 1년, 1545), 정미사화(명종 2년, 1547) 등이 일어난다. 이와 같이 연거푸 일어나는 사화로 말미암아 사류들은 모두 도시를 버리고 향리로 내려가 門戶(문호)를 열거나 유배지에서 자제들을 가르쳐서 성리학이 널리 각지에서 연구하는 풍조가 생겨났다. 이 시대야말로 격변과 급변의 시대, 다시 말하면 새로운 제도를 향하여 몸부림치면서 새로운 사회질서의 기초를 이룩하기 위하여 젊은 자제들을 올바르게 가르쳐야 한다는 데 관심을 기울였던 시대[19]라고 말할 수 있을 것이다. 성리학은 이 시대의 사람들에게 할 수 있는 최대의 봉사를 하기 위하여 '올바른 삶'에 대한 문제를 어느때 보다 심각하게 제기하였다.

성리학은 우주 자연의 원리와 인간 사회의 질서를 설명하고 그 관계를 형이상학적으로 탐구하는 유교철학이며, 궁극적으로 유학의 근본 정신인 수기치인의 이상을 실현하기 위해 철학적으로 그 근거를 밝히는 학문이라고 볼 수 있다. 달리 말하면, 이 성리학은 '올바른 삶'의 문제가 무엇이며, 그것의 해결방안이 어떤 것인지를 탐구하는 학문이라 할 수 있다. 여기에 이 시대의 대표적인 성리학자들인 徐敬德(서경덕), 李滉(이황), 曺植(조식), 李珥(이이) 등의 이론 속에서 '올바른 삶'

19) William Boyd, *The History of Western Education*, 李烘雨, 朴在文, 柳漢九(譯), 「西洋敎育史」, 교육과학사, 1994, pp.40-41.

의 문제가 어떻게 다루어지고 있는가를 탐색해 보겠다.

　徐敬德(서경덕, 성종 20년-명종 1년, 1489-1546, 號 花潭)은 程子(정자)나 朱子(주자)의 성리학을 기반으로 그 성리학을 발전시키거나 변형시키려고 한 것이 아니라, 자신의 새로운 성리학을 구축하려고 하였다고 말할 수 있다. 말하자면 그 나름대로의 올바른 삶의 문제를 해결해 보려고 한 철학자인 것이다. 특히 그는 주역에서 출발하여 거기에서 머무르며 거기서 '올바른 삶'의 의미를 찾으려고 하였던 것이다. 그리하여 그는 변화에 초점을 맞추되, 氣를 '先天氣(선천기)'와 '後天氣(후천기)'로 나누고 이를 조정하는 것으로서 '機自爾(기자이)'[20]라는 독특한 개념을 만들어 내었다. 이 이론 속에서 화담은 자연의 변화 속에 담겨있는 법칙이나 원리가 인간행위의 원리로서 적용될 수 있다는 생각을 하게 되었던 것이다. 예컨대, 그는 冬至日(동지일)에 주목한다. 동지는 일년중 추위가 극치인 날이자, 동시에 따뜻한 봄기운이 회복하기 시작하는 날이다. 화담은 이 동지일을 가리켜 '동지는 천지가 바야흐로 되돌아서 음양이 처음으로 변화하는 날이다. 그러므로 이르기를 復에 그 천지의 마음을 볼진저'[21]라고 말하고 있다. 그가 주목한 것은 靜中動(정중동)의 내면적 변화에 주목한 것이다. 이 변화를 알아차리기는 무한히 어려운 일이다. 그것은 깊은 사색 끝에 얻어지는 통찰을 통하지 않고는 알 수 없는 것이다. 다른 예를 하나 더 들면, 그는 자연이 보여주는 멈춤의 현상에 주목한다. 화담은 특히 주역의 艮卦(괘)에 '艮은 멈춤이니 때가 멈춰야 할 때는 멈추고 때가 행해야 할 때는 행하여 動과 靜이 그 마땅한 때를 잃지 말아야 그 道가 광명하게 된다'고 하였다. 화담의 해석은 '대개 행해야 할 때에 행한다는 것은 곧 행에 멈춘다는 것이고 멈춰야 할 때에 멈춘다는 것은 멈춤에 멈춘다는 것이다. 이미 멈춰야 할 곳에 멈추어 있으면 詩를 억지로 읊을 필요가 없고, 벼슬을 억지로 달려가서 구할 필요가 없고, 몸가짐도 억지로 서두를 필요가 없다. 번거롭게 움직이며 생각만 하다가 어찌 마음만 들떠 서두르는데 멈추겠는가'[22]고 해석하였다. 화담이 생각하는 '올바른 삶'은 주역의 復卦(복괘)와 艮卦(간괘)에 담겨 있음을 알

---

20) 화담은 기의 운동과 작용이 결코 다른 원인이나 존재에 의해서 생기는 것이 아니라, 기 속에 자체적으로 내재한 내적 필연성에 의한 것으로 본다. 모든 변화자체를 기의 취산으로 설명하면서, 변화의 필연성은 다른 아닌 자체 내에서 저절로 발생하는 것으로 말한다. 이것이 機自爾이다.

21) 徐敬德, '復其見天地之心說', 「花潭集」.

22) 徐敬德, '送沈敎授序', 「花潭集」.
　蓋時行而行 則行而止也, 時止而止 則止而止也.旣坐止止之域 則詩不必苦吟 仕不必馳騖形亦不必抖擻煩動而思 烏可憧憧往來 而不止乎.

수 있다.

주역의 괘를 해석하면[23], '사태가 불리한 데서 유리한 데로 전환하는 것이 하늘의 이치이다. 이 전환의 징조를 예리하게 관찰하여 회복을 앞당겨야 한다. 이 기회를 놓치는 것은 현명한 일이 못된다. 주위의 사람들이 뜻을 같이 하지 않을 때 혼자라도 正道(정도)를 따르며 그것에 확신을 가지도록 해야 한다. 다른 사람을 움직이는 것보다는 스스로를 가다듬는 것이 더 중요하다.' 이어서 간괘를 해석하면, '사람들이 서로 뜻이 엇갈려 등을 돌리고 있을 때는 묵묵히 자신의 본분을 지키는 것으로 만족해야 한다. 사람들의 마음을 돌려 공동의 사업을 도모하는 것은 성과를 거둘 수 없다. 답답한 마음은 어쩔 수 없겠지만 조용히 심신을 가다듬어야 하며 특히 남의 일에 관하여 이런저런 말을 하면서 간섭한다는 인상을 주지 않도록 해야 한다. 내적 평정을 유지하면서 떳떳한 덕을 잃지 않고 자중자애하면 반드시 호전될 것이다' 라고 말할 수 있을 것이다. 이 두 괘를 통하여 화담이 생각하는 '올바른 삶' 이라는 것은 사태 전환의 예리한 징조를 관찰할 수 있는 깊은 사고력을 갖추고, 혼자라도 정도를 따르며, 내적 평정을 유지하면서 떳떳한 德을 잃지 않고 자중자애하는 삶이라고 말할 수 있을 것이다. 화담 자신도 이 '올바른 삶' 에 따라 살았으며, 그의 제자들인 朴淳(박순), 許曄(허엽), 李之菡(이지함) 등도 또한 그렇게 살았다고 보아야 한다.

曹植(조식, 1501-1572, 號 南冥)은 퇴계와 더불어 영남의 좌우에 자리잡고 있으면서 그 빛을 서로 비추고 있었다. 비록 서로 직접 만나지 않았지만 마음으로 흠모한 지는 오래 되었다. 남명은 어렸을 때부터 經史子集(경사자집)을 폭넓게 읽고, 천문, 지리, 醫數(의수), 궁마, 兵陣(병진)에 널리 통하고, 특히 老莊學(장자학)에 심취하였다. 그의 이론을 보면[24], 그는 無極(무극)과 太極(태극)을 같은 것으로 보았다. 그러나 그는 陰陽動靜(음양동정)을 말할 때에는 그것을 태극과 함께 말하고 있다. 즉, '太極之有動靜 是天命之流行(태극에는 동정이 있다. 이것이 천명의 흐름이다.)' 이라고 한 것을 보면, 그는 태극을 理로 보지 않고 있다는 것이 된다.[25] '一陰一陽(일음일양, 태극에는 동정이 있다. 이것이 천명의 흐름이다.)' 하는 것 자체를 道

---

23) 이 해석은 서울대학교 사범대학 교육학과 李烘雨 敎授의 해석이다.

24) 金忠烈, '曺植의 학문과 사상', 한국철학회(편), 「한국철학연구(중)」, 1982, pp.203-221.

25) 無極而太極 註에 "非太極之外復有無極也"라고 한것은 朱子說과 같고, 또 陰陽動靜 註에 "太極之有動靜, 是天命之流行"이니 "太極形而上之道 陰陽形而下之器"라 한것 또한 伊川, 晦庵과 같은것 같으나, 天命의 流行에 있어서 太極 자체가 動靜하는 것으로 본것은 결국 太極을 理로 보지는 않은 것이므로 크게 다르다 하겠다.

라고 본 것이다. 말하자면 그는 생성변화에 관심을 두었다고 말할 수 있을 것이다. '陰陽一太極也(음과 양은 모두 태극이다)'라 한 것을 보면, 음양이 함께 공존하는 상태가 태극이며, 음양 이외에 따로 태극이 있는 것이 아니다. 그러므로 태극이 바로 氣요, 음양의 유행이 바로 動靜(동정)이라 할 수 있다. 이것으로 보아 남명은 氣論者(기론자)임을 알 수 있다. 그리하여 태극과 유행은 眞實无妄(진실무망)하고 純粹無雜(순수무잡)하지만 인간과 만물은 그렇지 못하다. 인간과 만물의 경우 動은 常을 잃게 하는 계기가 되므로 진실과 순수를 되찾는 길은 靜을 취하는 도리 밖에 없다고 생각하는 것이다. 知行(지행)의 문제에서도 그는 근본이치를 알면 뜻이 흔들리지 않으며, 그 마땅한 바를 알아 행동의 어긋남이 없게 된다는 것이다. 따라서 남명이 생각하고 있는 '올바른 삶'의 의미를 말한다면, '선비는 세상일을 잘 파악하고 나를 위하지 말 것이다. 뜻이 높은 선비도 벼슬을 하지 않을 수 없으니 어찌 일을 함에 있어 조금이라도 방심할 수 있겠는가. 뜻이 있는 선비는 무엇보다도 먼저 천하만물을 대할 때 어떤 동요도 일어나지 않는 자기자신의 참다운 자기가 정립되어야 하며, 그렇게 되면 만사는 그 근본에 따라 적응되므로 여유가 생긴다. 혼자서 조용히 생각하기는 쉬우나 넓은 세상에 나가 실지로 천하의 일을 다루기는 어렵다. 배움은 넓은 것이 귀한 것이 아니요, 바른 것이 귀한 것이다. 다스리는 일은 속이지 않는 것이 귀한 것이요, 오로지 백성을 기쁘게 하는 일만 해야 할 것이다'[26]라고 말하고 있다. 그는 이와 같은 선비가 되기 위해서는 道의 요체인 敬과 義에 주로 의지해야 한다고 하였다. 남명 자신은 드높은 기개와 기백의 소유자이며, 그의 문하에는 유난히 節義之士(절의지사)가 많이 나왔다. 그의 제자들에는 吳健(오건), 鄭仁弘(정인홍), 崔永慶(최영경), 金宇顒(김우옹), 鄭逑(정구) 등이 있다.

李滉(이황, 1501-1570, 號 退溪)은 한국 성리학의 거봉의 자리를 차지하고 있다. 그가 이와 같은 자리를 차지한 것은 그의 앞에 李彦迪(이언적, 1491-1553)과 같은 인물이 있었기 때문이다. 특히 이언적의 태극론은 주자 이래 理說(이설)을 확립하여 理의 객관적 실재성을 분명히 드러내어 퇴계와 율곡의 '互發(호발)'과 '一途說(일도설)'의 前奏(전주)가 되었던 것이다. 퇴계가 가지고 있었던 '올바른 삶'에 관한 문제의식은 마음에 관한 탐색과 관련을 가지고 있는 것이다. 따라서 理와 氣 등의 개념은 마음이 아니라, 세계를 설명하는 것이며, 그러한 개념은 그 자체

---

26) 曺植,「南冥集」, 學記類編 卷4.

로서는 완결될 수 있는 것이 아니라, 마음에 관한 설명과 어떤 형태로든지 관련을 맺어야 한다는 것이다. 이것이 문제로 노출된 것이 바로 '四七論辯(사칠논변)'이다. '四端七情論辯(사단칠정논변)'은 마음을 설명해 주는 두 가지 개념인 四端(사단)과 七情(칠정)의 관련을 理氣哲學(이기철학)에 비추어 설명하려는 시도이다. 퇴계는 理도 發하고 氣도 發한다고 주장한다. 여기서 '發'의 의미를 시간적 선후 관계로 파악하면, 理라는 개념이 시간상 먼저 있고 그것이 사단으로 표현되는 것이다. 그러나 理라는 개념은 현상에서 추론될 뿐 그 자체로서는 실체를 가질 수 없는 것인데 마치 실체가 있는 것처럼 되어 버린다. 퇴계가 보기에 理는 사단이 있기 이전에 그것과는 별도로 존재하는 것이 아니라, 사단으로부터 추론되는 것이므로, 이 점에서 사단은 곧 理이며, 마찬가지로 칠정 또한 氣와 동일한 성격을 가지는 것이다. 달리 말하면, 칠정은 원칙상 개인에게 의식되는 상태를 가리킨다는 점에서 '경험적 마음'이라 부를 수 있고, 사단은 칠정과는 달리 현재 개인에게 지각되지 않지만 갖추어야 할 표준이 된다는 점에서 '형이상학적 마음'이라고 부를 수 있다.[27] 그리하여 사단과 칠정은 理와 氣가 구분되듯이 엄연히 구분되어야 한다는 것이다. 그렇다면 '올바른 삶'에는 인간이 따라야 할 절대적 기준이 있으며, 그 기준에 따라 살아가도록 노력하는 데 의미가 있다는 것이다. 그의 제자들에는 趙穆(조목), 金誠一(김성일), 柳成龍(유성룡) 등이 있다.

李珥(이이, 1536-1584, 號 栗谷)[28]는 그 이전에 이루어졌던 퇴계와 고봉 사이에 벌어진 '四七論辯(사칠논변)'을 이어받고 있다. 그는 퇴계보다는 고봉을 지지하고 있을 뿐만 아니라, 고봉의 입장을 보다 철저하게 이론적으로 뒷받침하고 있다. 율곡이 '四端七情說(사단칠정설)'에서 고봉과 입장을 같이하고 있으면서, 나름대로 독특한 인심도심설을 논의하고 있다. 그의 인심도심설은 하나의 마음이 드러내는 사실적 측면과 규범적 측면을 각각 인심과 도심으로 구분하고 양자의 관계 방식의 차이 또는 변화의 양상에 의해서 마음의 발달을 논의하였다. 또한 율곡의 '心性情意一路說(심성정의일로설)'은 퇴계의 '四端七情理氣分對說(사단칠정이기분대설)'과 '人心道心理氣分對說(인심도심이기분대설)'에 대한 대안으로 제시하고 있다. 결국 율곡의 理氣哲學은 '氣發理乘一途說(기발리승일도설)'과 '理通氣局說(이통기국설)'로 구성되어 있다고 말할 수 있을 것이다. '氣發理乘一途說'

27) 朴鍾德, 前揭書, pp.105-108.
28) 張聖模, '栗谷思想의 敎育學的 解釋', 「栗谷의 思想과 그 現代的 意味」, 韓國精神文化研究院, 1995, pp.397-473.

이 理와 氣의 비분리성을 주장하는 것이라면, '理通氣局說'은 이와 기의 상이한 존재양상을 부각시키는 이론이다. 이 설명에서 보면, 理는 경험을 초월한 형이상학적 실체로서의 의미를 가지며, 따라서 그것이 표현되기 위해서는 시간적 차원에서 움직이는 氣와 결코 무관할 수 없다. 오히려 시간적 차원에서 氣를 타고 움직이는 理의 운명은 그가 깃든 氣의 운명에 의하여 구속을 받을 수밖에 없다. 그러므로 氣局(기국)은 이의 운명을 결정하는 氣의 존재 양상을 한정하는 개념이다. 말하자면 氣는 그 자체로서 국한성을 지니고 있지만 그 국한성은 하나로 고정되어 있는 것이 아니라, 그것이 유행하면서 淸濁 粹駁(청탁 수박)의 수준에 있어서 다양한 차이를 드러낸다. 달리 표현하면, 삶에서 추구해야 할 이상적 기준은 초월해 있으면서도 동시에 삶 그 자체 속에 이미 내재해 있다는 말이 되는 것이다. 이 말에서 '올바른 삶'의 의미를 추론해 보면, 인간으로서 품부받은 기질을 갈고 닦아서 가장 맑고 순수한 상태에 도달하고 이를 유지함으로써 聖人(성인)의 경지까지 끌어올리는 삶이야말로 가장 '올바른 삶'이 되는 것이다. 그의 제자들로는 金長生(김장생), 金集(김집), 宋時烈(송시열) 등을 들 수 있다.

이 시대를 거쳐 나온 사류들은 이 '올바른 삶'의 문제를 정치이념으로 구현하고자 붕당을 만들어 당쟁을 해 왔으며, 실지로 당쟁을 통하여 시대에 알맞은 이념을 실현시켰다고 보아야 한다. 이 말을 좀더 구체적으로 말하기 위해서는 우선 정치의 의미를 두 가지 관점에서 규정해 보고 그것과 관련하여 교육이 어떤 위치를 차지 할 수 있는가를 생각해 보고자 한다.[29] 그 두 가지 관점이라는 것은 정치에 관한 消極的(소극적) 관점과 積極的(적극적) 관점이다. 먼저 소극적 관점에서 정치의 의미를 규정하자면, 정치의 본질은 다른 활동들이 잘 수행되도록 도와주는 데에 있는 만큼, 정치는 스스로의 필요성이 최소한으로 되는 상태, 다시 말하면 다른 활동들이 정치의 도움을 최소한으로 요구하는 상태를 실현하는 데에 힘써야 한다는 것이다. 정치와 관련하여 교육은 정치가 다른 활동들과 맺는 것과 동일한 관련을 다른 활동들과 맺는다. 하나의 구체적인 활동으로서의 교육이 가지는 특이성이 있다면, 그것은 정치와 마찬가지로 스스로의 존재의의를 없애 버리는 것을 목적으로 한다는 점이다. 말하자면 교육이라는 활동은 그 대상인 피교육자

---

29) 以下의 敎育과 政治의 관계는 李烘雨, '政治와 敎育', 「敎育의 目的과 難點」, 교육과학사, 1984, pp.260-271에 의거하였다.

들로 하여금 거기서 배운 활동을 혼자의 힘으로 할 수 있도록 도와주는 일이며, 그 활동의 목적은 마침내 피교육자가 더 이상 도움을 필요로 하지 않게 될 때 달성되는 것이다. 교육은 이 점에서 정치와 유사성을 가진다. 이제 이 말을 반대편에서 말하면, 교육은 이 점에서 다른 활동과 구분된다는 뜻이 된다.

적극적인 관점에서 정치의 의미를 밝히기 위해서는 정치는 다른 활동들이 '잘 수행되도록 한다'는 것이 무엇을 뜻하는가 하는 것이 밝혀져야 한다. 활동들이 '잘 수행되도록 한다'는 것이 무슨 뜻인가 하는 질문은 결국 '올바른 삶의 의미가 무엇인가' 하는 질문과 통한다. 정치는 이 '올바른 삶'의 의미가 무엇인가 하는 문제와 정면으로 마주 대하고 있다. 정치는 사람들로 하여금 각각의 활동에 종사하면서 살도록 하되, 그 삶의 과정이 부단히 '올바른 삶'의 의미를 추구하고 그 의미에 따라 살수 있도록 꾸준히 도와주는 일이다. 이것이 바로 적극적 관점에서 본 정치의 본질이다. 그렇다면 소극적 관점에서의 정치와 적극적 관점에서의 정치는 서로 모순되는가? 반드시 양자가 모순된다고 볼 필요는 없다. 이것은 곧 정치의 적극적 의미가 소극적 의미 속에 함의되어 있다는 뜻이요, 적극적 의미는 소극적 의미에 함의되어 있는 내용을 명시적으로 드러내어 말한 것에 불과하다는 뜻이다. 정치의 의미를 적극적인 관점에서 해석할 때, 교육과 정치는 '올바른 삶'의 의미를 확인하고 구현한다는 공통의 관심사를 매개로 하여 긴밀한 관련을 맺고 있는 것이 된다. 교육은 정치에 대하여 '올바른 삶'의 의미를 규정해 주고 제시해 주어야 하며, 정치는 그 '올바른 삶'의 의미가 구체적으로 실현되도록 사람들의 삶을 방향지워 주어야 할 것이다.

붕당에서 보여주고 있는 당쟁의 모습을 교육과 정치의 관계에서 해석해 보면 어떻게 되는가? 선비들이 스승에게서 교육받는 것은 '올바른 삶'의 의미를 늘 새롭게 규정하면서 살아가는 과정이라고 볼 수 있다. 달리 말하면 선비들은 스승에게서 성리학의 이론을 배우면서 이것을 자신의 것으로 만들기 위하여 피나는 수양을 쌓아 간다. 그리고 마침내 선비들은 성리학 이론을 자신의 것으로 체득하게 된다. 그러나 선비들은 여기에 그치는 것이 아니라, 그 이론을 실지로 만 백성들에게 구현하고자 한다. 이 일을 하기 위해서는 정치에 나아가야 한다. 정치에 참여하는 사람들은 각자 서로 다른 스승 밑에서 '올바른 삶'의 의미가 들어 있는 성리학 이론을 배운 것이다. 이 성리학 이론을 정치에서 실현하는 일은 혼자서 할 수 있는 것이 아니다. 성리학 이론을 같은 스승 밑에서 배웠거나 그 이론에 찬성하는 사람들이 함께 모여 그 이론을 정치를 통해 실현하게 되는 것이다. 이 과정에서 다른 성리학 이론을 배운 사람들과도 어울려서 일을 해야 한다. 선비들은 상대방을 이해시키거나 설득하지 않으면 안되며, 이 과정이 조선왕조 시대에는 당쟁의 형태—당쟁의 군자적 측면—으로 나타나는 것이다. 말하자면 교육의 정치적 표현이 당쟁인 것이다. 따라서 붕당을 올바로 이해하기 위해서는 성리학을 이해해야 하고 성리학을 이해하지 못하면 당쟁을 이해할 수 없게 되는 것이다.

역사적 사실을 두고 말한다면, 영조에 이르자 당쟁에 폐해가 많다고 생각하여 이를 없애 버리려고 여러 가지 노력을 하다가, 마침내 영조는 蕩蕩平平策(탕탕평평책)을 써서 당쟁을 막았다. 당쟁을 막자, 이제는 본격적으로 勢道(세도) 정치가 시작되었다. 구체적으로 말하면 정조초의 洪氏(홍씨) 세도와 辛亥邪獄(신해사옥)이 있었고, 정조가 승하하고 純祖(순조)가 즉위하면서 辛酉邪獄(신유사옥)이 일어나고, 金氏(김씨) 세도와 趙氏(조씨) 세도가 생겨났다. 세도정치로 말미암아 신음하고 분노한 민중들이 많아졌으며, 그 일단이 홍경래의 난, 동학란, 진주민란 등으로 표현되었다. 그리고 그밖에 여러 재해가 끊이지 않고 일어났던 것이다. 붕당이 있어서 당쟁이 있었을 때에는 大義(대의)와 명분으로 상호 감시하여 부패와 부정을 막을 수 있었다. 이 점이야말로 붕당의 군자적 측면의 효과, 즉 성리학 연구의 정치적 실현이라 아니할 수 없다. 그러나 이 장치가 없어지자 곧 바로 세도정치가 생기게 되고, 이 세도정치로 말미암아 백성들이 도탄에 빠져 신음하다가 마침내 민란을 일으키는 불상사를 빚어내게 되었던 것이다. 그러므로 붕당이 조선왕조를 망하도록 한 것이 아니라, 오히려 붕당으로 말미암아 조선왕조가 유지 발전해 나갔다고 보는 것이 타당하다고 말할 수 있을 것이다. 당쟁이 없어진 후의 역사적 양상을 보면 당쟁이야말로 조선왕조를 유지 발전시킨 '교육의 정치적 표현'이라고 말 할 수 있을 것이다.

종래의 연구에서는, 과거 역사에서 그랬듯이, 붕당을 나쁜 것으로 인식해 왔던 것이 사실이다. 그러나 붕당은 나쁜 것만 있는 것이 아니라, 오히려 그것에는 훌륭한 점이 더 많다고 보아야 한다. 사실, 붕당이 조선왕조 시대의 독특한 정치적 역할을 하였던 것임에도 불구하고 오히려 부끄러웠던 사실로 인식되어온 것은 참으로 유감된 일이 아닐 수 없다. 물론 붕당의 모든 면모를 남김없이 들어 내는 일은 불가능한 일이지만, 그렇다고 하여 그 일을 게을리할 수는 없다. 앞으로 이 방면의 보다 철저한 연구가 뒤를 이어 계속 있어야 한다. 왜냐하면 이와 같은 연구를 통하여 우리의 선조들이 부끄러웠던 존재들이 아니라, 오히려 우리 선조들이 자랑스러운 존재라는 것을 확인할 수 있기 때문이다. 특히 학교 교육에서 지금도 여전히 붕당을 우리 선조들이 저지른 부끄러웠던 과거 행위로 가르치고 있는 것은 하루 빨리 시정되어야 할 것이다. 자랑스럽게 여겨야 할 일을 제대로 교육받지 못한 후손들 때문에 오히려 오점으로 인식되게 한 우리 자신이 부끄럽게 생각해야 할 것이다. 교육을 제대로 시키지 못했을 때의 재앙은 그 후대에서 후손들로부터 받는다. 우리 선조들도, '朝鮮黨爭關係資料集(조선당쟁관계자료집)'에 수록된 내용들에 의하면, 붕당과 당쟁의 폐단과 타파를 주장하였던 것이 사실이며, 이를 토대로 일본 식민지 시대의 학자들이 이를 악이용하여 조선민족을 완전히 몹쓸 민족, 모이기만 하면 싸움만 하는 민족으로 매도한 것은 주목해야 할 일이다. 이제라도 늦지 않았다. 후손인 우리들이 보다 넓고 깊게 학문을 自得(자득)하여 우리의 참 모습을 들어내는 데 게으름을 피워서는 안된다는 것을 마음속 깊이 아로새겨야 할 것이다.

2. 서경덕과 주기론적 성리학

조선 전기의 성리학은 정도전, 권근, 김시습에 의하여 그 기초를 마련하게 된다. 이들이 마련한 성리학을 기반으로 하여, 조선 중기의 성리학은 새로운 이론의 체계화로 계속 발전하였다. 이 점에서 조선 전기의 성리학은 주목을 받아 마땅하다. 이 장에서는 조선 전기의 성리학에 들어 있는 교육이론을 徐敬德(서경덕)과 李彦迪(이언적) 등을 중심으로 하여 소개하고자 한다. 徐敬德과 李彦迪등 거의 동시대 학자들로서, 조선 성리학을 전성기로 이끈 선구자적 위치에 있는 인물들이다. 특히 이들은 경기와 영남을 대표하는 학자들이다. 서경덕은 기호학파의 율곡 이이의 사상에 많은 영향을 끼쳤고, 이언적은 영남학파의 퇴계 이황의 학문과 사상형성에 많은 영향을 끼쳤다.

서경덕(1489~1546)은 조선 전기의 대표적인 유학자로서 자는 可久(가구)며, 스스로 호를 復齊(복제)라 하였다. 일찍부터 화담에 은거하였고, 벼슬하기를 좋아하지 않았으며 주역에 밝아 학자들이 花潭先生(화담선생)이라 불렀다. 그는 자기 나름대로의 성리학의 하나의 학설을 창조한 인물이다. 흔히 서경덕은 氣哲學者(기철학자)로 알려져 있는데, 화담의 氣철학은 주자학에서 말하는 氣철학과는 구분되는 독특한 성리학 체계를 수립한 철학이다. 화담이 살았던 세대는 조선조 학계가 이미 성리학이 본격적으로 연구되던 시기였다. 이 시기는 성리학이 단순히 외래사상의 수용의 단계는 훨씬 넘어서 있었다.

화담이 '어떻게 공부하였는가' 하는 것은 그의 교육이론을 형성하는 데 매우 중요한 단서가 된다. 그는 어린 시절에 봄철 들녘에서 새끼 종달새가 태어나서 하루가 다르게 걷고 뛰고 하다가 급기야 공중으로 나르는 현상을 구경하고는 그 이치를 골똘히 생각하였다. 그는 끼니를 위해서 들에 나가 나물을 캐어야 했다. 그러나 그는 매일 저녁 늦게 돌아오면서도 광주리와 나물이 제대로 차지 못하였다. 며칠 후 이를 이상히 여긴 부모는 그 까닭을 물었다. 이에 그는 대답하기를 나물을 캐면서 보니 새 한 마리가 날아가는데 하루는 一寸(일촌) 쯤 날더니 그 이튿날은 두 촌쯤 떠 오르고 그 다음날은 세 촌쯤 떠올라 점차로 높이 날아가 그 광경을 보면서 이치를 생각하다가 끝내 알지 못하고서 번번이 귀가조차 늦게 되었다고 말하였다.[30] 이것으로 보아 관찰에 남다른 점이 있었고, 그에 대한 사색은 그의 철학적 소질을 엿볼 수 있는 대목이다. 14세 때에 한 선비로부터 尙書(상서)를 배우던 때에 堯典(요전)편에 있는 '朞(기)'(일년 360일 하고도 6일이다)에 이르러 선생이 아무 설명 없이 그대로 지나치려 하였다. 이에 그는 선생에게 애매하게 그냥 넘어 가려는 이유를 물었고, 그 때 선생이 대답하기를 '이것은 내가 알지 못할 뿐만 아니라, 세상 사람들도 이것을 아는 자가 드물다' 라고 하였다. 그러나 화담은 생각하기를 '만약 정말로 알 수 없는 것이라면 先儒(선유)가 왜 이곳에 써 놓아 전하려 하였을까?' 우선 구두점이라도 찍어 달라고 청하고 집에 돌아와 보름을 읽고 깊이 생각한 끝에 그 의미를 해명하기에 이르렀다. 그때부터 그는 독서하고 사색하면 책에 써 있는 것을 터득할 수 있는 것이라고 확신하였다.[31] 그가 18세 되던 해 '大學(대학)'을 공부하던 중 이른바 '致知在格物(치지재격물)' 장을 읽고 의지가 충천하여 '학문을 하는데 먼저 '格物(격물)'을 하지 않고서 책을 읽은들 무슨 소용이 있겠는가라고 하면서 천지만물을 벽위에 써 부치고 날마다 하나씩 써 붙이고 궁리하여 갔다'[32]고 한다. '만일 어느 사물의 이치가 제대로 이해되지 않을 경우에 그는 온 정신을 집중한 나머지 음식물을 먹어도 그 맛을 식별하지 못하고, 길을 걸어도 갈 방향을 잃기도 하고, 잠을 며칠씩 설치기도 하고, 심지어

---

30) 花潭文集 卷3, 遺事.

31) 花潭集 卷3, 年譜.

32) 上同.

때로는 잠을 자다가 꿈속에서 그 이치를 깨우치기까지 하였다.'[33]

이와 같은 태도는 20세가 넘어서도 '밤낮을 가리지 않고 추운 겨울에도 불을 때지 않았고, 무더운 여름에도 부채질을 하지 않으면서 줄곧 방안에서 궁리에 전념하였다. 밤낮 없이 춥거나 덥거나 홀로 앉아 있다 보니, 3년 동안에 강건한 체질이라고 하나 마침내 병을 얻게 되었고, 심지어 문 밖 출입도 어렵게 되었다. 더이상 사색을 하지 않으려 해도 저절로 사색에 빠지기가 일수였다. 다시 3년이 지났다. 모두 6년 동안 사색의 결과로 몸은 비록 허약해 졌지만, 사물의 이치는 어느 하나 깨우치지 않은 것이 없을 정도로 통달하기에 이르렀다. 당시 그의 나이는 24, 5세였다.'[34] 그 후에 격물궁리의 공부를 하고 자신을 얻은 후에 四書(사서), 六經(육경), 性理大全(성리대전) 등의 문헌을 읽고 이에 사색을 통하여 이해한 앞서의 의미와 일치함을 확인하였다.[35] 그런데 그가 格物(격물)공부를 마친 것은 30이전으로 알려져 있으나[36], 그는 자신이 "시골에서 제대로 선생도 없이 공부하다가 50세에 이르러서야 비로소 통하는 것 같다"[37]고 한 것으로 보아, 그는 진실로 계속 공부에 정진하여 대가를 이룬 것같다.

그는 관직에 나아가지 않았다. 그러나 그에게 몇 차례 기회는 있었다. 그러면 왜 그는 벼슬을 마다하고 산림에 묻혀 있었는가? 사람들 중에는 서경덕의 생애 중에 四大士禍(사대토화)가 그 이유라고 말하는 사람도 있다. 과연 그것이 이유일까? 그의 시를 보자. '글 읽던 시절에는 경륜에 뜻을 두었건만 / 만년에는 도리어 안씨의 가난이 달갑구나. / 부귀에는 다툼이 많아 손대기 어렵고 / 林泉(임천)은 막는 이 없어 安貧(안빈)할 만하구나. 산나물 물고기로 배를 채우고 吟風詠月(음풍영월)로 정신을 시원하게 한다. 의문을 풀어가면서 배워나가는 과정에서 쾌활함을 알게 되니 인생 백년이 헛됨을 면하게 되었네.'[38] 여기서 우리가 눈여겨 보아야 할 대목은 '學到不疑知快活(학도불의지쾌활)'이다. 그는 평생 동안 독서와 사색으로 일관하였고, 그의 진짜 즐거움은 의문을 풀어 나가는 과정에서 얻는 '快活(쾌활)'이다. 그리하여 그는 '鬼神死生論(귀신사생론)', '理氣說(태허설)', '太虛說(이기설)' 등

---

33) 花潭集 卷3, 神道碑銘.

34) 上揭書

35) 上同.

36) 上同.

37) 辛勤做得工夫手 五十年來似始通.

38) 讀書當日志經綸\ 晩歲還甘顔氏貧\富貴有爭難下手\林泉無禁可安身\採山釣水堪充腹\詠月吟風足暢神\學到不疑知快活\ 免敎虛作百年人(花潭集 卷1, 述懷).

성리학에 중요한 논문을 남겼고, 그의 주옥같은 詩를 남겼다. 그가 벼슬을 거절한 이유는 공부하며 가르치는 것이 너무 좋고 너무 바빠서 벼슬을 거절한 것이라고 보아야 한다. 그의 제자들 중에 유명한 이로는 박순과 허엽이 있다.

그의 安貧樂道하던 삶을 엿볼 수 있는 일화가 있다.[39] 즉, 허엽(1517-1580)이 음력 7월경에 선생을 방문하고자 화담으로 갔을 때이다. 6일 동안 가을 장마비가 내렸다. 그래서 물이 불어 개울을 건너지 못하고 머물다가 저녁 무렵 물이 조금 빠진 후에 간신히 건너갔다. 그때 스승인 서경덕은 거문고를 뜯으며 노래를 읊고 있었다. 허엽이 저녁밥을 청하니 스승은 자신도 먹지 않았으니 하인에게 지어라 일렀다. 하인이 부엌에 들어가 보니 솥에는 온통 곰팡이가 피어 있었다. 허엽이 이상히 여겨 물으니 6일 동안 물에 막혀 오랫동안 밥을 짓지 못하여 그런가 보다고 하였다. 놀라 스승의 모습을 보니 굶주려 지친 기색이 없더라는 것이다. 이와 같이 안빈낙도하면서 살다가, 어느 날 주위 사람들의 부축을 받으며 화담에 나아가 목욕하고 서재로 돌아왔다. 그때 임종을 지키던 한 제자가 '선생님, 오늘 무슨 생각을 하십니까' 라고 물으니 "생사의 이치를 안 지 이미 오래고 보니 생각이 편하다' 라고 대답하였다. 얼마 지나지 않아 조용히 숨을 거두었다.[40] 그때 그의 나이는 58세였다.

이제 그의 우주관을 보자. 그의 우주관을 탐색하기 위하여 '우주의 始原(시원)은 무엇인가', '우주는 어떻게 이루어졌으며, 또 어떻게 변해가는 것인가' 하는 물음에서 시작하여야 한다. 우선 그의 詩 '줄 없는 거문고에 새김'(無絃琴銘)을 본다. '거문고에 줄이 없으면 體는 두고 用을 없앤 것이다 / 사실은 용을 없앤 것이 아니라 고요함이 움직임을 머금고 있음이다 / 소리를 통하여 듣는 것은 소리 없는 것을 듣느니만 같지 못하고 / 형체를 통하여 즐기는 것은 형체없는 것을 즐기느니만 같지 못하다 / 형체없음을 즐기므로 그 오묘함을 체득하는 것이요 / 소리없음을 들으므로 그 미묘함을 체득하는 것이다 / 밖으로는 有에서 체득하고, 안에서는 無에서 깨치는 도다 / 살필 것은 마음 안에서 채득할 것이니 / 어찌 줄이 있어야 할 것으로만 생각하는가'[41]

---

39) 練藜室記述 卷9, 中宗朝遺逸 徐敬德條.

40) 花潭集 卷3, 年譜.

41) 琴而無絃\存體去用\ 非誠去用\ 靜其含動\ 聽之聲上\ 不若聽之於無聲\樂之形上\不若樂之於無形\樂之於無形乃得其微\聽之於無聲\ 乃得其妙\ 外得於有\ 內會於無\ 顧得趣乎其中\ 奚有事於絃上工夫 (花潭文集 卷2, 無絃琴銘).

여기서 '줄없는 거문고에서 오히려 소리 없는 소리를 듣고 형체없는 모습을 즐길 수 있어야 한다는 것'을 말하고 있다. '보통 사람들이 하는 일상적인 사고방식에 의하면 '실지로 있는 것'(實在)은 바로 '눈에 보이는 것'을 가리키는 것으로서, '눈에 보이는 상태로 있는 것'과 동일한 의미를 가진다. 그러나 형이상학의 세계는 눈으로 볼 수 없는 방식으로 설명되며, 이와 같은 설명을 하기 위하여 '눈으로 볼 수 없는 원인'이라는 것이 있다는 것, 그리고 눈으로 볼 수 있는 현상들은 그 '눈으로 볼 수 없는 원인'에 의하여 설명될 수 있다는 것을 논리적으로 가정하지 않으면 안된다.'[42] 결국 이 詩가 말하고자 하는 것은 소리없는 소리와 형체없는 형체의 모습이란 현상계의 배후에 있는 본체(논리적 원인)를 가리킨다. 서경덕은 이런 논리적 원인을 설명하기 위해서 氣를 기본으로 하는 우주론을 구성하고 있다. 물론 이 세계를 인정하기 위해서는 최고의 교육받은 상태로 되어야 한다는 것을 암시적으로 말하고 있는 것이다.

그러면 서경덕이 말하고 있는 氣란 무엇인가? '시작이 없는 것을 氣라 한다… 氣 또한 다함이 없다.'[43] '氣 또한 다함이 없으며 밖이 없다… 氣는 시작이 없으며, 낳음이 없다. 이미 시작이 없는데 어떻게 끝이 있겠으며, 이미 낳음이 없는데 어떻게 없어짐이 있겠는가.'[44] 이어서 비유를 들어 설명하기를, '비록 한 조각 촛불의 氣가 눈 앞에서 흩어지고 있는 것이 보인다 하더라도 그 나머지 氣는 끝내 흩어지지 않는 것이다. 어찌 氣가 無로 없어질 수 있겠는가'[45]라고 말하고 있다. 이것들로 보아 서경덕이 말하는 氣는 보통의 현상과 사물들이 가지고 있는 시간적인 제약과 공간적인 제약, 그리고 생성과 소멸의 제약 등의 모든 제약에서 벗어나고 있다. 그러므로 氣는 영원불멸, 무소부재한 것이다.

서경덕의 우주론에서는 氣라는 것이 모든 사물과 변화의 논리적 원인이 된다. 여기서 그는 氣를 體와 用으로 구분한다. 말하자면 氣의 體를 先天(선천)이라 하고 氣의 用을 後天(후천)이라 한다. 우선 氣의 體인 선천인 太虛(태허)라고 하면서 다음과 같이 설명한다. '太虛는 虛하면서도 虛하지 아니하니 虛는 곧 氣이기 때문이다. 虛는 다함(窮)이 없고 밖이 없는데, 氣 역시 다함이 없고 밖이 없다. 이미 虛라고 말했는데 어찌 그것을 氣라고 말할 수 있는가? 그것은 '비고 고요함'

---

42) 李烘雨, '敎育과 形而上學', 「敎育의 目的과 難點」(敎育科學社, 1984), pp.58-59.

43) 無始者曰氣 … 氣亦無窮(花潭集, 理氣說).

 44) 氣亦無窮無外 … 氣無始也 無生也 旣無始 何所終 旣無生 何所滅(花潭集 卷2, 太虛說).

45) 雖一片香燭之氣 見其有散於目前 其餘氣終亦不散 烏得氣盡於無耶(花潭集 卷2, 鬼神生死論).

(虛靜)이 곧 氣의 본체이고 모이고 흩어짐(聚散)이 그 작용이기 때문이다.[46] '태허
는 밝고 형체가 없는데 이를 일컬어 선천이라고 한다. 그 크기는 끝이 없고 그 처
음은 시작이 없으며, 그 유래는 궁구할 수도 없는데 그 맑으면서도 텅비어 고요한
것이 氣의 근원이다. 널리 퍼져 있어 한계의 멀고 가까움이 없으며 꽉 차 있어 비
거나 빠진 데가 없으니 털 하나도 용납할 수 있는 틈도 없다. 그러나 그것은 손으
로 떠 베도 텅비어 있고 그것을 잡아 보아도 아무 것도 없다. 그러나 그것은 도리
어 차 있는 것이어서 아무 것도 없다고 말할 수 없는 것이다.'[47]

　氣의 體라는 것은 논리적 원인을 가리킨다. 여기서 氣라는 것은 원칙상 눈으로
확인할 수 없는 것, 다시 말하면 오직 머리 속으로 생각만 할 수 있는 원인이다.
그리하여 그는 '그것은 손으로 떠 보아도 텅 비어 있고 그것을 잡아 보아도 아무
것도 없다' 고 하면서 '그러나 도리어 차 있는 것이어서 아무 것도 없다고 말할
수 없다' 고 머리 속으로 생각 할 수 있다는 것이다. 그는 '비고 고요함'(虛靜)을
氣의 本體(본체, 논적 원인)라고 보면서 이것을 先天(선천)이라 하였던 것이다. 이
생각은 노자의 '有는 無에서 생겨난다'(제40장)의미로 오해하기 쉬우나 그것은
虛가 곧 氣임을 모르고 한 말이라는 것이다. 그는 또한 불교에 관해서도 언급하
기를 불교는 寂滅(적멸)을 주장하는 것으로 이는 노자와 함께 理氣의 근원을 알
지 못한 것이라고 하였다. 그리하여 서경덕 자신의 氣에 관한 생각의 독특성을
내세웠다. 그리하여 그는 자신의 태허, 선천의 기론이야말로 천년 이래의 성인이
미처 언급하지 않았던 것이고, 주돈이(1017-1073), 장재(1020-1077) 같은 학자가
발언한 것도 아니며, 소옹(1011-1077) 또한 한마디로 분명히 말하지 못한 것이라
고 하였다.[48] 자신의 '太虛(태허)·先天(선천)·氣論(기론)'은 주역의 '寂然不動'
(적연부동 : 계사상, 제10장)이나, 중용에서 말하는 '誠者自成'(성자자성 : 중용장구
제 25장)과 같다고 하였다.

　이제 氣가 본체라면, '그것에서 출발하여 현상의 세계에로의 이행은 어떻게 이
루어지는가' 또는 '우주의 만물은 어떻게 이루어지는가' 하는 문제가 생긴다. 서

46) 太虛虛而不虛 虛卽氣 虛無窮無外 氣亦無窮無外 氣曰虛 安得謂之氣 曰虛靜卽氣之體 聚散氣用
　　也(花潭集 卷2, 太虛說).
47) 太虛湛然無形 號之曰先天 其大無外 氣先無始 其來不可究 其湛然虛靜 氣之原也 彌滿無外之遠
　　逼塞充實 無有空闕 無一毫可容間夜 然把之則虛 執之則無 然而却實不得謂之無也(上同, 原理氣).
48) 李楠永, '徐敬德의 哲學思想', 韓國哲學會編,「韓國哲學史」中卷(東明社, 1987), p.177.

경덕은 이것을 다시 氣의 用이라고 하면서, 본체의 세계를 先天(선천)이라 하였다면, 현상의 세계를 後天(후천)이라 하였다. 말하자면 그는 작용의 측면에서 氣가 자체 내에 작용능력을 지니고 있다고 하면서, 一氣가 어느 계기에 분화되어 음양 二氣로 나뉘고 그 후에 천지, 일월, 星辰(성신) 및 水火(수화) 같은 자연 만물이 생성되는 것이 모두 氣의 작용에 의한 결합이며, 이 氣의 聚合(취합)으로 형성된 만물의 세계를 後天이라고 하였다.[49] 그런데 여기서 문제 삼을 수 있는 것은 '어느 계기'라는 것이 어떤 것인가 하는 것이다. 이것에 관한 설명을 서경덕은 다음과 같이 하고 있다. '이러니 先天(선천)은 기이하고 기이하지 아니한가. 기이함은 오묘하고 오묘하지 아니한가. 오묘하게 갑자기 뛰어 오르기도 하고 갑자기 열리기도 하는데 누가 그렇게 시키는 것일까? 스스로 그렇게 할 수 있었던 것이고 또한 스스로 그렇게 되지 않을 수 가 없었던 것이니 이를 '理의 때'라고 한다.'[50] 여기서 놓쳐서는 안되는 것이 선천으로부터 후천으로의 움직임이 어떤 외적인 힘의 작용에 의해서 이루어진 것이 아니라는 것이며, 이 점에 서경덕의 독특함이 있다. 그는 계속해서 氣의 운동에 관하여 설명하고 있다. '움직임과 고요함과 닫힘과 열림이 없을 수가 없는데 그것은 무슨 까닭인가? 우주의 기틀이 스스로 그렇게 되는 것이다(機自爾). 이미 一氣라 말했으니 一은 스스로 二를 품고 있으며 이미 太一이라 말했으니 一은 곧 二를 지니고 있는 것이다. 그리하여 一은 二를 생하지 않을 수가 없으며 二는 스스로 生과 克을 할 수 있는 것이다. 生하면 곧 克하게 되고 克하면 곧 生하게 된다. 氣의 미세한 데서부터 진동하는 데 이르기까지 모두 그 生과 克이 그렇게 한 것이다.'[51]

여기서는 '기틀이 스스로 그렇게 되는 것'(機自爾)에 주목해야 한다. 이것은 氣에는 自己原因(자기원인), 自律的 動因(자율적 동인)이 있다는 것이다. 이 말은 氣는 神이라는 말이다. 따라서 誠者自成也(성자자성야)가 氣의 先天이라고 말한 서경덕은 '自成(자성)'의 神이라는 것을 이미 간파하고 한 말이다. 그 증거로는 '氣의 맑고 형체가 없는 오묘함을 神이라 한다… 그 까닭을 표현하여 理라 하며, 그

---

49) 一 其在地爲水火焉 是謂之後天 乃用事者也(花潭文集 卷2, 原理氣).

50) 是則先天不奇乎 奇乎奇 不其妙乎 妙乎妙 條爾躍 忽爾闢 孰使之乎 自能爾也 亦自不得不爾 是謂理之時也(上同).

51) 不能無動靜 無闔闢 其何故哉 機自爾也 旣曰一氣 一自含二 旣曰太一 一便涵二 一不得不生二 二自能生克 生則克 克則生 氣之自微以至鼓 其生克使之也(上同).

까닭의 오묘함을 표현하여 神이라 하며, 그 자연스럽고 진실된 것을 표현하여 誠이라 하며, 그 뛰어오르면서 두루 행할 수 있는 것을 표현하여 道라 하며, 총체적으로 이들을 다 갖춘 것을 종합하여 太極(태극)이라고 한다'[52]고 말한 것을 들 수 있다.

사실 서경덕의 경우처럼 氣를 하나의 형이상학적 원리로 모든 것을 설명하려고 할 때에는 理라는 또 다른 원리가 필요 없게 된다. 그리하여 그는 先天의 설명에서 理를 언급하고 있지 않다. 그렇다면 그는 理는 언제, 왜 언급하고 있는가? 그는 先天에서 後天으로 이행하는 단계에서 비로소 理를 언급[53]한다. 즉, '氣밖에는 理가 없는데 理는 氣의 주재자이다. 이른바 주재자라는 것은 밖으로부터 오는 것이 아니며, 주재자로서 그 氣의 작용을 지시함에 있어서 그렇게 되는 까닭의 올바름을 잃지 않게 하기 때문에 그것을 주재자라 말하는 것이다.'[54] 여기서 말하고 있는 理는 氣밖에 實體로서 氣의 작용을 주재하는 것이 아니라, 氣의 속성으로서 氣의 聚散(취산)작용에 의해 만물이 생성, 변화할 때, 그 올바른 방향을 잃지 않고 제대로 작용하게 하는 氣에 내재해 있는 법칙성을 의미하는 것이다.[55] 그리하여 그는 '理之時(이지시)'라는 말을 쓰고 있는데 이것은 理를 氣가 작용할 때 드러나는 조리나 질서의 의미로 사용한 것이다.

지금까지 서경덕의 우주론을 논의하였다. 그러면 그의 우주론에 바탕을 둔 그의 인생관은 무엇인가? 사실 이 인생관은 그가 어떤 삶을 살아가는 것이 올바른 삶인가를 결정짓는 주요한 근거이기도 하다. 그의 인생관을 알아보기 위한 단서로는 그의 '鬼神死生說(귀신사생론)'이 있다. 우선 그의 '鬼神死生說'을 살펴보자. '죽음과 삶, 사람과 귀신은 다만 氣가 모인 것과 흩어진 것의 차이가 있을 뿐이다. 모이고 흩어지는 것만 있지 有無가 없는 것은 氣의 본체가 그러한 것이다. 氣의 湛一(잠일)하고 淸虛(청허)한 것이 끝없는 허공 속에 가득차 있는데 그것이 크게 모인 것이 하늘과 땅이 되었고 그것이 작게 모인 것이 만물을 이루었다. 氣가 모이고 흩어지는 형세에는 미약한 것과 뚜렷한 것과 오래된 것과 빠른 것이 있다. 크고 작은 것이 太虛에 모이고 흩어지고 하는데 크고 작은 것의 차이는 있

---

52) 氣之湛然無形之妙曰神 …語其所以曰理 語畿所以妙曰神 語其自然眞實者曰誠 語其能躍以流行
　　曰道 總而無不具曰太極(上同).
53) 丁大丸, '花潭 徐敬德의 氣哲學에서 본 自然과 人間', 「東洋哲學」第4(東洋哲學會, 1993), p.189.
54) 氣外無理 理者氣之宰也 所謂宰 非自外來 而宰之指其氣之用事 能不失所以然之正者 而謂之宰
　　(上同).
55) 丁大丸, 前揭論文, p.189.

지만 비록 한 포기의 풀이나 한 그루의 나무 같은 미소한 것이라 할지라도 그 氣는 끝까지 흩어져 버리지 않는다. 하물며 사람의 정신과 지각과 같은 氣의 모인 것이 크고 오래된 것이야 말할것이 있겠는가.'[56]

여기서 화담의 인생관과 관련이 깊은 것은 '인간의 정신과 지각은 다른 어떤 사물들보다도 氣의 聚散(취산)이 크고(大), 오래가는(久) 것이다'라고 한 것이다. 이 생각이 그의 삶에 어떤 의미를 주었는가? 그는 어떤 인생관을 가지고 살았는가? 이 문제에 답하기 위하여 그가 실지로 살아가면서 인생에 대하여 생각한 詩를 살펴보기로 한다. 우선 '有物(유물)'이라는 詩를 보자. '物이 있어 오고 오고 하여도 다함이 없으니 / 겨우 다 왔나 싶으면 또 따라온다. / 오고 와도 본래 옴은 시작이 없으니 / 그대에게 묻나니 처음에 어디서 온 것인가'[57] / '物이 있어 돌아가고 돌아가도 다함이 없으니/ 겨우 다 돌아갔나 하여도 아직 다 돌아간 것 아니다 / 돌아가고 돌아가도 돌아가는 끝이 없으니 / 그대에게 묻나니 어디로 돌아갈 것인가.'[58]

이 시들은 인간이 이 세상에 태어났다가 죽음으로 사라져가는 것은 다른 만물과 마찬가지이며, 이 현상은 알고 보면 '왔다가 되돌아가는 것'이라는 것을 깨닫고 지은 시들이다. 그리하여 다시 죽음과 관련된 挽人이라는 詩를 보자. '物은 어디서 와서 또 어디로 가는가. / 음양이 합하고 흩어지는 이치가 신비하구나 / 있고 없음을 깨닫고 보니 구름이 생겼다 꺼졌다 함이요 / 숨지고 숨쉬는 이치 알고 보니 달이 찼다 이지러짐이라 / 첨을 알고 끝에서 되돌아가려니 / 莊子(장자)가 물통이 두드리던 뜻 알겠고 / 형체를 벗어나고 혼백이 떠나가니 / 고기잡고 자서는 통발 잊은 뜻을 알겠도다. / 심히 슬프도다. 제 고향 잊고 돌아갈 줄 모르는 사람 얼마나 많은가. / 가리켜 주려니 돌아갈 집이 바로 先天이로다.'[59] '만물 모두는 잠시 보내진 것 같아. / 하나의 氣 가운데 부침 하는 것 / 구름 생김에 흔적 있

56) 吾亦曰 死生人鬼 只是氣之聚散而已 有聚散而無有無氣之本體然矣 氣之湛一淸虛者 彌滿無外之虛 聚之大者爲天地 聚之小者爲萬物 聚散之勢 有微著久速耳 大小之聚散於太虛 以大小有殊 雖一草一木之微者 其氣終亦不散况人之精神知覺 聚之大且久者哉(花潭集 卷2, 鬼神死生說).

57) 有物來來不盡來 \來纔盡處又從來\ 來來本自來無始\ 爲問君初何所來(花潭集 卷1).

58) 有物歸歸不盡歸\ 歸纔盡處未曾歸\ 歸到底歸無了\ 爲問君從何所歸(上同).

59) 物自何來亦何去\ 陰陽合散理機玄\ 有無悟了雲生滅\ 消息看來月望弦\ 原始反終知鼓缶\ 釋形離魄等忘筌\ 堪嗟弱喪人多少\ 爲指還家是先天(花潭集 卷1, 挽人).

음을 보거니와, 얼음 녹으면 자취 찾을 수 없도다 / 낮과 밤은 밝았다가 다시 어둡고, 元과 貞은 시작이며 다시 끝이로다 / 진실로 이 이치 밝으면 물동이 두드리며 우리 님을 보내리라.' [60]

이 시에서는 생사는 陰陽二氣(음양이기)의 합산 혹은 취산이라 하여, 이를 구름의 생멸, 달의 보름과 그믐, 얼음이 녹아 물이 되는 것 등으로 비유하여, 본체는 불멸하며 인간도 생멸 하나 정신과 지각은 불멸하는 것이라고 하는 것이다. 그러므로 너무나 인생살이에 벌어지는 현상에 지나치게 집착하지 말아야 한다. 부귀영화 이 모든 것은 물거품 같은 것이다. 그러나 先天이라는 절대로 올바른 일이 있다는 것을 믿고 언제나 올바른 일을 실천하며 살아야 한다고 하였다. 달리 말하면 이것이 바로 우리가 영원히 사는 길이라고 하는 점을 말하고 있는 것이다. 그리하여 화담 자신도 이렇게 한 평생 살았고 마지막 자신의 죽음에 대하여 생사의 이치를 알고 보니 마음 편하다고 의연한 태도로 죽음을 맞이하는 달관의 경지를 보여 주었던 것이다.

그의 우주관과 인생관을 기반으로 하여 그가 '어떻게 사는 것이 올바르게 사는 것인가'를 알아야 할 차례가 되었다. 그의 우주관과 인생관의 기초는 어디까지나 주역에 바탕을 두고 있는 것은 누구나 아는 사실이다. 그의 윤리관의 기초는 주역의 여러 괘중에서도 '復'과 '止'에 두고 있다는 것이다. 차례로 이들을 검토해 보기로 한다. 復부터 보기로 한다. 서경덕 자신은 '復其見天地之心說(부기견천지지심설)'에서 復의 중요성을 강조하고 있다. 그의 말을 직접 들어본다. '옛 성현들은 至日(지일)에 대하여 모두 일찍이 뜻을 두었다. …후세의 학자들도 반드시 동지일에 대하여 큰 힘을 기울여 공부를 해야 얻는 바가 넓을 것이니 한 가지 물건의 이치를 연구하거나 한 가지 지식을 얻는 것에 비길 바가 아니다. …지일이란 곧 하늘과 땅이 회전을 시작하고 陰과 陽이 처음으로 변화하는 날인 것이다. 그러므로 復은 하늘의 마음을 나타낸다고 말했던 것이다.' [61]

주역에 보면 이 復괘는 坤괘와 震괘가 상하로 포개져서 이루어진 地雷復(지전복)괘이다. 복괘 象傳(연전)에는 '雷在地中(뇌재지중)'이라 하였는데, 이것은 우뢰

---

60) 萬物皆如寄\ 浮沈一氣中\ 雲生看有跡\ 氷解覓無蹤\ 晝夜明還暗\ 元貞始復終\ 苟明於此理\ 鼓缶送吾公(上同).

61) 古之聖賢於至 皆嘗致意 … 後之學者 須大段著力於至日上做工夫 所得甚廣 非如格一物 致一知之比也 … 至日乃天地始回旋 陰陽初變化之日也 故曰復其見天地之心乎(花潭集 卷2, 復其見天地之心說).

가 땅 속에 있는 것이다. 얼마 안 있으면 땅 속에서 진동이 있음을 나타내는 것이다. 복괘는 陰炙(음효)로 이루어지다가 맨 밑에 一陽(일양)이 깃든 내면상의 움직임을 예시한다. 따라서 至日이란 동지나 하지와 같이 음과 양이 극점에 이르는 시점을 말한다. 여기서는 음이 극에 이르면 양으로 돌아가고 양이 극에 이르면 음으로 돌아가는 이른바 復의 원리를 드러내는 시점이라는 것이다. 서경덕은 그 중에서 동지일에 주목하였다. 동지는 일년 중 추위가 극에 달하는 날이자 동시에 따듯한 봄기운이 회복되는 날이다. 그러므로 천지가 추위로 얼어붙었다가 만물이 다시 소생할 수 있는 氣가 발동하는 전환의 계기가 동지의 의미에 함축되어 있는 것이다. 그리하여 동지일의 현상에 대하여 다음과 같은 시적 표현을 하고 있다.

> '바야흐로 천지가 맑으면서도 떨릴 만큼 춥고 / 물맛은 담백하고 자연의 소리 희미할 무렵 / 아득히 허하고 고요할 뿐 아무 일없는 듯 하던 터에 / 一陽(일양)이 되돌아옴에 갑자기 약동하여 / 제 스스로 안 그럴 수 없는 오묘함을 일으키니 / 이것이 바로 천지의 마음을 볼 수 있음이니라.'[62]

서경덕은 동지를 천지의 변화를 관찰할 수 있는 시점으로 보았으며, 여기서부터 자연의 모든 변화를 유추해 내려고 하였다. 그가 유추해 낸 것은 '혹한의 추위에 홀연히 양기가 깃들면서 서서히 봄으로 전환되는 계절상의 변화는 자연의 불변의 법칙'이라는 것이다. 그리하여 '일찍이 추호라도 더디고 빠름이 없이 만고에 영원불변하다. 이로써 보건대 천지의 마음은 바뀌거나 변동됨이 없다'[63]는 것이다. 그는 '천지의 중용이 지극히 선(至善)하고, 지극히 믿을 만한(至信) 덕을 여기서 알 수 있고, 신비로운 주역은 방위나 형체가 없다'[64]는 것도 여기서 이해하게 된다'고 하면서, 인간은 이것을 본받아야 한다고 하였다.

그는 이어서 말하기를 '모든 변화가 시작되는 곳이요 모든 차별의 근본 되는 곳이니, 이것은 음과 양의 우두머리 격인 곳으로 일관할 수 있는 것이다. 우리 사람에 돌이켜 본받고 살려야 할 덕목으로 仁과 智와 같은 性이나 忠과 恕의 道가 至日의 이치가 아닌 것이 없는데 이는 動靜간에 잠깐 엿보이고 한 순간에 숨어버리는 것이다'[65]라고 하였다. 여기서 우리가 유의해야 할 것은 '仁과 智의 본성

62) 方天地淨洒洒\ 玄酒之味淡\ 大音之聲希\ 漠然虛靜\ 若無所事\ 一陽之復\ 攸爾而躍\其不自容己之妙\ 是可見天地之心也(上同).
63) 未嘗盈縮些一毫 萬古常常如此 可見復其心之無改移也(上同).
64) 天地之中庸 至善至信之德 於此而識之 神易之無方體 於此而觀之(上同).

이나 忠과 恕의 道가 至日의 이치가 아닌 것이 없다'고 한 것이다. 이것이 과연 무슨 뜻인가? 이 뜻의 단서는 '모든 변화가 시작되는 곳이요 모든 차별의 근본 되는 곳'에서 찾아야 한다. 말하자면 仁, 智, 忠, 恕와 같은 덕목이 어디서부터는 仁, 智, 忠, 恕요 어디서부터는 아니다라는 것을 정확히 감지하여야 한다는 것이 다. 그러나 이 징조를 감지한다는 것은 매우 어렵다. 왜냐하면 '動靜간에 잠깐 엿 보이고 한 순간에 숨어 버리기' 때문이다. 그러므로 이 징조를 감지할 수 있는 능 력은 평소에 피나는 수양을 하지 않으면 안 된다. 이 징조를 완벽하게 감지할 수 있는 사람은 聖人인 것이다. 따라서 수양의 목표는 聖人이다.

다음으로 '止'라는 것을 살펴보자. 이 '止'라는 관념은 서경덕의 인생관과 처 세관에 매우 중요한 위치를 차지하고 있는 관념이다. 이 '止'의 관념은 역시 주 역에서 나왔다. 주역의 艮卦를 보면 象傳에 '艮은 멈춤이니 때가 멈추어야 할 때 는 멈추고, 때가 행하여야 할 때는 행하여 動과 靜이 그 마땅한 때를 잃지 말아야 그 도가 광명하게 된다'[66]고 하였다. 서경덕은 '送沈教授序(송심교수서)'에서 멈 춤(止)의 관념에 대해서 말하고 있다. '대개 천하의 만물과 모든 일은 각기 그 멈 춤이 없는 것이 없다. 우리는 하늘이 위에 멈추어 있음을 알고 땅이 아래에 멈추 어 있음을 안다. 산은 우뚝 솟아 있고 개울물은 흐르며 새는 날고 짐승은 기어다 니는 데서, 우리는 그들이 제각기 그 멈춤에 한결같이 어지럽히지 않고 있음을 알 고 있다. 우리 인간에게는 더욱이 그 멈춤이 없을 수 없으며, 그 멈춤이 또한 단초 가 한 가지만이 아니니 마땅히 각기 그 자리에 멈출 줄을 알아야 한다. 예를 들어 부자 사이에는 은혜에 머무는 것과 군신의 사이에는 의리에 머무는 것과 같은 것 이다. 이 모든 것은 인간의 타고난 본성이요 사물의 법칙인 것이다. 먹고 마시고 옷을 입는 일상의 생활이나 보고 듣고 말하고 행동함에 있어서도 어찌 멈춤의 자 리가 없겠는가.'[67]

우주만물의 모든 것은 멈춤이 있는데, 인간도 그 속에서 예외는 아니다. 그러나 사람들은 이것을 잘 알지 못한다. 그러므로 인간은 이 '멈춤의 원리'를 특별한

---

65) 萬化之所自 萬殊之所本 此陰陽大頭處 可以一貫之者也 反於吾身 仁智之性 忠恕之道 無非至日 之理 微於瞬息(上同).

66) 周易, 艮卦, 象曰 艮止也 時止則止 時行則行 動靜不失其時 其道光明.

67) 夫天下之萬物庶事 莫不各有其止 天吾知其止於上 地吾知其止於下 山川之流峙 鳥獸之飛伏 吾 知其各一其止而不亂 其在吾人 尤不能無其止 而止且非一端 當知各於其所而止之 如父子之於恩 君臣止之止於義 皆所性而物之則也 至於飲食衣服之用 視聽言動之施 豈止之無其所夜(花潭集 卷2, 送沈教授序).

노력을 들여 배워야 할 것이다. 예컨대, '부자 사이에 은혜에 머문다'고 할 때 이것을 진실로 알고 실천하기는 보통의 경우에는 매우 어렵다. 그러나 피나는 노력으로 이 멈춤의 원리가 내 몸과 마음에 완벽하게 내면화되기 위해서는 상당한 시간이 걸린다. 상당한 시간이 걸린다 해도 완벽하게 될 수 있는지는 여전히 문제이다. 이 점을 알아야 하는 것이다. 그리하여 서경덕은 계속해서 말한다. '이치로 미루어 보면 활동하는 자는 고요함을 찾고 수고로운 자는 편안함을 쫓고 뜨거운 것을 쥐면 서늘한 것을 찾고 피곤하면 졸리게 된다. 움직임이나 수고로움이 고요하고 편안함에 멈추지 않을 수가 없고 뜨거움이나 고단함이 서늘하고 졸리는 데 멈추지 않을 수가 없는 것인데, 이런 것들은 지혜로운 자를 기다리지 않더라도 그 멈춤을 알 수 있는 것들이다. 군자가 학문을 귀하게 여기는 것은 그것을 통해서 멈춤을 알 수 있기 때문이다. 학문을 배우고도 멈춤을 알지 못한다면 학문을 배우지 않은 것과 무엇이 다르겠는가.'[68]

이 멈춤을 배우는 것도 무작정 노력한다고 해서 되는 것이 아니라, 학문을 통해서 알게 된다는 것이다. 피곤하면 멈추고 쉬는 따위는 특별한 노력을 하지 않아도 누구나 알 수 있는 일이다. 그러나 친구에게 충고를 하거나 임금에게 간언을 하거나 할 경우에 어디서 멈추어야 하는지는 그다지 명백하지 않다. 그러므로 이와 같은 사태에서 정확히 멈출 때를 아는 것은 오로지 학문을 통해서 얻은 지혜나 판단으로 그 멈춤을 알 수밖에 없는 것이다. 그러나 학문을 하였다고 하면서 멈춤을 모른다면 학문을 하지 않은 것과 무엇이 다르겠는가? 그리하여 서경덕은 구체적으로 주역 艮괘의 '時止則止 時行則行(멈추어야 할 때 멈추며 행해야 할 때 하는 것)'이라는 것을 가지고 다음과 같이 설명하고 있다. '대개 때가 행해야 할 때에 행한다는 것은 곧 행에 멈춘다는 것이고, 멈추어야 할 때 멈춘다는 것은 곧 멈춤에 멈춘다는 것이다. 이미 멈춰야 할 곳에 멈추어 앉아 있으면 시를 억지로 읊을 필요가 없고, 벼슬을 억지로 달려가서 구할 필요도 없으며, 몸가짐도 억지로 서둘 필요가 없다. 번거롭게 움직이며 생각만 하다가 어찌 마음만 들떠 서두르는데 멈출 수 있는가. 공자가 이미 노쇠하여 주공의 꿈을 되풀이하지 않았으니 그것은 멈춤을 멈출 줄을 알았던 것이고, 邵雍이 시에서 책을 읽지 않은 지 12년이 되었다고 한 것은 그 읽은 것을 멈출 줄 알았던 것이다.'[69]

---

68) 推以往之 動者之投靜 勞者之抵逸 執熱則就涼 乘困則打睡 夫動勞之不得不止於靜逸 熱困之不得不止於涼與睡 是則不待智者而後知所止也 君子之所貴乎學 以其可以知止也 學而不知止 與無學何異(上同).

그렇다면 때에 알맞게 멈추었다면 어떻게 되는가? 이 물음에 답하기 위하여 주역의 간괘를 해석하여 말해 주었다. 만약 멈추어야 할 때 멈추었다면, 무엇이든지 억지로 할 필요가 없어지고 서두를 필요도 없어지고, 번거롭게 움직이지도 않는다는 것이다. 이 상태의 대표적인 예가 공자가 이미 노쇠하여 주공의 꿈을 되풀이 꾸지 않는다거나 소옹이 책을 읽지 않은지 12년이 되었다는 것을 들고 있다. 여기서 말하는 '止'에는 소극적 의미와 적극적 의미가 있다. 소극적 의미로는, 예컨대, 老子(44장의 노자(知足不辱 知止不殆) : 만족할 줄 알면 욕됨이 없고, 그칠 줄 알면 위태하지 않다)의 이같은 전자의 의미도 있지만, 적극적 의미의 멈춤은 자신의 분수와 처지를 알아 적극적으로 멈출 수 있는 때와 장소를 찾는 것이다. 서경덕은 아마도 후자의 의미를 강조하였을 것이다. 그러면 이와 같은 적극적 의미의 '止'는 어떻게 얻어지는가? '그것은 敬의 태도를 지니고 이치를 보는 것이다. 敬이란 하나를 위주로 하여 딴 곳으로 가지 않는 것을 말한다(主一無適). 한 물건에 접하면 접한 것에 멈추고 한 사태에 응하면 응하는 바에 멈추어 다른 여유가 없게 한다. 그리하여 마음은 한 번 일을 치르고 물건이 떠나 버리면 바로 거둘 수가 있어서 맑기가 밝은 거울같은 하늘처럼 되어야 한다. 그러나 나를 반성해 볼 때 공경함을 지니는 게 익숙하지 못하면 곧 하나를 위주로 하고 있을 적에는 멈춤에 빠지지 않는 사람이 드물 것이다. 멈춤에 빠져 버린다면 역시 해가 된다. 반드시 오랫동안 敬한 태도를 지니고 고요함을 위주로 하여 밖에서의 움직임을 제어하여 멈춤에 빠지지 않고 안에서는 멈춤에 지체됨이 없게 한 다음에야 비로소 생각도 없고 하는 일도 없는 경지(無思無爲)에 거의 이를 수 있게 된다.'[70]

처음부터 소극적 의미의 止를 행해서는 안 된다. 잘못하면 止에 빠지게 된다. 그것은 해로울 수 있는 것이다. 그러므로 적극적 의미의 止를 추구해야 한다. 이를 위해서는 敬의 태도를 지녀야 한다. 이 敬의 태도를 지니고 止의 때와 장소를 찾으려고 피나는 노력(학문)을 하다 보면, 어느새 자신도 모르게 無思無爲(무사무

---

69) 蓋時行而行 則行而止也 時止而止 則止而止也 旣坐止止之城 則詩不必苦吟 仕不必馳騖形亦不必抖擻煩動 而思烏可憧憧往來而不止乎 孔子旣衰矣 則不夢周夢 知其止止也 邵子之詩曰 不讀書來十二年 知其止讀也(上同).

70) 曰持敬觀理其方也 敬者主一無適之謂也 接一物則止於所接 應一事則止於所應 無間以他也 則心能一及事過物去而便收斂 淡然當如明鑑之空也 然而顧吾持敬未熟 則方其主一之時 不爲泥止者鮮矣 泥止則亦爲累爾 必持敬之久 而能主靜御動外 不泥止而內無滯止 然後無思無爲者 可幾也(上同).

위)의 경지에 이른다. 다시 말하면 구태여 止의 때와 장소를 찾지 않아도 저절로 찾아지게 되는 것이다. 한마디로 말하여 居敬窮理(거경궁리)가 바로 止의 공부에 핵심이라는 것이다.

지금까지 우리는 서경덕의 윤리관의 핵심인 '復'과 '止'의 의미를 탐색하였다. 이것들은 모두 주역에서 나온 것들이라는 것은 말할 필요가 없다. 서경덕은 그만큼 주역을 중시하였다는 것이다. 이와 같은 관점에서 볼 때, 주역은 과연 어떤 책일까? '聖賢(성현)의 作易(작역) 동기는 절대불변의 진리를 논리적으로 현시하여 인류로 하여금 윤리도덕을 밝혀서 이상사회를 건설하려는 데 있으며, 현상세계의 모순을 극복하는 방법을 제시하여 인간행위의 체계를 정립하고 인간당위의 법도를 지키게 하려는 데 있으며, 만물의 형상구조를 근원적으로 발명하여 사람으로 하여금 유한한 물자를 이용하여 무한한 문명생활을 이룩함으로써 아름다운 문화를 창조케 하려는 데 있으며, 만사의 본말종시와 그 발전법칙을 명시하여 역사변전의 인과응보의 조리에 따라 미래를 예측할 수 있도록 하는 데 있다.[71]

만약 우리가 이 말을 받아들인다면 우리는 여기서 주역이 단순히 점치는 책이 아니라 교육학적 관점을 나타내고 있다고 말할 수 있다. 여기서 말하고 있는 주역의 作易動機(작역동기)는 교육을 통하여 달성하고자 하는 목적을 제시한다고 볼 수 있다. 이 점을 감안하여 우리는 서경덕의 주역에 바탕을 두고 있는 우주관, 인생관, 윤리관을 토대로 하여 그가 교육을 하려고 하였다면 어떤 모습을 띠게 되었을까를 말해 보고자 한다.

우선 교육을 서경덕은 어떻게 보고 있는가? 그에 의하면 '인간이란 천지의 올바른 氣를 품수받았고, 올바르다는 것의 의미는 仁義(인의)이며, 이 인의의 근원은 至善 至眞(지선 지진)이라고 하였다. 실지로 존재하는 인간의 품성은 아직 물결이 일지 않은 물과 같고, 아직 티끌이 끼지 않은 거울과 같다. 그리하여 인의의 본성은 때로 情의 작용에 의하여 잃어버리기 쉽다. 이점에서 狂人(광인)과 聖人(성인)의 현격한 차이를 드러내게 된다. 이에 인간은 무엇보다도 마땅한 때에 수양 정진하고 돈독히 처음에 받은 품성을 회복해야 한다. 이를 위하여 邪心(사심)을 물리치고 誠心(성심)을 보존하는 內心工夫(내심공부)가 요구된다. 그러므로 인

71) 徐正淇, '周易의 義理思想', 玄潭 柳正東 博士 華甲紀念 論叢, 1981. pp.340-367.

의의 마음을 충실히 하면서 점차로 천하의 善을 한 몸에 수렴시킬 수 있다고 한 것이다.[72] 이 말에 비추어 볼 때, 서경덕은 인간은 본래 善한 품성을 부여받았지만 情의 작용 때문에 처음에 부여받은 性을 잃어버릴 수 있다는 것이다. 그러므로 교육은 情의 작용으로 생기는 사심을 막고 성심을 보존할 수 있도록 해 주어야 하는 것이다.

이 일을 하기 위해서는 학문을 해야 한다고 하였다. 학문을 하지 않으면, 예컨대, 부자의 사이에서는 은혜에 멈추는 것과 군신의 사이에서는 의리에 멈추는 것과 같은 것을 모르게 되는 것이다. 달리 말하면 인간의 본성, 즉 仁義(인의), 至善(지선), 至眞(지진)을 회복하기 위해서는 학문을 해야 한다는 것이다. 그렇다면 구체적으로 어떤 내용을 교육해야 한다는 것인가? 서거정은 교육의 내용을 오직 유학에만 한정한 것 같지는 않은 것 같다. 四書三經(사서삼경)은 기본이다. 거기다가 노자, 장자를 공부해야 한다고 할 것이다. 물론 궁극의 목적은 유학 특히 성리학에 있지만, 이 성리학을 올바로 이해하기 위하여 불교까지도 섭렵해야 한다고 할 것이다. 성리학 중에서도 주자학만 할 것이 아니라, 그의 바탕이 되는 주돈이의 태극도설, 장재의 太虛論(태허론), 西銘(서명), 正蒙(정몽), 소옹의 皇極經世(황극경세) 등을 공부해야 한다고 할 것이다. 그러나 이 모든 것들 중에서 특히 서경덕이 중요시하는 교과는 주역과 중용일 것이다. 이것들을 공부하는 방법은 '持敬觀理(지경관리)'이다. 말하자면 主敬(주경)으로 사색을 집중 통일해야 한다는 것이다. 이렇게 하면 학문이 '無思無過(무사무과)'의 경지에 도달할 수 있다고 하였다.

그의 문인으로는 閔純(민순 : 1519-1591, 號 杏村), 朴淳(박순 : 1523-1589, 號 思菴), 許曄(허엽 : 1517-1580 號 草堂), 李之菡(이지함 : 1517-1578, 號 土亭), 洪仁祐(홍인우 : 1515-1554, 號 恥齊), 朴民獻(박민헌 : 1516-1586, 號 琴僩) 등이 있다. 화담의 제자들은 기본적으로 조선 중엽의 도학정신을 계승하고 있다. 그들은 대체로 안빈낙도하며 은거 자숙하거나 혹은 관직에 나아갔을 때에도 철저히 민본, 위민의 정치이념과 사림의 가치관을 현실 속에서 구현하려 하였다. 그러므로 이들의 사상은 조선조 성리학이 도학화하는 과정에서 전형적인 도학자의 모습을 보여 주었다는 점과 또한 조선조 성리학이 더욱 폭넓고 깊이 있게 발전해 나갈 수 있는 계기를 마련해 주었다는 점에 의의가 있다.[73]

---

72) 天地之正 稟全者人 其正伊何 曰義與仁 仁義之源 至善至眞 … 性一用事 或失其正 其始也幾差
   其究也狂聖 … 宜時遵養 敦復初性 閑邪存誠 正斯內充 充之之極 浩然氣雄 收天下善 斂之厥躬
   (花潭文集 卷2, 朴頤正字詞).

3. 이언적과 주리론적 성리학

李彦迪(이언적 : 1491-1553)의 자는 復古(복고), 호는 晦齊(회제), 紫溪翁(자계옹), 諡號(시호)는 文元(문원), 경주 양좌촌에서 태어났다. 어려서 부친을 여의고 불우한 환경 속에서 자랐다. 그러나 학문에 힘썼으며, 외숙인 우제 손중돈(1463-1529, 김종직 문인)에게 잠시 배웠다. 특별한 스승없이 홀로 배우고 익혀 명유가 되었다. 조선왕조에서 서경덕이 주기론의 대가라고 하면, 동시대 주리론의 대가라 할 수 있다. 서경덕의 사상이 율곡에게 영향을 끼쳤다면, 이언적은 퇴계에게 영향을 끼쳤다고 말할 수 있을 것이다. 그의 학문적 업적으로는 '五箴(오잠)'과 '書忘齊忘機堂無極太極說後(서망제망기당무극태극설후)', '大學章句補遺(대학장구보유)', '續大學或問(속대학혹문)', '求仁錄(구인록)', '中庸九經衍義(중용구경행의)', '奉先雜儀(봉선잡의)' 등이 있다. 그는 조선조 성리학의 정립에 있어 가장 결정적인 공헌을 한 학자 가운데 한 사람으로서, 조선 성리학의 발전방향과 성격을 밝히는 데 중요한 전기를 마련하였다.[74] 특히 그가 28세(1518) 때 忘機堂(망기당) 曹漢輔(조한보)를 상대로 벌인 '無極太極論辨(무극태극론변)'은 한국 유학사상 초유의 철학적 논쟁이라는 데 의의가 있다. 그러므로 이 논쟁은 곧 바로 교육이론의 논쟁으로 전환시킬 수 있다는 점에서 교육사에서도 중요시해야 할 것이다.

그의 태극론은 망기당의 무극태극을 논한 데 대한 비판과 망기당에게 보낸 4편의 서간을 통하여 이해할 수밖에 없다. 한 가지 제한점은 망기당 본인의 서간을 대조해 볼 수 없다는 점이다. 이러한 제한점을 받아들이면서, 망기당과 회제사이에 벌어진 '無極太極論辨(무극태극론변)'의 쟁점과 그 전개 과정을 보자.

우선 망기당에 대한 이언적이 비판하고 있는 제1서를 보기로 한다. 無極太極論辨(무극태극론변)의 직접적인 계기는 망기당이 제시한 寂滅(적멸)과 存養(존양)에 관한 논의가 道에 합당한가 하는 데에 있었다. 이것을 직접 검토하기에 앞서 무엇보다도 먼저 晦齊(회제) 자신이 갖고 있는 太極이 무엇인가를 밝힌다. 이언적에 의하면 '太極은 성리학에서 말하는 道의 本體(본체)이며, 세상만물이 되도록

73) 장숙필, '기론과 도학 정신의 융합-화담학파', 한국사상사연구회(편저), 「조선유학의 학파들」, 예문서원, 1996, p.142.

74) 崔英成, 前揭書, p.246.

하는 要諦(요체)인 것이다. 이것을 다시 子思(자사)가 중용에서 말한 것으로 말하면 '하늘이 명령한 것, 이것이 性이다' 라고 한 것과 같다. 주희는 이것을 '고요하게 텅 비어서 아무 조짐이 없으면서도, 萬物(만물)이 빽빽이 들어차 있다' 고 하였다. 이 모든 것은 하나의 理로 관통되어 있다는 것이다. 더구나 주자가 '無極(무극)' 이라고 한 이유는 이것이 바로 모양도 없고, 방향도 없으며, 소리도 냄새도 없는 것이다. 그러므로 이 무극(태극) 또는 理는 사물이 있기 이전에 있었다고 하면 사실상 없는 것이 되며, 음양밖에 있다고 하면 음양 속에도 사실상 없다고 할 수 있다. 전체를 관통하여 없는 데가 없다고 하면, 애초부터 소리도 메아리도 없는데 비로소 있다는 것이 되어 버린다. 그러나 老子(노자)가 말하는 '無에서 나와 有로 들어간다' 는 것이나, 佛家(불교)에서 말하는 空과 같은 것이 아니다.

소위 靈源(영원)이란 없어도 없는 것이 아니다. 영원은 消滅(소멸)로 돌아가는 것으로서 오로지 氣化를 가지고 理의 有無를 말한 것이다. 그러나 靈源이란 氣이므로 理로 말할 수 없다. 理가 비록 氣에서 떠나지 않으나, 실상은 氣를 섞어서 말한 것이 아니다.[75] 그러면서 삼황이 비록 갔으나 이 極은 삼황과 함께 가지 않았고 — 하면서, 理의 영원성을 강조하고 있다. 또 '一理太虛(일이태허)' 라는 말은 비록 심히 높으나 실상은 타당하지 않다. 道라는 것은 오로지 人事(인사)의 理일 뿐이며, 인사를 떠나서 道를 찾는다면 공허한 지경에 빠지니 유가의 실학이 아니라고 하였다.

또한 忘機堂(망기당)의 수양방법을 空虛蕩蕩(공허탕탕)한 것으로 비판하면서, '存養(존양)' 이라는 것은 다만 敬으로 가지고 안을 곧게 함으로써 마음이 발동하기 전에 절개를 굳게 지키어 그 본연의 天理를 온전하게 할 뿐이다. 만약 마음을 무극의 眞에 눌리어 허령한 본체로 하여금 내 마음의 주장으로 한다고 하면, 이것은 사람으로 하여금 日用(일용)의 學을 하지 않고 마음을 空妙(공묘)한 데에 달리게 하는 것이니 그 해로움이 이루 말할 수 없다고 하면서, 存心養性(존심양성)하는 길은 戒愼恐懼(계신공구), 主靜(주정), 主敬(주경)에 힘쓰는 것이다' 라고 하였다. 제1서에서는 理의 본질을 밝히면서, 異端(이단 : 佛家와 道家)와의 다른 점을 밝히려는 데 주력하였다. 물론 여기서 한가지 제한점은 망기당 조한보가 구체적으로 무엇이라 말했는 지를 알 수 없다는 것이 안타깝다.

다음의 제2서에서는, 遊心於無極(유심어무극)에서 遊心(유심)을, 그리고 寂滅

---

75) 理雖不離於氣 而實亦不雜於氣.

(적멸)에서 滅(멸)자를 제거한 것을 기뻐한다고 하였다. 그러나 寂滅說(적멸설)에서는 완전히 벗어나지 못하였다는 것을 아쉬워한다. 虛靈(허영), 無極의 眞(무극의 진)을 들어서 '虛無(허무)가 곧 寂滅(적멸)이요, 寂滅(적멸)이 곧 虛無(허무)이다' 한 것은 異端(이단)의 說을 文飾(문식)한 것에 지나지 않으니 심히 의심스럽다고 하였다. 왜냐하면 儒家(유가)에서 말하는 虛(허)는 虛하면서도 有(유)요, 佛家(불가)나 道家(도가)에서의 虛는 虛하고 無한 것이며, 儒家(유가)의 寂(적)은 寂하면서도 感하는 것이요, 佛家(불교)나 道家(도가)의 寂은 寂하고 滅하는 것이기 때문이다. 虛寂(허적)이라는 글자는 양쪽이 같으나, 본뜻이 儒家(유가)와 佛家(불가)나 道家(도가)와는 다르다. 無極이라는 것은 다만 理를 설명할 때 그림자, 소리, 냄새가 없다는 것을 강조한 것이며, 불가와 도가의 無와는 다르다.

'主敬存心(주경존심)으로 天理에 上達(상달)한다'고 말하고 있는데, 이 말이 진실로 좋기는 하지만, 上達天理(상달천리)위에 下學人事(하학인사)라는 네 글자가 없는 것은 유감이다. 왜냐하면 天理(인사)는 人事를 떠나지 않으며, 人事에 下學(하학)하면 자연히 天理(천리)에 上達(상달)하는 것이기 때문이다. 만약 下學(하학)의 공부를 하지 않고 곧 上達하려고 하면 이것은 釋氏(석씨)의 覺(각)의 說(설)이 되고 마는 것이다. 그러므로 먼저 人事(인사)에 관한 공부를 충실히 한 연후에 天理에 上達하는 수양방법이 옳다고 생각하는 것이다.

셋째로 제3서에서는, 적멸의 버릇은 여전히 제거되지 않은 것 같다고 지적하면서, '所以然(소이연 : 마땅히 따라야 하는 기준)의 本體는 天理(인간이 어찌 할 수 없는 것)이 아닌 것이 없고, 나의 性이 되고 마음에 갖추어 있는 것이다. 그러므로 마땅히 항상 存養(존양)의 공부를 해서, 대본을 확립하고 모든 수작변화에 주인이 되게 한 뒤에는 中節(중절)과 時宜(시의)에 맞지 않음이 없게 되는 것이다. 그러나 이 마음의 움직일 기미가 있어 天理(천리)와 人慾(인욕)이 교전하여 비뚤어지면, 千里(천리)로 멀어져 버리니 더욱 敬하고 愼重(신중)해야 하는 것이라고 하였다. 程子는 '안에서 말미암아 밖에 응하는 것이니 밖에서 절제하는 것은 그 안을 기른 것이다'(由乎中而應乎外 制於外所以養其中)라고 聖門工夫(성문공부)를 말하였다. 그리고 '세상사람들이 幻形(환영)을 가지고 튼튼한 實이라고 하는 것을 깨우쳐 주기 위하여 적멸'이라고 한 것은 理를 해치는 것이라고 비난하면서 下學上達(하학상달) 공부를 거듭 강조하였다.

 넷째로 제4서에서는, 망기당이 여전히 허공의 敎에 떨어져 있다고 지적한다. 그러면서 '천하의 理는 體와 用이 서로 필요로 하고 動과 靜이 서로 자라도록 해주는 것이니 어찌 안에만 전념하고 밖에는 體察(체찰)하지 않는가. 聖門(성문)의 가르침이 敬을 주된 것으로 하여 성문의 근본을 세운다. 理를 궁구하여 그 앎을 지극히 하고, 몸으로 행한다. 敬이라는 것은 또 세 가지 사이(즉, 立其本, 窮理以致其知,反躬以踐其實)를 관통하여 始를 이루고 終을 이루는 것이다. 그러므로 敬을 주된 것으로 해야 한다고 말하는 것이다. 이 말은 그 안을 한결같이 하여 밖에 절제하는 것이고, 그 밖을 가지런히 하여 그 안을 기르는 것이다. 안으로는 둘로 함도 없고 어디로 가는 곳도 없이 조용하면서도 확실하게 움직이지 않는 것이다. 이것으로 萬變(만변)을 수작하는데 주된 것으로 삼고, 밖으로는 엄연, 숙연하여 깊이 반성하고 정밀하게 살피어 그 중심에 존한 것을 보존하여 굳건하게 하는 것이다. 이것이 오래되면 靜하면 虛하고 動하면 直하여져서 안이 專一(전일)하고 밖이 융화되는 것이다. 그렇게 되면 구태여 애쓰지 않고 생각하지 않아도 조용히 道에 맞는 것을 순치 할 수 있을 것이다. 그러므로 두 가지 공부가 어느 한편도 폐할 수 없는 것이 명백하다고 하였다.

망기당이 보낸 편지에 '먼저 그 體를 세우고 인사에 하학한다(先立其體 然後下學人事)'고 하였는데, 이 말은 타당하지 않다고 하였다. 인사에 하학할 때 진실로 마땅히 항상 敬을 주된 것으로 하여 마음을 操存하여야 하는 것이다. 그런데 어떻게 인사를 끊어 버리고 홀로 그 마음을 지킬 수 있으며, 그 體를 먼저 세운 다음에 비로소 하학에 종사할 수 있는가' 라고 하면서 '소위 體가 이미 서면, 만변에 운용하는 것이 완벽한 바른 理와 일치하게 되어, 종으로 횡으로 자득하게 된다. 이 말은 곧 聖人의 전하고자 하는 道에 완벽하게 들어맞는 것이다. 그러나 설사 體가 섰다 하더라도 親疎(친소), 遠近(원근), 是非(시비), 好惡(호악)의 정도의 차이는 있게 마련이므로, 공부는 계속 이어져야 하는 것이다. 왜냐하면 보통의 사람은 갑자기 쉽게 道의 완벽한 상태에 이르지 못하기 때문이다.

이 네 편지를 통하여 우리는 李彦迪(이언적)의 性理學(성리학)의 理論的 問題(이론적 문제), 즉 太極, 無極, 無極而太極, 有無, 動靜 선후 본말문제를 짚어 보고 그의 性理學 體系(성리학 체계)를 알아보기로 한다. 첫째로 태극이라는 것은 이미 말한 바와 같이 太極은 一理라고 하였으며, 이 표현은 性則理를 받아들이고 있는 것이다. 둘째로 無極에서는 周敦頤의 無極의 無를 노자의 無와 釋迦(석가)의 空과 구별하였다. 셋째로 理와 氣에 있어서, 유무, 동정, 선후, 본말등은 理의 문제인가, 아니면 氣의 문제인가, 또는 兩者에 속하는 문제인가에 관하여 이언적은 어떤 생각을 가지고 있는가 하는 것이다. 이 문제에 관하여 이언적은 다음과 같이 말한다. 즉, '이제 망기당의 주장을 자세히 살펴보면, 太極이 곧 無極이라고 말한 것은 옳지만, 어찌 有를 논하고 無를 논하며 內로 나누고 外로 가르는데 名數(명수)의 末에 집착되랴 한 것은 잘못이다'[76]라고 하였다. '太極이 곧 無極이다'라고 함은 옳다고 수긍한 것은 上下가 관통하는 뜻에서 동의를 나타낸 것이다. 그러나 有無, 內外의 구분을 무시하는 일에는 반대하고 있다. 有無(유무), 內外(내외), 大本(대본), 達道(달도)로 渾然一致(혼연일치)한다고 하더라도 精粗(정조), 本末(본말)과 內外(내외), 賓主(빈주)의 분수는 그 가운데 있으며, 體用(체용), 動靜(동정)에 있어서 先後本末(선후본말)이 정연하다는 것이다. 따라서 理와 氣는 떨어질 수 없지만, 理先後氣이므로 太極生兩儀라 한다는 것이다.[77]

이제 그의 교육이론을 정립하고자 한다. 그는 主理論(주리론)을 주장하고 있다. 이 주리론을 바탕으로 한 그의 교육의 목적은 무엇인가? 달리 말하면 '교육은 왜 해야 하는가'에 그가 어떤 해답을 할 것인가 하는 것이다. 그의 대답은 '君子進德修業'이다.[78] 이 근거는 周易(주역) 文言傳(문언전)의 孔子(공자)의 解釋(해석)이다. 즉, 이 말은 군자가 학문에 뜻을 두어 낮에 부지런히 하고 저녁에 깨우쳐서 끊어질 때가 없으므로 進取(진취)하는 德이 날로 더욱 높아지고 닦는 업이 날로 더욱 넓어진다는 것이다. 이 일을 구체적으로 하는 것이 교육이다. 이것을 좀더 구체적으로 말하면 다음과 같다.

교육에서 해야 할 일이 있다면, 그것은 첫째로 도리를 밝히는 활동이다(明道理). 道라는 것은 日用事物(일용사물)에 들어 있는 마땅히 해야 할 理이다. 性의 德으로 마음속에 구체적으로 들어있다. 또 사물마다 있지 않은 데가 없다. 때마다 그렇지 않은 바가 없다. 中庸(중용)에 이른바 '道는 잠깐이라도 떠날 수 없다'고 한 것이 그것이다. 일용사물의 가장 가까운 것을 들어 말하면 군신 사이에는 군신이 구체적으로 있기 이전에 마땅히 지켜야 할 理가 있고 父子(부자), 夫婦(부부), 朋友(붕우), 長幼(장유), 出入(출입), 起居(기거)에도 마찬가지이다. 하늘이 준 性을 받았고, 몸에는 만물이 구비되어 있다. 그러므로 그 理를 밝히어 性대로 다한다면 모두 요순이 되어 천지에 참여하여 조화발육을 도울 것이다. 제왕의 修身(수신), 齊家(제가), 治國(치국), 平天下(평천하)의 요령과 고금의 치란, 흥망의 변천, 인재

---

76) 今詳忘機堂之說 其曰太極卽無極也則是矣 其曰豈有論有論無 分內分外 滯於名數之末則過矣一'(書忘齋忘機堂無極太極說後, 晦齋先生文集 卷5).
77) 柳正東, '李彦迪의 哲學思想', 韓國哲學史(中), 東明社, 1984, p. 215-216.
78) 疏, 進修八規(晦齋集 卷8)를 중심으로 그의 교육이론을 정립하고자 한다.

와 학술의 바른 것과 부정한 것, 옳은 것과 그른 것의 구분, 천명과 인명 중에 돌보거나 버릴 것, 따를 것과 떠날 것 등의 幾微(기미)는 모두 지극히 드러나 있으면서도 지극히 드러나 있지 않는 것이다. 이것이 바로 理이다. 이 理를 갖추고 있는 것이 經書(경서)이며 史書(사서)이다. 그러므로 이 경서와 사서를 통하여 그 理를 강구하여 밝혀야 할 것이다.

그러므로 학교에서는 무엇보다도 먼저 학문에 담겨 있는 理를 窮究(궁구)하여야 한다. 이 理를 궁구하여 천하의 사물의 所以然(소이연)과 所當然(소당연)을 확연히 깨우치면 겨자씨 만한 의심도 말끔히 사라진다. 그리하여 善한 것은 따르고 惡한 것은 제거하여 털끝만큼의 累(누)도 없게 된다. 그리하여 마침내 모든 일에 응할 수 있을 것이다. 窮理(궁리)의 요점은 讀書(독서)에 있다. 독서의 방법은 순서에 따라 精讀(정독)을 하여야 하고, 정독을 하게 하는 근본은 마음에 있다. 마음이란 지극히 虛하고 지극히 靈하며 신통하고 미묘하여 헤아릴 수 없는 것이다. 항상 한 몸의 주인이 되어 만 가지 일의 벼리를 드는 것이니, 잠깐 동안이라도 없어서는 안 되는 것이다. 한번 잘못하여 몸밖에 물욕을 따르면 한 몸의 주인이 없어 만 가지 벼리가 없어 보아도 보이지 않고 들어도 들리지 않는다. 이렇게 되면 성현의 교훈을 궁구하고 의리를 강구하며, 인륜을 살필 수 없게 된다. 맹자가 말하기를 '학문하는 道는 다른 것이 아니라 잃어버린 마음을 구하여 거두는 것뿐이다' 라고 하였다. 誠이라야 능히 엄숙공경하게 되며 항상 마음을 간직할 수 있다. 마음으로 하여금 종일 儼然(엄연)하게 하여 밝은 거울과 고요한 물과 같이 되게 해서 物欲(물욕)의 침투와 어지럽힘을 받지 않도록 해야 한다. 이와 같이 하여 글을 읽고 읽은 내용을 생각하면 어느 것 하나 통하지 않는 것이 없을 것이다. 또 이렇게 해서 얻은 것을 가지고 일을 처리하면 마땅하게 되지 않는 것이 없게 될 것이다. 程子가 일찍이 '敬은 聖學(성학)의 처음이요 마지막이다' 라고 말한 속에 바로 지금까지 말한 것을 전부 포함하고 있다. 이 점을 명심해야 할 것이다.

둘째로 교육은 큰 본을 세우는 활동이다(立大本). 여기서 우리는 교육이 정치를 규제하고 있는 전형적인 모습을 볼 수 있다. 임금은 정치의 대표자이다. 그러므로 임금은 억조 백성의 위에 앉아서 만 가지의 정무를 처리하는 것이니 그 마음이 탁 틔어 크게 공평하고 엄연하여 지극히 바르게 되어 마치 해가 하늘 복판에서 만물에 비추어 치우침이나 가리워짐이 없어야 모든 것이 바르게 된다는 것이다. 임금의 마음이 허하고 밝고 공정하고 순수하여 잡됨이 없으면 밖의 물욕이 유혹하지 못할 것이요, 만약 혹 그렇지 못하면 침노하는 것이 많아서 혹은 아첨으로 혹은 간사함과 거짓으로 혹은 기이한 技藝(기예)로 혹은 사특한 학설로 제각기 제 욕심을 채우려 할 것이니 임금이 조금이라도 해이하여 그 한 가지 요구라도 받아들인다면 난하고 망하는 것이 닥쳐올 것이다. 그러므로 순임금이 우임금에게 고하기를 '人心은 잘못으로 흐르기 쉽고 道心은 드러나기 어렵다. 마음을 순수하고 전일하게 하여 불변의 궁극에서 벗어나지 말라(人心惟危 道心惟微 惟精惟一 允執厥中, 書經 大禹謨篇)'고 하였다. 이 말은 心法(심법)이면서 동시에 국가의 통치에 관련된 것(治法)이다. 이 16자는 우리에게 '인심은 잠재적 인욕이며, 도심은 인욕 속에 함께 발휘되지 않으면 안된다'는 점을 드러내고 있다.

셋째로 교육은 하늘의 德을 본받는 활동이다(體天德). 주역(九三)에 이르기를 '하늘의 운행이 근실하므로 군자가 본받아서 스스로 힘쓰면서 쉬지 않는 것이다'라고 하였다. 하늘의 덕은 강건하여 쉼이 없다. 군자가 이것을 본받아 '進德受業'(마음 가운데 있는 德을 날로 새롭게 하며 밖에 일에도 최선을 다하는 것)에 힘써 날로 부지런하여 조금도 태만함이 없어야 하는 것이다. 이것을 교육과 관련지워 보면, 학생은 조용한 곳에서 성현의 글을 배우고, 스스로 연구하여 익히며, 착한 것은 본받고 악한 것은 경계하고, 강독하기를 마치고 나서 사물과 접촉이 없어 마음이 고요할 때에 더욱 마음을 맑게 하고 마음을 다스리는 공부를 힘쓰며, 보이지 않고 들리지 않는 道를 두려워하고 조심하며, 생각하지 않아도 저절로 올바른 행동이 나오도록 닦고 길러서 마음이 虛하고 밝고 공정하여 中을 잡아, 만가지 일을 대할 때 中이 마음 속을 지배하도록 해야 한다. 어떤 생각이 떠올랐을 때에는 성찰을 거듭하여 천리인가 인욕인가를 살펴보아, 만약 천리라면 敬으로 확충하여 막힘이 없도록 하며, 만약 인욕이라면 敬으로 이를 이겨내어 조금도 남아 있지 않도록 해야 한다. 이와 같이 한다면 올바른 생각이 잠시도 끊이지 않게 되며, 어긋남이 없게 되어 커다란 本이 정립되며, 道를 통달하게 되어 하늘의 德에 통하게 되는 것이다. 그 결과 中과 和을 완벽하게 이룰 수 있는 것이다. 하늘의 德이라는 것은 한결 같아서 두 가지로 되는 법이 없고, 순수하여 잡됨이 없는 것이다. 그러므로 이들을 종합하여 말한다면 이것이 바로 誠인 것이다. 움직이거나 조용히 있거나 어김이 없고, 겉과 안이 모두 바르고, 처음과 마지막이 한결같은 뒤에 하늘의 德에 통달할 수 있는 것이다.

넷째로 교육은 聖人을 본받는 활동이다(法往聖). 학문을 배우고자 하면 마땅히 성인을 계승하려는 뜻을 가져야 한다. 성인의 道가 높고 넓어서 따라 미칠 수 없는 것 같으나, 심법을 찾아보면 오로지 道를 세밀하게 궁구하는 것이요, 그 덕행

을 본다면 仁孝일 뿐이다. 이 일을 하기 위해서는 궁리하는 공부를 힘써서 誠意
正心(성의정심)의 공부를 다하여 항상 자기의 한 마음속에 위태로운 인욕을 방지
하고 미묘한 천리를 간직하여 더욱 세련된 마음을 가져 본심의 바른 것을 지켜
놓지 않도록 하여 공정한 천리가 항상 한 몸의 주인이 되도록 해야 한다. 사사로
운 인욕이 날뛰지 못하게 하면 위태로운 것이 안정되고 미묘한 것이 나타나서 움
직이나 조용히 있으나 中에 합할 것이다. 성인의 道는 仁에 근본을 두고 있으며,
仁을 행하는데 있어서는 반드시 효도에서 비롯되는 것이다. 효도는 백가지 행실
에 근본이요, 만가지 교화의 근원이다. 오직 성인만이 그 본심을 온전히 하여 인
효의 도리를 다하여 어버이를 사랑하는 마음을 이루어 다른 사람들에게 仁을 베
풀 수 있는 것이다.

　다섯째로 교육은 총명을 넓히는 활동이다(廣聰明). 교육하는 도리는 총명을 넓
힘보다 먼저 할 것이 없다. 인간의 작은 한 몸으로서 하늘과 사람 사이에 일어나
는 제반사항이나 현상을 모두 알아차리기에는 너무 총명이 부족하다. 마음을 잘
다스리는 사람치고 언로를 틔어서 총명을 넓힘을 급선무로 삼지 않는 사람이 없
다. 예컨대, 舜같은 聖君도 묻기를 좋아하였고, 禹임금 같은 사람도 '나에게 道로
써 가르쳐 줄 자는 북을 치고, 義로써 일러 줄 자는 종을 치고, 일로써 고할 자는
탁을 흔들고, 걱정스러운 것을 말하여 줄 자는 경을 치고, 옥송이 있는 자는 초를
흔들어라 하고, 한번 밥먹는 동안에 열 번이나 일어나고 한 번 머리 감는 동안에
세 번이나 머리털을 움켜잡고 나왔다고 하였다.' 이 고사를 통하여 우리가 알 수
있는 것은 자신의 총명을 넓히려고 이와 같이 애쓰는 모습을 보고 배워야 한다는
것이다. 교육은 바로 이 총명함을 길러 주어야 하는 것이다.

　여섯째, 교육은 仁의 德을 갖추도록 하는 활동이다(施仁政). 주역에 이르기를
'크도다 乾元(건원)이여 만물이 資始(자시)하였도다. 지극하도다, 坤元(곤원)이여,
만물이 資生(자생)하도다. 사람이 그 가운에 위치하여 천지와 參하였도다' 하였다.
元은 仁이요 仁은 사람의 마음이니 오직 사람이 날 적에 천지가 만물을 生하는
마음을 얻어서 마음으로 하였으므로 사람마다 측은한 마음이 있으니 이것이 仁
의 단서이다. 교육은 바로 이 仁의 단서를 시작으로 하여 이를 넓혀 주는 활동인
것이다. 학교에서 교사는 仁의 마음을 간직하여 사람을 사랑하며 物에 은혜를 베
풀어서 천지의 낳고 발육시키는 마음을 순하게 하도록 해야 한다.

　일곱째 교육은 天心(천심)에 順하게 하는 활동이다. 伊尹(이윤)이 太甲(태갑)에
교훈하기를 '하늘은 친하는 이가 따로 없다. 공경하는 자만을 친한다. 인간은 일

정하게 따르는 바가 없고 仁한 자에게 따른다' 하였다. 하늘이라는 것은 理가 있
는 곳에는 감응의 미묘함이 그림자와 메아리보다 더 빠르니 항상 하늘에 짝하려
고 생각하는 마음을 가지고 행하고 한결같이 하늘의 理에 순하여 하늘의 마음에
합하면 하늘이 온갖 상서를 내려 주되, 그렇지 못하면 하늘이 반드시 싫어하여 재
앙으로써 응할 것이다. 그러므로 교육에서는 학생들의 마음을 맑게 하고 덕을 한
결같이 하여 하늘을 공경하며 타인을 걱정하여 밤낮으로 조심하고 두려워 하여
야 한다. 그러나 만일 안일하고 태만할 때가 없는데도 하늘이 견책을 하면, 오히
려 하늘의 마음이 인간을 사랑하여 이 재앙으로 깨우쳐 주는 것이라고 고마워해
야 할 것이다. 이와 같은 일을 하는 것이 교육이다.

　여덟째 교육은 中和(중화)를 극도로 하는 활동이다(致中和). 중용에 이르기를,
'중화를 극도로 하면 천지가 제자리에 자리잡고 만물이 발육한다'고 하였으며,
또 이르기를 '희노애락이 표현되기 이전을 中이라 하고 그것이 표현되어 다 절
도에 맞는 것을 和라 하였다. 中은 천하의 大本(대본)이요 和는 천하의 達道(달도)
이다'라고 하였다. 하늘이 내려 준 性이 순수하고 지극히 착하여 사람의 마음에
갖추어져 있다. 그것이 표현되기 전에는 홀연히 안에 있어 치우친 바가 없으므로
中이라 이르고, 그것이 표현되어 절차에 어긋나지 않아 틀림이 없는 고로 和라
이른다. 靜하여 포용하지 않은 바가 없이 되는 것은 性이 中이 되는 것이다. 천하
의 理가 다 여기서 나와 천하의 大本이라 하는 것이다. 動하여 節度(절도)에 맞지
않음이 없는 것은 情이 표현될 때 그 바름을 얻은 것이다. 천하 고금에 한 가지로
말미암기 때문에 천하의 達道(달도)라 한다.

　體와 用의 온전함이 본래 이와 같은 것이다. 聖人(성인)은 더하거나 어리석은
사람은 부족한 것이 아니다. 靜할 때 存할 줄 모르면 천리가 어두워져서 大本(대
본)이 서지 못하고, 動할 때 절도에 맞힐 줄 알지못하면 인욕이 날뛰어 달도가 행
하여지지 못할 것이다. 군자는 보지 못하고 듣지 않는 데서 항상 경계하고 두려워
하여 그 혼연한 體를 간직하여 치우침이 없어서 그것을 잃지 않으면 대본이 날로
더욱 굳게 서고, 또 은미한 사이에 幾微(기미)를 살펴서 사물에 응할 때에 더욱 더
틀림이 없어서 간 곳마다 그렇지 않음이 없으면 달도가 날로 넓게 행하여 질 것
이니 이것이 이른바 중화를 극도로 하여 천지가 바른 자리를 차지하고 만물이 발
육하는 효과가 있게 되는 것이다. 교육은 이와 같이 중화를 극대화하는 데에 그
목적이 있는 것이다.

　한마디로 말하면 교육은 '明道(명도)', '立大本(입대본)', '體天德(체천덕)',

'法往聖(법왕성)', '廣聰明(광총명)', '施仁政(시인정)', '順天心(순천심)', '致中和(치중화)'를 위한 활동이다. 이것은 달리 달하면 모두 '理'의 다른 표현이라고 할 수 있다. 이 교육의 목적을 달성하기 위한 교육내용은 물론 四書三經(사서삼경)이다. 이언적이 임금에게 올린 進修八規(진수팔규)에는 사서삼경의 내용이 자주 인용되고 있음을 볼 수 있다. 그가 교육방법으로는 '格物致知(격물치지)'를 강조하고 있다. 그러나 朱子(주자)와 다른 점은 격물에서 思를 중시함이 그 하나요, 致知(치지)에서 至善處(지선처)를 중요하게 생각하였다는 점이다. 安慮得(안려득)의 慮자를 思로 이해하고 致知(치지)의 知를 知其所止(지기소지)의 至善處(지선처)를 아는 實知(실지)로 받아들이고 있는 것으로써 알 수 있다.[79] 그는 후학을 지도하여 성리학의 전성기를 맞이하도록 하는데 지대한 공을 세웠고, 영남학파에 끼친 학문적 영향은 매우 크다고 할 수 있다. 그 중에서도 李滉(이황)에게 가장 많은 영향을 준 것이다. 그리하여 퇴계 이황은 이언적을 東方四賢(동방사현)의 한사람으로 추앙하였다. 광해군 2년(1610)에 文廟(문묘)에 從祀(종사)된 것도 이황의 노력에 의한 것이다.

---

79) 柳正東, 前揭論文, p.218. 謹按 安謂安於所止 卽所謂居之安 慮思也 程子所謂能致其知 則思日益明者是思也(晦齊集, 續大學或問), 謹按致知之要 亦宜有緩急先後之序 由近而及於遠 由人倫而及於庶物 必有以見其至善之所在 而知其所止 然後其所知所得 皆切於身心 日用之實而非外物也(上同).

제9장
성리학적 교육이론의 정립 I

李滉(이황, 號 退溪, 1501-1570)은 한국의 교육사상사에서 매우 중요한 위치를 차지하고 있다. 그의 철학체계가 형성되어 가는 것을 보면, 전기의 저서에는 「天命圖改訂」(천명도개정), 「論夙興夜寐箴註解」(논숙흥야매잠주해), 「拔延平答問」(발연평답문), 「朱子書節要」(주자서절요), 「宋季元明理學通錄」(송계원명리학통록), 「答黃仲擧書論白」(답황중거서논백), 「鹿洞規集解」(녹동규집해), 「伊山書院記」(이산서원기) 등이 있고, 후기의 저서에는 「答奇高峯書辯四端七情」(답기고봉서변사단칠정), 「陶山記」(도산기), 「心無體用辨」(심무체용변), 「戊辰六條疏」(무진육조소), 「聖學十圖」(성학십도) 등이 있다. 이들 저서 중, 사단칠정에 관한 기대승과의 논변이 나타나 있는 '답기고봉서변사단칠정'은 그의 사상체계의 완성판이라고 말할 수 있으며, '성학십도'는 그의 사상의 요체라고 할 만한 것들을 집약적으로 표현하고 있다. 여기에는 敬의 실천-義理之學(의리지학)의 요체가 잘 나타나 있다. 이황이 주장하는 경의 실천-의리지학은 주자와 그의 차이를 나타내는 핵심이기도 하다.

퇴계는 70살의 생애를 마칠 때까지 그의 문하에서 많은 제자들을 배출한 것으로 알려져 있다. 문하에서 배출된 인물 중에 정승을 지낸 사람이 10명이 넘고, 諡號(시호)를 받은 인물이 30여 명이 되며, 대제학을 지낸 사람이 10명이 넘는다. 明宗(명종) 말부터 宣祖(선조)에 걸쳐 당시에 명성을 떨친 명사 중에는 이황의 문하에 왕래하지 않은 이가 없었으니, 과연 당대의 儒宗(유종)이요 지도자였다. 더구나 이황의 문인 중에 서원 및 祠宇(사우)에 배향된 이들이 74명에 이른다. 이와 같은 사실로 보아 이황의 영향이 후세에 얼마나 크게 끼쳤는지를 알 수 있다.[1] 이하에서는 이황의 성리학은 다른 무엇이기 이전에 교육이론임을 드러내어 보겠다.

1. 이황의 교육이론*

이황은 자신의 일생을 다음과 같이 시로 읊고 있다―生而大癡 壯而多疾 中何嗜學 晚何叨爵 學求猶邈 爵辭愈嬰進行之跲退藏之貞 … 我懷伊阻 我佩誰玩 我思古人 實獲我心 … 乘化歸盡 復何求兮.[2] 이 시는 이황의 언행록 중의 '先生自銘'(선생자명) 편의 첫 구절이다. 이 '자명'에는 그의 한 평생이 그대로 반영되어 있다. 특히 '中何嗜學 晚何叨爵 學求猶邈 爵辭愈嬰(중년에 어찌하여 학문을 즐겼으며, 늘그막에 어이하여 벼슬을 탐했던고, 학문은 구할수록 멀어지고, 벼슬은 싫다 해도 더욱더 주어졌네)' 라든가 중간 구절에 '내 생각 제 모르니 내 즐거움 누구를 줄까, 옛 사람 생각에 내마음 쏠리누나' 라든가 마지막 구절 중에 '我懷伊阻 我佩誰玩 我思古人 實獲我心(천지의 이치를 타고 돌아가나니 더 바랄 것이 무엇이랴)'를 보게 되면, 저절로 옷깃을 여미게 한다. 이와 같은 말들은 퇴계의 일시적인 시적 감흥에서 나온 말들이 아니라 그가 한 평생을 갈고 닦은 학문의 결과로 빚어낸 말이라고 생각한다. 여기서 우리의 주목을 끄는 것은 '學求猶邈 爵辭愈嬰'이라는 시구이다. 이 시구는 오늘날 교육현실과는 너무나 대조적이다. 대개의 경우 사람들은 교육을 받으면 스스로 무엇인가를 알고 있다고 생각하는 데에 반하여 이황은 '학문은 구할수록 멀어진다' 고 하였고, 오늘날의 사람들은 교육을 받는 목적을 돈이나 사회적 지위의 획득에 두는 데에 반하여 이황은 '벼슬은 싫다 해도 더욱더 주어진다' 고 안타까워하고 있는 것이다.

이황 자신은 학문을 하면서 제자를 가르치기를 좋아하였다. 그러므로 그는 홀

* 朴在文, 李退溪의 教育理論研究, 「退溪學報」, 第七十號 退溪學研究院, 1991를 요약 제시했다.
 1) 柳正東, '李滉의 哲學思想', 韓國哲學會(編), 「韓國哲學史(中卷)」, 東明社, 1987, p.234.
 2) 退溪言行錄 卷1.

륭한 교육자임에 틀림없다. 또한 이황은 제자를 가르치는 동안 교육에 관한 여러 가지 발언을 하였다. 예컨대, '군자의 학문은 자기를 위할 따름이다. 이른바 자기를 위한다는 것은 저 장경부가 말한 "위하는 바가 없이" 하는 것이다. 우거진 숲에서 난초가 온종일 향기를 피우지만 스스로는 그 향기로움을 모르는 것과 같은 것이니, 군자의 자기를 위하는 뜻에 꼭 맞는 말로서 마땅히 깊이 본받아야 할 것이다.'[3] 이와 같은 이황의 교육에 관한 발언을 우리는 어떻게 이해해야 하는가? 구체적으로 말하면, 이황의 이 구절에 나와 있는 '君子之學 爲己而已'의 '爲己(위기)'와 피터즈의 내재적 목적은 같은 뜻인가, 아니면 다른 뜻인가? 이와 같은, 문제를 해결하기 위하여 우리는 이황의 교육이론을 탐구하지 않으면 안된다. 이황의 교육이론에 비추어 볼 때 그의 교육에 관한 발언을 올바르게 해석할 수 있으며, 왜 그렇게 말할 수밖에 없었는지를 알 수 있게 된다. 이것은 곧 이황의 발언 속에는 현재 일어나고 있는 교육을 이해하는 데에 필요한 절대수준의 논리적 가정이 깔려 있다는 것, 이 논리적 가정을 드러내면 낼수록 그것은 교육에 관한 포괄적인 설명이 될 수 있다는 뜻이 들어 있다.[4] 교육이론을 탐구한다는 것은 퇴계 자신이 정립하고 있는 우주와 삶에 관한 근본적인 원리인 '理와 氣', '性과 情', '道心과 人心' 등을 밝히고 거기에 비추어 그의 교육에 관한 제발언을 해석해 내는 것이다. 그러므로 교육이론은 형이상학적 성격을 띠게 된다. 이황의 교육이론에 비추어 그의 교육에 관한 제발언을 해석해야 그의 교육적 지혜를 오늘의 교육현실에 되살려 낼 수 있는 것이다.

이황의 교육이론의 궁극적인 모습은 이와 기에 관한 형이상학적 체계에 있다. 그러나 이 형이상학적 체계는 교육현실에서는 잘 포착되지 않는 절대수준의 논리적 가정이다. 그러므로 절대수준의 논리적 가정보다는 교육현실의 이면에 있는 논리적 가정을 탐구함으로써 교육현실을 보다 잘 설명할 수 있고 예측할 수 있는 교육이론을 구성하고자 한다. 여기에서는 앞서 말한 수준에서의 이황의 교육이론을 정립하고 그의 교육에 관한 제발언을 해석하고자 하는 데 그 목적이 있다. 이 목적을 달성하기 위하여 이황의 윤리론, 개인과 사회의 관계, 인식론을 주로 다루겠다.

---

3) 先生曰 君子之學 爲己而已 所謂爲己者 卽張敬夫 所謂無所爲而爲也 如深山茂林之中 有一蘭草 終日熏香而不自知己爲香 正合於君子爲己之義 宜深體之, 李德弘, 退溪言行錄 卷1, 敎人.
4) 李烘雨, '理氣哲學에 나타난 敎育理論', 서울大學校 師範大學(編), 「師大論叢」 第30輯, 1985, p.5.

이황의 윤리론은 그의 인간상과 가치론을 포함한다. 이황의 윤리론은 그의 학문의 요체이며, 이 윤리론을 정립하고자 한 평생을 바쳤다고 해도 지나친 말은 아닐 것이다. '어떻게 사는 것이 가장 올바르게 사는 것인가' 하는 문제에 관한 이황의 대답은 '인을 구하고 성인이 되는(求仁成聖)' 것을 이룩하려고 노력하면서 사는 것이다. 그는 바로 이것 때문에 학문을 하였다고 볼 수 있다. 이와 같이 말할 수 있는 근거는 '주자학에서 학문의 제일원리는 居敬(거경)을 위대하게 보고 窮理(궁리)를 귀하게 여기는 데 있다'[5]는 말에서 찾아 볼 수 있다. 이 말을 정확히 이해하기 위해서는 그의 형이상학을 철저히 이해해야 한다. 그리고 그의 형이상학이 仁, 敬, 窮理 등과 무슨 관계가 있는지를 밝혀야 한다.

다음으로, 이황은 '개인과 사회와의 관계를 어떻게 보았는가' 하는 것이다. 이 문제는 '仁義禮智(인의예지)'의 소유와 원천에 관한 것이다. 구체적으로 말하면, 개인이 사회의 영향을 받지 않고 스스로 인의예지의 의미를 규정할 수 있다고 생각하는 것과 개인이 사회로부터 인의예지의 의미를 배운 결과 그 의미를 받아들이게 된다는 것으로서 개인은 사회와의 관련에 비추어 그 존재의의를 찾을 수 있다는 생각 중에서 이황은 어느 편이 옳다고 생각하는가 하는 문제이다. 어느 쪽으로 생각하느냐 하는 것은 교육의 성격과 직접 관련이 있다.

셋째로, 인식론의 문제이다. 성리학이 그러하듯이, 이황 자신도 인식론에 관한 심각한 탐구를 한 것 같지 않다. 그러나 이황은 나름대로의 의리지학을 정립하고 발전시키면서 인식론에서도 '格物致知(격물치지)'라든가, '知行並進(지행병진)', '窮理活法(궁리활법)' 그리고 '眞知(진지)', '理自到說'(이자도설)에 관한 그의 생각을 나타내었다. 이 점을 보다 명백히 밝혀 보겠다. 요컨대 퇴계 자신의 관심은 어디까지나 인의예지라는 덕목이 어떻게 개인의 마음 속에 내면화되면서 그것들이 실천으로 옮겨지느냐 하는 데에 있었다. 이 점을 중심으로 논의해 보려고 한다.

일반적으로 말하면 퇴계는 주희의 이기론을 거의 그대로 이어받았다고 말할 수 있다. 그러나 구체적으로 말하면, 주희와 차이점도 없는 것도 아니다. 주희는 '道理(도리)' 방면과 '義理(의리)' 방면을 모두 강조하고 있으나, 이황은 의리 방면을 집중적으로 연구하였다. 그러므로 의리지학에 관해서는 주희보다 훨씬 치밀한 것이다. 그것도 그럴 것이 이황은 어떻게 하면 인을 구하고 덕을 이루어 聖人

5) 朱門 大居敬而貴窮理 爲學問第一義', 成均館大學校 大東文化硏究院, 「退溪全書」(上), p.345.

(성인)이 될 수 있는가에 역점을 두었기 때문이다. 그런데 도리와 의리는 모두 그 근원을 이기론에 두고 있다. 그러면 이황이 주장하는 이기론은 어떤 것인가? 이하에서 퇴계의 이기론을 밝히는 동안에 이와 기의 의미, 이와 기의 관계, 理發氣發 (이발기발) 등도 함께 논의하게 될 것이다.

이황은 理를 의리지학의 입장에서 해석하려고 하였다. 이황은 주희의 이기론 자체를 발전시키거나 비판하기보다는 인간의 삶 속에서 실천되는 理를 보다 심각하게 연구하였고, 실천의 입장에서 이의 의미를 밝혀 보려고 하였다. 그러므로 이황의 의리지학의 궁극점은 어디까지나 理에 있는 것이다. 이황은 이 理의 의미를 철저하게 이해하지 않고는 실천이 이루어질 수 없다는 생각을 하게 된 것이다. 그러나 다음과 같은 퇴계의 말은 理를 이해하기가 얼마나 어려운가를 뒷받침해 준다. 즉, '대체로 생각해 보니 일찍이 옛사람과 지금 사람의 학문이나 도술의 차이는 다름이 아니라 오직 理라는 글자를 알기 어려웠기 때문이다. 이른바 理라는 글자를 알기 어렵다는 것은 대강 아는 것이 어려운 것이 아니라, 충분히 이해하여 깊숙한 데까지 알게 되는 참다운 앎을 이룩하기 어려운 것이다.'[6] 그런데 여기서 말하고 있는 '理는 솔개가 날고 물고기가 뛸 때 나는 所以(소이)와 뛰는 所以(소이)를 가리킨다.'[7] 여기서 '소이' 또는 '所以然'(소이연)[8]은 사물과 현상의 변화의 이유를 뜻한다. 그리고 여기에는 '所當然'(소당연)[9]이 포함되어 있는 것으로서 그래야 理가 있다고 할 수 있는 것이다. 그러므로 이황은 바로 그 理가 나 자신밖에 있어서는 별 의미가 없고, 그 理가 내 자신 안으로 내면화될 때 비로소 그 참다운 가치를 발휘할 수 있다고 보았다. 물론 理 자체에는 '소리와 냄새, 방위와 형체, 안과 밖, 情과 意, 計度(계탁), 造作(조작), 생과 사, 막힘과 끝이 없는 것이지만'[10], 그 理가 내 자신에 내면화되어 참다운 앎이 되면, '지극히 비어 있는 듯하되 지극히 차 있고, 없는 듯 하되 있으며, 움직이는 듯하되 움직임이 없고 멈추어 있는 듯하되 멈춤이 없어서 그 맑고 깨끗함에 조금이라도 더할 수 없고 조금이라도 덜할 수 없어서 이것이 능히 陰陽五行(음양오행), 萬物萬事(만물만사)의 근본이 되니, 그것 가운데에서 얽매이지 않는다는 것을 훤히 볼 수 있을 것이다.'[11] 理

---

6) 嘗深思 古今人學問道術之所以差者 只爲理字難知故耳 所謂理字難知者 非略知之爲難 眞知妙解 到十分處 爲難爲,「退溪全書」, 書, 答 奇明彦 別紙.

7) 鳶飛魚躍 必理與氣之使然也 … 所以飛所以躍者 理也,「退溪全書」, 答喬婬問目.

8) a reason why it is as it is

9) a rule which it should conform

10) 無聲臭 無方體 無內外 無情意 無計度 無造作 無生死 無窮盡,「退溪全書」, 答 鄭子中別紙.

에 대한 이황의 이상의 설명은 理가 '절대적 수준의 논리적 가정'이라는 것을 보여 주고 있다.

理는, 첫째로, '지극히 텅빈 것 같으나, 아주 꽉 차 있으며, 절대적으로 없는 것 같으나, 절대적으로 있는 것'[12]이다. 이것은 理의 實在性(실재성)을 말하는 것이다. 이 말을 해석하여 이황은 '진실되게 말하자면 천하에 理보다 더 차 있는 것은 없고 소리도 냄새도 없으니 천하에 理보다 더 비어 있는 것은 없다. 오로지 "無極而太極(무극이태극)"이라는 이 한마디 말밖에 할 것이 없다'[13]고 말하였다. '無極而太極(무극이태극)'이라는 말에서 '태극은 실로 뭇 이치의 근본과 만가지 변화의 근원이 되어서 그 전체가 귀일하는 것이 저 極(극)과 같으므로 極(극)이라 한 것이다. 그리하여 태극이라고 이름한 것이 비록 형상과 方所(방소)로 인한 것이나, 있는 것으로서 없는 것을 비유하고 차있는 것으로서 비어 있는 것을 비유한 것일 뿐 그 처음부터 어떤 형상과 방소(方所)가 있어서 찾을 수 있는 것이 아니다'[14]라고 말하고 있다. '무극이란 두 자를 더한 것이니, 대개 무극과 태극을 진리에 비유하여 理가 형상과 방소(方所)가 없으면서 지극히 차있는 것이 있다는 것을 밝힌 것'[15]이라 하였다. 이황은 항상 태극과 理를 관련시켜 '理가 곧 태극이요 태극이 곧 이이다'[16]라고 말하고 있다.

둘째로, 理는 '움직이지만 움직임이 없는 것이요 정지해 있지만 멈춤이 없는 것이다.'[17] 이것은 理의 絶對性(절대성)을 나타내고 있다. '움직이지만 움직임이 없는 것이요 정지해 있지만 멈춤이 없는 것이다'고 하였지만, 여기서 유의해야 할 것은 '無動無靜(움직임이 없고 멈춤이 없다)'는 것이지 '不動不靜(움직이지 않고 가만있지 않는다)'는 것은 아니라는 것이다. 여기서 '없다'(無)는 것은 없다는

---

11) 若能窮究衆理到得十分透徹 洞見得此個物事 至虛而至實 動而無動 靜而無靜 潔潔淨淨地 一毫添不得一毫減不得 能爲陰陽五行萬物萬事之本而不   於陰陽五行 萬物萬事之中, 「退溪全書」, 答奇明彦.

12) 至虛而至實, 至無而至有.

13) 自其眞實无妄而言 則天下莫實於理 自其無聲無臭而言 則天下莫虛於理 只無極而太極一句可見, 「退溪全書」, 答 鄭子中.

14) 至於太極實爲衆理之本萬化之原 而其總合歸會底意思 有類於極故亦以極名之 然則太極之得名 雖因其形狀方所 而以有喩無以實喩虛 初非有形狀方所之可尋也, 「全書」, 答 李公浩問目.

15) 故又以無極二字加之 蓋其假彼喩此 以明此理之無形狀無方所 而至有者焉至實者存焉爾, 「退溪全書」, 答 李公浩問目.

16) 理卽太極 太極卽理.

17) 動而無動 靜而無靜.

것이 아니라 絶對(절대)라는 뜻이다. 따라서 靜 중에 動이요, 動 중에 靜인 理는 초월적 절대성을 가졌다는 뜻이다. 朱子(주자)가 動而無動 靜而無靜(동이무동 정이무정)을 해석하여 '神則不離於形 而不囿於形(신이라는 것은 형에 떨어져 있지 않으나 형에 구애되지 않는다)'이라 하였다. 이것이야말로 理의 절묘한 절대적인 실재임을 말하고 있는 것이다.

셋째로, 理는 '潔潔淨淨地 一毫添不得 一毫減不得(지극히 맑고 깨끗한 것이며 추호도 더 할 수도 없고 덜할 수도 없는)'것이다. 이것은 理의 완전성을 나타내는 말이다. 理는 조금도 결함이 없는 완전한 실재이다.

넷째로, 理는 '能爲陰陽五行萬物萬事之體 而不有於陰陽五行萬物萬事之中(음양오행과 만물만사의 체이며 그것에 의하여 제한을 받지 않는)'것이다. 이것은 理의 근본성을 나타내고 있다. 음양오행과 만물만사의 體이면서 이것에 제한을 받지 않는 것이 理이다. 왜냐하면 음양이 氣이고 오행은 그 氣의 분화이며, 만물만사는 음양과 오행의 구체적인 결과이지만, 理는 이것들의 근본이며 존재근거이기 때문이다.

이상과 같이 퇴계는 理의 성격을 실재성, 절대성, 완전성, 근본성으로 파악하였다. 여기서 퇴계의 이기론의 최대 특색인 '理貴氣賤(理는 귀하고 氣는 천하다)'의 생각을 낳게 된 것이다. 퇴계에 의하면, '사람의 한 몸에는 理와 氣가 겸비되어 있으며, 이는 귀하고 기는 천한 것이나 이는 無爲(무위)하고 기는 有慾(유욕)하기 때문에 이를 실천하는 것을 위주로 하는 자는 기를 기르되 理 가운데 있으니 성현이 그러하다'[18]고 하였다. 퇴계 자신은 이를 실천하는 것을 위주로 하여 평생을 살았다. 그렇다면 기에 관한 퇴계의 생각을 좀더 구체화해 보기로 한다.

주자에 의하면, '모든 것의 존재는 음양으로 되어 있으며 음양 없는 물은 없다'[19]고 하면서 '음양은 오로지 一氣(일기)'[20]라는 것이다. 말하자면 氣없는 物은 하나도 없으며 모든 물은 기로 구성되어 있다. 그러므로 물은 자연현상, 사회현상 심지어 정신현상까지도 포함하고 있다. 이것으로 미루어 보아 모든 존재, 모든 현상은 기로 구성되어 있다고 말할 수 있다. 인간을 예로 하여 구체적으로 말하면, '사람이 태어날 때 처음에 먼저 氣가 있다. 그 氣가 신체를 이루고 魄(백)이 먼저

18) 人之一身 理氣兼備 二氣貴賤 然理無爲 而氣有欲 故主於踐理者 養氣在其中 聖賢是也,「退溪全書」, 與朴澤之 卷12.

19) 都是陰陽 無物不是陰陽,「朱子語類」65, 淳錄.

20) 陰陽只是一氣,「朱子文集」, 答楊元範.

내재한다. 신체를 다스리는 정신 즉, 魄이 발동하여 지각한다'[21] 여기서 유의해야 할 점은 '人生初間先有氣(사람이 태어날 때 처음에 먼저 기가 있다)'라는 말에서 '먼저'라는 말은 논리적으로 앞서 있다는 말이다. 이 말로 미루어 보면 기는 형이상학의 세계에 속한다는 것을 말하고 있는 것이다. 주자도 이 점에 관해 말하기를 '기의 맑은 것이 기가 된다'[22]고 말한다. 이것은 기의 형이상학적 측면을 말하고 있는 것이다. 그러면 기에는 이것밖에 없는가?

氣에는 '[기 중에서] 濁者爲質(탁한 것이 형질이 된다)'[23]이라는 것도 있다. 이것은 氣의 형이하학적 측면이다. 퇴계도 기는 소위 기운을 뜻하고 質은 형체와 형질을 뜻한다고 하였다.[24] 구체적으로 사람에게 적용한 것이 있다. 그것은 제자 金誠一(김성일)과의 문답에 나타나 있다. 즉, '사람은 똑같이 하나의 기를 받았는데 어찌하여 기질이 같지 않습니까' 하고 물으니 선생 왈 '기를 동일하게 받았으나 그 기는 균일하지 않으며 一氣(일기)가 나뉘면서 음양이 되고 그 기는 본래의 청탁으로 나누이고 음양은 오행으로 나누인다. 그 기란 혹 생기게 하기도 하고 억누르기도 하고, 혹은 순하게 혹은 역으로, 혹 오르고, 혹 내리고, 혹 가고, 혹 오고, 혹 열리고, 혹 닫히고, 혹 왕성하고, 혹 쇠약하고 뒤엉키고, 거꾸로 서로 얽히기도 하고, 맑고 깨끗하기도 하고, 흐르기도 하여 모든 것들이 서로 같지 않으므로 사람도 기로 태어났으나 기질은 같지 않은 것이다'[25]라고 하였다.

이제 理氣(이기)의 관계를 논하겠다. 주자에 의하면, '이른바 이와 기는 확실히 二物(이물)이다. 다만 在物上(재물상)으로 보면, 그 이물이 서로 엉켜 각각 떨어져 따로 자리를 잡고 있다고 말할 수는 없지만, 그래도 그 이물이 각각 一物(일물)을 이루고 있지 않다고는 말할 수 없다. 그러나 在理上(재리상)으로 보면, 비록 사물이 있기 전에도 그 사물의 이는 있다고 볼 수 있다. 역시 이 경우에도 그 이만 있을 뿐이며 실지로 사물이 있는 것은 아니다.'[26] 여기서 '재물상으로 보면'이라는

---

21) 人生初間先有氣 旣成形是魄在先 形旣生矣 神發知矣 旣有形後 方有精神知覺, 語類, 淳錄.

22) 氣之淸者爲氣, 朱子語類 3.

23) 朱子語類 3.

24) 有生之後氣行於質之中 … 呼吸運動氣也 … 耳目形體質也, 退溪全書, 答李宏仲.

25) 人同稟一元之氣 而氣質之不同 何也 先生曰 人之生也 雖曰同稟 一元之氣 而一元之氣 逆雜不齊 蓋自一元而分爲陰陽 則其氣固有淸濁之分 陰陽又分爲五行 則其爲氣也 或生或克 或順或逆 或升或降 或往復 或來或去 或闢或闔 粉綸交顚倒錯綜 淳淸淸濁 有萬不齊 人稟是氣而生 則其氣質之不同, 退溪言行錄, 答金誠一 書.

26) 所謂理與氣決是二物 但在物上看 則二物渾淪不可開 各在一處 然不害二物之各爲一物也 若在理上看 則雖未有物而已有物之理 然亦但有理而已 未嘗實有是物,「朱子大全」, 卷46, 答 劉淑文.

말은 사실적 수준에서 본다는 말이요 '재리상으로 보면'이라는 말은 논리적 수준에서 본다는 말이다.[27] 그러므로 사실적 수준에서 보면 理와 氣는 구분이 되지 않지만, 논리적 수준에서 보면 理와 氣는 구분된다.

퇴계는 理와 氣의 관계를 '同時共存(동시공존)'이라 한다. 즉, '理와 氣는 같은 (同) 가운데 다름(異)을 알고, 다른 가운데 같음(異中同)이 있음을 알아 나누어 둘이 되어도 떨어지지 않는 데가 있고, 합하여 하나가 되어도 그 내용에 있어서는 섞이지 아니하고 서로 한쪽에 치우침이 없게 된다.'[28] 여기서 '같은 중에 다름(同中異)'의 '같은 것(同)'은 理氣가 공존하는 '같은 것'이니 理는 理로서 氣는 氣로서 공존하고 있는 것을 말한다. '다른 중에 같음(異中同)'에서 '다른 것(異)'은 理와 氣가 自己分(자기분)을 지니는 '다른 것'이다.[29] 달리 말하면 사실적 수준에서는 同中異(동중이)의 同이요, 논리적 수준에서는 異中同(이중동)의 異이다. 그러나 퇴계의 理氣論에서는 '理가 먼저 있다(理先)'의 뜻이 있다. 사물이 있기 전에 먼저 그 理가 있음을 말하는 것이다. '임금과 신하가 있기 전에 먼저 君臣(군신)의 理가 있고, 부모와 자식이 있기 전에 이미 부자의 理가 있는 것과 같다. 원래 理가 없다면 곧 군신과 부자가 있기를 기다려서 도리를 가져다 그곳에 넣을 수가 없다. 사물이 아직 있지 않을 때 이 理가 이미 갖추어 있는 것이니 그 뒤에 적용하는 것이 다만 氣인 것 뿐이다'[30]라고 말하였다. 그러나 이러한 주장은 '理와 氣는 함께 한다'(理氣共存)와 상충하는 것 같이 보인다.

이 점을 분명히 하기 위하여 '理가 먼저 있다(理先)'를 설명할 필요가 있다.[31] 여기서 '理가 먼저 있다'는 말은 '시간상'으로 먼저 있다는 말이 아니라, '논리적'으로 먼저 있다는 말이다. 기도 또한 사실의 세계를 설명하는 데 쓰여지는 개념이며, 동시에 '논리적 원인'이 되기도 한다. 따라서 理와 氣가 공존한다고 할 때, 이것은 곧 氣가 독립적으로 작용하는가, 아니면 거기에는 理라는 논리적 원인

27) 李烘雨, 전게논문, pp.10-11.
28) 就同中異知其有異 就異中而其有同 分而爲二 而不害其嘗離 合而爲一而實歸於不相雜 乃爲周悉 而無偏也,「退溪全書」卷16, 答 奇明彦.
29) 宋兢燮, '李退溪哲學에 있어서의 理氣不可分의 意味',「退溪學研究」, 慶北大學校 退溪學 研究所, 1977, pp.49-50.
30) 未有事先有這理 知未有君臣 理先有君臣之理 未有父子 已先有父子之理 不成立無此理 直待有 君臣父子 却旋將道理人在這裏面 未有事物之時 此理已具 少問應處 只是此理,「退溪全書」, 答 鄭子中).
31) 李烘雨, 前揭論文, p.10.

을 필요로 하는가 하는 문제가 생긴다. 주자는 이 문제에 있어서 氣는 스스로 작용할 수 없고 그 작용의 원인으로서의 理의 도움을 받아야 한다고 보았다.[32] 즉, 理가 氣의 원인이 된다고 보는 것은 오직 논리적으로 볼 때 그러할 뿐이요, 사실의 세계에서는 오히려 氣가 理에 우선하여 理는 氣에 의존한다고 보아야 한다는 것이다.[33] 퇴계 자신도 주자의 견해를 받아들이면서 理를 보다 충실히 설명하기 위하여 二重體用說(이중체용설)[34]을 취하였다. 말하자면, 퇴계는 體와 用을 다시 논리적 수준에서 理의 세계를, 사실적 수준에서 氣의 세계를 이중적으로 파악한 것이다. 요컨대, 퇴계는 理와 氣의 관계를 '不相離(서로 떨어지지 않는 것)', '不相雜(서로 섞이지 않는 것)'으로 보고 있다.[35] '서로 떨어지지 않는 것'으로 보았기 때문에 퇴계는 理氣를 二物(이물)로 강조할 수밖에 없다. 理氣를 둘로 나누고 그 '不雜性(서로 섞이지 않는 것)'을 강조하고 이의 所當然(소당연)을 중시하다 보니 결국 理를 귀하게 여기고 氣를 천하게 여기는 생각을 갖게 되었다. 그리하여 퇴계는 '理의 표현(理發)'을 주장하고 본연지성, 사단, 도심, 存天理(존천리)의 소중함을 주장하기에 이른다. 그렇다면 구체적으로 '理發氣發(이발기발)'은 무엇이며, 이 설명의 의의는 어디에 있는가?

퇴계의 이발기발은 어디서 나왔는가를 살펴보겠다. 그것은 기명언과의 사단칠정을 논의하는 가운데 서신 제2서에 들어 있다. 직접 그 대목을 보기로 하자. '사람은 理와 氣가 합하여 이루어졌기 때문에 理와 氣는 서로 각각 표현되며, 또 각각 표현되기는 하지만 서로 논리적으로 필요로 하기도 한다. 각각 표현되므로 주된 것이 무엇인지를 알 수 있고, 서로 논리적으로 필요로 하기 때문에 각각 서로 존재한다는 것을 알 수 있다. 그러므로 理와 氣를 뒤엉켜 있는 대로 말할 때도 있다. 理와 氣는 서로 주된 바가 각각 있으므로 나누어서 理라 하고 氣라 말할 수도 있는 것이다.'[36] 理氣互發(이기호발)의 요체는 만물이 理와 氣로 구성되어 있어서, 만약 理가 주된 것으로 되면 氣가 약해져서 理가 표현된다. 반대로 氣가 주된 것

---

32) 理有動靜 故氣有動靜 若理無動靜 則何自而動靜乎,「朱子文集」, 答 鄭子上.

33) 李烘雨, '理氣哲學에 나타난 敎育理論', 서울大學校 師範大學(編),「師大論叢」第30輯, 1985; 馮友蘭,「中國哲學史」上, 下, 商務印書館 1931, 1934.

34) 韓明洙, '理氣動靜과 生成의 問題',「退溪學 硏究」, 7輯, 慶北大學校, 1980. p.14.

35) 理外無氣, 氣外無理, 故不可斯須離也,「退溪全書」, 續集 卷8, 雜著.

36) 蓋人之一身 理與氣合而生 故二者互有發用 而其發又相須也 互發則各有所主可知 相須則互在其中可知 互在其中 故渾淪言之者 固有之各所有主 故分別言之 而無不可論, 奇高峯에게 한 第 二答書.

으로 되면 理가 약해져서 주된 것으로 氣가 표현된다. 이것을 사람의 경우에 적용하면 수양하여 기를 배제하게 되면 主理(주리)로 되어 선해 지는 것이다. 이때 主理(주리)로 될 때 한꺼번에 되는 것이 아니라, 차차 그쪽으로 되어지는 것이다. 그리하여 퇴계는 '積漸純熟(적점순숙)'이라 하였던 것이다.

이제 교육이론을 구성할 때가 되었다. 교육 이론이 이론으로서 제 구실을 하기 위해서는 추상성과 포괄성을 가져야 한다. 그러므로 교육이론은 마땅히 형이상학적 성격을 띠게 되어 있다. 이 말에 비추어 보면 퇴계의 교육이론은 당연히 그의 이기론 자체라고 말할 수 있다. 그러나 이와 같은 교육이론은 궁극적이기는 하지만 교육현실과 너무 떨어져 있어서 공허하게 들릴 가능성이 있다. 그리하여 교육현실에 보다 가까운 교육이론이 요구된다. 여기서는 그와 같은 교육이론의 세 가지 원천인 윤리, 개인과 사회와의 관계, 인식론을 중심으로 퇴계의 교육이론을 구성해 보기로 한다.

우선 윤리의 문제, 즉 '개인은 어떻게 사는 것이 가장 올바르게 사는 것인가'에 관한 퇴계의 생각을 말해 보겠다. 퇴계에 의하면, '理'에 맞게 실천하면서 사는 삶이야말로 가장 잘 사는 것이다. 퇴계에 있어서 理는 인격형성의 절대적 기준이다. 그러므로 퇴계에 의하면, 학문의 목적은 理를 밝히고 덕을 쌓는 인격을 수양하는 데 두고 있다. 말하자면 '求仁成聖(구인성성)'이 삶의 궁극적 목적인 것이다. 퇴계는 성학십도 제7 仁說(인설)에서 말하기를 '사람의 마음됨에 그 덕이 넷이 있어서 인, 의, 예, 지라 하는데 인은 포함되지 않은 것이 없다'[37]고 하였다. 그렇다면 理와 仁은 어떤 관계인가?

퇴계는 '임금과 신하가 아직 있기 전에 이미 군신의 이(理)가 있고 부모와 자식이 있기 전에 먼저 부자(父子)의 이(理)가 있는 것과 같다. 원래 理가 없다면 곧 군신과 부자가 있기를 기다려서 도리를 가져다 그 속에 넣을 수는 없는 것이다'라는 것을 믿고 있다. 이 말을 우리의 삶에 적용해 보면, 가령 부자관계에서 볼 때 그 아버지가 어떤 형편에 있는 경우라도 자식된 사람이 그 아버지를 받들어 모셔야 한다. 사실상 이 일이 가능하기 위해서는 仁(여기에는 극기, 사랑, 용서, 자기희생이 포함된다)으로 일관하지 않으면 불가능한 것이다.[38] 인은, 무릇 善의 근원이며 백가지 행실의 근본이다. 따라서 仁은 이를 인간의 삶에 적용하는 최고의 가치로 변용하여 제시된 개념이다.

---

37) 人之爲心其德亦存四曰仁義禮智而仁無不包.
38) 宋兢燮, 前揭論文, p.77.

仁을 올바르게 구하기 위해서는 무엇보다도 먼저 인간의 마음을 살펴보아야한다. 인간의 마음은 理氣(이기)를 합한 것이므로 마음에서 우러나오는 행위가 반드시 이에 합당하다고 볼 수 없다. 그리하여 퇴계에 의하면 '사단은 理가 표현되고 氣가 그 수단으로 따라오며, 칠정은 기가 표현되고 理가 그것을 규제한다. 이는 기가 그 수단으로 따라오지 않으면 무엇인가를 이룰 수 없고 氣는 理의 규제를 받지 않으면 이욕에 빠져 새나 짐승이 되고 만다. 理는 변하지 아니하는 정해진 이치이다'[39]라고 말하였다. 이와 같이 사단과 칠정에 관련되는 인간의 마음은 더욱 구체화되어 인심과 도심으로 구별된다. 사단과 칠정 그리고 인심과 도심 등은 다같이 理氣共存(이기공존)과 互發(호발)로 설명이 된다. 여기서 한가지 유의해야 할 것은 인심과 인욕의 구분이다. 인심과 인욕은 구별이 있고 두 가지는 근본과 가지의 관계이다.[40]

그러면 이 인욕을 막는 최상의 길은 무엇인가? 그것은 다름 아닌 도심의 보존이다. 달리 말하면, 하늘의 이를 보존하는 일인 것이다(存天理事). 그리하여 퇴계는 '무릇 사람의 욕심을 막는 일은 마땅히 인심이 하는 일에 속하며, 하늘의 이를 보존하는 일은 마땅히 도심이 하는 일에 속하는 것이다'라고 말하고 있다. 인간이 천리를 보존하기 위해서는 居敬窮理(거경궁리)-에 힘쓰지 않으면 안된다. 이 길이야말로 도심이 하는 일에 속하며, 이것은 인을 완성하는 길이기도 하다.

이제 인간의 올바른 삶의 방법인 '거경궁리'를 좀더 구체적으로 말하겠다. 그러나 여기서는 주로 '거경'만을 말하고 '궁리'에 관해서는 인식론을 다룰 때 자세히 논하기로 하겠다. 퇴계가 주장하는 삶의 태도는 '경'이라 할 수 있다. 그리하여 그는 '경으로 안을 곧게 하는 것만을 가지고 일상 공부의 으뜸으로 가는 의로 삼는다'[41]고 하였다. '거경'이란 말은 논어의 자로 편에 '居處恭執事敬(거처할 때에는 반드시 공손히 하고 일이 있을 때는 공손히 삼가한다)'의 첫글자와 끝글자를 따서 생긴 말이다. 그러면 왜 퇴계는 삶의 태도를 '敬'으로 하지 않으면 안되었는가? 그 이유는 퇴계는 삶의 목적을 '理'로 하였고, 그것을 자기 자신의 것으로 내면화하는 데 두었기 때문이다. 이는 완전성, 실재성, 절대성, 근본성을 가지고 있으므로 이와 같은 이를 자신의 것으로 내면화하기 위해서는 당연히 삶에서

39) 四端理發而氣隨之 七情氣發而理乘之 理而無氣之隨 則做出來不成 氣而無理之乘 則陷利欲而爲禽獸 此不易之定理, 答 李宏仲問目.

40) 人心者 人欲之本 人欲者 人心之流, 答 審婬問目 中庸.

41) 只將敬以直內爲日用第一義,「退溪全書」, 答 金而精.

경의 태도를 지닐 수밖에 없는 것이다. 그리하여 퇴계는 '대저 사람이 학문을 하고자 할 때 학문의 방법은 유사, 무사, 유의, 무의를 막론하고 오직 경을 주로 삼아 고요할 때나 시끄러울 때나 그 경의 마음을 잃지 말아야 한다'[42]고 하였다. 주자에 의하면 '경은 오로지 畏자와 비슷하다고 하면서, 이것은 덩어리를 뭉쳐 놓은 것처럼 움직이지 않고 앉아 있으면서 귀로 듣지 않고 눈으로 보지도 않아 전연 일을 살피지 않는 것을 말하는 것이 아니다. 다만 心身을 수렴하며 외모를 단정히 하고 내심을 깨끗이 하고 가지런히 하여 純一한 상태로 되어 방종하지 않아야 敬이다'[43] 이 말에서 보면 '敬'은 삼가 두려워하는 것과 비슷하다는 뜻과 심신을 한 군데 모으고 외모를 단정히 하고 순일한 상태를 유지하는 것이라고 하였다.

그러면 경의 대상인 '理'를 모르는데 어떻게 敬의 태도를 지닐 수 있는가? 이 문제에 관하여 주자는 말하기를 '학자의 공부는 오직 거경궁리에 있다. 이 두 가지 일은 서로서로 관련되는 것이다. 궁리를 잘한즉 거경 공부가 날로 나아가고, 거경을 잘한즉 궁리 공부가 날로 정밀해진다'[44]고 하였다. 이 생각을 이어받아 퇴계는 '오직 십분 궁리거경의 공부를 힘써야 한다―그 두 가지가 서로 머리와 꼬리로 되지만 실지로는 양단 공부니 절대로 분단하는 것을 근심할 것은 없다. 반드시 서로 함께 나아가는 법이다'[45]라고 말하였다. 말하자면 주자는 거경과 궁리를 서로 관련되어 있다고 하였는데, 퇴계는 首尾(수미)의 관계로 말하면서 互進(호진)하는 법으로 삼아야 한다고 말하였던 것이다.

이제 좀더 자세히 생각해 보면 거경과 궁리를 연결지워 주는 것은 아는 것, 그것도 '참으로 아는 것(眞知)'이다. 거경하면서 궁리하여 알게 되면 처음보다 더욱 경하게 되고, 그와 같은 경의 태도로 궁리하다 보면, 더욱 깊이 알게 된다는 말이다. 그렇다면 '참으로 아는 것(眞知)'은 무엇을 뜻하는가? 퇴계에 의하면, '공경을 위주로 하여 모든 '사물이 마땅히 그러한 바(所當然)'와 사물이 그러한 까닭(所以然)'이 되는 연고를 연구하여 마음을 가라 앉혀 반복해서 깊이 생각하고 두고두

---

42) 大抵人之爲學 勿論有事無事 有意無意 惟當敬以爲主 而動靜不失,「退溪全書」卷28, 答 金燉敍.

43) 然敬有甚物 只如畏字相似 不是塊然兀坐 耳無聞目無見 全不省事之謂 只收斂身心 整齊純一 不恁地放縱 便是敬「朱子語類」卷12, 持守.

44) 學者工夫 唯在居敬窮理 此二事互相發 能窮理則居敬工夫日益進 能居敬則窮理工夫日益密,「性理大全」卷48, 朱子曰.

45) 惟十分勉力於窮理居敬之工, ― 二者雖相首尾 而實是兩段工夫 切勿以分段爲憂 惟必以互進爲法,「退溪全書」卷14, 答 李叔獻.

고 탐구하여 스스로 체득하여 그 지극한 도리를 극진히 해서 세월이 오래되고 공력이 깊은 데 이르게 되면 하루아침에 놀랍도록 의혹이 석연히 가시게 되고 시원하게 진리에 관통하는 바가 있는 것이다. 그렇게 되면 비로소 체와 용이 한 근원이 되고 顯과 微 사이가 없음을 참으로 알게 되어 지극히 작은데 미혹하지 않고 조금도 잡된 것이 섞이지 않고 순수하여져서 현혹됨이 없이 中을 잡을 수 있다. 이것이 이른바 참된 知라는 것이다'[46]라고 말하였다. 여기서 주목해야 할 점은 '깊이 생각하고 두고두고 탐구하여 스스로 체득한다'는 말이다. 이 점을 퇴계는 다른 곳에서도 '이치를 깊이 연구하는 일은 실천해서 체험해야 참으로 아는 것이 되고 공경하는 것을 주로 하는 일은 마음을 두 가지 세 가지로 함이 없어야 비로소 진실하게 얻을 수 있는 것이다'[47]라고 하였다. 이 점을 구체적으로 퇴계는 다음과 같이 말하고 있다. 즉, 주자가 말하기를 '처음에 십분 노력해서 공부를 하면, 그 다음에는 八九分(팔구분)만 공부하여도 된다고 하였으니 비단 독서만이 그러한 것이 아니라 의리를 연구하는 데 있어서도 또한 그렇게 해야 한다. 하늘이 부여한 理는 나와 같으나 다만 氣에 구속되고 欲의 가림으로 말미암아 겹겹으로 간격이 이루어지는 것이니 理를 궁구하고 힘써서 공부에 전진하여 처음에 한 겹의 벽을 뚫기는 어려우나 그 다음에 또 한 겹의 벽을 뚫는 어려움은 먼저보다 덜하고 다음에 또 한 겹을 뚫고 나면 공부의 힘이 생겨서, 뚫기가 점점 쉬워짐을 깨닫게 되니 의리의 마음은 곧 물욕을 뚫어 없애는 도수에 따라 점차적으로 드러날 것이다. 비유컨대 거울이 본래는 깨끗하나 먼지와 때가 끼어서 약으로 갈고 닦는 데 처음에 아주 힘들어 긁어내고 닦아 내어야 한 겹의 때를 겨우 벗겨 내게 되니 어찌 어려운 일이 아니겠는가. 계속해서 두 번 갈고 세 번 갈면 힘이 차츰 적게 들고 그 거울의 맑음도 때를 벗겨 낸 분량에 따라 점점 드러날 것이라 하였다.'[48] 이것이 소위 퇴계의 '漸進法(점진법)'이라는 것이다.

---

46) 敬以爲主 而事事物物莫不窮其所當然與其所以然之故 沈潛反覆 玩索體認 而極其至 至於歲月之久 功力之深 而一朝不覺其有洒然融釋 豁然貫通處 則所謂體用一源 顯微無間者 眞是其然 而不迷於危微 不眩於精一 而中可執 此之爲眞知也,「退溪全書」卷6, 戊辰六條疏.

47) 窮理而驗乎踐履 始爲眞知 主敬而無二三 方爲實得,「退溪全書」, 答 李叔獻.

48) "第一項須著十分工夫了：第二項只弗得八九分工夫" 云云, 非但讀書爲然, 研究(窮) 義理亦然 降衷之理與我本一 緣氣拘欲蔽 遂成遮隔重重了 窮理做工 用力硏精 初間消磨了這重隔子極難 次又消磨了一重 其難不至如前 次又消磨了一重 覺得爲力稍易 理義之心 輒隨消磨分數 漸次而見 譬如鏡本明 爲塵垢重蝕 用藥磨治 初番極用力刮拭才玄垢一重 豈不甚難 繼之以再磨 三磨 用力漸易 而明隨垢玄分數而漸露,「退溪全書」, 答李平叔問目.

　지금까지의 논의에서 알 수 있는 것은, 궁리는 진지를 얻기 위함이요, 진지는 실천을 포함하고 있다는 것이다. 물론 여기서 '경'이 있음은 말할 것도 없다. 여기에서 퇴계의 '知行竝進說(지행병진설)'의 단서를 볼 수 있다. 퇴계의 지행병진설은 주자의 지행병진설을 발전시킨 것이다. 주자에 의하면 '지와 행은 항상 서로 논리적으로 필요로 하는 것이니, 눈이 있어도 발이 없으면 갈 수 없고 발이 있어도 눈이 없으면 볼 수 없는 것과 같다. 그 시간상 선후를 논하자면 지가 먼저 되고 그 경중을 논하자면 행이 중하게 된다.'[49]고 말한다. 퇴계는 '진지와 실천을 수레의 두 바퀴와 같아서 그 하나를 결하여도 불가하다'[50]든가 '그 옳은 것을 배운다는 것은 그 아는 바에 의하여 이를 몸소 실천한다는 것이다'[51]라고 말하였다. 퇴계의 경우 '지행병진'은 먼저 알고 행하고, 행하면서 더욱 깊게 알아 보다 철저하게 행하는 것으로서의 병진인 것이며, 지와 행의 경중을 가리지 않는다. 그리하여 퇴계는 '대개 聖門(성문)의 학문은 이를 마음에서 구하지 않으면 어두워져서 얻는 것이 없다. 그러기에 반드시 생각해서 그에 통해야 하며, 그 일을 익히지 않으면 위태하여 불안하다. 그러므로 반드시 배워서 그 실상을 실천해야 한다'[52]고 하였다. 이렇게 볼 때 퇴계는 실천이 있을 때 비로소 안다는 것을 주장한 것이라고 말할 수 있다. 실천이 없이 안다는 것은 필요조건은 되어도 충분조건이 빠진 것이므로 진정으로 안다고 할 수 없다는 것이다. 이 점을 주자보다 퇴계가 확실히 하고 있는 것이다.

　그러면 이와 같은 생각을 갖도록 해준 시발은 어디에 있는가? 그것은 '格物致知'(격물치지)에 있다고 본다. '격물치지'라는 말은 원래 대학의 팔 조목에서 나왔다. 그러면 '격물치지'란 말은 무슨 뜻인가? 주자의 大學章句 註解(대학장구 주해)에 보면 '사물의 이치를 끝까지 캐어 그 아는 바를 다하지 못한 것이 없게 한다'[53]는 뜻으로 되어 있다. 그러나 이것만을 가지고는 격물치지를 이해하는 데 몇 가지 문제가 있다. 즉, 첫째 여기서 말하는 '격물'에서 '物'의 의미는 무엇인가? 그것은 사물과 같은 것인가? 그렇다면 사물은 또 무엇인가? 둘째 '格'의 범위는 어디까지인가? 셋째 '궁리'와는 어떤 관계인가? 넷째 '치지'는 어떤 상태인

49) 知行常相須 如目無足不行 足無目不見 論先後知爲先 論輕重 行爲重,「性理大全」卷48.

50) 眞知與實踐 如車輪厥一不可云云,「退溪全書」卷6, 戊辰六條疏.

51) 學其可者此因其所知而身履之也,「自省錄」, 答 李叔獻別紙.

52) 蓋聖門之學 不求諸心 則昏而無得 故必思以通其微 不習其事 則危而不安 故必學以踐其實, 進聖學十圖.

53) 李相殷, "退溪의 格物- 物格 辨疑 譯解,「退溪學報」, pp.47-48.

가?

우선 '物'의 의미는 '격물치지'에서 대단히 중요한 개념이므로 좀 자세히 논의하겠다. 주자에 의하면 물은 形器(형기)의 정해진 體가 있는 것을 말한다. 이때 형기의 器는 形이 있고 象이 있는 모든 것이다. 그리고 정해진 體라는 것은 일정하고 구체적인 형을 가리킨다. 그러므로 물이란 有形有象(유형유상)을 가리키는 것이라고 일단 말할 수 있다. 주자는 다시 '무릇 聲色貌象(성색모상)이 있으면서 천지간에 가득한 것은 모두 '物'이라 하였다.[54] 여기서 유추할 수 있는 말은 물이란 지각의 대상이 된다는 것이다. 다시 말하면 천지우주를 물로 보는 것이다.[55] 여기서 다시 사람도 사물인가 아닌가 그리고 마음도 사물인가 하는 문제가 생긴다. 주자는 사람과 마음을 물로 보기도 하고 때로는 보지 않기도 한다. 구체적으로 말하면 사람을 물의 개념 속에 집어넣지 않은 경우, 예컨대, 대학혹문에서 '그 이를 가지고 말하면 만물은 一源(일원)이므로 처음부터 人物貴賤(인물귀천)이 구분되지 않는다. 그 기를 가지고 말하면 바르고 통하는 것은 인(人)이다. 그 편벽되고 막힌 것은 物이다. 그것에 따라 귀하다 혹은 천하다'고 하였다. 그러나 주자는 사람이 물의 개념에 들어갈 뿐 아니라, 그의 생활, 행위도 물에 들어간다고 하였다.

심(心)도 물로 보기도 하고 때로는 구별하기도 하였는데[56] 그와 같이 인과 물, 심과 물을 구분하는 것과 구분하지 않는 것은 어떤 의미를 주는가? 심과 물을 구별하는 것은 물에 대한 심의 우위를 인정하는 것이 되고 나아가 만물에 대하여 인간의 우위까지도 생각하게 된다. 심과 물을 구분하지 않는 것은 심이 육체의 소산이므로 심의 절대성을 부정하고 상대성을 인정하는 것이 되고 더 나아가 악도 존재할 수 있다고 생각하는 데 그 의의가 있다.

그러면 物과 事는 어떤 관계인가? 주자 자신은 물과 사를 명백히 구분하지 않고 거의 동의어로 사용하고 있다. 분명히 주자는 대학장구에서 '물은 사와 같다'(物猶事也)라 하였다. 그래서 주자는 별로 구분하지 않은 채로 '萬物'(만물, 語類, 15), '事物(사물, 語類, 14)', '事事物物(사사물물, 語類, 14)', '천하의 사물은 모두 물이 된다(天下之事皆爲之物, 語類, 15)' 등을 사용하고 있다. 그러나 주자는 事를 여러 가지 현상으로 본다. 事는 개인을 포함한 인간 세계의 모든 현상들이다. 따라서 事는 학문의 대상이 되고 사고의 대상이 된다. 그러므로 격물은 事에 관한

54) 大學或問.
55) 眼前凡所應接底都是物(語類, 十五, 賀孫錄).
56) 衣食作息 視聽擧履 皆物也(中庸或問).

이치를 연구하는 것이라고 말할 수 있다. 물론 여기서 말하는 事는 사고현상, 사회현상, 문화현상, 자연현상 등을 가리킨다.[57]

다음으로 '格'의 범위는 어떠한가?[58] 格物(격물)은 한꺼번에 되는 것은 아니다. 한 가지 물에 격하여 만리를 통하는 것은 顔子(안자)도 거기에 이르지 못하였고 오늘 一物(일물)을 格하고 다음 날 또 一物을 格하여 그것이 오랜 세월 쌓인 후에야 豁然貫通(활연관통)하게 되는 것이다. 격물은 천하의 물을 모두 끝까지 窮究하려고 욕심을 부려서는 안 된다. 다만 一事(일사)에 힘을 다하여 끝까지 궁구하면 그 밖에 다른 것은 유추할 수 있다. 말하자면 격물은 사물의 理를 구하되 그 방법은 여러 가지가 있다. 예컨대, 책을 읽으면서 이론적 탐구를 한다든가 실천을 통하여 격한다든가 할 수 있다. 그리고 하나의 理를 구명하면 모든 理에 통하는 것이 아니라, 일물의 理를 궁구하면 그것에 한하되 그것이 어느 정도 쌓이면, 비약적인 궁극의 진리에 도달할 수 있다. 그러나 一物(일물)의 理를 궁구하면 그것에 한한다고 해서 천하의 모든 物의 理를 하나하나 다 구하고자 할 필요는 없다. 유추의 방법도 있는 것이다.

셋째로 格物致知(격물치지)와 窮理(궁리)는 어떤 관계인가? 사실 주자의 대학혹문과 어류, 문집 등에서는 이 두 개념이 어떤 관련을 맺고 있는지를 밝히지 않은 채로 여기 저기 나오고 있다. 그러나 자세히 보면, 격물은 개개의 물에 대한 그 이의 궁구함을 다하는 것으로서 '理의 추구 그 자체'(絶對善)이다. 그리고 치지는 사물의 이를 궁구하여 깨달은 상태를 말한다. 그러므로 '격물치지'는 바로 궁리인 것이다.

주자는 사실상 程伊川(정이천)의 격물설을 이어 받고 퇴계는 다시 주자의 격물설을 이어받은 것은 사실이다. 그러나 주자의 격물설을 이어받은 단계는 초기 단계로서 퇴계 자신의 이론이 별로 없는 단계이다.[59] 그러나 그 후 퇴계의 독자적인 이론이 드러나게 되는 것은 그 당시 유행하던 '理自到說(이자도설)'의 영향을 받아 퇴계 역시 사물의 理의 自到(자도)를 인정하면서부터이다. 말하자면 사물의 이에 관한 인식은 내 마음의 궁구와 더불어 이의 '自到(자도)'에 의하여 이루어진다고 생각하였다. 즉, '이전에 내가 잘못된 설명을 바꿀 줄 몰랐던 것은 다만 주자가 말한 理의 無情意無計度無造作說(무정의무계탁무조작설)을 따르기만 하여

57) 大濱晧, 朱子の哲學, 東京出版會, 1982, pp.239-267.

58) 二程全書 卷19, 劉元承錄 參照.

59) 尹絲淳, '退溪哲學의 理想主義的 性格', 「退溪學報」, 退溪學研究院, 1978, p.104.

내가 物의 理의 극처에 궁도할 수 있지 理가 어찌 극처에 스스로 이를 수 있겠는가'[60]라고 생각하였다. 그리하여 격물의 '格'이나 無不到(무불도)의 '到'를 모두 내가 '格' 하고 내가 '到' 하는 것으로 보았다. 그러나 주자는 말하기를 '이에는 반드시 用이 있으니 어찌 또 心이 용을 말할 것이 있는가. 그 용은 비록 인심을 벗어나는 것이 아니지만 그 용의 妙를 이루는 까닭은 실로 理의 발견 때문이니 마음이 어떤 것에 닿음에 따라 사물의 이치가 이르지 않음이 없게 된다. 다만 나의 격물이 이르지 못함을 걱정할 뿐 이가 自到(하도)할 수 없음을 걱정해서는 안 된다. 그러므로 격물이라 함이 어찌 物理(물리)의 극처가 나의 궁구에 따라 이르지 않음이 없음을 말하는 것이 아니겠는가. 이로써 정의와 조작이 없다는 것은 이의 '本然之體(본연지체)'이고 그 궁구함에 따라 언제나 발견된다는 것은 이의 지극한 신묘한 용임을 알 수 있다. 그 전에는 다만 이의 본체의 무작위만을 알았을 뿐 그 妙用(묘용)이 나타날 수 있음을 알지 못하였다'[61]고 하는 것이 그것이다.

여기서 우리가 유의해 보아야 할 것은 두 가지이다. 하나는 '내가 物理(물리)의 극처에 궁구하여 도달할 수 있지 이가 어찌 극처에 스스로 이를(到)수 있겠는가'의 의미는 무엇인가 하는 것이며, 다른 하나는 '왜 퇴계가 理의 본연지체와 묘용을 구분하지 않으면 안 되었는가' 하는 것이다. 첫째의 의미는 理本體(이본체)의 무작위성을 전제로 하여 생각할 때 내가 物理(물리)의 극처에 궁구하여 도달할 수 있는 것만을 생각하였지 理가 극처에 스스로 이를 수 있다는 것을 생각할 수 없었다는 뜻이다. 그러나 두 번째 문제를 생각해 보면, 퇴계 자신이 '理도 표현되고 氣도 표현된다(理發氣發)'는 것을 인정하고 있는 만큼 '理의 표현'을 부인할 수 없다. 그리하여 퇴계는 이의 무작위성과 '표현'을 인정하기 위해서는 체용을 도입하지 않을 수 없었다. 그리하여 퇴계는 理의 '本然之體(본연지체)'와 '妙用(묘용)'으로 설명하였다. 그러나 理의 자도가 내 마음을 궁구하든가 내 마음의 氣의 작용과 전혀 관계가 없는 것은 아니라는 점을 생각해 보면 '理의 신묘한 용'만으로 완전히 설명할 수 없다는 문제가 여전히 남아 있게 된다.[62] 또 하나의 문

---

60) 前此滉所以堅執誤說者 只知守朱子理無情意不計度無造作之說 以爲我可以窮到物理之極處…「退溪全書」, 答 奇明彦 別紙.

61) 理豈能自至於極處 故硬把物格之格 無不到之到 皆作己格己到看 … 然而又曰 理必有用 何必又說是心之用乎? 則其用雖不外乎人心 而其所以爲用之妙 實是理之發見者 隨人心所至而無所不到 無所不盡 但恐吾之格物有未至 不患理不能自到也 … 則豈不可謂物理之極處 隨吾所窮而無不到乎 是知無情意造作者 此理本然之體也 其隨寓發見而無不到者 此理 至神之用也 向也但有見於本體之無爲 而不知妙用之顯行,「退溪全書」, 答 奇明彦別紙.

제는, '理의 능동성(理到說)'을 인정하게 되면 심의 작용과 理의 용이 일치하게 된다. 심이 다하지 않음이 없으면 이도 이르지 않음이 없게 되어 이 점에서 심과 이는 하나가 되어 王陽明(왕양명)의 '心卽理(심즉리)'에 가까워진다. 그러므로 퇴계는 '나의 격물이 이르지 못함을 걱정할 뿐 理가 自到(자도)할 수 없음을 걱정해서는 안된다'고 하였다. 만약 '心卽理(심즉리)'를 승인하면, 퇴계의 근본 입장인 理氣不雜性(이기불잡성)을 부인하게 되고 인욕을 천리로 보는 결과가 된다. 그러나 여기서의 해결의 실마리는 심을 물의 개념에 들어가는 것으로 보는가 들어가지 않은 것으로 보는가에 달려 있다. 만약 심이 물의 개념에 들어가지 않으면 심은 하나의 절대주체이며 따라서 주객으로 나뉘이지 않으며, 심을 대상으로서 보는 지적 자각을 초월하는 것이 된다. 이렇게 심을 보면 이와 다름없고 따라서 '심즉리'라고 보아 아무런 문제가 퇴계의 주장에는 생기지 않는다.

퇴계의 최대관심은 四端(사단)을 어떻게 자신에게 내면화하느냐 하는 데 있다. 그러나 여기에는 근본적으로 '所有(소유)'와 '源泉(원천)'의 문제가 들어 있음을 간과해서는 안 된다. 인의예지의 소유와 원천의 관계를 파악하는 방식에는 두 가지가 있다. 하나는 개인이 인의예지의 소유자임과 동시에 원천이 된다는 경우이고, 다른 하나는 인의예지의 소유 문제와 원천의 문제를 구분하는 경우이다.[63] 전자의 경우에는 개인이 사회와 따로 떨어져서 인의예지의 의미를 스스로 규정하는 것이다. 그리하여 개인이 사회와 관계없이 존재할 수 있는 것처럼 생각한다. 물론 이 사람들도 개인이 사회를 떠나서는 존재할 수 없다는 사실을 부인하지는 않는다. 그럼에도 불구하고 개인이 사회의 영향을 받지 않고 스스로 인의예지의 의미를 규정할 수 있다고 믿는다. 이와 같이 생각하는 것은 개인과 사회의 관계를 '사실적 관계'로 파악하는 것이다. 말하자면 개인과 사회가 개념상 서로 독립되어 있고 사회는 개인의 사실적 집합이라는 것이다. 달리 말하면 개인은 개인이라는 개념이 사회 '이전'에 사회와 떨어져서 존재할 수 있다는 것이다. 이 관점을 교육과 관련지워 생각해 보면 인의예지는 교육과 별개의 것으로서 그 의미가 교육 이전에 이미 규정되어 있다는 것이다. 이와 같이 보면 교육은 인의예지의 의미를 실현하는 수단이 된다.

후자의 경우에는 개인이 사회로부터 '인의예지'의 의미를 배운 결과 그 의미

62) 李相殷, '退溪의 格物-物格辨疑 譯解', 「退溪學報」, p.65.
63) 黃仁昌, 敎育에 있어서의 個人과 社會의 관계- 플라톤의 國家論을 中心으로- 서울大學校 大學院 博士學位論文, 1989, pp.83-85.

를 받아들이게 되며 개인은 사회와의 관련에 비추어 그 존재 의의를 찾을 수 있다는 것이다. 따라서 개인이 사회의 영향을 받아 비로소 인의예지의 의미에 관한 자신의 생각을 가지게 되는 것이다. 이와 같은 관점은 개인과 사회와의 관계를 '논리적 관계'로 파악하고 있는 것이다. 말하자면 개인이 사회와 관련을 맺지 않고는 개인이 따로 존재할 수 없으며 개인은 사회와의 관련에 의하여 비로소 그 실체가 규정될 수 있다는 것이다. 이와 같은 생각을 교육과 관련지워 보면, '인의 예지'는 교육과 각각 별개가 아니라, 교육의 과정 그 자체이며, 따라서 인의예지의 의미는 미리 규정되어 있는 것이 아니다. 따라서 교육에 의하여 인의예지가 논의되며 그 의미를 논의하는 교육의 과정이 '인의예지'이며 교육은 인의예지를 실현하는 것 이외의 다른 것이 될 수 없는 것이다.

이상과 같은 두 가지 관점 중 퇴계는 어느 관점을 취하였는가를 고찰해 보겠다. 우선 '答李平叔問目(답이평숙문목)'을 살펴 본다. 즉 '(그대가) 인의예지의 네 글자를 해석할 때 만약, 그 글의 뜻만을 보아 외거나 풀이함에는 비록 털끝만큼도 어김이 없다 하더라도 결국 무슨 이익이 있으리오. 오직 네 글자의 뜻으로 제목을 삼아서 생각하며 고요히 앉아서 마음을 가다듬고 연구하고 또 음미하며 체득하여 인이 나의 마음에 있으면 어찌하여 마음의 덕이 되며, 어찌하여 愛의 理가 되며, 어찌하여 溫和慈愛(온화자애)의 도리가 되는 것이며, 의가 나의 마음에 있으면, 어찌하여 마음의 절제가 되고, 어찌하여 裁斷(재단)하는 이치가 되는 것인가를 체험하고 예와 지에 있어서도 또한 이와 같이 할 것이다'[64]라고 하였다.

여기서 우리가 주목해야 할 점은 퇴계 자신이 '그대가 만약 인의예지의 네 글자를 해석하면서 만약에 그 글자의 뜻만을 보아 외거나 풀이함에는 털끝만큼도 어김이 없다 하더라도 필경 무슨 이익이 있으리요'라고 말한 점이다. 만약 인의 예지의 의미가 규정되어 있다면 외거나 풀이하는 것은 그것대로의 이익이 될 것이다. 그러나 퇴계는 그것이 아무 이익이 없다고 말하면서 '인이 나의 마음에 있으면 어찌하여 마음의 덕이 되며 어찌하여 愛의 理가 되며 어찌하여 온화자애의 도리가 되는 것이며 의가 나의 마음에 있으며 어찌하여 마음의 절제가 되고 어찌하여 일의 마땅한 바가 되며 어찌하여 裁斷(재단)하는 이치가 되는가를 체험하고

64) 仁義禮智四個字釋 若徒看文義 雖記誦解釋 不差豪釐 畢竟何益 須將四個字義做題目入 思議靜坐潛心研究玩味體認體驗 仁在吾心 若何而爲心之德 若何而爲愛之理 若何而爲溫和慈愛底道理 義在吾心 若何而爲心之制 若何而爲事之宜 若何而爲斷制裁割底道理 於禮於智 亦當如此,「退溪全書」, 答 李平叔問目.

덕과 지에도 또한 이와 같이 할 것이다' 라고 말하고 있다. 퇴계는 인의예지의 의미가 예컨대, 인이 어찌하여 마음의 덕이 되는가, 어찌하여 애의 이가 되는가 등을 연구하는 과정에서 체득된다는 것을 말하고 있는 것이다. 그리하여 '네 글자의 뜻으로 제목을 삼아서 생각하며 고요히 앉아서 마음을 가다듬고 연구하고 또 음미하여 체득하는 것은 그 자체가 이미 교육이라는 것을 시사하고 있다.[65] 어떻게 교육을 받지 않고 '연구하고 음미하며 체득' 할 수 있겠는가. 이 말을 달리 표현하면, 퇴계는 사람들이 교육을 통하여 또는 사회로부터 인의예지의 의미를 배우고 그 의미를 받아들여야 한다는 것을 암암리에 말하고 있는 것이다. 그러므로 퇴계는 무엇보다도 먼저 스스로 서원을 세웠고 거기서 제자들을 교육한 것이다.

다음으로 '聖學十圖箚(성학십도차)' 를 살펴본다. 여기에는 퇴계가 어떤 생각을 갖고 임금에게 성학십도를 지어 올렸는가 하는 점이 잘 나타나 있다. 그것을 구체적으로 보면 다음과 같다. '이제 여기에 그 도와 해설을 겨우 열 폭밖에 안되는 종이에 베풀어 놓았습니다. 만일 이것을 보고 생각하고 익혀서 평소에 조용히 혼자 계실 때 공부를 하신다면 여기에 도가 엉기고 聖人(성인)이 되는 요령이 있으며 근본 마음을 바르게 하여 나라를 다스리는 근원이 모두 여기에서 나옵니다. 오직 전하께서는 정신을 가다듬어 뜻을 더하셔서 처음부터 끝까지 여러 번 반복하되 하찮은 것이라고 소홀히 하지 마시고 싫증이 나고 번거롭지만 그만 두지 않으신다면 국가로서도 매우 다행한 일이며 신하와 백성들에게도 매우 다행한 일이라 하겠습니다 '[66]라고 말하고 있다.

여기서 주목해야 할 점은 '만약 이것을 보고 생각하고 익혀서 평소에 조용히 혼자 계실 때 공부를 하신다면' 이라는 말이다. '생각하고', '익히고', '공부하는 것' 은 교육을 받는다는 말이다. 이와 같이 교육을 받으면 '여기에 도가 엉기고 성인이 되는 요령이 있으며 근본 마음을 바르게 하여 나라를 다스리는 근원이 모두 여기에서 나온다' 는 것이다. 말하자면 교육을 받으면 교육받는 그 과정 속에서 聖人(성인)이 되고 나라를 다스리는 근본도 알게 된다는 뜻이다. 따라서 聖人(성인)이 되는 요령이나 도가 이미 규정되어 있는 것이 아니라, 교육을 받으면서 그 요령과 의미를 터득할 수 있다는 것이다.

---

65) 金忠烈,「中國哲學散稿」, 汎學圖書, 1977, pp.301-302에 보면, 淸나라 儒學者 顔元(안원)이 孔子에 의한 敎育과 理學(이학)에 의한 敎育의 모습을 그린 것 중에서 理學에 의한 敎育의 모습과 類似하다.

66) 是其爲圖爲說 僅取敍陳於十幅紙上 思之習之 只做工程於平日燕處 而凝通作聖之要 端本出治之 源悉具於是 惟在天鑑留神加意反復終始 勿以輕微而忽之厭煩而置之 則宗社幸甚臣民幸甚.

퇴계 당시 사회에서 보면, 임금은 곧 국가나 마찬가지이다. 임금은 개인이면서 국가이다. 그러나 비록 임금일지라도 인의예지를 실현할 수 있는 것은 오로지 교육을 통하여 자신이 聖人(성인)이 되고 그 교육은 국가(사회)와 관련을 맺지 않고는 안된다는 것을 뜻하고 있다. 그러므로 임금의 경우는 개인이면서 국가이기 때문에 얼핏보면 혼자 공부하는 것 같아도 국가(사회)가 개인에게 교육을 시키는 것이며, 이 교육을 통하여 오로지 '인의예지'를 사회에 실현시킬 수 있다는 것이다. 요컨대, 퇴계는 개인과 사회의 관계를 논리적 관계로 보고, 교육이야말로 '인의예지'를 실현하는 가장 핵심적인 일이라고 생각한 것이다. 그러므로 우리는 퇴계가 만년에 이르기까지 온갖 정성을 다하여 제자를 교육한 것을 이해할 수 있을 것 같다.

지금까지 우리는 퇴계의 교육이론을 정립한 셈이다. 교육이론은 포괄성과 추상성을 띠고 있으므로 구체적인 교육의 사태를 설명할 수 있어야 한다. 여기서는 퇴계 당시의 교육의 실제 사태를 설명하려는 것이 아니라, 퇴계 자신이 교육에 관한 여러 가지 발언을 그의 교육이론에 비추어 재음미하고자 한다. 퇴계 자신의 교육에 관한 발언은 첫째 교육은 왜 받아야 하는가, 둘째 어떤 것을 교육내용으로 하여야 하며 그 이유는 무엇인가, 셋째 그 교육내용을 가르치는 방법은 무엇인가, 넷째 교육자는 어떤 모습을 지녀야 하는가 등을 중심으로 다루겠다.

퇴계에 의하면, '교육은 윤리를 밝히는 것을 근본으로 삼는다'[67]고 하였다. 교육을 받는다는 것이 학문을 하는 것이라면 학문을 하는 목적은 곧 바로 윤리 도덕을 바르게 아는 데 있다. 그리하여 퇴계는 학문의 목적을 '爲己之學(위기지학)'에 두고 있는 것이다. '그것은 도리를 우리들이 마땅히 알아야 할 것으로 삼고, 덕행을 우리들이 마땅히 해야 할 것으로 삼아서, 먼 곳보다 가까운데서, 겉보다 속부터 공부를 시작해서, 마음으로 얻어서 몸소 행하기를 기약하는 것이다.'[68]라고 퇴계는 말하고 있다. 그러면 이와 같은 말을 할 수 있는 근거는 무엇인가?

인간의 마음은 이와 기로 형성되어 있다. 그러므로 '性이 곧 理이니 본시 善할 뿐 惡이 없다. 심은 이와 기가 합한 것이니 덕이 있음을 면하지 못하나 가장 시초를 논한다면 심 또한 선하고 악이 없다. 왜 그렇다고 말할 수 있는가? 그것이 마음이 표현되지 않아 기가 작용하지 않을 때는 오직 이뿐이니 어찌 악이 있으리요.

67) 蓋其爲教也本於明倫,「退溪全書」卷29, 答 金而精.

68) 先生曰爲己之學以道理爲吾人之所當知 德行爲吾人之所當行 近裏著工 期在心得 而躬行者 是也, 言行錄, 教人, 金富倫記.

오직 표현되었을 때에 기가 이를 가리우게 되고 그때 악으로 옮긴다'[69]고 하였다. 여기서 이(理)는 '지극히 비어 있는 것이면서 꽉 차 있는 것, 움직이는 것이면서 움직임이 없는 것, 가만히 있는 것이면서 정지해 있지 않는 것, 지극히 맑고 깨끗한 것, 조금이라도 더하거나 덜할 수 없는 것(至虛而至實, 動而無動, 靜而無靜, 潔潔淨淨地, 一毫添不得, 一毫滅不得)'이므로 인간은 바로 이 이를 몸과 마음에 體認(체인)하도록 하기 위하여 학문을 하는 것이다. 그러므로 학문을 통하여 마음 속에 理를 보존하며 기가 가리우지 않도록 하며 기가 가리워지면 이것을 제거하도록 노력해야 하는 것이다. 퇴계는 이것을 비유하여 설명하기를 '군자의 학문은 자기를 위할 따름이다'라고 하면서, 이른바 자기를 위한다는 것은 저 장경부가 말한 '위하는 바'가 없이 하는 것이다. 우거진 숲 속에 있는 난초가 온종일 향기를 피우지만 스스로 그 향기로움을 모르는 것과 같은 것이다. 군자의 자기를 위하는 뜻에 꼭맞는 말로서 마땅히 깊이 본받아야 할 것이다'라고 말한 것과 같은 것이라고 하였다.

퇴계에 의하면 교육을 받아야 하는 이유는 '마음을 바르게 하는 데 있는 것'[70]이다. 말하자면 교육은 다른 것을 위한 수단이 아니라 그 자체 목적이라고 한 말과 같은 것이다. 그러므로 그는 '爲人之學(위인지학)'을 반대한다. 왜냐하면 '위인지학'은 마음으로 얻어서 몸소 행하기를 힘쓰지 않고 거짓을 꾸미고 따라서 이름을 구하고 칭찬을 취하는 것이기 때문이다. 그리하여 퇴계는 세상 사람들이 학문하여 과거를 보아 고관되기를 좋아하므로 '슬프다 이 세상 사람들이여! 고관되기를 사랑하지 말지어다'[71]라고 하면서 '과거에 급제하는 것이 유학자의 취할 바가 아니다'라고 하면서 당시의 유학자로서 학문을 한다고 하는 사람들을 보고 탄식하여 가로되 세상에 허다한 영재가 俗學(속학)에 오염됨이 더욱 심하다'[72]고 하였다.

다음으로 '마음을 바르게 하기 위한' 교육내용으로 퇴계는 어떤 것을 들고 있으며 그 내용을 지지하는 이유와 근거는 무엇인가? 우선 배워야 할 것은 持敬(지경)이요 이를 위하여 뜻을 세워야(立志)하는 것이다. 그리하여 퇴계는 '사람이 일

69) 性卽理固有善無惡 心合理氣以未免有惡 然極其初論之 心亦有善無惡何者 心之未發 氣未用事 唯理而已 安有惡乎 推於發處 理蔽於氣 方趨於惡,「退溪全書」卷13, 答 洪應吉.

70) 學問所以正心也(上同).

71) 嗟爾世上人 愼勿愛高官,「退溪全書」卷1, 詩.

72) 取科第非儒也 因歎曰世間許多英才混泊俗學更有甚,「言行錄」, 論科學之弊.

을 하려면 반드시 뜻을 세움으로써 근본을 삼아야 한다. 뜻이 서지 않으면 일을 할 수 없는 것이요, 또 비록 뜻을 세웠다 해도 진실로 居敬(거경)하여 이 마음을 갖지 않으면 또한 찬찬하지 아니하여 주장이 없어지고 아무 하는 일없이 날을 보낼 것이며 실속없는 말만 그치고 말 것이다'73)라고 말하였다.

그러면 입지와 지경을 어떻게 갖게 되는가? 주자에 의하면 敬의 개념이 사용되는 맥락이 대개 다음과 같은 여섯 가지로 나눌 수 있다.74) 첫째, 일종의 두려운 감정으로서 이른바 '畏'와 유사한 의미를 지니며(如畏字相似), 둘째, 실재로서의 도, 또는 이에 수렴되는 마음의 상태로서 도와 관련을 맺지 않은 것은 아무 것도 수용하지 않는 것(敬是收斂 其心不容一物)이며, 셋째로, 오로지 한 마음으로 일을 수행하는 것(敬是隨事專一 主一之謂敬)이며, 넷째로, 일을 수행하면서 반드시 그 일을 하나하나 세밀하게 점검하는 것(敬是隨事點檢)이며, 다섯째로, 마음을 흐리지 않고 항상 맑게 하는 방법(敬是常惺惺法)을 뜻하며, 여섯째로, 행위나 용모가 항상 엄숙정제한 모습(敬是整齊嚴肅)을 뜻한다. 그러면 퇴계는 어떻게 敬을 생각하였는가? 그는 '뜻을 세우면 모름지기 사물 밖으로 높이 뛰어 넘어서야 하고 居敬(거경)하려면 항상 사물 가운데 있으면서 이 경과 사물로 하여금 어긋나지 않게 하여야 하는 것'75)이라 하였다. 이 말은 어떤 의미를 가지는가? 예컨대, '뜻을 세우면 모름지기 사물 밖으로 높이 뛰어 넘어서야 한다'고 하였는데 어떻게 하란 말인가? 그것은 다름 아니라 입지와 지경의 의미를 알 수 있는 학문을 하라는 뜻이다. 이와 같이 말을 할 수 있는 근거는 '글을 배우는 것을 어찌 소홀히 할 수 있는가. 학문은 마음을 바르게 하는 방법이며, 글을 배우지 않으면 성현의 聖法(성법)을 생각하지 못하고 사리의 당연함을 알지 못하여 행하는 것이 혹 私事(사사)의 뜻에서 나오게 되어 野한 데로 빠지게 된다'76)고 말한 데서 찾을 수 있다.

그러면 구체적으로 말해서 학문을 하면 입지와 지경이 이루어질 가능성이 있음에도 불구하고 왜 퇴계는 입지와 지경을 우선 행해야 한다고 말하고 있는가? 그것은 인간이 학문을 통하여 '理'를 몸에 체득해야 되며, 그 理는 '지극히 높은 것, 그 상대가 없는 것, 만물에 명령하는 것(極尊無對命物者)'이고 '구별이 없는

---

73) 人之爲事 必立志以爲本 志不立則不能爲得事 雖能立志 敬不能居敬以持之 此心亦乏然而無主 悠悠終日 亦只是虛言, 言行錄, 論持敬, 李德弘記.

74) 錢穆(民國 60), 朱子新學案 卷2, 臺北, 文史出版社, pp.302-330.

75) 立志必須高出事物之表 而居敬則常存於事物之中 令此敬與事物 皆不相違(上同)

76) 先生曰學文豈可忽哉 學問所以正心也(言行錄). 謂力行而不學文 則無以考聖賢之成法 識事理之 當然 而所行或出於私意 非但失之於野而已, 「論語」, 學而註.

것, 악이 없는 것(有差無惡)'이며 '지극히 신묘한 것(至神妙用)'한 것이기 때문에 이와 같은 이를 체득하기는 매우 어려운 일이기에 미리 단단한 각오를 가지고 입지를 해야 하며 너무 존엄한 것이기에 지경하지 않을 수 없는 것이다.

이제 그 구체적인 학문의 내용과 배워야 할 이유를 들어 보겠다. 우선, 퇴계는 소학을 들고 있다. 그것을 배워야 하는 이유는 다음과 같다. 즉, '만물이 나고 자라 열매 맺고 돌아감은 변함없는 자연의 법칙이고 어진 마음, 올바른 행동, 예에 맞고, 슬기로움은 인간 본성의 대원리이다. 모든 사람의 인성은 처음부터 착하지 않음이 없다. 아름답게 잘 갖추어진 四端(사단)은 느낌에 따라 나타난다. 어버이 사랑하고 형을 공경하며 나라에 충성하고 어른을 받드는 것은 본성이니 가 없이 이를 따라야 한다. 오직 성인의 본성은 하늘과 같고 넓고 넓어 티끌만큼 보태지 않아도 온갖 착함 가득하다. 뭇 사람들은 어리석고 어두워, 물욕으로 착한 마음을 가지고 본성을 무너뜨리고 쉽게 자신을 버린다. 성인이 이것을 안타깝게 여기어 배움터 세워 스승을 모시고 본성을 잘 키워 북돋우고 일상생활을 펴 나가게 하였다. 어린이를 가르치는 방법은, 물 뿌리고 쓸고 청소하며, 대인 관계예절을 지키고, 집에서 효도하고 어른께 공손하며, 행동은 도리에 어긋나지 않게 하면서, 이렇게 실천하고 남은 힘이 있으면 시도 배워 외우고 책도 읽으며 노래 부르며 춤추고 즐기더라도 생각이 법도를 넘지 않도록 한다. 이치를 끝까지 탐구하고 몸을 닦는 것은 이 학문의 큰 요지이다'[77]라고 하였다. 그러므로 '만약 소학을 어렸을 때 배우지 않으면 커서는 더욱 경박하고 사치해지니 향촌에는 미풍양속이 온 데 간데 없어지고 세상에는 어진 재목을 찾을 길이 없어진다'[78]고 하였다.

다음에는 '대학'이다. 즉 '대학의 원리는 明德(명덕)을 밝히는 데 있고, 백성을 새롭게 하는 데 있으며, 최고의 선에 머무르는 데 있다. 멈출 곳을 안 뒤에 목표가 정해지고 목표가 정해진 뒤에 마음이 평정되고, 마음이 평정된 뒤에 편안해 질 수가 있으며, 마음이 편안해진 뒤에 깊이 생각할 수 있게 되며, 깊이 생각한 뒤에 최고의 선에 이를 수가 있는 것이다. 물에는 근본과 말단이 있고, 일에는 먼저 해야 할 것과 나중에 해야 할 것이 있다. 먼저 해야 할 것과 나중에 해야 할 것을 알게

77) 元亨利貞 天道之常 仁, 義, 禮, 智, 人性之綱 凡此厥初 無有不善 藹然四端 隨感而見 愛親敬兄 忠君弟長 是曰秉彝 有順無疆 惟聖性者 浩浩其天 不加毫末 萬善足焉 衆人蚩蚩 物欲交蔽 乃頹 其綱 安此暴棄 惟聖斯惻 建學立師 以培其根 以達其支 小學之方 灑掃應對 入孝出恭 動罔或悖 行有餘力 誦詩讀書 詠歌舞蹈 思罔或逾 窮理修身 斯學之大,「聖學十圖」, 小學題辭.
78) 蒙養弗端 長益浮靡 鄕無善俗 世乏良材(上同).

되면 도에 가까워질 것이다.' [79] 그리하여 '옛날에 明德(명덕)을 천하에 밝히고자 한 사람은 먼저 자기 나라를 잘 다스렸다. 자기나라를 잘 다스리고자 한 사람은 먼저 자기 집안을 공정하게 잘 이끌었다. 자기 집안을 공정하게 이끌고자 한 사람은 먼저 스스로 수양했으며, 스스로 수양하고자 한 사람은 먼저 그 마음을 바르게 했다. 마음을 바르게 하고자 한 사람은 먼저 그 뜻을 정성스럽게 했고, 그 뜻을 정성스럽게 하고자 한 사람은 먼저 그 앎의 경지를 최상에 이르게 하였다. 앎의 경지를 최상에 이르게 하는 것은 사물의 이치를 끝까지 캐서 밝히는 데 있다. 사물의 이치가 끝까지 밝혀진 뒤에 앎의 경지가 최상에 이르게 되고, 앎의 경지가 최상에 이른 뒤에 뜻이 정성스럽게 되며, 뜻이 정성스럽게 된 뒤에 마음이 바르게 된다. 마음이 바르게 된 뒤에 몸이 수양되며, 몸이 수양 된 뒤에 나라가 잘 다스려진다. 나라가 잘 다스려진 뒤에 천하가 태평하게 되는 것이다. 천자로부터 서인에 이르기까지 한결같이 다 수신으로 근본을 삼는다. 그 근본이 잘 되지 않고서 말단이 잘 이루어지는 법은 없고, 그 두텁게 한 것이 엷게 되거나, 엷게 한 것이 두텁게 되는 경우는 없다' [80]고 하였다 이것이 바로 '대학'을 배워야 하는 이유이다.

대학과 소학의 내용을 보다 철저하게 공부하는 것으로 퇴계는 朱子全書(주자전서)를 들고 있다. 왜냐하면 '주자전서를 읽으면 가슴 속에서 문득 시원한 기운이 생기는 것을 깨닫게 되어 저절로 더위를 모르게 된다' [81]고 하면서 '사람이 이 책을 읽으면 학문하는 방법을 알 수 있을 것이며 이미 그 방법을 알게 되며 반드시 느끼게 되어 흥이 일어날 것이다. 여기서 공부를 시작하여 오랫동안 익숙한 뒤에 사서를 다시 보면 성현의 말씀이 마디마디 맛이 있어서 비로소 자기에게 쓰이는 바가 있게 될 것' [82]이라 하였다.

셋째로 근사록과 심경, 그리고 주자의 書(書簡集)이다. 근사록은 의리의 정미한 것을 상세하게 분석하고 있다. 그러나 배우는 자들을 깨우치고 감동시켜 분발하

---

79) 大學之道 在明明德 在新民 在止於至善 知止而后有定 定而后能靜 靜而后能安 安而后能慮 慮而后能得 物有本末 事有終始 知所先後 則近道矣,「聖學十圖」, 大學經.

80) 古之欲明明德於天下者 先治其國 欲治其國者 先齊其家 欲齊其家者 先修其身 欲修其身者 先正其心 欲正其心者 先誠其意 欲先誠其意者 先致其知 致知在格物 物格以后知至 知至而后意誠 意誠而后心正 心正以后身修 身修以后家齊 家齊以后國治 國治以后天下平 自天子以至於庶人 壹是 皆以修身爲本 其本亂而末治者 否矣 其所厚者薄 而其所薄者厚 未之有也(上同).

81) 先生曰 講此書便覺胸膈生凉自不知其暑,「言行錄」.

82) 又曰人能讀此(朱子全書) 則可爲學之方 旣知其方則必此感發興起從此做工 積習旣久 然後回看四書 則聖賢之言 將節節有味 於身上方有受用處(上同).

게 하는 것이 부족하다. 초학자가 처음 시작하는 데는 心經(심경)이 좋다. 왜냐하면 심학의 연원과 심법의 정미함을 말할 수 있기 때문이다. 또 주자의 書는 일종의 서간집이므로 그 속에는 '친구들이나 제자들의 성질이나 병통이 제각기 다름에 따라 가르치고 증험에 따라 약을 썼으므로 潛心(잠심)하고 吟味(음미)하여 주자에게 직접 가르침을 받는 것같이 한다면 공부에 많은 도움을 받을 것이기 때문이다. 그리하여 이 책을 추천한 것이다.

넷째로 太極圖說(태극도설)과 西銘(서명) 등을 공부하는 것이다. 태극도설과 서명을 배우는 이유는 다음과 같다. 즉, 이 그림은 우주의 생성과 변화를 말했다. 주자는 이것이 도덕의 대원리라고 하였으며 모든 시대를 통하여 도를 이해하는 근원이라 하였다. 그러므로 성인이 되고자 하는 학문을 배우고자 하는 사람은 여기서 실마리를 찾아야 한다는 것이다. 그리고 聖學(성학)의 목적은 仁을 찾는 데 있다. 서명이야말로 그 뜻이 지극히 온전히 갖추어져 있으니 이것이 곧 仁의 본질을 잘 드러낸 것이기 때문에 배워야 하는 것이다.

그러면 이와 같은, 학문의 내용을 어떻게 가르쳐야 하는가 하는 방법의 문제가 있다. 물론 여기서의 핵심은 '居敬窮理(거경궁리)'임에 틀림없다. 그러나 여기서 이것을 되풀이 할 필요는 없고 이 '거경궁리'가 구체적으로 살아 움직이도록 적용되는 예를 찾아 제시해 보겠다. 교육방법의 핵심적 문제는 어디까지나 배우는 학생이 어떻게 하면 '마음의 눈(心眼)'이 열리는가 하는 데 있다. 말하자면 배우는 자의 지적 안목이 어떻게 달라질 수 있는가 하는 문제이다. 퇴계는 이 문제를 어떻게 말하고 있는가? 퇴계에 의하면 '숙독하기를 오래 하니 점점 그 의미를 알게 되면서 나도 모르게 마음이 기쁘고 눈이 열리는 듯'[83] 하다고 하였다. 좀더 구체적으로 글을 읽는 법을 물으니 '그저 익숙히 읽는 것뿐이다. 글을 읽은 사람이 비록 글의 뜻을 알았으나 만약 익숙하지 못하면 반드시 읽는 대로 곧 잊어버리게 되어 마음에 간직 할 수 없을 것이다. 이미 알고 난 뒤에 또 거기에 자세하고 익숙해질 공부를 더한 뒤라야 비로소 마음에 간직할 수 있으며 또 흐뭇한 맛도 있을 것이다.[84] 좀더 자세히 말하면 '고요히 앉아 마음을 편안하고 맑게 하여서 천리를 體認(체인)하라' 혹시 모르는 곳이 있으면 억지로 알려고 하지 않고 우선 한쪽에 미루어 두었다가 따로 다시 집어들고 마음을 비우고 깊이 탐색하면 환히 통

---

83) 不學心悅而眼開 玩熟蓋久 漸見意味,「言行錄」, 1, 學問.

84) 問讀書之法 先生曰止是熟 凡讀書者 雖曉文義 若未熟則旋讀旋忘 未能存之於心 心也旣學而又
　　加溫熟之功 然後方能存之於心 而存浹洽之味矣(言行錄 讀書 金誠一記).

하지 못하는 곳이 없다'⁸⁵⁾고 하였다.

마지막으로 교육자로서 갖추어야 할 모습은 어떤 것일까? 몇 가지 구체적인 예를 들어보겠다. 첫째, '배우는 자들이 자신의 할 일을 묻고 좋은 말을 청하면, 그 깊고 얕음을 따라 알려 주시되, 만일 깨우치지 못하는 곳이 있으면 여러 번 되풀이해서 자세히 설명하여 알아들은 뒤라야 그치었다. 깨우쳐 주고 이끌어 주심에 있어서, 싫어하지도 않고 게으르지도 않아서'⁸⁶⁾ 비록 병환이 있어도 강론을 멈추지 않았다. 돌아가시기 전월에 이미 중한 병환에 있었지만, 여러 제자들과 강론하심이 보통 때와 다름 없어서, 제자들은 오랜 뒤에야 비로소 알고 강론을 그쳤지만, 며칠 뒤 병환은 중해졌다. 둘째, '선생은 배우는 자들과 함께 강론하다가 의심나는 곳에 이르면, 자기의 소견을 고집하지 않고, 반드시 널리 여러 사람의 의견을 취하였다. 그래서 비록 章句(장구)에 대한 卑俗(비속)한 선비의 말이라도 또한 유의하여 듣고 마음을 비워 연구해 보며, 또 거듭거듭 참고하고 고쳐서 끝내 바른 곳으로 귀결지은 뒤에야 그만 두었다. 그가 변론할 때에는 기운이 부드럽고 말은 온화하며, 이치가 밝고 뜻이 바르며, 비록 여러 가지 의견이 다투어 일어나더라도 조금도 거기에 휩쓸리지 않았다. 이야기 할 때에는, 반드시 상대방의 말이 그친 뒤에 라야 천천히 한마디로 조리를 따지어 해석하지만, 꼭 '자신의 의견'이 옳다고 하지 않고,' 내 소견은 이러한데 어떨지 모르겠다' 고 하였다.⁸⁷⁾ 셋째, 후배들을 가르침에는 싫어하지도 않고 게을리 하지도 않으며, 친구처럼 대접해서 끝까지 '스승으로 자처하지 않았다.' 젊은 선비들이 멀리서 찾아와 물으며 가르침을 청하면, 그 깊고 얕음을 따라 가르치되, 반드시 뜻을 세우는 것으로써 공부하는 첫머리로 삼아서 다정스레 타일러 알게 한 뒤에야 그만 두었다.' ⁸⁸⁾

지금까지의 구체적인 예에서 우리가 찾을 수 있는 교육자로서의 태도나 모습을 말해 보면, 다음과 같은 것이다. 즉, 첫째 가르침을 좋아하였다는 점, 둘째 열심히 부지런히 가르쳤다는 점, 셋째 친구처럼 다정스럽게 했다는 점, 넷째 끝까지 알도록 해주었다는 점, 다섯째 스승으로 자처하지 않았다는 점이다. 여기서 우리의 주목을 끄는 점은 '스승으로 자처하지 않았다' 는 점이다. 왜냐 하면 이 점이

---

85) 先生曰延平默坐澄心體認天理之說 最關於學自者 讀書窮理之法. 如有不得者 亦不强探力索 姑置一邊 時復拈出 虛心玩味 未有不洞然處(言行錄, 學問).

86) 訓誨後學 不厭不倦 待之如朋友 終不以師道自處 士子遠來 質疑請益 則隨其淺深而告詔之 必以立志爲先 主敬窮理爲用工地頭 諄諄誘掖 啓發乃已(言行錄 一 敎人).

87) 言行錄, 二, 講辨.

88) 上同.

우리로 하여금 참다운 스승의 상을 연상하게 하기 때문이다. 보통의 경우 교사는 '아는 자'로 등장하는데, 퇴계는 자신을 스승으로 자처하지 않고 '모르는 자'로 등장하여 배우는 자로 하여금 스스로 탐구할 의욕을 갖도록 해주었다. 따라서 퇴계는 '배우는 자와 더불어 강론하다가 의심나는 곳에 이르면 자기의 소견을 고집하지 않고 반드시 널리 여러 사람의 의견을 취하였다는 것이다. 더 나아가서 스승으로 자처하지 않은 결정적인 이유를 奇明彦(기명언)에게 주는 편지에서 발견할 수 있다. 그 편지에 의하면, '의리의 무궁함을 깊이 알게 되면 "항상 부족함"을 느낄 것이며, 내 허물 듣기를 기뻐하고 착한 것을 취하기를 즐기어서 참다운 노력을 오래 쌓으면 도가 이루어지고 덕이 서게 되어 공이 저절로 높아지고 업이 저절로 넓어지게 될 것'[89]이라 하고 있다. 이 편지를 통하여 교육자가 본을 받아야 할 놀라운 점은 '의리의 무궁함을 깊이 알게 되면 항상 부족을 느낀다'는 것이다. 이 점이야말로 최고의 교육을 받지 않고는 말할 수 없는 최고로 교육받은 상태요, 교육자로서 지녀야 할 마지막 참 모습이 아닐까 하는 생각이 든다. 이제 비로소 퇴계의 자명(自銘)에 나와 있는 '학문은 구할수록 더욱 멀어진다'(學求愈邈)이라는 말이 우리에게 더욱 새롭게 다가오는 것 같다.

2. 이황과 서원

조선왕조는 초기에 정치적 안정을 찾으면서 선비들은 文章辭命(문장사명), 즉 문학과 經世之學(경세지학)에 힘썼다. 이 선비들은 향교와 사학(四學), 그리고 성균관을 통하여 배운 능력을 바탕으로 과거에 합격하여 관리로 등용되면서 이른바 사대부를 형성하기에 이른다. 이 과정에서 문학및 경세지학은 집현전을 위시한 홍문관 예문관등 왕권제도를 중심으로 한 아카데미즘의 성립을 보게 되었다. 이것에 의하여 문자의 제정, 典章制度(전장제도)의 정비, 역사 및 기타 국고문헌의 편찬 등 많은 업적을 내기도 하였다. 그러나 이 중앙의 관학적 아카데미즘을 이룩한 기성세력의 계열 중에는 공신, 척신 등 소위 훈구파에 속하는 권력을 추구한

---

89) 深知義理之無窮 常兼然有不自滿之意 喜聞過樂取善而眞積力久 則道成而德立 功自崇而業自廣, 「退溪全書」, 答 奇明彦.

사람들과 권력과 부를 소유한 집권자들이 끼어 들어있기 때문에 아카데미즘은 차츰 빛을 잃어간다. 여기에서 지방으로부터 새롭게 사림파가 등장하면서 이 아카데미즘은 계속 도전을 받게 된다. 사림파들은 도학정치를 주장한다. 사림파들이 보기에 훈구파들은 성리학이 내건 이상적인 정치—천리가 구현되는 이상사회의 건설과는 거리가 먼 정치를 하고 있었고, 또 이들이 숭상하는 학문도 詞章(사장)의 폐습에 그대로 물들어가고 있었던 것이다. 특히 이들 기성세력들은 겉으로는 성리학을 표방하면서도 집에 가서는 이단으로 결정한 불교를 신봉하는 삶의 자세를 보여 주고 있었다. 그리하여 마침내 조광조 등의 도학정치가 나오게 되었다. 그러나 중앙의 기성세력은 쉽게 물러갈리 없었다. 결국 훈구파와 사림파의 갈등은 여러 차례의 사화를 낳았던 것이다. 그 중에서도 조광조의 '이상적 정치'—도학정치가 좌절되어 버린 1519년의 기묘사화는 당시 사람들에게는 큰 충격을 주었던 것이다.

퇴계는 19세 때에 보고들은 기묘사화의 충격이 그의 기억 속에 사라지지 않은 채, 그도 다른 선비들과 같이 과거에 응시하여 관계에 발을 들여놓았다. 그러나 그가 45세에 다시 을사사화를 몸소 겪게 되었던 것이다. 이로 말미암아 사대부의 한 사람으로서 그의 앞날에 적지 않은 심경의 변화를 가져 왔을 것이다. 그는 벼슬을 버리고 고향으로 돌아왔다. 그 뒤에 계속 官資(관자)는 올라갔지만 그때마다 사퇴를 거듭하였고, 68세 때에는 대제학의 자리까지 주어졌으나 끝내 물러났다. 이것은 무엇을 의미하는가? 그것은 다름 아니라, 그가 관학적 아카데미즘의 전통을 물려받기를 원치 않았던 것이다.[90] 이와 같이 관직을 버리고 지방향리에 돌아와 학문과 수양으로 일관한 퇴계가 밖에 문제에 유일한 관심은 서원창설운동이라고 하여도 지나친 말이 아닐 것이다.

그러면 퇴계는 당시의 사회풍토를 어떻게 보았는가? 퇴계는 무진육조소 제4조에 '도술을 밝힘으로써 인심을 바로 잡을 것(明道術 以正人心)'을 힘써 말하고 있다. 그러면서 그는 당시의 인심을 다음과 같이 말하고 있다.

동방 이단의 가장 심한 폐단은 불교이다. 고려는 이것 때문에 나라가 망하는 데까지 이르렀다. 비록 우리 조선왕조의 훌륭한 다스림으로도 오히려 능히 그 밑뿌리를 끊지 못하여 자주 침투하여 퍼지고 있다. 비록 선왕께서 그 그른 것을 깨닫고 빨리 씻어 버리려고 힘썼으나, 아직도 남아있는 파장과 다 타버리지 않은 불씨가 있다. 그리고 老莊

90) 李佑成, '退溪先生과 書院創設運動', 「退溪學報」 第19號, 1978, p.204.

學(노장학)의 허망한 망발을 깊이 숭상하여 聖人(성인)을 업신여기고 예법을 멸시하
는 풍습이 간혹 일어나고, 관중과 상앙의 학술과 사업은 다행히 전술하는 자는 없으나,
공과 이익을 꾀하는 폐단은 오히려 고질이 되고 여러 사람의 비위만 맞추고 정작 착한
일은 하지 못하는 사람들이(鄕愿) 덕을 어지럽히는 풍습은 보잘것없는 무리들이 세속
에 아부하는 데서 시작되고, 俗學(속학)들이 옳은 방향을 그르치게 하는 걱정은 과거
꾼들이 녹리와 명예를 추구하는 폐습에서 일어남이 요원의 불길 같은데, 하물며 명예
를 구하고 벼슬에 나와서 기회를 타 틈을 엿보고, 이랬다저랬다하고 속이고 저버리는
무리들이 또한 어찌 전연 없을 수 있겠는가. 이것으로 보면, 오늘날의 인심이 심히 올
바르지 못하다.[91]

위의 글을 보면, 퇴계 당시의 사대부들 중에는 불교나 노장학을 신봉하는 사람
들이 여전히 많이 있음을 알 수 있고, 또 과거에 지나치게 집착하여 성리학의 본
질을 훼손시키고 있음을 알 수 있다. 특히 우리가 눈여겨 보아야 할 점은 '오늘날
의 인심이 심히 올바르지 못하다(今之人心 不正 甚矣)'라고 하는 대목이다. 퇴계
는 이어서 이러한 종류의 인간들이 자칫하면 군주의 주변에 모여들어 군주를 악
으로 인도할 것이라고 말하고 있다. 퇴계는 조광조의 실패의 이유가 바로 여기에
있다고 보는 것이다. 말하자면 조광조와 같은 실패를 하지 않기 위해서는 '인심
을 맑게 착하게 해야하고 그러기 위해서는 正學(정학)을 열어야 한다는 것이다(淑
人心 開正學). 여기서 말하는 정학이란 올바른 학문, 구체적으로는 참다운 성리학
을 말하는 것이다.

참다운 성리학은 학교에서 가르쳐야 한다. 그러나 당시의 학교로서는 모든 군
현마다 향교가 있고 중앙에는 최고의 국학으로 성균관이 있었지만, 이미 학교로
서의 본질이 퇴화되어 가고 있었다고 퇴계는 판단하였던 것이다. 퇴계는 당시의
향교와 국학에서는 참다운 성리학 공부가 불가능하며 그와 같은 방식은 오히려
해가 된다고 생각하였던 것이다. 그리하여 참다운 성리학의 공부를 할 수 있는 새
로운 교육기관으로서 서원을 창건하려고 하였던 것이다. 그러면 서원은 어찌하여
성리학의 참다운 공부를 할 수 있는 기관이라고 생각하였을까? 그 이유는 무엇인

---

91) 臣伏見東方異端之害 佛氏爲甚 而高麗氏以至於亡國 雖以 我朝之盛治 猶未能絶其根柢 往往投
　　時而熾漫 雖賴 先王旋覺其非 而汎掃去之 餘波遺燼尙有存者 老莊之虛誕 或有耽尙 而侮聖蔑禮
　　之風間作 管商之術業幸無傳述 而計功謀利之弊猶錮 鄕愿亂德之習濫觴於末流之媚世 俗學迷方
　　之患燎原於擧子之逐名,而況名途宦路 乘機抵巘反側欺負之徒 亦安可謂盡無也 以此觀之 今之人
　　心不正甚矣,「退溪集」卷6, 戊辰六條疏.

가?

첫째로 "은거하여 뜻을 구하는 선비들은 도를 강명하고 업을 익히는 무리이다. 이들은 대체로 세상에서 시끄럽게 경쟁하여 다투는 것을 싫어하여, 많은 책을 짊어지고 생각하기 한적한 들과 고요한 물가로 피하여 선왕의 도를 노래한다. 고요한 중에 천하의 의리를 두루 살피면서 덕을 쌓으며 인을 몸에 익혀 이것으로 즐거움을 삼는다. 따라서 서원에 나아가는 것을 즐기는 것이다. 그런데 요즈음 국학이나 향교가 사람들이 많이 모이는 성곽 안에 있어서, 앞으로는 學令(학령)에 구애를 받고, 뒤로는 異物(이물)에 마음이 옮겨가고 빼앗기는 것과 비교하여 본다면, 그 공효가 어찌 서원과 같다고 할 수 있겠는가. 이로써 말한다면 다만 선비가 학문을 함에 있어서 그 힘을 서원에서 얻을 수 있을 뿐만 아니라, 국가가 현명한 인재을 얻음에 있어서도 또한 반드시 서원이 국학이나 향교보다 나을 것이다."[92]

위의 말에서 우리는 서양의 '스콜라'[93]를 연상하게 된다. '전통적으로 스콜라는 觀照(관조)와 동일한 것으로 이해되어 왔다. 관조는 스콜라를 지탱해 주고 있는 세 가지 의미 요소(實在, 觀照, 至福)' 중에서도 가장 핵심적인 것이다. 관조는 언어로 명시적으로 드러낼 수 없는 묵시적 차원에 속한다. 관조의 이러한 묵시적 측면 때문에 관조는 흔히 아무 것도 하지 않는 것으로 오해된다. 그러나 관조는, 비록 외부적으로 관찰될 수 있는 활동은 아니지만, 영혼의 가장 활발한 움직임이다. 마음의 능력은 크게 '라티오'와 '인텔렉투스'로 나누어 질 수 있다. 라티오가 추론하는 능력, 즉 탐색하고, 査定(사정)하고, 추상하고, 定義(정의)하고, 논리적 결론을 이끌어 내는 능력이라고 한다면, 인텔렉투스는 바로 이상에서 설명한 관조의 능력으로서, 실재가 드러내는 바를 있는 그대로 받아들이는 능력이다. 라티오가 마음 속에 미리 어떤 의도나 욕구를 가지고 보고 싶은 대로 사물이나 사태를 보고자 하는 능동적인 인식활동이라는 의미에서 '액티비티(activity)'이라고 한다면, 인텔렉투스는 마음 속의 선입관을 배제하고 사물이나 사태를 있는 그대로 여

---

92) 隱居求志之士 講道肄業之倫 率多厭世之囂競 抱負墳策 思逃於寬閒之野 寂寞之濱 以歌詠先王
之道 靜而閱天下之義理 以畜其德 以熟其仁 以是爲樂 故樂就於書院 其視國學鄕校在朝市城郭
之中 前有學令之拘礙 後有異物之遷奪者 其功效豈可同日而語哉? 由是言之 非惟士之爲學 得力
於書院 國家之得賢 亦必於此而優於彼也, 退溪集 卷9, 上, 沈方伯.

93) 金承昊, 스콜라주의 敎育目的論, 서울大學校 大學院 敎育學 博士學位論文, 1996년. 아리스토텔레
스가 교육목적으로서의 여가를 말했을 때, 그 여가에 해당하는 희랍어는 '스콜레'(schole)이며, 그 라
틴어 표기는 '스콜라'(schola)이다. 이 말들은 이론적 논의 또는 이론적 논의를 하는 장소로서의 학교
를 뜻한다.

실하게 받아들이는 수용적인 인식활동이라는 의미에서 '패씨비티(passivity)'라고 할 수 있다. 패씨비티는 라티오와 같은 액티비티로소의 활동은 아니라고 하더라도 보이지 않는 영혼의 활발한 움직임을 수반한다는 점에서 엄연한 하나의 활동이다.

인간은 스콜라를 통하여 외부 사물을 내 것으로 받아들이면 받아들일수록 마음은 더욱 더 풍요롭게 된다. 그러한 풍요로운 마음 또는 총체로서의 마음에서 비롯되어 자연스럽게 나오는 모든 생각과 말과 행동은 인간적인 것이며 또한 도덕적인 기준에 합치될 수 밖에 없다. 사물을 여실하게 바라볼 수 있는 스콜라는 엄연한 하나의 도덕적 능력이며 인간의 사욕을 제어할 수 있는 유일한 제어장치이다. 한 인간의 도덕적 완성은 결국 그가 실재를 받아들여 자신의 것으로 만든 자아의 크기에 달려있다. 아케디아와 스콜라는 서로 반비례적인 함수관계에 놓여 있기 때문에 마음을 사물에 빼앗기는 일과 사물을 받아들여 마음을 풍요롭게 만드는 일은 결코 양립 가능한 것이 아니다. 바로 이 점에서 아케디아가 모든 도덕적 타락의 원천이라고 한다면, 그 반대로 스콜라는 모든 도덕의 원천이라고 할 수 있다'[94]는 것이다.

과연 퇴계의 위의 말은 스콜라와 관련이 있는가? 우선 우리가 유의해야 할 점은 '생각하기 한적한 들과 고요한 물가로 도피하여(思逃於寬閒之野 寂寞之濱)'라는 말이다. 특히 '한적하다(閒)'라는 말은 '놀고있다'라든가 '여유가 있다'는 뜻이 들어있다. 이것은 '할 일이 없다'는 것이기도 하다. 놀이는 일보다 우선하는, 인간의 가장 원초적인 활동이다. 인간의 영혼은 가만히 있지 않고 끊임없이 활동을 한다. 그것은 항상 몰입할 대상을 필요로 하며 그것이 외부로 표출되는 한 양상이 바로 놀이라 할 수 있다. 놀이야말로 인간이 자신의 인간됨을 실현하는 가장 기본적인 활동이며 교육, 예술, 문학, 종교 등 모든 문화의 기반이 되어왔던 것이다. 또한 이것은 '觀照'(관조)와 통하며, 인텔렉투스라는 受容的(수용적) 인식활동이라는 의미에서의 '패씨비티(passivity)'에 속하는 것과 관련이 있다. 이 관조적 인식이 있음으로 해서 인간의 영혼은 우주 전체와의 합일을 이룰 수 있게 된다. 다음으로, '변화한 환경에 유혹되어 뜻을 바꾸게 하여 정신을 빼앗기는 것과 비교하여 본다면, 어찌 그 공효를 서원과 같이 바꿀수 있겠는가(後有異物之遷奪者 豈功效豈可同日而於哉)'라는 말에서 의미를 찾을 수 있다. 그것은 말하자면 영혼

---

94) 김승호, 전게서, 1996, pp.191-195.

의 가장 활발한 움직임속에서 일어나는 스콜라를 보장받아야 한다는 것이다. 그
러므로 일단 외부의 유혹 또는 돈과 출세에 관계되는 일로 부터 '떨어져' 있어야
한다는 점에 유의해야 할것이다. 셋째로 유의해야 할 점은 '저 국학이나 향교는
중앙 또는 지방의 도시 성곽 안에 있어 학령에 구애됨이 많다(其視國學鄕校在朝
市城郭之中 前有學令之拘)'는 말이다. 향교와 국학은 나라의 제도와 규정에 얽매
어 科擧와 관계를 가지게 되어있다. 이와 같은 상태에 있는 향교와 국학은 참다
운 성리학을 할 수 없게 된다. 다시 말하면 올바른 학문에 潛心(잠심) 또는 인텔렉
투스를 할 수 없다는 것이다. 왜냐하면 향교와 국학이 과거라는 입신출세에 관련
되면 참다운 성리학을 왜곡시켜 버리게 되기 때문이다. 서원에서는 자유로운 분
위기에서 출세와 공리를 떠나 순수한 학문연구에 몰두할 수 있는 것이다. 넷째로
이와 같이 서원에서 학문을 닦은 결과로 배출된 인재를 국가가 등용하여 쓰면 제
대로 올바른 관리가 되어 위로는 임금을 보필하고 아래로는 백성에게 도움을 줄
수 있다는 것이다.

퇴계는 서원을 새롭게 세워야 할 이유를 다음과 같이 직접 말하고 있다.

> 일찍이 듣건대 사람에게 도가 있음에도 가르침이 없으면 곧 금수에 가깝다. 성인이
> 이를 근심하여 인륜을 가르쳤다. 삼대의 학문은 모두 인륜을 밝힌 것이다. 후세에 이르
> 러 聖王(성왕)이 일어나지 않아, 古道(고도)가 무너져 없어졌다. 그리고 文詞(문사),
> 과거, 이록의 습성이 사람의 마음을 어지럽혀, 광란으로 치달아 돌아오지 못하여, 안으
> 로는 국학, 밖으로는 향교가 어두워져 그 가르침을 알지 못하고, 막연하여 학문에 힘쓰
> 지 않았다. 이는 뜻있는 선비들이 발분하여 길게 탄식하고, 서적을 등에 지고 수풀이
> 우거진 깊은 산중으로 피하여 나가, 서로 그 들은 바를 강론하며, 그 도를 밝혀서 자신
> 을 이룩하고자 하였고 다른 사람들도 이룩시키고자 한 까닭이 여기에 있었다.[95]

그러면 퇴계가 그리고 있는 이상적인 서원의 모습은 무엇일까? 우선 그의 시조
와 시에서 그 방향을 암시받고자 한다.

우선, 퇴계는 서원을 세우는 데 있어서 그릇된 길에 빠지지 않고 올바른 서원을
세우기 위해서는 古人(고인)의 경험에 의한 정당한 길을 따르는 것이라고 보고

---

95) 抑嘗聞之 人之有道也 無教則近於禽獸 聖人有憂之 教以人倫 三代之學 皆所以明人倫也 至於後
世 聖王不作 古道崩滅 而文詞科擧利祿之習 潰人心術 馳狂瀾而莫之回 則內而國學 外而鄕校 皆
昧然莫知其教 漠然無事乎學矣 此有志之士 所以發憤永嘆,抱負墳策 而遁逃於山巖藪澤之中, 相
與講所聞 以明其道 以成己而成人 則書院之作,「退溪集」卷42, 伊山書院記).

있다. 그리하여 그는, '고인도 날 못보고 나도 고인 못뵈 / 고인은 못 뵈어도 예던 길 앞에 있네 / 예던 길 앞에 있거니 아니 예고 어이리' 하고 읊었다. 좀더 구체적으로 서원은 어떠한가? 그의 '書院十詠'(서원십영) 중에 總論諸院(총론제원)을 보자. '늙도록 경서 연구 도를 듣지 못했더니 / 다행히도 여러 서원 이 글을 빛내어라. / 어이하여 科擧길이 온 바다를 뒤집어서 나의 시름 일으키어 구름처럼 가리는고.[96]

다음으로, 퇴계가 바라는 서원 교육의 참다운 모습의 근거는 송나라 유학자들이 서원에 의탁한 교학의 정도를 잘 표명한 '白鹿洞書院揭示'(백록동서원게시), 「白鹿洞賦」(백록동부), 「衡州石鼓書院記」(형주석고서원기), 「潭洲重修嶽麓書院記」(담주중수악록서원기)에 두고 있다.

셋째로, 伊山院規(이산원규)를 통하여 당시의 서원의 교육내용과 그 운영을 엿보기로 한다. 그 원규를 제시하면 다음과 같다.[97]

① 유생들이 사서, 오경을 독서의 본원으로 삼고, 소학, 가례를 門戶(문호)로 삼아서, 국가가 인재를 양성하는 법을 쫓되, 성현의 친절한 교훈을 지켜서 만 가지 착한 것이 본래 내게 갖추어 있음을 알라. 옛 도리가 오늘날에도 실천할 수 있다는 것을 믿어서, 모두 힘써 몸으로 행하고 마음으로 체극하며, 체를 밝히고 용을 적합하게 하는 학문을 할 것이다. 諸史子集(제사자집), 文章(문장), 과거의 업도 또한 하지 않을 수 없으므로, 옆으로도 널리 통하도록 힘쓸 것이다. 마땅히 내외, 본말, 경중, 완급의 차례를 알아서 항상 스스로 격려하여 타락하지 않게 하고, 그 나머지 사특하고 요망하고 음탕한 글은 모두 원내에 들이어 눈에 가까이하여 道를 어지럽히고 뜻을 미혹하게 하지 못하도록 한다. ② 유생들은 뜻을 굳게 세우고 나아가는 길을 바르고 곧게 하여 학업은 스스로 원대한 것으로 기약한다. 행실은 도의로써 돌아갈 곳으로 삼는다면 그 자체로 좋은 학문이 되는 것이다. 그러나 그 마음가짐이 비천하며, 취하고 버리는 것이 어지러우며, 앎은 저속하고 속된 것을 벗어나지 못하며, 의지와 희망이 오로지 탐욕에만 있으면, 그 자체로 배울 것이 못되는 것이다. 만약 성격과 행동이 常에서 벗어나고, 예법을 비웃고, 성현을 모욕하고 업신여기며, 경전을 왜곡하고 도리에 어긋난 추한 말로 부모를 욕하며, 여러 사람을 괴롭히며 통솔에 벗어나는 자는 원 중에서 함께 의논하여 쫓아낸다. ③ 유생들은 항상 각 방에 조용히 있으면서 오로지 독서에 정신을 기울여 의심이 생기

---

96) 白首窮經道未聞 幸深諸院倡斯文 如何科目波飜海 使我閒愁劇似雲.
97) 退溪集 卷41.

고 어려운 것을 강론하는 일이 아니면, 부질없이 다른 방에 가서 쓸데없는 얘기로 날을 보내어 피차간에 생각을 손상을 입히거나 학업을 폐하는 일이 없도록 해야 한다. ④ 까닭 없이 알리지 않고 자주 출입해서는 안되며, 무릇 의관과 행동거지와 언행에 각기 착실하게 살피고 힘쓰며 서로 관찰하여 착해지도록 한다. ⑤ 성균관의 명륜당에 이천선생의 四勿箴(4물잠)과 회암선생의 백록동규 10훈과 진무경의 숙흥야매잠을 써서 걸었는데 이 뜻이 매우 좋다. 원 중에도 또한 이것을 벽에 게시하여 서로 타이르고 일깨우도록 한다. ⑥ 책은 문 밖에 나갈 수 없으고, 색은 문에 들여올 수 없으며, 술은 빚을 것이 아니며, 형벌은 쓸것이 아니다. ⑦ 원의 有司(유사)는 근처에 사는 청렴하고 재간 있는 품관 두 사람으로 정하고, 또 선비 중에 사리를 알고 操行(조행)이 있어서 여러 사람이 추앙하고 복종할 수 있는 사람 하나를 골라서 上有司(상유사)를 삼되 모두 2년만에 교대한다. ⑧ 유생과 유사는 힘써 禮貌(예모)로써 서로 대하고, 공경과 믿음으로 서로 대우해야 한다. ⑨ 원에 속하는 사람들을 전적으로 돌봐준다. 유사와 유생들은 항상 하인을 애호하여, 원의 일과 제의 일 이외에 사사로 부리지 못하며, 개인의 노여움으로 벌주지 못한다. ⑩ 서원을 세워 선비를 양성하는 것은 국가의 문치를 숭상하고 학교를 일으켜 인재를 새롭게 길러낸다는 뜻을 받는 것이니, 누가 마음을 다하지 않겠는가. 이제부터 이 고을에 오는 자는 반드시 서원 일에 대하여 그 제도를 도울지언정 그 규약을 덜어냄이 없으면 유학에 있어 어찌 다행이 아니겠는가. ⑪ 아이들은 수업을 받거나 유생을 부르러 오는 일이 아니면 덕문 안에 들어오지 못한다. ⑫ 기숙생은 어른이나 아이를 가리지 않고 정해진 수는 없으나 어느 정도 자질을 갖춘 뒤에야 원에 들어올 수 있다.

이상의 원규를 보아 알 수 있는 것은 서원은 사서오경의 책을 기본독서로 하되, 그것이 성현의 경지까지 하도록 공부하는 곳이다. 달리 말하면 서원은 '스콜라'가 이루어지도록 특별히 고안된 장소라는 것을 강조하고 있다. 이를 위하여 모든 제생들이 합심하여 노력하는 곳이다. 여기서 국가를 자주 언급하고 있는 것은 서원도 이 나라의 학교제도일 수 밖에 없다는 것을 간접적으로 말하고 있는 것이다. 서원은, 주자가 말했듯이, '의리를 분명히 하여 자신의 몸을 닦고 그 이후에 자기를 미루어 타인에 미치도록 한다(講明義理 以修其身 然後推己及人)'에 그 목적이 있는 것이다.

제10장
성리학적 교육이론의 정립 II

영남학파와 크게 구분되는 학파를 기호학파라고 부를 수 있다면 그 宗匠(종장)이 李珥(이이)이다. 이 기호학파는 이황 계열의 영남학파와 함께 조선조 유학계열의 쌍벽을 이루었다. 이이(중종 31년-선조 17년, 1536-1584)의 자는 叔獻(숙헌), 호는 栗谷(율곡), 石潭(석담), 시호는 文成(문성), 본관은 덕수이며, 강릉 외가에서 태어났다. 16세 때 어머니 신사임당 신씨가 세상을 떠났다. 이에 生과 死에 관한 생각에 잠겨 19세 때 속세를 떠나 금강산에 들어가 禪學을 공부하였다. 얼마 되지 않아 自警文(자경문)을 짓고 하산하여 성리학에 전심하게 되었다. 특별한 선생 밑에서 공부한 것은 아니지만, 23세 때 이황을 방문하여 道를 물은 적이 있었다. 그리고 그 해 別試(별시)에 저 유명한 天道策(천도책)으로 장원의 자리를 차지하였다. 그 뒤로 전후 아홉 차례의 과거에 잇달아 장원 급제하여 '九度壯元公(구도장원공)'이라 칭하였다. 29세에 호조좌랑에 처음 발령을 받은 후에 벼슬이 이조판서에 이르렀다. 그의 학문적 성장을 도운 인물이 있으니 그가 바로 우계 성혼이다. 그와는 율곡이 19세 때 학문적 교류를 시작하였다. 32세 때에는 '至善與中(지선여중)', '顔子格致誠正之說(안자격치성정지설)'을 논하였고, 율곡이 37세 때부터 6년에 걸쳐 '四七往復論辨(사칠왕복논변)'을 벌였다. 현실적인 문제인 동서당쟁의 조정에 힘쓰고, 당면한 여러 가지 병폐를 고치려고 애를 썼으나 끝내 뜻을 이루지 못하고 눈을 감았다. 율곡의 제자로는 김장생, 조헌, 정엽 등이 있었고 이들에 의해 기호학파를 형성하게 되어, 이황 계열의 영남학파와 함께 조선 성리학계의 양대 산맥을 이루었다. 주요 저술로는 「율곡전서」, 「동호문답」, 「성학집요」, 「격몽요결」, 「경연일기」, 「醇言(순언, 노자도덕경의 주석서)」 등이 있다.[1]

1. 이이의 교육이론

율곡은 윗대의 다른 성리학자들과는 달리, 독자적인 교육 또는 공부에 관한 그의 견해를 집약적으로 나타낸 글을 썼다. 그것이 다름아닌 「격몽요결」이라는 글이다. 교육에 관한 이 글은 그의 성리학 이론, 즉, 그의 존재론과 심성론이 교육의 모습으로 드러나 있다. 그러므로 격몽요결의 서문과 입지장의 첫 구절은 그의 존재론과 심성론의 문제의식이 무엇인가를 찾아내는 데 직접적인 단서가 되는 것이다.[2] 그러면 격몽요결의 서문과 입지장의 첫머리를 직접 보기로 한다.

사람이 이 세상에 태어나서 학문에 의존하지 않고서는 올바른 사람이 될 수 없다. (그런데) 이른바 학문이라는 것은 또한 이상하거나 별다른 일이 아니다. 다만 아비가 되어서는 자애롭고, 자식이 되어서는 효도하고 … 日用의 모든 일에 있어 그 일에 따라 각기 마땅하게 할 뿐이요, 현묘한 것에 마음을 두거나 기이한 것을 노리는 것이 아니다. 다만 학문하지 않은 사람은 마음이 막히고 식견이 좁기 마련이다. 그러므로 모름지기 글을 읽고 이치를 궁구하여 마땅히 향할 길을 밝힌 연후에야 조예가 바르고 실천에 중도를 얻게 된다. 요즈음 사람들은 학문이 일상생활에 있는 줄을 모르고 망령되이 높고 멀어 행하기 어려운 것으로 생각하는 까닭에 특별한 사람에게 미루고 자기는 자포자기한다. 이 어찌 불쌍한 일이 아니랴.[3](「격몽요결」 서문)

처음으로 '聖學'을 배우고자 하는 사람은 먼저 뜻을 세우는 것이 필요하다. 반드시

---

1) 崔英成, 「韓國儒學思想史 II」, 서울: 亞細亞文化社 , 1995, pp.289~290.

2) 張聖模, '栗谷思想의 敎育學的 解釋', 「율곡의 사상과 그 현대적 의미」, 한국정신문화연구원, 1995, p.417. 이하의 글에서는 pp.418~473에 의존하되, 필자가 구상하는 교육이론 체계에 맞게 재구성하였다.

3) 人生斯世 非學問無以爲人 所謂學問者 亦非異常別件物事也 只是爲父當慈 爲子當孝… 皆於日用 動靜之間 隨事各得其當而已 非馳心玄希 奇效者也 但不學之人 心地茅塞 識見茫昧 故必須讀書 窮理 以明當行之路 然後造詣得正 而踐履得中矣 今人不知學問在於日用 而忘意高遠難行 故推與 別人 自安暴棄 豈不可哀也哉. 이와 유사한 내용은 학교모범과 성학집요에도 나타나 있다.

聖人(성인)이 되기를 스스로 기약하고 터럭만큼도 스스로 포기하거나 미루려는 생각을 가져서는 안된다. 대개 뭇 사람도 聖人과 그 본성은 동일하다. 비록 기질에 있어서 맑고 흐리고, 순수하고 잡박한 차이는 없지 않으나, 진실로 참되게 알고 진실되게 행하여 그 낡은 버릇을 버리고 처음의 본성을 회복하게 되면, 털끝만큼의 보탬이 없이도 온갖 선함이 모두 채워질 것이다. 보통 사람들이 어찌 聖人됨을 스스로 기약하지 않을 수 있겠는가. 그러므로 맹자가 본성의 선함을 말씀하시면서 언제나 요순을 들어 그것을 실증하고, '사람은 누구나 요순이 될 수 있다'고 말씀하셨으니, 어찌 우리를 속이셨겠는가. (처음 聖學을 공부하는 사람은) 당연히 스스로 분발하여 이르기를 '사람의 본성은 선한 것으로서 옛날이나 지금이나 지혜로운 사람이나 어리석은 사람의 차이가 없다. 聖人은 어떤 연고로 홀로 聖人이 되었으며, 나는 어떤 연고로 홀로 보통 사람이 되었는가. 그것은 진실로 뜻이 서지 않고, 아는 것이 분명치 않을 뿐 아니라, 행실 또한 돈독하지 않기 때문이다. 뜻을 세우고, 아는 것을 분명히 하고, 행실을 돈독하게 하는 것은 모두가 나에게 있는 것이다. 어찌 다른 데에서 구하랴'고 해야 할 것이다.[4] (「격몽요결」 입지장)

위의 인용에서 우리는 다음과 같은 질문을 제기할 수 있다. 즉 이이의 관심은 일차적으로 학문과 일상생활 사이의 간극이나 거리를 좁히는 데에 있다. 예컨대, '사람들이 학문이 일상생활에 있는 줄을 모르고 망령되이 높고 멀어 행하기 어려운 것으로 생각한다'든가 '학문이 일상생활에 있다'든가 하는 것이 그것이다. 그렇다면 율곡은 '왜 이와 같은 일에 관심을 두지 않으면 안 되었으며, 그 근거는 무엇인가, 그리고 이 말들의 정확한 의미는 무엇인가'하는 것이 문제로 된다.

다음으로 율곡은 '立志(입지)'의 章에서 학문 또는 공부의 출발점으로서의 개인의 위치를 문제삼고 있다. 예컨대, '대개 뭇 사람도 聖人과 그 본성은 동일하다'든지, '사람의 성품은 본디 착한 것이어서 옛 사람이나 오늘날 사람, 지혜로운 사람이나 어리석은 사람 사이에 아무런 차이가 없다'고 한다. 그러면 율곡의 이 말은 '어떤 근거에서 한 말이며, 이렇게 말함으로써 어떤 점이 새롭게 규정되며, 이 말이 부각시키고자 하는 의미는 무엇인가'하는 문제가 생긴다.

이상과 같은 문제를 해결하기 위해서는 율곡의 교육이론의 핵심요소인 이기론,

---

4) 初學先須立志 必以聖人自期 不可有一毫自小退託之念 蓋衆人與聖人 其本性則一也 雖氣質不能無淸濁雜駁之異 而苟能眞知實踐 去其舊染 而復其性初 則不增毫末 而萬善具足矣 衆人豈可不以聖人自期乎 故孟子道性善 而必稱堯舜以實之日人皆可以爲堯舜 豈欺我哉 當常自奮發日 人性本善 無古今智愚之殊 聖人何故獨爲聖人 我則何故獨爲衆人耶 良由志不立 知不明 行不篤耳 志之立 知之明 行之篤 皆在我耳 豈可他求哉.

심성론과 수양론을 밝혀야 할 것이다. 이것들이 밝혀진다는 것은 율곡의 교육이
론이 정립된다는 의미이며, 앞의 질문들은 율곡의 교육이론에 비추어 올바르게
해석될 수 있을 것이다. 이 일을 하기 위해서 먼저 율곡의 존재론을 다루고 다음
으로 심성론, 수양론을 차례대로 다루고자 한다.

율곡의 존재론에 관한 논의는 크게 '理通氣局說(이통기국설)' 과 '氣發理乘一
途說(기발리승일도설)' 이 있다. 이 논의는 적어도 이황의 이른바 '理氣互發說(이
기호발설)' 또는 '理發氣隨 氣發理乘說(이발기수 기발리승설)' 에 대한 대안으로
제시된 것이라 볼 수 있다. 그러면 '이발리승일도'의 가능 근거를 제시할 수 있
는 '이통기국설' 부터 설명하고자 한다. '이통기국' 이라는 개념은 율곡 자신이
'내가 스스로 발견하여 얻은 것이지만 내 자신 독서가 많지 않아 이미 그런 개념
이 있었는지도 모른다'[5]고 말할 만큼, 율곡 성리학 체계의 독창성을 보여주는 중
요한 개념이라고 볼 수 있다.

> 理와 氣는 원래 서로 분리되지 않기 때문에 (사실적인 수준에서 보면) 마치 하나의
> 物과 같다. 그러나 理는 형체가 없는 반면 氣는 형체가 있고, 理는 스스로 하고자 하는
> 바가 없지만 氣는 스스로 하고자 하는 바가 있다는 점에서 양자는 서로 (개념상) 구분
> 된다. 理는 형체가 없고 스스로 하고자 하는 바가 없음에도 불구하고 형체가 있는 것
> 과 스스로 하고자 하는 것(즉, 氣)을 主宰하며, 氣는 형체가 있고 또한 하고자 하는 바
> 가 있으면서도 형체가 없고 하고자 하는 바가 없는 것(즉, 理)을 담는 그릇이 된다. 理
> 는 형체가 없는 반면 氣는 형체가 있다. 理는 모든 것을 관통하지만, 이와는 달리 氣는
> 한계(또는 울타리)가 있다.[6]

여기서 '通' 이라는 理의 특이한 존재양상을 나타내는 이 말을 가지고 이이는
理의 특이한 존재양상을 다음과 같이 설명하고 있다.

> 理通이라는 것은 무엇을 말하는가? 理는 本末도 없고 先後도 없다. 본말도 없고 선
> 후도 없기 때문에 (氣가) 감응하기 이전에 존재하는 것도 아니며, 또한 감응한 뒤에 따
> 르는 것도 아니다. (理는) 氣를 규제하면서 흐르기 때문에 다양한 사물에 깃들어 그 모

5) 理通氣局四字 自謂見得 而又恐珥讀書不多 先有此等言 而未之見也(栗谷全書 卷10, 書2, 答成浩
原).

6) 理氣元不相雜 似是一物 而其所以異者 理無形也 氣有形也 理無爲也 氣有爲也 無形無爲而爲有
形有爲之主者理也 有形有爲而爲無形無爲之器者氣也 理無形而氣有形 故理通而氣局(栗谷全書
卷10, 書2, 答成浩原).

습이 일정하지 않지만, 그 본연의 오묘함은 존재하지 않는 곳이 없다. 氣가 온전하면 理 또한 온전하지만, 이때 온전한 것은 理가 아니라 바로 氣이다. 맑거나 탁한 것, 순수하거나 잡박한 것, 찌꺼기, 재, 거름, 오물을 막론하고 理가 깃들지 않은 곳이 없고, 그 각각에 깃든 理가 곧 각각의 性이 되지만 理가 지니고 있는 본연의 오묘함은 손상되지 않은 채 그대로일 뿐이다. 이와 같은 理의 존재양상을 일컬어 '通'이라고 말한다.[7]

여기서 通이라는 것은 한 마디로 말해 '無所不在(무소부재, 깃들지 않는 곳이 없다)'라는 뜻이다. 이 通의 뜻이 理에 붙으면, 理의 무소부재를 말하면서, 理 本然의 妙를 잃지 않는 그 존재양상을 드러내 준다. 말하자면 보통으로는, 理의 보편성만을 강조하지만, 이 通의 개념을 통해서 동시에 理의 특수성도 드러낼 수 있으며, 또한 흔히 理의 초월성만을 강조하지만, 이 通의 개념을 통해서 동시에 內在性도 드러낼 수 있다는 것이 李珥의 주장이다. 좀더 구체적으로 말하면, 理는 적어도 본말이나 선후가 없다는 점에서 그 자체가 시간적 차원에 존재하는 경험적 실체가 아니라는 것은 확실하다. 理는 오히려 경험을 초월한 형이상학적 실체로 의미를 가진다. 그러나 理는 그 자체가 경험적 실체가 아님에도 불구하고 경험적 실체로서 시간적 차원에서 움직이는 氣와 결코 무관한 것이 아니다. 오히려 理는 시간적 차원에서 氣를 규제하며 理의 운명은 그 理가 깃든 氣의 운명에 의해 구속받을 수밖에 없다. 그렇다고 해서 理의 본연의 모습이 달라지는 것은 결코 아니다. 바로 율곡이 사용하고 있는 氣局은 시간적 차원에서 理의 운명을 결정하는 氣의 존재양상을 한정하는 개념이다. 율곡은 氣局을 다음과 같이 설명하고 있다.

氣局이라는 것은 무엇을 말하는가. 氣는 이미 形氣에 빠진 것이라 本末이 있고 先後가 있다. 氣의 근본은 맑고 깨끗할(湛一淸虛) 뿐인데 어찌 찌꺼기(糟粕), 더러운 것(穢), 거름(糞壤), 재 등의 氣가 있겠는가? 다만 그것이 오르락 내리락하고 들쑥날쑥하여 조금도 쉬지 않으므로 천태만상으로 고르지 않아 만 가지 변화가 생긴다. 이에 氣가 유행할 때에 그 본연을 잃지 않는 것도 있고, 그 본연을 잃어버리는 것도 있으니, 이미 그 본연을 잃게 되면 氣의 본연은 존재할 곳이 없다. 치우친 氣는 치우친 氣요 온전한 氣가 아니며, 맑은 氣는 맑은 氣요 탁한 氣가 아니며, 糟粕, 煨燼은 조박, 외신의

---

7) 理通者 何謂也 理者無本末也 無先後也 無本末無先後 故未應不是先 已應不是後 是故 乘氣流行 參差不齊 而其本然之妙無乎不在 氣之偏 則理亦偏 而所偏非理也 氣也 氣之全 則理亦全 而所全 非理也 氣也 至於淸濁粹駁 糟粕煨燼糞壤穢之中 理無所不在 各爲其性 而其本然之妙 則不害其 自若也 此之謂理之通也(上同).

氣요 담일청허한 氣가 아니다. 〔氣의 존재양상은〕 만물 가운데서 그 본연의 오묘함이 어디에서나 그대로 존재하지 않는 경우가 없는 理의 존재양상과 동일한 것이 아니다. 이와 같은 氣의 존재양상을 일컬어 氣局(기국)이라 말한다.[8]

위의 인용에서 알 수 있는 것은, 氣는 形氣(형기)와 관련이 있고 또한 본말과 선후가 있다는 점에서 그 자체가 시간적 차원에 존재하는 경험적 실체 또는 그것의 운동을 한정하는 개념이라는 것을 알 수 있다. 그리하여 氣는 그 자체로서 局限性(국한성)을 지니고 있지만, 그 국한성은 하나로 고정된 것이 아니라, 淸濁(청탁), 粹駁(수박)의 수준에 따라 다양한 차이를 드러낸다. 그러나 理는 氣의 국한성에도 불구하고 氣를 규제하면서 氣의 변화와 자신의 운명을 함께 한다.

율곡의 존재론에 나오는 '이발리승일도설'은, 成渾(성혼)이 이황의 논의를 따라 四端(사단)은 性의 표현으로 七情(칠정)은 心의 표현으로 구분하고 사단과 칠정을 각각 理의 표현과 氣의 표현으로 분리시키는 데에 찬동하는 뜻을 드러내자 이 생각을 교정하기 위한 대안으로 제시한 것이다. 율곡이 보기에 성혼이 心性情意(심성정의) 사이의 관계를 잘못 파악하는 것은 理와 氣의 관계를 올바로 파악하지 못한 데서 비롯된 것이다. 이때 성혼이 이미 받아들이고 있던 심성론은 바로 이황의 사단칠정설과 인심도심설이며, 이 심성론은 이황의 이기호발 또는 이발기수, 기발리승의 형이상학적 체계에 의해 뒷받침되고 있다. 율곡은 理와 氣의 관계를 새롭게 설명함으로써 이전의 심성론에 대한 대안을 마련한다.

율곡의 '이발리승일도설'을 이해하기 위해서는 먼저 그가 이황의 '이기호발설' 또는 '이발기수, 기발리승설'을 문제삼은 이유를 살펴볼 필요가 있다. 이황은 사단과 칠정의 관계를 설명하는 과정에서 '사단은 理의 표현이며, 칠정은 氣의 표현'으로 간주하였다. 그리고 그것을 더욱 자세하게 말하는 과정에서 '사단은 理의 표현으로서 氣가 그것을 따르고, 칠정은 氣의 표현으로서 理가 그것을 규제한다'는 식으로 설명하였다. 그러나 율곡이 보기에, 이황의 '이기호발설'은 理와 氣를 서로 분리시킬 뿐 아니라, 양자를 (시간상) 선후관계로 연결되어 있는

8) 氣局者何謂也 氣已涉形迹 故有本末也 有先後也 氣之本則湛一淸虛而已 曷嘗有糟粕煨燼 糞壤汚穢之氣哉 惟氣升降飛揚 未嘗止息 故參差不齊 而萬變生焉 於是氣之流行也 有不失其本然者 有失其本然者 其失其本然 則氣之本然者 已無所在 偏者偏氣也 非全氣也 淸者淸氣也 非濁氣也 糟粕煨燼 糟粕煨燼氣也 非湛一淸虛之氣也 非若理之於萬物 本然之妙 無乎不在也 此所謂氣之局也 (上同).

경험적 실체로 간주할 위험이 있다. 왜냐하면 '이기호발' 또는 理發而氣隨之 氣發而理乘之(이발이기수지 기발이리승지)를 주장할 경우, 비록 비유적인 표현이기는 하지만, 理와 氣는 각각 능동적으로 움직이는 發의 주체가 될 수 있고, 이렇게 되면 理와 氣는 [사실상] 서로 분리된 실체로 파악될 가능성이 있기 때문이다. 그러나 율곡이 보기에는, 理와 氣는 사실적인 수준에서는 서로 분리되어 二物로 될 수 없다. '비록 理는 본래부터 理요 氣는 본래부터 氣라고 하더라도, 양자는 서로 渾淪無間하여 선후도 없고 離合도 없어서 二物이 되는 것을 볼 수 없기 때문에 二物이 될 수 없는 것이다.'[9] 그렇다면 율곡은 理와 氣의 관계를 어떻게 파악하는가?

율곡에 의하면, '표현하는 것은 氣이며, 표현하고자 하는 바, 그 까닭은 곧 理이다. 氣가 없으면 능히 표현할 수 없고, 理가 없으면 표현할 바가 없다.'[10] 또한 '理는 形而上者요 氣는 形而下者이다. 理와 氣 양자는 서로 分離될 수 없으며 이미 분리될 수 없기 때문에 그것이 표현되어 나타나는 것은 하나일 뿐, 두 가지가 서로 다르게 표현되어 나타난다고 말해서는 안 된다 … 무릇 理는 氣를 주재하는 것이요, 氣는 理가 규제하는 곳이다. 理가 없으면 氣가 뿌리내릴 곳이 없고, 氣가 없으면 理가 依著할 곳이 없다.'[11] 그러므로 理와 氣는 先後를 말할 수 없다. 율곡에 의하면 이황의 '理가 표현되매 氣가 따른다'는 說은 분명히 先과 後가 있는 것으로서, 그것은 理와 氣의 관계를 잘못 파악하는 것일 뿐 아니라 우리 마음의 움직임 또한 잘못 설명하는 것이다.

율곡은 理와 氣가 사실상 분리될 수 없다는 것을 보다 자세하게 설명하기 위해서 理와 氣의 관계를 물과 그릇 그리고 말과 사람의 관계로 비유하여 다음과 같이 설명한다.

만물 가운데 그릇을 떠나지 못하고 끊임없이 流行不息(유행불식)하는 것은 오직 물(水)이다. 그러므로 물만이 理에 비유될 수 있다. 물이 본래 맑은 것은 性이 본래 善한 것과 같고, 물을 담는 그릇이 깨끗하고 더러움의 차이가 있는 것은 마치 기질이 각각 다른 것과 같다. 그릇이 움직일 때 물이 움직이는 것은 氣가 표현될 때 理가 규제하

---

9) 雖曰 理自理 氣自氣 而渾淪無間 無先後 無離合 不見其爲二物 故非二物也(栗谷全書 卷10, 書2, 答成浩原 壬申).

10) 大抵發之者氣也 所以發者理也 非氣則不能發 非理則無所發.(栗谷全書 卷10, 答成浩原).

11) 理形而上者也 氣形而下者也 二者不能相離 氣不能相離 則氣發用一也 不可爲互有發用也… 夫理者 氣之主宰也 氣者 理之所乘也 非理則氣無所根 非氣則理無所依著(上同).

는 것과 같다. 그릇과 물이 함께 움직여서 그릇이 움직이는 것이 물이 움직이는 것과 전혀 다름이 없는 경우 理가 표현되는 것과 氣가 표현되는 것에는 아무런 차이가 없다. 그릇이 움직이면 물 또한 반드시 움직이기는 하지만 (이 경우 물은 결코 스스로 움직이는 것이 아니다.) 이때 물이 스스로 움직이지 못하는 것은 곧 理는 無爲요 氣는 有爲이기 때문이다.[12]

위의 인용에서 볼 수 있듯이, 理와 氣는 물이 그릇을 떠날 수 없는 것과 마찬가지로 사실상 분리될 수 없다. 그럼에도 불구하고 이황과 그의 이론을 따르고 있는 성혼은 理와 氣는 서로 각각 표현된다고 말한다. 이것은 물과 그릇의 관계를 시간상 선후관계로 파악하는 것으로서 물과 그릇을 서로 분리시키는 결과를 초래한다. 결국 율곡이 말하는 理와 氣는 理가 (먼저) 표현되고 거기에 氣가 뒤를 따르거나 氣가 먼저 표현되고 理가 (나중에) 氣를 규제하는 방식으로 관련을 맺고 있는 것이 아니다. 이 점에 관한 율곡의 최종적인 말은 다음과 같다.

천하에 어찌 理 바깥에 氣가 있을 수 있는가? 理와 氣의 오묘한 이치(또는 관계)는 이해하기 어렵고 설명하기도 어렵다. 대저 理와 氣의 근원은 하나일 뿐이다.〔즉, 理와 氣의 근원은 서로 다르거나 별개로 존재하지 않는다.〕〔理와 氣가 분리될 수 없는 만큼〕氣가 유행하여 고르지 못하면 理 또한 유행하여 고르지 못하니, 理는 氣를 떠나지 못하고 氣 또한 理를 떠나지 못한다. 이와 같이 理와 氣는 하나일 뿐이다.[13]

이제, 율곡의 존재론에 따라 그의 심성론을 구성하고 있는 사단칠정, 인심도심, 心性情意一路(심성정의일로) 등을 알아보아야 할 것이다. 이와 같은 심성론은 우계 성혼이 받아들이고 있는 심성론적 견해를 율곡 자신의 형이상학적 관점에 따라 수정하면서 제시한 것이다. 우선 사단칠정설을 검토해 보기로 한다. 성혼은 대체로 사단칠정의 관계 및 人心(인심)과 道心(도심)의 관계를 각각 理發(이발)과 氣發(기발)의 개념으로 설명한 이황의 이론에 따르고 있다. 그러면서도 그는 인심과 도심의 관계를 그대로 사단과 칠정의 관계와 동일한 관계로 파악하는 데에는 문

12) 物之不能離器 而流行不息者 惟水也 故惟水可以喩理 水之本淸 性之本善也 器之淸靜汚穢之不同者 氣質之殊也 器動而水動者 氣發而理乘也 器水俱動 無有器動水動之異者 無理氣互發之殊也 器動則水必動 水未嘗自動者 理無爲 而氣有意也(上同).

13) 天下安有理外之氣也 理氣之妙 難見亦難說 夫理之源 一而已矣 氣之源 亦一而已矣 氣流行而 參差不齊 而理亦流行 而參差不齊 氣不離理 理不離氣 夫如是 則理氣一也(上同).

14) 栗谷全書 卷9, 書1, 答成浩原, 庚午 附問書.

제가 있다는 생각을 밝히면서, 이 점을 율곡에게 질문한다.[14] 이와 같은 질문에 대해서 율곡은 인심도심과 사단칠정의 관계에 관한 자신의 견해를 밝힌다. 여기서는 먼저 사단과 칠정에 관한 율곡의 견해가 무엇인지에 관하여 검토한다.

율곡에 의하면, '情은 하나인데도 불구하고 사단과 칠정을 구분하여 말하는 것은 오로지 理만을 말하는 것과 (理와) 氣를 겸하여 말하는 것이 동일하지 않기 때문이다. 그러므로 사단은 칠정을 모두 포함할 수 없지만 칠정은 사단을 포함할 수 있다. 사단은 칠정의 전체를 포괄할 수 없고, 칠정은 사단의 순수함과 같을 수 없다.'[15] 칠정은 사람의 마음의 움직임에 일곱 가지가 있다는 것을 통틀어 말하는 것이며, 사단은 칠정 가운데서 그 선한 측면만을 꼬집어 말한 것이다. 이와 같은 사단과 칠정의 관계는 바로 본연지성과 기질지성의 관계와 동일하다. 본연지성은 기질지성과 서로 구분되지만 기질지성은 본연지성을 포함하고 있다. 그러므로 사단은 칠정을 모두 포함할 수 없지만, 칠정은 사단을 포괄하여 말하는 것이다. 칠정은 이미 사단을 그 가운데 포함하고 있기 때문에 사단은 칠정이 아니라거나 칠정은 사단이 아니라고 말할 수 없다. 칠정은 사단을 포함한다. 사단은 곧 칠정이 가지고 있는 善한 측면이요, 칠정은 곧 사단을 포함한 情의 전체이다. 한 측면이 어찌 전체와 더불어 양 측면으로 대립되는 관계를 이룰 수 있겠는가. 대저 사람의 性에는 인의예지 다섯 가지가 있을 뿐이요, 이 다섯 가지 이외에 또 다른 性이 있는 것이 아니다. 情에는 喜怒哀懼愛惡欲(희노애구애오욕)의 7가지가 있을 뿐이요, 이 일곱 가지 이외에 또 다른 情이 있는 것이 아니다. 사단은 다만 善한 情의 또 다른 이름일 뿐이다. 칠정을 말하면, 곧 그 속에 사단이 들어 있는 것이다.'[16] 지금까지 언급한 사단칠정설에 관한 율곡의 설명은 사실적인 수준에서 사단과 칠정의 비분리성을 강조한다는 점에서 명백히 이전의 기대승의 사칠논변을 옹호하는 것이며, 바로 이 점에서 앞 章의 퇴계의 사칠논변에 대해서 대립적인 입장을 취한다.[17]

---

15) 情一也 而或曰四 或曰七者 專言理 兼言氣之不同也 是故四端 … 不能兼七情 而七情則兼四端 四端不如七情之全 七情不如四端之粹(栗谷全書 卷10, 答成浩原, 壬申).

16) 七情 則統言人心之動 有此七者 四端 則就七情中 擇其善一邊而言也 … 四端七情 正如本然之性 氣質之性 本然之性 則不兼氣質而爲言也 氣質之性 則却兼本然之性 故四端不能兼七情 七情則 兼四端 … 若七情則已包四端在其中 不可謂四端非七情 七情非四端也 七情之包四端 … 四端是 七情之善一邊也 七情是四端之總會者也 一邊安可與總會者分兩邊相對乎 … 夫人之性 有仁義禮 智信五者而已 五者之外無他性 情有喜怒哀懼愛惡欲七者而已 七者之外無他情 四端只是善情之 別名 言七情則四端在其中也(栗谷全書 卷10, 書2, 答成浩原, 壬申).

17) 栗谷全書 卷14, 雜著, 論心性情 참조.

사실적 수준에서 보면 사단은 결코 인간의 정서표현으로서의 칠정의 범주를 벗어날 수 없다. 율곡이 이황의 견해를 비판하고 기대승의 견해를 옹호하는 이유는 바로, 마음의 質을 판단하는 기준이 사실로서의 칠정으로부터 超越해 있는 것이 아니라 오히려 사람의 마음의 움직임으로서의 칠정 속에 내재해 있다는 점과 그 속에 내재해 있는 善한 요소를 올바로 드러내고 이를 존양 확충하는 일이 중요하다는 점을 상대적으로 강조하기 위한 것이라고 말할 수 있다. 이제 이하에서 언급할 人心道心說(인심도심설)과 心性情意一路說(심성정의일로설)은 각각 변화의 양상에서 파악한 마음의 운동방향과 구성요소들 사이의 관계에 관한 율곡의 대답을 담고 있는 것이다.

율곡은 사단칠정과 인심도심의 관계를 묻는 우계 성혼의 질문을 받고 양자의 관계에 관한 자신의 생각을 분명히 밝힌다. 성혼은 사단과 칠정은 性에서 發한 것을 말하는 것이요, 인심과 도심은 마음에서 發한 것을 일컫는 것인 만큼 양자 사이에 약간의 의미의 차이는 있지만 사단과 도심은 理發로, 人心과 七情은 氣發로 분류할 수 있다고 한다.[18], 율곡은 거기에 대하여, 사단칠정과 인심도심의 개념, 그리고 각각 그 개념들을 통하여 설명하려는 대상 또는 세계는 그야말로 '가로로 말하고 세로로 말하는 것의 차이'만큼이나 서로 다르다고 한다. 율곡에 의하면, '心은 원래 하나'라고 하고 있다.[19] 이 말은 경험적 사실로 주어진 마음은 그 자체로서 일체의 분리가 불가능하다는 개념적 사실을 지적하는 것이다. 경험적 사실로서의 마음이 인심과 도심으로 구분되는 것은 바로 마음의 특이한 측면을 부각시키기 위하여 인심과 도심의 개념을 경험적 사실로서의 마음에 적용하기 때문이다. 그렇다면 율곡이 말하는 인심과 도심은 구체적으로 무엇이며, 이와 같이 양 측면으로 구분하는 이유는 무엇인가?

(人心은) 배가 고플 때 먹으려고 하고, 추울 때 옷을 입으려고 하고, 목마를 때 물을 마시려고 하고, 가려울 때 긁으려 하며, 눈이 좋은 빛깔을 보려고 하고, 귀가 아름다운 소리를 들으려고 하고, 四肢가 편하기를 원하는 것 등의 마음의 상태 또는 움직임을 말한다. 이 인심의 근원은 비록 天性에서 비롯된 것이기는 하지만, 그 표현이 耳目과 四肢의 사적인 느낌이나 감정에서 유래된 것인 만큼, 그것은 天理의 본연과는 다르다. 인심은 마음 속에서 움직이는 氣를 위주로 하여 개념화한 것이다.[20]

---

18) 栗谷全書 卷9, 答成浩原, 壬申, 附問書.
19) 栗谷全書 卷10, 書2 ,答成浩原.
20) 栗谷全書 卷10, 答成浩原, 壬申.

(반면에 道心은) 사람의 마음이 감동할 때에 仁에 머물러 있으려 하고, 義로 말미암으려 하고, 禮에 돌아가려 하며, 이치를 궁구하려 하고, 임금께 충성하려 하고, 가정을 바르게 하려 하고, 형을 공경하려 하고, 친구에게 간절히 선행을 권면하고 격려하는 마음 등을 지칭한다. 마음의 감동은 본래 形氣이지만, 그 표현이 仁義禮智의 올바름과 직접적으로 관련을 맺고 있기 때문에 形氣에 가리우지 않고 理를 위주로 삼아서 움직일 수 있다. 이와 같은 마음의 움직임이 곧 道心이다.[21]

이때 인심과 도심은 개념상 구분되는 것으로서 그 개념의 의미 또는 내포는 결코 중복될 수 없다. 인심은 개념상 氣를 원천으로 하고 있는 인간의 마음을 뜻한다면, 道心은 도덕적 규범으로서의 仁義禮智 또는 理를 원천으로 하고 있는 인간의 마음이다. 이와 같이 마음은 하나로 존재하는데도 불구하고 구태여 인심과 도심을 개념상 구분하는 것은 각각 수양의 출발점과 도달점 사이의 거리 또는 차이를 부각시키기 위한 것이다. 그리고 양자 사이의 거리를 부각시키는 것은 곧 수양의 궁극적 목적뿐만 아니라 양자 사이의 거리를 바람직한 방향으로 좁혀 나가는 인간활동으로서의 교육의 필요성과 중요성을 강조하기 위한 것이다.

율곡은 사단칠정설을 통하여, 마음이 따라야 할 이상적인 기준은 마음의 바깥에, 초월적으로 존재하는 것이 아니라, 오히려 마음의 움직임 '안에', 내재하는 것임을 밝힌다. 반면에 인심도심설을 통해서는 공부 또는 교육을 매개로 한 마음의 운동을 동태적으로 설명함으로써 그것의 변화 가능성을 부각시키고 그것을 보다 바람직한 방향으로 움직이게 하는 방법으로서 공부 또는 교육의 중요성을 강조한다. 아닌게 아니라, 心은 하나의 실체로서 인심과 도심으로 사실상 분리되지 않음에도 불구하고 양자를 개념적으로 구분한 데에는 이미 마음의 변화 또는 개발과 관련된 교육적 관심이 전제되어 있다.[22]

율곡은 마음이 인심을 억제하고 동시에 발달의 궁극적인 志向處(지향처)로서의 도심을 온전히 확충하는 방향으로 얼마나 나아갔는가에 따라 사람을 크게 네 부류로 나누고, 이를 각각 불초자, 중인, 현자, 성인으로 위계화한다. 구체적으로 말하면 다음과 같다.

불초한 자는 기질이 탁함이 많고 淸함이 적으며, 駁함이 많고 순수함이 적어서 천성은 그 본연을 잃어버리고 수양하는 공부도 하지 않으므로 그 천성의 표현이 대부분

21) 上同.
22) 張聖模, 前揭論文, pp.431-432.

형기에 얽매어 있다. 이는 인심이 主가 된 것이요, 더 나아가 도심이 인심의 사이사이에 섞이어 나타나도 그것을 살리고 지킬 줄 모르기 때문에 형기의 사사로움에만 전적으로 매달려서, 심지어 情이 이기고 欲이 치열해져서 마침내 도심마저도 인심으로 되고 만다. … 〔불초자는〕 비유컨대 물을 담은 그릇이 더럽고 깨끗하지 못하며, 티끌이 가득하여 물이 그 본연의 맑음을 잃고, 또한 물을 맑게 하는 데 힘쓰지 않아서 그 그릇이 움직일 때마다 티끌이 물을 흐리게 하여 흐르는 물이 모두 탁수가 되는 경우와 같다.[23]

다음 단계인 中人의 경우는 위에서 언급한 불초자와 다음에 언급하게 될 賢者의 중간에 속한다[24]고 하였다. 세 번째 단계인 賢者는 다음과 같다.

현자는 기질이 비록 맑고 순수하지만 약간의 탁함과 잡박함을 면치 못하여, 반드시 수양에 힘쓴 뒤에라야 비로소 본연지성을 회복할 수 있는 존재를 말한다. 현자의 경우 마음의 표현이 形氣의 간섭이 전혀 없이 본연지성을 그대로 반영하는 경우도 있고, 비록 본성을 표현하기는 하지만 形氣가 간섭하여 작용하는 경우도 있다. 그러나 形氣가 비록 간섭하더라도 인심이 도심의 명령을 받아들임으로써 이른바 食色之心 또한 법도를 따르게 된다. 위에서 언급한 물의 비유를 들면, 현자의 경우 '물을 담은 그릇은 비록 맑으나 약간의 티끌이 그 속에 들어 있음을 면치 못한다. 그러므로 물이 원래의 맑음을 얻으려면 반드시 물을 맑게 하는 공부를 해야만 한다. 다시 말해서 물을 담은 그릇이 움직일 때 맑은 물이 흘러나오면서 티끌은 움직이지 않는 경우도 있는 만큼, 반드시 티끌은 가라앉혀 물이 혼탁해지지 않도록 해야만 물의 흐름이 맑을 수 있다.[25]

네 번째 단계인 聖人에 대해서는 다음과 같이 말하고 있다.

---

23) 不肖者 氣質多濁少淸 多駁少粹 性旣其本然 而又無進修之功 其發也 多爲形氣所使 是人心爲主也 間有道心 雜出於人心之間 而不知所以察之守之 故一任形氣之私 至於情勝欲熾 而道心亦爲人心也 … 譬如儲水之器 汚穢不淨 泥滓滿中 水生其本然之淸 又無澄淨之功 其動也 泥滓泊水而出[不見其爲淸水也 間有泥滓未及泊亂之際 忽有淸水暫出 泥瞥然之頃 泥滓還泊 故淸者施濁 流行者皆濁水也(上同).

24) 中人之性 在賢不肖之間 推此而可知矣(上同).

25) 賢者則氣質雖淸粹 未免有少許濁駁雜之 故必資進修之功 然後能復其本然之性 其發也 有直遂其本然之性 而不爲形氣所者 有雖發於性 而形氣用事者 形氣雖用事 而人心聽命於道心 故食色之心 亦循軌轍 譬如儲水之器雖淸淨 而未免有少許塵滓在裏 必可澄之功 然後水得其本然之淸 故其動也 或有淸水頃出 塵滓未動者 或有淸水雖出 而塵滓已動者 必止其塵滓 使不混淆 後水之流行者 乃得其淸也(上同).

聖人은 기질이 맑고 순수하며, 천성이 그 본체를 온전히 실현하여 털끝만큼도 人欲의 사사로움이 없으므로 그 표현 또한 마음이 하고자 하는 대로 해도 법도에 어긋남이 없어서 人心이 곧 道心의 상태가 된다. 비유컨대, 그것은 마치 맑고 깨끗한 그릇에 물을 담으면 한 점의 티끌도 없어서 그릇을 움직여도 흘러나오는 물이 원래의 맑은 물 그대로인 것과 같다. [26]

여기서 특히 주목해야 할 사실이 있다면, 그것은 위의 내용이 율곡이 말한 '聖人自期'와 관련이 있다는 것이다. 말하자면 누구나 교육을 잘 받으면 聖人이 될 수 있다는 것이다. 누구나 수양하면 불초자 — 중인 — 현자 — 성인의 단계에 오를 수 있다는 가정이 그 밑에 깔려 있는 것이다. 요즈음 말로 표현하면 '타고난 것이며 교육은 보조에 불과한 것인가' 아니면 '결코 타고난 것이 아니라, 이 세상에 태어나서 지금까지 받아온 교육의 質 또는 자기수양을 위한 공부의 수준에 따라 결정되는 것인가' 하는 문제에서 후자에 강조를 두고 있다는 것이다.

율곡의 사단칠정설과 인심도심설이 각각 인간의 마음의 의미를 상이한 관점에서 설명하는 것으로 간주될 수 있다면, 이들과는 또다른 시각에서 인간의 마음의 문제를 검토할 수도 있다. 그것은 곧 마음의 구성요소로서의 性, 情, 意는 서로 어떻게 관련 또는 구분되는가 하는 것이다. 이 문제에 관한 율곡의 대답이 바로 '심성정의일로설'이다. 이 설은 직접적으로 퇴계의 이른바 四端七情理氣分對說(사단칠정리기분대설)과 人心道心理氣分屬說(인심도심리기분속설)에 대한 대안으로 제시된 것이다. 이 설의 형이상학적 근거는 율곡의 氣發理乘一途說이다.

율곡은, 퇴계가 사단과 칠정을 두 가지 用으로 간주하여 각각 性과 心의 표현으로 나누고 情과 意를 각각 두 갈래로 분리시키는 것에 반대하면서, 心과 情, 情과 意는 결코 분리될 수 없다고 말한다. 비유컨대, '심성정의'는 결코 두 갈래로 나누어진 길이 아니라 오히려 일정한 방향으로 움직이는 하나의 길일 뿐이다. 물론 심성정의가 모두 동일한 길(즉 一路)로 비유될 수 있다고 하더라도 그 각각을 구분해 주는 모종의 경계가 없는 것은 결코 아니다. 그러므로 모름지기 성심정의는 오직 한 길이면서도 동시에 각각의 경계가 있는 것임을 알아야 한다. 이 경우 심성정의를 한 길로 비유하는 일이 가능한 것은, 비록 心이 아직 표현되기 이전의 상태가 性이고, 심으로 표현된 이후의 상태가 情이며, 情으로 표현된 이후 혜

---

26) 聖人氣質淸水 性全其體 無一毫人欲之私 故其發也 從心所欲不踰矩 而人心亦道心也 譬如淸淨之器 儲水無一點塵滓 故其動也 水之本淸者 傾瀉而出 流行者 皆淸水也(上同).

아려 재는 것이 意가 되기는 하지만, 이 성, 정, 의 모두가 마음을 벗어나서 존재하지 않고 일정한 방향으로 움직인다는 점에서이다. 그러나 심성정의에 각각 경계가 있다는 것은 곧 각각의 개념이 설명하는 마음의 측면이 각각 다르다는 것을 의미한다. 이 경우 性은 마음이 고요하여 움직이지 않는 상태를 한정하는 개념이라면, 情은 감동하여 서로 통하는 마음의 상태 또는 마음의 움직임을 한정하며, 意는 감동한 바에 따라 생각하고 헤아리는 마음의 움직임을 한정한다. 이 모두가 각각 마음의 다른 측면을 뜻하는 개념이지만 모두가 마음에 속하는 것으로서, 마음을 떠나서는 하등 의미를 가질 수 없다.[27]

지금까지 알아본 율곡의 심성론은 전반적으로 경험적 실체로 존재하는 인간의 마음의 움직임과 그 마음의 발달과정을 부각시키는 일에 일차적인 관심을 두고 있다는 것을 알 수 있다. 구체적으로 말하면 다음과 같다.[28]

사단칠정설은 인간의 마음의 움직임이 지향해야 할 이상적 기준으로서의 사단은 마음의 다양한 움직임으로서의 칠정의 범위를 벗어날 수 없으며, 그 자체가 마음의 움직임으로서의 칠정의 선한 측면임을 부각시킨 것이다. 인심도심설은 무엇보다도 마음을 변화의 양상 속에서 동태적으로 설명하는 데 관심을 두고 있다. 율곡이 하나의 인간의 마음을 인심과 도심으로 개념상 구분한 것은 곧 시간적 차원에서 끊임없이 변화하고 발달하는 인간의 마음을 특정한 시점에서 포착한 것이다. 이 경우 인심과 도심은 각각 인간의 마음이 소유하고 있는 두 요소 또는 측면, 즉 자연적 욕망 또는 욕구와 도덕적 규범이나 이상적 기준을 따르려는 마음을 서로 구분하여 양극단으로 연장한 것이다. 그 연장선의 양극단에 있는 것이 곧 인심과 도심의 두 원천으로서의 氣와 理이다. 율곡이 인심도심설을 통해 부각시키고자 한 것은 곧 인간의 마음이 인심에서 도심으로 나아가는 과정 또는 도심이 인심을 포섭하고 통제력을 확대해 나가는 과정이며 그 과정을 움직이는 힘 또는 추진력으로서의 학습 또는 교육의 중요성이다. 심성정의일로설은 인간의 마음을 구성하는 각각의 요소 사이의 관계를 사실적 수준에서 설명한 것이다. 심성정의일로설에 의하면 인간의 마음은 결코 고정되어 있는 실체가 아니라 끊임없이 역동적으로 움직이면서 세계와 교섭하고 그것과 교섭하는 사태를 끊임없이 판단하고

---

27) 須知性心情意只是一路 而各有境界然後 可謂不差矣 何謂一路 心之未發爲性 已發謂情 然後商量謂意 此一路也 何謂各有境界 人心寂然不動時 是性境界 感而遂通時是情境界 因所感 而紬繹商量謂意境界 只是一心各有境界(栗谷全書 卷14, 雜著1, 雜記).

28) 張聖模, 前揭論文, pp.441-442.

헤아리는 기능을 수행한다. 시간적 차원에서 볼 때, 인간의 마음은 그 자체가 아무런 기준이 없이 움직이는 것이 아니라 그 자신 내부에 자신의 움직임을 주재하고 이끌어 나가는 기준을 이미 갖추고 있다. 뿐만 아니라 마음은 스스로 지금까지 그가 따르고 있던 기준과는 수준이 다른 새로운 기준을 포착하고 그 기준을 자기 자신의 것으로 끌어들여 내면화함으로써(또는 거꾸로 그 기준에 자기 자신의 마음을 쏟아 넣음으로써) 끊임없이 역동적으로 움직이고 발달해 나가는 대상이다.

율곡의 형이상학과 심성론을 밝힘으로써 그의 교육이론의 핵심은 구축한 셈이다. 이제 그의 교육이론의 핵심에 비추어 보다 구체적 사태로서의 교육의 모습을 언급할 필요가 있다. 물론 여기에는 율곡이 주장하는 교육내용과 교육방법이 함께 들어 있다. 이상의 것들을 염두에 두고 그의 공부방법상의 원리라 할 수 있는 誠意와 立志, 그리고 格物窮理와 讀書를 구체적으로 다루어 보겠다.[29]

율곡에 의하면, 인간의 마음이 사물과 접촉함으로써 情으로 표현되면 그 情은 사태를 헤아리고 비교하는 일을 수반한다. 意는 바로 마음의 움직임이 情으로 표현되면서 일어나게 되는 마음의 생각하고 헤아리는 활동이라고 말할 수 있다. '뜻을 정성스럽게 한다는 것'(誠意)은 바로 마음이 칠정으로 표현되고 그 情이 사태를 판단하고 헤아리는 작용으로 나아갈 때 그 意가 正理(정리)를 따르도록 함으로써 情이 사욕으로 치우치는 것을 바로잡는 공부방법이라고 말할 수 있다. 요컨대 誠意는 마음이 情으로 표현되는 순간 그 情이 정리를 따르는 일에 못 미치거나 지나침이 없도록 바로잡는 방법이다. '意는 헤아리고 비교하는 마음의 활동을 일컫는 것으로서, 情이 이미 표현되었을 때 생각하여 운용해 나가는 것이다.'[30] 이것을 개인의 차원으로 내려, 한 개인이 이미 소유하고 있는 마음의 善한 요소를 출발점으로 하여 그것의 완전한 상태를 소유한 존재로서의 聖人의 존재방식을 자신의 궁극적인 삶의 理想으로 삼아 이를 추구할 것을 기약함으로써 개인의 질적 변화를 도모하는 공부방법이 있을 수 있다. 여기에는 개인의 노력 여하에 따라 聖人까지 갈 수 있다는 가정이 들어 있다. 이것은 율곡이 격몽요결, 학교모범, 그리고 성학집요에서 강조하고 있는 공부방법으로서의 立志이다.

志는 개인의 기질을 변화시켜 보다 바람직한 방향으로 나아가게 하는 원동력이 된다. '志는 氣를 거느리는 장수로서, 志가 하나가 되면 氣는 움직이지 않음이

---

29) 張聖模, 前揭論文, pp.456-462.
30) 意者心有計較之謂 情旣發而商量運用者也 (栗谷全書 卷25, 聖學輯要).

없다.'³¹⁾ 이때 志를 하나되게 하여야 한다는 것은 곧 자신이 지향하고자 하는 삶의 궁극적인 이상을 확고히 하고 오로지 그 삶의 이상을 자기화하고자 전심전력을 다하는 삶의 자세 또는 존재방식을 갖춘다는 것을 뜻한다. 율곡은 마음을 경험적 실체로 파악하고 있기 때문에, 입지는 한 개인의 내부에 이미 자리잡고 있는 善한 요소를 그것이 지향해야 할 삶의 이상적 기준으로서의 聖人 — 이것은 사실적 수준에서 존재할 수 있다는 뜻이다 — 의 존재방식과 관련지음으로써 기질 변화의 추진력으로 삼는 것이라고 볼 수 있다.

특히 誠意의 방법을 통하여 마음의 움직임이 이치에 벗어나지 않도록 하려면 거기에는 마음의 움직임을 붙들어 맬 이치가 무엇인가에 대한 탐구와 이해가 전제되지 않으면 안된다. 이 활동 또는 공부방법이 곧 格物窮理이다. 구체적으로 율곡에 의하면, '격물은 사람이 사물의 이치를 탐구하여 스스로 극진한 곳에 이르도록 한다는 뜻이며 物을 格했다는 말은 사물의 이치가 이미 극진한 곳에 이르러 다시 더 탐구해야 할 여지가 없다는 뜻이다.'³²⁾ 율곡에 있어서 격물궁리의 대상이 되는 理는 만물을 초월해 있는 理가 아니라, 事事物物 속에 내재해 있는 理이다. 다시 말하여 이치는 우리의 삶의 현실이나 마음의 움직임을 초월하여 존재하는 것이 아니라 오히려 우리의 다양한 삶의 현실과 각 개인의 마음의 움직임 속에 박혀 있다. 이 점을 율곡은 다음과 같이 말하고 있다.

궁리는 한 방향에서만 이루어지는 것이 아니다. 안으로 자신의 몸에 있는 理를 궁구하면 보고 듣고 말하고 행동하는 것이 각각 그 규범을 갖게 되고, 밖으로 사물 속에 내재해 있는 理를 궁구하면 초목과 금수가 각각 합당한 법칙을 갖게 된다. 집안에서는 부모에게 효도를 다하고 처를 올바로 거느리며, 은혜를 두터이 하고, 인륜을 올바로 하는 이치를 그때그때 잘 살펴야 하며, 사람들을 대할 때에는 현명함과 어리석음, 사악함과 올바름, 깨끗함과 더러움, 교묘함과 졸렬함의 구별을 그때 그때 잘 분별해야 하며, 일을 처리함에는 옳고 그름, 제대로 되거나 잘못된 점, 편안함과 위태로움, 잘 다스려짐과 어지러움의 기틀을 그때 그때 잘 살펴야 한다.³³⁾

---

31) 志者氣之帥也 志一則氣無不動(栗谷全書 卷20, 聖學輯要).

32) 格物云者 人窮物之理 而使之至於極處也 物格云者 物之理已至於極處 更無可窮之餘地也(栗谷全書 卷32, 出沙溪語錄).

33) 窮理亦非一端 內而窮在身之理 視聽言動各有其則 外而窮在物之理 草木禽獸各有攸宜 居家則孝親形妻 篤恩正倫之理 在所當察 接人則賢愚邪正醇巧拙之別 在所當辨 處事則是非得失 安危治亂之幾 在所當審(栗谷全書 卷5, 萬言封事).

율곡이 여기서 말하고자 한 것은, 격물궁리가 마음이 교섭하는 다양한 사태 속에서 거기에 따라야 할 행위의 기준을 드러내는 공부방법이며 또한 그 방법이 격물궁리의 대상이 되는 사태가 다양한 만큼 다양하게 전개된다는 것이다. 그렇다면 경전이나 서책은 왜 읽는가? 율곡에 의하면, '道에 들어가는 데에는 이치를 궁구하는 것보다 우선이 없고, 이치를 궁구하는 데에는 (聖賢들의) 글을 읽는 것보다 우선이 없다. 그것은 성현들이 마음을 쓴 자취와 본받을 만한 善이나 경계해야 할 만한 惡에 관한 내용이 모두 책에 씌어 있기 때문이다'[34]라고 하였다. 다른 어떤 것보다도 성현의 말씀과 행적이 적혀 있는 것을 공부하는 것이 효율적이고 효과적이라는 것이다. 그러므로 '책을 읽는 사람은 반드시 단정히 손을 모으고 꿇어 앉아서 공경하는 마음의 자세를 가지고 책을 대하고, 마음을 오로지 하고 뜻을 극진히 하여 골똘히 생각하고 흠뻑 연구하여 의의와 취지를 깊이 이해하되, 구절마다 반드시 실천할 방법을 찾아야 한다. 만일 입으로만 읽고서 마음으로 체득하지 않고 몸으로 실행하지 않으면 글은 글대로, 나는 나대로 되고 말 것이니 무슨 도움이 되랴'[35]라고 하였다.

이제 율곡의 교육이론의 의의를 본격적으로 논해야 할 때가 되었다. 율곡의 성리학 체계를 교육이론이라고 한 것은, 그의 성리학 체계는 단순히 인간의 마음 또는 삶의 현실에 관한 사실을 단순히 기술하거나 설명하는 데 관심을 기울인 것이 아니라, 인간의 마음의 움직임과 삶에 관한 사실이 따라야 할 이상적 기준 또는 인간의 마음과 삶의 질을 문제삼고 있으며, 나아가 양자 사이의 관련성에 관한 논의를 집중적으로 하고 있기 때문이다. 이 말은 곧 그의 성리학 체계가 인간 활동으로서의 교육에 관한 관심을 전제로 하고 있다는 뜻이다.

좀더 구체적으로 율곡의 성리학 체계의 교육적 함의를 말하면 다음과 같다.[36] 즉, 사단칠정설은 마음의 움직임과 그 기준의 관계를 靜態的으로 설명할 뿐 그 발달의 역동성을 動態的으로 설명하는 데는 충분하지 않다. 오히려 마음의 발달의 설명은 외적 계기와 내적 원인과 관련된 논의를 필요로 한다. 율곡의 인심도심설은 곧 마음의 움직임을 규제하고 있는 기준이 이상적 기준과는 가장 거리가 먼

34) 入道莫先於窮理 窮理莫先乎讀書 以聖賢用心之迹 及善惡之可效可戒者 皆在於書故也(擊蒙要訣, 讀書章).

35) 凡讀書者 必端拱危坐 敬對方冊 專心致志 精思涵泳 深解義趣 而每句必求踐履之方 若口讀而心不體身不行 則書自書我自我 何益之有(擊蒙要訣, 讀書章).

36) 張聖模, 前揭論文, pp.468-469.

경우를 인심으로 개념화하고 동시에 그 기준이 가장 이상적인 상태로 발달한 경우를 도심으로 개념화하여 양자를 서로 대비시킴으로써, 인심의 상태에서 도심의 상태로 나아가는 매개과정으로서의 교육의 중요성을 강조할 뿐만 아니라 마음의 발달의 외적 계기라고 할 수 있는 교사의 표상으로서의 聖人의 존재를 부각시키기 위해서 제시한 마음의 이론이라고 말할 수 있다.

'심성정의일로설' 은 마음의 발달의 내적 메카니즘을 설명한다. 율곡에 의하면, 마음은 외물에 감응하면서 움직이고 그 움직임이 바로 情으로 표현된다. 마음이 情으로 표현되면 그것은 사태를 헤아리고 저울질하는 활동으로 나아간다. 이 경우 그 마음의 헤아림이 사태에 합당한 이치를 파악하게 되면 그 마음의 움직임으로서의 情은 그 意를 따라 함께 새로운 차원으로 움직이게 된다는 것이다. 마음의 발달은 자신의 내적 힘과 외적 기준의 교섭에 의해서 움직이며, 그 외적 기준은 誠意의 과정을 통해 자신의 내적 기준으로 새롭게 자리잡게 된다.

이 모든 논의의 근거가 되는 형이상학적 수준의 설명인 '기발리승일도설' 과 '이통기국설' 은 마음의 움직임과 마음의 이상적 기준의 관계와 그 발달에 관한 문제를 다루고 있다. 이와 같은 형이상학적 논의에서 율곡이 특히 부각시키고 있는 것은, 實在로서의 理는 현상으로서의 氣를 초월해서 존재할 수 없고 언제나 氣를 타고 움직이며 스스로가 움직이거나 다른 것을 움직이는 원동력으로서 작용할 수 없다는 것이다. 그러므로 변화와 발달의 주체와 추진력은 氣로 표상되는 현상세계 속에 있으며, 그것은 '현재' 자신의 삶이 이미 따르고 있는 기준과 그가 '앞으로' 획득해야 할 이상적 기준 사이의 동일성과 間隙을 동시에 의식함으로써만 얻을 수 있다는 것이다. 율곡이 말하는 聖人은 마음의 발달이 완성된 상태에서 삶의 궁극적 표준을 담고 있는 존재로서 개인을 앞으로 이끄는 힘 또는 외적 계기로 간주될 수 있다. 반면에, 개인은 자신의 기질을 변화시키려는 공부의 주체로서 존재하며, 그가 부딪치는 다양한 삶의 사태에서 마땅함을 따르기 위해 뜻을 정성스럽게 하는 일(誠意)과 聖人의 경지에 이르기를 기약하는 큰 뜻을 세우는 일(立志)은 곧 마음의 발달의 내적 원인이요 추진력이 된다.

2. 호락논쟁의 전개와 그 교육학적 함의*

이황과 기대승의 사단칠정논변 이후 약 150여 년이 지난 18세기 초, 다시 대규모의 학술논쟁이 전개되었으니, 人性物性同異論辨(인성물성동이논변)이라고도 불리우는 湖洛論爭(호락논쟁)[37]이 바로 그것이다. 이 논쟁은 학파적 연원으로 보면, 율곡 이이—사계 김장생—우암 송시열로 이어지는 기호학파의 학통을 계승하고 있던 遂庵 權尙夏(수암 권상하, 1641-1721)의 문하에서 발생하였다. 당시 그의 문하에는 江門八學士(강문팔학사)로 불리우는 일군의 젊은 선비들이 수학하고 있었으며, 그 중에서도 특히 巍巖 李柬(외암 이간, 1677-1727)과 南塘 韓元眞(남당 한원진, 1682-1751)은 人性物性(인성물성)의 同異問題(동이문제), 未發(미발)과 氣質(기질)의 양립 가능성 문제를 둘러싸고 치열한 논변을 벌이게 된다.

이 두 사람의 논쟁은 성리학의 핵심 개념인 性에 관한 상이한 견해, 즉 性이란 무엇이며, 그것은 어떻게 형성되는 것인가 하는 문제에 대한 상이한 견해로부터 야기된 것이었다. 성리학의 본체론과 심성론이 性에 관한 견해에 기초하고 있다는 점에 주목한다면, 性에 관한 견해를 달리하는 이간과 한원진은 또한 本體論(본체론)과 心性論(심성론)에 대해서도 견해를 달리할 수밖에 없다고 예상할 수 있을 것이다. '인성물성동이문제'는 본체론에, '未發氣質之性有無問題(미발기질지성유무문제)'는 심성론의 영역에 속한다. 이 두 사람의 논쟁이 발단과 동시에 주위의 많은 학자들에게 전파되어 일대 논쟁으로 퍼져나간 것은, 그것이 성리학의 근본문제를 다루고 있었기 때문이었다.

인성과 물성이 동일한가 상이한가 하는 쟁점은 중용의 첫 구절인, '天命之謂性(천명지위성)'에 관한 주희주의 해석문제로부터 발단하였다. 문제가 된 주희의 주는 다음과 같다.

天以陰陽五行 化生萬物 氣以成形而理亦賦焉 猶命令也 於是 人物之生 因各

---

* 이 절은 신춘호, '조선후기호락논쟁의 교육학적 해석', 서울대학교 대학원 석사학위논문, 2000을 요약 제시한 것이다.

37) 호락논쟁이라는 명칭은, 한원진에 동조하여 이론을 주장하는 학자들 — 병계 윤봉구, 매봉 최징후, 봉암 최지홍 등 —은 충청도 지역(湖西)에 거주하는 반면, 이간의 동론을 동조한 학자들 — 도암 이재, 여호 박필주, 기원 어유봉 등 —은 대체로 서울 지역(洛下)에 거주한 데에서 비롯된 것이다(조선왕조실록).

得其所賦之理 以爲健順五常之德 所謂性也(天은 陰陽과 五行으로서 萬物을 생성한다. 이 때에 氣가 서로 결합하여 그 형체를 이루고 理가 그것에 부여된다. 이는 마치 天이 명령하는 것과 같다. 이와같이 人과 物이 생겨남에 있어서, 人과 物은 〔天으로부터〕 각기 부여받은 理를 가지고, 그것으로 健順·五常의 德으로 삼으니 性은 바로 이것을 가리킨다.)

이 구절에서 문제는 '各得其所賦之理(각득기소부지리)'에서의 '各得(각득)'을 어떻게 해석해야 하는가 하는 점이었다.[38] 이 두 글자의 해석여하에 따라서, 人과 物은 모두 五常(오상, 인의예지신)을 그 性으로 갖추고 있다는 주장이 성립하기도 하고(이간의 同論), 人은 五常을 갖추었지만 物은 그렇지 못하다는 견해가 성립하기도 하는 것이다(한원진의 異論). 이 두 글자의 해석문제는 단순한 구절풀이 문제에 그치는 것이 아니라, 性, 특히 본연지성의 理氣論的(이기론적) 지위를 어떻게 규정해야 하는가 하는 매우 근본적인 수준의 문제를 제시하고 있었다. 이에 이간과 한원진은 性과 理, 天命과 五常, 本然之性과 氣質之性 등의 개념을 조목조목 검토하면서, 서로간에 치열한 논쟁을 벌이게 된다.

우선 한원진은 性을, '氣에 표현되기 이전의 理'—太極(태극) 또는 天命(천명)—가 아니라 '氣에 표현된 이후의 理'라고 규정한다. 이것이 그의 '因氣質(인기질)'의 관점이다. 그는 우선 理는 두 가지 상이한 차원에서 존재할 수 있다고 주장한다. 즉, '氣에 표현되기 이전의 理(超形氣, 초형기)'와 '氣에 표현된 이후의 理(인기질)'가 그것이다. 여기서 전자는 理일 뿐 性은 아니다. 본연지성이든 기질지성이든, 性이라는 것은 모두 '氣 속에 들어있는 理'로 보아야 한다는 것이다. 또한 한원진은 性 즉, '氣와 결합한 이후의 理'는 관점에 따라서 두 가지로 파악할 수 있다고 주장하는데, '氣에 나아가서 그 理만을 따로 떼어내어 말할 때의 理'와 '氣와 마구 뒤섞인 상태의 理'(雜氣質, 잡기질)가 각각 그것이다. 전자가 본연지성이요 후자가 기질지성이라는 것이다. 이렇게 하여, 한원진은 萬物(만물)의 理는 동일하다고 말하는 것은 '초형기의 理'를 두고 하는 말이요, 人性과 物性이 다르다고 말하는 것은 '인기질의 性'(즉, 人과 物의 상이한 본연지성)을 두고 하는 말이요, 人人이 서로 다르고 物物이 서로 다른 性을 가진다고 말하는 것은 '잡기질의 性'(人人과 物物 간의 상이한 기질지성)을 두고 하는 말이라고 주장한다.[39]

---

38) 元來此說 本起中庸首章註 人物之生 各得其理 以爲健順五常之德一句也 二三年來 首尾所爭 本在此一句 而又其爭端 却在各之一字(巍巖遺稿 卷22).

반면, 이간은, 理가 '氣에 표현되기 이전과 이후'의 차원에 존재할 수 있다는 점에 대해서는 한원진과 의견이 다르지 않다. 그러나 그는 性을 오로지 '氣에 표현된 이후의 理'(인기질)로 규정하면서, 性과 '氣에 표현되기 이전의 理'(태극 또는 천명)는 다르다고 주장하는 한원진의 견해를 단호하게 부정한다. 이간은, 性은 곧 理요 理는 곧 性이어서, 性과 理는 이름만 다를 뿐 동일한 실체를 가리킨다고 주장한다.[40] 따라서 이간은 본연지성을 한원진과는 달리 규정한다. 이간은 '氣에 표현되기 이전의 理'를 '一原의 理', '氣에 표현된 이후의 理'는 '異體의 理'라고 하면서, 전자가 본연지성이요, 후자가 기질지성이라고 주장한다.[41] 한원진은 '氣에 표현된 이후의 理'를 다시 본연지성과 기질지성으로 나누고 있지만, 이간은 그와 같은 한원진의 견해는 성립될 수 없다고 본다. 理가 氣에 표현된 이후에는 아무리 '그 理만을 따로 떼어내어 말한다'고 하더라도 그것은 이미 氣의 영향을 받은 이후의 불완전한 理, 곧 기질지성이라고 보아야 한다는 것이다.

이와 같이 '인성물성의 동이여부'를 둘러싼 두 사람의 논쟁은 본연지성에 관한 상이한 규정에 근거한 것이었다. 한원진의 異論은, 인간은 금수 · 초목과는 달리 후천적 수양을 통하여 인의예지신(五常, 오상)라는 도덕성을 추구할 수 있는 존재라는 점을 정당화하기 위한 시도였다고 볼 수 있다. 성리학에서 性, 또는 그 내용을 지칭하는 五常은 수양의 궁극적 목적에 해당한다. 物性 또한 物이 따라야 할 삶의 표준 또는 그 개체의 표준을 가리킨다. 예컨대, 물고기는 헤엄을 잘 치고 솔개는 하늘을 잘 날아야 하는 것이다. 만약 그렇지 못한 물고기나 솔개는 그 성을 온전하게 구현하지 못하는 것이며, 그런 만큼 그것은 물고기나 솔개가 아닌 것이다. 이 점에 주목한다면, 한원진의 異論은, 性이라는 것은 人 · 物의 상이한 삶 속에서 형성되는 것이라는 견해에 기초하고 있다는 점을 간파할 수 있다. 人 · 物의 삶이 판이하게 다른데 어떻게 그 性이 동일하다고 말할 수 있겠는가 하는 것이 한원진의 주장인 것이다.

한원진의 견해가 쉽게 납득될 수 있는 것과는 달리, 이간의 同論(동론)은 이해

---

39) 理本一也 而有以超形氣而言者 有以因氣質而名者 有以雜氣質而言者 超形氣而言 則太極之稱是 也 而萬物之理同矣 因氣質而名 則健順五常之名是也 而人物之性不同矣 雜氣質而言 則善惡之 性是也 而人人物物又不同矣(南塘集 卷11).

40) 言性處 不可以理易之 言理處 不可以性釋之 則非鄙見之所及矣(巍巖遺稿 卷7).

41) 以一原言 則天命五常俱可超形器 而人與物無偏全之殊 是所謂本然之性也 以異體言 則天命五常 俱可因氣質 而不獨人與物有偏全 聖與凡之間 又是千階萬級 而偏處性命俱偏 全處性命俱全 是 所謂氣質之性也(巍巖遺稿 卷7).

하기가 용이하지 않다. 그러나 우선 이간이 '동론'을 주장한다고 해서, 그가 한원진이 지적하듯이, 人과 物의 차이를 도외시하거나 혹은 인성의 존귀함을 부정하는 것은 결코 아니라는 점에 주목할 필요가 있다. 이간의 주장은 理와 性은 완전히 동일한 지위를 가진다는 性에 관한 그의 견해에서부터 필연적으로 귀결되는 것이며, 따라서 중요한 점은 性, 즉 본연지성은 '氣에 표현되기 이전의 理'와 동일한 지위를 가진다는 그의 주장이 어떤 의미를 나타내고 있는가 하는 점에 있다. 이간에게 있어서도 性은 인간의 삶이 따라야 할 궁극적 기준을 가리킨다. 이렇게 보면, 이간의 주장은 결국 五常으로 요약되는 인성의 초월적 차원을 드러낸 것으로 해석할 수 있다. 人·物의 입장에서 보면, '태극'이나 '一原'이라는 것은 人·物이 그 속에 거주하면서 그것과의 합일을 추구해야 할 대상이지, 人·物이 작위할 수 있는 대상이 결코 아니다. 이간은, 한원진과는 달리, 性은 현상의 삶에서 이루어지는 인간의 작위나 노력, 또는 그것의 제도적 구현체에 해당하는 道로 말미암아 형성된다는 견해를 취하지 않는다. 이것은 그가 性을 구현하려는 인간의 노력, 곧 후천적 수양의 필요성을 부정해서가 아니라, 수양의 궁극적 목적이 가지는 초월적, 절대적 성격을 강조하기 위한 것이라고 보아야 한다.

앞에서 이간은 性을 '氣에 표현되기 이전의 理'로, 한원진은 '氣에 표현된 이후의 理'로 규정하고 있다는 점을 살펴보았다. 여기서 '氣에 표현된 이후'라는 것이 시공간의 제약 아래에 펼쳐져 있는 '현상의 차원'을 가리킨다면, '氣에 표현되기 이전'이라는 것은 시공간의 제약을 초월하여 존재하는 '실재의 차원'을 가리킨다. 이홍우 교수가 설명하고 있듯이, 성리학은 외부세계 뿐만 아니라, 마음 또한 '未發'(미발, 표현되기 이전)과 '已發'(이발, 표현된 이후)로 구분되는 중층구조로 이루어져 있다는 견해에 입각하고 있다.[42] 따라서, 性에 관한 견해를 달리하는 이간과 한원진은 심성론에 관해서도 입장을 달리할 수밖에 없었으며, '미발의 기질지성이라는 것이 존재할 수 있는가'(未發氣質之性有無問題)하는 또 하나의 쟁점은 두 사람의 입장 차이를 극명하게 나타내고 있다.

이 문제 또한 중용에 나타난 '喜怒哀樂之未發 謂之中(희노애락으로 표현되기 이전을 가리켜 中이라고 한다)'에서의 '미발'의 해석문제로부터 야기되었다. 주희는 이구절에 대하여 '(여기서 말하는) 미발은 곧 性을 가리킨다'(其未發 則性也. 中庸章句1)고 풀이한 바 있다. '표현되기 이전'이 中이요, 中이 '기울어지거나 치우

---

42) 李烘雨, '性理學의 教育理論', 〔道德教育研究〕 제12집 1호, 한국도덕교육학회, 2000. 5.

침이 없는 상태'(不偏不倚, 불편불의)라면, 未發이 善하기도 하고 惡하기도 하는 말(未發有善惡, 미발유선악)은 원칙상 성립하지 않는다고 보아야 한다. 그러나 문제는 본연지성과 기질지성을 구분하는 순간, '미발'이 본연지성만을 가리키는지, 아니면 기질지성 또한 未發에 해당하는 것인지가 명확하지 않게 된다는 점에 있었다. 설상가상으로 '미발의 기질지성'을 긍정하기도 어렵고, 부정하기도 난처하였다. 만약 긍정한다면, '미발'을 가리켜 곧 바로 中이라고 말할 수 없게 된다. 기질지성은 유선악한 것으로 규정되는 불완전한 것이요 따라서 그것을 中이라고 말할 수 없는 것이다. 반대로 부정하면, 기질지성은 '이발(已發, 표현된 이후)'의 情, 즉 희노애락 등과 별반 다르지 않은 것으로 된다. 기질지성 또한 어디까지나 情이 아닌 性이라면 이 주장 역시 받아들일 수 없게 된다.

　매우 복잡하게 전개된 이 문제에 관한 논쟁에서의 두 사람의 견해 차이는, 한원진이 직접 그린 아래와 같은 그림에서 분명하게 확인된다(아래 그림은 南塘集 卷 11을 참조).

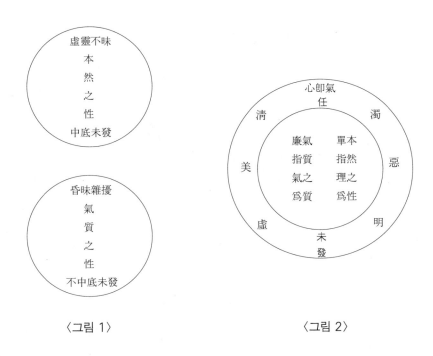

〈그림 1〉　　　　　　　　　　〈그림 2〉

　위의 〈그림 1〉은 이간의 견해를, 〈그림 2〉는 한원진 자신의 견해를 나타낸다. 두 그림의 두드러진 차이는 본연지성과 기질지성의 위치가 전혀 다르다는 점에 있다. 즉 이간의 그림에는 본연지성과 기질지성이 별도의 영역에 떨어져 존재하는 것으로 되어있는 데에 반하여, 한원진의 그림에서는 양자가 동일한 영역에 존재하는 것으로 되어 있다.

이와 같은 두 사람의 견해 차이를 이해하는 데에는, 위의 〈그림 1〉에서 보이는 '中底未發(중저미발, 中의 상태로서의 未發)'과 '不中底未發(부중저미발, 不中의 상태로서의 未發)'이라는 용어에 주목할 필요가 있다. 이간의 이 구분은 한원진의 견해—기질지성 역시 性이며, 따라서 그것은 '표현된 이후(이발, 已發)'의 情이 아니라 미발의 性이며, 따라서 未發의 기질지성은 응당 존재하는 것으로 보아야 한다는 견해—를 부정하기 위하여 제시된 것이다. 즉, 이간은 이 구분에 입각하여 기질지성은 미발이기는 하지만 '不中(부중)'한 것이요, 따라서 그것은 '본래 의미에서의 미발(즉 중저미발)'에는 해당되지 않는다고 본 것이다.

이간의 이와 같은 주장은 다음과 같이 해석된다. 우선 '氣質(기질)에 표현된 이후의 性'을 가리키는 기질지성 — '부중저미발'은 기질지성의 상태를 기술하는 말이다—은 개인의 마음에 표현된 이후의 性에 해당한다고 볼 수 있다. 희노애락의 情이 약동하는 개인의 마음은 태어나는 그 순간부터 죽을 때까지 결코 氣의 영향으로부터 자유로울 수 없다. 다만 개인은 자신의 氣質을 보다 깨끗하고 순수한 것으로 변화시킴으로써 그것에 표현된 性을 '표현되기 이전의 性', 즉 본연지성에 가까운 것으로 만들 수 있는 것이다. 이와 같은 현상의 차원에 주목한다면, 性은 언제나 氣에 표현된 상태로 존재하며, 따라서 그것은 이 경우 性은 善惡이 혼재한 상태로 존재한다고 말할 수 있다.[43] 반면 '氣質에 표현되기 이전의 性', 즉 본연지성 — 중저미발은 본연지성의 상태를 기술하는 말이다 — 은 기질지성의 형태로 개인의 마음에 표현되는 것이기는 하지만, 표현된 것 그 자체가 아니라, 그것이 따라야 할 이상적 표준에 해당한다. 현상의 차원에서 볼 때, 본연지성은 이상적 표준 그 자체이며, 바로 그 점에서 본연지성은 현상으로 표현되기 이전에 존재한다고 말할 수 있다.

〈그림 1〉에서 보듯이, 본연지성은 기질지성과는 별개로 존재할 수 있다는 것(其界分自在. 巍巖遺稿 卷12)이 이간 견해의 골간을 이루며, 한원진은 이와 같은 이간의 견해를 '二心二性之說(이심이성지설)'이라고 비판한다. 한원진은 '中의 未發'(중의 미발, 본연지성) 자체를 부정하지는 않는다. 그러나 그는 본연지성은 기질지성과 떨어져 존재하는 별개의 性이 아니라는 점, 본연지성과 기질지성은 이름만 다

---

43) 雖未發之前 善惡自在(南塘集 卷28).

를 뿐 하나의 실체—즉 氣에 표현된 이후의 理—를 가리킨다는 점을 끝까지 고수한다.[44] 여기서 확인할 수 있는 본연지성에 관한 두 사람의 견해 차이는, '인성물성동이문제'에서 확인한 性에 관한 견해 차이와 정확히 일치하는 것이다.

이간과 한원진은 모두 정통 주자학자로서, 삶과 교육을 분리된 것으로 간주하지 않았다. 그들에게 있어서 삶은 곧 수양의 과정이요, 삶의 의미나 목적은 수양에 의하여 규정되고 또 파악되는 것이었다. 이렇게 보면, 두 사람의 논쟁이 성리학의 거의 모든 개념을 동원하여 매우 복잡한 양상으로 전개되었다는 사실은 그들의 논쟁이 그만큼 세밀한 이론적 문제를 다루고 있었다는 점을 보여준다고 하겠다. 앞에서 살펴보았듯이, 두 사람의 논쟁은 性에 관한 상이한 견해로부터 야기된 것이며, 性에 관한 두 사람의 상이한 견해 속에는 인간의 삶이 따라야 할 目的은 어떤 방식으로 존재하는 것이며, 또 어떻게 형성되는 것인가 하는 질문에 대한 대답을 함축하고 있다.

앞의 논의에서 보듯이, 한원진은 '이발(已發, 표현된 이후)' 곧 현상의 차원을 강조하는 입장을 취한다. 그가 보기에, 性이라는 것은 현상의 차별적 삶의 과정을 통하여 형성되는 것이었다. 이 점에서 한원진은 이간에 비하여 主氣的 입장을 취한다고 볼 수 있다. 성리학에서 일체의 운동이나 변화는 氣의 운동 또는 힘에 기인하는 것으로 파악된다. 한원진의 견해는 性이라는 수양의 목적은 약동하는 氣의 운동과 힘의 작용을 통하여 형성되는 것이라는 견해를 나타낸다. 이것은 그가 性을 그 '개발의 관점'에 입각하여 규정하고 있음을 나타낸다. 가장 원초적인 사실이겠지만, 교육의 목적은 그 과정에 의하여 영향을 받을 수밖에 없다. 교육을 하면서도 교육의 목적이 자신이 기울이는 노력 여하에 따라서 구현될 수도 있고 그렇지 않을 수도 있다는 점을 부정하거나, 적어도 자신의 노력이 그 목적의 획득에 결정적인 영향을 미친다는 점을 부정한다는 것은 어불성설인 것이다.

반면, 이간은 수양 또는 교육목적이라는 것은 그 획득과정을 초월하여 존재한다는 점을 부각시킨다. 이간이 보기에, 性이라는 것은 여하한 인간의 의도나 노력이 영향을 미칠 수 없는 것으로 규정된다. 이와 같은 이간의 주장은 性을 구현하려는 노력을 할 필요가 없다는 주장이 아니라—실지로 한원진은 이간의 주장을 이런 뜻으로 해석하고 비난하였다—, 그 노력의 과정에서 목적 그 자체의 순수성이 훼손되지 말아야 한다는 문제의식을 나타낸다. 앞에서 언급한 '未發의 차원'

---

44) 性非有二體也 … 而有二名耳(南塘集 卷11).

과 '己發(이발)의 차원'은 세계의 두 차원 또는 수준을 개념상으로 구분하기 위
한 용어이며, 그 두 차원은 사실상으로 떨어져 존재하는 것이 결코 아니다. 이간
이 보기에, 性이라는 것은 차별적 현상의 세계를 초월하여 존재한다. 이렇게 말하
는 것은 세계의 두 차원이 엄격히 구분되어야 한다고 말하는 것이다. 또한 이간은
이이의 理通을 강조하면서, 性은 차별적 현상세계를 '관통'하여 존재하면서도
그 순수성을 잃지 않는 실재라고 주장한다.[45] 이렇게 말하는 것은 '己發(이발)의
차원'와 '미발의 차원'은 사실상 떨어져 존재하지 않는다는 점, 그리하여 전자는
항상 후자를 지향하는 방향으로 영위되어야 한다고 말하는 것이다. 결국 이간은,
한원진과는 달리, 主理的(주리적) 입장을 취한다고 볼 수 있다.

성리학은 '후천적 노력을 통하여 구현해야 할 대상으로서의 본성'이 존재한다
는 점을 근본가정으로 성립한다. 물론 '후천적 노력을 통하여 구현해야 할 대상'
이 존재한다는 점은 누구나 납득할 것이다. 그러나 모종삼이 지적하듯이, 그 대상
이 '하늘이 명령한 본성으로서 주어져 있다'(天命之謂性, 中庸)고 간주하는 것은
매우 특별한 사고방식을 나타내며, 이 사고방식은 쉽게 납득될 수 있는 것이 아니
다.[46] 성리학은 바로 이 생각, 즉 후천적 노력을 통하여 구현해야 할 대상이 본성
으로 주어져 있다는 생각을 가장 근원적이고 원초적인 假定으로 받아들이고 있
는 이론체계이다(性卽理, 성즉리). 그렇다면, 얼른 보기에는 납득하기 어려운, 이간
의 '동론'에 함축되어 있는 인간의 삶과 세계에 관한 견해는 무엇일까.

고대의 선진유학으로부터 유학은 삶의 궁극적 이상을 '天人合一'의 경지로
규정하여 왔다. 아래에 인용된 중용의 구절은 이 경지가 어떤 경지이며, 또 이간
의 '동론'이 입각하고 있는 견해, 곧 性은 곧 理요, 理가 곧 性이라는 견해에 함
축되어 있는 교육적 이상이 무엇인가를 드러낸다.

> 惟天下至誠 爲能盡其性 能盡其性 則能盡人之性 能盡人之性 則能盡物之性
> 能盡物之性 則可以贊天地之化育 可以贊天地之化育 則可以與天地參矣. (천하에
> 완전무결하게 誠을 갖춘 사람만이 능히 그 性을 완전하게 할 수 있다. 자신의 性을 완
> 전하게 할 수 있으면, 타인의 性을 완전하게 할 수 있고, 타인의 性을 완전하게 할 수
> 있으면, 物의 性을 완전하게 할 수 있다. 物의 性을 완전하게 할 수 있다면, 天地의 化
> 育을 참여할 수 있다. 이것이 곧 天地와 더불어 하나가 된다는 것이다.「中庸」22)

---

45) 蓋栗谷之義 天地萬物 氣局也 天地萬物之理 理通也 以所謂理通者 非有以離乎氣局也 卽氣局而
  指其本體不雜乎氣局而爲言耳(巍巖遺稿 卷12, 理通氣局辨).
46) 牟宗三,「中國哲學的 特質」, 臺灣: 學生書局, 1963. pp.73-74.

'천지와 더불어 하나가 된 상태'가 곧 '天人合一(천인합일)'의 상태이다. 주희는 이 구절을 풀이하면서, '人物之性 亦我之性 但以所賦形氣不同而有異耳(다른 사람과 物의 性은 곧 나의 性이다. 다만 부여받은 形氣가 서로 달라서 차이가 있을 뿐이다. 朱熹注)'라고 하는데, 이러한 주희의 해석은 '천인합일'의 경지는 我와 人과 物의 구분을 초월한 상태, 즉 주체와 객체의 구분을 초월한 상태를 가리킨다는 뜻으로 해석된다. 중용의 위의 진술에 따르면, '人物之性 亦我之性(인물지성 역아지성)'을 정당하게 말할 수 있는 '我'는, '완전무결하게 誠을 갖춘 사람', 곧 聖人일 뿐이다. 그렇다면, 역사를 통틀어 이러한 인간은 사실상으로 존재하지 않았다고 보아야 한다. 그러나 다른 한편에서 보면, 인간으로서 살아가는 사람이라면 누구나 聖人의 상태를 추구하는 그 길에 들어서 있다고 보아야 한다. 인간은 비록 불완전하게나마 모두 聖人인 것이다. 다만, 그가 그 길을 따라서 나아가는가 퇴보하는가 하는 것이 문제인 것이다. 얼른 파악하기는 어렵지만, '인성과 물성은 동일하다'는 이간의 주장 속에는 인간은 누구나 천인합일의 경지를 추구하며 살아가야 하며, 그 때에야 비로소 그는 '인간'으로서 살아가게 된다는 숭고한 뜻이 함축되어 있다.

'人物性同異(인물성동이)' 논쟁은 조선의 성리학자들로 하여금 자신의 성리학적 입장을 다시 정립하도록 하는 기회를 제공하였다. 이 논쟁이 모두 율곡의 성리학 이론에서 비롯되었기 때문에 주기적 경향을 띠고 있는 것만은 사실이다. 여기에 성리학자들은 자신의 성리학 이론을 주기적인 것으로 끝까지 밀고 가든지, 아니면 理를 좀더 부각시키든지 해야 할 입장에 놓이게 된다. 어떤 길을 택할 것인가 하는 것이 조선의 후기 성리학자들의 심각한 문제였다. 이에 즈음하여 두 가지 경향이 나타났으니, 녹문 임성주의 唯氣論(유기론)과 화서 이항로, 노사 기정진의 唯理論(유리론)이 그 대표적인 예이다.

녹문 임성주는 율곡의 '이통기국론'을 비판하고 氣一分殊(기일분수)에 입각한 유기론을 주장하고 있다. 즉, '이통기국론'을 끝까지 밀고 나가면 理와 氣를 두 개로 파악하게 된다. 그러나 그렇게 되면 율곡의 사단칠정론과 맞지 않게 된다. 그리하여 녹문은 장재의 '一氣張存說(일기장존설)'을 끌어들인다. 말하자면 존재의 유일한 근원은 氣라는 것이다. 그는 존재의 유일한 근원은 氣인데 分殊(분수)되기 이전의 본래의 氣의 모습을 '湛一之氣(담일지기)'라고 하고 이 '담일지기'가 분열하여 음양이 되고 오행이 되어 만물을 발생시키고 理는 그 氣의 운동법칙에 지나지 않는다고 말한다. 그리하여 그는 장재, 화담의 기론을 부활시켰다. 그러나 노주 오희상(1763-1833)과 매산 홍직필(1776-1852)은 낙론을 계승하며 율곡학파의 학통을 이으면서도 퇴계의 주리론에 가까운 성리설을 제창하기 시작한다. 화서 이항로와 노사 기정진에 이르면 본격적으로 율곡의 주기적 성향을 비판하고 퇴계학파의 학자들보다도 더 주리적인 성리설을 전개한다. 그리하여 그들은 理先氣後(이선기후), 理尊氣卑(이존기비), 理存氣忘(이존기망)의 說을 펼치게 된다. 이 학설은 후에 위정척사 운동에 가담한 대부분의 유학자들의 주리론과 관련을 맺게 된다.[47]

47) 許南進, '儒學派들의 思想的 葛藤과 變遷', 「前揭書」, pp.308-309.

제11장
성리학적 교육이론의 발전

    성리학이 조선왕조의 통치이념으로 채택되고, 그 성리학이 학문의 심도를 더해 가면서 완전히 성숙된 학문으로서 자리잡은 것은 조선 중기의 명종, 선조대라고 말할 수 있을 것이다. 구체적으로 말하면, 퇴계와 율곡이라는 두 거봉에 의해 이론적으로 확고한 틀을 갖추게 된다. 퇴계의 경우를 보면, 삶의 이념은 우리의 삶의 현실 속에 있는 이념과는 별도로 그 자체로서 존재한다. 말하자면 '절대적인 삶의 이념'이 있다는 것이다. 이와 같은 관점에 대하여 반대하는 것이 고봉과 율곡이다. 고봉이나 율곡이 보기에 삶의 현실 속에 존재하는 이념 이외에 별도의 이념이라는 것은 존재하지 않으며, 그런 이념이 존재한다면 그것은 반드시 현실 속의 이념으로 존재한다. 퇴계와 율곡의 대립을 달리 말하면, 삶의 현실 속에 존재하는 이념 이외에 그것과는 다른 '절대적인 삶의 이념'이라는 것이 있을 수 있는가 없는가에 관한 대립이라고 말할 수 있다. 퇴계는 절대적 이념이 있다고 하고 율곡은 그런 것이 없다고 주장한다.[1] 이 양대 주장의 대립은 다시 '교육의 정치적 실현(붕당정치)'의 양상으로 나타나게 된다. 이러한 과정에서 성리학의 해석이 한층 치밀해지고 조선 전기의 성리학의 이론적 난점이 재검토되면서 새로운 성리

---

1) 朴鍾德, '敎育의 根本問題로서의 四端七情論辯', 李秉烋, 朴在文 編, 「敎學思想」, 退溪學 研究論 叢 第6卷, 大邱: 慶北大學校 退溪研究所, 1997, pp.461-463.

학의 조류를 형성해 나간 것이 조선 후기(17세기에서 19세기에 이르는 약 300년간)
의 성리학자들의 공헌이라 할 수 있다.

1. 영남학파의 주리론과 기호학파의 주기론

조선 후기 성리학의 성립은 조선 성리학의 완성기라 할 수 있는 중기 성리학을
계승하는 과정에서 이루어진다. 스승과 제자 관계로 보면, 임진왜란 전후의 성리
학자들은 화담, 퇴계, 율곡, 남명, 구봉, 우계 등으로 구분해 볼 수 있다. 이들 여러
學脈을 이어받은 성리학자들은 16세기 후반부터 '교육의 정치적 실현'이라는 원
칙에 따라 어느 한 당파에 속하게 된다. 조선의 성리학자들은 사대부로서 동인과
서인으로 갈라진 후 복잡한 갈래를 치면서 모이고 헤어지면서 남인, 북인, 노론,
소론의 네 당파를 이루게 된다. 이미 말한 바와 같이 동인은 대부분 퇴계와 남명
의 문인으로 구성되었고, 서인은 대개 율곡과 우계의 교우, 문인들로 구성되었다.
구봉의 문인들은 서인으로 흡수되었고, 화담의 문인들은 일부는 동인으로 일부는
서인으로 나누어졌다. 동인은 다시 퇴계계가 남인, 남명계가 북인으로 나누어진다.
인조반정 이후 북인이 몰락하자 남명계가 남인으로 흡수됨으로써 조선 성리학의
학파는 정치적으로는 남인과 서인, 지역적으로는 영남학파와 기호학파, 스승과 제
자 관계로는 퇴계학파와 율곡학파로 나누어지게 된다. 학파 형성으로 보면, 퇴계
학파의 형성이 조금 앞서지만 율곡의 학설이 퇴계를 비판하면서 율곡학파가 형성
되었고, 이에 대한 반응으로서 퇴계학파가 율곡을 본격적으로 비판하게 된다.

율곡의 學統은 본래 구봉 송익필의 문인이었던 *沙溪 金長生*(사계 김장생, 1548-
1631)으로 이어지고 *愼獨齊 金集*(신독제 김집, 1574-1656), *尤菴 宋時烈*(우암 송시
열, 1607-1689)을 거쳐 *遂菴 權尙夏*(수암 권상하, 1641-1721)로 이어진다.[2] 정치적
으로는 송시열과 윤증의 *懷尼是非*(회니시비)[3]로 말미암아 노론과 소론으로 갈라

---

2) 許南進, '儒學派들의 思想的 葛藤과 變遷', 「韓國思想史大系」(4), 韓國精神文化研究院, 1992,
　pp.288-291.

3) '회니시비'란 송시열과 그 문인 윤증 사이의 師生是非를 말하는데, 시열이 懷德(지금 대전에 편입됨)
　에 살았고, 증이 尼山(지금의 논산군 노성면)에 살았던 데서 붙여진 이름이다. 윤증은 처음 송시열의
　문인이었으나, 그의 아버지 윤선거의 墓文事件을 계기로 스승과 결별하여 소론의 입장에 동조하였다.

지게 된다. 학문적으로는 牛溪 成渾(우계 성혼, 1535-1598), 南溪 朴世采(남계 박세채, 1631-1695), 拙修齊 趙聖期(졸수제 조성기, 1638-1689), 三淵 金昌翕(삼연 김장흡, 1653-1722) 등의 退栗折衷(퇴율절충)을 표방하는 일군의 성리학자들이 학문적 맥을 달리하게 된다. 율곡학파의 정통에 속하는 수암 권상하의 문인인 南塘 韓元震(남당 한원진, 1682-1751)과 巍巖 李柬(외암 이간, 1677-1727) 사이에 벌어진 '人物性同異論爭(인물성동이논쟁)'으로 말미암아 율곡학파는 다시 학문적으로 湖學(호학)과 洛學(낙학)으로 나누어진다. 이후 호락논쟁을 정리하는 과정에서 鹿門 任聖周(녹문 임성주, 1711-1788) 같은 성리학자는 唯氣論(유기론)으로 나아가기도 하고, 老洲 吳熙常(노주 오희상, 1763-1833), 梅山 洪直弼(매산 홍직필, 1776-1852) 등은 '녹문'을 비판하면서 점차 主理論(주리론)적인 방향으로 나아가게 된다.

율곡의 성리학과 퇴계의 성리학은 표면상 둘다 理의 보편성을 강조하고 있어, 주자의 성리학을 따른 것 같으나, 퇴계는 理와 氣의 不雜性(부잡성)을 강조하였는데 그에게 있어서 理는 형이상학의 논리의 세계에 있는 理이며, 氣와는 서로 섞을 수 없는 것이다. 여기에 비하여 율곡은 理와 氣의 부잡성을 강조하였는데, 氣가 形而下者(형이하자)라는 율곡의 주장대로라면 理는 형이하자인 氣와 떨어질 수 없는 것이다. 그러므로 율곡의 理는 형이하자인 理라고 말할 수 있다. 사실 퇴계와 율곡이 가장 첨예하게 대립하는 부분은 사단칠정론이다. 여기서 퇴계가 사단과 칠정을 각각, '理가 표현되고 氣가 거기에 따른다(理發氣隨 : 四端, 이발기수 : 사단)'는 것과 '氣가 표현되고 理가 이것을 규제한다'(氣發理乘 : 七情, 기발이승 : 칠정)는 것에 나누어 분속시킴으로써 理發氣發(이발기발)을 주장한 데 반해, 율곡은 칠정이 사단을 포함하고 있다고 보아 氣發理乘一途(기발리승일도)만을 인정한다. 문제가 되는 점은 퇴계의 理發에서의 理와 율곡의 '기발리승'에서의 理가 같은 것인가 하는 것이다.

사계 김장생은 구봉 송익필의 문인으로 예학을 배웠으나, 성리학은 율곡에게서 배웠다. 그러므로 율곡의 학문을 이어받았다 할 수 있다. 그리하여 사계는 퇴계의 이기호발설을 다음과 같이 비판하였다.

퇴계 선생의 사단칠정호발설은 그 근원이 권양촌의 입학도설에 있다. 정추만이 양촌의 설에 근거하여 天命舊圖(천명구도)를 그렸고, 퇴계 역시 추만의 설에 근거하여 圖를 그렸으니, 이것이 호발설이 생긴 까닭이다. 퇴계는 말하기를 '사단은 理가 표현됨에 氣가 따르고 칠정은 氣가 표현됨에 理가 그 氣를 규제한다'고 하였다. 이것은 양촌이 四七을 좌우에 기록한 뜻인데 혹자는 주자어류 가운데서 주자설을 인용, 비교하여 같다고 하나 이것은 그렇지 않다. 주자의 설은 대개 '인심은 形氣(형기)를 주로 하여 표현되고 도심은 의리를 주로 한다'고 말한 것이니 어세의 차이가 있다. 그런데 어찌 퇴계의 설과 한 가지 뜻으로 볼 수 있겠는가. 대저 五性 밖에 다른 性이 없고 칠정 밖에 다른 情이 없다. 맹자가 칠정 가운데서 善情만을 뽑아내어 사단이라 하였으니, 칠정 밖에 따로 사단이 있는 것은 아니다. 선악의 단서에 무릇 어느 것인들 情이 아니겠는가. 그 악은 본래 악한 것이 아니고 단지 형기에 가리워 過不及이 있어 악이 된 것이다. 그러므로 程子가 말하기를, '선악이 모두 천리이다'라 하였고, 주자가 말하기를 '천리로 인해 인욕이 있다'고 하였으니, 사단과 칠정이 과연 二情이며 理氣가 과연 互發하겠는가. 대저 사단 칠정을 二情이라 하는 것은 理氣에 투철하지 못한 바가 있기 때문이다.[4]

그러면서 그는 스스로 理氣渾融說(이기혼융설)을 주장하였다. 사실을 두고 말하자면, 김장생이 퇴계을 비판한 내용은 율곡이 퇴계를 비판한 것을 그대로 받아들이고 그대로 다시 옮긴 것이다. 그러나 문제는 김장생은 율곡이 주장하는 理氣의 부잡성을 철저히 강조한 나머지 이기혼융설을 제안함으로써 理와 氣의 개념적 구분마저도 없애버리려고 하였다. 이 점에서 김장생은 율곡의 이기론을 잘못 해석하고 만다. 또한 사계는 은근히 퇴계의 호발설이 주자에게서 나온 것이 아니라는 것을 나타내고 있다. 그러나 이 생각은 맞는 말인가? 다시 사계는 퇴계의 '物理의 극처가 나의 궁구함을 따라 이르지 않는 것이 없다'는 理自到說(이자도설)을 반대하여 퇴계학파의 愚伏 鄭經世(우복 정경세)와 논쟁을 벌였다. 정경세가 格物(격물)과 物格(물격)을, '손님을 청해서 손님이 오는 것과 같다'[5]고 하자, 사계는 '이와 같다면 物의 이치가 본래 저곳에 있어 사람이 格함을 기다린 뒤에 우리의 마음에 와서 이른다는 것이니 어찌 그르지 않겠는가'[6]라고 반박하였다. 이에 대해 자신의

---

4) 退溪先生七情四端互發之說 其原出於權陽村入學圖說 其圖中 四端書於人之左邊 七情書於人之右邊 鄭秋巒之雲 因陽村而作圖 退溪又因秋巒而作圖 此互發之說所由起也 退溪曰 四端理發而氣隨之 七情氣發而理乘之 是陽村分書左右之意 而或者因語類中朱子說 比而同之 此則不然 朱子說 蓋謂人心主形氣而發 道心主義理而發云添 語勢差異 何可與退溪說作一意看也 夫五性之外無他性 七情之外無他情 孟子於七情中剔出善情 目爲四端 非七情之外別有四端也 善惡之端 夫孰非情乎 其惡者本非惡 只是掩於形氣 有過不及而爲惡 故程子曰 善惡皆天理 朱子曰 因天理而有人欲 四端七情 果是二情 而理氣果可互發乎 夫以四端七情爲二情者 於理氣有所未透故也(沙溪遺稿 卷五, 四端七情辨 示韓士仰).

5) 格物如請客 物格猶客來, 沙溪全書 卷45, 語錄.

6) 如此則物之理本在彼 待人格之然後 來到吾心也 豈不謬哉(上同).

견해를 다음과 같이 피력하였다.

> 대저 物理는 본래 우리 마음에 갖추어져 있으나 단지 사람이 궁구하지 않은 까닭에 밝지 않을 따름이다. 이제 이미 격물하여 豁然貫通한다면 物에 있는 理가 각각 그 극에 이르고 우리의 마음 속의 知도 역시 따라서 다하지 않음이 없다. 이것이 程子의 이른바 '物我一理'이니, 저것에 밝으면 곧 이것이 밝아진다는 것이다. 物理가 본래 우리 마음에 갖추어져 있는데 , 어찌 우리 마음에 오는 理가 있겠는가.[7]

앞의 김장생의 설명은 율곡의 설명과 다름이 없다. 사계가 율곡의 설을 거의 그대로 이어받았다고 하면, 송시열(1607-1689)은 이들의 성리학을 단순히 이어받는 데 그치지 않고 이들의 성리학을 주자학의 정통으로 만들려고 노력한 사람이다. 송시열은 율곡이 '주자가 참으로 이기호발이라고 생각하였다면 주자 또한 과오이다'라는 말을 철저히 믿고, 한 걸음 더 나아가 '주자는 이기호발을 주장하지 않았으며, 율곡은 理氣는 渾淪無間(혼윤무간)하다 했으니 一物로 본 것이 아니다'라고 하였다. 송시열은 평생에 걸쳐 율곡의 설과 주자의 성리학설이 일치함을 논증하려고 애썼던 것이다. 그 결과로 나온 저술이 「朱子言論同異攷(주자언론동이고)」이다. 우암은 퇴계의 이기호발설이 주자어류의 '七情是氣之發 四端是理之發(칠정시기지발 사단시리지발)'에서 나왔다는 것을 인정하면서도, 퇴계는 너무 여기에 집착하였다고 말하기도 하고 심지어 주자어류의 말이 기록자의 실수라고 말하기까지 하면서, 율곡의 기발리승일도설의 논리를 계속 밀고 나가 사단과 칠정이 모두 정이므로 칠정과 마찬가지로 사단도 선악이 있을 수 있다는 주장[8]을 하여 사람들을 당황하도록 만들었다.

우암의 학문은 다시 수암 권상하에게 계승되었다. 수암은 '인심은 형기의 私에서 생기는 것이니 이때의 氣字는 耳目口鼻를 지칭하는 것이다. 칠정은 氣에서 표현되는 것이니 이때의 氣字는 心을 가리켜 말한 것이다. 글자는 비록 같아도 가리키는 것이 뚜렷이 다르다. 그런데도 예로부터 여러 선현들은 매양 '인심 도심을 이미 이와 같이 설명할 수 있다고 하면서 칠정만이 이런 설명이 불가하다고 말하니 깊이 살피지 못했기 때문이 아닌가'[9] 라고 하면서 퇴계의 이기호발설이

---

7) 皆物理本具吾心 只緣人不窮故不明矣 今旣格物 豁然貫通 則在物之理 各詣其極 而吾心之知 亦隨而無不盡 此程子所謂物我一理 纔明彼卽曉此也 物理本具吾心 豈有復來于吾心之理乎(沙溪全書 卷11, 經書辨疑).

8) 宋子大全 卷130, 雜著 朱子言論同異攷.

성립할 수 없음을 말하고 있다.

　지금까지의 율곡학파의 퇴계학파에 대한 비판은 지나치게 '기발리승'을 강조하고 확대해석한 결과 주자가 본래 말하고자 한 理를 제대로 다루지 못하였다는 비난을 면하지 못하게 된다. 사실상 후일 율곡학파 내부에서 호락논쟁이 싹트는 계기가 마련되고, 조선조 말에 가서 극단적인 유기론과 유리론이 나온 것은 결코 우연이 아니다.

　율곡학파가 형성되면서 점점 신랄하게 퇴계의 학설을 비판하자, 이에 대한 대응으로 퇴계의 직계 문인과 남명계열의 학자 그리고 화담계열의 학자 일부가 합하여 퇴계학파를 형성하게 된다. 퇴계학파의 핵심적 이론은 퇴계사상의 핵심적 이론인 理氣互發說(이기호발설)에 기초한 사단칠정론이라 할 수 있다.[10] 이 이론을 퇴계로 부터 직접 이어받은 인물들은 月川 趙穆(월천 조목, 1524-1605), 鶴峯 金誠一(학봉 김성일, 1538-1593), 西厓 柳成龍(서애 류성용, 1542-1607), 寒岡 鄭逑(한강 정구, 1543-1620)로 이어진다. 이 중에서 三傑(삼걸)은 학봉, 서애, 한강 등이다. 사실 이들로부터 퇴계학파의 여러 갈래가 생겨난다. 학봉의 문인들은 虎派(호파)로 서애의 문인들은 屛派(병파)로 나누어진다. 이것은 서원배향의 문제에서 비롯된 것이다. 후에 다시 미수-허목(眉叟-許穆)으로 이어지는 기호퇴계학파와 정구-장현광으로 이어지는 학파가 형성되어 퇴계학파는 네 갈래로 나뉘어 진다. 좀 더 구체적으로 말하면, 학봉의 문파는 敬堂 張興孝(경당 장흥효)를 거쳐 存齊 李徽逸(존재 이휘일, 경당의 외손), 葛庵 李玄逸(갈암 이현일), 密庵 李栽(밀암 이재, 갈암의 아들), 大山 李象靖(대산 이상정, 밀암의 외손)으로 이어지면서 凝窩 李原祚(응와 이원조), 寒州 李震相(한주 이진상), 俛宇 郭鍾錫(면우 곽종석) 등의 大韓末까지 연결된다. 서애계의 학맥은 愚伏 鄭經世(우복 정경세), 修巖 柳袗(수암 유진, 서애의 제자), 拙齊 柳元之(졸제 류원지, 수암의 조카)로 이어진다. 한강 정구의 문인도 일파를 형성할 정도로 많다. 畏齊 李厚慶(외제 이후경), 樂齊 徐思遠(악제 서사원), 眉叟 許穆(미수 허목) 등이 대표적인 한강 정구의 제자였다. 이들 중 미수 허목에 의하여 기호의 퇴계학파가 성립되었는데 星湖 李瀷(성호 이익), 順庵 安鼎福(순

---

9) 人心生於形氣之私 此氣字指耳目口鼻而言也 七情發於氣 此氣字指心而言也 字雖同 所指絶異 而 從古諸先賢 每日 人心道心 旣可如此說 則四端七情 獨不可如此說乎 無乃偶失照勘而然耶(寒水 齊集 卷10, 四七互發辨).

10) 許南進, '儒學派들의 思想的 葛藤과 變遷', 「韓國思想史大系」(5), 韓國精神文化研究院, 1992, pp.291-295.

암 안정복), 性齊 許傳(성제 허전)으로 이어진다. 한강을 종유한 旅軒 張顯光(여헌 장현광)의 문인으로는 鶴沙 金應相(학사 김응상), 雙峰 鄭克後(쌍봉 정극후)를 들 수 있다. 여기서 특기할 만한 사실로서, 퇴계학파에 속하면서도 퇴계와 꼭 일치하지 않는 설을 전개한 인물이 여헌과 미수이다. 이들이 후에 탈주자학적 경학을 전개한 윤휴에게 영향을 미쳤다는 사실은 연구해 볼 만한 과제이다.

율곡학파의 퇴계 비판에 반론을 펴기 시작한 인물은 다름 아닌 서애의 문인 우복 정경세이다. 그리하여 理氣를 二物로 본 퇴계를 그르다고 한 김장생에 대하여 '理와 氣는 본래 一物이 아니다. 단 서로 떨어지지 않기 때문에 "혼융무간"이라 했을 뿐이다. "無間"이란 두 글자로 보면 二物임이 분명하다. 율곡도 理氣를 一物이라 하지는 않을 터이니 아마 김장생의 기억의 착오가 아닌가 한다'[11]라고 반박한다. 그러나 이 주장은 理氣가 二物이라는 것을 그다지 명쾌하게 설명하지 못한 것 같다. '주자의 理之發(리지발), 氣之發(기지발)이라고 한 것은 다만 각각 그 주장한 것으로써 말한 것뿐이며, 사단에는 氣가 없고 칠정에는 理가 없다는 것이 아니다'[12] 등의 주장은 표면상 퇴계를 지지하는 말 같으나 따지고 보면 율곡과 같이 理氣不相離를 강조하는 것이 되어 버린다. 이것은 理氣가 一物이라든지 二物이라는 것의 정확한 의미를 놓쳐서 그런 것이 아닌가 생각된다. 그러므로 그는 퇴계를 옹호하지 못하였다.

이제 본격적으로 율곡학파에 대하여 반론을 시작한 인물은 아무래도 葛庵 李玄逸(갈암 이현일, 인조 5년-숙종 30년, 1627-1704)에서 찾아야 할 것 같다. 그는 율곡의 '기발리승'에 대하여, '대저 理는 비록 無爲이지만 실로 조화의 근본(樞紐)이요 무리를 품평하는 근본적인 기준(品彙)의 근본이 된다. 만약 율곡의 설과 같다면, 이 理는 단지 허무공적한 것이어서 만화의 근본이 될 수 없다. 그리하여 홀로 음양기화만이 이리저리 顚倒하여 그 조화를 행하는 것이니 또한 그릇됨이 아니겠는가'[13]라고 하여 '理'의 의미, 더 나아가 성리학의 理의 위치를 명확히 하면서 퇴계가 말한 理를 분명히 말하고 있다. 그는 사단에 관하여 말하기를 '사단의 發은 公하여 不善이 없으므로 천하에 통하니 이것이 퇴계가 理發이라 이르는

---

11) 理氣本非一物 但以未嘗相離 故謂之混融無間 … 栗谷必不以理氣謂一物 竊恐高明記得錯耳(愚伏集 卷14).

12) 朱子所謂理之發 氣之發云者 特各以主張者言之耳 非獨四端無氣 而七情無理也(愚伏集 卷11, 答曺汝益).

13) 夫理雖無爲 而實爲造化之樞紐 品彙之根   若如李氏說 則此理只是虛無空寂底物 不能爲萬化之原 而陰陽氣化 縱橫顚倒 以行其造化也 不亦謬乎(葛庵集 卷18, 栗谷李氏論四端七情書辨).

까닭이다. 칠정에 있어서는 범인의 喜란 私喜요, 怒란 私怒, 哀란 私哀요, 懼란 私懼요, 愛란 私愛요, 欲이란 私欲이다. 반드시 사사로움을 제거 극복한 뒤라야 바야흐로 公하면서 善함을 얻게 된다. 이러니 칠정의 表現은 사사롭고 혹 不善하여 사람마다 각기 다르다. 이것이 그가 氣發이라 이르는 까닭이다. 이는 모두 義理의 당연이니 어찌 다시 의심을 품음이 있겠는가'[14] 라고 하였다. 사단칠정론에 이어 문제로 제기되는 것이 인심도심설이다. 그는 인심도심설에서도 율곡의 설을 비판하고 이황의 설을 지지한다. 즉, '이씨가 "正理에서 직접 나와 氣가 用事하지 않으면 道心이다"라고 한것은 옳다. 그러나 그가 道心은 칠정 가운데 善一邊이라고 말한 것은 옳지 않다. 대개 道心의 표현은 性命에 근원하고 形氣에서 생기지 않는다. 그가 "인심은 칠정이 선과 악을 합한 것이다"라고 한 것은 옳다. 그러나 그가 "표현될 즈음에 氣(形氣)가 이미 用事했으면 人心이다"라고 한 것은 옳지 않다. 대개 人心은 본래 形氣에서 생기는 것인지라, 그 표현됨을 기다려 氣가 用事한 뒤라야 인심이 되는 것은 아니다. 이씨가 이미 "칠정이 사단을 포함하는 것은 인심과 도심을 상대적으로 말하는 것과 같지 않다"고 말해놓고는 또 道心을 칠정 가운데 善一邊이라 하고 또 "形氣가 이미 用事한 뒤라야 인심이 된다"고 하니, 그 설이 서로 모순됨을 면하지 못한다'[15]라고 하였다.

지금까지 우리는 퇴계학파와 율곡학파의 상호비판을 알아 보았다. 이 과정에서 표면상 퇴계학파에 속하기는 하지만, 그들 주류에서 벗어나 있는 일단의 성리학자들이 있으니 그들이 바로 여헌 장현광(1554-1637)과 眉叟 許穆(미수 허목, 1595-1682)을 들 수 있다. 또한 율곡학파에 속하지만 그 주류에서 벗어난 인물들의 대표자들로서는 남계 박세채, 農巖 金昌協(농암 김창협), 삼연 김창흡 등을 들 수 있다. 퇴계학파의 경우에 여헌과 미수의 사상은 기호남인계의 학자들로 이어지고 있고 율곡학파의 절충론은 '낙론'으로 이어져 조선말의 華西 李恒老(화서 이항로), 勉庵 崔益鉉(면암 최익현) 등의 주리론적 성리학으로 연결된다.[16]

---

14) 四端之發 公而無不善 達之天下 此其所以謂之理發也 至於七情 凡人之喜也是私喜 怒也是私怒 哀也是私哀 懼也是私懼 愛也是私愛 惡也是私惡 欲也是私欲 必克去己私然後 方得公而善 是則 七情之發 私而或不善 人人各異 此其所以謂之氣發也 是皆義理之當然(葛庵集 卷19, 愁州管窺錄).

15) 李氏言 直出於正理 而氣不用事 則道心云者 則是矣 而其曰 七情之善一邊云者 則不是 蓋道心之 發 原於性命 而不生於形氣也 其曰 七情之合善惡也者 則是矣 而其曰發之之際 氣已用事 則人心 也者不是 蓋人心本生於形氣 不待其發 而氣已用事而後爲人心也 李氏旣謂 七情包四端 不如人 心道心之相對說下矣 而又以道心爲七情之善一邊 又曰 氣已用事而後爲人心 則不免其說之自相 矛盾矣(葛庵集, 上同).

16) 許南進, 前揭論文, p.296.

장현광은 조선 성리학 6대가의 한 사람으로 꼽힌다. 그의 성리학은 정주학의 체계와 다른 자주적인 입장에서 독창적인 경지를 개척하였다. 그는 특히 學을 구분하여 말하고 있다. 즉, '學이라는 것은 道를 배운다는 것이다. 그러므로 道學이라 하고, 道는 本然之理요 當然之理이므로 理學이라 한다. 道理之學은 마음에서 벗어나지 않으므로 心學이라 하며, 이 理를 밝히고 道를 체득하여 마음을 다스리는 학문은 學으로서 더 바른 것이 없으므로 正學이라 한다. 이른바 학문이란 배워서 聖人의 경지에 이르려고 함이니, 그러므로 聖學이라고 하는 것이다.'[17] 이 말에 비추어 볼 때, 교육이 인간의 마음을 다루고 있다고 하면, 여헌이 말하고 있는 내용은 바로 교육내용이며, 이것을 학문적으로 다루는 것이 바로 교육학이라 할 수 있을 것이다. 이렇게 볼때 여헌은 오늘날의 학문의 분류로 말한다면 교육학을 한 셈이다.

여헌은 다른 성리학자들과는 달리 우주론에 관심이 깊다. 그리하여 그는 먼저 '무릇 이른바 道는 곧 理氣를 합하고 體用(체용)을 겸하며, 항상 하나이고 항상 존재하는 것이다'[18]라고 하면서 '理는 곧 道의 經이요 氣는 곧 道의 緯이다. 經이 되고 緯가 되는 것은 비록 다르나, 한 가지로 실(絲)이니 그 근본을 둘로 할 수 있을까. 理가 되고 氣가 되는 것은 비록 나누어지지만, 한 가지로 道이니 그 근원을 둘로 할 수 있을까. 그 常一한 것을 가리켜 理라 하고 그 변화하는 것을 가리켜 氣라 하는 것이니, 理는 본디 氣에게 經이요, 氣는 理에게 緯이다.'[19] 그러면 왜 여헌은 理와 氣를 經緯(경위)로 설명하였을까? '理와 氣를 반드시 經과 緯로 나눈 것은 理氣가 원래 二本이 아님을 반드시 알도록 함이며, 經緯로서 理氣를 말한 것은 저 理氣가 體用이 됨을 밝히려는 까닭이다'[20]라고 하였다. 여기서 우리가 알 수 있듯이 여헌은 理와 氣는 확실히 形而上者(형이상자)임을 천명하고 있다. 이 점은 율곡이 氣는 形而下者(형이하자)라고 한 것과는 완전히 다르다. 여헌에 의하면, '經이 먼저이고 緯가 뒤이며, 經이 體이니 그 先後體用(선후체용)의

17) 學者學是道也 故曰道學 道是本然當然之理 故曰理學 道理之學 不出於心 故曰心學 明此理 體此道 治此心之學 學莫正焉 故曰正學 所謂學者 學而至乎聖者也 故曰聖學也, 旅軒集 卷6, 學部名目會通旨訣).
18) 夫所謂道 乃是合理氣兼體用 而常一常存者也(旅軒性理說 卷8, 宇宙說).
19) 理乃道之經也 氣乃道之緯也 爲經者 雖別而同是絲也 則其可以理氣本乎 爲理爲氣者 雖分而同是道也 則其可以理氣源乎 指其常一者而謂之理 指其變化者而謂之氣 則理固經於氣 而氣固緯於理矣(旅軒性理說 卷4, 論經緯可以喩理氣).
20) 理氣必以經緯分之者 必須知理氣之原非二本 以經緯言理氣者 所以明夫理氣之爲體用也(上同).

분별이 따르지 않을 수 없다' [21]고 하였다. 여기서 말하고 있는 先後는 시간상 선후가 아니라, 논리적 선후임은 말할 필요가 없다. 그러므로 그는 '이 理氣 두 가지 중에서 先後를 가린다면 곧 理先氣後(이선기후)라 해야 한다. 그러나 氣는 理를 떠날 수 없고 반드시 理에 준거해야 하니, 氣 없이 理만 있는 때는 없다' [22]고 하였다. 마지막으로 그에 의하면, '氣는 理에서 생겨나 理에 짝하는 것이다. 理는 氣를 규제하여 理가 되며 氣는 理를 받아들여(承) 氣가 된다' [23]고 하였다. 이 '氣出於理(기출어리)'는 氣의 動靜 모두가 근본적으로는 理의 動靜 아님이 없다는 말이 된다. 결국 그는 근본적인 運動因(운동인)은 理에 귀착시키는 것이다. 이 점은 퇴계의 생각을 보다 확실히 하였다는 데 의의가 있다.

미수 허목의 성리학도 여헌의 영향을 받아 우주생성론에 관심을 기울였다. 그는 여헌보다 理氣의 근본이 하나임을 더 강조하고 있다. 그가 보기에 소위 형이상학의 대상이라고 하는 理氣, 太極이나 인간의 심성은 성리학에서 二元的 問題의 대상이 아니었다. 그는 理氣論과 心性을 一元的으로 파악하여 이를 통일한 心學을 매우 중시하였다. 학문이란 相傳心法(상전심법)을 배우는 것을 말하는 만큼, 맹자가 세상을 떠난 후 그 傳承을 잃었다 함은 바로 이 심법을 잃었다는 것이다. 그리하여 허목은 그의 進心學圖(진심학도)에서 '사물이 마음에 간여하지 않고 지각의 싹이 트지 않았을 때에는 이 마음이 虛明하여 寂然히 아무 것도 없는 것 같으나, 心과 物이 접하면 지각이 저절로 생기게 된다. 사람은 천생으로 고요하나니, 고요한 까닭에 이 마음이 無所不通(무소불통)한 데까지 이르며, 사람의 도리는 直이니 直한 까닭에 公하며 크면서 끝이 없는 데까지 이르게 된다. 그러므로 通書(통서)에서 말하기를 靜虛하면 明하고 明하면 通하며, 動直하면 公하고 公하면 溥(두루 미침)하게 된다고 하였으니, 明, 通, 公, 溥는 心學의 대요이다' [24]라고 하였다.

그는 心學圖(심학도)와 堯舜禹傳授心法圖(요순우전수심법도)를 통하여 爲學의 순서를 다음과 같이 말하고 있다. 즉, '마음의 體는 본래 虛한 것이다. 理는 實한

---

21) 經先而緯後 經體而緯用 其爲先後體用之分 則不容無辨(旅軒性理說 卷4, 論理氣爲經緯).

22) 若就此理氣二者之中 而求其先後 則當曰理先而氣後也 然而氣不離理 必準於理焉(上揭書 卷8, 宇宙說).

23) 氣也者 出於理矣 而配乎理者也 理乘氣而爲理 氣承理爲氣(旅軒集 卷3, 太極說).

24) 事物未交 知覺未萌 此心虛明 寂然無物 及心與物交 知覺自生 人生而靜 靜故此心虛明 至於無所不通 人之理直 直故公 至於大而無窮 故曰 靜虛則明 明則通 動直則公 公則溥 明通公溥 心學之大要(記言 卷50, 進心學圖).

것이다. 느껴 통하는 것이 끝이 없으니 완전히 實한 理인 것이다. 虛란 것은 實의 體이며, 實이라는 것은 虛의 用이다. 사물이 아직 서로 교감하지 않을 때에는 지각이 아직 싹이 트지 않는다. 이 마음이 虛하고 밝다는 것이다. 고요하고 아무 사물에 접촉함이 없다가 마음과 사물이 서로 감응하면 지각이 저절로 생긴다. 이때 物을 格하면 앎에 이른다. 뜻을 정성스럽게 하고 마음을 바르게 하면 마음이 뛰어난 능력을 발휘하게 된다. 이렇게 될 수 있으므로 그렇게 되도록 추진해야 한다. 유행하면서 끝이 없는 것이 道이니, 스스로 몸을 닦아 가정을 가지런히 하고 나라를 다스려 천하가 태평하게 되도록 해야 한다. 이 모든 것이 바로 理이다. 마음과 사물이 서로 감응하여 사물의 이치가 스스로 밝아지는 것이 誠이다. 誠은 敬이 아니면 존재하지 못하며 敬은 誠이 아니면 성립하지 못한다. 敬은 하나에 집중하여 다른 곳에 정신을 팔지 않는 것이니 이렇게 하나에 집중하면 定이 이루어진다. 心法은 定보다 더 나은 것이 없다. 定하면 靜하고 靜하면 安하며 安하면 慮하고 慮하면 得하는 것이다. 샘물이 졸졸 흐르고 불길이 타오르는 자연의 질서에서 爲學의 순서 또한 그러하다는 것을 알 수 있다. 그러므로 순서는 어지럽힐 수 없고 하나라도 빠뜨릴 수 없는 것이다. 천지는 아무 것도 하지 않으나 무엇이 되고 자라게 한다. 聖人은 조금도 私가 없으나 무엇이 되고 자라는 데 도움을 준다. 聖人은 아무 것도 바라는 바가 없으므로 조금도 사가 없으며 배움이 위대함에 이른다. 위대함에 이른즉 그것이 神이 되는 것이며 神이 된즉 모르는 것이 없게 되는 것이다'[25]라고 하였다. 여기서 우리가 주목할 것은 허목이 교육을 최고로 받으면 神과 같이 된다는 것을 믿었다는 것이다.

 율곡학파의 절충론은 말 그대로 퇴계의 학설과 율곡의 학설을 절충한 것인데 우계, 남계 등은 理氣의 不相離(불상리)나 不相雜(불상잡) 어느 한편으로 기우는 것은 옳지 않다고 여겨 불상리를 주장하면서도 불상잡의 측면을 어느 정도 인정하는 방향으로 그들의 성리설을 정립하였다.[26] 이 말은 삶의 기준을 '현실을 넘어선 이념'에서 찾을 것인가 아니면 '현실 속의 이념'에서 찾을 것인가를 놓고 대

25) 心之體本虛 其理則實 感通無窮皆實理 虛者 實之體 實者 虛之用 事物未交 知覺未萌 此心虛明 寂然無物 及心與物交 知覺自生 物格知至 意誠心正 皆心之良能也 由是而推之 流行不窮者 道也 自修身以至家齊國治天下平 皆一理 心與物相感 物理自明者 誠也 誠非敬不存 敬非誠不立 敬主一 一則定 心法莫善於定 定則靜 靜則安 安則慮 慮則得 天地涓涓 火之焰焰 自然之序 可見爲學之序亦然 故曰 序不可亂 功不可闕 天地無爲而行化育 聖人 無私而贊化育 聖人無欲 故無私 學至於無欲則大 大則化 化則神 神則不可知(記言 卷50, 爲學之序).

26) 許南進, 前揭論文, p.297.

립하다가 율곡학파의 절충론은 '현실 속의 이념'을 지지하되, '현실을 넘어선 이념'이라는 것도 인정하는 방향으로 성리학을 정립해 나갔다는 것을 말하고 있는 것이다.

이제 율곡학파와 퇴계학파가 양립하면서 서서히 교조화되어 가는 시기에 이와는 다른 탈주자학적인 학문경향이 새롭게 등장하기 시작한다. 이러한 학문경향으로는 양명학과, 白湖 尹鑴(백호 윤휴, 1617-1680)로 대표되는, 漢나라대 유학으로 거슬러 올라가려는 경향과, 西溪 朴世堂(서계 박세당, 1629-1703)의 탈주자적인 경전 주석을 들 수 있다. 윤휴는 주자학에서 벗어난 漢代 유학이론을 전개하여 송시열로부터 斯文亂賊(사문난적)이라는 규탄을 받는다. 윤휴는 동주 이민구의 문인이지만, 학문에 있어서는 여헌 장현광과 미수 허목의 영향을 상당히 받는다. 백호가 내건 주장의 가장 큰 특징은 효제충신이라는 윤리규범의 근거를 인간의 性과 우주의 理에서 찾지 않고 선진유학, 한대 유학으로 거슬러 올라가서 天개념을 재천명함으로써 효를 중시하는 독자적인 유학을 전개한 데에 있다. 여기서 우리의 주목을 끄는 것은 교조화된 주자학에 대한 반발과 그에 대한 대안으로 고대의 실천 중심의 유학을 복귀시킨다는 생각이다. 이와 같은 그의 생각은 조선 성리학의 중심에서 벗어나 있는 것이다. 이것은 그의 대학과 중용의 해석에서 분명히 드러난다. 예컨대, 윤휴는 주자를 따르지 않고 대학과 중용의 戒懼 愼獨(계구 신독)을 事天, 畏天, 敬天(사천, 외천, 경천)으로 해석하고 있다. 이것은 원시유교의 종교성을 회복하고자 하는 것이었다.

서계 박세당(1629-1703)은 서인계 학자 중에서 진보적인 학풍을 선도한 계몽적인 실학자이며, 주자 절대주의에 반대하는 학자이다. 그는 자기 나름대로 경전을 해석하였다. 그의 대표적인 연구서가 사변록이다. 그는 그 서문에서, '지금의 경전을 연구하는 사람들은 대개 모두가 비근한 문제를 초월하여 심원한 문제에 대해서만 달리고 있으며, 또 粗略한 것을 소홀히 보고 精密하고 다 갖춘 것만을 窮究 하려 하니, 〔그들의 생각이〕 혼란에 빠져 아무 것도 얻지 못하게 될 것임은 도리어 당연한 일이라고 하겠다. 저들은 심원함과 정밀하고 다 갖춘 것만 얻지 못할 뿐 아니라, 비근함과 粗略한 것까지도 모두 잃고 말 것이니, 그 미혹의 심함이야말로 애석한 일이라 하겠다. 무릇 가까운 것은 미치기가 쉽고 얕은 것은 재어 헤아리기 쉬우며, 소략한 것은 얻기가 쉽고 진솔한 것은 알기가 쉬운 것이다. 그 쉬운 문제로부터 출발하여 차차 깊고 더 깊은 데로 또 멀고 더 먼 데로 정밀하고 다 갖춘 데로 더욱 들어가면 마침내 그것을 극진히 할 수가 있는 것이니, 그렇게 되면 어찌 어둡고 빠지고 넘어지는 걱정이 있겠는가'[27]라고 하였다. 이때는 이미 몇 차례의 禮論是非(예론시비, 뒤에 자세히 논하겠다)를 겪었고, 특히 湖中의 학자들 사이에 '人物性同異(인물성동이)' 문제(10장에서 논하였다)를 놓고 논쟁의 징조가 보이고 있을 때였다. 그의 학문은 원시유학(공맹유학)에 직접 접하여 그 본지를 實事求是(실사구시)로 밝혀야 한다는 것이 그 기본 바탕이었다. 후에 그의 학문은 특히 실학의 거두 정약용에게 영향을 끼쳤다.

탈주자적인 경향을 보여주는 또 하나의 학문적 경향이 陽明學(양명학) 공부이다. 양명학이 조선에 도입된 것은 中宗年間이었다. 당시는 조선에 주자학 중심의 성리학이 정착되어 가는 중이었으므로 중국으로부터 유입된 이 새로운 非程朱的(비정주적) 사상은 처음부터 경계와 배척대상이 되었다. 조선시대의 양명학을 살펴보면 양명학자의 논문은 그다지 많지 않은 반면 그에 대한 排斥만 많이 있다. 이런 현상은 좀 특이하다고 할 수 있다. 이와 같은 현상이 나타나는 것은, 스스로 양명학자라 표방은 하지 않지만 암암리에 양명학을 공부하는 학자들이 상당히 있었기 때문이며, 주자학자들이 여기에 미리 양명학이 주자학을 침범하지 못하도록 예방하려고 하였기 때문이다.

여기서 우리가 문제 삼고 싶은 점은 '조선왕조에서는 왜 주자학과 양명학 사이의 관계를 상극적인 것으로 보고 오직 경계나 배척만 해야 했는가, 또 왜 조선왕조에서는 선비들이 암암리에 양명학을 공부하였으며, 양명학에서 어떤 새로운 삶의 의미를 찾았는가' 하는 것이다. 이 문제를 알아보기 위해서는 우선 주자학과 양명학의 관계를 밝히고 그 관계가 교육에 주는 의미를 알아보아야 할 것이다.[28]

기존의 철학적 논의들을 검토해 보면 주자학과 양명학 사이의 관계를 파악하는 관점은 두 가지로 분류될 수 있다. 하나는, 주자학과 양명학이 각각 동일한 범주에 속하는 동일한 대상을 설명하기 위해 체계화된 것으로 간주하는 관점이다. 다른 하나는, 주자학과 양명학은 동일한 범주의 대상을 설명하는 상이한 이론이 아니라, 오히려 상이한 범주의 대상(또는 활동의 상이한 측면)을 설명하기 위해 체계화된 이론으로서 서로 구분(또는 관련)되는 이론체계라고 간주하는 관점이다. 전자의 관점을 따를 경우 주자학과 양명학은, 동일한 범주의 대상을 상호 대립되는 시각에서 규정하는 것인 만큼, 신유학 이론으로서 양립할 수 없다. 후자의 관

---

27) 「思辨錄」, 序.
28) 이하의 설명은 張聖模, '教育理論으로서의 朱子學과 陽明學', 서울大學校 大學院 博士學位論文, 1993을 요약하여 제시한 것이다.

점에 의하면, 주자학과 양명학에서 사용되는 개념들은 표면상 대립되는 것처럼 보이지만, 그 개념들은 전자의 경우와 같이 동일한 범주 또는 대상을 지적하는 상이한 개념으로서가 아니라, 오히려 각각 상이한 범주 또는 대상을 지적하는 상이한 개념으로서 의미를 갖는다. 이 관점에서 보면 주자학과 양명학은 서로 모순을 일으키지 않고 오히려 하나의 온전한 신유학 이론체계를 구축하는 데 상호 보완될 가능성이 있다.

조선왕조의 성리학자들이 주자학과 양명학 사이의 관계를 파악할 때, 그들은 주자학과 양명학이 각각 동일한 범주에 속하는 동일한 대상을 설명하기 위해 체계화된 것으로 간주하는 관점을 가지고 있었다고 보아야 한다. 예컨대, 퇴계(양명학을 체계적으로 비판한 최초의 조선 성리학자)의 전습록변에서 보면, '양명의 性은 옛날 告子의 生之謂性(생지위성)이며 순수한 理體인 인의예지의 사덕이 本然之性(본연지성)인 줄 알지 못하였으며, 양명은 주자를 온갖 방법을 다하여 배척하니 그 인품이 의심스럽다' 라는 말이 들어 있다. 이것으로 보아 퇴계는 양명이 주자와 동일한 범주에 속하는 동일한 대상을 설명하기 위하여 새로운 이론을 구축하였다고 본 것이다. 이 관점에서는 주자학과 양명학을 상호 대립되는 것으로 규정하는 만큼, 양자는 신유학 이론으로서 양립할 수 없게 된다. 그러므로 조선왕조의 주자학을 공부한 사람들은 양명학을 斯文亂賊(사문난적)으로 간주할 수밖에 없었던 것이다. 바로 이와 같은 점 때문에 양명학이 공공연하게 연구되고 수용되지 못했던 것이다.

그러나 조선왕조의 성리학자들 중에는 이와 같은 악조건 하에서도 암암리에 양명학을 연구한 사람들이 있었다. 그러면 왜 그들은 목숨을 걸고 양명학을 연구하려고 하였을까? 그들은 주자학과 양명학에서 사용되는 개념들은 표면상 대립되는 것처럼 보이지만, 그 개념들은 동일한 범주 또는 대상을 지적하는 상이한 개념으로서가 아니라, 오히려 각각 상이한 범주 또는 대상을 지적하는 상이한 개념으로서 의미를 갖는다고 생각하였을 것이다. 예컨대, 본격적으로 양명학을 연구한 霞谷 鄭齊斗(하곡 정제두, 1649-1736)에 의하면, '대개 주자는 뭇 사람들이 萬物의 理致는 하나가 아니라고 생각한 데서부터 문제를 삼았으므로 그 문제의 출발이 먼저 실제적인 현상의 세계로부터 비롯되었고, 양명은 聖人이 말한 理로부터 길을 잡았으므로 그 문제가 근본으로부터 비롯된 것이다. 결국 혹자는 末로부터 本으로 가거나, 혹자는 本으로부터 末로 간 것이니, 이것이 서로 출발점이 다른 것이다. 사실 주자에만 매달리는 잘못은 주자만을 위주로 삼아 양명을 배척함에 있는 것이다. 그러므로 주자와 양명은 다만 모두 같은 道를 추구하고 있는 것이다. 만약 잘 배우지 못한다면 이 주자와 양명학설의 폐단만 보일 것이나, 만약 두 학설을 잘 공부한다면 또한 두 학설이 서로 보완된다는 것을 알게 될 것이다'[29] 라고 하였다. 이 정제두의 입장은 주자학과 양명학에서 사용되는 개념들은 표면상 대립되는 것처럼 보이지만, 오히려 각각 상이한 범주 또는 대상을 지적하는 상이한 개념으로서 의미를 갖는다고 하는 것이다. 그러므로 정제두의 입장에서 보면 당시의 화석화된 주자학의 理 개념을 온전하게 되살리기 위해서는 양명학의 致良知說(치량지설)로 보완해야 된다는 것이다. 이렇게 되면 조선왕조가 받드는 이념인 성리학이 온전한 신유학 이론체계로 구축될 수 있다는 것이다. 왜 이와 같이 말할 수 있는가?

이하에서는 주자학과 양명학에서 사용되고 있는 기본 개념들 사이의 관계와, 그 개념들을 토대로 체계화된 주자학과 양명학의 전체적인 관련성을 분석하고자 한다. 이 과정에서 주자학과 양명학을 올바른 삶의 의미(교육)와 관련지을 수 있다면, 주자학과 양명학은 교육 또는 공부의 상이한 측면을 부각시킨다는 사실이 밝혀지게 될 것이다. 이때 특히 교육과의 관련을 밝히는 것은 주자학과 양명학의 상호보완성을 보다 극명하게 드러내는 데에 관건이 될 것이다.

올바른 삶의 문제(교육)라는 것이 무엇인가라는 관점에서 본다면, 선진유학과 송명 유학의 전개과정은 올바른 삶의 문제에 관한 상이한 차원 또는 측면이 실천적 또는 이론적 관심사로 부각되어 온 역사를 보여준다. 선진유학과 송명 신유학의 철학적 논의는 곧 교육의 상이한 차원을 설명한 것이며, 각각의 차원에서 조명된 교육의 상이한 측면을 상대적으로 부각시키고 있다. 구체적으로 말하면 주자학이 대답하고자 한 문제의 성격은 유학의 경전에 속하는「중용」과「대학」에 예고되었다.「중용」과「대학」에는 인간이 마땅히 따라야 할 객관적인 규범 또는 그 '원천'과 그 규범을 '소유'한 상태가 있다는 것, 그리고 인간이 그와 같은 마음의 상태에 이르려고 하면 어떻게 해야 하는가에 관한 논의가 담겨 있다.「중용」은 인간이 공부 또는 교육을 통해서 추구해야 할 가치규범을 '性'과 '中'으로 개념화하고 있으며, 그 가치를 소유한 인간의 마음의 상태를 '和'로 개념화한다.

---

29) 蓋朱子自其衆人之不能一體處爲道 故其說先從萬殊處入 陽明自其聖人之本自一體處爲道 故其學自其一本處入 其或自末而之本 或自本而之末 此其所由分耳 其非有所主一而廢一 則俱是同然耳 使其不善學之 則斯二者之弊 正亦俱不能無者 而如其善用二家 亦自有可同歸之理 終無大相遠者矣(霞谷集, 答閔彦暉書).

이 경우, 인간이 지향해야 할 가치규범을 '性'과 '中'으로 다르게 개념화한 것은 동일한 가치를 상이한 관점에서 규정했기 때문이다. 性은 공부 또는 교육이 지향해야 할 가치를 '원천'의 관점에서 파악한 것이며, 中은 '소유자'의 관점에서 규정한 것이다. 性 또는 中은 인간의 마음의 정서표출이 따라야 할 기준이며, 인간의 정서표출로서의 희노애락 이 기준을 따르고 있는 상태를 '和'라고 말한다.

그러나 「중용」은 객관적인 규범으로서의 性이 어떤 경로를 통해서 개인에게 소유되는가 또는 반대로 개인의 마음이 어떤 경로를 통해서 객관적인 규범을 따르게 되는가 하는 공부 또는 교육방법의 문제를 여전히 남겨 놓고 있다. 뿐만 아니라, 공부를 통해서 획득해야 할 규범으로서의 性이 가지고 있는 객관성이라는 것이 구체적으로 무엇을 의미하며, 그것을 획득한 마음은 구체적으로 어떤 상태에 있는가 하는 질문을 불러일으킨다. 「중용」이 객관적 규범으로서의 性이 개인의 내면에 구현되는 과정에 관한 문제를 함축적으로 나타내고 있다면, 「대학」은 바로 「중용」이 제기하고 있는 문제를 '바깥으로' 명시적으로 드러낸 것이다. 다시 말해서 「대학」은 인간이 지향해야 할 가치를 明德(명덕), 親民(친민), 止於至善(지어지선) 등으로 규정함으로써, 그 가치가 성격상 도덕적인 것임을 밝히고 있으며, 그와 같은 도덕적인 규범을 내면화하거나 소유하는 방법을 格物致知로 구체화한다. 「대학」에서는 이른바 3綱領 8條目을 통하여 공부 또는 교육이 지향해야 할 궁극적인 가치규범과 그것을 추구하는 방법 또는 과정을 제시하고 있지만, 공부가 지향해야 할 궁극적인 목적으로서의 明明德, 親民, 止於至善의 관계와, 공부방법으로서의 격물의 의미 그리고 그 격물과 다른 공부방법들 사이의 관계를 어떻게 해석해야 하는가에 관한 논의를 남겨놓고 있다. 이 문제는 주희와 양명의 공부가 지향해야 할 가치로서의 理의 성격과 공부방법에 관한 논의 속에서 보다 구체화된다.

「중용」과 「대학」이후, 맹자와 순자로 이어진 유학의 논의는 도덕적 규범으로서의 性 또는 明德과 인간의 본성 또는 마음의 관계를 밝히는 문제를 중심으로 이루어졌다. 그들이 탐구하고자 한 문제는, 요컨대 도덕적 규범으로서의 性이 그것을 추구하는 인간의 '안에' 있는가 아니면 '바깥에' 있는가 하는 것이었다. 맹자와 순자는 이 동일한 질문에 대해서 상이한 대답을 하였다. 그러나 그들이 동일한 하나의 질문에 대해서 상이한 대답을 한 것은 단순히 논리적으로 양립할 수 없는 상이한 견해를 가지고 있기 때문이 아니라 그들의 상이한 대답은 오히려 교육에 관한 상이한 문제의식을 반영한다.

맹자의 사단론은 곧 공부 또는 교육의 출발점으로 삼을 수 있는 요소가 개인의 내부에 이미 자리잡고 있으며, 그것을 '출발점' 또는 '기초'로 삼아 그것을 확충하도록 할 때 비로소 학습자가 공부에 '주체적으로' 참여할 수 있다는 공부방법 또는 절차상의 원리를 뒷받침한다. 그러나 맹자의 본성론 또는 사단론은 공부 또는 교육의 출발점으로 삼아야 할 요소가 개인의 내부에 자리잡고 있다는 것을 말하고 있지만, 그것의 궁극적 원천은 무엇이며, 그것이 어떻게 확충되는가의 문제는 대답하고 있지 않다. 맹자의 본성론에 대한 순자의 반론은 맹자가 도덕적 규범으로서의 仁義禮智를 개인에게 '고유한' 것으로 규정하고 사단을 가지고 있지 않은 존재는 결코 인간이 아니라고 말하는 맹자의 주장의 문제를 지적하는 것이다. 맹자의 주장은 교육의 소유와 원천의 문제를 혼동하게 할 가능성이 있으며 교육내용을 '소유'의 측면에서만 강조한다는 점에서 문제를 안고 있다.

荀子에 의하면, 개인은 규범의 '소유자'는 될 수 있지만, 그 규범의 '원천'은 될 수 없다. 개인이 '소유'하고 있는 규범의 궁극적인 '원천'은 개인의 내부에 있는 것이 아니라 聖人이 만들어 놓은 '人爲的'인 制度 또는 禮와 義 속에 있으며, 그 예와 의는 인간의 사회적 삶과 그 조건에 대한 깊은 통찰로부터 온 것이다. 荀子가 말하는 禮와 義는 교육받기 이전의 자연적 존재로서의 개인의 욕망으로부터 생겨난 것이 아니라, 오히려 그와 같은 자연적 욕망 때문에 생겨난 것이다. 그러나 이와 같은 荀子의 논의는 공부를 통해 획득해야 할 규범 또는 내용을 강조하고, 그것이 개인의 '바깥에' 이미 제도화된 것으로 가정함으로써 규범을 추구하는 개인의 주체적 역할과 그것을 뒷받침하고 있는 내적 추진력을 상대적으로 약화시키는 결과를 초래한다.

교육내용의 원천과 소유, 지향처와 출발점의 관계가 중요한 철학적 논쟁거리로 부각되고 이것이 주로 실제적인 수준에서 논의되었던 선진유학의 경우와는 달리, 송대 이후 태동된 신유학은 공부 또는 교육의 문제를 주로 이론적인 수준에서 논의하였다. 교육의 관점에서 보면 實在와 인간의 관계, 그리고 공부방법에 관한 신유학의 형이상학적 논의는 곧 개별적이고도 구체적인 경험으로서의 공부 또는 교육, 따라서 삶의 한 국면에 국한된 교육적 이해의 수준을 공부 또는 교육활동 일반에로 확대한 것이며, 그와 같은 일반적인 이해는 그것에 수반되는 공부 또는 공부방법상의 원리를 보다 일반적인 수준에서 교육사태에 적용할 가능성을 여는 것이었다. 뿐만 아니라 신유학의 형이상학적 논의는 공부 또는 교육의 궁극적인 목적을 형이상학적 탐구대상인 '實在'와 연결시킴으로써 공부 또는 교육의 가치를 보다 절대적인 수준에서 정당화하는 계기를 마련하였다.

신유학의 태동기에 다른 무엇보다도 實在의 구조와 존재양상을 설명하는 데 관심을 기울인 학자는 周敦頤(주돈이)와 張載(장재)였다. 주돈이는 태극을 實在로 규정하고, 그 태극은 끊임없이 생성 변화하는 천지만물의 궁극적인 원천이요 지향처로서, 총체적이며 초월적인 성격을 지니고 있는 것으로 파악하였다. 반면에, 장재는 實在를 氣로 간주하고, 그 氣는 현상계를 초월해 있는 하나의 고정된 실체가 아니라 언제나 聚散(취산)을 거듭하면서 세계 안에서 역동적으로 움직이는 모종의 氣運으로 파악하였다. 주돈이는 實在의 총체성과 초월성을 무시간적 차원에서 논의하는 데 보다 관심을 기울였다면, 장재는 실재가 시간적 차원에서 변화의 양상으로 나타나는 모습과 그것의 역동성을 부각시키는 데 관심을 기울였다.

程顥(정호)와 程頤(정이)는 주로 實在와 인간의 관계를 밝히는 데 관심을 집중하였다. 이들의 논의는 한편으로는 주돈이와 장재가 대답하지 않고 남겨놓은 문제, 즉 태극과 人極(인극)의 관계와 天地之性(천지지성)과 마음의 한 요소로서의 性의 관계를 규명하는 문제에 대해 나름대로 대답하는 것이며, 다른 한편으로는 그들이 각각 주장하는 공부방법을 정당화하는 것으로서 중요한 의미를 지닌다. 정호와 정이는 실재와 인간성의 관계에 관한 논의 과정에서 양자의 관계를 상이한 관점에서 상이한 방식으로 규정하였다. 정호의 관심은 實在와 人間性의 관계를 사실적, 경험적 수준에서 설명하는 데 있었다고 말할 수 있다. 여기에 비하여 정이는 실재와 인간성에 관련되는 여러 가지 개념들 사이의 논리적, 형식적 관계를 밝히는 데 관심을 두었다. 정호는 인간이 추구해야 할 실재로서의 天理와 인간성의 동질성을 강조하고, 인간성 또는 마음의 도덕적 요소로서의 생명의지, 즉 生意 또는 春意를 '출발점'으로 삼아서 그것을 확충하여 완성상태로 나아가는 주체의 역동적 운동으로서 誠을 강조하였다. 반면에 정이는 실재와 마음의 동질성보다는 이질성을 상대적으로 강조하고, 그 이질성을 극복하고 實在와의 합일을 추구하는 두 가지 공부방법으로서의 敬과 격물궁리를 강조하였다.

교육이론으로서의 주자학과 양명학이 다루고자 한 문제는 크게 두 가지로 요약될 수 있다. 하나는, 공부 또는 교육이 지향해야 할 궁극적인 목적으로서의 實在와 그것을 추구하는 인간의 본성 또는 마음은 어떤 구조로 되어 있으며, 양자사이에는 어떤 관련이 있는가 하는 문제이다. 다른 하나는 實在와 인간의 본성 또는 마음의 관계가 시사하는 공부방법이 무엇인가 하는 문제이다. 이 두 가지 문제와 관련하여, 주희와 양명은 표면상 하나의 동일한 질문에 대해서 상이한 대답을 하는 것처럼 보인다. 그러나 그들의 대답을 검토해 보면, 양자의 대답은 동일한 질문에 대한 상이한 대답으로서의 차이가 있는 것이 아니라 오히려 상이한 질문에 대한 상이한 대답으로서 구별되는 것임을 알 수 있다. 그들의 상이한 대답은 곧 공부 또는 교육에 관한 상이한 문제의식을 반영한다.

교육이론으로서의 주자학은 실재와 인간의 마음의 구조에 관한 형이상학적 논의와, 그것으로부터 논리적으로 연역된 교육방법에 관한 논의들을 담고 있다. 우선, 실재의 구조에 관한 주희의 논의는 이른바 그의 理氣說의 핵심을 이룬다. 주희가 실재로서의 理의 지위를 설명하기 위해서 발전시킨 개념은 이기불상잡, 이기불상리, 이일분수 등이다. 이기불상잡과 이기불상리, 그리고 理의 先在說을 중심으로 한 이기설이 理와 氣의 관계를 파악하는 상이한 관점과 理와 氣의 상이한 존재양상을 설명하는 것이라면, '이일분수'는 理의 개념을 중심으로 實在와 萬物 사이의 관계를 설명하는 것이다. 이때, '이기불상잡'은 實在로서의 理의 초월성을 '논리적 수준'에서 설명하는 개념이며, '이기불상리'는 實在로서의 理가 현상세계의 사물에 내재해 있다는 것과 현상세계의 사물과 그 존재의 생성변화를 '사실적 수준'에서 설명한다. 그리고 理一分殊는 實在와 現象, 普遍과 特殊 사이의 二重的 關係, 다시 말해서 實在와 現象 사이의 동질성과 이질성, 연속성과 비연속성을 동시에 부각시키는 개념이다. 그러나 주희는 理와 氣, 전체와 개체, 초월성과 내재성, 그리고 양자 사이의 관계를 파악하는 상이한 관점이 세계를 총체적으로 설명하는 데 동시에 고려될 필요가 있다는 것을 인식하였음에도 불구하고, 그 자신은 氣보다는 理로 표상되는 세계를, 개체 보다는 전체를, 사실적 수준의 설명보다는 논리적 수준의 설명을 보다 중요시하였다. 그의 관심은 일차적으로 氣로 표상되는 현상세계의 배후에 가장 깊숙히 존재하면서 만물의 존재를 가능하게 하고 그것에 의미를 부여해 주는 '궁극적 실재' 또는 '절대적 수준의 논리적 가정'을 드러내는 데 있었다.

주희의 이기설이 공부가 지향해야 할 궁극적 가치로서의 실재의 지위와 상이한 존재양상을 주로 실재론적 시각에서 논의한 것이라면, 주희의 심성론, 즉 마음의 이론은 만물과 구별되는 존재로서의 인간의 삶이 구현해야 할 가치규범과 그것을 추구하는 인간의 마음의 구조와 기능, 그리고 그 가치규범을 온전히 소유하고 구현한 마음의 이상상태를 윤리학 또는 심리학적 관점에서 검토한 것이다. 이 과정에서 주희가 발전시킨 심성론적 개념이 곧 性卽理(성즉리), 心統性情(심통성정), 中和(중화) 등이다. 성즉리는 곧 모든 인간이 따라야 할 객관적 규범 또는 모종의 논리적, 형식적 기준이 존재한다는 개념적 사실을 지적한다. 그리고 심통성정의 개념은, 인간은 객관적 규범으로서의 性을 소유하게 되면 거기에 상응하는 정서의 변화가 생긴다는 점을 설명한다. 성즉리와 심통성정의 개념은 마음이 지향해야 할 규범의 객관성과 그 규범을 소유하는 마음의 구조와 기능을 밝힌 것이라면, 중화는 性과 情으로 이루어진 인간의 마음이 궁극적으로 소유해야 할 理想狀態를 말한다. 주희의 中和說에 의하면, '中'은 마음이 궁극적 실재 또는 규범의 전체적인 구조, 즉 '體段'을 그 본체로서 소유하게 됨으로써 언제나 中正함을 유지하고 있는 상태를 가리키며, '和'는 마음의 '쓰임'(用)으로서의 已發之情(이발지정)이 마음의 본체를 자연스럽게 표현함으로써 中節을 유지하는 상태를 가리킨다.

주희는 실재와 마음에 관한 논의를 토대로 두 가지 공부방법, 즉 居敬(거경)과 格物致知(격물치지)를 주장한다. '거경'은 객관적 규범이나 가치를 받아들이고, 그 규범을 한 개인의 마음의 미묘한 움직임에 具現시키는 내적 수양방법이며, '격물치지'는 개인이 소유해야 할 대상으로서의 규범, 다시 말해서 개인의 행위와 마음의 미묘한 움직임을 성찰하는 표준으로서의 객관적 理 또는 궁극적 가치규범 자체를 탐구하는 공부방법이다.

敬의 방법상의 원리는 이른바 '主一'(또는 專一)과 '收斂(수렴)'이다. 양자는 그것이 지향하는 대상과 그것을 추구하는 마음의 상태를 동시에 한정하는 개념으로서 '主一'은 마음이 지향하는 주된 대상이 존재한다는 것을 전제하며, 수렴은 마음이 한 대상을 추구하는 데 모아져서 그 밖의 다른 대상은 그 마음 속에 받아들여질 여지가 없는 상태를 뜻한다. 이 점에서 공부방법으로서의 敬은 정적, 소극적, 수동적 개념이 아니라 정적, 적극적, 능동적 개념이다. 다만, 敬은 객관적 實在로서의 理 자체를 규명하고 탐구확산해 나가는 것이 아니라 오히려 理에 비추어 氣質의 雜을 억제하고, 탐구된 理를 수용하거나 '주관화'하는 과정과 관련을 맺고 있다. 이 점에서 공부방법으로서의 敬은 '수렴태'를 띤다. 이 敬을 통하여 개인이 實在로서의 理를 만나게 될 때 개인의 마음에는 두 가지 상이한 감정이 일어난다. 하나는 實在로서의 理를 자기 자신의 마음 속에 끌어들이고 보다 궁극적인 實在의 세계로 나아가도록 격려하고 부추기는 '적극적'인 힘이라면 다른 하나는 實在로서의 理를 추구하면 추구할수록 實在와 자신의 거리가 멀어진다는 느낌, 즉 實在와 自我의 간극에 대한 인식으로부터 오는 일종의 '소극적'인

정서적 유대 또는 긴장상태이다.

공부방법으로서의 격물치지는 객관적인 실재로서의 理 그 자체를 끊임없이 탐구하고, 그것을 확산해 나감으로써 궁극적이고도 보편적인 理의 세계에 접근해가는 방법이다. 이 점에서 격물치지는 '확산태'를 띤다. 주희의 격물설에서 物은 도덕적 의미를 담고 있는 事事物物을 뜻하며, 格은 卽을 뜻한다. 격물은 곧 사사물물 속에 붙박혀 있는 理를 밝히는 것이다. 사사물물 속에 理가 있다는 것은 理가 개인의 '內部'에 있는 것이 아니라 오히려 '外部'에 존재하고 있다는 뜻을 함의하고 있다. 그리고, 격물이 도달해야 할 이상적인 상태 또는 방법이 致知이다. 致知는 격물을 통해 밝혀진 개별적 이치를 토대로 개별적 理 사이의 관계를 파악하고 궁극적으로는 각각의 개별적 理를 포괄하는 보편적 理를 획득하는 공부방법을 뜻한다.

양명의 교육이론은, 實在와 인간의 마음의 구조를 밝히고 거기에서 공부방법을 연역해 낸 주희의 교육이론과는 달리, 實在가 변화의 양상으로 나타나는 시점 또는 시간계열에 관심을 집중하고 그 시점을 중심으로 實在와 인간의 마음 그리고 공부방법의 관계를 기술하였다. 實在를 중심으로 설명하면, 이 '시점'은 實在가 시간적 차원에서 변화의 양상으로 나타나는 모습을 한정하지만, 개인의 입장에서 보면, 그 '시점'은 의식의 주체로서의 개인이 實在를 대면하는 시간들을 질적으로 규정한 것이다. 교육이론으로서의 양명학은 그 '시간적 계열' 속에 실재와 인간의 존재 그리고 공부방법을 온통 끌어들여 설명함으로써 실제적 활동으로서의 교육 또는 공부방법의 핵심적 요소를 시간적 차원에서 공부의 과정을 중심으로 구체화하였다.

양명이 주장하고 있는 實在에 관한 이론이라고 할 수 있는 이른바 '심즉리설'에 의하면, 實在는 언제나 변화의 양상으로 나타나며, 그것이 변화의 양상으로 나타나는 '시점'은 결코 공부주체로서의 인간의 도덕적 마음 즉 '본심'과 무관하게 설명될 수 없다. 실재로서의 理가 개인의 마음과 무관하게 존재하는 것으로 규정하면 실재와 공부주체의 유대감의 상실을 초래하고, 결과적으로 공부는 사욕 추구의 수단으로 전락될 가능성이 크다. 인간이 추구해야 할 도덕적 가치로서의 理는 인간이 가지고 있는 가치를 지향하는 마음(즉, 良知)의 한 측면을 대상화 또는 객관화한 것이다. 그 理는 그것과 대비되는 마음의 또 하나의 측면, 즉 가치를 지향하는 의지 또는 열정 그리고 그 마음의 자연적인 發露로서의 도덕적 행위와 무관하게 시간적 차원에서 존재할 수 없다. 理는 도덕적 열정과 의지로서의 마음의 객관적 측면이라면, 行, 意와 같은 마음의 움직임은 理의 주관적 측면이다. 양자는 개념상으로는 구분되지만 사실상으로는 분리되지 않는다.

知, 情, 意, 行 등의 관계에 관한 양명의 논의는 바로 理가 마음에 구현되는 '시점'의 존재의 모습 또는 마음의 상태를 세밀하게 기술한 것이다. 양명의 知行合一說(지행합일설)은 '시점'의 관점에서 보면 知와 行은 마음의 두 측면으로서 개념상 구분될 뿐 사실적으로는 분리되지 않는다는 것을 지적한 것이다. 또한 양명은 知와 行이 분리되지 않는 만큼 知의 수준 또는 行의 수준 어느 하나를 높이면 별도의 조치를 취할 필요가 없이 다른 측면의 수준이 높아진다는 것을 주장한 것이다. 이것이 곧 知行合一竝進說(지행합일병진설)이다. 이 說은 知行을 사실적으로 분리되어 있는 것으로 파악하고 그것을 결합시키는 방법으로서의 知行竝進(지행병진) 또는 先知後行(선지후행)을 주장한 정주학파의 知行竝進說에 대한 대안으로서 제시된 것이다. 양명에 의하면, 知와 行이 별개라고 생각하는 기존의 견해들은, 知行의 乖離가 사욕으로 말미암아 생기고 사욕으로 인하여 도덕적 열정이 빛을 발하지 못할 때 결과적으로 知行의 본체가 왜곡됨에도 불구하고, 그것이 마치 知行의 본질로부터 발생하는 것으로 간주함으로써 사욕에 대한 자기인식과 경계심이 차단되는 자기기만의 가능성을 확대시킨다. 知와 行의 合一관계가 온전히 실현되지 않는 문제의 원천을 자신의 내부에서 찾기보다는 知行의 본체 또는 행위의 사태의 복잡성에서 찾는 것은 일종의 도덕적 책임전가이다. 특히, 알지만 行하기 어렵다는 점을 들어 知行이 별개의 활동이라고 간주하는 것은 한 개인이 가지고 있는 도덕적 지식이 온전하다고 생각하고 그것의 도덕적 의미를 더 이상 검토하도록 하지 않는다는 데 문제가 있다.

心卽理, 知行合一의 개념이 마음이 실재를 파악하는 순간의 마음과 실재, 그리고 마음의 요소들 사이의 관계를 설명한 것이라면 공부방법으로서의 致良知(치량지), 誠意(성의), 格物(격물), 事上磨鍊(사상마련) 등은 심즉리와 지행합일이 구현되는 순간의 인간활동을 상이한 측면에서 규정한 것이다. 양명이 말하는 致良知는 良知가 그 본체를 실현함으로써 天理를 온전히 비추어 낼 수 있도록 정진해 나가는 공부의 過程全體, 또는 그 공부의 완성상태를 동시에 지적하는 개념이다. 이때 양명이 말하는 良知는 세 가지 의미를 가지고 있다. 하나는 모든 사람이 소유하고 있는 도덕적 판단능력 또는 是非之心으로서 공부의 '출발점'을 뜻한다. 다른 하나는 그 출발점으로서의 양지를 확충함으로써 비로소 도달할 수 있는 도덕적으로 온전한 마음의 이상상태를 뜻한다. 그리고, 양지는 그 '출발점'으로서의 양지에서 '지향처'로서의 양지로 향하여 역동적으로 운동하는 마음의 주체적 활동을 뜻한다. 致良知는 양지의 자기운동과정에서 양지의 확충과 발달을 저해하는 요인을 억제하고 양지를 적극적으로 확충하는 것을 뜻한다. 성의와 격물은 그 구체적인 방법을 말한다.

그러나 성의와 격물은 서로 다른 두 가지 종류의 공부가 아니라 치량지를 추구하는 하나의 공부방법을 상이한 측면에서 규정한 것이다. 성의는 意念(의념)이 발동하는 순간부터 그 의념이 도덕적인 대상을 지향하여 움직이도록 노력해야 한다는 것을 강조하고 있다는 점에서 의식주체를 공부의 출발점으로 삼아 공부의 문제를 논의한 것이다. 반면에 격물은 의념의 대상으로서의 事가 각각 거기에 합당한 도덕적 원리를 실현할 수 있도록 해야 한다는 뜻을 담고 있다. 공부방법으로서의 사상마련은 성의와 격물 모두가 事와 관련을 맺고 있음을 전제로 하고 있다. 事는 의념이 지향하는 대상이며, 동시에 그 안에서 공부를 통해 실현해야 할 도덕적 원리를 드러내거나 그 의미가 실현되어야 할 대상이다.

이상에서 검토한 주자학과 양명학의 논의는 각각 교육 또는 교육이론에서 동시에 고려되지 않으면 안될 상이한 두 차원 또는 측면이 있다는 것을 시사한다. 즉, 주희가 교육의 무시간적 차원을 설명하는 데 관심을 기울였다면 양명은 교육의 시간적 차원을 설명하는 데 관심을 기울였다고 말할 수 있다. 교육이론으로서의 주자학과 양명학은 교육에 관한 상이한 문제의식을 토대로 각각 교육내용의 원천과 소유과정을 의미있게 설명한다. 주자학과 양명학이 각각 부각시키고 있는 교육내용의 '원천'과 '소유과정'은 교육의 상이한 측면을 뜻한다는 점에서 서로 모순되거나 대립되는 것이 아니며, 하나의 교육이론이 이 두 요소 또는 측면을 동시에 강조하더라도 결코 모순을 일으키지 않는다. 오히려 문제는 이 양자가 각각 교육에서 동시에 고려되어야 할 상이한 측면을 부각시킨다는 것을 올바로 인식하지 못하고 어느 한 측면을 다른 한 측면으로 환원하여 설명하거나 상대적으로 한 측면만을 강조하는 경우에 발생한다. 교육내용의 원천 또는 교육내용의 객관성이 강조되면 교육내용의 의미를 파악하는 학습주체가 학습자 개인이라는 점과 그가 학습의 과정에서 겪게 되는 경험의 교육적 의미가 과소평가될 위험이 있다. 반면에 교육내용의 원천 또는 가치판단 기준의 객관성보다 학습자의 공부과정과 주체적 역할이 강조되면 학습자가 획득하거나 소유한 교육내용 또는 학습경험의 교육적 타당성이 과소평가될 위험이 있다.

조선왕조의 경우에 양명학은 최명길, 장유 같은 인물들이 있어 공부를 하였지만 학파를 형성하지는 못하였다. 그러나 정제두에 이르러 조선의 양명학은 학문의 체제와 학파의 형성을 보게 되었다. 정제두는 少論에 속하는 학자로 일생동안 양명학 연구에 심혈을 기울였으며, 비록 공개적으로 문호를 열어 학파를 형성하지는 못하였으나 그의 학풍을 이어받고자 문하에 들어오거나 이 학풍을 계승하는 인물들이 출현하여 실질적으로 조선 후기의 양명학파를 형성하였다. 李匡臣(이광신, 1700-1744), 李匡師(이광사, 1705-1777), 李匡呂(이광려) 등이 정제두의 문하에서 배출되었고, 이광사의 아들 李令翊(이영익, 1738-1780)과 그 종질 李忠翊(이충익, 1744-1816)과 이광려의 문인 鄭東愈(정동유, 1744-1808) 및 정제두의 외손 申綽(신작, 1760-1828)에게로 그 학풍이 전승되었다. 또한 근세에 朴殷植(박은식, 1859-1926)이 양명학을 닦았고, 李建芳(이건방, 1861-1939)은 정만조(1858-1936)의 당질 鄭寅普(정인보, 1892-1950)에게로 학풍을 전하였다.[30] 그러면 이들이 닦은 양명학이 조선에 끼친 역사적 영향은 과연 무엇일까?[31]

첫째, 사상계, 문학계, 사학계에 미친 영향이다. 양명학이 전래되면서 주자학의 권위적이고 교조적인 학문경향에 반대하여 자율성을 부르짖는 경향이 일어났다. 문학계로 침투되면서, 그것은 작가의 개성과 창의를 드높임과 동시에 격식에만 얽매이지 않고 문학창작의 자유정신을 충분히 발휘하도록 하였다. 예컨대, 허균, 장유, 박지원, 박제가 등이 대표적 인물들이다. 사학계에서는 양명학 정신이 들어오자 良知(양지)의 자유의지에 따른 史觀에 입각하여 주체적 자아를 부르짖고 자율적 독자적인 시비판단을 강조하게 되었다.

둘째, 지도 이념과 현실과의 괴리를 극복하려 했다는 점이다. 성리학 특히 주자학을 믿고 따르는 사람들은 두 차례에 걸친 호란의 위기 속에 대의명분을 내세워 척화론을 주장하기에 이른다. 그러나 현실의 위기 속에 난국을 수습하려는 슬기를 강조한 사람들은 주화론을 내세웠다. 이들은 대부분 양명학을 공부한 사람들이다. 말하자면 의리론과 현실론의 대립이라고 할 수 있다. 여기서 문제는 通變이냐 經常이냐 하는 것이다. 어떻게 보면 經常(경상)보다는 通變(통변)이 더 어려운 일인지 모른다. 따라서 최명길과 장유 같은 사람들은 '양지'의 明命에 따라 權變(권변)이라 할 수 있는 和議(화의)를 주장하였는지 모른다.

셋째, 조선 후기 실학파와 개화파에 큰 영향을 끼쳤다는 것이다. 실학파와 개화파가 접맥할 수 있었던 요인은 우선 학문의 자율성을 추구하는 입장에서 주자학

---

30) 유승국, 「한국의 유교」, 서울: 세종대왕기념사업회, 1980, p.250.
31) 崔英成, 「韓國儒學思想史」 Ⅲ, 서울: 아세아문화사, 1992, pp.355-366.

의 편협성과 배타성을 비판했다는 점과 또 현실타개를 중시하여 지도이념과 현실의 일치를 주장했다는 점이다. 이 두 학파가 주자학의 권위에서 벗어나려는 움직임을 보이고 주자학파의 비현실성을 비판한 데에는 양명학의 입장과 정신이 큰 영향을 끼쳤을 것이라는 추측을 할 수 있다.

넷째, 서학이라 불리웠던 천주교의 이해와 수용에 큰 역할을 담당했다는 점이다. 서학의 신앙적 측면은 주자학의 객관적 합리주의보다도 양명학의 주관적 정감주의에 쉽게 연결되리라는 추측을 할 수 있다. 천주교에 입교한 인물들이 처음 양명학에 접근하게 된 유형에는 대개 두 가지가 있다. 하나는 실학파 학자들과 관계를 가지면서 주로 유교 경전에 대한 독자적 연구를 통해서 접근했던 경우(권철신, 정약용)요, 다른 하나는 실학파 학자들과 관계가 없으면서도, 서학사상을 이해하거나 설명하는 데 있어 매개수단으로 삼기 위해 접근했던 경우이다. 특히 양명학에서의 '良知良能說'이 가장 중요하게 받아들여졌음은 특이하다고 할 만하다. 예컨대, 마테오릿치 신부가 『천주실의』에서 사람들이 천주 있음을 알고 신앙하는 것이 良能에서 우러난다고 한 말은 유교와 천주교를 매개하는 것으로서, 양명학에서의 '良知良能(양지량능)'의 개념을 원용하여 설명한 것이라 하겠다. 조선왕조의 경우 이 점은 丁夏祥(정하상)의 上宰上書에도 잘 나타나 있다. 즉 '아무리 어리석은 백성이라도 궁하고 슬플 때를 만나면 반드시 천주를 불러 고하는데, 이것은 그 본래 마음과 떳떳한 본성을 가리울 수 없는 것이 있기 때문이다. 그러므로 그것은 가르치지 않아도 알고 배우지 않아도 능한 것이다. 이것이 바로 양지를 가지고 주재가 있음을 아는 것이다' 라 하였다.

2. 예학과 성리학

임진왜란 이후, 17세기부터 18세기 초에 이르는 시기는 조선왕조 유학사에 있어 '禮學時代(예학시대)'라 불린다. 그 이유는 이 시대에 많은 예학자들이 배출되어 하나의 학파를 이룩하였고, 성리학을 바탕으로 그 발전선상에서 성립되었으나 17세기 후반에 이르러서는 禮學(예학)이라고 부를 정도로 분화되었기 때문이다. 그리하여 마침내 사람들 사이에서는 성리학과 예학이 별개의 학문처럼 여겨지게 되었던 것이다.[32] 그러면 '17세기에 예학이 성행한 이유와 배경은 무엇인가' 하는 의문이 생긴다. 여기에는 내적 이유와 외적 원인이 있을 것이다.[33] 우선 내적 이유로서 성리학의 심화 현상과 예 관념의 추이에 따른 필연적인 추세를 들 수 있다. 사실 성리학과 예학은 서로 표리관계에 있는 것이다. 예가 밖으로부터 인간의 마음을 규제하는 것이라면, 성리학은 이 규범의 논리적 의미 분석과 그 예의 논리적 의미의 내면화 과정을 철학적으로 논의한 것이다. 성리학의 최고의 기준이라 할 수 있는 理는 禮를 통하여 표현되는 것이다. 그리하여 朱子도 禮를 '하늘의 이치에 알맞게 조절해 주는 것이며, 사람이 마땅히 본받고 따라야 할 지침(天理之節文 人事之儀則)'이라 하였다. 주자도 이기심성론에 대한 연구가 진척됨에 따라 所以然(소이연)의 理를 所當然(소당연)의 법칙과 일치시켜, 禮를 통해 理를 구현하려 하였던 것이다.

조선왕조에서도 성리학에 관한 연구가 발전, 심화함에 따라 실천규범으로서의 禮에 관한 관심이 고조될 수밖에 없었다. 16세기 조선왕조 시대 성리학의 양대 거봉이라 할 수 있는 이황과 이이의 문하에서 정구와 김장생 같은 뛰어난 예학자들이 배출된 것은 결코 우연이 아닌 것이다. 그리고 조선 성리학 연구 초기에는 예가 단순히 교화적 시책을 통한 무의식적이고 타율적인 실천과 관련하여 관심의 대상이 되었으나, 성리학에 관한 학문적 분위기가 성숙함에 따라 禮 자체의 본질과 실천을 동시에 파악하려는 노력이 계속되었던 것이다. 이것이 바로 禮學時代를 성립시킨 이유라고 말할 수 있을 것이다. 다른 또 하나의 측면에서 원인을 말하자면, 그것은 당시의 사회적 요구라고 말할 수 있을 것이다. 임진왜란과 병자호란이라는 엄청난 大戰亂으로 말미암아 조선 사회의 기반을 뿌리채 흔들어 놓았던 것이다. 이 大戰亂은 조선왕조의 국가 체제와 사회, 경제질서는 극도로 문란해지고 국가이념으로서의 성리학의 가치관과 윤리의식이 일대 혼란에 빠져, 이에 대한 대책이 시급히 요청되었던 것이다. 말하자면 禮를 통하여 그 시대의 가장 우선적인 과제인 사회기강을 바로잡고 가치관과 윤리의식을 재정립하며 기존의 체제를 재정비하려고 하였던 것이다.

그러면 도대체 禮라는 것이 어떤 의미를 가지고 있는 것이기에 조선왕조 시대에서는 禮를 그렇게 중요하게 여겼을까?[34] 중국의 고대사회에서 禮는 법, 정치,

32) 尹拯, 世人往往以理學禮學對擧稱之 亦可笑也(明齋遺稿 卷25, 答萬陽葵陽書).

33) 崔英成, 「韓國儒學思想史」 Ⅲ, 朝鮮後期篇 上, 서울: 亞細亞文化社, 1995, pp.140-141.

34) 朴在文, '禮의 意味의 두 側面에 관한 硏究: "안"과 "밖"', 「道德敎育硏究」 제8집 한국교육학회 도덕교육연구회, pp.77-104를 요약, 제시하였다.

도덕, 종교와 관련이 깊으며 제도와 도덕규범에 관한 사회적 효용의 총체로서 공동체를 규제하였다. 이것은 사회전반의 규범적 실체가 바로 禮임을 극명하게 보여준다. 이와 같이 광범위한 의미를 가진 禮는 중국 고대에는 하늘에 근본을 두고 있었다.[35] 여기서 '하늘(天)'이란 우주를 주재하는 절대 최고의 어떤 것이며, 하늘에는 天帝가 있어서 만물의 생성 소멸을 관장한다고 생각하였다. 이와 같은 '하늘' 또는 '上帝'를 숭배하는 믿음이 바로 경천사상이며, 여기에서 禮가 생겨난 것이다. 그리고 禮字의 어원적 의미를 살펴볼 때에도 '禮'字는 天 또는 神 앞에서 제물을 바치는 형상에 그 뿌리를 두고 있다. 그러나 禮는 하늘과 필연적인 관련을 맺고 있지만, 제도를 떠나서는 禮가 성립할 수 없다.

禮의 역사적 발전 과정을 살펴보면, 처음 의례는 소수의 특수한 사람에게만 의례로서 가르쳐졌지만, 차차 시간이 흐름에 따라 의례를 습득해야 비로소 하나의 사회인이 될 수 있다고 생각하게 되었다.[36] 또한 사회가 발전함에 따라 의례의 數도 많아졌다. 이런 현상들은 禮의 본질에 대한 질문을 낳기에 이르렀고, 이것을 관통하는 어떤 의미가 없을까 하는 생각을 하게 되었다. 마침내 이러한 생각은 孝, 悌, 信과 같은 덕목이라는 개념을 창출하기에 이른다. 이것은 대상에 대한 의례가 점차 개념화되었다는 것을 보여주고 있다. 예를 들어 부모에 대한 의례가 먼저 있었지만, 이것을 총괄하여 설명하는 방법이 없었기 때문에 이에 대한 총괄적 개념을 생각하게 되었던 것이다. 그리하여 창출해 낸 개념이 바로 '孝'이다. 그러나 이 개념은 하나의 특징을 포착한 것이며, 전체를 포괄하지 못하는 점이 있다. 孝라는 말이 '기른다'(養)는 뜻으로 사용되다가, 부모에 대한 의례의 전체를 포괄하는 것처럼 사용되었던 것은 이 시대가 여전히 의례의 전체를 조직적으로 체계적으로 설명하지는 못하였음을 보여주는 실례라고 할 수 있다. 즉, 개념이 완벽하게 분화된 것은 아니라는 것을 말해주는 것이다.

춘추시대에 이르면 우리는 완전한 하나의 '禮思想(예사상)'을 발견할 수 있다. 이제 禮는 종교의례와 서서히 분리되면서 세속사회와 두 가지 측면에서 관련을 맺기 시작하였다. 이것이 바로 禮의 정치적 효용과 禮의 윤리적 효용이다. 이 두 측면을 확인할 수 있는 곳은 左傳이다. 左傳에서는 '政治의 本(정치의 본)'으로서의 禮의 효용과 '身의 本'으로서의 禮의 효용을 말하고 있다. 禮를 '정치의

---

35) 禮必本於天(禮記 禮運).
36) 東京大學 中國哲學研究所編, 「中國思想史」, 東京大學 出版會, 1952, pp.13~20.

本'으로 삼은 구체적인 내용을 들어 보면, 당시 봉건제도 하에서 신분의 상하, 班爵의 차별, 長幼의 차별 등 생활 전반에 걸쳐 계급구분이 일어나게 된다는 것이다. 따라서 이와 같은 차별과 구분의 혼란은 곧 사회 질서의 혼란인 동시에, 국가 질서의 혼란으로 간주되었다. 이후 유가의 정치사상은 禮를 국가 통치의 기본으로 보는 사상으로 발전하게 되었다. 반면에 禮를 '身의 本'으로 삼는 경우에는 '禮는 몸의 근간이며, 禮 없이는 설 수 없다'고 생각한다. 조선왕조에서도 유가 정치를 하였으므로 사회 질서의 혼란, 국가 질서의 혼란은 '정치의 본'인 禮의 혼란으로 받아들여졌고 이를 바로잡기 위해서는 禮에 관심을 가질 수밖에 없었던 것이다. 또한 禮는 '몸의 本'이기도 하다. 이 禮를 바로잡는다는 것은 '몸의 本'을 바로잡는다는 말이기도 하다. 그런데 禮의 의미를 밝히는 데에는 두 가지의 단서가 있을 수 있다. 하나는 처음부터 현재까지 변하지 않는 禮의 의미이며, 다른 하나는 당대의 흐름에 따라 변하는 禮의 의미가 그것이다. 전자를 禮의 내적 의미('안'), 후자를 禮의 외적 의미('밖')라고 부르겠다. 이 두 의미를 파악할 때, 알 수 없을 정도로 많은 껍질을 가진 禮의 實體를 희미하게나마 볼 수 있을지 모른다.

　고대 중국인들은 자연물의 神을 하늘의 神, 땅의 神, 사람의 죽은 神으로 나누었다. 하늘의 神은 日, 月, 星, 辰과 四時, 寒暑, 水旱과 같이 천체 운행과 관련되는 것을 가리키고, 땅의 神은 山, 林, 川, 澤을 비롯하여 五穀, 宮, 戶의 神과 같이 땅과 관련되는 것을 가리키며, 사람의 죽은 神이란 부모와 조상의 영혼 그리고 위인의 영혼을 함께 지칭하는 것이었다. 이와 같이 자연물을 神으로 숭배하는 원시 종교적 신념은 발전하여 모든 자연관계의 개개물을 모두 포함하고, 더 나아가서는 자연계 우주전체를 총괄하는 絕對至高의 권능을 가진 靈的 存在가 있음을 상정하기에 이르렀다.[37] 이런 자연에 대한 '恐怖와 敬畏'와 '感謝와 崇拜'의 마음은 禮의 '안'의 의미의 핵심적 요소일 것이며, 이 마음은 어떤 형태로든지 밖으로 내보여야 한다.

　禮가 하늘을 존경하는 마음과 敬天儀禮에서 발생하였던 만큼, 음악은 원래 인간이 神에게 바치는 소리라는 점에서 禮와 관련을 맺은 것이다. 禮에 樂을 관련시키면 '禮'는 '밖'이 되고 '樂'은 '안'이 된다. 그렇다면 禮와 樂은 禮儀의 안 팎을 구성하는 중요한 요소가 되는 것이다. 그런 의미에서 본다면 이 양자의 관련성을 해명함으로써 禮儀의 本質('안'의 의미)을 규명하는 발판을 마련할 수 있을

37) 高田眞治, 「支那思想 展開」 第一卷, 東京: 弘道館 圖書柱式會社, 1944, p.6.

것이다. 다음의 例는 이것을 해명하고 있다.

樂은 안으로부터 나오며, 禮는 밖으로부터 만들어진다. 그러므로 禮의 근본은 '덜어내어 줄이는 것'에 있는 반면, 樂의 근본은 '가득차서 넘치는 것'에 있다. 禮의 근본은 억제하는 데 있지만, 거기에는 실천에 힘쓰는 자세가 수반되어야 하며 여기에 실천에 힘쓰는 자세의 아름다움이 있다. 樂의 근본은 충만시키는 데 있지만, 거기에는 돌이키는 자세가 수반되어야 하며 여기에 돌이키는 자세의 아름다움이 있다. 스스로를 억제하기만 할 뿐 실천에 힘쓰는 자세가 수반되지 않은 禮는 무기력하며, 스스로를 충만시키기만 할 뿐 돌이키는 자세가 수반되지 않은 樂은 방종이다. 이것으로 보아 禮에는 '되돌려 갚는 것'이 있으며, 樂에는 '되돌아가는 것'이 있다. 되돌려 갚는 자세가 수반될 때 그 禮는 즐거우며, 되돌아가는 자세가 수반될 때 그 樂은 편안하다. 禮에 있어서 되돌려 갚는 것과 樂에 있어서 되돌아가는 것은 그 근본정신에 있어서는 동일하다.[38]

이것은 대체로 禮樂(예악)을 두 가지로 고찰하고 있다. 그것은 '禮의 근본은 덜어내어 줄이는 것'이라는 것과 '禮와 樂은 근본 정신에 있어서는 동일하다'는 것이다. 禮의 근본(禮의 '안'에 들어 있는 의미)이 '덜어내어 줄이는 것'이라고 할 때, 그 대상은 바로 개인의 욕심이라고 할 수 있다. 그것은 사욕과 禮를 대비함으로써 보다 분명해질 수 있다. 「禮記(예기)」는 이 점을 극명히 드러내고 있다.

傲慢은 자라서는 안되며, 욕망은 고삐 풀려서는 안된다. 뜻은 그 마지막 눈금까지 채우지 말아야 하며, 환락은 그 마지막 한계까지 누리지 말아야 한다.[39]

현자는 재물을 보고 구차하게 얻으려 하지 않으며, 어려움을 당하여 구차하게 모면하려 하지 않으며, 남과의 다툼에서 이기려 하지 않으며, 몫을 나눌 때 많이 가지려 하지 않는다.[40]

이렇게 禮의 '안'에 들어있는 의미가 '덜어내어 줄이는 것'이라고 할 때, 이 뜻을 가진 개념은 과연 무엇일까? 그것은 바로 '仁'이다. 이 '仁'은 공자가 처음

---

38) 樂也者 動於內者也 禮也者 動於外者也 故 禮主其減 樂主其盈 禮減而進 以進爲文 樂盈而反以 反爲文 禮減而不進則銷 樂盈而不反則放 故 禮有報而 樂有反 禮得其報則樂 樂得其反則安 禮之 報 樂之反 其義一也(禮記 樂記).
39) 傲不可長 欲不可從 志不可滿 樂不可極(禮記 曲禮 上).
40) 臨財毋苟得 臨難毋苟免 悍毋求勝 分毋求多(禮記 曲禮 上).

만든 개념이 아니라 공자 이전에도 존재하고 있었던 개념이다. 仁의 古字는 忎과 동일하며 인내의 뜻을 내포하고 있다. 다만 공자만이 '仁'의 개념을 정확히 포착 하여 '사욕을 누르고 禮에 돌아오는 것, 그것이 仁이다'[41] 라고 말할 수 있었던 것이다. 克己復禮(극기복례)라는 말에서 克己와 復禮는 따로 따로 떨어진 것이 아니라, 禮에 돌아오는 것이 곧 사욕을 억누른다는 의미로 이해되어야 한다.[42] 그 리하여 공자는 '仁이라는 것은 자기가 서고자 하면 다른 사람을 세우고, 자신이 達하고자 하면 다른 사람을 達하도록 해주는 것'[43]이라고 하였던 것이다.

이처럼 禮의 '안'에 들어 있는 의미가 절제와 관련되어 있다면, 공자는 이를 어떻게 구체적으로 설명하는가? 논어에서는 '공손하면서 예가 없다면 고생스럽 고, 신중하면서 예가 없으면 두려워할 뿐 일을 제대로 처리하지 못하고, 용감하면 서 예가 없으면 난폭해지고, 정직하면서 예가 없으면 각박해진다'[44]라고 한다. 이 것은 사람의 행동이 禮로써 조절되지 않으면 恭, 愼, 勇, 直 등의 본래의 의미를 잃을 수 있다는 것을 말하고자 하는 것이다. 다시 말하면 공손은 지나치면 비굴해 지고 고통을 준다. 신중함은 좋은 반면 절도를 잃으면 아무 것도 할 수 없다. 지나 친 용기는 난폭해질 우려가 있다. 정직은 좋은 것이지만, 고지식하기만 하면 각박 하게 느껴질 수 있는 것이다. 또한 인간은 원래 욕심이 많은 존재이다. 예기는 '식욕과 성욕은 사람의 욕망 중에서도 가장 강한 것이며, 죽음과 가난과 고통은 사람이 가장 싫어하는 것이다. "하고 싶은 것"과 "하기 싫은 것"은 마음을 이루 는 근본인 것이다. 그러나 이것은 사람의 마음 속 깊은 곳에 감추어져 있는 것이 어서 헤아려 볼 수 없다. 선악도 그 마음 속에 있는 것이어서 겉으로 드러나지 안 는다. 사람이 어떤 마음을 가지고 있는가를 일관되게 알아보는 방법이 있다면 禮 에 비추어 보는 것 이외에 달리 방법이 있겠는가'[45]라고 말하면서 '선왕이 禮와 樂을 마련한 것은 입, 배, 눈, 귀의 욕구를 최대한으로 충족시키는 데 그 목적이 있었던 것이 아니다. 그것은 백성으로 하여금 好惡의 감정을 절제하도록 가르침 으로써, 인간의 도리가 바로 잡히도록 하기 위해서였다'[46]라고 하고 있다. 이것은

---

41) 克己復禮爲仁(論語 顔淵篇).

42) 李烘雨 , '論語에 있어서의 "옛것"의 의미', 「師大論叢」 제38집, 서울대학교 사범대학, 1989, p.89.

43) 夫仁者己欲立而立人 己欲達而達人(論語 雍也篇).

44) 恭而無禮則勞 愼而無禮則葸 勇而無禮則亂 直而無禮則絞(論語 泰伯篇).

45) 飮食男女 人之大欲存焉 死亡貧若 人之大惡存焉 故欲惡者 心之大端也 人藏其心不可測度也 美 惡皆在其心 不見其色也 欲一以窮之 舍禮何以哉(禮記 禮運).

46) 先王之制禮樂也 非以極口復耳目之欲也 將以敎民好惡而反人道之正也(禮記 樂記).

절제하는 장치로서의 禮가 없이는 인간이 인간다울 수 없음을 분명하게 보여주고 있다.

만약 한없는 욕망을 절제하지 않으면 어떻게 될까? '사람이 태어나며 가지고 있는 마음은 움직임이 없고 고요하다. 이것은 하늘이 내려준 "性"이다. 이 본래의 性이 사물의 영향을 받으면 움직임이 일어난다. 이러한 마음의 움직임이 "欲"이다. 마음이 바깥의 사물에 접하여 그것을 지각하게 되면, 그 사물에 대한 지각이 생겨나고, 이 지식을 바탕으로 好惡의 감정이 나타난다. 이 好惡의 감정이 마음 안에서 절제되지 않고 지각이나 지식이 바깥의 사물에 유혹된다면, 사람은 본래의 상태로 돌아갈 수 없게 되고 "天理"는 소멸되고 만다. 이런 상태가 되면 悖惡, 反逆, 사기, 허위의 마음이 생겨나고 방탕과 혼란이 횡행하게 된다. 그리하여 강자는 약자를 위협하며 다수는 소수를 억압하며, 지혜로운 자는 어리석은 사람을 기만하며 용맹한 사람은 나약한 사람을 괴롭히며, 병에 걸려도 치료를 받지 못하며, 노인이나 어린아이가 홀로 되어도 의지할 곳을 얻지 못한다. 이것이야말로 '大亂'의 상태이다'[47] 라고 한다. 결국 이것은 인간에게 禮가 없다면 '天理'가 소멸되고 전체적으로 '大亂'의 상태로 된다는 것을 말하고 있는 것이다. 따라서 禮는 사욕을 제어하기 위한 필수적 조건인 것이 확실해졌다.

禮의 '안'에 들어 있는 의미가 아무리 훌륭한 것이라고 하더라도 그것은 '밖'으로 드러나지 않으면 안 된다. 禮의 의미를 '밖'으로 드러낸다는 것은 인간이 세상과 관련짓고 사는 한 불가피한 일이다. 즉, 禮의 의미를 '밖'으로 드러낸다는 것은 상대와 어떤 관련을 맺고 있다는 말이다. 그리하여 '禮는 오고 가는 것을 중요하게 여긴다. 가는데 오지 않는 것은 禮가 아니요 오는데 가지 않는 것도 禮가 아니다'[48]라고 하는 것이다. 또한 禮는 仁의 구체적 표현이라고 볼 수 있다. 이것은 사람이 홀로 사는 존재가 아니라 '사회 속의 인간'이라는 의미를 담고 있다. 그리고 예의 의미를 하늘에 제사지내는 것과 관련지어 볼 때, '기도와 제사에서 귀신에게 음식을 대접하는 일도 禮 없이는 정성이 드러나지 않는다'[49]라고 말하고 있는 것에서 禮의 '밖'의 의미를 알 수 있다. 요컨대 禮의 '밖'의 의미는 상대

---

47) 人生而靜 天地性也 感於物而動 性之慾也 物至知知 然後 好惡 形焉 好惡 無節於內 知誘於外 不能反躬 天理滅矣, 於是 有悖逆詐僞之心 有淫佚作亂之事 是故 强者威脅 衆者 暴寡 知者 詐愚 勇者 苦怯 疾病不養 老幼孤獨 不得其所 此 大亂之道也(禮記 樂記).

48) 禮尙往來 往而不來 非禮也 來而不往 亦非禮也(禮記 曲禮 上).

49) 禱祠祭祀 供給鬼神 非禮 不誠 不莊(禮記 曲禮 上).

가 있다는 것과 관련이 깊다는 것을 알 수 있다.

이와 같이 禮가 상대와 어떤 관련이 있다고 하면, 그것은 과연 누구와 무슨 관련을 맺는다는 뜻인가? 유학에서 중요시하는 것은 五倫(오륜), 즉 父子有親(부자유친), 君臣有義(군신유의), 夫婦有別(부부유별), 長幼有序(장유유서), 朋友有信(붕우유신)이다. 오륜은 禮의 '안'의 의미를 '밖'으로 나타낸 구체적인 표현방식이며, 인간이 살아가는 데 가장 핵심이 되는 관계개념이다. '부자유친'은 부모와 자식 사이의 관계가 '親'에 바탕을 두는 것이며, 그것은 부모가 '慈'로서 자식을 대하고 자식이 '孝'로서 대해야 한다는 것을 뜻한다. '군신유의'는 임금과 신하의 관계가 '義'에 바탕을 두고 있다는 뜻이다. 이는 임금과 신하가 각각 상대를 '義'와 '忠'으로 대해야 함을 의미한다. '부부유별'은 남편과 아내가 각각 서로를 和와 義, 順과 正으로 대해야 한다는 것을 보여준다. '장유유서'는 연장자와 연하자 사이에 位階가 있음을 말하고 있다. 그리고 '붕유유신'은 가까운 친구 사이라는 것은 원래 믿음에 근거를 두어야 하는 관계임을 말하고 있다. 여기에 특이한 것은 '붕우유신'을 제외하고는 나머지가 모두 위계적 관계라는 점이다. 이것은 禮의 일차적 목적을 가장 잘 나타내고 있다. 禮는 구별과 차별을 의미하기 때문이다. 이처럼 유학의 禮는 타인과의 관계 방식(孝, 忠, 義, 信)을 규정하며, 그 관계를 맺는 능력은 바로 그 인간의 수양의 수준을 반영한다.

유가는 인간 관계로서의 禮를 왜 그토록 중요시하고 있는가? 禮라는 것은 인간 관계의 가깝고 먼 정도를 정하는 데에, 의심쩍은 것을 바로잡는 데에, 같고 다름을 구별하는 데에, 옳고 그름을 밝히는 데에 기준이 되는 것[50]이라든지 '이제 사람이 되어 禮가 없다면 비록 말을 할 수 있어도 마음은 禽獸와 다르지 않다'[51]는 것은 인간이 되기 위해서 인간의 삶의 기준이 되는 禮를 따라야 한다는 것을 보여주고 있다. 禮의 정신은 이런 면에서 결국 '표현'을 필요로 한다. 사람은 공동체라는 삶의 터전을 필요로 한다. 중국 사회는 그러한 점에서 공동체 우위의 사고방식을 가지고 있다. 禮는 이 점을 분명히 하고 있다. 그렇다고 개인을 존중하지 않는 것은 아니다. 다만 우선적으로 무엇을 기준으로 하느냐가 다를 뿐이다.

지금까지의 논의로 보아, 인간의 삶의 기준이 되는 禮를 따라 산다는 것은 '다른 사람'의 존재를 의식한다는 뜻이 된다. 이것은 '다른 사람과의 관계'를 맺으며 산다는 것을 전제로 한다. 그리하여 인간이 상호 간의 관계를 맺는다는 것은

50) 夫禮者 所以定親疏決嫌疑 別同異 明是非也(禮記 曲禮 上).
51) 今人而無禮 雖能言 不亦禽獸之心乎(禮記 曲禮 上).

필연적이며, 이것이 바로 禮의 핵심적인 의미요소이다. 좀더 구체적으로 말하면 '恭敬之心(공경지심)'이 바로 禮의 의미[52]의 핵심요소인 것이다. 다시 말하면 恭敬之心이 있다는 것은 곧 상대방이 있다는 것을 논리적으로 가정하고 있는 것이며, 다른 사람과의 관계가 없다면 공경하는 마음은 성립할 수 없는 것이다. 그러나 이 공경하는 마음은 禮라는 형식을 통하여 '밖'으로 표현되지 않으면 안된다. 공자는 이 점을 놓치지 않고 다음과 같이 표현하고 있다.

대궐문을 들어가실 때에는 허리를 굽히시어 마치 문이 좁아 몸이 들지 못하는 듯이 하였다. 서실 때에는 문 가운데를 피하였으며, 갈 때에는 문지방을 밟지 않았다. 임금이 서는 자리를 지날 때는 낯빛을 긴장하며, 종종걸음을 하며 말을 못하는 듯이 하였다. 옷자락을 잡고 堂에 오를 때에는 허리를 굽히며, 숨을 죽여 마치 숨쉬지 않는 것 같았다. 나올 때에는 층계를 하나 내려오면 안색을 풀며 화락해지며, 계단을 다 내려오면 종종걸음으로 빨리 걷는 것이 날개를 편 듯 단정하며, 본래의 자리로 돌아오면 공경스러웠다(논어, 향당).

음식을 여럿이 먹을 때에는 배를 채우지 않으며, 밥그릇 위에 손을 털지 않는다. 밥을 먹을 때 뭉쳐서 먹지 않으며, 게걸스럽게 흘리며 먹지 않는다. 마실 때 꿀꺽꿀꺽 한 꺼번에 마시지 않으며, 먹을 때 쩝쩝 소리를 내지 않으며, 뼈를 깨물어 먹지 않는다. 먹던 고기나 생선을 도로 그릇에 놓지 않으며, 그 뼈를 개에게 던져 주지 않는다. 먹고 싶은 음식만을 굳이 먹으려 하지 않는다(「예기」'곡례' 상).

이와 같은 禮의 외적 표현은 인간관계를 통하여 이루어지는 사회적 학습의 결과이며 인간관계에 영향을 미친다. 이것은 주로 무의도적인 교육적 영향으로 이루어진다는 점에서 하나의 특징을 갖는다. 즉, 대인간의 접촉이 이루어지는 곳에서는 언제나 나타나는 교육적 현상이라는 것이다. 결국 대인간의 상호작용에서 지켜야 할 '禮節(예절)'에 따라 행동하게 하여 마음의 변화까지 이르도록 한다는 데 '禮의 밖의 의미'가 가지는 의의가 있다고 할 수 있다. 이것은 한 인간의 '착하고 아름다운 마음'은 禮를 통하여 표현되고, 그 표현양식을 통하여 인간의 '착하고 아름다운 마음'을 형성해 나간다는 것을 의미한다.

이제 禮의 '안'의 의미와 '밖'의 의미는 어떻게 관련지을 수 있는가? 禮記(예기)에서는 다음과 같이 말하고 있다.

---

52) 恭敬之心 禮也(孟子 告子 上).

禮는 사람됨을 담는 그릇이다. 그러므로 그 그릇은 크고 완전하지 않으면 안된다. 크고 완전한 그릇은 성대한 德을 담을 수 있다. 禮는 비뚤어진 방향을 바로 잡아주며 아름다운 본성을 증진시켜 준다. 禮로써 다른 사람을 대하면 잘못되는 일이 없다. 사람에게 있어서 禮는 마치 대나무의 푸른 껍질과 같고 소나무의 단단한 중심과도 같다. 이 두 가지는 인생의 근본원리이다. 대나무가 사철 내내 푸른 것은 그 푸른 껍질 때문이며, 소나무가 잎이 떨어지지 않는 것은 그 단단한 중심 때문이다. 이와 마찬가지로 군자는 禮가 있기 때문에 밖으로는 다른 사람과 어울려 화합하며, 안으로는 원망을 품는 일이 없다. 그리하여 만물은 군자의 어진 마음을 흠모하며, 귀신은 그의 德을 기꺼이 흠향한다.[53]

이 위의 인용된 말에 비추어 보면, 禮에 있어서는 근본도 중요하지만 동시에 외적 표현도 중요시하지 않을 수 없다는 것을 알 수 있다. 禮의 근본은 사람 마음 안에 있는 仁의 마음이다. 禮의 최고 목적이 仁이라고 하면, 밖에 나타나는 禮의 형식은 단지 仁의 매개물에 불과하다. 만약 사람마다 모두 자기수양이 잘 되어 仁의 최상의 상태를 이룩하고 있다면, 禮의 외적 표현은 군더더기가 될지도 모른다. 그러므로 최고의 음악은 有聲의 음악이 아니고 無聲의 음악이다. 그러나 이와 같은 상태를 보통사람들에게 기대하기는 어렵다. 사실 無聲之樂은 귀로 듣는 것이 아니고 마음으로 이해되어야 한다. 또한 禮의 근본인 仁의 최고상태에 도달하려면 반드시 먼저 '밖'의 의미인 禮의 형식을 따라 수련을 하지 않으면 안된다. 즉, 仁의 외적 표현인 禮를 교육받지 않고서는 '안'의 의미인 '仁'을 실현할 수 없는 것이다.

이제 우리는 禮의 의미의 '안'과 '밖'이라는 두 측면은 서로 상반되는 것이 아니라, 서로가 서로를 이룩하는 데 도움을 주는 측면이라는 것이라는 것을 알게 되었다. 그렇다면 조선왕조에서 실지로 있었던, '定遠君(인조의 생부)에 대한 인조의 칭호문제와 복상문제', '啓運宮(인조의 생모)에 대한 복상문제', '定遠君의 追崇문제', '효종에 대한 자의대비의 복상문제', '인선왕후(효종비)에 대한 자의대비의 복상문제' 등의 심각한 논쟁은 앞에서 말한 두 측면 중 어디에 가까운 것인가? 이 문제들은 禮의 '안'과 '밖'의 의미 중 어디에 더 강조를 두고 있는 것인가? 그것은 일차적으로 禮의 의미의 '밖'에 관한 문제라고 말할 수 있다. 그것

53) 禮 器 是故大備 大備盛德也 禮釋回增美質措則正 施則行 其在人也 如竹箭之有筠也 如松柏之有
心也 二者 居天下之大端矣 故貫四時而不改柯易葉 故君子有禮 則外諧而 內無怨 故物無不懷仁
鬼神饗德(禮記, 禮器).

은 ‘正名’을 추구하는 禮의 ‘밖’의 문제라 할 수 있다. 이것은 다시 禮를 義의 궁극적인 실현방법으로 본 것이다. 그러므로 禮의 표현은 宗法秩序(종법질서) 내지 社會正義를 드러내는 특별한 의미를 갖는 것이 된다.

좀더 구체적으로 말하면, 두 차례에 걸친 복제시비문제에서 기년설과 3년설은 嫡統(적통)과 宗統(종통)을 별개의 것으로 보느냐 아니면 하나로 보느냐 하는 데에서 비롯된 것이다.[54] 기년설과 3년설은 모두 國制(국제)가 아닌 古禮(고례)에 근거했다는 공통점을 지니고 있다. 그러나 서인측이 王家禮(왕가례)의 특수성보다는 주자가례에 입각한 종법질서의 원칙에 충실하려 한 데 비해 남인측은 제왕가의 自有別禮(자유별례)를 주장, 임금에게는 종법을 일반 士庶人(사서인)과 같이 적용할 수 없고, 또 중통과 왕통을 하나로 하여 왕권의 존엄성을 확인하려 했던 것이다. 이와 같은 대립은 16세기 후반부터 본격화되었던 성리학의 발달과 사회변화 및 정통론의 심화와 긴밀한 관계가 있다. 말하자면 이 시기 이후 성리학의 주리론과 주기론의 대립과 奉祀制(봉사제), 相續制(상속제), 養子制(양자제), 宗婦法(종부법) 등에서 사회전반적으로 長子와 正統이 강조되었던 것과 관계가 있다. 특히 인조 초의 전례문제를 계기로 士大夫禮(사대부례)의 보편성이 강조되었던 것이다. 그리하여 오가례와 사대부례의 본질적 차이를 부정하게 되는 새로운 경향이 나타나게 된다.

그러나 이와 같은 禮訟(예송)의 문제가 공허하게 들리는 이유는 무엇인가? 그것은 예송의 문제가 禮의 의미의 ‘밖’의 문제와 관련을 맺고 있지만, 禮의 의미의 ‘안’의 문제와 관련을 맺지 못하였기 때문이다. 좀더 구체적으로 말하면, 禮의 ‘안’에 들어 있는 의미가 ‘사욕을 억누른’ 든지 ‘사욕을 덜어내고 줄이는 것’이라고 하는 것에 예공은 보다 구체적으로 관련을 맺지 못했다는 것이다. 이 말의 의미를 보다 자세하게 하기 위하여 구체적인 예를 들어 가면서 설명해 보겠다. 우선 吉禮(길례)를 보면, 그 주된 것은 제사를 지내는 것이다. 예컨대, ‘계씨가 태산에서 제사지내려 하자, 공자께서 염유를 보고 말씀하셨다. “네가 말릴 수 없느냐?” 염유가 대답하였다. “말릴 수 없습니다.” 그러자 공자께서 말씀하셨다. “아아 그래 태산의 산신이 임방만도 못하단 말인가”라고 하였다(논어 팔일편)’. 이것은 태산의 제사는 임금만이 지낼 수 있는데 이 旅祭를 맹손씨가 지내려 하자, 공자가 맹손씨 밑에서 벼슬하는 제자 염유에게 말리도록 권한 것이다. 그러나 염유는 이를 말리지 못한다고 하였다. 공자는 탄식하였다. ‘그래 태산이 임방만도 못

---

54) 崔英成,「韓國儒學思想史」Ⅲ, 朝鮮後期篇 上, pp.220-223.

한 줄 알았단 말인가? 임방은 그래도 禮의 근본을 물었다. 그런데 禮에 너무나 밝은 태산의 山神이 왕도 아닌 계손씨가 바치는 제물을 거들떠 보기나 할 것인가!' 또한 계손씨가 뜰에서 八佾舞(팔일무)를 벌이는 것을 보고 선생께서 말씀하셨다. '이런 것까지 할 수 있다면 무슨 짓을 차마 하지 못하랴' (「논어」 '팔일편'). 계손씨나 맹손씨 등은 당시 노나라의 실권을 휘두르고 있었으며, 몹시 방자하였다. 그래서 대부의 예인 四佾(사일)로 하지 않고 천자만이 쓸 수 있는 팔일무를 추도록 하였던 것이다. 계손씨가 천자만이 태산에 제사 지낸다든지 팔일무를 추도록 할 수 있다는 사실들을 모를 리가 없었는데도 말이다. 그렇다면 왜 그런 짓을 무례하게 하였는지 그들의 사고 방식을 묻지 않을 수 없다.

당대의 계손씨 등은 '나는 비록 천자는 아니지만 현재 나는 천자 못지 않은 권력과 재력을 가지고 있다. 만약 누구든지 현재의 나와 같이 태산에 제사를 지낼 만한 권력과 팔일무를 뜰안에서 출 수 있는 재력을 가지고 있다면, 구태여 예법을 따라야 할 이유가 어디에 있겠는가' [55]라는 사고 방식을 갖고 있었다. 이것은 당대의 사고 유형을 보여주는 하나의 사례라 할 수 있다. 누구보다 禮法(예법)을 잘 아는 그가 예법을 떠났다는 것은 개인의 사욕이 빚어낸 온갖 폐해가 이미 심각할 정도로 만연되었음을 보여준다. 공자도 이런 점을 잘 알고 있었다. 그렇다면 이러한 폐해를 해결하는 길은 두 가지이다. 즉, 폐해의 원인을 제거하든지 대안을 제시하는 것이 그것이다. 공자는 이 중 전자를 택한 것이다. 예법을 통해 그 원인을 절제하면 萬가지 禍의 근원이 소멸될 것이다. 이것으로 보아 예의 내적 의미는 마음을 다스리는 심법으로 귀결된다고 할 수 있다. 결국 예송의 문제는 이러한 의미의 心法과 관련을 맺지 못했다는 데 있다.

몇 가지 더 예를 들어 보겠다.

'공자께서 말씀하셨다. 아버지가 살아 있을 때에는 그의 뜻을 살피고 아버지가 돌아간 뒤라면 그 행동을 살피되, 삼년상 동안 아버지의 유습을 고치지 말아야 孝라 할 수 있다' (論語 學而). '宰我가 여쭈어 보았다. "三年喪은 기간이 너무 오래인 것 같습니다. 군자가 삼년 동안이나 禮를 차리지 않는다면 禮가 반드시 무너질 것이며, 삼년 동안이나 樂을 다루지 않으면 樂도 반드시 무너질 것입니다. 묵은 곡식이 다 없어지고 햇곡식이 나오며 불을 붙이는 나무를 새로 뚫어 불도 고치게 되니 일년으로 끝내는 것이 좋을까 하나이다." 공자께서 반문하셨다. "쌀밥을 먹고 비단옷을 입어도 네 마음이

55) 李烘雨, '論語에 있어서의 "옛것"의 의미', 「師大論叢」, 제38집, 서울대학교 사범대학, p.29.

편할까?" "편하나이다." "네 마음이 편하거든 그대로 하라. 군자는 三年喪 동안에는 맛있는 음식을 먹어도 달지 않고, 음악을 들어도 즐겁지 않으며, 편한 곳에 거처해도 편안하지 않기 때문에 그렇게 하지 않는 것인데 이제 네 마음이 편하다면 그렇게 하라." 宰我가 나가자 공자께서 말씀하셨다. "宰我의 어질지 못함이여! 자식은 낳은 지 삼년 뒤라야 겨우 부모의 품에서 벗어난다. 그러므로 三年喪이란 천하에 공통된 喪禮이거늘 宰我는 부모에게 삼년 동안 사랑을 받지 않았단 말인가"'(「논어」'陽貨').

이것은 효가 백행의 근본이기 때문에 한 인간을 평가함에 있어 효를 기준으로 삼을 수 있음을 보여준 것이다. 아버지가 살아 있는 동안에는 일을 개인의 욕심에 따라 처리하지 아니하고 아버지의 뜻에 따라야 한다. 그렇지만 아버지 死後에는 아들이 자기 마음대로 일을 처리할 수도 있다. 그러나 그것을 참고 아버지 살아 있을 때와 한결같이 할 수 있다면 효자라 할 수 있을 것이다.

이 장면은 宰我(재아)가 욕심을 참지 못하고 슬픔을 너무 빨리 잊어버리고자 하기 때문에 탄식하는 공자의 모습을 보여준다. 이 밖에도 군례와 빈례, 가례에도 앞서 말한 禮의 정신이 들어있다. 이와 같은 禮의 '안'의 의미와 관련하여 예송이 있었다면, 예학은 훨씬 생동감이 있었을 것이다. 그러나 불행하게도 이 점이 부족하여 예송이나 예학은 생동감을 잃어가고 말았다.

조선왕조 후기의 예론의 대표적인 인물을 들라고 하면, 미수 허목과 우암 송시열을 들 수 있다. 성리학의 학파에 비추어 보면, 미수 허목은 퇴계학파의 일원인 정구의 제자이며, 동시에 여광 장현광의 제자이기도 하다. 우암 송시열은 율곡 학파의 직계 수제자인 김장생의 제자이다. 이들이 후세에 끼친 영향을 보면, 미수 허목은 영남학파의 정통의 맥을 이으면서 기호실학파의 선구적 역할을 담당하였으나 그의 학문은 시대적 요청에 따라 소위 실학풍으로 변질되어 성호 이익을 거쳐 다산 정약용에서 대성된다. 우암 송시열은 수암 권상하, 남당 한원진, 화서 이항로, 면암 최익현, 의암 유인석 등으로 이어지는 의리학파를 여는 지붕이 되었다. 그들의 철학을 보다 정확히 알아보기 위해서는 그들의 교육이론을 알아보아야 한다. 그러므로 여기에서는 이 두 인물의 교육이론을 구성하여 제시하고자 한다.

3. 예학과 교육

허목(1595-1682)의 교육이론은 우주론, 심성론, 심학으로 구성되어 있다. 그의 학문적 특징은 실학적인 면과 예학적인 면이 있다는 것이다. 그는 일상생활의 실용적 가치와 실질적 행위를 중시하였고, 천지 조화와 인간사의 상호 관계를 긴밀하게 연결하여 實事를 추구하였다. 이것은 전시대의 성리학에 대한 반성의 일환으로서, 그는 전시대가 넘겨준 사회기강의 문란, 경제의 파탄, 사회제도의 모순 등 여러 가지 문제를 해결하는 데 요청되는 새로운 교육이론을 정립하려고 노력하였다고 말할 수 있다. 사실 그가 살았던 시대에는 1592년부터 1599년까지 계속된 임진왜란이 있었고, 광해조의 殺弟(살제), 廢母(폐모) 등의 政亂(정란)이 있었고, 1623년에는 인조반정이 있었고, 그 다음 해에는 이괄의 난이 있었다. 그리고 1627년의 정묘호란, 1636년의 병자호란 등이 계속되어, 나라는 전쟁에 시달렸고, 백성은 도탄에 빠져 있었던 것이다. 이 상황에서 그는 어떻게 하면 세상을 건질 수 있을까를 생각하지 않으면 안되었다. 그의 교육이론도 이와 같은 시대적 산물이라고 보아야 한다.

우선 그의 우주론을 살펴보자. 그의 우주관은 그의 심성론의 근원이다. 그리하여 그는 그의 天地變化(천지변화)라는 세 개의 글에서 理氣가 어떻게 心性으로 변용될 수 있느냐 하는 것과 理氣와 心性의 상호관계를 상세하게 설명하고 있다. 그러면 이 두 가지를 차례로 살펴보겠다. 그의 글 천지변화 1에 의하면 다음과 같다.

하늘과 땅의 변화에 따라 만물의 생명이 거기에 의존한다. 知覺이 꿈틀거리기 시작하니 왕성하게 서로 감응하여 갖가지 종류의 생물들이 사랑하여 낳고 기르고 자랄 수 있게 된다. 왜냐하면 生命 자체에는 그 나름대로 生成能力을 보유하고 있기 때문이다. 그러므로 나날이 사용하여도 끊이지 않는다. 갖가지 종류의 생물들이 무리를 지어 살며, 그 나름대로 살되 서로 조화를 이루고 지내며, 어린 싹들은 나날이 자라고 있다. 골짜기의 물은 냇물을 이루어 강과 바다에 이른다. 배고프면 먹고 목마르면 마시고 겨울에는 따뜻하게 지내며 여름에는 시원하게 지내며 모여 살다 죽는다. 그러므로 이 모든 것은 하나이다. 갖가지 종류의 物이 구분되나 그 됨은 고르며 여러 가지 현상이 다르지마는 그 道는 같은 것이다. 하늘의 命이 만물에 고르게 퍼져 각각 그 性을 수행하니 그 끝을 알 수 없도다. 또 그 道를 천지에서 살피니 사방이 눈에 들어오고 여기에는 그 道가 만물에 포함되어 있어 끝도 시작도 없구나. 그 道를 밤낮으로 사용해도 끝이 없다. 이것이 바로 지극한 가르침(敎)이다. 禮는 이 道를 실천하는 데에서 나오고, 樂은 이 道에 順應하여 만들어 낸 것이다. 그런 까닭으로 聖人은 하늘을 섬기고 효자는 부모를 받들어 모시는 것이다. 대저 이 道는 정밀하기가 그지없고 깊이가 너무 깊어서 인간이 아무리 생각하고 또 생각하여도 거기에 이를 수 없으니 참으로 지극한 것이다.[56]

여기에서 우리의 눈길을 끄는 것은 '변화'라는 관점에서 우주를 파악하려고 하였다는 것이다. 이 '변화'는 다른 어떤 힘에 의하여 이루어지는 것이 아니라, 그 자체의 힘 또는 능력에 따라 이루어지는 것이며, 이것이 바로 道라는 것이다. 이 道는 시작도 끝도 없으며 만물을 포괄하고 있다. 그러므로 인간의 문화까지도 여기에 포함된다. 예컨대, 禮나 樂도 모두 이 道를 실천하는 데서 생기고, 이 道에 따라 만들어진 것이며, 하늘을 섬기고 부모를 섬기는 도덕도 이 道에 근거를 두고 있다는 것이다. 말하자면 여기에서는 삶의 理, 삶의 근원에 관한 문제를 말한 것이다.

천지변화에 따라 바람도 불고 햇빛이 따뜻하게 비추기도 하며 열기도 하고 닫기도(吹煦闔歙) 한다. 세상 만물은 여기에 좇아 두려워하고 근심하고(怵惕), 측은이 여기며, 사랑하는 마음이 구체적으로 모습을 띠고 나타나게 된다. 여기에서 善과 惡이 나뉘고 만 가지 일이 나오게 된다. 이 모든 일들은 서로 얽키고 설켜 있으며(紛綸參錯), 이 모든 것이 또한 고르지 않으니 이것이 바로 살아있는 것의 情이라는 것이다. 만물은 극도에 달하면 어지러워지고, 情을 제 멋대로 내버려두면 더욱더 그 정도가 치열해진다. 그러므로 樂은 차면 그만두고 처음으로 되돌아오며, 禮는 겸양하면 더욱 높여진다. 이 모든 원리가 서로 질서있게 인간의 마음 속에 녹아 들어오게 될 때(融融秩秩) 비로소 천지의 올바른 뜻을 수행한다고 할 수 있다. 이것이 바로 聖人이 세상사람들을 가르친 내용이다. 이 원리들이 쉬지 않고 끊어지지 않도록 하는 것은 천지의 커다란 일이며, 이것을 인간사회에 심어 길러 자리잡게 하는 것은 聖人이 이룩한 功이라 할 수 있다[57](天地變化 二).

---

56) 天地變化, 萬物資生蠢動知覺. 藹然相感. 能愛類養生. 故生有良能. 日用而不已. 品流群生. 穀音自和. 萌蘗日長. 川谷達於江海. 飢食渴飮. 冬裘夏葛. 群居而生死. 其故一也. 品物區別. 其化物也. 度事殊緒. 其道同也. 天命流行. 萬物共由. 各遂其性而不知. 洋洋乎察於天地. 著方四方. 包括萬物而無終始. 行乎晝夜而不窮. 是爲至敎. 禮自履此生. 樂自順此作. 由是而聖人事天. 孝子亨親. 夫精深極微思勉不能幾. 論說不能及. 至矣(記言 卷1學, 天地變化).

天地變化는 한 번 차고 한 번 비는 것이니, 눈에 보이는 것은 氣에서 나오며, 氣는 눈에 보이는 것으로 드러난다. 하늘에는 밖이 없고 땅에는 떳떳한 道가 있다. 해와 달은 번갈아 낮과 밤을 밝히고, 더위와 추위는 차례대로 질서있게 운행되어 번갈아 왔다가 가니 만물이 이로써 살고 죽는다. 이로써 盛衰가 이루어지고 돌아가는 것이 그것으로 이루어진다. 그것으로 因하여 무궁하다. 인간사의 善惡과 세상을 살아가는 이치의 正邪는 오직 하나의 氣가 바꿔진 것일 뿐이다. 사람의 氣가 바르면 천지의 氣도 바르게 된다. 사람의 氣가 어지러워지면 천지의 氣도 어지러워진다. 상서로운 것과 요사스러운 것, 사특한 것과 바른 것, 다스려짐과 어지러워짐의 徵表는 바로 氣가 서로 感應하여 그렇게 된 것이다. 그러므로 聖人은 어김이 없으며 의혹이나 두려움도 없고 걱정도 없이 仁을 돈독히 한다. 그렇다면 그 근본은 무엇인가?[58](天地變化三)

천지변화 二, 三에서는 인간과 천지자연의 관계를 서로 상응하는 것으로 대비시켜 보고 있다는 점에 유의해야 한다. 특히 그는 천지변화 三에서 '사람의 氣가 바르면 천지의 氣가 바르고, 사람의 氣가 어지러우면 天地의 氣도 어지럽다'고 하면서 氣가 서로 感應하여 변화한다는 것을 말하고 있다. 그것은 또한 인간의 심성과 행위를 곧바로 천지변화와 관련시키면서 인간을 주체적으로 파악한 말이기도 하다. 이 생각은 書經 皐陶謨(서경 고요모)篇에 나오는, '하늘의 일을 사람들이 대신하는 것(天工人其代之)'이라는 생각에 근거를 두고 있다. 이제 천지변화 一二三의 결론으로 '心之知覺(심지지각)'을 말하고 있다. 달리 말하면 위의 天地變化 三에서 묻고 있는 '근본'은 바로 '심지지각'이라는 것이다.

마음의 지각이 天理에 感應하는 것은 道心이라 말하고, 形氣에 感應하는 것은 人心이라 부른다. 天理는 性命이며 至善의 근본이며, 形氣는 음식, 남녀관계에서 발생하는 인간의 私的인 欲心이다. 理와 氣는 二本이 아니다. 形은 氣에서 생기고, 氣는 理에 근본을 두고 있다. 理는 氣의 性이고 氣는 理의 바탕(才)이다. 바탕(才)은 性에서 나오고, 理는 氣에서 움직인다(行). 측은한 마음은 性에서 나오되, 서로 느끼게 하는 것은 氣이다. 愛欲은 氣에서 나타나며(形) 그 理는 性이다. 天理를 따르면 理가 한

---

57) 天地變化 吹煦闔歙 品物從之 怵惕惻隱 愛慾形彦 於是善惡分而萬事出矣 紛綸參錯 有萬不齊 生物之情也 物極則致亂 情蕩則益熾 故樂盈而返 禮退而進 融融秩秩 以邃天地之正 聖人之敎人也 不息不已 天地之大業 裁成位育 聖人之功用(上同).

58) 天地變化 一盈一虛 形生於氣 氣冒於形 天無外 地有方 日月代明 寒暑序行 往而復來 萬物以之而生死 以之而盛衰 以之而遊行 以之而無窮 人事之淑慝 世道之汗隆 一氣而遷耳 人之氣正 則天地之氣正 人之氣亂 則天地之氣亂 禎祥妖孼 邪正之表治亂之微 氣之相感 召者然也 故聖人不違不惑不懼不憂而篤仁 其本何也(上同).

결같아서 氣가 바르게 되고, 人欲을 따르면 氣도 인욕과 한결같아져서 理도 변한다. 그러므로 人心은 위태롭고 道心은 隱微하다 하였다. 인간이 천지의 中을 받아서 생겨 났으니, 仁이 性이 되는 것이다. 仁이 변하여 不仁으로 되는 것은 性의 죄가 아니다. 바탕과 쓰임이 지나쳐 인욕이 제멋대로 날뛰도록 내버려 두면 天理가 滅하기 때문에 君子는 그것을 두려워한다. 善을 택하고 惡을 버리기 위해서는 무엇이 善이고 무엇이 惡인지 자세히 밝히는 것(精)보다 더 나은 것이 없다. 믿음을 돈독히 하여 확실히 지키 기 위해서는 마음을 오로지 하나로 모은 것보다 더 나은 것이 없다. 덕을 이루고 백성 을 가르치기 위해서는 中을 기준으로 잡고 하는 것보다 더 나은 것이 없다. 이것이 요, 순, 우가 전하는 심법이요, 배우는 자의 大宗이다.[59]

여기서 우리는 허목의 이기론은 퇴계와 같은가 율곡과 같은가를 따져 보아야 한다. 우선 허목은 '理與氣非爲二本(理와 氣는 두 개 本이 아니다)'이라 하고 있 다. 그런데 율곡도 '理氣元不相離 似是一物(理氣는 원래 서로 떨어지지 않아 마치 한가지 물건과 같다)'이라 하고, '雖曰 理自理 氣自氣 … 不見其爲二物 故非二 物也(비록 理는 理이고 氣는 氣라 하더라도 그것을 두가지 物로 보지 말라. 왜냐하면 두 가지 物이 아니기 때문이다)'라 하고 있다.[60] 허목은 '理外無氣, 氣外無理(理 밖에 氣없고 氣밖에 理없다)'라고 하고 있고,[61] 율곡도 '天下安有理外之氣也 … 夫理 之源 一而已 氣之源 亦一而已矣(天下에 어찌 理 밖에 氣가 있으리오. 一대저 理의 원천도—이미 氣의 원천도 역시 一일뿐이다)'라 하고 있다.[62] 다음으로 이 이기론을 바탕으로 이루어진 심성론을 허목과 율곡을 비교해 보면, 허목은 '人受天地之中 (사람은 天地 가운데서 태어났다)'이라 하고 있고, 율곡은 '惟人也 得氣之正且通 者(오직 사람만이 바르게 통하는 氣를 얻었다)'라고 하고 있는데, 여기에서 中과 正 과 通은 별개의 의미가 아니다. 셋째로 허목과 율곡은 人心道心은 둘다 서경 대 우모편에서 유래된 것임을 지각하고 둘 다 똑 같은 의미로 해석하고 있다. 이렇게

---

59) 心之知覺 感於天理者 謂之道心 感於形氣者 謂之人心 天理者 性命至善之本也 形氣者 飮食男女
　　人欲之私也 理與氣 非爲二本 形生於氣 氣本於理 理者氣之性 氣者理之才 才出於性 理行於氣
　　惻隱出於性 而其相感者氣也 愛欲形於氣 而其理則性也 循天理則理壹 而氣正 循人欲 則氣壹而
　　理變 故曰 人心惟危 道心惟微 人受天地之中 以生以仁爲性者也 仁而變不仁 非性之罪也 才用過
　　也 人欲肆私天理滅 故君子懼彦 擇善去惡 莫如精 篤信固守 莫如一 成德敎民 莫如中 堯舜禹之
　　傳法 而學者之大宗也(理者氣之理 有是理則有是氣 氣者理之氣 有是氣則有是理) 上同.
60) 栗谷全書 卷10, 書2 答成浩原 參照 比較해 보라.
61) 記言 卷3, 上篇 論理篇.
62) 栗谷全書 卷10, 上同.

놓고 보면 허목과 율곡은 거의 같은 이기론을 바탕으로 하고 있다. 한 가지 궁금한 것은, 그럼에도 불구하고 어째서 허목은 퇴계학파를 지지하는 대표적인 인물이 되었으며, 율곡을 지지하는 사람들과 그토록 싸웠는가 하는 것이다. 한 가지 확실한 것은 허목이 후에 실학에 영향을 끼쳤고 특히 정약용에게서 그 꽃을 피웠다는 것은 충분히 이해가 간다는 사실이다.

허목의 심학을 보면, '心은 원래 하나'라는 생각을 가지고 있다. 그리하여 그는 '心之知覺 感於天理者 謂之道心 感於形氣者 謂之人心(마음의 지각은 天理에 감응하면 道心이 되고, 形氣에 감응하면 人心이 되는 것이다)'이라 한 것이다. 이 생각은 결국 경험적 사실로서 주어진 마음은 그 자체로서 일체의 분리가 불가능하다는 것을 나타내고 있다. 경험적 사실로서의 마음이 인심과 도심으로 구분되는 것은 바로 마음의 특이한 측면을 부각시키기 위하여 인심과 도심의 개념을 경험적 사실로서의 마음에 적용한 것이다. 인심이 개념상 氣를 원천으로 하고 있는 인간의 마음을 뜻한다면, 道心은 도덕적 규범으로서의 天理를 원천으로 하고 있는 인간의 마음이다. 이와 같이 마음은 하나로 존재하는데도 불구하고 구태여 인심과 도심을 개념상 구분하는 것은 수양의 출발점과 도달점 사이의 거리 또는 차이를 부각시키기 위한 것이다.[63]

그러면 미수 허목은 무엇을 교육내용으로 보았는가? 그는 우선 당시의 주자학 일면도의 경색된 학문 풍토와는 다른 자유로운 학풍을 모색하려고 하였다. 그리하여 그는 주자 당시에 유학의 경전으로 확립된 朱子註를 중심으로 하는 四書(論孟庸學)내지 七書(論孟庸學詩書易) 체제가 아니라, 보다 본원적인 유교경전으로서 '堯舜之學(요순지학)'을 그나마 간직하고 있는 '六經之學(육경지학)'에 눈을 돌렸다는 것이다. 그는 스스로 '말하면 반드시 써서 날마다 반성하고 힘썼으니 내 글을 記言이라 이름했다. 古人의 글을 즐겨 읽고 古人의 실마리를 마음으로 따라가며 날마다 부지런히 하였다. 記言의 글은 六經에 근본을 두고 예악으로 참고하고 百家의 辯을 통하여 분발하고 힘을 다한 지 50년이 되었다'[64]고 하면서 '六經의 글은 聖人이 하늘의 뜻을 이어받아 표준을 세우고 하늘의 뜻을 알아 그 뜻을 이루는(開物成務) 글로 천지의 지극한 가르침이다'[65]라고 말하고 있다. 좀더 구

---

63) 張聖模, '栗谷思想의 敎育學的 解釋', pp.427-429.

64) 言則必書 日省而勉彦 名吾書曰記言 說讀古人之書 必追古人之書日奮焉 記言之書 本之以六經 參之以禮樂 通百家之辯能 發憤肆力 且五十年(記言序).

65) 管堯典洪範中庸考定之失書 六經之文 聖人繼天立極 開物成務之文 爲天地之至敎(記言 卷3 上篇).

체적으로 육경을 가르쳐야 하는 이유는 무엇인가?[66] 첫째로 '易之化(역지화)'이다. 易經(역경)은 천지의 변화를 궁구하는 오묘한 이치를 배울 수 있다는 것이다. 둘째로 '禮之別(예지별)'이다. 禮經(예경)은 인간 사회의 구별 또는 차별의 법과 질서를 확립하려는 것이다. 셋째로 '樂之和(악지화)'이다. 예경이 차별에 목적이 있다면, 樂經(악경)은 그 목적이 和에 있다. 和는 中이 밖으로 표현된 상태이다. 넷째로 '詩之風'이다. 詩經(시경)은 세상의 풍속을 淨化하고 敎化하는 데 그 목적이 있다. 다섯째, '書之政(서지정)'이다. 書經(서경)에서는 정치하는 龜鑑(구감)을 배울 수 있다. 여섯째, '春秋之義(춘추지의)'이다. 춘추에서는 의리를 배울 수 있다.

그러나 여기서 한 가지 보다 심각한 문제가 있다. 왜 허목은 '古文(고문)'을 그토록 강조하였는가? 그는 당시 程朱學(정주학) 일변도의 학문풍토를 비판하면서 '옛' 儒學(유학)의 經典(경전)인 육경이야말로 학문의 기준이 된다고 역설하였다. 물론 그는 朱子註(주자학)의 필요성은 인정하지만, 註疏는 부득히 하여 만들어진 것이라고 보고, 유학의 기준은 어디까지나 '옛' 유학의 경전이 육경으로 기준을 삼아야 한다는 것이다. 허목은 사실 퇴계학파의 영향을 받아 세상살이의 기준은 '현실을 초월한 기준'(理)에 있다는 것을 배웠다. 이 기준에 따라 살기에는 너무나 세상이 각박하고 위태하고 불안한 것이었다. 그러면 세상을 올바르게 만들 수는 없겠는가? 이 점을 생각할 때 그는 '현실을 초월한 기준'보다는 '현실 안의 기준'을 찾는 것이 옳다고 생각하였다. 그리하여 그는 일단 퇴계학파의 '현실을 초월한 기준'을 '옛' 것에서 찾았다. 그러나 '옛' 것의 기준인 '過去'(과거, 옛것)에는 두 가지 의미가 있다.[67] 하나는 '時間上 의미의 과거'이며, 다른 하나는 '論理上 의미의 과거'이다. 허목이 퇴계학파를 따랐더라면, 그는 論理上 의미의 과거를 취해야 한다. 그럼에도 불구하고 그는 그의 형이상학이 보여주듯이 율곡의 학파를 따랐다. 그 결과 그는 '시간상 의미의 과거'를 취하였던 것이다. 이것이 바로 고문을 기준으로 택한 이유이다. 허목은 우리가 살면서 기준으로 삼아야 할 것은 현세보다는 시간상 의미의 '옛' 것이라고 주장한 것이다.

지금까지 그가 교육내용으로서 육경을 주장한 이유를 살펴보았다. 이 육경을

---

66) 즉 易說, 春秋說, 詩說, 書說, 禮說, 樂說에 그 이유가 들어 있다(記言 卷31). 또 易之化, 禮之則, 詩之風, 書之政, 春秋之義는 鄭玉子, 「朝鮮後期知性史」 서울: 一志社, 1991, p.118에 있는 말이다. 그러나 여기서 필자는 '禮之則'을 '禮之別'로 고쳤다.

67) 李烘雨, 「論語에 나타난 "옛것"의 意味」, 「師大論叢」 第38輯, 1989, pp.21~38.

어떻게 인간의 마음 속에 내면화할 것인가 하는 문제가 남아 있다. 우선 그에 의하면 인간의 마음은 본래 虛明하고 通하지 않는 것이 없는 것이다. 그러나 후천적으로 人欲에 의하여 막히는(閉塞) 현상이 생긴다. 여기서 그는 교육의 필요성과 가능성을 강조하고 있다. 특히 학문을 하는 데에 있어서는 사욕을 잊어야 (忘意) 하며, 차근 차근 순서를 밟아야 하는데 이것을 뛰어 넘으려는 욕심(躐等), 억지로 커지려는 마음(助長), 빨리 달하고자 하는 마음(欲速) 등을 경계하여야 한다고 하였다.[68] 달리 표현하면 허목은 순서를 대단히 중요하게 여긴다는 것이다. '우선 경계해야 할 점이 私意라고 하면 이것을 제거하여야 한다. 이것을 제거해야 定하여진다. 定하여지면 靜하고 靜한즉 安하고 安한즉 慮하고 慮하면 得이 된다는 것이다. 배우지 못하는 것의 잘못은 禮가 아니면 제거하지 못한다. 인품이 같지 않고 도량이 크고 작고 하지만 군자의 도량은 무궁하니 學問을 따라 참다운 마음을 길러 極에 달하면 聖人의 도량이 되는 것이다.'[69] 이것은 大學 首章의 이론과 일치한다. 그러나 한 가지 눈에 띄는 점은 배우지 못한 累를 제거하기 위하여 禮를 쓴다는 것은 공자가 말한 克己復禮와 맥을 같이 하고 있다는 것이다. 이 克己復禮의 정신으로 心法을 체득하면 인품이 같지 않거나 도량이 다르다고 하여도 누구나 聖人의 경지에 도달할 수 있다는 것이다.

그러면 이와 같은 聖人의 경지에 도달하기 위한 보다 구체적인 방법은 무엇인가? 그는 이 점에 관하여 다음과 같이 말하고 있다.

배우는 자가 간직해야 할 마음의 자세는 '놓아버린 마음을 수습하여 거두어 들이려는 마음'(收放心), 이 말보다 더 절실한 것은 없다. 본심을 잃지 않고 타고난 본심을 기르기 위해서는 학문을 상세하고 깊게 하여 깨우치는 방법 이외에 다른 것은 없는 것이다. 그러므로 말하기를 '存其心 養其性'이라 하였다. 天理는 본래 한 순간도 끊임이 없으며, 本心이 있으면 天理가 스스로 있어 없어지지 아니하니 性을 기른다는 의미가 그 가운데 있다. 고요한 가운데 사물이 아직 교감하지 않으면 그 본심은 안존하여 아무 것도 꺼릴 것이 없으니, 이때 무엇을 있다고 하고 무엇을 기른다 하리오. 본심의 體는 虛明하며 안과 밖이 없으며 사물과 아무런 간격이 없다. 이때 存이라는 것은 이 體가 存하는 것이고, 養이라는 것은 이 體를 기른다는 것이다. 本心을 잃지 않고

---

68) 爲學大患 在忘意躐等助長欲速 此私意己勝 未有私勝而能成學者也(記言 卷1, 上篇學 答學子).

69) 心隨感應物 不息不已 此天理流行之妙 然心法莫先於政 心日定則定 定則安 安則慮 慮則得 失學 循習之累 非禮不去 … 人品不同 量有大小 然君子之量無窮 隨學而長極 則聖人之量也(記言 答問目).

타고난 善性을 기른다는 말은, 달리 말하면, 敬을 지니는 그 한 가지 일에 지나지 않는
것이다. 여기서 存이라는 것은 오직 본심을 지니고 지키는 것(持守)을 말하는 것이고
養은 본심이 욕심에 가리워지지 않도록 학문을 깊고 넓게 해야 한다는 것이다. 모름지
기 배우는 자는 다음의 말을 잘 새겨 들으라. 즉 人欲이 조용하게 될 때 天理는 저절
로 밝아진다는 것이다.[70]

위의 말은 사람의 욕심이 조용하게 가라앉아 없어지면 이때 天理가 스스로 밝
혀지게 되며 이 상태가 바로 聖人의 마음의 경지라는 말이다. 이때 바로 타고난
본성과 본심이 최대한으로 보존되었거나 회복되었다고 말할 수 있다. 存心(존심)
과 養性(양성)이라는 것은 다른 것이 아니라, 心體(심체)를 보존하는 것이요 동시
에 심체를 涵養(함양)하는 것이다. 그러므로 존심과 양성은 두 가지 일이 아니라
한 가지 일이며 이것이 바로 持敬(지경)인 것이다. 달리 말하면 지경이 바로 가장
중요한 공부의 방법이다.

여기서 우리는 '存其心 養其性(존기심 양기성)'이라는 말에서 한 가지 의문을
제기할 수 있다. 그것은 왜 마음에 대해서는 '存'이라 하였고, 性에는 養이라는
말을 붙였을까 하는 것이다. '마음이 존재한다'(존심)고 할 때 이 마음은 어디에
서 왔는가? 원래 있었는가? 아니면 누가 주었는가? 허목은, '사람은 나면서부터
靜하다. 靜하므로 이 마음이 虛明하여 無所不通에 이른다'고 하였다. 그런데 유
의해야 할 것은 '存'의 의미이다. 이 存은 '있다'는 의미이다. 다시 여기에는 '존
재'(exist)한다는 뜻도 있고, '潛存'(잠존, subsist)한다는 뜻도 있다. 전자는 '사실
적으로 존재'한다는 것이며, 후자는 '논리적으로 존재'한다는 뜻이다. 여기에서
말하는 '존기심'의 存은 논리적 의미의 '잠존'이다. 그러므로 '虛明하고 無所不
通한 마음'은 마음의 '基準'으로서 의미가 있는 것이다. 그 기준의 핵심이 바로
性이다. 그러면 性에 대해서는 왜 '養'이라고 해야 하는가? 중용에는, '性이 자
국을 남긴 것, 그것이 道'라는 말이 있다. 말하자면 그것은 '性이 可視化된 형태
로 드러난 것, 그것이 道이다'라는 뜻이 된다.[71] 다시 중용 首章(수장)에 있는 朱

70) 學者操持要約 莫切於收放心三言 而至存養爲尤精心來論是也 固未有存心不存 而能養其性者也
故曰 存其心養其性 天理本然一息間斷 心存則天理自長 存而不失則養其中矣 靜中事物未交
其本澹然無物 此時何者爲存 何者爲養也 心體虛明 無內無外 與物無間 所謂存者存此體 養者養
此體 存養不過持敬一事 然存專言持守 養特深遠 爲學者下語尤爲活動 須看人欲靜時 天理自明
(記言 卷1, 上篇 答存心養性).
71) 李烘雨, '人間本性論', 「교육이론」 제7·8권, 서울대학교 사범대학 교육학과, 1994, p.6.

子 註(주자 주)에 의하면, 道는 '우리가 하는 모든 일상적인 행위에 반드시 들어 있는, 마땅히 걸어가야 할 길'이다. 더 나아가 주자에 의하면, '聖人이 모든 사물이나 현상과 관련된, 인간으로서 마땅히 걸어가야 할 길을 고찰하여 제도화하고 모든 사람으로 하여금 그것을 본받도록 한 것, 이것을 일컬어 敎라 한다. 말하자면 禮樂刑政 따위가 그것이다'(聖人 因物之所當行者 而品節之 以爲法於天下 則謂之敎 若禮樂刑政之屬 是也). 그런데 '養'이라는 말에는 '가르친다'라는 뜻이 들어 있다. 그렇다면 '養性'은 결국 '예악형정을 가르친다'는 뜻으로 된다. 그러므로 性에는 養을 붙일 수밖에 없는 것이다. 存其心과 養其性은 기준인, '存其心'에 도달하기 위해서는 '양기심'으로서의 '예악형정을 가르치는 것'이 요구된다는 뜻으로 이해될 수 있다. 이 예악형정과 관련된 제반 현상을 이론화한 것이 바로 학문의 총체이다. 요컨대 교육은 '학문을 가르쳐서 虛明하고 無所不通한, 神(聖人)과 같은 마음을 갖도록 하는 것이 된다.

만약 허목이 자신의 교육이론에 비추어 그의 삶의 현실에 어떤 조치를 취하려고 하였다면, 과연 그는 어떻게 하였을까? 이와 관련된 자료로서 우리는 세 가지를 들고자 한다. 하나는 그의 예론이며, 다른 하나는 그의 경세론이며, 세 번째는 그의 수양론(문학론 포함)이다. 그러면 차례로 이 세 가지를 그의 교육이론에 비추어 설명하고자 한다. 첫번째로 그의 예론을 본다. 허목은 왜 예송에 그다지 애착을 갖고, 심지어 목숨까지 걸면서 거기에 뛰어들어야 했는가? 그 이유는 다음과 같은 말에서 찾을 수 있다. 즉, '禮에는 尊卑, 輕重과 겸손하고 융성하게 하는 절차가 있으니 이것이 없으면 어지러워진다. 道가 더럽혀지거나 융성해지는 것과 세상이 다스려지는 것과 어지러워지는 것 모두가 禮와 관계가 있다. 禮가 바로잡히면 정치가 바로잡히고, 禮가 바로잡히지 않고 어지러우면 나라를 다스리는 것도 어지러워진다. 禮가 없어지면 역시 나라도 망하고 만다는 것은 바로 이것을 일컫는 말이다.'[72] '지금 다투는 바 소중하게 여기는 것은 나라의 大統에 있는 것이지, 嫡庶, 長少는 논할 바가 아니다.'[73] 말하자면 그 이유는 禮가 삶의 기본이며, 大統(임금의 자리)의 문제와 관련된다는 데 있는 것이다.

다음으로 그의 經世論(경세론)을 보자. 여기에서의 경세론은 일종의 정치설이다. 그러나 이 시대의 경세론은 교육과 관련이 깊다. 경세론과 교육론은 모두 인

72) 禮有尊卑輕重 厭降隆殺之節焉 無此則亂矣 道之汚隆 世之治亂係焉 禮治則治 禮亂則亂 禮亡則亡 此之謂也(記言 卷49, 五服通考序).
73) 今之所爭所重 在國之大統 嫡庶長少 非所論也(記言 卷2, 上篇 禮 答堂兄雪翁).

간의 마음을 다루고 있으며, 마음을 매개로 관련을 맺고 있다. 허목의 경세론 역
시 그의 교육론과 깊은 관련을 맺고 있다. 이 말을 입증할 만한 그의 발언을 보기
로 한다.

　　古今에는 한 가지 理가 있으며, 천지에는 하나의 氣가 있다. 氣가 中하고 正하게
사물에 있으면, 吉祥, 善의 단서가 되고, 사람에게 있으면, 忠實, 良善이 되어 천하가
평정하게 된다. 氣가 더럽고 맑지 못하여 바르지 못한 것이 사물에 있으면, 요사스러운
것이 되고 사람에 있으면 아첨하고 남을 해치게 되어 亂을 이룬다. 같은 소리는 서로
응하고 같은 氣는 서로 求한다고 하니 속일 수 없는 것이다.[74]

이와 같은 생각을 전제로 하여 그는 세상사도 여기에 비추어 설명하려 하였다.

　　업드려 바라옵건대, 방금 세상을 다스리는 道가 왕성하게 드러나지 않으니, 백성들
은 원망하고 탓하니 재난과 이변이 여기저기 일어났습니다. 원망이 쌓이면 재난이 발
생하고 재난이 쌓이면 禍를 이룹니다. 사람의 마음이 기쁘고 즐거운 것과 원망과 탓,
그리고 天道의 吉祥 妖孼은 하나의 氣이면서도 같지 않을 뿐입니다. 하늘의 道와 사
람의 일은 서로 감응하고 영향을 주고 받으니, 氣가 같으면 만나고 소리가 비슷하면
서로 응합니다. 아름다운 일은 아름다운 일끼리 불러 部類를 이루고, 나쁜 것은 나쁜
것끼리 불러 部類를 이루니 이것이 스스로 그러한 理致입니다. 군자는 吉하고 祥스러
운 部類와 함께 하고 소인은 괴이하고 요사스러운 部類와 함께 합니다. 군자가 나아
가면 나라가 잘 다스려지고 소인을 쓰면 나라가 어지러워집니다. 그러므로 나라가 장
차 흥하려고 하면 먼저 아름답고 길한 징조가 먼저 나타나고, 장차 나라가 망하려고
하면 괴이하고 요사스러운 징조가 먼저 나타납니다. 근자의 세상 사람들의 마음과 세
태의 괴이하고 요사스러움은 전하께서도 이미 아시는 바와 같습니다. 그런데 이때 군
자가 거기에 응하겠습니까, 아니면 소인배들이 그에 응하겠습니까? 周나라는 기강이
시들하고 해이해져 망하고 秦은 나라에서 부국강병책을 씀으로 해서 망하였습니다.
망하여 나쁘게 된 것은 두 나라가 같지 않으나 나라가 망한 것은 마찬가지입니다. 이
점 역시 임금께서는 마땅히 경계해야 할 것입니다. 禮가 붕괴되고 法이 있으나마나 하
니 東周가 떨치지 못하게 되고, 강폭하고 道가 없어지니 秦나라가 멸망하였습니다. 그
러므로 나라가 망한 것은 모두 임금이 본분을 잃고 개인의 안락함에 안주하려 하고 안
일함을 즐김에 그 근본이 있는 것이니, 임금이 곧이 믿도록 하는 讒訴(浸潤之讒)와 통

---

74) 古今一理 天地一氣 氣一於中和純正者 在物爲吉祥善端 在人爲忠實良善 以致治平 氣一於汚濁
　　不正者 在物爲灾異妖孼 在人爲讒賊孔任 以成禍亂 同聲相應 同氣相求 不可誣也(記言 卷53, 時
　　弊箚).

절한 呼訴(膚受之愬)가 서로 끊임없이 계속되나 스스로 자각하지 못한 까닭이니 경계하지 않을 수 있겠습니까? 임금은 바로 萬邦의 師表이니 임금이 본분대로 잘 해야 온 나라가 바로서는 것입니다. 그런 까닭에 '堯舜께오서 天下를 仁으로 이끌고 나아가시니 백성이 이를 따랐다'고 함은 이를 두고 말한 것입니다. 그런즉 전하, 공경함을 날로 높이고 나태하여 게을러짐을 경계하여 안으로 宮闕을 단속하고 밖으로 外戚과 그 일가를 경계하며 편애(便嬖)함으로 德을 해치는 일이 없도록 하시고 사악함과 바름을 구별하고 좋고 나쁜 것을 공정하게 구분하여 讒言이 옳은 것을 가리우지 않도록 하는 것이 바로 다스림의 순서일 것이옵니다. 또한 賢人을 등용하시고 간사한 자를 물리치시어 한 나라를 다스리는 道理를 널리 베푼다면 모든 이들의 마음이 크게 기쁠 것이옵니다. 무릇 하늘의 道理에 따르면 요사스러운 것들은 사라지기 마련이며, 吉祥한 것이 자연히 응하게 되고 善이 서서히 널리 퍼지게 되어 간사함과 사악한 것도 감히 일어나지 못하게 될 것입니다.[75]

이 경세론의 근거는 天道(천도)와 人道(인도)의 相感(상감), 天心(천심)과 人心(인심)의 相感(상감)이다. 이어서 허목은 임금에게 君德(군덕)의 회복과 구현을 강조하였다. 임금은 곧 국가와 마찬가지이다. 임금은 개인이면서 국가이다. 그러나 비록 임금일지라도 군덕을 실현하기 위해서는 오로지 교육을 통하여 자신이 聖人이 되고 그 교육이 국가와 관련을 맺지 않으면 안 된다는 것을 뜻하고 있다. 임금의 경우는 개인이면서도 국가이기 때문에 얼핏 보면 혼자 공부하는 것 같아도 국가가 개인에게 교육을 시키는 것이다. 교육을 통해서만이 군덕을 사회에 실현시킬 수 있다는 것이다.

허목은 곧바로 군덕을 갖출 수 있는 修德(수덕)의 계율로 六事(육사)를 들고 있다.

첫째로, 心志를 定해야 한다. 이것은 고요함(靜)으로 근본을 삼는다. 마음을 고요하게 하기 위해서는 욕심이 없도록 해야 한다. 고요한즉 마음이 망녕되게 움직이지 않으

75) 伏以方今治道不張 百姓怨咨 天道之吉祥妖孼 一氣而相感不同耳 天道人事之相感 如影響相從 氣同則會 聲比則應 美事召美類 惡事惡類 自然之理也 君子與吉祥 類也 小仁之與妖孼 類也 君子進而國治 小人用而國亂 故國將興 美祥先見 國將亡 妖孼先見 近來人心世變妖孼 上之所知也 此君子之應耶 小人之應耶 周以委靡亡 秦以富强亡 爲惡不同 而亡國則一也 此亦人君所當戒者也 禮壞法亡而東周不振 强暴無道而秦以滅亡 亡國之故 皆本於君德之不戒 恬於宴私 悅於安佚 浸潤之讒 膚受之愬 潛萌於狎近私昵 而不自覺也 可不戒哉 君爲四方之表 君德正則四方正 故曰 堯舜師天下以仁 民從之 此之謂也 惟殿下日嚴祗敬 警戒豫怠 嚴宮闕 戒戚屬 毋使便嬖害德 辨邪正 公好惡 毋使讒慝害正 此治道之序也 進賢退邪 治道旣張 則人心大悅 天道大順 妖消亡 吉祥應之 善績廣而姦邪不作矣(記言 卷51, 進君德箴箚子).

며, 행동이 하늘의 올바른 이치에 어긋나지 않는다. 그러면 君德은 날로 오른다(躋). 둘째로 是非를 밝힐 것이니 邪와 正을 구별하여야 한다. 아첨하는 말은 公을 해치고 올바른 말은 사욕이 없는 것이다. 公私, 治亂, 興亡을 살펴 판결해야 할 것이다. 셋째 기쁨과 분노의 감정을 무겁게 하라는 것이다. 인재를 등용하고 무능한 자를 축출함에 위엄을 갖추고 엄하게 해야 하며, 높은 자리에 앉을 자를 엄정 공명하게 찾아 그 자리에 앉혀야 朝廷이 엄숙하면서도 화목해진다. 그렇게 되면 나라의 勢가 높여지고 다스림이 道에 맞게 된다. 넷째, 敬과 忠을 숭상하여 臣民에게 솔선 권면할 것이다. 임금 스스로 몸으로 실천해 보이면 임금에게는 하나의 德이지만 세상의 풍속은 더욱 순수해지고 후덕해진다. 다섯째, 言行을 삼갈 것이다. 한 번의 잘못도 경계할 것이다. 임금의 한 마디의 실수로 조정에서 발하는 명령의 권위가 추락하고 백성들의 신망도 잃어버린다. 이렇게 되면 하늘도 감당하기 어렵게 된다. 그러므로 임금은 언행을 삼가고 하늘의 도를 두려워해야 한다. 여섯째 起居를 삼가야 할 것이다. 임금 자신의 모든 움직임과 조용히 있을 때의 행동을 특별히 가르쳐야 한다. 이와 같이 임금 자신의 행동이 지극히 신중하게 되면 재난과 질병이 생기지 않으며 오래도록 편안히 살 것이다.[76]

이 모든 것이 인간의 마음과 관련되지 않는 것이 없다. 인간의 모든 문제는 마음과 관련이 있지만, 특히 백성을 다스리는 문제는 더욱 그러하다는 것이다. 이 인간의 마음을 어떻게 聖人과 같은 상태로 만드는가에 모든 문제의 해결점이 달려있는 것이다. 그렇다면 허목은 궁극적으로 교육의 필요성과 가능성을 강조하였다고 보아야 한다. 이제 우리는 미수 허목과 대립하였던 우암 송시열의 교육이론을 볼 차례가 되었다.

우암 송시열(1607-1689)은 선조 40년에 태어나 숙종 15년에 세상을 떠난 뛰어난 성리학자이다. 그는 한국 유학사, 정치사에 있어서 전반기로부터 후반기로 넘어가는 전환기에 한 획을 그을 만큼 많은 영향을 끼쳤다. 그럼에도 불구하고 오늘날 사람들은 그의 예학과 성리학에 관하여 대체로 부정적이어서 별로 관심을 기울이지 않았다. 달리 말하면 우암 송시열을 철저히 연구하지 않았다는 말이다. 그는 17세기의 조선왕조 시대에 그 험난한 세상을 살면서 어느 누구보다도 시대적 사명과 역사의식에 투철하였고, 그의 학문 또한 상당한 경지에 있었다. 그의 방대

---

76) 臣進修德之戒六事 一定心志 以靜爲本 心無欲則靜 靜則心不妄動 行不失天理之正 君德日躋矣 二明是非 辨邪正之分詔言害公 讜言無私 察於公私 治亂興亡 於是焉判矣 三重喜怒 嚴紐陟 登明 選公 朝廷肅穆 國勢尊而治道不亂矣 四尙忠敬 率勵臣民 以身先之 遐邇一德 風俗淳厚矣 五謹言 行一以過失爲戒 人君一言之過 一事之失 政令壞墜 人心缺望 天道難堪 深可畏也 六愼起居 以養 動靜 動靜克愼 灾疹不生 以至壽考康寧(記言 卷53, 論戾氣箚).

한 문집이 그것을 입증해 주고 있다.

우암이 살았던 당시는 임진, 병자의 양란으로 말미암아 사회 전반에 퍼져 있던, 극도로 흐트러진 민심을 수습하고, 무너진 기강을 바로잡아야 하는 중요한 시기였다. 이와 같은 상황에서 당시 지식인들은 두 가지 방식 중에 하나를 취할 수밖에 없었다.[77] 하나는 주자학이 조선 건국 초부터 당시까지 누렸던, 정치와 교육의 중추적 사상체계로서의 지위를 상실해 가고 있다고 보고, 그 대안으로 현실에 적합한 새로운 사상체계를 수립하는 것이 불가피하다는 입장이며, 다른 하나는 이단을 물리치고 주자학 본래의 정신에 입각하여 이 정신으로 사상을 통일함으로써 일사불란한 국가이념을 재건하자는 입장이다. 전자를 대표하는 학자가 허목이었으며, 후자를 대표하는 학자가 송시열이었다.

그런데 오늘날 사람들 중에는 상당수의 사람들이 우암 송시열을 사대주의자, 주자학적 권위주자로서 학문의 자유와 사회적 비판정신의 억압과 봉쇄를 주도한 인물, 인간 윤리와 법 질서를 기계적으로 얽어 순수한 본능과 감정을 살릴 수 없게 만든 인물이라고 비난하고 있는 것이다. 그리고 그의 尊周論(존주론), 北伐論(북벌론)까지도 사대주의의 정치적 표현에 불과하다는 것이다.[78] 이 말이 정당한가 하는 것은 그의 교육이론을 보면 보다 분명해질 것이다. 왜냐하면 그의 철학의 실험장인 그의 교육이론에서 그 타당성 여부가 검증될 수 있기 때문이다. 물론 그는 별도로 교육이론이라는 것을 만들어 내지는 않았다. 그리하여 우리는 그의 철학을 바탕으로 그의 교육이론을 구성해 봄으로써, 그의 철학의 옳고 그른 점, 타당성을 따져 볼 수 있는 계기를 마련하고자 한다.

우선 그의 이기론을 살펴본다. 그는 理와 氣의 관계를 다음과 같이 말하고 있다.

理와 氣는 단지 一이면서 二이고, 二이면서 一인 것이다. 理를 좇아 말할 것이 있고, 氣를 좇아 말할 것이 있으며, 사물의 본원을 말할 것이 있고, 변화를 좇아 말할 것이 있다. 대개 理와 氣는 서로 섞여 조금도 떨어질 수 없지만, 理는 여전히 理이고 氣는 여전히 氣이니 일찍부터 서로 섞여 구분이 가지 않는 것이 아니다. 그러므로 理에 動靜이 있다고 말한 것은(논리의 수준), 氣는 스스로 작용할 수 없고 그 작용의 原因으로서의 理의 도움을 받아야 한다고 말한 것이며, 理에 動靜이 없다고 말하는 것은 (사실의 수준), 氣가 오히려 理에 우선하며 理는 氣에 의존한다고 말한 것이다. 논리의 수준(즉, 形而上의 수준)에서 말하면, 논리적 원인인 理가 먼저 있다고 보아야 하며 이

77) 崔英成,「朝鮮儒學思想史」Ⅲ, 朝鮮後期篇 上, 서울: 아세아문화사, 1995, p.79.

78) 李佑成,「韓國思想史大系」(文化, 藝術, 思想), 서울: 成大大同文化研究院, 1973, pp.154-157.

때 사물이나 현상은 그 理의 구현된 모습이요 氣의 운동은 오직 그것을 구현하는 수단으로서 필요하다고 말해야 한다. 그리하여 理가 있고 난 뒤에 氣가 있으며, 氣가 있으면 반드시 理가 있다고 그 先後를 말한 것이다. 그러나 사실의 수준(즉, 形而下의 수준)에서 말하면, 사물과 현상은 氣의 凝結造作의 결과요, 理는 그 사물이나 현상에서 논리적으로 추론되는 논리적 원인일 뿐이다. 그러므로 理와 氣의 先後가 없다.[79]

여기까지는 주자의 이기론을 정확히 이해하고 있다. 그러나 우암 자신이 理氣의 關係를 논리적 수준에서 받아들이는가 사실적 수준에서 받아들이는가는 여전히 문제이다. 그는 理氣關係에서 과연 어느 수준의 것을 중요시하였는가 하는 것이다.

이 문제에 관한 우암 자신의 견해는 무엇인가? 이 문제에 대한 해답의 실마리를 찾기 위하여 그가 율곡의 이통기국설을 주해한 것을 살펴보자.

현상 변화의 妙로 말하면, 봄, 여름, 가을, 겨울로, 가을, 겨울이 다시 봄, 여름으로 되니, 봄, 여름이 스스로 봄, 여름이 되지 못하고 가을, 겨울이 스스로 가을, 겨울이 되지 못한다. 지난 봄, 여름이 다시 가을, 겨울이 되는 까닭은 이 道가 아니겠는가! 대립의 원칙에서 보면, 하늘은 위에서 모습을 갖고 있고, 땅은 아래에서 모습을 갖고 있다. 그러나 하늘은 스스로 하늘이 되지 못하고 땅은 스스로 땅이 되지 못한다. 이미 하늘이면서 땅이 되는 것은 이 道가 아니겠는가. 대개 理通氣局 이 네 글자는 참으로 이것을 설명하기 위해서 발명된 것이다. 氣가 局한 까닭은 무엇인가? 陽의 體는 陰의 體가 아니며, 陰의 體는 陽의 體가 아니다. 이것이 이른바 '局'이다. 이른바 理通한 까닭은 무엇인가? 陽의 理가 곧 陰의 理이고 陰의 理가 곧 陽의 理이다. 그러므로 '通'이다. 局 때문에 理와 氣가 대립하고, 通 때문에 理와 氣가 존재한다. 局이 아니면 通이 나타날 수 없으며, 通이 아니면 局이 어떻게 시작을 보일 수 있겠는가. 반드시 一陰一陽 之道가 분명한 뒤에야 器 또한 道이고 道 또한 器가 되어 미미한 것이 활발하게 된다. 그런즉 夫子가 말한 뜻을 또한 어찌 의심하겠는가?[80]

---

79) 理氣只是一而二 二而一者也 有從理而言者 有從氣而言者 有從源頭而言者 有從流行而言者 蓋謂理氣混融無間 而理自理 氣自理 又未嘗俠雜 故其言理有動靜者 從理之主氣而言也 其言理無動靜者 從氣之運理而言也 其言有先後者 理氣源頭而言也 其言無先後者 從理氣流行而言也(宋子大全 附錄 卷19).

80) 以流行之妙言之 則春夏而秋冬 秋冬而復春夏 而春夏不能自春夏 秋冬不能自秋冬 則所以旣春夏 以復秋冬者 非此道也 以待對之體言之 則天形於上 地形於下 而天不能自天 地不能自地 則其所以旣天而又地者 非此道乎 蓋理通氣局四字 實所以發明乎此也 所以氣局者何也 陽之體 陰之體 非陰之體 陰之體 非陽之體 則所謂局也 所謂理通者何也 陽之理卽陰之理 陰之理卽陽之理 則所謂通也 局故兩立 通故兩在 非局則通無所發見 非通則局 何以原始乎 必著一陰一陽之謂道 然後

여기서 우암은 율곡의 이통기국 설명하면서 그것이 理와 氣의 不相離를 강조하고 있다는 것을 말하고 있다. 특히 氣는 기국이라는 말을 설명할 때 氣는 형기와 관련이 있다는 점에서 형이하자라는 것과, 本末이나 先後가 있다는 점에서 시간적 차원에 존재하는 경험적 실체 또는 그것의 운동을 한정하는 개념이라는 것을 말하고 있다.

그러면 우암 자신의 형이상학은 무엇인가? 대체로 위에서 보아 알 수 있듯이 우암은 율곡과 같은 맥락에서 理氣의 關係에서 사실적 수준을 중시하려고 한다는 시사를 받을 수 있다. 그리하여 그는 자신의 형이상학을 道에서 찾았던 것이다.

비록 천지의 입장에서 말하면 道는 道이고 陰陽은 陰陽이다. 인간의 관점에서 말하면 心은 道이고 사물은 陰陽이다. 心에 입장에서 말하면 사물이 心에 갖추어졌고, 사물의 입장에서 말하면, 이 心이 사물에 있다. 그러므로 군자의 학문에 어찌 養心에 더할 것이 있겠는가? 천지는 無心하되 사람에게는 욕심이 있다. 그러므로 천지의 陰陽은 질서정연하게 끊임이 없으나, 사람의 動靜은 욕심이 있기 때문에 그 마땅함을 잃게 된다. 그 결과 天道와 人心은 때로는 같지 않을 수 있는 것이다. 맹자에 의하면 '心을 기르기 위해서는 욕심을 줄이는 것보다 더 좋은 것이 없다'고 하였다. 그리고 욕심을 줄이는 길은 또한 敬에 있다. 그러므로 程子는 이 敬을 자세히 말하였던 것이다.[81]

여기서 우리가 유의할 점은 '心卽道(심즉도)'라는 대목이다. 또한 '이 心이 사물에 있다'는 말도 주목의 대상이 된다. 그렇다면 당장 그 心이란 도대체 무엇인가 하는 의문이 생긴다.

우암에 의하면 '마음은 虛靈한 것으로 분명히 그것은 氣이다.'[82] 그러나 주자는 '마음이 虛靈不昧하고 衆理를 갖추어 萬事에 對應하는 것'[83]이라 하였다. 여기서 우암은 주자의 마음에 관한 언급 중에서 '衆理(중리)'를 주목하지 않았던 것이다. 그리하여 그는 심즉리가 아닌 심즉기를 중시하였던 것이다. 좀더 구체적

器亦道道亦器 而精微之縕 活潑潑矣 然則夫子所言之意 又何疑乎(宋子大全 卷136, 雜著, 一陰一陽之謂道).

81) 雖然以天地而言之 則道爲道 而陰陽爲陰陽 以人而言之 則心爲道 而事物爲陰陽也 … 自心而言 則事物具於心 自事物而言 則此心在事物 然則君子之學 豈有以加於養心乎 然而天地無心 而人有欲 是以天地之陰陽不息 而人之動靜失宜 故天道人心 有時而不相似矣 故孟子曰 養心莫善於寡欲 而寡欲之道 又在於敬 故程子每說敬字(宋子大全 上同).

82) 心之虛靈 分明是氣歟 先生曰分明是氣也(宋子大全 附錄 卷15, 語錄).

83) 明德者人之所得乎天 而虛靈不昧 以具衆理 而應萬事者也(大學首章 明明德에 대한 朱子註).

으로 말하면, 그는 다음과 같이 말하고 있다.

> 心은 그릇과 같고 性은 그 가운데의 물과 같다. 情은 물이 스스로 그릇 가운데에서 쏟아져 나오는 것과 같다. 다만 虛靈만을 말하고 性情을 말하지 않으면 곧 이것은 물 없는 빈 그릇이다. 性情만을 말하고 虛靈을 말하지 않으면 곧 이것은 물이 담길 虛가 없음이다. 이 세 가지에서 하나라도 빠지면 끝내 義理를 이루지 못하니 이른바 明德을 얻었다고 하겠는가.[84]

우암에 의하면, 心, 性, 情, 이 세 가지를 포괄하는 것이 明德(명덕)이다. 그런데 율곡은 心, 性, 情, 意의 네 가지 요소를 들고 있다. 율곡에 의하면, 心의 표현되기 以前이 性이고, 情은 心의 표현된 상태를 말하며, 意는 이미 표현된 것을 計較 商量하는 것을 말한다. 心에는 두 가지 기준이 있다. 하나는 性이며, 다른 하나는 意이다. 우암은 이것을 心의 虛靈性(허령성)과 對應性(대응성)으로 보고, 허령성은 心 안의 기준이며, 대응성은 마음이 표현된 후에 대처하는 것으로 보았다. 보다 구체적으로 말하면 우암은 이것을 다시 心의 眞體(진체, 허명)와 實用(실용, 대응)로 구분한다.[85] 여기서 한 가지 확실한 것은 율곡과 마찬가지로 우암은 마음을 '경험적 실체'로 보았다는 것이다. 율곡은 心性情意一路說(심성정의일로설)을 주장하여 '心, 性, 情, 意'에 각각을 구분해 주는 경계가 없는 것이 아니지만, 모두 일정한 방향으로 움직이는 하나의 길뿐이라고 하였다. 거기에 비하여 우암은 心은 태극이라고 하면서, '道體(도체)는 無窮(무궁)하다. 그런데 心이 이 道體를 함유하고 있다. 그러므로 心體 또한 무궁하다. 그러므로 道는 태극이고 心도 태극이다'[86]라고 하였다. 결국 우암도 心性情(심성정)을 태극이라는 一元으로 보았던 것이다.

心의 일정한 방향이 태극이라고 하면, 이 태극은 어디까지나 형이상학적 개념으로서 이것을 실천과 관련지을 수는 없다. 그렇다면 우암은 이 태극의 방향을 실천과 관련짓기 위하여 어떤 개념을 도입하였는가? 그것은 다름 아니라, '直'이라

---

84) 心如器性如其中之水 情如水之自器中瀉出者也 只言虛靈而不言性情 則是無水空器也 只言性情而不言虛靈 則是水無盛貯之處也 是三者欠一 則終成義理不得 豈得謂之明德乎 蓋或者之意以所謂虛靈不昧者 爲明明德之意 故有此說而不知所謂明德者 是心性情之德名也(宋子大全 卷104, 答金槙卿仲固).

85) 心有眞體實用 體如鑑之明 用如能照 (宋子大全 卷90, 書 李汝九).

86) 道體無窮, 而心涵此道 故心體亦無窮 故道爲太極 心爲太極(宋子大全 卷131, 雜著).

는 개념이다. 이 直이라는 개념을 도입하기까지의 과정을 좀더 구체적으로 말해 보려고 한다. 이 '直'이라는 개념에도 두 가지 의미가 있다. 하나는 형이상학적 의미이며 다른 하나는 경험적이고 실천적 의미이다. 우선 直이라는 개념이 고전 에 나타난 예부터 본다. 주역에는 '直方大不習无不利(곧고 모나고 큰지라, 힉히지 아니하여도 이롭지 않음이 없다)'와 '六二之動 直以方也(六二의 動함이 곧고 모나 니)'(坤卦 六二爻)라는 말이 있다. 文言傳에 보면, '直其正也 方其義也 君子敬以 直內 義以方外 敬義立而德不孤 直方大不習無不利 則不疑其所行也(直은 바른 것이요 方은 옳다는 것이니 군자가 敬으로써 안을 바르게 하고 義로써 밖을 옳게 하여 敬 과 義가 성립되면 德이 외롭지 않나니 곧고 모나고 큰지라 익히지 아니하여도 이롭지 않음 이 없다는 것은 그 行하는 바를 의심하지 아니함이라)'라 하였다. 이 말은 '直은 그 마 음의 바름을 말함이요, 方은 그 일을 처리함이 옳은 것을 말함이다. 군자의 배움 은 敬을 위주로 한다. 그러면 사악하고 삐뚤어진 생각이 그 마음에 싹틀 수가 없 어서 곧아지고자 하지 않아도 스스로 곧아진다. 義로써 행하여 조금도 치우치지 않게 될 실마리가 일하는 가운데 들어가면 밖으로는 바르게 하고자 하지 않아도 스스로 바르게 될 것이다. 敬과 直이 있되 義와 方이 없거나 義와 方이 있되 敬 과 直이 없으면 온전할 수 없다. 敬과 義가 둘이 다 확립되어야 德이 외롭지 않아 크게 된다. 行하는 데 이롭지 않으면 크게 의심하게 된다. 敬과 義가 서면 行하는 바가 다 이로울 것이니, 무슨 다른 의심이 있겠는가'라는 뜻이다. 이 밖에도 '其 直如矢(그 곧기가 화살같다)'(詩小雅), '王道正直(왕도는 곧 바른길이어야 한다)'(尙書 洪範), '直哉惟淸(바른것이여야 오로지 깨끗하다)'(尙書舜典), '子好直言 必及於難 (그대는 直言(바른말)을 좋아하니 반드시 어려움을 만나리라)'(左傳成公十五年) 등이 있 다. 孔子는 '사람의 삶은 곧은 법(直)이니, 곧지 않으면서도 살아가고 있음은 요 행히 형벌을 면하고 있는 것뿐이니라'[87]고 하였다. 맹자는 浩然之氣章(호연지기 장)에서 '浩然之氣를 "直"으로써 기르면 害가 없으니, 곧 천지 사이에 가득 차리 라'[88]고 하였다.

우암은 이 모든 고전을 바탕으로 하여 자신의 직사상을 창출하였다.

하늘은 높고 땅은 낮으며 陰은 내려가고 陽이 올라가는 것은 역시 理의 直 아닌 것 이 없다. 直의 道는 크지 아니한가. 그러나 배우는 자가 따라야 할 것은 반드시 가까운

---

87) 子曰 人之生也直 罔之生也 幸而免(論語 雍也).
88) 以直養而無害 則塞于天地之間(孟子 公孫丑 上).

것으로부터 긴요한 것에 이르러야 한다는 것이다. 또한 삶에서 중요한 것은 '敬을 써 안을 곧게 한다' (敬以直內)는 것이며, 直을 가르침의 핵심으로 삼아야 한다는 것이다. 그리하면 내 마음이 곧아지고 내 몸이 바르게 되어, 내가 하는 모든 일이 바르게 되지 않는 것이 없게 된다. 그리하여 마침내 자신의 삶 자체가 '直의 理'로 규제되지 않는 것이 없게 되는 것이다.[89]

이 말에 의하면 우주 만유는 그 자체의 생성변화를 '이치대로 조금도 어긋남이 없이'(理之直) 진행시키고 있다. 이 현상을 인간만사에 적용하여 생각해 보면, 인간 삶이 마땅히 따라야 할 원리가 있고 이 원리에 조금도 어긋남이 없이 사는 것이 바로 참된 인생을 사는 것이다. 이와 같은 삶을 살아가기 위해서는 '敬以直內(경이직내)'와 '以直養氣(이직양기)'의 방법론적 원리를 따라야 한다. 이 방법적 원리에 따라 살아가면, 心直-身直-事直-無所不直의 경지에 이르게 된다. 그러나 여전히 우리가 좀더 알아야 할 것은 '直으로써 기른다' (以直養氣)는 말이다.

우암은 이 점에 관하여 다음과 같이 말하고 있다.

이른바 直으로써 기른다는 것은 곧 道와 義로써 기른다는 것을 말한다. 대개 氣는 처음에는 道와 義를 좇아 생기며, 이와 같은 氣가 이루어지면, 이 氣는 다시 道와 義를 버티고 서도록 도움을 주게 된다. 비유컨대, 마치 초목이 처음에 뿌리에서 나되 그 가지와 잎이 무성하게 되면 그 진액이 다시 뿌리로 흘러 들어가서 그 뿌리가 좀더 깊어지며 크게 자라게 되는 것과 같다. 형이상학적으로 말하면 음양은 태극에서 생기지만 그 음양이 이미 생기면 다시 태극을 움직여 만물이 생기도록 하니 크고 작은 것은 다르지만 그 근본적인 이치는 하나인 것이다.[90]

直으로써 기른다는 것은 이미 道와 義를 곧게 (直)하고 또 이미 道와 義로써 氣가 길러진 뒤에는 氣가 저 道와 義를 유지하도록 하면서 또 그 내용을 풍성하게 하는 것과 같다. 이것이 이른바 맹자가 말한 '配義與道(義와 道가 함께 있는 것)'이다.[91]

---

89) 天尊地卑 陰降陽昇 亦無非理之所直也 直之道 顧不大歟 然而學者之所從者 必以其近而至要者 生蓋亦以敬以直內 以直養氣者爲先哉 然後自吾心直而吾躬直 吾事直以至於無所不直 而以無負 生直之理矣(宋子大全 卷135, 雜著, 字說).

90) 以直養氣之謂也 夫此氣始從道義而生 而養之氣成 則此氣還以扶助道義 正如草木始生于根 而及 枝葉暢茂 則氣津液反流于其根 而其根亦以深長 極其本而言之 則陰陽生乎太極 而及其陰陽生 則反以運用乎太極 以生萬化 大小雖殊 而其理則一也(宋子大全 卷130, 雜著).

91) 以直養之 直旣道義 而旣道義養成此氣之後 則又便扶助此道義 此所謂配義與道(宋子大全 附錄 卷14, 李喜朝朝).

그러면 우암에게 구체적으로 학교에서 가르쳐야 할 교과를 들라고 하면 무엇이라 말할 것인가? 그것들은 다름이 아니라, 논어, 맹자, 대학, 중용, 서경, 시경, 역경, 춘추좌전, 예기, 근사록, 주자대전일 것이다. 실지로 우암은 '詩經에서는 思無邪, 論語에서는 仁, 中庸에서는 誠, 大學에서는 敬을 가르치고자 하였다'[92]고 말하고 있다. 이 내용을 학문이라고 한다면, '학문이란 다른 것이 아니다. 敬을 主로 할 때 학문이 존재하며, 講學(강학)으로 학문의 내용을 밝히는 것이다. 몸가짐을 한가하고 고요한 가운데 두어 학문의 내용을 세밀하게 분석하고 의문을 모아 그것을 바르게 가른다면, 보지도 듣지도 못했어도 경계하고 두려워하며 신중하게 함이 더욱 엄밀해져서 한 터럭 기울어짐이 없게 된다. 이것이 天理(천리)를 근본으로 삼게 되는 까닭이다. 세상 모든 현상에 대처할 때 삼가 善惡(선악)을 구분하고 더욱 정밀하게 배우고 묻고 변론하면 할수록 그 깊숙한 의미를 분석해 내어 조금도 잘못이 없게 된다. 이것 다름 아닌 "사람의 욕심을 막는 일"인 것이다.'[93] 결국 학문은 '存天理(존천리)'와 '遏人欲(알인욕)'을 실현하기 위해서 하는 것이다. 특히 우암은 춘추대의를 천명하여 尊王攘夷(존왕양이, 尊周論), 大一統思想(대일통사상)을 고취하였다. 우암이 말하는 춘추대의란 人道와 正義에 입각하여 不義와 霸道를 배격하는 것이다. 그는 구체적으로 이 정신을 己丑封事라는 시무책에 적용하여 효종에게 글을 올리는 가운데 '內修外攘'을 다음과 같이 말하고 있다. 즉, "공자가 춘추를 지어 大一統의 의리를 천하 후세에 밝혔으니, 무릇 혈기 있는 무리들은 중국을 당연히 높이고 夷狄을 추하게 여겨야 하는 것을 모르는 이가 없을 것입니다. 주자는 현실적인 人倫의 문제에서 시작하여 형이상학의 세계인 天理에 이르도록 유학을 발전시키면서, 부끄러움을 깨끗이 씻는(雪恥) 뜻을 밝혔습니다. 주자는 말하기를 '하늘은 높고 땅은 낮은데 사람이 그 가운데 자리잡고 있다. 하늘의 道는 陰陽 이외의 다른 것이 아니며, 땅의 道는 부드럽고 強한 것에서 벗어나지 않는다. 그러므로 仁義를 버리고 사람의 道를 세울 수는 없는 것이다'라고 하였습니다. 그러나 仁은 父子 사이에 오고가는 仁보다 더 큰 것이 없고, 義는 임금과 신하 사이에 맺어진 義보다 더 큰 것이 없습니다. 이를 일러 三

92) 詩之大旨 即思無邪 如論語之仁 中庸之誠 大學之敬 是也(宋書拾遺 卷9, 經筵講義).
93) 所謂學問者無他 主敬以存之 講學以明之 從容涵養於虛閒靜一之中 剖析幾微於學聚問辨之際 則不睹不聞之前 而戒愼恐懼者 愈嚴愈肅 以至於無一毫之偏倚者 此主敬之效 而所以存天理之本也 酬酢萬變之處 而謹其善惡者 愈精愈密 以至於無一毫之差謬者 此講學之效 而所以遏人欲之事也(宋子大全 卷5, 己丑封事).

綱의 요점이며, 五常의 근본이라고 합니다. 人倫은 천리의 지극한 표현입니다. 그러므로 인간은 삼강오륜을 피해 천지 사이에 달아날 곳이 없습니다. 그가 말하기를 "임금과 아버지의 원수는 함께 하늘을 머리 위에 두고 살 수 없는 것이다. 말하자면 그 怨讐와는 함께 하늘을 덮고 있을 수 없거나 땅에 함께 서 있을 수 없다는 것이다. 무릇 그것은 임금과 신하, 아버지와 아들 사이의 구체적인 관계가 있기 전에 비롯된 情이기 때문에, 또한 현실에서의 임금과 아버지에게 해를 끼친 지극한 아픔은 앞에서 말한 情과 같은 것이기 때문에 스스로 그만두지 못하는 것이며, 내 한 몸의 사사로움에서 생기는 것이 아니다"라고 하였습니다. 臣이 매양이 글을 읽을 때마다 一字一句라도 혹시 어두워진다면 예악이 더러운 곳에 떨어지고 사람의 도리가 짐승의 도리로 되어 버려 도저히 구할 수 없는 것이 된다고 늘 생각하였습니다'[94]라고 하면서 일생을 통하여 春秋大義(춘추대의)의 사도로 자임하였다.

우암이 주장하는 '직사상', 달리 말하면 '存天理 遏人欲(존천리 알인욕)', 또는 '內修外攘(내수외양)' 등의 소유와 원천의 관계를 파악해 본다. 이것을 파악하는 일은 곧 그의 사회철학을 밝히는 일이 된다. 여기에는 두 가지 파악방식이 있을 수 있다. 하나는 개인이 '直'의 소유자임과 동시에 원천이 된다는 것이고, 다른 하나는 '直'의 소유문제와 원천문제는 구분된다고 보는 것이다. 前者의 경우에는 개인이 사회와 따로 떨어져서 '直'의 의미를 스스로 규정하는 것이다. 그리하여 개인이 사회와 관계없이 존재할 수 있는 것처럼 생각한다. 물론 이 사람들도 개인이 사회를 떠나서는 존재할 수 없다는 사실을 부인하지는 않는다. 그럼에도 불구하고 개인은 사회의 영향을 받지 않고 스스로 '直'의 의미를 규정할 수 있다고 믿는다. 이와 같이 생각하는 것은 개인과 사회의 관계를 사실적 관계로 파악하는 것이다. 말하자면 개인과 사회가 개념상 서로 독립되어 있고 사회는 개인의 사실적 집합이라는 것이다. 달리 말하면 개인은 사회 '以前'에 사회와 떨어져서 존재할 수 있다는 것이다. 이 관점을 교육과 관련 지어 생각해 보면 '直'은 교육과 별개의 것으로서 그 의미가 교육 이전에 이미 규정되어 있다는 것이다. 이와 같이

---

94) 孔子作春秋 以明大一統之義於天下後世 凡有血氣之類 莫不知中國之當尊 夷狄之可醜矣 朱子又推人倫極天理 以明雪恥之義 曰天高地下 人位乎中 天之道不出乎陰陽 地之道不出乎柔强 是則捨仁與義 亦無以立人之道矣 然仁莫大於父子 義莫大於君臣 是謂三綱之要 五常之本 人倫天理之至 無所避於天地之間者 其曰君父之讐 不與共戴天者 乃天地所覆 地之所載 凡有君臣父子之性者 發於至痛不能自己之同情 而非出於一己之私也 臣每讀此書 以爲此一字一句 或有所晦 則禮樂淪於糞壤 人道入於禽獸而莫之救也(宋子大全 卷5, 己丑封事).

보면 교육은 直의 의미를 실현하는 수단이 되는 것이다.

우암은 '존천리 알인욕'에 대하여 다음과 같이 말하고 있다.

> 무릇 人欲은 본래 天理에 그 근본을 두고 있다. 천리로 말미암되 조금이라도 벗어
> 나면 천리는 인욕으로 흐르게 된다. 음식은 천리이지만 음식으로 인하여 그 배를 불리
> 고자 하는 것은 인욕이요, 남녀는 천리지만 남녀로 인하여 色을 쫓는 것은 인욕이며,
> 宮室은 천리지만 높은 집에 조각한 담장은 인욕이며, 尊卑는 천리지만 尊君 抑臣은
> 인욕이며, 자애는 천리이나 옳지 않은 것을 길러내는 자애는 인욕이며, 장엄은 천리지
> 만 현자에 傲慢함은 인욕이고, 부강은 천리이나 功만 숭상하고 利만 좋아하는 것은
> 인욕이며, 작은 것이 큰 것을 섬기는 것은 천리이지만 부끄러움을 참아가며 원수를 섬
> 기는 것은 인욕이니, 이로 미루어 보면 나머지는 절로 알 수 있다.[95]

이 말을 이해하는 데에는 '천리'와 '인욕'이라는 두 개념의 관계를 정확히 아
는 것이 중요하다. 예컨대, '人欲은 天理에 근본을 두고 있다. 天理에서 조금만
差가 생기면 人欲으로 흐르기 쉽다'는 말에서 天理와 人欲의 관계를 어떻게 파
악하느냐 하는 데 문제가 있다. 구체적으로 말하여, '人欲本於天理'라는 말은 천
리 속에 인욕이 들어 있다는 뜻인지 인욕 속에 천리가 있다는 뜻인지가 불분명하
다. 더구나 '由天理而少差 則流於人欲矣(天理와 조그만 차이라도 있으면 즉시 人
欲으로 흐른다)'라는 말에서 천리에서 少差가 생기는 원인이 무엇인지 불분명하
다. 그러나 한 가지 확실한 것은 천리와 인욕이 어느 것이나 안에 있든지 밖에 있
든지 간에, 천리와 인욕은 따로 따로 존재하는 것으로 된다. 그러므로 천리와 인
욕의 관계를 다른 방식으로 파악하지 않으면 안된다. 그것은 천리를 경험적 실체
로 파악하느냐 논리적 형식으로 파악하느냐 하는 것이다. 우암의 경우는 천리를
경험적 실체로 본 것이다. 우암은 천리와 인욕의 의미를 각각 '행위의 가능태'와
'행위의 현실태'로 파악한 것이다. 달리 말하면 그는 천리와 인욕을 인과적 관계
로 파악하였다는 것이다. '人欲本於天理(사람의 욕심은 원래 天理에 있다)'라는 말
은 인욕보다는 천리가 以前에 존재한다는 것이다. 이때 그 以前이라는 말은 천리
와 인욕의 관계에서 천리가 인욕의 시간상 이전에 있다는 뜻을 나타내는 것이다.

---

95) 蓋人欲本於天理 故由天理而小差 則流於人欲矣 故飮食者天理 而飮食而極口腹者 人欲也 男女
者天理 而因男女而縱於色者 人欲也 宮室者天理 而峻宇雕墻者 人欲也 尊卑者天理 而養姦者 人
欲也 莊嚴者天理 而傲賢者 人欲也 富强者天理 而尙功好利者 人欲也 小事大者天理 而忍恥事讐
者 人欲也 由此推之 餘皆可見(上同).

그렇다면 이 인욕을 제거하고 천리에 맞는 행위를 하기 위해서는 무엇을 어떻게 하여야 하는가 하는 문제가 남아 있다. 인욕을 제거하기 위해서는 학문을 하지 않으면 안된다. 이 학문하는 것이 바로 인욕을 제거하는 방법이다. 우암은 주자의 견해를 좇았으나, 나름대로 格物(격물)과 物格(물격), 致知(치지)와 知至(지지)를 설명한다.

이른바 사물의 理라는 것은 본시 내 마음에 갖추어져 있다. 〔그러므로〕 사람이 그것을 궁구(格)한 후에 비로소 있는 것이 아니다. 그렇다면 이 말을 과연 믿을 수 있는가. 그 아래 말하기를, 나의 知가 밝아지면 理가 그 극처에 나아간다고 하였다. 이것이 바로 理自倒說인 것이다. 대개 사물을 궁구하여 그 사물의 이치를 밝힐 수 있게 된 연후에라야 나의 知도 밝아지는 것이다. 만약 이 說대로라면 앎에 이른(知至) 연후에 사물의 이치를 밝힐(物格) 수 있게 되는 것이니, 이 또한 신중하지 않을 수 있겠는가. 보내온 편지에 있듯이, 物格이라는 것은 사물이 스스로 이치를 탐구하는 것이 아니라 사람이 이를 밝혀야 理가 밝혀지는 것이라는 말은 옳다. 무릇 사물의 이치는 비록 본디 내 마음에 갖추어져 있지만 타고난 聖人이 아니면서도 사물의 이치를 궁구하는 일을 하지 않는다면 어찌 사물이 스스로 그 극처에 이른다 할 수 있겠는가. 사실은 사물의 이치를 그 극처에 이르기까지 탐구한 연후에 나의 마음은 거기에 따라 활연관통(豁然貫通)되는 것이다.[96]

우암은 다시 구체적인 거울의 비유를 들어 설명하고 있다.

비유컨대, 거울의 티끌을 제거하는 것은 거울을 밝게 하는 일이다. 거울의 때나 먼지를 제거하는 방법 이외에 따로 거울을 밝게 하는 방법이 없다. 이 말은 곧 致知는 格物에 있다는 말이다. 반드시 거울의 때나 먼지를 다 닦아낸 후에라야 거울의 體가 밝아지는 것이다. 이 말은 物格 이후 知에 이른다는 말이다. 중요한 것은 '탐구하는 데 있다'(在格)는 이 두 글자라 할 수 있다.[97]

---

96) 所謂物理本具吾心 非人格之而後始有者 信矣 其下曰吾之知明則理有所詣其極 此則便是倒說 蓋格物而物格 然後吾之知乃明矣 若如來說 則是知至 然後物格也 不亦愼乎 來書所謂物格自 非物自格而被人格之者 是矣 蓋物之理 雖本具吾心 然非生知之聖而無格之之功 則物何自而詣其極乎 物詣其極 然後吾之心 亦隨之而豁然貫通矣(宋子大全 卷90, 答李汝九, 丙辰 九月 十二日).

97) 譬如鏡掃去塵垢 是明鏡之事 不是旣掃塵垢而又別有明之之方也 此致知在格物之說也 然必須塵垢盡去 然後此鏡之體盡明 此物格而後知至之說也 然則所謂物格而後知至者 所重全在格至二字矣(宋子大全 卷81, 答趙復亨, 乙亥).

지금까지의 논의로 구성된 우암의 교육이론을 그가 주장한 예론과 시무책 등에 적용해 봄으로써 그의 교육이론을 통하여 그의 주장의 타당성을 검토해 보겠다. 우선 趙大妃(조대비)의 孝宗(효종)에 대한 服喪(복상)문제에 관한 그의 禮論(예론)을 본다.[98] 첫째로 長子(장자) 사후에 제2장자를 세운 경우 장자가 어른이 된 뒤에 죽고 그 아버지가 그 아들을 위해 이미 斬衰(참최) 3년을 입었다면 그 후에 차남을 제2장자로 세웠다고 해서 그 제2장자가 죽은 뒤에 또 斬衰 3년을 입을 수는 없다는 것이다. 統에 둘이 있을 수 없고 斬衰를 두 번 입지 아니한다는 본의에 어긋날 수 없기 때문이다. 長子가 어른이 되지 않고 죽자 次嫡(차적)을 세워 嗣子(맏아들을 잇는다)로 삼아서 장자로 했을 때 그 장자가 죽으면 3년을 입는다는 것은 거론할 필요조차 없다는 것이다. 둘째로 庶子(서자)를 반드시 妾子로 볼 수 없다는 것이다. '立庶子爲後不得爲三年妾子故也(서자를 세워 後嗣로 삼으면 三年服을 입지 않는 이유는 서자는 곧 妾子이기 때문이다)' 라 했는데 첩자를 서자라 하는 경우도 있지만 차적 이하는 비록 人君母弟라 하더라도 서자라고 칭하므로 疏에 서자, 첩자의 구별이 있고, 적자 第二子도 또한 서자라 부르므로 효종대왕도 인조대왕의 서자라 해서 안될 것이 없다는 것이다. 이것은 바로 '事實의 세계'를 중시하는 우암에게는 지극히 당연한 주장이다. 統을 존중한다고 해서 제1장자가 죽은 뒤에도 삼년복을 입고 第二子가 승통하여 죽은 뒤에도 또 3년복을 입고 하는 식으로 계속하여 三年服을 입는다면 嫡統이 不嚴하고 至尊한 父의 斬服이 너무 과다하게 남용된다는 것이다. 구체적으로 말하여 대왕대비가 소현세자의 상에 이미 인조와 함께 長子 3년복을 입었는데 다시 인조의 차장자인 효종을 위해서 3년복을 입는 것은 타당하지 않다는 것이 우암의 확고부동한 견해이다. 여기서도 우암의 현실중시의 관점이 그대로 적용되고 있는 것이다. 이 현실중시는 그의 형이상학의 체계 속에서 자연스럽게 나온 판단인 것이다. 禮가 마음을 나타내는 것이라면 현재의 상황에서 어떤 상태에 있는 것을 중요하게 여겨야지 그 형식은 그다지 중요한 것이 아닌 것이다. 이것은 우암의 '心是氣(심시기)' 라는 말에 근거한 것이다. 달리 말하면 마음은 결국 경험적 실체라는 것이다. 과연 그는 인간을 윤리와 법 질서에 기계적으로 얽매어 순수한 인간의 본능과 감정을 살릴 수 없게 만들었는가?

98) 柳正東, '禮論의 諸學派와 그 論爭', 韓國哲學會 編,「韓國哲學研究」中卷, 서울: 東明社, 1978, pp.348-349.

  그의 시무책인 乙丑封事에 보면, 그는 효종에게 다음과 같은 시책을 건의하였다. ① 節哀以保躬子— (이것은 자식으로서 부모에 대한 슬픔을 절제함으로써 몸을 돌보는 것)이 孝라는 것을 강조한 말이다. 슬픔을 절제하지 못하여 자식으로서 몸을 傷하게 하여 병이 들어 죽는 것은 결국 부모가 바라는 바가 아니라, 부모에게 오히려 불효를 하는 것이라는 말이다. 여기서 슬픔을 절제하라는 말은 슬픔을 아끼라는 말과는 다르다. ② 講禮以愼終者— (예를 올바로 가르쳐 부모가 돌아가실 때까지 효도하고 특히 돌아가시면 정성껏 부모의 마지막 가는 길에 禮를 다하라는 것이다.) 이것은 지나치게 화려하게 꾸며 장례를 치르라는 말은 아니다. 오히려 장례를 엄숙하고 장엄하게 禮에 맞도록 하라는 말이다. 子思는 必誠必信을 강조하였고, 程子는 '天下國家 禮治則治 禮亂則亂 匹夫送死 猶欲盡禮 況人君之擧' (천하국가를 다스리는 데 있어서 예가 바르면 다스려지며, 예가 紊亂하면 나라도 어지러워진다. 한낱 필부도 부모의 장례를 치름에 예를 다하려고 하거늘 항차 나라의 주인인 임금에 있어서랴)라고 하였다. ③ 勉學以正心者—(부지런히 학문에 정진하여 마음을 바르게 하는 데 힘쓰라는 말이다.) ④ 修身以齊家者—(자신의 몸을 부지런히 닦아 자신의 가정을 올바르게 하도록 노력하라는 것이다.) 주역에도 있듯이 아버지는 아버지다워야 하고 자식은 자식다워야 하며 남편은 남편다워야 하며 아내는 아내다워야 하는 것이다. 이것이 가정이 잘 다스려지는 근본이라는 것이다. 여기서 우암은 아버지가 있기 이전에 아버지의 理가 있다는 것을 믿지 않으며, 현재의 아버지의 理를 강조하고 있다. 그러므로 현재의 아버지가 아버지답지 못하면 자식이 효를 하는 데 문제가 생긴다는 것이다. ⑤ 遠便佞以近忠直者—(아첨하는 무리를 멀리하고 오히려 忠直한 者를 가까이하라는 것이다.) 이것은 얼핏 보면 너무나 쉬운 것 같으나, 아첨하는 자와 충직한 자를 가려내는 일은 그야말로 어렵다는 것을 알아야 한다. ⑥ 抑私恩以恢公道者— (개인적으로 은혜를 베푸는 것을 억제하고 公的인 道를 넓히라는 것이다.) 높은 자리에 있으면 사적으로 얽혀 있는 관계, 즉 친척, 친구 등과의 관계를 公的인 道 속에서 처리하기가 무척 어려운 법이다. 이일을 올바르게 하기 위해서는 그야말로 훌륭한 德을 갖추지 않으면 안 된다. 私人이면서 公人으로 살기란 얼마나 어려운가를 절실히 깨닫는다면 함부로 公人이 되려고 날뛰는 않을 것이다. 공인이 된 이상 개인적인 것을 죽일 수 있는 인간이 되기란 매우 어렵다. ⑦ 精選任以明體統者—(한 마디로 適材適所라는 말이다.) 그러나 이 또한 어렵다. 어떤 사람이 그 자리에 나갈 인재로 적당한가를 가리는 일은 그야말로 매우 어려운 일이다. 이것을 가장 잘 할 수 있는 사람은 聖人이다. 자신의 인품에 따라 그 정도만큼의 인물밖에 가리지 못하니 어쩔 수 없는 일이다. 역사에 등장하는 그 수많은 흥망성쇠는 모두 이 한 마디의 말에 달려 있었다고 해도 과언이 아니다. ⑧ 振紀綱以礪風俗者—(紀綱을 바로잡아 풍속을 아름답게 한다)는 말이다. 이때 윗자리에 있는 사람일수록 올바르게 행동하지 않으면 안 된다. 윗자리에 있는 사람의 기망이 解弛해지면 아랫사람들의 기강은 따라서 어지러워지는 것이다. ⑨ 節材用以固邦本者—(財貨를 함부로 쓰지 않고, 아껴 쓰는 일은 나라의 근본을 튼튼히 하는 길이다.) 사치와 향락, 이것이야말로 경계해야 할 일이다. ⑩ 正貢案以紓民力者—백성들로부터 거두어들이는 供物을 바르게 조정하여 백성들의 힘에 부치는 일이 없도록 가볍게 한다. 백성들이 바칠 수 있는 능력을 감안하지 않고 욕심을 채우기 위하여 재물을 거두어 들이기는 쉽지만, 그렇게 되면 백성들은 무척 고통을 느낄 것이며 심지어 국가를 배반하는 일까지 생기게 되니, 매우 주의하지 않으면 안된다. ⑪ 奢侈甚於天災者—(사치가 심한 곳에 하늘이 주는 재앙이 있다는 말이다.) 이 사치문제에 있어서도 어디까지가 사치이며 아닌지를 가려내기란 그리 쉬운 일이 아니다. ⑫ 擇師傅以輔儲貳者—(師傅를 택하고 두 賓客(補助先生)을 두어 世子의 덕이 높아질 수 있도록 해주어야 한다.) 여기서는 교사의 중요성을 강조하고 있다. 교사는 모름지기 '端良方正博聞道術者(몸가짐이 단정하고 도술을 넓게 배운 자)'여야 한다는 것이다. 보통의 사람의 경우에도 훌륭한 교사를 택하여 자식을 맡기는데, 항차 帝王이 될 사람—'祖宗基業과 生民萬世之命을 맡을 사람'을 가르치는 데 있어서는 말할 필요조차 없이 신중에 신중을 기하여야 한다는 것이다. ⑬ 修政事以攘夷狄者—(禮樂과 人道로써 정치를 하면 夷狄도 물리칠 수 있을 것이라는 말이다.) 특히 여기서는 明나라에 대한 '再造之恩(우리나라는 실로 神宗皇帝의 은혜를 입었으니 임진왜란의 변에 宗社가 이미 빈터가 되었다가 다시 존속하게 되고, 生民이 거의 盡滅하였다가 다시 소생하게 되었다.)'을 되새겨 우리 나라의 一草一木이나 生民의 毛髮까지도 모두가 皇恩이 미치지 않은 것이 없다'고 하였다. 우암은 己巳換局(1689)으로 죄를 얻어 전라도 정읍에서 賜死의 명을 받았을 때, 그는 문인 권상하에게 유촉하여, 명나라 신종, 의종 황제를 제사하는 만동묘를 세우도록 하였다. 그리하여 숙종 43년(1717) 청주 화양동에 만동묘가 세워졌다. 이 만동묘는 이후 大明義理와 斥邪思想의 메카가 되었다. 우암은 과연 흔히 말하는 사대주의자인가?

  이상에서 제시한 13조목은 정치와 관련되어 있으며, 직접 임금에게 우암이 시무책으로 건의한 것이다. 그러나 잘 분석해 보면 이 13가지 조목은 인간의 마음과 관련되지 않는 것이 없다. 이 말은 오늘날의 정치와는 달리 정치가 인간의 마음과 관련이 되어 있었다는 것이다. 달리 말하면 그것은 心法에 바탕을 두고 있는 것이다. 그러나 인간의 마음과 직접 관련된 분야가 있다면 그것은 다름 아닌 교육이다. 여기서 우리는 정치와 교육의 만남을 볼 수 있다. 교육과 정치의 만남에는 정치가 교육을 수단시하는 경우도 있고, 교육이 정치를 규제하는 경우도 있다. 이 사태는 후자의 전형적인 모습인 것이다.

지금까지 우리는 허목과 송시열의 교육이론을 구성하여 제시하였다. 임진왜란과 병자호란, 인조반정 등이 일어났던 16-17세기는 분명히 격동과 급변의 시대임에 틀림없다. 이와 같은 시대에는 인간이 새로운 제도를 향하여 몸부림치면서 새로운 사회 질서의 기초로서 젊은이들을 올바르게 교육하는 문제에 관심을 기울이지 않을 수 없다. 이 시대에 조선왕조의 교육에 직접 관심을 기울인 인물이 다름 아닌 澤堂 李植(택당 이식, 1584-1647)이다. 그는 교육도 시대에 맞게 변해야 한다고 생각하였다. 그리하여 그의 교육에 관한 생각은 근대로 넘어가는 발판이 되었던 것이다. 그는 허목보다 11년 위이며, 송시열보다는 23년 위이다. 특히 우암 송시열은 택당 이식과 절친한 사이로서 그의 문집 택당집에 서문을 쓰면서 그를 두고 '莫如本朝宏儒碩士(조선왕조에는 이와같은 학식이 넓은 굉장한 선비는 없다)'라 하였다. 그는 과연 어떤 인물이며, 교육에 관한 그의 생각은 무엇인가?

이식의 字는 汝固(여고), 호는 澤堂(택당)[99], 시호는 文靖(문정), 본관은 德水(덕수)이다. 광해군 2년 (1610)에 별시 문과에 급제하여 벼슬길에 나섰다가 광해군 10년(1618)에 폐모론이 일어나자 지평에 澤風堂(택풍당)을 짓고 은거하면서 학문에 전념하다가 인조반정 이후에 다시 벼슬길에 나아가 이조판서에 이르렀다. 우암 송시열이 쓴 澤堂集序(택당집서)에 의하면, 택당은 어려서부터 오로지 四書(사서), 六經(육경)과 二程全書(이정전서), 朱子大全(주자대전), 性理大全(성리대전) 등의 책에 뜻을 두었고, 그 나머지 시간에 제자백가의 글을 섭렵하여 지극히 박식하였다. 만년에는 주로 朱子語類(주자어류)를 힘써 공부하였다. 그러나 적어도 그의 문집을 보면, 그는 직접 성리학설에 관한 자신의 견해를 피력하거나 자신이 새로운 이론을 제시하지는 않았다. 물론 그가 만년까지 주자를 공부한 것을 보면, 자신의 주장

---

99) 그의 號 澤堂의 유래는 다음과 같다. 澤堂先生別集 卷11에 의하면, 黨의 禍를 피해 1616년 여주에 있는 砥平에 易占에 따라 扁堂을 지었다. 그리고 주역의 澤風의 象을 나타내는 澤風堂이라 이름지었다. 그는 그 이듬해 이사하였다. 이 大象의 의미는 '獨立不懼 遯世無悶'(홀로 있어도 두렵지 않고, 세상을 피하여 있어도 걱정하지 않는다)이라는 것이다. 여기서 그의 號 澤堂을 지은 것이다.

속에 朱子의 理氣論을 그대로 수용하였는지도 모른다. 택당 이식에 의하면, '학자는 경전에 潛心(잠심)하고 정주학에 전념할 것이지, 옆으로 이단에 미쳐서 그것들을 겸하여 채용하거나 나란히 쓰려는 뜻이 있어서는 안 된다. 그렇지 않으면, 비록 평생토록 학문에 종사하더라도 학문 중의 죄인이 될 것이니 배우지 않은 것만 못하다'[100]라고 하였다. 이 점에서는 우암과 뜻이 통할 것이다. 일단 여기서는 주자의 이기론을 제시하겠다. 왜냐하면 택당 이식이 정주학에 힘썼다고 하면 그는 분명히 정주학 특히 주자의 이기론을 받아들일 수밖에 없었을 것이기 때문이다.

주자의 理氣論[101]은 만물 생성변화의 원리 그리고 그 원리와 사실의 관련성에 관한 周易(주역)의 설명방식과 논리적으로 연관을 가진다. 주자는 주역의 말을 근거로 道와 器에 관해 논하고 있기 때문이다. 주자는 우선 이와 관련하여 형이상자 형이하자로 道와 器의 개념을 정의한 뒤 '太極은 形而上의 道요, 陰陽은 形而下의 器'[102]라고 말하고 있다. 그러면서 주자는 한편으로 道와 태극, 그리고 理, 또 한편으로 器와 陰陽, 氣 사이의 밀접한 관련을 근거로 理氣論으로 초점을 모아가고 있다. 이것이 朱子가 보는 성리학의 이론적 논쟁의 원인이다. 결국 朱子가 이러한 理氣論을 통해 가시적인 현상과 논리적 원인의 兩者를 구분하고 있다는 것은 의심할 여지가 없다. 다만 문제는 氣인데, 그 이유는 理가 논리적 원인임은 분명한 일이지만, 氣가 논리적 원인의 하나인지 그리고 理와의 관계에서 어떤 지위를 갖는지에 대한 해석상의 차이가 존재하기 때문이다. 따라서 이 문제는 집중적으로 파고들어야 한다. 우리는 이 해석상의 차이를 두 가지로 나누어 생각해 보아야 한다. 즉, 첫째는 朱子의 '天地에 理와 氣가 있다'[103]에 관한 것이다. 이는 理氣 양자의 존재성을 설명하는 '있다'는 말의 同義性(동의성)과 관련된다. 예컨대 馮友蘭(풍우란)[104]은 理의 존재성(exist)을 인정하면서도 氣는 잠존(subsist)한다

---

100) 學者潛心經傳 專意程朱學的 不可旁及異端 有兼採竝用意也 不然則雖平生從學 乃爲學問中之 罪人 不如不學(澤堂別集 卷15, 追錄).

101) 이하의 내용은 李烘雨 敎授의 論文, '理氣哲學에 나타난 敎育理論', 「師大論叢」 第30輯, 1985, 서울대학교 사범대학, pp.8-10에서 발췌한 것이다.

102) 太極形而上之道也 陰陽形而下之器也 是以自其著者而觀之 則動靜不同時 陰陽不同位 而太極 無不在焉 自其微者而觀之 則沖漠沖漠穆無眹 而動靜陰陽之理 已悉具於其中矣(朱子, 太極圖說 註).

103) 天地之間 有理有氣 理也者 形而上之道 生物之本也 氣也者 形而下之器 生物之具也 是以人物 之生必稟此理然後 有性 必稟此氣然後 有形 其性其形 雖不外一身 然其道器之間分際甚明 不可 亂也(朱子文集 卷58, 答黃道夫書).

104) 「中國哲學史」, 商務印書館, 1934, p.896.

3. 예학과 교육 **481**

고 주장한다. 이를 구체적으로 설명하면 후자는 사실적 존재를 말하는 데 비해 전자는 논리적 존재를 의미한다는 것이다. 朱子 당시에는 이것을 구분할 특별한 이유가 없었겠지만, 理와 氣를 형이상학의 道와 형이하자의 器로 구분했다면 양자를 同一視하지 않은 것은 분명하다고 보아야 할 것이다. 여기서 풍우란의 해석을 받아들이고 理와 道, 器와 氣를 동일선상에서 설명한다면 理氣는 각각 논리와 사실의 수준에서 존재하며 氣는 논리적 원인이 될 수 없다는 결론에 이르게 될 것이다.

그러나 주자는 여기서 한 가지 의문을 남겼다. 즉, '理와 氣는 二物이다. 다만 사실적 관계(在物上)에서 보면 그 二物은 서로 나눌 수 없다고 할 수 있다. 하지만 그 二物이 각각 존재를 이루고 있지 않다고도 할 수 없다. 논리적 관계(在理上)로 보면 비록 사물이 있기 전이라 해도 사물의 理는 존재한다고 할 수 있다. 그러나 역시 이 경우에도 그 理만 있을 뿐이며 실지로 사물이 있는 것은 아니다'[105]라는 말이 그것이다. 주자는 분명 사실적 관계와 논리적 관계를 밝혀낸 최초의 중국철학자임에 분명하다. 그런데 이 경우 理氣는 모두 사실의 세계를 설명하는 논리적 개념임과 동시에 논리적 원인이 된다. 그렇다면 문제는 氣가 사실의 세계에 속한 것인가, 아니면 논리적 개념인가로 압축된다고 보아야 할 것이다.

그 다음의 문제는 理氣의 의존관계이다. 理氣를 모두 논리적 원인으로 본다고 해도 현상과 동일한 관련을 맺을 수는 없을 것이다. 왜냐하면 氣는 凝結造作(응결조작)하는 것으로 사물에 작용하는 것이다. 그런데 문제는 논리적 관계와 사실적 관계를 놓고 볼 때 어떻게 理氣의 관계를 설명해야 하는가에 있다. 우선 논리적 관계에서 보면 理는 氣에 우선한다. 그렇지만 주자는 동시에 '氣가 작용하는 데 반드시 理가 있다'든가 '氣가 작용하지 않는 곳에 理가 있을 자리가 없다'[106]고 말한다. 그렇다면 氣만 독자적으로 존재하는가, 理는 원인으로서 현실을 초월해 있는가의 문제는 당연히 제기된다. 하지만 朱子는 理의 도움을 받지 않고는 氣가 스스로 작용할 수 없다고 주장한다.[107] 결국 그렇다면 주자는 氣가 理에 우선하는 것은 오직 사실의 세계에서이며, 사물과 현상의 응결조작으로 인해 氣를 통해서만 理를 추론할 수 있을 뿐이라고 보고 있다. 반면 理가 氣에 우선한다면

---

105) 所謂理與氣 決是二物 但在物上看 則二物混淪 不可分開各在一處 然不害二物之各爲一物也 若在理上看 則雖未有物而已有物之理 然亦但有理而已 未嘗實有是物(朱子大全 卷46, 答劉叔文).
106) 有此氣 則理便在其中, 若氣不結聚時 理亦無所附着(朱子語類 卷1).
107) 理有動靜 故氣有動靜 若理無動靜 則氣何自而動靜乎(朱子文集 卷56, 答鄭子上).

사물은 오직 理의 具現이며 氣는 그 수단에 불과하다.[108] 결국 '理가 있고 난 뒤에 氣가 있고, 氣가 있으면 반드시 理가 있다'는 주자의 주장은 이를 잘 요약했다고 할 수 있을 것이다.[109] 그러므로 주자의 설명에 관한 위의 두 가지 의문은 결국 그 설명을 사실적 수준에서 받아들이는가 논리적 수준에서 받아들이는가에 따라 다른 방식으로 해결될 수 있다. 과연 택당 이식은 우암 송시열과 마찬가지로 사실적 수준에서 받아들였는가 아니면 논리적 수준에서 받아들였는가는 여전히 문제로 남아 있다. 이것은 뒤에 그의 교육이론을 밝히는 과정에서 대답될 것이다.

택당 이식이 어떤 입장을 취하는가하는 것은 그가 살아가는 과정에서, 좀더 구체적으로 말하면, 그가 교육받는 과정에서 형성된 관점에 따라 취해진 결단일 것이다. 그러므로 우선 그가 교육받은 과정을 되돌아 보는 것이 순서일 것이다.[110] 그는 1584년 서울에서 태어났고, 1592년 임진왜란이 일어나자 각지를 피난하며 다녔다. 그때 그의 나이는 9세였다. 그가 본격적으로 공부를 시작한 나이는 12세(1595) 때였다. 村學(촌학)에서 語句(어구)를 배우기 시작하였으며, 그의 스승은 進士 文偃(진사 문언), 학습내용은 史略(曾氏史略) 古風絶句였다. 그러나 그는 13세 때 학업을 계속하던 중 병에 걸려 죽을 고비를 몇 번이나 넘겼다. 그 동안에는 학교에 나가지 못하고 집에서 古律絶句(고율절구)를 스스로 試作해 보면서 文理를 트려고 노력하였다. 그후에도 그는 계속 병고에 시달렸다. 16세 되던 해(1599)에 그는 서울에 들어와 우연히 중국의사를 만나 병이 나았다. 그 사이에 학교는 다니지 못했다. 그는 외삼촌 尹石嶺公(윤석령공)과 같은 동네에 살고 있었으므로 찾아가 文藝(문예)를 배웠다. 그리고 詩經(시경), 杜甫(두보)의 시를 널리 읽었고, 또 近體律詩(근체율시)를 習作(습작)하여 사람들로부터 칭찬을 듣곤 하였다. 그는 18세 되던 해(1601) 監試(감시)에 응하였으나 낙방하였다. 그리고는 다시 병이 들어 과거를 포기하고 귀향하여 5, 6년 쉬었다가 그는 26세 되던 해(1609) 두 번째 과거에 응시하기 위하여 서울에 머물렀다. 27세 되던 해(1610)에는 別試(별시)에 드디어 급제하여 權知成均館學諭(권지성균관학유, 從9品)에 임명되었으나 취임하지 않았다. 30세 되던 해(1613)에는 侍講院 說書(시강원 설서, 세자에게 經史를 侍講하고 道

---

108) 此〔理與氣〕本無先後之可言 然必欲推其所從來 則須說先有是理(朱子語類 卷1), 若論本原 則有理然後有氣 … 若論稟賦 則有是氣而後 理隨以具 故有是氣則有是理 無是氣則無是理(朱子大全卷59, 答趙致道).

109) 有是理而後有是氣 有是氣則必有是理(朱子語類 卷4).

110) 渡部學, 「近世朝鮮教育史研究」, 東京: 雄山閣, 1969, pp.415-418. 그리고 澤堂集 別集(卷16) 澤癯居士自叙와 叙後雜錄(卷17)를 根據로 하였다.

義를 규제하는 일을 장악하는 從 7品)에 불리움을 받았다.

이상의 그의 교육경력을 살펴볼 때, 8세에 학교공부를 시작하는 통례에 비추어 보면 그의 초학 입문은 늦은 편이었다. 또한 학교에 들어간 후에도 병이 자주 들어 학업을 중단하는 일이 많았다는 것을 알 수 있다. 그리하여 그는 詩文(시문)을 거의 독학으로 공부한 것이었다. 그러나 그의 글 솜씨는 대단한 것이었다.[111] 그의 이와 같은 글 솜씨는 물론 그의 외삼촌 윤석령공에게 지도받은 덕분이었지만, 상당 부분은 자신이 홀로 공부한 결과였다. 그는 詩를 배운 경험을 서술하는 가운데 '나는 어렸을 때 스승이 없이 먼저 杜甫詩(두보시)를 읽었고, 다음에 훌륭한 다른 시인 예컨대, 蘇軾(소식), 蘇轍(소철) 등의 詩들을 중심으로 하여 그것을 본떠서 數千首를 지었으니, 시의 맥과 차를 알게 되었다'고 스스로 말하고 있다.[112] 다시 四書集註(사서집주)를 읽을 때의 주의 사항에 대해서는, '무엇보다도 먼저 글자를 해석하는 데 유의하여 조금도 방심해서는 안된다. 거듭하여 窮究하여야 한다. 비록 한 글자라도 거듭 자세하게 해석을 하며 그 뜻과 생각을 거듭 알아 본다면 그것들이 쌓여 마침내 올바른 뜻을 알게 되고 기억도 쉽게 할 수 있다'[113]고 하였다. 지금까지의 말을 들어보면 한 글자, 한 마디의 말이라도 자신이 스스로 조사하고 생각하면서 열심히 공부했다는 것이다. 그는 자기 자신의 체험을 바탕으로 한 글자, 한 마디의 말을 공부하면서 그것들이 쌓여 실력이 늘어난다는 것을 절실하게 알게 되었던 것이다.

앞에서 말한 自敍의 '十二始從村學(십이시종촌학)'이라는 말에서 '촌학'이라는 것은 시골에서 배우고자 하는 사람이 있으면 여는 서당인데 여기의 선생은 진사 자격을 가진 文偃(문언)이라는 사람이었다. 그러나 택당이 서당에 다녔는지 개인 교수를 받았는지는 불분명하다. 그의 '學詩準的(학시준적)'이라는 글을 보면 無師友(무사우)라고 되어 있으므로 어느 정도 조직의 형태를 띤 기관에서는 교육받지 않은 것 같다. 그러나 확실히 그가 12세에 공부를 시작하였다는 것은 晩學(만학)이며(4년 늦음), 이때 그는 개인 스승에게 句讀(구독)를 습득하였고, 曾氏之史略(증씨지사략)과 古風絶句(고풍절구)의 詩를 배웠다. 16세라는 나이는 보통의

---

111) 近來國書專委於大提學 而大提學　差之後　令承文院副提調李植主掌選出矣　李植長於詞命而不 預本司文書云云(朝鮮王朝實錄 第35冊, p.142 下段).

112) 余兒時無師友　先讀杜詩　次及黃蘇瀛奎律髓諸作　習作數千首　路脈已差云云(澤堂集　別集 卷14, 學詩準的).

113) 須先於字釋　處勿爲放過　反覆參究　雖一字而累釋各有其意思　而得之亦易記憶(澤堂先生別集　卷 15, 示兒代筆 散錄).

경우 초학 단계를 마치고 향교에 입학하는 나이이다. 그러나 택당은 '學業未成(학업미성)'이라 하였다. 왜냐하면 그는 병이 들어 학업을 폐할 수밖에 없었던 것이다. 몸을 회복하는 과정에서 그는 고율절구 시작을 배웠다. 그리하여 마침내 그는 文理(문리)를 터득한 것이다. 19세에는 서울에 들어와 시경, 두보, 근체율시를 배웠고, 21세에는 감시에 응시하였으나 낙방하였다. 그러나 공부를 게을리 하지 않아, 그는 마침내 27세에 별시에 합격하였다. 그러나 벼슬길(성균관학유)에 나아가지는 않았다. 그가 배운 내용은 당시 文臣(문신)의 子弟(제자)들이면 누구나 배우는 전형적인 것이다. 다만 그의 경우에는 戰亂(전란)과 病苦(병고) 때문에 거의 獨學(독학)으로 공부하지 않으면 안 되었다. 그리하여 혼자 공부하였기 때문에 자신이 하기 싫은 공부는 하지 않았다는 것이 부족한 점이기도 하지만 강제로 억지로 공부하지 않았다는 이점도 있다. 스승이 없었다는 것이 단점이기는 하지만, 또 한편으로는 스스로 터득한 공부방법을 가질 수 있었다는 이득도 있다. 이런 점들 때문에 종래의 교육에서 새로운 교육으로 눈을 돌리는 단서를 마련할 수 있었던 것이다.[114]

우리는 앞에서, 택당 이식은 理氣論에서 理氣의 의존성에 관하여 논리적 수준에서 받아들이는가 아니면 사실적 수준에서 받아들이는가 하는 문제를 제기한 바 있다. 교육에 관한 그의 견해를 제시해 봄으로써 그가 과연 어떤 수준을 받아들였는가를 대답하려고 하였다. 이것을 자세히 말하기 전에 한 가지 단서를 든다면 그것은 택당이 '我宗栗谷公(아종율곡공)'(澤堂集 別集, 卷15)이라고 말하는 데에서 찾을 수 있으며 이 말로 보아 그는 율곡과 같이 사실적 수준을 받아들일 것이라는 예측을 할 수 있다. 이 말은 택당도 '현실 속의 理想'을 올바른 삶의 지표로 삼았다는 것이다. 사실 택당은 이기론에서 '理氣 一而二 二而一(이기일이이 이이일)'(周濂溪, 주렴계)이라는 말을 그대로 인용하면서 형이상학으로서의 理氣 二元論(이기이원론), 一元論(일원론)을 배척하는 한편, '性爲一空器(성위일공기)'라고 하면서 '理氣 두 글자는 경전에 아무런 訓이 없다. 程子는 性卽 理라 하였고 朱子는 天卽 理라 하였다. 우리 말로는 理라는 글자가 무엇을 뜻하는지 불분명하다. 먼저 이 理라는 글자가 무엇을 뜻하는지 밝혀야 한다. 그런 뒤에라야 性, 道, 德, 義가 무엇인지 뒤따라 해명될 수 있다'[115]고 말하고 있기는 하지만 理, 氣,

---

114) 渡部學, 「前揭書」, pp.417-418.

115) 理氣二字 經傳無訓 程子曰 性卽理也 朱子曰 天卽理也 蓋中國人必了理字明義 故引此而釋之 我國方言 竝與理字昧如也 必須先明理學 然後性道德名義從而可解也(上同 卷15, 示兒代筆).

性에 관하여 그 이상 더 자세한 설명을 하지 않고 있다. 다만 氣에 관하여, '氣는 血氣이다. 사람은 그것을 쉽게 알며 "理의 氣"에 별도로 다른 뜻이 있는 것이 아 니다'[116]라고 하면서, 그는 이기일원론을 배격한다(甚者至理氣爲一物, 澤堂集 卷15, 示兒代筆). 이것은 조금 조심스럽게 이해해야 할 필요가 있다. 예컨대 주자는 '天 地에는 理도 있고 氣도 있다'고 하였는데 이것을 보고 택당은 주자가 이원론을 주장하고 있다고 생각한다. 그러나 단순히 '理와 氣가 있다'는 말만으로 그것을 이원론적 견해라고 보는 데는 무리가 있다. 있되 어떤 상태로 있으며, 양자가 어 떤 방식으로 관련을 맺고 있는가가 중요한 것이다. 그러므로 錢穆(전목) 같은 학 자는 '理氣混合一元論(이기혼합일원론)'이라고 보아야 한다는 것이다. 이렇게 볼 때 택당 이식이 이기일원론을 배격한다는 말은 그가 주장하는 理氣의 존재상태 와 理氣의 관련방식이 朱子의 그것과 다르다는 것을 말하는 것이다.

택당은, 맹자에 대한 자신의 해석에 따라 氣를, 性-氣=血氣-人欲이라는 계열 안에서 파악하고 있다. 이때 血氣(혈기)로서의 氣를, 體驗的 明證性(체험적 명증 성)을 갖고 있는 살아 움직이는 現實在(현실재)로 보는 것이다. 그리하여 性-氣= 血氣-人欲이라는 X축과 天=理-性-仁義禮智라는 Y축의 좌표로 인간행동과 사 태를 보는 것이다.[117] 그는 '理와 氣는 과연 一物이며, 理와 氣에 따로 應하는 것 이 아니다. 배우는 자는 마땅히 그 이름에 지키고 理를 밝히면 氣가 보존(持)되는 것이다. 그러면 무릇 人欲에 떨어지지 않는다. 理와 氣가 하나이다 둘이다 하는 論爭은 배우는 자의 몸과 마음에 무슨 이익이 있겠는가'[118]라고 하였다. 이때 '理 와 氣는 一物'이라고 하는 것은 사실의 수준에서는 理와 氣가 분리되지 않는다 는 뜻이다. 따라서 이때의 理와 氣는 다같이 普遍的 實在(보편적 실재)인 것이 아 니다. 오히려 理는 우주만물에 공통으로 들어 있는 것이며, 氣는 質料(질료)인 것 이다. 여기서 우리는 율곡의 이통기극의 再版(재판)을 보는 것 같다. 이와 기의 관 계를 앞에서 말한 X축과 Y축으로 말하면 그 교착점은 性이다. 택당은 氣=理-欲 =性이라는 관점에서[119], 理와 氣를 인간의 삶의 현실에서 떨어져 있는 것으로 파 악하는 것에 반대하고, 氣=欲이며, 이 氣를 매개로 理가 변하여 性이 된다고 주 장한다. 性은 理와 氣의 교착점이다. 따라서 人欲은 '人道로 實現되는 人欲'이

---

116) 氣則血氣也 人所易曉 非別有義理之氣(上同).

117) 渡部學,「前揭書」, 1969, p.486.

118) 理與氣 果是一物則不應有理氣兩者 學者但守其名義 明理而持氣 庶不墮於人欲 一二之辯 何補 於學者身心哉(上同).

119) 至於宋儒以後 性道之訓大明 而一種岐論必欲 以氣爲理 以欲爲性(上同).

며, 性은 단순한 欲이 아니라 人道志向 가능태이다. 그 근거는, 性은 理를 나누어 가지고 있는 性이며, 理를 근거로 性은 人道를 실현하며, 性의 人道實現은 氣인 人欲을 매개로 가능하다는 데에 있다. 그러므로 性이 인간의 현실을 떠나 형이상학적으로 실재하는 것으로 파악하지 않으려는 것이다. 그리하여 그는 性을 단순한 理의 分有性(분유성)으로 파악하는 것을 부정하면서, 동시에 性을 단순한 欲과 동일시하는 것도 배격한다. 택당 이식은 性의 氣的 現實性(기적 현실성)을 확인 중시하고, 性의 理的 可能性(이적 가능성)을 확신하고 있다. 말하자면 교육의 구성원리를 氣로, 교육의 통제원리를 理로, 양자의 매개를 性으로 보는 것이다.[120] 性이 惡으로 흐르는가 德으로 흐르는가는 '이른바 物에 感應하고 性의 欲이 움직이는(所謂感於物而動性之欲)' 방향에 달려 있다. 즉, 物-知覺-欲-性-惡의 방향도 있을 수 있고, 物-知覺-欲-性(-理)-道德의 방향도 있을 수 있다. 후자의 경우에는 氣를 매개로 하여 性에 의한 理의 실현이 德으로 나타나게 되는 것이다.

종래의 교육에 대한 일차적인 반발은 小學(소학)의 시행에 대한 반대로부터 비롯되었다. 그것이 바로 汰講失信論(건실하지 못하여 믿음을 잃었다는 論義)[121]이었다. 말하자면 그것은, 소학을 모두 읽고 공부하였지만 행실이 거기에 미치지 못한 결과 소학에 대한 믿음을 잃어버리는 것이 걱정스럽다는 것을 논한 것이다. 여기에는 두 가지 문제가 있는데, 하나는 벼슬을 하고 있는 자 중에서 四品 以上은 小學講義(소학강의)받는 것을 면제하고 五品 以下는 소학강의를 받았으나 행실이 건실하지 못한 것이며(受影職者 四品以上則免講 五品二下則汰講也), 다른 하나는 물건을 납부하는 자는 소학강의를 면제하는 것(納物免講之類)이다. 사실 소학은 주자학과 함께 한반도에 전래된 것으로 보이나 그 정확한 연대는 알지 못하고 있는 형편이다. 그러나 대체로 말하여 고려 말에 사대부 자제들의 독습서로서 점차 읽혀지기 시작한 소학은, 유교를 國是로 하는 조선왕조가 건국되자 五部(四部) 學堂, 鄕校의 기초 과목으로 채택되었고 科擧(과거)를 비롯한 여러 종류의 시험에서 필수적으로 과하는 과목이 되었다. 이에 따라 소학의 冊本에 대한 수요가 크게 늘어나고 간행과 반포 사업도 활발하였으나, 학생들은 소학이 어린 아이가 배우는 것이라 하여 평소 강독하지 않다가 성균관 승보시(陞補試)나 과거시험에 대비하기 위해 마지 못해 읽을 정도로 독습에 열의가 없었다. 그것은 조선초 소학

---

120) 性本善 而流於惡 德本吉 而流於凶 所謂惡亦不可不謂之性者 自其稱號當如此(上同).
121) 澤堂集 卷8, 論汰講失信論再疏.

의 교육이 주로 제도, 법령과 같은 외적인 강제에 의존하였기 때문이다. 주자 자신이 '소학은 금지 사항은 적고, 공경해야 할 것을 많이 말했다'고 말한 데서도 드러나듯이, 소학의 실천을 솔선수범하는 師儒를 만나는 것과, 소학의 실천을 격려하는 사회적 분위기가 조성되는 것이 오히려 소학교육이 실효를 거두기 위해 필요한 조건이었다. 고려말과 달리 조선초의 교육 부문은 이미 우수한 인재들이 몰려 드는 곳이 아니었기 때문에 우수한 교수나 훈도관을 확보할 수 없었다. 교수의 職任이 천시되는 분위기에서 소학교육의 실효는 거의 기대하기 어려웠던 것으로 보인다. 관학을 중심으로 전개된 소학교육이 실효를 거두지 못하고 있었던 반면, 소학은 爲己之學(위기지학)의 기초로서 길재, 김숙자, 김종직 등으로 이어지는 사림파의 학통에서 존숭되고 있었다. 특히 한훤당(寒暄堂) 김굉필은 소학 실천에 있어서 철저성의 한 표본이 되었다. 김굉필의 소학 실천은 개인적인 차원에 국한되었지만, 성종대에는 小學契(소학계)라는 집단적인 연대를 통해 실천해 보려는 운동이 시도되기도 하였다.

　중종대에 이르러 조광조를 위시한 신진사류들이 중앙정계에 진출하면서 소학교육은 새로운 국면을 맞게 된다. 조광조는 김굉필에게서 수업하였으나, 스승이 修己(수기)에만 전심한 것과는 달리 자기 학문의 사회적 실현을 지향하고 있었다. 그는 士禍(사화)를 군자에 대한 소인들의 공격으로 파악하고, 군자와 소인을 분별하는 것은 결국 군주의 修身(수신)에 달려 있다는 근본주의적 논리로써 중종에게 진언하였다. 두 차례에 걸친 사화와 연산군의 폐정을 겪으면서 학교는 침체되고 士風(사풍)은 浮薄(부박)한 경향을 나타내고 있었다. 중종초의 소학교육은 이러한 사풍을 바로잡는 방안으로 강화되기 시작했다. 신진사류들은 소학의 한글번역을 통해 일반 서민과 부녀의 교화에까지 활용할 것을 건의하였다. 또한 소학에 대한 사회적 인식을 일신시키기 위해 국왕의 독습과 솔선수범을 강조하였다. 이러한 노력의 결과로 소학교육 진흥책은 짧은 기간이나마 사회의 분위기를 바꾸어 놓을 만큼 성과를 나타낼 수 있었다.

　중종대에 신진사류에 의한 소학교육이 그 이전에는 볼 수 없던 성과를 거둔 것은 조광조로 대표되는 신진사류들에 대한 유생들의 敬慕(경모)와 국왕인 중종의 솔선수범 때문이었다. 성리학적 공도론에 입각해서 당시의 훈척대신들을 비판하고 압도했던 신진사류들은 대부분 소학을 律身(율신)의 준거로 삼고 실지로 실천하였다. 이것은 이들의 급속한 정치적 성장과 함께 당시의 유생들에게 강한 인상을 주었으며, 유생들은 이들을 본받으려고 노력하였다. 여기에다 국왕의 솔선수범은 소학에 대한 일반의 의구심을 불식시키고 소학의 실천을 격려하는 사회적 분위기를 형성시켰던 것이다.[122] 그러나 그 후 선조 때 임진왜란을 거치고 병자호란을 거치면서 사회의 기강은 말할 수 없이 해이해졌다. 인조 12년(1634) 예조에서는 '學校勸獎條目(학교권장조목)'을 발표하였는데 여기에 보면, '어린 학생들이 공부를 시작하면 곧 과거보는 공부에 우선적으로 힘쓰고 소학이라는 이 책은 묶어 높은 곳에 두고 있다. 그리하여 이 소학을 외우고 배우는 아이들이 거의 없다. 이 얼마나 한심한 일인가'라고 하고 있다.[123] 이를 막기 위해 소학을 강화한 것은 당연한 일이었다. 이 운동은 마침내 앞에서 말한 汰講失信(태강실신)에까지 이르게 되었다. 이와 관련하여 택당 이식은 전반적으로 교육을 바꾸어 보겠다는 생각을 갖게 된 것이다. 그의 교육과정 개정안은 국가에 건의한 것이 아니라 자신의 자손들에게 말하는 형식을 취하였다.

이제 「示兒孫等(시아손등)」에 제시된 교육과정을 보면 다음과 같다. 그는 세 개의 코스를 제시하고 있다. 즉, 先讀(선독, 가장 먼저 읽는 것), 次讀(차독, 다음으로 읽는 것), 그리고 科文工夫(과문공부, 과거시험공부)가 그것이다. 가장 먼저 읽을 것을 보면, 詩書(시서)는 백번까지 읽는다. 論語(논어)는 章句(장구)까지 포함하여 백 번 숙독한다. 孟子(맹자)는 본문만 백 번 읽는다. 中庸(중용)·大學(대학)은 아침, 저녁으로 돌아가면서 읽는다. 綱目宋鑑(강목송감) 스승과 함께 한번 講하는 것을 듣고 배운다. 열심히 읽어본다. 좋은 글이 있으면, 뽑아 놓는다. 수십 번 읽는다. 만약 못 미치면 通鑑(통감)을 읽는다. 다음으로 읽는 것을 보면, 周易 : 本文을 읽되, 처음에는 爻辭(효사)를 읽고, 대강의 뜻을 알고 점치는 법을 안다. 겸하여 啓蒙(계몽 퇴계가 지은 주역 해설서) 편을 읽는다. 그리고 다른 것을 다 읽은 후에 다시 주역을 읽는다. 春秋左氏(춘추좌씨), 胡氏傳(호씨전)은 몇 번 읽어 대강을 뜻을 알고 左傳(좌전)을 대강 읽는다. 힘이 남으면, 公羊(공양), 穀梁(곡량)을 한번 통독한다.

다음의 책들은 다른 책과 함께 본다. 禮記(예기) : 스승과 더불어 강론한다. 대강 가려서 읽는다. 儀禮(의례) : 예기를 읽을 때 함께 참고하면서 본다. 전부 읽지는 않는다. 小學 : 스승에게서 1개월에 한번씩 떼도록 한다. 소학의 내용을 늘 마음에 두고 실천하도록 한다. 家禮(가례) : 늘 읽고 연구하고 실천한다. 近思錄(근

---

122) 朴連鎬, '朱子學의 根本培養說과 朝鮮 前期의 「小學」教育', 韓國精神文化研究院 附屬大學院 碩士學位論文, 1983, pp.93-95.

123) 年少初學之輩 唯以科業爲先務 小學一書束之高閣 絶無誦習之人 事極寒心(仁祖實錄 卷30, 12 年 10月條).

사록), 性理大全(성리대전), 그 밖에 性理學책, 心經(심경), 二程全書(이정전서), 朱子全書(주자전서) 등의 책들을 그냥 읽는데 목적이 있는 것이 아니라 體認服行(체인복행 : 완전히 이해하고 실천하는 것)에 그 목적이 있으며 공부방법은 窮理(궁리)이다. 소학은 이 次讀(차독) 단계에 그것도 거의 마지막 단계에서 공부하도록 하였다. 그것은 적어도 일 개월에 한 번쯤은 꼭읽는 것으로 되어 있다. 여기서의 중점은 실지로 실천하는 데 있다. 이 차독 단계에서는 어디까지나 실천에 관심이 있다. 그러나 근사록, 성리대전, 성리군서, 심경, 이정전서, 주자전서 등은 體認服行(체인복행)과 窮理工夫(궁리공부)라는, 실천과 사색을 길러주는 교과로 보고 있다. 科文工夫(과문공부)를 보면 다음과 같이 되어 있다. 즉 韓愈(한유), 劉宗元(유종원) 그리고 소식, 소철 형제 등의 글과 文選(문선), 唐宋八大家(당송팔대가)의 글, 古文眞寶(고문진보), 文章軌範(문장궤범) 등의 글들 중 자신이 좋아하는 것 한 권을 택하여 읽되, 百番을 읽는다. 이상의 책들은 과문공부의 先讀書에 속한다. 그리고 荀子(순자), 한유, 揚子(양자)의 책들 중에서 한권을 택하여 수십 번 읽는다. 문선, 楚辭(초사) 중에서 一冊을 읽고, 李白(이백), 두보, 한유, 소식 등의 칠언절구의 詩冊(시책)을 읽되 절대로 두 권을 넘지 않으며 항시 옆에 두고 외우면서 이들의 시책에서 賦(부)나 詩(시) 중 하나를 배운다. 또한 四六駢麗體(절대 두 권을 넘지 말 것), 老莊系列에 속하는 책, 근사록을 읽는다. 그 밖의 책들은 옆에 두고 참고하는 정도로 본다. 또는 歷代史全書(역대사전서), 東國史(동국사) 및 文集(문집) 등, 그리고 經國大典(경국대전), 國朝典故(국조전고), 小說(소설) 등을 읽으며, 綱目(강목)을 읽고 참고하며, 東人科製(동인과제) 등의 책을 구입하여 글을 지을 때 참고한다. 여기서 백독이라 하였지만 그것은 개인에 따라 더할 수도 있고 덜할 수도 있다. 선독에 속하는 책들은 가감할 수 없지만 차독에 속하는 책들은 자신이 좋아하는 바에 따른다. 다만 주역의 경우, 과거를 보고자 하는 자는 二程全書(이정전서)와 함께 읽는 것이 좋다. 과거를 보지 않으려는 자는 점치는 법만 배우되, 반드시 읽을 필요는 없다. 다만 文言傳(문언전)은 마땅히 외워두어야 한다. 물론 그것은 자신의 능력에 따라 가감할 수 있다. 국가에서 보는 經術(경술)시험과 對策(대책)시험에 응시하고자 하는 자, 道를 알고 政治(정치)에 達하고자 하는 자, 詩와 賦, 四六駢麗體(사륙병려체)로 과거를 보고자 하는 자, 문장으로 국가 업무를 보필하고자 하는 자 등은 반드시 국가가 무엇을 요구하고 있는지를 명확히 알아야 하며, 경서를 공부하되 義理를 講究(강구)하여야 한다. 이 모든 것은 하루하루 지나는 일을 통하여 확실히 알 수 있도록 하며, 입으로나 귀로 공부하는 것이 아니라 誠心과 尊敬의 마음을 가지고 읽고 외워야 한다. 이와 같이 세부적인 교육과정을 제시하는 한편, 택당 이식은 詩를 공부하는 구체적인 방법을 제시하는 '학시준적'이라는 글을 썼고, 글 짓는 공부를 구체적으로 하는 방법을 제시하는 '作文模範(작문모범)'이라는 글을 썼다.

이제 그의 교육방법이 무엇인가를 생각해 보자. 엄밀하게 말하면 내용과 방법은 분리하여 생각할 수 없다. 그러나 여기서는 논의의 편의상 추상의 오류를 무릅쓰고 방법을 내용과 분리하여 생각해 보겠다. 택당 이식은 교육내용을 제시하면서 선독과 차독을 언급하고 있다. 이때 '先'이라는 것과 '次'라는 말은 방법을 시사하고 있다. 교육방법의 시각에서 보면 先이라는 것은 본격적인 과정에 들어가기 전에 공부해야 한다는 것이다. 만약 이것을 어기면 공부가 제대로 되지 않는만큼 이 말은 이미 교육방법을 시사하고 있는 것이다. 또한 그는 교과를 제시하는데에서 '節要(절요)'라든가 '史略(사략)'이라는 용어를 쓰고 있다. 이 말들도 이미 합리적인 학습과정 또는 조직을 함의하고 있다. 특히 택당 이식은 조선왕조에서 공식적으로 주장하고 있는 '小學之書先講(소학지서선강)'의 원칙을 깨트리고 있다. 그러면 그는 어떻게 하였는가?

차독의 단계는 본격적으로 공부하는 課程(과정)으로서 그 과목은 주역대문, 춘추좌씨, 호씨전, 예기, 의례, 주례 등이다. 그 과정에서는 커다란 줄거리를 아는 정도로 그치는 것으로 되어 있다. 거기에 비하여 선독의 과정에서는 백독(詩書), 熟讀(숙독, 論語), 讀百數(독백수, 孟子), 朝夕輪讀(조석윤독, 中庸, 大學) 등의 독서방식을 제시하고 있다. 먼저, 周易大文(주역대문)에 관해서는 '처음에는 爻辭(효사)를 읽고 큰 줄거리를 알며 점치는 법을 안다'고 되어 있다. 춘추좌씨전, 호씨전에 관해서는 '단지 여러 번 읽고 대강을 아는 정도이다'라고 하고 있다. 그리고 좌씨전에 관해서는 '가려뽑아 읽는다(抄讀, 초독)'고 하였고, 公羊傳(공양전)과 穀梁傳(곡량전)에 관해서는 '힘이 남으면 한 번 본다(餘力一覽, 여력일람)'고 하고 있다. 다만 예기의 경우는 이를 중요시한 나머지 '스승을 모시고 강론을 듣되 자신이 좋아하는 곳으로 한다'고 말하고 있다. 의례와 주례, 예기는 춘추를 읽을 때 참고로 옆에 두고 읽는 것이 좋다고 하였다. 그런데 차독에서는 易의 占法(점법) 또는 儀禮의 형식과 같은 절차방식에 강조를 두고 있고, 학문적 연구는 '힘이 남으면' 하는 것으로 되어 있다. 이 점은 율곡의 학교모범에 보이는, '史記 및 선현들의 성리학에 관한 서적을 통하여 그 넓은 뜻과 정밀한 식견을 갖도록 노력하라'(間以史記及先賢性理之書以廣意趣以精識見)는 말과는 매우 대조적이다. 택당 이식의 경우에는 오히려 선독의 단계인 論孟學庸課程(논맹학용과정)에서 학문적 성격을 띤 독서를 하는 것으로 되어 있다.

택당 이식은 示兒孫等(시아손등)에서 교육내용을 학문과 절차로 나누었고 방법에 속하는 내용을 곁들이고 있다. 그러나 방법면에서 이보다 훨씬 구체적인 것을 우리는 初學字訓增輯(초학자훈증집)에서 찾아볼 수 있다. 그가 교육방법 또는 학습방법에 관심을 두게 된 배경에는 두 가지 경험이 작용하고 있다. 하나는 그가 전란을 당하여 이리 저리 피난 다녔고, 몸도 병고에 시달려야 했다는 것이다. 그리하여 그는 자연스럽게 '無師友(무사우)'의 처지에 놓이게 되었다. 혼자 공부해야 하는 만큼 그는 어떻게 하면 효율적이며 효과적으로 공부할 수 있는가를 밤낮없이 생각하게 된 것이다. 다른 하나는 그가 경기도 지평에 택풍당을 지어 '약간의 책들을 두고 근처에서 배우고자 하는 학동들을 모아 章句를 외우고 詩도 가르칠'[124] 때 효과적이며 효율적인 학습방법이 무엇일까를 고민해 본 경험이 있다는 것이다. 그는 이와 같은 경험을 토대로 하여 초학자훈증집을 구안하였던 것이다. 물론 이 책의 모태가 된 것은 중국의 陳北溪(진북계)가 撰한 字義(자의)이다.

초학자훈증집은 인조 17년(1639년)에 완성되었다. 이 책을 짓게 된 동기는 친구들이나 동지들로부터 경서를 가르칠 때의 어려움에 관해 듣고, 중요한 것은 글자 하나하나의 자의를 정확히 아는 것이라고 생각한 데서 비롯되었다. 盧守愼(노수신, 1515-1590)은 '字義를 가르치다 보면 文義를 놓친다'고 하면서 이와 같은 어려움을 극복하여야 한다고 말한 바 있다. 택당 이식은 그 당시 글공부를 하려는 학생들의 학습에 있어서 관건은 一字一字의 한자의 자의를 정확히 아는 데 있다고 보았다. 그리하여 그는 '무릇 四書集註를 읽을 때 무엇보다도 먼저 글자 해석에 유의해야 하며 이것을 반복하여 연구해야 한다'고 하면서 '비록 한 글자일망정 이것이 쌓이면 그 뜻과 생각을 알게 되고 또한 그 글을 기억하기도 쉽다'[125]고 하였다.

그는 이 책을 저술할 때 스스로의 체험에 비추어 보면서 '학습의 곤란성을 어떻게 극복할 수 있을까'를 숙고하여 두 가지를 문제로 삼고 그것의 극복을 목표로 '자의', '約說(약설)'을 편성하였다.[126] 그 두 가지는, (1) 자의의 곤란성은 문자

---

124) 置書若干秩 聚旁谷村學童數人 諷誦章句(澤堂先生別集 卷11, 澤風堂志).

125) 凡讀四書集註 須先於字釋 處勿爲放過 反覆參究 雖一字而累釋 各有其意思而得之 亦易記憶也 (澤堂先生別集 卷15).

126) 渡部學, 서울大敎育史學會(編譯), 「韓國敎育史」, 서울: 以會文化社, 1995, pp.205-207.

특히 추상적인 어구나 문자의 비직관성에서 비롯된다는 것, 그리고 (2) 약설의 곤란성은 문자 특히 추상적인 어구나 문자의 다의성에서 비롯된다는 것이다. 그는 더 나아가 (1)의 '자의'의 곤란성, 즉 문자의 비직관성이란 무엇인가를 다음과 같이 말하고 있다. 즉 '대개 모든 사물은 그 글자가 없는 것이 없다. 구체물로서 이름자를 삼는 경우는 그 글자를 들어 그 모습을 가리키면 마음과 눈이 금방 이해한다. 그러나 性이나 理같은 자는 가리킬 형상이나 장소가 없다. 또 본디는 하나의 사물이나 많은 이름으로 나누어진 경우는, 전대의 註說(주설)이 일치하지도 않는 데다가 지역마다 그 말이 다르기도 하다'[127]라고 말하고 있다. 달리 말하여, 사물의 형태나 모습을 그대로 표현한 문자나 문자의 구성부분은 그것이 지시하는 바의 사물을 보여주면 마음과 눈이 하나로 결합하여 잘 이해할 수가 있다. 그것을 아동에게 보여주면 곤란성은 제거된다. 예컨대, '元亨利貞(원형이정)'의 '元'은 'ㅡ', 즉 처음이라는 뜻과 '兀', 즉 높다, 머리라는 뜻의 두 글자로 구성되어 있으므로, '元'이란 '크다, 비롯하다'이며 '모든 善 가운데 가장 으뜸이 되는 것'이라고 설명하고 있다. 결국 '形器(형기)'를 가리키며 'ㅡ'과 '兀'로 명확히 함으로써 '元'의 자의를 '마음과 눈'(心目)이 깨닫도록 하고 그에 기초하여 보다 추상적인 의미를 설명하고 있는 것이다. 말하자면 직관적 파악을 기초로 의미의 이해를 쌓아가야 한다는 식으로 되어있다.

초학자훈증집의 상편 53자(경서에 항상 나오는 말이자 유학의 중심개념을 내용으로 하는 것)와 중편 58자(좀더 나아가 깊이 이해하는 데 필요한 것)들은 비직관성을 가진 글자들이므로 아동들이 알기에 곤란한 글자들이다. 그는 이 글자들을 분해해서 직관화하는 것에 의해 학습이 용이하도록 하고 있다. 그러나 이 책의 하편에서는 숙어화된 문자, 예를 들면 '道理', '心性' 등 24개 단어를 뽑아 내었는데, 이들 합성어의 곤란성은 그 다의성에 있는 것으로 보았다. 그는 하편에 대해 '초학자가 보고 각각 하나의 사물인지를 의심할 것 같은 "先儒總合訓說之語(선유총합훈설지어)"를 24개 모은 것이다'[128] 라고 하고, 이 단어들만을 더듬어 나가는 것은 '지나치게 정밀하고 광범해 초학자가 먼저 힘쓸 바가 못된다'고 하였다. 따라서 상, 중편에서는 '韻', '訓' 등의 도구적 문자지식을 먼저 제시하고, 다음에 '經',

---

127) 大槪凡事物莫不有字 然以形器而爲名字者 擧字指形心目便了 若性理等字 無形狀方所之可指 且本一物而分以爲許多名字 前代之註說不一 外國之方言亦異(澤堂先生別集 卷5, 字訓書跋).

128) 已上逐字訓解 初學見之疑於各爲一物 故復採先儒總合訓說之語 凡得二十四條 過此以往則精微 廣博 非初學先務也(字訓書 下篇).

'註', '按' 등의 내용을 다룬 要素知識(요소지식)을 제시하고 있지만, 하편에서는 전자, 즉 도구적 문자지식이 등장하지 않는다. 결국 상, 중편은 '자의', '약설'로 이루어져 있어서 양자의 분화가 없지만 하편에서는 자의만으로 이해되지 않는 단어가 취급되고 있는 것이다.

지금까지 우리는 택당 이식의 교육이론를 제시하였다. 여기서 우리의 관심은 그의 교육이론이 한국교육사에서 어떤 위치를 차지하고 있는가 하는 것이다. 택당 이식이 제시하고 있는 교육내용은 표면상 세 가지로 구성되어 있다. 하나는 선독이요, 다른 하나는 차독이며, 세번째는 과문공부이다. 그런데 선독과 차독은 무엇 때문에 하는가라고 택당에게 묻는다면 그는 무엇이라고 대답할 것인가? 적어도 그의 문집에는 이 점이 분명히 나타나 있지 않다. 그러나 다음으로 과문공부는 왜 하는가라고 묻는다면, 그는 다음과 같이 대답할 것이다. 즉 '國家以經術策義試士 欲其知道而達於政也 以詩賦四六兼試者 欲其以文章華國補世也(국가는 經典, 策文 등을 가지고 선비를 시험하여, 도를 알아 政事에 미칠것을 바라며, 詩, 賦, 四六 병려체 등을 시험하여, 文章을 멋들어지게 써서 국가를 도와주는 일을 하는데 있다)' 이다. 이 모든 것을 합하여 한 마디로 말한다면 '국가에 유능한 인재'를 길러낸다는 것으로 요약된다. 그의 과문공부를 볼 때, 적어도 선독과 차독이 이 과문공부의 기초가 된다는 것은 틀림없다. 그렇다면 택당에 의하면 교육은 바로 '국가에 필요한 유능한 인재'를 기르기 위한 수단이다. '수단-목적 관계의 특징을 말하자면, 그것은, 수단과 목적 사이에 사실적 관련이 성립한다는 점, 수단에 앞서서 먼저 목적이 정해져야 한다는 점, 그리고 목적은 원칙상 달성 가능한 것이어야 한다는 점이라고 말할 수 있다.'[129] 택당은 본격적으로 교육을 수단으로 본 조선왕조 최초의 교육이론가라고 할 수 있다. 적어도 택당 이식 이전의 교육이론가들은 교육의 목적을 聖人이 되는 데 두었었다. 그의 교육이론의 祖宗이라 할 수 있는 율곡 이이의 경우에도 교육목적은 '聖人自期(성인자기)'였다. 물론 율곡의 교육이론 속에는 택당의 교육이론으로 가는 '씨앗'이 있었지만, 택당은 이 가능성을 훨씬 더 부각시켜 '유용성의 수단' 쪽으로 밀고 나갔다. 택당은 이 점에 있어서 선구자였다고 할 수 있다. 즉 교육은 '글로 인해 道를 깨우치도록 하는 것'(因文悟道, 示兒代筆)이다. 이때 道는 立身出世(입신출세)의 길이다. 이것은 다시 '과거를

129) 秦英碩, 「道德敎育의 理想으로서의 天人合一」, 「道德敎育硏究」 第9輯, 韓國敎育學會 道德敎育 硏究會, 1997, p.72.

보아 입신하여 농사를 짓는 대신 祿을 받는 것'(決科立身 以祿代耕, 上同)으로 연결된다. 그러므로 택당 이식에게 있어서 因文悟道(인문오도)와 因文處世(인문처세)는 같은 것이다.

한편, 택당 이식은 조선왕조 종래의 교육을 근대로 옮아가게 하는 징검다리 역할을 하였다. 이 일을 성공적으로 하기 위해서 그는 교육을 개혁해야 했다. 교육개혁의 역사를 보면(주로 교육방법의 측면에서), 그것은 대체로 세 개의 단계적 '추상'의 과정을 거쳤다. 그것은 1) 삶과 교육의 분리 2) 교육내용과 교사의 분리 3) 교육내용과 교육방법의 분리이다. 택당은 이 세 단계중에서 마지막 단계인 교육내용과 교육방법의 분리를 시도하였다. 택당이 본 교육은 因文處世(인문처세)를 목적으로 한다. 이것은 다시 文字工程(문자공정), 달리 말하면 詩文學習(시문학습)의 方法이라는 현실적 방법에 관심을 가지게 되어 있었음을 뜻한다. 이 단적인 표현이 바로 택당 자신이 내놓은 선독, 차독, 초학자훈증집, '시를 배우는 표준방법'(學詩準的)과 '작문모범'이다. 사실을 두고 말한다면 교육방법은 교육내용을 마음의 한 부분으로 하는 것(內面化)에 목적이 있다. 교육방법과 내용의 분리는 결국 내면화되기 이전의 내용이 있다는 것을 뜻한다. 다시 말하면 마음과 무관한 지식(마음이 빠져버린 지식)이 있다는 것이다. 이것이 일단 가정되면 지식이 마음의 한 부분으로 될 가능성은 없어진다. 마음의 한 부분이 되려면 지식은 처음부터 마음과 관련하여, 마음이 들어있는 상태로 있지 않으면 안된다. 택당 이식의 교육이론은 마음과 무관한 지식이 있다는 생각을 갖도록 해주는 '씨앗'을 가지고 있다.

제12장
조선 후기의 교육

  實學(실학)이라는 말이 우리나라 역사에서 어떤 변천을 겪었는지 살펴 볼 필요가 있다. 우리나라에서는 고려 말, 조선 초에 불교를 '寂滅爲樂(적멸위락)'이라 하였고, 詞章(사장)을 '浮華無實(부화무실)'하다고 하면서 性理學(성리학)을 실학이라 하였다. 다시 왜란과 호란을 거치면서 煩鎖(번쇄)하고 支離(지리)한 데로 흘러 버린 성리학과 예학의 폐단에 반발한 일부 학자들이 經世致用(경세치용), 利用厚生(이용후생), 實事求是(실사구시)를 부르짖었으며, 이를 목적으로 하는 학문을 실학이라 하였다.[1] 여기서 한 가지 문제가 되는 것은, 실학이라고 할 때의 '實'은 '虛'의 반대인 만큼, 虛와 實을 가르는 기준이 무엇인가 하는 것이다. 조선 초에는 불교를 적멸위락이라 하고 사장을 부화무실이라고 한 데 비하여 성리학은 실학이라고 하였다. 이 경우 虛와 實을 가르는 기준은 무엇인가? 다시 실학이었던 성리학이 왜란과 호란을 거치면서 어떤 기준 때문에 번쇄하고 지리한 학문으로 판단되었는가? 조선 후기에 등장한 실학에서의 '實'의 내용을 경세치용, 이용후생, 실사구시라고 하면, 그 내용은 모두 육체적 삶에 가치를 부여하는 것으로 된다. 종래의 성리학이 도덕, 윤리라는 정신적 삶에 강조를 두었다고 보면, 조선 후기의 실학은 육체적 삶에 강조를 두고 있다고 보아야 한다. 그렇다면 여기에서의

---

1) 崔英成,「韓國儒學思想史」IV, 서울: 亞細亞文化社, 1995, pp.64-65.

虛와 實의 기준은 이상적 삶에 강조를 두는가 그렇지 않으면 현실적 삶에 더 강조를 두는가에 있다고 볼 수 있다. 조선 후기에 이와 같이 삶의 기준이 변화되었다고 하면 그 기원을 어디에서 찾을 수 있겠는가?

1. 실학과 교육

성리학의 근원을 주역에서 찾을 수 있다면, 주역 계사편에 등장하는 말, 즉 '음양이 바뀌는 것을 일컬어 道라 한다,'[2] '形而上者(형이상자)는 道라 하고 形而下者(형이하자)는 器라고 한다'[3]는 말에 주목할 필요가 있다. 성리학에서는 원래 道와 器를 모두 강조하였다. 성리학에서는 만물생성변화의 원리를 '道'로 규정하고, 이 논리적 세계로서의 道와 구체적인 현상으로 나타난 사실적 세계로서의 器를 구분하면서, 이 道와 器의 不可不離(불가불리)를 강조하였다. 즉, 그 두 가지를 體와 用으로 파악하였던 것이다. 말하자면 성리학은 道와 器가 조화롭게 될 때에 올바른 학문이 된다고 보았던 것이다. 이와 같은 맥락에서 볼 때, 논어의 修己安人論(수기안인론), 대학의 本末(본말), 內外論(내외론)은 주역의 道器論(도기론)과 맥을 같이한다고 할 수 있다. 우리가 여기서 유의해야 할 점은 성리학 역시 유학인 만큼 그것은 언제나 일상적인 현실을 떠나지 않았다는 점이다. 유학 자체는 그야말로 實學이었던 것이다. 예컨대 書經에 나타나는, 이른바 正德, 利用, 厚生에 관한 논의는 모두 실학의 대상이었다. 조선왕조에서의 성리학 또는 주자학도 道와 器 중에서 어느 한쪽만 강조를 한 것은 아니었다. 물론 시대마다 약간의 차이는 있었다. 그러나 여전히 道에만 치중하고 器에는 무관심하였다고는 말할 수 없다. 이것으로 보아 조선의 성리학자가 현실문제에 관심을 가지지 않았다는 주장은 설득력이 없다. 조선왕조에는 성리학자이면서 時務(시무)에 밝고 經世(경세)에 높은 식견을 가진 인물이 많이 있었다. 그 대표적인 예가 율곡이라고 할 수 있다.

그러나 성리학의 발전이 꽃을 피운 퇴계와 율곡의 시대 이후의 조선의 성리학자들은 성리학 자체를 발전시키는 데 힘을 기울인 나머지 관념적인 유희로 빠져

2) 一陰一陽之謂道(周易 繫辭 上).
3) 形而上者 謂之道 形而下者 謂之器(周易 繫辭 上).

경제문제나 사회문제를 소홀히 하였다는 비난을 면하기 어렵다. 이러한 상황을 직시하고 道와 器, 本과 末, 內와 外의 체용의 겸비라는 유학 본래의 취지로 돌아가야 한다는 반성의 토대 위에서 현실 사회의 보다 시급한 문제에 관심을 가질 수 있는 학풍을 회복하겠다는 운동이 이른바 조선 후기의 '실학' 이라 할 수 있다. 그러므로 지금까지의 논의를 정리하여 말하자면[4], 첫째, '실학' 이라는 용어는 朱子(주자)에 의하여 처음 사용된 것으로서, 實과 虛 사이에 어떤 기준이 있는 것이 아니라, 종래의 학문의 성격, 목적, 방법에 대하여 자기 반성의 계기를 마련하고자 할 때 쓰는 말이었다. 둘째, 조선 후기의 實學派(실학파)라 불리는 학자들이 말하는 '實' 과 그 이전의 성리학자들이 말하고 있는 '實' 은 다 같은 의미의 實(虛와 空을 부정하는 實)이지만, 다만 시대의 변천에 따라 그 實의 내용이 달라졌다고 할 수 있다. 말하자면 학문의 목적과 방법에 있어서 本과 末, 內와 外 가운데 어느 것에 더 강조를 두느냐가 달라진 것이다. 셋째, 성리학은 실학과 대립되는 것이 아니라 相補(상보)되는 학문이라는 것이다.

　조선왕조에서는 두 번 실학이 등장하였는데, 그 중의 하나가 전기 실학이며, 다른 하나가 후기 실학이다. 전기 실학은 불교나 詞章(사장)에 대하여 空과 浮華를 부정하는 의미로서의 실학을 강조하면서 성리학을 實踐躬行(실천궁행)의 학문으로 받아들였으며 전적으로 주자학에 의거한 것이었다. 후기 실학은 그 동안 너무 관념적이고 사변적인 것으로 흐른 나머지 교조적이고 묵수적인 학풍을 거부하고 '실제 생활에 유용한 학문' 으로서의 성리학을 강조하면서 유학 본래의 정신으로 돌아가자는 것을 주장하였다. 여기서 유의해야 할 것은, 실학이 처음부터 성리학을 부정한 것은 아니며, 성리학을 비판적으로 계승하는 과정에서, 성리학을 비판하거나 회의적으로 보는 학자와 성리학을 아예 부정하거나 거부하는 경향을 띠는 학자들이 각각 나타나게 된다는 사실이다. 성리학과 실학을 상보적인 관계로 파악하고자 하는 학자들 중에는 실학이 성리학의 학설 중에서 主氣的 傾向(주기적 경향)을 띠고 있다는 것을 강조하는 학자들이 있다(高橋亨, 1929, 尹絲淳, 1980).[5] 그러나 李瀷(이익), 安鼎福(안정복) 등의 主理的 傾向(주리적 경향)은 어떻게 해석할 수 있는가 하는 것이 문제로 남게 된다. 이익과 안정복은 어떻게 하여 주리론

4) 崔英成,「韓國儒學思想史」Ⅳ, 朝鮮後期篇 下, 서울: 亞細亞文化社, 1995, p.68.

5) 高橋亨, '李朝儒學史에 있어서의 主理派主氣派의 發達', 「朝鮮支那의 文化研究」第1輯, 京城帝國大學法文學會 第2部 論纂, 1929. 尹絲淳, '實學的 經學觀의 特色', '實學思想의 哲學的 特色', 「韓國儒學論究」, 서울: 玄岩社, 1980.

자이면서 '일상생활에 유용한 학문'인 실학을 할 수 있었는가? 그들의 실학이 다른 실학자의 그것과 다른 점이 있다면 그것은 무엇인가?

일반적으로 실학의 學派는 세 가지로 분류되고 있다. 즉, 경세치용학파, 이용후생학파, 실사구시학파가 그것이다. 우선 경세치용학파를 설명하고자 한다. 이 학파의 명칭은 玄相允이 제시한 명칭으로서,[6] 이 학파는 실학 제1기로서 성호 이익을 大宗으로 하는 학파이다. 이 학파는 주로 토지제도와 행정기구 및 기타 제도상의 개혁에 치중한 학파이다. 왜 이들은 제도에 관심을 가지게 되었는가? 이 학파의 大宗인 성호 이익(1681-1763)의 성리학설부터 살펴보자. 理氣說(주기설)에서 그는 '理氣互發說(이기호발설)'을 지지하고 있다. 이 점에서 그는 이황의 성리학설을 지지하고 있는 것으로 보인다.

> 어리석은 내가 어찌 理發, 氣發이라는 互發을 말할 수 있겠는가. 그러나 理가 표현되어야 氣도 표현된다는 것은 말뚝을 박은 것처럼 바꾸지 못할 것이다. 사람이 말을 타는 것으로 밝히면 理는 사람이며, 氣는 말에 비유할 수 있다. 사람이 가고자 하는 곳이 있어서 말을 타고 가는 것이지, 말이 가고자 하여 사람이 타고 가는 것이 아니다 … 그러므로 理發이란 理의 직접적 표현이며, 氣發이란 바깥 사물이 形氣를 감촉함에 理가 이에 표현되는 것이다.[7]

그는 理發(이발)만을 주장한다. 그러면 氣는 어떤 역할을 하는가? 그는 氣의 응취로 이루어진 物을 形과 質로 구분한다. 그는 '形이란 사물의 方圓(방원), 曲直(곡직), 대소, 장단을 말한다. 이것으로 미루어 시초의 연유를 캐면 理가 있는데 理라는 것은 道이다. 이것으로 미루어 아래를 살펴보면 質이 있는데 質이란 器이다. 道는 理의 유행이요, 器는 質이 주어진 것으로 形이 그 사이에 거한다. 무릇 눈이 사물을 보는 것은 形을 위주로 한다'[8]고 하면서 다시 氣의 유행하는 범위에 따라 그것을 대소로 구분한다.

---

6) 玄相允,「朝鮮儒學史」, p.312.

7) 愚謂理發氣發 豈有互發之道 理動而氣動者 椿定不易 以人乘馬說明之 理如人氣如馬 人欲有往馬 載而行 非馬欲有往而人乘去也 … 故理發者 理之直發也 氣發者 物觸形氣而理於是發也(李瀷 星 湖全書).

8) 形者物之方圓曲直大小長短之有是也 由是而上推則有理 理者道也 由是而下察則有質 質者器也 道者理之流行也 器者質之有受也 而形巨其間 凡目之見物 以形爲主(星湖全書 3, 逆境疾書, 繫辭 上).

氣에는 온몸에 섞여 유행하는 氣가 있고 심장에 운용되는 氣가 있다. 비록 동일한 氣일지라도 대소의 구별이 있다. 비단 심장뿐만 아니라 머리와 눈까지도 모두 그렇다. 그 陽과 陰이 퍼지고 모일 때 스스로 머리는 머릿골(骨髓)로, 눈은 눈동자로 거두어 들인다. 〔만약 후자의 氣가〕 뒤섞여 운행하는 氣와 더불어, 퍼지고 모일 때 같은 한편 으로 거두어 들인다면 말이 되지 않는다.[9]

만약 理와 氣가 논리적 관계(相須)에 있다고 하면, 氣에는 대소의 구별이 있으며 理 또한 마땅히 그렇다. 耳, 目, 口, 鼻의 기능이 비록 마음의 작용에 매여 있지만, 마음은 귀로 하여금 보게 할 수 없고 눈으로 하여금 듣게 할 수 없으며 입으로 하여금 냄새 맡을 수 없고 코로 하여금 씹게 할 수 없다. 이것들은 一身 가운데 있는 것이지만 모든 기관은 각각 하나의 성질을 가지고 있다.[10]

여기서 문제는 理와 氣에 모두 大小가 있다는 것이다. 사실적 수준의 크고 작다는 말을 형이상학적 논의에서 사용하는 그 眞義(진의)를 어떻게 이해해야 할지 모르겠다는 것이다. 그리고 한 가지 특이한 것은 퇴계를 따른다고 하면서도, 사단 칠정론에서는 四端(사단)이라도 節度(절도)에 맞지 않으면 惡이 된다는 말을 하고 있다는 점이다.[11] 그럼에도 불구하고 그는 사단은 中節(중절)과 不中節(부중절)에 관계없이 理의 直發(직발)로서 形氣(형기)에 간섭하지 아니하므로 理發이라고 말한다.

'理가 發함에 氣가 따른다'는 것은 理가 먼저 움직이고 氣가 바야흐로 뒤에서 따르는 것을 말하는 것이 아니다. 이때 發이란 곧 나의 天理가 하는 것이다. '氣가 發함에 理가 탄다'는 것은 氣가 먼저 움직이고 理가 바야흐로 가서 타는 것을 말하는 것이 아니다 … 합하여 말하면 모두 理發이요, 나누어서 말하면 두 가지의 다름이 있다.[12]

성호 이익은 '理先氣後(이선기후)', 즉 理가 먼저 있고 氣가 뒤에 있다는 말을 어떻게 이해하고 있는가? 한 마디로 말하여, '理가 먼저 움직인다'는 말을 할 때

---

9) 氣者有一身混淪之氣 有心臟運用之氣 雖同一氣也 而有大小之別 不但心也 凡頭目之類皆然 其陽 舒陰翕也 自是頭斂於腦 目斂於晴 不成說與混淪者舒翕同根也(上同).

10) 若曰理與氣相須 氣旣有大小之別 則理亦宜然 如耳目口鼻雖繫乎心官 心不能使耳見而目聽口臭 鼻吃 這便是一身之中 衆體各一其性也(星湖全書 1).

11) 四端有不中節(星湖全書 7, 四七新編).

12) 理發氣隨者 非謂理先動而氣方隨在後也 是發也卽吾天理之爲之也 氣發理乘者 非謂氣先動而理 方乘他也 是發也卽吾形氣之爲之也 … 合而言則皆理發 分而言則有二者之殊(星湖全書 7).

그는 '움직인다' (動)는 말을 사실적인 수준에서 이해한 것 같다. 또한 合하여 말하면 理發(이발)이라고 할 때, 合의 의미는 어떻게 이해해야 하는가? 총체적으로 말한다는 뜻인지, 아니면 종합하여 말한다는 뜻인지, 모두 합하여 말한다는 뜻인지 불분명하다. 그러나 구태여 이해한다면 '총체적으로 말하면 理'라는 뜻을 나타내는 것으로 이해할 수 있을 것이다. 결국, '合하여 말하면 理發(이발)'이라는 말은, 모든 사물의 논리적 원인은 理일 뿐이라는 뜻으로 이해할 수 있다. 그런데 나누어서 말하면 '理와 氣는 다르다'고 할 때, 이 '다르다'는 말은 어떻게 이해해야 하는가? 이 말은 사실적 분리를 말하는가 아니면 개념적 구분을 말하는가? 이발만을 주장하는 것으로 보아 그는 理와 氣의 事實的 分離(사실적 분리)를 말하는 것 같다. 달리 말하면 理와 氣 사이에는 논리적 관련이 없다는 뜻이 된다. 과연 이와 같은 이익의 이해는 퇴계의 성리학설을 올바르게 이해한 것인가? 따지고 보면 퇴계와 이익의 생각은 다르다고 보아야 한다. 그에 따라 이 두 사람의 주리론도 다르다고 보아야 한다. 그의 '모두 이발뿐'이라는 말에서의 理는 퇴계가 말하는 궁극적 원인으로서의 理인 것이 사실이다. 그는 氣 속의 理는 인정하지 않는다. 왜냐하면 그는 氣를 인정하지 않기 때문이다. 그러나 실학에 관심을 가지면서 그는 자신의 理를 현실의 기준으로서의 원리로 삼았다. 그의 제자로는 順庵 安鼎福(순암 안정복, 1712-1791)이 있다. 그리고 안정복의 수제자는 황덕길이다.

그러면 그가 실학자로서 왜 제도의 개혁을 부르짖었는가 하는 문제에 대답을 해야 한다. 그가 소중히 여기는 것은, '道'는 禮樂刑政(예악형정)의 자취를 남기고 있다는 것이다. 예악형정은 제도이다.

첫째로 제도는 개인에 비하여, 비록 시간상으로 우선하지는 않는다 하더라도, 논리적으로 우선한다. 둘째로 제도는 집단활동의 방식에서부터 논리적으로 분석되어 나오는, 그 활동의 의미이다. 셋째로 제도는 하나의 '총체'를 이루고 있다. 하나 하나의 활동의 성격 또는 의미는 제도라는 총체의 구성 요소로서, 그것들이 상호 논리적인 관련을 맺으면서 제도를 이루고 있다. 제도는, 우리의 삶이 그렇듯이, 늘 살아 움직이고 있다. 제도의 변화는, 이와 같이, 제도가 살아 움직인다는 사실에서 필연적으로 따라오는 결과이다.[13]

그러므로 성호 이익의 성리학설에 비추어 보면 그가 무엇보다도 제도에 관심

---

13) 李烘雨, '제도의 아름다움', 「교육의 목적과 난점」, 서울: 교육과학사, 1998, pp.264-268.

을 가질 수밖에 없고, 이것의 개혁이야말로 진정한 개혁이라고 생각하였던 것이다. 이때의 개혁은 현재에 잘못되어 있는 제도를 원래의 상태로 되돌린다는 뜻을 가지고 있다. 이것은 그의 主理說(주리설)에 비추어 보아 당연한 귀결이다.

성호 이익이 개혁하려는 여러 제도 가운데서 여기서는 교육과 관련되어 있는 '論學制(논학제)'를 집중적으로 다루어 보기로 한다. 우선 성호 이익이 보기에 당시에 가장 문제가 되는 것은 長幼(장유)와 朋友(붕우)에 대한 윤리가 아주 없어져 버렸다는 것이다. 그것은 교육이 해이해졌기 때문이다. 올바른 학교교육은 풍속과 기강과 윤리를 올바르게 세울 수 있어야 한다. 그러므로 학교교육이 이 일을 제대로 할 수 있도록 현재의 잘못된 점을 고쳐야 한다. 다시 말하면 학교교육을 통하여 풍속과 윤리와 기강이 올바르게 설 수 있도록 해야 한다는 것이다. 그가 보기에 구체적으로 학교가 해야 할 가장 중요한 일은 예법을 강론해야 한다는 것이다. 우리가 본받아야 할 것은 '옛것'이다. 즉, 옛날에는 天子(천자)가 학교를 순시하고 養老(양노)의 禮를 행하였다. 왜 천자는 몸소 학교를 순시하였는가? 그것은 학생들이 학교에서 예법을 실제 사회에 나가 이 예법대로 살기 때문이다. 그러므로 학교는 천자가 몸소 찾아가 사정을 알아보아야 할 정도로 중요한 곳이다. 天子는 또한 학교를 순시하는 것으로 만족하지 않고, 國老(원로대신)이거나 庶老(일반백성으로서 70세가 넘는 노인)인 老人으로서 直, 剛, 柔(직, 강, 유)의 세 가지 덕을 갖춘 노인에게 몸소 팔을 걷고 犧牲(희생)을 장만하여 대접하였다. 이와 같이 하면 어찌 백성들이 이를 보고 들으면서 감동하지 않겠는가.

다음으로 성호 이익이 개혁의 관심을 둔 곳은 書院(서원)이다. 원래 서원은 제사와 講學(강학)을 하는 곳이니 그 뜻은 좋은 것이다. 그러나 문제는 賦役(부역)을 피해서 書院(서원)에 숨는 자가 많고, 시끄럽게 다투는 자가 시장 바닥보다 많았다는 것이다. 그가 제시한 대책은 조정에서 사림의 소원에 따라 조교를 차임하고 그의 성적을 살펴 官職(관직)으로 승차시켜야 한다는 것이다. 그리고 재정적으로 안정을 꾀하도록 田土(전토)를 주고 奴婢(노비)도 몇 사람 내려 시중들게 하라는 것이다. 그러면 자연히 부역을 피해서 오는 사람들이 들지 못하고 서원도 그런 사람들을 받지 않게 될 것이다. 셋째로 그가 개혁의 관심을 둔 곳은 성균관이다. 그가 보기에 성균관은 조선왕조 최고학부로서 제 본분을 다하지 못하고 선비들이 모였다 흩어지는 것이 제멋대로이고 黨論(당론)의 장소로 떨어졌다. 그의 대책은 진사들의 이름을 차례대로 기록하고 순서대로 입학시키되 그들이 성균관에 머무르는 날짜를 정하라는 것이다.

지금까지의 '논학제'의 논의로 보면 그의 주장은 결국, 교육이나 학교제도에는 '原則(원칙)'이 있는데 현재상태는 그 원칙에서 크게 벗어나고 있으니 그것을 고쳐서 원칙에 합하도록 하라는 것이다. 성호 이익은 퇴계와 같이 '현실을 초월한 理想'으로서의 理를 중요하게 여기면서 '원칙'을 제시하고 거기에 합하도록 하라고 하는 것이다. 그 원칙이 얼마나 현실에 타당한가는 물론 별도의 문제이다. 그러므로 그의 학제에 관한 논의는 현실적으로 달성하기 어려운 원칙을 내세울 가능성이 있다. 그런 만큼 그의 논의에는 그 당시 학제에 관하여 좀 지나칠 정도로 비판한 경향이 없지 않았을 것이다. 경세치용학파의 실학은 이러한 관점에서 이해하도록 해야 할 것이다.

다음으로 실학 제2기에 속하는 것이 이용후생학파이다. 경세치용학파가 제도를 개혁함으로써 새로운 사회를 구성해 보려 하였으나 진전을 보지 못하자 그 시도는 다시 이용후생학파로 넘어갔다. 그 중심인물로는 홍대용(1731-1783), 박지원(1737-1805), 박제가(1750-1805) 등을 들 수 있다. 이들은 이른바 북학파들에 속하는 사람들이다. 이들이 주장하는 이용후생론의 어원은 書經 大禹謨(서경 대우모)에 나오는, '덕으로만 옳은 정치를 할 수 있고, 정치는 백성을 保養하는 데 있다. 물, 불, 쇠, 나무, 흙 및 곡식들을 잘 다스리고, 또 덕을 바로잡고 쓰임을 이롭게 하며 삶을 두터이 함을 잘 조화시키라'[14]고 하는 구절에서 찾을 수 있다. 이 말의 뜻은, '利用이라는 것은 좋은 도구를 만들고 재화를 잘 유통하게 하여 백성들의 쓰임을 이롭도록 하는 것이고, 厚生이라는 것은 비단옷을 입고 고기를 먹으며 배고프고 추운 일이 없어서 백성들의 생활이 여유롭게 되는 것을 말한다'[15]라는 그 구절의 註에 설명되어 있다. 이것이 바로 실학의 이용후생학파의 핵심적인 아이디어이다.

이 학파에 속하는 인물 중에서 연암 박지원과 관련하여 그가 말하는 실학과 교육의 관계를 살펴보기로 한다. 박지원은 노론 가문 출신이다. 연암 박지원은 담헌 홍대용(1731-1783)에게 영향을 받았다. 학통으로 보면 그는 기호학파의 洛論(낙론)에 속한다. 理氣 문제에 관해서는 체계적인 글이 없으나, 그는 대체로 주기적 경향을 띠고 있다.[16] 그는 人物性俱同을 주장하여 人과 物의 性은 한 가지라고 말하

---

14) 德惟善政 政在養民 水火金木土穀惟修 正德利用厚生惟和(書經 大禹謨).

15) 利用者 工作什器 商通貨財之類 所以利民之用也 厚生者 衣帛 食肉 不飢不寒之類 所以厚民之生也(書經 大禹謨 註).

16) 崔英成, 「前揭書」, p.128.

기도 한다. 그는 正德(정덕), 利用(이용), 厚生(후생)에 관하여 다음과 같이 말한다.

이용을 이룬 뒤에라야 후생을 할 수 있고, 후생을 이룬 뒤라야 正德을 이룰 수 있는 것이다. 器物의 사용을 편리하게 하지 않고서도 그 생활을 윤택하게 하는 것은 드물 것이니, 생활이 윤택하지 못한다면 어찌 그 도덕을 바르게 할 수 있겠는가.[17]

물질적인 이용, 후생을 윤리, 정덕보다 앞서는 것으로 놓고 있는 것이 위의 말이 보여주는 두드러진 특징이다. 이것은 종래의 주리적 성리학자들의 발상과는 아주 다른 것으로 일대 전환을 나타내고 있다. 말하자면 그의 실학은 현실을 중시하고 물질을 우선으로 취하는 사고 방식을 반영하고 있다.

천하를 위해 일하는 사람은, 진실로 백성에게 이롭고 국가에 도움이 된다면, 비록 그 법이 오랑캐로부터 나온 것이라 할지라도 이를 취하여 본받아야 할 것이다.[18]

연암 박지원이 주장하고자 하는 것은 첫째로 좁고 융통성이 없는 계층의식의 타파와 신분에 있어서의 평등이다. 이와 같은 생각을 잘 나타내고 있는 말은 다음에서 찾아볼 수 있다.

학문의 길은 다른 것이 없다. 모르는 것이 있으면 길 가는 사람이라도 붙잡고 묻는 것이 옳다. 비록 奴婢라 할지라도 나보다 글자 하나라도 많이 알면 우선 그에게 배워야 한다. 자기가 남과 같지 못한 것을 부끄러워하여 자기보다 나은 사람에게 묻지 않는다면, 이는 종신토록 고루하고 아무 방법도 없는 그런 속에 스스로 갇히는 결과가 된다.[19]

둘째로 그는 空理空論(공리공론)에서 벗어나 현실적이고 실리적인 정책을 추구하면서 주로 경제면에서는 농업과 아울러 상업, 무역의 중요성을 내세우고 있다. 이와 같은 생각을 잘 나타내고 있는 말은 다음에서 찾을 수 있다.

---

17) 利用然後 可以厚生 厚生然後 正其德矣 不能利其用 而能厚其生鮮矣 生旣不足以自厚 則亦惡能 正其德乎(熱河日記 渡江錄, 燕巖集 卷11).

18) 爲天下者 苟利於民 而厚於國 則雖其法之或出於夷狄 固將取而則之(熱河日記).

19) 學問之道無他 有不識 執途之人而問之 可也僮僕多識我一字 姑學汝 恥己之不若人 而不問勝己 則是終身自錮於固陋 無術之地他(燕巖集 卷5, 北學議序).

선비의 학문은 실로 농업, 공업, 상업의 이치를 겸하여 포괄하는 것이니, 이 세 가지 업은 모두 선비를 기다린 뒤라야 이루어지는 것이다. 이른바 농업을 밝히고, 통상을 하여 공업에 혜택을 줌에 있어 그 밝히고, 통하게 하고, 혜택이 되도록 하는 것은 선비가 아니고 누가 하겠는가. 그러므로 후세에 농업, 공업, 상업이 발전하지 못하는 것은 곧 선비에게 實學이 없는 잘못이라고 생각한다.[20]

이와 같은 실학에 바탕을 두고 교육에 관해서는 과연 어떤 생각을 하였을까? 우선 그의 興學論(흥학론)을 보기로 한다. 조선왕조 수령들이 힘쓸 것이 일곱 가지인데 그 중에서 흥학에 가장 먼저 관심을 두어야 한다는 것이다. 구체적으로 말하여 일곱 가지라는 것은 農桑盛(농상성, 농사와 뽕나무 기르는 일을 잘할 수 있도록 한다), 戶口增(호구증, 호구수를 늘리는 일에 힘쓴다), 學校興(학교흥, 학교를 흥하도록 한다), 軍政修(군정수, 군인을 다스리는 일을 개선한다), 賦役均(부역균, 부역이 골고루 돌아가도록 한다), 詞訟簡(사공간, 소송절차를 간소화한다), 奸猾息(간활식, 간교하고 교활한 짓을 하지 못하도록 한다)을 가리킨다. 이것이 수령들이 할 일인 것이다. '정사를 다스리는 데 유의해야 할 것이 일곱 가지 있는데 그 중에서도 중요한 것은 세 가지(농상성, 부역균, 호구증)이다. 그러나 이 세 가지보다도 더 먼저 해야 할 일이 學이다.'[21] 왜 연암은 흥학을 다른 어느 것보다도 먼저 해야 한다고 하였는가? 교육을 수단으로 하여 농, 공, 상을 일으켜 국가나 사회를 발전시키는 데 목적을 두었기 때문이다. 이 생각은 종전의 교육에 대한 생각과는 전혀 다른 것이라고 말할 수 있을 것이다.

교육내용면에서 연암 박지원의 주장을 살펴보기로 한다.[22] 그는 千字文不可讀說(천자문불가독설), 史略不可讀說(사략불가독설), 通鑑節要不可讀說(통감절요불가독설)의 세 가지 글을 썼는데, 이 글들은 교육내용과 관련된 것이다. 이 글들은 당시 초학자를 위한 교과서로 널리 가르쳐지고 있던 세 책에 대해 통렬하게 비판을 한 것들이다. 우선 연암의 千字論(천자론)을 들어본다. 그는 千字文(천자문)을 아동의 초학입문의 제1차 과정으로 부과해서는 안 된다고 하였다. 그 근거는 다음과 같다. 즉, 문자를 만든 동기는 그 문자로 만물을 분류하기 위해서이다. 어느 한

---

20) 士之學 實兼包農工賈之理 三者之業 必皆待士而後成 夫所謂明農也 通商而惠工也 其所以明之 通之惠之者 非士而誰也 故臣竊以爲後世農工賈之失業 卽士無實學之過也(燕巖集 卷6, 課農小抄)

21) 爲政所急乎七者三 而所先於三者先學也(燕巖興學齊記).

22) 梅根 悟 監修, 世界敎育史硏究會編,「朝鮮敎育史」, 世界敎育史大系 5, 東京: 講談社, 昭和 56年, pp.203-212를 참고하였고, 거기에 筆者의 생각을 첨가하였다.

글자는 다수의 비슷한 事象을, 그 감각상의 차이를 그대로 포괄하면서 지시하는 기능을 가지고 있다. 문자는 사물의 속성을 징표로 하여 형성되며, 內包(내포), 外延(외연), 種差(종차)를 포함하는 개념의 언어적 표현이다. 옛날에는 초학입문의 제1단계에서는 문자의 기원을 충분히 알게 하였다. 물론 이들 문자의 유래는 아득하고 이해하기 어렵다. 그러나 어리고 미숙한 아동이라고 해서 안이한 동정심에 빠지지 않고 간절하게 손을 써서 가르친다면, 아동은 類槪念(유개념)의 내포를 명확히 알 수 있고, 類, 種의 관계, 같은 수준의 種槪念(종개념)을 하나 하나 파악해 갈 수가 있으며, 마찬가지로 그 개념에 포섭되는 모든 개념을 명확히 해서 사물을 하나로 꿰는 지성의 힘을 개발할 수 있다.

그가 보기에, 조선왕조에서는 중국의 周興嗣(주흥사)가 次韻(차운)한 천자문을 마치 天上의 玉京으로 생각하여 이를 금과옥조로 삼고 있으나, 그것으로는 小學之敎(소학지교)가 완수될 수 없다. 이미 아는 바와 같이 천자문의 첫 구절은 '天地玄黃 宇宙洪荒(천지현황 우주홍황)'인데, 어른들은 어린이에게 먼저 이 천지라는 글자를 가르친다. 그런데 '천지'는 천문학적, 지학적인 세계의 범주에 속하는 개념으로 日月(일월), 星辰(성진), 山川(산천), 丘陵(구릉) 등과 함께 세계의 종개념으로 포섭되는 개념이다. 이들 종개념, 즉 '世界'의 외연에 속하는 모든 개념을 명확히 함으로써 '天-地'라는 개념이 지시하는 대상에 공통적인 징표, 즉 내포를 정확하게 학습할 수 있는데도, 그것을 하지 않은 채 서둘러 이 분야의 문자학습을 중지시키고, 이 두 글자와는 전혀 다른 범주인 색채에 속하는 '玄黃'이라는 글자로 갑자기 비약해서 이를 배우라고 한다. 도대체 이 무슨 일인가? 더군다나 이 색채 '類'에 속하는 것 중에서 다만 '玄黃'이라는 두 가지의 종개념을 나타내는 글자를 가르칠 뿐, 赤, 靑, 黑, 白, 紅, 紫 등 同列의 다른 종개념에 대해서는 배우지 않고, 갑자기 비약해서 그 공부를 단절시킨다. 그리고 이어서 극히 추상적이고 총괄적인 공간 개념인 '宇宙'라는 글자를 배우게 된다. 도대체 이런 얼토당토 않는 교육방법이 어디에 있는가? 이처럼 관념의 논리적 상호관계를 무시하고 이리저리 건너뛰어 독단적인 학습을 시키기 때문에 아동은 혼란스럽게 된다.

또 千字文의 제3구 '日月盈仄'에 관해서 생각해 보면, '盈(영)'의 반대는 '虛(허)'이고 '仄'의 반대는 '平'이다. 이처럼 범주를 완전히 달리하는 두 글자가 조합되어 있다. 대저 文字學은 동일 범주 또는 동일 차원 내에서 비교 대조해야만 비로소 두 뜻이 함께 잘 통하게 되는 것이다. 그것을 千字文처럼 간단히 말하고 치우쳐 말해서는 통할 수 없지 않은가? 또 존재의 양태(예, 江河土石), 淸濁輕重

(청탁경중)과 같은 무형의 느낌, 운동양태를 한꺼번에 섞어서 제시해서는 안된다. 이와 같이 천자문은 인간의 개념적 인식작용의 형식적 법칙에 입각해서 문자를 습득하도록 되어 있지 않기 때문에 千字나 배워도 결국에는 한 글자도 알지 못하게 되는 것이다. 이와 같은 쓸모 없는 문자지식은 무가치한 것이기 때문에 천자문은 태워 없애 버리는 것이 낫다. 연암은 그래도 추천할 만한 것은 徐居正(서거정)의 類合(유합)이라고 하면서, 확정적으로 말하지는 않았지만, 한 가지 대안으로 제시하고 있다. 그 구체적인 예를 하나 들어보면 다음과 같다. 즉, 壹貳參肆伍陸, 柒捌玖拾百千, 萬億能察字劃, 初知籌數可達, 天覆地載乾坤, 分位東西南北, 上下中外左右, 前後邊隅裏內이 그것이다.

다음으로 사략, 통감절요의 불가독설을 살펴보자. 연암 박지원은 사략과 통감절요의 내용에 관해 통렬히 비난하고 있다. 그의 주장은 대략 다음과 같다. 즉, 몽매함을 깨치는 교육방법은 동몽의 지식을 계발하는 데 있다. 이성이 미치지 못하는 곳에는 一字一句가 지혜의 열쇠가 된다. 지식이 미치지 못할 때는 만 권의 책을 다 읽어도 '읽지 않은 상태'와 마찬가지이다. 增先之(증선지)의 사략 첫머리에는 다음과 같은 말, 즉— '太古 天皇氏 以木德王歲攝提 無爲而化 兄弟二十人 各一萬八千歲 地皇氏 以火德王 兄弟十一人 亦各一萬八千歲 人皇氏 兄弟九人 分長九州 凡一百五十歲 合四萬五千六百年'이라는 말이 있다. 여기서는 우선, 소위 '天皇氏(천황씨)'라는 것의 정체가 불분명하다. 그것이 도대체 임금인가, 수령인가, 귀신인가, 사람인가 알 수 없다. 木德(목덕)을 가지고 왕이 되었다고 하지만, 나무가 무슨 덕이 있기에, 이 사람을 왕으로 만들어 주었는가? 寅의 해였다고 하지만, 어째서 寅으로부터 한 해가 시작되는 것인가? 化한다고 하지만 무엇이 化한 것인가? 형제가 있다니까 분명 부모가 있었을 터인데 이 사람의 이름이 제일 먼저 나오는 것도 이상하지만, 장남이라고 하면서도 '형과 아우가 열 둘이 있었다'는 것은 무슨 이치인가? 이와 같이 끝없는 의문이 솟아오른다. 이와 같이 허구요 불합리한 설을 정말처럼 고집해 보아야 초학의 아동은 도저히 이해할 수 없어 아무리 해도 가르쳐지지가 않는 것이다. 아동이 그 배움의 초기에 '玄黃', '飛鳥', '飛走'라는 글자를 배우고, 그 기초 위에 '黃鳥于飛'라는 구절을 배우게 되면, 아동은 '글이 엮어지는 방식'을 이해하여 문장을 읽어 내는 힘이 커지며, 흥미도 샘솟아서 결국 문자를 손쉽게 배우게 되는 것이다. 그런데 위의 史略에서는 '草木', '德行', '帝王'이라는 문자를 배웠다고 해서 갑자기 '以木德王'이라는 구절을 던져 준다. 여기서 아동은 마치 머리를 기둥에 부딪친 것처럼 어리둥절하게 되고 만다. 經典의 문구처럼 입으로는 웅얼대지만 뜻은 이해하지 못하는 것이다. 거기서 아동은 '以木德王'이라는 구문법도 있다면 '草木帝王'이라는 것도 있다고 생각한다. 그리고 '德行帝王' 또는 '草行帝' 등 여러가지 방식으로 꿰맞춰 본다. 이와 같은 방식을 가지고 문장을 해독하는 능력이 키워지겠는가? 천황씨가 목덕을 가지고 왕이 되었다고 하는 것이 이치에 합당하게 이해될 때, 비로소 각각의 문자가 생생하게 살아나는 것이다. 거꾸로 말하면 각각의 문자가 이해될 수 있도록 조합되어야만 지식이 넓혀진다. 바꾸어 말하면 개념들이 오성의 작용에 의하여 서로 결합되어 종합 판단이 성립할 때 인식이 넓혀져 가는 것이다.

교육은 그 초기 단계가 중요하다. 禮記(예기)에 말하기를 '어린아이에게는 항상 거짓되지 않은 것을 보여 주어야 하니 사소한 일이라도 조심하라'고 하였다. 그런데 이와 같이 史略(사략)의 첫권 첫머리부터 '荒唐無稽'(황당무계, 허황된 거짓말 같은 것)한 설을 가르치니, 어떻게 아동이 알아듣기를 기대할 수 있겠는가? 고금의 성현들이 처음 공부할 때의 讀書例(독서예)를 보아도 거기에는 나름대로 '아동을 가르치는 순서'가 있었음을 알아야 할 것이다. 우리 조선의 경우를 예로 든다면, 김시습은 5세에 중용, 대학을 읽었고, 유형원은 8세에 서경 우공편을 읽었다. 물론 이처럼 남보다 뛰어나게 총명한 준재의 예가 그대로 아무에게나 다 적용된다고 할 수는 없겠지만, 교육과정을 학습자의 지성활동에 입각해서 적절히 편성하는 일은 교육을 실현하는 기본적인 작업이다. 그러나 지금의 조선에서는 史略의 첫권을 '天經地緯(천경지위)'로 삼고 심지어는 사략이라는 책 전체를 그냥 초권이라고 칭하고 있으니 이 무슨 일인가? 이상이 연암의 사략불가독설의 요지이다.

통감절요불가독설에서는 다음과 같이 주장하고 있다. 즉, 아동의 독서는 8세부터 16세에 이르기까지의 9년간이 대략 그 기초 형성기로 여겨지는데 그 기간 중에서도 가장 중요한 것은 12세부터 14세까지의 3년간이다. 그러나 그 시기 중에서 실제로 책을 읽을 수 있는 날은 다 합쳐서 약 300일이니 이 날들은 알알이 진주며 하나 하나가 金과 玉인 것이다. 그런데 조선왕조의 아동은 모두 이 귀중한 300일의 대부분을 통감절요 15책을 읽는 데 바치고 있다. 게다가 평생의 독서가 이 책 한 질 뿐으로, 이것이 우리나라에 옛날부터 문장가가 적은 까닭이니 참으로 안타까운 일이다. 도대체 少微 선생이라는 江鎔은 道學과 文學 어느 것 하나에도 특별히 알려져 있지 않은 촌구석의 평범한 훈장에 불과하다. 이와 같은 사람이 지은 책을 300년 동안이나 존중해 왔던 것은 도대체 어찌된 일인가? 중국에 가서 책방을 뒤져봐도 증선지의 사략이나 江鎔(강용)의 통감절요라는 책은 그림자도 찾을 수 없고, 학자들도 증선지나 강용이 누군지 몰라 놀라워 한다. 물론 이런 책이 있는 줄도 모른다. 이와 같이 중국에서는 이미 멸실된 지 오래된 책이 우연히 동방의 조선에 떨어져서는 六經(육경)과 百家(백가)의 책을 대신해 사람들로 하여금 일생을 소모하도록 한다. 참으로 분통을 금할 수 없다.

조선에는 웃지 않을 수 없는 일이 두 가지가 있는데, 하나는 전혀 評點(평점)이 찍혀 있지 않은 史記(사기)가 '史記評林(사기평림)'이라고 불리는 일이며, 통감절요가 그저 '통감'이라 불리는 일이다. 내용상으로 보면 전자는 '평림'의 두 글자를 떼어내어 그냥 '사기'라고 하고, 이 두 글자를 후자에 붙여 '통감평림'이라고 하는 편이 오히려 적당하다. 실로 少微先生(소미선생)이라는 자만큼 천하에 큰 陋를 끼친 자는 없다. 통감이라는 이름은 사마온공의 資治通鑑(자치통감)에 기초하고 있다는 의미일텐데도, 이 少微通鑑(소미통감)의 서술을 보면 역사의 사례는 주자의 通鑑綱目(통감강목)을 채용하여 三國의 정통이 蜀漢에 있다고 하면서도 기사는 曹魏를 위주로 하고 있다. 완전히 主客顚倒요 王과 賊이 도치되어 있어 후세에 전할 만한 좋은 책이 못된다. 게다가 연월일이나 사실상의 착오도 많아 '아무런 거리낌없이 불태워 버려도 좋은 책'이라 하겠다. 유망한 어린이가 12, 13세의 중요한 시기에 이와 같은 형편없는 글을 접하고는 나쁜 영향을 받는 것이다. 인간은 그 성질상 '오래된 것을 싫어하고 새 것을 좋아하지 않는 자가 없다.' 차례로 새로운 책을 읽어 나가는 데서 진보 성취감이 동반되고 수고를 잊으며, 그 결과 흥미를 느끼면서 글에 몰두하여 좋아하게 되는 것이다. 그러나 언제까지나 이 소미통감에만 머물러 있으면 재미가 없어지니, 스스로 공부를 집어치우게 되는 것도 당연하다고 할 수 있다. 혹자는 말하기를 '통감'을 전부 읽으면 아이들이 반드시 文理를 깨치게 된다고 하지만, 이는 매우 어리석은 말이다. '통감' 전부를 독파하는 힘으로 六經諸書(육경제서)를 읽는다면 훨씬 文理(문리)에 뛰어나게 될 터이니 말이다.

지금까지 연암의 천자문불가독설, 사략통감불가독설의 주장을 요약하여 제시하였다. 이 두 가지 중 첫번째 천자문불가독설에서는 교육내용에서 교육방법을 추상하려는 의도가 보인다. 즉, 교육방법에 관한 본격적인 관심을 보였다는 것이다. 이 교육방법에 관심을 가졌다는 것의 요체는 '아동이 빠르고 쉽게 배울 수 있도록 해주자'는 것이다. 그러나 한 가지 유의해야 할 것은 최소한 교육내용과 무관하게 강구되는 교육방법은 언제나 기계적 방법론으로 화석화되는 결과를 초래하게 된다는 사실이다. '그러나 교육방법은 교육내용에서 분리될 수 없다. 교육내용에서 교육방법을 분리해 낼 수 있다고 생각할 때 사람들은 교육내용을 특이하게 정의하고 있다고 보지 않을 수 없다. 그들은 교육내용에서 교육방법을 추상해 내던 방식과 동일한 방식으로 "총체로서의 교육내용"의 어느 특정한 측면을 또 다시 추상해 내어 그것을 "교육내용"으로 보고 있다.' [23] 연암의 천자문불가독설은 요컨대, 천자문을 글자를 가르치는 책으로 보고 있다. 그러나 이 천자문은 250句, 125節의 글귀 속에 천지간에 도사리고 있는 우주의 삼라만상의 온갖 진리를 담고 있는 책이며, 인간 수양의 정곡을 찌른 천하 무비의 광범하고 오묘한 명문, 명시집이다.[24] 이 두 주장 사이의 차이는 천자문이 담고 있는 교육내용을 무엇으로 보는가에 있다. 그러므로 과연 천자문이 어떤 교육내용을 가르치려고 하였는가를 명백히 할 필요가 있다. 달리 말하면 천자문에 나타나 있는 '수업을 통하여 아동이 내면화하기 바라는 정신상태'가 무엇인지를 분명히 할 때 박지원의 천자문에 대한 올바른 평가를 할 수 있다는 것이다.

다음으로 사략에 관하여 연암 박지원은 '천황씨라는 것의 정체가 불분명하다'고 비평하고 있다. 앞에서 거론된 사략의 한 부분은 신화 또는 전설 시대에 속한 태고의 역사를 기술하고 있다. 그러나 오히려 중국 민족은 현실적인 민족이기 때문에 다른 민족의 역사에 비하여 환상적인 맛이 덜하다고 볼 수 있다. '목덕'을 가지고 왕이 되었다는 말을 두고 '나무가 무슨 덕이 있기에 이 사람을 왕으로 만들어 주었는가?'라고 의문을 가지지만, 나무는 주역의 괘로 나무 또는 바람을 나타내므로 그 말은 왕의 성이 風이라는 뜻으로 이해될 수 있다. 말하자면 風氏가 덕으로 임금이 되었다는 뜻이다. 그리고 '어째서 寅으로부터 한 해가 시작되는 것인가?' 하고 의문을 제기하지만, 寅은 일년 중 가장 좋은 시절이므로 이것을 정월로 삼은 것이다. 정월은 한 해가 시작되는 달인 것이다. 이와 같이 교사가 있어 그 뜻을 학생들이 알아들을 수 있도록 해석과 설명을 해 주면 될 것이라고 생각한다. 어느 역사에나 전설 시대가 있게 마련이다. 그것을 두고 연암 박지원은 '荒唐無稽한 설을 가르치니 어떻게 아동이 알아듣기를 기대하는가'라고 걱정을 하고 있는데 이 걱정은 좀 지나친 것이 아닌가 하는 생각이 든다.

통감절요는 송나라 사마광의 자치통감을 역시 송대 사람인 강지(江贄)가 節錄

---

23) 이환기, '교육개혁과 교육방법', 「교육연구정보」 제26호, 춘천: 강원도 교육연구원, 1996, 12, p.72.
24) 成東鎬 譯解, 「新譯 千字文」, 서울: 弘新文化社, 1976, 序文.

한 것이다. 소미는 강지에게 내린 호이다. 소미는 송나라 휘종 때 사람으로 대략 1100년을 전후해서 살았던 것으로 추측된다. 그러므로 주희보다는 약간 앞서 살았었던 것 같다. 소미선생의 자치통감절요가 간행된 것은 1237년의 일이었으니 그때는 이미 원저자나 주희가 모두 세상을 뜬 뒤였다. 통감이 중시되기 시작한 것은 조선초의 일로서 경서와 함께 널리 서당에 보급되어 읽혔다. 통감은 초학 아동들이 경서에 들어가기 전에 반드시 읽어야 하는 기본 교과서였다. 그리하여 통감 제7권 '양태부가의상소'(梁太傅賈誼上疏)에서 文理가 트여야 총명하다고 인정되어 계속 공부를 할 수 있었고, 문리를 얻지 못하면 둔재라는 평가를 받는 한편 재산이 넉넉지 못한 집의 자식은 아예 지게를 지게 마련이었다.[25] 우리나라에 널리 보급되어 읽혀진 책은 사마광의 자치통감 원본이 아니라, 그것을 대폭 줄인 통감절요이다. 통감절요는 전50권으로 되어 있다. 우선 원본의 권수와 비교해 보아도 그것은 육분의 일밖에 되지 않으며, 실지의 분량으로 보면 더 많이 절감되어 있었던 것 같다. 이렇게 줄여 놓고 보니 한 사건의 경위, 사건과 사건의 연결 등이 무리없이 처리되었을 리가 없다. 사실상 심하게 거두절미하였기 때문에 이해하기 어려운 곳이 굉장히 많다. 그런 만큼 그것은 초학자가 혼자서 읽어서 터득할 수 있는 책은 못된다고 보아야 한다. 그리하여 우리나라에서는 아이들에게 한문문리를 얻게 하는 준비과목으로 취급되었을 뿐, 정작 지략을 기르고 의식을 갖게 하는 본격적인 역사서로 이용되지 못했다. 그저 문리만 나면 그때부터는 통감을 읽는 것을 그만두고 소학, 사서를 읽는 과정으로 들어갔던 것이다. 중국에서는 소미자치통감절요를 거의 모른다. 그들은 자치통감 원본을 그대로 읽는다. 그러므로 연암 박지원의 통감절요에 대한 비판은 대체로 옳은 것이다.

이용후생 학파에 관한 논의를 마치고 실사구시 학설을 논하는 것이 순서이겠지만, 여기서 잠시 우리는 다산 정약용(1762-1836)을 취급하여야 할 것 같다. 왜냐하면 다산은 조선왕조 실학사상의 집대성자이기 때문이다. 실학의 학파로 보면, 그는 경세치용 학파에 속한다. 이제 정약용의 실학에 나타난 그의 교육이론을 논할 것이다. 성호의 뒤를 이어 가장 치밀하고도 폭넓게 경세치용론을 체계화하여 총체적으로 집대성한 학자가 바로 다산 정약용이다. 그가 방대한 저술을 이룩하면서 한평생 마음 속에 담고 있던 핵심적인 생각은 과연 무엇인가? 그는 自撰墓誌銘(자찬묘지명)에서, '六經四書는 그로써 修己하자는 것이요, 一表 二書는 그로써 천하국가를 다스림으로써 本末을 갖추자는 것이다'[26]라고 말하고 있다. 이

---
25) 金忠烈, 「資治通鑑」 상, 서울: 三省出版社, 1990, 譯序.

것이 바로 그의 핵심적 아이디어이다. 여기서 수기의 내용은 六經四書(육경사서)
이며, 治人(爲天下國家)의 내용은 經世遺表(경세유표), 牧民心書(목민심서), 欽欽
新書(흠흠신서)이다. 修己治人(수기치인)은 바로 유학이 추구하는 본질적 목적이
다. 그런 만큼 유학의 연장선상에 있는 성리학도 수기치인을 강조하고 있는데 다
산은 왜 하필이면 또다시 수기치인을 새롭게 주장하고 있는가?

이것은 修己와 治人의 관계를 새롭게 규정하는 것인가? 이 문제에 답하기 위
해서는 다산이 종래의 유학을 어떻게 보았으며 그가 비판하고 있는 것은 어떤 것
인가를 검토할 필요가 있다. 우선 다산은 종래의 유학을 변질된 유학으로 규정하
고 있다. 그러면서 자신이 그 변질된 유학을 복원하기 위해서 내세운 유학을 洙
泗學(주사학)이라 하였다. 주사학이란 고전적이며 본래적인 孔孟學(공맹학)을 의
미한다. 그렇다면 다산이 변질된 유학이라고 하는 것은 어떤 것인가? 그것은 다름
아닌 五學(오학)이다. 그는 '五學이 창성하자 周公, 仲尼의 道가 가시덤불로 얽
혀져 있으니 뉘라서 이 길을 하나로 만들 수 있을까'[27]라고 하고 있다. 그가 말하
는 오학이란 성리학, 훈고학, 문장, 과거, 術數(술수)를 말하는 것이다. 자신이 주장
하고 있는 주사학에 비하여 오학은 비맹자, 반맹자이라는 것이다.

다산이 비판하고 있는 오학 중에서 교육이론이라는 측면에서 볼 때 중요한 것
은 성리학 이론인 만큼, 이제 그것이 어째서 비맹자, 반맹자이라는 것인가를 알아
보기로 한다. 다산이 보기에 성리학은 孔孟으로부터 시간적으로 1300여 년이나
떨어져 있으며, 한당시대에 중국에 들어와 토착화된 외래 불교의 영향으로 성리
학은 유학의 성격을 변질시켜 버렸다.

특히 불가에서는 심성을 논할 적에 매양 寂然不動 感而遂通으로써 설명하였고, 程
子 門下의 여러 학자들도 이 두 학파(불가와 유가)의 설이 완전히 일치하는 것으로 생
각하여 그들이 미발 기발설을 토론할 적에는 오로지 그 구절을 증거로 삼았다. 그러나
마음을 다스리는 법과 관련하여 정자 문하에는 愼思가 있지 入寂하는 일은 없었으며,
戒愼恐懼함은 있어도 默存하는 일은 없었다. 생각만 하면서 배우지 않거나 배우기만
하지 생각하지는 않거나 하는 것을 공자는 경계하였던 것이다.[28]

26) 六經四書 以之修己 一表二書 以之爲天下國家 所以備本末也.
27) 五學昌而周公仲尼之道 榛榛然以莽誰能一之, 李乙浩, '茶山 丁若鏞', 「韓國의 思想家 十二人」,
　　서울: 玄岩社, 1975, p.298에서 再引用.
28) 特以佛氏 論心每以寂感爲說 程門諸公以爲兩家之說 泐然相合 其論未發已發 專以此句爲證 然程
　　門治心之法 有愼思無入寂 有戒恐無默存 故思而不學 學而不思 孔子戒之(與猶堂全書 中庸講義).

위의 말은 성리학이 불교의 교리와 밀접한 관련이 있다는 것을 시사하고 있다. 이것은 주사학의 순수성이 커다란 변혁을 겪었음을 보여주는 것이다. 그는 한 걸음 더 나아가 성리학을 본격적으로 비판하고 있다.

> 오늘날 성리학을 하는 자는 理니 氣니 性이니 體니 用이니 하면서, 본연의 기질, 理發과 氣發, 已發과 未發, 兼指와 單指, 理同氣異와 氣同理異, 心善無惡과 心有善有惡을 말하고, 세 줄기 다섯 가지를 천 가닥 만 잎사귀로 털같이 분석하고 실처럼 쪼개며 서로 성내고 떠든다. 어두운 마음으로 잠잠히 궁구하고는, 성낸 기운으로 목덜미를 붉히며, 스스로 천하의 高妙한 이치를 다 깨달았다 하여, 東을 두드리면서 西에 부딪친다. 꼬리만 잡고 머리는 빠뜨리면서 門마다 깃발 하나씩 세우고 집마다 堡壘 하나씩 쌓아서, 세상이 다하도록 그 訟事를 결단하지 못하고, 대를 전해 가도록 그 원망을 풀지 못한다. 들어오는 자는 주인으로 여기고 나가는 자는 종으로 여기며, 뜻이 같은 자는 추대하고 다른 자는 공격하며 스스로 의거한 바가 지극히 바르다고 생각하니 어찌 슬프지 않은가.[29]

이와 같이 성리학을 비판한 것으로 보아, 그는 일체의 형이상학의 세계 또는 논리의 세계를 인정하지 않았다고 할 수 있다. 동일한 실학자들이라 하더라도 다산의 경우는 선배 유형원이나 이익 등과 같이 성리학을 인정하면서 자신들의 實學을 주장하는 것과는 전적으로 다른 것이다.

다산은 이와 같이 성리학을 부정하면서 원시유학으로 돌아가고자 하였다. 여기서 우리가 유의해야 할 점은 원시유학, 즉 공맹학에서는 논리적 수준과 사실적 수준이 함께 어우러져 있었으며, 이 양쪽 수준이 다같이 강조되고 있었다는 것이다. 그러나 다산은 이 두 수준 중에서 사실적 수준만을 받아들이면서 원시유학으로 돌아가자고 한 것이다. 구체적으로 말하면 성리학이 理法(이법)으로서의 天을 주장한 데 비하여 다산은 그 天을 거부하고 천주교의 上帝天(상천제)를 사실적 수준에서 인정하였다고 볼 수 있다. 그는 主宰者로서의 하늘을 靈明(영명)한 人格的 存在(인격적 존재)로 파악하고 倫理의 根據(윤리의 근거)로 삼았던 것이다. 즉, 그는 '두려워하고 삼가하여 하늘(上帝)을 밝게 섬겨야만 仁이 될 수 있으나, 헛되게 태극을 높이고 理로써 하늘이라 한다면 仁이 될 수 없다. 요컨대 하늘을 섬겨야만 될 뿐이다'[30]라고 한 것이다. 이와 같은 事天, 上帝 등의 말은 다산이 천주

---

29) 與猶堂全書 第1集 卷11, 五學論(一).

교의 영향을 받았다는 증거로 해석될 수도 있다. 그러면 다산이 보기에 유학의 본질인 修己(수기)와 治人(치인)은 어떤 관련을 맺고 있는가?

이 문제는 다산의 견해에서 두드러지게 나타난다. 다산은 그의 大學公議에서 '불교에서 말하는 治心의 法은 治心을 통하여 사업을 하고자 하는 것임에 비하여 우리가 말하는 治心의 법은 事業을 통하여 治心을 하고자 하는 것이다'[31]라고 말하고 있다. 이 말은 修己(治心)와 治人(事業)이 관계를 맺는 두 가지 방식을 대비시켜 제시하고 있다. 표면상으로 구분하자면 修己는 개인의 내적 완성을 가리키는 것이고 治人은 외적으로 나타나는 실제적 효과를 가리킨다고 말할 수 있다. 그 다산의 말에 나타난 두 가지 관점은, 治人은 修己의 '功效'라는 것과 治人은 修己의 '내용'이라는 것으로 대비된다. 전자의 관련에서는 治人이 修己와 개념상으로 별개의 것이며, 먼저 修己를 한 결과가 治人으로 나타난다. 여기에 비하여, 후자의 관련에서 修己는 곧 治人을 내용으로 하여 이룩되며, 治人 이외에 따로 修己의 내용이 있다고는 생각되지 않는다. 다산은 전자의 관련방식이 佛家의 것이라고 하면서 그것이 그릇되다는 것을 지적하고 있다. 그러나 다산을 비롯한 實學者들이 한결같이 비판한 것은 朱子에 의하여 대표되는 성리학의 형이상학적 측면이었으며, 그러니 만큼 다산이 불교적 견해라고 말한 修己-治人의 관련 방식은 곧 자신이 옳다고 믿는 實學的 관점과는 구별되는 성리학적 관점을 가리킨다고 보아서 틀림이 없을 것이다. 말하자면, 다산은 佛氏의 이름을 빌어서 朱子의 견해를 비판하고 있는 것이다. 그렇게 생각 할 수밖에 없는 것이, 다산이 그 말에서 비판하고 있는 것은 대학의 '明德'에 대한 朱子의 해석인 것이다. 朱子는 明德을 풀이하여, '사람이 하늘로부터 받은 바로서, 신비하고 투명하면서도 모든 이치를 갖추어 모든 일을 처리하는 데에 기본이 되는 것'[32]이라고 말한 데 비하여, 다산에 의하면 明德은 곧 '孝-弟-慈' 등의 '人倫'이며, '明德을 밝히는 것은 곧 人倫을 밝히는 것'[33]이다.[34]

결국 이와 같은 차이는 수기의 개념에 관한 차이이며, 따라서 수기를 이룩하는 방법으로서의 교육의 개념에 관한 차이로 나타나는 것이다. 다산에 있어서 교육은 개인적, 사회적 사태에서 당면하는 실제적 사무와 동떨어진 고답적이고 추상

30) 恐懼戒愼 昭事上帝 則可以爲仁 虛尊太極 以理爲天 則不可以爲仁 歸事天而已(與猶堂全書 卷16, 自撰墓誌銘).

31) 佛氏治心之法 以治心爲事業 而吾家治心之法 以事業爲治心(大學公議 卷1).

32) 明德者 人之所得乎天 而虛靈不昧 以具衆理 而應萬事者也(大學章句 首章, 釋明明德).

33) 明德也 孝弟慈 明明德者 明人倫也(大學公議 卷1).

34) 李烘雨, '理氣哲學에 나타난 敎育理論', 「師大論叢」 第30輯, 1985, p.2.

적인 이론을 내용으로 하는 것이 아니라, 그러한 실제적 사무 그 자체를 내용으로 하여야 하며, 교육은 바로 그러한 사무를 처리하는 데에 도움이 되어야 한다.[35] 다산은 교육의 내용이라고 할 만한 것을 구체적으로 무엇이라고 하였는가?

그것의 내용은 一表二書(일표이서, 경세유표, 목민심서, 흠흠신서)이다. 이 내용이 곧 다산이 보는 교육내용인 것이다. 이제 차례로 그 내용을 간략하게 제시하고자 한다. 우선 전체적으로 말하여, 治人(치인)이 곧 治心(치심)이라는 것을 가장 잘 나타낸 것은 목민심서이다. 다산은 목민심서 자서에서 다음과 같이 말하고 있다.

> 옛날에 순임금은 요임금의 뒤를 이어 12牧에게 물어 그들로 하여금 백성을 다스리게 하였으며, 문왕이 정사를 펼 때 司牧(國君, 地方長官, 백성을 부양하는 사람)을 두어 牧夫(가축을 사육하는 사람)라 하였으며, 맹자는 평륙에 갔을 때(맹자 공손추 하) 芻牧(벼슬이름)으로써 백성을 다스리는 것에 비유하였으니, 이로 미루어 보면 백성을 부양하는 것을 가리켜 牧이라 한 것이 성현의 남긴 뜻이다. 성현의 가르침에는 원래 두 가지 길이 있다. 司徒는 만백성을 가르쳐 각각 修身하게 하고 大學에서는 國子를 가르쳐 각각 수신하고 治民하게 하였으니, 치민하는 것이 목민하는 것이다. 그런즉 군자의 학은 수신이 그 반이요, 나머지 반은 목민인 것이다 … 주역에 이르기를 '앞사람의 말씀이나 지나간 행적 등을 많이 익혀서 자기의 덕을 쌓는다' 하였으니, 이것은 진실로 내 덕을 기르기 위한 것이요 어찌 목민을 기필해서이겠는가. 心書라고 한 것은 무슨 까닭인가. 목민할 마음은 있으나 몸소 실행할 수 없기 때문에 心書라 이름한 것이다.[36]

그러면 먼저 경세유표의 내용부터 살펴보도록 하겠다.

> 經世란 무엇인가. 官制, 郡縣制, 田制, 賦役, 貢市, 倉儲, 軍制, 科制, 海稅, 商世, 馬政, 船法, 營國之制 등 時用 여부는 가리지 않고, 大經을 수립하여 紀綱을 베풂으로써, 우리 舊邦을 維新하고자 한다.[37]

---

35) 「上揭書」, p.3.

36) 昔舜紹堯 咨十有二牧 俾之牧民 文王立政 乃立司牧 以爲牧夫 孟子 之平陸 以芻牧 喩牧民 養民之謂牧者 聖賢之遺義也 聖賢之教 原有二途 司徒 教萬民 使各修身 大學 教國子 使各修身而治民 治民者 牧民也 然則君子之學 修身爲半 其半 牧民也 … 雖然易曰多識前言往行 以畜其德 是固所以畜吾之德 何必於牧民哉 其謂之心書者何 有牧民之心而不可以行於躬也 是以名之(牧民心書 自序).

37) 經世者何也 官制 郡縣之制 田制 賦役 貢市 倉儲 軍制 科制 海稅 商稅 馬政 船法 營國之制 不拘時用 立經陣紀 思以新我之舊邦也(與猶堂全書 第1集 卷16, 自撰墓誌銘).

이것이 바로 경세의 범위와 경세유표의 저작의 기본 취지인 것이다. 遺表(유표)
는 신하가 죽을 때 임금에게 올리는 글이다. 그의 개혁론은 唐虞(당우)의 삼대 정
치와 같은 상태가 되도록 하는 데 목표가 있다. 그리하여 그는 정치의 기본은 德
治(덕치)라는 점을 다음과 같이 말하고 있다.

법이면서 명칭을 禮라 한 것은 무엇 때문인가? 선왕은 禮로써 나라를 다스렸고 백
성을 다스렸다. 그러나 禮가 쇠퇴해지자 法이라는 명칭이 생겼다. 법으로써 하는 것은
나라를 다스리는 것이 아니고 백성을 다스리는 것도 못된다. 天理에 비추어 보아도 합
치되고 人情에 비추어 보아도 알맞은 것을 가리켜 禮라 이른다. 반대로 위엄으로 겁나
게 하고 협박으로 시름하게 하여 백성을 벌벌 떨게 하여 감히 침범하지 못하도록 하는
것을 法이라 이른다. 선왕은 禮로써 법을 삼았고, 後王은 법으로써 법을 삼았으니, 그
것이 선왕과 후왕이 다른 바이다.[38]

다산에 있어서도 기준은 성호 이익과 마찬가지로 시간상 옛것으로서의 '옛것'
에 있다. 다산은 周禮(주례)를 기준으로 삼고 있다. 그는 三代之治(삼대지치)를 회
복하고자 한다면 주례가 아니고는 착수할 수 없다고 생각하고 주례에 대한 전반
적이고 체계적인 연구를 하였다.

고인이 周禮를 많이 불신한 것은 모두 학문이 얕았기 때문이다. 왕안석이 신빙했다
고 하나 깊이 안 것이 아니었는데, 그 속은 朱子만이 알고 믿었다. 정현의 주는 十中
六七이 오류인데도 선유들이 이를 兼信하였으니 한스러운 노릇이다. 내가 병이 없어
오래 살 수만 있다면 周禮의 全注를 기획하련만 아침 이슬과 같은 목숨이라, 언제 죽
을지 몰라 감히 엄두를 내지 못하고 있다. 그러나 속으로는 三代之治를 진정 회복하
고자 할진대, 이 책이 아니고서는 손댈 수 없다고 생각한다.[39]

그러면서 구체적으로 이 경세유표에서 언급한 행동지침을 두고, '實事를 생각
하면서 實職을 세우고 實心을 품고 實政을 행하여 事功에 분발함으로써 虞周의

38) 法而名之曰禮 何也 先王以禮而爲國 以禮而道民 至禮之衰而法之名起焉 法 非所以爲國 非所以
道民也 揆諸天理而合 錯諸人情而協者 謂之禮 威之以所恐 迫之以所悲 使斯民兢兢然莫之敢干
者 謂之法 先王以禮而爲法 後王以法而爲法 斯其所不同也(經世遺表 引).
39) 周禮古人亦多不信者 皆淺學也 王安石雖信之而非深知 其裏面者 惟朱子知而信之 然鄭玄之注
十誤六七 而先儒兼信鄭玄 是可恨也 我若無病久生 則欲全注周禮 而朝露之命 不知何時歸化 不
敢生意 然心以爲三代之治 苟欲復之 非此書無可著手(與猶堂全書 第1集 卷20, 答仲氏).

治化를 이루고자 하였다'[40]고 말하고 있다.

여기에 교육과 관련하여 하나 특이한 것이 있다. 그것은 주례의 '地官司徒敎官'에서 地官으로 하여금 인재교육을 전담하게 한 예에 따라, 호조에 교육담당기능을 부여하였다는 점이다.

> 옛적에 대사도의 직무는 전적으로 백성의 교육을 관장하는 것이었다. 소위 '鄕三物로 만민을 가르친다' 는 것이다. 후세의 戶部는 오로지 財賦만 관장하여, 오직 거두어 들이는 것으로써 직무를 삼았으므로 백관이 별처럼 벌려 있어도 사람을 가르치는 관직에는 한 사람도 없다 그러므로 倫理와 紀綱이 끊어지고 풍속이 무너져 버렸다 … 周禮의 鄕老, 鄕大夫, 州長, 黨正, 族師라는 등속은 모두 사람을 가르치는 관직이므로, 이제 六部, 六學을 오로지 사람을 가르치는 것을 직무로 하여, 단지 詞訟만을 듣는 것이 아니되도록 한다. 그러므로 都事를 고쳐서 敎官이라 한다.[41]

이것은 정치와 교육이 하나로 되었던 것을 시사하고 있다. 다산은 시대가 변함에 따라 정치와 교육이 분리되는 것을 우려하고 있는 것이다.

다음으로 목민심서에 관하여 말해 보겠다. 국가가 있어서 정치를 행하는 목적은 국민을 잘살게 하는 데 있다. 만약 국민이 못살게 된다면 국가나 정치는 있으나마나한 존재인 것이다. 백성의 삶과 직결되는 정치는 바로 일선의 지방행정이며, 행정담당자인 목민관에 달려 있는 것이다. 그러므로 목민관의 책임은 무거운 것이다. 그리하여 목민심서에는 그것이 赴任(부임), 律己(율기), 奉公(봉공), 愛民(애민), 吏典(이전), 戶典(호전), 禮典(예전), 兵典(병전), 刑典(형전), 工典(공전), 賑荒(진황), 解官(해관) 등 열두 개의 綱(강)으로 나열되고 있으며, 이것이 또다시 각각 六個條로 세분되어 전체가 72개조로 이루어져 있다. 이것은 목민관의 삶을 거의 총망라한 것이라고 볼 수 있다. 예컨대, 부임의 경우에는 다음과 같다. ① 사령을 받으면서(除拜), 다른 벼슬을 구해도 좋으나 목민관만은 구할 것이 못된다. ② 부임길의 행장(治裝)에 있어서는 그 의복이나 말과 안장은 옛것을 그대로 쓰되 새로 장만하지 말아야 한다. ③ 조정에서의 부임인사(辭朝)와 관련하여 公卿과 臺諫에게 두루 인사를 드릴 때에는 마땅히 스스로 才器의 부족함을 말할 것이며 祿俸

---

40) 於是 虞實事而建實職 懷實心而行實政 奮發事功 以成虞周之治 不亦善乎(與猶堂全書 第5集 卷1, 經世遺表 一).

41) 古者大司徒之職 專掌敎人 所謂鄕三物敎萬民也 後世戶部專掌財賦 唯以聚斂爲職事 於是百官星羅而敎人之職無一人焉 於是倫常斁絶風俗壞敗(與猶堂全書 第5集 卷1, 經世遺表 一).

의 후박을 말해서는 안된다. ④ 新官의 부임 旅程(啓行)과 관련해서는 부임길에 올라서도 또한 장중하고 화평하며 간결하고 과묵하여 마치 말을 못하는 사람처럼 해야 한다. ⑤ 官府에 도임하는(上官) 데에는 날을 가리지 않으며, 우천시에는 날이 맑아지기를 기다린다. ⑥ 취임 첫날의 정사(莅事)에서는 선비와 백성들에게 영을 내려서 병폐에 대한 것을 묻고 여론을 조사하도록 한다.

셋째로 흠흠신서에 관하여 말하겠다.

> 人命을 다루는 獄事를 제대로 다스리는 자는 적다. 經史에 근본을 두고 이를 비판하는 글로 이를 돕고 공적인 격식에 의거하여 이를 증명하되 모든 실정을 참작하여 이를 고친 후 옥사를 요리하는 참고 재료로 삼게 함으로써 한 사람의 억울한 원한도 없게 하고자 하는 것이 내 뜻이다.[42]

이 흠흠신서는 人命在天이라는 대원칙에 그 근본을 두고 있다. 司牧은 하늘의 권능을 가지고 하늘이 준 권한을 대행하여 人命을 다루는 만큼 한 사람이라도 억울한 죽음이 있어서는 안된다는 것이다. 그리하여 그는 '斷獄의 근본은 欽恤에 있다. 흠휼이란 그 일을 조심하여 다루고 관련된 사람을 불쌍히 여기는 것이다'[43] 라고 하고 있다. 이것은 다시 주례와 서경에서 강조하고 있는 흠휼사상의 표현이라 할 수 있다.

지금까지 우리는 경세유표, 목민심서, 흠흠신서를 정약용이 주장하는 수기의 내용으로 규정하였다. 그런데 이 수기의 내용은 치인이지만, 수기의 구체적인 내용은 사서 육경을 공부하지 않고는 알 수 없는 것이다. 치인이라는 것은 사서 육경의 내용을 공부해야 비로소 그 의미를 알 수 있는 그런 것이다. 예컨대, 목민심서에 보면, '다른 벼슬은 구할 수도 있으나 백성을 다스리는 벼슬은 구해서는 안된다'[44]는 말이 있다. 이 말이 담고 있는 의미를 정확하게 이해하기 위해서는 사서 육경을 공부해야 한다. 다시 말하면 사서 육경 속에 이 말의 의미가 들어 있는 것이다. 이 점에서 보면, 다산 정약용은 수기의 내용이 실제적 사무 그 자체로 이루어져야 하며, 수기의 내용은 바로 그러한 사무를 처리하는 데 도움이 되어야 한다고 하지만, 이 생각은 오류라고 할 수 있다. 교육은 오히려 실제 사무와 관련있

---

42) 自撰墓誌銘.

43) 斷獄之本 在於欽恤 欽恤者 敬其事而哀其人也(與猶堂全書 第5集 欽欽新書 一).

44) 제1부 부임 육조 제1장 除拜.

는 내용과는 사실상 거리를 두어야 하는 것이다.

이제 우리는 실학의 제 3기라 할 수 있는 또 하나의 실학파로서 實事求是學派(실사구시학파)를 언급해야 할 것이다. 이 학파의 대표는 역시 추사 김정희(1786-1856)이다. 역사적으로 볼 때,[45] 경세치용학파에 속하는 성호의 후계자들은 1791년의 辛亥邪獄(신해사옥)과 1801년의 辛酉邪獄(신유사옥)으로 대부분 목숨을 잃고 다산만이 유배되는 참상을 겪었다. 이용후생학파의 글들 역시 호된 탄압을 받았다. 경세치용학파는 천주교 교란에 휩쓸려 세가 크게 상실되었고, 이용후생학파도 정조 임금을 끝으로 가중되는 박해에 시달리게 되었다. 후자의 경우에 1805년 연암 박지원과 초정 박제가가 세상을 뜨자, 후계자마저 이어지지 않아 勢가 급격히 약화되었다. 여기서 實學思想은 그 새로운 돌파구를 마련하지 않으면 안 되었다. 이러한 여건 속에서 추사 김정희(1786-1856)가 등장하게 되었던 것이다.

여기서는 그의 실학사상을 '실사구시설'에서 살펴보고, 다음으로 그의 '人才說(인재설)'을 검토하여 보고 난 후에 그의 교육관을 추론해 보기로 하겠다. 우선 그의 실사구시설을 보면 다음과 같다.

漢書 하간헌 왕전에 말하기를 실지로 있는 일에서 올바른 이치를 구한다(實事求是)고 하였는데, 이 말로 보면 곧 학문을 하는 데 있어서 실지로 있지도 않은 것으로써 일을 삼아서 다만 속이 텅 비고 엉성한 잔꾀로 방법을 삼는다거나 그 올바른 이치를 찾지 않고서 다만 먼저 잘못 얻어들은 말로써 주장을 삼는다면 그것은 성현의 길에 어긋나지 않음이 없을 것이다. 한나라 때의 유학자들은 경전을 전하여 받거나 글자를 읽고 풀이하는 데 있어서는 모두 스승으로부터 이어받음이 있어서 그 짜임새가 지극히 정밀하고 확실하였다. 性理나 道理 및 仁義 등과 같은 것을 그 당시의 사람들은 모두 잘 알고 있었기 때문에 깊이 논할 것도 없었다. 그러므로 더 理致를 추적하여 밝히지 않았다. 그러나 우연히 註釋을 내면 실지로 있는 일에서 올바른 이치를 찾지 않은 것이 없었다. 晉나라 사람들이 노자와 장자의 허무를 근본으로 삼는 학문을 강론하자, 갑자기 배우기를 게을리 하여 속이 비고 엉성한 사람들을 만들어 내니 학술은 크게 변하였고, 佛道가 크게 유행하게 되자 禪機로 깨닫는다는 것이 서로 갈라져 흩어지는 상태로 되어, 연구하고 따질 수도 없는 지경까지 되었다. 이에 한 번 학술은 크게 변하였다. 이것은 實事求是(실지로 있는 일에서 올바른 이치를 찾는다)와 모두 반대되는 것뿐이다. 두 송나라(북송/남송) 시대의 유학자들은 道學을 천명하면서 性理 등의 연구

45) 金正坤, '實學派들의思想的系譜와 展開', 「韓國思想史大系」 5, 성남: 韓國精神文化硏究院, 1995, pp.349-350.

를 정밀하게 한 것은 사실이다. 이것은 실로 옛 사람들이 아직 드러내지 못한 것을 드러낸 것이다. 오직 陸象山이나 왕양명 등의 학파만 공허한 짓을 되풀이하여 儒教를 이끌어 불교에 끌어들이고 다시 더 심하면 불교를 이끌어 유교에 끌어들이기까지 하였다.

가만히 생각하여 말하건대 학문을 하는 길이 이미 요임금, 순임금, 우임금, 은나라 탕왕, 주나라 문왕, 무왕, 주공과 공자로 돌아갈 곳을 삼는다면, 마땅히 實事求是(실지로 있는 사실에서 올바른 이치를 찾는 것)를 해야 할 것이요, 공허한 이론으로써 그릇된 곳으로 달아나서는 안된다고 하겠다. 학자들은 한나라 유학자들이 정밀하게 訓詁(경전의 음과 훈을 규정하고 의미를 고증하여 주석하는 것)에 열중한 것을 존중하는데, 이것은 진실로 옳은 일이다. 다만 聖賢의 가르침이라는 것은 비유하건대 크나큰 집과 같아서 주인이 거처하는 곳은 항상 방안이 된다. 그런데 방은 문간을 거치지 않으면 들어갈 수 없으니 訓詁라는 것은 바로 이 문간이다. 일상을 문간에서만 뛰어 다니고 마루로 올라가서 방으로 들어가려 하지 않는다면 이것은 從이다. 그러므로 학문을 하는데 있어서 반드시 정밀하게 訓詁에 열중하여야 한다는 것은 그 堂室로 잘못 들어가게 하지 않기 위해서 하는 말이고 訓詁로 끝마치라는 말은 아니다. 漢나라 사람이 심하게 堂室에 대하여 말하지 않은 것은 그때는 문간을 잘못 들어가지 않으면 堂室에도 잘못 들어가지 않았기 때문이다.

晉宋 이후의 학자들은 높고 먼 것으로써 공자를 존경하여, 聖賢의 가르침은 이와 같이 얕고 가깝지 않다고 생각하였다. 이에 얕은 문간을 버리고 따로 뛰어나게 오묘하며 높고 먼 곳에서 그것을 구하려고 하였다. 여기서 허공을 뛰어올라 용마루 위를 왔다갔다 하며 창문으로 흘러드는 광선과 집 그림자로 생각을 헤아려 집 속을 연구하기는 하였으나, 아직 처마끝도 몸소 보지 못하였었다. 또 혹은 '옛것'을 버리고 새로운 것을 좋아하여, 어느 한 집을 들어가는데 이와 같이 얕고 쉽게 하는 것이 아니라고 하면서, 따로 문간을 내고 다투어 들어감으로써, 이 곳에서는 방안에 기둥이 몇이라 하고 저곳에서는 마루에 기둥이 몇이라고 하여 비교하고 토론하기를 그치지 않았으나, 그 말하는 바가 이미 서쪽의 다음 집으로 잘못 들어가 있는 것을 알지 못하고 있었다. 먼저 집의 주인은 기가 막혀 웃으면서 내 집은 그렇지 않다고 할 뿐이었다.

대체 성현의 가르침은 몸소 실천하는 데 있는 것이지 空虛한 理論을 숭상하는 것은 아니다. 실지로 있는 것에서는 응당 올바른 이치를 찾을 수 있으나 공허한 것에서는 근거로 삼을 것이 없으니 마치 아득한 가운데서 무엇을 찾는 것 같고 드넓은 사이에 내던져진 것 같으므로 옳고 그름을 판단할 수 없어서 본뜻을 모두 잃어버리게 된다. 그러므로 聖賢의 가르침을 배우고자 하면, 반드시 漢나라 학풍과 宋나라의 학풍의 경계를 나눌 것도 없고 鄭玄과 王弼과 程顥, 程頤및 朱熹의 단점과 장점을 비교할 필요도 없으며, 주희와 육구연, 薛瑄, 왕수인의 문호를 다툴 필요도 없다. 다만 心氣를 고르고 고요하게 하여 넓게 배우고 힘써 실행할 것이니 오로지 實事求是(실지로 있는 일에서 올바른 이치를 찾는다), 이 한 마디 말을 기본으로 삼아서 이것을 실행하는 것이 좋을 것이다.[46)]

추사 김정희의 실사구시설에 나타난 문제점은 다음과 같이 지적할 수 있다.[47)] 우선, 그의 실사구시설을 요약하면 이렇다. 첫째, 실사구시는 학문을 닦는 데 있어 가장 중요한 길이며, 근거가 없는 지식이나 선입견으로 학문을 하여서는 안된다. 둘째, 老莊(노장)의 說이나 佛道는 실사구시와 반대되는 것이다. 셋째, 주자와 같은 송대의 학자가 성리학을 밝힌 것은 좋으나 육상산이나 왕양명의 心學(심학)은 옳지 못한 것이다. 넷째, 漢대의 훈고학은 실사구시에 어긋나지 않는다. 다섯째, 聖人之道(성인지도)를 큰 저택에 비한다면 훈고학은 그 저택에 이르는 길이다. 따라서 훈고학에 그치고 聖人의 道에 이르지 못하여서는 안된다. 여섯째, 반드시 漢과 宋의 구별을 할 필요가 없고, 반드시 주자와 육상산이나 왕양명의 학파를 가리지 말고, 마음을 조용히 가지고 넓게 배우고 독실하게 행동하며, 오로지 실사구시에 주안을 두면 된다. 다음으로, 여기에 나타난 문제점을 들면 다음과 같다. 첫째, 추사의 실사구시설은 그 내용 자체에 모순이 있다. 둘째, 추사가 말하는 실사구시는 본래의 뜻과 다르다. 그 본래의 뜻은 '유교 경전에 나타난 실지 사실에 근거하여 옳은 것을 찾는다'는 것으로 중국에 있어서의 실사구시는 考證學(고증학)의 근본정신이다. 또 실사구시의 고증학은 宋明의 理學에 반대되는 것이다. 漢과 宋의 절충을 뜻하는 추사의 실사구시는 翁方綱(옹방강)의 학문적 영향을 받은 것이며, 엄격한 학문적 용어가 아니고 통속적인 의미를 가지고 있다. 셋째, 이 실사구시설은 1816년(丙子) 이전에 쓰여진 것인데, 저택과 길의 비유는 阮元의 國史儒林傳序(국사유림전서)의 내용을 모방한 것이다. 넷째, 따라서 그 실사구시설은 조직적인 학설이라고 하기 어렵고, 통속적이며 절충적이고 남의 글을 모방하였으므로 독창적인 견해라 할 수 없다. 다섯째, 순수한 뜻으로서 실사구시라고 하는 학문의 방법이 추사의 학문에 있어서 가장 잘 나타나 있는 것은 금석학이다. 그 밖의 학문 분야에 있어서는 그가 뛰어난 실사구시학파의 학자라고 단정하기 어려우며, 더구나 그의 만년에는 불교에 정진하여 실사구시와는 더 한층 거리가 멀어져 갔다.

---

46) 阮堂先生全集 卷一.
47) 全海宗, '書藝, 金石學의 巨匠: 金正喜', 「韓國의 人間像」 제4권, 서울: 신구문화사, 1965, pp.451-452.

이와는 달리 여기에서 특히 문제삼고자 하는 것은 '晋宋以後 學者務以高遠 尊孔子 以爲聖賢之道 不若是之淺近也. 乃厭薄門逕而棄之 別于超妙高遠處求 之(진송 이후의 학자들은 높고 먼것으로써 공자를 존경하여, 성현의 가르침은 이와 같이 얕고 가깝지 않다고 생각하였다. 이에 얕은 문간은 싫어서 버리고 따로 뛰어나게 오묘하며 높고 먼 곳에서 그것을 구하려고 하였다)'에서 찾을 수 있다. 그가 '別于超妙高遠 處迷之(따로 뛰어나게 오묘하며 높고 먼곳에서 것을 구하려고 하였다)'라고 한 것은 주자의 성리학이다. 달리 말하면 성리학의 형이상학적 측면을 가리키는 것이다. 추사 김정희는 주자의 성리학에 들어 있는 형이상학적 측면을 부정하고 있는 것이다. 그렇다면 그는 '논리의 세계'를 부정하고 있는 것이 아닌가.

그렇기는 해도 한 가지 분명한 사실은, 인류의 스승이라고 불릴 만한 동서양의 위대한 사상가들은 거의 예외 없이 사실의 세계와는 다른 논리의 세계를 인정했다는 것이다. 그들이 그것을 인정한 데에는 틀림없이 그럴 만한 이유가 있었을 것이다. 그들은 무엇 때문에 그것을 인정했겠는가? 그들은 한결같이 인류를 올바른 길로 이끄는 일에 관심을 기울였으며, 그들의 그 인정은 바로 그들의 이 관심에서 빚어진 것이라고 보아야 할 것이다. 그들은 우리가 일상적으로 속하고 있는 사실의 세계 '위에', 그 사실의 세계의 原型 또는 기준으로서의 논리의 세계가 있다고 보았던 것이다. 그들은 우리의 삶이 올바른 모습을 띠기 위해서는 세계의 이 '重層構造'를 받아들이지 않으면 안된다고 생각하였다.[48]

그 논리의 세계를 부정한 추사 김정희는 어떤 인간을 올바른 인간으로 보고 있는가? 이 점을 알아보기 위해서는 그의 人才說(인재설)을 보아야 한다.

하늘이 재주를 내는 데 있어서 처음부터 南北이나 貴賤의 차이가 없거늘 서로 다른 차이(有成不成)가 있는 이유는 도대체 무엇인가. 대저 사람들은 어릴 때에 天賦의 총명함을 지니고 책의 이름부터 배워 기억하게 되는데 그 아비와 스승이 판단을 잘못하여 帖括(첩괄, 과거 시험 문제집)을 전하여 注入시킴으로써 古人들이 이리 저리 써 놓은 넓고, 아득한 내용을 담은 책이 보이지 않게 함으로써 지혜를 흐리게 하니, 한 번 그 먼지를 먹으면 다시 신선해질 수 없게 된다. 바로 이것이 첫번째 이유이다.
여기서 다행히 官學生이 되면 아직 민첩하게 통달하지 못한 상태로 어정거리게 되고, 과거 시험장을 들락거리면서, 차차 그 기간이 오래되면 氣色이 퇴색하고 타락하니

---

48) 李烘雨, 〈부록 1〉 논리적인 것과 사실적인 것, 이론적인 것과 실제적인 것', 「교육의 목적과 난점」, 서울: 교육과학사, 1998, pp.533-534.

어찌 편지 외의 다른 것을 논의할 겨를이 있겠는가. 바로 이것이 두번째 이유인 것이다.

사람이 비록 재주가 있다고 하지만 또한 그 태어난 곳을 보아야 하니, 외따로 떨어진 적막한 바닷가에서 태어났다면, 산과 개천, 사람과 萬物, 집짓고 사는 것, 사람들이 내왕하는 것, 널리 드러나는 것과 높고 굳센 기운, 그윽하고 기괴하며 불가사의하고 豪俠한 일들을 볼 수 없을 것이다. 그러므로 精神을 다듬고 살찌울 틈이 없고 가슴과 뱃속에도 여유작작함이 없어, 이미 눈과 귀가 인색하게 되었다면 손과 발도 필시 굼뜰 것이다. 바로 이것이 세 번째 이유인 것이다.

이 세 가지는 사람의 재주와 능력을 약하게(頓) 하고 떨어지게 하니 가히 안타까운 일이라 할 수 있으나, 이와 같은 일은 흔히 있는 일이다. 그러므로 편협한 늙은 선비는, 좋은 문장을 보고도, 귀로는 아직 많이 듣지 못하고 눈으로는 아직 많이 보지 못한 채, 그 촌스럽고 편협한 식견으로 온 세상의 문장을 평가하면서 어찌 좋은 문장이 있겠는가라고 말하기도 한다. 글을 잘 짓는 묘리는 남이 하는 대로 따라 하거나 비슷하게 하는 데 있는 것이 아니라, 자연의 靈氣가 황홀하게 몰려와서 생각하지도 않았으나 이미 이르러 버리는 데 있는 것이니 괴상하고 기묘하여 이름을 붙일 수도 없다.[49]

이 인재설을 보면 사람은 누구나 평등하게 능력을 부여받았으나 그 뒤에 환경에 따라 귀천의 차이가 생긴다고 주장하고 있다. 물론 교육도 중요한 환경이다. 올바른 교육을 제대로 받지 못하면 오로지 과거 따위나 보러 왔다갔다 하다가 세월을 보내면서 몹쓸 인간이 되어 버린다고 주장하고 있다. 특히 눈에 띄는 것은 어디서 태어났는가가 중요하다고 하면서 바닷가 적막한 곳에 태어나는 것은 별로 좋지 않다는 주장을 하고 있다는 것이다. 과연 이 주장이 올바른 주장인가에 관해서는 철저하게 경험적인 연구를 해 보아야 할 것이다.

그러면 그가 주장하는 올바른 교육을 받은 상태는 어떤 것인가? 그의 인재설에 의하면, 그것은 곧 '自然靈氣 恍惚而來 不思而至'(자연의 靈氣가 황홀하게 몰려와서 생각하지도 않았으나 이미 이르러 버리는 것)의 상태이다. 이 말을 잘못 이해하게 되면 아무 노력도 없이 어떤 신비스러운 일이 일어나서 생각하지도 않았는데 저절로 무엇이 되는 것 같은 상태를 떠올릴지 모른다. 그러나 이 말을 올바르게 이해하려면 주의해서 보아야 할 개념이 있다. 그 개념이 '自然'이라는 말이다.

자연이라는말은 어떤 것이 완벽한 상태가 되도록 끊임없이 무섭게 노력하여서 그 결과 그의 생각과 말과 행동이 특별한 의도적 노력 없이도(自然的으로) '中'이 실현된 상태를 가리킨다. 예컨대 글을 짓는다면 그 글을 짓는 법이 '자신의

49) 阮堂先生全集 卷一.

것'으로 되어 스스로 자기 나름의 글을 지을 수 있어야 하는 것이다. 달리 말하면 그것은 성리학의 교육원리라 할 수 있는 '自得'과 같은 것이다.

> 自得은, 程明道의 말에 의하면, '言說이 완전히 자신의 것으로 내면화되어, 더 이상 언설에 의존할 필요가 없는 상태로 되는 것'[50]을 뜻하며, '논어를 읽고 난 뒤에, 자신도 모르게 손과 발이 춤추는 사람'이라야 참으로 논어를 읽은 사람이라든가 논어를 읽기 전에도 그 사람이요 읽고 난 뒤에도 그 사람이라면 이것은 논어를 읽지 않은 것이다'라는 程伊川의 말은 自得의 경지를 여실하게 보여주고 있다.[51]

이것이 바로 추사가 말하고 있는, '自然靈氣가 황홀하게 몰려 와서 생각하지도 않았으나 이미 이르러 버린 것'이다. 그러므로 그는 이것을 두고 '괴상하고 기묘하여 이름을 붙일 수 없다'고 한 것이다.

지금까지 우리는 실학의 대표적인 학파, 즉, 경세치용학파, 이용후생학파, 그리고 실사구시학파를 개관하고 그 대표적인 학자들과 교육과의 관계를 간략하게 제시하였다. 처음에 畿湖지방의 재야 남인 계통의 학자들에 의하여 시작되었던 실학운동은 왜란, 호란으로 인한 구질서의 변화와 해체 과정에서 일어났고, 한때 커다란 공감을 불러 있으켰던 것은 사실이다. 더구나 영조와 정조의 적극적인 후원으로 그것은 거의 시대사조와도 같은 느낌을 갖도록 하였다. 그러나 이와 같은 호응 속에 전개되었던 실학운동은 결국 한계를 맞이하게 된다. 그와 같은 상황을 맞이한 데에는 여러 가지 이유가 있겠지만, 그 중에서 몇 가지를 들어보면 다음과 같다. 우선 지적할 수 있는 것은 실학운동을 주도하거나 추종하였던 사람들이 거의 대부분 당시 집권층에 끼지 못하였던 소위 '불우한 사람'들에 속하였다는 사실이다. 더욱 사태를 나쁘게 한 것은 당시 집권층이 상당히 부패하였었다는 점이다. 이와 같은 사태 속에서, 실학을 처음 주도하였던 남인 계통의 학자들은 이익 계열의 학자들이 상당수 邪教로 금지된 西學(서학)에 동조하였고 純祖 이후 몇 차례 邪獄으로 거의 제거되다시피 하였다. 더구나 박지원 일파는 '文體反正(문체반정)'이라는 미명 하에 호된 탄압을 받았다. 그리하여 이 운동은 급격히 위축되어 버렸던 것이다. 그러므로 실학의 참된 뜻이 국정에 반영되지 못한 것은 너무나 당연한 일이었다.

---

50) 學不言而自得者 乃自得也(孟子 離婁章 下14, 朱熹註).

51) 李烘雨, '전인교육론', 「도덕교육연구」 제8집, 한국교육학회 도덕교육연구회, 1996, pp.16-17.

2. 개화와 교육

1801년에 개화파가 성립되었다고 하면 그것은 인맥상 반드시 실학파와 연결될 수밖에 없다. 그 구체적인 예는, 박제가의 문인인 추사 김정희, 박제가의 동료인 이덕무의 손자 李圭景(이규경), 그리고 박지원의 손자 박규수(1807-1877) 등에서 찾을 수 있다. 박규수는 그의 문하에서 초기 개화파의 핵심 인물들을 길러 내었으며, 김정희의 문하에는 姜瑋(강위, 1820-1884)가 있다. 이 시기에는 뛰어난 철학자가 별로 눈에 띄지 않더니 드디어 崔漢綺(최한기, 1803-1877)가 나타났다. 그는 '氣化(기화)'에 의한 東西(동서)의 절충과 통일을 다음과 같이 주장하고 있다.

> 공허와 성실을 증험에 따라 취사하고 중국과 西法을 氣化를 통하여 절충하면 宇內의 학도가 같은 門生이 되어 만사를 마름질하여 다스리는 데(裁御)에 一統이 있게 된다. 그 중에 비록 사소한 언론의 차이가 있더라도 결국 氣化로 비교 증험하면 저절로 근본(質)으로 나아가게 된다.[52]

그는 실로 실학사상과 개화사상의 가교자라 할 만하다. 그는 평생을 책과 더불어 살았던 好學之士(호학지사)이며, 철학뿐만 아니라, 천문학, 지리학, 물리학, 수학, 의학, 농학 등 거의 모든 분야의 학문을 섭렵하였다. 그는 서양 철학과 기술에 널리 통하였으며 이것의 소개와 도입에 적극적이었다.

정신적으로는 실학파와 개화파를 이어주는 다리 역할을 하였지만, 최한기는 그 어느 파와도 인맥이 닿지 않고 있다. 그러면 여기서 실학파와 개화파의 관련을 간략하게 제시해 보고자 한다.[53] 실학파 박지원은 개화파의 박규수로부터 김윤식, 유길준으로 이어져 갑오개혁(1894-1895)의 주역을 낳게 된다. 또한 실학자 박지원은 박제가로 이어지고 박제가는 다시 김정희로 이어진다. 김정희는 개화파 오경석, 유홍기, 강위 등으로 이어진다. 이들 중에서 오경석은 김옥균, 박영효, 서광범, 박영교, 서재필, 홍영식 등과 함께 갑신정변(1884)의 주역이 된다. 유홍기 역시 갑신정변의 주역들과 관련을 맺었으며, 다시 이동인(뒤에 암살됨)으로 이어진다. 강위는

52) 明南樓叢書 二, 人政 卷12, 敎人門 5.
53) 姜在彦, 「韓國의 開化思想」, 서울: 比峰出版社, 1981, p.125.

변수로 이어지면서 갑신정변에 참가하게 된다. 여기서 한 가지 주목할 사실은 초기 개화파에는 譯官(역관) 오경석, 韓醫(한의) 유홍기 등의 중인 출신과 이동인과 같은 승려 출신이 있었다는 점이다. 이들 모두가 개화파 형성의 선구적 역할을 한 것이다.

그러면 어떻게 실학에서 개화로의 전환이 일어날 수 있었는가? 개화사상은 개국 및 그 전후의 대외적 위기에 대응한 '실사구시'의 사상이다. 실학파는 전통적 유교에 대하여 실사구시를 주장하면서, 華夷(화이), 內外(내외), 本末(본말), 士庶(사서) 등의 차별적 위상을 수직적인 것에서 수평적인 관계로 전환시키는 데 결정적인 역할을 하였다. 이와 같은 명분론, 차별적 위상을 극복하는 것이야말로 개화사상의 기본이었다. 그 구체적인 예를 두 가지 들겠다. 그 하나의 예로는 1883년 10월 31일에 창간된 한성순보 창간호에 등장하는, '우리는 원컨대, 우리나라의 여러 군자께서는 서로 시비하지 말고 오직 실사구시를 기해 달라'는 말을 들 수 있다. 그리고 다른 한 가지 예로는 1890년 개화운동의 중심축을 이룬 독립협회 월보의 창간사에 등장하는 안경수 회장의 말, 즉 '종래의 관료는 四色黨派(사색당파)의 당론에 정신이 빠지고 유생은 心性理氣(심성이기)의 논쟁에 골몰하고, 과거 시험에 응시하는 자는 詩, 賦, 表, 策(시, 부, 표, 책)의 기법만 오로지 하고, 銓衡官(전형관)은 문벌의 고하만을 저울하고 있다. 오늘의 국난은 "실사구시"를 소홀히 하였기 때문에 虛文(허문)만이 가득하고 적폐가 격화되었던 것에 말미암았다'[54]는 말을 들 수 있다.

실학과 개화는 서로 별로 차이가 없는 것 같이 보인다. 그러나 과연 양자 사이의 차이는 없는가? 우선 지적할 수 있는 것은 개화사상에서는 자본주의적 싹이 보인다는 것이다. 특히 상인층과 관련이 깊은 역관들의 사상적 경향이 개화사상에 반영되었다는 점을 들 수 있다. 다음으로, 실학은 청국을 夷로 규정한 데 반해, 개화파에서는 1860년대부터 시작된 서양제국의 무력 침공 등의 대외적 위기에 대하여 대응책을 모색하였다는 것이다. 그러나 이 두 가지 점에서 차이가 있다고 말했지만, 사실은 두 번째 차이에 강조를 두어야 한다. 왜냐하면 夷란 개화파에서는 서양이었기 때문이다. 실학이 다룬 夷가 淸이라면, 개화파의 夷는 서양이다. 여기에 근본적인 차이가 있다고 할 수 있다. 여기서 서양이란 산업혁명을 거친 자본주의 나라로서 구체적으로는 그 군사력과 상품을 통하여 인식한 서양을 가리킨

54) 大朝鮮獨立協會會報 創刊號 安駉壽, 獨立協會序, 1896년 11月 30日, 亞細亞文化社, 1978, p.3.

다. 개화사상은 자본주의 생존경쟁에서 覇는 覇로써 利는 利로써 대응하는 부국
강병의 길과 그것을 위한 근대적 변혁을 지향하는 사상이다.

이것을 잘 나타내 주고 있는 박영효의 말을 들어본다.

지금 세계 안의 만국은 옛날 춘추전국 시대와 같습니다. 한결같이 군사력으로써 雄
을 삼아 강자는 약자를 병합하고 큰 자는 작은 자를 삼킵니다. 항상 武備를 강구하고
文과 藝를 兼修하기를 서로 경쟁하고 서로 자극하여 앞을 다투지 않음이 없습니다.
각기 그 뜻을 마음껏 펴 천하에 위세를 떨치고 남의 허점을 타서 빼앗으려고 합니다
… 비록 만국의 공법과 세력 균형의 公義(原則)가 있지만 그러나 나라가 자립하고 자
존하는 힘이 없으면 반드시 찢기우고 깎이어서 유지할 수 없으니 만국 공법과 세력 균
형의 공의도 본래 의지하여 믿을 것이 못됩니다.[55]

종래 이웃나라와의 관계에서 王과 義를 중시하고 事大와 交隣의 禮를 중시하
던 유교적 가치관에서 보면 이것은 일대 충격이며 새로운 전환이라고 말할 수 있
을 것이다. 개화는 실학과는 달리 전통적 유교의 가치관에서 완전히 탈피하고자
하는 실사구시라고 할 수 있다. 그리고 이 점에서 개화는 추사 김정희의 실사구시
와 상당히 상통하고 있다고 말할 수 있다.

이제 우리는 開化라는 말이 어떤 의미를 가지고 있는지 밝혀야 한다. 사실 개
화라는 말 자체는 언뜻 보면 매우 불합리한 말같이 보인다. 왜냐하면 5천년의 장
구한 역사를 가지고 있는 민족에게 '사람의 지혜가 열리고 사상과 풍속이 진보된
다'(開化)는 말은 너무나 어색하기 때문이다. 개화파 중에서 개화에 대하여 처음
으로 엄밀한 개념 규정을 시도한 것은 兪吉濬(유길준)이다. 그는 박규수의 문하에
서 배출된 인물이다. 그는 또한 일본과 미국에서 유학한 경험을 가지고 있었다.
적어도 우리에게 알려진 것은 그가 西遊見聞(서유견문)을 집필하였다는 것이다.
그는 서유견문이라는 책에서 '개화라는 것은 인간의 天事萬物(천사만물)이 至善
極美(지선극미)의 영역에 이르는 것을 일컫는다. 고로 개화의 境域(경역)을 한정하
는 것은 불가능하다'고 규정하고 있다. 그는 또한 이 지선극미의 경역에 이르는
정도에 따라 開化(개화), 半開化(반개화), 未開化(미개화)라는 세 개의 등급으로 구
분할 수 있다고 하였다.[56] 이어서 그는 개화에는 인류의 개화, 학술의 개화, 정치

55) 朴泳孝, '國政改革에 관한 建白書', 姜在彦, 「朝鮮近代史硏究」 卷末 史料篇에서 再引用.
56) 姜在彦, 「前揭書」, p.172.

의 개화, 법률의 개화, 器械(기계)의 개화, 물품의 개화가 있다고 말하고 그 각각을 다음과 같이 구분하고 있다.

> 가만히 생각하건대 인류의 개화는 천하의 만국을 통하여 그 동일한 규모가 천만년의 장구함을 지나도 변하지 않는 것이거니와, 정치 이하의 여러 개화는 시대에 따라서 변화하기도 하며 지방에 따라서 다르기도 하다. 그러므로 옛날에는 맞던 것이 지금에는 맞지 않은 것이 있으며 저쪽에는 좋은 것이 이쪽에는 좋지 않은 것도 있은즉, 고금의 형세를 살피고 피차의 사정을 비교하여 그 長을 취하고 그 短을 버리는 것이 開化의 大道이다.[57]

말하자면 인류의 개화는 변하지 않지만 그 밖의 것은 변한다는 것이다. 그러나 그의 개화의 개념 규정도 1890년도 후반기부터는 달라졌다. 그는 독립신문(창간호, 1896년 6월 30일)에서 다음과 같이 말한다.

> 개화라는 말이 근일에 매우 번성하여 사람마다 이 말을 옮기되 우리 보기에는 개화의 뜻을 자세히 모르는 모양인 고로 오늘날 우리가 그 의미를 기록하노라. 개화란 말은 당초에 청국에서 지어낸 말인데 개화란 말은 아무 것도 모르는 소견이 열려 이치를 가지고 일을 생각하여 실상대로 만사를 행하자는 뜻이다. 실상을 가지고 일을 행하면 헛되고 실상이 없는 外飾은 아니 행하고 참된 것만 가지고 공평하고 정직하게 생각도 하고 행신도 그렇게 하는 것이라고 하였다. 여기서 말하는 '實狀' 이라는 것은 '實事求是' 인 것이다. 원래 청국에서의 開化는 그 어원이 '開物成務' (周易, 繫辭傳) 와 '化民成俗' (예기 학기 제1장) 에 나온 말 중에서 첫 자를 따서 開化라 하였던 것이다. 개화파에서의 開物이라는 말의 뜻은 국내 자원의 개발에 의한 산업의 근대화이며, 化民이라는 것은 계몽과 교육에 의한 인간의 의식과 지식의 근대화를 말하는 것이다.[58]

이와 같은 의미를 가진 개화운동은 18세기 후반기에 번성하였던 실학 중에서 특히 北學派(북학파)의 흐름을 이어받은 박지원의 손자 박규수에서 비롯되었으며 그것이 1870년대에 '실학' 으로부터 '개화' 로 전환된 것이다. 이후 초기 개화파가 형성되고, 제1단계(1870-1884), 개명적 양반 소장파를 중심으로 한 개화운동기, 제2단계(1896-1898), 대중적 정치운동을 중심으로 한 개화운동기, 제3단계(1906-

---

57) 俞吉濬,「西遊見聞」, 서울: 一潮閣, 1971, p.398.
58) 姜在彦,「前揭書」, p.175.

1911), 국권회복 운동을 중심으로 한 개화운동기를 거치면서 개화운동이 전개되었다. 말하자면 개화사상은 서양의 충격에 의하여 가속된 왕조체제 해체기의 역사적 현실에 대한, 변용된 실사구시의 사상운동이라고 할 수 있다. 개화운동기의 사상적 조류로서는 위정척사사상과 동학사상, 그리고 개화사상이 있었다.

위정척사사상은 조선의 전통적인 사상으로 자리를 잡고 있던 것이다. 거기에 비하여 개화사상은 그 위정척사사상을 극복하고 나타난 소수파의 사상이다. 이 개화사상은 서울에서 지방으로 확산되어 가면서 조선 말기에는 농촌에까지 이르렀다. 여기에서 근대적인 사립학교 운동으로 모습을 바꾸어 나타난다. 그러나 위정척사사상은 오히려 지방에서 일어나 유교의 전통과 권위를 발판으로 도시에 퍼져 있는 외래 자본주의의 침략과 대결하여 싸웠으며, 여기에는 물론 개화사상도 가세하여 대적하였다. 그리하여 이 위정척사사상(正: 유교적 가치관, 邪: 異端的 가치관)은 민족적 주체성과 관련된 것으로 파악된다.

우리의 근대사에서는 주체성이라는 민족적 가치가 무엇보다도 중요한 역사적 가치의 하나로 승인되어야 하는 것이다. 이러한 가치가 전제로 될 때, 18세기 이래 西勢東漸의 현상에서 아세아 문화권에서 가장 끝까지 저항할 수 있었던 한민족의 역사적 에너지 위에서는 西歐(그래서 근대)에 대한 거부라는 소극적인 평가를 넘어서 주체성의 위기를 극복하기 위한 민족적 자존 의식의 성장 강화라는 적극적인 가치가 비로소 확인될 수 있는 것이다. 바로 이런 점에서 한국사에서 서구와 연관을 맺는 18세기 이래 역사의 주체성은 주로 서구의 수용이라는 변화의 측면(19세기적 상황에서의 開化)에서 보다는 排外自存이라는 그 전통적 역사 에너지에서 보다 활발하게 발견될 수 있었던 이유가 선명해지는 것이다. 한 걸음 더 나아가 그같은 역사적 이유는 또한 당시 부정적인 部外變數를 거부하는 주체적인 自存思想들이 대개 그 저항력을 확보하기 위하여 한결같이 역사의식의 재창조라는 민족사의 자기 과거에 대한 강조를 하지 않으면 안되었던 일련의 사실에 대하여도 더욱 실감있게 설명해 줄 수 있는 것이다.[59]

그러나 여기에 대하여 한 연구는, '본래 自主的 開國, 自主的 採西는 반침략과 모순되지 않을 뿐더러 양립할 수 있는 것이고, 오히려 반침략을 위해서야말로 그것은 불가결하다고 할 수 있다. 위정척사사상에 대하여 그 반침략적 활력을 높이 평가하면서도 무조건적으로 관대하게 될 수 없는 이유는 바로 자주적 개국의 길까지도, "東邦禮儀之邦(동방예의지국)"이라는 中華的 淸淨을 더럽히는 단서라

59) 崔昌圭, 「近代韓國政治思想史」, 서울: 一潮閣, 1972, pp.234-235.

고 보고, "斥邪(척사)"의 대상으로 하였기 때문이다. 이와 같이 위정척사사상의 대결적, 비타협적 嚴正主義(엄정주의, rigorism)가 높으면 높을수록 그것에 정비례하여 세계사적 발전에 자주적으로 그리고 유연하게 대응하는 길도 점점 멀어져 갔다'[60]고 말한다.

그러면 위정척사사상의 대표적인 이론가인 華西 李恒老(화서 이항로, 1792-1868, 정조 16년-고종 5년)의 이기론적 척사론을 보기로 한다.

천하의 物은 理와 氣 두 가지가 있을 뿐이다. 그러나 이 두 物은 서로 떨어지긴(相離)해도 서로 섞일(相雜) 수는 없다. 서로 떨어질 수 없다면 理는 머무를 곳이 없고 氣는 主宰가 없게 되어 理는 理가 될 수 없고 氣는 족히 氣가 될 수 없다. 서로 섞인다면 理는 엄폐되고 氣는 창궐해서 理는 理일 수 없고 氣는 氣일 수 없다. 무릇 一事一物에 있어서 理氣가 합해지면 하나가 되는 것이다. 그렇다면 이른바 理氣라는 것은 어떻게 분별을 하며 분별은 어떻게 적용이 되는가. 말하기를 理氣가 합하면 하나이지만, 그 理를 주재로 삼고 氣로 주재를 삼는다는 것은 같지 않을 것이다. 理가 주재가 되고 氣가 부림을 받는다면 理가 純하고 氣는 正해서 만사가 다스려지고 천하가 편안해질 것이다. 氣가 주재가 되고 理와 氣가 둘이 된다면 氣가 강하고 理는 숨게 되어 만사가 어지러워지고 천하가 위태로워질 것이다.[61]

화서의 理尊氣卑說(이존기비설)은 곧바로 斥邪衛正論(척사위정론)으로 이어진다.

우리들이 섬기는 것은 상제이고 서양이 섬기는 것은 천주이다. 지금 우리들이 말하는 상제가 무엇을 가리키는가를 논하게 되면, 저들이 말하는 천주의 그릇됨은 말해도 좋고 말하지 않아도 좋다. 우리가 말하는 상제는 太極之道를 가리키는 것이다. 太極之道는 무엇인가. 至誠生生하는 것은 상제의 마음이요, 仁義禮智는 상제의 性이요, 愛敬宜知는 상제의 情이요, 부자유친, 군신유의, 부부유별, 장유유서, 붕우유신은 상제의 倫이요, 덕이 있으면 상을 주니 賞에도 厚薄이 있으며, 罪가 있으면 벌을 주니 벌에도 경중이 있는 것, 이것이 모두 상제의 命이니 털끝만치도 人力으로 얻어서 사사로이 할 수 없는 것이다. 이를 理라 하는 것이다 … 중국에서 일컫는 聖人은 伏羲, 신농, 황제, 요순, 우탕, 문무, 주공, 공맹, 程朱이고, 釋氏가 일컫는 聖人은 석가여래이고 老氏가 일컫는 聖人은 노자이고, 서양에서 일컫는 聖人은 耶蘇이다 … 장차 무엇으로 분별해서 그 진위를 정할 것인가? 가로되 아니다. 그렇지 않다. 큰 경계가 여기 나누어져

---

60) 姜在彦, 「前揭書」, p.261 註.
61) 華西集 卷25, 雜著 理氣問答.

있거늘 사람들이 살피지 못할 따름이다. 공자가 말씀하시기를, '君子는 上達이요 小
人은 下達'이라 하셨는데, 上達은 도덕에 사무침을 이르는 것이고 下達은 形氣에 사
무침을 이르는 것이다. 또한 '군자는 義에 밝고 小人은 利에 밝다'고 하셨는데 … 義
理 한 가지를 깊이 알아서 독실하게 좋아하는 자는 군자이고 形氣 한가지를 깊이 알
아서 돈독하게 좋아하는 자는 소인이다.[62)]

여기서 上帝(상제)는 理이고, 天主(천주)는 氣이다. 儒者(유자)가 말하는 聖人은
理에 따라 생각하고 말하고 행동하니, 도덕 의리를 추구하는 군자이고, 서양의 천
주나 耶蘇는 形氣(형기)로만 치닫는 小人이라 천하의 惡을 다 일으킨다는 것이다.

위정척사사상과 개화사상은 사실상 전통 유교를 모체로 하고 있다. 여기에 이
단이라 할 수 있는 西學(서학)이 들어왔고, 또 그것에 대한 반이데올로기로서 東
學思想(동학사상)이 대두된 것이다. 東學은 1860년에 水雲 崔濟愚(수운 최제우,
1824-1864)에 의하여 창시되었다. 당시에 있던 조선왕조의 전통적인 사상으로는
유교, 불교, 도교 그리고 민간신앙을 들 수 있다. 이 전통적인 사상에 대하여 수운
최제우는 어떻게 생각하였는가? 전체적으로 말해서, 그는 '儒道, 佛道 수천 년에
運이 역시 다했던가'(용담유사, 교훈가)라고 하면서 유교와 불교가 運이 쇠퇴했음
을 선언하고 있다. 그는 이 運이 다한 道에 대하여 대안으로 때맞추어 나온 것이
자신의 동학이라 선언하고 있다.

'萬古없는 無極大道 이 세상에 창건하니 이도 역시 時運이라'라고 공포하고
있다. 그에 의하면 유학의 본래 목적인 修己治人은 변질되었다는 것이다. 그는
'아서라 이 세상은 堯舜之治라도 不足施요 孔孟之德이라도 不足言이라'고 말
한다.[63)]

그가 보기에는 불교도 역시 미신화되고 타락하여 사회적 멸시와 지탄의 대상
이 되었다. 그리하여 그는 '불교는 寂滅로 入하여 倫常을 絶하였다'고 비판하였
다. 또한 도교는 선비들의 은둔 사상과 일없는 사람들의 養生術로 전락하게 되었
다. 그리하여 그는 '漢나라 巫蠱事가 我東方 傳해 와서 집집이 위한 것이 名色
마다 귀신일세 이런 지각 구경하소'라고 소리쳤다.

그러면 수운 최제우는 어떤 목적을 가지고 儒, 佛, 仙을 비판하였는가?

---

62) 華西集 卷25, 雜著 上帝與天主相反辨.
63) 龍潭遺詞, 夢中老少問答歌.

　　무슨 眞理든지 그 시대 사람에게 生魂을 넣어 줄 수 없게 되고 그 시대의 정신을 살릴 수 없게 되면 그는 죽은 송장의 道德이요. 이 시대는 佛法이나 儒法이나 기타 모든 묵은 것으로는 도저히 새 인생을 거느려 나갈 수 없는 시대이지요. 다만 要할 것은 죽은 송장의 속에서 새로운 산 魂을 불러 일으킬 만한 無極之運을 把持하고 新天新地新人을 개벽하여야 하지요.[64]

　　일단 그는 儒, 佛, 仙 三敎를 죽은 것으로 간주하였다. 그러나 그는 '죽은 송장의 도덕'이라고 儒, 佛, 仙을 비판하고 있지만, 거기에서 生魂을 불러 일으킬 만한 無極之運(무극지운)을 把持(파지)하였다. 그것은 다름이 아니라, 유교에서는 윤리요, 불교에서는 覺性(각성)이요, 仙에 있어서는 養氣(양기)였던 것이다. 그렇다면 동학은 儒佛仙의 단순한 합인가? 수운은 이 문제에 관하여 다음과 같이 대답하고 있다.

　　吾道는 원래 儒도 아니며, 佛도 아니며 仙도 아니니라. 그러나 吾道는 儒佛仙合一이니라. 즉 천도는 유불선이 아니로되 유불선은 천도의 한 부분이니라. 儒의 윤리와 불의 각성과 선의 양기는 사람 성의 한 품부이며 천도의 고유한 부분이나 吾道는 그 무극대원을 잡은 자이라. 후에 도를 용하는 자 이를 오해치 말도록 지도하라.[65]

　　이것으로 보아 수운은 유불선 삼교를 다 중요시했음을 알 수 있다. 여기에 동학 출현의 내적 원인이 있다면, 외적 요인은 서학으로 상징되는 東漸的 威脅(동점적 위협)에 따른 정체성의 위기에서 찾을 수 있다. 당시 서구 열강은 제국주의에 빠져 있었다. 이 점을 수운 최제우는 다음과 같이 파악하였다. 즉, 그는 '서양은 싸우면 이기고 치면 빼앗아 이루지 못하는 일이 없으니 천하가 다 멸망하면 또한 脣亡之歎(순망지탄)이 없지 않을 것이다'[66]라고 하였다. 이어서 그는 서학의 전래에 따른 문화적 정체성의 위기를 이렇게 말하고 있다.

　　부단히 한울님께 晝宵간 비는 말이 三十三天 玉京臺에 나 죽거든 가게 하소 우습다 저 사람은 저의 부모 죽은 후에 神도 없다 이름하고 제사조차 안 지내며 五倫에 벗어나서, 唯願速死 무삼일고 부모 없는 혼령혼백 저는 어찌 유독 있어 上天하고 무엇

64) 李敦化,「天道敎創建史」Ⅰ篇, 天道敎中央宗理院, 1933, p.34.
65) 李敦化,「天道敎創建史」 p.47.
66) 西洋戰勝攻取 無事不成而天下盡滅 亦不無脣亡之歎(東京大全 布德文).

하고 어린 소리 말았어라.[67]

　그러면 동학의 본질은 무엇인가? 동학의 핵심적 이념체계는 바로 '무극대도'
이다. 이 무극대도는 儒, 佛, 仙 三敎를 그 한 부분으로 삼고 있다. 동학에서는 이
와 같은 이념체계를 가지고 守心正氣(수심정기)를 修道(수도)의 요결로 삼고 있
다. 여기서 동학이라는 것은 서학과 대립되는 개념이다. 몸에 氣化之神(기화지신)
이 있다는 점에 관한 한 동학은 서학과 구별되지만, 그것을 天道(천도)로 본다는
점에서 동학은 서학과 연결된다. 동학에서는 한울님을 내세운다. 이 한울님은 우
리의 전통적 한울님 의식에서 볼 수 있듯이 내 몸 속에 모셔져 있다는 점에서 성
리학의 理나 性과 동일한 형식을 띠고 있으나, 그 한울님은 敬畏의 대상이라는
점에서 성리학의 개념과는 다르다. 이러한 한울님은 呪文을 통하여 直證할 수 있
고 또 그것과 하나가 될 수 있다는 것이다. 이 일을 하는 방법은 바로 至氣論(지
기론)에 근본을 둔 수심정기(그 마음을 지키며 그 기운을 바르게 한다)이며 이것은 수
운 자신이 定한 것이라고 한다. 이 하나 되는 요체, 달리 말하면 동학의 요체는 바
로 呪文 21字이다. 즉, '至氣今至願爲大降侍天主造化定永世不忘萬事知'[68]이
다. 이 21字중에서 앞의 8字는 소위 降靈呪文(강령주문)이고 뒤의 13字는 本呪文
이다. 핵심적인 주문은 본주문, 그 중에서도 '侍天主(시천주)' 3字이다. 이 '시천
주'에는 한울님을 모시고 있다는 존재론적 의미와 그대로 천주와 같이 실천한다
는 의미가 동시에 들어 있다. 이 시천주는 수운 최제우의 수제자 海月(1827-1898)
에 이르러 養天主(양천주)로 해석된다. 즉, '한울님이 내 마음 속에 있음이 마치
種字의 생명이 종자 속에 있음과 같으니'[69]라고 하면서 한울님을 마음 속에서 키
워야 한다는 것이다. 이것은 주체를 인간으로 삼았다는 점에서 이후 人是天(인시
천), 人乃天(인내천)의 근거를 마련한 셈이다. 그리고 해월은 그 養天主(양천주)의
구체적 방법으로 '十毋天(시무천)'[70]을 내세운다. 義菴(의암)은 1905년 동학의 명
칭을 천도교로 바꾸고 '人乃天'을 그 종지로 삼는다. 이것은 인간의 性과 心을

---

67) 용담유사, 권학가.

68) 東經大全 呪文.

69) 海月法說 養天主.

70) 毋 欺天(한울님을 속이지 말라), 毋 慢天(한울님을 거만하게 대하지 말라), 毋 傷天(한울님을 상하게
　　하지 말라), 毋 亂天(한울님을 어지럽게 하지 말라), 毋 夭天(한울님을 일찍 죽게 하지 말라), 毋 汚天
　　(한울님을 더럽히지 말라), 毋餒天(한울님을 주리게 하지 말라) 毋 壞天(한울님을 허물어지게 하지
　　말라) 毋 厭天(한울님을 싫어하게 하지 말라), 毋 屈天(한울님을 굴하게 하지 말라).

떠나 한울님과 같은 어떤 의지적인 神은 없다는 뜻이다. 결국 동학의 이념은 侍天主—養天主—人乃天으로 바뀌었으나, 근본적으로는 시천주를 覺天(각천), 體天(체천)으로 이해하였다는 점에서는 동일하며, 주체적인 면에서 인간의 존엄성을 강조하고 있다는 점에서 수운과 해월 그리고 의암은 동일선상에 있다.

이제, 우리는 東學을 좀더 구체적으로 밝혀야 할 것이다. 이 일을 위해서 무엇보다도 먼저 분석해야 할 일은 주문 21자일 것이다. 왜냐하면 이 주문에는 동학의 내용과 수련 방법이 모두 들어 있기 때문이다. 동경대전에 의하면, 주문은 '지극히 한울님을 위하는 글이므로 주문이라 이르는 것이니 지금 글에도 있고 옛 글에도 있는 것이니라'[71]고 하였다. 그리하여 수운은 다음과 같이 말하고 있다.

> 내 또한 거의 한 해를 닦고 헤아려 본즉 또한 자연한 이치가 없지 아니하므로 한편으로 주문을 짓고 한편으로 강령의 법을 짓고 한편은 잊지 않는 글을 지으니 절차와 도법이 오직 이십일 자로 될 따름이니라.[72]

여기서 그는 이 주문에 방법이 들어 있음을 말하고 있다. 또한 수운은 '十三字지극하면 萬卷詩書를 무엇하리'[73]라고 하여 주문에 동학의 내용이 들어 있음을 시사하고 있다.[74]

그러면 동학의 주문 21자 속에 들어 있는 의미를 추출함으로써 동학의 실체와 그 수련 방법을 밝혀 보고자 한다. 그리고 이 과정에서 교육과의 관련을 탐구하고자 한다. 우선, '至氣今至 願爲大降'을 보기로 한다.

> 至라는 것은 지극한 것이요 氣라는 것은 허령이 창창하여 모든 일에 간섭하지 아니함이 없고 모든 일에 명령하지 아니함이 없으나 모양이 있는 것 같으면서도 형상하기 어렵고 들리는 듯하면서도 보기는 어려우니 이것은 또한 혼원한 기운이요, 今至라는 것은 도에 들어 처음으로 至氣에 접하게 됨을 안다는 것이요, 願爲라는 것은 청하여 비는 뜻이요 大降이라는 것은 기화를 원하는 것이니라.[75]

---

71) 論學文.

72) 吾亦幾至一歲 修而度之 則亦不無自然之理故 一以作呪文 一以作降靈之法 一以作不忘之詞 次第道法 猶爲二十一字而已(論學文).

73) 敎訓歌.

74) 趙鏞一, '東學의 修練方法–造化의 呪文的 規定에 관하여–', 「韓國思想」第11輯, 서울: 景仁文化社, 1974, pp.139–159와 金大石, '東學의 侍天主 思想에 관한 硏究', 釜山大學校 大學院 碩士學位論文, 1993을 참고하여 작성하였다.

이것이 '하늘의 지극한 기운이 이제 나에게 크게 내리는 것'을 비는 강령주문이다. 최제우는 이 '至氣今至願爲大降'을 몸소 체험하였다. '몸이 몹시 떨리고 추워 밖으로 靈이 몸에 내려 接하는 기운이 있고 안으로 말이 내리는 가르침이 있었으나 보아도 보이지 않고 들어도 들리지 않았다'고 하는 것과 혹 '마음이 차고 몸이 떨리어 病이라 하여도 그 증상을 잡을 수 없고 말로써 형상하기 어려울 즈음에 어떤 神仙의 말이 문득 귀에 들리더라'는 말이 그 사실을 보여준다.

이 심리적 현상은 어떻게 해석될 수 있는가? [76] 최수운의 신비 체험은 두 가지 측면에서 검토되어야 한다. 하나는 그 개인적 특이성과 관련하여 검토되어야 한다는 것이고, 다른 하나는 보편적 종교체험과의 관련성 속에서 검토되어야 한다는 것이다. 수운의 생활사를 보면 그것은 영웅신화적 요소로 채색되어 있다. 그리고 그의 구체적인 삶도 神話的 英雄의 유형에 다소 일치되고 있다. 그의 求道(구도)에의 끊임없는 노력은 이 버림받은 자기의 고통과 갈등 속에서—그 갈등을 자기의 것으로 느꼈든 사회의 것으로 느꼈든 간에—분열위기의 정신을 통합하고자 하는 내적 갈구에서 연유된 것이다. 따라서 그의 求道精神은 수운 개인에 국한되는 특수한 것이 아니라 모든 구도자에게서 볼 수 있는 공통적인 것이라고 할 수 있다. 또한 여기서 말하는 구도에의 갈구는 인위적으로 만들어 내는 것이 아니라 인간의 마음 속에 근원적으로 내재하는 것이라 할 수 있다.

신비 체험은 본래 인위적으로 만들어 낸 의식의 소산이 아니다. 우리가 그 체험을 만든다기보다 그 체험이 우리에게 오는 것이다. 구도라는 의식적 노력도 결국 이렇게 우리에게 오는 무의식의 호응이 없다면 신비 체험에까지 이르지 못한다. 求道란 결국 무의식의 내용을 자극하고 이를 활성화하는 意志이며 수단이다. 그리고 구도자가 찾는 진리는 바로 이 무의식 속에 秘藏되어 있는 것이다. 무의식은, 융에 의하면, 그 자체의 질서와 논리와 자율성을 지니고 있다. 그것은 의식의 속성이 아니라 좁은 의식의 영역을 넓히고 그 一方性을 止揚하며 의식과 무의식 사이의 분열이 오지 않도록 자율적으로 조절하는 기능이다. 신비 체험(자아의식을 넘어서는 초월적 존재의 체험)은 의식 저쪽에서 오는 상당히 자연발생적인 것이지

---

75) 至者 極焉之爲至 氣者 虛靈蒼蒼 無事不涉 無事不命 然而如形而難狀 如聞而難見 是亦渾元之一氣也 今至者 於斯入道 知其氣接者也 願爲者 請祝之意也 大降者 氣化之願也(東經大全 論學文).
76) 이 해석은 李符永, '崔水雲의 神秘體驗-Jung 心理學의 입장에서'-, 「韓國思想」第11輯, 韓國思想研究會, 1974, pp.5-30을 참고한 것이다.

만 여기에는 동시에 고려해야 할 두 가지 측면이 있다. 하나는 문화적인 측면, 즉 집단의식적, 습관적 체험이며, 다른 하나는 순수한 무의식적 측면이다. 그리하여 우리는 최수운의 신비 체험의 경우에 '어디서 어디까지가 배우고 얻은 것이며 어디서 어디까지가 저절로 나온 心像들인가, 그리고 어디서 어디까지를 신화라 할 수 있고, 어디서 어디까지를 그의 체험이라 할 수 있는가' 하는 문제를 제기할 수 있다. 그러나 수운의 신비 체험도 심리학적 입장에서는 무의식의 체험으로 설명된다.

흔히 수운의 신비 체험을 샤머니즘적 체험이라고 생각하지만, 그것은 엘리아데가 말하는 샤머니즘에서의 망아 상태(Ecstasy)와는 구별된다. 엘리아데가 보는 시베리아, 중앙아시아의 샤머니즘에서는 대개 그 이니시에이션 과정에서 해체를 통한 죽음이 재생의 전제로서 중요한 체험으로 받아들여지고 있고 특히 하늘과 지하계로의 마술적 飛翔을 그 필수조건으로 삼고 있다. 그러나 수운의 신비 체험은 '뜻밖에 마음이 섬뜩해지며 몸이 떨려서 병이라 해도 증세를 잡을 수가 없고 말로도 형상할 수 없을 즈음에 어떤 신선의 말씀이 있어 문득 귀에 들리는 것' 이라 하였다. 이 신비 체험은 '나' (我, Ego)를 잃지 않은 채로 초월자와 교감하는 황홀경(Trance)의 체험이다. 수운의 의식에 느닷없이 나타난 原型(Archetype)은 上帝의 像으로서 이것은 仙語의 양식을 통하여 인식된다. 뒤에 수운은 사람의 마음 속에 天道가 존재함을 가르치거니와 이 天道는 수운의 覺醒過程에서는 마치 밖에서 넣어 준 것처럼 느껴진다. 동학경전을 해석한 白世明은 이 대목을 해석하면서, 수련을 쌓을 때 분산된 마음이 통일되면 이런 체험이 일어나는데 속칭 '내림' 이라 하는 것을 천도교에서는 降靈이라 한다고 했다. 이 해석은 얼른 들으면 人乃天의 원칙과 어긋나는 것 같이 들린다. 그러나 그 마음 속에 있다는 것이 원래부터 있던 것이 아닌 밖의 것처럼 느껴지는 것을 보면 거기에는 여전히 '내림' 의 개념이 남아 있는 것이 아닌가 생각해 본다. 다른 관점에서 보면, 수운이 들은 소리는 幻聽-무의식의 내용이 외부로 투사되어서 마치 객체에서 오는 것처럼 감각하게 되는 현상-이라 규정할 수도 있다. 또는 수운이 잠시 정신병과 같은 상태에 빠져 있었다고 할 수도 있다. 그러나 수운의 인격을 정신병리학의 어느 한 진단명으로 판단한다면 그것은 정신의 다양성을 모르는 극히 빈곤한 속단이며, 이런 방법으로는 수운의 종교적 체험을 이해할 수 없을 것이다.

사실 수운의 각성 체험이 적어도 정신병 환자의 체험에 비교될 만큼 강렬하며 심각한 것이었다는 점은 인정해야 한다. 융은 정신병 환자란 단지 실패한 예언자요 신비가들이라고 말한 적이 있다.[77] 原型이 왜 어떤 때는 그렇듯 파괴적인 작용을 의식에 가하여 정신병을 일으키고 어떤 때는 창조적인 종교적 자기 성찰로 인도하는가에 대해서는 아직 모르는 것이 많다. 다만 그 작용의 음성 양성을 결정하는 데 그것을 받아들이는 自我의 태도가 중요한 역할을 하리라고 추측하고 있을 따름이다. 구도자가 의식 너머의 세계에 대하여 적극적인 자세를 취하고 항시 미지의 세계에서 오는 메세지를 기대할 때 그는 결코 原型으로부터의 엄습에 의하여 자기를 잃지 않는다.

그러나 수운의 聖化의 과정은 모든 인간이 공유하는 신화적 요소에 연유하고 또 그러한 신성성의 투영은 그 투영에 어울리는 대상을 택하는 일이 많기 때문에, 수운의 경우 역시 항상 두 가지 가능성에 직면하게 된다. 하나는 수운에 대한 신도의 신비 체험의 투영은 수운 자신의 신비 체험을 내포하게 된다는 것이다. 이것은 레비 브룰(Levy Bruhl)의 용어로는 신비적 융합(Participation Mystique)의 상황을 재현하게 한다.

수운의 또 하나의 문제는 신비 체험을 하였지만 그 연유나 까닭을 알지 못하였다는 데 있다.

마음에 오히려 괴이하고 의심스러워 守心正氣(마음을 지키고 기운을 바로 하는 것)하여 어찌하여 그러하나이까 하고 물으니 '내 마음이 곧 네 마음이니라. 사람이 어찌 이를 알리오. 천지는 알되 귀신은 알지 못하나니 귀신이란 것도 나이니라. 너에게 무궁 무진한 조화의 도를 미치게 하나니 닦고 다듬어 그 글을 지어 사람들을 가르치고 그 법을 바로 하여 조화의 밝은 덕을 펴면 너로 하여금 길이 살아 천하에 환히 밝히게 되니라(昭然)' 하셨다.[78]

놀라와 일어나 더듬어 물으니, 두려워 말고 두려워 말라. 세상사람들이 나를 上帝라 이르나니 너는 上帝를 알지 못하느냐. 그 까닭을 물으니 대답하시기를, 내 또한 공이 없으므로 너를 세상에 내어 사람에게 이 법을 가르치게 하노니 의심하지 말라 의심하지 말라. 문기를, 그러면 西道로써 사람을 가르치리이까. 대답하시기를, 그렇지 아니

---

77) C. G. Jung, Bruder Klaus, in Gesammelte werke Bd.11, p.350. '세상에는 틀림없는 광인이지만 神을 체험하는 사람들이 많다. 나는 그런 사람들일지라도 그 체험의 진실성을 두고 논란하지 않을 것이다. 왜냐하면 이 체험은 그것을 제대로 견디기 위해서는 아주 용감하고 溫全한 사람을 필요로 하기 때문이다. 그러므로 나는 그로 인해서 완전히 파멸된 사람들에 동정을 느끼며 나는 그 들이 단순한 심리만 능주의에 걸려 넘어졌다는 주장으로 그들을 모욕하지 않을 것이다.' 李符永, 前揭論文에서 再引用.
78) 論學文.

하다. 나에게 靈符가 있으니 그 이름은 仙藥이요 그 형상은 태극이요 또 형상은 궁궁이니 나의 靈符를 받아 사람을 질병에서 건지고 나의 주문을 받아 사람을 가르쳐서 나를 위하게 하면 너도 또한 장생하여 덕을 천하에 펴리라.[79]

이 문답에서의 핵심은 靈符를 내려 주는 것이다. 백세명은 靈符를 가리켜 한울님 자신의 그림, 天道의 그림이라 풀이한다. 해월은 弓乙其形(궁을기형)은 곧 마음 心자라 해석하였으나 백세명은 마음이란 복잡한 의미를 가지고 있어 하느님으로부터 마음을 받았다는 것 보다는 天道를 받았다는 설명이 편리해서 그렇게 해석하는 것이라 하였다. 이 생각은 역시 하느님은 자기의 밖에 있다는 고정관념에서 아주 벗어나지 못하고 있음을 말해 주고 있는 것이다. 위의 문답에서 특히 弓弓이나 태극이라는 두 개의 相違한 像을 골라 결합시켜 神聖力으로써 의식에 전달하고 있다는 사실은 주목할 만하다. 태극이란 만물화생의 易의 원리로서 '함이 없이 되는 이치'에 의하여 성쇠의 변전을 표시하는 것이라 하였다. 그리고 弓弓이란 항시 새로운 계단으로 발전하는 모양을 말한다고 하고 있다. 이들은 모두 상징인 만큼 여러 가지 해석이 가능하나 그 해석으로 남김없이 설명될 수는 없는 비밀스러운 것이다. 만약 이것이 무엇에 불과한 것이라고 남김없이 해석되면 상징의 생명은 죽어버리는 것이다. 특히, 수운이 上帝에게 '西道입니까'하고 물은 데 대하여 上帝가 '아니다 東學이다'하지 않고, '아니다 나에게 靈符가 있다'고 한 것은 의미심장하다. 이 말은 그 靈符가 西에 대한 東의 세계가 아니고 東西의 對極을 통일하는 全一의 상징이라고 해석되어야 한다. 왜냐하면 太極은 全一을 상징하고 있기 때문이다.

다음으로 '시천주'이다.[80] 여기서 문제는 '天主(천주)'라는 말의 의미가 무엇인가 하는 것이다. 우선 한울님으로서의 천주가 있다. 천주는 '한울님'의 漢字 表記이다. 적어도 우리는 수운의 한문체 유문인 東經大全(동경대전)과 한글 가사체 유문인 용담유사에서 이 두 용어가 서로 섞여 쓰고 있음을 볼 수 있다. 다만 주의해야 할 점은 그리스도교의 인격적 유일신인 천주와는 일정한 거리를 두어야 한다는 것이다. 동학에서는 神으로서의 천주를 강조한다. 말하자면 한울님을 내 몸에 모시고 있다는 것이다. 그렇다면 이 말을 우리는 어떻게 이해해야 하는가? 한

---

79) 布德文.
80) 金大石, 「東學의 侍天主 思想에 관한 研究」, 釜山大學校 大學院 哲學科 碩士學位論文에 의존하였다.

울님에서 '한'은 크다는 순수한 우리말이다. '울'은 양적 의미로서 범위(울타리)
이며, 질적 의미로서는 '우리'라는 뜻이다. 그러므로 한울님은 곧 '큰 나'(大我)
라는 뜻이다. 종합하여 말하면 그것은 개체적 인간에 대한 우주 전체 전량으로서
의 '큰 나'라는 것이다.[81] 이것은 우리 민족의 사상적 원형이라고 하는 '한 사상'
과 매우 유사하다.

그렇다면 동학의 한울님은 구체적으로 어떤 의미를 가지고 있는가? 이와 관련
하여 최제우는 '저 옛적부터 봄과 가을이 갈아 들고 四時가 성하고 쇠함이 옮기
지도 아니하고 바뀌지도 아니하니 이 또한 한울님 조화의 자취가 천하에 뚜렷한
것이로되'라고 하고 있다. 이 말에서는 자연의 질서 안에 있는 '옮길 수도 바뀔
수도 없는(不遷不易)' 법칙을 인정하고 있다. 그러면서 그 법칙성이 한울님 조화의
흔적이라는 것이다. 한울님은 초월적 존재인 것이다. '세상 사람이 나를 上帝라
이르거늘 너는 上帝를 알지 못하느냐'는 말은 그 점을 보여준다. 그러나 그 한울
님은 동시에 만물 속에 내재하는 속성을 지니고 있는 것이다. '천상에 상제님이
옥경대에 계시다고 보는 듯이 말을 하니 음양이치 고사하고 허무지설 아닐런가.'[82]
'나는 도시 믿지 말고 한울님을 믿었어라 네 몸에 모셨으니 捨近取遠하단 말가'[83]
이 말들은 한울님이 인간을 초월해서 옥경대에 홀로 앉아 있는 존재가 아니라, 바
로 내 몸 속에 臨在해 있다는 점을 강조하고 있다. 이것은 凡神觀的 一神觀이라
표현되기도 하고 一卽多 多卽一의 反對一致의 논리로 해명되기도 한다.[84]

수운은 일신론과 범신론을 창조적으로 지양하는 神觀을 펼치려고 하였다. 그
리하여 수운은 다음과 같이 말한다. 즉, '천지 역시 귀신이요 귀신 역시 음양인
줄 이같이 몰랐으니 경전 살펴 무엇하며'[85]라고 하기도 하고, '나의 마음이 곧 너
의 마음이다. 사람이 어찌 이것을 알았으랴. 천지는 알았어도 귀신은 몰랐으니 귀
신이라는 것도 바로 나(上帝)니라'[86]고 하였다. 만물이 음양으로 이루어져 있고
음양이 변화를 한다면 귀신도 음양이므로 천지 역시 귀신이다. 귀신 중에 가장 똑
똑한 귀신이 인간인 것이다. 사람들은 흔히 천지 음양 변화의 이치는 논하면서도
그 모든 형상 변화의 '참다운 귀신'으로서의 한울님은 모르고 있다는 것이다. 말

---

81) 李敦化,「新人哲學」, 韓國思想研究會, 1963, pp.9-12.

82) 龍潭遺詞, 道德歌.

83) 龍潭遺詞, 教訓歌.

84) 李敦化,「前揭書」, pp.229-232.

85) 龍潭遺詞, 教訓歌.

86) 論學文.

하자면 눈에 보이는 자연만 알았지 生靈(생령)인 자연은 몰랐다는 것이다.[87] 그리하여 '鬼神者吾也'라는 말은 참다운 귀신으로서의 한울님과 인간은 하나라는 뜻을 나타내고 있다.

다시 수운은 '至氣의 自覺', 이것을 시천주라 하였다. 동학의 제 3세 교주인 의암 손병희(1861-1922)는 시천주의 侍字는 곧 각천주의 뜻이라 하였다.[88] 그런데 수운에 의하면 '하느님을 모신다 함은 안으로 신령이 있고 밖으로 氣化가 있어, 온 세상사람들이 이를 각각 옮기지 못할 것으로 아는 것이다'[89]라고 하여, 사람마다 그의 몸에 모신 靈氣가 곧 옮기지 못할 至氣의 不然性 自體임을 자각하는 것이 다름 아닌 侍天主의 侍의 참뜻이라고 한다. 이 정신을 이어 받은 동학의 제2세 교주인 崔海月(최해월, 1829-1898)은 다음과 같이 말하고 있다.

> 안으로 신령이 있다 함은 땅에 떨어진 처음 벌거숭이 어린이가 타고 난 참된 마음이요, 밖으로 氣化함이 있다고 함은 아기를 밸 때에 理와 氣가 質에 응하여 새로운 형체를 이룩하는 것이니라. 그러므로 밖으로 靈이 몸에 내려 접하는 기운이 있고 안으로 말씀이 내리는 가르침이 있다고 함과 하늘의 조화의 지극한 虛靈(至氣)이 이제 나에게 이르러 氣化함(大降)을 원한다 함이 이것이니라.
> 우리 사람이 태어난 것은 한울님의 영기를 모시고 태어난 것이오. 우리 사람이 사는 것도 한울님의 영기를 모시고 사는 것이니 어찌 유독 사람만이 한울님을 모셨다 이르리오. 천지만물이 다 한울님을 모시지 않은 것이 없나니라. 저 새소리도 侍天主의 소리이니라. 우리 道의 뜻은 한울로써 한울을 먹고 한울로써 한울을 화할 뿐이니라. 만물이 낳고 나는 것은 이 마음과 기운을 받은 뒤라야 그 생성을 얻나니 우주 만물이 도시 한 기운과 한 마음으로 연결되어 있는 것이니라.[90]

여기서 모신다는 '侍'에는 다음과 같이 여러 가지 뜻이 들어 있다. 1) 侍자 속에는 '위한다'는 뜻이 들어 있다. 지극히 한울님을 위한다는 뜻이다. 2) 이처럼 하느님을 지극히 위하려고 하면 정성껏(誠) 믿고(信), 恭敬(敬)해야 한다는 뜻이 들어 있다. 수운은 시천주의 기본이 誠, 敬, 信(성, 경, 신)임을 강조하고 있다. 3) 侍字의 세번째 뜻은 天人合一이다. 4) 하느님이 하시는 천지화육의 功을 도와 이에 창조적으로 참여함을 의미한다. 5)하늘의 自覺(자각) 즉 不然其然(불연기연)하는[91]

87) 金容沃, 「도올세설」, 통나무, 1990, p.241.
88) 神通考.
89) 論學文.
90) 靈符 呪文.

造化性 自體(조화성 자체)로서의 至氣(지기)의 주체적 파악을 의미한다.[92]

셋째로 '造化定(조화정)'의 의미를 찾아보자. '조화정'이라는 대답에 대한 질문은 '어떻게 하면 새로운 삶의 길을 열 수 있을까' 하는 것이다. 수운에 의하면, '조화정'의 '造化라는 것은 그저 저절로 됨이요, 定이란 그 德에 합하여 마음을 정립하는 것이다.'[93]

> 대저 한 옛적으로부터 봄과 가을이 서로 갈아드는 것과 四時가 盛하고 衰하는 것이 옮기지 아니하고 바뀌지 아니하니 또한 한울님의 造化의 자취가 천하에 밝게 드러난 것이니라.[94]

또한 한울님 마음이 곧 사람의 마음이라면 어찌하여 선악이 있는가 하는 질문에 대하여 최제우는 다음과 같이 대답하고 있다.

> 사람에게 귀천의 특수함을 명하고 사람에게 고락의 이치를 定했으나 군자의 덕은 기운이 바르고 마음이 定해져 있으므로 천지와 더불어 그 덕에 합하고 소인의 덕은 기운이 바르지 못하고 마음이 옮기므로 천지와 더불어 그 명에 어기나니 이것이 성쇠의 이치가 아니겠는가.

여기서 定은 大學(대학)에 나오는, '知止以后 有定 定以后…' 에서의 '定'과 뜻을 같이한다. 즉, 머무를 데를 먼저 알아야만 한다는 것이다. 그것이 '최선의 올바른 방법임을 알면 마음의 방향이 定하여지게 되고, 마음이 자리를 定하면 …' 이라고 할 때의 '定'인 것이다. 그런데 대학에서 여기에만 '有'를 쓰고 靜, 安, 慮, 得(정, 안, 려, 득)에는 다 能字를 쓴 것은 다른 것은 마음에 관한 것이고, 定은 자연의 이치이기 때문이다. '사람에게 고락의 이치를 定했으나 군자의 덕은 기운이 바르고 마음이 定해져 있으므로…' 라고 할 때의 '定'도 자연의 이치이다. 수운은 '定이라는 것은 그 덕에 합하고 그 마음을 定한다는 것이다' 라고 말한다.[95] 이때 '定其心(정기심)'에서 '心'은 내 몸에 모시고 있는 하늘의 조화와 같은 참

---

91) '그렇지 아니한 그것이 그렇다', 동경대전.
92) 趙鏞一, '東學의 修練方法 -造化의 呪文的 規定에 관하여-', 「韓國思想」 第11輯, 서울: 韓國思想 研究會, 1974, pp.145-150.
93) 論學文.
94) 布德文.
95) 定者 合其德定其心(論學文).

된(誠) 마음이요, '合其德(합기덕)'의 德은 하늘의 조화와 같은 밝은 德이다. 그러므로 수운은 '大學에 이른 道는 明明其德하여 내어 止於至善 아닐런가'[96]라 하고 있는 것이다.

넷째로 '永世不忘(영세불망)'의 의미를 찾아보자. 수운에 의하면, '永世란 사람의 평생이요, 不忘이란 생각을 둔다는 뜻이다.'[97] 그러면 사람이 한평생 생각을 두어 잊지 말아야 할 것은 과연 무엇인가? 수운 최제우에 의하면, '밝고 밝은 그 德을 생각하고 생각하여 잊지 않으면 至氣에 化하여 지극한 聖人에 이르나니라'[98]라고 하였다. 그렇다면 동학의 궁극적인 목표는 누구나 聖人이 될 수 있고 되어야 한다는 것이 아닌가. 한울님을 모시고 있는 내가 나의 侍天靈氣(시천영기)를 끝까지 생각하고 잊지 말아야 하는 것이 다름 아닌 '영세불망'인 것이다.

다섯째로 '萬事知(만사지)'의 의미이다. 수운에 의하면, '萬事란 數의 많음이요, 知란 그 道를 알고 그 知를 받는 것이다.'[99] 여기서 말하는 道라는 것은 '無爲而化矣 天道'(論學文)에서의 道를 가리킨다. '知其道(지기도)'의 本源은 '시천주'에 있고, '受其知'의 근거는 '조화정'에 있다.[100] 이 만사지의 능력을 가진 사람은 聖人이다. 聖人이 되어야 만사지의 능력을 가질 수 있는 것이다.

지금까지 우리는 21字의 동학 주문을 분석하여 그 의미를 추출하였다. 앞에서 고찰한 주문의 의미는 주문 전체의 종교적 의미를 전부 드러낸 것이라기 보다는 극히 그 일부만을 추출한 것이라고 생각한다. 그럴 수밖에 없는 것이, 그 주문은 동학의 핵심이며 종교성을 가지고 있기 때문이다. 이 주문 전체는 종교적인 측면에서 보면 분석 불가능한 것이며, 설사 분석을 하였다고 하더라도 그것이 주문의 전체 뜻은 결코 아니다. 아마도 이 21자의 주문 속에는 우리가 분석할 수 없는 엄청난 종교적 의미가 들어 있을 것이다. 이 주문의 엄청난 힘은 가히 짐작할 수 없을 것이다.

그러나 이 주문을 暗誦(암송)하기만 모든 것이 해결될 수 있는가?

呪文만 외우고 이치를 생각치 않아도 옳지 않고, 단지 이치만 생각하고자 하여 하

---

96) 道德歌.

97) 論學文.

98) 論學文.

99) 論學文.

100) 趙鏞一, 前揭論文, p.157.

나도 주문을 외우지 않아도 또한 옳지 아니하니, 두 가지를 겸전하여 잠깐이라도 모앙
하는 마음을 늦추지 않는 것이 어떠할꼬.[101]

여기서 우리가 놓쳐서는 안될 말은 '이치를 생각' 해야 한다는 말이다. 그러면
무엇을 가지고 이치를 생각할 수 있도록 할 것인가? 우선 생각해 볼 수 있는 것이
유교의 내용이다. 예컨대, 다음과 같은 말—地有八方 以應八卦而 有盈虛迭代之
數 無動靜變易之理(땅에는 팔방이 있어 팔괘와 응하였으니 차고 비고 서로 갈아드는
수는 있으나 동했다 정했다 하여 변하고 바뀌는 이치는 없나니라)[102], 元亨利貞 天道之
常(원형이정은 천도의 떳떳한 것이오)[103], 鄒聖(孟子)曰 莫之爲而爲者天也[104](함이 없
이 되는 것은 한울이라), 葩經(詩經)曰 畏天之威 于時保之[105](한울의 위엄을 두려워
하여 이때 천명을 보존한다), 書傳曰 天降下民 作之君 作之師 唯曰其助上帝[106](한
울이 백성을 내리시어 임금을 내시고 스승을 내시니 오직 上帝를 도웁게 함이라), 大學
의 '修身齊家 治國 平天下'가 明理傳에 있다, 中庸에 이른 말은 天命之謂性이
요 率性之謂道요 修道之謂敎라 하여 誠, 敬 二字를 밝혀 두고 있다[107] 등등—을
들 수 있다. 이상의 것들로 보아 논어, 맹자, 대학, 중용, 서전, 시경, 주역 등의 이
치 공부가 그 내용이 될 것이다.

물론 동학에는 유교의 내용만 있는 것은 아니다. 여기에는 불교의 내용도 있다.

중생이 천만 티끌 구덩이에 빠져 아득한 꿈을 깨어나지 못하니, 세상 티끌에서 벗어
나는 이유를 말하리라 … 성현은 그렇지 아니하여 항상 나의 본래를 잊지 않고 굳건히
지키며 굳세어 빼앗기지 않으므로 모든 이치의 근본을 보아 얻어 모든 이치가 체를 갖
추게 하며 마음 속에 머뭇거리어 둥글고 둥글어 그치지 아니하며 스스로 놀고 놀아 슬
기로운 빛 안에서 고요하지 아니하며, 일만 티끌 생각이 꿈같으니 이것을 '해탈심' 이
라 하나니라. 해탈은 곧 견성법이니 견성은 해탈에 있고 해탈은 자천자각에 있는 것이
니라.[108]

---

101) 東經大全, 修道法.
102) 論學文.
103) 修德文.
104) 降書.
105) 降書.
106) 降書.
107) 道德歌.
108) 眞心不染.

　동학에는 道教的 內容도 있다. 예컨대, '엎어지며 자빠지며 종종걸음 한창일 때 공중에서 외는 소리 勿懼勿恐하였어라 昊天金闕 上帝님을 네가 어찌 알까 보냐',[109] '성공하는 다른 날에 좋은 神仙의 인연이 있을 것이다',[110] '入道한 세상 사람 그날부터 君子되어 無爲而化 될 것이나 지상신선 네 아니냐',[111] '내가 또한 神仙되어 飛上天 한다 해도 개 같은 왜적놈을 한울님께 造化받아'[112] 등을 들 수 있다. 여기에는 上帝, 神仙, 地上神仙 등의 語彙가 보인다. 神仙은 도교에서 가장 이상적인 인간형에 해당된다. 그렇다면 도교의 핵심사상인 老子와 莊子를 공부하지 않으면 안 된다.

　동학에는 儒, 佛, 仙 三敎의 思想이 들어 있는 것은 확실하다. 그러나 동학은 이 세 가지 요소의 단순한 집합인가? 그렇지 않다는 것은 동학 스스로 말하고 있다.

　　우리의 道는 無極에 근원하여 태극에 나타났으니, 그 뿌리는 천상 지하에 뻗었고, 그 이치는 渾元一氣 속에 잠기었고, 현묘한 조화는 천지 일월과 같이 한 몸으로 무궁하니라. 우리 道의 진리는 얕은 것 같으나 깊고, 속된 것 같으나 고상하고, 가까운 것 같으나 멀고, 어두운 것 같으나 밝은 것이니라. 우리 道는 儒와도 같고, 佛과도 같고 仙과도 같으나, 실인즉 儒도 아니오 佛도 아니오 仙도 아니니라. 그러므로 만고 없는 無極大道라 이르나니, 옛 성인은 다만 지엽만 말하고 근본은 말하지 못했으나, 우리 수운 대선생님은 천지 음양 일월 귀신 기운 조화의 근본을 처음으로 밝히셨나니라. 진실로 총명달덕한 이가 아니면 누가 능히 알 것이랴. 아는 이가 적으니 탄식할 일이로다.

　이 말은 틀림없는 사실이다. 그러나 東學에는 그 밖에도 민간신앙적 요소와 천주교적 요소가 들어 있다. 동학사상에는 민간신앙적 요소가 많이 들어 있다. 특히 풍수지리설, 참위사상, 귀신사상 등이 그것이다. 예컨대, '人傑은 地靈이라 名賢達士 아니랄까',[113] '氣壯하다 氣壯하다 龜尾山氣 氣壯하다',[114] '氣壯하다 龜尾山水 좋은 勝地 無極大道 닦아내니 五萬年之 運數로다'[115] 등을 들 수 있다. 이것들은 모두 풍수지리 사상을 나타내고 있다. 또한 '고이한 東國讖書(동국참서)

---

109) 龍潭遺詞, 安心歌.

110) 東經大全, 歎道儒心急.

111) 龍潭遺詞, 敎訓歌.

112) 龍潭遺詞, 安心歌.

113) 龍潭遺詞, 龍潭歌.

114) 龍潭遺詞, 龍潭歌.

115) 龍潭遺詞, 龍潭歌.

추켜들고 하는 말이 거년 임진왜란 때는 利在松松하여 있고 嘉山定州 西賊 때는 利在家家 하였더니 어화세상 사람들아 이런 일을 본받아서 生活之計 하여보세'[116]라고 한 것을 보면, 정감록을 내세워 참위사상을 生活之計로 이용할 것을 예언자적 입장에서 말하고 있다. 또한 동학이 서학의 영향을 받은 측면을 살펴보면,[117] 우선 동학경전의 서술양식에는 천주교의 서술양식과 비슷한 것들이 있다. 예컨대, '너를 세상에 나게 하여',[118] '공중으로부터 외는 소리'[119] 등이 있다. 그리고 道를 직접 上帝로부터 받은 것이라고 하면서 啓示를 내세운 점, 상제가 소위 啓示에 앞서 '의심 말고 다시 의심 말라'[120]고 하면서 먼저 上帝에 대한 信仰을 요구했다는 점, 靈符가 효험을 내려면 정성과 공경이 선행되어야 한다고 하면서 치유에 앞서 절대신앙을 요구한 점 등은 기독교 聖經의 설법을 방불하게 하는 예들이다. 또한 포덕문에 보면, 先天은 人과 天이 代天者를 중재하는 人天關係의 간접시대이고 後天은 직접 인간과 교섭하는 직접시대로 되어 있다. 이것은 西學의 신구약적 시대관을 방불케 하는 것이다. 西學에서는 구약을 천주가 예언자들을 통하여 간접적으로 인류를 인도하는 시대로 보고 있는 것이다.[121]

그러면 동학이 말하고 있는 한울님은 어떻게 내 마음에 모시고 살 수 있는가? 수운은, '守心正氣하여 내어 仁義禮智 지켜 두고 君子 말씀 본받아서 誠敬二字 지켜 내어 先王 古禮 잃지 않으니 그 어찌 嫌疑되며 세간 오륜 밝은 법은 人性之綱이로세'[122]라고 노래하고 있다. 그러면 여기서 말하는 수심정기란 무엇인가?

넓고 큰 집이 천간이라도 주인 잘 보호치 못하면 그 기둥과 들보가 비바람에 무너지나니 어찌 두렵지 않으랴. 내 마음을 공경치 않는 것은 천지를 공경치 않는 것이요, 내 마음이 편안치 않은 것은 천지가 편안치 않은 것이니라. 내 마음을 공경치 아니하고 내 마음을 편안치 못하게 하는 것은 천지부모에게 오래도록 순종치 않은 것이니, 이는 불효한 일과 다름이 없는 것이니라. 천지부모의 뜻을 거슬리는 것은 불효가 이에서 더 큰 것이 없으니 경계하고 삼가라. 몹시 사나운 범이 앞에 있고 긴 칼이 머리 위에 임하

116) 龍潭遺詞, 夢中老少問答歌.
117) 趙敦熙, '東學思想에 나타난 神과 人間에 관한 研究', 東國大學校 教育大學院 碩士學位論文, 1991, pp.26-27.
118) 東經大全, 布德文.
119) 龍潭遺詞, 安心歌.
120) 東經大全, 布德文.
121) 최석우, '西學에서 본 東學', 「教會史研究」 1輯, 教會史研究會, 1977, pp.119-120.
122) 道德歌.

고 벼락이 내리어도 무섭지 아니하나, 오직 말 없고 소리 없는 한울이 언제나 무섭고 두려운 것이니라. 사람이 다 사람으로 연유하여 생기는 화복은 당장에 보기 쉬우나, 형상도 없고 말도 없는 한울의 화복은 보기 어려운 것이니라. 사람이 다 '蜀道'가 험난하다고 이르나, 蜀나라로 가는 길이 험한 것이 아니라 사람의 마음길이 더욱 험한 것이니라. 守心正氣 네 글자는 천지가 떨어지고 끊어진 기운을 다시 보충하는 것이니라. 경에 말씀하시기를 '인의예지는 옛 성인의 가르친 것이요 수심정기는 오직 내가 다시 정한 것이라' 하셨으니, 만일 '守心正氣'가 아니면 仁義禮智의 道를 실천하기 어려운 것이니라. 내 눈을 붙이기 전에 어찌 감히 수운 대선생님의 가르치심을 잊으리요. 밝게 살피기를 밤낮이 없게 하느니라. 그대들은 守心正氣를 아는가. 능히 수심정기 하는 법을 알면 성인 되기가 무엇이 어려울 것인가. 수심정기는 모든 어려운 가운데 제일 어려운 것이니라. 아무리 잠잘 때라도, 능히 사람들이 나고 드는 것을 알고 말하고 웃는 것을 들을 수 있어야, 수심정기라고 말할 수 있는 것이니라. 수심정기 하는 법은 孝悌溫恭이니 이 마음을 어린아이 같이 보호할 것이며, 늘 조용하여 성내는 마음이 일어나지 않게 하고 늘 깨어 혼미한 마음이 없게 하는 것이 옳으니라. 마음이 기쁘고 즐겁지 않으면 한울이 감응치 아니하고, 마음이 언제나 기쁘고 즐거워야 한울이 언제나 감응 하느니라. 내 마음을 내가 공경하면 한울이 또한 즐거워 하느니라. 수심정기는 천지를 내 마음에 가까이 하는 것이니, 참된 마음은 한울이 반드시 좋아하고 한울이 반드시 즐거워 하느니라.[123]

이상의 말을 들어볼 때, '守心'은 誠이요, '正氣'는 敬이라 할 수 있다. 그러면 다시 誠, 敬, 信에 관한 해월법사의 설명을 들어보자.

　우리 도는 다만 誠, 敬, 信 세 글자에 있느니라. 만일 '큰덕'이 아니면 실로 행하기 어려운 것이요, 과연 誠, 敬, 信에 능하면 聖人되기가 손바닥 뒤집기 같으니라 … 純一한 것을 정성이라고 이르고 쉬지 않는 것을 정성이라 이르나니, 이 純一하고 쉬지 않는 정성으로 천지와 더불어 법도를 같이하고 運을 같이하면 大聖, 大人이라고 이르는 것이니라 … 仁義禮智도 믿음이 아니하면 행하지 못하고 金木水火도 土가 아니면 이루지 못하나니, 사람의 믿음 있는 것이 오행의 土가 있음과 같으니라. 억천만사가 도시 '믿을 信' 한 자뿐이니라. 사람의 믿음이 없음은 수레의 바퀴자리 없음과 같으니라. '믿을 신 자' 한 자는 비록 부모형제라도 변통하기 어려운 것이니라. 경에 말씀하시기를 '대장부 의기범절 信 없으면 어데서 나며' 하신 것이 이것이니라. 마음을 믿는 것은 곧 한울을 믿는 것이 되고, 한울을 믿는 것은 곧 마음을 믿는 것이니, 사람이 믿는 마음이 없으면 한 등신이요, 한 바보일 뿐이니라. 사람이 혹 정성은 있으나 믿음이 없

123) 海月神師法說, 守心正氣.

고 믿음은 있으나 정성이 없으니 걱정스러운 일이로다, 사람이 닦고 행할 것은 먼저
믿고 그 다음에 정성드리는 것이니, 만약 실지의 믿음이 없으면 헛된 정성을 면치 못
하느니라. 마음으로 믿으면 정성 공경은 자연히 그 가운데 있나니라.[124]

해월은 守心正氣, 誠, 敬, 信을 말했으면서도 여전히 부족하다고 생각하였는지
다시 '篤工'을 설명하고 있다.

독실하게 공부해서 이루지 못할 것이 없나니라 … 우물을 판 뒤에야 물을 마실 것이
요 밭을 간 뒤에야 밥을 먹을 것이니, 사람의 마음공부 하는 것이 물 마시고 밥 먹는
일과 같지 아니하랴. 도에 대한 생각을, 주릴 때에 밥을 생각하듯이 추울 때 옷을 생각
하듯이 목 마를 때 물을 생각하듯이 하라 … 배우는 것은 반드시 넓게 하고 묻는 것은
반드시 자세히 하고 행하는 것은 반드시 독실하게 하라. 만일 삼년에 도안이 밝지 못
하고 마음 바탕이 신령치 못하면 이것은 정성이 없고 믿음이 없음이니라. 정성이 있고
믿음이 지극하면 돌을 굴리어 산에 올리기도 쉬우려니와, 정성이 없고 믿음이 없으면
돌을 굴리어 산에서 내리기도 어려우니, 공부하는 것이 쉽고 어려움도 이와 같으니라.
사사로운 욕심을 끊고 사사로운 물건을 버리고 사사로운 영화를 잊은 뒤에라야, 기운
이 모이고 신이 모이어 환하게 깨달음이 있으리니, 길가면 발끝이 평탄한 곳을 가리키
고 집에 있으면 신이 조용한 데 엉키고 자리에 앉으면 숨결이 고르고 누우면 신기가
그윽한 곳에 들어, 하루종일 어리석은 듯하며 기운이 평정되고 심신이 청명하니라.[125]

그런데 여기서 '도에 대한 생각을, 주릴 때 밥을 생각하듯이 추울 때 옷을 생각
하듯이 목마를 때 물을 생각하듯이 하라' 는 말은 상당한 수준의 도를 터득한 뒤에
할 수 있는 말이다. 이 점에 유의해야 할 것이다.

3. 근대교육의 등장[126]

조선왕조의 교육이 근대교육으로 발전해 나가는 시기는 대개 세 단계로 나누

124) 海月神師法說, 誠, 敬, 信.
125) 海月神師法說, 篤工.
126) 이 章에서는 姜在彦, 鄭昌烈 譯, 「韓國의 開化思想」, 서울: 比峰出版社, 1981을 주로 참고하였다.

어 볼 수 있을 것이다. 즉 초창기로서 1880년대, 후반기의 형성기로서 1890년대, 후반기의 저항과 발전기로서 1900년대를 들 수 있다. 그러면 조선왕조 시대에서 근대교육으로 넘어가기 전에 이루어지고 있던 교육의 모습의 한 단면을 보기로 한다. 구체적으로 말하면 그것은 서당의 풍경이다.

대략 12명 가량 되는 똑똑하게 생긴 어린이들이 방에 무릎을 꿇고 앉아 있고, 그들 앞에는 한문책이 펼쳐져 있다. 그들은 상반신을 각각의 시간과 동작에 따라 어떤 자는 좌우로, 또 다른 자는 앞뒤로 자주 흔들고, 가락을 붙여서 낭독하면서 할당된 일과의 학습을 한다. 이러한 동작이나 소음과는 대조적인 것이 훈장의 조용한 자세이다. 온돌 방의 가장 따뜻한 자리에 앉아 머리에는 말총으로 만든 갓을 쓰고 코에는 학자답게 안경을 걸치고 앞에는 책을 놓아 두었다. 그리고 손에는 가느다랗고 긴 회초리를 갖고 있는데, 때때로 그의 커다란 음성이, 부들부들 떨며 지르는 찢어지는 듯한 외마디 소리에 뒤섞이면서, 틀린 것을 바로잡는 한 마디 말, 두 마디 말을 내뱉는다. 이것이 서당이다.[127]

이 풍경이 지금으로부터 불과 100여 년 전에 있었던 교육의 한 모습이다. 이때에는 經書(경서)를 중심으로 한 구교육이 여전히 뿌리 깊이 자리를 잡고 있었고, 이와 함께 점차 근대교육이 나타나기 시작하였다.

사실상 조선왕조에 근대교육의 효시라 할 수 있는 학교가 처음 등장한 것은, 최근의 연구에 의하면,[128] 1883년 9월 28일(음력 8월 28일)의 일로서, 이때 德源(元山) 府使兼監理 鄭顯奭(정현석)은 이미 설립된 元山學舍(원산학사)의 인가를 정부에 신청하였던 것이다. 원산은 1880년에 개항한 항구로서 일본 상인의 침투에 대한 반발이 매우 심한 곳이었다. 그러나 거기에 살고 있는 주민들은 신교육의 필요를 누구보다도 절감하게 되었던 것이다. 그리하여 정부관리인 정현석은 관민의 협력을 받아 마침내 원산학사를 설립하기에 이른다. 이 학교는 두 개의 班으로 구성되었다. 하나는 文士를 양성하기 위한 文藝班(문예반)과 武士를 양성하기 위한

그러나 여기에 나와 있는 자료들을 많이 활용하였지만, 자료의 해석에서는 참고문헌과는 다른 것들이 있다. 이 점에서 잘못된 것은 전적으로 본 책(한국교육사)의 저자인 본인의 책임이다. 여기서 말하는 시대는 고종부터 순종(1864-1910)까지이다. 고종 22년은 建陽 1년(1896년)이며, 고종 23년(1897년)에 대한제국이 시작된다. 그때가 光武 1년이다. 순종 즉위년(1907)은 隆熙 1년이다.

127) Daniel L. Gifford, *Education in the Capital of Korea*(Ⅰ), Korean Repository, July 1896, p.281.

128) 愼鏞廈, '우리나라 最初의 近代學校의 設立에 대하여', 「韓國史研究」 10, 韓國史研究會, 1974.

武藝班(무예반)이다. 입학 자격에는 제한이 없었다. 교육내용을 보면, 문예반에서는 經義를 다루었고, 무예반에서는 兵書를 다루었다. 이 두 반의 공통과목으로는 算數格致, 機器, 農桑, 礦採 등이 있었다.[129] 교육내용의 근본 정신은 '먼저 經學을 밝힘으로써 그 大本을 세우고 다음에 時事를 공부함으로써 그 大用을 다한다'(學舍朔試規)는 데에 두고 있다. 이 학교는 그 후 1895년 학제개혁에 따라 원산 소학교와 중학교의 기능을 가진 譯學堂(역학당)으로 분리되었다.

서울에서는 1886년 9월에 育英公院(육영공원)을 설립하였다. 그러나 그에 앞서 1883년 9월에 이미 영어교육을 위한 同文學(영어교육)이 설립되어 있었다. 이것들이 설립된 계기는 1882년 5월의 朝美修好通商條約(조미수호통상조약)에 있다. 이를 계기로 구미제국과의 외교 및 세관업무상의 필요가 생겼다. 그러나 育英公院이 개원되면서 同文學은 폐지되었다. 육영공원에서는 영어 이외에 萬國公法(만국공법)과 정치경제학을 가르쳤다. 국제적 안목을 갖추고 영어를 구사할 줄 아는 조선왕조의 고급관리를 양성하려고 하였던 것이다. 육영공원은 左院(좌원)과 右院(우원)으로 구성되었으며, 좌원에는 年少文武(文武 兩班의 年少者), 우원에는 通敏幼學(통민유학, 관직에 나가지 않은 儒生) 등이 입학하였다. 同文學과 育英公院은 정부주도에 의한 洋學校(양학교)이며, 이들 학교는 서양에 대한 증오심을 많이 가라앉히게 하였다. 육영공원은 1894년에는 유명무실하게 되었다.

조선왕조에 천주교가 침투된 것은, 1783년 연행사에 수행한 이승훈이 1784년 2월에 북경의 북천주당에서 세례를 받은 것에 시초를 두고 있다. 조선왕조의 開國 이후 포교를 목적으로 선교사가 정식으로 들어온 것은 갑신정변 후인 1885년 4월부터였다. 선교사를 파견한 기관은 미국의 북장로회와 북감리회였다. 이들의 포교활동은 '醫療와 敎育'을 그 수단으로 하였다. 그들과 조선왕조 사이에서 '의료와 교육' 활동을 매개한 사람은 개화파 김옥균이다. 개화파에 의한 갑신정변이 실패하기는 하였지만 한 가지 소득이 있었다면 그것은 다름 아니라, 서양의료의 놀라운 의료기술이 정부에 알려졌고, 그로 말미암아 서양식 의료와 의학교육을 시작하게 되었다는 것이다. 구체적으로 말하면 알렌의 건의에 따라 1885년 4월 10일에 廣惠院(광혜원, 후에 濟衆院, 제중원)이라는 최초의 서양식 병원이 국가

---

129) 愼鏞廈의 위의 논문이 '德源府啓錄' 제1책에서 인용한 1883년 8월 23일조에는 다음과 같이 되어 있다. '文士는 먼저 經義를 가르치고, 武士는 먼저 兵書를 가르치고 난 뒤, 함께 時務의 긴요한 것을 가르치는 데, 그것은 算數格致로부터 각양 機器와 農蠶鑛採 등의 일에 이르는 것들이다.' 이 인용은 강재언, 「한국의 개화사상」, 비봉출판사, 1981, p.274에서 재인용하였다.

의 지원으로 설립된 것이다.

선교사로서 조선왕조에 처음으로 온 사람은 언더우드(Horace G. Underwood)이다. 그는 1886년 봄, 고아를 모아서 耶蘇敎學堂(야소교육당, 뒤에 儆信學校, 경신학교)을 설립하였다.[130] 이 학교에서 공부하던 학생 수는 55명이지만 실지로는 하루에 40명 정도였다. 평균연령은 13세로서 나이는 9세에서 17세까지 분포되어 있었다. 교직원은 모두 3명으로서 미국인 교사 1인과 조선인 교사 1인 그리고 조선인 조수 2명으로 구성되어 있었다. 교육내용으로는, 한문, 한글, 성경과 종교서, 자연지리와 정치지리, 산수, 생리학, 교회사, 음악, 교련(미국 공사관 무관이 가르침) 등이 있었다. 경신학교가 최초의 남학교인 데 비하여 최초의 여자학교는 1887년 6월에 설립된 貞信女學校(정신여학교)이다. 이 학교를 설립한 사람은 북장로회에 소속된 제중원의 간호원이었던 엘러어즈(Annie J. Ellers) 양이었다. 이 학교는 뒤에 생겨난 梨花學堂(이화학당)과 함께 근대 여자학교에서 시행한 여자교육의 효시가 되었다.

학교교육에 대하여 북장로회가 열을 올렸다면, 이에 못지 않게 북감리회도 역시 학교교육에 힘을 기울였다. 1885년 5월 3일에는 의료선교사 스크랜튼(W. B. Scranton)이 북감리회의 선교사로서 최초로 조선에 들어왔다. 그는 광혜원의 의사로 활동하였다. 그러나 그는 곧 그 직을 사임하였다. 이어서 2개월 뒤에는 아펜젤러(Henry G. Appenzeller)가 조선에 들어왔다. 사실상 북감리회계의 미션 스쿨은 1886년부터 시작되었다. 구체적으로 말하면 남자학교로는 배재학당이 아펜젤러에 의해 개교를 하게 된 것이다. 그때가 1886년 6월이었다. 그 이듬해 국왕 고종은 이 학교에 대하여 정식으로 培材學堂(배재학당)이라는 이름을 扁額으로 내려주었다. 여자학교의 경우에 스크랜튼(M. F. Scranton)의 어머니가 1886년 5월에 여자 생도 1명을 맞이하여 이화학당을 시작하였다. 이 학교는 처음에는 專信學校(전신학교, Entire Trust School)로 시작하였지만, 1887년 閔妃(민비)로부터 이화학당이라는 이름과 함께 扁額(편액)을 받았다. 이와 같이 국왕과 왕비로부터 이름과 편액을 하사받음으로써 국가공인의 정식 학교가 되었던 것이다. 그러나 여자학교에서는 여러 가지 어려움이 많았으며, 그 중에서도 엄격한 유교의 관습(예 : 남자는 바깥에 거하면서 안의 일을 말하지 않고, 여자는 안에 거하면서 바깥일을 말하지 않는다)이 가장 큰 걸림돌이 되었던 것이다.

지금까지 논의한 것이 1883년부터 1886년까지 초창기에 볼 수 있었던 근대학

---

130) Daniel L. Gifford, *Ibid.*, p.308의 내용을 인용하였다.

교이다. 물론 이것은 본격적으로 제도화된 근대학교는 아니다. 원산학사를 제외하고는 나머지가 모두 실무관리를 위한 교육이거나 선교회의 포교를 위한 학교였다. 여기서 한 가지 짚고 넘어가야 할 것은 포교에 의한 학교이다. 이들이 진실로 기독교가 이 땅에 들어와 참다운 종교로 자리잡기를 원했는가, 아니면 미국이 조선을 정복한다는 정신을 그 밑에 깔고 있었는가, 그리고 이때 교육은 그 자체가 목적인가 아니면 포교를 위한 한낱 수단에 불과한 것이었는가 하는 것은 앞으로 진지하게 연구해 보아야 할 중요한 문제인 것이다. 그러나 한 가지 확실한 것은 서양을 '서양 오랑캐'라고 생각하는 기존의 관념을 많이 완화시키는 데 이 학교들이 많은 도움을 주었다는 것이다.

조선에 있어서 근대교육은 안에서 자생적으로 일어난 것이 아니라, 거의 외부의 촉발에 의하여 시작되었다. 그러나 전혀 안에서 아무런 움직임이 없었던 것은 아니다. 그 대표적인 움직임이 개화파의 활동이다. 개화파의 대표자격인 김옥균이 기독교 선교사들이 조선에 들어오도록 하는 데 중요한 역할을 하였다는 것은 이미 앞에서 잠시 언급한 바 있다. 여기서 우리의 관심은 초기 개화파들이 가지고 있었던 교육사상이라는 것이 있다면, 과연 그 교육사상이 무엇인지를 알아보는 것이다.

개화파의 교육사상이 무엇인지를 말하기에 앞서 개화가 되기 전의 분위기를 잠시 살펴볼 필요가 있다. 1883년 2월 5일(음력 1882년 12월 28일)에 고종은 '八道四郡의 백성들에게'라는 것을 詔書로서 발표하였다. 즉 '양반도 상업에 종사할 것, 농, 공, 상에 종사하는 사람들의 자제도 향교와 성균관에 입학할 것을 허락하고, 출신의 귀천을 가려서는 안된다는 것'(朝鮮王朝 高宗實錄 卷19, 高宗 19年 12月 28日條)을 널리 세상에 알렸던 것이다. 이와 같은 詔書의 내용으로 보아, 당시에는 이미 개화풍조가 백성들 사이에 상당히 퍼져 있었다는 것을 알 수 있다. 그리하여 직업과 교육에 있어서 종전과는 달리 신분에 따른 규제를 풀지 않으면 안되었던 것이다. 그러나 여전히 벼슬길에 나아가기 위한 유학교육은 그 모습을 그대로 유지하고 있었다.

전통적인 유학교육에 대하여 가혹할 정도의 비판을 하고 교육내용을 철저하게 바꿔야 한다고 하면서 새로운 시대에 알맞은 교육을 통하여 새로운 인재를 양성해야 한다는 주장을 하는 사람들이 개화파였다. 그 사례를 직접 보자. 이 사례는 박영효가 갑신정변(1884년 12월 4일에서 6일)에 실패하고 일본에 망명해 있으면서 상소의 형태를 통하여 국정개혁의 일환으로 건의한 교육개혁이다.

근세에 이르러 교화는 쇠퇴해지고 풍속은 무너져서 格物致知의 본의는 알지 못하고 다만 외면적 修飾을 玩弄하고 문장을 修飾하는 것으로써만 요체를 삼습니다. 만일 四書三經과 諸子百家의 書를 읽고 외워서 문장께나 지으면 비록 어리석고 썩어빠진 유생이라도 大學士라고 일컬어지고 士大夫에 올라 백성과 나라를 그르치고 있는데, 이것이 아시아 여러 나라가 쇠퇴하는 근원이 되고 있습니다. 만일 末을 버리고 本을 취하여 格物窮理의 學으로부터 천하의 術에 이르기까지 이르면 지금 歐美에서 바야흐로 번성한 學과 같은 것입니다. 그러나 授受하는 道는 이미 그 傳을 잃었고 窮理格物을 어떻게 하는지를 알지 못하고 있으니 무엇으로써 족히 가르치며 무엇으로써 족히 배울 것입니까?

어리석은 臣은 배우는 자는 동서양을 막론하고 實用을 먼저하고 文華를 뒤에 해야 한다고 생각합니다. 대저 實用은 귤과 같고 文華는 향기와 같은 것입니다. 향기가 귤로 인하여 생기는 것이지, 어찌 향기로 인하여 귤이 생기겠습니까. 그러므로 그 實을 버리고 華를 취하면 격물궁리와 수신치국의 學은 일시에 아울러 폐하여지고 浮華한 풍이 일어나게 되는 것입니다.

臣이 옛일을 생각하건대, 신라는 경주에 박물관을 세워서 건물이 굉장히 크고 극히 장려하였으며, 페르시아, 인도, 漢, 唐, 일본 및 우리나라의 고금의 珍奇異寶를 진열하였는데, 실로 국중의 미관이었습니다. 임진년(임진왜란, 1592년)에 이르러 드디어 불타서 없어지고 전연 흔적이 없어지고 말았습니다. 또 修身, 窮理, 天文, 地理, 法律, 醫藥, 算數, 音樂 등의 學과, 漢, 蒙古, 滿洲, 日本 및 印度 등의 여러 文語의 學으로써 백성을 가르친 뒤에 여러 가지 물건을 발명하였습니다.

그러나 오늘에 이르러서는 形과 影이 모두 끊어져서 혹 그 이름은 있어도 그 實은 없습니다. 이는 모두 정부가 文學, 技術을 장려함으로써 궁리발명의 길을 여는 일을 하지 않고, 오히려 그것에 방해가 되는 정치를 하였기 때문입니다. 그러므로 이미 밝은 理가 있어도 더욱 밝힐 수 없고 오히려 이미 밝은 理를 잃어버렸으니, 아깝지 않을 수 있겠습니까?

오늘의 急務는 학교를 크게 일으키고 博學, 達理한 선비를 맞아들임으로써 나라의 백성들을 가르치는 것입니다. 위로는 세자 전하로부터 아래로는 서민의 자제에 이르기까지 학교에 입학시켜 공부하게 함으로써 天地의 무궁한 理를 밝힐 것 같으면 文德, 才藝가 다시 찬연해질 것입니다. 어찌 文을 소홀히 하여 내버릴 수 있겠습니까?[131]

여기서 우리가 유념해야 할 것은 그가 전통 유교를 부정하는 것은 아니라는 것이다. 오히려 그는 주자학에서 말하는 格物致知(격물치지)가 바로 서양의 科學精

---

131) 丁仲煥, 「朴永孝上疏文」, 「亞細亞學報」 I, 1965, pp.735-736, 朴永孝, 「開化에 대한 上疏」, 「新東亞」, 1966년 1월호 附錄, p.21.

神(과학정신)과 상통할 수 있다는 믿음을 가지고 있다. 洋의 동서를 막론하고 학문의 본질은 '先其實用 而後其文華'에 있다는 것이다.

그는 종교에 관해서는 어떤 견해를 갖고 있는가?

종교란 백성이 의지하는 것으로 교화의 근본입니다. 그러므로 종교가 쇠퇴하면 나라가 쇠퇴하고, 종교가 성하면 나라도 성합니다. 옛날 유교가 성하여 漢나라 땅이 강성하였고, 불교가 성하여 인도와 동양제국이 강성하였으며, 회회교가 성하여 서역과 터어키 등 여러 나라가 강성하였고, 지금 천주, 예수교가 성하여 歐美의 여러 나라가 강성합니다. 우리 조선도 유교, 불교가 일찍이 성하였던 때가 있었으나, 오늘에 이르러서는 유교, 불교가 함께 피폐하여 나라의 형세가 차츰 약해지니 어찌 한심하여 탄식하지 않을 수 있겠습니까? 아아, 유교를 다시 성하게 하여 이로써 文德을 닦으면 나라의 형세가 또한 그로 말미암아 다시 번성할 것을 가히 기대할 수 있을 것입니다.

그러나 무릇 일에는 時運이 있어 힘으로써 당길 수 있는 것이 아닙니다. 그러므로 무릇 종교란 것은 백성들의 자유 신봉에 맡겨야 하는 것이고, 정부가 간섭해서는 안되는 것입니다. 옛날부터 종교의 爭論이 인심을 동요시킴으로써 나라를 멸망하게 하고 인명을 해친 경우가 헤일 수 없이 많으니, 거울로 삼아야 합니다.[132]

이 관점은 위정척사론자들이 '유교는 인류의 道'이고 西學은 '無君無父之邪術'이라고 말하는 관점과는 매우 다르다. 박영효는 소위 '종교의 자유'를 내세우고 있는 것이다.

이상과 같은 생각을 바탕으로 할 때, 구체적으로 실제에서 그의 주장이 어떤 모습으로 나타날 것인가를 알아보면 다음과 같다.

1) 소학교와 중학교를 설립하여 6세 이상의 남녀로 하여금 모두 입교하여 수학하도록 한다. 2) 壯年校를 설립하여, 한문 혹은 언문으로써 정치, 재정, 내외법률, 역사, 지리 및 산술, 理化學大意 등의 書를 번역하여 小壯의 官人을 가르치고, 혹은 8도에서 壯年의 士를 징모하여 이들을 가르친다. 그 業이 이루어짐을 기다려 과거시험으로써 이들을 시험하여 문관에 擇用한다. 3) 먼저 백성들을 가르침에 국사 및 국어, 국문으로써 한다. 본국의 역사, 문장을 가르치지 않고 단지 청국의 역사, 문장을 가르치기 때문에, 백성들은 청나라를 본으로 삼고 이것을 중시하여 자기 나라의 典故를 모르게 된다. 이것은 本을 모르고 末을 취하는 것이라고 해야 할 것이다. 3) 외국인을 고용하여 백성들을 가르침에 법률, 재정, 정치, 의술,

132) 「上揭書」, p.736.

궁리 및 여러 才藝로써 한다. 4) 활자를 주조하고, 종이를 만들고, 인쇄소를 많이 설립하여 서적을 많이 간행하여야 한다. 사람들이 배우고 싶어도 서적이 없으면 배울 수 없다. 그러므로 문명국에서는 서적이 풍부하다. 일본의 경우에는 종이값이 싸고 활자가 많아서 인쇄가 발전하고 서적이 많으며 학교가 많고 학생이 많다. 5) 박물관을 설립하여 백성들의 견식을 넓혀야 한다. 6) 백성들 중에 혹 식자가 있으면 때때로 청중을 모아 세상일에 대하여 연설하는 것을 허용함으로써 백성들의 고루함을 깨치게 하여야 한다. 7) 동서양 제국의 어학을 크게 일으켜 交親을 편하게 하여야 한다. 8) 규칙을 정하여 백성들이 신문사를 설립하고 찍어 파는 것을 허용하여야 한다. 신문이란 것은 조정의 일을 評議하고 관명, 관리의 진퇴, 시가의 풍설, 외국의 형세, 학예의 성쇠, 경작의 풍흉, 물가의 고저, 교역의 성쇠, 민간의 고락, 死生存亡, 異事珍談 등을 공고한다. 무릇 사람이 듣고 보는 바로서 새로운 것은 일일이 기재하고 혹은 圖畫를 붙이니 상세하고 분명치 않은 것이 없다. 그 밖에도 사람들이 신문을 신뢰하여 갖가지 일을 광고하니 크게 편리하다. 그러므로 비록 방문을 닫고 들어앉아 문밖을 나가지 않거나, 혹은 만리 전역에 살아 鄕信을 들을 수 없다 하더라도 신문을 한 번 보면 세간의 사정을 흡사 그 사물을 직접 대하듯이 환하게 알게 된다. 그러므로 백성들이 널리 듣고, 보고, 사정을 분명히 아는 데 있어서 이보다 더 편리한 것이 없다. 그리하여 구미제국에서는 신문사의 다소로써 나라의 문명 여부를 비교한다고 한다. 9) 어떤 종교임을 막론하고 혹은 默許하여 불문에 붙이고, 백성들의 자유에 맡긴다. 그러나 교당을 세움으로써 禍亂을 일으키는 일은 당분간 허락해서는 안된다.[133]

이와 같은 구체적인 생각에 대하여 철저하게 반대하는 사람들이 위정척사를 주장하는 사람들이다. 그 중에서 대표적인 인물은 면암 최익현이다. 그는 衣制의 개혁에 대한 반대상소에서, '개화란 夷狄으로써 中華를 변경하여, 인류를 떨어뜨려 짐승이 되게 하는 것으로써 능사를 삼는 것이고, 나라를 망치고 집을 뒤집어 엎는 것을 용이하게 하는 것'[134]이라고 규탄하고 있다. 그는 마침내 굶어 죽었다. 위정척사를 주장하는 사람들은 왜 이와 같이 강력하게 나올 수밖에 없는가? 당시의 성리학자들은 성리학의 종교성을 믿고 있었다. 그들은 종교적 인간으로서 초

---

133) 「上揭書」, pp.736-737.
134) 以用夷變夏 降人爲獸 爲能事 而名之曰開化 此開化二字 容易亡人之國 覆人之家, 崔益鉉, 勉菴
集 卷4, 請討逆復衣制疏, 景仁文化社, 1976, p.71.

인간적이요, 초월적인 모델, 예컨대 聖人을 상정하고 있었다. 이 종교적 인간들(성리학자들)은 그 자신들이 聖人이나 신화적 조상들을 모방하지 않는 한 진정으로 인간적일 수 없다고 생각하였다.[135] 그러므로 유학이 없는 세상, 유학을 반대하는 세상에서는 살 의미를 잃어버리는 것이다.

유명한 西遊見聞(서유견문)을 쓴 유길준은 교육에 관하여 어떤 생각을 가지고 있었는가? 그의 서유견문에 보면, 교육에 관한 상당한 관심이 나타나 있음을 알 수 있다. 유길준은 교육의 삼대 강령을 서유견문에서 피력하고 있다. 즉, 첫째가 도덕교육이고, 둘째가 才藝의 교육이고, 셋째가 공업의 교육이다. 이 근본취지는 正德, 利用, 厚生으로서, 그는 국가의 빈부, 치란, 강약, 존망이 모두 백성들의 교육의 高下, 有無에 달려 있다고 하였다.

학업에 허명과 實狀의 분별이 있으니 여하한 학업을 허명이라 일컫는가? 이치를 궁구하지 않고 문자만을 숭상하여 청춘에서 白首에 이르도록 詩文의 공부로써 스스로 즐기고, 利用하는 책략과 후생하는 방도는 없는 것이다. 또 實狀있는 학업은 여하한 것을 가리키는가? 사물의 理를 궁구하여 그 性을 다하고 주야로 부지런히 애써서 백천만 條의 實用에 그 뜻을 오로지 하는 것이다.[136]

지금까지 우리는 박영효와 유길준의 교육에 관한 생각을 살펴 보았다. 그들은 둘다 명백히 實學을 이어받고 있다. 그들의 생각은 18세기 후반기의 실학파의 논리와 공통성을 가지고 있다. 實學은 18세기 후반에서 다시 19세기 후반으로 이어져 개화기의 사상적 바탕을 이루고 있다는 것을 유의해야 할 것이다.

그러면 근대적 교육제도의 확립은 언제 어떻게 이루어졌는가? 근대적 교육제도의 확립은 아무래도 갑오경장에서 비롯되었다고 말할 수 있을 것이다. 갑오경장은 1894년(갑오년) 7월 27일에 김홍집을 총재로 하는 군국기무처를 설립함으로써 시작되었다. 그리하여 그로 인한 개혁은 1896년 2월 11일에 친러파 이범진, 이완용 등의 안내로 고종이 그 왕자와 함께 러시아 공관에 파천함으로써 제3차 김홍집 내각이 넘어지게 될 때까지 지속되었다. 이 개혁이 외부에 의존한 것인가 아니면 안으로부터 자체적으로 생긴 개혁의지에 비롯된 것인가 하는 데에는 異論

---

135) Mircea Eliade, *The sacred and the profane : the nature of religion*, Willard R. Trask(tr.), New York: Hacourt, Brace & World, Inc.,1959, p.99.

136) 兪吉濬,「兪吉濬全書」Ⅰ, 一潮閣, 1971, p.367.

의 여지가 있으나, 갑오경장은 확실히 조선왕조에서 안으로부터 자체적으로 생긴 의지에 따라 일어난 개혁이라고 보아야 한다. 그러므로 '근대'라는 것이 조선왕조가 이끄는 사회에서 정착하기 시작한 계기는 갑오경장이라고 볼 수밖에 없다. 물론 이와 같은 해석에 제한점으로 작용하는 것은 개화파와 수구파의 대립에서 개화파가 열세였으므로 수구파로부터의 정권 탈취를 일본에 의존하였다는 사실이다.

갑오개혁의 과정에서 김홍집을 총재로 한 군국기무처(1894년 11월 폐지)는 행정부로서의 의정부(내각에 상당한다)를 초월하는 입법부의 역할을 하였고, 거기에서 208건의 개혁안을 의결한 바 있다. 군국기무처는 1894년 7월 30일에 근대적 개혁을 추진하기 위한 관제개혁을 단행하였다.[137] 즉, 종래에 왕실과 국정을 분리하지 않았던 것을 분리하였고, 그것을 궁내부와 의정부로 하였다. 의정부 밑에는 종래의 六曹를 폐지하고 내무아문, 외무아문, 탁지(재정)아문, 법부아문, 학무아문, 공무아문, 군무아문, 농상아문의 여덟 개의 아문을 두었다(다시 제2차 김홍집 내각에서는 7개 아문으로 바뀌었다). 여기에서 우리가 주목해야 할 점은 종래의 禮曹에서 다루었던 외무와 교육 부문이 외무아문과 학무아문으로 갈라졌다는 사실이다. 그리고 교육에 관한 한 학무아문이 전적으로 담당하게 되었다는 것이다. 이것은 禮라는 관념으로써는 근대적인 외교와 교육에 알맞게 대응하기가 어렵다는 것을 깨닫고 이에 적절한 대응을 하기 위한 조치라고 생각된다. 그렇다면 '禮'는 어디로 갔는가? 이 시점에서 禮는 그 중요성이 서서히 무너지기 시작하지 않았나 하는 짐작을 해본다. 효율과 효과라는 것에 밀려 버렸다고 생각할 수 있는 것이다.

학무아문에서 구체적으로 무슨 일을 했는가를 알기 위하여 그 기구를 살펴보면 다음과 같다. 즉, 그것은 총무국, 성균관 및 庠校, 書院事務局(先聖, 先賢의 祀廟 및 經籍의 보존에 관한 사무), 전문 학무국(중학교, 대학교, 기예학교, 외국어 학교 및 전문학교에 관한 사무), 보통 학무국(소학교, 사범학교에 관한 사무), 편집국(국문철자, 각국문의 번역과 교과서 편찬에 관한 사무)으로 구성되어 있다. 이 중에서 근대교육을 추진한 부서는 보통 학무국과 전문 학무국과 편집국이었다. 여기서 우리는 종래의 학교에서 배웠던 교육내용을 전반적으로 재검토하고 새로운 교육내용을 선정하며 이를 교과서로 만들어 학교에 보급하면서 새로운 교육을 하려는 의도를

137) 日省錄, 高宗篇, 고종 31년 6월 28일, '軍國機務處進議案各條', 서울大 古典刊行會, 1971, pp.197–200. 姜在彦, 「前揭書」, p.293에서 再引用.

볼 수 있다. 다시 말하면 종래의 교육내용을 근본적으로 전환하여 근대화의 길로 나아갈 수 있도록 하였다는 것이다.

당시에는 교육을 근대화 개혁과 새로운 인재양성의 수단으로 보고 있었던 만큼, 종래에 科擧制度는 개혁되지 않으면 안되었다. 그 일환으로서 군국기무처는 1894년 8월 31일(음력 7월 12일)에 종래의 과거제도를 바꿔야 한다는 내용의 銓考局條例를 발표하였다.[138] 그 조례에서는, '문벌 및 班常의 등급을 劈破(벽파)하고, 귀천에 구애되지 않고 인재를 選用할 것'[139]이라고 하면서, 보통시험과 특별시험을 실시하되, 그 보통시험에서는 국문, 한문, 寫字, 산술, 內國政略, 외국사정 등을 시험하고 여기에 합격한 자는 특별시험에 응시할 수 있게 하였다. 특별시험에서는 관리로서 해당 부서의 '適用의 才器'인가 여부를 시험하였다. 1895년 1월 7일에 고종은 국정개혁 대강으로서 홍범 14개조를 발표하였다. 그 제11조에서는 '국중에 총명하고 준수한 자의 자제를 널리 외국에 파견하여 학술과 기예를 전습하게 한다'고 하였고, 제14조에서는 '사람을 씀에 문벌이나 지벌에 구애받지 않고 선비들을 두루 朝野에서 구하여 널리 인재를 등용한다'고 명시하고 있다. 이와 같은 조치는 고려시대 이래로 958년간 실시해 오던 과거제도의 사실상 종말을 선언하고 있다. 이와 같은 조치는, 종래의 科擧와 敎育 사이의 관련을 생각해 보면, 교육을 엄청나게 바꾸어 놓을 것이라는 예상을 할 수 있을 것이다.

홍범 14조에 발맞추어 국왕 고종은 1895년 2월 2일의 詔勅에서 교육입국의 대방침을 선언하였다.

세계의 형세를 둘러보면, 능히 富하고 능히 强하여 독립하여 雄視하는 諸國은 모두 그 백성들의 지식이 개명되었다. 지식의 개명은 교육의 善美로써 하는 것이니, 교육은 실로 국가보존의 근본이다. 이로써 朕은 君師의 지위에 있으면서 교육하는 책임을 스스로 맡고 있다. 교육은 또 그 道가 있어서 虛名과 實用을 먼저 분별해야 한다. 書를 읽고 글자를 익혀 옛사람이 다 밝혀낸 찌꺼기나 주워 모으고 대국적인 시세에 몽매한 자는, 비록 그 문장이 옛 사람을 능가한다 하더라도 지금은 하나의 쓸데없는 서생에 지나지 않는다.

이제 朕이 敎育綱領을 頒示한다. 虛名은 이를 버리고 實用은 이를 숭상할 것이다. 德育할 것이니라. 五倫行實을 닦고, 俗綱을 문란하게 하지 말며, 風敎를 扶植하고 人世의 질서를 유지하여 사회의 행복을 증진해야 할 것이다. 體養할 것이니라. 동작에

---

138) 上揭書, 軍國機務處進議案各條, p.219.

139) 1894년, 8월 12일 의결.

항상됨이 있고, 부지런히 힘쓰는 것으로써 主를 삼고, 안일과 나태를 탐하지 말며, 고난을 피하지 말고, 너의 근육을 단단하게 하고, 너의 뼈를 굳게 하며, 康壯과 병이 없는 즐거움을 향수해야 할 것이다. 智育을 할 것이니라. 格物致知하고 理를 궁구하여 性을 다하고, 好惡, 是非, 長短에 自他의 구역을 세우지 말고, 자세히 조사하고 널리 통하여 한 몸의 사사로움을 영위하지 말고 공중의 이익을 힘써 도모해야 할 것이다.

위의 세 가지 교육에 있어서의 綱紀이다. 朕이 정부에 명하여 학교를 널리 설치하여 人才를 양성하는 것은 너희 臣民의 학식으로써 국가 중흥의 대업을 도와서 이루게 하려는 것이다. 너희 臣民은 군주에 충성하고 나라를 사랑하는 心性으로써 너의 德을, 너의 體를, 너희 智를 길러야 할 것이다.[140]

고종의 입국조칙은 곧 經書中心(경서중심)의 私와 虛의 유교교육으로부터 신학문에 의한 公과 實의 근대교육으로의 전환을 의미하고 있다. 그러나 어디까지나 유교교육을 통하여 먼저 德을 기를 것과 五倫行實(오륜행실)을 닦으라는 말을 하고 있다. 智育과 관련해서도 또한 경물치지를 강조하고 있다. 물론 여기에는 신체를 튼튼히 하라는 언급도 있다. 이 말은 단순히 서양교육이 강조하고 있는 지, 덕, 체를 따라간 것이 아니다. 이 선언은 표면상 교육을 수단으로 하여 인재를 양성하라는 것으로 해석할 수 있으나, 그것보다는, 여전히 교육의 핵심은 전통 유학을 바탕으로 하여 어디까지나 '훌륭한 인격을 가진 인간'을 기르는 데 있다는 점이 강조되고 있음을 놓쳐서는 안된다.

한편, 고종은 개화파 세력이 무너지고 수구파가 다시 등장하자 이를 경계하여, '新設의 학교는 한갓 겉치레 일뿐이고, 교육의 방책을 전혀 알지 못하여 5, 6년 이래로 마침내 촌보의 진전도 없었다'라고 하면서, '국가가 학교를 세워 인재를 양성하는 것은 장차 이로써 知見을 넓히고 進益을 구함으로써 開物成業, 利用厚生의 기본으로 삼기 위한 것이다'[141]라고 하여 다시 정부에 재촉하고 있다. 이것도 표면상으로는 학교교육이 인재양성의 수단으로 되어 있는 것처럼 보이지만, 여기에서 인용하고 있는 開物成業(개물성업)[142], 利用厚生(이용후생)은 모두 周易(주역)과 書經(서경)의 정신을 바탕으로 하고 있음을 유념해야 할 것이다. 이제 1895년 2월에 교육입국의 조칙이 내려진 이후, 이 조칙의 정신에 따라 학제가 정비되고, 처음으로 신학제에 의한 근대학교가 탄생하였으니, 그 학교가 1895년 4

140) 日省錄, 高宗篇, 高宗 32年 2月 2日, '飭政府設學校養人材', 서울大 古典刊行會, 1970, pp.21-22.
141) 增補文獻備考 下, 卷209, 學校考 8, 光武 3年, 詔曰, 東國文化社, 1957, p.430.
142) 開物成務, 易經 繫辭傳.

월의 漢城師範學校(한성사범학교)였다. 이후 차례로 여러 학교의 관제와 규칙이 제정되었다.[143] 이 규칙들을 살펴보면, 그 특징은 일반국민 교육에 관심을 두고 있다는 점에서 찾을 수 있다. 그리하여 소학교령을 일찍이 제정하였으며, 또한 외국어 교육에도 관심을 두고 있다. 그 시기는 1895-1896년이었으며, 중학교를 비롯한 실업학교와 의학교는 1899년부터 관심의 대상이 되었음을 알 수 있다.

소학교령에 따른 소학교의 경우에는 서울 시내 壯洞, 貞洞, 廟洞, 桂洞에 각각 소학교가 설립된 것이 그 효시이다. 소학교는 국민일반의 교육이라는 점에서 볼 때 매우 의의가 깊다. 그리하여 독립신문에서는 이 점을 강조하면서 다음과 같이 말하고 있다.

> 우리나라도 이 잔약한 형세를 면하고 개명진보를 하려면 궁궐을 화려하게 하는 데도 있지 않고, 육해군이 많은 데도 있지 않고, 다만 소학교를 많이 排設하는 데에 있나니, 아직 고등학교나 대학교에는 돈 한 푼이라도 쓰지 말고, 우선 소학교를 많이 排設하여 童蒙들을 교육하기를 바라며, 皇城 내에 지금 관립 소학교가 아홉 처소에 학도 수효는 도합 838인이요, 일년 경비는 도만 1만 4천 4백여 원이라 하니, 이것이 없는 것보다는 조금 나으나 아직도 심히 부족하니, 우리 생각에는 학부에서 하는 사무는 한 국장과 몇 주사면 넉넉할 듯하며 만일 불가불 학부를 둘 터이면 아무쪼록 그 경비를 적게 하여 남는 돈은 이왕 있는 소학교를 더 흥왕케 하며 없는 소학교를 더 세웠으면 국민들에게 大利가 되겠도다.[144]

이 주장은 소위 '교육의 대중화'를 부르짖고 있다. 교육의 대중화의 관건은 교육내용을 보다 쉽게 하여야 한다는 데 있다. 왜냐하면 가능하면 모든 어린이가 쉽게 빨리 배울 수 있어야 하기 때문이다. 종래 동몽에게 가르쳤던 천자문, 동몽선습, 명신보감보다는 훨씬 쉬워야 한다는 것이다.

이 소학교의 교육을 위해서 필요한 교사를 길러 내려고 한성 사범학교(본과 2년, 속성과 6개월)가 1895년 4월에 신학제에 따라 최초의 근대학교로 설립되었다.

---

143) 한성사범학교 관제, 1895년 4월 16일, 외국어학교관제, 동년 5월 10일, 성균관 관제, 동년 7월 2일, 소학교령, 동년 7월 19일, 한성사범학교규칙, 동년 7월 23일, 성균관 경학과 규칙, 동년 8월 9일, 소학교 규칙 대강, 동년 8월 12일, 보조공립소학교규칙, 1896년 2월 20일, 의학교 관제, 1899년 3월 24일. 중학교 관제, 1899년 3월 4월 4일, 상공학교 관제, 1899년 6월 24일, 외국어학교 규칙, 1900년 6월 27일, 농공상학교 관제, 1904년 6월 8일.

144) 독립신문 3, 광무 2년 7월 6일, '동몽교육', 중앙문화출판사 1969, p.317.

위치 : 서울 교동. 교사 : 일본인 교사 1인의 관리 하에 2인의 한국인 교사가 있었다. 교육내용 : 역사(한국사와 세계사), 초보 수학, 지리, 국한문에 의한 작문, 한문고전. 입학자격 : 한문으로써 읽고 쓸 줄 아는 자. 연령 : 18-25세. 인원 : 50명. 대우 : 국비로 식사와 숙박을 제공.[145]

이 밖에 긴급한 사회적 필요 때문에 생긴 학교로서 외국어학교(영어, 일본어, 중국어, 러시아어, 프랑스어, 도위취어 학교, 1886-1895), 의학교(1899), 법관 양성소(1895), 郵務學堂(우무학당)과 電務學堂(전무학당, 1897) 등이 있다. 이들 학교는 교육을 하기보다는 직업훈련을 하기 위한 학교라고 보아야 할 것이다.

조선왕조가 그 동안에 어떤 교재를 만들어 각종 학교에 공급하였는가를 보면 다음과 같다. 즉, 公法會通, 萬國地誌, 萬國歷史, 朝鮮地誌, 朝鮮歷史, 泰西新史, 中日略史, 我國略史, 種痘新書, 尋常小學, 國民小學讀本, 輿載撮要, 萬國年契, 地球略論, 近易算術, 簡易四則, 朝鮮地圖, 世界地圖, 小地球圖 등이 그것이다 (皇城新聞에 의하면, 1899년 1월 현재). 그러나 이 책들이 백성들의 욕구를 충족시키기에 너무나 부족한 것임은 말할 것도 없다.

조선왕조에서는 정부가 학교를 세우고 스스로 학교교육을 장려하는 정책을 썼다. 그러나 정부가 기대하는 것만큼 커다란 성과를 나타내지는 못하고 있었다. 정부가 설립한 학교는 더욱 융성해야 함에도 불구하고 점점 쇠퇴하는 과정을 걸어가고 있었다. 왜 그와 같이 쇠퇴의 길을 걸어야 했는가? 그것은 백성들의 호응을 얻지 못했기 때문이다. 다시 말하면 백성들이 진정으로 원하고 바라는 교육이 무엇인지를 정확하게 파악하지 못하였기 때문이다. 대부분의 학교에서는 특수 소수의 사람들만이 교육을 받는 결과를 가져왔던 것이다. 예컨대, 법관, 의사를 기르는 학교를 두고 말하면 이 학교에 들어가서 공부할 수 있는 사람들은 극히 제한되어 있었다. 당시의 사회풍토에서 보면, 의사나 법관은 원래 조선왕조의 신분계급으로는 中人들이 해오던 직업이었다. 또한 소학교를 통하여 국민일반 교육을 한다고 하였지만, 교육목적, 교육내용, 교육방법 등이 모두 종래의 교육과는 너무나 판이한 것이었다. 백성들이 채 그 교육목적과 교육내용을 받아들일 수 있을 만큼 준비가 되지 못했다는 것도 그 한 가지 이유일 것이다.

이와 같은 상황으로 보아 민간인에 의한 私學敎育의 발전은 주목할 만하다. 사학교육의 전통은 매우 뿌리가 깊다. 고려 때에도 사학이 공교육보다 나았고, 조

---

145) D. L. Gifford, *Education in the Capital of Korea*(1), Korean Repository, July 1896, p.283.

선왕조에서도 서원과 서당을 통한 사학교육이 성황을 이루고 있었다. 이 전통의 흐름을 타고 사학교육은 발전하지 않았을까 하고 짐작해 본다. 근대교육에 와서 초기의 사학교육은 두 가지 방향에서 이루어지고 있었다. 하나는 선교사에 의한 기독교계의 사학교육과 다른 하나는 개인에 의한 민족계 사학교육이 있었다. 민족계 사학교육의 효시로는 사립흥화학교를 들 수 있다. 그러나 그 설립연대에 관해서는 이견이 있다. 하나는 1895년으로 보는 견해[146]이고, 다른 하나는 1898년으로 보는 견해이다.[147] 여기서는 후자의 입장을 지지한다. 1898년설을 지지하는 근거로는 당시 황성신문(1898년 10월 25일 : 음력 9월 1일)에 게재된 광고를 들 수 있다.

(서울시) 西署新門內 興化門前 五官洞契 上園洞에서 사립흥화학교를 설립할 터인데 課程은 영어와 산술과 地誌와 역사와 작문과 토론과 체조 등이오. 입학시험은 음력 10일로 위시하고 개교는 同月 22일이오나 추후로도 배우기를 원하는 人이 有하면 許入하겠고 또 주야학을 설할 터이오니 여러분(僉員)은 본교에 來하여 시험을 經하고 규칙을 問하되 국한문에 전혀 불통하거나 보증인이 無하면 본교에서는 來學함을 불허할 터이오니 이로써 돌려 가며 알려서 기한까지 來學하심을 바람. 私立興化學校長 閔泳煥 교사 林炳龜 鄭喬 南舜熙.

그 해 말 황성신문은 이 흥화학교의 그 후의 사정을 다음과 같이 보도하고 있다.

사립 흥화학교가 개학한 지 불과 몇 달에 晝學員 60餘人과 夜學員 90餘人이 규칙을 준수하여 착석의 질서와 진퇴가 엄숙하고 아름다울 뿐더러, 영어, 산술, 地誌, 토론 등 각 학문이 일취월장하여 刮目相對하게 되었다 하니 인재가 홍왕함을 눈을 씻고 기다리겠더라.[148]

광무 2년(1898) 11월 3일자 황성신문에는 사립 光興學校(광흥학교)의 다음과 같은 광고가 실려 있었다.[149]

私立光興學校를 新門外鑰洞 前畿營執事廳으로 移設하는데 과정은 일어, 산술,

---

146) 吳天錫, 「韓國新教育史」, 現代教育叢書出版社, 1964, p.110, 孫仁銖, 「韓國近代教育史」, 延世大出版部, 1975, p.29.

147) 姜在彦, 「前揭書」, p.303.

148) 皇城新聞 1, 光武 2年 12月 27日, 雜報, 學業自旺, p.383.

149) 皇城新聞 1, 光武 2年(1898) 11月 3日, 廣告, p.200.

역사, 地誌, 법률, 경제, 행정학, 강연, 작문, 체조요, 입학시험은 음력 본 월 20일부터 23일까지 하되 국한문 독서와 작문이요, 개학은 24일이오나 추후로 배우고자 하는 사람도 許入하겠사오니 僉員(여러분)은 기한까지 來臨하심을 바람. 光興學校主 朴禮秉 校長 李建鎬 敎師 申海永 魚瑢善 金鎔濟 權鳳洙 南舜熙.

홍화학교, 광흥학교 이외에도 1899년에는 漢城義塾(한성의숙)이라는 민족계 사립학교의 입시광고가 게재되고 있다.[150]

本塾에서 學科를 확장하여 學員을 모집하오니 배우기 원하는 여러 君子는 양력 3월 그믐 안으로 本塾 사무소에 來問하시기 바람. 단 연령은 15세부터 30세까지. 科目 : 경서, 일어, 지리, 역사, 산술, 작문, 물리학, 화학, 법학, 경제학, 정치학, 국제법. 入學試驗科目 : 한문, 독서, 국한문 작문. 漢城義塾 中署前左巡廳 敎師 姜興秀 池承浚 卞河璉 塾長 金宗漢.

이상의 자료는 우선 교사들이 모두 독립협회의 지도적 활동가였거나 그 멤버 또는 동조자라는 점에 비추어 검토되어야 한다. 그리하여 그것은 독립협회 운동이 대중적인 시민운동으로 전개되고 있다는 것을 말해 주고 있다. 그러므로 1898년인 이 시기에 등장한 사립홍화학교를 민족계 사립학교의 효시로 보는 것이다. 물론 두번째 광고에서는 홍화학교가 설립되기 이전에 광흥학교가 있는 것처럼 되어 있다. 그러나 1898년을 거슬러 올라가는 것은 아닐 것이다.[151] 다음으로 알 수 있는 것은 그들이 가르치고자 한 교육내용은 모두 새로운 시대에 알맞은 내용이라는 사실이다. 셋째로 이들 학교의 교육수준은 중등학교 내지 전문학교 정도일 것이라는 사실이다.[152] 기독계 사립학교는 1886년에 설립된 배재학당을 비롯하여 전체 24교가 있으며, 그 중에서도 여자학교는 11개교가 있었다. 선교의 중요한 대상은 여자였다. 먼저 여성을 기독교에 입문시킴으로써 전 국민을 그리스도인으로 만들려고 하였던 것이다.

당시에 교육에 관한 생각을 주도하고 있는 기관이 있었다면, 그것은 독립협회였다. 독립협회는 기본적으로 갑오개혁의 정신을 이어받았다. 이 정신을 이어받은 독립협회의 견해를 대변하는 것이 독립신문과 황성신문이었다. 구체적으로 보

---

150) 皇城新聞 1, 光武 3年(1899) 3月 29日, 廣告, p.672.

151) 姜在彦, 「前揭書」, p.305.

152) 「上揭書」.

면 다음과 같다.[153]

서양 각국의 부강함은 무슨 까닭이며 대한국의 빈약함은 무슨 연유인고 하니 서양 각국은 實學을 숭상하여 문명한 기계를 새로 발명하고서부터 나라 형세들이 크게 떨쳐 세계상에 먼저 진보한 나라가 되고 대한국은 다만 虛學만 숭상하니 이는 서양 각국에 대하여 못하다고 할 만한지라 … 대저 공업이라 하는 것은 사람이 사는 데 응하여 일천 가지 일만 가지가 시시로 긴요치 아니함이 없고 또한 인생에 응한 만물의 천태만상이 모두 공업을 좇아 변화치 아니함이 없을지니, 나라가 부강에 나아가고자 하면 정부에서 불가불 虛學을 없애고 實學을 숭상하여 백성들에게 공업을 흥왕하게 가르치는 것이 제일의 방책이 될 줄로 우리는 믿노라.

다시 황성신문은 유교적 논리에 따라 실학의 취지를 다음과 같이 전개하고 있다.

대저 格物이라는 것은 玩物함과 考物함과는 다르니 玩物하는 자는 物中의 趣를 樂함이오, 考物하는 자는 物中의 名을 識함이어니와, 격물이라는 것은 物의 原을 깨달으며 物의 性을 통달하여 物의 用을 배치하는 것이다 … 現今에 있어서 泰西의 격치가들은 날로 物의 至理를 강구하여 輪船, 鐵車, 電氣, 寒暖計, 현미경 등 제반의 투철한 연구가 점차 오묘함에 들어가 세계에 발명하거늘, 우리 대한인은 격물은 고사하고 완물이나 考物할 줄도 알지 못하여, 일국에 쌓여 있는 만물이 있는 그대로의 소재일 뿐이다. 이는 사람의 지혜가 부족함이 아니라 나태하고 안일한 습성으로 인하여 마음과 생각을 수고롭게 하는 일에 감히 노력하지 않기 때문이다. 아, 금과 옥을 지극한 보배라고 일컫지만 갈고 닦아 器를 이루지 못하면 지극한 보배일 수 없나니, 우리나라에 쌓여 있는 만물이 언제 그 기질이 변화될는지.

이 신문에 의하면 새로운 학문이란 유럽의 자연과학(泰西 格致家)을 배워 '物의 至理'를 연구함으로써, 나라 안에 소재로서 있는 자원을 가공하여 器를 이루는 것이다. 유교에서 말하는 인간 道理의 窮理를 사물의 궁리로 변환하여야 한다는 주장인 것이다.

또 황성신문은 유교에 집착하는 것을 비난하는 글을 다음과 같이 싣고 있다.[154]

---

153) 獨立新聞 3, 光武 2年(1898) 6月 14日 論說, '어떤 지각있는 친구의 의견을 左에 기재하노라', 中央文化出版社, 1969, p.269.

154) 皇城新聞, 光武 2年(1898) 9月 15日 論說, 韓國文化出版社, 1971, p.33.

　　무릇 人의 식견이 넓지 못하고 규모가 좁은 자를 보면 극언으로 비유하여 우물 안 개구리라고 말하나니, 大韓人으로 학문이 있다는 자가 이러한 따위라. 그 일생 동안 외우고 익혔다는 것을 헤아려 보면 경서와 史冊 이외에는 별로 아는 바가 없거늘, 항상 일컬어 말하기를 인생의 지혜와 才識이 이 가운데 모두 갖추었다 하며, 그 밖에 다른 천문학, 지리학, 농학, 상학, 공학, 의학, 화학, 산학 등의 책은 서양인의 학이라 하고 무용에 속한다고 한다. 이는 다름이 아니라, 마을 밖을 나가지 않고 鄕國을 어리석게 固守한 식견이로다. 어찌 천하에 읽으면 안될 책이 있으며 배우면 안될 법이 있으리요. 다른 나라의 풍속과 교화와 民情을 안 연후에, 자기가 일찍 익힌 바를 취하여 서로 비교하면 본국의 장단과 다른 나라의 장단을 환하게 깨우치리니, 그 장점은 취하고 단점은 버려 스스로 一家를 이루면 자기의 행일 뿐만 아니라 한 나라의 행이거늘.

　　여기서 알 수 있는 것은 이들이 실학을 강조하고 있다는 것이다. 또 독립협회 회보 창간호에 실린 회장 安駉壽의 다음과 같은 서문을 보자.[155]

　　벼슬아치된 자는 오직 노소남북의 당론이나 일삼고, 儒生된 자는 오직 心性理氣나 따지고, 擧業하는 자(과거시험 공부하는 자)는 오직, 시, 부, 표, 책의 상투적인 기교나 일삼고, 權衡(銓衡官)하는 자는 오직 문벌의 고하나 저울질한다. 나라의 胎 속에 있는 鐵이나 뼈 속의 기름 등의 천연자원을 풀무로 녹여 쓸 수도 없고 약으로 뽑아 이용할 수도 없다. 虛文만이 지극히 많고, 쌓이고 쌓인 폐해는 더욱 심하며, 예의를 빙자하여 태평을 일삼고, 촌스럽고 누추함을 달게 여기면서 스스로 높은 체하여 이용후생과 부국강병의 實事求是에 이르러서는 무시하여 떨쳐 버리고, 외면하고 물리쳐, 마침내는 엎어지고 거꾸러져 오늘의 난국에까지 이르렀으니, 대저 혈기 있는 우리 동포로서 어찌 한심하여 통곡하지 않을 수 있겠는가.

　　지금까지 우리는 독립신문과 황성신문, 독립협회보 등에 나타난 실학을 중심으로 하여 그들의 교육에 관한 생각을 살펴보았다. 문제는 실학을 강조할 수밖에 없었던 그들의 주장과 논리는 과연 타당한 것인가 하는 데 있다. 이 문제는 심각한 것이다. 왜냐하면 이 생각은 후세의 교육에 상당한 영향을 미쳤고, 일제식민지 통치를 거치는 동안 더욱 강화되어, 마침내 해방이 되어 대한민국이 수립된 이후의 교육에서도 여전히 살아 움직이고 있기 때문이다. 그러므로 우리는 이 문제를 간단히 취급해서는 안된다. 이하에서는 이 문제를 검토할 것이다.

---

155) 安駉壽, '獨立協會序', 大朝鮮獨立協會報 第1號, 建陽元年(1896年) 11月 30日, 亞細亞文化社, 1978, p.3.

우선, 독립신문(광무 2년 6월 14일자 논설)에서는 '서양각국의 부강함은 무슨 까닭이며 대한국의 빈약함은 무슨 연유인가' 라는 질문을 던지고, 그 대답으로서 대한국은 虛學(허학)만을 숭상하고 서양각국은 실학을 숭상하였기 때문이라고 말하고 있다. 여기서 말하는 실학은 공업이다. 그러므로 나라가 부강하자면 허학을 없애고 실학을 숭상하여야 한다는 것이다. 이 주장은 어디에 근거를 두고 있는가? 나라가 부강하게 되는 것이 오로지 실용적인 공업이 발달해야만 이룩되는가? 조선왕조에서는 과연 그것을 몰랐는가? 조선왕조의 국시는 성리학이며 이 학문은 모든 사람들이 聖人이 되는 것을 목표로 하는 것이다. 말하자면 조선왕조의 백성들이 모두 도덕군자로서 착하고 선량한 삶을 살도록 하는 것이 그 목표이다. 물질적인 풍요보다는 정신적으로 훌륭한 인간이 되는 것이 더 가치있는 일이라는 것을 강조하였던 것이다. 만약 독립신문의 주장대로 허학인 성리학을 모두 없애 버리고 오로지 실학인 공업만을 학교에서 가르친다면 어떤 종류의 인간이 살게 될 것인가? 물론 이 주장대로 오로지 공업만을 가르치는 것은 불가능하겠지만, 물질의 풍요를 새롭게 강조함으로써 백성들로 하여금 도덕군자보다는 물질적으로 잘 먹고 잘 사는 것만이 최고의 가치라고 받아들이도록 할 가능성은 얼마든지 있다. 그러므로 이와 같은 주장은 매우 위험하다. 이 주장은 실학의 본래의 뜻보다는 실학의 말단을 드러내고 있는 것이다.

다음으로, 황성신문 광무 3년(1899) 4월 3일자 논설에서는, 유교의 핵심적 주장인 '격물치지'를 거론하면서 '우리 대한인은 格物은 고사하고 玩物이나 考物도 할 줄 모른다' 고 격렬하게 비난하고 있다. 이 논설에서는, '玩物하는 자는 物中의 趣를 樂함이오' 라고 말하고 있다. 이 말은 '쓸데없는 물건을 가지고 노는 데 팔려 소중한 자기 본심을 잃어버리고 물건 가운데 자신의 마음이 가는 곳에 따라 즐기는 것' 으로 해석할 수 있다. 또 '考物하는 자는 物中의 名을 識함' 은 '물건에 대하여 곰곰이 생각하여 이름을 구별하는 것' 으로서, 우리 대한인은 이것조차 못한다고 격렬하게 비난하고 있다. 이것은 지나치게 자신을 卑下하는 것이다. '엽전 별 수 있나' 라는 생각과 무엇이 다른가. 이 말로 사람들을 분발하게 할 수 있는가? 이어서 이 신문의 주장에 의하면, '格物이란 物의 原을 깨달으며 物의 性을 통달하여 物의 用을 排置하는 것' 이다. 전통적인 유학에서 정의해 온 격물과는 사뭇 다른 것이다. 유학에서는 이 物 대신에 心을 그 자리에 두고 있다. 그렇다면 心은 아무런 쓸모가 없는 것인가? 心 없이 깨닫는 일과 통달하여 배치하는 일은 어떻게 하는가? 오로지 모든 것을 物로 보는 이 생각은 어디서 왔으며 무엇을 위한 생각인가 알 수 없는 일이다.

셋째로, 황성신문 광무 2년 1898년 9월 15일자 논설에 보면, '무릇 人의 식견이 넓지 못하고 규모가 좁은 자를 보면 극언으로 비유하여 우물 안 개구리라 말하나니, 大韓人으로 학문이 있다는 자가 이따위라' 라고 비난하고 있다. 그 비난의 근거는 '經書와 史冊 이외는 아는 것이 없다' 는 것, 그리고 '그 밖에 천문학, 지리학, 농학, 상학, 공학, 의학, 화학, 산학은 서양인의 學이라 무용에 속한다고 말한다' 는 것에 있다. 사실 훌륭한 유학자는 이들을 몰랐는가? 우리나라의 聖君으로 알려진 세종대왕이 경서와 史冊은 물론이요, 천문, 지리, 농학, 공학, 의학, 산학 등에 능통하였다는 것은 널리 알려진 사실이다. 물론 정도의 차이는 있겠지만, 유학자들이 이들 학문에 관하여 어느 정도 잘 알고 있는 것은 사실이다. 당장 우리는 유학자인 정약용을 들 수 있다. 그는 실학자이기 이전에 유학자인 것이다. 그는 앞에서 말하고 있는 천문, 지리, 공학 등등을 잘 알고 있었다. 이 논설은 지나치게 유학자들을 한편으로 몰아쳐서 비난하고 있다. 이것이 과연 공평무사한 태도인가는 다시 한 번 짚고 넘어가야 할 것이다.

넷째로, 독립협회 회보 창간호에 회장 安駉壽가 쓴 서문을 보면, '벼슬아치된 자는 오직 노소남북의 당론이나 일삼고, 유생된 자는 心性理氣(심성리기)나 따지고, 과거공부하는 자는 오직 시, 부, 표, 책의 상투적인 기교나 일삼고, 權衡된 자는 오직 문벌의 高下나 저울질한다. … 虛文만 지극히 많고, 쌓이고 쌓인 폐해는 더욱 심하며, 예의를 빙자하여 태평을 일삼고, 촌스럽고 누추함을 달게 여기면서 스스로 높은 체하여 이용후생과 부국강병의 實事求是에 이르러서는 멸시하여 떨쳐 버리고, 외면하고 물리쳐…' 라고 하고 있다. 이것은 유학을 공부하는 사람을 비난하는데 그 극점이 어디에 있는가를 알아볼 수 있는 대목이다. 한 마디로 말하면 조선 왕조에서의 붕당과 성리학이 얼마나 이 나라의 자랑인가를 제대로 파악하고 있는지 모르겠다. 자신의 좋은 점은 못 보면서, 남의 나쁜 점을 좋은 점이라고 잘못 보는 것은 어떻게 해야 하는가. '대저 혈기 있는 우리 동포로서 어찌 한심하여 통곡하지 않을 수 있겠는가' 라는 말은 누구에게 할 말인가를 우리 한 번 다시 생각해 볼 때가 되었다. 위의 셋째에서 인용한 말과 넷째에서 인용한 말은 단적으로 '교육의 세속화' 를 강조한 것이라 말할 수 있다.

독립협회의 교육에 관한 생각을 몇 가지 더 검토할 필요가 있다. 이 협회의 생각을 대변하는 신문으로는 두 가지가 있다. 하나는 독립신문이요, 다른 하나가 황성신문이다. 여기에 언급된, 교육에 관한 몇 가지 문제를 더 제시해 보겠다. 즉, 국문과 국한문 혼용, 국사에 의한 한국 본위의 교육, 아동교육과 여자교육, 경제적 개화와 실업교육 등이 그것이다. [156] 우선 국문과 국한문 혼용 문제 그리고 국사 본위의 교육에 관하여 보기로 한다. 여기에서는 독립협회에서도 두 가지 견해가 있는 것 같다. 하나는 순수하게 국문만 쓰자는 것이고, 다른 하나는 국문과 한문을 혼용하여 쓰자는 것이다. 이 문제는 이후 오늘날까지도 여전히 문제로 남아 있다. 그런데 한 가지 확실한 것은 국문만 쓰자는 견해가 우세하여 결국 학교에서 한자와 한문을 제대로 가르치지 않은 결과, 오늘날 젊은이들의 대다수가 국한문이 혼용된 글을 읽지 못한다는 것이다. 심지어 대학에 다니는 학생들조차도 국한문이 혼용된 책을 읽지 못하는 결과를 초래하였다. 이 사태는 올바른 사태인가? 어쨌든 당시의 독립신문 1899년 5월20일자 논설에서는 다음과 같이 말하고 있다.

> 나라마다 방언만 다른 것이 아니라 각기 국문이 있는 고로 어느 나라 사람이든지 먼저 본국 말을 다 안 연후에 타국 말을 배우고, 본국 글을 다 통달한 연후에 타국 글을 배우는 것은 사람의 常情이요, 사리에 당연한 바로다.
> 대한 지방이 청국과 심히 가깝고 상관되는 일이 또한 많은 고로 몇 천년 이래로 한문을 숭상하였거니와 대한국에 와서는 세종대왕께서 세계 각국은 다 국문이 있으되 대한이 홀로 없는 것을 민망히 여기셔서 특별히 훈민정음을 지어서 민간에 廣布하심은 비록 향곡에 사는 여자와 下隷輩까지라도 다 알고 깨닫기 쉽게 하심이니 후세에 신민된 이가 마땅히 그 성의를 봉행하여 국문을 숭상할 것이어늘, 그 전에는 대한 전국이 어찌하여 다만 한문만 숭상하고 본국 글은 등한시하였는지 우리가 족히 말할 것이 없거니와.

이에 반하여 황성신문 1898년 9월 5일자 社說에서는 국한문 혼용 이유에 대하여 다음과 같이 말하고 있다.

> 대황제 폐하께서 甲午중흥(갑오개혁, 1894-1895)의 때를 際會하여 자주독립하시는 기초를 확정하시고 一新更張하시는 政令을 반포하실새 특히 箕聖의 유전하신 문자와 선왕의 창조하신 문자로 병행코자 하시어 공사 문첩을 국한문으로 혼용하라신 勅教를 내리시니 … 現今에 본사에서도 신문을 확장하는데 먼저 국한문을 交用하는 것은 오로지 대황제 폐하의 聖勅을 式遵하는 본의요, 그 다음은 古文과 今文을 幷傳

---

156) 姜在彦, 「韓國의 開化思想」, 比峰出版社, 1981, pp.318-331에 주로 의존하였다. 물론 여기에 대한 비판적 검토는 필자의 견해이다.

코자 함이요, 그 다음은 여러분 君子가 供覽하시는 데 便易함을 취함이로다.

물론, 이 신문에서는 이미 한문을 잘 알고 있는 계층을 상대로 開明에 초점을 맞추고 있는 것이다.

독립신문에서는 국문에 의한 교육을 하자면서 다음과 같이 말하고 있다.[157]

조선은 남을 대하여 자랑할 것이 특별히 없으니까 … 조선에 그 중 생각있고 학문있게 만든 것은 조선 국문이라.

조선 사람들이 대개 완고하여 좋은 것이라도 남의 것을 본받기를 좋아하지 않고 조선 것만 지키기를 즐거워 하나, 글에 당하여서는 좋은 조선 글은 내버리고 청국 글을 기어이 배워 그 글을 쓰기를 숭상하니 매우 이상한 것이다.

조선 글이 청국 말만 못할 것 같으면 아무리 내 것이라도 내버리고 남의 나라 글을 숭상하는 것이 진보하는 사람의 일이어니와, 백 배나 나은 국문을 내버리고 어렵고 세상에 경계없이 만든 청국 글을 배워 그걸 숭상하기를 좋아하니 대단히 우습고 개탄할 일이더라 … 지금 소위 공부하였다는 사람은 국문을 숭상하기를 좋아하지 않을 것이, 한문을 공부하였은즉 그 배운 것을 가지고 남보다 유식한 체하려니까 만일 국문으로 책과 문적을 만들어 전국 인민이 다 학문있게 되면, 자기의 유식한 표가 드러나지 아니할까 두려워하고, 또 한문은 공부를 하였고 국문은 공부를 아니한 고로 한문을 자기의 국문보다 더 아는지라, 그러하나 그런 사람이 국중에 몇이 있으리요. 수효는 적으나 한문하는 사람들이 권리를 모두 차지하여 그 나머지 전국 인민을 압제하려는 풍속이니 국문 숭상하기를 어찌 이런 사람들이 좋아하리요. 그러하나 나라라는 것은 몇 사람만 위해서 만든 것이 아니라 전국 인민을 모두 위하여 만든 것이요, 전국 인문이 모두 학문이 있고 지식이 있게 되어야 그 나라가 남에게 대접을 받고 자주 독립을 보호하며 사, 농, 공, 상이 늘어가는 법이라.

지금 조선에 제일 급선무는 교육인데, 교육을 시키려면 남의 나라 글과 말을 배운 후에 학문을 가르치려 하면 교육할 사람이 몇이 못될지라. 그런 고로 각색 학문 책을 국문으로 번역하여 가르쳐야 남녀와 빈부가 다 조금씩이라도 학문을 배워야지, 한문 배워 가지고 한문으로 다른 학문을 배우려 하면 국중에 이십여 년 그 노릇만 할 사람이 몇이 못될지라.

이 신문의 사설의 주장대로 우리 국민은 모두 우리나라 글을 우선적으로 배워야 한다는 주장에는 일단 찬동할 수 있다. 그러나 이 논설은 한문 공부하는 것이

157) 독립신문 2, 建陽 2년(1897) 8월 5일, 논설, p.317.

마치 고루한 존재로 되는 길인 양 인상을 주고 있다. 구체적으로는 '남의 것을 본받기를 좋아하지 않고 조선 것만 지키기를 즐거워한다'고 하고 있다. 한문을 공부한 사람을 비난하기 위한 말이지만, 이 말만 보면 이들이야말로 창의력과 자존심이 유별난 사람이라고 생각할 수 있을 것이다. 그리고 이 논설에 나타나 있는 교육에 관한 또 하나의 주장은 '교육의 대중화'이다. 우리는 여기서 다음과 같은 문제를 생각해 보아야 한다. 첫째로 우리 말의 대략 80% 이상이 漢字로 구성되어 있다는 것이다. 소리만을 받아 적을 수 있다고 하여 국문의 뜻을 안다고 생각하는 것은 매우 그릇된 생각이다. 한글 전용에서 생기는 가장 어려운 문제는 그것이다. 둘째로 '교육의 대중화'는 많은 사람들이 배운다는 利點을 내세우나, 또 한편으로 교육내용의 質의 저하는 전혀 고려하지 않았다는 것이다. 오늘날의 교육도 이 연장선상에 있다는 점에 대해서는 누구도 이의를 달 수 없을 것이다.

그러나 독립신문의 국사교육에 관한 견해[158]는 눈여겨볼 만한 것이다.

본국 史記를 자세히들 모르는 고로 대한사람들이 본국 인종을 서로 업수히 여겨 대한사람 가지고는 중흥하는 사업을 못할 줄로 알아 그러하되, 대한 사기를 보면 대한인종 속에도 영특하고 굉장한 인물들이 없는 것이 아니라. 다만 대한인종을 나무랄 것 같으면, 대한 사람들의 용맹과 武氣가 없어 어려운 일을 담당하여 가지고 큰 사업을 하여 보기를 주저하는 것이니, 그것은 다름이 아니라 몇 백년을 한나라 당나라 명나라 사기만 보고 의기와 용맹과 혈기는 다 눌러 없애 버리고 다만 붓끝 가지고 생각하지 않고 한나라 당나라 명나라 때 일을 가지고 생각하는 고로, 그 생각이 청국 사람의 생각이요 대한 사람의 생각은 아니다.

우리가 바라기는 대한 인민들이 대한 사기 속에 유명한 충신 열사들을 자세히 공부하여 그네들과 같이 용맹있게 일을 하면 의심없이 대한도 세계에 대접을 받을 터이라. 대한 사기에 유명한 충신들, 충무공 이순신씨와 조중봉씨와 임경업씨의 사적들을 배워 그네들 하던 사업과 그네들 가졌던 용맹을 본받으면 대한도 중흥할 날이 있을 터이요, 한나라 장수 관우 장비를 위하지 말고 대한 충신 명장들을 대신 위하고 사랑하고 본받으며, 다만 나라 일에만 도움이 될 뿐만 아니라 대한 인민들이 대한 인물들과 토지를 가지고도 세계에 내노라고 할 생각들이 날 터이니, 조야 간에 참으로 깊은 생각있는 이들은 우리 말을 가볍게 듣지 말고 인민 교육하는 데에는 대한 사기의 참말 용맹있고 충성있는 장상들을, 한나라 당나라 명나라의 유명한 장상들보다 더 공경하고 본받게 하는 것이 의리에 마땅할 터라.

조선 사람들이 자기 나라가 얼마나 큰지, 자기 나라에 사람이 얼마가 있는지, 돈이

---

158) 독립신문 3, 광무 2년(1898) 3월 8일, 논설, p.109.

얼마가 있는지, 田庄이 얼마나 있는지, 사람이 몇이냐고 몇이 죽는지, 전국 지형이 어떻게 생겼는지, 도무지 자세히들 모르니, 외국 학문도 배워야 하지만 조선 사람들이 자기 나라 일부터 먼저 알 도리를 하는 것이 마땅한지라. 조선 인구 수효가 얼만지 모르면서도 남의 나라 인구 수효는 아는 사람이 혹 있으니 이것을 비유컨대 동리 사람의 집에 식구가 몇이 있고, 그 사람의 형세가 어떻고, 세간이 얼마나 있는 줄은 다 알되, 내 집에는 식구가 얼마인지, 자식이 몇이 있는지, 형세가 어떤지 모르는 것과 같으니, 동리 사람의 형세와 식구가 몇인지 아는 것도 긴요하거니와 내 집 일부터 알아야 내 집 세간살이도 잘 될 터이요 남 보기에도 똑똑한 사람 노릇을 할 터인즉, 내부에서 각 관찰사들과 각 군수들에게 훈령하여 호수와 인구 수효와 田庄 수효를 자세히 査實하여 成冊해서 각 학교에서 공부하게 함을 바라노라.

이 논설에서는 민족의 자주 발전 의식을 강조하고 있다.

그러면 여자교육과 아동교육에 관하여 알아보자. 독립신문은 창간호 1896년 4월 호부터 여성교육의 필요성을 강조하였다. 여기에서는 1898년 독립신문 9월 5일자 논설에서 그 예를 들어본다.

조선정부에서 제일 급하게 할 일이 사내아이들도 가르치려니와 계집아이들을 교육할 생각을 하여야 할 터인데, 조선에서는 계집아이들은 당초에 사람으로 치지를 아니하여 교육들을 아니 시키니, 전국 인구 중에 반은 그만 내버렸는지라. 어찌 아깝지 않으리요.

학부에서 사내아이들도 가르치려니와 불쌍한 조선 계집아이들을 위하여 여학교를 몇을 세워 계집아이들을 교육을 시키면, 몇 해가 아니 되어 전국 인구 반이나 내버렸던 것이 쓸 사람들로 될 터이니 국가경제에 이런 이익은 없고 천시하고 박대하던 여인들을 사나이들이 자청하여 동등권을 주는 것이니 어찌 의리에 마땅하지 않으며 장부의 할 일이 아니리요.

우리는 천하고 가난하고 무식한 사람들의 친구라. 조선 여인네들이 이렇게 사나이들에게 천대받는 것을 분히 여겨 언제까지라도 여인네들을 위하여 사나이들과 싸움을 할 터이니 조선의 지각있는 여인네들은 당당한 권리를 뺏기지 말고 아무쪼록 학문을 배워 사나이들과 동등히 되며, 사나이들이 못하는 사업을 할 도리를 하여 보기를 바라노라.

1898년 9월 1일의 이 논설은 그야말로 근대조선의 여성교육사에서 여성의 교육의 위치를 말한 최초의 발언이라 할 수 있다.[159) 그러나 여기서 우리가 눈여겨보아야 할 대목은 '사나이들이 못하는 사업을 할 도리를 하여 보기를 바란다'는 것이다. 사나이들이 못하는 사업이란 과연 무엇인가? 이 점을 깊이 생각해 보아야한다. 아이를 낳고 기르는 일인가, 아이가 학교에 가기 전에 집에서 자라는 동안에 제반사항을 가르쳐야 하는 일인가, 누구의 며느리로서, 딸로서, 아내로서, 어머니로서 올바른 태도와 자세를 지니는 일인가, 아니면 그 밖에 무엇인가 등등을 생각해 보아야 한다는 것이다.

독립신문은 다시 국민교육의 기초로서 특히 아동교육과 여자교육이 가지고 있는 중요성을 다음과 같이 말하고 있다.[160]

> 인민의 교육을 넓이 하여 지식을 배양하려면 동몽교육과 여인교육이 시급하니 첫째 사람마다 어렸을 때에 배우는 것이 장성한 후에 배우는 것보다 쉽고 속하며, 전국 아이들을 잘 가르쳐 놓으면 전국 인구가 다 교육이 될 터이니, 창창하다 하지 말고 정부와 인민이 급히 소학교를 도처에 확충하여 교육의 기초를 삼는 것이 좋겠으며, 일본과 다른 개화한 나라를 보면 다 소학교에 큰 힘과 돈을 들이니, 만일 이롭지 아니하면 어찌 이리 하리요.
>
> 자고 이래로 어느 나라 史記를 보든지 여인의 교육을 돌아보지 아니하는 나라는 무식하고 잔약하고 마침내 망하며, 여인의 교육을 힘쓰는 나라는 점점 흥왕하는 것은 구미 각국을 보아도 알겠도다.
>
> 사람이 세상에 나면서부터 지각을 배우는 동안은 어머니 슬하에 자라는 고로, 그 어머니의 지식과 학문 유무가 자녀의 교육에 크게 관계가 되는 것이니, 만일 여인교육이 성행하면 사람마다 지식있는 어머니의 교훈을 받을 것이니 성인이 된 후에 어찌 총명한 사람이 되지 아니하리요.

그렇다면 종래의 조선왕조에서는 여성교육이 전혀 이루어지지 않았다는 말인가? 그렇지 않다. 종래에는 內訓이나 女四書에 의한 교육이 있었다. 그러나 소위개화파에 속하는 사람들은 이것들을 봉건적인 여성교육이라 규정하고 才智 있는 여성보다는 貞順한 여성을 이상형으로 하였다고 말하였으며, 독립신문은 여성의지적 수준을 끌어올림으로써 남녀평등을 실현하는 일을 중요시했을 뿐만 아니라, 자녀에 대한 가정교육의 담당자로서 여성교육을 중요시하였다.[161] 이 생각은 과연

---

159) 姜在彦, 「前揭書」, p.324.
160) 독립신문 4, 광무 2년(1899) 9월 9일, 잡보, 여학교, p.539.
161) 姜在彦, 「前揭書」, p.326.

3. 근대교육의 등장 **571**

타당한가? 內訓(내훈)이나 女四書(여사서)는 지식이 아닌 다른것을 내용으로 하고 있는가? 여기서 '지적 수준을 끌어올린다' 는 말은 과연 무엇을 뜻하는 것인지 불분명하다. 조선왕조의 여성들도 가정교육의 담당자로서 훌륭한 역할을 하였던 것이다.

독립협회에서 강조하는 교육은 경제적 개화나 실업과 관련된 교육이었다. 독립신문은 다음과 같이 주장하고 있다.[162]

정부에서 백성을 먹고 살게 하여 주어야 백성이 정부를 사랑할 마음도 나고 또 국중에 재물이 생겨 인민의 거처, 의복, 음식이 차차 나아갈지라. 어떻게 하여야 백성들이 먹고 살게 하리요. 다만 한 수밖에는 없는데 그 한 수는 무엇인고 하니 사람마다 무슨 일을 할 줄 알아 자기 재주를 가지고 벌어먹어야 그 사람이 자주 독립한 사람도 되고 또 국중에 각색 匠色이 많이 생겨 외국 물건을 사서 쓰지 않고 각색 물건을 조선 안에서 만들어 조선 사람이 조선 사람의 물건을 사서 쓰게 될 터이요, 또 외국으로 조선에서 제조한 물건이 수출이 될 터이니 그 전후 이해를 헤아리게 되면 국중에 匠色(기술자들의 종류)이 많이 있게 만드는 것이 제일 큰 사업이라.

이와 같이 공업은 조선 경제의 근대화를 위한 유일한 방책으로 제시되고 있다. 물론 여기에 곁들여 농업과 상업도 근대화되기를 바란 것은 사실이다. 말하자면, '배워서 벼슬에 있는 자로서의 士', '땅을 갈아 곡식을 심는 자로서의 農', '기술에 의하여 器를 만드는 자로서의 工', '재물을 유통시키고 物貨를 파는 자로서의 商' 등이 고루 발달해야 국가가 부강한다는 점을 주장하고 있는 것이다.[163]

지금까지 살펴본 시기는 1880년대 근대교육 초창기의 근대학교의 성립을 출발로 하여 그 나름대로 교육사상을 정립하려고 한 시기였다. 그것에 이어지는 1900년대 후반기의 교육은, 대한제국의 교육에 대한 일본의 개입과 그에 대한 대결 속에서, 교육으로 침식된 국권을 회복하기 위한 교육구국 운동과 맞물리게 된다. 따라서 교육의 중심은 자연히 실학에서 愛國(애국)으로 옮겨지면서, 애국을 그 축으로 할 수밖에 없었던 것이다. 대한제국을 없애고 그들의 식민지로 만들기 위한 일본의 의도하에 1904년 8월에는 한일협약에 따라 고문정치가 시작되었고, 1906년 2월에는 일본통감부가 설치되었으며, 1907년 7월에는 한일 신협약에 따라 차관정치가 시작되었다. 그리고 교육에서도 일본인이 대한제국 학부차관이 되어 교

162) 독립신문 1, 건양 1년(1896) 9월 15일, 논설, p.277.
163) 皇城新聞 1, 光武 2年(1898) 11月 9日, 韓國文化開發社, 1971, p.253.

육행정의 실권을 장악하게 되었다. 마침내 1910년 독립—보호—병합이라는 침략의 수순에 따라 8월 한일합방이 반포되기에 이른다. 이로써 조선왕조 500년은 종지부를 찍는다. 사실상 1904년 이후의 교육은 조선왕조의 교육이라고 할 수 없다. 그리하여 여기서는 이것으로써 한국교육사의 대단원의 막을 내리고자 한다. 여기서부터 비롯된 '교육의 세속화', '교육의 대중화', '교육의 실용화'는 오늘날의 교육에까지 숨가쁘게 달려왔고, 앞으로 언제 끝날지 모르지만 계속하여 이와 같은 교육의 길을 따라 달려갈 것이다.

 **결 론**

    지금까지 우리는 한국교육사를 '정치와 교육의 관련', '聖과 俗의 구분', '理想的 人間像의 변천', '제도의 변화' 등의 제반 관점을 가지고 기술하였다. 과연 얼마나 이 관점에 따라 정확히 기술하였는지는 의문이다. 물론 이 제반 관점은 개별적 구분이기 때문에 언제나 총체 속에 이런 관점들이 녹아들어가 있을 것이다. 그리하여 몇 가지 관점들은 서로 논리적 관련을 맺고 있으며, 총체적 관점인 교육관에 비추어 보면, 동일한 것의 상이한 표현이라고 말할 수 있을 것이다.

    여기서 우리는 총체적 관점을 갖춘 교육관을 찾아야 할 것이다. 本書에서는 그것을 단군신화에서 찾았다. 왜 하필 단군신화인가? 그것은 우리의 교육이념으로서 현재 교육법 1조에 들어 있는 弘益人間과 관련이 있기 때문이다. 이 弘益人間의 의미는, 앞에서도 밝혔듯이, 단군신화를 분석함으로써 찾아낼 수 있었다. 즉, 이 단군신화에는 정치와 교육, 그리고 종교가 하나로 용해되어 있다는 것을 알 수 있었다. 정치와 교육은 그 내적 관련성에 의하여 관련을 맺으며, 교육은 종교에서는 가장 먼저 갖추고 있어야 하는 믿음을 최종적인 목적으로 삼는다. 이 신화를 통해 알 수 있었던 것은 정치는 교육에 의해 규제되며, 교육은 다시 종교에 의하여 규제된다는 것이다. 달리 말하면 정치에는 분명히 교육의 측면이 있고, 교육에도 종교의 측면이 있으며, 동시에 교육에도 또한 종교의 측면이 들어 있다는 것이다. 단군신화는 그 세 가지가 분명히 떨어져 있는 것이지만, 필연적으로 서로 관련을 맺고 있을 때 인간은 참다운 삶을 살 수 있게 된다는 것을 보여주고 있다. 반대로 말하여 단군신화는 정치, 교육, 종교 이 세 가지가 서로 멀리 떨어지면 떨어질수록 인간에게는 더욱 어두운 그림자를 드리운다는 점을 명확히 시사해 주고 있다. 한국교육의 역사는 정치와 교육, 그리고 종교가 어떻게 용해되어 작용하고 있었는가 하는 것과 그 세 가지가 서로 어떻게 떨어져 나갔는가 하는 것을 자세히 보여주는 역사라 하였다.

  그러면 이 관점에 비추어 한국교육사가 어떻게 전개되었는지를 간단하게 개관해 보겠다. 우선 고조선 사회는 단군신화가 그랬듯이 정치, 교육, 종교가 가장 잘 융화된 상태라고 볼 수 있고 개념적으로는 구분되지만 사실상 잘 구분되지 않은 상태로 지냈다. 고조선 시대를 지나 연맹왕국 시대에는 天君의 지역으로서의 蘇塗(소도)가 있다. 삼한 같은 곳에서는 제사장을 天君이라고 부르고, 그 천군이 소도를 주관하였다. 천군은 제사장이며 이 제사장은 그 사회의 엘리트라 할 수 있다. 제사장 밑에 사제들이 있어 귀족을 교육시켰다고 보아야 한다. 그리고 교육시키는 장소는 神聖(신성)한 地域(지역)으로 선포하고 그 곳에 죄인이 들어와도 체포하기 위하여 그 지역에 들어오지 못하였다. 오늘날 학교에서도 경찰이 들어오는 것을 꺼리는 것도 학교가 신성한 곳이라는 것과 맥을 같이 한다

  이 시대의 중요한 교육행위로서 부여의 迎鼓(영고), 고구려의 東盟(동맹), 동예의 舞天(무천), 삼한의 十月祭(시월제) 등이 있다. 축제에 참여하는 인간은 그들이 그들의 신들을 모방하는 한 근원의 시간, 신화의 시간 속에서 사는 것이다. 달리 말하면 그들은 세속적인 지속을 벗어나 不動(부동)의 시간, 영원을 회복하는 것이다. 영고, 동맹, 무천 등이 해마다 일어나는 동일한 축제이지만, 이것은 동일한 신화적 사건의 기념제를 되풀이하는 것이며, 신적 행위의 '영원한 회귀'로 나타나는 것이다.

  이 축제의 또 다른 측면의 의미를 보면 다음과 같다. 즉, 고대사회는 시간을 무효화시킴으로써 주기적으로 자기 자신들을 재생하려는 욕구를 지니고 있었다. 재생제의는 그것이 집단적이거나 개인적이거나 간에 언제나 그 구조와 의미 안에 원형적인 행위의 반복과 우주 창조 행위의 반복을 통한 재생의 요소를 내포하고 있다. 재생이라는 측면에서 교육과의 관련을 엿볼 수 있다.

  이제 시간이 흐름에 재탄생으로서의 성년식이 마련된다. 이 성년식이야말로 교육과 직접 관련이 있다. 애초에 부족이나 씨족국가에 살았던 사람들은 자신들을 생존의 자연적 차원에서 완성되어 있다고 생각하지 않았다. 이 사실을 보여준 것

이 성년식이다. 참다운 의미에서의 인간이 되기 위하여 이들은 최초의 자연 생명은 죽어야 하며, 보다 높은 생명으로 다시 태어나야 한다고 생각하였다. 피터즈의 말대로, 교육은 경험있는 사람들이 경험없는 사람의 눈을 개인의 사적 감정과는 관계없는 객관적인 세계로 돌리도록 해 주는 일이며, 성년식이라는 말은 교육의 이러한 본질을 잘 나타내 주고 있다.

삼국시대의 교육을 보면, 고구려, 백제, 신라 모두 불교가 이들 세 국가의 종교로 유입되었다. 불교는 고등종교로서 각각의 나라에 정신을 풍부하게 하였으며, 그들의 삶의 질을 높혔으며, 문화를 한층 높혀 주었다는 것이다. 국민 전체의 정신적 지주로서 불교는 높은 가치를 가지고 있었다. 그러나 교육에서는 물론 불교가 영향을 주기는 하였지만, 실지로 현실에 도움이 되는 방향으로 나아갔기 때문에 유학이 교육 내용으로 들어간 나라가 많다. 그 이유는 여러 가지가 있겠지만, 이들 세 나라는 각각 자신들의 고유한 문자가 없었으므로 漢字를 사용할 수 밖에 없다. 이 한자를 배우기 위해서는 유학이 다른 어떤 것보다도 알맞다. 구체적으로 말하면 고구려도 오래 전부터 경당에서 유학을 가르쳤으며, 백제 또한 박사 제도가 있다는 것을 보면 학교 이름은 모르지만 유학을 가르쳤으며, 신라 또한 임신서 기석을 보면 화랑도에서도 유학의 경전을 가르쳤다는 것을 알 수 있다

통일신라 시대가 되었다. 이제는 통일을 위한 수단으로서의 불교는 더 이상 필요하지 않았다. 통일된 신라에서는 안정된 국가 사회가 필요하였으며 이를 위한 안정된 학교 제도 관리 체제가 필요한 것이다. 이들 필요 내지 요구를 충족시키기 위하여 생겨난 학교 제도가 國學이며 관리를 선발하는 제도인 독서삼품과를 두게 된 것이다. 여기에 문제가 되는 것은 신분제도로서의 골품제도이다. 신라는 나름대로 독특한 신분제도로서 골품제도를 두어 진골, 성골, 육두품 등을 두어 철저한 구분을 하면서 살았다.

한 가지 예로 옷차림을 들 수 있다. 옷차림과 속마음의 관련에 관한 옛날 사람들의 생각과 오늘날 사람들의 생각 사이에 차이가 있는가? 신라 시대에는 골품에 따라 옷 모양 색깔이 모두 달랐다. 이 때 신라시대의 사람들의 생각은 무엇인가? 그들이 의식하든 하지 않든 간에 옷차림이 다르면 생각도 달라진다고 생각했기 때문이 아니겠는가. 오늘날처럼 자신이 어떤 일을 하든 그것에 상관없이 어떤 차림이든지 가능하다는 생각이 일반화된 경우에는 옷차림에 의해 그 사람의 마음이 결정된다는 것을 받아들이기 힘들 것이다. '옷차림이 다르다고 하여 속마음도 다르다고 생각하는 것이 옛날의 잘못이라면 오늘날의 잘못은 옷차림이 같다고

하여 속마음도 같다고 생각하는 데에 있다'

만약 철저한 신분제도 예컨대 골품제도 속에 산다면, 그들은 아마도 숨이 막힐지 모른다. 그러나 신라에는 이 숨막히는 골품제도 속에서 두 가지 숨통을 틔어주는 제도가 있다. 하나는 화랑도이며, 다른 하나는 승려제도이다. 승려는 신분의 고하를 막론하고 들어올 수 있다. 승려가 되면 화랑도에 들어갈 수 있다. 화랑도가 되면 고급사회로의 진출이 가능하다. 이것이 신라인들의 삶의 묘미라고 할 수 있다

골품제도와 신라왕족과 관료들의 타락으로 말미암아 마침내 천년사직을 지켜오던 신라는 망한다. 고려라는 새로운 국가가 등장한다. 고려라는 국가를 세운 왕건, 이 사람은 특이한 정책을 폈다. 그는 후백제, 신라로 나뉘어진 소위 후삼국을 통일하는 과정에서 무력을 써서 피를 흘리기보다는 德으로 그들을 복속시키는 방향으로 나아갔던 것이다. 후백제의 견훤 신라의 경순왕들을 죽이지 않고, 고려에 수명이 다하도록 살 수 있도록 하였다. 후삼국을 통일하면서 고려의 소망은 옛 고구려의 영토를 회복하며 그 영광을 재현하는 것이다. 그리하여 국호도 고려라 하였던 것이다

고려는 종교에 있어서 너그러웠다. 불교를 종교로 하였으며, 도참설도 무시하지 않았다. 유교는 실지 삶에 적용하면서 사는 도리로 택하였던 것이다. 그리하여 학교에서는 공식적으로 여전히 유학을 가르쳤던 것이다. 전기 고려에서는 이와 같은 형태가 잘 유지되면서 발전해 나갔던 것이다. 여기에는 최승로, 성종의 공이 크다고 할 수 있다. 물론 과거제도의 도입이 특이하다. 과거제도의 도입을 할 수밖에 없었던 이유는 있다. 즉, 왕건이 초창기에 여러 호족을 복속시키는 과정에서 결혼정책을 써서 사실상 모든 호족들이 모두 친인척 관계에 있게 된 것이다. 막상 국가체제가 정비되고 난 뒤에 그것을 운영할 관리를 선발하는 데 있어서 어떤 호족의 자제들을 뽑아야 할지 알 수가 없었다. 이 때 필요한 것이 공정한 선발제도인 것이다. 이를 위하여 채택된 것이 바로 科擧制度인 것이다. 과거제도는 학교제도를 발전시켰고 과거시험과목은 유학을 발전시켰던 것이다.

과거제도와 학교제도를 관련시켜 보면, 과거시험공부를 할 수 있는 곳이 다름아니라, 국자감 또는 성균관이다. 이들은 유학의 최고학부이다. 그러나 이 최고학부는 잘 운영되지 않았다. 그 이유는 무엇일까? 여러 가지가 있을 수 있다. 그 중에 하나로서 과거시험과목과 관련이 있을 것이다. 당시 과거시험은 詩, 賦, 頌, 策 (시, 부, 송, 책)이다. 이것은 집단적으로 배우기는 어려운 과목들이다. 호족들의 자제들이 서울에 와서 국자감에 기숙하면서 이들 학문을 배우기보다는 고향에서

독선생을 맞이하여 집에서 배우는 것이 훨씬 능률이 오르고 효과적이었기 때문이다. 지방에도 교사들은 있었다. 그들은 신라 말 도당 유학생 출신 선비들과 신라의 선비들이 흩어져 살고 있었기 때문이다. 그리하여 여기에 새로운 학교제도로서 국자감, 향교 이외에 사학 12도가 생겨나게 된 것이다.

신라는 골품제 사회이지만, 고려는 귀족제 사회이다. 흔히 사람들은 '가문이나 문벌이 좋은 사람들을 귀족으로 규정하고 이들이 정권을 차지하고 국가를 운영하는 사회'를 귀족사회로 이해한다. 고려는 서양과 비슷한 작위제가 있기는 했지만, 주로 왕실과 인척관계에 있는 고위 관료자 국가에 특별한 공로가 있는 인물에 한정하고 있으며, 그것도 당대에 그치고 자손에게는 세습되지 않았다. 귀족제하에서는 출생신분이 일차적으로 중요성을 가지며, 개인의 능력이나 품성이나 자질은 부차적 문제로 된다. 귀족들은 적어도 동일층 내지는 상층 가문과 결혼을 희망하며, 그에 따라 자연히 하나의 폐쇄된 동혼권이 형성된다. 이와 함께 재정적 뒷받침을 위해 토지의 사적 소유를 보장 받는다. 고려는 5품 이상 관료층에 귀족의 특성이 잘 나타나 있다. 蔭敍(음서)의 특전과 功蔭田柴(공음전시)를 지급하여 자손에게 세습시킬 수 있도록 한 것도 5품 이상에 한하였다. 이런 귀족층이 대부분의 국가요직을 점유하고 정책의 결정을 귀족체적으로 운영하였으므로 고려사회는 귀족사회라 할 수 있다.

이 귀족제 문제는 武班(무반)을 모두 제외시켰다는 것이다. 이 문제가 현실화되었으니 그것이 후기 고려사회에 일어났다. 전기 고려는 문관이 우대되었던 시대라고 보아야 하겠지만, 그렇다고 전기 고려에서 文士(문사)만 우대받았다고 보아서는 안 된다. 예종 9년 '文武(문무) 두 가지 학문은 국가 교육의 근원이므로 그 두 가지 학교를 세우고 학생들을 양육하여 장래의 將領(장령)과 宰相(재상)을 준비하도록 해야 한다"고 하였다. 그러나 왕의 명령을 받은 책임자 문관들은 왕의 명령을 충실히 실행하지 않았다. 이것은 문신들이 무사들을 자신과 대등한 위치에 놓는 것을 원치 않았다는 것을 의미한다. 실지로 무사에 대한 왕의 배려에도 불구하고 문사들은 온갖 핑계와 이유를 대면서 무사들의 교육과 예우에 관심을 갖는 것을 저지하려고 하였다. 문사들의 이러한 태도는 무사들의 반란을 초래하기에 충분한 것이었다. '무릇 文冠을 쓴 자는 胥吏(서리)라도 모조리 죽여라'는 말이 있었던 것을 보면 무사들의 분노가 어느 정도였는가, 이 반란으로 인하여 당시 문사들이 얼마나 큰 피해를 입었는가 하는 것은 쉽게 짐작할 수 있다.

고려인들이 어떤 삶을 살았는가는 그들이 어떤 교육을 받으면서 자랐고 그에

터하여 살았는가를 단적으로 보여주는 것이 된다. 고려인들은 북쪽으로부터 몽고인들의 침략을 계속 받아왔으며 언제나 전쟁의 시련 속에서 살았던 것이다. 그럼에도 불구하고 고려는 그 나름대로 찬란한 문화를 가지고 있었던 이유는 무엇일까. 그것은 다름 아니라 폭넓은 종교의 수용과 이를 통한 예술적 승화때문이 아닐까 짐작해 본다. 당시 사회는 남녀간의 차별을 심하게 하지 않으면서 부부의 각자의 재산을 인정할 만큼 평등사회를 구현하려고 하였다. 신분문제에서도 표면적으로는 왕, 귀족, 평민, 노비로 나뉘어 있지만, 서로가 서로를 존중하는 풍토였다고 볼 수 있다. 말하자면 왕이라 하더라도 노비들의 세계를 인정하고 그들의 삶을 편안히 누릴 수 있도록 해주었다는 것이다. 각자의 신분에 맞는 삶을 최대한으로 즐겼다고 볼 수 있다.

무신의 난에 대해 일반적 견해와는 달리, 무신의 난은 문사들로 하여금 자신의 책무에 대한 반성의 계기를 마련해 주었다고 보는 편이 정당할 것이다. 사상적으로도 후기 고려가 전기 고려에 못지 않게 활발한 움직임을 보인 것으로 보아 이 시대가 결코 암흑기가 아니라는 것을 단적으로 보여주고 있다. 특히 중국 대륙으로부터 전해진 성리학의 수용은 새로운 활기를 불어넣어 주었다.

성리학은 우주 자연의 원리와 인간 사회의 질서를 설명하고 그 관계를 형이상학적으로 탐구하는 유교철학이며 궁극적으로 유학의 근본정신인 修己治人의 理想을 실현하기 위해 철학적으로 그 근거를 밝히는 학문이라고 볼 수 있다. 달리 말하면 이 성리학은 '올바른 삶'의 문제가 무엇이며, 그것의 해결방안이 어떤 것인지를 탐구하는 학문이라고 말할 수 있을 것이다.

형이상학으로서의 성리학은 主理論(주리론)과 主氣論(주기론)으로 나뉘어지고 이들은 '세계에 대한 논리적 가정을 달리하는 만큼, 세계 속에서의 인간의 위치나 인간 상호 관계를 다르게 규정한다. 이 두 입장은 인간의 다른 활동들과 마찬가지로 교육활동을 상이하게 규정하며, 이런 뜻에서 그것은 유학의 이론임과 동시에 교육의 이론이다. 교육은 사물이나 인간관계를 자료로 삼아서 그것을 통하여 지적, 도덕적, 심미적 가치를 실현하고자 하는 활동이다. 그러므로 교육이 자료로 삼는 사물이나 인간관계와 또 한편으로 그것을 통하여 실현하고자 하는 가치가 어떤 관련을 맺고 있는가 하는 문제에 대한 견해는 교육의 모습을 크게 결정한다'[1]고 하였다. 이것을 미루어 짐작해 보면, 조선왕조는 바로 이 교육이론의 대립이 정치이론의 대립으로 발전할 가능성을 가지고 있다

1) 李烘雨, 理氣哲學에 나타난 敎育理論, 師大論集 第30卷, 서울대학교 사범대학, 1985, p.17.

고려의 한계를 딛고 조선왕조가 마침내 세워졌다. 조선왕조는 고려와는 달리 피로써 세운 나라이다. 이 나라의 정치적 이데올로기로서의 성리학을 채택하였다. 성리학은 유교철학이라고 할 수 있다. 말하자면 유교국가라는 말이다. 철저히 불교를 부정하고 성리학을 수용하여 국가이념으로 하였다. 무관 출신인 이성계가 세운 나라답게 文班과 武班이 모두 동등한 대우를 받을 수 있는 兩班이 주축이 되어 움직였다. 조선왕조의 양반은 신라의 골품제나 고려의 귀족사회보다는 훨씬 구분의 강도가 줄어든 사회였다. 그러나 여전히 오늘날에 비하여 엄격한 신분제 사회임에 틀림없다.

조선왕조의 교육에서는 經明行修(경명행수)가 목표였다. 이 목표는 과거제도를 통하여 관리를 뽑는 기준이기도 하다. 경명행수라는 것은 경전에 밝고 수양을 쌓아 인격이 훌륭한 사람이 되는 것이다. 이런 사람을 교육에서는 길러야 하고 국가는 이들을 관리로 뽑아 써야 하는 것이다. 이를 담당한 교육기관이 향교와 성균관이다. 조선왕조의 전기에 교육에 영향을 끼친 인물로 우리는 정도전, 권근 등을 꼽을 수 있다. 이들은 조선왕조 초창기에 교육기반의 틀을 잡은 인물들이다.

조선왕조 사회가 성리학을 국가이념으로 삼았지만, 양반들과 백성들의 마음 속에 종교로 여전히 불교를 믿고 있다. 여전히 고려의 틀을 벗어나지 못하고 있는 것이었다. 여기에 반기를 들고 일어난 사람이 조광조이다. 그의 개혁조치 중의 하나가 현량과의 설치이다. 이것은 종래의 과거제도가 詞章의 학습만을 지나치게 강조한 나머지 학문과 덕행을 갖춘 경명행수의 선비를 선발하지 못하게 된 점을 고치기 위한 것이었다. 그러나 이 현량과는 그것으로 인하여 사림파와 훈구파의 대립을 초래하였고, 이 대립은 마침내 기묘사화 등 여러 士禍(사화)가 일어나게 된 원인이 되었다. 이 훈구파와 신진사류의 대립은 후에 본격적인 붕당정치를 하게 되는 계기를 마련하였다

조선의 붕당정치는 매우 특이한 정치양태이다. 당시의 사정을 말해 본다면, 사화가 일어났다. 이 사화를 통하여 선비들 사이에는 '올바른 삶의 문제'를 제기하였다. 이 문제는 다시 성리학의 체계적인 연구를 통하여 해답을 찾고자 하였던 것이다. 그리하여 선비들은 성리학을 열심히 공부하게 되었다. 이 공부를 통하여 선비들은 올바른 삶의 의미를 정립하고 이를 정치적으로 실현하고자 하였다. 이것이 사실의 세계에서는 黨爭의 모습을 띠게 되었던 것이다. 붕당에서 보여주고 있는 당쟁의 모습을 교육과 정치의 관계로 파악해보면, 선비들이 스승에게서 교육받은 것은 '올바른 삶'의 의미를 늘 새롭게 규정하면서 살아가는 과정이라고 볼

수 있다. 달리 말하면 선비들은 스승에게서 성리학의 이론을 배우면서 이것을 자신의 것으로 만들기 위하여 피나는 수양을 쌓아간다. 그리고 마침내 선비들은 성리학의 이론을 자신의 것으로 체득하게 된다.

그러나 선비들은 여기에 그치는 것이 아니라, 그 이론을 실지로 만 백성들에게 구현하고자 한다. 이 일을 하기 위해서는 정치에 나아가야 한다. 정치에 참여하는 사람들은 각자 서로 다른 스승 밑에 배웠거나 그 이론에 찬성하는 사람들이 함께 모여 그 이론을 실현하게 되는 것이다. 이 과정에서 다른 성리학 이론을 배운 사람들과도 어울려서 일을 해야 한다. 선비들은 상대방을 이해시키거나 설득하지 않으면 안되며, 이 과정이 조선왕조 시대에는 당쟁의 형태—당쟁의 군자적 측면—으로 나타나는 것이다. 말하자면 교육의 정치적 표현이 당쟁인 것이다.

성리학의 추구는 교육이론의 추구와 맥을 같이 하므로 좀더 구체적으로 언급해 보겠다. 성리학적 교육이론이 등장하는 시기에 서경덕의 주기론적 성리학과 이언적의 주리론적 성리학이 등장함으로써 후에 퇴계와 율곡에게 영향을 준다. 마침내 퇴계 이황은 주리론적 성리학의 대가로 등장한다. 그의 주장은 다시 기대승과 저 유명한 사칠논변을 벌인다. 이 논변은 한국 성리학 이론의 발전에 있어서 하나의 분수령을 이룬다. 이들은 후세의 주리론과 주기론의 본격적인 이론적 대립의 발단이 되었다. 이 논변은 주자학설에 대한 회의와 비판의 효시가 되었고, 인심과 도심의 논쟁, 人物性同異의 논쟁 등의 씨도 심었던 것이다. 사칠논변이 시사하는 바에 의하면, 교육의 시간적 차원(기대승)은, 교육은 반드시 특정한 시간과 장소에서 특정한 개인에게 일어난다는 사실을 부각시키고 있으며, 교육의 무시간적 차원(이황)은 시간적 차원에서 추구되는 교육목적이 절대성을 가진다는 사실을 부각시키고 있다. 결국 사칠논변은 교육에 이러한 두 측면이 존재한다는 것, 그리고 이 두 측면은 교육에서 마땅히 함께 인정되어야 한다는 것이다.[2] 기대승의 주장은 다시 李珥가 이어 받는다. 이 후의 성리학적 논쟁은 이들의 주장의 변용이라고 할 수 있다. 물론 구체적으로 다를 수 있다.

조선왕조에서 건국된지 200년 만에 임진왜란이 일어났고 다시 두 번의 胡亂이 일어난다. 이 일련의 사건들로 백성들의 도덕심은 매우 해이해졌고, 사대부들이 지켜오던 도덕심도 많이 풀어졌다. 이것을 단시일 내에 다잡을 수 있는 방안은 무언인가를 생각하지 않을 수 없다. 그 방안의 하나가 禮를 통한 도덕심의 高揚이

2) 朴鍾德, "敎育의 根本問題로서의 四端七情論爭", 「퇴계학연구논총」 제6권 : 교육사상, 이병휴 박재문 편 (경북대학교, 퇴계 연구소, 1997), p.403.

다. 여기에 禮訟이 일어난다. 여기에 허목과 송시열이 새로운 인물로 등장한다. 이들의 생각은 상당히 주기론적 측면을 강조하고 있다. 선비들의 마음 속에는 實學의 생각이 싹트기 시작한다.

實學의 강조는 實學人을 理想으로 여기게 된다. 이 實學人은 다시 開化를 맞이한다. 개화인이 요구되는 것이다. 개화는 다시 근대교육의 등장으로 이어진다. 여기까지 오는 긴 역사적 과정 속에서 교육은 어느 편인가 하면 종교와 한시도 떨어져 본 적이 없다. 언제나 종교와 함께 있었다. 조선왕조의 경우는 가묘, 문묘, 종묘라는 제도를 통해 특이한 방식으로 교육과 종교가 관련을 맺어 왔던 것이다. 교육의 목적은 神과 같은 인간, 聖人을 기르는 것을 목적으로 하였던 것이다. 그러나 근대교육으로 오면서 교육에서 종교가 떨어져 나가는 모습을 역력히 볼 수 있다. 교육의 불행은 교육에서 종교가 떨어져 나갈 때부터 시작되는 것이다. 이 사태는 곧 바로 현대 교육으로 이어진다.(여기서 한가지 짚고 넘어갈 것은 일본 식민지 교육을 언급하지 않은 점이다. 이것은 한국교육사의 맥과는 다르기 때문에 여기서는 제외하고 별도의 연구를 해야 한다고 생각하였다.) 현대 교육은 실학과 개화, 그리고 근대교육의 연장선상에 있다고 할 수 있다. 이후 언제까지 갈 지는 모르지만, 한국교육은 정치가 교육을 규제하고 종교가 철저하게 교육에서 떨어져 나가며 철저하게 실용적인 측면이 부각되면서 진행될 것이다.

참고문헌

I

Plato, Republic.
「稼亭集」卷10.
「桂苑筆耕集」
「高麗史」
「高麗史節要」
「舊唐書」
「新唐書」
「국역 매월당집」 1, 세종대왕 기념사업회
　　　(간), 1977.
「금광명경」
「訥齊集」卷1, 論君道
「大覺國師文集」卷16, 示新參學徒緇秀.
「大乘起信論」
「大學」
「陶隱文集」
「陶隱集」
「東國李相國集」
「東文選」
「櫟翁稗說」
「梅月堂文集」

「梅月堂詩集」
「梅月堂集」
「牧隱文藁」
「碧巖錄」
「補閑集」
「北史」
「佛氏雜辨」
「三國史記」
「三國遺事」
「三國志」
「三峯集」
「世宗實錄」
「續藏經」
「宋元學案」
「冶隱言行拾遺」
「陽村集」券31
「연려실기술」
「二程語錄」
「程氏遺書」卷13, 明道先生語.
「靜菴集」

「朝鮮經國典」(下)

「朱子大全」

「朱子語類」

「太祖實錄」

「破閑集」

「圃隱集」

「한국금석총람」

「한국금석추보」

「華嚴論節要」

「晦軒實記」

「晦軒集」, 諭國學諸生文.

「松泉書院文獻錄」

「歐陽文公集」

國東洋哲學會, 1996.

大賓皓, 朱子の哲學(東京, 東京出版會,

1982)

馬鳴(著), 眞諦(漢譯), 李烘雨(飜譯·註釋), 「대승기신론」, 경서원.

三上次男, 古代 東亞細亞史硏究, 東京: 吉川弘文館

細井筆, 「朋黨士禍 檢討」, 朝鮮問題硏究所, 1911.

李德弘, '溪山記善錄(下)', 「艮齊集」 卷6.

李珥, 栗谷全書 卷10, 書2.

二程全書

朱子新學案 卷二, 臺北: 文史出版社 錢穆(民國 60曺植, 「南冥集」.

增谷六雄, 「아함경」, 李元燮(譯), 「지혜와 사랑의 말씀」, 현암사, 1970.

II

姜仁求, '백제의 역사와 사상', 「한국사상사대계」(2), 1991.

姜在彥, 韓國의 開化思想, 比峰出版社, 1981.

姜在彥, 朝鮮近代史硏究 卷末.

高橋亨, '李朝儒學史에 있어서의 主理派主氣派의 發達', 朝鮮支那의 文化硏究 第1輯 (京城帝國大學法文學會 第2部 論纂, 1929).

高炳翊, '삼국사기에 있어서의 역사서술', 「한국의 역사인식」(상), 창작과 비평사, 1976.

高田眞治, 支那思想 展開 第一卷 東京: 弘道館 圖書柱式會社, 1944.

郭信煥, '유교사상의 전개양상과 생활세계', 한국정신문화연구원(편), 「한국사상사대계」(2).

琴章泰, '성리학적 가치관의 전통', 한국정신문화연구원, 「한국사상사대계」(4), 1991.

吉熙星, '고려불교의 창조적 종합: 의천과 지눌', 한국정신문화연구원(편), 「한국사상사대계」, 1991.

金乾坤, '고려 한문학의 정신세계', 「한국사상사대계」(3), 정신문화연구원(편), 1991.

金敬琢(역), 「列子」, 한국자유교육협회, 1975.

金光敏, 「지눌의 교육이론」, 교육과정철학 총서 8, 교육과학사, 1998.

金大石, 東學의 侍天主 思想에 관한 硏究, 釜山大學校 大學院 1993년도 碩士學位 論文, 未出版.

金相鉉, '신라의 역사와 사상', 한국정신문화연구원(편), 「한국사상대계」(2).

金承昊, 스콜라주의 教育目的論,서울大學校 大學院 教育學 博士學位論文," 1996년.

金安重, '단군신화의 철학적 분석', 정신문화연구원, 「정신문화연구」 통권 28호, 1986 봄.

金烈圭, '삼국유사의 신비체험', 한국정신문화연구원(편), 「한국사상연구」, 1982.

金容沃, 도올세설(통나무, 1990).

金雲學, 「신라불교문학연구」, 현암사, 1976.

金仁會, '시간관, 삶의 태도, 교육관 연구(2)', 한국교육학회, 「교육학연구」 제9권 제2호, 1971.

金正坤, '實學派들의 思想的系譜와 展開', 「韓國思想史大系」(5)(성남: 韓國精神文化研究院,1995).

金忠烈, '고려 유교정신의 맥락', 한국정신문화연구원, 「한국사상사대계」(3), 1991.

_____, '삼국시대의 유교사상', 韓國哲學會(編), 「韓國哲學研究」(上), 동명사, 1977.

_____, '曺植의學問과 思想', 韓國哲學會(編), 「韓國哲學研究」(中), 1982.

_____, 「資治通鑑」(上) (서울: 三省出版社, 1990) 譯序.

_____, 中國哲學散稿 汎學圖書, 1977.

金泰永, '삼국유사에 보이는 일연의 역사인식에 대하여', 이우성, 강만길(편), 「한국의 역사인식」(상), 창작과 비평사, 1976.

김수자, 幸學記, 「동문선」, 卷64.

全海宗, "書藝, 金石學의 巨匠: 金正喜", 韓國의 人間像 제4권(서울: 신구문화사, 1965)

김형찬, 性의 구조와 理-氣의 不離-不雜性에 관한 연구 — 李柬과 韓元震의 人性物性論爭을 中心으로—, 東洋哲學 第7輯.

勞思光, 「중국철학사(송명편)」, 鄭仁在(역), 탐구당, 1988.

渡部學, 近世朝鮮教育史研究(東京: 雄山閣, 1969).

盧泰敦, '고구려의 역사와 사상', 한국정신문화연구원(편), 「한국사상사대계」(2), 1991.

柳承國, 「한국의 유교」, 세종대왕기념사업회, 1980.

柳正東, '禮論의 諸學派와 그 論爭', 韓國哲學會 編,韓國哲學研究 中卷(서울: 東明社,1978).

_____, '李彦迪의 哲學思想', 韓國哲學史(中)(서울: 東明社, 1984).

_____, '이황의 철학사상', 한국철학회(편), 「한국철학사」(중권), 동명사, 1987.

柳漢九, 「교육인식론 서설」, 교육과정철학 총서 2, 교육과학사, 1998.

門脇佳吉, 「公案と聖書の身讀」, 金允柱(역), 「선과 성서」, 분도출판사, 1985.

閔泳珪, '삼국유사', 신동아 1969년 1월호 부록.

朴泳孝, 國政改革에 관한 建白書.

朴龍雲, 「고려시대사」(하), 일지사, 1994.

朴在文, "禮의 意味의 두 側面에 관한 研究": '안' 과 '밖', 道德教育研究 제8집 한국교육학회 도덕교육연구회.

_____ , '매월당(梅月堂) 김시습의 교육이론연구 – 유교관(儒敎觀)을 중심으로 –', 충북대학교 호서문화연구소(간), 「호서문화연구」 제10집(가봉(佳峰) 金泰永 교수 화갑기념특집), 1992.

_____ , '화랑도 교육', 「한국교육학의 탐색」, 고려원, 1985.

_____ , '朝鮮王朝時代 朋黨의 敎育史學的解釋' 「道德敎育硏究」 第九輯, 道德敎育硏究會, 1997.

_____ , 李退溪의 敎育理論硏究', 「退溪學報」 第七十號, 退溪硏究院, 1987.

朴鍾德, '敎育의 根本問題로서의 四端七情論辨', 李秉烋, 朴在文 編, 敎學思想, 退溪學 硏究論叢 第6卷(大邱: 慶北大學校 退溪硏究所, 1997).

朴贊洙, '고려시대교육제도연구', 고려대학교 대학원 박사학위 논문, 1991년.

方 仁, '조선전기의 유교의 생활세계' 한국정신문화연구원, 「한국사상사대계」(4), 1991.

邊太燮, 「고려정치제도사연구」, 일조각, 1971.

徐敬德, '復其見天地之心說', 「花潭集」.

徐正淇, '周易의 義理思想', 玄潭 柳正東 博士 華甲紀念 論叢, 1981.

成東鎬 譯解, 新譯 千字文 (서울: 弘新文化社, 1976, 序文).

孫寶基, '예술과 신앙', 국사편찬위원회, 「한국사론」 12, 1983.

孫仁銖, '신라 화랑도와 중세 기사도 교육', 한국교육학회(편), 「교육학연구」 제4호, 1966.

孫晋泰, '조선민족사개론', 「손진태 선생 전집」, 1948.

宋兢燮, '李退溪哲學에 있어서의 理氣不可分의 意味', 退溪學硏究, 慶北大學校 退溪學 硏究所, 1977.

宋恒龍, '최치원사상연구', 「한국 철학사상 연구」, 한국정신문화연구원, 연구논총 82.

申東浩, '매월당 김시습의 기사상연구(一) — 그의 반주자적 태극론을 중심으로', 충남대학교 인문과학연구소(편), 「논문집」 제10권 2호, 1983.

愼鏞廈, '우리나라 最初의 近代學校의 設立에 대하여', 韓國史硏究 10, 韓國史硏究會, 1974.

申采浩, 「조선상고사」, 삼성미술문화재단, 1977.

申千湜, 「고려교육제도사연구」, 형설출판사, 1983.

安啓賢, '원광', 「한국의 인간상」 3, 신구문화사, 1966.

安 壽, '獨立協會序', 大朝鮮獨立協會報 第1號 建陽元年(1896) 11月 30日, 亞細亞文化社, 1978.

安昶範, '세속오계는 민족 고유신앙의 계율', 「광장」, 1984년 10월호.

吳天錫, 韓國新敎育史, 現代敎育叢書出版社, 1964년, p.110, 孫仁銖, 韓國近代敎育史, 延世大出版部, 1975.

유승국, 한국의 유교(서울: 세종대왕기념사업회, 1980).

兪吉濬, 西遊見聞(서울: 一潮閣, 1971).

 _____ , 兪吉濬全書 I, 一潮閣, 1971.

尹絲淳, ‘退溪哲學의 理想主義的 性格’, 退溪學報(서울: 退溪學硏究院, 1978).

———, ‘實學的 經學觀의 特色’, ‘實學思想의 哲學的 特色’, 韓國儒學論究(서울: 玄岩社, 1980).

———, ‘人性物性의 同異論辨에 대한 硏究’, 哲學 1982. 가을호.

尹以欽, ‘단군신화와 한민족의 역사’,「단군-그 이해와 자료」, 서울대학교 출판부, 1994.

———, ‘종교적 측면’, 한국정신문화연구원,「한국사상대계」(1), 1990.

尹 拯, 世人往往以理學禮學對擧稱之 亦可笑也,『明齊遺稿』卷25, 答萬陽葵陽書.

李啓鶴, ‘단군신화의 교육학적 고찰’, 한국정신문화연구원,「정신문화연구」통권28호, 1986 봄.

李基東, ‘신라화랑도의 기원에 대한 일고찰’,「역사학보」제69집, 1976.

———,「신라 골품제사회와 화랑도」, 한국연구원, 1980.

李基文, ‘삼국시대의 언어 및 문자생활’, 한국정신문화연구원,「한국사상사대계」(2), 1991.

李基白, ‘고구려의 경당’,「역사학보」35-36합집, 1967.

———,「한국고대사론」, 탐구당, 1980.

李箕永, ‘신라불교의 철학적 전개’, 한국철학회(편),「한국철학연구」(상), 동명사, 1977.

———, ‘원효 무애에 산 신라인’,「한국의 인간상」3, 신구문화사, 1966 참조.

李楠永, ‘徐敬德의 哲學思想’, 韓國哲學會編, 韓國哲學史 中卷(서울: 東明社, 1987).

———, ‘통일신라시대의 유교사상’, 철학연구회(편),「한국철학사」(상), 東明社, 1987.

李敦化 天道敎創建史 I篇(天道敎中央宗理院, 1933, 影印本).

———, 新人哲學, 韓國思想硏究會, 1963.

———, 天道敎創建史.

李萬珪,「조선교육사」(상), 을유문화사.

李符永, ‘崔水雲의 神秘體驗’-Jung 心理學의 입장에서- 韓國思想 第11輯, 韓國思想硏究會, 1974.

李相玉,「한국의 역사」, 도서출판 마당, 1982.

李相殷, ‘退溪의 格物-物格辨疑 譯解’, 退溪學報.

李成茂, ‘선초의 성균관 연구’,「역사학보」35-66合輯.

李佑成, 韓國思想史大系(文化, 藝術, 思想), (서울: 成大大同文化硏究院, 1973).

———, ‘退溪先生과 書院創設運動’,『退溪學報』第19號(1978).

李 瀷, ‘朋黨論’,「星湖雜著」,「星湖先生文集」30권, 경인문화사, 1972.

李鍾厚 · 尹明老. ‘전통사상에 나타난 융화정신’,「한국철학사상연구」, 한국정신문화연구원, 1982.

李烘雨 , ‘論語에 있어서의 "옛것"의 의미’, 서울대학교 사범대학,『師大論叢』제38집, 1989.

———, "全人敎育論", 道德敎育硏究 第8輯, 韓國敎育學會, 道德敎育硏究會, 1996.

_____, '敎育의 正當化 槪念으로서의 動機와 理由', 「增補 敎育課程硏究」, 박영사, 1996.

_____, '理氣哲學에 나타난 敎育理論', 師大論叢 第30輯, 1985.

_____, '사회적 규범의 체계로서의 주역', 「도덕교육연구」 제3집, 한국교육학회 도덕교육연구회, 1986.

_____, '政治와 敎育', 「敎育의 目的과 難點」, 교육과학사, 1984.

_____, '制度의 아름다움', 「교육의 목적과 난점」(제6판), 교육과학사, 1998.

_____, 「人間本性論」, 「교육이론」 제7·8권, 서울대학교 사범대학 교육학과, 1994.

_____, 增補 敎育課程探究(서울: 博英社, 1998) 부록 1, '논리적인 것과 사실적인 것, 이론적인 것과 실제적인 것'.

_____, '敎育과 形而上學', 敎育의 目的과 難點(서울: 敎育科學社, 1984).

이익주, '고려후기 몽고침입과 민중항쟁의 성격', 「역사비평」, 1994년 봄.

이환기, '교육개혁과 교육방법', 교육연구정보(춘천: 강원도 교육연구원, 1996, 12, 제26호).

日省錄, 高宗篇, 高宗 32年 2月 2日(飭政府設學校養人材, 서울大 古典刊行會, 1970, pp.21-22).

임병덕, 「키에르케고르의 간접전달」, 교육과학사, 1998.

任東權, 「한국원시종교사」, 고려대학교 민족문화연구소(편) 「한국문화대계」(Ⅵ), 1970.

숙필, 기론과 도학 정신의 융합/ 화담학파, 한국사상사연구회 편저 조선유학의 학파들(서울: 예문서원, 1996).

張聖模, '栗谷思想의 敎育學的 解釋', 한국정신문화연구원, 「栗谷의 思想과 그 現代的 意味」, 1995.

_____, '敎育理論으로서의 朱子學과 陽明學', 서울大學校 大學院 博士學位 論文, 1993.

전호태, '고구려 고분벽화의 이해를 위하여', 역사문제연구소(편), 「역사비평」, 1994 가을.

丁大丸, '花潭 徐敬德의 氣哲學에서 본 自然과 人間' 東洋哲學 第4輯(東洋哲學會, 1993).

丁永根, '고려불교 신앙의 전개양상과 생활세계', 한국정신문화연구원(편), 「한국사상사대계」(3), 1991.

鄭柱東, 「매월당 김시습 연구」, 민족문화사, 1983.

丁仲煥, '朴永孝上疏文' 亞細亞學報 Ⅰ, 1965, pp.735-736, 朴永孝, '開化에 대한 上疏' 新東亞, 1966년 1월호 附錄.

趙東一, '신라 향가의 정신세계', 한국정신문화연구원(편), 「한국사상사대계」(2), 1991.

曺植, 「南冥集」, 學記類編 卷4.

趙鏞一, '東學의 修練方法' - 造化의 呪文的 規定에 관하여-, 韓國思想 第11輯(서울, 景仁文化社, 1974).

秦英碩, 道德敎育의 理想으로서의 天人合一, 道德敎育硏究(韓國敎育學會 道德敎育硏

究會 第9輯, 1997).

車河淳,「歷史의 本質과 認識」, 학연사, 1988.

최석우, 西學에서 본 東學(敎會史硏究 1輯, 敎會史硏究會, 1977).

최완기, '18세기 붕당의 정치적 역학관계', 한국정신문화연구원,「精神文化研究」,'86 여름, 1986.

崔福奎, '한국의 선사시대 예술과 그에 나타난 신앙의식-구석기 시대를 중심으로',「백산학보」제24호, 1978.

崔鳳永, '조선시대선비정신 연구', 한국학대학원 석사학위논문, 1981.

崔英成,「한국유학사상사」(II), 아세아문화사, 1995.

_____,「한국유학사상사」(고대·고려편), 아세아문화사, 1994.

_____, 韓國儒學思想史 Ⅱ(서울: 亞細亞文化社, 1995).

_____, 韓國儒學思想史 Ⅲ: 朝鮮後期篇 上.

_____, 韓國儒學思想史 Ⅳ(서울: 亞細亞文化社, 1995).

崔昌圭, 近代韓國政治思想史(서울: 一潮閣, 1972).

崔漢綺, 明南樓叢書 二 人政 卷12, 敎人門 5.

한국사상사연구회(편),「조선 유학의 학파들」, 예문서원, 1996.

韓明洙, '理氣動靜과 生成의 問題', 退溪學 研究 7輯, 慶北大學校, 1980.

韓永愚,「정도전 사상의 연구」, 한국문화연구소, 1973.

韓 劤, '여말선초의 불교정책',「서울대논문집」6卷, 1957.

許南進, '儒學派들의 思想的 葛藤과 變遷' 韓國思想史大系(4),(城南, 韓國精神文化研究院,1992), pp.288-291 以下 參照.

洪庭植, '원효의 진속원융무애론', 한국정신문화연구원,「철학사상의 제문제」(2) -한국철학의 근원연구-, 1984.

黃仁昌, 敎育에 있어서의 個人과 社會의 관계-플라톤의 國家論을 中心으로- 서울大學校 大學院 博士學位論文, 未出版, 1989.

Ⅲ

C. G. Jung, Bruder Klaus, in Gesammelte werke Bd.11.

D. L. Gifford, Education in the Capital of Korea(1), Korean Repository, July 1896.

Daniel L. Gifford, Education in the Capital of Korea(Ⅰ), Korean Repository, July 1896.

F. A. Hanson, Meaning in Culture, R.K.P.

J. A. Shaffer, Philosophy of Mind, Prentice-Hall Inc.

John Dewey, Democracy and Education, N.Y.: The MacMillan Company, 1916, 李烘雨(역),「민주주의와 교육」, 교육과학사, 1987.

Junjiro Takakusu, The Essentials of Buddhist Philosophy, 정승석 옮김,「불교철학의 정수」,

대원정사, 1989.

Mircea Eliade, Cosmos and History, trans. by Willard R. Trask, 鄭鎭弘(역), 「우주와 역사—영원회귀의 신화」, 현대사상사, 1976.

Mircea Eliade, The sacred and the profane—the nature of religion—willard R. Trask(tr. French), (New York: Hacourt, Brace & World, Inc.,1959).

Mircea Eliade, The Sacred and the Profane—The Nature of Religion, trans. by Willard R. Trask, 李東夏(역), 「성과 속—종교의 본질」, 학민사, 1983.

P. Tillich, 鄭鎭弘(역), 「기독교와 세계종교」, 대한기독교서회, 1969.

R. S. Peters, Ethics and Education, 李烘雨(역), 「윤리학과 교육」, 교육과학사, 1980.

W. L. King, Introduction to Religion, New York: Harper & Row, 1954.

William Boyd, The History of Western Education, 李烘雨, 朴在文, 柳漢九(譯), 「西洋敎育史」, 교육과학사, 1994.

 **찾아보기**

내 용

朴在文

서울 生. 서울대학교 사범대학 교육학과를 졸업하고, 1981년 "구조주의 인식론에 비추어 본 지식의 구조"로 서울대학교 대학원에서 교육학 박사학위를 받았다. 한국행동과학연구소, 한국교육개발원, 한국정신문화연구원 등을 거쳐 현재 충북대학교 사범대학 교육학과 교수로 재직중이다. 저서 「知識의 構造와 構造主義」, 「義理之學과 敎育」, 논문으로는 「花郞道」, 「朋黨의 敎育史學的 解釋」 등이 있다.

판 권

한국교육사

2001년 3월 10일 1판 1쇄 발행
2003년 6월 15일 1판 2쇄 발행

지은이 • 박 재 문
펴낸이 • 김 진 환
펴낸곳 • 도서출판 **학지사**
120-193 서울시 서대문구 북아현3동 187-10 혜전빌딩 2층
전화 • 363-1333(대)/팩스 • 365-1333
등록 • 1992년 2월 19일 제2-1329호
학지사 홈페이지 • www.hakjisa.co.kr
ISBN 89-7548-550-1 93370

정 가 18,000원

잘못된 책은 바꾸어 드립니다.